सामान्य विज्ञान

Class 6-12 (Old + New)

लेखक
दिग्विजय सिंह (भौतिक विज्ञान)
स्वाति भदौरिया (रसायन विज्ञान)
चिराग मेंदावत (जीव विज्ञान)

अरिहन्त पब्लिकेशन्स (इण्डिया) लिमिटेड

卐 **रजि. कार्यालय**

'रामछाया' 4577/15, अग्रवाल रोड, दरिया गंज, नई दिल्ली- 110002

फोन: 011-47630600, 43518550

卐 **मुख्य कार्यालय**

कालिन्दी, टी०पी० नगर, मेरठ (यूपी)– 250002

फोन: 0121-7156203, 7156204

卐 **शाखा कार्यालय**

आगरा, अहमदाबाद, बरेली, बंगलुरु, चेन्नई, दिल्ली, गुवाहाटी, हैदराबाद, जयपुर, झाँसी, कोलकाता, लखनऊ, नागपुर तथा पुणे

卐 **मूल्य** ₹ 275.00

PO No : TXT-59-T071353-6-26

PUBLISHED BY ARIHANT PUBLICATIONS (INDIA) LTD.

'अरिहन्त' की पुस्तकों के बारे में अधिक जानकारी के लिए हमारी वेबसाइट **www.arihantbooks.com** पर लॉग इन करें या **info@arihantbooks.com** पर सम्पर्क करें।

Follow us on...   

पूरा करना है अगर IAS का सपना
तो जरूरी है NCERT को समझना...

सिविल सेवा परीक्षा भारत की सर्वाधिक प्रतिष्ठित, कठिन एवं चुनौतीपूर्ण परीक्षा है। यह परीक्षा इसलिए भी कठिन मानी जाती है क्योंकि इसमें "कितना पढ़ना है" से ज्यादा महत्त्वपूर्ण होता है "क्या पढ़ना है"

सफल अभ्यर्थियों के अनुभवों तथा विगत् वर्षों के प्रश्न-पत्रों के विश्लेषण से यह सिद्ध हुआ है कि इस परीक्षा में **NCERT की पुस्तकों** का विशेष महत्त्व है, क्योंकि इन्हीं पुस्तकों को आधार बनाकर सामान्य अध्ययन के प्रश्नों को परीक्षा में पूछा जाता है।

NCERT पुस्तकों के अध्ययन को आसान तथा उद्देश्यपूर्ण बनाने हेतु 'अरिहन्त पब्लिकेशन्स' द्वारा **'NCERT नोट्स'** सीरीज तैयार की गई है। इस सीरीज में कक्षा 6 से 12 तक की पुरानी व नई **NCERT का कवरेज** किया गया है।

NCERT नोट्स 2nd संस्करण की प्रमुख विशेषताएँ

- Tamil Nadu Board की Books का कवरेज
- NIOS से महत्त्वपूर्ण Facts का संकलन
- सरल भाषा, मैप, फ्लोचार्ट, डायग्राम, टेबल्स, चित्र आदि से Content का प्रस्तुतीकरण
- महत्त्वपूर्ण टॉपिक्स का परिशिष्ट के माध्यम से समावेश

इस सीरीज को पूरा करने में विशेषज्ञों की एक टीम ने उत्साह के साथ कार्य किया है। इस पुस्तक के संकलन में विशेषज्ञों के साथ-साथ प्रोजेक्ट मैनेजमेण्ट टीम का भी विशेष योगदान रहा, जिसमें मोना यादव (प्रोजेक्ट मैनेजर), प्राची परशुराम (प्रोजेक्ट कॉर्डिनेटर), मानसी (भौतिकी), ज्योति (रसायन) एवं पूजा वर्मा (जीव विज्ञान) (रीडिंग टीम लीड), प्रदीप चौधरी (डीटीपी टीम लीड) और सलमान शेख एवं अंकित त्यागी (कवर एवं इनर डिजाइनर) प्रमुख हैं।

आशा है कि सिविल सेवा तथा अन्य प्रतियोगी परीक्षाओं के अभ्यर्थी इस पुस्तक का अध्ययन कर अपने लक्ष्य को निश्चित ही प्राप्त करेंगे। आपके उपयोगी सुझाव सदैव हमें बेहतर संस्करण बनाने में सहायक सिद्ध हुए हैं। इसलिए आप हमें अपने सुझाव अवश्य भेजें, जिनके आधार पर हम पुस्तक के आगामी संस्करण को बेहतर बना सकें।

लेखक

विषय-सूची

भौतिक विज्ञान

NCERT
नोट्स

रसायन विज्ञान

जीव विज्ञान

NCERT
नोट्स

भौतिक विज्ञान

मात्रक तथा मापन

(स्रोत)

Class-VI New NCERT Chap 7 (गति एवं दूरियों का मापन),
Class-XI New NCERT Chap 1 (मात्रक एवं मापन)
Tamil Nadu Board (Class-IX), NIOS

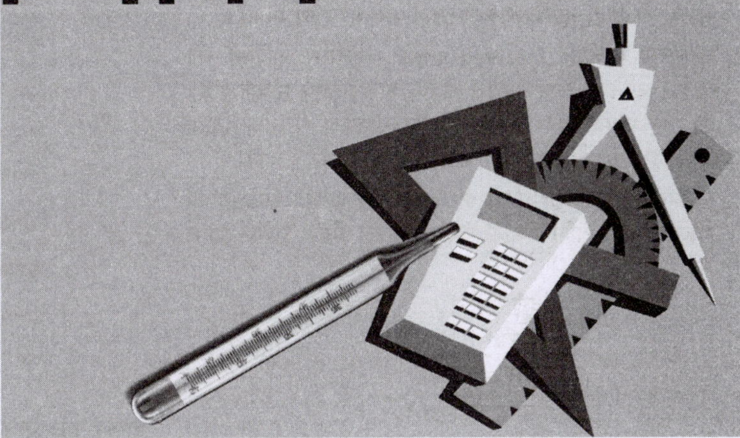

भौतिक राशियाँ

ऐसी सभी राशियाँ, जिन्हें एक नियत संख्या द्वारा व्यक्त किया जा सकता है तथा प्रत्यक्ष रूप से मापा जा सकता है, **भौतिक राशियाँ** (Physical quantities) कहलाती हैं। उदाहरण–बल, दूरी, ताप आदि।

भौतिक राशियों के प्रकार

भौतिक राशियों को गुण के आधार पर निम्न भागों में विभाजित किया जाता है

1. **मूल राशियाँ** (Fundamental quantities) ऐसी भौतिक राशियाँ, जो अन्य राशियों पर निर्भर नहीं होती हैं, मूल राशियाँ कहलाती हैं। उदाहरण–द्रव्यमान, लंबाई, समय, ताप, ज्योति तीव्रता, विद्युत धारा तथा पदार्थ की मात्रा आदि।
2. **व्युत्पन्न राशियाँ** (Derived quantities) ऐसी भौतिक राशियाँ, जो मूल राशियों पर निर्भर होती हैं एवं मूल राशियों की सहायता से व्युत्पन्न की जा सकती हैं, व्युत्पन्न राशियाँ कहलाती हैं। उदाहरण– क्षेत्रफल, आयतन, दाब तथा घनत्व आदि।

   व्युत्पन्न राशि प्राप्त करने की विधि को एक उदाहरण द्वारा समझा जा सकता है। इसे समझने के लिए यहाँ आयतन का उदाहरण लिया गया है।

   आयतन = लंबाई $\times$ चौड़ाई $\times$ ऊँचाई

   = लंबाई $\times$ लंबाई $\times$ लंबाई

   आयतन = (लंबाई)^3

   उपरोक्त सूत्र से ज्ञात होता है कि व्युत्पन्न राशि आयतन को मूल राशि लंबाई की सहायता से प्राप्त किया जाता है।
3. **पूरक राशियाँ** (Supplementary quantities) मूल राशियों तथा व्युत्पन्न राशियों के अतिरिक्त दो अन्य भौतिक राशियाँ भी होती हैं, जिन्हें पूरक राशियाँ कहते हैं। उदाहरण– समतल कोण तथा घन कोण आदि।

भौतिक राशियों को दिशा तथा परिमाण के आधार पर निम्न भागों में विभाजित किया जाता है

1. **अदिश राशियाँ** (Scalar quantitites) ऐसी भौतिक राशियाँ जिन्हें व्यक्त करने हेतु केवल **परिमाण** (Magnitude) की आवश्यकता होती है, दिशा की नहीं, उन्हें अदिश राशियाँ कहते हैं। उदाहरण–द्रव्यमान, लंबाई, समय, चाल आदि।
2. **सदिश राशियाँ** (Vector quantities) ऐसी भौतिक राशियाँ जिन्हें व्यक्त करने हेतु **दिशा** तथा **परिमाण** दोनों की आवश्यकता होती है, उन्हें सदिश राशियाँ कहते हैं। उदाहरण–विस्थापन, वेग, त्वरण आदि।

भौतिक राशियों का मापन

किसी भौतिक राशि के मापन के लिए हमें दो तथ्यों की आवश्यकता होती है, जो निम्न हैं

1. **मानक मात्रक** (Standard unit) जिस भौतिक राशि का हमें मापन करना होता है, उसकी एक निश्चित मात्रा को मानक मात्रक कहते हैं। प्राचीन काल में पैर की लम्बाई, अंगुली की चौड़ाई तथा एक कदम की दूरी, इन सभी मापों का मात्रक के रूप में सामान्यतः उपयोग होता था।

   उदाहरण– लंबाई का मात्रक मीटर तथा द्रव्यमान का मात्रक किलोग्राम आदि। मानक मात्रक पूर्णतः परिभाषित, सुस्पष्ट, सरलता से पुनः प्राप्त तथा अंतर्राष्ट्रीय मान्यता प्राप्त होना चाहिए।
2. **संख्यात्मक मान** (Numerical value) यह भौतिक राशि के परिमाण को व्यक्त करता है। यह दर्शाता है कि भौतिक राशि के परिमाण में उसका मात्रक कितनी बार सम्मिलित है, जैसे–छात्र का द्रव्यमान 40 किग्रा है। इसका अर्थ है कि छात्र का द्रव्यमान मानक मात्रक किग्रा से **40 गुना** है।

मात्रकों का वर्गीकरण

मात्रकों को निम्न भागों में विभाजित किया जाता है

1. **मूल मात्रक** (Fundamental unit) मूल राशियों को व्यक्त करने के लिए प्रयुक्त मात्रकों को मूल मात्रक कहते हैं। ये मात्रक एक-दूसरे से पूर्णतः स्वतंत्र होते हैं। उदाहरण– किलोग्राम, मीटर, सेकण्ड, केल्विन, कैण्डिला, ऐम्पियर तथा मोल।
2. **व्युत्पन्न मात्रक** (Derived unit) व्युत्पन्न राशियों को व्यक्त करने के लिए प्रयुक्त मात्रक को व्युत्पन्न मात्रक कहते हैं। ऐसे मात्रकों को मूल मात्रक की सहायता से प्राप्त किया जाता है। उदाहरण–मीटर^2, मीटर^3, न्यूटन/ मी^{2} आदि।

   व्युत्पन्न मात्रक को प्राप्त करने की प्रक्रिया को समझने के लिए भौतिक राशि 'चाल' के मात्रक को निम्न प्रकार प्राप्त करेंगे

$$\text{चाल} = \frac{\text{दूरी}}{\text{समय}}$$

$$\text{चाल का मात्रक} = \frac{\text{दूरी का मात्रक}}{\text{समय का मात्रक}}$$

$$= \frac{\text{मीटर}}{\text{सेकण्ड}}$$

   उपरोक्त प्रक्रिया से ज्ञात होता है कि चाल का मात्रक मूल मात्रक की सहायता से प्राप्त किया जाता है। अतः मीटर/सेकण्ड व्युत्पन्न मात्रक है।
3. **पूरक मात्रक** (Supplementary units) पूरक राशियों को व्यक्त करने के लिए प्रयुक्त मात्रकों को पूरक मात्रक कहते हैं। पूरक मात्रक न ही मूल मात्रक हैं और न ही व्युत्पन्न मात्रक हैं। उदाहरण-रेडियन, स्टेरेडियन।

मात्रकों की प्रणाली

1790 में फ्रांसीसियों ने मापन की एक मानक प्रणाली की रचना की जिसे **मीटरी पद्धति** (Metric system) कहते हैं। परन्तु आजकल भौतिक राशियों का मापन करने के लिए निम्नलिखित प्रणालियाँ प्रयोग में लाई जाती हैं

- **सेन्टीमीटर-ग्राम-सेकण्ड प्रणाली** (CGS System) इस प्रणाली में, लंबाई का मात्रक सेन्टीमीटर, द्रव्यमान का मात्रक ग्राम तथा समय का मात्रक सेकण्ड होता है।
- **फुट-पाउण्ड-सेकण्ड प्रणाली** (FPS System) इस प्रणाली में, लंबाई का मात्रक फुट, द्रव्यमान का मात्रक पाउण्ड तथा समय का मात्रक सेकण्ड होता है।
- **मीटर-किलोग्राम-सेकण्ड प्रणाली** (MKS System) इस प्रणाली में, लंबाई का मात्रक मीटर, द्रव्यमान का मात्रक किलोग्राम तथा समय का मात्रक सेकण्ड होता है।
- **मूल मात्रकों की SI प्रणाली** (International System of Fundamental Units) उपरोक्त प्रणाली के अतिरिक्त मात्रकों की एक अन्य प्रणाली है जिसे SI प्रणाली कहते हैं। सम्पूर्ण विश्व में इसी प्रणाली का उपयोग किया जाता है। इस प्रणाली में सात मूल मात्रक तथा दो पूरक मात्रक को सम्मिलित किया गया है।

मूल एवं पूरक राशियाँ और उनके मात्रक

भौतिक राशि	मात्रक	संकेत
मूल राशियाँ एवं उनके मूल मात्रक		
लंबाई	मीटर	m
द्रव्यमान	किग्रा	kg
समय	सेकण्ड	s
विद्युत धारा	ऐम्पियर	A
ताप	केल्विन	K
ज्योति तीव्रता	केण्डिला	Cd
पदार्थ की मात्रा	मोल	mol
पूरक राशियाँ एवं उनके पूरक मात्रक		
समतल कोण	रेडियन	rad
घन कोण	स्टेरेडियन	Sr

मूल मात्रकों की परिभाषाएँ

मूल मात्रकों की परिभाषाएँ निम्न हैं

- **मीटर** (Metre) 1 मीटर वह दूरी है जिसे प्रकाश, निर्वात् में 1 सेकण्ड के 299792458 वें भाग में तय करता है।
- **किलोग्राम** (Kilogram) परमाण्वीय स्केल पर 1 किलोग्राम मात्रा C^{12} (कार्बन) के 5.0188×10^{25} परमाणुओं के द्रव्यमान के बराबर होती है।
- **सेकण्ड** (Second) सीजियम-133 का परमाणु, परमाणु घड़ी में जितने समय में 9192631770 कंपन्न करता है, वह समय 1 सेकण्ड कहलाता है।
- **ऐम्पियर** (Ampere) 1 ऐम्पियर वह विद्युत धारा है, जोकि निर्वात् में 1 मीटर की दूरी पर स्थित दो सीधे, अनंत लंबाई के समान्तर तारों में प्रवाहित होने पर, प्रत्येक तार की प्रति मीटर लंबाई पर तारों के बीच 2×10^{-7} न्यूटन का दाब उत्पन्न करती है।
- **केण्डिला** (Candela) केण्डिला किसी दिशा में 540×10^{12} हट्र्ज आवृत्ति वाले स्रोत की ज्योति तीव्रता है, जो उस दिशा में $\left(\frac{1}{683}\right)$ वाट प्रति स्टेरेडियन की विकिरण तीव्रता का एकवर्णीय प्रकाश उत्सर्जित करता है।
- **केल्विन** (Kelvin) सामान्य वायुमण्डलीय दाब पर गलते हुए बर्फ के ताप के अंतर के सौवें भाग को 1 केल्विन कहते हैं।
- **मोल** (Mole) 1 मोल किसी पदार्थ की वह मात्रा है जिसमें उस पदार्थ के अवयवों की वही संख्या हो, जितनी कार्बन-12 (C^{12}) के 0.012 किग्रा में परमाणु की संख्या होती है।

पूरक मात्रकों की परिभाषाएँ

पूरक मात्रकों की प्रमुख परिभाषाएँ निम्न हैं

- **रेडियन** (Radian) एक रेडियन वह कोण है, जो किसी वृत्त में वृत्त की त्रिज्या के बराबर एक चाप, वृत्त के केंद्र पर **अंतरित** (Transferred) करता है। 1 रेडियन कोण 57.3 डिग्री से थोड़ा कम होता है।
- **स्टेरेडियन** (Steradian) एक स्टेरेडियन वह घन कोण है, जो किसी गोले की त्रिज्या के वर्ग के बराबर क्षेत्रफल वाले किसी गोलीय पृष्ठ द्वारा उस गोले के केंद्र पर अंतरित होता है।

सामान्य प्रयोग के लिए SI मात्रकों के अतिरिक्त कुछ अन्य मात्रक

नाम	प्रतीक	SI मात्रक के पदों में मान
मिनट	min	60 s
घंटा	h	60min = 3600s
दिन	d	24h = 86400s
वर्ष	y	$365.25d = 3.156 \times 10^7 s$
डिग्री	°	$1° = (\pi / 180)$ rad
लीटर	L	$1dm^3 = 10^{-3} m^3$
गैलन	g	1 गैलन = 3.7854 लीटर
बैरल	br	1 बैरल = 158.987146 लीटर
टन	t	10^3 kg
कैरट	c	200 mg
बार	bar	$0.1 MPa = 10^5 Pa$
पास्कल	Pa	1 पास्कल = 1 न्यूटन/मी^{2}
क्यूरी	Ci	$3.7 \times 10^{10} s^{-1}$
रोजन	R	$2.58 \times 10^{-4} Ckg^{-1}$
क्विंटल	q	100 kg
बार्न	b	$100fm^2 = 10^{-28} m^2$
आर	a	$1dam^2 = 10^2 m^2$
हेक्टेयर	ha	$1hm^2 = 10^4 m^2$
मानक वायुमण्डलीय दाब	atm	$101325 Pa = 1.013 \times 10^5 Pa$
किलो वाट घंटा	kWh	$1 kWh = 3.6 \times 10^6$ किग्रा
इलेक्ट्रॉन वोल्ट	eV	$1 eV = 1.6 \times 10^{-19}$ जूल
अश्वशक्ति	HP	1 HP = 746 वाट
अर्ग	अर्श	1 अर्ग = 10^{-7} जूल

लंबाई के अन्य मात्रक

बहुत बड़ी एवं अत्यंत सूक्ष्म लंबाई के मापन के लिए हम लंबाई के कुछ **विशिष्ट मात्रक** प्रयोग में लाते हैं, जिनका वर्णन नीचे किया गया है

लंबाई के बड़े मात्रक

लंबाई के प्रमुख बड़े मात्रक निम्न हैं

- **खगोलीय मात्रक** (Astronomical Units, AU) सूर्य के केंद्र से पृथ्वी के केंद्र के मध्य की औसत दूरी एक खगोलीय मात्रक कहलाती है।

$$1 \text{ AU} = 1.496 \times 10^{11} \text{ मीटर} = 1.5 \times 10^{11} \text{ मीटर}$$

- **प्रकाश वर्ष** (Light year, ly) प्रकाश द्वारा निर्वात् में एक वर्ष में तय की गई दूरी को एक प्रकाश वर्ष कहते हैं।

$$1 \text{ (ly)} = \text{प्रकाश की चाल} \times \text{समय (एक वर्ष)}$$
$$= 3 \times 10^8 \times 365 \times 24 \times 60 \times 60$$
$$= 9.461 \times 10^{15} \text{ मीटर}$$

- **पारसेक** (Parsec, pc) एक पारसेक वह दूरी है, जो एक खगोलीय मात्रक दूरी के चाप के रूप में होने पर एक आर्क सेकण्ड का कोण बनाने पर प्राप्त होती है।

$$1 \text{ (pc)} = 3.26 \text{ प्रकाश वर्ष}$$
$$= 3.26 \times 9.461 \times 10^{15} \text{ मीटर}$$
$$= 3.08 \times 10^{16} \text{ मीटर}$$

लंबाई के छोटे मात्रक

मीटर से छोटे मात्रक

1 डेसीमीटर (डेसीमी) $= \frac{1}{10}$ मीटर $= 10^{-1}$ मीटर

1 सेन्टीमीटर (सेमी) $= \frac{1}{100}$ मीटर $= 10^{-2}$ मीटर

1 मिलीमीटर (मिमी) $= \frac{1}{1000}$ मीटर $= 10^{-3}$ मीटर

1 माइक्रोन अथवा 1 माइक्रोमीटर $= 10^{-6}$ मीटर

1 नैनोमीटर $= 10^{-9}$ मीटर

1 एंग्स्ट्रॉम $= 10^{-10}$ मीटर

1 फर्मी $= 10^{-15}$ मीटर

मीटर से बड़े मात्रक

1 डेकामीटर (डेकामी) = 10 मीटर $= 10^1$ मीटर

1 हेक्टोमीटर (हेक्टामी) = 100 मीटर $= 10^2$ मीटर

1 किलोमीटर (किमी) = 1000 मीटर $= 10^3$ मीटर

1 मेगामीटर $= 10^6$ मीटर

1 गीगामीटर $= 10^9$ मीटर

नोट 1 इंच = 0.0254 मीटर या 2.54 सेमी, 1 फुट = 12 इंच = 0.3048 मीटर
1 गज = 3 फुट = 0.9144 मीटर, 1 नॉटिकल मील (NM) = 1852 मीटर

द्रव्यमान के अन्य मात्रक

द्रव्यमान पदार्थ का एक आधारभूत गुण है। यह ताप, दाब या स्थिति पर निर्भर नहीं करता है।

द्रव्यमान के छोटे तथा बड़े मात्रकों का वर्णन निम्नलिखित है

द्रव्यमान के छोटे मात्रक

द्रव्यमान के प्रमुख छोटे मात्रक निम्न हैं

- 1 हेक्टोग्राम = 100 ग्राम $= 100 \times 10^{-3}$ किग्रा $= 10^{-1}$ किग्रा
- 1 डेकाग्राम = 10 ग्राम $= 10 \times 10^{-3}$ किग्रा $= 10^{-2}$ किग्रा
- 1 ग्राम $= \frac{1}{1000}$ किग्रा $= 10^{-3}$ किग्रा
- 1 डेसीग्राम $= \frac{1}{10}$ ग्राम $= 10^{-1}$ ग्राम $= 10^{-4}$ किग्रा
- 1 सेन्टीग्राम $= \frac{1}{100}$ ग्राम $= 10^{-2}$ ग्राम $= 10^{-5}$ किग्रा

- 1 मिलीग्राम $= \frac{1}{1000}$ ग्राम $= 10^{-3}$ ग्राम $= 10^{-6}$ किग्रा
- 1 माइक्रोग्राम $= 10^{-6}$ ग्राम $= 10^{-9}$ किग्रा
- 1 नैनोग्राम $= 10^{-9}$ ग्राम $= 10^{-12}$ किग्रा
- 1 पिकोग्राम $= 10^{-12}$ ग्राम $= 10^{-15}$ किग्रा
- 1 परमाणु द्रव्यमान मात्रक (amu) $= 1.66 \times 10^{-27}$ किग्रा

नोट 1 कैरेट = 200 मिलीग्राम

द्रव्यमान के बड़े मात्रक

द्रव्यमान को मापने के बड़े मात्रक निम्न हैं

- 1 क्विंटल = 100 किग्रा $= 10^2$ किग्रा
- 1 मीट्रिक टन = 1000 किग्रा $= 10^3$ किग्रा = 10 क्विंटल
- 1 मेगाग्राम $= 10^3$ किग्रा
- 1 गीगाग्राम $= 10^6$ किग्रा
- 1 टेराग्राम $= 10^9$ किग्रा
- 1 स्लग = 14.57 किग्रा
- 1 सौर द्रव्यमान $= 1.989 \times 10^{30}$ किग्रा
- 1 चन्द्रशेखर सीमा $= 2.8 \times 10^{30}$ किग्रा

समय के अन्य मात्रक

समय-मापन हेतु समय का परमाणवीय मानक प्रयोग करते हैं जो सीजियम, परमाणु में उत्पन्न आवर्त कंपनों पर आधारित है। इसे **परमाणु घड़ी** (Atomic clock) कहते हैं।

समय के छोटे व बड़े मात्रकों का वर्णन नीचे दिया गया है

समय के छोटे मात्रक

समय के छोटे मात्रक निम्न हैं

- 1 मिलीसेकण्ड $= 10^{-3}$ सेकण्ड
- 1 माइक्रोसेकण्ड $= 10^{-6}$ सेकण्ड
- 1 शेक $= 10^{-8}$ सेकण्ड
- 1 नैनोसेकण्ड $= 10^{-9}$ सेकण्ड
- 1 पिकोसेकण्ड $= 10^{-12}$ सेकण्ड

समय के बड़े मात्रक

समय के बड़े मात्रक निम्न हैं

- 1 मिनट = 60 सेकण्ड
- 1 घण्टा = 60 मिनट = 3600 सेकण्ड
- 1 दिन = 24 घण्टे = 86400 सेकण्ड
- 1 वर्ष = 365 दिन $= 3.15 \times 10^7$ सेकण्ड
- 1 लीप वर्ष = 366 दिन

नोट सौ वर्षों के समय को एक शताब्दी (Century) कहते हैं।

अन्य व्यावहारिक मात्रक

सामान्य प्रयोग के लिए SI मात्रकों के अतिरिक्त कुछ अन्य मात्रकों का प्रयोग भी किया जाता है, जिनका वर्णन नीचे किया गया है

क्षेत्रफल के मात्रक 1 बर्न $= 10^{-28}$ मीटर^2,
1 हेक्टेयर $= 10^4$ मीटर^2

आयतन के मात्रक 1 लीटर $= 10^3$ सेमी^{3} $= 10^{-3}$ मीटर^3
1 गैलन = 3.7854 लीटर (USA में) = 4.546 लीटर (UK में)
1 बैरल = 158.987146 लीटर

दाब के मात्रक 1 पास्कल = 1 न्यूटन/मीटर^2,
1 बार = 1 वायुमंडलीय दाब $= 1.01 \times 10^5$ पास्कल
1 अर्ग $= 10^{-7}$ जूल

ऊर्जा के मात्रक 1 किलोवाट-घंटा (kWh) $= 3.6 \times 10^6$ जूल
1 इलेक्ट्रॉन वोल्ट (eV) $= 1.6 \times 10^{-19}$ जूल

शक्ति का मात्रक 1 अश्व शक्ति (HP) = 746 वॉट

महत्त्वपूर्ण उपसर्ग तथा संकेत

उपसर्ग	संकेत	गुणांक	उपसर्ग	संकेत	गुणांक
ऐक्सा	E	10^{18}	डेसी	d	10^{-1}
पीटा	P	10^{15}	सेण्टी	c	10^{-2}
टेरा	T	10^{12}	मिली	m	10^{-3}
गीगा	G	10^9	माइक्रो	µ	10^{-6}
मेगा	M	10^6	नैनो	n	10^{-9}
किलो	k	10^3	पिको	p	10^{-12}
हैक्टो	h	10^2	फेम्टो	f	10^{-15}
डैका	da	10^1	ऐटो	a	10^{-18}

विमा

किसी भौतिक राशि की विमाएँ उन घातों को कहते हैं, जिन्हें उस राशि को व्यक्त करने के लिए मूल राशियों पर चढ़ाना पड़ता है। भौतिक राशि को उसके विमीय सूत्र के बराबर लिखने पर प्राप्त समीकरण को उस राशि का **विमीय समीकरण** (Dimensional equation) कहते हैं।

भौतिक राशियाँ, सूत्र, मात्रक तथा विमीय सूत्र

भौतिक राशि	सूत्र	मात्रक	विमीय सूत्र
क्षेत्रफल (A)	लंबाई × चौड़ाई	मीटर^2 या वर्ग मीटर	$[L^2]$
आयतन (V)	लंबाई × चौड़ाई × ऊँचाई	मीटर^3 या घन मीटर	$[L^3]$
वेग (v)	विस्थापन/समयांतराल	मीटर/सेकण्ड	$[LT^{-1}]$

भौतिक राशि	सूत्र	मात्रक	विमीय सूत्र
त्वरण (*a*)	वेग में परिवर्तन/समयांतराल	$\frac{\text{मीटर / सेकण्ड}}{\text{सेकण्ड}}$ या मीटर/सेकण्ड^2	$[LT^{-2}]$
घनत्व (ρ)	द्रव्यमान/आयतन	$\frac{\text{किग्रा}}{\text{मीटर}^3}$ या किग्रा/मीटर^3	$[ML^{-3}T^0]$
बल (*F*)	द्रव्यमान × त्वरण	किग्रा × $\frac{\text{मीटर}}{\text{सेकण्ड}^2}$ या किग्रा-मी/सेकण्ड^2 या न्यूटन	$[MLT^{-2}]$
कार्य (*W*)	बल × विस्थापन	$\frac{\text{किग्रा - मी}}{\text{सेकण्ड}^2}$ × मीटर या किग्रा-मी^{2}/सेकण्ड^2 या जूल	$[ML^2T^{-2}]$
शक्ति (*P*)	$\frac{\text{कार्य}}{\text{समय}}$	$\frac{\text{जूल}}{\text{सेकण्ड}}$ या $\frac{\text{किग्रा-मीटर}^2}{\text{सेकण्ड}^3}$ या वाट	$[ML^2T^{-3}]$
दाब (*p*)	बल/क्षेत्रफल	न्यूटन/मी^{2} या किग्रा-मी$^{-1}$ सेकण्ड$^{-2}$ या पास्कल	$[ML^{-1}T^{-2}]$
संवेग (*p*)	द्रव्यमान × वेग	किग्रा-मी/सेकण्ड	$[MLT^{-1}]$
आवेग (*J*)	बल × समय	$\frac{\text{किग्रा - मी}}{\text{सेकण्ड}^2}$ × सेकण्ड या किग्रा-मी/सेकण्ड या न्यूटन-सेकण्ड	$[MLT^{-1}]$
पृष्ठ तनाव (*T*)	बल/लंबाई	न्यूटन/मीटर	$[ML^0T^{-2}]$
बल नियतांक (*k*)	बल/विस्थापन	न्यूटन/मीटर	$[ML^0T^{-2}]$
जड़त्व आघूर्ण (*I*)	द्रव्यमान × (दूरी)^2	किग्रा-मी^{2}	$[ML^2T^0]$
आवृत्ति (ν)	कंपन/समय	(हर्ट्ज)	$[M^0L^0T^{-1}]$
प्लांक नियतांक (*h*)	ऊर्जा/आवृत्ति	जूल-सेकण्ड	$[ML^2T^{-1}]$
प्रत्यास्थता गुणांक	प्रतिबल/विकृति	न्यूटन/मीटर^2	$[ML^{-1}T^{-2}]$
बल-आघूर्ण (τ)	बल × लंबवत् दूरी	न्यूटन-मीटर	$[ML^2T^{-2}]$
बोल्ट्जमान नियतांक (*k*)	गतिज ऊर्जा/ताप	जूल/केल्विन	$[ML^2T^{-2}K^{-1}]$
कोणीय त्वरण (α)	कोणीय वेग/समयांतराल	रेडियन/सेकण्ड^2	$[M^0L^0T^{-2}]$

भौतिक राशि	सूत्र	मात्रक	विमीय सूत्र
सार्वत्रिक गैस नियतांक (*R*)	$\frac{\text{ऊर्जा}}{\text{मोल} \times \text{ताप}}$	$\frac{\text{जूल}}{\text{मोल} \times \text{केल्विन}}$	$[ML^2T^{-2}K^{-1}]$ $[mol]^{-1}$
कोणीय वेग (ω), कोणीय आवृत्ति	कोण/समय	रेडियन/सेकण्ड	$[M^0L^0T^{-1}]$
आवेश (*q*)	धारा × समय	कूलॉम	$[M^0L^0TA]$
विभवान्तर (*V*)	$\frac{\text{कार्य}}{\text{आवेश}}$	वोल्ट	$[ML^2T^{-3}A^{-1}]$
प्रतिरोध (*R*)	विभवांतर/धारा	ओम	$[ML^2T^{-3}A^{-2}]$
धारिता (*C*)	आवेश/विभवांतर	फैरड	$[M^{-1}L^{-2}T^4A^2]$
विशिष्ट प्रतिरोध या प्रतिरोधकता (ρ)	$\frac{\text{प्रतिरोध} \times \text{क्षेत्रफल}}{\text{लंबाई}}$	ओम-मीटर	$[ML^3T^{-3}A^{-2}]$
चालकता (*G*)	$\frac{1}{\text{प्रतिरोध}}$	म्हो (ओम$^{-1}$)	$[M^{-1}L^{-2}T^3A^2]$
विद्युत क्षेत्र (*E*)	विद्युत बल/आवेश	न्यूटन/कूलॉम या वोल्ट/मीटर	$[MLT^{-3}A^{-1}]$
विद्युत फ्लक्स (ϕ_E)	विद्युत क्षेत्र × क्षेत्रफल	$\frac{\text{वोल्ट}}{\text{मीटर}}$ × मीटर^2 या वोल्ट-मीटर	$[ML^3T^{-3}A^{-1}]$
चुंबकीय क्षेत्र (*B*)	$\frac{\text{बल}}{\text{धारा} \times \text{लंबाई}}$	टेस्ला	$[M^0L^0T^{-2}A^{-1}]$

अतिरिक्त तथ्य
तमिलनाडु बोर्ड एवं NIOS

- भौतिक राशि का मान = संख्यात्मक राशि × मात्रक
- प्रत्येक गज को 24 बराबर भागों में बाँटा जाता था तथा प्रत्येक भाग को वास्सुज कहा जाता था।
- भारत में द्रव्यमान के मात्रक के रूप में प्रयोग होने वाले मात्रक में रती, मासा, तौला, छटाक, सेर तथा मन थे।
- प्राचीन काल में मापन के लिए मानव शरीर के अंगों का उपयोग किया जाता था परन्तु इससे विरोध तथा दुविधा उत्पन्न होती थी क्योंकि यह एक रुप में होने के कारण उन परिणामों को प्रदान करते थे जो पुनः प्राप्य नहीं थे।
- सन् 1875 में एक अन्तर्राष्ट्रीय सन्धि पर हस्ताक्षर हुए जिसे मीटर कन्वेशन कहा गया।
- सन् 1960 में माप-तौल की **ग्यारहवीं जनरल कॉन्फ्रेंस** (CGPM) में माप-तौल की अन्तर्राष्ट्रीय पद्धति को स्वीकार किया गया जिसे SI मात्रक कहा गया।
- पृथ्वी का द्रव्यमान = 5.97×10^{24}kg
- सूर्य की त्रिज्या = 6.96×10^8m
- एक इलेक्ट्रॉन का द्रव्यमान (m_e) = 9.11×10^{-31}kg
- निकटतम तारा अल्फा सेंटॉरी (Centauri); सूर्य से लगभग 4.34 पारसेक दूरी पर है। रात को नेत्रों द्वारा दिखाई देने वाले तारे, सूर्य से 500 पारसेक दूरी पर होते हैं।

गति

(स्रोत)

Class-VI New NCERT Chap 7 (गति एवं दूरियों का मापन),
Class-VII New NCERT Chap 9 (गति एवं समय),
Class-IX New NCERT Chap 7 (गति),
Class-XI New NCERT Chap 2 (सरल रेखा में गति),
Chap 3 (समतल में गति)
Tamil Nadu Board (Class-IX, X), NIOS

- दैनिक जीवन में हम कुछ वस्तुओं को विरामावस्था में तथा कुछ वस्तुओं को गतिमान अवस्था में देखते हैं। विश्व की प्रत्येक वस्तु प्रत्यक्ष या अप्रत्यक्ष रूप से गतिमान रहती है।
- हमारा चलना, दौड़ना, साईकिल सवारी आदि दैनिक जीवन में दिखाई देने वाली क्रियाएँ, गति (Motion) के कुछ उदाहरण हैं। इसके अतिरिक्त परमाणु, अणु, ग्रह, तारे और **आकाशगंगा** (Galaxy) भी गतिमान हैं।

विराम तथा गति

- यदि वस्तु की स्थिति में समय के साथ कोई परिवर्तन नहीं होता, तो वस्तु की स्थिति **विराम** (Rest) अवस्था में कहलाती है। उदाहरण-मेज पर रखी वस्तु।
- समय के सापेक्ष वस्तु की स्थिति में परिवर्तन को **गति** (Motion) कहते हैं। उदाहरण- गतिशील व्यक्ति, बहता जल, आकाशीय पिण्ड आदि। यदि हम चलती हुई रेलगाड़ी में बैठे, तो हम रेलगाड़ी अथवा उसमें बैठे अन्य व्यक्ति के सापेक्ष विरामावस्था में हैं, परंतु रेलगाड़ी के बाहर खड़े व्यक्ति के सापेक्ष गतिशील हैं।
- इस प्रकार, गति तथा विरामावस्था एक-दूसरे के **आपेक्षिक** (Relative) हैं। एक ही वस्तु किसी **प्रेक्षक** (Observer) के विरामावस्था में हो सकती है, जबकि दूसरे प्रेक्षक के लिए गति अवस्था में होगी।

गति के प्रकार

पथ की प्रकृति के अनुसार गति निम्नलिखित प्रकार की होती है

(i) **सरल रेखीय गति** (Rectilinear motion) जब कोई वस्तु सरल रेखा के अनुदिश गति करती है, तो वस्तु की इस प्रकार की गति को सरल रेखीय गति कहते हैं।
उदाहरण- सीधी चलती ट्रेन की गति।

(ii) **वृत्तीय गति** (Circular motion) यदि कोई वस्तु वृत्तीय पथ पर गति करती है, तो वस्तु की गति वृत्तीय गति कहलाती है।
उदाहरण-सूर्य के चारों ओर पृथ्वी की गति।

(iii) **घूर्णन गति** (Rotational motion) जब कोई वस्तु अपने अक्ष के चारों ओर घूमती है, तब वस्तु की गति घूर्णन गति कहलाती है।
उदाहरण- लट्टू की गति।
फर्श पर गति करती हुई गेंद सरल रेखीय गति के साथ-साथ घूर्णन गति भी करती है।

(iv) **आवर्त गति** (Oscillatory Motion) जब कोई वस्तु किसी निश्चित समयांतराल के बाद अपनी गति को दोहराती है, तो इस प्रकार की गति को आवर्त गति कहते हैं।
उदाहरण- वृक्ष की शाखाओं का इधर-उधर लहराना, झूला झूलते बच्चे की गति, सितार की डोरियों की गति, बजते समय ढोलों अथवा तबलों की गति।

गति संबंधी मूलभूत पद

गति संबंधी मूलभूत पद निम्नलिखित हैं

मूलबिंदु

- किसी वस्तु या कण की स्थिति के मापन के लिए एक निर्देश बिंदु का चयन किया जाता है, जिसे मूलबिंदु (Origin) कहते हैं। इस बिंदु का चुनाव स्वैच्छिक होता है।

–3 –2 –1 0 1 2 3

- मूलबिंदु पर कण की स्थिति को $x = 0$ माना जाता है।

दूरी

- किसी वस्तु द्वारा निश्चित समय में तय किए गए पथ की लंबाई को दूरी (Distance) कहते हैं। यह एक अदिश राशि है। गतिशील वस्तु के लिए समय बढ़ने पर दूरी का मान सदैव बढ़ता है। इसका मात्रक मीटर होता है।
- माना कोई वस्तु मूलबिंदु O से अपनी गति प्रारंभ करती है। पहले यह वस्तु बिंदु C तथा B से गुजरती हुई A बिंदु पर पहुँचती है तथा फिर वह वस्तु पुनः C बिंदु पर आ जाती है।

O C B A
0 5 10 15 20 25 30 35 40 45 50 55 60

वस्तु द्वारा तय की गई कुल दूरी $= OA + AC = 60 + 35 = 95$ (किमी में)

दूरी को मापने के लिए **ओडोमीटर** (Odometer) यंत्र का प्रयोग किया जाता है।

विस्थापन

- किसी गतिशील वस्तु की प्रारंभिक एवं अंतिम स्थितियों के बीच की न्यूनतम दूरी वस्तु का विस्थापन (Displacement) कहलाती है। विस्थापन एक सदिश राशि है। इसका मात्रक मीटर होता है।
- माना एक लड़का पहले 3 किमी पूर्व तथा फिर 4 किमी उत्तर दिशा की ओर जाता है, तब इसका विस्थापन

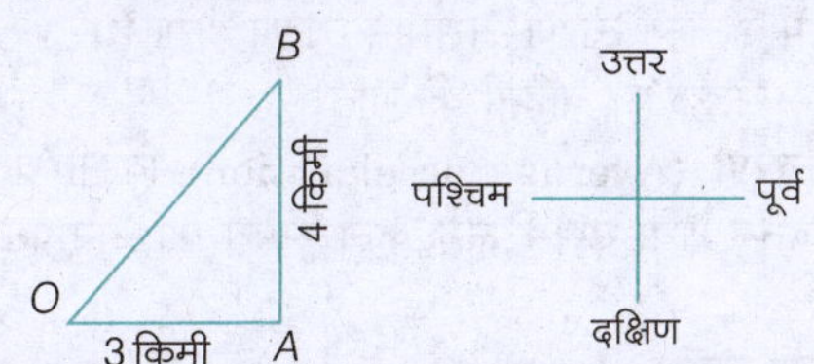

$$OB = \sqrt{(OA)^2 + (AB)^2}$$
$$= \sqrt{(3)^2 + (4)^2} = \sqrt{9+16} = \sqrt{25} = 5 \text{ किमी}$$

जबकि उसके द्वारा तय की गई कुल दूरी $= 3$ किमी $+ 4$ किमी $= 7$ किमी

- इसी प्रकार यदि कोई व्यक्ति अपने घर से दफ्तर तक 10 किमी जाता है तथा फिर वापस घर आ जाता है, तब इस व्यक्ति का विस्थापन शून्य होगा तथा इसके द्वारा तय की गई कुल दूरी $= 10 + 10 = 20$ किमी होगी।

दूरी तथा विस्थापन में अंतर

दूरी	विस्थापन
गतिमान वस्तु द्वारा तय की गई लंबाई, दूरी कहलाती है।	किसी निश्चित दिशा में वस्तु की प्रारंभिक एवं अंतिम स्थितियों के बीच की दूरी, विस्थापन कहलाती है।
गतिमान वस्तु के लिए दूरी का मान ऋणात्मक तथा शून्य नहीं हो सकता अर्थात् दूरी सदैव धनात्मक होती है।	गतिमान वस्तु के लिए विस्थापन का मान धनात्मक, ऋणात्मक अथवा शून्य हो सकता है।
यह पथ की आकृति पर निर्भर करती है।	यह पथ की आकृति पर निर्भर नहीं करता है।

एकसमान गति और असमान गति

एकसमान गति और असमान गति का वर्णन निम्नलिखित है

- **एकसमान गति** (Uniform motion) यदि कोई वस्तु एक नियत समयांतराल में नियत दूरी तय करती है, तो उसकी गति एकसमान गति कहलाती है। उदाहरण- यदि कोई बस 1 घण्टे में 50 किमी तथा दूसरे घण्टे में भी 50 किमी की दूरी तय करती है, तब बस की गति एकसमान गति कहलाती है।
- **असमान गति** (Non-uniform motion) यदि कोई वस्तु समान समयांतरालों में असमान दूरी तय करती है, तो उसकी गति असमान गति कहलाती है। उदाहरण- एक कार का भीड़ वाली गलियों से गुजरना तथा मनुष्य का पार्क में टहलना आदि।

चाल

- किसी गतिमान वस्तु द्वारा एकांक समय में तय की गई दूरी को उस वस्तु की चाल (Speed) कहते हैं।

$$\text{चाल} = \frac{\text{दूरी } (s)}{\text{समयांतराल } (t)}$$

- यह एक अदिश राशि है, इसका मात्रक मीटर/सेकण्ड होता है तथा वस्तु की चाल सदैव धनात्मक होती है।

चाल के प्रकार

चाल के प्रकार निम्नलिखित हैं

(i) **एकसमान चाल** (Uniform speed) कोई वस्तु जब समान समयांतराल में समान दूरी तय करती है, तो इसकी चाल एकसमान चाल कहलाती है।

(ii) **असमान चाल** (Non-uniform speed) कोई वस्तु जब समान समयांतराल में असमान दूरी तय करती है, तो चाल असमान चाल कहलाती है।

(iii) **औसत चाल** (Average speed) वस्तु की औसत चाल उसके द्वारा तय की गई कुल दूरी तथा कुल समयावधि का अनुपात होती है।

$$\text{औसत चाल} = \frac{\text{तय की गई कुल दूरी}}{\text{कुल समयावधि}}$$

यदि वस्तु t समय में s दूरी तय करती है, तो इसकी चाल $v = \frac{s}{t}$ होगी।

एक कार 2 घण्टे में 100 किमी की दूरी तय करती है। इसकी औसत चाल 50 किमी/घण्टा है। कार पूरे समय 50 किमी/घण्टा की चाल से नहीं चली होगी। कुछ समय यह इससे अधिक तो कुछ समय इससे कम चाल से चली होगी।

(iv) **तात्क्षणिक चाल** (Instantaneous speed) किसी विशेष क्षण पर वस्तु की चाल को उस वस्तु की तात्क्षणिक चाल कहते हैं।

वेग

- गतिमान वस्तु के एकांक समय में निश्चित दिशा में चली गई दूरी अर्थात् विस्थापन को वेग (Velocity) कहते हैं।

$$\text{वेग} = \frac{\text{निश्चित दिशा में तय दूरी}}{\text{समयांतराल}}$$

- वेग एक सदिश राशि है, इसका मात्रक मीटर/सेकण्ड होता है। यदि वस्तु का वेग परिवर्तित कर दिया जाए, तब वस्तु की चाल या गति की दिशा दोनों बदल सकती हैं।

वेग के प्रकार

वेग के प्रकार निम्नलिखित हैं

(i) **एकसमान वेग** (Uniform velocity) यदि कोई गतिशील वस्तु किसी निश्चित दिशा में समान समय में समान रूप से विस्थापित होती है, तो उसका वेग एकसमान वेग कहलाता है।

(ii) **असमान वेग** (Non-uniform velocity) यदि कोई गतिशील वस्तु किसी निश्चित दिशा में समान समयांतरालों में असमान रूप से विस्थापित होती है, तो उसका वेग असमान वेग कहलाता है।

(iii) **औसत वेग** (Average velocity) किसी गतिमान वस्तु के कुल विस्थापन को समयांतराल से विभाजित करने पर औसत वेग प्राप्त होता है।

$$\text{औसत वेग} = \frac{\text{कुल विस्थापन}}{\text{समयान्तराल}}$$

यदि वस्तु का वेग निश्चित दिशा में एकसमान दर से परिवर्तित हो रहा हो, तो औसत वेग $v_{avg} = \frac{\text{प्रारंभिक वेग + अंतिम वेग}}{2}$

$$= \frac{u+v}{2}$$

जहाँ, u वस्तु का प्रारंभिक वेग तथा v वस्तु का अंतिम वेग है।

(iv) **तात्क्षणिक वेग** (Instantaneous velocity) किसी गतिमान वस्तु का किसी निश्चित क्षण पर वेग तात्क्षणिक वेग कहलाता है।

चाल तथा वेग में अन्तर

चाल	वेग
गतिशील वस्तु द्वारा एकांक समय में तय की गई दूरी को चाल कहते हैं।	एकांक समय में तय किए गए विस्थापन को वस्तु का वेग कहते हैं।
चाल एक अदिश राशि है।	वेग एक सदिश राशि है।
किसी वस्तु की चाल उसके वेग के परिमाण के बराबर अथवा अधिक हो सकती है।	वेग का परिमाण चाल से अधिक नहीं हो सकता।
औसत चाल नियत रहती है।	औसत वेग नियत नहीं होता, यह शून्य भी हो सकता है।
चाल का मान सदैव धनात्मक होता है।	वेग का मान धनात्मक, ऋणात्मक तथा शून्य हो सकता है।

वेग में परिवर्तन की दर (त्वरण)

- गतिमान वस्तु के वेग में परिवर्तन की दर को **त्वरण** (Acceleration) कहते हैं।

$$\text{त्वरण} = \frac{\text{वेग में परिवर्तन}}{\text{लिया गया समय}}$$

यदि एक वस्तु का प्रारंभिक वेग u से t समय में बदलकर v हो जाता है, तो वस्तु में उत्पन्न त्वरण

$$a = \frac{v-u}{t}$$

- त्वरण एक सदिश राशि है, इसका SI मात्रक मीटर/सेकण्ड^2 होता है तथा इसका मान धनात्मक, शून्य तथा ऋणात्मक हो सकता है।
- यदि त्वरण, वेग की दिशा में है, तो इसे धनात्मक लिया जाता है। अर्थात् यदि गतिशील वस्तु के वेग में समय के साथ निरंतर वृद्धि हो रही है, तो वस्तु का त्वरण धनात्मक होगा।

  उदाहरण- पृथ्वी की ओर गिरती हुई वस्तु का वेग बढ़ता जाता है तथा वेग की विपरीत दिशा में वस्तु का वेग ऋणात्मक हो जाता है अर्थात् यदि वस्तु का वेग समय के साथ घट रहा है तो वस्तु का त्वरण ऋणात्मक होगा, इसे **मंदन** (Retardation) भी कहते हैं। ऊपर की ओर फेंकी गई किसी वस्तु का वेग घटता जाता है।

त्वरण के प्रकार

त्वरण के प्रकार निम्नलिखित हैं

(i) **एकसमान त्वरण** (Uniform acceleration) यदि किसी गतिशील पिण्ड के वेग में समान समयांतरालों में, समान परिवर्तन होता है, तो पिण्ड की गति में उत्पन्न त्वरण एकसमान त्वरण होता है।

उदाहरण- पृथ्वी की सतह की ओर स्वतंत्रतापूर्वक गिरते पिंड की गति में उत्पन्न त्वरण (g) एकसमान त्वरण होता है।

(ii) **असमान त्वरण** (Non-uniform acceleration) यदि समान समयांतरालों में किसी पिंड के वेग में परिवर्तन भिन्न-भिन्न हो, तो पिंड की गति में उत्पन्न त्वरण असमान त्वरण होता है।

उदाहरण- सड़क पर वाहनों की गति।

(iii) **औसत त्वरण** (Average acceleration) किसी वस्तु के वेग में कुल परिवर्तन तथा उसमें लगे कुल समय का अनुपात औसत त्वरण कहलाता है।

(iv) **तात्क्षणिक त्वरण** (Instantaneous acceleration) किसी विशेष क्षण पर वस्तु की गति में उत्पन्न त्वरण तात्क्षणिक त्वरण कहलाता है।

एकसमान त्वरित गति के समीकरण

कोई वस्तु सीधी रेखा में एकसमान त्वरण से चलती है तो एक निश्चित समयांतराल में समीकरणों द्वारा उसके वेग, त्वरण व उसके द्वारा तय की गई दूरी में संबंध स्थापित किए जा सकते हैं, जो इस प्रकार हैं

(i) $v = u + at$ (वेग-समय सम्बन्ध)

(ii) $s = ut + \frac{1}{2}at^2$ (समय-स्थिति सम्बन्ध)

(iii) $v^2 = u^2 + 2as$ (वेग-स्थिति सम्बन्ध)

जहाँ, u = प्रारंभिक वेग, v = अंतिम वेग, a = त्वरण, t = समय तथा s = दूरी है।

(iv) t वें सेकण्ड में चली गई दूरी, $s = u + \frac{1}{2}a(2t-1)$

पृथ्वी के गुरुत्व के अधीन समीकरण

स्वतंत्रतापूर्वक गिरती वस्तु के समीकरण निम्नलिखित हैं

(i) $v = u + gt$ (ii) $h = ut + \frac{1}{2}gt^2$

(iii) $v^2 = u^2 + 2gh$

जहाँ, g गुरुत्वीय त्वरण है। इसका मान 9.8 मीटर/सेकण्ड^2 होता है। यदि वस्तु को ऊपर की ओर फेंका जाए, तो $g = -g$ होगा।

गति का ग्राफीय प्रदर्शन

किसी गतिमान वस्तु की गति के विश्लेषण के लिए दूरी-समय, विस्थापन-समय या वेग-समय के मध्य ग्राफ खींचकर गतिमान वस्तु की स्थितियाँ किसी भी क्षण ज्ञात की जा सकती हैं।

1. दूरी-समय ग्राफ

समय के साथ किसी वस्तु की स्थिति परिवर्तन को दूरी-समय ग्राफ (Distance-Time graph) द्वारा व्यक्त किया जाता है। इस ग्राफ में, समय को X-अक्ष और दूरी को Y-अक्ष पर व्यक्त किया जाता है। दूरी-समय ग्राफ का प्रयोग वस्तु की चाल जानने के लिए भी करते हैं। इसको विभिन्न अवस्थाओं में निम्न प्रकार व्यक्त किया जाता है

- एकसमान चाल से गतिमान किसी वस्तु का दूरी-समय ग्राफ, समय अक्ष से न्यूनकोण बनाती हुई एक **सरल रेखा** (Straight line) होती है।

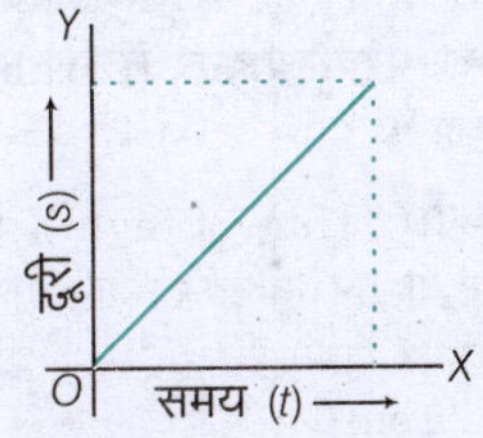

- असमान चाल से गतिमान किसी वस्तु का दूरी-समय ग्राफ एक **टेढ़ी-मेढ़ी रेखा** (Zig-zag line) अथवा कोई वक्र होता है।

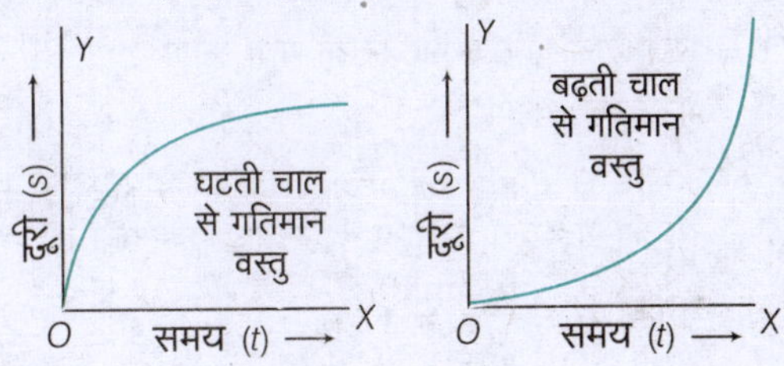

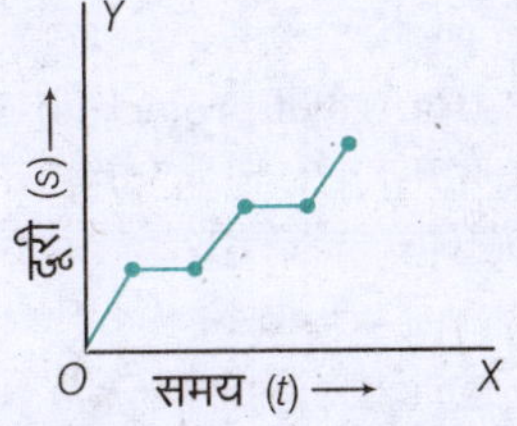

- विरामावस्था में किसी वस्तु का दूरी-समय ग्राफ समय अक्ष के समान्तर एक **सरल रेखा** होगी।

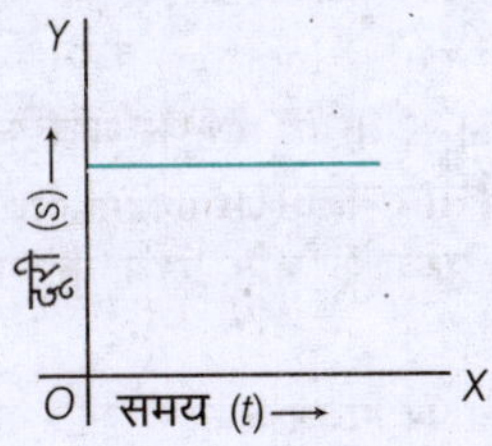

2. वेग-समय ग्राफ

समय के साथ वस्तु के वेग में परिवर्तन को वेग-समय ग्राफ (Velocity-Time graph) द्वारा व्यक्त करते हैं। इस ग्राफ में, समय को X-अक्ष पर और वेग को Y-अक्ष पर लेते हैं।

इसको विभिन्न अवस्थाओं में निम्न प्रकार व्यक्त किया जाता है।

- जब कोई वस्तु एकसमान वेग से गतिमान होती है, तो समय के साथ वेग-समय ग्राफ की ऊँचाई में कोई परिवर्तन नहीं होगा और यह X-अक्ष के समांतर एक सीधी रेखा होगी।

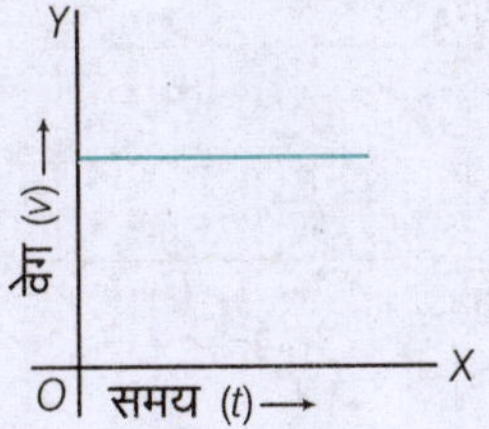

- **एकसमान त्वरित गति** (Uniform accelerated motion) के लिए **वेग-समय ग्राफ** एक सरल रेखा होती है।

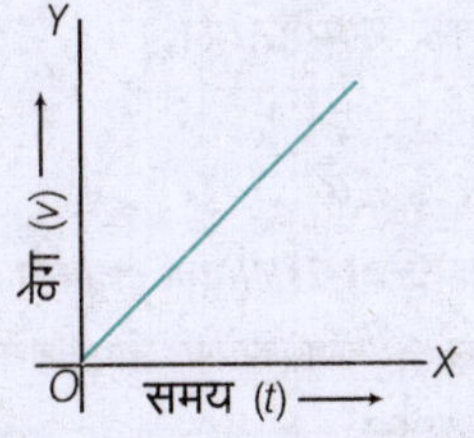

- जब किसी वस्तु की गति में असमान त्वरण होता है, तब उसका वेग अनियमित रूप से बदलता है तथा वेग-समय ग्राफ एक वक्र के रूप में प्राप्त होता है।

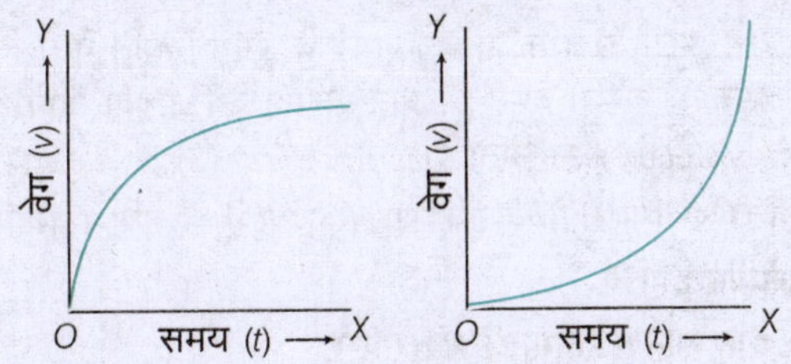

- **असमान त्वरित गति** (Non-uniform accelerated motion) की स्थिति में वेग-समय ग्राफ टेढ़ी-मेढ़ी आकृति का भी हो सकता है।

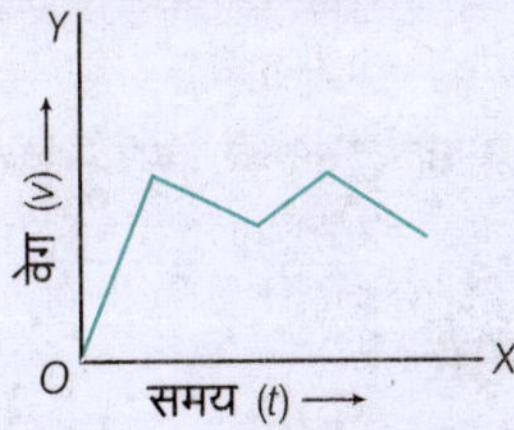

- वेग-समय ग्राफ द्वारा घेरे गए क्षेत्रफल से गतिमान वस्तु का विस्थापन ज्ञात किया जा सकता है। वेग-समय ग्राफ का ढाल, गतिमान वस्तु के त्वरण को प्रदर्शित करता है।
- यदि ग्राफ का **ढलान** (Slope) धनात्मक है, तो त्वरण भी धनात्मक होता है तथा यदि ग्राफ का ढलान ऋणात्मक है, तो त्वरण भी ऋणात्मक होता है।

वेग-समय ग्राफ से विस्थापन का निर्धारण

- किसी निश्चित समयांतराल में वस्तु का विस्थापन उसके वेग-समय वक्र तथा समय अक्ष के बीच घिरी आकृति के क्षेत्रफल के बराबर होता है।
- एकसमान वेग से गति के लिए वेग-समय ग्राफ, सरल रेखा AB प्राप्त होती है। समय t_1 व t_2 पर वस्तु का वेग v है तथा वेग-समय ग्राफ पर इसके संगत बिंदु C व D हैं (चित्र में)।

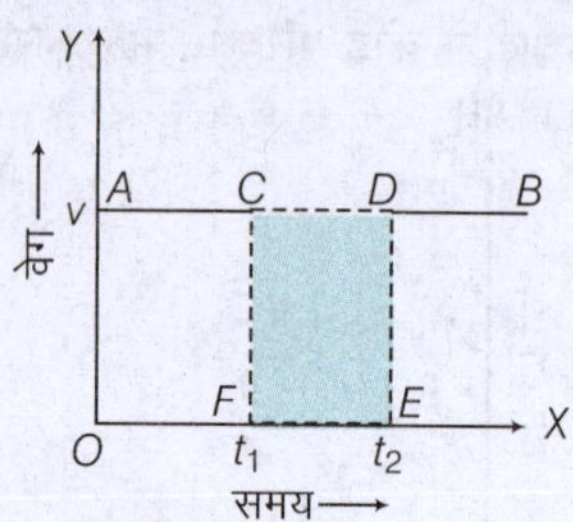

विस्थापन ज्ञात करना

समयांतराल $= t_2 - t_1 = EF$, वेग $= v = FC$

वस्तु का विस्थापन = वेग × समयांतराल

$= v \times (t_2 - t_1)$

$= FC \times EF$

= आकृति $CDEF$ का क्षेत्रफल

अत: वस्तु का विस्थापन = वेग-समय ग्राफ तथा समय अक्ष के बीच घिरी आकृति का क्षेत्रफल

आपेक्षिक वेग

- एक वस्तु का दूसरी वस्तु के सापेक्ष समय के साथ स्थिति में परिवर्तन की दर, एक वस्तु का दूसरी वस्तु के प्रति सापेक्ष वेग अथवा **आपेक्षिक वेग** (Relative velocity) कहलाता है।
- यदि रेलगाड़ी A तथा B के वेग क्रमश: v_A तथा v_B हैं तथा रेलगाड़ियों की दिशा एकसमान है, तब

  रेलगाड़ी A के सापेक्ष रेलगाड़ी B का वेग,

  $$v_{BA} = v_B - v_A$$

  तथा रेलगाड़ी B के सापेक्ष रेलगाड़ी A का वेग,

  $$v_{AB} = v_A - v_B$$

- यदि रेलगाड़ी A तथा B एक-दूसरे की विपरीत दिशा में गतिमान हैं, तब सापेक्ष वेग $v_{AB} = v_A + v_B$

एक समतल में गति

यदि किसी वस्तु पर आरोपित बल की दिशा वस्तु के प्रारंभिक वेग की दिशा से भिन्न हो, तो वस्तु के वेग का परिमाण एवं दिशा दोनों ही समय के साथ परिवर्तित होते रहते हैं तथा वस्तु वक्र पथ पर गति करती है, तब इस प्रकार की **गति को समतलीय गति** (Motion in a Plane) या **द्विविमीय गति** (Two dimensional motion) कहते हैं।

उदाहरण- प्रक्षेप्य गति, वृत्तीय गति, आदि।

प्रक्षेप्य गति

जब किसी वस्तु को पृथ्वी तल अथवा इसके समीप किसी बिंदु से किसी प्रारंभिक वेग से ऊर्ध्वाधर से भिन्न किसी दिशा में फेंका जाता है, तो वस्तु गुरुत्व के अंतर्गत एक वक्र पथ के अनुदिश गति करती है। वस्तु की इस प्रकार की गति को **प्रक्षेप्य गति** (Projectile motion) कहते हैं।

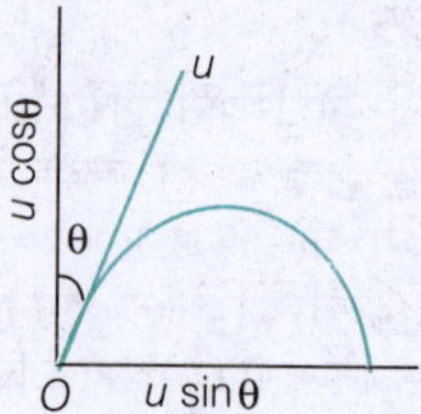

जिस वस्तु को फेंका जाता है, उसे **प्रक्षेप्य** (Projectile) कहते हैं। ऐसा प्रक्षेप्य फुटबॉल, क्रिकेट गेंद, तोप का गोला आदि हो सकते हैं। वस्तु प्रक्षेप्य गति के अंतर्गत जिस पथ का अनुसरण करती है, उसे **प्रक्षेप्य पथ** (Projectile path) कहते हैं। वस्तु का प्रक्षेप्य पथ **परवलयाकार** (Parabolic) होता है तथा यह निम्न कारकों पर निर्भर करता है

(i) **प्रक्षेप्य का उड्डयन काल** (Time of flight) वस्तु को प्रक्षेपित करके तथा उसके वापस पृथ्वी पर लौटकर आने के मध्य लगे समय को प्रक्षेप्य का **उड्डयन काल** कहते हैं।

उड्डयन काल, $T = \dfrac{2u\sin\theta}{g}$

जहाँ, u = वस्तु का वेग

θ = वस्तु द्वारा क्षैतिज से बनाया गया कोण

g = गुरुत्वीय त्वरण

(ii) **प्रक्षेप्य की ऊँचाई** (Height of projectile) प्रक्षेपित गति के दौरान वस्तु द्वारा तय की गई दूरी, प्रक्षेप्य की ऊँचाई कहलाती है।

प्रक्षेप्य की ऊँचाई, $H = \dfrac{u^2\sin^2\theta}{2g}$

ऊँची कूद के लिए खिलाड़ी अपने शरीर को ऊर्ध्वाधर दिशा में उछालता है।

(iii) **प्रक्षेप्य का परास** (Range of projectile) वस्तु अपने उड्डयन काल के दौरान जितनी क्षैतिज दूरी तय करती है, उसे वस्तु का क्षैतिज परास अथवा प्रक्षेप्य का परास कहते हैं।

प्रक्षेप्य का परास, $R = \dfrac{u^2\sin 2\theta}{g}$

वृत्तीय गति

- जब कोई वस्तु किसी वृत्त की परिधि के अनुदिश गति करती है, तो इस गति को **वृत्तीय गति** (Circular motion) कहते हैं।
- यदि वस्तु एकसमान चाल से वृत्तीय पथ पर गति करती है, तब इस प्रकार की गति को **एकसमान वृत्तीय गति** (Uniform circular motion) कहते हैं। उदाहरण- चंद्रमा एवं पृथ्वी की गति, पृथ्वी के चारों ओर वृत्तीय कक्षा में घूर्णन करता उपग्रह, आदि।
- जब कोई वस्तु वृत्तीय पथ पर नियत चाल से गति करती है, तो इसकी गति की दिशा लगातार परिवर्तित होती है। वेग में परिवर्तन केवल गति की दिशा

में परिवर्तन के कारण होता है। इसलिये वृत्तीय पथ में गति एक त्वरित गति है।

हमें ज्ञात है कि त्रिज्या r वाले वृत्त की परिधि $2\pi r$ होती है, यदि कोई वस्तु r त्रिज्या वाले वृत्तीय पथ का एक चक्कर लगाने में t सेकण्ड का समय लेती है, तब वस्तु का वेग $v = \frac{2\pi r}{t}$ होगा।

वृत्तीय गति से सम्बन्धित कुछ पद

वृत्तीय गति से सम्बन्धित कुछ मुख्य पद निम्नलिखित हैं

(i) **आवर्तकाल** (Time period) वृत्तीय गति में, कोई कण वृत्तीय पथ पर एक चक्कर पूरा करने में जितना समय लेता है, वह उस कण का आवर्तकाल (T) कहलाता है। इसका मात्रक सेकण्ड होता है।

(ii) **आवृत्ति** (Frequency) वृत्तीय गति में कोई कण वृत्तीय पथ पर एक सेकण्ड में जितने चक्कर लगाता है, वह कण की आवृत्ति कहलाती है। इसका मात्रक हर्ट्ज होता है।

(iii) **कोणीय विस्थापन** (Angular displacement) एकसमान वृत्तीय गति करते हुए वस्तु के त्रिज्य सदिश द्वारा वृत्त के केंद्र पर **अंतरित** (Transferred) किया गया कोण उस वस्तु का कोणीय विस्थापन ($\Delta\theta$) कहलाता है।

$$\text{कोणीय विस्थापन } (\Delta\theta) = \frac{\text{विस्थापन } (\Delta S)}{\text{त्रिज्या } (\gamma)}$$

इसका मात्रक रेडियन होता है।

(iv) **कोणीय वेग** (Angular velocity) वृत्तीय गति में किसी वस्तु की समय के सापेक्ष कोणीय विस्थापन में परिवर्तन की दर को उस वस्तु का कोणीय वेग कहते हैं।

$$\text{कोणीय वेग } (\omega) = \frac{\text{कोणीय विस्थापन } (\Delta\theta)}{\text{त्रिज्या } (\Delta t)}$$

इसका मात्रक रेडियन/सेकण्ड होता है।

(v) **कोणीय त्वरण** (Angular acceleration) कोणीय वेग परिवर्तन की दर को कोणीय त्वरण (α) कहते हैं। इसका मात्रक रेडियन/सेकण्ड^2 होता है। यह कोणीय वेग की दिशा में परिवर्तन के कारण होता है इसलिए कोणीय वेग की दिशा बदलने के अनुसार सामान्यतः इसकी दिशा वृत्त की परिधि के अनुदिश मानी जाती है।

अतः $$\text{कोणीय त्वरण, } \alpha = \frac{\text{कोणीय वेग } (\omega)}{\text{समयांतराल } (\Delta t)}$$

(vi) **अभिकेंद्र त्वरण** (Centripetal acceleration) जब कोई कण एकसमान वृत्तीय गति करता है तब कण के वेग का **परिमाण** (Magnitude) नियत रहता है, लेकिन उसकी दिशा लगातार बदलती रहती है जिसके कारण वेग की लंबवत् दिशा में एक त्वरण कार्य करता है, जिसकी दिशा सदैव केंद्र की ओर होती है। इस त्वरण को अभिकेंद्र त्वरण कहते हैं।

इसका व्यंजक निम्न सूत्र द्वारा प्राप्त होता है

$$\text{अभिकेंद्र त्वरण, } a = \frac{v^2}{r}$$

जहाँ, v = कण की चाल

r = वृत्तीय पथ की त्रिज्या

अतिरिक्त तथ्य
तमिलनाडु बोर्ड एवं NIOS

- विस्थापन दूरी के बराबर तब होता है, जब वस्तु सरल रेखा पर गतिशील है और अपनी दिशा नहीं बदलती है।
- क्षणिक चाल, क्षणिक वेग का परिमाण बताती है, लेकिन औसत चाल औसत वेग का परिमाण नहीं है।
- औसत वेग, औसत चाल से कम या उसके बराबर होता है।
- औसत वेग शून्य हो सकता है लेकिन औसत चाल शून्य नहीं हो सकती है।
- असमान गति के लिए त्वरण शून्य नहीं होता है।
- यदि ग्राफ की रेखा एक सरल रेखा है, जो X-तथा Y-अक्ष के साथ 45° का कोण बनाती है, तो गति सरल रेखीय गति है और दूरी विस्थापन के बराबर है।
- जब कोई वस्तु वृत्तीय पथ पर गतिशील है, तो अधिकतम विस्थापन वृत्तीय पथ के व्यास के बराबर होता है और वस्तु द्वारा तय की गई दूरी समय के साथ बढ़ती है।

बल तथा न्यूटन के गति विषयक नियम

(स्रोत)

Class-VIII New NCERT Chap 8 (बल तथा दाब), Chap 9 (घर्षण),
Class-IX New NCERT Chap 8 (बल तथा गति के नियम),
Class-XI New NCERT Chap 4 (गति के नियम)
Tamil Nadu Board (Class-X), NIOS

- अपने दैनिक जीवन में हम देखते हैं कि एक स्थिर वस्तु को गति देने के लिए या गतिशील वस्तु को रोकने के लिए हमें कुछ प्रयास करना पड़ता है अर्थात् किसी वस्तु को गति की अवस्था में लाने के लिए हमें उसे खींचना, धकेलना या ठोकर लगाना पड़ता है।
- वस्तु को खींचने, धकेलने या ठोकर लगाने तथा वस्तु को रोकने की इसी क्रिया पर बल की अवधारणा आधारित है।

बल

- वह बाह्य कारक (धक्का/खिंचाव) जो किसी पिंड के रूप व आकार या स्थिति में परिवर्तन कर सकता है, बल (Force) कहलाता है।
- दैनिक जीवन में बल का उपयोग किसी पिंड या वस्तु को एक स्थान से उठाकर दूसरे स्थान तक ले जाने में किया जाता है।
- साधारणतया ''बल वह धक्का अथवा खिंचाव होता है जो किसी वस्तु में गति या विराम की अवस्था में परिवर्तन करता है या परिवर्तन करने का प्रयास करता है।''

(a) धकेलने पर ट्रॉली लगाए गए बल की दिशा में गति करती है। (b) दराज को खींचा जाता है।

(c) हॉकी स्टीक से गेंद को आगे की ओर ठोकर लगाते हैं।

- बल एक सदिश राशि है और इसका SI मात्रक न्यूटन तथा CGS मात्रक डाइन होता है। बल का एक अन्य मात्रक किलोग्राम-भार भी है।

$$1 \text{ न्यूटन} = 1 \text{ किग्रा-मी/से}^2$$

बल के प्रभाव

किसी वस्तु पर बल लगाने के कारण उसमें उत्पन्न होने वाले प्रभाव निम्नलिखित हैं

- बल लगाने से किसी वस्तु के आकार या आयतन में परिवर्तन किया जा सकता है। उदाहरण-जस्ते की चादर को मोड़कर उसका आकार बदला जा सकता है, गोलाकार गेंद का अंडाकार हो जाना, स्प्रिंग का फैलना।

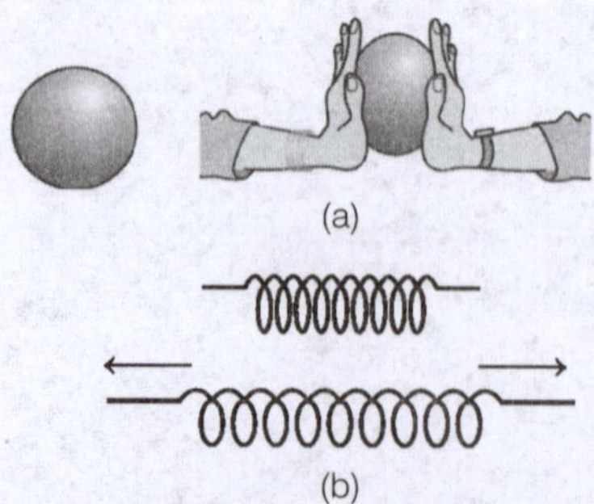

(a)

(b)

- किसी स्थिर वस्तु पर बल लगाने से वस्तु गतिमान हो जाती है। उदाहरण- रोलर को धक्का देकर गतिशील किया जा सकता है। इसी प्रकार गतिमान वस्तु पर गति की विपरीत दिशा में बल लगाने पर उसे विरामावस्था में लाया जा सकता है। अतः बल लगाने से वेग में परिवर्तन किया जा सकता है।
- बल किसी वस्तु की दिशा बदल सकता है। उदाहरण-फुटबॉल पर ठोकर मारकर उसकी गति की दिशा को बदला जा सकता है।

बल के प्रकार

बल निम्न प्रकार के होते हैं

संपर्क बल

दो वस्तुओं के वास्तविक संपर्क में आने पर जो बल कार्य करते हैं, **संपर्क बल** (Contact force) कहलाते हैं। उदाहरण-घर्षण बल, श्यान बल, पेशीय बल, आदि।

(i) **पेशीय बल** (Muscular force) यह बल हमारे शरीर की माँसपेशियों द्वारा लगता है। हमारी माँसपेशियों की **क्रियास्वरूप** (Action format) लगने वाले बल को पेशीय बल कहते हैं।

पशु भी अपने शारीरिक क्रियाकलापों तथा अन्य कार्यों को करने के लिए पेशीय बल का उपयोग करते हैं।

(ii) **घर्षण बल** (Frictional force) जब कोई वस्तु किसी दूसरी वस्तु की सतह पर फिसलती है या ऐसा करने का प्रयास करती है, तो उनके बीच लगने वाले बल को घर्षण बल कहते हैं।

असंपर्क बल

ऐसे बल जिनमें दो वस्तुओं के बीच संपर्क करने की आवश्यकता नहीं होती है, **असंपर्क बल** (Non-contact force) कहलाते हैं। उदाहरण-गुरुत्वाकर्षण बल, चुंबकीय बल, दो आवेशों के बीच स्थैतिक बल, आदि।

(i) **चुंबकीय बल** (Magnetic force) चुंबकों के समान ध्रुव एक-दूसरे को प्रतिकर्षित करते हैं तथा असमान ध्रुव एक-दूसरे को आकर्षित करते हैं। एक चुंबक दूसरे चुंबक पर बिना संपर्क में आये ही बल लगा सकता है।

(ii) **स्थिर वैद्युत बल** (Electrostatic force) एक आवेशित वस्तु द्वारा किसी दूसरी आवेशित अथवा अनावेशित वस्तु पर लगाया गया बल स्थिर वैद्युत बल कहलाता है। वस्तुओं के संपर्क में न होने पर यह बल कार्य करता है।

(iii) **गुरुत्वाकर्षण बल** (Gravitational force) वस्तुएँ पृथ्वी की ओर गिरती हैं, क्योंकि वह उन्हें अपनी ओर आकर्षित करती है, इस बल को गुरुत्व बल या केवल गुरुत्व कहते हैं। यह एक आकर्षण बल है, गुरुत्व बल प्रत्येक वस्तु पर लगता है। गुरुत्व बल के कारण ही नदियों का पानी नीचे की ओर बहता है।

ब्रह्मांड में सभी वस्तुएँ (छोटी व बड़ी) अन्य वस्तुओं पर बल लगाती हैं, तब यह आकर्षण बल **गुरुत्वाकर्षण बल** कहलाता है।

(iv) **नाभिकीय बल** (Nuclear force) प्रोटॉनों व न्यूट्रॉनों के बीच लगने वाला आकर्षण बल नाभिकीय बल कहलाता है, यह सबसे शक्तिशाली बल होता है। नाभिक के **स्थायित्व** (Stability) के लिए यह बल उत्तरदायी है। नाभिकीय बल **लघु-परास** (Short-range) बल है।

संतुलित बल

- यदि किसी वस्तु पर एक साथ दो या दो से अधिक बल कार्य कर रहे हों तथा बलों का परिणामी प्रभाव शून्य हो, तो वे बल **संतुलित बल** (Balanced force) कहलाते हैं।
- संतुलित बलों के प्रभाव में वस्तु की स्थिति में कोई परिवर्तन नहीं होता है, परंतु वस्तु की आकृति बदल जाती है।

उदाहरण-यदि एक गुटके को दोनों ओर समान बल लगाकर परस्पर विपरीत दिशा में ले जाया जाता है, तब गुटके में कोई गति नहीं होती है। अतः गुटके पर लगा बल संतुलित बल कहलाता है।

असंतुलित बल

- यदि किसी वस्तु अथवा निकाय पर लगे हुए बलों का परिणामी बल शून्य नहीं है, तो वे बल **असंतुलित बल** (Unbalanced forces) कहलाते हैं।
- असंतुलित बल द्वारा किसी स्थिर वस्तु को गति प्रदान की जा सकती है तथा किसी गतिमान वस्तु को रोका जा सकता है।

उदाहरण–रस्साकशी में यदि एक टीम दूसरी टीम से अधिक शक्तिशाली है, तो वह रस्से तथा कमजोर टीम दोनों को अपनी ओर खींच लेती है। इस दशा में, रस्से पर लगने वाला बल असंतुलित बल है।

संरक्षी तथा असंरक्षी बल

संरक्षी तथा असंरक्षी बलों का वर्णन निम्नलिखित है

- **संरक्षी बल** (Conservative force) वह बल है, जिसके द्वारा किसी पिंड को एक बिंदु से दूसरे बिंदु तक ले जाने में किया गया कार्य केवल पिंड की प्रारंभिक एवं अंतिम स्थितियों पर निर्भर करता है, पिंड के पथ पर नहीं। उदाहरण- गुरुत्वाकर्षण बल, स्थिर वैद्युत बल, वैद्युत चुंबकीय बल आदि संरक्षी बल हैं।
- **असंरक्षी बल** (Non-conservative force) वह बल है, जिसके द्वारा किसी पिंड को एक बिंदु से दूसरे बिंदु तक ले जाने में किया गया कार्य पिंड की प्रारंभिक एवं अंतिम स्थितियों के साथ-साथ पिंड द्वारा तय किए पथ पर भी निर्भर करता है। उदाहरण-घर्षण बल, श्यान बल, आदि।

जड़त्व

- **जड़त्व** (Inertia) शब्द की उत्पत्ति जड़ता शब्द से हुई है जिसका अर्थ स्थिरता या अपरिवर्तनीयता है।
- प्रत्येक वस्तु अपनी विराम अवस्था या गति की अवस्था में ही बने रहना चाहती है और अपनी स्थिति में होने वाले परिवर्तन का विरोध करती है। इसे जड़त्व का नियम (Law of inertia) कहते हैं।
- वस्तु के इस गुण को **गैलीलियो** (Galileo) ने जड़त्व का नाम दिया।
- अतः जड़त्व किसी वस्तु का वह गुण है, जिसके कारण वह अपनी विरामावस्था अथवा एकसमान गति की अवस्था में परिवर्तन का विरोध करती है।

जड़त्व तीन प्रकार का होता है

1. विराम का जड़त्व

वस्तु का वह गुण जिस कारण वह अपनी विराम अवस्था में होने वाले परिवर्तन का विरोध करती है, **विराम का जड़त्व** (Inertia of rest) कहलाता है। उदाहरण-

- बस के अचानक चलने पर उसमें बैठे यात्री पीछे की ओर गिर पड़ते हैं, इसका कारण यह है कि बस अथवा रेलगाड़ी के अचानक चलने पर यात्री के शरीर का निचला भाग जो बस या रेलगाड़ी के संपर्क में है, शीघ्र ही बस अथवा रेलगाड़ी के साथ गति कर देता है, परंतु शरीर का ऊपरी भाग जो बस या रेलगाड़ी के संपर्क में नहीं है, अपने विराम के जड़त्व के कारण विराम अवस्था में ही बना रहता है जिस कारण यात्री पीछे की ओर गिर पड़ते हैं।

- कंबल को हाथ में पकड़कर डंडे से पीटने पर धूल के कण अलग हो जाते हैं, इसका कारण यह है कि कंबल को हाथ में पकड़कर डंडे से पीटने पर कंबल में गति उत्पन्न हो जाती है तथा धूल के कण विराम के जड़त्व के कारण अपने स्थान पर ही रहते हैं और कंबल से अलग हो जाते हैं।
- पेड़ की शाखाओं को तेजी से हिलाने पर उसके फल नीचे गिर पड़ते हैं, इसका कारण यह है कि **पेड़ की शाखाओं** (Branches of tree) को तेजी से हिलाने पर वे गति की अवस्था में आ जाती हैं, परंतु उन पर लगे फल विराम के जड़त्व के कारण अपने स्थान पर विराम अवस्था में बने रहते हैं तथा पृथ्वी के गुरुत्वाकर्षण के कारण नीचे गिर पड़ते हैं।

2. गति का जड़त्व

वस्तु का वह गुण जिस कारण वह अपनी एकसमान गति में होने वाले परिवर्तन का विरोध करती है, **गति का जड़त्व** (Inertia of motion) कहलाता है। उदाहरण-

- चलती हुई बस के अचानक रुकने पर उसमें बैठे यात्री आगे की ओर झुक जाते हैं, इसका कारण यह है कि चलती हुई बस या रेलगाड़ी में यात्री भी गाड़ी की चाल से गति करता है। बस या रेलगाड़ी के अचानक रुकने पर यात्री के शरीर का निचला भाग जो गाड़ी के संपर्क में है गाड़ी के साथ तेजी से रुक जाता है, परंतु शरीर का ऊपरी भाग गति के जड़त्व के कारण उसी चाल से गति करता रहता है जिस कारण यात्री आगे की ओर झुक जाता है।
- तेज दौड़ते घोड़े के अचानक रुक जाने पर घुड़सवार आगे की ओर गिरता है, इसका कारण यह है कि जब घोड़ा तेजी से दौड़ता है, तो घोड़ा तथा घुड़सवार एक चाल से गति करते हैं। घोड़े के अचानक रुक जाने पर भी घुड़सवार गति के जड़त्व के कारण आगे की ओर गति करता रहता है, जिससे घुड़सवार आगे की ओर गिर जाता है।
- बस की छत पर रखे सामान को रस्सी से बाँध देते हैं, इसका कारण यह है कि जब चलती बस अचानक रुकती है, तो बस की छत पर रखा सामान गति के जड़त्व के कारण आगे की ओर गति करता रहता है, इसलिए सामान की सुरक्षा के लिए उसे रस्सी से बाँध देते हैं।

3. दिशा का जड़त्व

वस्तु का वह गुण जिस कारण वह अपनी गति की दिशा में होने वाले परिवर्तन का विरोध करती है, **दिशा का जड़त्व** (Inertia of direction) कहलाता है। उदाहरण-

- तेज गति से चलती बस किसी वक्राकार मोड़ पर मुड़ती है, तो यात्री मोड़ के केंद्र से बाहर की ओर झुक जाते हैं, इसका कारण यह है कि जब तेज गति से चलती बस वक्राकार मोड़ (Circular turn) पर मुड़ती है, तो उसमें बैठे यात्री दिशा के जड़त्व के कारण पहली दिशा में ही गति करते रहते हैं जिस कारण मोड़ के केंद्र से बाहर की ओर झुक जाते हैं।
- गाड़ी के टायर के संपर्क में आए कीचड़ के कणों से बचने के लिए मडगार्ड लगाए जाते हैं। इसका कारण यह है कि गाड़ी के टायर के संपर्क में आए कीचड़ के कण अपनी दिशा के जड़त्व के कारण अपनी स्पर्श रेखीय चाल की दिशा में गति करते हैं तथा वाहन को गंदा करते हैं, जिससे बचने के लिए **मडगार्ड** (Mudguard) लगाए जाते हैं।
- यदि पत्थर को डोरी से बाँधकर क्षैतिज वृत्तीय पथ में घुमाएँ, तब डोरी टूटने पर पत्थर स्पर्श रेखीय दिशा में गति करता है, इसका कारण यह है कि वृत्तीय पथ के किसी भी बिंदु पर पत्थर की चाल स्पर्श रेखीय दिशा में होती है। डोरी का तनाव उसे वृत्तीय पथ पर गति प्रदान करता है। डोरी के टूटने पर डोरी का तनाव शून्य हो जाता है।

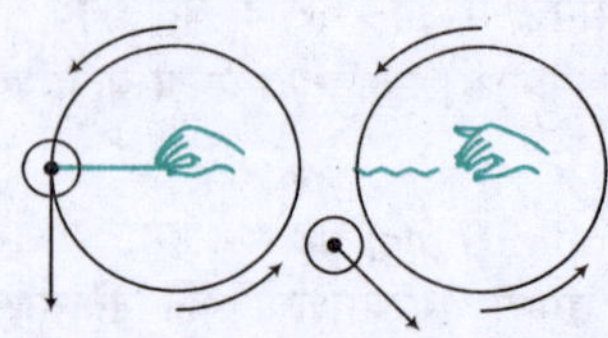

अतः अब पत्थर वृत्तीय पथ पर गति न करके अपनी दिशा के जड़त्व के कारण, स्पर्श रेखीय दिशा में गति करता है।

- चाकू की धार तेज करते समय घूमते पहिए के संपर्क में लाने पर उत्पन्न चिंगारियाँ स्पर्श रेखीय दिशा में गति करती हैं, इसका कारण यह है कि **चिंगारियाँ** (Sparks) दिशा के जड़त्व के कारण अपनी स्पर्श रेखीय चाल की दिशा में गति करती हैं।

जड़त्व (Inertia) **तथा द्रव्यमान** (Mass)

- अधिक द्रव्यमान की वस्तु की विरामवस्था तथा गति की अवस्था में परिवर्तन करने के लिए अधिक बल की आवश्यकता होती है, अर्थात् अधिक द्रव्यमान की वस्तु अपनी विरामवस्था अथवा गति की अवस्था में होने वाले परिवर्तन का अधिक विरोध करती है अर्थात् अधिक द्रव्यमान की वस्तु का जड़त्व अधिक होता है। अतः द्रव्यमान जड़त्व की माप है।

न्यूटन के गति विषयक नियम

न्यूटन ने गति विषयक तीन नियमों का प्रतिपादन किया, जो निम्न प्रकार हैं

1. न्यूटन का गति विषयक प्रथम नियम

इस नियमानुसार, "यदि कोई वस्तु अपनी स्थिर अवस्था या सरल रेखा में एकसमान गति की अवस्था में है, तो वह उसी अवस्था में बनी रहती है, जब तक कि उस पर बाहर से कोई बल न लगाया जाए।" यह नियम जड़त्व का नियम (Law of inertia) या **गैलीलियो का नियम** भी कहलाता है।

न्यूटन के गति के प्रथम नियम के व्यावहारिक उदाहरण

- मेज पर रखी पुस्तक, तब तक उसी अवस्था में रहेगी, जब तक उसकी अवस्था परिवर्तन के लिए बाहर से कोई बल न लगाया जाए।
- जमीन पर गति करती हुई कोई गेंद गतिमान अवस्था में रहती है, जब तक इस पर कोई बाह्य बल न लगाया जाए।

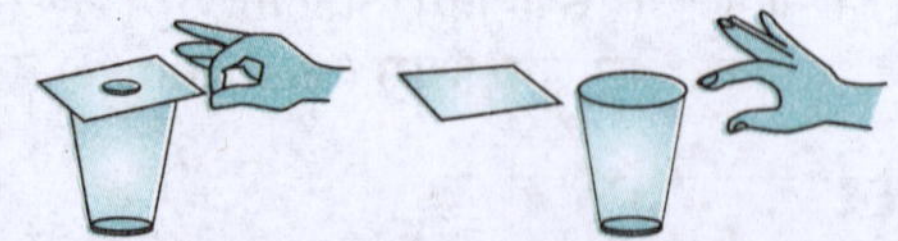

अंगुली से ताश के पत्ते को झटका देने पर पत्ते के ऊपर रखा सिक्का नीचे की ओर गिलास में गिर जाता है।

नोट जब कोई वस्तु जमीन पर गति करती है, तो वह घर्षण बल के कारण विरामावस्था में आ जाती है अन्यथा वह वस्तु गति करती रहेगी।

संवेग

किसी वस्तु का **संवेग** (Momentum) p, उसके द्रव्यमान m और वेग v के गुणनफल से परिभाषित किया जाता है।

$$p = mv$$

संवेग में परिमाण और दिशा दोनों होते हैं। इसकी दिशा वही होती है जो वेग की होती है। इसका मात्रक किलोग्राम-मीटर/सेकण्ड होता है। इस राशि को न्यूटन ने प्रस्तुत किया था।

संवेग पर आधारित कुछ महत्त्वपूर्ण घटनाएँ

- मान लीजिए एक कम भार का वाहन (जैसे छोटी कार) तथा एक अधिक भार का वाहन (जैसे सामान से लदा ट्रक) दोनों ही किसी क्षैतिज सड़क पर खड़े हैं। हम सभी भली-भाँति जानते हैं कि समान समयांतराल में दोनों वाहनों को समान चाल से गति कराने में कार की तुलना में ट्रक को धकेलने के लिए अपेक्षाकृत अधिक बल की आवश्यकता होती है। इसी प्रकार, यदि एक हल्का पिंड तथा एक भारी पिंड दोनों समान चाल से गतिमान हैं, तो समान समयांतराल में दोनों पिंडों को रोकने में हल्के पिंड की तुलना में भारी पिंड में अपेक्षाकृत अधिक परिमाण के विरोधी बल की आवश्यकता होती है।
- यदि दो पत्थर, एक हल्का तथा दूसरा भारी, एक ही भवन के शिखर से गिराए जाते हैं, तो धरती पर खड़े किसी व्यक्ति के लिए भारी पत्थर की तुलना में हल्के पत्थर को पकड़ना आसान होता है। इस प्रकार किसी पिंड की संहति एक महत्त्वपूर्ण **प्राचल** (Parameter) है, जो गति पर बल के प्रभाव को निर्धारित करती है।

2. न्यूटन का गति विषयक द्वितीय नियम

इस नियमानुसार, "किसी वस्तु के संवेग परिवर्तन की दर, उस पर लगने वाले असंतुलित बल के **समानुपातिक** होती है। यह परिवर्तन बल की दिशा में ही होता है।"

अर्थात् $F \propto \dfrac{\Delta p}{\Delta t}$

जहाँ, Δp = संवेग में परिवर्तन की दर

तथा Δt = परिवर्तन में लगा समय

यदि m द्रव्यमान की वस्तु का प्रारंभिक वेग u है तथा Δt समयांतराल तक एक निश्चित बल लगाने पर उस वस्तु का वेग v हो जाता है, तब

इसके संवेग में परिवर्तन, $\Delta p = mv - mu = m(v-u)$

संवेग परिवर्तन की दर, $\dfrac{\Delta p}{\Delta t} = \dfrac{m(v-u)}{\Delta t}$

$\therefore \quad F \propto \dfrac{m(v-u)}{\Delta t} \Rightarrow F = \dfrac{km(v-u)}{\Delta t}$ (k = स्थिरांक)

$\because \quad a = \dfrac{m(v-u)}{\Delta t}$

$\therefore \quad F = kma$

यदि $k = 1$

तब $F = ma$

अर्थात् किसी वस्तु पर लगाया गया बल, वस्तु में उत्पन्न त्वरण तथा वस्तु के द्रव्यमान के गुणनफल के बराबर होगा।

न्यूटन के गति के द्वितीय नियम के व्यावहारिक उदाहरण

न्यूटन के गति के द्वितीय नियम के कुछ व्यावहारिक उदाहरण निम्नलिखित हैं

- **क्रिकेट में गेंद को कैच लेते समय खिलाड़ी का अपने हाथ को पीछे की ओर खींच लेना** जब क्रिकेट मैदान में खिलाड़ी कैच लेता है, तो गेंद द्वारा हाथों पर धक्का या बल लगता है और उसका संवेग शून्य हो जाता है। अँगुलियों के मध्य गेंद आते ही वह हाथों को पीछे हटाता है, जिस कारण संवेग परिवर्तन का समयांतराल बढ़ जाता है। अतः संवेग-परिवर्तन की दर और इस कारण हाथ पर लगा बल कम हो जाता है, जिसे वह आसानी से सहन कर लेता है।
- **ऊँची कूद के खिलाड़ी का स्पंज के गद्दे पर गिरना** ऊँची कूद का खिलाड़ी स्पंज के गद्दे अथवा मिट्टी पर गिरकर संवेग-परिवर्तन की दर को कम करता है, जिससे उसको चोट कम लगती है।
- **कराटे के खेल में खिलाड़ी द्वारा टाइलों के समूह को एक ही बार में तोड़ना** कराटे के खेल में कोई खिलाड़ी जब टाइलों के समूह अथवा बर्फ की सिल्ली पर तेजी से वार करता है, तो हाथ का समस्त संवेग बहुत कम समयांतराल में शून्य हो जाता है। इसके परिणामस्वरूप टाइलों के समूह या बर्फ की सिल्ली पर इतना बल लगता है कि वह टूट जाती है।
- **कमानीदार तुला** वह युक्ति है जिसके द्वारा किसी वस्तु पर लगने वाले बल को मापा जाता है। इसमें एक **कुण्डलित कमानी** (Coiled spring) होती है जिसमें बल लगाने पर प्रसार हो जाता है। कमानी के इस प्रसार की माप इसके **अंशांकित पैमाने** (Graduated scale) पर चलने वाले संकेतक द्वारा की जाती है। पैमाने के पाठ्यांक द्वारा बल का परिमाण प्राप्त होता है।

आवेग

जब किसी वस्तु पर बड़े परिमाण का बल अत्यंत अल्प समय के लिए कार्य करे तथा जिसके प्रभाव से वस्तु के संवेग में अत्यधिक परिवर्तन हो, तो ऐसा बल **आवेगीय बल** (Impulsive force) कहलाता है। आवेगीय बल तथा समयांतराल के गुणनफल को बल का आवेग (Impulse, I) कहते हैं।

बल का आवेग, $I = F \cdot \Delta t$

जहाँ, आवेगीय बल (F) तथा समयान्तराल (Δt) है।

आवेग एक सदिश राशि है। इसकी दिशा बल की दिशा में होती है तथा इसका SI मात्रक न्यूटन-सेकण्ड होता है।

दैनिक जीवन में आवेग के उदाहरण

दैनिक जीवन में आवेग के उदाहरण निम्नलिखित हैं

- **वाहनों का असमतल मार्ग पर चलने से झटका लगना** जब कोई दुपहिया या चौपहिया वाहन एक असमतल मार्ग पर चलता है, तो इस पर काफी झटके लगते हैं, **आघात अवशोषकों** (Shock absorbers) के प्रयोग से **झटकों** (Jerks) का अंतराल बढ़ जाने के कारण आवेगी बल घट जाता है। फलतः इन गाड़ियों में बैठे यात्रियों को कम-से-कम झटके महसूस होते हैं।
- **ऊँचाई से कूदने पर चोट का लगना** जब हम किसी ऊँचाई से पक्के फर्श पर कूदते हैं, तो फर्श द्वारा हमारे पैर को दिए गए आवेग के कारण हमारा संवेग यकायक शून्य हो जाता है। यह आवेग अधिक

बल का होता है, जिससे हमारे पैर में चोट लगने की सम्भावना बढ़ जाती है। परन्तु यदि हम फर्श पर मिट्टी अथवा गद्दा बिछा लें, तो हमारे पैर उसमें धँस जाएँगे तथा संवेग के शून्य होने में कुछ देर लगेगी। अतः अब हमारे पैर को उतना ही आवेग एक छोटे बल से मिलेगा जिससे कि पैर में चोट नहीं आएगी।

- **मिट्टी के बर्तन या अन्य सामान को टूटने से बचाने के लिए घास का प्रयोग करना** चीनी मिट्टी के बर्तनों को कागज या घास-फूस के टुकड़ों में **पैक** (Pack) करते हैं, क्योंकि गिरने की स्थिति में, घास-फूस या कागज के कारण आवेग, चीनी मिट्टी के बर्तनों तक पहुँचने में अधिक समय लेता है। जिससे बर्तनों पर लगने वाला बल कम हो जाता है, अतः इनके टूटने की संभावना कम हो जाती है।

3. न्यूटन का गति विषयक तृतीय नियम

इस नियम के अनुसार ''जब एक वस्तु दूसरी वस्तु पर बल लगाती है तब दूसरी वस्तु भी पहली वस्तु पर उतना ही बल विपरीत दिशा में लगाती है।''

अर्थात् प्रत्येक क्रिया की एक समान व विपरीत दिशा में प्रतिक्रिया होती है। इसे **क्रिया-प्रतिक्रिया का नियम** (Law of action and reaction) भी कहते हैं।

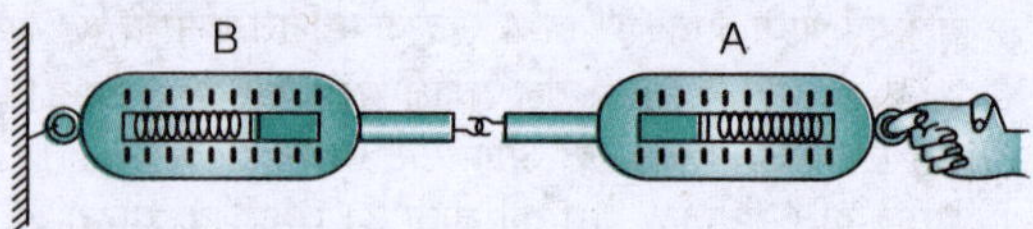

ये दोनों बल परिमाण में सदैव समान लेकिन दिशा में विपरीत होते हैं। इसका तात्पर्य है कि यह बल सदैव युगल रूप में होते हैं। ये बल कभी एक वस्तु पर कार्य नहीं करते बल्कि दो अलग-अलग वस्तुओं पर कार्य करते हैं।

न्यूटन के गति के तृतीय नियम के व्यावहारिक उदाहरण

न्यूटन के गति के तृतीय नियम के कुछ व्यावहारिक उदाहरण निम्नलिखित हैं

- **बंदूक से गोली चलाने पर बंदूक का पीछे हटना** जब किसी बंदूक से गोली चलती है, तो उसमें भरा बारूद गैस में परिवर्तित हो जाता है। इसी कारण गोली तीव्र गति से बंदूक से बाहर निकलती है।

  यह गोली भी बंदूक पर विपरीत दिशा में समान प्रतिक्रिया बल लगाती है। इसी कारण बंदूक पीछे की ओर हटती है।
- **भूमि पर चलते समय पैरों को पीछे की ओर धकेलना** जब हम ठोस भूमि पर चलते हैं, तो हम पैरों के द्वारा भूमि को पीछे की ओर धकेलते हैं तथा भूमि भी प्रतिक्रिया के रूप में हमारे पैरों पर आगे की ओर उतना ही बल लगाती है, जिसके कारण हम आगे की ओर बढ़ते हैं।
- **तैरते समय पानी को पीछे की ओर धकेलना** जब एक तैराक अपने हाथों द्वारा पानी को पीछे की ओर धकेलता है, तब पानी भी तैराक को उतने बल से आगे की ओर धकेलता है, जिससे तैराक पानी में आसानी से तैरने लगता है।
- **रेत पर चलना** रेत पर चलना कठिन होता है, क्योंकि जब पैरों द्वारा रेत पर बल लगाया जाता है, तो रेत पीछे की ओर विस्थापित हो जाती है, जिससे वह प्रतिक्रिया स्वरूप उतना ही बल प्रदान नहीं कर पाता है।
- **फर्श से टकराने के बाद गेंद का वापस उछलना** जब रबर की गेंद किसी फर्श पर टकराती है, तो उस पर एक बल लगता है, इस बल के विपरीत दिशा में प्रतिक्रिया बल कार्य करता है तथा गेंद वापस ऊपर की ओर गति करने लगती है।
- **कुएँ से जल खींचना** जब कोई व्यक्ति कुएँ से जल से भरी बाल्टी को ऊपर की ओर खींचता है, तो वह रस्सी पर अपना ही बल (क्रिया बल) लगाता है, तो रस्सी भी व्यक्ति को अपनी ओर उतने ही बल (प्रतिक्रिया बल) से खींचती है। रस्सी के अचानक टूट जाने पर रस्सी द्वारा व्यक्ति पर लगा बल समाप्त हो जाता है, अतः व्यक्ति अपने द्वारा लगाए गए बल के कारण पीछे की ओर गिर जाता है।
- **रॉकेट का उड़ना** रॉकेट में ज्वलनशील ईंधन दहन कक्ष में जलाया जाता है। दहन कक्ष में एक छिद्र होता है, जिससे गर्म गैसें तीव्र गति से नीचे की ओर निकलती हैं। रॉकेट द्वारा गैसों पर क्रिया बल लगता है। ठीक उसी के बराबर परंतु विपरीत दिशा में गैसें रॉकेट पर ऊपर की ओर प्रतिक्रिया बल लगाती हैं, जिससे रॉकेट ऊपर की ओर गति करने लगता है।

रेखीय संवेग संरक्षण का सिद्धांत

- इस सिद्धांत के अनुसार, ''यदि वस्तुओं के निकाय पर बाह्य बल आरोपित न हो, तो संयुक्त निकाय का कुल संवेग सदैव संरक्षित रहता है।''

  यदि m_1 व m_2 द्रव्यमान के दो पिंड u_1 व u_2 वेग से गतिमान हैं तथा आपस में टकराने के पश्चात् उनके वेग v_1 व v_2 हो जाते हैं, तो

  टकराने से पहले कुल संवेग = टकराने के बाद कुल संवेग

  $$m_1u_1 + m_2u_2 = m_1v_1 + m_2v_2$$
- रेखीय संवेग संरक्षण का नियम न्यूटन के गति के तृतीय नियम पर आधारित है, क्योंकि तृतीय नियम के अनुसार **पिंडों के समुदाय** (Community) से बने किसी निकाय पर सभी प्रतिक्रियात्मक बलों का योग अर्थात् **नेट बल** (Net force) सदैव शून्य होता है।
- यह नियम प्रकृति का एक मूलभूत नियम है, जिसका कोई अपवाद नहीं है।

संवेग संरक्षण पर आधारित कुछ व्यावहारिक उदाहरण

संवेग संरक्षण पर आधारित कुछ प्रमुख व्यावहारिक उदाहरण निम्नलिखित हैं

- **नाव से नदी के किनारे पर कूदना** जब हम नाव से नदी के किनारे पर कूदते हैं, तो नाव को अपने पैरों से पीछे की ओर दबाते हैं। इससे नाव झटके से पीछे की ओर हट जाती है तथा उसकी प्रतिक्रिया हमें आगे की ओर फेंक देती है।
- **रॉकेट का प्रक्षेपण** रॉकेट का प्रक्षेपण रेखीय संवेग संरक्षण के सिद्धांत पर आधारित है। रॉकेट में एक **दहन कोष्ठ** (Burning chamber) होता है। यह नली के द्वारा एक-दूसरे कोष्ठ से संबंधित होता है, जिसमें ईंधन भरा रहता है। ईंधन ठोस अथवा द्रव किसी भी प्रकार का हो सकता है। जब दहन कोष्ठ में ईंधन तथा किसी ऑक्सीकारक पदार्थ को मिलाकर विस्फोट कराया जाता है, तो इससे उत्पन्न ऊष्मा के कारण दहन कोष्ठ में दाब बहुत ऊँचा हो जाता है तथा कोष्ठ से गर्म गैसें जेट के रूप में बहुत तीव्र वेग से बाहर निकलती हैं, ये गैसें रॉकेट पर प्रतिक्रिया बल आरोपित करती हैं, अतः रॉकेट त्वरित गति से आगे की आरे बढ़ता है। जेट हवाई जहाज के इंजन भी संवेग संरक्षण के सिद्धांत पर ही कार्य करते हैं।

घर्षण

- जब एक वस्तु किसी दूसरी वस्तु के पृष्ठ पर गति करती है अथवा गति करने का प्रयास करती है तो उनके संपर्क तलों पर स्पर्श रेखीय दिशा में एक बल कार्य करता है, जो वस्तु की सापेक्ष गति का विरोध करता है। यह बल ही **घर्षण बल या घर्षण** (Friction) कहलाता है।
- घर्षण बल सतहों के मध्य लगने वाला बल है। यह सतह के स्वरूप जैसे-खुरदरी, चिकनी होने के कारण घटता या बढ़ता रहता है।

घर्षण के कारण

घर्षण के मुख्य दो कारण निम्नलिखित हैं

1. प्रथम कारण : सतह की अनियमितता

- वस्तुओं की सतह चिकनी या खुरदरी किसी भी प्रकार की हो सकती है, लेकिन वस्तुओं की सतह **पूर्णत: चिकनी** (Perfectly smooth) कभी नहीं होती है।
- इसमें कई स्थानों पर **अनियमितताएँ** (Irregularities) पाई जाती हैं, जोकि **उभार** (Bulge) तथा **अवनमन** (गर्त) (Depression) के रूप में होती हैं।
- दो वस्तुओं के मध्य गति में जब एक सतह दूसरी सतह के **संपर्क** (Contact) में आती है, तो अनियमितताओं के कारण ये एक-दूसरे से अंतर्ग्रथित (Interlocked) हो जाती हैं।
- जब एक वस्तु दूसरी वस्तु की सतह पर गति करती है, तो इस अंतर्ग्रथन के कारण गति का विरोध होता है। यह विरोधी बल ही घर्षण बल कहलाता है।

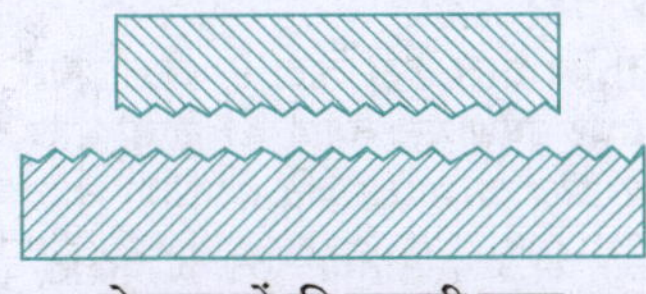

दो वस्तुओं की खुरदरी सतह

नोट घर्षण बल, संपर्क बल का संपर्क पृष्ठ के समान्तर घटक होता है।

2. द्वितीय कारण : आण्विक सिद्धांत

- जब दो वस्तुएँ एक-दूसरे के संपर्क में रहकर गति करती हैं, तो इनके अणुओं के बीच एक प्रकार का **आकर्षण बल** (आण्विक बंध) कार्य करता है। अत: एक वस्तु को दूसरी वस्तु की सतह पर गति कराने के लिए (आण्विक बंधों को तोड़ने के लिए) एक आवश्यक बल लगाना पड़ता है। अत: आण्विक आकर्षण बल, **घर्षण बल** (Friction force) का ही स्वरूप है।
- सामान्य रूप में, ऐसा प्रतीत होता है कि घर्षण बल वस्तुओं के **खुरदरेपन** (Roughness) के कारण उत्पन्न होता है, परंतु इसके विपरीत यह भी देखा जाता है कि यदि दो सतहों को पॉलिश करके अत्यंत चिकना बना दिया जाए, तो उनके बीच घर्षण बल एकाएक बढ़ जाता है। इसका कारण यह है कि यदि सतहों को अत्यंत चिकना कर दिया जाए, तो उनका वास्तविक संपर्क क्षेत्रफल बहुत बढ़ जाएगा (अनियमित उभार कम हो जाएँगे) और दोनों वस्तुओं के अधिकाधिक अणु एक-दूसरे के संपर्क में आ जाएँगे और उनके बीच अधिकाधिक **अंतराण्विक बल** (Intermolecular force) क्रियाशील हो जाएगा।

घर्षण के प्रकार

वस्तु की गति के आधार पर घर्षण बल निम्नलिखित तीन प्रकार के होते हैं

(i) **स्थैतिक घर्षण** (Static friction) जब दो वस्तुएँ एक-दूसरे के संपर्क में विरामावस्था में होती हैं तो उनके बीच आपेक्षिक गति होने से पूर्व जो घर्षण कार्य करता है, वह स्थैतिक घर्षण कहलाता है।

(ii) **सीमांत घर्षण** (Limiting friction) स्थैतिक घर्षण बल का वह अधिकतम मान, जब वस्तु ठीक गति प्रारंभ करने वाली होती है, सीमांत घर्षण कहलाता है।

सीमांत घर्षण बल संपर्क तलों की प्रकृति पर निर्भर करता है, परंतु तल के क्षेत्रफल पर नहीं।

सीमांत घर्षण बल अभिलंब प्रतिक्रिया R के अनुक्रमानुपाती होता है।

(iii) **गतिज घर्षण** (Kinetic or Dynamic friction) जब एक वस्तु किसी दूसरी वस्तु के तल पर गति करती है, तो उनके संपर्क तलों के बीच कार्यरत् घर्षण बल गतिज घर्षण बल कहलाता है।

गतिज घर्षण बल भी अभिलंब प्रतिक्रिया R के अनुक्रमानुपाती होता है तथा यह गतिज घर्षण संपर्क तलों के क्षेत्रफल पर निर्भर नहीं करता है।

गतिज घर्षण दो प्रकार का होता है

- **सर्पी घर्षण** (Sliding friction) जब कोई वस्तु किसी दूसरी वस्तु के तल पर सरकती है, तो वस्तुओं के संपर्क तलों के बीच कार्यरत् घर्षण, सर्पी घर्षण कहलाता है।

  उदाहरण-जब किसी ब्लॉक को क्षैतिज तल पर सरकाकर ले जाया जाता है, तो ब्लॉक तथा क्षैतिज तल के मध्य कार्यरत् घर्षण बल, सर्पी घर्षण कहलाता है।
- **लोटनिक घर्षण** (Rolling friction) जब कोई वस्तु किसी तल पर बिना फिसलें लुढ़कती है, तो दोनों वस्तुओं के संपर्क तलों के बीच कार्यरत् घर्षण बल लोटनिक या बेलनी घर्षण कहलाता है।

घर्षण के लाभ व हानियाँ

सामान्य जीवन से लेकर विशिष्ट क्षेत्रों में अनेक कार्यों के लिए घर्षण बल आवश्यक है, परंतु इसके विपरीत घर्षण के कारण ऊर्जा में सदैव हानि होती है।

घर्षण के मुख्य लाभ निम्न हैं

- धरातल पर चलने हेतु घर्षण बल की आवश्यकता होती है। यदि घर्षण बल अनुपस्थित हो, तो व्यक्ति धरातल पर फिसल जाएगा।

  उदाहरण-यदि सड़क पर चलते हुए व्यक्ति के पैर के नीचे केले का छिलका आ जाता है तो व्यक्ति सड़क पर फिसल जाता है, क्योंकि केले के छिलके द्वारा पैर व सड़क के मध्य घर्षण बहुत कम हो जाता है।
- वाहनों की तीव्र गति हेतु भी घर्षण बल आवश्यक होता है। यदि घर्षण बल उपस्थित न हो, तो वाहन का गति करना संभव नहीं होगा।
- घर्षण की अनुपस्थिति में वाहनों में ब्रेक कार्य नहीं करते हैं, क्योंकि वाहन की गति को कम करना संभव नहीं होता है।
- घर्षण के कारण ही मशीनों में घिरनी या पट्टे की सहायता से एक स्थान पर लगाए गए बल दूसरे स्थान पर स्थानांतरित हो जाते हैं।

- ब्लैक–बोर्ड पर चॉक से तथा पेपर पर पैन या पेसिल से लिखना भी घर्षण के कारण ही संभव होता है।
- घर्षण के कारण दीवार में कील गड़ जाती है। घर्षण के बिना कोई भवन निर्मित नहीं हो सकता है।

घर्षण से होने वाली हानियाँ निम्न हैं

- घर्षण द्वारा दो वस्तुओं के मध्य सापेक्ष गति का विरोध होता है, जिस कारण अतिरिक्त ऊर्जा व्यय होती है। जैसे— हाथ रगड़ने पर गर्मी का अनुभव होना
- घर्षण के कारण मशीनों की दक्षता कम होती है, क्योंकि घर्षण के विरुद्ध कार्य करने में ऊर्जा का व्यय होता है। जैसे मिक्सर चलाने पर जार का गर्म हो जाना
- घूर्णन करने वाली मशीनों के पुर्जे घर्षण के कारण घिस जाते हैं, जिससे वह ठीक प्रकार से कार्य नहीं कर पाते हैं तथा अधिक ध्वनि उत्पन्न करते हैं।

घर्षण को कम करने की विधियाँ

घर्षण को निम्न विधियों द्वारा कम किया जा सकता है

- **पॉलिश द्वारा** (By polishing) हम जानते हैं कि खुरदरी सतह पर घर्षण बल का मान चिकनी सतह से अधिक होता है। अतः सतह पर पॉलिश करके अर्थात् चिकना बनाने पर घर्षण बल का मान कम हो जाता है।
- **स्नेहक द्वारा** (By lubricants) जब तेल अथवा ग्रीस को दो सतहों के बीच में डाल देते हैं, तो दोनों सतहों के बीच तेल अथवा ग्रीस की एक पतली परत बन जाती है, जिससे दोनों सतहों के मध्य घर्षण बल कम हो जाता है अर्थात् तेल व ग्रीस स्नेहक का कार्य करते हैं।
- **उचित निर्माण सामग्री का उपयोग करके** (By using suitable materials) घर्षण बल दो सतहों के मध्य कार्य करता है, अतः घर्षण बल सतहों के पदार्थों की प्रकृति पर निर्भर करता है अर्थात् घर्षण बल को कम करने के लिए हमें कम **घर्षण गुणांक** (Coefficient of friction) वाले पदार्थों का प्रयोग करना चाहिए।

  उदाहरण-रबड़ व कंक्रीट के बीच घर्षण कम होने के कारण ही वाहनों के टायर रबड़ के बनाए जाते हैं।
- **बॉल बेयरिंग का प्रयोग करके** (By using ball bearings) मशीनों के गतिशील पुर्जों के मध्य स्टील की छोटी-छोटी गोल गोलियाँ (छर्रे) लगाई जाती हैं, जिनको बॉल बेयरिंग कहते हैं।

  चूँकि हम जानते हैं कि लोटनिक घर्षण का मान सर्पी घर्षण से बहुत कम होता है, अतः बॉल बेयरिंग की व्यवस्था से सर्पी घर्षण, **लोटनिक घर्षण** (Rolling friction) में परिवर्तित किया जाता है।

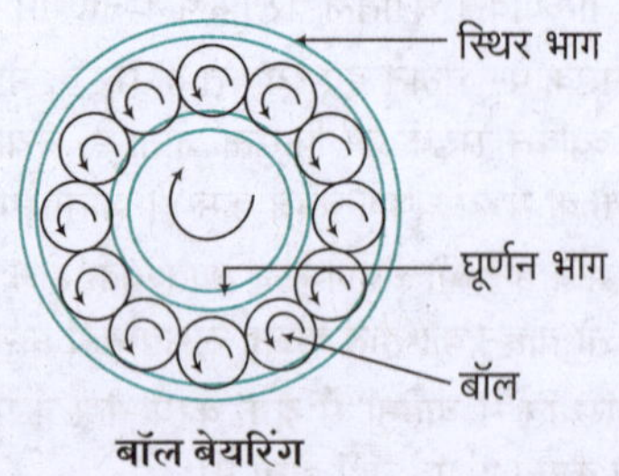

बॉल बेयरिंग

- **धारा रेखीय गति द्वारा** (By streamline motion) तरल पदार्थ धारा रेखीय (Streamline) रूप से गति करता है। जब किसी वस्तु की आकृति धारा रेखीय होती है, तो वस्तु पर तरल पदार्थ (पानी, हवा) का घर्षण घट जाता है।

  अतः तीव्र गति से चलने वाले वाहन, जैसे-वायुयान, जेटयान, जलयान, तेज चलने वाली ट्रेनों आदि को धारा रेखीय आकृति प्रदान करने के लिए उनके सामने वाला भाग मछली के समान नुकीला बनाया जाता है। यह प्रक्रिया **स्ट्रीम लाइनिंग** (Streamlining) कहलाती है।

नोट एक सरल रेखीय प्रवाह ही धारा रेखीय प्रवाह होता है।

घर्षण को बढ़ाने के उपाय

घर्षण एक आवश्यक घटक है, अतः घर्षण का मान एक न्यूनतम सीमा से कम हो जाने पर गति संभव नहीं हो पाती है।

घर्षण को बढ़ाने के उपाय निम्नलिखित हैं

- वाहनों को सुगमता से चलाने के लिए उनके पहियों में **अनियमित प्रक्षेप या खाँचे** (Grooves) बनाए जाते हैं।
- चिकनी सड़क पर तथा बर्फ से ढके रास्तों पर फिसलन को कम करने के लिए उन पर रेत का छिड़काव किया जाता है, जिससे सरलता से गति हो जाती है।
- जूतों के तले खुरदरे एवं कड़े रबड़ तथा चमड़े के बनाए जाते हैं।
- स्वचालित वाहनों तथा साइकिलों ब्रेक प्रणालियों में ब्रेक पैडो का उपयोग करके हम घर्षण में वृद्धि कर सकते हैं।
- **व्यायामी** (Gymrist) अपने हाथों में रूक्ष पदार्थ लगाते है ताकि घर्षण में वृद्धि करके अच्छी पकड बना सके।

तरल घर्षण

- गैसों तथा द्रवों को तरल कहा जाता है। तरल अपने से होकर गुजरने वाली वस्तुओं पर घर्षण बल लगाते हैं। किसी तरल पर लगने वाला घर्षण बल उस तरल के सापेक्ष गति पर निर्भर करता है।
- घर्षण बल वस्तु की आकृति तथा तरल की प्रकृति पर भी निर्भर करता है। वाहनों को उचित आकृति प्रदान करके उन पर लगने वाले **तरल घर्षण** (Fluid friction) को कम किया जाता है।
- तरल घर्षण को कर्षण भी कहा जाता है।

अभिकेंद्र बल

- जब कोई पिंड या वस्तु वृत्तीय पथ पर एकसमान चाल से गति करती है तो इसके वेग में परिवर्तन होने के कारण गतिमान पिंड पर अभिकेंद्र त्वरण कार्य करता है, जिसकी दिशा सदैव वृत्त के केंद्र की ओर होती है।
- न्यूटन के नियमानुसार, त्वरण सदैव किसी बल से उत्पन्न होता है तथा इस बल की दिशा वही होगी जो त्वरण की दिशा है। अतः वृत्तीय गति करते हुए पिंड पर एक बल कार्य करता है जिसकी दिशा सदैव वृत्त के केंद्र की ओर रहती है। इस बल को **अभिकेंद्र बल** (Centripetal force) कहते हैं।

अभिकेंद्र बल, $F =$ द्रव्यमान $\times$ अभिकेंद्र त्वरण

$$= m \times \frac{v^2}{r} = \frac{mv^2}{r}$$

- अभिकेंद्र बल कोई मूल बल नहीं है। प्रकृति में पाए जाने वाले विभिन्न बलों (घर्षण बल, गुरुत्वाकर्षण बल, विद्युत बल, आदि) में कोई भी बल अभिकेंद्र बल का कार्य कर सकता है।

अभिकेंद्र बल के उदाहरण

अभिकेंद्र बल के प्रमुख उदाहरण निम्नलिखित हैं

- **वृत्ताकार मोड़ पर कार का मुड़ना** जब कोई कार सड़क के वृत्ताकर मोड़ से गुजरती है, तो उसे वृत्ताकार पथ पर मुड़ने के लिए अभिकेंद्र बल की आवश्यकता होती है।

  कार को यह आवश्यक बल उसके टायरों व सड़क के बीच विद्यमान घर्षण बल से मिलता है। यदि टायर घिसे हों अथवा सड़क गीली, बर्फीली या चिकनी हो, तो घर्षण बल कम हो जाता है और यदि इस स्थिति में घर्षण बल इतना कम हो कि कार को आवश्यक अभिकेंद्र बल प्राप्त नहीं हो, तो कार मुड़ने के बजाय **फिसलने** (Slide) या **पलटने** (Overturn) लगती है।
- **झुकी हुई (आनत) सड़क पर कार की गति अथवा सड़क का बंकन** समतल सड़क के वृत्तीय मोड़ पर गति के लिए कार को आवश्यक अभिकेंद्र बल, सड़क व कार के टायरों के बीच लगने वाले घर्षण बल से प्राप्त होता है। घर्षण बल का मान कार के टायर घिस जाने पर, गीली सड़क पर, कंक्रीट वाली सड़क पर बहुत कम हो जाता है।

  अतः वृत्तीय मोड़ पर आवश्यक अभिकेंद्र बल केवल घर्षण बल पर आधारित नहीं होता। घर्षण बल पर अभिकेंद्र बल की निर्भरता को कम करने के लिए सड़क के किनारों को उठाकर बनाया जाता है। अतः मोड़ों पर अंदर की ओर ढलान बना देते हैं, जिससे सड़क क्षैतिज से किसी कोण पर झुक जाती है।

  इसे सड़क का झुकना या **बंकन** (Banking of roads) कहते हैं। इसी प्रकार रेल की पटरियाँ बिछाते समय मोड़ों पर अंदर वाली पटरी को बाहर वाली पटरी की तुलना में कुछ नीचा बिछाते हैं। ऐसा करने से मोटर अथवा रेलगाड़ी मोड़ पर गुजरते समय स्वयं ही अंदर की ओर झुक जाती है, जिससे आवश्यक अभिकेंद्र बल उत्पन्न हो जाता है। यह बल पृथ्वी की अभिलंब प्रतिक्रिया से उत्पन्न होता है।
- **प्राकृतिक घटनाओं में वृत्तीय गति** पृथ्वी सूर्य के चारों ओर घूमती है तथा हम जानते हैं कि वृत्तीय गति के लिए अभिकेंद्र बल की आवश्यकता होती है।

  अतः पृथ्वी पर भी एक अभिकेंद्र बल लगता है, जिसकी दिशा सूर्य की ओर होती है। पृथ्वी को यह बल सूर्य द्वारा पृथ्वी पर आरोपित **गुरुत्वाकर्षण बल** (Gravitational force) से मिलता है।

  इसी प्रकार **चंद्रमा** (Moon) पृथ्वी के चारों ओर वृत्तीय पथ पर घूमता है। यह भी अभिकेंद्र बल का एक उदाहरण है।
- **परमाणु में वृत्तीय गति** परमाणु में इलेक्ट्रॉन (e^-) नाभिक के चारों ओर वृत्तीय पथ पर घूमते हैं। इस स्थिति में, आवश्यक अभिकेंद्र बल परमाणु के **नाभिक** (धनावेश) तथा इलेक्ट्रॉन (ऋणावेश) के मध्य लगने वाले स्थिर वैद्युत आकर्षण बल से प्राप्त होता है।

  अतः परमाणु में इस अभिकेंद्र बल के कारण इलेक्ट्रॉन नाभिक के चारों ओर परिक्रमण करता है।

अपकेंद्र बल

जब कोई वस्तु वृत्तीय गति करती है, तो वस्तु पर वृत्तीय पथ के केंद्र से बाहर की ओर एक बल लगता है। इस बल को **अपकेंद्र बल** (Centrifugal force) कहते हैं।

अपकेंद्र बल के अनुप्रयोग

अपकेंद्र बल के निम्न अनुप्रयोग हैं

- **दूध से क्रीम निकालना** इस यंत्र का प्रयोग द्रव में उपस्थित विभिन्न द्रव्यमानों के कणों को पृथक् करने के लिए किया जाता है। इसमें द्रव को भरकर तीव्र गति से घुमाया जाता है। इस प्रक्रिया में द्रव के भारी कण, हल्के कणों की अपेक्षा अधिक दूरी पर अर्थात् परिधि की ओर चले जाते हैं। इस प्रकार विभिन्न द्रव्यमान के कण पृथक् हो जाते हैं। दूध से क्रीम निकालने की मशीन इसी सिद्धांत पर आधारित है।
- **वॉशिंग मशीन में ड्रायर द्वारा कपड़ों का सूखना** वॉशिंग मशीन के ड्रायर में एक लंबा तथा **ऊर्ध्वाधर बेलनाकार** (Vertical cylinder) बर्तन होता है तथा इसकी दीवार में छिद्र बने होते हैं। गीले कपड़ों को इस बर्तन में डाल दिया जाता है। इस बर्तन का संबंध एक विद्युत मोटर से कर दिया जाता है, जो इसे एक ऊर्ध्वाधर अक्ष के परितः तेजी से घुमाता है। घूर्णन गति के कारण कपड़ों में उपस्थित जल के कण अपकेंद्र बल का अनुभव करते हैं, जिसके कारण यह कण बाहर की ओर गति करते हुए बर्तन की दीवार में बने छिद्रों से बाहर निकल जाते हैं। इस प्रकार, जल के कण कपड़ों से अलग हो जाते हैं और कपड़े सूख जाते हैं।

अतिरिक्त तथ्य
तमिलनाडु बोर्ड एवं NIOS

- वस्तु पर कार्यरत असंतुलित बल उसकी विरामावस्था या गति की अवस्था में परिवर्तन ला सकते हैं जैसे-चलती हुई साइकिल की चाल ब्रेक लगा कर बदली जा सकती है।
- संतुलित बलों से वस्तु की विराम या गति की स्थिति में कोई परिवर्तन नहीं होता परन्तु वस्तु की आकृति बदल जाती है।
- न्यूटन के गति के प्रथम नियम के अनुसार किसी वस्तु पर लगा असंतुलित बाह्य बल संवेग में परिवर्तन कर सकता है।
- न्यूटन के गति का द्वितीय नियम बल एवं संवेग में परिवर्तनों तथा त्वरण बल के मध्य सम्बन्धों को बताता है।
- बल का SI मात्रक न्यूटन है और इसका प्रतीक N है।
- गति के तृतीय नियम द्वारा हम यह स्पष्ट नहीं कर सकते कि कौन-सा क्रिया बल है और कौन-सा प्रतिक्रिया/ये दोनों परस्पर विनिमय होते हैं।
- प्रतिक्रिया बल तब तक कार्य करता है, जब तक कि क्रिया बल कार्य करता रहे, अतः यह दोनों बल समकालिक होते हैं।
- क्रिया व प्रतिक्रिया बल के लिए यह आवश्यक नहीं है कि दोनों वस्तुएँ परस्पर सम्पर्क में हों। जैसे दो चुम्बकों के बीच सम्पर्क न होने पर भी आकर्षण व प्रतिकर्षण बल का होना।
- सर्पी घर्षण स्थैतिक घर्षण से थोड़ा कम होता है।
- लोटनिक घर्षण, सर्पी घर्षण से कम होता है।

04

कार्य, ऊर्जा और शक्ति

(स्रोत)

Class-IX New NCERT Chap 10 (कार्य तथा ऊर्जा),
Class-X Old NCERT Chap 14 (ऊर्जा के स्रोत),
Class-XI New NCERT Chap 5 (कार्य, ऊर्जा और शक्ति)

- मनुष्य अपने दैनिक जीवन में अनेक क्रियाएँ करता है; जैसे-साईकिल चलाना, पुस्तक पढ़ना, मैदान में खेलना, बातचीत करना, किसी वस्तु को एक स्थान से दूसरे स्थान पर रखना, आदि। साधारण भाषा में इन सभी **क्रियाओं** (Reactions) को कार्य कहा जाता है।
- भौतिक विज्ञान के अनुसार कार्य तब ही किया हुआ माना जाता है जब वस्तु पर बल लगाने से वस्तु में विस्थापन होता है तथा सभी कार्यों को करने के लिए ऊर्जा की आवश्यकता होती है।

कार्य

कार्य (Work) वह भौतिक क्रिया है, जिसमें बल लगाकर किसी वस्तु को बल की दिशा में विस्थापित किया जाता है अर्थात् वस्तु की स्थिति में परिवर्तन किया जाता है।

कार्य की वैज्ञानिक संकल्पना

- विज्ञान के अनुसार, कार्य होने के लिए निम्नलिखित दो दशाओं का पूरा होना आवश्यक है।
  (i) वस्तु पर कोई बल लगना चाहिए
  (ii) वस्तु विस्थापित होनी चाहिए
- यदि उपरोक्त में से कोई भी स्थिति पूर्ण नहीं होती है, तो कार्य नहीं किया गया माना जाता है।

एक नियत बल द्वारा किया गया कार्य

- किसी वस्तु पर लगने वाले बल द्वारा किया गया कार्य (W) बल के परिमाण (F) तथा बल की दिशा में चली गई दूरी (s) के गुणनफल के बराबर होता है।

  अतः किया गया कार्य, $W = F \times s$

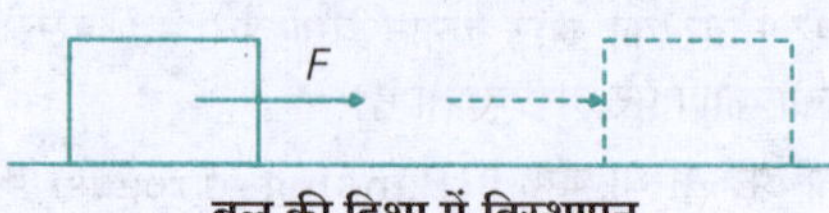

बल की दिशा में विस्थापन

- यदि किसी वस्तु पर F बल लगाने से वह बल की दिशा के साथ θ कोण पर s दूरी तक विस्थापित होती है, तो किया गया कार्य,

$$W = F\cos\theta \times s$$

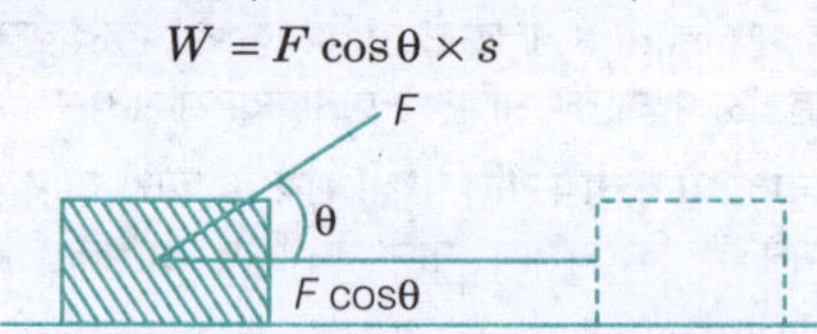

बल की दिशा के साथ θ कोण का विस्थापन

- कार्य में केवल परिमाण होता है तथा कोई दिशा नहीं होती है।

कार्य के मात्रक

- SI पद्धति में कार्य का मात्रक जूल होता है।

$$\because \quad W = F \times s$$

$$\therefore \quad 1 \text{ जूल} = 1 \text{ न्यूटन} \times 1 \text{ मीटर}$$

अर्थात् यदि 1 न्यूटन का बल किसी वस्तु को 1 मीटर विस्थापित कर देता है, तो किया गया कार्य 1 जूल होता है।

- CGS पद्धति में कार्य का मात्रक अर्ग होता है।

$$1 \text{ जूल} = 10^7 \text{ अर्ग}$$

कार्य के प्रकार

किसी वस्तु पर कार्यरत् बल तथा उसके द्वारा वस्तु के विस्थापन की दिशा के मध्य निर्मित कोण के आधार पर कार्य को निम्नलिखित तीन प्रकार से बाँटा जाता है

(i) **धनात्मक कार्य** (Positive work) यदि बल और विस्थापन के मध्य बन रहे कोण का मान शून्य से अधिक तथा 90° से कम हो (0° <90°), तो किया गया कार्य धनात्मक होगा।

उदाहरण–यदि कोई व्यक्ति किसी पिंड को पृथ्वी की सतह से ऊपर उठाता है, तो उसके द्वारा किया गया कार्य धनात्मक होगा।

(ii) **ऋणात्मक कार्य** (Negative work) यदि बल और विस्थापन के मध्य बन रहे कोण का मान 90° से अधिक तथा 270° से कम हो (270° > θ > 90°), तो किया गया कार्य ऋणात्मक होगा।

उदाहरण–जब किसी वस्तु को खुरदुरे धरातल पर खींचा जाता है, तब घर्षण बल तथा विस्थापन परस्पर विपरीत दिशा में होते हैं। अतः घर्षण बल द्वारा किया गया कार्य ऋणात्मक होता है।

(iii) **शून्य कार्य** (Zero work) जब बल तथा विस्थापन लंबवत् दिशा में होते हैं, तो बल द्वारा किया गया कार्य शून्य होगा।

उदाहरण–यदि कोई कुली सिर पर बोझ उठाकर प्लेटफॉर्म पर चल रहा है, तो वह कोई कार्य नहीं करता क्योंकि उसका कार्य गुरुत्व बल के लंबवत् होता है।

- वृत्ताकार पथ पर घूमते पिंड पर बल की दिशा सदैव पिंड की गति के लंबवत् होती है। अतः **वृत्ताकार पथ** (Circular path) पर घूमते पिंड पर बल द्वारा किया गया कार्य सदैव शून्य होता है।
- जब विस्थापन शून्य होता है, तब कार्य शून्य होता है।

उदाहरण–यदि कोई **भारोत्तोलक** (Lifter) 150 किग्रा द्रव्यमान के भार को कुछ समय तक अपने कँधे पर लगातार उठाये खड़ा है, तो वह कोई कार्य नहीं कर रहा है।

- यदि बल शून्य है, तो किया गया कार्य शून्य होगा।

उदाहरण–किसी चिकनी क्षैतिज मेज पर गतिमान पिंड पर कोई क्षैतिज बल कार्य नहीं करता है, क्योंकि चिकने तल पर घर्षण नगण्य होता है। अर्थात् इस स्थिति में किए गए कार्य को शून्य माना जाएगा।

ऊर्जा

किसी वस्तु द्वारा कार्य करने की क्षमता को **ऊर्जा** (Energy) कहते हैं। किसी वस्तु में निहित ऊर्जा का मापन कार्य से किया जाता है। ऊर्जा का मात्रक जूल होता है। ऊर्जा का सबसे बड़ा मात्रक किलोजूल होता है।

$$1\text{ kJ} = 10^3\text{ J}$$

ऊर्जा के विभिन्न स्वरूप

प्रकृति में ऊर्जा अनेक रूपों में पाई जाती है, जिनमें से ऊर्जा के कुछ सामान्य रूप निम्नलिखित हैं

(i) **यांत्रिक ऊर्जा** (Mechanical energy) वह ऊर्जा, जिसके कारण कोई वस्तु यांत्रिक कार्य कर सकती है, उसे यांत्रिक ऊर्जा कहते हैं।

उदाहरण–गतिशील कार की ऊर्जा, छत पर रखी पानी की टंकी में पानी की ऊर्जा आदि। यांत्रिक ऊर्जा में गतिज ऊर्जा तथा स्थितिज ऊर्जा निहित होती है।

(ii) **आंतरिक ऊर्जा** (Internal energy) किसी वस्तु में उसके ताप या **अंतराण्विक बलों** (Intermolecular forces) के कारण संचित की गई ऊर्जा आंतरिक ऊर्जा कहलाती है।

अतः प्रत्येक वस्तु में अणु उपस्थित होते हैं, जो एक-दूसरे के सापेक्ष कंपनशील होते हैं। वस्तु में अणुओं की गति के कारण गतिज ऊर्जा तथा आण्विक बलों के कारण स्थितिज ऊर्जा उपस्थित होती है। वास्तव में, वस्तु की आंतरिक ऊर्जा अणुओं की गतिज ऊर्जा तथा स्थितिज ऊर्जा का योग होती है।

(iii) **ऊष्मीय या तापीय ऊर्जा** (Heat energy) जिस ऊर्जा के कारण हमें किसी वस्तु के गर्म होने का आभास होता है या किसी वस्तु की तप्त अवस्था के कारण प्राप्त ऊर्जा, ऊष्मीय ऊर्जा कहलाती है।

किसी वस्तु में ऊष्मीय ऊर्जा अणुओं के अव्यवस्थित **विचरण** (Variance) के कारण उत्पन्न होती है। भाप में ऊष्मीय ऊर्जा होती है।

भाप, इंजन में ऊष्मा उपयोगी यांत्रिक कार्य करने में प्रयुक्त होती है। ऊष्मीय ऊर्जा के स्थानांतरण की मूल धारणा (Fundamental concept) इस लक्षण से प्राप्त की जा सकती है कि 1 किलोग्राम जल, 10°C ठंडा होने पर 42000 जूल ऊर्जा मुक्त करता है।

(iv) **रासायनिक ऊर्जा** (Chemical energy) किसी रासायनिक यौगिक की ऊर्जा तथा उस रासायनिक यौगिक की रचना करने वाले तत्वों की ऊर्जा में अंतर को रासायनिक ऊर्जा कहते हैं अर्थात् रासायनिक ऊर्जा, रासायनिक यौगिक के परमाणुओं में उपस्थित बंधों के कारण होती है। रासायनिक अभिक्रिया में रासायनिक ऊर्जा उपस्थित होती है।

रासायनिक अभिक्रियाओं में ऊर्जा या तो अवशोषित होती है या उत्सर्जित होती है। यदि रासायनिक अभिक्रिया में उपस्थित अभिकारकों की कुल ऊर्जा, उत्पादों की कुल ऊर्जा से कम होती है, तो ऊर्जा का अवशोषण होता है तथा इसके विपरीत स्थिति में ऊर्जा का उत्सर्जन होता है। यह अभिक्रिया क्रमशः **ऊष्माशोषी** (Endothermic) तथा **ऊष्माक्षेपी** (Exothermic) कहलाती है।

उदाहरण–विद्युत सेल की ऊर्जा, कोयले या तेल में निहित ऊर्जा (जो उसका दहन करने पर प्राप्त होती है) आदि।

(v) **विद्युत ऊर्जा** (Electric energy) समान विद्युत आवेश एक-दूसरे को प्रतिकर्षित तथा असमान विद्युत आवेश एक-दूसरे को आकर्षित करते हैं अर्थात् आवेश एक-दूसरे पर बल आरोपित करते हैं। अतः विद्युत क्षेत्र में विद्युत आवेश को एक बिंदु से दूसरे बिंदु तक ले जाने में कार्य करना पड़ता है, जो ऊर्जा के रूप में संचित होता है।

उदाहरण–विद्युत मोटर, विद्युत बल्ब आदि।

(vi) **नाभिकीय ऊर्जा** (Nuclear energy) किसी भी परमाणु के नाभिक का निर्माण न्यूट्रॉन तथा प्रोटॉन द्वारा होता है। न्यूट्रॉन तथा प्रोटॉन जिस ऊर्जा के माध्यम से नाभिक में संग्रहित रहते हैं, उसे नाभिकीय ऊर्जा कहते हैं। नाभिकीय ऊर्जा, नाभिकीय संलयन तथा **नाभिकीय विखंडन** (Nuclear fission) में व्यक्त होती है।

विखंडन में एक भारी अस्थायी नाभिक जैसे यूरेनियम $^{235}U_{92}$ एक न्यूट्रॉन की बमबारी द्वारा हल्के नाभिकों में विभक्त हो जाता है। इस प्रक्रम में, अंतिम तथा प्रारंभिक उत्पादों के द्रव्यमान में अंतर होता है और यह **द्रव्यमान क्षति** (Mass defect) ऊर्जा में रूपांतरित हो जाता है।

इसी प्रकार, हाइड्रोजन के चार हल्के नाभिकों के संलयन द्वारा एक हीलियम बनता है जिसका द्रव्यमान हाइड्रोजन के चारों नाभिकों के कुल द्रव्यमानों से कम होता है।

(vii) **प्रकाश ऊर्जा** (Light energy) जिस ऊर्जा के कारण हमें वस्तुएँ स्पष्ट रूप से दिखाई देती हैं, प्रकाश ऊर्जा कहलाती है।

उदाहरण–विद्युत बल्ब, मोमबत्ती आदि से प्राप्त ऊर्जा।

(viii) **ध्वनि ऊर्जा** (Sound energy) जिस ऊर्जा के कारण हमें सुनने का आभास होता है, ध्वनि ऊर्जा कहलाती है।

(ix) **पवन ऊर्जा** (Wind energy) तेज गति से बहती वायु में गतिज ऊर्जा होती है, वायु की यही ऊर्जा पवन ऊर्जा कहलाती है। पवन ऊर्जा का उपयोग पवन चक्कियों, जल पम्प आदि में किया जाता है। वर्तमान में पवन ऊर्जा का उपयोग विद्युत ऊर्जा उत्पन्न करने में भी करते हैं।

(x) **जल ऊर्जा** (Hydro energy) बहते जल से प्राप्त ऊर्जा को जल ऊर्जा कहते हैं। इसकी सहायता से विद्युत धारा जनित्र द्वारा विद्युत का उत्पादन करते हैं। भारत में लगभग 25% विद्युत जल स्रोतों से प्राप्त होती है।

(xi) **जैव-भार ऊर्जा** (Bio-mass energy) गोबर गैस अथवा कचरे आदि से प्राप्त ऊर्जा, जैव-भार ऊर्जा होती है। इससे **मेथेन गैस** (Methane gas) उत्पन्न होती है, जो ईंधन के रूप में प्रयुक्त होती है।

(xii) **सौर ऊर्जा** (Solar energy) सूर्य द्वारा प्रतिदिन प्राप्त होने वाली ऊर्जा को सौर ऊर्जा कहते हैं। पृथ्वी पर पाए जाने वाले सभी ऊर्जा-स्रोतों का प्रत्यक्ष या अप्रत्यक्ष रूप से मूल आधार सूर्य ही है। सूर्य ही ऊर्जा का सबसे बड़ा स्रोत है।

द्रव्यमान-ऊर्जा तुल्यता

- अल्बर्ट आइंस्टाइन ने प्रदर्शित किया कि द्रव्यमान और ऊर्जा एक-दूसरे के तुल्य होते हैं तथा निम्नलिखित समीकरण द्वारा संबंधित होते हैं

$$E = mc^2$$

जहाँ, c निर्वात् में प्रकाश की चाल है, जो लगभग 3×10^8 मी/से के बराबर है।

- उपरोक्त समीकरण को द्रव्यमान-ऊर्जा का समतुल्य संबंध कहते हैं।
- यदि वस्तु का द्रव्यमान 1 किग्रा हो, तो

$$\text{ऊर्जा, } E = 1 \times c^2 = 1 \times (3 \times 10^8)^2 = 9 \times 10^{16} \text{ जूल}$$

अतः ऊर्जा व द्रव्यमान एक-दूसरे में परिवर्तनीय हैं।

यांत्रिक ऊर्जा के प्रकार

यांत्रिक ऊर्जा दो प्रकार की होती है, जो निम्न हैं

1. गतिज ऊर्जा

- किसी गतिशील वस्तु में उसकी गति के कारण निहित ऊर्जा को **गतिज ऊर्जा** (Kinetic energy) कहते हैं। गतिज ऊर्जा का मान सदैव धनात्मक होता है।
- किसी निश्चित वेग से गतिशील वस्तु की गतिज ऊर्जा उस वस्तु पर इस वेग को प्राप्त करने के लिए किये गये कार्य के बराबर है।
- यह एक अदिश राशि है। यदि किसी वस्तु का द्रव्यमान (m) है, जोकि वेग (v) से गतिशील है, तब वस्तु की गतिज ऊर्जा

$$K = \frac{1}{2} mv^2$$

- SI पद्धति में, गतिज ऊर्जा का मात्रक जूल तथा CGS पद्धति में अर्ग होता है।

गतिज ऊर्जा के उदाहरण

गतिज ऊर्जा के उदाहरण निम्न हैं

- बंदूक से चलाई गई गोली में गतिज ऊर्जा होती है, जिस कारण वह लक्ष्य को कुछ दूरी तक भेद सकती है।
- बहते पानी में गतिज ऊर्जा होती है, जिसका उपयोग टरबाइन को घुमाने में, लकड़ी के बड़े-बड़े **लट्ठों** (Logs) को बहाकर ले जाने में किया जाता है।
- गतिशील वायु में गतिज ऊर्जा होती है जिसके द्वारा **पवन चक्कियों** (Wind mills) का संचालन तथा नावों को गति प्रदान की जा सकती है।

2. स्थितिज ऊर्जा

किसी वस्तु या पिंड में उसकी स्थिति या विन्यास के कारण प्राप्त ऊर्जा को उसकी **स्थितिज ऊर्जा** (Potential energy) कहते हैं। स्थितिज ऊर्जा कई रूपों में निहित होती है, जैसे–गुरुत्वीय, प्रत्यास्थ, रासायनिक, वैद्युत आदि।

स्थितिज ऊर्जा के उदाहरण

स्थितिज ऊर्जा के उदाहरण निम्न हैं

- बाँध में ऊँचाई पर संचित जल में गुरुत्वीय स्थितिज ऊर्जा होती है जिसके माध्यम से टरबाइन घूमती है।
- जब हथौड़े को ऊपर उठाया जाता है, तो उसमें गुरुत्वीय स्थितिज ऊर्जा संरक्षित हो जाती है, जिसके माध्यम से कील, लकड़ी में गड़ जाती है।
- जब घड़ी या खिलौने में चाबी भरी जाती है, तो घड़ी या खिलौने से संबंधित स्प्रिंग में प्रत्यास्थ स्थितिज ऊर्जा संचित हो जाती है।
- जब धनुष की डोरी को खींचा जाता है, तो डोरी में **प्रत्यास्थ स्थितिज ऊर्जा** (Elastic potential energy) संचित हो जाती है जिसके माध्यम से तीर को गति प्राप्त होती है।

स्थितिज ऊर्जा के प्रकार

स्थितिज ऊर्जा के मुख्य प्रकार निम्न हैं

(i) **गुरुत्वीय स्थितिज ऊर्जा** (Gravitational potential energy) जब किसी वस्तु को पृथ्वी के धरातल से ऊपर उठाया जाता है, तो गुरुत्वीय बल के विरुद्ध कार्य करना पड़ता है।

यह कार्य वस्तु में गुरुत्वीय स्थितिज ऊर्जा के रूप में संचित हो जाता है। अतः किसी वस्तु को पृथ्वी के धरातल से ऊपर उठाने हेतु कार्य करने की क्षमता को गुरुत्वीय स्थितिज ऊर्जा कहते हैं।

h

भूमि

गुरुत्वीय स्थितिज ऊर्जा, $U = mgh$

जहाँ, m = वस्तु का द्रव्यमान, g = गुरुत्वीय त्वरण तथा h = ऊँचाई है।

किसी वस्तु को ऊपर उठाने के लिए आवश्यक न्यूनतम बल वस्तु के भार के बराबर होता है।

(ii) **प्रत्यास्थ स्थितिज ऊर्जा** (Elastic potential energy) वस्तु में उसकी प्रत्यास्थ गुण के कारण उपस्थित ऊर्जा को प्रत्यास्थ स्थितिज ऊर्जा कहते हैं।

स्प्रिंग की प्रत्यास्थ स्थितिज ऊर्जा, $U = \frac{1}{2} kx^2$

जहाँ, k = स्प्रिंग का बल नियतांक

तथा x = स्प्रिंग की लंबाई में परिवर्तन है।

ऊर्जा संरक्षण का नियम

- इस नियम के अनुसार, ऊर्जा न तो उत्पन्न की जा सकती है और न ही नष्ट की जा सकती है, किंतु एक रूप से दूसरे रूप में इसका रूपांतरण हो सकता है। अतः विश्व की कुल ऊर्जा का परिमाण स्थिर रहता है।
- ऊर्जा संरक्षण का नियम (Law of conservation of energy) प्रत्येक स्थिति तथा सभी प्रकार के रूपांतरणों में मान्य है।

ऊर्जा का रूपांतरण

ऊर्जा के विभिन्न रूपों को एक-दूसरे में रूपांतरित किया जा सकता है तथा ऊर्जा के एक रूप से दूसरे रूप में परिवर्तित होने की प्रक्रिया ऊर्जा का रूपांतरण कहलाती है। इसके उदाहरण निम्न हैं

- **पौधों द्वारा भोजन का निर्माण** प्रकाश संश्लेषण की क्रिया द्वारा हरे पौधे अपना भोजन (रासायनिक ऊर्जा के रूप में एकत्रित) बनाते हैं।
- **पेशीय ऊर्जा का गतिज ऊर्जा में परिवर्तन** जब हम गेंद को फेंकते हैं, तो हमारे शरीर की पेशीय ऊर्जा गेंद की गतिज ऊर्जा में परिवर्तित हो जाती है।
- **बिजली के बल्ब का जलना** इस प्रक्रिया में विद्युत ऊर्जा का रूपांतरण ऊष्मीय ऊर्जा व प्रकाश ऊर्जा में होता है।
- **घरों में बिजली के उपकरणों के उपयोग में** घरों में लगे बिजली के पंखे, फ्रिज, कूलर, AC आदि में विद्युत ऊर्जा का रूपांतरण गतिज ऊर्जा व ऊष्मीय ऊर्जा के रूप में होता है।
- **डायनमों से विद्युत उत्पन्न करना** इस प्रक्रिया में गतिज ऊर्जा का रूपांतरण विद्युत ऊर्जा में होता है।
- **ऊष्मा इंजन** इसमें ऊष्मीय ऊर्जा का रूपांतरण यांत्रिक ऊर्जा के रूप में होता है।
- **लालटेन का जलना** इसमें रासायनिक ऊर्जा का रूपांतरण ऊष्मीय ऊर्जा व प्रकाशीय ऊर्जा में हो जाता है।
- **लाउडस्पीकर से तेज ध्वनि उत्पन्न होना** इसमें विद्युत ऊर्जा का रूपांतरण ध्वनि ऊर्जा में होता है।

यांत्रिक ऊर्जा के संरक्षण का नियम

- किसी भी निकाय की यांत्रिक ऊर्जा अर्थात् उसकी गतिज व स्थितिज ऊर्जा का योग सदैव नियत रहता है।

$$mgh + \frac{1}{2}mv^2 = \text{अचर}$$

- निकाय में गतिज ऊर्जा, स्थितिज ऊर्जा में तथा स्थितिज ऊर्जा गतिज ऊर्जा में परिवर्तित होती रहती है। परंतु प्रत्येक क्षण उनका क्षेत्र नियत रहता है। यही यांत्रिक ऊर्जा के संरक्षण का नियम (Law of conservation of mechanical energy) है।
- किसी पिंड के **मुक्त** रूप (Freely) से गिरते समय, इसके पथ में किसी बिंदु पर स्थितिज ऊर्जा में जितनी कमी होती है, गतिज ऊर्जा में उतनी ही वृद्धि हो जाती है।

ऊर्जा के स्रोत

वह स्रोत जो सरलता से नियत दर पर, लंबे समय तक ऊर्जा प्रदान कर सके, ऊर्जा का स्रोत कहलाता है। किसी अच्छे ऊर्जा स्रोत में निम्न विशेषताएँ होनी चाहिए

- समान मात्रा से अधिक कार्य करने में सक्षम होना चाहिए।
- सरलता से सुलभ हो सके।
- **भंडारण** (Storage) व परिवहन में आसान हो।
- कीमत बहुत अधिक नहीं होनी चाहिए।

ऊर्जा के परंपरागत स्रोत

ऊर्जा के वे स्रोत, जो प्रकृति द्वारा प्रदत्त (Given) हैं तथा जिनका निर्माण अत्यंत अधिक समय में हुआ है, **पारंपरिक स्रोत** (Conventional source) कहलाते हैं। प्रकृति में ये स्रोत सीमित और अनवीकरणीय होते हैं।

उदाहरण–कोयला, पेट्रोलियम, प्राकृतिक गैस आदि।

ऊर्जा के प्रमुख परंपरागत स्रोत निम्नलिखित हैं

जीवाश्म ईंधन

- लाखों वर्ष पूर्व पृथ्वी की सतह के अंदर दबे पेड़-पौधे तथा जीव-जंतु, जो उच्च ताप तथा दाब के कारण सतह के अंदर जीवाश्म ईंधन के रूप में परिवर्तित हो गए, **जीवाश्म ईंधन** (Fossil fuels) कहलाते हैं। वास्तव में, जीवाश्म ईंधन वह सौर ऊर्जा है, जो प्राकृतिक संसाधनों द्वारा संग्रहित की गई है।
- कोयला, पेट्रोलियम पदार्थ तथा प्राकृतिक गैस, सबसे अधिक उपयोग में लिए जाने वाले जीवाश्म ईंधन हैं। जीवाश्म ईंधन बनने की क्रिया जीवाश्मीकरण कहलाती है।
- कुछ प्रमुख जीवाश्म ईंधन निम्नलिखित हैं
  - **कोयला** (Coal) यह कार्बन तथा कार्बन के अन्य तत्वों (हाइड्रोजन, नाइट्रोजन, ऑक्सीजन, सल्फर, आदि) के साथ बनाए गए यौगिकों का मिश्रण है, यह ऊर्जा का **वृहद्** (Broad) स्रोत है। इसका उपयोग घरों तथा उद्योगों में ईंधन के रूप में होता है।
  - **पेट्रोलियम** (Petroleum) यह काले रंग का एक विशेष गंध वाला अपरिष्कृत तेल है, जो हाइड्रोकार्बनों का सम्मिश्रण होता है। इसमें पानी, लवण तथा पृथ्वी के कण के अतिरिक्त ऑक्सीजन, नाइट्रोजन तथा **गंधक** (Sulpher) यौगिक भी मिश्रित होते हैं। इसका उपयोग मुख्य रूप से वाहनों में किया जाता है।
  - **प्राकृतिक गैस** (Natural gas) प्राकृतिक गैस एक महत्त्वपूर्ण स्वच्छ ऊर्जा संसाधन है, यह जलने पर कम कार्बन और प्रदूषक उत्पन्न करती है। कोयला और पेट्रोलियम उत्पादों की तुलना में यह हानिकारक गैसों और अन्य प्रदूषकों के कम उत्सर्जन के साथ जलती है।

    यह **पेट्रोकेमिकल उद्योगों** (Petrochemical industries) को संचालित करने के लिए ऊर्जा प्रदान करती है। इसके अतिरिक्त यह खाना पकाने और ऑटोमोबाइल के लिए ईंधन के रूप में प्रयोग की जा रही है।

    ऊर्जा और उर्वरक उद्योग प्राकृतिक गैस के प्रमुख **प्रयोक्ता** (User) हैं। गाड़ियों में इसका प्रयोग **संपीडित प्राकृतिक गैस** (Compressed Natural Gas, CNG) के रूप में हो रहा है, जो बहुत लोकप्रिय है।

तापीय विद्युत संयन्त्र

- विद्युत संयंत्रों में प्रतिदिन विशाल मात्रा में जीवाश्म ईंधन का दहन करके जल उबालकर भाप बनाई जाती है, जो टरबाइनों को घुमाकर विद्युत उत्पन्न करती है। समान दूरियों तक कोयले तथा पेट्रोलियम के परिवहन की तुलना में विद्युत **संचरण** (Transmission) अधिक दक्ष होता है। यही कारण है कि बहुत से तापीय विद्युत संयंत्र कोयले तथा तेल के क्षेत्रों के निकट स्थापित किए गए हैं।
- इन संयंत्रों को **तापीय विद्युत संयंत्र** (Thermal power plant) कहने का कारण यह है कि इन संयंत्रों में ईंधन के दहन द्वारा ऊष्मीय ऊर्जा उत्पन्न की जाती है, जिसे विद्युत ऊर्जा में रूपांतरित किया जाता है।

जल विद्युत संयन्त्र

- ऊर्जा का एक अन्य पारंपरिक स्रोत बहते जल की गतिज ऊर्जा अथवा किसी ऊँचाई पर स्थित जल की स्थितिज ऊर्जा है।
- जल विद्युत संयंत्रों में गिरते जल की स्थितिज ऊर्जा को विद्युत में रूपांतरित किया जाता है। चूँकि ऐसे जल प्रपातों की संख्या बहुत कम है, जिनका उपयोग स्थितिज ऊर्जा के स्रोत के रूप में किया जा सके, अत: **जल विद्युत संयंत्रों** (Hydroelectric plant) को बाँधों से संबद्ध किया गया है।

जल विद्युत उत्पादन का सिद्धांत

- जल विद्युत उत्पन्न करने के लिए नदियों को रोककर बड़े जलाशयों में जल एकत्र करने के लिए ऊँचे-ऊँचे बाँध बनाए जाते हैं। इन जलाशयों में जल संचित होता रहता है, जिसके फलस्वरूप इनमें भरे जल का तल ऊँचा हो जाता है।
- बाँध के ऊपरी भाग से पाइपों द्वारा जल, बाँध के आधार के पास स्थापित टरबाइन के ब्लेडों पर मुक्त रूप से गिरता है, फलस्वरूप **टरबाइन** (Turbine) के ब्लेड घूर्णन गति करते हैं और जनित्र द्वारा विद्युत उत्पादन होता है।

ऊर्जा के पारंपरिक स्रोतों के उपयोग के लिए प्रौद्योगिकी में सुधार

यंत्र-विज्ञान में भिन्न स्रोतों की सहायता से सुधार किया जा सकता है

- **जैव-मात्रा** यह परंपरागत ऊर्जा का स्रोत है, जैसे-लकड़ी, फसलों के अवशेष, गन्ने के छिलके, गाय के गोबर के उपले आदि को घरों तथा उद्योगों में ईंधन के रूप में उपयोग में लिया जाता है, जिसे जैव-मात्रा कहते हैं। जैव-मात्रा का उपयोग विद्युत के उत्पादन में भी किया जाता है।
- **लकड़ी का कोयला** यह लकड़ी को नियंत्रित हवा की उपस्थिति में जलाकर प्राप्त किया जाता है। इसकी तापीय (या ऊष्मीय) क्षमता, लकड़ी से अधिक होती है तथा अपेक्षाकृत कम धुआँ उत्पन्न करता है।
- **बायो-गैस** गोबर, फसलों के कटने के पश्चात् बचे अपशिष्ट, सब्जियों के अपशिष्ट, जैसे **विविध पादप** (Miscellaneous plants) तथा वाहित मल आदि के ऑक्सीजन की अनुपस्थिति में अपघटित होकर **बायो-गैस** (Bio-gas) प्राप्त होती है। इस गैस को बनाने में उपयोग होने वाला आरंभिक पदार्थ मुख्यत: गोबर होता है, इसलिए इसे गोबर गैस भी कहते हैं।

बायो-गैस संयन्त्र

- बायो-गैस बनाने में जिस संयंत्र का उपयोग करते हैं, वह **बायो-गैस संयंत्र** (Bio-gas plant) कहलाता है।
- इसका आकार **गुंबद** (Dome) की आकृति का होता है, जो ईंटों से बना होता है।
- बायो-गैस संयंत्र के मुख्य भाग निम्न हैं
  - **निर्गत कक्ष** (Output chamber) यह स्लेरी को बाहर निकालने का कक्ष है। प्राप्त अवशेष का उपयोग खाद के रूप में किया जाता है, क्योंकि इसमें नाइट्रोजन के यौगिक उपस्थित होते हैं।
  - **मिश्रण टैंक** (Mixing tank) पशुओं का गोबर तथा पानी मिलाकर मिश्रण टैंक में स्लेरी तैयार की जाती है।
  - **गैस टैंक** (Gas tank) जैव गैस को संपाचित्र के ऊपर बनी गैस टंकी में संचित किया जाता है तथा गैस को उपयोग के लिए पाइपों द्वारा बाहर निकाल लिया जाता है।
  - **आंतरिक कक्ष** (Inner chamber) यह मिश्रण कक्ष को संपाचित्र कक्ष से जोड़ता है। इसमें एक स्लोप बना होता है, जिससे स्लेरी आसानी से संपाचित्र कक्ष में पहुँच जाती है।
  - **संपाचित्र कक्ष** (Editable room) यह चारों ओर से एक बंद कक्ष होता है, जिसमें ऑक्सीजन नहीं होती है। अवायवीय सूक्ष्म जीव जिन्हें जीवित रहने के लिए ऑक्सीजन की आवश्यकता नहीं होती, गोबर की स्लेरी के जटिल यौगिकों का अपघटन कर बायो-गैस का निर्माण करते हैं। इस प्रक्रिया को पूरा होने में कुछ दिन का समय लगता है।

पवन ऊर्जा

- गतिशील हवा को पवन कहते हैं। वायु की तीव्र गति के कारण इसमें गतिज ऊर्जा होती है।
- इस गतिज ऊर्जा का उपयोग निम्न कार्यों में किया जाता है
  - विद्युत उत्पादन में तथा नदियों व समुद्र में नावों को चलाने में।
  - पृथ्वी की सतह के अंदर से पानी बाहर निकालने में।
  - अनाज पीसने की चक्कियों में तथा वायु मील द्वारा घूर्णित करके कुएँ से पानी निकालने में।

पवन चक्की

- यह गतिशील वायु की ऊर्जा से कार्य करने वाली एक मशीन है। इसकी संरचना में बिजली के पंखे के आकार के समान एक ऊँचाई पर पंखुड़ियों को पोल पर लगा दिया जाता है।
- इन पंखुड़ियों की घूर्णन गति का उपयोग पानी के पम्पों, आटा मिलों तथा विद्युत के उत्पादन के लिए किया जाता है।

पवन ऊर्जा फार्म

- व्यापारिक स्तर पर विद्युत ऊर्जा का वायु से उत्पादन करने के लिए पवन चक्कियाँ अधिक संख्या में एक वृहद क्षेत्र में लगा दी जाती हैं।
- यह क्षेत्र **पवन ऊर्जा फार्म** (Wind energy farm) कहलाता है।

ऊर्जा के गैर-परंपरागत स्रोत

- प्रौद्योगिकी में उन्नति के साथ ही हमारी ऊर्जा की माँग में दिन-प्रतिदिन वृद्धि हो रही है। हमारी जीवन शैली में भी निरंतर परिवर्तन हो रहा है।
- हम अपने कार्यों को करने के लिए अधिकाधिक मशीनों का उपयोग करते हैं। जैसे-जैसे औद्योगीकरण से हमारा जीवन स्तर उन्नत हो रहा है, वैसे-वैसे हमारी मूल आवश्यकताओं में भी निरंतर वृद्धि हो रही है।
- जैसे-जैसे हमारी ऊर्जा की माँग में वृद्धि होती जाती है, वैसे-वैसे ही हमें अधिक ऊर्जा स्रोतों की आवश्यकता होती है। अतः आवश्यक ऊर्जा की पूर्ति के लिए ऊर्जा के गैर-परंपरागत स्रोतों को खोजने की आवश्यकता है।
- कुछ **गैर-परंपरागत ऊर्जा के स्रोत** (Non-conventional sources of energy) निम्न हैं

1. सौर ऊर्जा

- सूर्य की विकिरण से प्राप्त ऊर्जा **सौर ऊर्जा** (Solar energy) कहलाती है, जिससे ऊष्मा तथा प्रकाश प्राप्त होता है। सूर्य की सतह के अंदर नाभिकीय संलयन के द्वारा इस ऊर्जा का उत्पादन ऊष्मा तथा प्रकाश के रूप में होता है।
- सौर ऊर्जा का केवल एक लघु भाग ही पृथ्वी के वायुमंडल की बाह्य परतों पर पहुँच पाता है। इसका लगभग आधा भाग वायुमंडल से गुजरते समय अवशोषित हो जाता है तथा शेष भाग पृथ्वी के पृष्ठ पर पहुँचता है।
- हमारा देश प्रतिवर्ष 50,000,000 करोड़ किलोवाट घंटा सौर ऊर्जा प्राप्त करता है। स्वच्छ आकाश की स्थिति में पृथ्वी के किसी क्षेत्र के प्रतिदिन प्राप्त होने वाली सौर ऊर्जा का औसत परिमाण 4 से 7 kWh/m^2 के बीच होता है।

- सौर ऊर्जा के लाभ निम्नलिखित हैं
  - इससे प्रदूषण नहीं होता है।
  - यह हमारे देश में (ग्रीष्म देशों की भाँति) प्रचुर मात्रा में उपलब्ध है।
  - यह मूल्य रहित है।
  - इसका व्यावहारिक उपयोग किया जा सकता है।
- सौर ऊर्जा की सीमाएँ निम्नलिखित हैं
  - पृथ्वी की सतह पर पहुँचने वाली सौर ऊर्जा धुंधली होती है, अतः इसका प्रत्यक्ष रूप से उपयोग सीमित है।
  - यह पूरे समय समान मात्रा में सभी स्थानों पर उपलब्ध नहीं होती है।
  - रात्रि में उपलब्ध नहीं होती है।
  - आकाश में बादल होने पर उपलब्ध नहीं होती है।

सौर स्थिरांक

पृथ्वी की सतह पर 1 मी^{2} क्षेत्रफल में प्रति सेकण्ड आपतित होने वाली सौर ऊर्जा को ही **सौर स्थिरांक** (Solar constant) कहते हैं।

सौर ऊर्जा युक्तियाँ वे युक्तियाँ जिनके प्रचालन के लिए सौर ऊर्जा का उपयोग होता है, सौर ऊर्जा युक्तियाँ (Solar energy devices) कहलाती हैं, जैसे-सौर कुकर, सौर पेनल, सौर सैल, आदि।

सौर ऊर्जा की कुछ प्रमुख युक्तियाँ निम्नलिखित हैं

सौर कुकर

- इस युक्ति में सूर्य की ऊर्जा का उपयोग करके खाना पकाया जाता है। इसमें एक पृथक्कृत धातु का बक्सा या लकड़ी का बक्सा होता है, जिसको अंदर से काला पेंट कर दिया जाता है, जिससे यह अधिकतम सूर्य के विकिरणों का अवशोषण कर सके।
- इस बॉक्स के ऊपर एक काँच की पतली आवरण होती है। बॉक्स में एक समतल दर्पण को परावर्तक के रूप में लगा दिया जाता है।
- कुछ **सौर कुकर** (Solar cooker) में अवतल दर्पण का उपयोग करके सूर्य की किरणों को फोकसित किया जाता है।

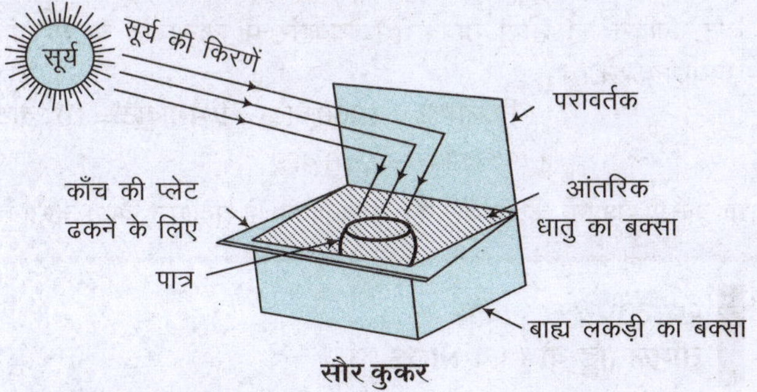

सौर कुकर

- सौर कुकर के लाभ निम्नलिखित हैं
  - यह ईंधन बचाता है।
  - इससे प्रदूषण नहीं होता है।
  - इसमें खाना पकाने की क्रिया धीमी होती है, अतः खाने में पोषक तत्व नष्ट नहीं होते हैं।
  - यह एक समय में चार प्रकार के व्यंजन पका सकता है।
- सौर कुकर की सीमाएँ निम्नलिखित हैं
  - इसका उपयोग आकाश में बादल होने पर या रात्रि में नहीं किया जा सकता है।
  - इसका उपयोग रोटियाँ बनाने या किसी खाने को तलने के लिए नहीं किया जा सकता है।
  - सौर कुकर की दिशा समय-समय पर परिवर्तित करनी पड़ती है, जिससे यह अधिकतम समय तक सूर्य की ओर रहे।

सौर सेल

- सौर सेल (Solar cell) ऊर्जा को विद्युत ऊर्जा में रूपांतरित करते हैं। धूप में रखे जाने पर किसी प्रारूपी सौर सेल से 0.5-1.0 V तक वोल्टता विकसित होती है तथा लगभग 0.7 W विद्युत उत्पन्न कर सकते हैं।
- सौर सेल बनाने के लिए सिलिकॉन अर्द्धचालक का उपयोग किया जाता है। यह वातावरण के अनुकूल है तथा कोई प्रदूषण उत्पन्न नहीं करता है। इसको बनाने की प्रक्रिया बहुत महँगी होती है।
- सौर सेलों के उपयोग निम्नलिखित हैं
  - सड़कों पर प्रकाश के लिए, ट्रैफिक सिग्नल में तथा पानी के पम्पों में।
  - समुद्र स्थित प्रकाश स्तंभों को बिजली देने में।
  - दूरस्थ स्थानों में रेडियो तथा टी.वी. के संचारण में।
  - इलेक्ट्रॉनिक घड़ियाँ तथा संगणकों को प्रचालित करने में।
  - कृत्रिम उपग्रहों में विद्युत प्रदान करने में।
  - खिलौनों में।

सौर पैनल

- जब बहुत सारे सौर सेलों को एक क्रम में संयोजित कर दिया जाता है, तो यह संयोजन **सौर पैनल** (Solar panel) कहलाता है। इससे प्राप्त विद्युत वाहक बल का मान अधिक होता है तथा धारा का मान भी अधिक प्राप्त होता है। यह व्यवस्था सौर पैनल कहलाती है।
- इससे प्राप्त विद्युत शक्ति का उपयोग व्यावहारिक रूप से किया जाता है, लेकिन सेलों को एक-दूसरे से संयोजित करने के लिए चाँदी की आवश्यकता होती है, अतः यह महँगी प्रक्रिया होती है।

2. समुद्र से प्राप्त ऊर्जा

समुद्र एक नवीकरणीय ऊर्जा का स्रोत है। समुद्र से प्राप्त ऊर्जा के अनेक प्रारूप हैं, जिनका वर्णन निम्नलिखित है

(i) **ज्वारीय ऊर्जा** (Tidal energy) घूर्णन गति करती पृथ्वी पर मुख्य रूप से चंद्रमा के गुरुत्वीय खिंचाव के कारण सागरों में जल का स्तर चढ़ता व गिरता रहता है। इस परिघटना को ज्वार-भाटा कहते हैं। ज्वार-भाटे में जल के स्तर के चढ़ने तथा गिरने से हमें **ज्वारीय ऊर्जा** प्राप्त होती है। ज्वारीय ऊर्जा का दोहन सागर के किसी संकीर्ण क्षेत्र पर बाँध का निर्माण करके किया जाता है। बाँध के द्वार पर स्थापित टरबाइन ज्वारीय ऊर्जा को विद्युत ऊर्जा में रूपांतरित कर देती है।

(ii) **तरंग ऊर्जा** (Wave energy) वायु के कारण समुद्र की सतह पर पानी में तरंगें उत्पन्न हो जाती हैं। इन तरंगों में अत्यधिक गतिज ऊर्जा होती है। इस ऊर्जा का उपयोग अनेक युक्तियों में, जैसे-जनित्र की टरबाइन के **घूर्णन** (Rotation) में तथा विद्युत के उत्पादन में किया जाता है।

(iii) **महासागरीय तापीय ऊर्जा** (Ocean thermal energy) समुद्रों अथवा महासागरों के पृष्ठ का जल सूर्य द्वारा तप्त हो जाता है, जबकि इनके गहराई वाले भाग का जल अपेक्षाकृत ठंडा होता है।

ताप में इस अंतर का उपयोग सागरीय **तापीय ऊर्जा रूपांतरण विद्युत संयंत्र** (Ocean Thermal Energy Conversion Plant, OTEC) में ऊर्जा प्राप्त करने के लिए किया जाता है।

OTEC विद्युत संयंत्र केवल तभी प्रचालित होते हैं जब महासागर के पृष्ठ पर जल का ताप तथा 2 किमी तक की गहराई पर जल के ताप में 20°C का अंतर हो। पृष्ठ के तप्त जल का उपयोग अमोनिया जैसे वाष्पशील द्रवों को उबालने में किया जाता है।

3. भूतापीय ऊर्जा

- भौमिकीय परिवर्तनों के कारण भूपर्पटी में गहराइयों पर तप्त क्षेत्रों में पिघली चट्टानें ऊपर धकेल दी जाती हैं, जो कुछ क्षेत्रों में एकत्र हो जाती हैं। इन क्षेत्रों को तप्त स्थल कहते हैं। जब भूमिगत जल इन तप्त स्थलों के संपर्क में आता है, तो भाप उत्पन्न होती है।
- कभी-कभी इस तप्त जल को पृथ्वी के पृष्ठ से बाहर निकलने के लिए निकास मार्ग मिल जाता है। इन निकास मार्गों को गरम चश्मा अथवा **उष्ण स्रोत** (Heat source) कहते हैं।
- कभी-कभी यह भाप चट्टानों के बीच में फँस जाती है जहाँ इसका दाब अत्यधिक हो जाता है। तप्त स्थलों तक पाइप डालकर इस भाप को बाहर निकाल लिया जाता है।
- उच्च दाब पर निकली यह भाप विद्युत जनित्र की टरबाइन को घुमाती है, जिससे विद्युत उत्पादन करते हैं। इसके द्वारा विद्युत उत्पादन की लागत अधिक नहीं है, परंतु ऐसे बहुत कम क्षेत्र हैं जहाँ व्यापारिक दृष्टिकोण से इस ऊर्जा का दोहन करना व्यावहारिक है।
- न्यूजीलैंड तथा संयुक्त राज्य अमेरिका में, **भूतापीय ऊर्जा** (Geothermal energy) पर आधारित कई **विद्युत शक्ति संयंत्र** (Electric power plants) कार्य कर रहे हैं।

4. नाभिकीय ऊर्जा

- परमाणु के नाभिक में संग्रहित ऊर्जा नाभिकीय ऊर्जा (Nuclear energy) कहलाती है। यह ऊर्जा नाभिकीय अभिक्रियाओं में मुक्त होती है।
- नाभिकीय अभिक्रियाएँ दो प्रकार की होती हैं
  (i) **नाभिकीय विखंडन** (Nuclear fission) इस विखंडन में एक भारी नाभिक का विखंडन दो या दो से अधिक छोटे भागों में हो जाता है। इस विखंडन में असीम ऊर्जा उत्पन्न होती है। यह विखंडन धीमी गति के न्यूट्रॉनों को उस पदार्थ के नाभिक से टकराने पर होता है।
  इस सिद्धांत के आधार पर नाभिकीय संयंत्र विद्युत ऊर्जा का उत्पादन करते हैं। विखंडन अभिक्रिया में मुक्त ऊर्जा विखंडन अभिक्रिया में द्रव्यमान की क्षति होती है। यह क्षय हुआ द्रव्यमान आइंस्टीन की द्रव्यमान-ऊर्जा समीकरण के अनुसार ऊर्जा में परिवर्तित हो जाता है।
  (ii) **नाभिकीय संलयन** (Nuclear fusion) जब दो या दो से अधिक हल्के नाभिक किसी अभिक्रिया में संलयित होकर एक भारी नाभिक बनाते हैं, तो इस अभिक्रिया में बहुत अधिक ऊर्जा उत्सर्जित होती है। यही अभिक्रिया नाभिकीय संलयन कहलाती है।
- नाभिकीय अभिक्रिया के लिए आवश्यक शर्तें निम्न हैं
  - अति उच्च ताप (4-15 लाख केल्विन)
  - अति उच्च दाब (1 लाख वायुमंडलीय दाब के बराबर)

ऊर्जा का वातावरण पर प्रभाव

- किसी भी ऊर्जा को प्राप्त करने पर वातावरण को क्षति पहुँचती है तथा वातावरण का संतुलन भी बिगड़ जाता है।
- जीवाश्म ईंधन की तुलना में वैकल्पिक स्रोतों से क्षति कम होती है। ऊर्जा की बढ़ती खपत के पर्यावरण पर निम्न प्रभाव होंगे
- जीवाश्म ईंधन को जलाने पर अम्लीय वर्षा की संभावनाएँ बढ़ेंगी, जिससे पेड़-पौधे तथा फसलें और खेती की भूमि प्रभावित होगी। पानी में रहने वाले जीव-जंतुओं पर विपरीत प्रभाव पड़ेगा।
- जीवाश्म ईंधन के जलने पर हरित गृह प्रभाव की CO_2 गैस की मात्रा वातावरण में बढ़ जाएगी।
- ऊर्जा के लिए वनों तथा पेड़ों की कटाई बढ़ने से मिट्टी में कटाव उत्पन्न होगें तथा वन्य जीवों के जीवन का खतरा बढ़ जाएगा।
- जल तापीय विद्युत घर वातावरण में असंतुलन उत्पन्न कर देंगे।
- नाभिकीय विद्युत तापीय घरों के निर्माण से वातावरण में रेडियोएक्टिवता की मात्रा बढ़ती जा रही है।

हाइड्रोजन बम

हाइड्रोजन बम (Hydrogen bomb) **'ताप नाभिकीय अभिक्रिया'** (Heat nuclear reaction) पर आधारित होता है। हाइड्रोजन बम के क्रोड में यूरेनियम अथवा प्लूटोनियम के विखंडन पर आधारित किसी नाभिकीय बम को रख देते हैं। यह नाभिकीय बम ऐसे पदार्थ में अंतःस्थापित किया जाता है जिनमें ड्यूटीरियम तथा लीथियम होते हैं। जब इस नाभिकीय बम (जो विखंडन पर आधारित है) को अधिविस्फोटित करते हैं, तो इस पदार्थ का ताप कुछ ही माइक्रोसेकण्ड में 10^7K तक बढ़ जाता है। यह अति उच्च ताप हल्के नाभिकों को संलयित होने के लिए पर्याप्त ऊर्जा उत्पन्न कर देता है, जिसके फलस्वरूप अति विशाल परिमाण की ऊर्जा मुक्त होती है।

कार्य करने की दर : शक्ति

- कार्य करने की दर या ऊर्जा रूपांतरण की दर को शक्ति (Power) कहते हैं।
- यदि कोई कर्ता t समय में W कार्य करता है, तो

$$\text{शक्ति} = \frac{\text{कार्य}}{\text{समय}}; \quad P = \frac{W}{t}$$

शक्ति का मात्रक वाट है तथा वाट का प्रतीक W है, जोकि जेम्स वाट के सम्मान में रखा गया है।

- वाट, शक्ति का छोटा मात्रक है। व्यवहार में किलोवाट या मेगावाट का उपयोग करते हैं।

$$1 \text{ किलोवाट} = 1000 \text{ वाट}; \quad 1 \text{ मेगावाट} = 10^6 \text{ वाट}$$

$$1 \text{ अश्वशक्ति} = 746 \text{ वाट}$$

साधारणतया मशीनों की शक्ति को अश्वशक्ति से प्रदर्शित किया जाता है।

अतिरिक्त तथ्य
तमिलनाडु बोर्ड एवं NIOS

- यदि किसी पिण्ड पर बल लगाएँ और वह विस्थापित न हो अर्थात स्थान परिवर्तित न करे तब कोई कार्य सम्पादित नहीं होता है। उदाहरण-दीवार को धकेलने पर विस्थापन नहीं होने पर किया गया कार्य शून्य है।
- किसी पिण्ड में उसकी गति अथवा स्थिति के कारण कार्य करने की जो क्षमता होती है, पिण्ड की यांत्रिक ऊर्जा कहलाती है।
- ऊर्जा का मात्रक भी कार्य के मात्रक के समान ही जूल है। इसे J द्वारा व्यक्त किया जाता है।
- चुम्बक, लोहे को अपनी ओर आकर्षित करती है। अतः चुम्बक में कार्य करने की क्षमता होती है। चुम्बक की क्रियाविधि में सम्मिलित ऊर्जा को चुम्बकीय ऊर्जा कहते हैं।

05

गुरुत्वाकर्षण

(स्रोत)

Class-IX New NCERT Chap 9 (गुरुत्वाकर्षण),
Class-XI New NCERT Chap 7 (गुरुत्वाकर्षण)

- जब किसी वस्तु को ऊँचाई से गिराया जाता है, तो वह पृथ्वी की ओर ही गिरती है। इसके अतिरिक्त सभी ग्रह सूर्य के चारों ओर चक्कर लगाते हैं। चंद्रमा भी पृथ्वी की परिक्रमा करता है। इन सभी अवस्थाओं में वस्तुओं पर, ग्रहों पर तथा चंद्रमा पर एक ही बल कार्य करता है, जिसे गुरुत्वाकर्षण बल (Gravitational force) कहते हैं।
- न्यूटन ने यह निश्चित किया कि इस **गुरुत्वाकर्षण बल** के कारण ब्रह्मांड में उपस्थित प्रत्येक पिंड एक-दूसरे को अपनी ओर आकर्षित करते हैं। न्यूटन ने सर्वप्रथम गुरुत्वाकर्षण बल की व्याख्या की थी।

न्यूटन का गुरुत्वाकर्षण नियम

- विश्व का प्रत्येक पिंड अन्य पिंड को एक बल से आकर्षित करता है, इसे गुरुत्वाकर्षण बल कहते हैं। गुरुत्वाकर्षण बल सदैव आकर्षण बल होता है।
- न्यूटन के नियमानुसार, ब्रह्मांड में किन्हीं दो पिंडों के बीच कार्य करने वाला बल, पिंडों के द्रव्यमानों के गुणनफल के समानुपाती तथा उनके बीच की दूरी के वर्ग के व्युत्क्रमानुपाती होता है।

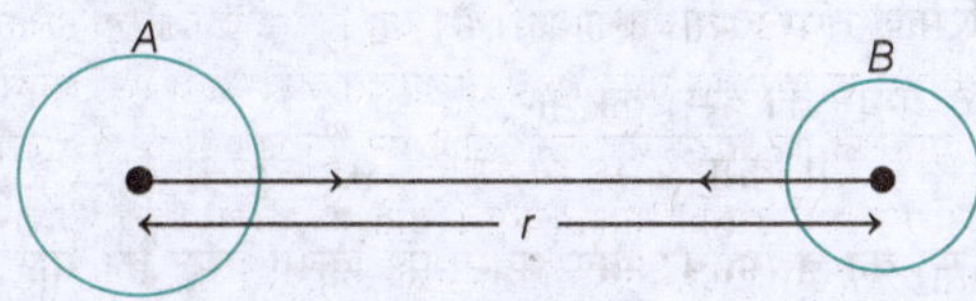

- किन्हीं दो एकसमान पिंडों के बीच गुरुत्वाकर्षण बल उनके केंद्रों को मिलाने वाली रेखा की दिशा में निर्देशित होता है।
- यदि दो पिंडों के द्रव्यमान m_1 और m_2 हों तथा उनके बीच की दूरी r हो, तो उनके बीच गुरुत्वाकर्षण बल,

$$F \propto \frac{m_1 m_2}{r^2} \Rightarrow F = \frac{G m_1 m_2}{r^2}$$

जहाँ, G एक नियतांक है, जिसे **गुरुत्वाकर्षण नियतांक** कहते हैं।

- G का मान पिंडों की प्रकृति, उनके द्रव्यमान, उनके मध्य की दूरी, माध्यम, समय आदि पर निर्भर नहीं करता है तथा ब्रह्मांड के सभी पिंडों के लिए समान होता है। अतः इसे **सार्वत्रिक गुरुत्वाकर्षण नियतांक** (Universal gravitational constant) भी कहा जाता है।
- G का मान **हेनरी कैवेण्डिश** (Henry Cavendish) ने सुग्राही तुला द्वारा ज्ञात किया। इसका मान 6.67×10^{-11} न्यूटन-मी^{2}/किग्रा^{2} होता है।
- गुरुत्वाकर्षण नियतांक उस आकर्षण बल के बराबर होता है, जो एक-दूसरे से एकांक दूरी पर रखे एकांक द्रव्यमान वाले दो कणों के बीच कार्य करता है।

गुरुत्वाकर्षण के सार्वत्रिक नियम का महत्त्व

गुरुत्वाकर्षण का सार्वत्रिक नियम अनेक ऐसी परिघटनाओं की सफलतापूर्वक व्याख्या करता है, जो असंबद्ध मानी जाती हैं। उदाहरण-

- हमें पृथ्वी से बाँधे रखने वाला बल
- पृथ्वी के चारों ओर चंद्रमा की गति
- सूर्य के चारों ओर ग्रहों की गति
- चंद्रमा तथा सूर्य के कारण ज्वार-भाटा

गुरुत्व तथा मुक्त पतन

- न्यूटन के गुरुत्वाकर्षण नियम के अनुसार, गुरुत्वाकर्षण वह आकर्षण बल है, जो किन्हीं दो वस्तुओं के बीच कार्य करता है। यदि इन वस्तुओं में एक वस्तु पदार्थ हो, तो गुरुत्वाकर्षण को गुरुत्व (Gravity) कहते हैं।
- जब वस्तुएँ पृथ्वी की ओर केवल पृथ्वी के गुरुत्वाकर्षण बल के कारण गिरती हैं, तो वस्तुओं की ऐसी गति **मुक्त पतन** (Free fall) कहलाती हैं।

पृथ्वी का गुरुत्वीय त्वरण

- जब कोई वस्तु पृथ्वी की ओर मुक्त रूप से छोड़ी जाती है, तो वह पृथ्वी के गुरुत्व बल के कारण नीचे की ओर गिरने लगती है। जैसे-जैसे वस्तु नीचे की ओर गिरती है, वैसे-वैसे उसका वेग बढ़ता जाता है, परन्तु वेग की दिशा में कोई परिवर्तन नहीं होता है।
- वस्तु के वेग में परिवर्तन के कारण त्वरण उत्पन्न होता है, जिसे गुरुत्व बल द्वारा उत्पन्न त्वरण अथवा **गुरुत्वीय त्वरण** (Acceleration due to gravity) कहते हैं। इसे g से प्रदर्शित करते हैं।

पृथ्वी के गुरुत्वीय त्वरण के मान में परिवर्तन

g का प्रमाणिक मान 9.8 मी/से^{2} होता है। यह मान समुद्र तल तथा 45° अक्षांश पर होता है। g के मान में कुछ परिवर्तन होते रहते हैं, जो निम्नलिखित हैं

- पृथ्वी की सतह से ऊपर जाने पर g का मान घटता है।
- पृथ्वी की सतह से नीचे जाने पर g का मान घटता है तथा पृथ्वी के केंद्र पर g का मान शून्य होता है।
- गुरुत्वीय त्वरण g का मान **ध्रुवों पर** अधिकतम तथा **भूमध्य रेखा** पर न्यूनतम होता है।
- यदि पृथ्वी अपने अक्ष के परितः और तेजी से घूमना प्रारंभ कर दे तो g का मान घट जाएगा।
- यदि पृथ्वी वर्तमान से 17 गुना अधिक तेजी से घूमने लगे तो भूमध्य रेखा पर रखी वस्तु का भार **शून्य** प्रतीत होने लगेगा।

G तथा g में संबंध

यदि पृथ्वी का द्रव्यमान M और त्रिज्या R हो, तो पृथ्वी की सतह पर या उससे कुछ ऊँचाई पर m द्रव्यमान की वस्तु पर न्यूटन के गुरुत्वाकर्षण नियम के अनुसार पृथ्वी द्वारा लगाया जाने वाला गुरुत्व बल,

$$F = \frac{GMm}{R^2} \quad \dots (i)$$

(यहाँ वस्तु की पृथ्वी के केंद्र से दूरी लगभग पृथ्वी की त्रिज्या के बराबर मानी जा सकती है।)

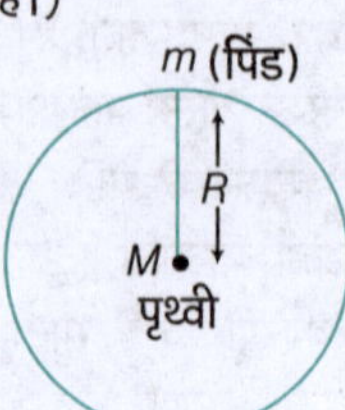

यदि गुरुत्वीय त्वरण g हो, तो न्यूटन की गति के द्वितीय नियम से,

$$F = \text{द्रव्यमान } (m) \times \text{त्वरण } (g) \quad \dots (ii)$$

समी. (i) व समी. (ii) से,

$$mg = \frac{GMm}{R^2}$$

अतः

$$g = \frac{GM}{R^2}$$

गुरुत्वीय त्वरण g के मान का परिकलन करने के लिए उपरोक्त समीकरण में G, M तथा R के मान रखने होंगे। जैसे,

सार्वत्रिक गुरुत्वीय नियतांक, $G = 6.7 \times 10^{-11}$ Nm^2 kg^2

पृथ्वी का द्रव्यमान, $M = 6 \times 10^{24}$ kg, तथा

पृथ्वी की त्रिज्या, $R = 6.4 \times 10^6$m

$$g = G\frac{M}{R^2}$$

$$= \frac{6.7 \times 10^{-11} \text{Nm}^2\text{kg}^{-2} \times 6 \times 10^{24}\text{kg}}{(6.4 \times 10^6\text{m})^2}$$

$$= 9.8 \text{ ms}^{-2}$$

अतः पृथ्वी के गुरुत्वीय त्वरण का मान

$$g = 9.8 \text{ ms}^{-2}$$

अतः गुरुत्वीय त्वरण g का मान किसी वस्तु के द्रव्यमान m पर निर्भर नहीं करता है।

यदि निर्वात् में एक भारी एवं एक हल्की वस्तु को साथ-साथ गिराया जाए, तो दोनों वस्तुएँ एक साथ जमीन पर गिरती हैं। इसे गैलीलियो ने पीसा की मीनार से दो भिन्न भार की गेदों को गिराकर सिद्ध किया था।

द्रव्यमान तथा भार

द्रव्यमान तथा भार का वर्णन निम्न प्रकार है

- **द्रव्यमान** (Mass) किसी वस्तु में पदार्थ का परिमाण ही उसका द्रव्यमान कहलाता है। यह एक अदिश राशि है, इसका मान नियत रहता है। इसका SI मात्रक किलोग्राम है।
- **भार** (Weight) पृथ्वी जिस बल से किसी वस्तु को अपने केंद्र की ओर आकर्षित करती है, वह उस वस्तु का भार कहलाता है या वस्तु पर पृथ्वी का आकर्षण बल वस्तु का भार कहलाता है।

$$\text{भार} = \text{वस्तु का द्रव्यमान} \times \text{गुरुत्वीय त्वरण}$$

$$w = mg$$

इसका मात्रक न्यूटन होता है।

भार एक बल है जो ऊर्ध्वाधर दिशा में नीचे की ओर लगता है इसलिए इसमें परिमाण तथा दिशा दोनों होते हैं।

1 किग्रा द्रव्यमान की वस्तु का भार,

$$w = 1 \text{ किग्रा} \times 9.8 \text{ मी/से}^2 = 9.8 \text{ न्यूटन}$$

- **किसी वस्तु का चंद्रमा पर भार** चंद्रमा पर किसी वस्तु का भार वह बल है, जिससे चंद्रमा उस वस्तु को अपनी ओर आकर्षित करता है। चंद्रमा का द्रव्यमान पृथ्वी से कम है। इस कारण चंद्रमा वस्तुओं पर कम आकर्षण बल लगाता है।

चंद्रमा का गुरुत्वीय त्वरण पृथ्वी की तुलना में 1/6 होता है। अतः किसी वस्तु का चंद्रमा पर भार $= \frac{1}{6} \times$ वस्तु का पृथ्वी पर भार

- **लिफ्ट में वस्तु का आभासी भार** यदि व्यक्ति त्वरित लिफ्ट में खड़ा है, तब लिफ्ट के तल द्वारा व्यक्ति पर लगाया गया प्रतिक्रिया बल व्यक्ति के भार के बराबर नहीं होता। इस स्थिति में व्यक्ति पर लगे प्रतिक्रिया बल को उसका **आभासी भार** (Virtual load) कहते हैं।

  जब द्रव्यमान m की वस्तु जो लिफ्ट में स्थित है तब निम्न स्थितियाँ उत्पन्न होने की संभावना है
  - स्थिर लिफ्ट में व्यक्ति का आभासी भार उसके वास्तविक भार $(w = mg)$ के समान होगा।
  - एकसमान वेग से गतिमान लिफ्ट में खड़े व्यक्ति का आभासी भार उसके वास्तविक भार $(w = mg)$ के बराबर होता है।
  - नियत त्वरण से ऊपर की ओर गतिमान लिफ्ट में व्यक्ति का आभासी भार $R = m(g+a)$ वास्तविक भार से बढ़ा हुआ प्रतीत होगा।
  - नियत त्वरण से नीचे की ओर गतिमान लिफ्ट में व्यक्ति का आभासी भार $R = m(g-a)$ वास्तविक भार से घटा हुआ प्रतीत होगा।

गुरुत्वीय क्षेत्र

- किसी पिंड के चारों ओर का वह क्षेत्र जिसमें अन्य पिंडों द्वारा उसके गुरुत्वाकर्षण बल का अनुभव किया जा सकता है, **गुरुत्वीय क्षेत्र** (Gravitational field) कहलाता है।
- गुरुत्वीय क्षेत्र के किसी बिंदु पर गुरुत्वीय क्षेत्र की तीव्रता उस बिंदु पर स्थित एकांक द्रव्यमान के पिंड पर लगने वाले गुरुत्वीय बल के बराबर होती है।
- इसका मात्रक न्यूटन/किग्रा या मी/से^{2} है। यह एक सदिश राशि है, जिसकी दिशा सदैव उस पिंड के गुरुत्व केंद्र की ओर होती है।

गुरुत्वीय विभव

- एकांक द्रव्यमान को अनंत से गुरुत्वीय क्षेत्र में किसी बिंदु तक लाने में किया गया कार्य, उस बिंदु पर **गुरुत्वीय विभव** (Gravitational potential) कहलाता है।

गुरुत्वीय स्थितिज ऊर्जा

- किसी वस्तु को गुरुत्वीय क्षेत्र के विरुद्ध अनंत से क्षेत्र के किसी बिंदु तक लाने में किया गया कार्य, **गुरुत्वीय स्थितिज ऊर्जा** (Gravitational potential energy) कहलाता है।
- गुरुत्वीय स्थितिज ऊर्जा सदैव ऋणात्मक होती है।

ग्रह

सूर्य के चारों ओर अपनी निश्चित दीर्घवृत्ताकार कक्षाओं (Orbits) में परिक्रमा करने वाले आकाशीय पिंडों को ग्रह (Planets) कहते हैं।

कैप्लर के ग्रहीय गति संबंधी नियम

जोहांस कैप्लर ने गति संबंधी तीन नियम व्युत्पन्न किए, जो इस प्रकार हैं

(i) **प्रथम नियम** (First law) प्रत्येक ग्रह सूर्य के चारों ओर एक दीर्घवृत्ताकार कक्षा में घूमता है, तथा सूर्य इसके फोकस पर स्थित होता है, इसे **कक्षाओं का नियम** (Law of orbits) भी कहा जाता है। जैसा कि चित्र में दिखाया गया है

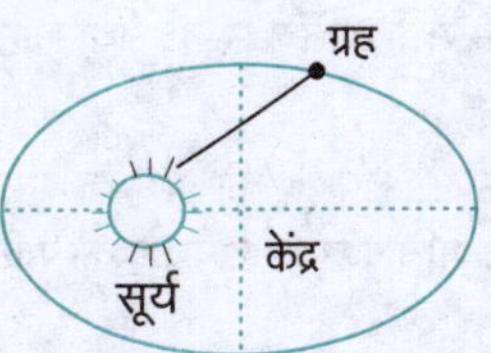

(ii) **द्वितीय नियम** (Second law) सूर्य तथा ग्रह को मिलाने वाली रेखा समान समय में समान क्षेत्रफल तय करती है। इसे **क्षेत्रफलों का नियम** (Law of areas) भी कहा जाता है। इस प्रकार, यदि A से B तक गति करने में लगा समय, C से D तक गति करने में लगे समय के बराबर हो, तो क्षेत्रफल OAB तथा क्षेत्रफल OCD बराबर होंगे।

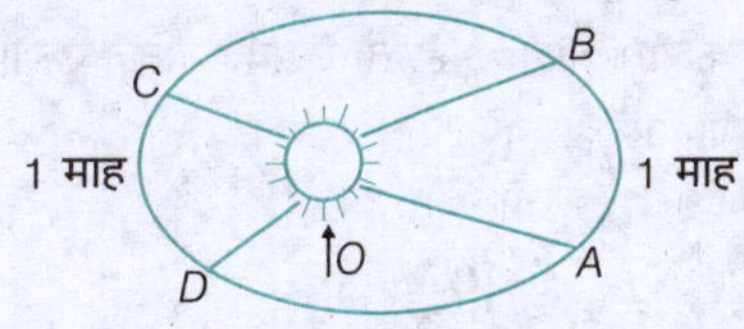

(iii) **तृतीय नियम** (Third law) सूर्य से किसी ग्रह की औसत दूरी (r) का घन, उस ग्रह के सूर्य के परितः परिक्रमण काल (T) के वर्ग के समानुपाती होता है। इसे **आवर्तकालों का नियम** (Law of time period) भी कहा जाता है। इसे निम्न प्रकार व्यक्त किया जा सकता है

$$T^2 \propto r^3 \text{ अथवा } \frac{r^3}{T^2} = \text{स्थिरांक}$$

ग्रहों की गति की व्याख्या करने के लिए कैप्लर ने कोई सिद्धांत प्रस्तुत नहीं किया। न्यूटन ने दिखाया कि ग्रहों की गति का कारण वह गुरुत्वाकर्षण बल है, जो सूर्य उन पर लगाता है।

उपग्रह

कुछ आकाशीय पिंड जो ग्रहों की परिक्रमा करते हैं, उपग्रह (Satellites) कहलाते हैं। चंद्रमा पृथ्वी का प्राकृतिक उपग्रह है।

- **उपग्रह की कक्षीय चाल** (Orbital speed of satellite) उपग्रह अपनी वृत्ताकार कक्षा में ग्रह के चारों ओर जिस न्यूनतम चाल से परिक्रमण करता है, वह चाल उपग्रह की **कक्षीय चाल** कहलाती है। उपग्रह की चाल ग्रह के तल से ऊँचाई पर निर्भर करती है तथा यह उपग्रह के द्रव्यमान पर निर्भर नहीं करती है।

  उपग्रह की कक्षीय चाल, ग्रह के द्रव्यमान एवं उसकी त्रिज्या पर निर्भर करती है। पृथ्वी के निकट परिक्रमा कर रहे किसी उपग्रह की अपनी कक्षा में कक्षीय चाल लगभग 7.92 किमी/से होती है।

- **उपग्रह का परिक्रमण काल** (Time period of revolution of satellite) उपग्रह किसी ग्रह के चारों ओर परिक्रमण करके अपना एक चक्र पूरा करने में जो समय लेता है, वह उपग्रह का **परिक्रमण काल** कहलाता है।

  किसी उपग्रह का परिक्रमण काल केवल ग्रह की सतह से ऊँचाई पर निर्भर करता है अर्थात् उपग्रह पृथ्वी के तल से जितना दूर होगा, उसका परिक्रमण काल उतना ही अधिक होगा।

  उपग्रह का परिक्रमण काल उसके द्रव्यमान पर निर्भर नहीं करता है।

- **उपग्रह की कुल ऊर्जा** (Total energy of satellite) किसी ग्रह के परितः परिक्रमण करते उपग्रह में स्थितिज ऊर्जा तथा गतिज ऊर्जा दोनों प्रकार की ऊर्जाएँ होती हैं।

  उपग्रह में स्थितिज ऊर्जा, उपग्रह की ग्रह के गुरुत्वीय क्षेत्र में स्थिति के कारण होती है, जबकि गतिज ऊर्जा उपग्रह की गतिशील अवस्था के कारण होती है।

  उपग्रह की गुरुत्वीय स्थितिज ऊर्जा व गतिज ऊर्जा के योग को उसकी कुल ऊर्जा कहते हैं।

  माना कि किसी ग्रह का द्रव्यमान M तथा त्रिज्या R है, यदि उपग्रह का द्रव्यमान m है, तब उसकी गुरुत्वीय स्थितिज ऊर्जा

$$U = -\frac{GMm}{r}$$

  यदि उपग्रह की कक्षीय चाल v_0 है, तो उसकी गतिज ऊर्जा

$$K = \frac{1}{2}mv_0^2$$

$$\because \quad v_0 = \sqrt{\frac{GM}{r}}$$

$$\therefore \quad K = \frac{1}{2}m\left(\frac{GM}{r}\right) = \frac{GMm}{2r}$$

  अतः उपग्रह की कुल ऊर्जा,

$$E = U + K = -\frac{GMm}{r} + \frac{GMm}{2r}$$

$$E = -\frac{1}{2}\frac{GMm}{r}$$

  उपग्रह की कुल ऊर्जा सदैव ऋणात्मक होती है, यही कारण है कि किसी ग्रह के चारों ओर परिक्रमण करता हुआ उपग्रह अपनी कक्षा से बद्ध रहता है।

- **उपग्रह की बंधन ऊर्जा** (Binding energy of satellite) किसी उपग्रह को अपनी कक्षा से पलायन करने के लिए आवश्यक न्यूनतम ऊर्जा ही **बंधन ऊर्जा** कहलाती है।

  उपग्रह की बंधन ऊर्जा, $E = \frac{GMm}{2r}$

कृत्रिम उपग्रह

मानव निर्मित ऐसे पिंड जो पृथ्वी के चारों ओर परिक्रमा करते हैं, कृत्रिम उपग्रह (Artificial satellites) कहलाते हैं।

भू-स्थिर अथवा तुल्यकाली उपग्रह

- पृथ्वी का ऐसा उपग्रह जिसका परिक्रमण काल, पृथ्वी के अपने अक्ष पर परिक्रमण काल के बराबर हो अर्थात् 24 घंटे हो, **तुल्यकाली उपग्रह** (Synchronous satellite) अथवा **भू-स्थिर उपग्रह** (Geostationary satellite) कहलाता है।
- यह उपग्रह पृथ्वी तल पर खड़े व्यक्ति को सदैव स्थिर प्रतीत होता है। यह उपग्रह पश्चिम से पूर्व की ओर **वामावर्त दिशा** में गति करता है। इस भू-स्थिर उपग्रह की कक्षा का तल, पृथ्वी के केंद्र से गुजरने वाला रेखीय तल होता है। इसका उपयोग दूरदर्शन के क्षेत्र में बहुतायत से होता है।

भू-स्थिर अथवा तुल्यकाली उपग्रह की विशेषताएँ

भू-स्थिर अथवा तुल्यकाली उपग्रह की मुख्य विशेषताएँ निम्नलिखित हैं

- इसका परिक्रमण काल, पृथ्वी के परिक्रमण काल के ठीक बराबर अर्थात् '24 घण्टे' होता है।
- इन उपग्रहों का कोणीय वेग, पृथ्वी के कोणीय वेग के ठीक बराबर होता है तथा रेखीय चाल लगभग 3.1 किमी/से होती है।
- ये उपग्रह पृथ्वी के विषुवत् तल में (भूमध्य रेखा के समान्तर) पश्चिम से पूर्व की ओर (पृथ्वी के घूर्णन की दिशा में) पृथ्वी की परिक्रमा करते हैं। ये उपग्रह पृथ्वी तल से **35,830 किमी** की ऊँचाई पर **42,200 किमी** त्रिज्या की कक्षा में पृथ्वी की परिक्रमा करते हैं।

ध्रुवीय उपग्रह

- वे उपग्रह जो पृथ्वी के चारों ओर ध्रुवीय कक्षाओं में परिक्रमण करते हैं, ध्रुवीय उपग्रह (Polar satellites) कहलाते हैं।
- ध्रुवीय उपग्रह पृथ्वी की सतह से 500-800 किमी की दूरी पर स्थित होते हैं।

ध्रुवीय उपग्रहों की विशेषताएँ

ध्रुवीय उपग्रहों की मुख्य विशेषताएँ निम्नलिखित हैं

- इनकी कक्षा का तल पृथ्वी के उत्तरी व दक्षिणी ध्रुवों के समीप से गुजरता है।
- इन उपग्रहों की सहायता से दूरस्थ स्थानों की सूचना प्राप्त की जाती है।
- इसी कारण यह **दूर-संवेदी उपग्रह** (Remote sensing satellite) भी कहलाते हैं।
- ये उपग्रह पृथ्वी के घूर्णन गति के विपरीत गति करते हैं।
- इनका **परिक्रमण काल** (Period of revolution) लगभग 100 मिनट होता है।
- ध्रुवीय उपग्रह की कक्षा की दिशा उत्तर-दक्षिण होती है, जबकि पृथ्वी अपनी अक्ष पर पश्चिम से पूर्व की ओर घूर्णन करती है।

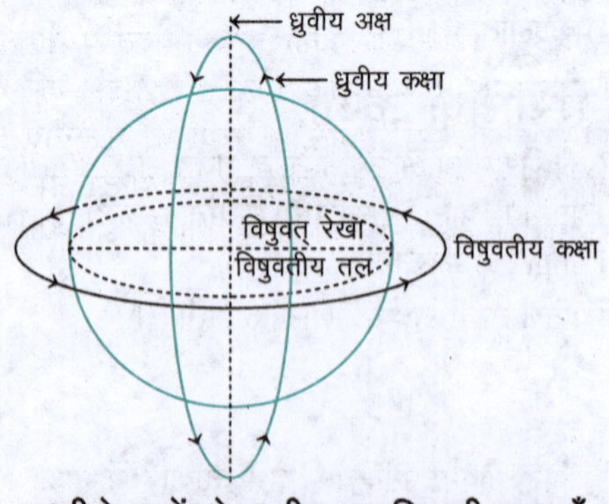

पृथ्वी के चारों ओर ध्रुवीय तथा विषुवतीय कक्षाएँ

- इन उपग्रहों का प्रक्षेपण ध्रुवीय उपग्रह प्रक्षेपण मान द्वारा किया जाता है।
- इनका उपयोग मौसम संबंधी भविष्यवाणियाँ तथा पृथ्वी की सतह के अंदर खनिज पदार्थों आदि की खोज के लिए किया जाता है।
- भारत द्वारा प्रक्षेपित ध्रुवीय उपग्रह **इण्डियन अर्थ-रिसोरसेज सैटेलाइट** (Indian Earth Resources Satellite, IERS) है।

कृत्रिम उपग्रहों के उपयोग

कृत्रिम उपग्रहों के प्रमुख उपयोग निम्न हैं

- अंतरिक्ष में स्थित वायुमंडल की विभिन्न परतों के अध्ययन में।
- पृथ्वी की आंतरिक सतह के अध्ययन में।
- पृथ्वी की सतह के अंदर खनिज पदार्थों की खोज में।
- मौसम संबंधी सूचनाएँ एकत्रित करने में।
- दूरदर्शन के कार्यक्रमों के प्रसारण में।
- अन्य ग्रहों से आने वाले विकिरण में मौजूद कणों की विवेचना में।
- विमान चालकों को दिशा ज्ञात करने में।
- युद्ध के समय शत्रु की गतिविधियों को ज्ञात करने में।

भारहीनता

- किसी वस्तु का भार वह बल है, जिस बल से पृथ्वी उसे अपनी ओर आकर्षित करती है। किसी वस्तु के भार का अनुभव, उस वस्तु के संपर्क में रखी अन्य वस्तु द्वारा लगाए गए प्रतिक्रिया बल के कारण होता है।
- जब कोई व्यक्ति किसी तल पर खड़ा होता है, तो उसके भार के कारण तल पर नीचे की ओर एक बल कार्य करता है। इस बल के कारण, तल व्यक्ति के भार के ठीक बराबर प्रतिक्रिया बल ऊपर की ओर लगाता है।
- यदि किसी परिस्थिति में यह प्रतिक्रिया शून्य हो जाए, तो व्यक्ति को अपना भार शून्य प्रतीत होता है। यह अवस्था ही **भारहीनता** (Weightlessness) की अवस्था कहलाती है।
- भारहीनता का अनुभव निम्न परिस्थितियों में किया जा सकता है
  - **जब वस्तु गुरुत्व के अधीन मुक्त रूप से गिरे**, तब लिफ्ट अथवा वायुयान के नीचे गिरते समय हमें भारहीनता का अनुभव होता है।
  - **जब कोई उपग्रह पृथ्वी के परितः अपनी कक्षा में परिक्रमण करता है**, तो उसके भीतर की प्रत्येक वस्तु पृथ्वी के केंद्र की ओर त्वरित गति से गतिशील होती है तथा इस गति का त्वरण यथार्थ रूप से, उस स्थिति में पृथ्वी के गुरुत्वीय त्वरण के बराबर होता है। अतः उपग्रह के भीतर प्रत्येक वस्तु स्वतंत्रतापूर्वक गिरती है, जो भारहीनता की अवस्था है।

पलायन चाल

- पलायन चाल (Escape speed) वह न्यूनतम वेग है, जिससे किसी वस्तु को ऊपर की ओर फेंके जाने पर वह पृथ्वी के गुरुत्वाकर्षण क्षेत्र से बाहर चली जाए और पुनः वापस न लौटे।
- पलायन चाल का मान प्रक्षेपित वस्तु के द्रव्यमान पर निर्भर नहीं करता बल्कि उसके स्थान पर उस ग्रह के द्रव्यमान व त्रिज्या पर निर्भर करता है, जिसको सतह को प्रक्षेपित किया जाता है।
- पृथ्वी की सतह पर पलायन चाल का मान 11.2 किमी/से होता है। चंद्रमा पर पलायन चाल का मान 2.3 किमी/से होता है। इसलिए वहाँ वायुमंडल नहीं पाया जाता है।
- यदि पृथ्वी के समीप चक्कर काटते हुए उपग्रह की **कक्षीय चाल** (Orbital speed) $\sqrt{2}$ गुनी हो जाए, तो वह उपग्रह अपनी कक्षा को छोड़कर पृथ्वी के गुरुत्वीय क्षेत्र से बाहर पलायन कर जाएगा।

अतिरिक्त तथ्य

तमिलनाडु बोर्ड एवं NIOS

- गुरुत्वीय स्थिरांक G का मान पृथ्वी पर सभी जगहों एवं सम्पूर्ण ब्रह्माण्ड में एक समान है।
- साधारण द्रव्यमान वाली वस्तुओं के बीच लगने वाला गुरुत्वीय बल अत्यन्त दुर्बल होता है।
- पृथ्वी के कारण लगने वाले गुरुत्वाकर्षण-बल को गुरुत्व भी कहते हैं।
- गुरुत्वीय त्वरण (g) का मान मुक्त रुप से गिरती हुई वस्तु के द्रव्यमान से स्वतन्त्र होता है।
- वस्तु का द्रव्यमान स्थान बदलने पर भी बदलता नहीं है।
- वस्तु का द्रव्यमान जितना अधिक होगा उस वस्तु का जड़त्व का मान भी उतना ही अधिक होगा।
- वस्तु का भार उसके द्रव्यमान के समानुपाती होता है।
- पृथ्वी के अलग-अलग भागों के लिए वस्तु का भार अलग-अलग होगा क्योंकि अलग-अलग भागों के लिए गुरुत्वीय त्वरण g का मान अलग-अलग होता है।
- गति के तीसरे नियम के अनुसार मशीन पर खड़े लड़के के भार (w) के बराबर ऊपर की तरफ प्रतिक्रिया 'R' होती है।
- गुरुत्वीय क्षेत्र में मुक्त रुप से गिरती हुई वस्तु या पिण्ड भारहीनता की स्थिति में होते हैं।

06

पदार्थ के यांत्रिक गुण

(स्रोत)

Class-VIII New NCERT Chap 8 (बल तथा दाब),
Class-IX New NCERT Chap 9 (गुरुत्वाकर्षण),
Class-XI New NCERT Chap 8 (ठोसों के यांत्रिक गुण),
Chap 9 (तरलों के यांत्रिक गुण)
Tamil Nadu Board (Class-IX), NIOS

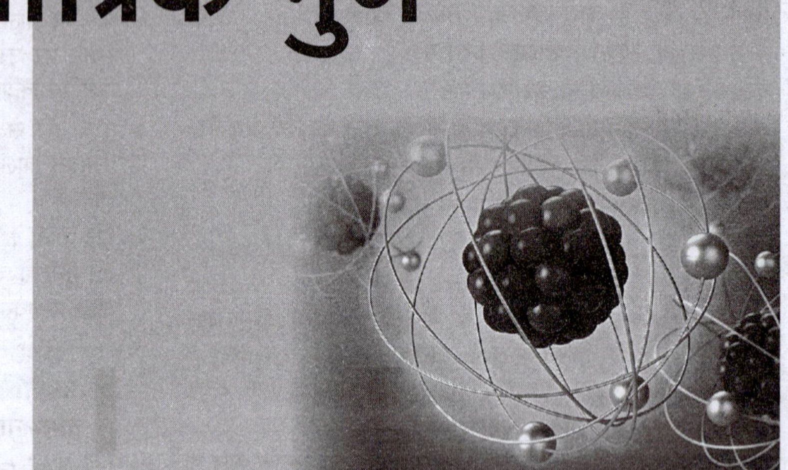

- पदार्थ मुख्यतः तीन अवस्थाओं में पाया जाता है- ठोस, द्रव तथा गैस। ठोसों में अंतराण्विक बल **प्रबलतम** (Strongest) होते हैं। इसलिए इनके आकार व आकृति को सरलता से परिवर्तित नहीं कर सकते। अतः ठोस वस्तु के आकार में परिवर्तन करने के लिए वस्तु पर बाह्य बल लगाया जाता है। इनमें प्रत्यास्थता का गुण पाया जाता है।
- द्रव तथा गैस को संयुक्त रूप से तरल कहते हैं। ये जिस बर्तन में रखे जाते हैं, उसकी तली एवं दीवारों पर दाब लगाते हैं। यद्यपि द्रव तथा गैस दोनों ही तरल पदार्थ हैं, परंतु द्रव की **असंपीड्यता** (Incompressibility) तथा गैस की **संपीड्यता** (Compressibility) के कारण इसमें भेद किया जा सकता है।

प्रत्यास्थता

- किसी वस्तु का वह गुण, जिसके कारण वह प्रत्यारोपित बल को हटाने पर अपनी प्रारंभिक आकृति एवं आकार को पुनः प्राप्त कर लेती है, **प्रत्यास्थता** (Elasticity) कहलाता है तथा ऐसी वस्तुएँ प्रत्यास्थ वस्तुएँ कहलाती हैं। उदाहरण- स्प्रिंग, रबड़ की डोरी आदि।
- किसी पदार्थ पर लगाए गए **विरूपक बल** (Deforming force) के कारण उत्पन्न हुई विकृति की उस सीमा को जिसके अंतर्गत पदार्थ में प्रत्यास्थता का गुण विद्यमान रहता है, पदार्थ की **प्रत्यास्थता की सीमा** (Limit of elasticity) कहते हैं।

प्लास्टिकता

- ऐसी वस्तुएँ, जो विरूपक बल को हटा लेने पर अपनी पूर्व अवस्था की ओर लौटने का प्रयत्न नहीं करती हैं, अर्थात् पूर्ण रूप से विकृत हो जाती हैं, **प्लास्टिक** (Plastic) कहलाती हैं। उदाहरण-मोम, गीली मिट्टी, सीसा आदि। वस्तु के इस गुण को **प्लास्टिकता** (Plasticity) कहते हैं।

विरूपक बल

- किसी वस्तु या पिंड पर लगाया गया वह बल, जो वस्तु या पिण्ड के आकार तथा आकृति आदि में परिवर्तन कर देता है, अर्थात् विरूपित कर देता है, **विरूपक बल** (Deforming force) कहलाता है।

प्रतिबल

- जब किसी पिंड पर एक बल लगाया जाता है, तो उसमें विरूपण हो जाता है जो पिंड के द्रव्य की प्रकृति तथा विरूपक बल के मान पर निर्भर करता है।
- इसके कारण पिंड में एक प्रत्यानयन बल विकसित हो जाता है। एकांक क्षेत्रफल पर लगने वाले इस **प्रत्यानयन बल** (Restoring force) को प्रतिबल (Stress) कहते हैं।

$$\text{प्रतिबल } (\sigma) = \frac{\text{प्रत्यानयन बल } (F)}{\text{क्षेत्रफल } (A)}$$

प्रतिबल का SI मात्रक न्यूटन/मीटर^2 होता है।

- **अभिलंब प्रतिबल** (Normal Stress) जब वस्तु पर आरोपित बल पृष्ठ के लंबवत् हो, तब वस्तु पर कार्यरत् प्रतिबल **अभिलंब प्रतिबल** कहलाता है।
- **अपरूपण अथवा स्पर्श रेखीय प्रतिबल** (Shearing or Tangential Stress) जब विरूपक बल वस्तु की सतह के समान्तर या स्पर्श रेखीय हो तथा वह वस्तु के आकार में परिवर्तन कर रहा हो, तब वस्तु के आकार में परिवर्तन का विरोध करने वाले प्रति एकांक क्षेत्रफल पर कार्यरत् आंतरिक प्रतिक्रिया बल को **अपरूपण या स्पर्श रेखीय प्रतिबल** कहते हैं।

विकृति

- जब किसी वस्तु पर विरूपक बल आरोपित होता है, तो उसके आकार अथवा रूप अथवा दोनों में परिवर्तन हो जाता है, तब वस्तु को विकृत वस्तु कहा जाता है। वस्तु की विमा में होने वाले भिन्नात्मक परिवर्तन को विकृति (Strain) कहते हैं।

$$\text{विकृति } (\varepsilon) = \frac{\text{विमा में परिवर्तन } (\Delta V)}{\text{प्रारंभिक विमा } (V)}$$

यह एक **विमाहीन राशि** होती है।

- विरूपक बल लगाने पर वस्तु की लंबाई में होने वाले परिवर्तन तथा वस्तु की प्रारंभिक लंबाई का अनुपात **अनुदैर्ध्य विकृति** (Longitudinal strain) कहलाता है।
- विरूपक बल लगाने पर वस्तु के आयतन में परिवर्तन तथा वस्तु के प्रारंभिक आयतन का अनुपात **आयतन विकृति** (Volumetric strain) कहलाता है।
- यदि विरूपक बल किसी वस्तु के आयतन को परिवर्तित किए बिना केवल उसके आकार में परिवर्तन करता है, तो वस्तु में उत्पन्न विकृति, **अपरूपण विकृति** (Shear strain) कहलाती है।

हुक का नियम

कम विरूपण के लिए प्रतिबल तथा विकृति एक-दूसरे के अनुक्रमानुपाती होते हैं। यही हुक का नियम (Hooke's law) कहलाता है।

इस प्रकार, $\text{प्रतिबल} \propto \text{विकृति}$

$\text{प्रतिबल} = k \times \text{विकृति}$

जहाँ, k एक अनुक्रमानुपातिकता स्थिरांक है और इसे प्रत्यास्थता गुणांक (Modulus of elasticity) कहते हैं।

(i) **यंग प्रत्यास्थता गुणांक** (Young's modulus of elasticity) प्रत्यास्थता की सीमा के अंदर किसी वस्तु में उत्पन्न अनुदैर्ध्य प्रतिबल तथा उसके संगत उत्पन्न अनुदैर्ध्य विकृति के अनुपात को उस वस्तु के पदार्थ का यंग प्रत्यास्थता गुणांक कहते हैं।

$$\text{यंग प्रत्यास्थता गुणांक } (Y) = \frac{\text{अनुदैर्ध्य प्रतिबल}}{\text{अनुदैर्ध्य विकृति}}$$

$$= \frac{\left(\frac{F}{A}\right)}{\left(\frac{\Delta L}{L}\right)} = FL / A\Delta L$$

जहाँ, L = प्रारंभिक लंबाई,
ΔL = लंबाई में परिवर्तन,
A = अनुप्रस्थ-काट का क्षेत्रफल
F = विरूपक बल

इसका मात्रक न्यूटन/मीटर^2 होता है।

धातुओं के लिए यंग प्रत्यास्थता गुणांक अधिक होता है। इसलिए इन पदार्थों में लंबाई में थोड़ा-सा अंतर उत्पन्न करने के लिए बहुत अधिक बल की आवश्यकता होती है।

ताँबा, पीतल तथा ऐल्युमीनियम से **इस्पात** (Steel) अधिक प्रत्यास्थ होता है। इसी कारण से अधिक काम ली जाने वाली मशीनों और संरचनात्मक डिजाइनों में इस्पात को अधिक वरीयता दी जाती है।

लकड़ी, अस्थि, कंक्रीट तथा काँच के यंग प्रत्यास्थता गुणांक कम होते हैं।

(ii) **आयतन प्रत्यास्थता गुणांक** (Bulk modulus of elasticity) प्रत्यास्थता सीमा के अंदर अभिलंब प्रतिबल तथा आयतन विकृति के अनुपात को आयतन प्रत्यास्थता गुणांक कहते हैं।

$$\text{आयतन प्रत्यास्थता गुणांक } (B) = \frac{\text{अभिलंब प्रतिबल}}{\text{आयतन विकृति}}$$

$$= \frac{-\Delta p V}{\Delta V}$$

जहाँ, Δp = दाब में परिवर्तन या पदार्थ के इकाई क्षेत्रफल पर लगने वाला बल

जहाँ, V = प्रारंभिक आयतन,
ΔV = आयतन में परिवर्तन

इसका मात्रक न्यूटन/मीटर^2 होता है।

किसी पदार्थ के आयतन प्रत्यास्थता गुणांक के व्युत्क्रम को उस पदार्थ की **संपीड्यता** (Compressibility) कहते हैं। इसका मात्रक न्यूटन$^{-1}$ मीटर^2 होता है।

गैसों की संपीड्यता सबसे अधिक होती है।

(iii) **दृढ़ता गुणांक** (Modulus of Rigidity) कम विरूपण के लिए, अपरूपण प्रतिबल और अपरूपण विकृति के अनुपात को वस्तु के पदार्थ का दृढ़ता गुणांक कहते हैं।

$$\text{दृढ़ता गुणांक } (\eta) = \frac{\text{अपरूपण प्रतिबल}}{\text{अपरूपण विकृति}}$$

$$= \frac{F / A}{\theta} = \frac{F}{A\theta}$$

जहाँ, θ = अपरूपण विकृति

इसका मात्रक न्यूटन/मीटर^2 होता है।

पॉयसन अनुपात

- जब किसी तार पर बाह्य बल लगाया जाता है, तो तार की लंबाई में परिवर्तन के साथ-साथ इसकी त्रिज्या में भी परिवर्तन होता है। त्रिज्या में परिवर्तन तथा प्रारंभिक त्रिज्या के अनुपात को **पार्श्विक विकृति** (Lateral strain) कहते हैं।
- प्रत्यास्थता की सीमा में पार्श्विक विकृति तथा अनुदैर्ध्य विकृति का अनुपात वस्तु के पदार्थ का पॉयसन अनुपात (Poisson's ratio) कहलाता है।

प्रणोद तथा दाब

- किसी वस्तु की सतह के लंबवत् लगने वाले बल को **प्रणोद** (Thrust) कहते हैं। किसी पृष्ठ पर लगने वाले प्रणोद का मान उस पृष्ठ के क्षेत्रफल पर निर्भर करता है।
- प्रणोद का मात्रक बल के समान होता है अर्थात् प्रणोद का SI मात्रक न्यूटन है।
- प्रति एकांक क्षेत्रफल पर लगने वाले प्रणोद को **दाब** (Pressure) कहते हैं।

$$\text{दाब } (p) = \frac{\text{बल } (F)}{\text{क्षेत्रफल } (A)}$$

$$= \frac{\text{प्रणोद}}{\text{क्षेत्रफल}}$$

- दाब का SI मात्रक न्यूटन मीटर$^{-2}$ होता है। वैज्ञानिक ब्लैज पास्कल के सम्मान में दाब के SI मात्रक को पास्कल कहते हैं।

$$1 \text{ पास्कल} = 1 \text{ न्यूटन मी}^{-2}$$

- दाब के सूत्र द्वारा यह स्पष्ट होता है कि समान बल क्षेत्रफल के अनुसार भिन्न-भिन्न दाब उत्पन्न कर सकता है। एक ही बल कम क्षेत्रफल पर लगने पर अधिक दाब उत्पन्न करता है व अधिक क्षेत्रफल पर लगने पर कम दाब उत्पन्न करता है। इसके कारण कीलों के सिरे नुकीले होते हैं, चाकू की तेज धार होती है ऊँट आसानी से रेगिस्तान में दौड़ पाते हैं, ट्रक या बस के टायर चौड़े होते हैं तथा भवनों की नींव चौड़ी होती है।

घनत्व

- किसी पदार्थ के एकांक आयतन के द्रव्यमान को घनत्व (Density) कहते हैं।

$$\text{घनत्व } (\rho) = \frac{\text{पदार्थ का द्रव्यमान } (m)}{\text{पदार्थ का आयतन } (V)}$$

- घनत्व का SI मात्रक किलोग्राम प्रति मी^{3} (kg/m^3) होता है। विशिष्ट परिस्थिति के अंतर्गत पदार्थ का घनत्व नियत रहता है, अत: घनत्व पदार्थ का एक अभिलाक्षणिक गुण है। इसके द्वारा शुद्धता का मापन किया जाता है। यह भिन्न पदार्थों के लिए भिन्न होता है।
- यदि वस्तु का घनत्व जल से कम हो, तो वस्तु जल में तैरती है। यदि वस्तु का घनत्व जल से अधिक होता है, तो वस्तु जल में डूब जाती है। ताप बढ़ाने पर वस्तु का घनत्व कम हो जाता है।

नोट वह वस्तु जिसका घनत्व जल के घनत्व के बराबर होता है, जल में तैरते समय इस प्रकार **जलमग्न** (Submerged) हो जाती है कि उसका थोड़ा-सा भाग भी जल की ऊपरी सतह पर नहीं दिखाई देता।

आपेक्षिक घनत्व

- किसी पदार्थ का आपेक्षिक घनत्व (Relative density) उस पदार्थ के घनत्व व जल के घनत्व के अनुपात के बराबर होता है।

$$\text{पदार्थ का आपेक्षिक घनत्व} = \frac{\text{पदार्थ का घनत्व}}{4°\text{C पर जल का घनत्व}}$$

- दूसरे शब्दों में,

$$\text{पदार्थ का आपेक्षिक घनत्व} = \frac{\text{पदार्थ का द्रव्यमान}}{\text{पदार्थ का आयतन}} \times \frac{\text{जल का आयतन}}{\text{जल का द्रव्यमान}}$$

$$\left[\because \text{घनत्व} = \frac{\text{द्रव्यमान}}{\text{आयतन}}\right]$$

- आपेक्षिक घनत्व दो समान राशियों का अनुपात होता है, इसलिए इसका कोई मात्रक नहीं होता है।

तरलों में दाब

- सभी द्रव या गैसें तरल हैं। ठोस अपने भार के कारण किसी सतह पर दाब लगाता है। इसी प्रकार, तरल में भी भार होता है तथा वे जिस बर्तन में रखे जाते हैं उसके आधार तथा दीवारों पर दाब लगाते हैं।
- किसी परिरुद्ध द्रव्यमान के तरल पर लगने वाला दाब सभी दिशाओं में बिना घटे संचरित हो जाता है।

द्रव में दाब

- द्रवों के अणुओं द्वारा बर्तन की दीवार अथवा तलों के प्रति एकांक क्षेत्रफल पर लगने वाले बल को **द्रव का दाब** (Pressure in liquid) कहते हैं।
- द्रव के अंदर किसी बिंदु पर द्रव के कारण दाब द्रव की सतह से उस बिंदु की गहराई (h), द्रव के घनत्व (d) तथा गुरुत्वीय त्वरण (g) के गुणनफल के बराबर होता है।

अर्थात् दाब $(p) = hdg$

द्रवों में दाब के नियम

द्रवों में दाब के प्रमुख नियम निम्नलिखित हैं

- किसी द्रव के अंदर एक ही क्षैतिज में स्थित सभी बिंदुओं पर द्रव का दाब समान रहता है।
- किसी द्रव का दाब, उसके घनत्व के अनुक्रमानुपाती होता है, अर्थात् समान गहराई के लिए द्रव का घनत्व अधिक होने पर द्रव दाब अधिक होगा।
- द्रव में डूबे पिंड की दीवारों पर द्रव द्वारा आरोपित दाब, पिंड के पृष्ठ के प्रत्येक बिंदु के लंबवत् कार्य करता है।
- स्थिर द्रव के भीतर किसी भी बिंदु पर दाब, मुक्त पृष्ठ से उस बिंदु की **गहराई** (Depth) के अनुक्रमानुपाती होता है।
- द्रव दाब पात्र के क्षेत्रफल पर निर्भर नहीं करता, अत: पात्र की आकृति व आधार के अनुप्रस्थ-काट के क्षेत्रफल का द्रव दाब पर कोई प्रभाव नहीं पड़ता है। द्रव का यह गुण **द्रवस्थैतिक विरोधोक्ति** (Hydrostatic paradox) कहलाता है।

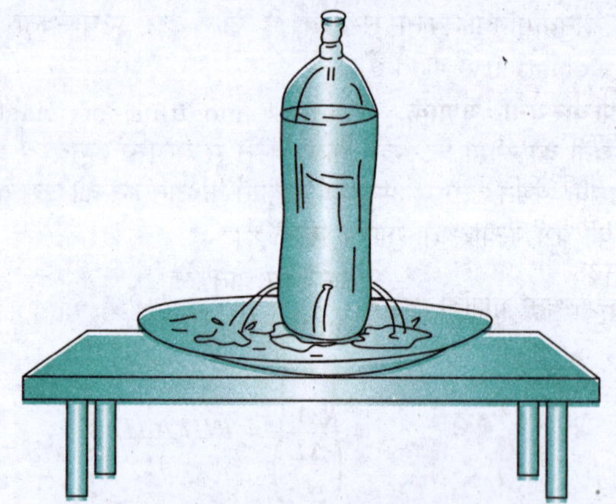

द्रव, बर्तन की दीवारों पर समान गहराई पर समान दाब डालते हैं।

तरल दाब के उदाहरण

- **बाँध की दीवारें नीचे से चौड़ी एवं ऊपर से पतली बनाई जाती हैं।** द्रव के भीतर किसी बिंदु पर द्रव का दाब उस बिंदु की द्रव के स्वतंत्र तल से गहराई पर निर्भर करता है। इस आधार पर बाँध की **तली** (Bottom) पर जल का दाब बहुत अधिक लगता है, तो इस दाब को सहन करने के लिए, बाँध की दीवार आधार से बहुत अधिक चौड़ी बनाई जाती है।

  गहराई कम होने के साथ-साथ दाब का मान घटता जाता है, इसलिए दीवार की चौड़ाई भी कम होती जाती है।
- **गोताखोर धातु का कवच पहनकर समुद्र में डुबकी लगाते हैं।** अधिक गहराई पर जाने के लिए गोताखोर **धातु का कवच** (Metal shield) पहन कर जाते

हैं। इसका कारण यह है कि कवच को पहन लेने से जल स्तंभ का दाब धातु के कवच पर पड़ता है तथा कवच के भीतर दाब लगभग वायुमंडल के दाब के बराबर ही बना रहता है। इस प्रकार कवच पहनने पर गोताखोर के शरीर को कोई हानि नहीं पहुँचती है।

दाब के दैनिक जीवन में कुछ अनुप्रयोग

- बैग तथा सूटकेस के हत्थे चौड़े बनाए जाते हैं, जिससे हाथों पर कम दाब लगता है।
- रेलवे की पटरियाँ सीमेंट या लोहे के तख्तों पर बनाई जाती हैं जिसके द्वारा रेलगाड़ी द्वारा प्रदत्त दाब, बड़े क्षेत्र में फैल जाता है और दाब घट जाता है।
- सुईयाँ, ऑलपिन आदि आगे से तीखी बनाई जाती हैं, जिसके कारण क्षेत्रफल कम हो जाता है और दाब बढ़ जाता है।
- **कर्तक मशीनें** (Cutting machines) आगे से नुकीली बनाई जाती हैं, जिससे क्षेत्रफल कम हो जाता है जिसके कारण दाब कम लगाने पर भी अधिक दाब लगता है।
- व्यक्ति के खड़े रहने की बजाय चलने से धरातल पर अधिक दाब लगता है, क्योंकि व्यक्ति के खड़े रहने पर पृथ्वी के संपर्क में क्षेत्रफल अधिक होता है, जबकि चलने की स्थिति में पृथ्वी के संपर्क में क्षेत्रफल कम होता है।
- किसी व्यक्ति द्वारा गद्दे (Cushion) पर खड़े होने पर गद्दा अधिक दबता है, अपेक्षाकृत जब वह व्यक्ति गद्दे पर लेटता है, क्योंकि लेटने की अवस्था में क्षेत्रफल अधिक होता है, अतः दाब कम लगता है।
- ट्रैक्टर के टायर चौड़े होते हैं, जिस कारण धरातल पर कम दाब लगता है तथा यह दलदली भूमि में फँसता नहीं है।

वायुमंडलीय दाब

- पृथ्वी के चारों ओर गैसों का सघन आवरण वायुमंडल कहलाता है। वायुमंडल द्वारा आरोपित दाब, **वायुमंडलीय दाब** (Atmospheric pressure) कहलाता है।
- पृथ्वी की सतह पर अर्थात् 0°C ताप तथा 45° अक्षांश पर समुद्र तल पर प्रामाणिक वायुमंडलीय दाब लगभग 1.013×10^5 न्यूटन/मी^{2} होता है।

इकाई क्षेत्रफल के वायुस्तम्भ पर लगने वाला गुरुत्व बल वायुमण्डलीय दाब के बराबर है

- वायुमंडलीय दाब को मापने के लिए विभिन्न मात्रक प्रयुक्त किए जाते हैं, जो निम्नलिखित हैं
  - SI मात्रक में वायुमंडलीय दाब का मात्रक न्यूटन/मी^{2} है, इसे पास्कल भी कहते हैं।

    1 पास्कल (Pa) = 1 न्यूटन/मी^{2}
  - वायुमंडलीय दाब का एक मात्रक बार (bar) है।

    1 बार = 1.0×10^5 न्यूटन/मी^{2}
  - टॉरिसेली के नाम पर वायुमंडलीय दाब का एक अन्य मात्रक है, जिसे टॉर (Torr) कहते हैं।

    1 टॉर = 1 मिमी पारे के स्तंभ की ऊँचाई का दाब = 133.32 पास्कल
- ऊँचाई पर जाने पर (वायुमंडलीय) दाब कम होता जाता है। यही कारण है कि पहाड़ों पर खाना बनाने में कठिनाई आती है। वायुयान में बैठे यात्री के फाउण्टेन पैन से स्याही रिस जाती है तथा अधिक ऊँचाई पर नाक से खून निकलने लगता है।
- जब वर्षा या आँधी आने वाली होती है, तो वायुमंडलीय दाब तुरंत घट जाता है तथा मौसम साफ एवं स्वच्छ होने पर वायुमंडलीय दाब अधिक होता है।
- जब वायु का बुलबुला झील की तली से ऊपर की ओर आने लगता है, तो तली की अपेक्षा ऊपर की ओर दाब घटने लगता है, जिसके कारण वायु के बुलबुले का आयतन बढ़ जाता है।

वायुमंडलीय दाब को प्रभावित करने वाले कारक

वायुमंडलीय दाब पृथ्वी की सतह पर अधिकतम होता है तथा पृथ्वी की सतह के ऊपर जाने पर वायुमंडलीय दाब घटता है। ऊँचाई के अतिरिक्त वायुमंडलीय दाब पर निम्नलिखित अन्य कारक प्रभाव डालते हैं

- **ताप का प्रभाव** (Effect of temperature) ताप बढ़ने से वायु का घनत्व घटता है, फलस्वरूप वायुमंडलीय दाब घटता है। इसके विपरीत, ताप घटने से वायु का घनत्व बढ़ता है, जिससे वायुमंडलीय दाब बढ़ता है।
- **जलवाष्प का प्रभाव** (Effect of water vapour) वायु में जलवाष्प उपस्थित होने पर उसका घनत्व घटता है, अतः वायुमंडलीय दाब भी घटता है।

वायुदाबमापी

- वायुमंडलीय दाब को **बैरोमीटर** (Barometer) या वायुदाबमापी से मापा जाता है। टॉरिसेली के प्रयोग के आधार पर फोर्टिन ने इस यंत्र को बनाया। इसे **फोर्टिन का बैरोमीटर** (Fortin's barometer) भी कहते हैं।
- यह किसी भी समय वायुमंडलीय दाब की ठीक-ठीक जानकारी देता है। बैरोमीटर की सहायता से मौसम संबंधी पूर्वानुमान भी लगाया जाता है।
- बैरोमीटर का पाठ्यांक जब एकाएक नीचे गिरता है, तो आँधी आने की संभावना होती है। जब इसका पाठ्यांक धीरे-धीरे गिरता है, तो वर्षा होने की संभावना होती है और जब इसका पाठ्यांक धीरे-धीरे ऊपर चढ़ता है, तो दिन के साफ रहने की संभावना होती है।

नोट हमारे शरीर के अंदर का दाब, वायुमंडलीय दाब के बराबर होता है, जो बाह्य दाब को संतुलित कर देता है और हमें बाह्य दाब महसूस नहीं होता है।

पास्कल का नियम

पास्कल के नियम के अनुसार पास्कल के नियमकेयदि सभी बिंदु एक ही ऊँचाई पर हों, तो विराम स्थिति में तरल के सभी बिंदुओं पर दाब समान होगा।

हाइड्रोलिक ब्रेक, हाइड्रोलिक लिफ्ट, हाइड्रोलिक प्रेस आदि **पास्कल के नियम** (Pascal's law) पर आधारित युक्तियाँ हैं।

- **हाइड्रोलिक ब्रेक** (Hydraulic brakes) यह पास्कल के नियम पर आधारित एक ऐसी युक्ति है, जो गाड़ी के सभी पहियों में एक साथ एकसमान मंदन उत्पन्न करती है। इसमें एक मास्टर **बेलन** (Cylinder) होता है, जिसमें ब्रेक तेल भरा रहता है तथा **वायुरोधी** (Air tight) पिस्टन लगा रहता है।
- **हाइड्रोलिक लिफ्ट** (Hydraulic lift) यह पास्कल के सिद्धांत पर आधारित एक ऐसी युक्ति है, जो भारी उपकरणों को ऊपर उठाने में प्रयुक्त होती है। इसमें एक (अल्प आकार के) अनुप्रस्थ-परिच्छेद पर अल्प बल आरोपित करने पर दाब के संचरण के कारण प्रबल बल बड़े आकार के अनुप्रस्थ-परिच्छेद पर उत्पन्न हो जाता है, जोकि भारी उपकरणों को ऊपर उठाए रखता है।

उत्प्लावकता

- जब किसी वस्तु को किसी द्रव में डुबोया जाता है, तो द्रव द्वारा वस्तु पर ऊपर की ओर एक बल लगता है, इस बल को **उत्प्लावन बल** (Buoyant force) या **उत्क्षेप** कहते हैं तथा द्रव की इस प्रवृत्ति को **उत्प्लावकता** (Buoyancy) कहते हैं।
- उत्प्लावन बल के कारण ही द्रव में भारी वस्तु हल्की प्रतीत होती है। जैसे-जैसे किसी वस्तु को द्रव में डुबोया जाता है, उस पर लगने वाले उत्प्लावन बल का मान बढ़ता जाता है।

  उदाहरण-जल की सतह पर उपस्थित **कॉर्क** (Cork) के टुकड़े पर जब बल लगाया जाता है, तो कॉर्क का टुकड़ा शीघ्रता से सतह पर आ जाता है। यह कॉर्क उत्प्लावन बल के कारण ऊपर आ जाती है।

उत्प्लावन बल को प्रभावित करने वाले कारक

उत्प्लावन बल को प्रभावित करने वाले कारक निम्नलिखित हैं

- **तरल का घनत्व** (Density of the fluid) उच्च घनत्व वाला द्रव निम्न घनत्व वाले द्रव की तुलना में अधिक उत्प्लावन बल लगाता है। समुद्र के जल में तैरना, साधारण जल में तैरने की तुलना में सरल होता है, क्योंकि समुद्र के जल का घनत्व उच्च होता है, जिसके कारण उत्प्लावन बल भी अधिक होता है जबकि स्वच्छ जल का घनत्व कम होता है, जिसके कारण उत्प्लावन बल कम लगता है। अतः उत्प्लावन बल का परिमाण तरल के घनत्व पर निर्भर करता है।
- **जल में डूबी हुई वस्तु का आयतन** (Volume of object immersed in the liquid) किसी वस्तु पर कार्यरत् उत्प्लावन बल का मान, वस्तु की प्रकृति पर निर्भर नहीं करता है। यह केवल वस्तु के जल में डूबे हुए आयतन पर निर्भर करता है।

  उदाहरण-जब भिन्न भारों तथा भिन्न पदार्थों की गेंदों के समान आयतन को जल में डुबोया जाता है, तो गेंदों पर समान उत्प्लावन बल कार्य करता है।

आर्किमिडीज़ का सिद्धांत

आर्किमिडीज़ के सिद्धांत (Archimedes' principle) के अनुसार, जब किसी वस्तु को किसी तरल में पूर्ण या आंशिक रूप से डुबोया जाता है, तो वह ऊपर की दिशा में एक बल का अनुभव करती है, जो वस्तु द्वारा हटाए गए तरल के भार के बराबर होता है।

आर्किमिडीज़ के सिद्धांत के अनुप्रयोग

आर्किमिडीज़ के सिद्धांत के अनुप्रयोग निम्नलिखित हैं

- जलयानों तथा पनडुब्बियों के डिज़ाइन बनाने में।
- **दुग्धमापी** (Lactometer) में जो दूध के किसी नमूने की शुद्धता की जाँच करने के लिए प्रयुक्त होते हैं।
- **हाइड्रोमीटर** (Hydrometer) जो द्रवों के घनत्व मापने के लिए प्रयुक्त होते हैं।
- पदार्थ का **आपेक्षिक घनत्व** (Relative density) ज्ञात करने में।

पानी की सतह पर वस्तुओं का तैरना या डूबना

वस्तु का डूबना या तैरना उत्प्लावन बल तथा वस्तु पर नीचे की ओर लगने वाले बल अर्थात् वस्तु के भार पर निर्भर करता है।

वस्तु के तैरने या डूबने की निम्न तीन स्थितियाँ संभव हैं

- यदि वस्तु पर कार्यरत् (उत्प्लावन) बल, वस्तु के भार से कम होता है, तो वस्तु द्रव में डूब जाती है। इस स्थिति में वस्तु का घनत्व, द्रव के घनत्व से अधिक होता है।
- यदि वस्तु पर कार्यरत् (उत्प्लावन) बल, वस्तु के भार के तुल्य होता है, तो वस्तु द्रव में तैरती है। इस स्थिति में वस्तु का घनत्व, द्रव के घनत्व के बराबर होता है।
- यदि वस्तु पर कार्यरत् (उत्प्लावन) बल, वस्तु के भार से अधिक होता है, तो वस्तु द्रव में ऊपर की ओर आकर तैरने लगती है। इस स्थिति में वस्तु का घनत्व, द्रव के घनत्व से कम होता है।

तैरने के नियम पर आधारित उदाहरण

तैरने के नियम पर आधारित उदाहरण निम्नलिखित हैं

- **लोहे से बना जहाज समुद्र में तैरता है, परंतु लोहे का ठोस टुकड़ा (कील) डूब जाता है** लोहे की कील की बनावट इस प्रकार की होती है कि उसका भार, उसके द्वारा हटाए गए जल के भार से बहुत अधिक होता है। इसी कारण वह जल में डूब जाती है। इसके विपरीत, लोहे का जहाज तैरता रहता है, इसका कारण यह है कि जहाज का ढाँचा अवतल होता है तथा अंदर से खोखला बनाया जाता है। जैसे ही जहाज समुद्र में प्रवेश करता है, तो उसके द्वारा (उसकी बनावट के कारण) इतना जल हटा दिया जाता है कि हटाए गए जल का भार, जहाज (जहाज व उसके समस्त सामान सहित) के कुल भार के बराबर हो जाता है। इसी कारण जहाज जल में तैरता रहता है।
- **हिमशैल अथवा हिमखंड (बर्फ) जल पर तैरता है** हिमखंड का घनत्व, जल के घनत्व से कम होता है, जिससे हिमखंड के आयतन के बराबर जल का उत्क्षेप-बल, **हिमखण्ड** (Iceberg) के भार से अधिक हो जाता है और हिमखण्ड जल पर तैरता रहता है। तैरते समय हिमखंड का केवल उतना आयतन ही जल में डूबता है, जितने आयतन के द्वारा हटाए गए जल का भार, हिमखंड के भार के बराबर होता है।
- **नदी के जल की अपेक्षा समुद्र के जल में तैरना अधिक आसान होता है** नदी के जल का घनत्व, समुद्र (नमक घुला होने के कारण) के ज़ल के घनत्व से कम होता है, इसलिए मनुष्य को समुद्र में तैरने के लिए जल का कम आयतन हटाना पड़ेगा (अर्थात् शरीर का कम हिस्सा जल में डूबेगा)।

- **जीवन-रक्षक पेटी** यह रबड़ की बनी बहुत बड़ी खोखली ट्यूब होती है, जिसमें वायु भरी जा सकती है। वायु भरने पर इसका आकार बहुत बड़ा हो जाता है। जब इसको पहनकर कोई मनुष्य जल में कूदता है, तो मनुष्य सहित इसका भार, इसके द्वारा हटाए गए जल के भार से कम ही रहता है। अत: मनुष्य जल में नहीं डूबता।

द्रवों का प्रवाह

द्रव के कणों के प्रवाह के आधार पर द्रवों का प्रवाह (Flow of liquids) निम्नलिखित दो प्रकार से होता है

- **धारा रेखीय प्रवाह** (Streamlined flow) द्रव का ऐसा प्रवाह, जिसमें द्रव का प्रत्येक कण अपने आगे वाले कण के मार्ग (अर्थात् अपरिवर्ती प्रवाह) का अनुसरण करता है, धारा रेखीय प्रवाह कहलाता है तथा यह मार्ग **धारा रेखीय** कहलाता है। धारा रेखीय प्रवाह के अधिकतम वेग को **क्रांतिक वेग** (Critical velocity) कहते हैं।

  धारा रेखीय प्रवाह के गुण निम्नलिखित हैं
  - धारा रेखीय प्रवाह में किसी दिए गए बिंदु पर द्रव के वेग की दिशा और परिमाण समय के साथ-साथ परिवर्तित नहीं होते हैं।
  - दो धारा रेखाएँ परस्पर प्रतिच्छेद नहीं करती हैं। यदि वे प्रतिच्छेद करें, तो प्रतिच्छेद बिंदु पर कण के वेग के दो मान होंगे, जोकि असंभव है।
  - धारा रेखा के किसी एक बिंदु पर द्रव का वेग नियत रहता है, जबकि इसके भिन्न-भिन्न बिंदुओं पर द्रव का वेग भिन्न-भिन्न होता है।

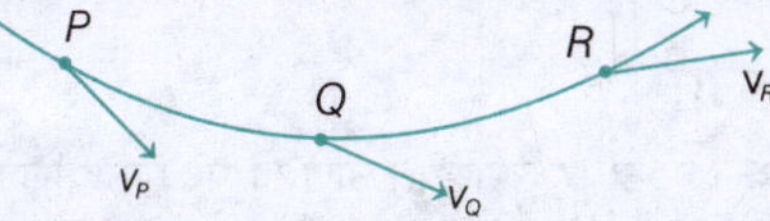

  - धारा रेखीय प्रवाह **श्यानता** (Viscosity) पर निर्भर करता है, घनत्व पर नहीं।
  - यदि द्रव के अंदर भिन्न-भिन्न बिंदुओं पर वेगों के परिमाण भिन्न-भिन्न हों किंतु उनकी दिशाएँ समांतर हों, तो ऐसे प्रवाह को **पटलित** या **स्तरीय प्रवाह** (Laminar flow) कहते हैं।
- **विक्षुब्ध अथवा प्रक्षुब्ध प्रवाह** (Turbulant flow) यदि द्रव के प्रवाह में किसी एक बिंदु से होकर गुजरने वाले द्रव के कण भिन्न-भिन्न वेगों से भिन्न-भिन्न मार्गों से होकर गुजरें, तब द्रव का यह प्रवाह विक्षुब्ध प्रवाह कहलाता है।

सांतत्य समीकरण

इस सिद्धांत के अनुसार, "यदि कोई **असंपीड्य** (Incompressible) तथा **अश्यान द्रव** (Inviscous fluid) किसी असमान अनुप्रस्थ परिच्छेद की नलिका में धारा रेखीय प्रवाह में बह रहा हो, तो नली में प्रत्येक स्थान पर अनुप्रस्थ-काट का क्षेत्रफल (A) तथा द्रव के वेग (v) का गुणनफल नियत रहता है,"

अर्थात् $A \times v =$ नियतांक

बरनौली का सिद्धांत

इस सिद्धांत के अनुसार, जब कोई असंपीड्य अथवा अश्यान तरल एक स्थान से दूसरे स्थान तक धारा रेखीय प्रवाह में प्रवाहित होता है, तो मार्ग के प्रत्येक बिंदु पर इसके प्रति एकांक आयतन अथवा द्रव्यमान की कुल ऊर्जा अर्थात् दाब ऊर्जा, गतिज ऊर्जा तथा स्थितिज ऊर्जा का योग नियत रहता है।

बरनौली सिद्धांत के प्रमुख अनुप्रयोग निम्नलिखित हैं
- वेन्च्यूरीमीटर
- कणित्र (Atomiser) की फुहार का निकलना।
- मैग्नस प्रवाह अर्थात् क्रिकेट गेंद का स्विंग होना।
- रक्त प्रवाह तथा हार्ट अटैक की घटना।
- हवाई जहाज का ऊपर उठना।

श्यानता

- जिस प्रकार एक ठोस पिंड दूसरे ठोस तल पर फिसलता है, तो उनके मध्य एक घर्षण बल कार्य करने लगता है, जो पिंड की इस सापेक्ष गति का विरोध करता है। इसी प्रकार, द्रवों के प्रवाह के दौरान, जब द्रव की एक परत उसी द्रव की दूसरी परत पर फिसलती है, तो द्रव की परतों के मध्य घर्षण बल कार्य करता है। यह बल परतों की आपेक्षिक गति को समाप्त करने का प्रयत्न करता है। इस बल को आंतरिक घर्षण अथवा **श्यान बल** (Viscous force) कहते हैं तथा द्रव का यह गुण श्यानता (Viscosity) कहलाता है।
- द्रव का वह गुण, जिसके कारण द्रव अपनी भिन्न-भिन्न परतों के मध्य होने वाली सापेक्ष गति का विरोध करता है, श्यानता कहलाता है। श्यानता का मात्रक प्वॉइज (Poise) है। इसके अन्य मात्रक किग्रा-से / मी^{2} या पास्कल-सेकण्ड (Pa-s) होते हैं।
- पतले द्रव; जैसे-पानी, एल्कोहॉल आदि गाढ़े तरलों; जैसे-कोलतार, रक्त, ग्लिसरीन आदि की अपेक्षा कम श्यान होते हैं।
- द्रव की श्यानता ताप बढ़ने पर घटती है, जबकि गैसों की श्यानता ताप बढ़ने पर बढ़ती है।

स्टोक्स का नियम

वैज्ञानिक सर जॉर्ज स्टोक्स ने बताया कि **श्यानता गुणांक** (Coefficient of viscosity) (η) वाले द्रव में गिरती हुई त्रिज्या r की छोटी गोली पर कार्य करने वाला श्यान बल निम्नलिखित कारकों पर निर्भर करता है

(i) तरल द्रव के श्यानता गुणांक (η) पर

(ii) गोली के वेग (v) पर (iii) गोली की त्रिज्या (r) पर

यह श्यान बल निम्न संबंध द्वारा व्यक्त किया जाता है

$$F = 6\pi\eta rv$$

सीमांत वेग

- जब एक सूक्ष्म गोलाकार पिंड किसी द्रव में नीचे की ओर गिरता है, तो गुरुत्वीय बल के कारण इसका वेग बढ़ता जाता है तथा पिंड के विपरीत कार्य करने वाला श्यान बल भी बढ़ता जाता है।
- एक स्थिति के बाद श्यान बल गुरुत्वीय बल को संतुलित कर देता है और पिंड एक नियत वेग से नीचे गिरता है। पिंड का यह नियत वेग **सीमांत वेग** (Terminal velocity) कहलाता है।
- वर्षा की बूँदें वायुमंडल में एक नियत वेग धारण करने के बाद उसी वेग से नीचे आती हैं।

अंतराण्विक बल

आण्विक सिद्धांत के अनुसार, प्रत्येक पदार्थ छोटे-छोटे कणों से मिलकर बना है, जिन्हें **अणु** (Molecules) कहते हैं। ये छोटे अणु मुक्त अवस्था में रह सकते हैं। किसी भी पदार्थ के अणुओं के मध्य कार्यरत् बल को **अंतराण्विक बल** (Intermolecular forces) कहते हैं। सामान्यत: यह बल **आकर्षण प्रकृति** (Attractive nature) का होता है।

अंतराण्विक बल दो प्रकार के होते हैं

(i) **ससंजक बल** (Cohesive force) एक ही पदार्थ के विभिन्न अणुओं के मध्य लगने वाले अंतराण्विक आकर्षण बल को **ससंजक बल** कहते हैं। उदाहरण-जल के अणुओं के मध्य कार्यरत् बल।
ससंजक बलों के कारण ही किसी द्रव की बूँदें संपर्क में आते ही मिलकर एक हो जाती हैं।
जल से भीगी दो काँच की चपटी प्लेटों को अलग-अलग करने में जल के अणुओं के बीच ससंजक बल के विरुद्ध काफी बल लगाना पड़ता है तथा ठोस पदार्थ की निश्चित आकृति उसके अणुओं के बीच उपस्थित बलों के कारण ही है।

> **शीत वैल्डिंग** (Cold Welding)
> इस प्रकार की वैल्डिंग में धातुओं को मशीन द्वारा इतना दबाया जाता है, जिससे वे **आण्विक परास** (Molecular range) में आकर परस्पर चिपक जाएँ। ऐसा अणुओं के बीच **ससंजक बल** के कारण होता है।

(ii) **आसंजक बल** (Adhesive force) दो भिन्न प्रकार के पदार्थों के अणुओं के मध्य लगने वाले अंतराण्विक आकर्षण बल को आसंजक बल कहते हैं। उदाहरण-कागज व स्याही के अणुओं के मध्य कार्यरत् बल।
- काँच की प्लेट पर जल डालने पर काँच की प्लेट गीली हो जाती है, क्योंकि जल के अणु काँच के अणुओं से **आसंजक बल** के कारण चिपक जाते हैं।
- ब्लैकबोर्ड व चॉक के कणों के बीच आसंजक बल के ही कारण लिखना संभव हो पाता है।

पृष्ठ तनाव

- प्रत्येक द्रव की प्रवृत्ति, सिकुड़कर अपना मुक्त पृष्ठ क्षेत्रफल न्यूनतम करने की होती है, इसलिए उसका व्यवहार एक तनी हुई प्रत्यास्थ झिल्ली की तरह होता है। अत: किसी द्रव के मुक्त पृष्ठ के सिकुड़कर न्यूनतम क्षेत्रफल ग्रहण करने की प्रवृत्ति को द्रव का **पृष्ठ तनाव** (Surface tension) कहते हैं।
- यदि काल्पनिक रेखा की लंबाई l हो तथा इसके किसी भी ओर कार्य करने वाला संपूर्ण बल F हो, तो पृष्ठ तनाव, $T = \frac{F}{l}$

यदि $l = 1$ मी, तब $T = F$

- अत: पृष्ठ तनाव, द्रव के मुक्त पृष्ठ क्षेत्रफल पर खींची गई काल्पनिक रेखा की प्रति एकांक लंबाई पर लंबवत् कार्यरत् बल होता है। इसे T से व्यक्त करते हैं, इसका मात्रक न्यूटन/मी होता है।

पृष्ठ तनाव की निर्भरता

पृष्ठ तनाव निम्नलिखित कारकों पर निर्भर करता है

- **अशुद्धियों पर** (On impurities) यदि अशुद्धि द्रव में पूर्णत: घुलनशील हो, तो इसे द्रव में मिलाने पर इसका पृष्ठ तनाव बढ़ता है। उदाहरण-द्रव में कम मात्रा में आयनिक लवणों को मिलाने पर उसका पृष्ठ तनाव बढ़ता है। यदि अशुद्धि द्रव में आंशिक घुलनशील हो, तो इसको द्रव में मिलाने पर पृष्ठ तनाव घटता है, क्योंकि अशुद्धि के अणुओं तथा द्रव के अणुओं के बीच आसंजक बल घटता है तथा ससंजक बल प्रभावी होता है।
उदाहरण– जल में डिटर्जेंट को मिलाने पर इसका पृष्ठ तनाव घटता है।
- **ताप पर** (On temperature) ताप बढ़ाने पर पृष्ठ तनाव घटता है। क्रांतिक ताप पर यह शून्य हो जाता है।
- **धूल के कण उपस्थित होने पर** (On the presence of dust particles) धूल के कण तथा ग्रीस आदि पदार्थ के द्रव की सतह पर होने से पृष्ठ तनाव घटता है।

पृष्ठ तनाव से संबंधित घटनाएँ

पृष्ठ तनाव से संबंधित कुछ घटनाएँ निम्नलिखित हैं

- वर्षा की बूँदें पृष्ठ तनाव के कारण ही गोलाकार होती हैं।
- पतली सुई पृष्ठ तनाव के कारण ही पानी में तैरती है।
- शेविंग ब्रश के बाल पानी से बाहर निकालने पर आपस में चिपक जाते हैं।
- साधारण जल की अपेक्षा साबुन के घोल के अधिक बड़े बुलबुले बनाए जा सकते हैं।
- यदि घोल को गर्म कर दिया जाए, तो पृष्ठ तनाव और कम हो जाने के कारण यह कपड़ों की अच्छी सफाई करता है।
- पारे की छोटी-छोटी बूदें पृष्ठ तनाव के कारण गोलाकार होती हैं।
- गर्म सूप का पृष्ठ तनाव ठंडे सूप की अपेक्षा कम होता है। कम पृष्ठ तनाव के कारण गर्म सूप जीभ के अधिक क्षेत्रफल को घेरता है अर्थात् अधिक स्वादेन्द्रियों तक पहुँचता है। अत: गर्म सूप अधिक स्वादिष्ट लगता है।

पृष्ठ ऊर्जा

- द्रव के मुक्त पृष्ठ पर उपस्थित अणुओं पर एक परिणामी बल नीचे की ओर कार्य करता है। द्रव के अंदर उपस्थित अणुओं को जब पृष्ठ पर लाया जाता है, तो इसे **अंतराण्विक बल** (Intermolecular force) के विरुद्ध कार्य करना पड़ता है। यह कार्य अणुओं में **स्थितिज ऊर्जा** के रूप में संचित हो जाता है।
- जब पृष्ठ का क्षेत्रफल बढ़ता है, तो शीतलन भी होता है। अत: बाहर से कुछ ऊष्मा पृष्ठ में इसे पुन: प्रारंभिक ताप पर ले आती है। इस प्रकार पृष्ठ को कुछ ऊर्जा बाहर से भी प्राप्त हो जाती है। इससे स्पष्ट है कि द्रव के पृष्ठ पर स्थित अणु अपनी स्थिति के कारण कुछ अतिरिक्त ऊर्जा रखते हैं।

$$\text{पृष्ठ ऊर्जा } (S) = \frac{\text{पृष्ठीय क्षेत्र बढ़ाने हेतु कृत कार्य } (W)}{\text{पृष्ठीय क्षेत्रफल में वृद्धि } (\Delta A)}$$

- द्रव के पृष्ठ के प्रति एकांक क्षेत्रफल पर अणुओं में उपस्थित इस अतिरिक्त स्थितिज ऊर्जा की मात्रा, द्रव की **पृष्ठ ऊर्जा** (Surface energy) कहलाती है। इसका SI मात्रक जूल/मी^{2} है।

स्पर्श कोण

- जब द्रव, ठोस सतह को स्पर्श करता है, तो स्पर्श बिंदु के निकट यह वक्रित हो जाता है। द्रव-ठोस के स्पर्श बिंदु से द्रव सतह पर खींची गई स्पर्श रेखा तथा ठोस सतह पर द्रव के अंदर की ओर खींची गई स्पर्श रेखा के बीच बने कोण को **स्पर्श कोण** (Angle of contact) कहते हैं।
- विभिन्न द्रव-ठोस युग्मों (Pairs) के लिए स्पर्श कोण भिन्न होता है। पारे व काँच के लिए स्पर्श कोण 135° होता है।
- साधारण जल व काँच के लिए स्पर्श कोण लगभग 8°, शुद्ध जल व काँच के लिए स्पर्श कोण 0° तथा शुद्ध जल व चाँदी के लिए स्पर्श कोण 90° होता है।

- स्पर्श कोण का मान निम्नलिखित कारकों पर निर्भर करता है
  - संपर्क में आने वाले द्रवों और ठोसों की प्रकृति पर निर्भर करता है।
  - ताप बढ़ाने पर स्पर्श कोण बढ़ता है।
  - घुलनशील अशुद्धियाँ जैसे–डिटर्जेन्ट स्पर्श कोण को घटा देती हैं।
  - आंशिक रूप से घुलनशील अशुद्धियाँ स्पर्श कोण को बढ़ा देती हैं।
  - कपड़े पर मोम, ग्रीस आदि लगा होने पर जल के लिए स्पर्श कोण का मान अधिक कोण हो जाता है।
  - स्पर्श कोण का मान द्रव तथा ठोस के स्पर्श बिंदु पर ठोस के **झुकाव कोण** (Inclination angle) पर निर्भर करता है।

केशिकात्व

- दोनों सिरों पर खुली तथा अत्यंत सूक्ष्म त्रिज्या की नलिका को **केशनली** (Capillary tube) कहते हैं। जब किसी केशनली को द्रव में ऊर्ध्वाधर डुबोया जाता है, तब यदि द्रव ठोस के तल को भिगोता है अर्थात् जिनके लिए स्पर्श कोण का मान न्यूनतम कोण है, तो केशनली में द्रव तल कुछ ऊपर उठ जाता है। यदि द्रव ठोस के तल को नहीं भिगोता है अर्थात् जिनके लिए स्पर्श कोण का मान अधिक कोण है, तो केशनली में द्रव तल कुछ नीचे गिर जाता है।

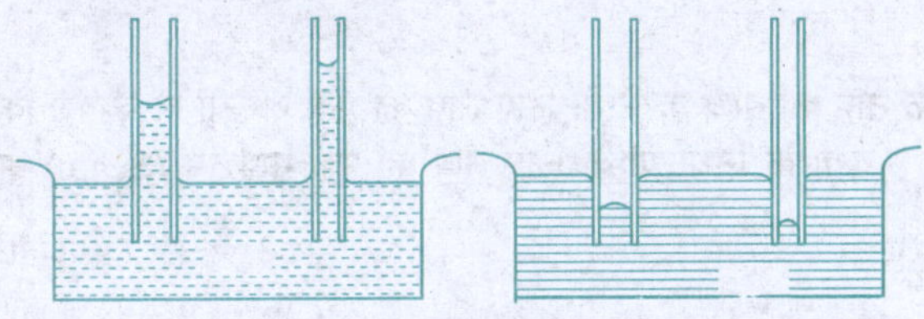

केशनली

- केशनली में द्रव तल के ऊपर उठने तथा नीचे गिरने की प्रक्रिया को **केशिकात्व** (Capillarity) कहते हैं।

केशिकात्व के कुछ व्यावहारिक उदाहरण

दैनिक जीवन में हम केशिकात्व के निम्न उदाहरण देखते हैं

- स्याही-सोखते को जब गीली स्याही पर रखते हैं, तो स्याही इसके महीन छेदों में चढ़ जाती है। इसलिए हम स्याही-सोखते पर लिख नहीं सकते हैं।
- लिखने की निब की नोंक बीच में से चिरी होती है, जिससे इसमें छोटी-सी बारीक केशनली बन जाती है। जब इसे स्याही में डुबोते हैं, तो कुछ स्याही केशनली में चढ़ जाती है। यहाँ पर यह उल्लेखनीय है कि रिफिल पेन की नोंक पर स्याही गुरुत्व बल के कारण आती है। अतः रिफिल पेन से लिखना पृष्ठ तनाव पर आधारित नहीं है।
- किसान वर्षा होने पर खेत को जोत देते हैं, जिससे मिट्टी में बनी **केशनलियाँ** (Capillary tube) टूट जाएँ और नीचे नमी बनी रहे और यदि जुताई न की जाए, तो जल मिट्टी की केशनलियों द्वारा ऊपर तक आ जाएगा और वाष्प बनकर उड़ जाएगा।
- खेतों में जब जल दिया जाता है, तो जल पौधों व पेड़ों के तनों में बनी असंख्य केशनलियों में चढ़कर पौधों व पेड़ों की **टहनियों** (Branches) तक पहुँचता है।
- लालटेन में मिट्टी का तेल तथा मोमबत्ती में पिघला हुआ मोम मोमबत्ती के धागों के बीच में बनी केशनलियों के द्वारा ही ऊपर चढ़कर जलता है।
- यदि जल से भरी बाल्टी में तौलिए का एक सिरा डाल दें, तो जल तौलिए के धागों के बीच में बनी असंख्य केशनलियों में चढ़ने लगता है, इसलिए धीरे-धीरे पूरा तौलिया भीग जाता है।
- कॉफी पाउडर जल में बहुत शीघ्र घुल जाता है, क्योंकि जल, कॉफी की महीन कणिकाओं (Fine granules) को केशिकात्व की क्रिया से तुरंत भिगो देता है।
- काँच की भीगी प्लेट को सूती कपड़े से ही पोंछ सकते हैं, क्योंकि जल सूती कपड़े में धागे के बीच बनी केशनलियों में चढ़ जाता है।

अतिरिक्त तथ्य
तमिलनाडु बोर्ड एवं NIOS

- आर्किमिडीज के सिद्धान्त से यह स्पष्ट होता है कि पिण्ड पर लगने वाले उत्प्लावन बल का परिमाण तरल के घनत्व तथा तरल पदार्थ में पिण्ड के डूबे हुए हिस्से के आयतन पर निर्भर करता है।
- सामान्यतः पदार्थ के घनत्व की तुलना, 4°C पर जल के घनत्व से की जाती है, क्योंकि जल का घनत्व इस ताप पर $1 g/cm^3$ होता है।
- आपेक्षिक घनत्व का मापन **पाइकनोमीटर** (Pycnometer) द्वारा किया जाता है।
- हाइड्रोमीटर द्वारा जल के घनत्व या आपेक्षिक घनत्व को सीधे मापा जाता है।
- हाइड्रोमीटर का एक रूप लैक्टोमीटर है, जिसका उपयोग दूध की शुद्धता मापने में किया जाता है। लैक्टोमीटर, दूध के गुरुत्व के सिद्धान्त पर कार्य करता है।
- शुद्ध जल की तुलना में नमक के जल में अधिक उत्प्लावन बल लगता है क्योंकि उत्प्लावन बल, घनत्व पर निर्भर करता है।
- उत्प्लावन के सिद्धान्त को कार्तीय उत्तोलक प्रयोग द्वारा बताया जा सकता है।

07

ऊष्मा, ताप तथा ऊष्मागतिकी

(स्रोत)

Class-VII New NCERT Chap 3 (ऊष्मा), Class-XI New NCERT Chap 10 (द्रव्य के तापीय गुण), Chap 11 (ऊष्मागतिकी), Chap 12 (अणुगति सिद्धांत) Tamil Nadu Board (Class-IX, X), NIOS

- हम सभी में ताप तथा ऊष्मा की सहज बोध धारणा होती है। ताप किसी वस्तु की तप्तता की माप होता है। दैनिक जीवन में हम अनेक वस्तुओं के संपर्क में आते हैं, इनमें से कुछ वस्तुएँ गर्म होती हैं तथा कुछ ठंडी।
- किसी वस्तु का गर्म या ठंडा होना उसमें निहित ऊष्मा पर निर्भर करता है। भौतिकी में हमें ऊष्मा, ताप आदि धारणाओं को अधिक सावधानीपूर्वक परिभाषित करने की आवश्यकता होती है।

ऊष्मा तथा ताप

- **ऊष्मा** (Heat) ऊर्जा का एक रूप है, जिसका स्थानांतरण दो निकायों के बीच अथवा किसी निकाय तथा उसके परिवेश के बीच ताप में अंतर के कारण होता है। ऊष्मा अथवा ऊष्मीय ऊर्जा का व्यावहारिक मात्रक कैलोरी होता है। SI पद्धति में ऊष्मा का मात्रक जूल होता है।

$$1 \text{ कैलोरी} = 4.186 \text{ जूल} \simeq 4.2 \text{ जूल}$$

एक ग्राम पानी का ताप 14.5°C से 15.5°C तक बढ़ाने के लिए आवश्यक ऊष्मीय ऊर्जा का मान एक कैलोरी होता है। ऊष्मा का प्रवाह सदैव गर्म वस्तु से ठंडी वस्तु अर्थात् निम्न ताप की ओर होता है।

- **ताप** (Temperature) तप्तता अथवा शीतलता की आपेक्षिक माप अथवा सूचक होता है। ताप अधिक होने पर वस्तु अधिक उष्ण तथा ताप कम होने पर वस्तु कम उष्ण प्रतीत होती है। SI पद्धति में ताप का मात्रक केल्विन होता है।

ताप का मापन

- साधारणतः हम वस्तुओं को स्पर्श करके बता सकते हैं कि कौन-सी वस्तु गर्म तथा कौन-सी वस्तु ठंडी है, परंतु वस्तुओं के स्पर्श मात्र से ही उनके ताप की माप नहीं की जा सकती।
- किसी वस्तु के ताप का बोध करने के लिए ताप को एक संख्या से व्यक्त किया जाता है। इस संख्या के निर्धारण के लिए ताप का एक मापक्रम (Scale) होना आवश्यक है।

तापमापी

वह युक्ति, जो ताप मापने के लिए प्रयोग की जाती है, **तापमापी** (Thermometer) कहलाती है। पदार्थों के बहुत-से भौतिक गुणों में ताप के साथ पर्याप्त परिवर्तन होते हैं, जैसे कुछ गुणों को तापमापी की रचना का आधार मानकर उपयोग किया जाता है।

उदाहरण-सामान्य काँच में द्रव प्रकार के तापमापियों में पारा, ऐल्कोहॉल आदि का उपयोग किया जाता है।

कुछ तापमापी एवं उनके सामान्य प्रयोग निम्नलिखित हैं

द्रव तापमापी

- द्रव तापमापी (Liquid thermometer) का सिद्धांत तापमान परिवर्तन के साथ द्रव के आयतन में परिवर्तन पर आधारित होता है। द्रव तापमापी में **ऊष्मीय प्रसार** (Thermal expansion) के गुण का प्रयोग होता है।
- द्रव तापमापी में काँच की केशनली में द्रव स्तंभ की लंबाई, ताप मापन के लिए प्रयुक्त होती है। इसके निम्न दो प्रकार हैं
  - **ऐल्कोहॉल तापमापी** (Alcohol thermometer) जब द्रव तापमापी में एल्कोहॉल का प्रयोग करते हैं, तो इसे '**ऐल्कोहॉल तापमापी**' कहते हैं। चूँकि ऐथिल ऐल्कोहॉल का गलनांक या हिमांक अत्यंत निम्न (– 114°C) होता है, अतः इसका प्रयोग अति ठंडे प्रदेशों में ताप मापन के लिए करते हैं।
  - **पारा तापमापी** (Mercury thermometer) द्रव तापमापी में पारा का उपयोग करके पारा तापमापी बनाते हैं। इसका प्रयोग मानव शरीर का ताप मापने में किया जाता है। डॉक्टरी प्रयोग के कारण इसे **डॉक्टरी थर्मामीटर** (Clinical thermometer) भी कहते हैं।

गैस तापमापी

- स्थिर आयतन हाइड्रोजन गैस तापमापी से 500°C तक के ताप को मापा जा सकता है।
- हाइड्रोजन की जगह नाइट्रोजन का उपयोग करने पर 1500°C तक के ताप को मापा जा सकता है।

प्लेटिनम प्रतिरोध तापमापी

- किसी धातु के तार का विद्युत प्रतिरोध तार का ताप बढ़ाने पर बढ़ जाता है। इस विद्युत प्रतिरोध में हुए परिवर्तन को मापने के सिद्धांत पर यह तापमापी कार्य करता है।
- इसके द्वारा – 200°C से 1200°C तक के ताप को मापा जा सकता है।

पूर्ण विकिरण तापमापी

- इस तापमापी की सहायता से अत्यधिक ऊँचे एवं दूर स्थित वस्तुएँ; जैसे-सूर्य के तापों की माप की जाती है। यह तापमापी **स्टीफन के नियम** पर आधारित है।
- इस तापमापी से प्रायः 800°C से ऊँचे तापों को ही मापा जा सकता है। इसका कारण यह है कि 800°C से कम ताप की वस्तुएँ **ऊष्मीय विकिरण** उत्सर्जित नहीं करती हैं।

ताप के विभिन्न पैमाने

- ताप का मापक्रम बनाने के लिए पदार्थ की दो ऐसी अवस्थाओं को चुनते हैं, जिन्हें सरलता से प्राप्त किया जा सकता है। इनमें से एक प्रामाणिक वायुमंडलीय दाब पर पिघलते हुए बर्फ की अवस्था है तथा दूसरी उबलते हुए जल की अवस्था है।
- पिघलते हुए बर्फ के ताप को **हिमांक बिंदु** (Ice point) तथा उबलते हुए जल के भाप के ताप को **भाप बिंदु** (Steam point) कहते हैं। इन्हें क्रमशः **न्यूनतम नियत बिंदु** (Lowest fix point) तथा **उच्चतम नियत बिंदु** (Highest fix point) भी कहते हैं।
- इन तापों को स्वेच्छिक (Arbitrary) आंकिक मान देते हैं तथा इन मानों के अंतर को बराबर-बराबर भागों में बाँट देते हैं। इस प्रकार, प्राप्त प्रत्येक भाग **डिग्री** कहलाता है, जो ताप का मात्रक है।

  सेल्सियस, केल्विन, फॉरेनहाइट और रियूमर पैमानों के बीच परस्पर संबंध होता है

$$\frac{C-0}{100}=\frac{F-32}{180}=\frac{R-0}{80}$$

$$=\frac{K-273.15}{100}$$

$$\frac{C}{5}=\frac{F-32}{9}=\frac{R}{4}=\frac{K-273.15}{5}$$

- – 40°C पर सेंटीग्रेड और फॉरेनहाइट का पाठ्यांक एक ही होता है।
- मानव शरीर का ताप 36.9°C या 98.6° F या 310 K होता है।

परम शून्य ताप

सैद्धांतिक रूप से किसी वस्तु का ताप – 273.15°C से कम संभव नहीं है, इसे परम शून्य ताप (Absolute zero temperature) कहते हैं। केल्विन पैमाने पर इसे 0 K से प्रदर्शित करते हैं।

तापक्रम के पैमाने

तापक्रम पैमाने का नाम	डिग्री का प्रतीक	हिमांक का ताप	भाप बिंदु का ताप
सेल्सियस अथवा सेंटीग्रेड पैमाना	°C	0°C	100°C
परम अथवा केल्विन पैमाना	K	273.15 K	373.15 K
फॉरेनहाइट पैमाना	°F	32°F	212 K
रियूमर पैमाना	°R	0°R	80°R

तापीय प्रसार

जब हम पदार्थों को गर्म करते हैं, तो अधिकांश पदार्थ ऊष्मा ग्रहण कर फैलते हैं, यह घटना **ऊष्मीय** या **तापीय प्रसार** (Thermal expansion) कहलाती है। पदार्थों का ऊष्मीय प्रसार विभिन्न पदार्थों (ठोस, द्रव व गैस) के लिए भिन्न-भिन्न होता है।

तापीय प्रसार के प्रकार

ठोस की लंबाई, क्षेत्रफल व आयतन में वृद्धि के आधार पर ठोस के ऊष्मीय प्रसार को निम्नलिखित तीन भागों में विभाजित किया जाता है

- **रेखीय प्रसार** (Linear expansion) किसी ठोस वस्तु के ताप में वृद्धि के कारण ठोस वस्तु की लंबाई में प्रसार को रेखीय प्रसार (Longitudinal expansion) या **अनुदैर्ध्य प्रसार** कहते हैं। ठोस का रेखीय प्रसार उसकी प्रारंभिक लंबाई व ताप-वृद्धि पर निर्भर करता है।

  उदाहरण-ऊष्मीय प्रसार के कारण ही गर्मी के दिनों में तार ढीले पड़ जाते हैं।

  $$\text{रेखीय प्रसार गुणांक } (\alpha) = \frac{\text{लंबाई में वृद्धि } (\Delta L)}{\text{प्रारंभिक लंबाई } (L) \times \text{ताप में वृद्धि } (\Delta T)}$$

  अतः 1°C तापमान बढ़ाने पर किसी वस्तु की एकांक लंबाई में होने वाली वृद्धि को **रेखीय प्रसार गुणांक** (Linear expansion coefficient) कहते हैं। इसका मात्रक प्रति °C होता है।

- **क्षेत्रीय प्रसार** (Areal expansion) किसी ठोस वस्तु के ताप में वृद्धि के कारण क्षेत्रफल में होने वाली वृद्धि को **क्षेत्रीय प्रसार** कहते हैं।

  उदाहरण-जब धातु की चादर का ताप बढ़ाया जाता है, तो उसके क्षेत्रफल में वृद्धि हो जाती है।

  $$\text{क्षेत्रीय प्रसार गुणांक } (\beta) = \frac{\text{क्षेत्रफल में वृद्धि } (\Delta A)}{\text{प्रारंभिक क्षेत्रफल } (A) \times \text{ताप में वृद्धि } (\Delta T)}$$

  अतः किसी **पदार्थ का क्षेत्रीय प्रसार गुणांक** (Areal expansion coefficient) उस पदार्थ के किसी पटल का ताप 1°C बढ़ाने पर पटल के क्षेत्रफल में वृद्धि तथा पटल के प्रारंभिक क्षेत्रफल के अनुपात के बराबर होता है। क्षेत्रीय प्रसार गुणांक का मात्रक प्रति °C होता है।

- **आयतन प्रसार** (Volumetric expansion) किसी ठोस वस्तु के ताप में वृद्धि के कारण आयतन में होने वाली वृद्धि को **आयतन प्रसार** कहते हैं। उदाहरण- लोहे की ठोस गेंद को गर्म करने पर उसके आयतन में वृद्धि हो जाती है।

  $$\text{आयतन प्रसार गुणांक } (\gamma) = \frac{\text{आयतन में वृद्धि } (\Delta V)}{\text{प्रारंभिक आयतन } (V) \times \text{ताप में वृद्धि } (\Delta T)}$$

अतः किसी पदार्थ का **आयतन प्रसार गुणांक** (Volumetric expansion coefficient) उस पदार्थ के किसी घन का ताप 1°C बढ़ाने पर पदार्थ के आयतन में वृद्धि तथा पदार्थ के प्रारंभिक आयतन के अनुपात के बराबर होता है। इसका मात्रक प्रति °C होता है।

रेखीय, क्षेत्रीय तथा आयतन प्रसार गुणांक में संबंध

$$\text{रेखीय प्रसार गुणांक } (\alpha) = \frac{\text{क्षेत्रीय प्रसार गुणांक } (\beta)}{2}$$

$$\text{रेखीय प्रसार गुणांक } (\alpha) = \frac{\text{आयतन प्रसार गुणांक} (\gamma)}{3}$$

$$\therefore \quad \alpha : \beta : \gamma = 1 : 2 : 3$$

दैनिक जीवन में ठोसों के तापीय प्रसार का महत्त्व

दैनिक जीवन में तापीय प्रसार का बहुत अधिक महत्त्व है। इसके कुछ उदाहरण निम्नलिखित हैं

- **काँच की बोतल में फँसी कॉर्क को निकालना** किसी काँच की बोतल में फँसी कॉर्क को निकालने के लिए बोतल की गर्दन को गर्म पानी में डालकर गर्म करते हैं, जिससे ताप बढ़ने पर बोतल की गर्दन का व्यास कुछ बढ़ जाता है और कॉर्क ढीली पड़कर बाहर निकल आती है।
- **कमरे का फर्श** कंकरीट-सीमेंट से बना कमरे का फर्श एक भाग में नहीं बनाया जाता, बल्कि उसे काँच की पट्टियों द्वारा कई भागों में बाँट दिया जाता है। इससे ऊष्मीय प्रसार के कारण फर्श के चटखने की संभावना कम हो जाती है।
- **विद्युत अथवा टेलीफोन के तार** विद्युत अथवा टेलीफोन के तारों को दो खंभों के बीच कुछ ढीला रखा जाता है, जिससे सर्दियों में तार ठंड से सिकुड़कर टूट न जाएँ।
- **रेल की पटरियों के बीच रिक्त स्थान** रेल की पटरियों को बिछाते समय उनके जोड़ों पर कुछ रिक्त स्थान छोड़ा जाता है, ताकि गर्मियों के दिनों में ताप बढ़ने पर पटरियों को फैलने के लिए स्थान मिल सके। यदि पटरियों के जोड़ों के मध्य कुछ रिक्त स्थान नहीं छोड़ा जाए, तो गर्मियों में फैलने के कारण पटरियाँ टेढ़ी (तिरछी) हो जाएँगी, जिससे दुर्घटना की संभावना अधिक हो सकती है।
- **लोहे का पुल बनाना** लोहे का पुल बनाते समय दो गार्डरों के सिरों के बीच में जगह छोड़ी जाती है तथा इनके सिरे, स्तंभों पर दृढ़तापूर्वक कसे नहीं जाते, बल्कि ठोस बेलनों पर रखे जाते हैं, ताकि वे गर्मी में स्वतंत्रतापूर्वक बढ़ सकें।
- **लकड़ी के पहिए पर हाल चढ़ाना** बैलगाड़ी या ताँगे में लकड़ी के पहिए पर लोहे की हाल को गर्म करके चढ़ाया जाता है। लोहे की हाल को गर्म करने पर यह कुछ फैल जाती है तथा पहिए पर आसानी से चढ़ जाती है तथा फिर ठंडी होने पर हाल सिकुड़कर पहिए को अत्यंत मजबूती से पकड़ लेती है।
- ऐल्कोहॉल का रेखीय प्रसार गुणांक पारे की तुलना में अधिक होता है। अर्थात् समान तापवृद्धि के लिए इसमें पारे की तुलना में अधिक वृद्धि होती है। इसलिए तापमापी में पारे के स्थान पर इसे प्राथमिकता दी जाती है।

जल का असामान्य प्रसार

- प्रायः सभी द्रव गर्म किए जाने पर आयतन में बढ़ते हैं, परंतु जब 0°C से 4°C तक गर्म करने पर आयतन में घटते हैं तथा 4°C के बाद बढ़ना आरंभ करते हैं, इसे **जल का असामान्य प्रसार** (Anomalous expansion of water) कहते हैं।
- 4°C पर जल का आयतन न्यूनतम होता है तथा जल का घनत्व अधिकतम होता है।
- फिर 4°C से ऊपर ताप बढ़ाने पर घनत्व घटने लगता है तथा आयतन बढ़ने लगता है।
- जब जल को 4°C ताप से नीचे ठंडा करते हैं, तो उसका आयतन बढ़ता जाता है और जब 0°C पर जल जमकर बर्फ बन जाता है, तो बर्फ का आयतन, जल के आयतन से अधिक होता है अर्थात् बर्फ का घनत्व, जल के घनत्व से कम होता है और यही कारण है कि बर्फ जल पर तैरती है।

जल के असामान्य प्रसार के दैनिक जीवन में उदाहरण

जल के असामान्य प्रसार के दैनिक जीवन में उदाहरण निम्नलिखित हैं

- ठंडे प्रदेशों में तालाबों, झीलों आदि के ठंडे होने की प्रक्रिया में 4°C पर जल भारी होकर नीचे चला जाता है तथा नीचे का हल्का जल ऊपर आता रहता है, जब तक कि पूरे जल का ताप 4°C तक नहीं गिर जाता है। जब तालाब की सतह के जल का ताप 4°C से कम होने लगता है, तो इसका घनत्व कम होना शुरू हो जाता है अर्थात् जल जमना शुरू हो जाता है।
- जल के जमने की क्रिया ऊपर से नीचे की ओर होती है, क्योंकि बर्फ ऊष्मा की कुचालक होती है। अतः बर्फ की परत के नीचे जल की ऊष्मा बाहर नहीं जा पाती, इसलिए बर्फ 4°C पर ही बनी रहती है। इस जल में मछलियाँ तथा अन्य जलीय जीव जीवित रहते हैं।
- ठंडे स्थानों पर, पानी के पाइप बर्फ जमने से फट जाते हैं।
- शुद्ध जल के बर्फ का घनत्व जल के घनत्व का $\frac{9}{10}$वाँ भाग होता है।

  अतः शुद्ध जल के बर्फ का 90% भाग पानी के अंदर और 10% भाग पानी के बाहर जमा रहता है।

ऊष्माधारिता

- किसी पदार्थ के ताप में परिवर्तन करने के लिए, पदार्थ ऊष्मा की एक निश्चित मात्रा को अवशोषित या निर्मुक्त करता है, वह मात्रा उस पदार्थ की **ऊष्माधारिता** (Heat capacity) कहलाती है।
- किसी पदार्थ की ऊष्माधारिता,

  $$S = \frac{Q}{\Delta T}$$

  जहाँ, Q पदार्थ के ताप में परिवर्तन (ΔT) करने के लिए आवश्यक ऊष्मा की मात्रा है।
- इसका मात्रक जूल/केल्विन होता है।

विशिष्ट ऊष्माधारिता

- किसी वस्तु या पदार्थ द्वारा ग्रहण की गई या उत्सर्जित की गई ऊष्मा उस पदार्थ के द्रव्यमान (m), ताप में परिवर्तन (ΔT) तथा पदार्थ की प्रकृति पर निर्भर करती है।
- यदि द्रव्यमान (m) के पदार्थ को (ΔQ) मात्रा की ऊष्मा देने पर उसके ताप में वृद्धि (ΔT) हो, तब $\Delta Q \propto m \times \Delta T$

  $$\Delta Q = m\, s\, \Delta T$$

  $$s = \frac{1}{m}\frac{\Delta Q}{\Delta T}$$

- अत: किसी पदार्थ के एकांक द्रव्यमान का ताप 1°C बढ़ाने के लिए आवश्यक ऊष्मा की मात्रा को उस पदार्थ की **विशिष्ट ऊष्मा** (Specific heat) कहते हैं। इसका मात्रक जूल/किग्रा-केल्विन होता है। जल की विशिष्ट ऊष्मा का मान अन्य पदार्थों की तुलना में अधिक (4.18×10^3 जूल किग्रा$^{-1}$ केल्विन$^{-1}$) होता है। यही कारण है कि
  - रोगी की सिकाई गर्म जल की बोतल से की जाती है।
  - जल का उपयोग **शीतलक** (Coolant) के रूप में स्वचालित वाहनों के रेडिएटरों में किया जाता है।
  - गर्मियों में समुद्र से दूर थल का ताप सूर्य से ऊष्मा लेकर तेजी से बढ़ता है, जबकि समुद्र के जल का ताप बहुत धीरे-धीरे बढ़ता है, फलस्वरूप समुद्र की ओर से आने वाली हवाएँ ठंडी होती हैं।

कैलोरीमिति का सिद्धांत

जब भिन्न-भिन्न ताप वाली दो वस्तुएँ एक-दूसरे के संपर्क में लाई जाती हैं, तो ऊष्मा का प्रवाह उच्च ताप वाली वस्तु से निम्न ताप वाली वस्तु की ओर होता है। यह प्रक्रिया तब तक चलती है जब तक कि दोनों वस्तुओं के ताप समान न हो जाएँ। यदि इस प्रक्रिया में बाहर से ऊष्मा का आदान-प्रदान न हो, तो एक वस्तु द्वारा दी गई ऊष्मा, दूसरी वस्तु द्वारा ली गई ऊष्मा के बराबर होगी।

अवस्था परिवर्तन

पदार्थ की तीन भौतिक अवस्थाएँ होती हैं–ठोस, द्रव तथा गैस। साधारण ताप पर प्रत्येक पदार्थ इनमें से किसी एक अवस्था में पाया जाता है। किसी पदार्थ को निश्चित ऊष्मा देकर या उससे ऊष्मा लेकर उसकी अवस्था को परिवर्तित किया जा सकता है। पदार्थ की एक अवस्था से दूसरी अवस्था में संक्रमण को **अवस्था परिवर्तन** (Change of state) कहते हैं। कुछ मुख्य अवस्था परिवर्तन निम्नलिखित हैं

- **गलन** (Melting) स्थिर ताप पर पदार्थ का ठोस अवस्था से द्रव अवस्था में परिवर्तन गलन कहलाता है तथा जिस ताप पर क्रिया संपन्न होती है, उसे **गलनांक** (Melting point) कहते हैं; जैसे-बर्फ का जल में परिवर्तन। सामान्य पदार्थों का गलनांक दाब बढ़ाने पर बढ़ता है तथा पानी जैसे पदार्थ, जो तापमान बढ़ने पर संकुचित होते हैं (0°C से 4°C तक), का गलनांक दाब बढ़ने पर घटता है अर्थात् दाब बढ़ाकर बर्फ को कम तापमान पर पिघलाया जा सकता है।
  उदाहरण-स्कीइंग करने वाले स्केटर के भार से दाब बढ़ने से बर्फ पिघलकर पानी में बदल जाती है, जिससे स्केटर फिसलता चला जाता है। अशुद्धि मिलाने पर गलनांक कम हो जाता है।
- **क्वथन** (Boiling) स्थिर ताप पर पदार्थ का द्रव अवस्था से गैस अवस्था में परिवर्तन क्वथन कहलाता है तथा जिस ताप पर यह क्रिया संपन्न होती है, उसे **क्वथनांक** (Boiling point) कहते हैं।
  उदाहरण-जल का भाप में परिवर्तन। दाब बढ़ाने पर क्वथनांक बढ़ जाता है तथा अशुद्धियाँ मिलाने पर भी क्वथनांक बढ़ जाता है।
- **द्रवण या संघनन** (Liquefaction or Condensation) स्थिर ताप पर पदार्थ की गैसीय अवस्था का द्रव अवस्था में परिवर्तन द्रवण या संघनन कहलाता है तथा जिस ताप पर यह क्रिया संपन्न होती है, उसे **द्रवणांक** (Melting point) कहते हैं; उदाहरण-भाप का जल में परिवर्तन।
- **ऊर्ध्वपातन** (Sublimation) कुछ ठोस पदार्थ गर्म करने पर बिना द्रवित हुए ठोस अवस्था से सीधे ही गैस अवस्था में परिवर्तित हो जाते हैं तथा ठंडा करने पर सीधे ठोस में बदल जाते हैं। इस क्रिया को ऊर्ध्वपातन कहते हैं; उदाहरण-आयोडीन, कपूर, नौसादर इत्यादि।
- **हिमायन** (Freezing) स्थिर ताप पर पदार्थ की द्रव अवस्था का ठोस अवस्था में परिवर्तन हिमायन कहलाता है तथा यह क्रिया जिस ताप पर संपन्न होती है, उसे **हिमांक** (Freezing point) कहते हैं; उदाहरण-जल का बर्फ में परिवर्तन।
- **पुनर्हिमायन** (Regelation) दाब में वृद्धि के कारण ठोस के पिघलने तथा दाब घटते ही पुन: जम जाने की घटना को पुनर्हिमायन कहते हैं। उदाहरण-बर्फ के टुकड़े मुट्ठी में लेकर दबाने से पिघल जाते हैं तथा मुट्ठी ढीली करने पर वे जमकर आपस में जुड़ जाते हैं।

नोट किसी पदार्थ के गलनांक तथा हिमांक समान होते हैं। किसी पदार्थ के क्वथनांक तथा द्रवणांक समान होते हैं।

आर्द्रता

वायुमंडल में जलवाष्प की उपस्थिति को ही आर्द्रता (Humidity) कहते हैं। वर्षा ऋतु में नमक खुले में रखने पर पसीज जाता है, क्योंकि वर्षा ऋतु में वायु में आर्द्रता अधिक होती है।

नोट भौतिकी की वह शाखा, जिसमें वायुमण्डल में विद्यमान जलवाष्प की मात्रा का अध्ययन किया जाता है, **आर्द्रतामिति** (Hygrometry) कहलाती है।

आर्द्रता निम्नलिखित दो प्रकार की होती है

1. आपेक्षिक आर्द्रता

- किसी ताप पर वायु के किसी आयतन में उपस्थित जलवाष्प के द्रव्यमान तथा उसी ताप पर वायु के उसी आयतन को संतृप्त करने के लिए आवश्यक वाष्प के द्रव्यमान के अनुपात को वायु की **आपेक्षिक आर्द्रता** (Relative humidity) कहते हैं।
- मौसम विज्ञानशालाओं में प्रतिदिन की आपेक्षिक आर्द्रता ज्ञात की जाती है। इससे मौसम का अनुमान लगाने में सहायता मिलती है। यदि आर्द्रता अधिक है, तो वर्षा होने की संभावना रहती है।

आपेक्षिक आर्द्रता से संबंधित महत्त्वपूर्ण घटनाएँ निम्नलिखित हैं

- बर्फ से भरे गिलास के बाहर जल की बूँदें एकत्रित हो जाती हैं। इसका कारण यह है कि गिलास की सतह के संपर्क में आने वाली वायु की वाष्प संघनित होकर गिलास की सतह पर जम जाती है। **सुराही** (Jug) का जल गर्मी में ठंडा हो जाता है, वर्षा ऋतु में नहीं; इसका कारण यह है **कि** वर्षा-ऋतु में आपेक्षिक आर्द्रता अधिक हो जाने के कारण जल का **वाष्पन** कम होता है।
- वर्षा-ऋतु की अपेक्षा जाड़ों में कपड़े शीघ्र सूख जाते हैं, जबकि वर्षा-ऋतु में वायु का ताप अधिक होता है। इसका कारण यह है कि वर्षा-ऋतु में आपेक्षिक आर्द्रता अधिक हो जाने के कारण **वाष्पीकरण** (Evaporation) बहुत धीरे-धीरे होता है।

2. निरपेक्ष आर्द्रता

- हवा में प्रति इकाई आयतन में विद्यमान जलवाष्प की मात्रा को **निरपेक्ष आर्द्रता** (Absolute humidity) कहते हैं। इसको अधिकतर ग्राम प्रतिमीटर में व्यक्त करते हैं। तापमान और वायु में परिवर्तन के साथ ही हवा के आयतन में भी परिवर्तन होता रहता है और इस प्रकार निरपेक्ष आर्द्रता भी बदल जाती है।

वातानुकूलन

मनुष्य के लिए पृथ्वी पर सभी स्थान पर ताप, दाब, आपेक्षिक आर्द्रता एवं वायु वेग अनुकूल नहीं होता है। अतः कृत्रिम विधियों द्वारा बाह्य परिस्थितियों को मनुष्य के स्वास्थ्य के अनुकूल बनाने की प्रक्रिया को ही **वातानुकूलन** (Air conditioning) कहते हैं। वातानुकूलन द्वारा मनुष्य के लिए निम्नलिखित अनुकूल परिस्थितियाँ उत्पन्न की जाती हैं

ताप	23°C से 25°C
आपेक्षिक आर्द्रता	60% से 65%
वायु वेग	0.70 मी/मिनट से 2.5 मी/मिनट

वाष्पीकरण

- सामान्य ताप पर भी किसी द्रव की खुली सतह से द्रव का वाष्प अवस्था में परिवर्तित होना **वाष्पीकरण** (Evaporation) कहलाता है।
- वाष्पीकरण की क्रिया में ऊष्मा की आवश्यकता होती है। यह ऊष्मा द्रव द्वारा स्वयं अपने अंदर से ही प्राप्त की जाती है। फलस्वरूप वाष्पीकरण की प्रक्रिया में द्रव ठंडा हो जाता है।
- वाष्पीकरण को प्रभावित करने वाले कारक निम्नलिखित हैं
  - **दाब** अधिक दाब होने पर वाष्पीकरण की दर घट जाती है।
  - **द्रव की खुली सतह का क्षेत्रफल** खुली सतह का क्षेत्रफल अधिक होने पर वाष्पीकरण अधिक होता है।
  - **वायु की गति** तेज हवा बहने पर द्रव की सतह पर एकत्र वाष्प लगातार हटती रहती है, जिससे वाष्पीकरण तीव्र होता है।
  - **तापमान** तापमान अधिक होने पर वाष्पीकरण तेज होता है।
  - **आर्द्रता** वायु में आर्द्रता होने पर जल का **वाष्पीकरण** धीरे-धीरे होता है। यही कारण है कि वर्षा-ऋतु में कपड़े देर से सूखते हैं।

वाष्पीकरण के अनुप्रयोग

- स्प्रे, इत्र आदि की बोतलों को खुला छोड़ देने पर इत्र का वाष्पीकरण होता है, फलस्वरूप बोतल ठंडी हो जाती है।
- शरीर से पसीना सूखने के दौरान वाष्पीकरण के लिए ऊष्मा त्वचा से प्राप्त की जाती है, जिससे शरीर को ठंडा रखने में मदद मिलती है।
- मिट्टी के घड़े या सुराही में रखा पानी सामान्यतः वाष्पीकरण के कारण ठंडा हो पाता है।
- कूलर में हवा वाष्पीकरण के कारण ही ठंडी होती है।
- गीले कपड़ों का सूखना भी वाष्पीकरण द्वारा ही सम्भव होता है।

गुप्त ऊष्मा

- किसी पदार्थ को निरंतर ऊष्मा देने पर पदार्थ के ताप में धीरे-धीरे परिवर्तन होता है। कुछ समय पश्चात्, पदार्थ का ताप बढ़ना बंद हो जाता है तथा यह स्थिर हो जाता है। इसके बाद पदार्थ को दी गई ऊष्मा पदार्थ की अवस्था में परिवर्तन करने लगती है। अतः वह ऊष्मा, जो पदार्थ की अवस्था को उसका ताप बढ़ाए बिना परिवर्तित कर देती है, **गुप्त ऊष्मा** (Latent heat) कहलाती है।
- प्रयोगों द्वारा यह पाया गया है कि किसी निश्चित ताप पर पदार्थ की अवस्था बदलने के लिए उसे दी जाने वाली अथवा ली जाने वाली ऊष्मा की मात्रा (Q), उस पदार्थ के द्रव्यमान (m) के समानुपाती होती है अर्थात्

$$Q \propto m$$

या $$Q = mL \text{ या } L = \frac{Q}{m}$$

जहाँ, L एक नियतांक है, जिसे पदार्थ की अवस्था-परिवर्तन की गुप्त ऊष्मा कहते हैं। यदि $m = 1$ हो, तो $L = Q$

अर्थात् गुप्त ऊष्मा को निम्न प्रकार परिभाषित किया जा सकता है

- "किसी निश्चित ताप पर किसी पदार्थ के एकांक द्रव्यमान की अवस्था परिवर्तन के लिए उसे दी जाने वाली अथवा ली जाने वाली ऊष्मा की मात्रा उस पदार्थ की गुप्त ऊष्मा कहलाती है।"
- गुप्त ऊष्मा का मात्रक कैलोरी/ग्राम या किलोकैलोरी/किग्रा या जूल/किग्रा होता है।

गुप्त ऊष्मा के प्रकार

गुप्त ऊष्मा दो प्रकार की होती है

(i) **गलन की गुप्त ऊष्मा** (Latent heat of fusion) किसी ठोस पदार्थ के एकांक द्रव्यमान को उसके गलनांक पर ठोस से द्रव अवस्था में परिवर्तित करने के लिए पदार्थ द्वारा ग्रहण की गई ऊष्मा की मात्रा उस पदार्थ की गलन की गुप्त ऊष्मा कहलाती है।

उदाहरण-एक वायुमंडलीय दाब पर बर्फ के गलन की गुप्त ऊष्मा 80 कैलोरी/ग्राम अथवा 80 किलोकैलोरी/किग्रा अथवा 3.36×10^5 जूल/किग्रा होती है। इसका अर्थ है कि 1 किग्रा बर्फ 0°C पर गलने के लिए 80 किलोकैलोरी ऊष्मा लेती है अथवा 1 किग्रा जल 0°C पर जमने पर 80 किलोकैलोरी ऊष्मा देता है।

(ii) **वाष्पन की गुप्त ऊष्मा** (Latent heat of vaporisation) किसी द्रव के एकांक द्रव्यमान को उसके क्वथनांक पर द्रव से गैस अवस्था में परिवर्तित करने के लिए पदार्थ द्वारा ग्रहण की गई ऊष्मा की मात्रा उस द्रव की वाष्पन की गुप्त ऊष्मा कहलाती है।

उदाहरण- एक वायुमंडलीय दाब पर जल के वाष्पन की गुप्त ऊष्मा 539 कैलोरी/ग्राम अथवा 539 किलोकैलोरी/किग्रा अथवा 22.6×10^5 जूल/किग्रा होती है। इसका अर्थ है कि 1 किग्रा जल 100°C पर भाप बनने के लिए 539 किलोकैलोरी ऊष्मा लेता है अथवा 1 किग्रा भाप 100°C पर द्रवित होने में 539 किलोकैलोरी ऊष्मा देता है।

गुप्त ऊष्मा के व्यावहारिक प्रयोग

गुप्त ऊष्मा के व्यावहारिक प्रयोग निम्नलिखित हैं

- **पहाड़ों की बर्फ धीरे-धीरे पिघलती है,** इसका कारण बर्फ की गुप्त ऊष्मा का अधिक होना है। यदि बर्फ की गुप्त ऊष्मा कम होगी, तो गर्मियों में संपूर्ण बर्फ पिघल जाएगी तथा नदियों व तालाबों का जल-स्तर बढ़ जाएगा और बाढ़ की संभावना प्रबल हो जाएगी।
- **ओलों की वर्षा के बाद वायुमंडल का ताप कम हो जाना** ओले को गलने के लिए वायुमंडल से बहुत अधिक ऊष्मा की आवश्यकता होती है। यही कारण है कि बर्फ गिरते समय इतनी ठंड नहीं होती, जितनी कि बर्फ पिघलने के समय होती है।
- **ठंडे प्रदेशों में झील तथा तालाब के जल का धीरे-धीरे जमना** इसका कारण बर्फ की गुप्त ऊष्मा का बहुत अधिक होना है। झील के जल को जमने के लिए बहुत अधिक ऊष्मा का त्याग करना पड़ता है, जिस कारण झील तथा तालाब का जल धीरे-धीरे जमता है।

- **दाँतों को बर्फ के जल की अपेक्षा आइसक्रीम अधिक ठंडी लगती है**, क्योंकि आइसक्रीम पिघलकर द्रव बनने के लिए दाँतों से पर्याप्त ऊष्मा लेती है, जबकि बर्फ का जल इतनी अधिक ऊष्मा नहीं लेता है।
- **उबलते जल की तुलना में उसी ताप की भाप से जलना अधिक पीड़ादायक होता है**, क्योंकि उबलते हुए जल की तुलना में भाप में गुप्त ऊष्मा के कारण अधिक ऊष्मा होती है। यही कारण है कि भाप से जलना अधिक पीड़ादायक है।

ऊष्मा स्थानांतरण या संचरण

तापांतर के कारण किसी निकाय के एक भाग से दूसरे भाग में अथवा एक निकाय से दूसरे निकाय में ऊष्मा के प्रवाह की क्रिया को **ऊष्मा स्थानांतरण** या **संचरण** (Heat transfer) कहते हैं। ऊष्मा स्थानांतरण की मुख्य विधियाँ निम्नलिखित हैं

चालन

किसी वस्तु के दो संलग्न भागों के बीच उनके तापों में अंतर के कारण ऊष्मा स्थानांतरण की क्रियाविधि को **चालन** (Conduction) कहते हैं। इस विधि में पदार्थ के कारण अपने स्थान से विस्थापित हुए बिना, अपनी ऊष्मा दूसरे कण को स्थानांतरित कर देते हैं।

चालन से संबधित महत्त्वपूर्ण बिंदु निम्नलिखित हैं

- सभी ठोसों तथा पारे में ऊष्मा का संचरण चालन विधि द्वारा ही होता है।
- चालन के लिए माध्यम आवश्यक है। धातु की छड़ माध्यम का कार्य करती है।
- चालन एक धीमी प्रक्रिया है।

ऊष्मा चालकता

ऊष्मा चालन का वर्णन किसी पदार्थ में किसी दिए गए तापांतर के लिए ऊष्मा प्रवाह की दर द्वारा किया जाता है।

यदि किसी छड़ में ऊष्मा प्रवाहित की जाती है, तब स्थायी अवस्था में, ऊष्मा प्रवाह की दर तापांतर (ΔT), अनुप्रस्थ-काट का क्षेत्रफल (A) के अनुक्रमानुपाती तथा छड़ की लंबाई (ΔL) के व्युत्क्रमानुपाती होती है।

$$\frac{Q}{t} = H = \frac{KA\,\Delta T}{\Delta L}$$

जहाँ, K एक स्थिरांक है, जिसे **ऊष्मा चालकता गुणांक** (Heat conductivity coefficient) कहते हैं।

किसी पदार्थ के लिए K का मान जितना अधिक होता है वह पदार्थ उतनी ही शीघ्रता से ऊष्मा चालन करता है। इसका SI मात्रक $Js^{-1}m^{-1}K^{-1}$ अथवा $Wm^{-1}K^{-1}$ होता है।

सुचालक तथा कुचालक

ऊष्मा चालकता या ऊष्मा चालकता गुणांक के आधार पर पदार्थों को मुख्यतः दो श्रेणियों में बाँटा जा सकता है

(i) **सुचालक** (Conductor) ऐसे पदार्थ, जिनमें से होकर ऊष्मा का प्रवाह आसानी से हो जाता है, सुचालक पदार्थ कहलाते हैं।
उदाहरण-धातुएँ, अशुद्धियुक्त जल आदि।

(ii) **कुचालक** (Insulator) ऐसे पदार्थ, जिनमें से होकर ऊष्मा का प्रवाह या तो बहुत कठिनता से होता है या होता ही नहीं, कुचालक पदार्थ कहलाते हैं। उदाहरण-ऊन, कपड़ा, काँच, लकड़ी, रबर आदि।

दैनिक जीवन में ऊष्मा चालन के अनुप्रयोग

दैनिक जीवन में ऊष्मा चालन के अनुप्रयोग निम्नलिखित हैं

- ऊष्मा का अच्छा चालक होने के कारण ताँबा बर्तन की **पेंदी** (Bottom) पर ऊष्मा वितरण को उन्नत करता है, जिससे भोजन समान रूप से पकता है।
- कंक्रीट की छत वाले घर गर्मियों में बहुत गर्म हो जाते हैं। इसलिए प्रायः लोग छतों पर फेन–रोधन कराना पसंद करते हैं ताकि बाहर से आने वाली ऊष्मा स्थानांतरण को रोककर कमरे को शीतल रखा जा सके।
- बर्फ को पिघलने से बचाने के लिए उसे कुचालक पदार्थ; जैसे-बुरादा, टाट आदि से लपेटकर रखा जाता है। इसका कारण यह है कि **लकड़ी का बुरादा** (Wood dust) व टाट ऊष्मा के कुचालक हैं तथा ये बाह्य वातावरण की ऊष्मा को बर्फ तक नहीं पहुँचने देते, जिससे बाह्य ऊष्मा न मिल पाने से बर्फ पिघलती नहीं है।
- गर्म वस्तुओं को पकड़ने के लिए बर्तनों में लकड़ी अथवा प्लास्टिक आदि के हत्थे लगाए जाते हैं। इसका कारण यह है कि लकड़ी अथवा प्लास्टिक ऊष्मा के कुचालक हैं। जब इन कुचालकों को कपड़ों की प्रेस, केतली, प्रेशर कुकर आदि के **हैंडिल** (Handle) में लगाया जाता है, तो ये गर्म वस्तुओं की ऊष्मा को हाथ तक बहुत कम मात्रा में पहुँचने देते हैं। अतः हम गर्म वस्तुओं को आसानी से उठा सकते हैं तथा कार्य कर सकते हैं।
- चाय के प्याले चीनी मिट्टी के बनाए जाते हैं। इसका कारण यह है कि चीनी मिट्टी ऊष्मा की कुचालक है, जिससे प्याले की दीवारों द्वारा ऊष्मा का चालन बहुत कम होता है और प्याला होंठ को कम गर्म लगता है। दूसरी ओर धातु का प्याला ऊष्मा का सुचालक होने के कारण होंठ तक ऊष्मा को शीघ्रता से पहुँचाता है, जिससे चाय का प्याला अधिक गर्म लगता है।
- पुरानी रजाइयाँ नई रजाइयों की अपेक्षा शरीर को कम गर्म रखती हैं। इसका कारण यह है कि पुरानी रजाइयों के रेशों के बीच में वायु भर जाती है, वायु ऊष्मा की कुचालक है। अतः वायु की मात्रा पुरानी रजाइयों में कम रुकती है, जबकि नई रजाइयों में वायु की मात्रा अधिक होने के कारण ऊष्मा बाहर नहीं जा पाती।
- ठंडे प्रदेशों में मकान दोहरी दीवार के बनाए जाते हैं, इसका कारण यह है कि दीवारों के बीच में वायु की परत आ जाती है। वायु ऊष्मा की कुचालक होने के कारण कमरे के भीतर की ऊष्मा को बाहर नहीं जाने देती है, जिससे कमरे गर्म बने रहते हैं।
- सर्दी में लोहा, लकड़ी की अपेक्षा अधिक ठंडा लगता है, यद्यपि दोनों का ताप समान होता है। इसका कारण यह है कि लोहा ऊष्मा का सुचालक है। अतः लोहे को छूने पर हमारे हाथ की ऊष्मा लोहे में प्रवाहित होने लगती है, इसलिए लोहा ठंडा लगता है, जबकि लकड़ी को छूने पर हमारे शरीर की ऊष्मा लकड़ी में नहीं जा पाती है, क्योंकि लकड़ी ऊष्मा की कुचालक है। अतः लोहा, लकड़ी की अपेक्षा अधिक ठंडा लगता है। इसके विपरीत गर्मियों में लोहा, लकड़ी की अपेक्षा अधिक गर्म लगता है।

संवहन

ऊष्मीय संचरण की वह विधि जिसमें ऊष्मा का प्रवाह उच्च ताप वाले स्थान से निम्न ताप वाले स्थान की ओर माध्यम के कणों की सहायता से इस प्रकार होता है कि माध्यम के कण ऊष्मा ग्रहण करके स्वयं एक स्थान से दूसरे स्थान तक चले जाते है, **संवहन** (Convection) कहलाती है। यह केवल तरलों में ही संभव है।

संवहन के प्रकार

संवहन निम्न दो प्रकार से संभव है

(i) **प्राकृतिक संवहन** (Natural convection) प्राकृतिक संवहन में गुरुत्व एक महत्त्वपूर्ण भूमिका निभाता है। जब किसी तरल को नीचे से गर्म किया जाता है, तो गर्म भाग में प्रसार होता है, फलस्वरूप उसका घनत्व घट जाता है। उत्प्लावन के कारण यह ऊपर उठता है तथा ऊपरी शीतल भाग इसे प्रतिस्थापित कर देता है। यह पुनः तप्त होता है, ऊपर उठता है तथा तरल के अपेक्षाकृत शीतल भाग द्वारा प्रतिस्थापित होता है। यह प्रक्रिया चलती रहती है। स्पष्ट रूप से ऊष्मा स्थानांतर की यह विधि चालन से भिन्न होती है। संवहन में तरल के विभिन्न भागों का **स्थूल अभिगमन** (Bulk movement) होता है। उदाहरण- समुद्री समीर, थल समीर, व्यापारिक पवनें।

(ii) **प्रणोदित संवहन** (Forced convection) प्रणोदित संवहन में पदार्थ को किसी पंप अथवा किसी अन्य भौतिक साधन द्वारा गति करने के लिए विवश किया जाता है। उदाहरण- घरों में प्रणोदित वायु तापन निकाय, मानव परिसंचरण तंत्र तथा स्वचालित वाहनों के इंजनों के शीतलन निकाय। मानव शरीर में हृदय एक पंप की भाँति कार्य करता है, जो रुधिर का शरीर के विभिन्न भागों में संचरण करता है तथा इस प्रकार प्रणोदित संवहन द्वारा ऊष्मा स्थानांतरित करके शरीर में एकसमान ताप स्थापित करता है।

दैनिक जीवन में संवहन के अनुप्रयोग

दैनिक जीवन में ऊष्मीय संवहन के अनुप्रयोग निम्नलिखित हैं

- **मकान में रोशनदान लगाए जाते हैं** इसका कारण यह है कि, कमरे की गर्म व दूषित वायु हल्की होकर ऊपर की ओर उठकर रोशनदान से बाहर निकल जाती है और शुद्ध वायु उसके स्थान पर खिड़की व दरवाजों से कमरे में आ जाती है।
- **बड़े-बड़े कारखानों में गर्म वायु व धुआँ निकालने में चिमनियों का उपयोग किया जाता है** इसका कारण यह है कि, कारखानों से निकलने वाली गर्म वायु एवं दूषित धुआँ कारखाने में न फैले। कारखानों से निकली दूषित वायु हल्की होने के कारण ऊपर उठती है और चिमनियों की सहायता से बाहर निकल जाती है तथा नीचे से शुद्ध वायु भट्टी में पहुँच जाती है।
- **फ्रिज में शीतलन कुंडलियाँ** (Coding coils in refrigerator) (फ्रीजर पेटिका) ऊपर की ओर लगी होती हैं, इसका कारण यह है कि फ्रिज में नीचे की गर्म वायु हल्की होने के कारण ऊपर उठती है तथा ठंडी वायु भारी होने के कारण नीचे आ जाती है। इस प्रकार फ्रिज में संवहन धाराएँ उत्पन्न होती हैं और फ्रिज के निचले भाग में रखी वस्तुएँ; जैसे-सब्जी, फल इत्यादि ठंडे बने रहते हैं।
- **कमरे में एयर कंडीशनर को ऊपर लगाया जाता है** इसका कारण यह है कि ठंडी हवा भारी होने के कारण नीचे की ओर गति करती है, जिसके कारण पूरा कमरा ठंडा हो जाता है।
- **समुद्री समीर** (Sea breezes) दिन के समय सूर्य की ऊष्मा से पृथ्वी की सतह समुद्र की तुलना में अधिक गर्म हो जाती है, क्योंकि पानी की विशिष्ट ऊष्मा अधिक होती है। समुद्र की सतह के पानी द्वारा सौर ऊष्मा का अवशोषण होने के पश्चात् इसका वितरण समुद्र में स्थित बहुत अधिक पानी की मात्रा में हो जाता है।

  पृथ्वी की सतह के समीप की गर्म हवा हल्की होकर ऊपर की ओर उठ जाती है तथा ठंडी हवाएँ समुद्र से पृथ्वी की सतह की ओर प्रवाहित होती हैं। इस कारण समुद्र से पवनें पृथ्वी की ओर प्रवाहित होती हैं, जो समुद्री समीर कहलाती हैं।

  रात्रि में यह प्रक्रिया विपरीत हो जाती है। पृथ्वी समुद्र की अपेक्षा शीघ्रता से ठंडी हो जाती है। गर्म हवा समुद्र की सतह से ऊपर उठ जाती है। यह गर्म हवा, ठंडी हवा द्वारा विस्थापित हो जाती है। ये हवाएँ **पृथ्वी हवाएँ** (Land breezes) कहलाती हैं।
- **व्यापारिक पवनें** (Trade winds) प्राकृतिक संवहन का एक अन्य उदाहरण उत्तर-पूर्व से **विषुवत् वृत्त** (Equatorial circle) की ओर पृथ्वी पर बहने वाली स्थायी पृष्ठीय पवनें हैं, जिन्हें व्यापारिक पवनें कहते हैं। इनके बहने की यथोचित व्याख्या इस प्रकार है : पृथ्वी के विषुवतीय क्षेत्रों तथा ध्रुवीय क्षेत्रों को सूर्य की ऊष्मा समान मात्रा में प्राप्त नहीं होती। विषुवत् वृत्त के समीप पृथ्वी के पृष्ठ पर वायु तप्त होती है, जबकि ध्रुवों की ऊपरी वायुमंडलीय वायु शीतल होती है।

  किसी अन्य कारक की अनुपस्थिति में, संवहन धाराएँ प्रवाहित होने लगेंगी जिसमें वायु विषुवतीय पृष्ठ से ऊपर उठकर ध्रुवों की ओर बहेगी, फिर नीचे की ओर जाएगी तथा बहती हुई पुनः विषुवत् वृत्त की ओर जाएगी। परंतु, पृथ्वी की घूर्णन गति इस संवहन धारा में संशोधन कर देती है, जिसके कारण विषुवत् वृत्त के समीप की वायु की पूर्व की ओर चाल 1600 km/h होती है, जबकि ध्रुवों के समीप यह चाल शून्य होती है।

  परिणामस्वरूप यह वायु ध्रुवों पर नीचे की ओर न फैलकर 30°N (उत्तर) अक्षांश पर फैलती है और विषुवत् वृत्त पर लौट जाती है।

विकिरण

विकिरण (Radiation) ऊष्मा स्थानांतरण की वह विधि है, जिसमें ऊष्मा प्रकाश की चाल से सरल रेखा में चलकर माध्यम को बिना गर्म किए एक स्थान से दूसरे स्थान तक स्थानांतरित होती है। इस विधि में ऊष्मा के स्थानांतरण के लिए माध्यम की आवश्यकता नहीं होती।

किसी वस्तु द्वारा अपने ताप के कारण विकिरण के रूप में उत्सर्जित ऊर्जा को **ऊष्मीय विकिरण** (Thermal radiation) कहते हैं। यह ऊर्जा प्रत्येक वस्तु द्वारा परम शून्य से अधिक ताप पर उत्सर्जित होती रहती है। इस ऊर्जा को **विकिरण ऊर्जा** (Radiation energy) कहते हैं।

ऊष्मीय विकिरण के अभिलाक्षणिक गुण निम्नलिखित हैं।

- ये प्रकाश की चाल से सरल रेखा में गमन करते हैं।
- ये प्रकाश की भाँति विद्युत चुंबकीय तरंगें हैं। इन्हें **अवरक्त तरंगें** (Infrared waves) भी कहते हैं।
- जो माध्यम ऊष्मा विकिरण को जाने देता है, उस पर इनका कोई प्रभाव नहीं पड़ता।
- ये व्युत्क्रम वर्ग के नियम का पालन करते हैं अर्थात् इनकी तीव्रता स्रोत से दूरी के वर्ग के व्युत्क्रमानुपाती होती है।
- ये परावर्तन एवं अपवर्तन के नियमानुसार परावर्तित तथा अपवर्तित होते हैं।

दैनिक जीवन में ऊष्मीय विकिरण के अनुप्रयोग

दैनिक जीवन में ऊष्मीय विकिरण के अनुप्रयोग निम्न हैं

- **रेगिस्तान में दिन बहुत गर्म तथा रातें बहुत सर्द होती हैं** इसका कारण यह है कि रेत ऊष्मा का अवशोषक है। अत: दिन में सूर्य की ऊष्मा को अवशोषित करके गर्म हो जाता है तथा रात में अपनी ऊष्मा को विकिरण के रूप में उत्सर्जित कर ठंडा हो जाता है।

- **गर्मी के दिनों में सफेद कपड़े तथा सर्दियों में रंगीन कपड़े सुखदायी होते हैं** इसका कारण यह है कि सफेद कपड़े ऊष्मा के खराब (Poor) अवशोषक होते हैं। वे अपने ऊपर पड़ने वाली सूर्य की विकिरण को बहुत कम मात्रा में अवशोषित करते हैं, अधिकांश भाग परावर्तन द्वारा वापस कर देते हैं। अत: गर्मियों में ये कपड़े सुखद व ठंडे होते हैं। इसके विपरीत जब रंगीन कपड़ों पर सूर्य की विकिरण पड़ती है, तो ये उसे अवशोषित कर गर्म हो जाते हैं। अत: सर्दियों में रंगीन कपड़े सुखदायी होते हैं।
- **रसोई घर में खाना पकाने वाले बर्तनों की तली खुरदरी व काली रखी जाती है** इसका कारण यह है कि बर्तन का यह काला तथा खुरदरा तल ऊष्मा का अच्छा अवशोषक होता है तथा अधिक ऊष्मा अवशोषित कर शीघ्र खाना पकाने में सहायता करता है।
- **चाय की केतली की बाहरी सतह चमकदार बनाई जाती है** इसका कारण यह है कि चाय की केतली का चमकदार पृष्ठ न तो बाहर की ऊष्मा का अवशोषण करता है और न ही अंदर की ऊष्मा को बाहर जाने देता है। इसी कारण चाय अधिक समय तक गर्म रहती है।
- **पहाड़ गर्मियों में ठंडे रहते हैं** इसका कारण यह है कि पहाड़ों की सतह समतल नहीं होती तथा अधिकतर भाग छाया में रहता है। अत: सूर्य से आने वाली किरणें पहाड़ों पर सीधी न पड़कर तिरछी पड़ती हैं, जिसके कारण वे अधिक क्षेत्रफल पर फैल जाती हैं। इस प्रकार पहाड़ के प्रति एकांक क्षेत्रफल को कम ऊष्मा मिलती है, अत: पहाड़ ठंडे रहते हैं।
- **बादलों वाली रात, स्वच्छ आकाश वाली रात की अपेक्षा गर्म होती है** इसका कारण यह है कि पृथ्वी दिन में सूर्य की ऊष्मा पाकर गर्म हो जाती है तथा रात में विकिरण द्वारा ठंडी। जब आकाश स्वच्छ होता है, तो ऊष्मा विकिरण द्वारा शीघ्रता से पृथ्वी से आकाश की ओर चली जाती है। परंतु जब आकाश में बादल हों, तो ऊष्मा के **विकिरण** (Radiation) बादलों से टकराते हैं और परावर्तित होकर पुन: पृथ्वी की ओर लौट आते हैं, जिससे वायुमंडल गर्म हो जाता है और हमें रात गर्म लगती हैं।
- **थर्मस फ्लास्क** थर्मस फ्लास्क दोहरी दीवारों वाली काँच की बोतल का बना होता है, जिनके बीच में से हवा निकालकर निर्वातित कर दिया जाता है, जिससे दीवारों के बीच कोई माध्यम न होने के कारण ऊष्मा, संवहन तथा चालन द्वारा न तो अंदर आ सकती है और न ही बाहर जा सकती है। विकिरण द्वारा ऊष्मा के स्थानांतरण को रोकने के लिए अंदर की दीवार के बाह्य तल तथा बाहर की दीवार के आंतरिक तल पर चाँदी की पॉलिश कर परावर्तक बना दिया जाता है। इससे बाहर से अंदर आने वाला ऊष्मीय विकिरण परावर्तित होकर बाहर की ओर लौट आता है तथा अंदर से बाहर आने वाला विकिरण वापस अंदर की ओर चला जाता है। काँच की बोतल का मुँह कॉर्क से बंद कर दिया जाता है।

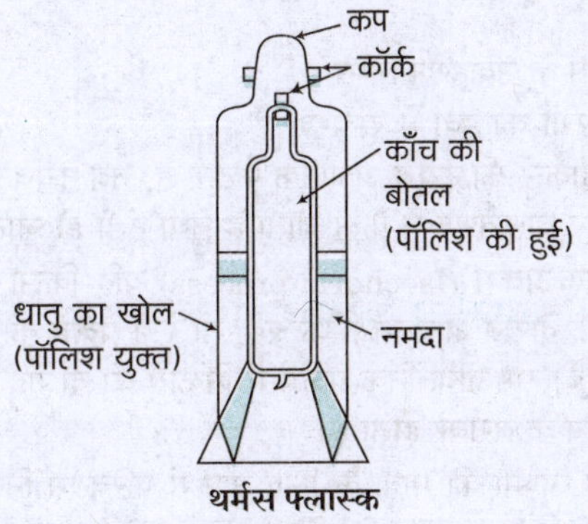

थर्मस फ्लास्क

अवशोषण क्षमता तथा उत्सर्जन क्षमता

अवशोषण क्षमता तथा उत्सर्जन क्षमता का वर्णन निम्नलिखित है

- **अवशोषण क्षमता** (Absorption power) किसी पृष्ठ द्वारा अवशोषित विकिरण ऊर्जा की मात्रा तथा उस पृष्ठ पर आपतित कुल विकिरण ऊर्जा की मात्रा के अनुपात को उस पृष्ठ की **अवशोषण क्षमता** कहते हैं।

$$\text{अवशोषण क्षमता} = \frac{\text{पृष्ठ द्वारा कुल अवशोषित विकिरण ऊर्जा}}{\text{पृष्ठ द्वारा आपतित कुल विकिरण ऊर्जा}}$$

- **उत्सर्जन क्षमता** (Emission power) किसी तप्त पृष्ठ अथवा सतह के प्रति एकांक क्षेत्रफल द्वारा प्रति सेकंड उत्सर्जित विकिरण ऊर्जा की मात्रा को उस वस्तु की **उत्सर्जन क्षमता** कहते हैं।

$$\text{उत्सर्जन क्षमता} = \frac{\text{पृष्ठ से उत्सर्जित विकिरण की मात्रा}}{\text{पृष्ठ का क्षेत्रफल} \times \text{समय}}$$

किरचॉफ का विकिरण नियम

- इस नियम के अनुसार, किसी निश्चित ताप पर किसी दी हुई तरंगदैर्ध्य के लिए सभी **पृष्ठों की उत्सर्जन क्षमता** तथा **अवशोषण क्षमता** की निष्पत्ति समान एवं नियत होती है और यह उसी ताप पर एक पूर्णत: (आदर्श) कृष्णिका की उत्सर्जन क्षमता तथा अवशोषण क्षमता के अनुपात के बराबर होती है।

अर्थात् $e_\lambda / a_\lambda = E_\lambda$

जहाँ, e_λ = वस्तु की उत्सर्जन क्षमता

a_λ = वस्तु की अवशोषण क्षमता तथा E_λ = नियतांक

कृष्णपिण्ड

- **कृष्णिका** या **कृष्णपिण्ड** (Perfectly black body) वह वस्तु है, जो अपने पृष्ठ पर गिरने वाले संपूर्ण विकिरण को पूर्ण रूप से अवशोषित कर लेती है, चाहे उसकी तरंगदैर्ध्य कुछ भी हो। प्लेटिनम ब्लैक या लैंप के काजल को पूर्ण कृष्ण वस्तु के समकक्ष माना जाता है।
- यह आवश्यक नहीं है कि कृष्णपिण्ड पूर्णतया काला हो, वास्तव में कृष्णपिण्ड से तात्पर्य उस पिण्ड से है, जो उस पर बाहर से आपतित सभी विकिरणों को अवशोषित कर लेता है या उच्च ताप पर सभी तरंगदैर्ध्यों के संगत विकिरणों को उत्सर्जित करता है।

उदाहरण–सूर्य को कृष्णिका मान सकते हैं, क्योंकि सूर्य सभी तरंगदैर्ध्य के विकिरणों को उत्सर्जित करता है, जबकि यह श्वेत दिखाई देता है।

वीन का विस्थापन का नियम

- इस नियम के अनुसार, "कृष्णिका के अधिकतम उत्सर्जन से संबद्ध तरंगदैर्ध्य (λ_m) का मान कृष्णिका के ताप में वृद्धि के साथ घटता है।
- λ_m तथा T के मध्य संबंध वीन का विस्थापन का नियम कहलाता है।

$$\lambda_m \times T = \text{नियतांक } (b)$$

वीन नियतांक का मान 2.9×10^{-3} mK होता है।

- वीन के नियम का उपयोग खगोलीय पिण्ड; जैसे-चाँद, सूर्य या अन्य तारों की सतह के ताप का अनुमान लगाने में करते हैं।

स्टीफन का नियम

- इस नियम के अनुसार, ''किसी आदर्श कृष्णिका के एकांक क्षेत्रफल से प्रति सेकंड उत्सर्जित होने वाली विकिरण ऊर्जा की मात्रा उसके परमताप की चतुर्थ घात के अनुक्रमानुपाती होती है।''

  अर्थात् $E \propto T^4$ या $E = \sigma T^4$

  यहाँ, σ स्टीफन नियतांक है।

  σ का मान 5.67×10^{-8} $Wm^{-2}K^{-4}$ होता है।
- इस नियम के अनुसार, 'किसी पिण्ड का परमताप दोगुना करने पर उससे उत्सर्जित ऊष्मीय विकिरण 2^4 अर्थात् 16 गुनी हो जाती है।'

  इस नियम को **स्टीफन-बोल्ट्ज़मान** नियम भी कहते हैं।

न्यूटन का शीतलन नियम

- न्यूटन के शीतलन नियम के अनुसार, ''किसी वस्तु (या पिण्ड) के शीतलन (या ऊष्मा हानि) की दर, उस वस्तु तथा उसके वातावरण के तापांतर के अनुक्रमानुपाती होती है।'' इस नियम के लागू होने की दो शर्तें हैं

  (i) वस्तु तथा वातावरण के बीच तापांतर कम होना चाहिए।

  (ii) ऊष्मा हानि केवल विकिरण के द्वारा होनी चाहिए तथा विकिरण द्वारा यह ऊष्मा हानि पृष्ठ की प्रकृति एवं खुले पृष्ठ के क्षेत्रफल पर निर्भर करती है।
- यदि किसी बाल्टी में भरा गर्म जल 75°C से 70°C तक t_1 मिनटों में, 70°C से 65°C तक t_2 मिनटों में तथा 65°C से 60°C तक t_3 मिनटों में ठंडा होता है, $t_3 > t_2 > t_1$

ऊष्मागतिकी

ऊष्मागतिकी (Thermodynamics) भौतिक विज्ञान की वह शाखा है, जिसमें ऊष्मा एवं यांत्रिक ऊर्जा के बीच संबंध तथा उनके परस्पर रूपांतरण का अध्ययन किया जाता है। इससे किसी गैस की अवस्था दाब, आयतन, ताप, द्रव्यमान तथा संगठन जैसे स्थूल चरों द्वारा निर्धारित होती है, जिन्हें हम अनुभव करते हैं और माप सकते हैं।

कार्य एवं ऊष्मा

कार्य तथा ऊष्मा (Work and Heat), ऊर्जा के दो रूप हैं। इन्हें एक-दूसरे में परिवर्तित किया जा सकता है। जब ऊर्जा एक वस्तु से दूसरी वस्तु में तापांतर के कारण स्थानांतरित होती है, तो इसे ऊष्मा कहते हैं, परंतु जब ऊर्जा स्थानांतरण तापांतर पर निर्भर नहीं करता, तब इसे कार्य कहते हैं। अर्थात् इन्हें निम्न प्रकार समझा जा सकता है

- संपर्क में रखी (विभिन्न तापों पर) वस्तुओं के बीच ऊर्जा स्थानांतरण को **ऊष्मा** कहते हैं।
- हाथों को रगड़कर गर्म करना **कार्य** कहलाता है।

तापीय साम्य

- जब विभिन्न तापों वाली दो वस्तुओं को परस्पर एक-दूसरे के संपर्क में रखा जाता है, तो ऊष्मा उच्च ताप की वस्तु से निम्न ताप की वस्तु की ओर संचरित होने लगती है। यह संचरण तब तक होता रहता है जब तक कि दोनों वस्तुओं के ताप समान नहीं हो जाते हैं।
- ताप समान होने पर ऊष्मा का स्थानांतरण रुक जाता है, इस अवस्था में दोनों वस्तुएँ ऊष्मीय साम्य में हो जाती हैं। अतः यदि किन्हीं दो वस्तुओं को परस्पर संपर्क में रखने पर उनके मध्य ऊष्मा का कोई आदान-प्रदान न हो, तब वे वस्तुएँ परस्पर **तापीय साम्य** (Thermal equilibrium) में कहलाती हैं।

ऊष्मागतिकी का शून्य कोटि नियम

- यदि दो निकाय किसी तीसरे निकाय के साथ पृथक्-पृथक् रूप से तापीय साम्य में हैं, तो वे परस्पर भी तापीय साम्य में होते हैं।

  अर्थात् $T_A = T_C$, $T_B = T_C$ तब $T_A = T_B$
- प्रत्येक स्थूल निकाय असंख्य अणुओं से मिलकर बना होता है। इन अणुओं की स्थितिज ऊर्जा (Potential energy) व गतिज ऊर्जा (Kinetic energy) का योग निकाय की कुल **आंतरिक ऊर्जा** (Internal energy) के बराबर होता है।

ऊष्मागतिकी का प्रथम नियम

- यदि बाह्य वातावरण के विरुद्ध कार्य करने में सक्षम किसी निकाय को ऊष्मा दी जाए, तो निकाय के द्वारा अवशोषित ऊष्मा (Q), निकाय की आंतरिक ऊर्जा में वृद्धि (ΔU) तथा निकाय के द्वारा किए गए बाह्य कार्य (W) के योग के तुल्य होती है।

  अर्थात् $Q = \Delta U + W$ ...(i)
- यह ऊर्जा संरक्षण का केवल सामान्य नियम है, जिसे किसी भी उस निकाय पर लागू किया जा सकता है।

ऊष्मागतिकी प्रक्रम

ऊष्मागतिकी के प्रथम नियम के अनुप्रयोग निम्नलिखित हैं

- **चक्रीय प्रक्रम** (Cyclic process) जब कोई निकाय विभिन्न अवस्थाओं से गुजरता हुआ पुनः अपनी प्रारंभिक अवस्था में लौट आता है, तो उसे **चक्रीय प्रक्रम** कहते हैं। अतः चक्रीय प्रक्रम में निकाय को दी गई ऊष्मा निकाय द्वारा किए गए कार्य के बराबर होती है।
- **समतापीय प्रक्रम** (Isothermal process) यदि किसी निकाय में होने वाले प्रक्रम के दौरान ताप स्थिर रहे, तो ऐसा प्रक्रम समतापी प्रक्रम कहलाता है। समतापी प्रक्रम में आदर्श गैस (Ideal gas) के लिए दी गई ऊष्मा किए गए कार्य के बराबर होती है।
- **रुद्धोष्म प्रक्रम** (Adiabatic process) यदि किसी निकाय में होने वाले प्रक्रम के दौरान निकाय की ऊष्मा स्थिर रहे, तो ऐसा प्रक्रम **रुद्धोष्म प्रक्रम** कहलाता है।

  रुद्धोष्म प्रक्रम के उदाहरण निम्न हैं

  - ध्वनि तरंगों का हवा में संचरण
  - जब साईकिल की ट्यूब अचानक फटती है, तब ट्यूब से वायु तेजी से निकलकर वातावरण में फैल जाती है तथा ठंडी हो जाती है।
- **समआयतनिक प्रक्रम** (Isochoric process) यदि किसी निकाय में होने वाले प्रक्रम के दौरान आयतन स्थिर रहे, तो ऐसे प्रक्रम को **समआयतनिक प्रक्रम** कहते हैं। समआयतनिक प्रक्रम में निकाय को दी गई ऊष्मा आंतरिक ऊर्जा परिवर्तन के बराबर होती है।

  किसी दी गई ऊष्मा की मात्रा के लिए ताप में परिवर्तन नियत आयतन पर गैस की विशिष्ट ऊष्मा द्वारा निर्धारित की जाती है।

- **समदाबी प्रक्रम** (Isobaric process) यदि किसी निकाय में होने वाले प्रक्रम के दौरान दाब स्थिर रहे, तो ऐसा प्रक्रम **समदाबी प्रक्रम** कहलाता है।

  चूँकि (इस प्रक्रम में) ताप परिवर्तित होता है, अतः आंतरिक ऊर्जा भी परिवर्तित होती है। अवशोषित ऊष्मा आंशिक रूप से आंतरिक ऊर्जा में वृद्धि करने में तथा आंशिक रूप से कार्य करने में व्यय होती है। किसी नियत ऊष्मा की मात्रा के लिए ताप में परिवर्तन नियत दाब पर गैस की विशिष्ट ऊष्मा द्वारा निर्धारित किया जाता है।

उत्क्रमणीय व अनुत्क्रमणीय प्रक्रम

उत्क्रमणीय प्रक्रम तथा अनुत्क्रमणीय प्रक्रम का वर्णन निम्नलिखित है

- **उत्क्रमणीय प्रक्रम** (Reversible processes) वह प्रक्रम, जिन्हें एक नियत दिशा में संपन्न करने के पश्चात् पुनः विपरीत दिशा अथवा क्रम से संपन्न करने पर वही पूर्ववत् स्थिति प्राप्त हो जाए, उत्क्रमणीय प्रक्रम कहलाता है।

  उत्क्रमणीय प्रक्रम के कुछ प्रमुख उदाहरण निम्न हैं
  - सभी समतापीय परिवर्तन उत्क्रमणीय होते हैं, यदि वे बहुत धीमे संपन्न हों।
  - ऊष्मा की कुछ निश्चित मात्रा बर्फ के द्वारा अवशोषित होकर पिघलना तथा ऊष्मा की समान मात्रा बर्फ से हटा लेने पर जल का बर्फ में परिवर्तित हो जाना।
  - धीमी गति से होने वाला वाष्पन या संघनन।
  - बिना दोलन स्थापित किए स्प्रिंग का सूक्ष्म संकुचन या विस्तारण।
  - वैद्युत-अपघटन एक उत्क्रमणीय प्रक्रम है।
- **अनुत्क्रमणीय प्रक्रम** (Irreversible processes) वह प्रक्रम, जिसे एक दिशा में संपन्न करने के बाद विपरीत दिशा में संपन्न नहीं किया जा सकता है, अनुत्क्रमणीय प्रक्रम कहलाता है।

  अनुत्क्रमणीय प्रक्रम के कुछ प्रमुख उदाहरण निम्न हैं
  - लोहे में जंग लगना
  - किसी गैस का रुद्धोष्म प्रसार या रुद्धोष्म संकुचन
  - शक्कर का पानी में घुलना
  - तने हुए तार का टूटना
  - विद्युत धारा द्वारा उत्पन्न ऊष्मा
  - घर्षण द्वारा ऊष्मा का उत्सर्जन।

नोट अनुत्क्रमणीय प्रक्रम के लिए आवश्यक स्थितियाँ प्रायोगिक रूप से प्राप्त नहीं की जा सकती हैं। इसलिए उत्क्रमणीय प्रक्रम केवल एक आदर्श अवधारणा है। वास्तव में घर्षण, चालन, विकिरण इत्यादि द्वारा सदैव ऊष्मा की हानि होती रहती है।

ऊष्मा इंजन

वह चक्रीय युक्ति, जिसके द्वारा ऊष्मा को अविरत रूप से यांत्रिक कार्य में रूपांतरित किया जा सकता है, **ऊष्मा इंजन** (Heat engine) कहलाती है।

ऊष्मा इंजन के प्रमुख भाग निम्न हैं

- **ऊष्मा स्रोत** (Source of heat) यह उच्च ताप एवं अनंत ऊष्मीय क्षमता पर ऊष्मा का स्रोत है। इससे ऊष्मा की कितनी भी मात्रा स्थिर ताप पर ली जा सकती है। इसकी धारिता अनंत होती है।
- **सिंक** (Sink) यह निम्न ताप एवं अनंत ऊष्मीय क्षमता पर ऊष्मा का स्रोत है। ऊष्मा की कितनी भी मात्रा सिंक को स्थिर ताप पर दी जा सकती है।
- **कार्यकारी पदार्थ** (Working substances) वाष्प, पेट्रोल इत्यादि कार्यकारी पदार्थ के रूप में प्रयुक्त होते हैं, जो ऊष्मा को कार्य में संपादित करते हैं।

ऊष्मागतिकी का द्वितीय नियम

ऊष्मागतिकी का द्वितीय नियम, प्रथम नियम का पूरक है। इस नियम के अनेक कथन हैं, जो शाब्दिक रूप से भिन्न-भिन्न प्रतीत होते हैं। परंतु सभी का अर्थ समान है, जो निम्नलिखित है

"कोई भी ऐसा ऊष्मा इंजन बनाना असंभव है, जो किसी स्रोत से अवशोषित ऊष्मा को पूरी तरह कार्य में बदल सके, अर्थात् 100% दक्षता वाला ऊष्मा इंजन बनाना असंभव है।"

ऊष्मागतिकी के द्वितीय नियम को भिन्न-भिन्न रूपों में व्यक्त किया गया है, परंतु ये सभी मूलतः तुल्य हैं। इनका विवरण निम्न हैं

- **केल्विन-प्लांक कथन** (Kelvin-Planck statement) ऐसा कोई प्रक्रम संभव नहीं है, जो किसी ऊष्मा स्रोत से ऊष्मा लेकर उस ऊष्मा को पूर्णतया कार्य में रूपांतरित कर दे।
- **क्लॉसियस का कथन** (Clausius statement) किसी भी स्वतः चालित मशीन के द्वारा, बिना किसी बाह्य ऊर्जा स्रोत अथवा कार्य की सहायता के, ऊष्मा को किसी शीतल वस्तु से लेकर तप्त वस्तु को देना असंभव है।
- **कार्नो इंजन** (Carnot's engine) दो तापों के मध्य कार्य करने वाला कोई उत्क्रमणीय ऊष्मा इंजन कार्नो इंजन कहलाता है। इसकी दक्षता 100% होती है। परंतु वास्तव में ऐसा इंजन संभव नहीं है। दो तापों के मध्य कार्य करने वाला व्यावहारिक इंजन कभी भी कार्नो इंजन से अधिक दक्ष नहीं हो सकता है।

प्रशीतक/ऊष्मा पंप

- किसी शीतल स्थान से ऊष्मा लेकर तप्त स्थान को देने की युक्ति प्रशीतक कहलाती है। प्रशीतक उत्क्रम दिशा में कार्य करने वाला ऊष्मा इंजन होता है।
- ऊष्मा इंजन में कार्यकारी पदार्थ उच्च तप्त वाली वस्तु से ऊष्मा लेता है, इसका कुछ भाग यांत्रिक कार्य में परिवर्तित होता है तथा शेष भाग निम्न ताप की वस्तु को लौटा देता है। इसमें कार्यकारी पदार्थ शीतल वस्तु से ऊष्मा लेता है। बाह्य ऊर्जा स्रोत से इस पर कार्य किया जाता है। फलस्वरूप ऊष्मा की अधिक मात्रा तप्त वस्तु को लौटा देता है।
- इस प्रकार, यह बाह्य ऊर्जा स्रोत के व्यय (Expense) पर शीतल वस्तु से तप्त वस्तु को अविरत रूप से ऊष्मा स्थानांतरित करता रहता है।
- यही क्रिया बार-बार चलती रहती है, जिससे शीतल वस्तु और अधिक शीतल हो जाती है। इसमें कार्यकारी पदार्थ प्रायः फ्रीऑन गैस होती है।

द्रव्य की आण्विक प्रकृति

- प्रत्येक तत्व सूक्ष्मतम अवयवों से मिलकर बना होता है। किसी तत्व के इस सूक्ष्मतम अवयव को **परमाणु** (Atom) कहते हैं। ठोसों के परमाणु स्वतंत्रतापूर्वक बंधे होते हैं। जबकि द्रवों में परमाणु आपस में बंधे नहीं होते हैं तथा गैसों के परमाणु अत्यधिक स्वतंत्र होते हैं।
- यदि गैस को बंद करके रखा जाए, तो उसके अणु गति के दौरान संघट्ट (Collision) करते हैं। वह औसत दूरी जिसे कोई अणु संघट्ट किए बिना चल सकता है, उसका **माध्य मुक्त पथ** (Mean free path) कहलाती है।

गैसों के भौतिक गुण

पदार्थ की गैसीय अवस्था के कुछ विशिष्ट गुण निम्नलिखित हैं

- गैसों को आसानी से संपीडित करके उनके आयतन में कमी की जा सकती है।
- गैस जिस पात्र में रखी जाती है वह उसकी दीवारों पर दाब डालती है।
- गैसों का कोई निश्चित आकार तथा आयतन नहीं होता है, उन्हें जिस पात्र में रखा जाता है, उसी का आकार ले लेती हैं।
- गैसीय अवस्था में किसी पदार्थ का घनत्व उसी पदार्थ की द्रव तथा ठोस अवस्था में उसके घनत्व की तुलना में बहुत कम होता है।

गैसीय नियम

विभिन्न गैसों के भौतिक गुणों का प्रायोगिक अध्ययन करके उनके परिणामों के आधार पर निम्नलिखित नियम प्रतिपादित किए गए, जो निम्नलिखित हैं

- **बॉयल का नियम** (Boyle's law) इस नियम के अनुसार, नियत ताप पर किसी गैस के एक निश्चित मात्रा के द्रव्यमान का आयतन (V) उसके दाब (p) के व्युत्क्रमानुपाती होता है।

  अर्थात् $V \propto \frac{1}{p}$

  अथवा $pV =$ नियतांक
- **चार्ल्स का नियम** (Charle's law) इस नियम के अनुसार, नियत दाब पर किसी गैस के निश्चित द्रव्यमान का आयतन (V) उसके परमताप (Absolute temperature) (T) के समानुपाती होता है।

  अर्थात $V \propto T$

  अथवा $\frac{V}{T} =$ एक नियतांक
- **गेलूसाक या दाब का नियम** (Gay-Lussac law or pressure law) स्थिर आयतन पर किसी गैस के निश्चित द्रव्यमान का दाब उसके परमताप के अनुक्रमानुपाती होता है।
- **डॉल्टन का आंशिक दाब का नियम** (Dalton's law of partial pressure) इस नियम के अनुसार, यदि परस्पर अक्रियाशील कई गैसें किसी बर्तन में रखे जाने पर अलग-अलग दाब क्रमश: $p_1, p_2, p_3 \dots$ आदि डालतीं हैं, तो उन सभी गैसों को एक साथ उसी बर्तन में रखे जाने पर मिश्रण का दाब (p) उनके द्वारा अलग-अलग डाले गए दाबों के योग के बराबर होता है।

  अर्थात् $p = p_1 + p_2 + p_3 + \dots$

गैसों का व्यवहार

- गैसीय नियम यह व्यक्त करते हैं कि किसी गैस के निश्चित द्रव्यमान के आयतन, दाब तथा ताप तीनों ही एक-दूसरे से संबंधित रहते हैं। इनमें से यदि किन्हीं दो का मान नियत कर दें, तो तीसरे के मान में परिवर्तन नहीं किया जा सकता। इसलिए किसी गैस की अवस्था को उसके दाब, आयतन तथा परमताप के पदों में व्यक्त किया जाता है।
- इन तीनों चरों को **गैस चर** अथवा **ऊष्मागतिक चर** (Thermodynamical variables) कहते हैं। गैसीय नियमों की सहायता से किसी गैस के निश्चित द्रव्यमान के दाब, आयतन तथा परमताप में संबंध स्थापित किया जा सकता है। इस संबंध को **आदर्श गैस समीकरण** (Ideal gas equation) कहा जाता है।
- आदर्श गैस समीकरण निम्न सूत्र से व्यक्त किया जाता है

  $$pV = RT$$
- μ ग्राम अणु के लिए आदर्श गैस समीकरण $pV = \mu RT$

  जहाँ, $R =$ सार्वत्रिक गैस नियतांक
- सभी तापों व दाबों पर आदर्श गैस समीकरण का पूर्णतः पालन करने वाली गैस **आदर्श गैस** (Ideal gas) कहलाती है।

आदर्श गैसों का अणुगति सिद्धांत

- गैस के गुणों की व्याख्या गैस के अणुगति सिद्धांत के आधार पर की जा सकती है। इस सिद्धांत के अनुसार, प्रत्येक गैस अनेक सूक्ष्म कणों से मिलकर बनी होती है, जिन्हें **अणु** (Molecules) कहते हैं।
- गैस के अणु एक-दूसरे से बहुत दूर-दूर होते हैं। गैसों के अणुओं के बीच कार्यरत् अंतराण्विक बल (Intermolecular force) अत्यंत दुर्बल होते हैं। अत: ये अणु सभी संभव दिशाओं में गति के लिए स्वतंत्र रहते हैं।

गैसों के अणुगति सिद्धांत की परिकल्पनाएँ

गैसों के संबंध में, कुछ मुख्य परिकल्पनाएँ निम्नलिखित हैं

- गैस के अणु प्रत्येक दिशा में अनियमित गति करते हैं।
- आदर्श गैस के अणु एकसमान, गोलाकार एवं दृढ़ होते हैं तथा इनका आकार अंतराण्विक दूरी (10^{-9} मी) की तुलना में नगण्य होता है।
- गैस के अणुओं के मध्य किसी भी प्रकार का आकर्षण या प्रतिकर्षण बल कार्य नहीं करता है अर्थात् अणुओं के बीच कोई क्रिया नहीं होती है। अत: संपूर्ण गतिज ऊर्जा आंतरिक ऊर्जा के रूप में प्रकट होती है।
- गैस के अणु परस्पर तथा पात्र की दीवारों से निरंतर टकराते रहते हैं, ये टक्करें पूर्णतया प्रत्यास्थ होती हैं।
- गैस के दो अणुओं के बीच टक्कर में लगा समय, अणुओं की दो क्रमागत टक्करों के बीच के समय की तुलना में **नगण्य** (Negligible) होता है।
- गैस के अणुओं का आयतन, गैस के आयतन की तुलना में नगण्य होता है।
- गैस के अणुओं की चाल अत्यधिक होती है। अत: इन पर गुरुत्व का प्रभाव नहीं होता है तथा गैस का घनत्व बर्तन के अंदर प्रत्येक बिंदु पर एकसमान रहता है।
- अणुओं की गति की दिशा की कोई वरीयता (Preference) नहीं होती। सभी दिशाओं में पात्र में समान रूप से गति करते हैं।
- अणुओं की गति में **न्यूटन के गति के नियमों** का पालन होता है।

गैस से संबंधित महत्त्वपूर्ण सूत्र

सूत्र	विवरण
आदर्श गैस का दाब	किसी गैस का दाब (p) उसके एकांक आयतन की माध्य गतिज ऊर्जा (E) का दो तिहाई होता है। अर्थात् $p = \frac{2}{3}E$
गैस के अणुओं का वर्ग-माध्य-मूल वेग	किसी गैस के अणुओं का वर्ग-माध्य-मूल वेग गैस के परमताप के वर्गमूल के अनुक्रमानुपाती होता है। इसका अर्थ यह होता है कि गैस के अणुओं की गति जितनी तीव्र होगी, गैस का ताप उतना ही अधिक होगा। यही अणुगति सिद्धांत के अनुसार ताप की अभिधारणा है। वर्ग-माध्य-मूल वेग, $v_{rms} = \sqrt{\frac{3RT}{M}}$ जहाँ, M गैस का अणुभार है।
गैस के एक अणु की औसत गतिज ऊर्जा	किसी गैस के एक अणु की औसत गतिज ऊर्जा गैस के परमताप के अनुक्रमानुपाती होती है। अर्थात् $E = \frac{3}{2}kT$ जहाँ, K बोल्ट्जमान नियतांक है।

अतिरिक्त तथ्य
तमिलनाडु बोर्ड एवं NIOS

- सेल्सियस पैमाने पर न्यूनतम बिन्दु को O, उच्चतम बिन्दु को 100 चिन्हित करते हैं तथा मध्यवर्ती अन्तराल को 100 बराबर भागों में बाँटा जाता है।
- फॉरेनहाइट पैमाने पर न्यूनतम बिन्दु को 32, उच्चतम बिन्दु को 212 चिन्हित करते हैं और मध्यवर्ती अन्तराल को 180 बराबर भागों में बाँटते हैं।
- केल्विन पैमाने पर न्यूनतम बिन्दु को 273 और उच्चतम बिन्दु को 373 चिन्हित करते हैं और मध्यवर्ती अन्तराल को 100 बराबर भागों में बाँटते हैं।
- गर्म व ठण्डा करने वाले उपकरणों में प्रयुक्त थर्मोस्टेट में द्विधातु पट्टी का उपयोग तापन/शीतलन परिपथ के ताप के किसी नियत मान से बढ़ने/घटने पर स्वत: बन्द कर देता है अर्थात् जब उपकरण का ताप निर्धारित ताप से ज्यादा या कम हो जाता है तब यह परिपथ को बन्द कर देता है। कुछ समय बाद जब ताप पुन:निर्धारित ताप के नीचे/ऊपर आ जाता है। तब द्विधातु पट्टी पुन: अपनी वास्तविक स्थिति में आ जाती है और परिपथ पुन: चालू हो जाता है।
- वाष्पीकरण दो विभिन्न तरीकों से हो सकता है
  - (i) किसी भी ताप पर द्रव की सतह से वाष्पीकरण
  - (ii) किसी नियत ताप पर द्रव के सम्पूर्ण द्रव्यमान का उबलना
- विभिन्न द्रवों का क्वथनांक भी भिन्न-भिन्न होता है।
- गर्म पिंड की ऊष्मा का क्षय = ठण्डे पिंड द्वारा ग्रहण की गई ऊष्मा। इससे यह निश्चित हो जाता है कि आसपास के वातावरण में ऊष्मा का कोई क्षय नहीं हुआ है।
- गर्म पिंड से ठण्डे पिंड में स्थानान्तरित होने वाली ऊष्मा, उनके ताप के अन्तर के अनुक्रमानुपाती होती है। $Q \propto \Delta\theta$
- आदर्श स्थिति में उच्च विशिष्ट ऊष्मा वाले पदार्थ के ठण्डे या गर्म होने की दर, निम्न विशिष्ट ऊष्मा वाले पदार्थ की दर से कम होती है।
- 1 ग्राम जल का ताप 1°C बढाने हेतु आवश्यक ऊष्मीय ऊर्जा की मात्रा को कैलोरी कहते है।
- 1 किलोग्राम जल का ताप 1°C बढाने हेतु आवश्यक ऊष्मीय ऊर्जा की मात्रा को किलोकैलोरी कहते हैं।
- यदि जल को बिना पात्र के सीधे गर्म किया जाता है, तो हम जिस प्रसार से प्रेक्षित करते हैं उसे **वास्तविक प्रसार** (Real expansion) कहते हैं।
- पात्र के प्रसार को सम्मिलित किये बिना जल के प्रेक्षित प्रसार को **आभासी प्रसार** (Virtual expansion) कहते हैं।

आवर्त गति

(स्रोत)

Class-VI New NCERT Chap 7 **(गति एवं दूरियों का मापन)**,
Class-VII New NCERT Chap 9 **(गति एवं समय)**,
Class-XI New NCERT Chap 13 **(दोलन)**
Tamil Nadu Board (Class-IX), NIOS

- हमारे चारों ओर उपस्थित वस्तुओं में विभिन्न प्रकार की गतियाँ देखी जा सकती हैं। इनमें से कुछ गतियाँ ऐसी होती हैं जिनमें कोई वस्तु एक ही पथ पर एक निश्चित समयांतराल के पश्चात् गति की पुनरावृति होती है, ऐसी गति को आवर्ती गति कहते हैं।
- नदी में डूबती-उतरी हुई नाव, वाष्प इंजन में अग्र और पश्च चलता हुआ पिस्टन आदि आवर्त गति के उदाहरण हैं।

आवर्त गति

- जब कोई पिण्ड एक निश्चित समयांतराल में एक ही निश्चित पथ पर बार-बार अपनी गति को दोहराता है, तो उसकी गति **आवर्त गति** (Periodic motion) कहलाती है।
- पृथ्वी, सूर्य के चारों ओर निश्चित कक्षा में चक्कर लगाती है, तो पृथ्वी की यह गति आवर्त गति कहलाती है।

  उदाहरण-वृक्ष की शाखाओं का इधर-उधर लहराना, झूला झूलते बच्चे की गति, सितार की डोरियों की गति, बजते समय ढोलों (अथवा तबलों) की झिल्ली की गति।

दोलनी अथवा कांपनिक गति

- किसी पिंड या कण के नियत बिंदु के इधर-उधर होने वाली आवर्त गति को दोलनी या **कम्पनिक गति** (Oscillatory or Vibratory motion) कहते हैं। वह नियत बिंदु जिसके इधर-उधर पिंड या कण गति करता है, वस्तु की मध्यावस्था अथवा साम्यावस्था कहलाती है।
- कंपन एवं दोलन में कोई मुख्य अंतर नहीं है।
- साधारणतः जब आवृत्ति का मान कम होता है, तो हम गति को दोलनी कहते हैं; जैसे-किसी वृक्ष की टहनी के दोलन। इसके विपरीत जब गति की आवृत्ति अधिक होती है, तो हम गति को कंपन कहते हैं; जैसे-किसी संगीत वाद्य के तार का कंपन।
- प्रत्येक दोलनी गति आवर्त गति होती है, परंतु प्रत्येक आवर्त गति दोलनी गति नहीं होती। वर्तुलगति भी आवर्त होती है, परंतु दोलनी नहीं होती है।

  उदाहरण-दीवार घड़ी की सुइयों की गति, लोड स्प्रिंग की गति, स्वरित्र द्विभुज की गति, झूला झूलती लड़की की गति, पृथ्वी के चुंबकीय क्षेत्र में रखी दंड चुंबक की गति, सरल लोलक तथा स्प्रिंग लोलक की दोलनी गति आदि।

सरल आवर्त गति

- जब कोई कण किसी निश्चित बिंदु के इधर-उधर सरल रेखा में इस प्रकार गति करता है कि कण पर कार्य करने वाले **प्रत्यानयन बल** (Restoring force) अथवा त्वरण की दिशा सदैव उस निश्चित बिंदु की ओर दिष्ट होती है तथा त्वरण का परिमाण उस निश्चित बिंदु के कण के विस्थापन के समानुपाती होता है, तो कण की यह गति **सरल आवर्त गति** (Simple harmonic motion) कहलाती है।
- यह एक विशेष प्रकार की दोलनी गति है।

  उदाहरण-कंपन करने वाली वस्तु की गति, डोरी से लटके लोलक की गति, स्प्रिंग से लटके भार की ऊपर-नीचे की गति आदि।

सरल आवर्त गति के प्रतिबंध

सरल आवर्त गति के प्रतिबंध निम्नलिखित हैं

- सरल आवर्त गति करते हुए कण की गति एक स्थिर बिंदु (साम्य स्थिति) के इधर-उधर सरल रेखा में होनी चाहिए।
- बल अथवा त्वरण की दिशा सदैव **साम्य बिंदु** (Equilibrium point) की ओर होनी चाहिए।
- सरल आवर्त गति में कण पर कार्यरत् प्रत्यानयन बल (F), कण के विस्थापन (y) के सदैव अनुक्रमानुपाती होता है तथा बल की दिशा विस्थापन के विपरीत होती है।

  अर्थात् $F \propto -y$ अथवा $F = -ky$

जहाँ, k एक नियतांक है, जिसे **बल नियतांक** (Force constant) अथवा **बल स्थिरांक** कहते हैं। ऋणात्मक चिन्ह यह दर्शाता है कि बल की दिशा सदैव विस्थापन के विपरीत होती है।

सरल आवर्त गति संबंधी परिभाषाएँ

सरल आवर्त गति से संबंधित महत्त्वपूर्ण परिभाषाएँ निम्नलिखित हैं

- **आवर्तकाल** (Time period) वह न्यूनतम समय जिसके पश्चात् गति की पुनरावृत्ति होती है, **आवर्तकाल** कहलाता है। इसका SI मात्रक सेकण्ड होता है, इसे T से व्यक्त करते हैं।
- विस्थापन में परिवर्तन आपके लोलक के आवर्तकाल को प्रभावित नहीं करता है।

  आवर्तकाल, $T = \frac{2\pi}{\omega}$

  जहाँ, ω = सरल आवर्त गति का कोणीय वेग है।
- **आवृत्ति** (Frequency) सरल आवर्त गति करता हुआ कण एक सेकण्ड में जितने कंपन पूरे करता है उन कंपनों की संख्या आवृत्ति कहलाती है। इसे n से व्यक्त करते हैं।

  आवृत्ति आवर्तकाल के व्युत्क्रम के बराबर होती है।

  अर्थात् $\text{आवृत्ति} = \frac{1}{\text{आवर्तकाल}}$,

  इसका SI मात्रक हर्ट्ज होता है।
- **विस्थापन** (Displacement) सरल आवर्त गति करते हुए किसी कण के संदर्भ बिंदु या मूल बिंदु के सापेक्ष कण की स्थिति में परिवर्तन **विस्थापन** कहलाता है। इसका SI मात्रक मीटर होता है, इसे y से व्यक्त करते हैं।
- **आयाम** (Amplitude) सरल आवर्त गति करते हुए किसी कण का उसकी माध्य स्थिति के किसी ओर अधिकतम विस्थापन, **आयाम** कहलाता है। इसका SI मात्रक मीटर होता है, इसे a से व्यक्त करते हैं।
- **कला** (Phase) सरल आवर्त गति करते हुए किसी कण के लिए कला वह राशि है, जो किसी समय पर उसकी स्थिति व गति की दिशा को व्यक्त करती है।

सरल आवर्त गति से संबंधित महत्त्वपूर्ण पद

सरल आवर्त गति से संबंधित महत्त्वपूर्ण पद निम्नलिखित हैं

- सरल आवर्त गति का विस्थापन समीकरण निम्न सूत्र द्वारा प्राप्त होता है।

  विस्थापन, $y = a \sin \omega t = a \sin \frac{2\pi t}{T}$ तथा $x = a \cos \omega t$
- सरल आवर्त गति में वेग निम्न सूत्र द्वारा प्राप्त होता है

  वेग, $v = \omega\sqrt{a^2 - y^2}$
- सरल आवर्त गति में त्वरण निम्न सूत्र द्वारा प्राप्त होता है

  त्वरण, $\alpha = -\omega^2 y$
- सरल आवर्त गति में कण के आवर्तकाल का सामान्य सूत्र निम्नलिखित है

  आवर्तकाल $T = 2\pi\sqrt{\frac{\text{विस्थापन}}{\text{त्वरण}}}$
- स्प्रिंग से लटके पिण्ड का आवर्तकाल निम्न सूत्र द्वारा प्राप्त होता है

  स्प्रिंग का आवर्तकाल, $T = 2\pi\sqrt{\frac{m}{k}}$

  जहाँ, k स्प्रिंग का **बल नियतांक** (Force constant) तथा m पिण्ड का द्रव्यमान है।

सरल आवर्त गति में ऊर्जा

- सरल आवर्त गति करता हुआ पिंड गतिशील होता है, इसलिए उसमें गतिज ऊर्जा होती है। पिंड पर प्रत्यानयन बल लगने के कारण वह साम्य स्थिति में आने का प्रयत्न करता है, अत: इस बल के कारण पिंड में स्थितिज ऊर्जा होती है। दोनों प्रकार की ऊर्जाओं के योग को **पिंड की कुल ऊर्जा** कहते हैं।
- सरल आवर्त गति के दौरान दोनों ऊर्जाएँ एक-दूसरे से रूपांतरित होती रहती हैं, परंतु असंरक्षी बलों (श्यान बल, घर्षण बल आदि) के अनुपस्थित रहने पर पिंड की कुल ऊर्जा **नियत** (Constant) रहती है।
- **गतिज ऊर्जा** (Kinetic energy) सरल आवर्त गति करते m द्रव्यमान के पिंड की गतिज ऊर्जा निम्न सूत्र द्वारा प्राप्त होती है

  $$K = \frac{1}{2}m\omega^2(a^2 - y^2)$$
- **स्थितिज ऊर्जा** (Potential energy) सरल आवर्त गति करते पिंड की स्थितिज ऊर्जा निम्न सूत्र द्वारा प्राप्त होती है

  $$U = \frac{1}{2}m\omega^2 y^2$$
- **कुल ऊर्जा** (Total energy) सरल आवर्त गति में पिंड की कुल ऊर्जा पिंड की गतिज ऊर्जा व स्थितिज ऊर्जा के योग के बराबर होती है।

  कुल ऊर्जा, $E = \frac{1}{2}m\omega^2 a^2$

  इस प्रकार, सरल आवर्त गति में पिंड की कुल ऊर्जा विस्थापन पर निर्भर नहीं करती है, अतः पिंड की कुल ऊर्जा नियत (Constant) रहती है।

सरल लोलक

यदि किसी भारी बिंदु द्रव्यमान को एक द्रव्यमान रहित, लंबाई में न बढ़ने वाली पूर्ण प्रत्यास्थ डोरी की सहायता से एक घर्षण रहित दृढ़ आधार से लटका दें, तो यह समायोजन, **सरल लोलक** (Simple pendulum) कहलाता है। व्यवहार में इस प्रकार का समायोजन असंभव है, इसलिए इसे **आदर्श सरल लोलक** (Ideal simple pendulum) कहते हैं। सरल लोलक का आवर्तकाल निम्न सूत्र द्वारा प्राप्त होता है

आवर्तकाल, $T = 2\pi\sqrt{\frac{l}{g}}$

जहाँ, l लोलक की प्रभावी लंबाई तथा g गुरुत्वीय त्वरण है।

सरल लोलक के आवर्तकाल के सूत्र से निम्न निष्कर्ष निकलते हैं

- आवर्तकाल द्रव्यमान (m) पर निर्भर नहीं करता है।
- आवर्तकाल प्रभावी लंबाई (l) के वर्गमूल के अनुक्रमानुपाती होता है अर्थात् यदि गोलक की प्रभावी लंबाई चार गुनी कर दी जाए, तो आवर्तकाल दोगुना हो जाएगा।
- आवर्तकाल गुरुत्वीय त्वरण (g) के वर्गमूल के व्युत्क्रमानुपाती होता है अर्थात् (g) का मान कम होने पर आवर्तकाल बढ़ जाता है।
- अनंत लंबाई के सरल लोलक का आवर्तकाल 84.6 मिनट होता है।
- सेकण्ड लोलक का आवर्तकाल 2 सेकण्ड होता है।
- यदि लोलक घड़ी को उपग्रह पर ले जाया जाए, तो वहाँ भारहीनता के कारण $g = 0$ होगा, जिससे घड़ी का आवर्तकाल अनन्त हो जाएगा। अत: उपग्रह पर लोलक घड़ी काम नहीं करेगी।

- आवर्तकाल, लोलक के द्रव्यमान पर निर्भर नहीं करता है। यदि झूलने वाली लड़की के बराबर में कोई दूसरी लड़की आकर बैठ जाए, तो आवर्तकाल पर कोई प्रभाव नहीं पड़ेगा।
- गर्मियों में लोलक की लंबाई बढ़ जाती है, इसलिए उसका आवर्तकाल (T) भी बढ़ जाता है। फलतः घड़ी सुस्त हो जाती है। सर्दियों में लंबाई (l) कम हो जाने से आवर्तकाल (T) भी कम हो जाता है और लोलक घड़ी तेज चलने लगती है।
- चंद्रमा पर लोलक घड़ी को ले जाने पर उसका आवर्तकाल बढ़ जाएगा, क्योंकि चंद्रमा पर g का मान, पृथ्वी पर g के मान का 1/6 गुना होता है।
- दोलनकाल बढ़ने से लोलक घड़ी सुस्त चलती है तथा दोलनकाल घटने से लोलक घड़ी तेज चलती है। मंदक बलों की अनुपस्थिति में सरल लोलक के द्वारा एक पूर्ण चक्कर में कार्य शून्य होता है।

मुक्त दोलन व स्वाभाविक आवृत्ति

- जब किसी वस्तु को (जोकि दोलन कर सकती है) साम्य स्थिति से विस्थापित करके छोड़ दिया जाता है, तो वह निश्चित आवृत्ति से दोलन करने लगती है। इस निश्चित आवृत्ति को ही **स्वाभाविक आवृत्ति** (Natural frequency) कहते हैं।

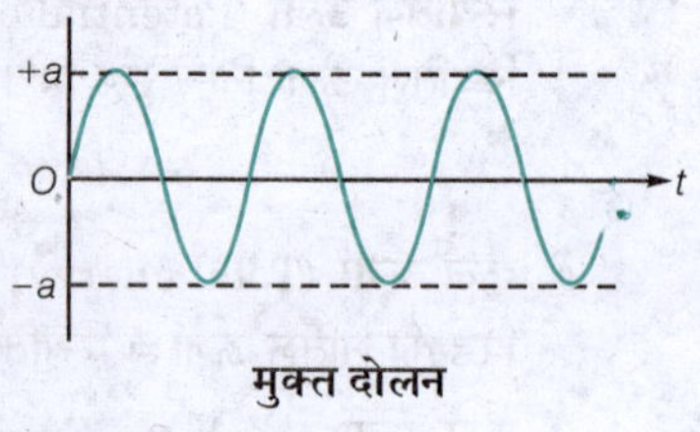

मुक्त दोलन

- यह आवृत्ति वस्तु की प्रत्यास्थता, आकार आदि गुणों पर निर्भर करती है। स्वाभाविक आवृत्ति से कंपन करने को ही **मुक्त दोलन** (Free oscillation) कहते हैं। मुक्त दोलनों पर किसी बाह्य बल (घर्षण बल) का प्रभाव नहीं पड़ता है।
- सरल लोलक को साम्य स्थिति से विस्थापित करके छोड़ने पर यह मुक्त दोलन करता है, जिनकी आवृत्ति (स्वाभाविक) लोलक की लंबाई तथा गुरुत्वीय त्वरण पर ही निर्भर करती है। इस स्थिति में, लोलक नियत आयाम से अनंत समय तक कंपन करता रहेगा।

  उदाहरण–ऊँचे भवन, पुल, जहाज, मशीन आदि के विभिन्न भाग के दोलन आदि।
- जब एक **सोनोमीटर तार** (Sonometer wire) को खींचा जाता है, तो यह स्वाभाविक आवृत्ति से कंपन करने लगता है। यह तार की लंबाई, घनत्व तथा तार के तनाव या खिंचाव पर निर्भर करता है।

अवमंदन एवं अवमंदित दोलन

- जब कोई वस्तु किसी माध्यम में दोलन करती है, तो वस्तु की गति के विरुद्ध अवरोधी बल (घर्षण बल) भी कार्य करते हैं, जिससे दोलन आयाम लगातार घटता जाता है और अंत में शून्य हो जाता है।

  इस प्रकार के दोलन **अवमंदित दोलन** (Damped oscillations) कहलाते हैं। आयाम के लगातार क्षय होने को **अवमंदन** (Damping) कहते हैं।

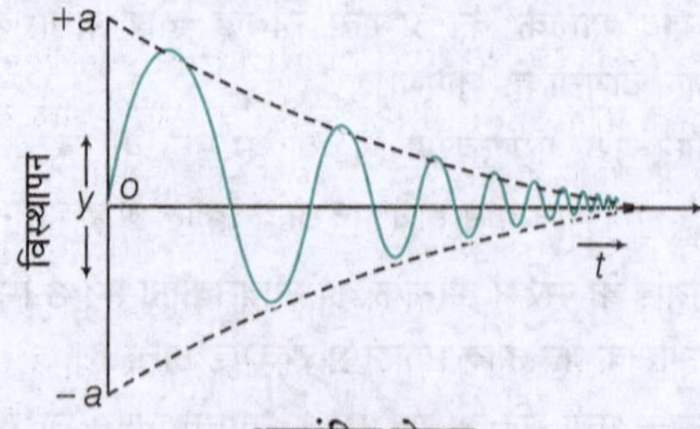

अवमंदित दोलन

- यदि किसी माध्यम में दोलन करने वाली वस्तु का वेग कम है, तो माध्यम द्वारा वस्तु पर लगाया गया अवमंदक बल वस्तु के वेग के अनुक्रमानुपाती होता है तथा वस्तु के वेग की विपरीत दिशा में कार्य करता है। उदाहरण–सरल लोलक के दोलन, स्वरित्र द्विभुज के दोलन, सोनोमीटर के तार के कंपन आदि।

प्रणोदित दोलन

जब कोई वस्तु बाह्य आवर्ती बल के अंतर्गत अपनी स्वाभाविक आवृत्ति से भिन्न किसी आवृत्ति से दोलन करती है, तो वस्तु के इस प्रकार के दोलन **प्रणोदित दोलन** (Forced oscillations) कहलाते हैं। उदाहरण–

- जब सरल लोलक के बॉब (Bob) को हाथ में रखकर कंपन कराते हैं, तो इस प्रकार के कंपन **प्रणोदित कंपन** कहलाते हैं।
- जब कंपन करते हुए किसी स्वरित्र त्रिभुज के दस्ते को हम हाथ में पकड़े रहते हैं, तो मंद ध्वनि सुनाई पड़ती है। किंतु यदि उस दस्ते को किसी मेज पर टिका देते हैं, तो तीव्र ध्वनि सुनाई देती है। इसका कारण यह है कि स्वरित्र त्रिभुज के दोलन, दस्ते के द्वारा मेज पर पहुँचाए जाते हैं, जिससे मेज तथा मेज के संपर्क की वायु में प्रणोदित कंपन उत्पन्न होने लगते हैं।
- तार वाले वाद्य यंत्रों (Musical instruments); जैसे–स्वरमापी, पियानो, सितार, वायलिन आदि में तार के नीचे एक खोखला बॉक्स होता है, जिसे **ध्वनि बोर्ड** कहते हैं। यह तारों में उत्पन्न कंपनों की तीव्रता बढ़ाने में सहायक होता है।
- जब यंत्र के तार में किसी आवृत्ति के कंपन उत्पन्न किए जाते हैं, तो तार पर कंपन तार के नीचे लगे सेतु (Bridge) के द्वारा खोखले बॉक्स में पहुँच जाते हैं, तब बॉक्स तथा उसके अंदर की वायु में प्रणोदित (Propelled) कंपन उत्पन्न हो जाते हैं, जिससे ध्वनि की तीव्रता बढ़ जाती है।

अनुनाद

जब किसी वस्तु पर लगाए गए बाह्य बल की आवृत्ति वस्तु की स्वाभाविक आवृत्ति के बराबर अथवा पूर्ण गुणज में होती है, तो वस्तु के प्रणोदित दोलनों का आयाम बहुत अधिक बढ़ जाता है। इस घटना को **अनुनाद** (Resonance) कहते हैं तथा इन दोलनों को **अनुनादी दोलन** (Resonance oscillations) कहते हैं।

उदाहरण–

- जब कोई सेना पुल पार करती है, तो सैनिक कदम मिलाकर नहीं चलते हैं। इसका कारण है कि सैनिकों के कदमों की आवृत्ति पुल की स्वाभाविक आवृत्ति के बराबर हो जाती है, जिससे अनुनादी कंपनों के द्वारा पुल के टूटने का खतरा बढ़ जाता है।
- इसी प्रकार, यदि किसी मकान में लगी हुई मशीन की आवृत्ति मकान की स्वाभाविक आवृत्ति के बराबर हो जाती है, तो मकान में अनुनाद हो जाता है और मकान के कंपित होकर गिर जाने का खतरा उत्पन्न हो जाता है।
- जब हम किसी बस में यात्रा करते हैं, तो उसकी खिड़कियों तथा दरवाजे के झनझनाने की आवाजें आती रहती हैं। जब बस की चाल धीरे-धीरे बढ़ाई जाती है, तो बस की एक विशेष चाल पर झनझनाहट बहुत अधिक बढ़ जाती है। बस की चाल और अधिक हो जाने पर झनझनाहट पुनः धीमी पड़ जाती है। वास्तव में बस की चाल बढ़ने के साथ-साथ बस के इंजन की आवृत्ति भी बढ़ती है। जब इंजन की आवृत्ति खिड़कियों की आवृत्ति के बराबर हो जाती है, तो अनुनाद के कारण झनझनाहट बहुत अधिक बढ़ जाती है।

तरंगगति

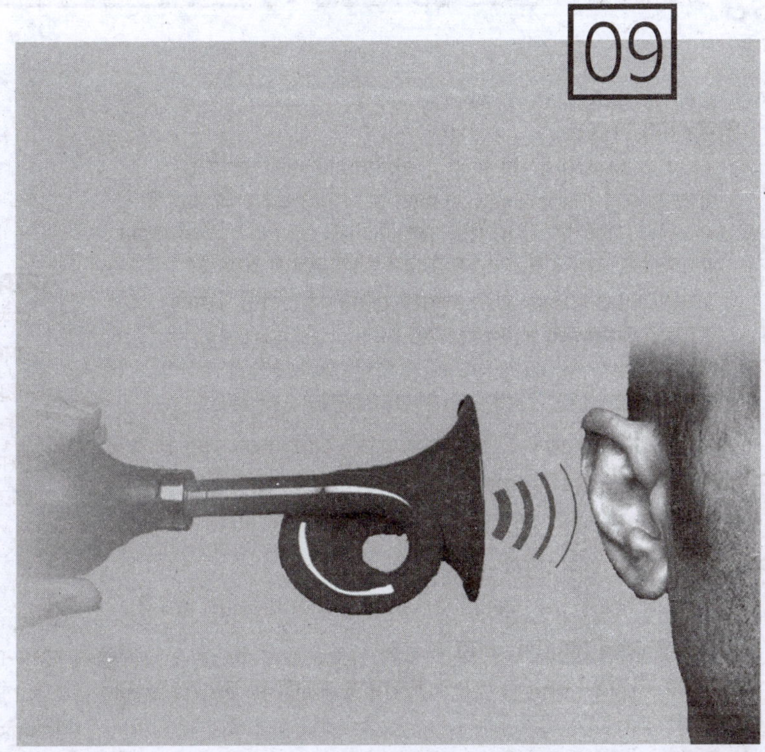

09

(स्रोत)

Class-VIII New NCERT Chap 10 (ध्वनि),
Class-IX New NCERT Chap 11 (ध्वनि),
Class-XI New NCERT Chap 14 (तरंगें),
Class-XII New NCERT Chap 8 (वैद्युत चुंबकीय तरंगें)

- हम अपने दैनिक जीवन में विभिन्न प्रकार की तरंगों का अनुभव करते हैं; जैसे-प्रकाश तरंगें, ध्वनि तरंगें आदि। वास्तव में तरंगें एक प्रकार की ऊर्जा है, जो द्रव्य के संचरण के बिना ही संचरित होती है।
- इन तरंगों की यह भी विशेषता रहती है कि कुछ तरंगों को संचरित होने के लिए माध्यम की आवश्यकता होती है, जबकि कुछ तरंगों के संचरण के लिए माध्यम की आवश्यकता नहीं होती है।

तरंग

किसी भौतिक माध्यम में उत्पन्न वह विक्षोभ, जो अपना स्वरूप बिना बदले माध्यम में एक निश्चित चाल से आगे बढ़ता है, **तरंग** (Wave) कहलाता है। तरंगों द्वारा केवल ऊर्जा तथा संवेग का संचरण होता है, द्रव्य का नहीं।

उदाहरण ध्वनि तरंगें, रेडियो तरंगें आदि।

तरंगों के प्रकार

माध्यम के अनुसार तरंगें दो प्रकार की होती हैं

1. प्रत्यास्थ या यांत्रिक तरंगें

- यांत्रिक तरंगें (Mechanical waves) किसी माध्यम में उत्पन्न वह विक्षोभ है, जो अपने स्वरूप को परिवर्तित किए बिना माध्यम में एक निश्चित चाल से आगे बढ़ता है। इन तरंगों के संचरण के लिए माध्यम की आवश्यकता होती है।

  उदाहरण-ध्वनि तरंगें, डोरी में उत्पन्न तरंगें, भूकंपी तरंगें, जल की तरंगें, स्प्रिंग की तरंगें आदि।
- यांत्रिक तरंगों के संचरण का माध्यम ठोस, द्रव या गैस कुछ भी हो सकता है। यांत्रिक तरंगों का संचरण माध्यम के दो गुणों पर निर्भर करता है।

  (i) माध्यम की प्रत्यास्थता का गुण (ii) माध्यम में जड़त्व का गुण

यांत्रिक तरंगें दो प्रकार की होती हैं

अनुप्रस्थ तरंगें

- ऐसी तरंगें, जिनमें माध्यम के कण अपनी माध्य स्थितियों पर तरंग संचरण के लंबवत् कंपन करते हैं, **अनुप्रस्थ तरंगें** (Transverse waves) कहलाती हैं।
- अनुप्रस्थ तरंगें माध्यम में शृंगों व गर्तों के रूप में बढ़ती हैं। माध्यम के कणों की अपनी साम्यावस्था के दोनों ओर अधिकतम विस्थापन को **शृंग व गर्त** (Crest and trough) कहते हैं।
- ये तरंगें केवल द्रव्य वाले माध्यम में उत्पन्न की जाती हैं। अतः अनुप्रस्थ तरंगें केवल ठोसों में रखे तनाव युक्त डोरियों या द्रव के पृष्ठ पर उत्पन्न की जा सकती हैं।

  उदाहरण-जल के पृष्ठ पर संचरित तरंगें, डोरी में कंपन, प्रकाश तरंगें आदि।

अनुदैर्ध्य तरंगें

- ऐसी तरंगें, जिनमें माध्यम के कणों का कंपन तरंगों के संचरण की दिशा के समांतर होता है, **अनुदैर्ध्य तरंगें** (Longitudinal waves) कहलाती हैं। इन तरंगों में माध्यम के कण अपनी माध्य स्थिति के आगे-पीछे दोलन करते रहते हैं तथा ध्वनि संपीडन व विरलन के रूप में संचरित होती जाती है।
- अनुदैर्ध्य तरंग के संचरण के दौरान, वह स्थिति जहाँ कंपन करते हुए माध्यम के कण पास-पास होते हैं, **संपीडन** (Compression) कहलाती है और जहाँ माध्यम के कण दूर-दूर होते हैं, **विरलन** (Rarefaction) कहलाती है।

  उदाहरण-वायु में चलने वाली ध्वनि तरंगें, ऑर्गन पाइप में वायु स्तंभ में कंपन, भूकंपीय P-तरंगें आदि।

भूकंपीय तरंगें

- भूकंप के कारण पृथ्वी की सतहों में संचारित होने वाली तरंगों को भूकंपीय तरंगें (Seismic waves) कहते हैं, ये तीन प्रकार की होती हैं *P*-तरंगें, *S*-तरंगें और *L*- तरंगें। *P*-तरंगें (Primary waves) अनुदैर्ध्य प्रकृति की होती हैं, अतः ठोस तथा द्रव दोनों में इनका संचरण संभव है।
- *S*-तरंगें (Secondary waves) अनुप्रस्थ प्रकृति की होती हैं, जिसके कारण ये केवल ठोस में संचरण करती हैं।

2. विद्युत चुंबकीय अथवा अप्रत्यास्थ तरंगें

ऐसी तरंगें, जिनके संचरण के लिए माध्यम की आवश्यकता नहीं होती है, **विद्युत चुंबकीय तरंगें** (Electromagnetic waves) कहलाती हैं।

उदाहरण–प्रकाश तरंगें, रेडियो तरंगें, X-किरणें, γ-किरणें आदि।

विद्युत चुंबकीय तरंगों के प्रमुख गुण निम्न हैं

- इन तरंगों में विद्युत तथा चुंबकीय क्षेत्र आवर्ती रूप से परिवर्तित होते हैं।
- ये तरंगें अनुप्रस्थ प्रकृति की होती हैं।
- इन तरंगों में संवेग होता है तथा ये निवात् में प्रकाश के वेग (c) से गति करती हैं।
- निर्वात् में इन तरंगों के विद्युत एवं चुंबकीय क्षेत्र सदिशों के आयामों का अनुपात $\frac{E_0}{B_0} = c$ होता है।
- इन तरंगों में विद्युत तथा चुंबकीय क्षेत्र सदिश परस्पर लंबवत् तथा तरंग संचरण की दिशा के भी लंबवत् होते हैं।
- इन तरंगों में ऊर्जा, विद्युत तथा चुंबकीय क्षेत्र सदिशों में बराबर वितरित रहती है।

वैद्युत चुंबकीय स्पेक्ट्रम

दृश्य प्रकाश तरंगें, X-किरणें, γ-किरणें, रेडियो तरंगें, सूक्ष्म तरंगें, पराबैंगनी एवं अवरक्त तरंगें विद्युत चुंबकीय तरंगों का आवृत्ति के क्रम में (वर्णक्रम में) वर्गीकरण **वैद्युत चुंबकीय स्पेक्ट्रम** (Electromagnetic spectrum) कहलाता है।

रेडियो तरंगें

रेडियो तरंगों (Radio waves) का उत्सर्जन अवशोषित कणों के दोलनों के कारण होता है। इनकी आवृत्ति 500 किलोहट्र्ज से 1000 मेगाहट्र्ज तक परिवर्तित होती है। रेडियो तरंगों के निम्नलिखित उपयोग हैं

- आयाम मॉडुलेशन में 530 किलोहट्र्ज से 1710 किलोहट्र्ज की तरंगों का उपयोग होता है। इनका उपयोग पृथ्वी की सतह पर संचरण के लिए भी किया जाता है।
- टीवी में 50 मेगाहट्र्ज से 890 मेगाहट्र्ज के तरंगों का उपयोग होता है।
- आवृत्ति मॉडुलेशन में 88 मेगाहट्र्ज से 108 मेगाहट्र्ज आवृत्ति के तरंगों का उपयोग होता है।
- अति उच्च आवृत्ति तरंगों का उपयोग सेल्यूलर फोन में किया जाता है।

माइक्रो तरंगें या सूक्ष्म तरंगें

इन तरंगों का उत्सर्जन निर्वात् नलियों द्वारा किया जाता है। इनकी आवृत्ति 1 गीगाहट्र्ज से 300 गीगाहट्र्ज तक परिवर्तित होती है। सूक्ष्म तरंगों के निम्नलिखित उपयोग हैं

- वायुयानों के नेविगेशन के लिए राडार में
- माइक्रोवेव ओवन में भोजन पकाने में
- परमाणु तथा अणुओं की संरचना में
- वाहनों तथा क्रिकेट की गेंद की चाल ज्ञात करने में।

माइक्रोवेव ओवन

- इसमें विद्युत चुंबकीय तरंगों के स्पेक्ट्रम के एक भाग में सूक्ष्म तरंगों का उपयोग भोजन को गर्म करने अथवा पकाने के लिए किया जाता है।
- माइक्रोवेव ओवन में चीनी मिट्टी अथवा विशेष प्रकार के बर्तनों का उपयोग भोजन को पकाने अथवा गर्म करने में किया जाता है।
- इसमें भोजन को बर्तन में गर्म करने पर ऊर्जा व्यय नहीं होती है। ओवन में ऊर्जा सीधी जल के अणुओं से भोजन को प्राप्त हो जाती है।

अवरक्त विकिरण

इनकी खोज हर्शेल नाम के वैज्ञानिक ने की थी। ये तरंगें, ऊष्मीय तरंगें भी कहलाती हैं। ये तरंगें तप्त वस्तु तथा अणुओं से विकिरण के रूप में उत्पन्न होती हैं। इनकी भेदन क्षमता बहुत अधिक होती है। इनकी आवृत्ति 3×11^{11} हट्र्ज से 4×10^{14} हट्र्ज की परास में होती है। अवरक्त किरणों के निम्नलिखित उपयोग हैं

- चिकित्सा के क्षेत्र में
- सेल में उपयोग आने वाले उपकरणों में
- मौसम की भविष्यवाणी करने में
- फलों को सुखाने में
- सौर हीटर, सौर सेल तथा कूलर में।

दृश्य किरणें या दृश्य प्रकाश तरंगें

इस क्षेत्र में आने वाली तरंगों को आँखों द्वारा देखा जा सकता है। इनकी आवृत्ति की परास 4×10^{14} हट्र्ज से 8×10^{14} हट्र्ज के मध्य होती है।

दृश्य किरणों के निम्नलिखित उपयोग हैं

- दृश्य किरणों का उपयोग मनुष्य तथा जीव-जंतुओं द्वारा वस्तुओं को देखने में किया जाता है।
- खानों की खोज में
- पृथ्वी की सतह पर उपस्थित जीव-जंतुओं की खोज में।

पराबैंगनी तरंगें

पराबैंगनी तरंगों (Ultraviolet waves) का उत्सर्जन एक विशेष प्रकार के लैंप तथा बहुत अधिक तप्त वस्तुओं द्वारा होता है। सूर्य इन किरणों का एक महत्त्वपूर्ण उत्सर्जक है। लेकिन ये किरणें वायुमंडल में ओजोन परत द्वारा अवशोषित कर ली जाती हैं। इनकी आवृत्ति 4×10^{14} हट्र्ज से 7×10^{16} हट्र्ज तक होती है। पराबैंगनी किरणों के निम्नलिखित उपयोग हैं

- चोरों से सुरक्षा में अलार्म के रूप में
- खनिज के प्रतिदर्श की जाँच करने में
- अणुओं की संरचना ज्ञात करने में
- जीवाणुओं को नष्ट करने में
- चिकित्सा में उपयोग आने वाले उपकरणों को शुद्ध रखने में।
- अत्यंत छोटे तरंगदैर्ध्य के कारण UV किरणों को अति परिशुद्ध अनुप्रयोगों; जैसे–लासिक (LASIK-Laser Assisted in Situ Keratomileusis) नेत्र शल्य में उपयोग हेतु संकीर्ण किरण पुँजों में फोकस किया जाता है।

X-किरणें

इनकी खोज जर्मनी के वैज्ञानिक रॉन्टजन ने की थी। इन किरणों की तरंग-आवृत्ति 4×10^{16} हर्ट्ज से 3×10^{21} हर्ट्ज के मध्य होती है।

X-किरणों के निम्नलिखित उपयोग हैं

- चिकित्सा के क्षेत्र में हड्डी टूटने; शरीर में रोगयुक्त भागों, पथरी आदि का पता लगाने में
- अभियांत्रिकी के क्षेत्र में, ब्रिज में दरार का पता लगाने में, वेल्डिंग की जाँच में
- मेट्रो स्टेशनों पर धातु या विस्फोटक पदार्थ का पता लगाने में
- वैज्ञानिक अनुसंधान में।

गामा किरणें

गामा किरणों की खोज रदरफोर्ड ने की थी। इनकी चाल प्रकाश की चाल के बराबर होती है, तथा इनकी भेदन क्षमता अधिक होती है। इनकी आवृत्ति 3×10^{18} हर्ट्ज से 5×10^{22} हर्ट्ज के मध्य होती है।

गामा किरणों के निम्नलिखित उपयोग हैं

- नाभिकीय अभिक्रियाएँ उत्पन्न करने में
- कैंसर तथा ट्यूमर के इलाज में रेडियोथैरेपी के रूप में
- खाद्य-क्षेत्र में माइक्रो-ऑर्गेनिज्म या जीवाणुओं को नष्ट करने में
- परमाणु की संरचना ज्ञात करने में।

विभिन्न विद्युत चुंबकीय तरंगों के अभिलक्षण

प्रकार	तरंगदैर्ध्य का परास	उत्पादन	संसूचन
रेडियो तरंगें	> 0.1 m	एरियल (Aerial) में इलेक्ट्रॉनों का द्रुत त्वरण या मंदन	अभिग्राहक के एरियल
सूक्ष्म तरंगें	0.1 m से 1mm	क्लेस्ट्रॉन या मेग्नाट्रॉन वाल्व	बिंदु संपर्क डायोड
अवरक्त तरंगें	1 mm से 700 nm	परमाणुओं एवं अणुओं के कंपन	थर्मोपाइल, बोलोमीटर, अवरक्त फोटोग्राफिक फिल्म
प्रकाश तरंगें	700 nm से 400 nm	परमाणु में इलेक्ट्रॉन, जब उच्चतर ऊर्जा स्तर से निम्नतर ऊर्जा स्तर पर संक्रमण करते हैं।	मानवीय नेत्र, फोटो सेल, फोटोग्राफिक फिल्म
पराबैंगनी प्रकाश तरंगें	400 nm से 1 nm	परमाणु के आंतरिक शैलों में इलेक्ट्रॉनों का एक ऊर्जा स्तर से दूसरे ऊर्जा स्तर पर संक्रमण	फोटो सेल, फोटोग्राफिक फिल्म
X-किरणें	1 nm से 10^{-3} nm	X-किरण नलिका अथवा आंतरिक शैलों के इलेक्ट्रॉन	फोटोग्राफिक फिल्म, गीगर ट्यूब, आयनीकरण प्रकोष्ठ
गामा किरणें	< 10^{-3} nm	नाभिकों का रेडियोएक्टिव क्षय	फोटोग्राफिक फिल्म, गीगर ट्यूब, आयनीकरण प्रकोष्ठ

तरंग संबंधी परिभाषाएँ

तरंग से संबंधित कुछ परिभाषाएँ निम्नलिखित हैं

- **आयाम** (Amplitude) साम्यावस्था से दोनों ओर कण का अधिकतम विस्थापन उसका आयाम कहलाता है। सामान्यत: इसे a द्वारा व्यक्त करते हैं। विस्थापन यदि ऋणात्मक है, तो भी आयाम धनात्मक राशि होता है। इसका SI मात्रक मीटर होता है।

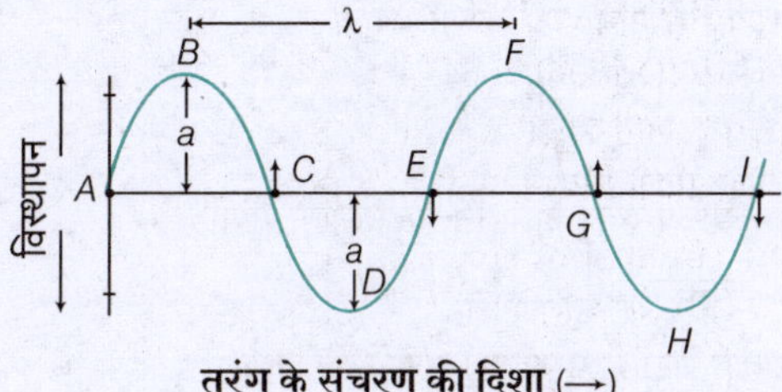

तरंग के संचरण की दिशा (→)

- **आवर्तकाल** (Time period) माध्यम के किसी कण द्वारा एक कंपन में लगा समय आवर्तकाल कहलाता है। सामान्यत: इसे T से प्रदर्शित करते हैं। इसका SI मात्रक सेकंड होता है।
- **आवृत्ति** (Frequency) माध्यम में उपस्थित किसी कण के द्वारा प्रति सेकण्ड किए गए कंपनों की संख्या को आवृत्ति कहते हैं। सामान्यत: इसे n अथवा ν से प्रदर्शित करते हैं। आवृत्ति का मात्रक कंपन/सेकण्ड अथवा हर्ट्ज होता है। जिसे रूडोल्फ हर्ट्ज के सम्मान में रखा गया था।
- **तरंगदैर्ध्य** (Wavelength) माध्यम के किसी कण द्वारा एक कंपन पूरा करने में तरंग द्वारा तय की गई दूरी तरंगदैर्ध्य कहलाती है। सामान्यत: इसे λ द्वारा व्यक्त करते हैं। इसका SI मात्रक मीटर होता है।
- **तरंग संख्या** (Wave number) एकांक लंबाई में उपस्थित तरंगों की संख्या को तरंग संख्या कहते हैं। सामान्यत: इसे $\bar{\upsilon}$ से प्रदर्शित करते हैं। इसका SI मात्रक मीटर$^{-1}$ होता है।
- **कला** (Phase) तरंग संचरण में कंपन करते हुए किसी कण की किसी क्षण कला, उस क्षण कण की स्थिति तथा गति की दिशा को व्यक्त करती है। यदि तरंग गति के संचरण में माध्यम के दो कण एक ही दिशा में विस्थापित हैं, तो ये कण समान कला में स्थित होंगे।
- **कलांतर** (Phase difference) दो कंपित कणों के कला कोण में अंतर को कलांतर कहते हैं।
- **पथांतर** (Path difference) दो कंपित कणों के साम्यावस्था से तय की गई दूरियों के अंतर को पथांतर कहते हैं।

तरंग की चाल

1 सेकण्ड में तरंग द्वारा तय की गई दूरी तरंग की चाल (Speed of wave) कहलाती है। इसे v से प्रदर्शित किया जाता है। तरंग चाल निम्न सूत्र द्वारा प्रदर्शित की जाती है

$$\text{तरंग चाल } (v) = \text{आवृत्ति } (n) \times \text{तरंगदैर्ध्य } (\lambda)$$

अनुप्रस्थ तथा अनुदैर्ध्य तरंगों की चाल

अनुप्रस्थ तथा अनुदैर्ध्य तरंगों की चाल को निम्न प्रकार स्पष्ट किया गया है

- **अनुप्रस्थ तरंग की चाल** अनुप्रस्थ तरंगों के संचरण के लिए माध्यम की दृढ़ता का होना आवश्यक है।

किसी तनी डोरी में अनुप्रस्थ तरंग की चाल,

$$v = \sqrt{\frac{T}{m}}$$

जहाँ, T = डोरी में तनाव, m = डोरी का रेखीय द्रव्यमान

- **अनुदैर्ध्य तरंगों की चाल** अनुदैर्ध्य तरंगें ठोस, द्रव एवं गैस में संचरण कर सकती हैं।

किसी माध्यम में अनुदैर्ध्य तरंगों की चाल,

$$v = \sqrt{\frac{\beta}{\rho}}$$

जहाँ, β = माध्यम का आयतन प्रत्यास्थता गुणांक,

ρ = घनत्व

किसी आदर्श गैस में अनुदैर्ध्य तरंगों की चाल,

$$v = \sqrt{\frac{p}{\rho}}$$

जहाँ, p = दाब

इस संबंध को सर्वप्रथम न्यूटन ने स्थापित किया था, अतः इसे **न्यूटन का सूत्र** (Newton's law) भी कहते हैं।

लाप्लास ने उपरोक्त सूत्र में संशोधन किया तथा वायु में ध्वनि की चाल को निम्न सूत्र द्वारा व्यक्त किया

$$v = \sqrt{\frac{\gamma p}{\rho}}$$

न्यूटन के सूत्र में इस संशुद्धि को **लाप्लास संशोधन** (Laplace modification) कहते हैं। वायु के लिए $\gamma = \frac{7}{5}$ होता है।

प्रगामी तथा अप्रगामी तरंगें

प्रगामी तथा अप्रगामी तरंगों का वर्णन निम्नलिखित है

1. प्रगामी तरंगें

प्रगामी तरंगें (Progressive waves) माध्यम में उत्पन्न वह विक्षोभ है, जो एक नियत वेग से माध्यम में आगे बढ़ता है। उदाहरण-द्रव की सतह पर उत्पन्न तरंगें।

प्रगामी तरंगों के गुण निम्नलिखित हैं

- इन तरंगों में माध्यम के सभी कण कंपन करते हैं तथा सभी के कंपनों का आयाम बराबर होता है।
- कणों की गति की कला निरंतर परिवर्तित होती रहती है।
- इन तरंगों द्वारा माध्यम में ऊर्जा का संचरण होता है।
- ये तरंगें माध्यम में एक निश्चित वेग से गति करती हैं।

2. अप्रगामी तरंगें

जब दो समान अनुप्रस्थ अथवा अनुदैर्ध्य तरंगें किसी बद्ध माध्यम में एक ही चाल से परस्पर विपरीत दिशाओं में संचरित होती हैं, तो उनके अध्यारोपण से एक नई प्रकार की तरंग उत्पन्न होती है, जो माध्यम में स्थिर प्रतीत होती है। यह तरंग, **अप्रगामी तरंग** (Stationary waves) कहलाती है। उदाहरण-सितार, गिटार आदि में उत्पन्न अनुप्रस्थ अप्रगामी तरंगें तथा बाँसुरी, बिगुल आदि में उत्पन्न अनुदैर्ध्य अप्रगामी तरंगें आदि।

अप्रगामी तरंगों के गुण निम्नलिखित हैं

- ये तरंगें अपने स्थान पर स्थिर रहती हैं, तथा माध्यम में आगे नहीं बढ़ती हैं।
- विभिन्न कण विभिन्न आयामों से गति करते हैं।
- इन तरंगों में ऊर्जा का स्थानांतरण नहीं होता है।

ध्वनि तरंगें

- ध्वनि ऊर्जा का एक प्रारूप है, जिसके कानों में पड़ने से प्रत्येक प्राणी में सुनने की संवेदना उत्पन्न होती है। ध्वनि तभी उत्पन्न होती है, जब ध्वनि स्रोत कंपन अवस्था में होता है तथा यह तरंगों के रूप में माध्यम के चारों ओर फैलती है। ध्वनि तरंगें, वायु में अनुदैर्ध्य तरंगें होती हैं।
- विभिन्न वस्तुओं में घर्षण द्वारा, खुरच कर, रगड़कर वायु फूंककर या उनको हिलाकर ध्वनि उत्पन्न कर सकते हैं।
- मानव में ध्वनि वाक् यंत्र अथवा कंठ द्वारा उत्पन्न होती है।

वायु में ध्वनि का संचरण

- ध्वनि के संचरण के लिए किसी माध्यम; जैसे- वायु, जल, स्टील आदि की आवश्यकता होती है। यह निर्वात् में होकर नहीं चल सकती।
- प्रत्येक कंपन करती वस्तु ध्वनि का एक स्रोत होती है। जब किसी ध्वनि स्रोत को कंपित करते हैं, तो वायु में विक्षोभ (Disturbance) उत्पन्न होता है, जो एक नियत वेग से आगे बढ़ता जाता है तथा माध्यम के कण अपनी साम्य स्थिति के इधर-उधर कंपन करते हैं। इस प्रकार विक्षोभ एक कण से दूसरे कण में स्थानांतरित होता जाता है। यही विक्षोभ हमारे कानों तक तरंग के रूप में वायु में चलकर हमें सुनाई देता है।
- ध्वनि के संचरण के लिए वायु सबसे अधिक सामान्य माध्यम है। जब कोई कंपमान वस्तु (Oscillating body) आगे की ओर कंपन करती है, तो अपने सामने की वायु को धक्का देकर संपीडित करती है और इस प्रकार एक उच्च घनत्व एवं दाब का क्षेत्र उत्पन्न होता है। इस क्षेत्र को **संपीडन** (C) कहते हैं। यह संपीडन कंपमान वस्तु से दूर आगे की ओर गति करता है।
- जब कंपमान वस्तु पीछे की ओर कंपन करती है, तो एक निम्न घनत्व एवं दाब का क्षेत्र उत्पन्न होता है, जिसे **विरलन** (R) कहते हैं। जब वस्तु कंपन करती है अर्थात् आगे-पीछे तेजी से गति करती है, तो वायु में संपीडन और विरलन की एक श्रेणी बन जाती है। यही संपीडन और विरलन ध्वनि तरंग बनाते हैं, जो माध्यम से होकर संचारित होती है।

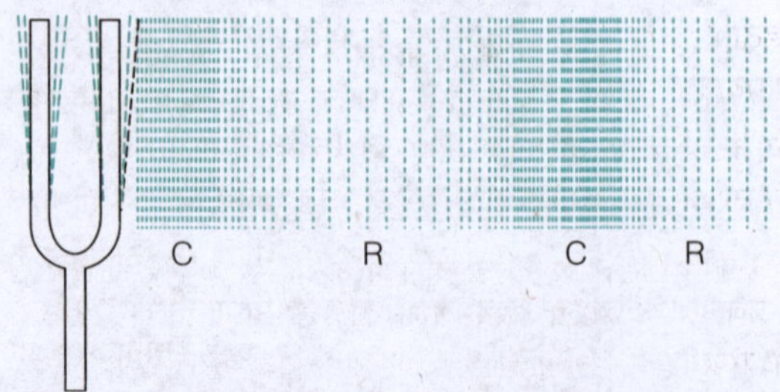

मनुष्यों (मानवों) द्वारा उत्पन्न ध्वनि

- मानवों में ध्वनि वाक्यंत्र अथवा कंठ (Larynx) द्वारा उत्पन्न होती है। वाक्यंत्र श्वासनली के ऊपरी सिरे पर होता है। वाक्यंत्र या कंठ के आर-पार

दो वाक्-तंतु इस प्रकार तानित (Stretched) होते हैं कि उनके बीच में वायु के निकलने के लिए एक संकीर्ण झिर्री (Narrow slit) बनी होती है।

- जब फेफड़े वायु को बलपूर्वक झिर्री से बाहर निकालते हैं, तो वाक्-तंतु कंपित होते हैं, जिससे ध्वनि उत्पन्न होती है। वाक्-तंतुओं से जुड़ी मांसपेशियाँ तंतुओं को तना हुआ या ढीला कर सकती हैं। जब वाक्-तंतु तने हुए और पतले होते हैं, तब वाक् ध्वनि का प्रकार या उसकी गुणता उस वाक् ध्वनि से भिन्न होती है जब वाक्-तंतु ढीले और मोटे होते हैं।

ध्वनि के अभिलक्षण

ध्वनि के प्रमुख अभिलक्षण निम्नलिखित हैं

तारत्व अथवा पिच

- तारत्व (Shrillness) ध्वनि का वह गुण है, जिससे ध्वनि का मोटा या पतला होना ज्ञात होता है, जैसे-पुरुषों की आवाज की अपेक्षा स्त्रियों की आवाज पतली होती है अर्थात् उच्च तारत्व की होती है।
- मोटी ध्वनि को **निम्न तारत्व की ध्वनि** तथा पतली ध्वनि को **उच्च तारत्व की ध्वनि** कहा जाता है। ध्वनि का तारत्व उसकी आवृत्ति पर निर्भर करता है।
- अधिक तारत्व वाली ध्वनि की आवृत्ति अधिक होती है और कम तारत्व वाली ध्वनि की आवृत्ति कम होती है। किसी ध्वनि के तारत्व की माप संभव नहीं है। निम्न तारत्व की ध्वनि की आवृत्ति कम तथा उच्च तारत्व की ध्वनि की आवृत्ति अधिक होती है।

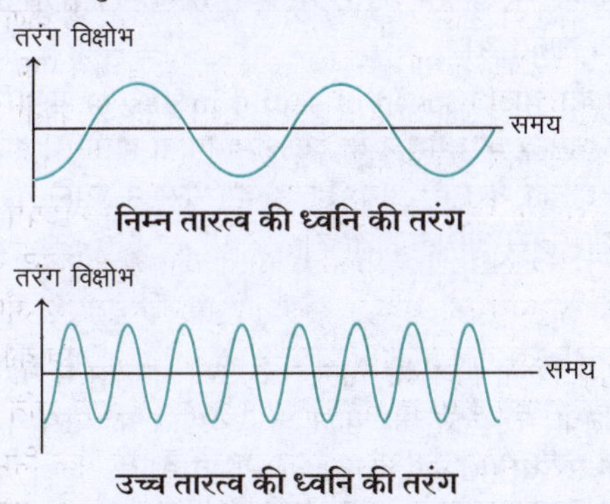

निम्न तारत्व की ध्वनि की तरंग

उच्च तारत्व की ध्वनि की तरंग

प्रबलता

- प्रबलता (Loudness) ध्वनि का वह लक्षण है, जिसके आधार पर कोई ध्वनि कान को धीमी या तेज सुनाई पड़ती है। जब कोई ध्वनि हमें धीमी सुनाई पड़ती है, तो प्रबलता कम होती है, जबकि तेज सुनाई पड़ने वाली ध्वनि की प्रबलता अधिक होती है।
- यदि ध्वनि तरंगों के आयाम छोटे हों, तब ध्वनि धीमी या मृदु होगी और यदि ध्वनि तरंगों के आयाम बहुत बड़े हों, तब ध्वनि अधिक या असहज होगी।
- ध्वनि की प्रबलता व्यवहारत: डेसीबल (dB) में मापी जाती है। यह हमारे कानों की **सुग्राहिता** (Sensitivity) पर निर्भर करती है। इसका SI मात्रक वाट/मीटर होता है।
- ध्वनि की प्रबलता ध्वनि उत्पन्न करने वाले कम्पनों के आयाम के वर्ग के समानुपातिक होती है।

उदाहरण-एक ही तीव्रता की ध्वनि एक सामान्य व्यक्ति के लिए बहुत प्रबल होगी, किंतु एक बहरे व्यक्ति के लिए प्रबलता शून्य ही होगी।

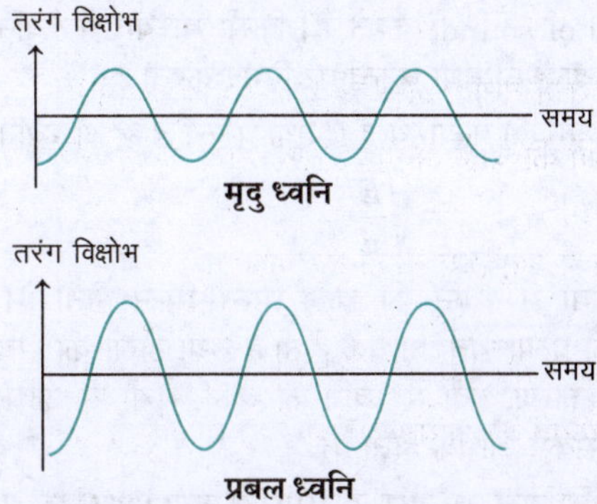

मृदु ध्वनि

प्रबल ध्वनि

निम्न सारणी विभिन्न स्रोतों से आने वाली ध्वनि की प्रबलता का बोध कराती है

सामान्य श्वास	10 dB
मंद फुसफुसाहट	30 dB
सामान्य बातचीत/वार्तालाप	60 dB
व्यस्त यातायात	70 dB
औसत फैक्टरी	80 dB

80 dB से अधिक प्रबल शोर शरीर के लिए कष्टदायक होता है।

गुणता

- गुणता (Quality or Timbre) ध्वनि का वह लक्षण है, जिसके आधार पर दो भिन्न-भिन्न वाद्य-यंत्रों द्वारा उत्पन्न की गई समान आवृत्ति एवं समान तीव्रता की ध्वनियों में भी अंतर प्रतीत होता है।
- एकल आवृत्ति की ध्वनि को **टोन** (Tone) कहते हैं तथा अनेक आवृत्तियों के मिश्रण से उत्पन्न ध्वनि को **स्वर** (Note) कहते हैं। ये हमारे कानों को सुनने में सुखद लगते हैं।

जबकि शोर कानों को कर्कश लगता है। अच्छी गुणवत्ता का संगीत कानों के लिए सुखद होता है।

उदाहरण-यदि हारमोनियम, सितार और सारंगी से समान आवृत्ति की ध्वनियाँ उत्पन्न की जाएँ, तो उन्हें सुनते ही हमें उनके उत्पादन स्रोत का ज्ञान हो जाता है।

तीव्रता

- किसी एकांक क्षेत्रफल से, प्रत्येक सेकण्ड में प्रवाहित ध्वनि ऊर्जा की मात्रा, ध्वनि की **तीव्रता** (Intensity) कहलाती है। इसका SI मात्रक वाट/मी^{2} होता है।
- प्रबलता तथा तीव्रता समान पद नहीं हैं। परंतु ये एक-दूसरे से संबंधित होते हैं।

उदाहरण-जब दो ध्वनियाँ, जिनकी तीव्रताएँ समान हैं, फिर भी हम एक को दूसरे की अपेक्षा अधिक प्रबल ध्वनि के रूप में सुन सकते हैं, क्योंकि हमारे कान इसके लिए अधिक संवेदनशील होते हैं।

नोट तरंग की तीव्रता (I) कंपन के आयाम के वर्ग (a^2) के अनुक्रमानुपाती होती है

अर्थात् $I \propto a^2$

विभिन्न माध्यमों में ध्वनि की चाल

- किसी माध्यम में ध्वनि जिस गति से संचरित होती है, उसे **ध्वनि की चाल** (Speed of sound) कहते हैं। किसी माध्यम में ध्वनि की चाल माध्यम की प्रत्यास्थता तथा घनत्व पर निर्भर करती है।
- यदि किसी माध्यम की प्रत्यास्थता E तथा घनत्व d है, तो ध्वनि की चाल,

$$v = \sqrt{\frac{E}{d}}$$

- विभिन्न माध्यमों में ध्वनि की चाल भिन्न-भिन्न होती है। गैसों की अपेक्षा द्रवों की प्रत्यास्थता अधिक होती है तथा ठोसों की सबसे अधिक होती है। इसी कारण, द्रवों में ध्वनि की चाल, गैसों से अधिक होती है तथा ठोसों में सबसे अधिक होती है।
- वायु में ध्वनि की चाल 0°C पर 331 मी/से तथा 22°C पर 344 मी/से होती है, जबकि पानी में ध्वनि की चाल 1450 मी/से होती है तथा धातुओं में लगभग 5000 मी/से होती है।
- माध्यम परिवर्तित होने पर ध्वनि की चाल परिवर्तित हो जाती है अर्थात् जब ध्वनि तरंगें एक माध्यम से दूसरे माध्यम में जाती हैं, तो ध्वनि की चाल तथा तरंगदैर्ध्य बदल जाते हैं लेकिन आवृत्ति नियत (Constant) रहती है।
- सारणी में विभिन्न माध्यमों में एक विशेष ताप पर ध्वनि की चाल को दर्शाया गया है।

विभिन्न माध्यमों में 25°C पर ध्वनि की चाल

अवस्था	पदार्थ	चाल (m/s में)
ठोस	एल्युमीनियम	6420
	निकिल	6040
	स्टील	5960
	लोहा	5950
	पीतल	4700
	काँच (फ्लिंट)	3980
द्रव	जल (समुद्री)	1531
	जल (आसुत)	1498
	इथेनॉल	1207
	मेथेनॉल	1103
गैस	हाइड्रोजन	1284
	हीलियम	965
	वायु	346
	ऑक्सीजन	316
	सल्फर डाइऑक्साइड	213

ध्वनि की चाल पर भौतिक राशियों का प्रभाव

ध्वनि की चाल निम्न भौतिक राशियों द्वारा प्रभावित होती है

- **दाब का प्रभाव** (Effect of pressure) ताप समान होने पर गैस में ध्वनि की चाल पर दाब का कोई प्रभाव नहीं पड़ता है।
- **ताप का प्रभाव** (Effect of temperature) गैसों में ध्वनि की चाल, गैस के परमताप के वर्गमूल के समानुपाती होती है।

  अर्थात् $v \propto \sqrt{T}$

  अतः माध्यम का ताप बढ़ने पर उसमें ध्वनि की चाल बढ़ जाती है। वायु में 1°C ताप बढ़ने पर ध्वनि की चाल 0.61 मी/से बढ़ जाती है।
- **आर्द्रता का प्रभाव** (Effect of humidity) नमीयुक्त वायु का घनत्व, शुष्क वायु के घनत्व से कम होता है। अतः नमीयुक्त वायु अर्थात् आर्द्रता में ध्वनि की चाल शुष्क वायु की तुलना में बढ़ जाती है। यही कारण है कि वर्षा-ऋतु में सीटी की आवाज बहुत दूर तक सुनाई देती है।
- **वायु का प्रभाव** (Effect of wind) यदि वायु चल रही है, तब ध्वनि की चाल बदलती रहती है। यदि ध्वनि की चाल बढ़ रही है, तो यह दर्शाती है कि ध्वनि तरंगों के संचरण की दिशा में वायु बह रही है।
- **आवृत्ति अथवा तरंगदैर्ध्य का प्रभाव** (Effect of frequency or Wavelength) गैस में ध्वनि की चाल पर आवृत्ति अथवा तरंगदैर्ध्य का कोई प्रभाव नहीं होता है अर्थात् विभिन्न आवृत्तियों की ध्वनि तरंगे वायु में समान चाल से चलती हैं, किन्तु भिन्न-भिन्न आवृत्तियों की संगत तरंगदैर्ध्य भिन्न-भिन्न होती हैं। यदि वायु में भिन्न-भिन्न आवृत्तियों की ध्वनि तरंगें भिन्न-भिन्न चाल से चलती होती, तो हम ऑरकैस्ट्रा (Orchestra) का आनंद नहीं उठा सकते थे।
- **गैसों में ध्वनि की चाल** (Speed of sound in gases) गैसों में ध्वनि की चाल, गैसों के घनत्व के वर्गमूल के व्युत्क्रमानुपाती होती है। हाइड्रोजन गैस सबसे अधिक हल्की गैस है। अतः हाइड्रोजन गैस में ध्वनि की चाल अन्य गैसों की अपेक्षा सबसे अधिक होती है।

मैक संख्या

- किसी माध्यम में किसी पिंड की चाल तथा उसी माध्यम में ताप व दाब की उन्हीं परिस्थितियों में ध्वनि की चाल के अनुपात को उस वस्तु की उस माध्यम में **मैक संख्या** (Mach number) कहते हैं।

$$\text{मैक संख्या} = \frac{\text{किसी माध्यम में पिंड की चाल}}{\text{उसी माध्यम में ध्वनि की चाल}}$$

- यदि मैक संख्या 1 से अधिक है, तो पिंड की चाल **पराध्वनिक** (Supersonic) कहलाती है और यदि मैक संख्या 5 से अधिक है, तो चाल **अतिपराध्वनिक** (Hypersonic) कहलाती है।

ध्वनि बूम

- जब कोई पिंड ध्वनि की चाल से अधिक तेजी से गति करता है, तब उसे पराध्वनिक चाल से चलता हुआ कहा जाता है। गोलियाँ, जेट वायुयान आदि प्रायः पराध्वनिक चाल से चलते हैं।
- जब ध्वनि उत्पादक स्रोत ध्वनि की चाल से अधिक तेजी से गति करता है, तो ये वायु में प्रघाती तरंगें (Shock waves) उत्पन्न करते हैं। इस प्रकार की प्रघाती तरंगों से संबद्ध वायुदाब में परिवर्तन से एक बहुत तेज और प्रबल ध्वनि उत्पन्न होती है, जिसे ध्वनि बूम (Sonic boom) कहते हैं।

- पराध्वनिक वायुयान से उत्पन्न इस ध्वनि बूम में इतनी मात्रा में ऊर्जा होती है कि यह खिड़कियों के शीशे को तोड़ सकती है और यहाँ तक कि भवनों को भी क्षति पहुँचा सकती है।

ध्वनि का परावर्तन

- प्रकाश की भाँति, ध्वनि की दिशा में भी परिवर्तन हो सकता है, अर्थात् ध्वनि किसी ठोस या द्रव सतह से परावर्तित होती है। दो माध्यमों के अंतरापृष्ठ, जिसे परावर्तक सतह कहते हैं, से टकराकर ध्वनि के वापस लौटने की घटना **ध्वनि का परावर्तन** (Reflection of sound) कहलाती है।
- ध्वनि के परावर्तन के लिए, चिमनी और दर्पण की तरह चमकीली सतह की आवश्यकता नहीं होती है।

ध्वनि भी प्रकाश की भाँति परावर्तन के निम्न नियमों का पालन करती है

- आपतित ध्वनि तरंग, परावर्तित ध्वनि तरंग तथा अभिलंब तीनों एक ही तल में होते हैं।
- आपतित कोण तथा परावर्तित कोण आपस में बराबर होते हैं।

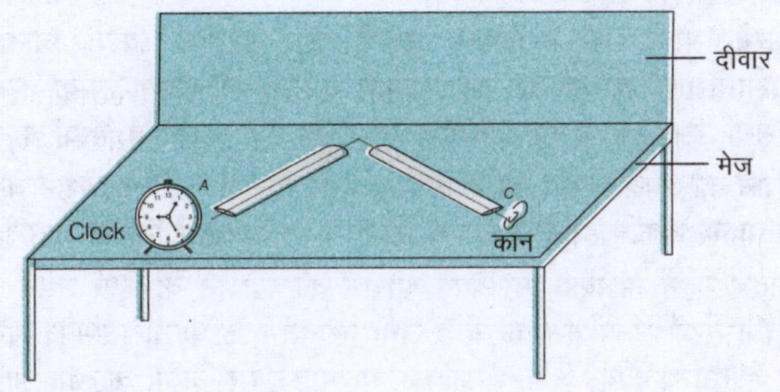

प्रतिध्वनि

- किसी विस्तृत अवरोध से ध्वनि के परावर्तित होकर पुन: सुने जाने की घटना को प्रतिध्वनि (Echo) कहते हैं। हमारे मस्तिष्क में ध्वनि की संवेदना लगभग 0.1 सेकंड तक बनी रहती है।
- ध्वनि के स्रोत तथा अवरोधक के बीच की न्यूनतम दूरी 17.2 मी होती है। यह दूरी वायु (माध्यम) के ताप के साथ बदल जाती है, क्योंकि ताप के साथ ध्वनि की चाल में भी परिवर्तन होता है।
- ध्वनि के बार-बार परावर्तन के कारण हमें एक से अधिक प्रतिध्वनियाँ भी सुनाई दे सकती हैं। बादलों के गड़गड़ाहट की ध्वनि कई परावर्तक पृष्ठों; जैसे-बादलों तथा भूमि से बार-बार परावर्तन के फलस्वरूप उत्पन्न होती है।
- प्रतिध्वनि द्वारा समुद्र की गहराई, वायुयान की ऊँचाई, सुदूर स्थित पहाड़ की दूरी माप सकते हैं। **सोनार** (Sonar) ध्वनि के इसी गुण पर आधारित है।

अनुरणन

- किसी बड़े हॉल में उत्पन्न होने वाली ध्वनि दीवारों से बारंबार परावर्तन के कारण बहुत लंबे समय तक बनी रहती है। ध्वनि का यह बारंबार परावर्तन जिसके कारण ध्वनि-निर्बंध होती है, **अनुरणन** (Reverberation) कहलाता है।
- अनुरणन को कम करने के लिए हॉल की छतों तथा दीवारों पर ध्वनि अवशोषक पदार्थों; जैसे-संपीडित फाइबर बोर्ड/ खुरदरे प्लास्टर अथवा पर्दे लगे होते हैं। सीटों के पदार्थों का चुनाव इनके ध्वनि अवशोषक गुणों के आधार पर भी किया जाता है।

ध्वनि के बहुल परावर्तन के उपयोग

ध्वनि का परावर्तन विभिन्न यंत्रों; जैसे-मेगाफोन, हॉर्न तथा स्टेथोस्कोप में उपयोग होता है। ये उपकरण ध्वनि तंरगों के परावर्तन के लिए उपयोग किए जाते हैं।

- **मेगाफोन या हॉर्न** (Megaphone or Horn) हॉर्न तथा शहनाई जैसे वाद्ययंत्र, सभी इस प्रकार बनाए जाते हैं कि ध्वनि सभी दिशाओं में फैले बिना, केवल एक विशेष दिशा में ही जाए।

  इन यंत्रों में एक नली का आगे का खुला भाग **शंक्वाकार** (Conical) होता है। यह स्रोत से उत्पन्न होने वाली ध्वनि तरंगों को बार-बार परावर्तित करके श्रोताओं की ओर आगे की दिशा में भेज देता है।

- **स्टेथोस्कोप** (Stethoscope) यह एक चिकित्सा यंत्र है, जिसका उपयोग डॉक्टरों द्वारा शरीर के अंदर, मुख्यत: हृदय तथा फेफड़ों में उत्पन्न होने वाली ध्वनि को सुनने के काम में लाया जाता है। स्टेथोस्कोप में रोगी के हृदय की धड़कन की ध्वनि, बार-बार परावर्तन के कारण डॉक्टर के कानों तक पहुँचती है।

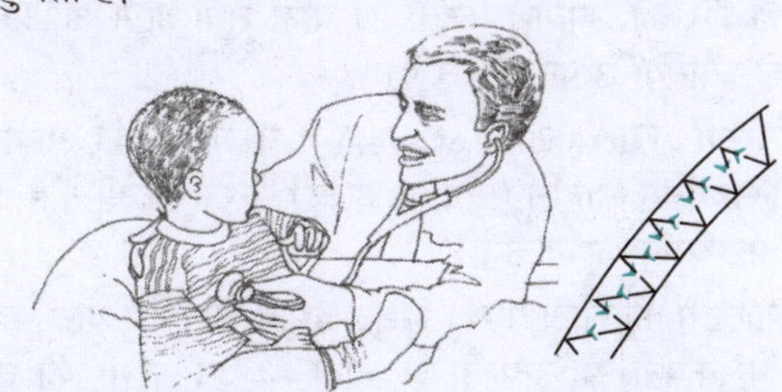

- **ध्वनि पट्ट** (Sound Board) यह एक **वक्राकार पट्ट** (Circular board) होता है, जिसे बड़े हॉल या मंच के पीछे रख दिया जाता है, जिससे कि ध्वनि, ध्वनि-पट्ट से परावर्तन के पश्चात् समान रूप से पूरे हॉल में फैल जाए।

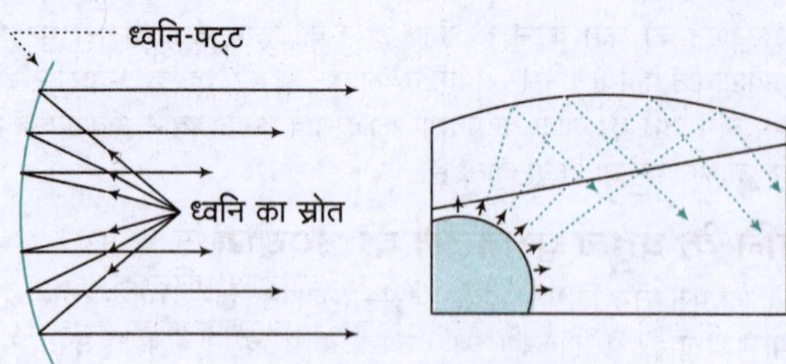

बड़े हॉल में उपयोग किया जाने वाला ध्वनि पट्ट, सम्मेलन कक्ष की वक्राकार छत

इसी प्रकार कंसर्ट हॉल, सम्मेलन कक्षों तथा सिनेमा हॉल की छतें वक्राकार बनायी जाती हैं, जिससे कि परावर्तन के पश्चात् ध्वनि हॉल के सभी भागों में पहुँच जाए।

श्रव्यता का परिसर

मनुष्य के कानों द्वारा आवृत्ति परिसर के सुनने की सुग्राहिता को श्रव्य परिसर (Hearing range) कहते हैं। मनुष्य में ध्वनि का परिसर लगभग 20 हर्ट्ज से 20000 हर्ट्ज तक होता है। पाँच वर्ष तक के बच्चे तथा कुछ जंतु; जैसे-कुत्ते 25000 हर्ट्ज तक की ध्वनि सुन सकते हैं। ध्वनि तरंगों की आवृत्तियों को परास के आधार पर निम्न श्रेणियों में विभाजित किया गया है

- **श्रव्य तरंगें** (Audible waves) वे ध्वनि तरंगें, जिनकी आवृत्ति 20 हर्ट्ज से 20000 हर्ट्ज परास की होती है, **श्रव्य तरंगें** कहलाती हैं। 20 हर्ट्ज से कम व 20000 हर्ट्ज से अधिक आवृत्ति की ध्वनि तरंगों को एक स्वस्थ मनुष्य के कानों द्वारा नहीं सुना जा सकता है। उदाहरण-संगीत के वाद्य-यंत्रों, मनुष्य व पशु-पक्षियों की आवाज द्वारा उत्पन्न तरंगें।
- **अपश्रव्य तरंगें** (Infrasonic waves) वे ध्वनि तरंगें, जिनकी आवृत्ति श्रव्य तरंगों की न्यूनतम परास (20 हर्ट्ज) से कम होती है, **अपश्रव्य तरंगें** कहलाती हैं। इन तरंगों को उत्पन्न करने के लिए ध्वनि स्रोत का आकार बहुत बड़ा होना चाहिए।

  उदाहरण-पृथ्वी के पृष्ठ के अंदर भूकंप आने के समय अपश्रव्य तरंगें उत्पन्न होती हैं। राइनोसिरस (गैंडा) 5 हर्ट्ज तक की आवृत्ति की अपश्रव्य ध्वनि का उपयोग करता है। व्हेल तथा हाथी अपश्रव्य ध्वनि परिसर की ध्वनियाँ उत्पन्न करते हैं।
- **पराश्रव्य तरंगें** (Ultrasonic waves) वे तरंगें जिनकी आवृत्ति, श्रव्य तरंगों की उच्चतम आवृत्ति (20000 हर्ट्ज) से अधिक होती है, **पराश्रव्य तरंगें** या **पराध्वनि** कहलाती हैं।

  ये तरंगें गाल्टन की सीटी, पिजो विद्युत प्रभाव की विधि द्वारा क्वार्ट्ज के क्रिस्टल के कंपनों से उत्पन्न की जाती हैं। इन तरंगों की तरंगदैर्ध्य अतिसूक्ष्म होने के कारण एक किरण पुँज के रूप में दूरस्थ स्थानों को भेजी जाती है।

  उदाहरण-डॉलफिन, चमगादड़ और पारपॉइज जैसे जंतु से उत्पन्न तरंगें।

पराध्वनि के अनुप्रयोग

पराध्वनि के अनुप्रयोग निम्नलिखित हैं

- पराध्वनि प्रायः उन भागों को साफ करने में उपयोग की जाती है, जहाँ तक पहुँचना कठिन हो।
- पराध्वनि का उपयोग, धातु के ब्लॉकों में दरारों तथा अन्य दोषों का पता लगाने के लिए किया जाता है।
- पराध्वनि तरंगों को ह्रदय के विभिन्न भागों से परावर्तित कराकर ह्रदय का प्रतिबिंब बनाया जाता है। इस तकनीक को **इकोकॉर्डियोग्राफी** (Echocardiography) कहते हैं।
- पराध्वनि संसूचक एक ऐसा यंत्र है, जो पराध्वनि तरंगों का उपयोग करके मानव शरीर के आंतरिक अंगों का प्रतिबिंब प्राप्त करने के लिए काम में लाया जाता है। इस संसूचक से रोगी के अंगों; जैसे- यकृत, पित्ताशय, गर्भाशय, गुर्दे आदि का प्रतिबिंब प्राप्त किया जा सकता है। यह संसूचक शरीर की असामान्यताएँ; जैसे-पित्ताशय तथा गुर्दे में पथरी तथा विभिन्न अंगों में ट्यूमर का पता लगाने में सहायता करता है।
- अल्ट्रासोनोग्राफी में पराध्वनि तरंगों का उपयोग किया जाता है। अल्ट्रासोनोग्राफी का उपयोग गर्भ काल में भ्रूण की जाँच तथा उसके जन्मजात दोषों तथा उसकी वृद्धि की अनियमितताओं का पता लगाने में किया जाता है।
- पराध्वनि का उपयोग गुर्दे की छोटी पथरी को बारीक कणों में तोड़ने के लिए भी किया जा सकता है। ये कण बाद में मूत्र के साथ बाहर निकल जाते हैं।
- चमगादड़ गहन अंधकार में अपने भोजन को खोजने के लिए उड़ते समय पराध्वनि तरंगें उत्सर्जित करता है तथा परावर्तन के पश्चात् इनका संसूचन करता है। अन्य जीव; जैसे-डॉलफिन, पारपॉइज मछलियाँ, कछुआ आदि भी भोजन की खोज करने में पराध्वनि तरंगों का उपयोग करते हैं।

श्रवण सहायक युक्ति

जिन लोगों को कम सुनाई देता है, उन्हें श्रवण सहायक युक्ति (Hearing aid) की आवश्यकता होती है। यह बैटरी से चलने वाली एक इलेक्ट्रॉनिक युक्ति है। इसमें एक छोटा-सा माइक्रोफोन, एक एंप्लीफायर व स्पीकर होता है। जब ध्वनि माइक्रोफोन पर पड़ती है, तो वह ध्वनि तरंगों को विद्युत संकेतों में परिवर्तित कर देता है। एंप्लीफायर इन विद्युत संकेतों को प्रवर्धित कर देता है। संकेत, स्पीकर द्वारा ध्वनि की तरंगों में परिवर्तित कर दिए जाते हैं। ये ध्वनि तरंगें कान के डायफ्राम पर आपतित होती हैं तथा व्यक्ति को ध्वनि साफ सुनाई देती हैं।

सोनार

- सोनार (SONAR) शब्द Sound Navigation And Ranging से बना है। सोनार एक ऐसी युक्ति है, जिसमें जल में स्थित पिंडों की दूरी, दिशा तथा चाल मापने के लिए पराध्वनि तरंगों का उपयोग किया जाता है।
- इसके अतिरिक्त सोनार की तकनीक का उपयोग समुद्र की गहराई ज्ञात करने तथा जल के अंदर स्थित चट्टानों, घाटियों, पनडुब्बियों, हिमशैल (प्लावी बर्फ), डूबे हुए जहाज आदि की जानकारी प्राप्त करने के लिए किया जाता है।

राडार

- राडार शब्द का संक्षिप्त रूप, **रेडियो डिटेक्शन एण्ड रेंजिग** (Radio Detection And Ranging, RADAR) का संक्षिप्त रूप है और यह हमारे लिए कई तरह से उपयोगी है।
- राडार का उपयोग विमान परिवहन नियन्त्रण, जलयान नौचालन हेतु सेना में, वायुमण्डलीय पिण्डों एवं परिघटनाओं हेतु पूर्वानुमान लगाने के लिए किया जाता है।

मानव कर्ण

कर्ण (कान) एक अति संवेदी युक्ति है, जिसकी सहायता से हम सुन पाते हैं। यह श्रवणीय आवृत्तियों द्वारा वायु में होने वाले दाब परिवर्तनों को विद्युत संकेतों में बदलता है, जो श्रवण तंत्रिका से होते हुए मस्तिष्क तक पहुँचते हैं।

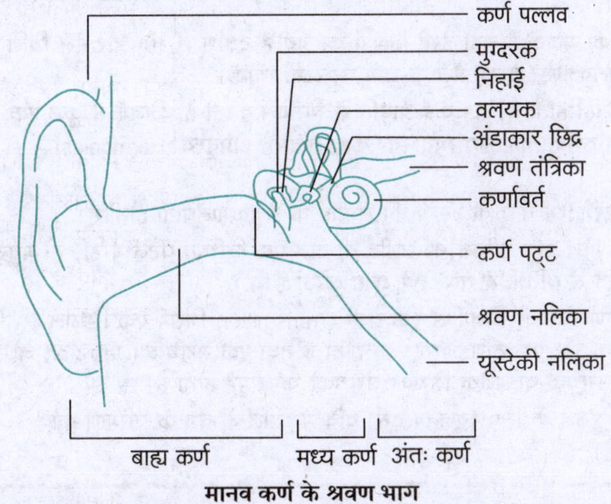

मानव कर्ण के श्रवण भाग

कर्ण तीन भागों बाहरी कर्ण, मध्य कर्ण तथा आंतरिक कर्ण से मिलकर बना होता है

- **बाह्य कर्ण** (Outer ear) यह कर्ण (कान) का वह भाग है, जिसे हम कर्ण के बाहरी सिरे पर देखते हैं। बाह्य कर्ण, **कर्ण पल्लव** (Eardrum) कहलाता है। यह परिवेश से ध्वनि को एकत्रित करता है, एकत्रित ध्वनि श्रवण नलियों से गुजरती है। श्रवण नलिका के सिरे पर एक पतली झिल्ली होती है, जिसे **कर्ण पटह** या **कर्ण पटह झिल्ली** (Tympanic membrane) कहते **हैं।**

  जब माध्यम के संपीडन कर्ण पटह, तक पहुँचते हैं, तब झिल्ली के बाहर की ओर लगने वाला दाब बढ़ जाता है। दाब बढ़ने के कारण कर्ण पटह अंदर की ओर दबता है। इसी प्रकार, विरलन के कारण कर्ण पटह बाहर की ओर गति करता है। इस प्रक्रिया के अंतर्गत कर्ण पटह कंपन करता है।
- **मध्य कर्ण** (Middle ear) मध्य कर्ण में तीन हड्डियाँ मुग्दरक, निहाई तथा वलयक विद्यमान होती हैं। ये हड्डियाँ एक-दूसरे से जुड़ी रहती हैं तथा ये कर्ण पटह के कंपनों को कई गुना बढ़ा देती है।

  इसके बाद मध्य कर्ण ध्वनि तरंगों से मिलने वाले इन दाब परिवर्तनों को आंतरिक कर्ण तक संचारित कर देता है।
- **आंतरिक कर्ण** (Inner ear) आंतरिक कर्ण एक घुमावदार नलिका होती है, जिसे **कर्णावर्त** (Eustachian tube) कहते हैं। इसका एक भाग मध्य कर्ण से होकर प्रत्यास्थ झिल्ली तक पहुँचता है तथा दूसरा भाग मस्तिष्क से जुड़ा होता है।

  इस कर्णावर्त द्वारा दाब परिवर्तनों को विद्युत संकतों में परिवर्तित कर दिया जाता है। इन विद्युत संकतों को श्रवण तंत्रिका द्वारा मस्तिष्क तक भेज दिया जाता है और मस्तिष्क इनकी ध्वनि के रूप में व्याख्या करता है।

ध्वनि का अपवर्तन

- जब ध्वनि तरंगें एक माध्यम से दूसरे माध्यम में जाती हैं, तो अपने पथ से विचलित हो जाती हैं, इसे **ध्वनि का अपवर्तन** (Refraction of sound) कहते हैं।
- विभिन्न माध्यमों में ध्वनि की चाल का भिन्न-भिन्न होना तथा भिन्न-भिन्न तापों पर ध्वनि की भिन्न चाल के कारण ध्वनि का अपवर्तन होता है।
- ध्वनि के अपवर्तन के कारण ही ठंडी रात में ध्वनि दूर तक तथा स्पष्ट सुनाई देती है, जबकि दिन में अपेक्षाकृत कम दूरी तक सुनाई देती है।

ध्वनि का अनुनाद

- जब बाह्य बल या चालक की आवृत्ति चालित वस्तु की मूल आवृत्ति के बराबर हो जाती है, तो बाह्य बल से चालित वस्तु की अधिकतम ऊर्जा स्थानांतरित होती है तथा प्रणोदित कंपनों (Forced vibrations) का आयाम बहुत अधिक बढ़ जाता है। इस अवस्था को **अनुनाद** (Resonance) की अवस्था कहते हैं।
- ध्वनि तरंगें अनुनाद की अवस्था में तेज ध्वनि सुनाई देती है। जब ध्वनि की आवृत्ति ध्वनिक प्रणाली की प्राकृतिक आवृत्ति से मेल कर जाती है, तो ध्वनि तरंगों का आयाम बढ़ जाता है। इस परिघटना को **ध्वनि अनुनाद** (Sound resonance) कहते हैं।

व्यतिकरण

- जब दो समान आवृत्ति, समान तरंगदैर्ध्य तथा लगभग समान आयाम वाली ध्वनि तरंगें किसी माध्यम में संचरित होते हुए अध्यारोपित होती हैं, तो विभिन्न बिंदुओं पर तीव्रता का मान व्यतिकारी तरंगों की तीव्रताओं के योग से अलग होता है। कुछ बिंदुओं पर तीव्रता अधिकतम तथा कुछ पर इसका मान शून्य होता है। इसे **ध्वनि तरंगों का व्यतिकरण** (Interference of sound waves) कहते हैं।
- व्यतिकरण की घटना में ऊर्जा न तो उत्पन्न होती है और न ही नष्ट होती है वरन् ऊर्जा का पुनर्वितरण होता है। अतः व्यतिकरण की घटना में ऊर्जा संरक्षण के नियम का पूर्णतः पालन होता है।
- तरंगों के अध्यारोपण के फलस्वरूप जिन स्थानों पर अधिकतम तीव्रता प्राप्त होती है, वहाँ होने वाले व्यतिकरण को **संपोषी व्यतिकरण** (Constructive interference) कहते हैं तथा जिन स्थानों पर न्यूनतम तीव्रता प्राप्त होती है, वहाँ होने वाले व्यतिकरण को **विनाशी व्यतिकरण** (Destructive interference) कहते हैं।
- कभी-कभी संगीत कार्यक्रम में विभिन्न स्पीकरों की ध्वनियों का व्यतिकरण होता है, जिससे कुछ स्थानों पर ध्वनि तीव्रता ज्यादा, जबकि कुछ स्थानों पर ध्वनि तीव्रता बहुत कम सुनाई पड़ती है।

ध्वनि का विवर्तन

- जब ध्वनि तरंगें किसी अवरोध से टकराती हैं, तो अवरोध के किनारों से मुड़कर आगे बढ़ती हैं, इस घटना को **ध्वनि का विवर्तन** (Diffraction of sound) कहते हैं।
- ध्वनि के इस गुण के कारण ही बाहर से आने वाली आवाजें कमरे के भीतर भी सुनाई पड़ती हैं।

ध्वनि में डॉप्लर प्रभाव

- जब कोई ध्वनि स्रोत कंपन करता है, तो माध्यम में ध्वनि तरंगें उत्पन्न होती हैं, जो सभी दिशाओं में संचरित होती हैं। जब ये तरंगें किसी श्रोता के कान के समीप पहुँचती हैं, तो वहाँ वायुदाब में कंपन होने के कारण श्रोता को ध्वनि सुनाई देती है।
- श्रोता द्वारा सुनी गई ध्वनि की आवृत्ति उसके कान के समीप वायुदाब के कंपन की आवृत्ति के बराबर होती है, परंतु यदि श्रोता व ध्वनि स्रोत गतिमान हैं, तो श्रोता को ध्वनि स्रोत की वास्तविक आवृत्ति सुनाई नहीं आती, आवृत्ति में यह परिवर्तन ही **डॉप्लर प्रभाव** (Doppler's effect) कहलाता है।
- डॉप्लर प्रभाव के प्रमुख अनुप्रयोग निम्न हैं
  - गतिमान पिंडों की आवृत्तियों में, डॉप्लर प्रभाव के कारण आने वाले अंतर का उपयोग सेना, औषधि विज्ञान, खगोलिकी जैसे विविध क्षेत्रों में पिंडों का वेग मापने के लिए किया जाता है।
  - इसका उपयोग पुलिस यह जाँचने के लिए भी करती है कि कोई गाड़ी गतिसीमा से अधिक गति से तो नहीं चलाई जा रही।

अतिरिक्त तथ्य

तमिलनाडु बोर्ड एवं NIOS

- वह वेग, जिससे माध्यम के कण तरंग रूप में ऊर्जा स्थानांतरण के लिए कम्पंन करते हैं, उसे कण वेग (Particle velocity) कहते हैं।
- विद्युत चुम्बकीय तरंगों को सुदुर अंतरिक्ष के तारों और कृत्रिम उपग्रहों से प्राप्त किया जा सकता है।
- विद्युत चुम्बकीय तरंग बिना माध्यम के कणों को एक बिन्दु से दूसरे बिन्दु तक स्थानांतरित किए इन बिन्दुओं के बीच ऊर्जा को स्थानांतरित करती है।
- ध्वनि तरंग किसी माध्यम में संचरण करते समय निम्न व उच्च दाब एवं घनत्व का क्षेत्र उत्पन्न करती हैं।
- विद्युत चुम्बकीय तरंगों में श्रृंग-गर्त एवं सम्पीड़न-विरलन नहीं होते हैं।
- ध्वनि तरंगों की तुलना में विद्युत चुम्बकीय तरंगें ज्यादा ऊर्जावान होती हैं।
- बादलों में तड़ित झंझा (Thunder storm) के समय उसकी गर्जना सुनने से पहले ही हमें चमक दिख जाती है।
- डेसीबल ध्वनि स्तर का मात्रक है यहाँ डेसी (deci) का अर्थ है दक्षांश (1/10) और बेल ध्वनि का स्तर है, जिसे अलेक्जेण्डर ग्राह्म बेल के नाम पर रखा गया है।
- आवाज एक आवृत्ति नहीं होती है, यह कई आवृत्ति से मिलकर बनती है, जिनमें से कुछ एक ही आवृत्ति, जिसे उस व्यक्ति का आधारभूत स्वर कहा जाता है **अप्रवृत्य** (Harmonics) कहलाते हैं।
- ध्वनि द्वारा उत्पन्न तरंगदैर्ध्य वायु के स्तम्भ की लम्बाई के अनुक्रमानुपाती होती है।
- ध्वनि दाब-समय के मध्य ग्राफ खींचने पर संगीत या टोन एक निश्चित पैटर्न में हो, तो मधुर अथवा अनियमित तरह से परिवर्तित शोर, हमें क्षुब्ध करता है।
- सोनार में दो महत्वपूर्ण अवयव, जिनमें से एक प्रेक्षी (Transmitter) जिसमें एक सिग्नल जनित्र, शक्ति प्रवर्धक और एक ट्रांसड्यूसर लगा होता है तथा एक संसूचक (Detector) जो केवल एक सिग्नल संसूचक या अनेक सिग्नल संसूचकों का समूह होता है।
- ध्वनि की प्रतिध्वनि सुनने के लिए न्यूनतम दूरी, वायु में ध्वनि के वेग के परिमाण का 1/20वाँ भाग होती है।

10

वैद्युतिकी

(स्रोत)

Class-VI New NCERT Chap 9 (विद्युत तथा परिपथ), Class-VIII NCERT Chap 11 (विद्युत धारा के रासायनिक प्रभाव), Class-X New NCERT Chap 11 (विद्युत), Chap 12 (विद्युत धारा के चुंबकीय प्रभाव), Class-XII New NCERT Chap 1 (विद्युत आवेश तथा क्षेत्र), Chap 2 (स्थिरवैद्युत विभव तथा धारिता), Chap 3 (विद्युत धारा), Chap 4 (गतिमान आवेश और चुंबकत्व) Tamil Nadu Board (Class-X), NIOS

- प्रकृति में ऐसे बहुत-से पदार्थ पाए जाते हैं, जिन्हें आपस में रगड़ने पर वे किसी अन्य पदार्थ या एक-दूसरे को आकर्षित अथवा प्रतिकर्षित करते हैं अर्थात् आवेशित हो जाते हैं।
- ऐसे पदार्थ मुख्य रूप से काँच, गंधक, ऐबोनाइट, प्लास्टिक आदि हैं। इन पदार्थों को रगड़ने पर, इनमें हल्की वस्तुओं को अपनी ओर आकर्षित करने का गुण उत्पन्न हो जाता है, पदार्थ के इस गुण को **विद्युत आवेश** (Electric charge) कहते हैं तथा पदार्थ की यह अवस्था **विद्युतमय अवस्था** (Electrostatic state) कहलाती है।
- आवेशों के प्रवाह को ही **विद्युत धारा** (Electric current) कहते हैं तथा विद्युत धारा तापीय, रासायनिक चुंबकीय प्रभाव को प्रदर्शित करती है।

विद्युत आवेश

- विद्युत आवेश पदार्थ का वह भैतिक गुण है, जिसके कारण वस्तुओं के बीच विद्युत बल कार्य करता है। इस गुण के कारण इसमें विद्युत तथा चुंबकीय प्रभाव उत्पन्न हो जाते हैं। यह एक अदिश राशि है। इसका SI मात्रक कूलॉम होता है।
- यदि किसी आवेश में इलेक्ट्रॉनों (e) की संख्या n हो, तो आवेश

$$q = ne$$

- इस नियम को आवेशों का **क्वांटीकरण** (Quantisation of charges) भी कहते हैं।
- 1 कूलॉम आवेश उस विद्युत आवेश के तुल्य होता है, जो लगभग 6.25×10^{18} इलेक्ट्रॉनों में उपस्थित होता है।

विद्युत आवेश के प्रकार

विद्युत आवेश दो प्रकार का होता है। **बेंजामिन फ्रेंकलिन** ने आवेशों को धनात्मक तथा ऋणात्मक नाम दिया।

(i) **धनावेश** (Positive charge) किसी पदार्थ पर इलेक्ट्रॉनों की कमी के कारण उत्पन्न आवेश को **धनावेश** कहते हैं।

उदाहरण-यदि एक काँच की छड़ को रेशम के कपड़े पर रगड़ा जाता है, तो काँच की छड़ पर इलेक्ट्रॉनों की कमी हो जाती है, जिस कारण काँच की छड़ धनावेशित हो जाती है।

(ii) **ऋणावेश** (Negative charge) किसी पदार्थ पर इलेक्ट्रॉनों की अधिकता के कारण उत्पन्न आवेश को **ऋणावेश** कहते हैं।

उदाहरण-यदि ऐबोनाइट की छड़ को **फर** (Fur) से रगड़ा जाता है, तो ऐबोनाइट की छड़ पर इलेक्ट्रॉन की अधिकता हो जाती है, जिस कारण ऐबोनाइट की छड़ ऋणावेशित हो जाती है।

विद्युत आवेशों के मूलभूत गुण

विद्युत आवेशों में निम्नलिखित मूलभूत गुण पाए जाते हैं

- **आकर्षण तथा प्रतिकर्षण** (Attraction and repulsion) सजातीय आवेश एक-दूसरे को प्रतिकर्षित तथा विजातीय आवेश एक-दूसरे को आकर्षित करते हैं।
- **आवेश का संरक्षण** (Conservation of charge) आवेश को न तो उत्पन्न किया जा सकता है और न ही नष्ट किया जा सकता है। बल्कि इसे केवल एक वस्तु से दूसरी वस्तु पर स्थानांतरित किया जा सकता है।
- **विद्युत आवेशों की योज्यता** (Additivity of charges) किसी निकाय का कुल विद्युत आवेश उसके विभिन्न अवयवी कणों पर उपस्थित भिन्न-भिन्न आवेशों के बीजगणितीय योग के बराबर होता है।

कूलॉम का नियम

इस नियम के अनुसार, दो स्थिर बिंदु आवेशों के बीच लगने वाला आकर्षण अथवा प्रतिकर्षण बल दोनों आवेशों की मात्राओं के गुणनफल के अनुक्रमानुपाती तथा उनके बीच की दूरी के वर्ग के व्युत्क्रमानुपाती होता है।

यदि दो बिंदुवत् आवेश q_1 तथा q_2 निर्वात् में r दूरी पर रखे हों, तो कूलॉम के नियमानुसार उनके मध्य कार्यरत् आकर्षण अथवा प्रतिकर्षण बल,

$$F \propto \frac{q_1 q_2}{r^2} \quad \Rightarrow \quad F = \frac{k q_1 q_2}{r^2}$$

जहाँ, k एक नियतांक है, इसका मान 9×10^9 न्यूटन-मीटर^2/कूलॉम^2 है।

विद्युत क्षेत्र

प्रत्येक आवेश के चारों ओर का वह क्षेत्र जिसमें किसी दूसरे आवेश को रखने पर वह आकर्षण या प्रतिकर्षण बल का अनुभव करता है, **विद्युत क्षेत्र** (Electric field) कहलाता है।

विद्युत बल रेखाएँ

विद्युत क्षेत्र के प्रदर्शन के लिए फैराडे ने **विद्युत बल रेखाओं** (Electric lines of force) का सुझाव दिया। उनके अनुसार विद्युत बल रेखा विद्युत क्षेत्र में खींचा गया वह काल्पनिक निष्कोण वक्र है, जिस पर एक स्वतंत्र व पृथक्कृत एकांक धन आवेश चलता है।

विद्युत बल रेखाओं के निम्नलिखित गुण हैं

- विद्युत बल रेखाएँ धनात्मक आवेश से प्रारंभ होती हैं तथा ऋणात्मक आवेश पर समाप्त होती हैं।
- विद्युत बल रेखा के किसी बिंदु पर खींची गई स्पर्श रेखा उस बिंदु पर परिणामी विद्युत क्षेत्र की दिशा को प्रदर्शित करती है।
- दो बल रेखाएँ एक-दूसरे को काट नहीं सकती हैं।
- एकसमान विद्युत क्षेत्र में बल रेखाएँ समांतर तथा समान दूरी पर होती हैं।
- विद्युत बल रेखाएँ बंद पाश नहीं बनाती हैं।

विद्युत क्षेत्र की तीव्रता

- विद्युत क्षेत्र के किसी बिंदु पर प्रति एकांक परीक्षण धनावेश पर लगने वाले बल तथा परीक्षण आवेश के अनुपात को उस बिंदु पर **विद्युत क्षेत्र की तीव्रता** (Intensity of electric field) कहते हैं। इसे E से प्रदर्शित करते हैं। इसका मात्रक न्यूटन/कूलॉम होता है।
- यदि क्षेत्र के किसी बिंदु पर परीक्षण आवेश q_0 पर F बल लग रहा हो, तो उस बिंदु पर विद्युत क्षेत्र की तीव्रता,

$$E = \frac{F}{q_0}$$

विद्युत विभव

- एकांक धनावेश को अनंत से विद्युत क्षेत्र में स्थित किसी बिंदु तक लाने में किए गए कार्य को उस बिंदु का **विद्युत विभव** (Electric potential) कहते हैं। इसे V से प्रदर्शित करते हैं।
- यदि q कूलॉम आवेश को अनंत से किसी बिंदु तक लाने में किया गया कार्य W जूल हो, तो उस बिंदु पर कार्यरत् विद्युत विभव,

$$V = \frac{W}{q}$$

- विद्युत विभव का मात्रक जूल/कूलॉम या वोल्ट होता है।
- यदि 1 कूलॉम आवेश को अनंत से किसी बिंदु तक लाने में किया गया कार्य 1 जूल हो, तो उस बिंदु पर कार्यरत् विद्युत विभव 1 वोल्ट होगा। पृथ्वी का विभव शून्य रहता है।

विद्युत विभवांतर

- किसी धारावाही विद्युत परिपथ में दो बिंदुओं के बीच विद्युत विभवांतर (Electric potential difference) वह कार्य है, जो एकांक आवेश को एक बिंदु से दूसरे बिंदु तक लाने में किया जाता है। इसे V से प्रदर्शित करते हैं।
- इलेक्ट्रॉन केवल तभी गति करते हैं जब चालक के अनुदिश विद्युत दाब में कोई अन्तर होता है जिसे **विभवान्तर** कहते हैं।
- विभव में यह अन्तर एक या अधिक विद्युत सेलों से बनी बैटरी द्वारा उत्पन्न किया जा सकता है।
- यदि किसी चालक में q कूलॉम आवेश को एक बिंदु से दूसरे बिंदु तक ले जाने में किया गया कार्य W हो, तो उन बिंदुओं के बीच विभवांतर,

$$\Delta V = \frac{W}{q}$$

- विभवांतर के मापन हेतु **वोल्टमीटर** (Voltmeter) का प्रयोग किया जाता है। वोल्टमीटर को सदैव **समांतर क्रम** (पार्श्व क्रम) में संयोजित किया जाता है तथा विभवांतर का मात्रक जूल/कूलॉम या वोल्ट होता है, जिसे इटली के भौतिक वैज्ञानिक **अलेसान्द्रो वोल्टा** के नाम पर रखा गया है।
- यदि किसी परिपथ में 1 कूलॉम आवेश को एक बिंदु से दूसरे बिंदु तक ले जाने में किया गया कार्य 1 जूल हो, तो उन दो बिंदुओं के बीच विभवांतर 1 वोल्ट होगा।

समविभव पृष्ठ

एक ऐसा पृष्ठ जिसके प्रत्येक बिंदु पर विद्युत विभव का मान समान होता है, **समविभव पृष्ठ** (Equipotential surface) कहलाता है।

समविभव पृष्ठ के गुण निम्नलिखित हैं

- दो समविभव पृष्ठ कभी-भी एक-दूसरे को काटते नहीं हैं।
- समविभव पृष्ठ के प्रत्येक बिंदु पर विद्युत विभव का मान एकसमान होता है।
- समविभव पृष्ठ के किन्हीं दो बिंदुओं के मध्य विभवांतर शून्य होता है।

धारिता

- चालक की आवेश ग्रहण करने की क्षमता को ही **चालक की धारिता** (Capacitance) कहते हैं। यदि किसी चालक को Q आवेश देने पर उसके विभव में V वृद्धि होती है, तब चालक की धारिता निम्न सूत्र द्वारा प्राप्त होती है

$$\text{चालक की धारिता } (C) = \frac{\text{चालक को दिया गया आवेश } (Q)}{\text{चालक के विभव में वृद्धि } (V)}$$

- इसका मात्रक फैरड होता है।

संधारित्र

- ऐसा समायोजन जिसमें किसी चालक के आधार में परिवर्तन किए बिना उस पर आवेश की पर्याप्त मात्रा संचित की जा सकती है, **संधारित्र** (Capacitor) कहलाता है।

समांतर प्लेट संधारित्र

- समांतर प्लेट संधारित्र (Parallel plate capacitor) में धातु की दो समान आकृति एवं समान क्षेत्रफल की चालक प्लेटों को परस्पर अल्प दूरी पर तथा परस्पर समांतर व्यवस्थित किया जाता है तथा प्लेटों के मध्य वायु, निर्वात् या अन्य परावैद्युत माध्यम भरा जाता है।

  समांतर प्लेट संधारित्र की धारिता, $C = \frac{A\varepsilon_0}{\Delta d}$

  जहाँ, A = संधारित्र की प्लेटों का क्षेत्रफल
  तथा d = प्लेटों के बीच की दूरी

- यदि संधारित्र की प्लेटों के बीच परावैद्युतांक K का माध्यम उपस्थित हो, तो उसकी धारिता निम्न सूत्र द्वारा प्राप्त होगी

$$C = \frac{KA\varepsilon_0}{d}$$

विद्युत धारा

- आवेश के प्रवाह की दर को **विद्युत धारा** (Electric current) कहते हैं। यदि किसी चालक के किसी अनुप्रस्थ-काट पर कुल आवेश प्रवाह की दर अर्थात् प्रति सेकण्ड प्रवाहित आवेश की मात्रा विद्युत धारा की माप होती है।

  यदि किसी चालक में किसी बिंदु से t सेकण्ड में q आवेश प्रवाहित हो, तो

  विद्युत धारा, $i = \frac{q}{t}$

- विद्युत धारा के मापन हेतु **अमीटर** (Ammeter) का प्रयोग किया जाता है। इसे सदैव श्रेणीक्रम में संयोजित करते हैं तथा विद्युत धारा का मात्रक कूलॉम/सेकण्ड अथवा ऐम्पियर (A) होता है। इस मात्रक का नाम आंद्रे-मेरी ऐम्पियर नाम के फ्रांसीसी वैज्ञानिक के नाम पर रखा गया है।

  विद्युत धारा के छोटे मात्रक मिलीऐम्पियर (mA) तथा माइक्रोऐम्पियर (μA) होते हैं।

  1 मिलीऐम्पियर = 10^{-3} ऐम्पियर
  1 माइक्रोऐम्पियर = 10^{-6} ऐम्पियर

- यदि किसी परिपथ में 1 सेकण्ड में 1 कूलॉम आवेश प्रवाहित हो, तो उस परिपथ में प्रवाहित विद्युत धारा 1 ऐम्पियर होती है।

नोट किसी चालक में विद्युत धारा की दिशा, उसमें प्रवाहित होने वाले धन आवेश की दिशा में होती है। धातुओं में विद्युत धारा मुक्त इलेक्ट्रॉनों अर्थात् ऋण आवेश के प्रवाह से उत्पन्न होती है। अतः विद्युत धारा की दिशा मुक्त इलेक्ट्रॉनों के प्रवाह की दिशा के विपरीत होती है।

विद्युत परिपथ तथा विद्युत परिपथ आरेख

- विद्युत धारा के प्रवाह के बंद मार्ग को **विद्युत परिपथ** (Electrical circuit) कहते हैं। प्रत्येक विद्युत परिपथ में विभिन्न अवयव; जैसे-सेल, विद्युत उपकरण, स्विच तार आदि लगे होते हैं।
- किसी विद्युत परिपथ का ऐसा आरेख जो उसमें लगे उपकरणों व धारा स्रोत के विभिन्न संबंधों को वैद्युत प्रतीक द्वारा प्रदर्शित करता है, **विद्युत परिपथ आरेख** (Electrical circuit diagram) कहलाता है।

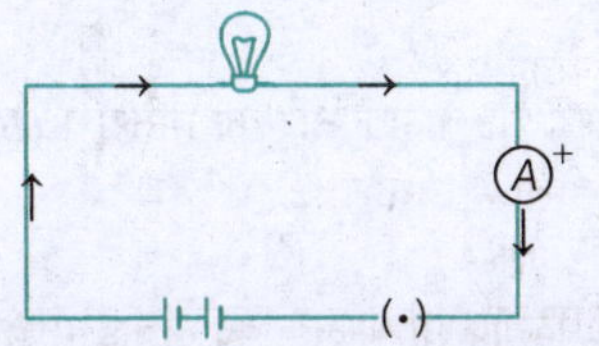

एक सेल, एक विद्युत बल्ब, एक अमीटर तथा एक प्लग कुँजी मिलाकर बना विद्युत परिपथ

ओम का नियम

- ओम के नियम (Ohm's law) के अनुसार, किसी धातु के तार में प्रवाहित होने वाली विद्युत धारा (I), उस तार के सिरों के मध्य उत्पन्न विद्युत विभवांतर (V) के अनुक्रमानुपाती होती है जबकि तार का ताप निश्चित हो।
- दूसरे शब्दों में, जब किसी चालक का ताप तथा अन्य भौतिक अवस्थाएँ (जैसे-लंबाई, क्षेत्रफल आदि) नहीं बदलती, तो उसके सिरों पर लगाए गए विभवांतर व उसमें बहने वाली धारा का अनुपात नियत रहता है।

  $V \propto I \Rightarrow \frac{V}{I} = R$ (नियतांक)

  अथवा $V = IR$

  जहाँ, V = विद्युत विभवांतर,
  I = तार में प्रवाहित विद्युत धारा,
  R = अनुक्रमानुपाती नियतांक

- R को चालक का विद्युत प्रतिरोध कहते हैं, जिसका मान चालक के पदार्थ, ताप, क्षेत्रफल आदि पर निर्भर करता है।

विद्युत प्रतिरोध

- किसी चालक का वह गुण, जिसके कारण वह उसमें प्रवाहित होने वाली विद्युत धारा के प्रवाह का विरोध करता है, चालक का **विद्युत प्रतिरोध** (Electric resistance) कहलाता है। इसे (R) से प्रदर्शित करते हैं। यदि किसी चालक के सिरों के बीच विभवांतर (V) वोल्ट हो तथा चालक में प्रवाहित धारा (I) ऐम्पियर हो, तो चालक का प्रतिरोध,

$$R = \frac{V}{I}$$

- यह एक अदिश राशि है। इसका मात्रक वोल्ट/ऐम्पियर अथवा ओम (Ω) होता है।
- यदि किसी चालक में 1 ऐम्पियर विद्युत धारा प्रवाहित हो तथा चालक के दोनों सिरों के बीच विद्युत विभवांतर 1 वोल्ट हो, तब उसका विद्युत प्रतिरोध 1 ओम होता है। किसी प्रतिरोधक से प्रवाहित होने वाली विद्युत धारा उसके प्रतिरोध के व्युत्क्रमानुपाती होती है।
- स्रोत की वोल्टता में बिना कोई परिवर्तन किए परिपथ की विद्युत धारा को नियंत्रित करने के लिए उपयोग किए जाने वाले अवयव को **परिवर्ती प्रतिरोध** (Variable resistor) कहते हैं।
- किसी विद्युत परिपथ में परिपथ के प्रतिरोध को परिवर्तित करने के लिए प्रायः एक युक्ति का उपयोग करते हैं, जिसे **धारा नियंत्रक** (Resistor) कहते हैं।

विभिन्न कारक जिन पर किसी चालक का प्रतिरोध निर्भर करता है

एक निश्चित ताप पर किसी चालक का प्रतिरोध निम्नलिखित कारकों पर निर्भर करता है

- **लंबाई** (Length) किसी भी चालक तार का प्रतिरोध (R), चालक की लंबाई (l) के अनुक्रमानुपाती होता है अर्थात्

$$R \propto l$$

अत: हम कह सकते हैं कि किसी चालक की लंबाई में वृद्धि होने पर चालक के प्रतिरोध में भी वृद्धि होती है।

- **क्षेत्रफल** (Area) किसी भी चालक तार का विद्युत प्रतिरोध (R), चालक के अनुप्रस्थ-काट के क्षेत्रफल (A) के व्युत्क्रमानुपाती होता है अर्थात्

$$R \propto \frac{1}{A}$$

अत: हम कह सकते हैं कि किसी चालक के अनुप्रस्थ-काट के क्षेत्रफल (A) में वृद्धि होने पर चालक का प्रतिरोध (R) कम होता है। यही कारण है कि मोटे तार का प्रतिरोध कम व पतले तार का प्रतिरोध अधिक होता है।

- **पदार्थ की प्रकृति** (Nature of material) यदि समान लंबाई व समान अनुप्रस्थ-काट के क्षेत्रफल के तारों को भिन्न-भिन्न पदार्थों द्वारा निर्मित किया जाता है, तो दोनों चालक तारों का प्रतिरोध भी भिन्न-भिन्न होता है।

विशिष्ट प्रतिरोध

- किसी चालक तार का प्रतिरोध, तार की लंबाई (l) के अनुक्रमानुपाती तथा अनुप्रस्थ-काट के क्षेत्रफल (A) के व्युत्क्रमानुपाती होता है अर्थात्

$$R \propto \frac{l}{A} \text{ अथवा } R = \rho\frac{l}{A}$$

जहाँ ρ (Rho) एक नियतांक है, जिसे **विशिष्ट प्रतिरोध** (Specific resistance) या **वैद्युत प्रतिरोधकता** (Electrical resistivity) कहते हैं।

$$\rho = \frac{RA}{l}$$

विशिष्ट प्रतिरोध का मात्रक ओम-मीटर होता है।

यदि $A = 1$ वर्ग मीटर व $l = 1$ मीटर हो, तो $\rho = R$

- अत: विशिष्ट प्रतिरोध को निम्न प्रकार परिभाषित किया जा सकता है, "किसी पदार्थ का विशिष्ट प्रतिरोध वह प्रतिरोध है, जो उस पदार्थ के 1 मीटर लंबे व 1 वर्ग मीटर अनुप्रस्थ-काट के क्षेत्रफल के तार द्वारा उत्पन्न किया जाता है।"

विशिष्ट प्रतिरोध पदार्थ का गुण है, अत: यह लंबाई व क्षेत्रफल पर निर्भर नहीं करता।

नोट. एक धातु के अलग-अलग लंबाई के दो टुकड़े करने पर उनकी प्रतिरोधकता का मान समान रहता है, परंतु प्रतिरोधों का मान भिन्न-भिन्न हो जाता है।

विभिन्न पदार्थों की प्रतिरोधकता या विशिष्ट प्रतिरोध

प्रतिरोधकता के आधार पर विभिन्न पदार्थों को वर्गीकृत किया जा सकता है

- **चालक पदार्थ** (Conductive materials) ऐसे पदार्थ जिनमें विद्युत धारा का प्रवाह सुगमता से होता है, चालक पदार्थ कहलाते हैं।

इनकी प्रतिरोधकता अति अल्प होती है; जैसे-सिल्वर, कॉपर, नमक विलयन, आयरन, पारा, निकिल, टंगस्टन आदि।

- **विद्युतरोधी पदार्थ** (Insulator materials) ऐसे पदार्थ जिनमें विद्युत धारा का प्रवाह नहीं होता है, विद्युतरोधी पदार्थ कहलाते हैं। इनकी प्रतिरोधकता अत्यधिक होती है; जैसे- शुद्ध जल, काँच, रबड़ आदि।
- **अर्द्धचालक पदार्थ** (Semiconductor materials) ऐसे पदार्थ जिनकी प्रतिरोधकता चालक पदार्थों से अधिक परंतु विद्युतरोधी पदार्थों से कम होती है, अर्द्धचालक पदार्थ कहलाते हैं; जैसे–जर्मेनियम, सिलिकॉन आदि।

प्रतिरोध तथा प्रतिरोधकता पर ताप का प्रभाव

- ताप बढ़ाने पर धातु प्रतिरोध या **प्रतिरोधकता** (Resistivity) में वृद्धि होती है।
- मिश्र धातुओं की प्रतिरोधकता ताप वृद्धि के साथ बढ़ जाती है। नाइक्रोम, कॉन्सटेन्टन व मैंगनीन आदि मिश्रधातु की प्रतिरोधकता में वृद्धि बहुत कम होती है।
- अर्द्धचालक; जैसे-सिलिकॉन, जर्मेनियम, कार्बन आदि की प्रतिरोध तथा तथा प्रतिरोधकता ताप बढ़ाने पर घटती है।

विद्युत चालकता एवं विशिष्ट चालकता

विद्युत चालकता एवं विशिष्ट चालकता का वर्णन निम्नलिखित है

विद्युत चालकता (Electric conductivity) विद्युत प्रतिरोध के व्युत्क्रम को विद्युत चालकता कहते हैं। इसका मात्रक म्हो (mho) होता है।

$$\text{विद्युत चालकता} = \frac{1}{R}$$

विशिष्ट चालकता (Specific conductivity) विशिष्ट प्रतिरोध के व्युत्क्रम को विशिष्ट चालकता कहते हैं। इसका मात्रक (म्हो मीटर)$^{-1}$ होता है।

$$\text{विशिष्ट चालकता} = \frac{1}{\rho}$$

प्रतिरोधों का संयोजन

प्रयोगात्मक रूप से प्रतिरोधों का संयोजन (Combination of resistances) निम्न प्रकार से किया जाता है

- **श्रेणीक्रम संयोजन** (Series combination) इस संयोजन में प्रतिरोधों को इस प्रकार जोड़ा जाता है कि प्रत्येक प्रतिरोध का दूसरा सिरा अगले वाले प्रतिरोध के पहले सिरे से जुड़ा हो।

इस प्रकार के संयोजन में सभी प्रतिरोधों में एकसमान धारा प्रवाहित होती है।

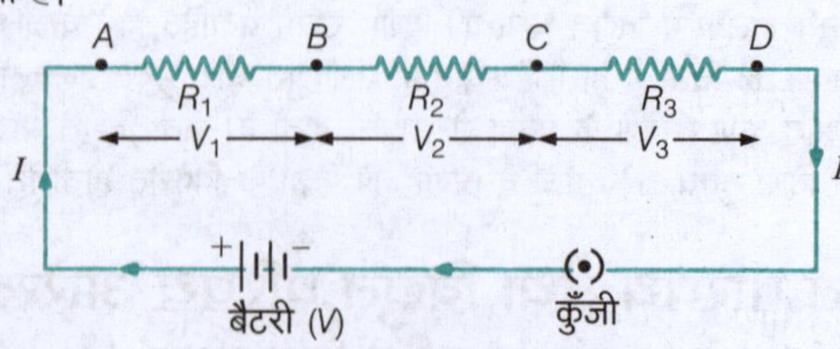

प्रतिरोधों का श्रेणीक्रम संयोजन

श्रेणीक्रम में संयोजित प्रतिरोधों का तुल्य प्रतिरोध उनके योग के बराबर होता है अर्थात्

$$R = R_1 + R_2 + R_3$$

- **समांतर या पार्श्व क्रम संयोजन** (Parallel combination) इस संयोजन में सभी प्रतिरोधों को इस प्रकार जोड़ा जाता है कि सभी के पहले सिरे एक बिंदु से तथा दूसरे सिरे दूसरे बिंदु से जुड़े हों।

इस प्रकार के संयोजन में सभी प्रतिरोधों के सिरों के बीच विभवांतर समान होता है।

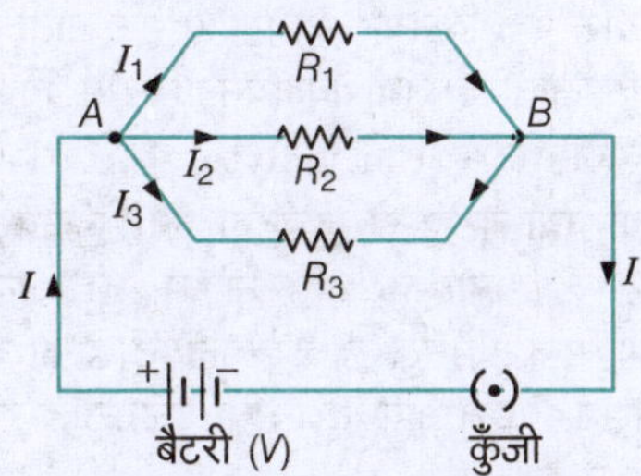

प्रतिरोधों का समांतर क्रम संयोजन

समान्तर क्रम में संयोजित प्रतिरोध के तुल्य प्रतिरोध का व्युत्क्रम उन प्रतिरोधों के व्युत्क्रम के वेग के बराबर होता है।

अर्थात् $\frac{1}{R}=\frac{1}{R_1}+\frac{1}{R_2}+\frac{1}{R_3}$

विद्युत ऊर्जा

- किसी चालक में विद्युत आवेश प्रवाहित होने से जो ऊर्जा व्यय होती है, उसे **विद्युत ऊर्जा** (Electric energy) कहते हैं। यदि किसी चालक के सिरों के बीच विभवांतर V वोल्ट हो, तो q कूलॉम आवेश को चालक के एक सिरे से दूसरे सिरे तक ले जाने में किया गया कार्य या व्यय विद्युत ऊर्जा,

$$W = V \times q$$

- विद्युत ऊर्जा का मात्रक जूल (Joule) होता है।

अतः यदि चालक के सिरों के बीच विभवांतर 1 वोल्ट हो तथा चालक में 1 कूलॉम आवेश प्रवाहित किया जाए, तो 1 जूल ऊर्जा व्यय होगी।

चालक में t सेकण्ड में व्यय हुई विद्युत ऊर्जा,

$$W = VIt$$

$$W = I^2Rt = \frac{V^2t}{R} \text{ जूल}$$

विद्युत धारा का तापीय प्रभाव

- विद्युत धारा के प्रवाह के कारण किसी चालक के ताप में वृद्धि की घटना को **विद्युत धारा का तापीय प्रभाव** (Heating effect of electric current) कहते हैं।
- यदि किसी चालक का प्रतिरोध R हो, और उसमें t समय तक I धारा प्रवाहित होने पर उत्पन्न ऊष्मा H होती है तो

$$H = I^2Rt \text{ जूल या } H = \frac{I^2Rt}{4.2} \text{ कैलोरी}$$

विद्युत धारा के इस प्रभाव को जूल का **ऊष्मीय प्रभाव** भी कहा जाता है।

विद्युत धारा के तापीय प्रभाव के व्यावहारिक अनुप्रयोग

विद्युत धारा के तापीय प्रभाव के व्यावहारिक अनुप्रयोग के आधार पर निम्नलिखित उपकरण प्रयुक्त किए जाते हैं

- **विद्युत बल्ब** (Electric bulb) यह विद्युत धारा के ऊष्मीय प्रभाव पर आधारित एक उपकरण है। इसमें टंगस्टन के महीन तार का फिलामेन्ट होता है। इसकी प्रतिरोधकता अति उच्च होती है तथा इसका गलनांक लगभग 3800°C होता है। जब विद्युत बल्ब के तंतु में धारा प्रवाहित की जाती है, तो तंतु का प्रतिरोध अत्यधिक होने के कारण इसका तापमान 1500°C से 2500°C तक बढ़ जाता है, जिस कारण यह चमकने लगता है।
- विद्युत बल्ब काँच का एक खोखला गोला होता है, जिसके अंदर से वायु निकाल कर निर्वात् रखते हैं।

सामान्यतः कम सामर्थ्य वाले बल्बों के अंदर निर्वात् उपस्थित होता है, जबकि उच्च सामर्थ्य के बल्बों में निष्क्रिय गैसें (जैसे—नाइट्रोजन एवं ऑर्गन) भरी होती हैं, क्योंकि निष्क्रिय गैसों द्वारा तंतु का ऑक्सीकरण एवं वाष्पीकरण नहीं हो पाता तथा बल्ब की दक्षता व आयु बढ़ जाती है।

यदि बल्ब में वायु होगी, तो बल्ब का तंतु गर्म होकर वायु की ऑक्सीजन द्वारा ऑक्सीकृत हो जाएगा।

- **विद्युत इस्तरी** यह भी विद्युत धारा के ऊष्मीय प्रभाव पर आधारित उपकरण है जिसमें नाइक्रोम (80% निकिल + 20% क्रोमियम) के व्यापक तार का उपयोग किया जाता है।
- **विद्युत ऊष्मक अथवा हीटर** विद्युत ऊष्मक अथवा हीटर (Electric heater) में चीनी मिट्टी की बनी एक प्लेट होती है, जिसमें खाँचे बने होते हैं। इन खाँचों में मिश्रधातु नाइक्रोम का सर्पिलाकार तापक तार लगा होता है, जिसके दोनों सिरे प्लेट पर लगे दो पेंचों A व B से संपर्कित (Connected) होते हैं।

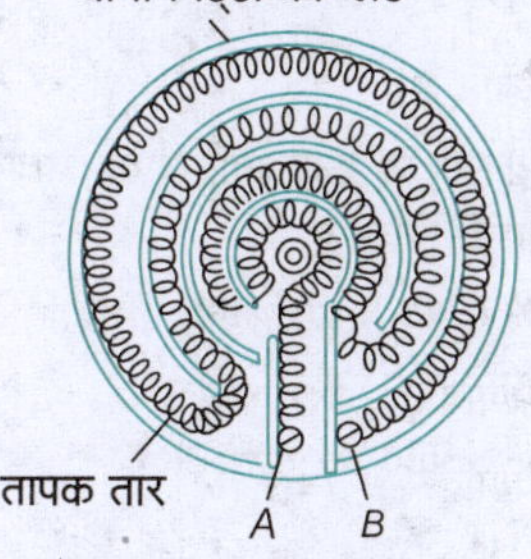

विद्युत ऊष्मक की संरचना

तापक तार के रूप में नाइक्रोम के तार का उपयोग किया जाता है, क्योंकि नाइक्रोम में 80% निकिल तथा 20% क्रोमियम होता है, जो उच्च ताप पर गर्म करने पर पिघलता नहीं है तथा वायु से क्रिया करके शीघ्र ऑक्सीकृत नहीं होता।

जब तापक तार में विद्युत धारा प्रवाहित की जाती है, तो यह **लाल तप्त** (800°C-1000°C) होकर ऊष्मा उत्सर्जित करने लगता है।

सीएफल (CFL-Compact Fluorescent Lamp)

- सीएफएल एवं ट्यूबलाइट में कम दाब पर पारे का वाष्प भरा जाता है, जो विद्युत धारा के प्रभाव से UV-प्रकाश का उत्सर्जन करता है। UV-प्रकाश से ट्यूब के भीतरी सतह पर लेपित फॉस्फोर (Phosphor) कोटिंग चमकने लगती है। (कम दाब पर पारे के वाष्प के साथ गैसें; जैसे-ऑर्गन, जेनॉन या नियॉन भी उपयोग में लाई जाती हैं।)
- विद्युत बल्ब में टंगस्टन का फिलामेंट तप्त होने से प्रकाश उत्सर्जित होता है, इसे 'उद्दीप्ति' (Incandescence) कहते हैं। वहीं CFL में प्रतिदीप्ति (Fluorescence) द्वारा प्रकाश उत्पन्न होता है। यही कारण है कि CFL विद्युत बल्ब से ज्यादा ऊर्जा दक्ष होते हैं।

एलईडी (LED-Light Emitting Diode)

- यह एक विशेष प्रकार का डायोड है, जो विद्युत धारा प्रवाहित होने पर प्रकाश उत्सर्जित करने लगता है। यह एक अर्द्धचालक पदार्थ का बना होता है। इसमें *p-n* जंक्शन डायोड का प्रयोग होता है। इसमें मुख्य प्रकाशोत्पादक घटक गैलियम आर्सेनाइड होता है।
- LED विद्युत ऊर्जा को सीधे प्रकाश ऊर्जा में परिवर्तित कर देता है। इसलिए यह CFL से भी ज्यादा ऊर्जा दक्ष है। CFL में प्रयुक्त पारा पर्यावरणीय रूप से हानिकारक भी है। इन्हीं कारणों से LED के प्रयोग को प्रोत्साहन दिया जा रहा है।

विद्युत शक्ति

- किसी विद्युत परिपथ में प्रति सेकण्ड व्यय होने वाली ऊष्मा को **शक्ति** (Power) कहते हैं। इसे P से प्रदर्शित करते हैं। यदि t समय में व्यय ऊष्मा W हो, तो शक्ति,

$$P = \frac{W}{t}$$

$$P = \frac{VIt}{t} = VI = \frac{V^2}{R} = I^2R$$

इसका मात्रक जूल/वाट है।

- अनेक व्यावहारिक कार्यों के लिए शक्ति का मात्रक वाट होता है, इसके अन्य बड़े मात्रक निम्नलिखित हैं

$$1 \text{ किलोवाट} = 10^3 \text{ वाट}$$

$$1 \text{ मेगावाट} = 10^6 \text{ वाट}$$

$$1 \text{ अश्वशक्ति} = 746 \text{ वाट}$$

विद्युत ऊर्जा के व्यावहारिक मात्रक

- घरेलू व औद्योगिक कार्यों के लिए प्रयुक्त विद्युत ऊर्जा के मापन हेतु किलोवाट-घंटा अथवा बोर्ड ऑफ ट्रेड यूनिट का प्रयोग किया जाता है, जिसे सामान्य भाषा में यूनिट कहा जाता है।

किलोवाट-घंटा अथवा यूनिटों की संख्या

$$= \frac{\text{वाट} \times \text{घंटे}}{1000} = \frac{\text{वोल्ट} \times \text{ऐम्पियर} \times \text{घंटे}}{1000}$$

- यदि 1 किलोवाट शक्ति का परिपथ 1 घंटे तक कार्य करता है, तो प्रयुक्त विद्युत ऊर्जा को किलोवाट घंटा कहते हैं।

1 किलोवाट घंटा $= 3.6 \times 10^6$ जूल

विद्युत धारा का रासायनिक प्रभाव

- जब विद्युत धारा अम्लों व क्षारों के विलयनों में से गुजरती है, तो विलयन अपने आयनों में विभक्त हो जाता है। विद्युत धारा के इस प्रभाव को **विद्युत धारा का रासायनिक प्रभाव** (Chemical effect of electric current) कहते हैं।
- वह क्रिया जिसके द्वारा एक विलयन आयनों में टूट जाता है, **विद्युत अपघटन** (Electrolysis) कहलाती है तथा विलयन, जिसमें विद्युत धारा का प्रवाह होता है, उसे **विद्युत अपघट्य** (Electrolyte) कहते हैं।
- इस विलवन में डूबी तथा बैटरी से जुड़ी दो प्लेटें इलेक्ट्रोड (Electrode) कहलाती हैं। बैटरी के धनात्मक टर्मिनल से जुड़े इलेक्ट्रोड को ऐनोड (Anode) तथा ऋणात्मक टर्मिनल से जुड़े इलेक्ट्रोड को कैथोड (Cathode) कहते हैं। बर्तन जिसमें विद्युत अपघट्य तथा इलेक्ट्रोड रहते हैं, वोल्टामीटर (Voltameter) कहते हैं।
- एक ब्रिटिश रसायनज्ञ, **विलियम निकलसन** ने यह दर्शाया कि यदि इलेक्ट्रॉड जल में डूबे हों तथा उनके द्वारा विलयन से विद्युत धारा प्रवाहित की जाए, तो ऑक्सीजन तथा हाइड्रोजन के बुलबुले उत्पन्न होते हैं।
- ऑक्सीजन के बुलबुले बैटरी के धन टर्मिनल से जुड़े इलेक्ट्रॉड पर तथा हाइड्रोजन के बुलबुले दूसरे इलेक्ट्रॉड पर बनते हैं।

फैराडे के विद्युत अपघटन संबंधी नियम

फैराडे ने सन् 1834 में विद्युत अपघटन से संबंधित दो नियम दिए, जो निम्नलिखित हैं

प्रथम नियम

- विद्युत अपघटन की प्रक्रिया में इलेक्ट्रॉडों पर मुक्त हुए पदार्थ का द्रव्यमान, विद्युत अपघट्य में प्रवाहित आवेश के समानुपाती होता है।

अर्थात् $m \propto q$

या $m = zq$ ...(i)

यहाँ, z एक नियतांक है, इसे इलेक्ट्रॉड पर मुक्त हुए पदार्थ का **विद्युत रासायनिक तुल्यांक** (Electrochemical equivalent) कहते हैं।

यदि एक धारा i, समय t तक प्रवाहित की जाती है, तब

$$q = it$$

$$m = zit \quad \text{...(ii)}$$

समी (i) तथा (ii) के द्वारा,

$$z = \frac{m}{q} = \text{प्रति एकांक प्रवाहित आवेश पर मुक्त द्रव्यमान}$$

द्वितीय नियम

- यदि विद्युत धारा की समान मात्रा विभिन्न विद्युत अपघट्यों में समान समय के लिए प्रवाहित की जाए, तो इलेक्ट्रॉडों पर मुक्त हुए पदार्थ का द्रव्यमान, उनके रासायनिक तुल्यांकों के समानुपाती होता है।

अर्थात् $m \propto z$ ...(iii)

$$\therefore \quad \frac{m_1}{m_2} = \frac{z_1}{z_2}$$

फैराडे नियतांक

- फैराडे नियतांक विद्युत आवेश की वह मात्रा है, जो किसी पदार्थ के 1 तुल्यांक भार को विद्युत अपघटन द्वारा मुक्त करती है।

फैराडे नियतांक, $F = 9.6 \times 10^7$ कूलॉम/किग्रा

विद्युत लेपन

- विद्युत द्वारा किसी पदार्थ पर किसी वांछित धातु की परत निक्षेपित करने की प्रक्रिया को **विद्युत लेपन** (Electroplating) कहते हैं। यह विद्युत धारा के रासायनिक प्रभाव का सर्वाधिक सामान्य उपयोग है।
- विद्युत लेपन अत्यंत उपयोगी प्रक्रम है। उद्योगों में धातु की वस्तुओं पर किसी दूसरी धातु की पतली परत विलेपित करने के लिए इसका व्यापक रूप में उपयोग किया जाता है।
- विलेपित किए जाने वाली धातु की परत में कुछ ऐसे वांछित गुण होते हैं, जो उस वस्तु की धातु में नहीं होते जिस पर निक्षेपण किया जाता है। इसके कुछ उदाहरण निम्नलिखित हैं
  - अनेक वस्तुओं; जैसे-कार के कुछ भागों, स्नान गृह की टोंटी, गैस बर्नर, साईकिल का हैंडिल, पहिए के रिम आदि पर क्रोमियम का लेपन किया जाता है, क्योंकि क्रोमियम संक्षारित नहीं होता है।
  - आभूषण बनाने वाले सस्ती धातु पर चाँदी तथा सोने का विद्युत लेपन करते हैं, ये आभूषण देखने में चाँदी या सोने के प्रतीत होते हैं।
  - खाद्य-पदार्थों के भंडारण के लिए उपयोग किए जाने वाले टिन के डिब्बों में लोहे के ऊपर टिन का विद्युत लेपन किया जाता है। टिन लोहे से कम क्रियाशील होता है, इस प्रकार खाद्य पदार्थ लोहे के संपर्क में नहीं आते और खराब होने से बच जाते हैं।
  - पुलों तथा स्वचालित वाहनों को प्रबल बनाने के लिए लोहे का उपयोग किया जाता है तथापि, लोहे में संक्षारित होने तथा जंग लगने की प्रवृत्ति होती है। अतः इसे संक्षारण तथा जंग लगने से बचाने के लिए लोहे पर जिंक की परत निक्षेपित कर दी जाती है।

विद्युत लेपन की प्रक्रिया

- विद्युत लेपन में जिस धातु पर लेपन करना होता है, उसे कैथोड (+) बनाते हैं तथा जिस धातु की परत चढ़ानी होती है, उसे एनोड (–) बनाते हैं।
- इन दोनों को विद्युत-अपघटन के द्रव में रखकर एक विद्युतीय सेल तैयार किया जाता है। जब इस सेल से विद्युत धारा प्रवाहित की जाती है, तो ऐनोड वाले धातु से कैथोड वाले धातु पर जमा हो जाती है और कैथोड वाले धातु पर इस धातु की एक पतली परत जमा हो जाती है।

  उदाहरण यदि ताँबे पर चाँदी की परत चढ़ानी हो, तो सिल्वर नाइट्रेट के विलयन को विद्युत अपघट्य के रूप में लेकर ताँबे को कैथोड और सिल्वर की छड़ को ऐनोड से जोड़कर धारा प्रवाहित करने पर सिल्वर नाइट्रेट का विद्युत अपघटन होता है और सिल्वर आयन ताँबे पर जमा होने लगता है।
- विद्युत लेपन कारखानों में उपयोग किये जा चुके विलयनों का निपटारा किया जाना भी एक मुख्य समस्या है। यह एक प्रदूषणकारी अपशिष्ट है तथा पर्यावरण संरक्षण के लिए इस प्रकार के प्रदूषकों के निपटारे के लिए विशिष्ट दिशा-निर्देश दिए गए हैं।

विद्युत सेल

- विद्युत सेल (Electric cell) एक ऐसी युक्ति है, जो रासायनिक ऊर्जा को विद्युत ऊर्जा में बदलती है।
- इसमें रासायनिक अभिक्रिया के द्वारा मुक्त आवेशों को विद्युत परिपथ में प्रवाहित कर विद्युत धारा उत्पन्न की जाती है। विद्युत सेल मुख्यतः दो प्रकार के होते हैं
- विद्युत सेल में संचित रासायनिक पदार्थों से सेल विद्युत उत्पन्न करता है।

1. प्राथमिक सेल

- इस प्रकार के सेलों में विद्युत अपघट्य को एक बार उपयोग में लेने के पश्चात् पुनः आवेशित नहीं किया जा सकता है। इनमें रासायनिक क्रिया अनुत्क्रमणीय होती है; जैसे–लैक्लांशी सेल, वोल्टीय सेल आदि।

2. द्वितीयक सेल

- प्राथमिक सेलों में होने वाली क्रियाएँ अनुत्क्रमणीय होती हैं, अतः सेल के पदार्थ धीरे-धीरे समाप्त हो जाते हैं। इनके अलावा भी एक प्रकार के सेल होते हैं, जिनमें उत्क्रमणीय क्रियाएँ होती हैं, वे सेल द्वितीयक या संचालक सेल होते हैं। इन्हें पहले बाह्य विद्युत स्रोत से धारा भेजकर आवेशित किया जाता है, जिससे विद्युत ऊर्जा सेल में रासायनिक ऊर्जा के रूप में संचित हो जाती है। इसलिए वे **संचायक सेल** (Conducting cells) कहलाते हैं। एक बार विसर्जित होने के बाद इन्हें पुनः आवेशित कर लिया जाता है।
- मोबाइल फोन एवं अन्य उपकरण में प्रयोग की जाने वाली बैटरी द्वितीयक सेल का उदाहरण है। मोबाइल में सामान्यतः लीथियम आयन बैटरी का उपयोग करते हैं।
- विद्युत सेल का उपयोग विद्युत स्रोत के रूप में अलार्म, घड़ी, रेडियो, कैमरा आदि में किया जाता है।
- जिन सेलों में विद्युत धारा प्रवाहित कर विद्युत अपघटन की प्रक्रिया संपन्न कराई जाती है, उन्हें **विद्युत अपघटनी सेल** (Electrolytic cell) कहते हैं और जिन सेलों में रासायनिक ऊर्जा द्वारा विद्युत ऊर्जा प्राप्त की जाती है, उन्हें **गैल्वेनिक सेल** (Galvanic cell) कहते हैं। गैल्वेनिक सेल का निर्माण सर्वप्रथम एलिसादरो वोल्टा ने किया था।

सेल का विद्युत वाहक बल

- जब किसी सेल के इलेक्ट्रोडों के बीच एक प्रतिरोध R जोड़ दिया जाता है, तो प्रतिरोध के सिरों के बीच विभवान्तर स्थापित हो जाता है।
- प्रतिरोध में होकर धन आवेश स्वतः उच्च विभव से निम्न विभव की ओर प्रवाहित होता है, परंतु सेल के भीतर धन आवेश को निम्न विभव से उच्च विभव की ओर ले जाने के लिए सेल द्वारा किया गया कार्य सेल के भीतर रासायनिक ऊर्जा से प्राप्त होता है।
- एकांक आवेश को पूरे परिपथ में प्रवाहित करने में सेल द्वारा दी गई ऊर्जा को सेल का **विद्युत वाहक बल** (Electromotive Force or Emf of a Cell) कहते हैं। यदि q आवेश को पूरे परिपथ में प्रवाहित कराने में सेल द्वारा किया गया कार्य W हो, तो सेल का विद्युत वाहक बल

$$E = \frac{W}{q} \text{ जूल/कूलॉम या वोल्ट}$$

- यह किसी एक सेल के लिए स्थिर होता है अर्थात् अलग-अलग सेलों की प्रकृति के अनुरूप उनका वि. वा. बल भी भिन्न-भिन्न होता है, परन्तु एक सेल का वि. वा. बल हमेशा नियत ही रहता है।

सेल का टर्मिनल विभवान्तर

- एकांक आवेश को एक टर्मिनल से दूसरे टर्मिनल तक बाह्य परिपथ में प्रवाहित कराने में आवश्यक ऊर्जा को सेल का **टर्मिनल विभवान्तर** (Terminal Potential of Cell) कहते हैं।

  यदि आवेश को प्रवाहित कराने के लिए सेल द्वारा दी गई ऊर्जा हो, तो

  टर्मिनल विभवान्तर $V_{\text{टर्मिनल}} = \frac{W}{q}$ वोल्ट ...(i)

यदि परिपथ में बाह्य प्रतिरोध तथा उसमें प्रवाहित धारा I हो, तो

$$V = IR \quad ...(ii)$$

समी (i) व (ii) से, $\frac{W}{q} = IR$

सेल का आन्तरिक प्रतिरोध

किसी सेल में उपस्थित विद्युत अपघट्य द्वारा विद्युत धारा के मार्ग में उत्पन्न अवरोध को सेल का **आन्तरिक प्रतिरोध** (Internal Resistance of a Cell) कहते हैं।

किसी भी सेल का आन्तरिक प्रतिरोध निम्नलिखित दो तथ्यों पर निर्भर करता है

(i) सेल की दोनों प्लेटों के बीच की दूरी बढ़ाने पर सेल का आन्तरिक प्रतिरोध बढ़ जाता है।

(ii) विद्युत अपघट्य की सान्द्रता बढ़ाने पर सेल का आन्तरिक प्रतिरोध बढ़ जाता है।

मोटर कार बैटरी

- मोटर कार बैटरी (Motor car battery) की वोल्टता सामान्यतः 12 वोल्ट होती है तथा इसकी धारिता को ऐम्पियर घंटा में मापते हैं। कार बैटरी का कैथोड लैड डाइऑक्साइड (PbO_2) का तथा एनोड लेड का बना होता है।
- इसमें प्रयुक्त अपघट्य में 35% सल्फ्यूरिक अम्ल तथा 26% जल होता है।

किरचॉफ का नियम

- किरचॉफ ने जटिल विद्युत परिपथों में तुल्य परिपथों तथा दो बिंदुओं के बीच विभवांतर ज्ञात करने के लिए दो नियम प्रस्तुत किए।
- **सन्धि नियम** (Junction rule) यह नियम आवेश संरक्षण पर आधारित है।
- **लूप नियम** (Loop rule) यह नियम ऊर्जा संरक्षण पर आधारित है।

व्हीटस्टोन सेतु

इसकी सहायता से अज्ञात प्रतिरोध ज्ञात किया जाता है। मीटर सेतु, व्हीस्टोन सेतु (Wheatstone bridge) के सिद्धांत पर ही आधारित उपकरण है।

विभवमापी

विभवमापी (Potentiometer) एक ऐसा उपकरण है, जिसकी सहायता से दो बिंदुओं के बीच विभवांतर अथवा किसी सेल का विद्युत वाहक बल मापा जा सकता है।

विद्युत धारा का चुंबकीय प्रभाव

- जिस प्रकार किसी चुंबक के कारण उसके चारों ओर चुंबकीय क्षेत्र उत्पन्न हो जाता है, उसी प्रकार किसी चालक में विद्युत धारा प्रवाहित करने पर चालक के चारों ओर चुंबकीय क्षेत्र उत्पन्न हो जाता है।
- विद्युत धारा के इस प्रभाव को **विद्युत धारा का चुंबकीय प्रभाव** (Magnetic effect of electric current) कहते हैं।
- सर्वप्रथम ऑरेस्टेड ने प्रयोगों के आधार पर यह पता लगाया कि जब किसी चालक में विद्युत धारा प्रवाहित की जाती है, तो उसके चारों ओर **चुम्बकीय क्षेत्र** (Magnetic field) उत्पन्न हो जाता है।
- धारावाही चालक के कारण उत्पन्न चुम्बकीय क्षेत्र का पैटर्न इसके आकार पर निर्भर करता है।

चुंबकीय क्षेत्र की तीव्रता

- किसी स्थान पर चुंबकीय क्षेत्र के लंबवत् रखे एकांक लंबाई के तार में एकांक धारा प्रवाहित करने पर तार पर कार्यरत् बल को उस स्थान पर **चुंबकीय क्षेत्र की तीव्रता** (Intensity of magnetic field) कहते हैं।
- चुंबकीय क्षेत्र की तीव्रता एक सदिश राशि है। इसका मात्रक न्यूटन/ऐम्पियर- मी या वेबर/मी^{2} होता है।
- यदि चुंबकीय क्षेत्र के प्रत्येक बिंदु पर चुंबकीय क्षेत्र की दिशा की तीव्रता एवं दिशा परिमाण में समान हों, तो क्षेत्र **एकसमान चुंबकीय क्षेत्र** (Uniform magnetic field) कहलाता है, परंतु यदि अलग-अलग बिंदुओं पर चुंबकीय क्षेत्र की तीव्रता एवं दिशा परिमाण में असमान हों, तो क्षेत्र **असमान चुंबकीय क्षेत्र** (Non-uniform magnetic field) कहलाता है।

सीधे धारावाही चालक तार से उत्पन्न चुंबकीय क्षेत्र

- जब किसी सीधे तार में धारा प्रवाहित करते हैं, तो उसके चारों ओर चुंबकीय क्षेत्र उत्पन्न हो जाता है। जब तार में धारा की दिशा ऊपर की ओर होती है, तो चुंबकीय क्षेत्र रेखाएँ वामावर्त दिशा में होती हैं। यदि तार में धारा की दिशा उल्टी कर दी जाए, तो चुम्बकीय क्षेत्र रेखाओं की दिशा भी परिवर्तित हो जाती है।
- यह चुंबकीय क्षेत्र, धारा तथा तार से दूरी पर निर्भर करता है। यह चुंबकीय क्षेत्र चालक तार में प्रवाहित धारा के अनुक्रमानुपाती तथा प्रेक्षण बिन्दु की चालक से दूरी के व्युत्क्रमानुपाती होता है अर्थात् तार में जितनी धारा अधिक होगी, उत्पन्न चुंबकीय क्षेत्र उतना ही प्रबल होगा और धारावाही तार से बिंदु की दूरी जितनी अधिक होगी, उस बिंदु पर उत्पन्न चुंबकीय क्षेत्र उतना ही निर्बल होगा।

दक्षिण-हस्त अंगुष्ठ नियम

- किसी विद्युत धारावाही चालक से संबद्ध चुंबकीय क्षेत्र की दिशा ज्ञात करने के लिए इस नियम का प्रयोग करते हैं।
- इस नियम के अनुसार, यदि आप अपने दाहिने हाथ में विद्युत धारावाही चालक को इस प्रकार पकड़े हुए हैं कि आपका अँगूठा विद्युत धारा की दिशा की ओर संकेत करता है, तो आपकी अँगुलियाँ चालक के चारों ओर चुंबकीय क्षेत्र की क्षेत्र-रेखाओं की दिशा में लिपटी होंगी, जैसा कि चित्र में दर्शाया गया है।
- इसे **दक्षिण-हस्त** (दायाँ हाथ) **अंगुष्ठ नियम** (Right-hand thumb rule) कहते हैं।

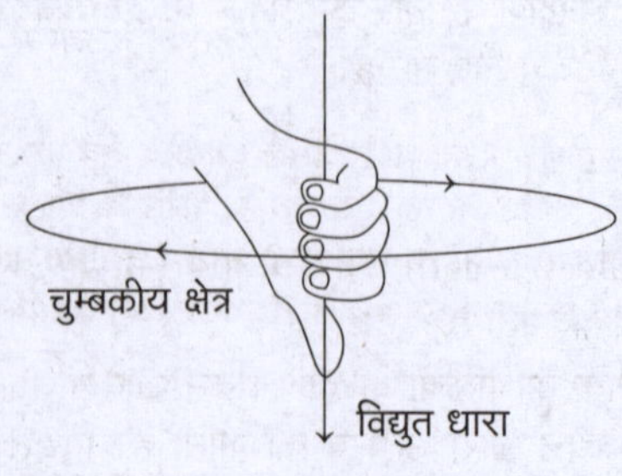

विद्युत धारावाही वृत्ताकार पाश के कारण चुंबकीय क्षेत्र

- जब मोटे तार की कुंडली बनाकर उसमें धारा प्रवाहित की जाती है, तब कुंडली के केंद्र पर एकसमान चुंबकीय क्षेत्र उत्पन्न होता है तथा उसकी दिशा कुंडली के तल के लंबवत् होती है।
- धारावाही वृत्ताकार लूप द्वारा उसके केंद्र पर उत्पन्न चुम्बकीय क्षेत्र वृत्ताकार लूप में से गुजरने वाली धारा तथा लूप में फेरों की संख्या के अनुक्रमानुपाती और वृत्ताकार लूप की त्रिज्या के व्युत्क्रमानुपाती होता है।

परिनालिका

- किसी कुचालक बेलनाकार पाइप के ऊपर उसकी लंबाई के अनुदिश एकसमान रूप से विद्युतरोधी ताँबे के तारों को लपेटकर बनाई गई बहुत अधिक फेरों की कुंडली, **परिनालिका** (Solenoid) कहलाती है।

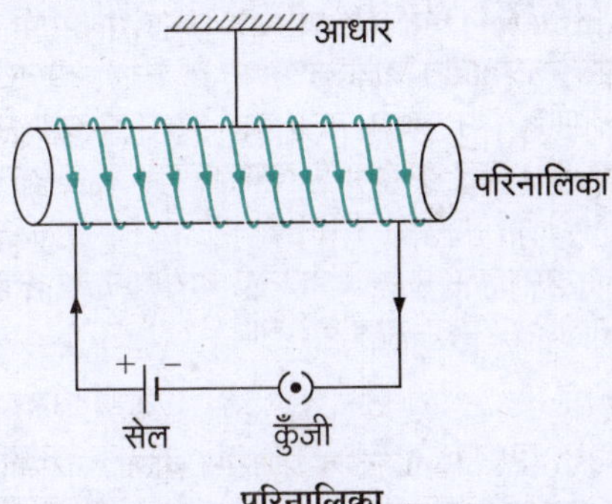

परिनालिका

- यदि इस कुंडली में किसी सेल के द्वारा विद्युत धारा प्रवाहित की जाती है, तो यह एक दंड चुंबक की भाँति व्यवहार करने लगती है अर्थात् परिनालिका का एक सिरा उत्तरी ध्रुव तथा दूसरा सिरा दक्षिण ध्रुव की भाँति व्यवहार करता है।
- परिनालिका के भीतर सभी बिंदुओं पर चुंबकीय क्षेत्र समान होता है। परिनालिका के भीतर यदि चुंबकीय पदार्थ (जैसे—लोहा) की छड़ रख दी जाए, तो परिनालिका के भीतर चुंबकीय क्षेत्र काफ़ी बढ़ जाता है।

औषध में चुंबकत्व

- विद्युत धारा सदैव चुंबकीय क्षेत्र उत्पन्न करती है। यहाँ तक कि हमारे शरीर की तंत्रिका कोशिकाओं के अनुदिश गमन करने वाली दुर्बल आयन धाराएँ भी चुंबकीय क्षेत्र उत्पन्न करती हैं। जब हम किसी वस्तु को स्पर्श करते हैं, तो हमारी तंत्रिकाएँ एक विद्युत आवेग का उस पेशी तक वहन करती हैं, जिसका हमें उपयोग करना है।
- यह आवेग एक अस्थायी चुंबकीय क्षेत्र उत्पन्न करता है। ये क्षेत्र अति दुर्बल होते हैं और पृथ्वी के चुंबकीय क्षेत्र की तुलना में उसके एक अरबवें भाग के बराबर होते हैं।
- मानव शरीर के दो मुख्य भाग जिनमें चुंबकीय क्षेत्र का उत्पन्न होना महत्त्वपूर्ण है, वे हृदय तथा मस्तिष्क हैं। शरीर के भीतर चुंबकीय क्षेत्र शरीर के विभिन्न भागों के प्रतिबिम्ब प्राप्त करने का आधार बनता है। ऐसा एक विशेष तकनीक जिसे **चुंबकीय अनुनाद प्रतिबिंबन** [Magnetic Resonance Imaging (MRI)] कहते हैं, के उपयोग द्वारा किया जाता है।
- चिकित्सा निदान में इन प्रतिबिम्बों का विश्लेषण सहायक होता है। इस प्रकार चिकित्सा विज्ञान में चुंबकत्व के महत्वपूर्ण उपयोग हैं।

विद्युत चुंबक

- परिनालिका के भीतर उत्पन्न प्रबल चुंबकीय क्षेत्र का उपयोग किसी चुंबकीय पदार्थ; जैसे-नर्म लोहे को परिनालिका के भीतर रखकर चुंबक बनाने में किया जाता है, इस प्रकार बने चुंबक को **विद्युत चुंबक** (Electromagnet) कहते हैं।
- विद्युत चुंबक का क्रोड नर्म लोहे का बनाने का कारण यह है कि इसमें यदि कुंडली में धारा बंद कर दी जाती है, तो नर्म लोहा अपना संपूर्ण चुंबकत्व रख देता है। दूसरी ओर यदि क्रोड को स्टील का बनाया जाता है, तो यह धारा बंद करने पर स्थायी चुंबक बन जाता है। इसलिए विद्युत चुंबक बनाने के लिए स्टील का प्रयोग नहीं किया जाता है।

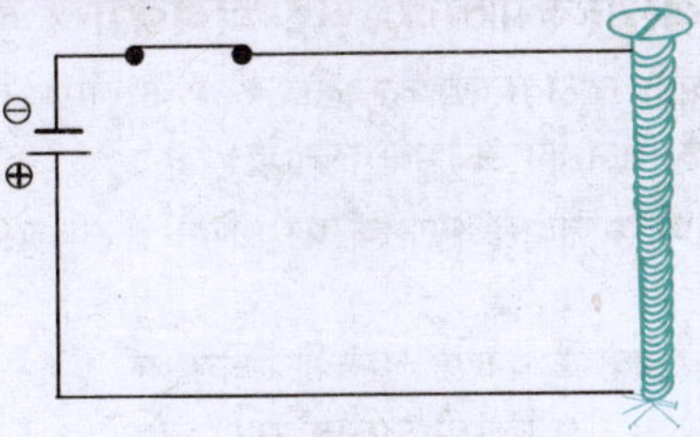

विद्युत चुम्बक

विद्युत चुंबक में निम्न विशेषताएँ पाई जाती हैं

- विद्युत चुंबक अधिक शक्तिशाली बल उत्पन्न करता है।
- विद्युत चुंबक एक अस्थायी चुंबक है। इसमें चुंबकत्व केवल इसमें धारा प्रवाहित होने तक रहता है। इसलिए विद्युत चुंबकत्व को अपने अनुसार बंद अथवा चालू किया जा सकता है।
- विद्युत चुंबक शक्ति को उसकी कुंडली में फेरों की संख्या में परिवर्तन करके परिवर्तित किया जा सकता है। विद्युत घंटी, मोटर, जनरेटर, ट्रांसफार्मर आदि में विद्युत चुंबक का उपयोग किया जाता है।

विद्युत घंटी

- विद्युत घंटी (Electric bell) में लोहे के टुकड़े पर ताँबे के तार की कुंडली लिपटी होती है। इसके निकट लोहे की एक पत्ती लगी होती है, जिसके एक सिरे से हथौड़ा जुड़ा होता है तथा लोहे की पत्ती के समीप एक संपर्क पेंच होता है।

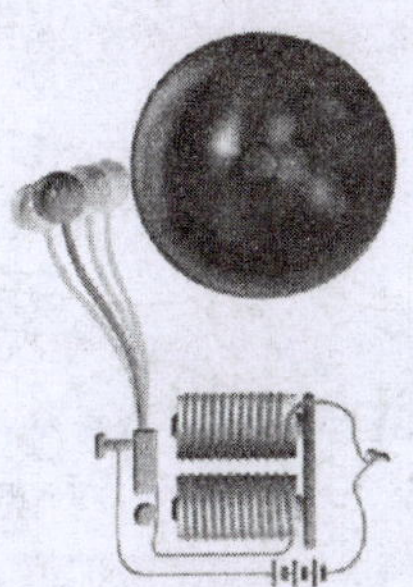

विद्युत घण्टी

- जब लोहे की पत्ती इस पेंच के संपर्क में आती है, तो विद्युत परिपथ पूरा हो जाता है तथा कुंडली से विद्युत धारा प्रवाहित होती है, जिससे वह विद्युत चुंबक बन जाती है और यह लोहे की पत्ती को अपनी ओर खींचती है। इस प्रक्रिया में पत्ती के सिरे से जुड़ा हथौड़ा घंटी से टकराता है और ध्वनि उत्पन्न होती है। परंतु, जब विद्युत चुंबक लोहे की पत्ती को अपनी ओर

खींचता है, तो यह परिपथ को भी तोड़ देता है। इससे कुंडली से विद्युत धारा का प्रवाह समाप्त हो जाता है।

- अब कुंडली विद्युत चुंबक के रूप में कार्य नहीं करती और यह लोहे की पत्ती को भी अपनी ओर नहीं खींचती है। लोहे की पत्ती अपनी मूल स्थिति में आकर पुन: संपर्क पेंच से स्पर्श करती है।
- इससे परिपथ फिर से पूरा हो जाता है। कुंडली से पुन: विद्युत धारा प्रवाहित होती है तथा हथौड़ा पुन: घंटी से टकराता है। यह प्रक्रिया अति शीघ्रता से दोहराई जाती है। हर बार परिपथ पूरा होने पर हथौड़ा घंटी से टकराता है और इस प्रकार विद्युत घंटी बजती है।

विद्युत धारावाही चालक पर चुंबकीय बल

- जब एक धारावाही चालक को चुम्बकीय क्षेत्र के समान्तर रखा जाता है, तो यह एक यान्त्रिकी बल का अनुभव करता है।

  चुम्बकीय क्षेत्र में धारावाही चालक पर लगने वाला बल निम्न कारकों पर निर्भर करता है

  (i) धारावाही चालक के कारण चुम्बकीय क्षेत्र पर

  (ii) बाह्य चुम्बकीय क्षेत्र जिसमें चालक रखा गया है,

  चालक पर लगने वाले बल की दिशा निम्न कारकों पर निर्भर करती है

  (i) **धारा की दिशा** (Direction of Current) चालक पर लगने वाले बल की दिशा धारा की दिशा के विपरीत हो सकती है।

  (ii) **चुम्बकीय क्षेत्र की दिशा** (Direction of Magnetic Field) चालक पर लगने वाले बल की दिशा ध्रुवों की स्थिति में बदलाव के कारण चुम्बकीय क्षेत्र की दिशा के विपरीत होती है।

  जब धारा की दिशा, चुम्बकीय क्षेत्र की दिशा के लम्बवत् होती है, तब चालक पर लगने वाला बल **अधिकतम** (Maximum) होता है।

- विद्युत धारावाही चालक पर चुंबकीय क्षेत्र की दिशा फ्लेमिंग के बाएँ हाथ का नियम द्वारा ज्ञात की जाती है।

फ्लेमिंग का बाएँ हाथ का नियम

- यदि हम बाएँ हाथ के अँगूठे के पास वाली दोनों अँगुलियों को परस्पर लंबवत् इस प्रकार फैलाएँ कि पहली अँगुली चुंबकीय क्षेत्र (B) की दिशा में, बीच की अँगुली धारा (I) की दिशा में हो, तो अँगूठा चालक पर लगने वाले बल (F) की दिशा को प्रकट करेगा।

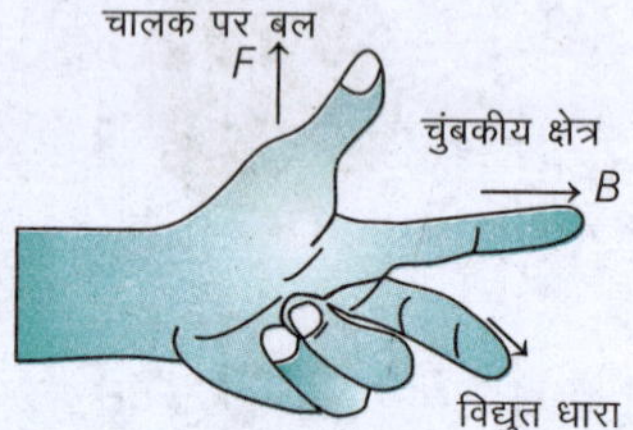

साइक्लोट्रॉन

- साइक्लोट्रॉन (Cyclotron) आवेशित कणों अथवा आयनों का उच्च ऊर्जाओं तक त्वरित करने वाला यंत्र है। इसका आविष्कार नाभिकीय संरचना के अन्वेषण के लिए ई. ओ. लोंरेज तथा एम. एस. लिविंग्स्टॉन ने किया था। साइक्लोट्रॉन में संयुक्त रूप में विद्युत क्षेत्र तथा चुंबकीय क्षेत्र दोनों का उपयोग किया जाता है।
- साइक्लोट्रॉन का उपयोग इसमें त्वरित ऊर्जायुक्त कणों द्वारा नाभिक पर बमबारी करके परिणामी नाभिकीय अभिक्रियाओं का अध्ययन करने के लिए किया जाता है। इसका उपयोग ठोसों के आयनों को रोपित करके उनके गुणों में सुधार करने और संश्लेषित करने में भी किया जाता है।

गैल्वेनोमीटर

- धारामापी (Galvanometer) वह यंत्र है, जो किसी विद्युत परिपथ में धारा की उपस्थिति का पता लगाने तथा मापने के लिए प्रयोग किया जाता है।
- इस यंत्र से 10^{-6} ऐम्पियर तक की विद्युत धारा को मापा जा सकता है।

शंट

शंट (Shunt) एक अत्यंत ही कम प्रतिरोध वाला तार होता है। यह उच्च धाराओं से धारामापी की रक्षा करता है।

अमीटर

- अमीटर (Ammeter) एक कम प्रतिरोध वाला धारामापी होता है। किसी विद्युत परिपथ में प्रवाहित धारा के मापन के लिए अमीटर को सदैव उस परिपथ में श्रेणीक्रम में जोड़ा जाता है, जिससे परिपथ में प्रवाहित कुल धारा अमीटर से होकर गुजरती है तथा अमीटर में उत्पन्न विक्षेप परिपथ में प्रवाहित धारा को प्रदर्शित करता है।
- धारामापी को अमीटर में बदलने के लिए धारामापी की कुंडली के समांतर क्रम में निम्न प्रतिरोध को जोड़ देते हैं।

वोल्टमीटर

- वोल्टमीटर (Voltmeter) उच्च प्रतिरोध वाला धारामापी है तथा इसे उस परिपथ खंड के सामांतर क्रम में जोड़ा जाता है, जिसके सिरों के बीच विभवांतर मापना है।
- धारामापी को वोल्टमीटर में बदलने के लिए इसके श्रेणीक्रम में उच्च प्रतिरोध (High resistance) जोड़ते हैं।

घरेलू विद्युत परिपथ

- हम अपने घरों में विद्युत शक्ति की आपूर्ति मुख्य तारों (जिसे मेंस भी कहते हैं) से प्राप्त करते हैं। ये मुख्य तार या तो धरती पर लगे विद्युत खंभों के सहारे अथवा भूमिगत केबलों से हमारे घरों तक आते हैं। इस आपूर्ति के तारों से एक तार को जिस पर प्रायः लाल विद्युतरोधी आवरण होता है, **विद्युतमय तार** (अथवा धनात्मक तार) कहते हैं।
- अन्य तार को जिस पर काला आवरण होता है **उदासीन तार** (अथवा ऋणात्मक तार) कहते हैं। हमारे देश में इन दोनों तारों के बीच 200 V का विभवांतर होता है। प्रायः घरों में दो पृथक् परिपथ होते हैं- एक 15 A विद्युत धारा अनुमतांक (Current rating) के लिए, जिसका उपयोग उच्च शक्ति वाले विद्युत उपकरणों; जैसे-गीजर, वायु शीतित्र/कूलर (Air cooler) आदि के लिए किया जाता है।
- दूसरा विद्युत परिपथ 5 A विद्युत धारा अनुमतांक (Electric current permit number) के लिए होता है, जिससे बल्ब, पंखे आदि चलाए जाते हैं।

भूसंपर्क तार

- **भूसंपर्क तार** (Earth wire) पर प्रायः हरा विद्युतरोधी आवरण होता है, जो घर के निकट भूमि के भीतर बहुत गहराई पर स्थित धातु की प्लेट से संयोजित होता है।

- इस तार का उपयोग विशेषकर विद्युत इस्तरी, टोस्टर, मेज का पंखा, रेफ्रिजरेटर आदि धातु के आवरण वाले विद्युत उपकरणों में सुरक्षा के उपाय के रूप में किया जाता है।
- धातु के आवरणों से संयोजित भूसंपर्क तार विद्युत धारा के लिए अल्प प्रतिरोध का चालन पथ प्रदान करता है।
- इससे यह सुनिश्चित हो जाता है कि उपकरण के धात्विक आवरण में विद्युत धारा का कोई क्षरण होने पर उस उपकरण का विभव भूमि के विभव के बराबर हो जाएगा। फलस्वरूप इस उपकरण को उपयोग करने वाला व्यक्ति तीव्र विद्युत आघात से सुरक्षित बचा रहता है।

लघुपथन

- जब विद्युत तन्य या गर्म तार तथा उदासीन तार दोनों सीधे संपर्क में आते हैं, तो **अतिभारण** (Over load) हो सकता है (यह तब होता है जब तारों का विद्युतरोधन क्षतिग्रस्त हो जाता है अथवा उपकरण में कोई दोष होता है)।
- ऐसी परिस्थितियों में किसी परिपथ में विद्युत धारा अकस्मात् बहुत अधिक हो जाती है, इसे **लघुपथन** (Short circuit) कहते हैं।
- अत्यधिक धारा प्रवाहित होने का एक कारण एकही सॉकेट से कई युक्तियों को संयोजित करना हो सकता है। इससे परिपथ में अतिभारण हो सकता है।

विद्युत फ्यूज

- विद्युत फ्यूज (Electric fuse) सभी घरेलू परिपथों का एक महत्त्वपूर्ण अवयव होता है। विद्युत परिपथ में लगा फ्यूज परिपथ तथा उपकरण को **अतिभारण** (Overloading) और लघुपथन की स्थिति से बचाता है।
- इसके अतिरिक्त जब कभी परिपथ में विद्युत धारा अकस्मात् बहुत अधिक हो जाती है, तब फ्यूज में होने वाला जूल तापन फ्यूज को पिघला देता है और विद्युत परिपथ टूट जाता है, जिससे विद्युत परिपथ और उपकरण क्षतिग्रस्त होने से बच जाते हैं।
- **विद्युत फ्यूज** (Electric fuse) सामान्यत: फ्यूज तार मिश्रधातु (ताँबा, टिन और सीसे) से निर्मित होता है, जिसे चीनी मिट्टी के बने होल्डर पर लगे दो धात्विक टर्मिनलों के मध्य लगाया जाता है। फ्यूज तार का गलनांक ताँबें की तुलना में बहुत कम तथा प्रतिरोधकता उच्च होती है। फ्यूज को परिपथ के श्रेणीक्रम में संयोजित किया जाता है। मोटाई के अनुसार फ्यूज तार की एक निश्चित क्षमता होती है, जिससे अधिक विद्युत धारा प्रवाहित होने पर फ्यूज तार गर्म होकर पिघल जाता है तथा **विद्युत परिपथ** टूट जाता है व विद्युत धारा बंद हो जाती है।
- घरेलू परिपथों में उपयोग होने वाली फ्यूज की अनुमत विद्युत धारा 1 A, 2 A, 3 A, 5 A, 10 A आदि होती है।
- वर्तमान में फ्यूज के स्थान पर **लघु परिपथ विच्छेदक** (Miniature Circuit Breakers-MCB) का उपयोग किया जाने लगा है।
- जब किसी परिपथ में विद्युत धारा सुरक्षा सीमा से अधिक हो जाती है, तो ये ऐसे स्विच होते हैं, जो स्वत: ही 'ऑफ' हो जाते हैं। आप इन्हें फिर से 'ऑन' कर दें, तो परिपथ पुन: पूरा हो जाता है। डब्बे पर भी ISI चिन्ह अवश्य देखिए।

अतिरिक्त तथ्य
तमिलनाडु बोर्ड एवं NIOS

- **डॉ. गिलबर्ट ने अम्बर** (Greekword-Electrum) जैसी प्रकृति वाले पदार्थों, जोकि रगड़ने पर विद्युत आवेशित हो जाते हैं, उन्हे ''इलेक्ट्रिका'' नाम दिया।
- वैज्ञानिक बेंजामिन फ्रैंकलिन (1706-1790) ने चार्ल्स डफे द्वारा दिये गये नाम विट्रियस को पॉजीटिव तथा रेजिनस को नेगेटिव कहना शुरू किया, जो आज तक प्रचलित है।
- एक कूलॉम वह आवेश है जिसको निर्वात् में किसी समान आवेश से एक मीटर की दूरी पर रखा जाए, तो वह एक न्यूटन का प्रतिकर्षण बल अनुभव करता है जबकि असमान आवेशों के लिए यह आकर्षण बल अनुभव करेगा।
- मल्टीमीटर मुख्यतया AVO मीटर है जो कि अमीटर, वोल्टमीटर और ओममीटर का संयुक्त रुप है जो धारा, विभव और प्रतिरोध को मापने के काम आता है।
- टेस्टर का उपयोग परिपथ में धारा प्रवाह को ज्ञात करने के लिए किया जाता है।

11

चुंबकत्व एवं विद्युत चुंबकीय प्रेरण

(स्रोत)

Class-VI New NCERT Chap 10 (चुंबकों द्वारा मनोरंजन), Class-X New NCERT Chap 12 (विद्युत धारा के चुंबकीय प्रभाव), Class-XII New NCERT Chap 5 (चुंबकत्व एवं द्रव्य), Chap 6 (वैद्युत चुंबकीय प्रेरण), Chap 7 (प्रत्यावर्ती धारा Tamil Nadu Board (Class-IX), NIOS

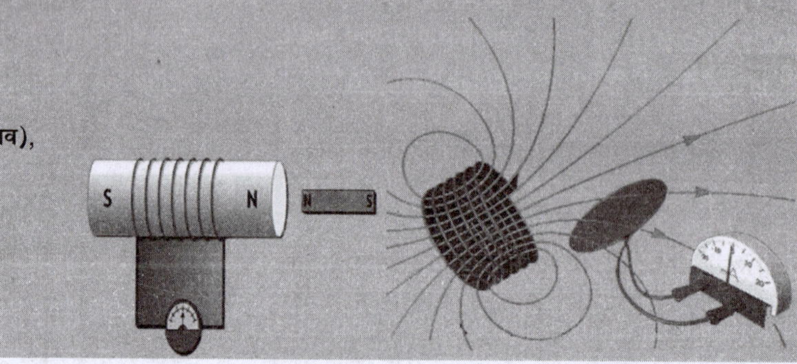

चुंबक

- प्रकृति में पाए जाने वाले ऐसे पदार्थ जो लौह तत्वों को आकर्षित करने का गुण रखते हैं, **चुंबक** (Magnet) कहलाते हैं।
- प्रकृति में विद्यमान मैग्नेटाइड पत्थर (लोहे का अयस्क (Fe_3O_4) में लोहे के छोटे-छोटे टुकड़ों को अपनी ओर आकर्षित करने का गुण होता है। यह पत्थर एक प्राकृतिक चुंबक है, इसकी कोई निश्चित आकृति नहीं होती है।
- कुछ पदार्थों; जैसे-लोहा, इस्पात, कोबाल्ट आदि से कृत्रिम विधियों द्वारा चुंबक बनाया जाता है, इन्हें **कृत्रिम चुंबक** (Artificial magnet) कहते हैं। ये विभिन्न आकृति के होते हैं; जैसे–छड़ चुंबक, घोड़ा नाल चुंबक, चुंबकीय सुईं आदि।

चुंबक के सामान्य गुण

चुंबक संबंधी कुछ सामान्य गुण इस प्रकार हैं

- जब एक छड़ चुंबक को स्वतंत्रतापूर्वक लटकाया या शांत पानी पर तैराया जाता है, तो यह उत्तर-दक्षिण दिशा में ठहरता है। इसका वह सिरा जो भौगोलिक उत्तर की ओर संकेत करता है, **उत्तरी ध्रुव** (North pole) और जो भौगोलिक दक्षिण की ओर संकेत करता है, चुंबक का **दक्षिणी ध्रुव** (South pole) कहलाता है।
- चुंबकीय क्षेत्र चुंबक के ध्रुवों के समीप अधिक होता है, जबकि चुंबक के मध्य में कम होता है।
- दो पृथक्-पृथक् चुंबकों के दो उत्तरी ध्रुव या दो दक्षिणी ध्रुव जब पास-पास लाए जाते हैं, तो वे एक-दूसरे को विकर्षित करते हैं। इसके विपरीत, एक चुंबक के उत्तर और दूसरे के दक्षिण ध्रुव एक-दूसरे को आकर्षित करते हैं।
- किसी चुंबक के उत्तर और दक्षिण ध्रुवों को अलग-अलग नहीं किया जा सकता। यदि किसी छड़ चुंबक को दो भागों में विभाजित किया जाए, तो हमें दो छोटे अलग-अलग छड़ चुंबक मिल जाएँगे, जिनका चुंबकत्व क्षीण होगा।
- वैद्युत आवेशों की तरह, विलगित चुंबकीय उत्तरी तथा दक्षिणी ध्रुवों जिन्हें **चुंबकीय एकध्रुव** (Magnetic monopoles) कहते हैं, का अस्तित्व नहीं है।
- लौह और इसकी मिश्र-धातुओं से चुंबक बनाने संभव हैं। चुंबक को गर्म करके, हथौड़े से पीटने पर तथा ऊँचाई से गिराने पर चुंबकत्व का गुण समाप्त हो जाता है।

चुंबकीय तथा अचुंबकीय पदार्थ

- वे पदार्थ जो चुम्बक द्वारा आकर्षित होते हैं, **चुंबकीय पदार्थ** (Magnetic material) कहलाते हैं; जैसे-लोहा, कोबाल्ट, निकिल आदि।
- वे पदार्थ जो चुम्बक द्वारा आकर्षित नहीं होते हैं, **अचुंबकीय पदार्थ** (Non-magnetic material) कहलाते हैं; जैसे-काँच, लकड़ी, प्लास्टिक आदि।

चुंबकीय क्षेत्र

- चुंबक के चारों ओर का वह क्षेत्र जिसमें चुंबक के प्रभाव का अनुभव किया जा सके, **चुंबकीय क्षेत्र** (Magnetic field) कहलाता है। चुंबकीय क्षेत्र का SI मात्रक टेस्ला होता है। 1 टेस्ला = 10^4 गॉस।
- किसी अनुप्रस्थ परिच्छेद के एकांक क्षेत्रफल के लंबवत् गुजरने वाली चुंबकीय बल रेखाओं की संख्या ही उस स्थान पर चुंबकीय क्षेत्र की तीव्रता व्यक्त करती है। इसका SI मात्रक टेस्ला होता है।
- चुम्बकीय क्षेत्र एक ऐसी राशि है जिसमें परिमाण तथा दिशा दोनों होते हैं।

चुंबकीय बल रेखाएँ

किसी चुंबकीय क्षेत्र में **चुंबकीय बल रेखाएँ** (Magnetic field lines) वे काल्पनिक रेखाएँ हैं, जो उस स्थान में चुंबकीय क्षेत्र की दिशा को अविरत

प्रदर्शित करता है तथा इन रेखाओं के किसी बिंदु पर खीचीं गई स्पर्श रेखा उस बिंदु पर चुंबकीय क्षेत्र की दिशा को प्रदर्शित करती हैं।

चुंबकीय बल रेखाओं के गुण निम्नलिखित हैं

- किसी चुंबक (या धारावाही परिनालिका) की चुंबकीय क्षेत्र रेखाएँ संतत बंद लूप बनाती हैं।
- चुंबक के बाहर इनकी दिशा उत्तरी ध्रुव से दक्षिणी ध्रुव की ओर होती है, जबकि चुंबक के भीतर इनकी दिशा दक्षिण दिशा से उत्तर की ओर होती है। चुम्बकीय क्षेत्र रेखा के किसी बिंदु पर खींची गई स्पर्श रेखा उस बिंदु पर परिणामी चुंबकीय क्षेत्र B की दिशा बताती है।

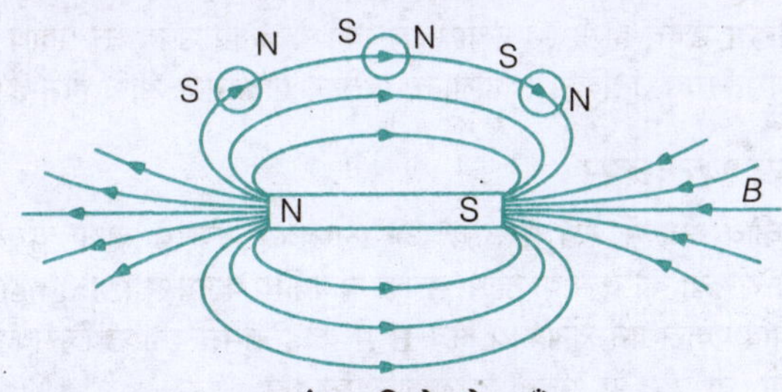

छड़ चुंबक की क्षेत्र रेखाएँ

- क्षेत्र के लंबवत् रखे गए तल के प्रति इकाई क्षेत्रफल से जितनी अधिक क्षेत्र रेखाएँ गुजरती हैं, उतना ही अधिक उस स्थान पर चुंबकीय क्षेत्र B का परिमाण होता है।
- चुंबकीय क्षेत्र रेखाएँ एक-दूसरे को काटती नहीं हैं। ऐसा इसलिए होता है क्योंकि इस स्थिति में कटान बिंदु पर चुंबकीय क्षेत्र की दिशा एक ही नहीं रह जाती है।
- चुम्बकीय क्षेत्र की आपेक्षिक प्रबलता को क्षेत्र रेखाओं की निकटता की कोटि द्वारा दर्शाया जाता है।

चुंबकीय द्विध्रुव

- समान सामर्थ्य के दो विजातीय चुंबकीय ध्रुवों को एक-दूसरे से अल्पतम दूरी पर रखने पर निर्मित निकाय को **चुंबकीय द्विध्रुव** (Magnetic dipole) कहते हैं।
- किसी चुंबक के ध्रुवों के द्वारा चुंबकीय पदार्थों को अपनी ओर आकर्षित करने के सामर्थ्य को **ध्रुव सामर्थ्य** (Pole power) (m) कहते हैं। इसका मात्रक ऐम्पियर-मीटर होता है।

भू-चुंबकत्व

- भौतिक विज्ञान की जिस शाखा के अंतर्गत पृथ्वी के चुंबकत्व का अध्ययन किया जाता है, उसे **भू-चुंबकत्व** (Geo-magnetism) कहते हैं। पृथ्वी इस तरह व्यवहार करती है जैसे इसके गर्भ में एक बहुत शक्तिशाली चुंबक रखी हो, जिसका दक्षिणी ध्रुव पृथ्वी के उत्तरी ध्रुव की ओर तथा उत्तरी ध्रुव पृथ्वी के दक्षिणी ध्रुव की ओर हो।
- वह ध्रुव जो पृथ्वी के भौगोलिक उत्तरी ध्रुव के निकट है, **उत्तरी चुंबकीय ध्रुव** कहलाता है। इसी प्रकार पृथ्वी के भौगोलिक दक्षिणी ध्रुव के निकट स्थित ध्रुव **दक्षिणी चुंबकीय ध्रुव** कहलाता है।
- किसी भी स्थान पर भौगोलिक उत्तर व भौगोलिक दक्षिण को मिटाने वाली रेखा में से होकर गुजरने वाला लम्बवत् तल **भौगोलिक याम्योत्तर** (Geographical meridian) कहलाता है।
- किसी भी स्थान पर पृथ्वी के उत्तरी ध्रुव तथा चुंबकीय दक्षिणी ध्रुव को मिलाने वाली रेखा अर्थात् पृथ्वी की चुंबकीय अक्ष से होकर गुजरने वाले लंबवत् तल को **चुंबकीय याम्योत्तर** (Magnetic meridian) कहते हैं।

पृथ्वी के चुम्बकीय क्षेत्र के अवयव

किसी स्थान पर पृथ्वी के चुंबकीय क्षेत्र को तीन अवयवों द्वारा व्यक्त किया जाता है-दिक्पात कोण, नमन कोण तथा चुंबकीय क्षेत्र का क्षैतिज घटक।

पृथ्वी के चुम्बकीय क्षेत्र के अवयव निम्नलिखित हैं

- **दिक्पात कोण** (Angle of declination) किसी स्थान पर चुंबकीय याम्योत्तर तथा भौगोलिक याम्योत्तर के मध्य निर्मित कोण को दिक्पात कोण कहते हैं। दिक्पात कोण उच्चतर अक्षांशों पर अधिक एवं विषुवत् रेखा के पास कम होता है।
- **नति कोण** (Angle of dip) पृथ्वी के चुंबकीय क्षेत्र की दिशा तथा क्षैतिज दिशा के मध्य निर्मित कोण को नति कोण कहते हैं। यह ध्रुवों पर 90° होता है तथा **निरक्ष** (Equator) पर 0° होता है।
- **चुंबकीय क्षेत्र का क्षैतिज घटक** (Horizontal component of magnetic field) किसी स्थान पर पृथ्वी के सम्पूर्ण चुम्बकीय क्षेत्र (B_e) को क्षैतिज घटक (H) से ऊर्ध्वाधर घटक (V) में वियोजित कर सकते हैं। प्रायोगिक दृष्टिकोण से इनमें क्षैतिज घटक अधिक महत्त्वपूर्ण होता है।

  पृथ्वी के संपूर्ण चुंबकीय क्षेत्र का क्षैतिज घटक अलग-अलग स्थानों पर अलग-अलग होता है।

  क्षैतिज घटक तथा ऊर्ध्वाधर घटक में निम्नलिखित संबंध होता है

$$B_e = \sqrt{H_e^2 + V^2}$$

तथा $$\tan\theta = \frac{V}{H}$$

चुंबकत्व से संबंधित परिभाषाएँ

पदार्थों के चुम्बकीय गुणों से संबंधित महत्त्वपूर्ण परिभाषाएँ निम्नलिखित हैं

- **चुंबकीय प्रेरण** (Magnetic induction) जब किसी चुंबकीय पदार्थ को बाह्य चुम्बकीय क्षेत्र में रखा जाता है, तो वह पदार्थ चुंबकित हो जाता है। इस प्रकार, उत्पन्न चुंबकत्व को चुंबकीय प्रेरण कहते हैं।
- **चुंबकन की तीव्रता** (Intensity of magnetisation) पदार्थ के प्रति एकांक आयतन में उत्पन्न नैट चुंबकीय आघूर्ण को उस पदार्थ की चुंबकन की तीव्रता (I) कहते हैं।

$$I = \frac{M}{V} \text{ ऐम्पियर/मी}$$

- **चुंबकीय तीव्रता** (Magnetic intensity) बाह्य चुंबकीय क्षेत्र में रखे गए पदार्थ को चुंबकित करने की क्षमता को उस क्षेत्र की चुंबकीय तीव्रता कहते हैं।
- **चुंबकशीलता** (Magnetic permeability) चुंबकीय क्षेत्र में रखे किसी पदार्थ में उत्पन्न चुंबकीय क्षेत्र (B) तथा चुंबकीय तीव्रता (H) के अनुपात को चुंबकशीलता कहते हैं।

$$\mu = \frac{B}{H} \text{ न्यूटन/ऐम्पियर}^2$$

- **आपेक्षिक चुंबकशीलता** (Relative magnetic permeability) चुंबकीय पदार्थ की चुंबकशीलता (μ) तथा वायु की चुंबकशीलता (μ_0) के अनुपात को उस पदार्थ की आपेक्षिक चुंबकशीलता कहते हैं।

$$\mu_r = \frac{\mu}{\mu_0}$$

- **चुम्बकीय प्रवृत्ति** (Magnetic susceptibility) चुंबकीय क्षेत्र में रखे गए पदार्थ के चुंबकन की तीव्रता (*I*) एवं उससे उत्पन्न होने वाले चुंबकन क्षेत्र की तीव्रता (*H*) के अनुपात को उस पदार्थ की चुंबकीय प्रवृत्ति कहते हैं। वायु में चुंबकीय प्रवृत्ति शून्य होती है।

$$\chi = \frac{I}{H}$$

चुंबकीय व्यवहार के आधार पर पदार्थों का वर्गीकरण

चुंबकीय व्यवहार के आधार पर पदार्थ निम्नलिखित तीन प्रकार के होते हैं

(i) **प्रतिचुंबकीय पदार्थ** (Diamagnetic material) ये वे पदार्थ होते हैं, जिनमें बाह्य चुंबकीय क्षेत्र में अधिक तीव्रता वाले भाग से कम तीव्रता वाले भाग की ओर जाने की प्रवृत्ति होती है। दूसरे शब्दों में कहें तो चुंबक लोहे जैसी धातुओं को तो अपनी ओर आकर्षित करता है, परंतु यह प्रतिचुंबकीय पदार्थों को विकर्षित करता है।

उदाहरण-बिस्मथ, ताँबा, सीसा, सिलिकॉन, नाइट्रोजन (STP पर), पानी, सोडियम क्लोराइड आदि। सबसे अधिक असामान्य प्रतिचुंबकीय पदार्थ, अतिचालक होते हैं।

(ii) **अनुचुंबकीय पदार्थ** (Paramagnetic material) ये वे पदार्थ होते हैं, जो बाह्य चुंबकीय क्षेत्र में रखे जाने पर क्षीण चुंबकत्व प्राप्त कर लेते हैं। उनमें क्षीण चुंबकीय क्षेत्र से सशक्त चुंबकीय क्षेत्र की ओर जाने की प्रवृत्ति होती है अर्थात् ये चुंबक की ओर क्षीण बल द्वारा आकर्षित होते हैं। उदाहरण-ऐलुमीनियम, सोडियम, कैल्शियम, ऑक्सीजन (STP पर), कॉपर क्लोराइड आदि।

(iii) **लौह-चुंबकीय पदार्थ** (Ferro-magnetic material) ये वे पदार्थ होते हैं, जो बाह्य चुंबकीय क्षेत्र में रखे जाने पर शक्तिशाली चुंबक बन जाते हैं। उनमें चुंबकीय क्षेत्र के क्षीण भाग से शक्तिशाली भाग की ओर चलने की तीव्र प्रवृत्ति होती है अर्थात् वे चुंबक की ओर भारी आकर्षण बल का अनुभव करते हैं।

उदाहरण-लोहा, कोबाल्ट, निकिल, गैडोलीनियम आदि। वह ताप जिस पर कोई लौह चुंबक, अनुचुंबक में परिवर्तित हो जाता है, **क्यूरी ताप** (Curie temperature) कहलाता है।

अस्थायी चुम्बक

लौह चुंबकीय पदार्थ से बनाए गए वे चुंबक जो अल्प समय के लिए चुंबकत्व का गुण धारण करते हैं, **अस्थायी चुंबक** (Temporary magnet) कहलाते हैं।

अस्थायी चुम्बक बनाने के लिए एक नर्म लोहे की क्रोड को परिनालिका के भीतर अक्ष के अनुदिश रखकर परिनालिका में धारा प्रवाहित कर देते हैं। नर्म लोहे की क्रोड चुंबक बन जाती है। इनका चुम्बकत्व तभी तक रहता है जब तक कि धारा प्रवाहित रहती है।

उदाहरण-विद्युत चुम्बक

विद्युत चुंबक बनाने हेतु प्रयुक्त लौह चुंबकीय पदार्थ की चुंबकशीलता बहुत उच्च एवं धारणशीलता बहुत कम होती है। विद्युत चुंबक का अनुप्रयोग, विद्युत घंटियों, ध्वनि विस्तारक एवं दूरभाष यंत्रों में होता है।

स्थायी चुंबक

वे पदार्थ जो कमरे के ताप (Room temperature) पर लौह चुंबकीय गुण दीर्घ काल के लिए बनाए रख सकते हैं, **स्थायी चुंबक** (Permanent magnet) कहलाते हैं। शक्तिशाली स्थायी चुंबक बनाने के लिए पदार्थ की **धारणशीलता** तथा **निग्राहिता** उच्च होती है। स्थायी चुंबकों के लिए उपयुक्त पदार्थ ऐल्निको (लोहा, ऐलुमीनियम, निकिल), कोबाल्ट स्टील, टिकोनल आदि होते हैं।

चुंबकीय फ्लक्स

किसी चुंबकीय क्षेत्र में रखे पृष्ठ के अभिलम्बवत् गुजरने वाली चुंबकीय बल रेखाओं की संख्या को उस पृष्ठ से संबद्ध **चुंबकीय फ्लक्स** (Magnetic flux) कहते हैं। यदि एकसमान चुंबकीय क्षेत्र **B** में कोई समतल पृष्ठ जिसका क्षेत्रफल वेक्टर **A** हो, तो पृष्ठ से संबद्ध चुम्बकीय फ्लक्स,

$$\phi = \mathbf{B} \cdot \mathbf{A} = BA \cos\theta$$

यहाँ, B = चुंबकीय क्षेत्र,
A = पृष्ठीय क्षेत्रफल

चुंबकीय फ्लक्स का SI मात्रक वेबर होता है।

विद्युत चुंबकीय प्रेरण

वह परिघटना जिसमें चुंबकीय क्षेत्र द्वारा विद्युत धारा उत्पन्न होती है, उसे विद्युत **चुंबकीय प्रेरण** (Electromagnetic induction) कहते हैं।

विद्युत चुंबकीय प्रेरण की परिघटना में कुंडली एवं चुंबक के बीच **आपेक्षिक गति** के कारण कुंडली में प्रेरित धारा उत्पन्न होती है।

विद्युत चुंबकीय प्रेरण की घटना की खोज **फैराडे** एवं **हेनरी** ने की थी।

फैराडे के विद्युत चुंबकीय प्रेरण के नियम

विद्युत चुंबकीय प्रेरण के दो नियम होते हैं

(i) **प्रथम नियम** (First law) जब कभी परिपथ से सम्बद्ध चुम्बकीय फ्लक्स में परिवर्तन होता है, तब इसमें विद्युत वाहक बल प्रेरित हो जाता है। यदि परिपथ बन्द है, तो विद्युत वाहक बल के कारण परिपथ में एक विद्युत धारा भी प्रेरित हो जाती है। परिपथ में **विद्युत वाहक बल** केवल तभी तक प्रेरित होता है, जब तक परिपथ से बद्ध चुंबकीय फ्लक्स में परिवर्तन होता है। इसे फैराडे का प्रथम नियम कहते हैं।

(ii) **द्वितीय नियम** (Second law) किसी परिपथ में प्रेरित विद्युत वाहक बल चुंबकीय फ्लक्स में परिवर्तन की ऋणात्मक दर के अनुक्रमानुपाती होता है, अर्थात् प्रेरित विद्युत वाहक बल, $e = -\frac{d\phi}{dt}$

इसे फैराडे का द्वितीय नियम कहते हैं।

लेंज का नियम

- लेंज के नियमानुसार प्रेरित विद्युत वाहक बल की दिशा इस प्रकार होती है कि यह उस कारण का विरोध करती है जिसके कारण यह स्वयं उत्पन्न हो रही है।
- लेंज का नियम, **ऊर्जा संरक्षण के नियम** (Law of conservation of energy) पर आधारित है।

स्वप्रेरण तथा अन्योन्य प्रेरण

- जब एक परिपथ में बहने वाली धारा में परिवर्तन होता है, तब परिपथ से सम्बद्ध चुंबकीय फ्लक्स में भी परिवर्तन होता है जिसके परिणामस्वरूप परिपथ में एक प्रेरित विद्युत बल स्थापित हो जाता है, तब यह घटना **स्वप्रेरण** (Self induction) कहलाती है।
- जब दो चालक पाश या लूप एक-दूसरे के सन्निकट हों तथा उनमें से एक चालक प्रवाहित धारा के मान में परिवर्तन करें, तो दूसरे चालक में एक प्रेरित विद्युत वाहक बल उत्पन्न हो जाता है, तब इस परिघटना को **अन्योन्य प्रेरण** (Mutual induction) कहते हैं।

भँवर धाराएँ

- जब किसी चालक वस्तु से संबद्ध चुंबकीय फ्लक्स में परिवर्तन होता है, तो धातु के संपूर्ण आयतन में प्रेरित धाराएँ उत्पन्न हो जाती हैं जो संबद्ध फ्लक्स में परिवर्तन का विरोध करती हैं। ये धाराएँ चक्करदार होती हैं, इसलिए इन्हें **भँवर धाराएँ** (Eddy currents) कहते हैं।
- भँवर धाराएँ कुछ अनुप्रयोगों में उपयोग की जाती हैं; जैसे
  - **रेलगाड़ियों में चुंबकीय ब्रेक** (Magnetic braking in trains) कुछ विद्युत चालित रेलगाड़ियों में पटरियों के ऊपर प्रबल विद्युत चुंबक स्थित होते हैं, जब विद्युत चुंबकों को **सक्रियित** (Active) किया जाता है, तो पटरियों में प्रेरित भँवर धाराएँ रेलगाड़ी की गति का विरोध करती हैं। क्योंकि यहाँ कोई यांत्रिक संयोजन नहीं है, इसलिए ब्रेक के कारण किसी प्रकार के झटके नहीं लगेंगे।
  - **विद्युत चुंबकीय अवमंदन** (Electromagnetic damping) कुछ धारामापियों की क्रोड स्थिर होती है तथा अचुंबकीय धात्विक पदार्थों की बनी होती है। जब कुंडली दोलन करती है, तो क्रोड में उत्पन्न होने वाली भँवर धाराएँ इसकी गति का विरोध करती हैं तथा कुंडली को तेजी से विरामावस्था में ले आती हैं।
  - **प्रेरण भट्टी** (Induction furnace) यह उच्च ताप उत्पन्न करने के लिए उपयोग की जा सकती है तथा घटक धातुओं को पिघला कर मिश्रधातु तैयार करने के काम आ सकती है। एक कुंडली में उच्च आवृत्ति की प्रत्यावर्ती धारा प्रवाहित की जाती है।
    यह कुंडली उन धातुओं को घेरे होती है जिनको पिघलाना होता है। धातुओं में उत्पन्न होने वाली भँवर धाराएँ उच्च ताप उत्पन्न करती हैं जो उन धातुओं को पिघलाने के लिए पर्याप्त होता है।
  - **विद्युत शक्ति मीटर** (Electric power meter) इसमें धातु की चमकदार डिस्क भँवर धाराओं के कारण ही घूर्णन करती है। कुंडली में **ज्यावक्रीय** (Sinusoidally) परिवर्ती धाराओं से उत्पन्न चुंबकीय क्षेत्रों से डिस्क में प्रेरित विद्युत धाराएँ उत्पन्न होती हैं।

प्रत्यावर्ती धारा तथा दिष्ट धारा

- वह विद्युत धारा जिसका परिमाण व दिशा आवर्त रूप से बदलता रहता है, **प्रत्यावर्ती धारा** (Alternating current) कहलाती है। प्रत्यावर्ती धारा की आवृत्ति 50 हर्ट्ज होती है। सुदुर स्थानों पर बिना ऊर्जा क्षय के विद्युत धारा को प्रत्यावर्ती विद्युत धारा के रूप में प्रेषित किया जाता है।
- वह विद्युत धारा जिसका परिमाण निश्चित रहता है तथा परिपथ के किसी भी बिंदु पर एक ही दिशा में प्रवाहित होती है, **दिष्ट धारा** (Direct current) कहलाती है।

विद्युत मोटर

- विद्युत धारा, चुम्बकीय प्रभाव के कारण किसी चुम्बकीय क्षेत्र में विद्युत धारावाही चालक पर बल लगता है। इसी सिद्धांत के प्रयोग से विद्युत ऊर्जा को यान्त्रिक ऊर्जा में बदलने की युक्ति को **विद्युत मोटर** (Electric motor) कहते हैं।
- विद्युत का उपयोग बिजली के उपकरण, जल पम्प, आटा चक्की, बड़ी-बड़ी मशीनें, विद्युत पंखे आदि को चलाने में किया जाता है।

विद्युत जनित्र

- वह यंत्र जो यांत्रिक ऊर्जा को विद्युत ऊर्जा में बदल देता है, **विद्युत जनित्र** (Electric generator) कहलाता है।
- यह विद्युत चुंबकीय प्रेरण के सिद्धांत पर कार्य करता है। प्रत्यावर्ती धारा उत्पन्न करने वाले जनित्र को **प्रत्यावर्ती धारा जनित्र** (Alternating current generator) कहते हैं।

रचना

- AC जनित्र में, एक प्रबल वैद्युत क्षेत्र की एक **आयताकार कुण्डली** (Rectangular armature coil) होती है, जिसमें **स्थायी चुम्बक** (Permanent magnet) के दोनों ध्रुवों के बीच एक प्रबल चुम्बकीय क्षेत्र होता है।
- इसमें बल आघूर्ण द्वारा धारा उत्पन्न होती है। इसमें दो **स्लिप रिंग** कुण्डली के सम्पर्क में रहते हैं, जो बल वाहक **ब्रुश** के साथ होते हैं, जो बिना किसी अवरोध के घूमते हैं।

दिष्ट जनित्र

ऐसी विद्युत धारा जो समय के साथ अपनी दिशा नहीं बदलती है, **दिष्ट धारा** (Direct current) कहलाती है।

रचना

- AC जनित्र की रचना DC डाइनेमो की तरह समान होती है जिसमें **स्लिप कम्पूलेटर**, **स्पिलिट रिंग**, आदि का प्रयोग किया जाता है।
- इस परिपथ में एक ब्रुश हमेशा वैद्युत क्षेत्र में आगे बढ़े हाथ के सम्पर्क में रहता है तथा दूसरा पीछे बढ़े हाथ के सम्पर्क में रहता है।

ट्रांसफॉर्मर

- वह युक्ति जिसके द्वारा वोल्टता या धारा के मान को घटाया या बढ़ाया जा सकता है, **ट्रांसफॉर्मर** (Transformer) कहलाती है। ट्रांसफॉर्मर, अन्योन्य प्रेरण के सिद्धांत पर कार्य करता है।
- ट्रांसफॉर्मर दिष्ट वोल्टताओं के लिए उपयोगी नहीं है। कार्य के आधार पर ट्रांसफॉर्मर दो प्रकार के होते हैं
  (i) **उच्चायी ट्रांसफॉर्मर** (Step-up transformer) यह निम्न प्रत्यावर्ती वोल्टता को उच्च प्रत्यावर्ती वोल्टता में बदलता है।

(ii) **अपचायी ट्रांसफॉर्मर** (Step-down transformer) यह उच्च प्रत्यावर्ती वोल्टता को निम्न प्रत्यावर्ती वोल्टता में बदलता है।

ट्रांसफॉर्मर की बनावट

ट्रांसफॉर्मर में दो कुंडलियाँ होती हैं जो एक दूसरे से विद्युतरुद्ध होती हैं। वे एक नर्म लौह-क्रोड पर लिपटी होती हैं। इसमें एक कुंडली दूसरी के ऊपर लिपटी होती है या फिर दोनों कुंडलियाँ क्रोड की अलग-अलग भुजाओं पर लिपटी होती हैं। एक कुंडली को **प्राथमिक कुंडली** (Primary coil) कहते हैं, इसमें N_p लपेटे होते हैं। दूसरी कुंडली को **द्वितीयक कुंडली** (Secondary coil) कहते हैं, इसमें N_s लपेटे होते हैं। प्राय: प्राथमिक कुंडली निवेशी कुंडली होती है एवं द्वितीयक कुंडली ट्रांसफॉर्मर की निर्गत् कुंडली होती है।

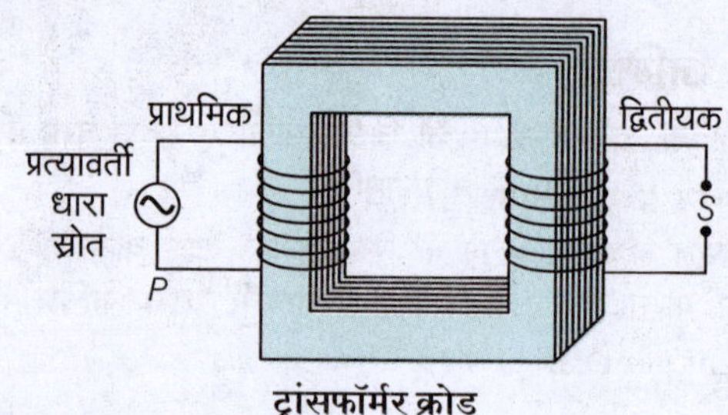

ट्रांसफॉर्मर क्रोड

कार्य विधि

जब प्राथमिक कुंडली के सिरों के बीच प्रत्यावर्ती वोल्टता लगाई जाती है, तो परिणामी धारा एक प्रत्यावर्ती चुंबकीय फ्लक्स उत्पन्न करती है जो द्वितीयक कुंडली से संयोजित होकर इसके सिरों के बीच एक विद्युत वाहक बल प्रेरित करता है। इस विद्युत वाहक बल का मान द्वितीयक कुंडली में फेरों की संख्या पर निर्भर करता है।

उपयोग

विद्युत उत्पाद केंद्रों से दूरस्थ स्थानों पर विद्युत ले जाने के लिए उन्हें उच्च विभव पर ट्रांसमिट किया जाता है। उच्च विभव पर ट्रांसमिशन के कारण विद्युत क्षय कम होता है। उच्च विभव वाले ट्रांसमिशन से घरेलू उपयोग हेतु विद्युत ऊर्जा प्राप्त करने हेतु अपचायी ट्रांसफॉर्मर का प्रयोग करते हैं।

अतिरिक्त तथ्य
तमिलनाडु बोर्ड एवं NIOS

- लोहे के छोटे-छोटे टुकड़ों को अपनी ओर खींचने के गुण को चुम्बकत्व कहते हैं।
- प्राकृतिक चुम्बकों का आकर्षण बल बहुत कम होता है।
- प्रायोगिक कार्यों के लिए लोहे, निकिल से निर्मित स्थायी चुम्बकों का उपयोग किया जाता है।
- छड़ चुम्बक के समीप चुम्बकीय सुई रखने पर यह घूमकर एक निश्चित दिशा में रुकती है जिससे ज्ञात होता है कि चुम्बकीय सुई पर एक बल कार्यरत् है, जिसे **बलाघूर्ण** (Torque) कहते हैं।
- प्रत्यावर्ती धारा जनित्र में विद्युत धारा की दिशा व परिमाण समय के साथ-साथ बदलती रहती है।
- दिष्ट धारा जनित्र एवं प्रत्यावर्ती धारा जनित्र की संरचना में एक ही अन्तर होता है कि इसमें प्रयुक्त ब्रश पूर्ण रिंग न होकर एक अर्द्ध-वृत्ताकार टुकड़े के रुप में होता है।
- दिष्ट धारा का उपयोग विद्युत अपघटन में सेलों को आवेशित करने व विद्युत चुम्बक बनाने में किया जाता है।
- समान वोल्टेज की दिष्ट धारा, प्रत्यावर्ती धारा से अधिक खतरनाक होती है, क्योंकि दिष्ट धारा में दिशा परिवर्तन नहीं होता है।
- प्रत्यावर्ती धारा भेजने में लागत कम लगती है तथा ऊर्जा का होने वाला नुकसान भी घट जाता है। इसलिए घरेलू एवं औद्योगिक कार्यों के लिए इसका उपयोग किया जाता है।

धारा तथा चुम्बकत्व के मध्य सम्बन्ध

- जब किसी चालक में धारा प्रवाहित होती है तो चालक में चुम्बकीय क्षेत्र बन जाता है, वह चुम्बक की भाँति व्यवहार करता है।
- चुम्बकीय गुण, इलेक्ट्रॉनों की गति के कारण उत्पन्न होता है।
- परिपथ में आवेश ऋणात्मक सिरे से धनात्मक सिरे की ओर प्रवाहित होते हैं, जिसके परिणामस्वरूप चुम्बकीय क्षेत्र निर्मित होता है।

प्रकाशिकी

12

(स्रोत)

Class-VI New NCERT Chap 8 (प्रकाश-छायाएँ एवं परावर्तन), Class-VII New NCERT Chap 11 (प्रकाश), Class-VIII New NCERT Chap 13 (प्रकाश), Class-X New NCERT Chap 9 (प्रकाश-परावर्तन तथा अपवर्तन), Chap 10 (मानव नेत्र तथा रंग-बिरंगा संसार), Class-XII New NCERT Chap 9 (किरण प्रकाशिकी एवं प्रकाशिक यंत्र), Chap 10 (तरंग-प्रकाशिकी)
Tamil Nadu Board (Class-IX), NIOS

- संसार को हम मुख्य रूप से अपनी ज्ञानेन्द्रियों से जानते हैं, ज्ञानेन्द्रियों में से दृष्टि एक सबसे महत्त्वपूर्ण ज्ञानेन्द्रिय है। इसकी सहायता से हम अनेक वस्तुओं को देख पाते हैं।
- केवल नेत्रों द्वारा हम किसी वस्तु को नहीं देख सकते। किसी वस्तु को हम तब ही देख पाते हैं, जब उस वस्तु से आने वाला प्रकाश हमारे नेत्रों में प्रवेश करे। यह प्रकाश वस्तुओं द्वारा उत्सर्जित अथवा उनसे परावर्तित हो सकता है। इसके अतिरिक्त प्रकाश परावर्तन, अपवर्तन, विवर्तन, ध्रुवण, विक्षेपण आदि घटनाओं को भी प्रदर्शित करता है।

प्रकाश

- प्रकाश (Light) ऊर्जा का वह रूप है, जो हमारी आँखों पर **दृष्टि संवेदना** (Sensation of sight) उत्पन्न करता है, इसकी सहायता से हमें वस्तुएँ दिखाई देती हैं। जब किसी वस्तु पर प्रकाश पड़ता है, तब उस वस्तु से प्रकाश टकराकर देखने वाले की आँख पर पड़ता है, जिससे व्यक्ति उस वस्तु को देख पाता है।

प्रकाश स्रोत

प्रकाश हमें विभिन्न प्रकार के **प्राकृतिक स्रोतों** (Light source); जैसे–सूर्य, तारे आदि एवं कृत्रिम स्रोतों (मानव निर्मित); जैसे–मोमबत्ती, विद्युत बल्ब आदि से प्राप्त होता है। इसके आधार पर प्रकाश स्रोतों को निम्नलिखित दो वर्गों में बाँटा जा सकता है

- **दीप्त प्रकाश स्रोत** (Luminous sources) ऐसे प्रकाश स्रोत जो स्वयं प्रकाश उत्पन्न करते हैं, दीप्त प्रकाश स्रोत कहलाते हैं। उदाहरण-सूर्य, तारे, विद्युत बल्ब आदि।
- **अदीप्त प्रकाश स्रोत** (Non-luminous sources) ऐसे प्रकाश स्रोत जो स्वयं प्रकाश उत्पन्न नहीं करते बल्कि दीप्त स्रोतों के प्रकाश को परावर्तित कर प्रकाश देते हैं, अदीप्त प्रकाश स्रोत कहलाते हैं। उदाहरण-चंद्रमा, काँच आदि।

प्रकाश के गुण

प्रकाश के मुख्य गुण निम्नलिखित हैं

- प्रकाश स्वयं अदृश्य है, परंतु इसकी उपस्थिति में वस्तुएँ दिखाई देती हैं।
- साधारणतया प्रकाश सरल रेखा में गमन करता है।
- प्रकाश विद्युत चुंबकीय तरंगों के रूप में गमन करता है।
- प्रकाश संचरण हेतु माध्यम की आवश्यकता नहीं होती है, प्रकाश निर्वात् में भी गमन कर सकता है।
- निर्वात् में प्रकाश की चाल 3×10^8 मी/से होती है।
- जब प्रकाश एक माध्यम से दूसरे माध्यम में प्रवेश करता है, तो प्रकाश अपने पथ से विचलित हो जाता है।
- दृश्य प्रकाश की तरंगदैर्ध्य 4000 Å से 8000 Å तक होती है।

प्रकाशिक माध्यम

प्रकाश जिन माध्यमों से होकर गुजरता है, उन्हें **प्रकाशिक माध्यम** (Optical medium) कहते हैं। प्रकाशिकी माध्यमों को निम्नलिखित तीन वर्गों में विभाजित किया जाता है

- **पारदर्शक माध्यम** (Transparent medium) जिन माध्यमों से प्रकाश का अधिकांश भाग गुजर जाता है, उन्हें पारदर्शक माध्यम कहते हैं।
  उदाहरण-वायु, काँच आदि।
- **पारभासक माध्यम** (Transluscent medium) जिन माध्यमों से प्रकाश का केवल आंशिक भाग ही गुजर पाता है, उन्हें पारभासक माध्यम कहते हैं।

उदाहरण-दूषित जल, घिसा हुआ काँच, तेलीय कागज आदि।

- **अपारदर्शक माध्यम** (Opaque medium) जिन माध्यमों से प्रकाश का कोई भी भाग नहीं गुजर पाता, उन्हें अपारदर्शक माध्यम कहते हैं।

प्रकाश का सरल रेखीय गमन

- समांग माध्यमों में प्रकाश की किरणें सरल रेखाओं में चलती हैं, इसे **प्रकाश का सरल रेखीय गमन** (Rectilinear propagation of light) कहते हैं।
- **सूची छिद्र** कैमरा में उल्टे चित्र बनाना, विभिन्न प्रकार की छायाओं का बनना, सूर्य ग्रहण तथा चन्द्र ग्रहण प्रकाश किरणों के सरल रेखीय गमन के कारण ही संभव होते हैं।

प्रच्छाया एवं उपच्छाया

- जब प्रकाश के मार्ग में कोई अपारदर्शी वस्तु आ जाती है, तो प्रकाश की किरणें आगे नहीं जा पाती हैं।
- वस्तु के आगे परदा रहने पर परदे के प्रकाशित भाग के बीच कुछ भाग ऐसा होता है, जो काला दिखता है, क्योंकि वहाँ अंधकार रहता है। इस भाग को **छाया** (Shadow) कहते हैं।
- जब प्रकाश का उद्गम बिन्दुवत् हो, तो उससे बनने वाली छाया में एक हाथ के मध्य भाग में प्रकाश एकदम नहीं पहुँचने के कारण पूर्ण अंधकार रहता है, यह **प्रच्छाया** (Umbra) कहलाता है और जिस भाग में प्रकाश पहुँचता है, उसे **उपच्छाया** (Pemembra) कहते हैं।

प्रकाश का परावर्तन

प्रकाश के किसी चिकनी व पॉलिशदार सतह से टकराकर वापस उसी माध्यम में लौटने की घटना, **प्रकाश का परावर्तन** (Reflection of light) कहलाती है।

प्रकाश के परावर्तन के नियमानुसार,

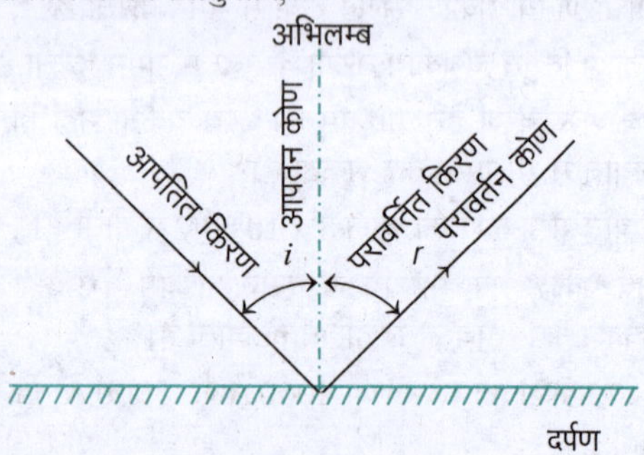

प्रकाश का परावर्तन

(i) आपतन कोण, परावर्तन कोण के बराबर होता है, ($\angle i = \angle r$)

(ii) आपतित किरण, दर्पण के आपतन बिंदु पर अभिलंब तथा परावर्तित किरण, सभी एक ही तल में होते हैं।

परावर्तन के प्रकार

परावर्तक पृष्ठों के अनुसार परावर्तन को निम्नलिखित दो भागों में विभक्त किया जा सकता है

- **नियमित परावर्तन** (Regular reflection) जब प्रकाश का परावर्तन किसी पॉलिशयुक्त चिकने पृष्ठ से होता है, तो प्रकाश किरणें परावर्तन के पश्चात् एक-दूसरे के समांतर होती हैं, इस प्रकार के परावर्तन को नियमित परावर्तन कहते हैं।

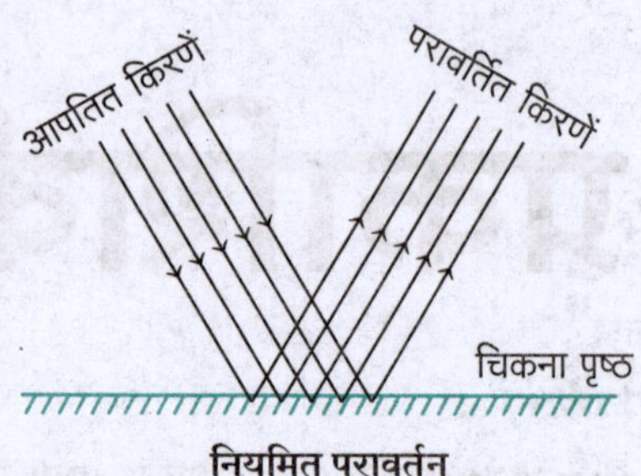

नियमित परावर्तन

- **अनियमित या विसरित परावर्तन** (Diffused reflection) जब प्रकाश का परावर्तन किसी खुरदरे या अनियमित पृष्ठ से होता है, तो परावर्तित होने के पश्चात् प्रकाश की किरणें समांतर नहीं होती हैं, ऐसे परावर्तन को विसरित परावर्तन कहते हैं।

दैनिक जीवन में विसरित परावर्तन के निम्नलिखित उपयोग हैं

- कमरे की खिड़की में लगा खुरदरा काँच, सूर्य के प्रकाश का विसरित परावर्तन करता है, जो ज्यादा चकाचौंध से बचाता है।
- अखबार खुरदरे व सस्ते कागज पर छापे जाते हैं, जिससे उस पर पड़ने वाले प्रकाश का विसरित परावर्तन हो सके तथा उसके छोटे-छोटे अक्षरों को सुगमतापर्वूक पढ़ा जा सके।

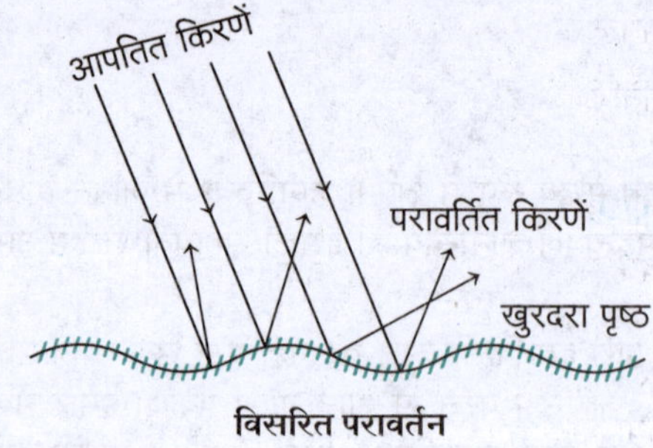

विसरित परावर्तन

प्रतिबिंब

- जब किसी वस्तु को दर्पण के सामने रखा जाता है, तो दर्पण में उसकी आकृति बन जाती है, दर्पण में बनी आकृति को ही वस्तु का प्रतिबिंब (Image) कहते हैं।
- जब किसी बिंदु वस्तु से चलने वाली प्रकाश किरणें परावर्तन के पश्चात् किसी दूसरे बिंदु पर वास्तव में मिलती हैं, तो दूसरे बिंदु पर बने प्रतिबिंब को उस बिंदु का **वास्तविक प्रतिबिंब** (Real image) कहते हैं।
- जब किसी बिंदु वस्तु से चलने वाली प्रकाश किरणें परावर्तन के पश्चात् किसी दूसरे बिंदु पर वास्तव में नहीं मिलती हैं परंतु दूसरे बिंदु से आती हुई प्रतीत होती हैं, तो इस बिंदु पर बने प्रतिबिंब को, उस बिंदु का **आभासी प्रतिबिंब** (Virtual image) कहते हैं।
- वास्तविक प्रतिबिंब को पर्दे पर प्राप्त किया जा सकता है, जबकि आभासी प्रतिबिंब को पर्दे पर प्राप्त नहीं किया जा सकता है।

दर्पण

- यदि किसी चिकने पारदर्शी माध्यम तल के एक पृष्ठ पर कलई अथवा लाल ऑक्साइड का लेप करके दूसरे पृष्ठ को परावर्तक पृष्ठ बना दिया जाए, तो यह निकाय **दर्पण** (Mirror) कहलाता है।
- दर्पण को उनकी आकृति के अनुसार दो वर्गों में बाँटा जाता है- समतल दर्पण और गोलीय दर्पण।

समतल दर्पण और गोलीय दर्पण

समतल दर्पण तथा गोलीय दर्पण का वर्णन निम्नलिखित है

1. समतल दर्पण

ऐसे दर्पण जिनका परावर्तक पृष्ठ समतल होता है, समतल दर्पण (Plane mirror) कहलाते हैं। समतल दर्पण द्वारा बने प्रतिबिंब के गुण निम्नलिखित हैं

- समतल दर्पण द्वारा बने प्रतिबिंब सदैव आभासी तथा सीधा होता है।
- समतल दर्पण द्वारा बना प्रतिबिंब का आकार वस्तु के आकार के बराबर होता है।
- ऊँचाई h के मनुष्य को अपना पूर्ण प्रतिबिंब देखने के लिए ऊँचाई $\frac{h}{2}$ के समतल दर्पण की आवश्यकता होती है।
- प्रतिबिंब दर्पण से उतनी दूर पीछे बनता है, जितनी की वस्तु दर्पण के आगे होती है।
- वस्तु तथा प्रतिबिंब को मिलाने वाली रेखा समतल दर्पण पर लंब होती है।
- समतल दर्पण द्वारा प्राप्त प्रतिबिंब **पार्श्व प्रतिबिंब** (Lateral inverse) होता है। यही कारण है कि एंबुलेंस पर ठीक सामने AMBULANCE के पार्श्व-परिवर्तित स्वरूप में लिखा गया होता है जिससे कि आगे जा रही गाड़ियों के **पार्श्व दर्पण** (Rear view mirror) में देखकर आसानी से पढ़ा जा सके।
- यदि कोई वस्तु दर्पण के सापेक्ष v चाल से गतिमान हो, तो वस्तु और प्रतिबिंब की सापेक्ष गति $2v$ होगी।
- यदि दो समतल दर्पण $\theta°$ कोण पर झुके हों, तो उनके मध्य में रखी वस्तु के बनाए गए कुल प्रतिबिंबों की संख्या $\left(\frac{360°}{\theta°}-1\right)$ होती है।

समतल दर्पण के उपयोग

- दैनिक जीवन में समतल दर्पण का उपयोग आइने के रूप में सर्वाधिक किया जाता है।
- बहुदर्शी (Kaleidoscope) और परिदर्शी (Periscope) में समतल दर्पण का उपयोग किया जाता है।

परिदर्शी

इसमें दो समतल दर्पण एक-दूसरे से 45° कोण पर स्थित होते हैं, इन दर्पणों की परावर्तक सतहें आमने-सामने रहती हैं। अतः ऊपर वाले सिरे से होकर प्रवेश करने वाली किरणें दर्पण द्वारा परावर्तित होकर नीचे की ओर आती हैं और दूसरे दर्पण द्वारा परावर्तित आँखों में प्रवेश करती हैं। इसी कारण, युद्ध के समय बंकर में छिपे सैनिक जमीन पर चल रहे दुश्मनों की गतिविधियों को देखने के लिए इस उपकरण का उपयोग करते हैं।

2. गोलीय दर्पण

यदि किसी काँच के खोखले गोले को काटकर उसके एक पृष्ठ पर चाँदी की पॉलिश या कलई कर दी जाए, तो यह निकाय **गोलीय दर्पण** (Spherical mirror) कहलाता है।

गोलीय दर्पण के प्रकार

गोलीय दर्पण दो प्रकार के होते हैं

- **अवतल दर्पण** (Concave mirror) ऐसा गोलीय दर्पण, जिसका परावर्तक पृष्ठ अंदर की ओर अर्थात् गोले के केंद्र की ओर वक्रित है, अवतल दर्पण कहलाता है।
- **उत्तल दर्पण** (Convex mirror) ऐसा गोलीय दर्पण, जिसका परावर्तक पृष्ठ बाहर की ओर वक्रित है, उत्तल दर्पण कहलाता है।

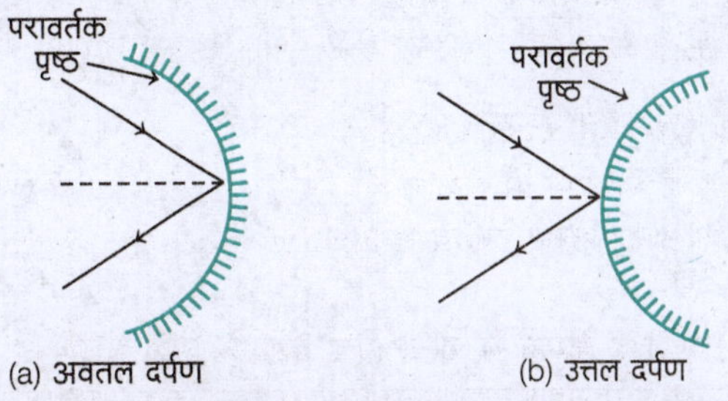

(a) अवतल दर्पण (b) उत्तल दर्पण

गोलीय दर्पण से संबंधित महत्त्वपूर्ण परिभाषाएँ निम्नलिखित हैं

- **ध्रुव** (Dipole) गोलीय दर्पण के परावर्तक पृष्ठ के केंद्र को दर्पण का ध्रुव (P) कहते हैं।
- **वक्रता त्रिज्या** (Radius of curvature) गोलीय दर्पण का परावर्तक पृष्ठ जिस गोले का भाग होता है, उसकी त्रिज्या दर्पण की त्रिज्या (R) कहलाती है।
- **मुख्य अक्ष** (Principal axis) गोलीय दर्पण के ध्रुव तथा वक्रता त्रिज्या से गुजरने वाली एक सीधी रेखा को मुख्य अक्ष कहते हैं।
- **फोकस** (Focus) गोलीय दर्पण से परावर्तन के पश्चात् प्रकाश किरणें जिस बिंदु पर मिलती हैं, उसे दर्पण का फोकस (F) कहते हैं।

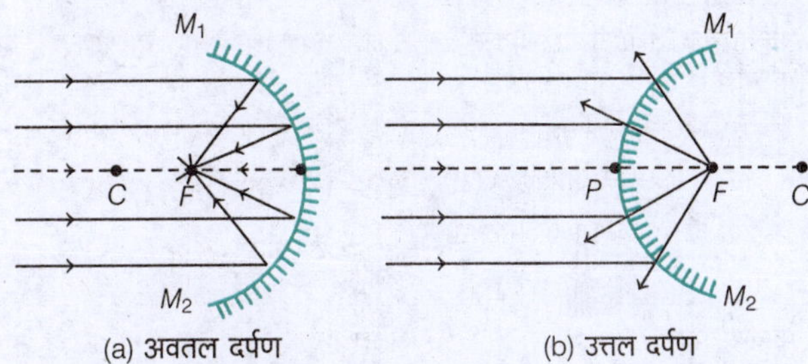

(a) अवतल दर्पण (b) उत्तल दर्पण

- **फोकस दूरी** (Focal length) गोलीय दर्पण के ध्रुव तथा मुख्य फोकस के बीच की दूरी को दर्पण की फोकस दूरी कहते हैं। दर्पण की फोकस दूरी f वक्रता त्रिज्या R की आधी होती है।

$$f = \frac{R}{2}$$

- **वक्रता केन्द्र** खोखले गोले का केन्द्र गोलीय दर्पण का वक्रता केन्द्र (Centre of curvature) कहलाता है।
- **द्वारक** गोलीय दर्पण के परावर्तक पृष्ठ की इस वृत्ताकार सीमा रेखा का व्यास दर्पण का द्वारक (Aperture) कहलाता है।

अवतल दर्पण द्वारा प्रतिबिंब बनना

अवतल दर्पण से बने प्रतिबिंब की प्रकृति, स्थिति एवं आकार बिंदु P, F तथा C के सापेक्ष वस्तु की स्थिति पर निर्भर करते हैं। वस्तु की विभिन्न स्थितियों के लिए अवतल दर्पण तथा उत्तल दर्पण द्वारा बने प्रतिबिंब की स्थिति, आकार एवं प्रकृति दर्शाई गई हैं।

अवतल दर्पण द्वारा भिन्न-भिन्न स्थितियों में प्रतिबिंब का बनना

वस्तु की स्थिति	प्रतिबिंब की स्थिति	प्रतिबिंब की प्रकृति एवं आकार	किरण आरेख
अनंत पर	फोकस तल में	वास्तविक, उल्टा तथा वस्तु से छोटा	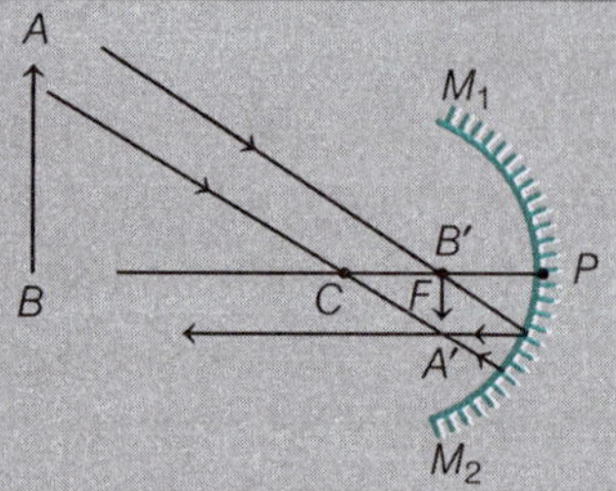
अनंत तथा वक्रता केंद्र के बीच	फोकस तथा वक्रता केंद्र के बीच	वास्तविक, उल्टा तथा वस्तु से छोटा	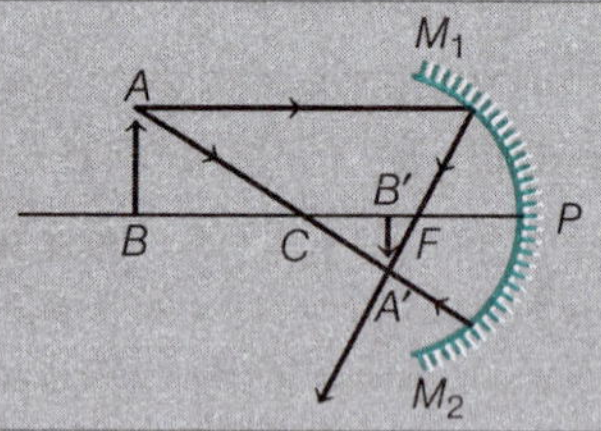
वक्रता केंद्र पर	वक्रता केंद्र पर	वास्तविक, उल्टा तथा वस्तु के बराबर	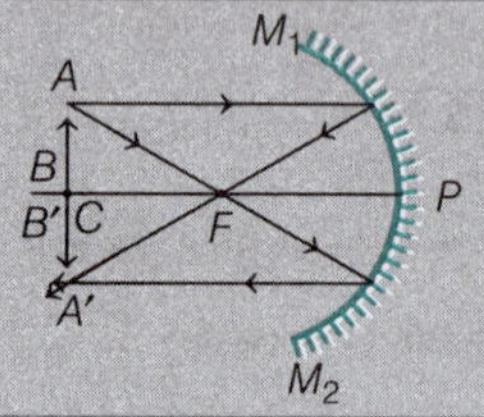
वक्रता केंद्र तथा मुख्य फोकस के बीच	वक्रता केंद्र तथा अनंत के बीच	वास्तविक, उल्टा तथा वस्तु से बड़ा	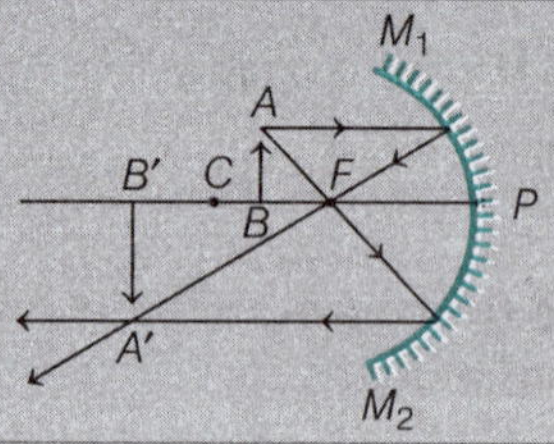
फोकस पर	अनंत पर	वास्तविक, उल्टा तथा वस्तु से बहुत बड़ा	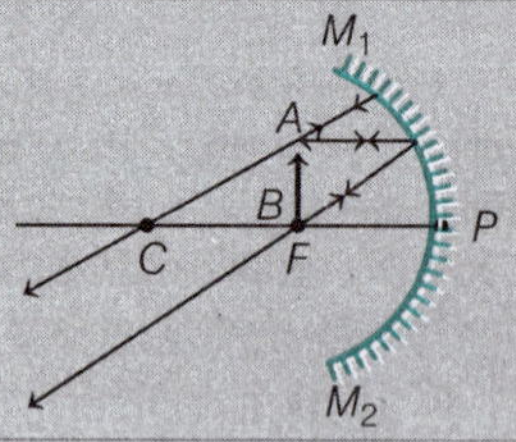
मुख्य फोकस तथा ध्रुव के बीच	दर्पण के पीछे अनंत तथा ध्रुव के बीच	आभासी, सीधा तथा वस्तु से बड़ा	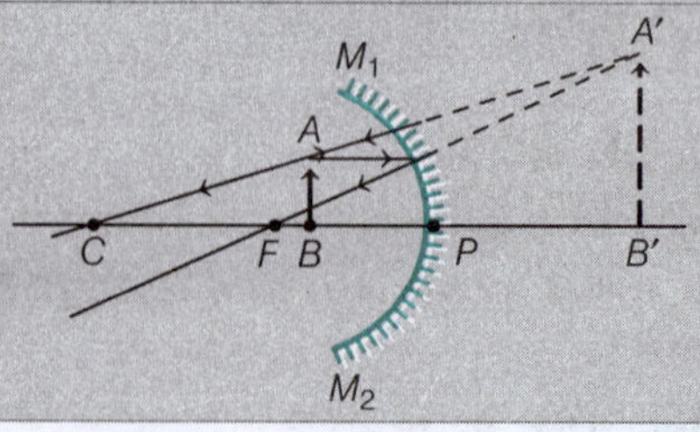

उत्तल दर्पण द्वारा भिन्न-भिन्न स्थितियों में प्रतिबिंब का बनना

वस्तु की स्थिति	प्रतिबिंब की स्थिति	प्रतिबिंब की प्रकृति एवं आकार	किरण आरेख
अनंत पर	दर्पण के पीछे तथा मुख्य फोकस पर	आभासी, सीधा तथा वस्तु से अत्यंत छोटा	
अनंत व ध्रुव के बीच	मुख्य फोकस तथा ध्रुव के बीच	आभासी, सीधा तथा वस्तु से छोटा	

दर्पण सूत्र

गोलीय दर्पण में इसके ध्रुव से बिंब की दूरी, बिंब दूरी (u) कहलाती है।

दर्पण के ध्रुव से प्रतिबिंब की दूरी, **प्रतिबिंब दूरी** (v) कहलाती है।

ध्रुव से मुख्य फोकस की दूरी, **फोकस दूरी** (f) कहलाती है।

उपरोक्त तीनों राशियों के बीच एक संबंध है, जिसे दर्पण सूत्र द्वारा प्रस्तुत किया जाता है।

इस सूत्र को निम्न प्रकार व्यक्त करते हैं

$$\frac{1}{v}+\frac{1}{u}=\frac{1}{f}$$

गोलीय दर्पणों द्वारा परावर्तन के लिए चिन्ह परिपाटी

गोलीय दर्पणों द्वारा प्रकाश के परावर्तन में दर्पण से वस्तु की दूरी, प्रतिबिंब की दूरी, फोकस दूरी आदि को व्यक्त करने के लिए एक निश्चित (निर्देशांक ज्यामिति की) **चिन्ह परिपाटी** (Sign convention) का प्रयोग किया जाता है, जो निम्नलिखित हैं

- दर्पण पर प्रकाश किरणें सदैव बाईं ओर से आपतित होती हैं।
- सभी दूरियाँ दर्पण के ध्रुव से मुख्य अक्ष के साथ नापी जाती हैं।
- दर्पण के ध्रुव के दाईं ओर अर्थात् आपतित किरणों की दिशा में नापी गई दूरियाँ धनात्मक चिन्ह के साथ ली जाती हैं।
- दर्पण के ध्रुव के बाईं ओर अर्थात् आपतित किरणों की विपरीत दिशा में नापी गई दूरियाँ ऋणात्मक चिन्ह के साथ ली जाती हैं।
- वस्तु एवं प्रतिबिंब की लंबाईयाँ मुख्य अक्ष के ऊपर की ओर धनात्मक और नीचे की ओर ऋणात्मक ली जाती हैं।

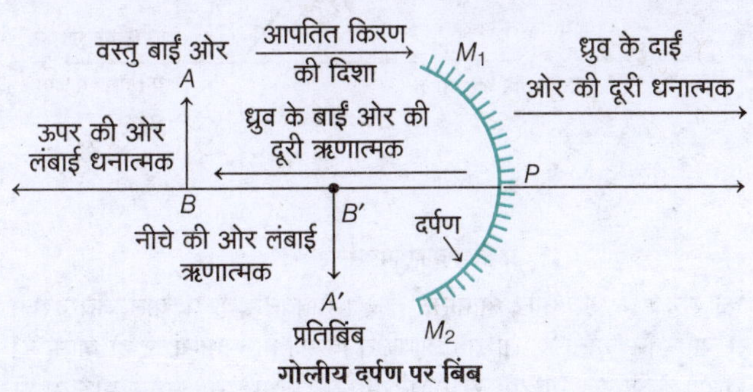

गोलीय दर्पण पर बिंब

रेखीय आवर्धन

गोलीय दर्पण के मुख्य अक्ष के लंबवत् नापी गई प्रतिबिंब की लंबाई तथा वस्तु की लंबाई के अनुपात को **रेखीय आवर्धन** (Linear magnification) कहते हैं। इसे m से प्रदर्शित किया जाता है।

$$m=\frac{\text{प्रतिबिंब की लंबाई } (I)}{\text{वस्तु की लंबाई } (O)}$$

अवतल दर्पणों के उपयोग

- अवतल दर्पणों का उपयोग सामान्यतः टॉर्च, सर्चलाइट तथा वाहनों के **अग्रदीपों** (Headlights) में प्रकाश का शक्तिशाली समांतर किरण पुँज प्राप्त करने के लिए किया जाता है।
- इन्हें प्रायः चेहरे का बड़ा प्रतिबिंब देखने के लिए **शेविंग दर्पणों** (Shaving mirrors) के रूप में उपयोग करते हैं।
- दंत विशेषज्ञ अवतल दर्पणों का उपयोग मरीजों के दाँतों का बड़ा प्रतिबिंब देखने के लिए करते हैं।
- सौर भट्टियों में सूर्य के प्रकाश को केंद्रित करने के लिए बड़े अवतल दर्पणों का उपयोग किया जाता है।

उत्तल दर्पणों के उपयोग

- उत्तल दर्पणों का उपयोग सामान्यतः वाहनों के **पश्च-दृश्य** (Wings) दर्पणों के रूप में किया जाता है। उत्तल दर्पणों को इसलिए भी प्राथमिकता देते हैं, क्योंकि ये सदैव सीधा प्रतिबिंब बनाते हैं यद्यपि वह छोटा होता है।
- इनका दृष्टि-क्षेत्र भी अधिक है, क्योंकि ये बाहर की ओर वक्रित होते हैं। अतः समतल दर्पण की तुलना में उत्तल दर्पण ड्राइवर को अपने पीछे के बहुत बड़े क्षेत्र को देखने में समर्थ बनाते हैं।

प्रकाश का अपवर्तन

- प्रकाश किरणों के एक माध्यम से दूसरे माध्यम में जाने पर उनके पथ में परिवर्तन की घटना, **प्रकाश का अपवर्तन** (Refraction of light) कहलाती है। प्रकाश के अपवर्तन का कारण प्रकाश की चाल का विभिन्न माध्यमों में भिन्न-भिन्न होना है।
- जब प्रकाश विरल माध्यम से सघन माध्यम में जाता है, तो प्रकाश किरण अभिलंब की ओर झुक जाती है और जब प्रकाश सघन से विरल में जाता है, तो प्रकाश किरण अभिलंब से दूर हट जाती है।

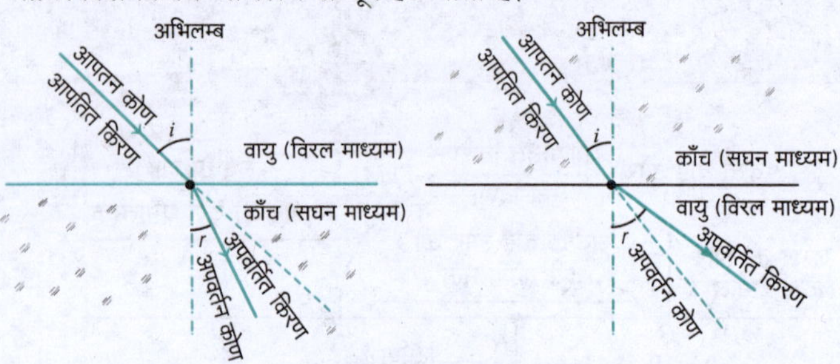

प्रकाश का अपवर्तन

- काँच की स्लैब के एक ओर आपतित किरण अपवर्तन के पश्चात् जब दूसरी ओर से बाहर निकलती है, तो यह आपतित किरण के समानांतर हो जाती है। ऐसा किरण के विरल माध्यम से सघन माध्यम तथा पुनः सघन माध्यम से विरल माध्यम में अपवर्तन के कारण होता है।

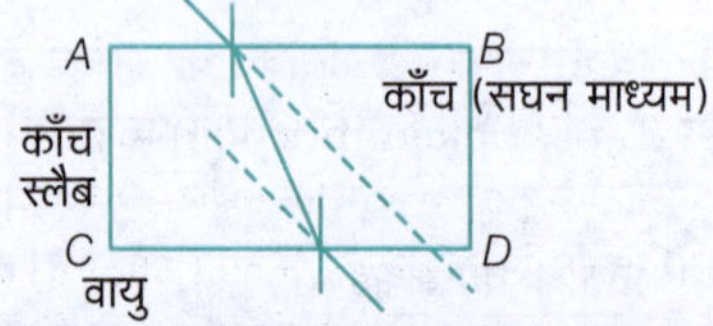

आयताकार काँच की स्लैब में प्रकाश का अपवर्तन

- यदि प्रकाश की किरण काँच की स्लैब पर अभिलम्बवत् आपतित होती है, तो प्रकाश की किरण पृथक्कारी तल पर बिना विचलित हुए सीधी निकल जाती है।

अपवर्तन के नियम

- आपतित किरण, अपवर्तित किरण तथा दोनों माध्यमों को पृथक् करने वाले पृष्ठ के आपतन बिंदु पर अभिलंब सभी एक ही तल में होते हैं।
- प्रकाश के किसी निश्चित रंग तथा निश्चित माध्यमों के युग्म के लिए आपतन कोण की ज्या ($\sin i$) तथा अपवर्तन कोण की ज्या ($\sin r$) का अनुपात स्थिर होता है। इस नियम को **स्नेल का अपवर्तन का नियम** (Snell's law of refraction) भी कहते हैं।

  यदि i आपतन कोण तथा r अपवर्तन कोण हो, तब

$$\frac{\sin i}{\sin r} = \text{स्थिरांक}$$

- इसे **स्नेल का नियम** कहते हैं तथा इस नियतांक को प्रथम माध्यम के सापेक्ष द्वितीय माध्यम का **अपवर्तनांक** (Refractive index) कहते हैं। यदि प्रथम माध्यम 1 से प्रदर्शित किया जाता है तथा द्वितीय माध्यम 2 से प्रदर्शित किया जाता है, तब द्वितीय माध्यम का प्रथम माध्यम के सापेक्ष अपवर्तनांक ${}_1u_2$ से प्रदर्शित किया जाता है, इसलिए

$${}_1u_2 = \frac{u_2}{u_1} = \frac{\sin i}{\sin r}$$

यदि प्रथम माध्यम निर्वात् या वायु है, तब द्वितीय माध्यम का अपवर्तनांक निर्वात् के सापेक्ष माना जाता है। यह माध्यम का **निरपेक्ष अपवर्तनांक** (Absolute refractive index) कहलाता है।

कुछ द्रव्यात्मक माध्यमों के निरपेक्ष अपवर्तनांक

द्रव्यात्मक माध्यम	अपवर्तनांक	द्रव्यात्मक माध्यम	अपवर्तनांक
वायु	1.003	क्राउन काँच	1.52
बर्फ़	1.31	कनाडा बालसम	1.53
जल	1.33	खनिज नमक	1.54
ऐल्कोहॉल	1.36	कार्बन डाइसल्फाइड	1.63
केरोसीन	1.44	सघन फ्लिंट काँच	1.65
संगलित क्वार्ट्ज़	1.46	रुबी (मणिक्य)	1.71
तारपीन का तेल	1.47	नीलम	1.77
बेंजीन	1.50	हीरा	2.42

अपवर्तनांक का प्रकाश की चाल से सम्बन्ध

किसी माध्यम का अपवर्तनांक (n), निर्वात् अथवा वायु में प्रकाश की चाल (c) व उस माध्यम में प्रकाश की चाल (v) के अनुपात के बराबर होता है।

अर्थात् $n = \frac{c}{v}$

माध्यम का अपवर्तनांक, माध्यम की प्रकृति, प्रकाश की तरंगदैर्ध्य तथा माध्यम के ताप पर निर्भर करता है। अपवर्तनांक एक मात्रकहीन राशि है।

प्रकाश के अपवर्तन के कुछ व्यावहारिक उदाहरण

प्रकाश के अपवर्तन के कुछ व्यावहारिक उदाहरण निम्नलिखित हैं

- अपवर्तन के कारण ही किसी गिलास अथवा बीकर में डूबी हुई छड़ अथवा पेंसिल टूटी हुई (मुड़ी हुई) प्रतीत होती है।
- रात्रि में ताप परिवर्तन के कारण वायुमंडल की विभिन्न परतों का घनत्व बदलता है, जिसके कारण वायु का अपवर्तनांक बदलता रहता है। इसी कारण तारें टिमटिमाते हुए प्रतीत होते हैं, क्योंकि उनसे आने वाले प्रकाश का लगातार अपवर्तन होता रहता है। चन्द्रमा तारों की अपेक्षा आँख पर बड़ा कोण बनाता है। अतः यह टिमटिमाता हुआ प्रतीत नहीं होता।

- धरातल से ऊपर की ओर जाने पर वायु का अपवर्तनांक कम होता जाता है तथा प्रकाश का बार-बार अपवर्तन होता रहता है जिसके फलस्वरूप सूर्योदय व सूर्यास्त के समय, सूर्य क्षितिज से नीचे होने पर भी दिखाई देता है।
- धरातल के समीप की वायु का अपवर्तनांक अधिक होता है तथा जैसे-जैसे ऊपर जाते हैं, यह घटता जाता है। इसी कारण सूर्य, तारे तथा आकाश में ऊँचाई पर उड़ता हुआ वायुयान अपनी वास्तविक स्थिति से ऊँचा दिखाई देता है।
- जल की सतह पर प्रकाश के अपवर्तन के कारण ही तालाब की गहराई, उसकी वास्तविक गहराई से कम दिखाई पड़ती है।

पूर्ण आंतरिक परावर्तन

- सघन माध्यम में वह आपतन कोण जिसके लिए विरल माध्यम में अपवर्तन कोण, समकोण के बराबर हो जाता है, सघन माध्यम का **क्रांतिक कोण** (Critical angle) कहलाता है।
- यदि सघन माध्यम में प्रकाश की किरण क्रांतिक कोण से अधिक कोण पर आपतित होती है, तो यह दोनों माध्यमों को अलग करने वाली सतह से वापस सघन माध्यम में परावर्तित हो जाती है, इस घटना को **पूर्ण आंतरिक परावर्तन** (Total internal reflection) कहते हैं।

पूर्ण आंतरिक परावर्तन के दैनिक जीवन में प्रयोग

पूर्ण आंतरिक परावर्तन के दैनिक जीवन में प्रयोग निम्नलिखित हैं

- **काँच में पड़ी दरारों का चमकना** (Glazing of cracks in glass) जब दरवाजे अथवा खिड़की में लगा काँच चटख जाता है, तो उसमें दरारें पड़ जाती हैं तथा इन दरारों में वायु की एक पतली परत बन जाती है। ये दरारें चमकीली दिखाई देने लगती हैं।

  इसका कारण यह है कि इन दरारों पर पड़ने वाला टेढ़ा प्रकाश वायु की परत में न जाकर, काँच तथा वायु के पृथक्कारी पृष्ठ से पूर्ण परावर्तित हो जाता है तथा प्रेक्षक की आँख पर पहुँचता है।
- **हीरे का चमकदार दिखाई देना** (Diamond shine) वायु के सापेक्ष हीरे का अपवर्तनांक 2.42 तथा हीरे-वायु के लिए क्रांतिक कोण 24° होता है। जब प्रकाश हीरे में प्रवेश करता है, तो उसके भीतरी तलों पर बार-बार पूर्ण आंतरिक परावर्तन होता रहता है तथा जब किसी तल पर आपतन कोण का मान 24° से कम हो जाता है, तब प्रकाश हीरे से बाहर आ जाता है।

  इस प्रकार हीरे में सभी दिशाओं से प्रवेश करने वाला प्रकाश केवल कुछ ही दिशाओं में हीरे से बाहर आ पाता है। अत: इन विशेष दिशाओं से देखने पर हीरा अत्यंत चमकदार दिखाई देता है।
- **पेपर वेट में वायु के बुलबुले का चमकना** (Flashing of air bubbles in paper weight) जब पेपर वेट में वायु का बुलबुला उपस्थित होता है, तो काँच से होकर आने वाला प्रकाश बुलबुले तथा काँच के पृथक्कारी पृष्ठ पर क्रांतिक कोण से अधिक कोण पर आपतित होता है जिससे प्रकाश का पूर्ण आंतरिक परावर्तन हो जाता है तथा पेपर वेट में उपस्थित वायु का बुलबुला चमकदार दिखाई देता है।

रेगिस्तान में मरीचिका

सामान्यतया: रेगिस्तान में विचरण करने वाले यात्रियों को गर्मी के दिनों में कभी-कभी कुछ दूरी पर लहराते हुए जलाशय अथवा दूरस्थ वस्तु या पेड़ों के उल्टे प्रतिबिंब जल में सदृश दिखाई पड़ते हैं। इस दृष्टि भ्रम को **मरीचिका** (Mirage) कहते हैं। यह घटना पूर्ण आंतरिक परावर्तन (Total internal reflection) के कारण होती है।

गर्मी के दिनों में रेत के अधिक गर्म होने के कारण, रेत (अथवा सतह) के निकट की वायु अधिक गर्म होकर विरल हो जाती है तथा ऊपर की वायु अपेक्षाकृत ठंडी होने के कारण सघन होती है। अत: जब किसी ऊँचे पेड़ से आता हुआ प्रकाश सघन माध्यम से विरल माध्यम में गमन करता है, तो वस्तु से आने वाली प्रकाश की किरण अभिलंब से दूर होती जाती है और जब आपतन कोण का मान क्रांतिक कोण से अधिक हो जाता है, तो प्रकाश किरण का पूर्ण आंतरिक परावर्तन हो जाता है तथा प्रकाश किरण वापस ऊपर लौट जाती है।

चूँकि ऊपर वाली परतें अधिकाधिक सघन हैं, अत: ऊपर उठती हुई किरण अभिलंब की ओर झुकती जाती हैं और दूरस्थ प्रेक्षक के लिए प्रकाश भूमि पृष्ठ के नीचे से आता हुआ प्रतीत होता है। अत: प्रेक्षक यह मान लेता है कि यह प्रकाश ऊँची वस्तु के समीप जल से भरे किसी तालाब या पोखर से परावर्तित होकर उस तक पहुँच रहा है।

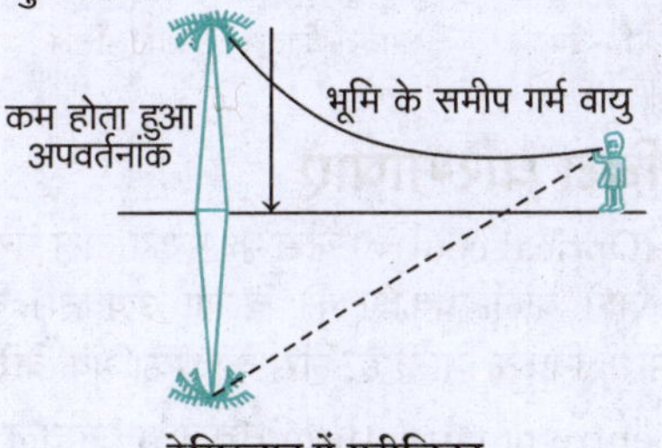

रेगिस्तान में मरीचिका

प्रकाशिक तंतु

- प्रकाशिक तंतु (Optical fibre) उच्च गुणवत्ता वाले काँच या क्वार्ट्ज तंतुओं से बनाया जाता है। प्रत्येक तंतु में एक क्रोड (Core) तथा आवरण (Cladding) होता है। क्रोड का अपवर्तनांक, आवरण के अपवर्तनांक से अधिक होता है।
- जब प्रकाश के रूप में कोई संकेत उचित कोण पर तंतु के एक सिरे पर दिष्ट होता है, तब यह उसकी लंबाई के अनुदिश बार-बार पूर्ण आंतरिक परावर्तित होता है तथा अंततः दूसरे सिरे से बाहर निकल आता है। क्योंकि प्रत्येक चरण में प्रकाश का पूर्ण आंतरिक परावर्तन होता है, इसलिए प्रकाश संकेत की तीव्रता में कोई विशेष हानि नहीं होती।
- प्रकाशिक तंतु इस प्रकार बनाए जाते हैं कि एक ओर के आंतरिक पृष्ठ पर परावर्तित होने के पश्चात् दूसरे पृष्ठ पर प्रकाशिक क्रांतिक कोण से अधिक कोण पर आपतित होता है।
- यहाँ तक कि तंतु में मुड़ाव होने पर भी प्रकाशिक तंतु के भीतर उसकी लंबाई के अनुदिश सरलतापूर्वक गमन कर सकता है। इस प्रकार एक प्रकाशिक तंतु **प्रकाशित पाइप** (लाइट पाइप) के रूप में प्रयोग किया जा सकता है।
- मानव शरीर के आंतरिक भागों के चिकित्सीय परीक्षण हेतु **ऐंडोस्कोप** (Endoscope) का प्रयोग करते हैं। ऐंडोस्कोप प्रकाशिक तंतु पर आधारित प्रणाली है।

लेंस

- दो पृष्ठों से घिरा हुआ कोई पारदर्शी माध्यम जिसके एक या दोनों पृष्ठ गोलीय हों, **लेंस** (Lens) कहलाता है।
- वे लेंस जो बीच में से मोटे तथा किनारों पर पतले होते हैं, **उत्तल लेंस** (Convex lens) कहलाते हैं, इन्हें **अभिसारी लेंस** भी कहते हैं।

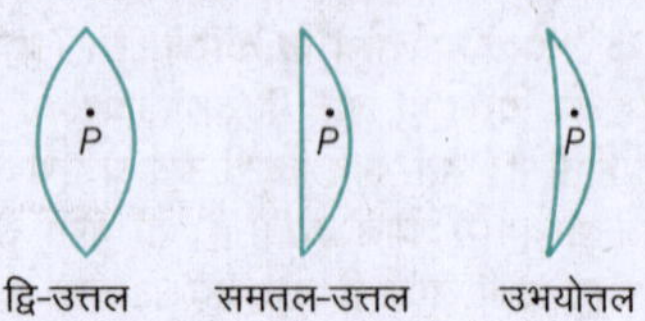

द्वि-उत्तल समतल-उत्तल उभयोत्तल

- वे लेंस जो बीच में से पतले तथा किनारों पर मोटे होते हैं, **अवतल लेंस** (Concave lens) कहलाते हैं। इन्हें **अपसारी लेंस** भी कहते हैं।

द्वि-अवतल समतल-अवतल अवतलोत्तल

लेंस से संबंधित परिभाषाएँ

- **प्रकाशिक केंद्र** (Optical centre) लेंस के मुख्य अक्ष पर स्थित वह बिंदु, जिससे होकर जाने वाली प्रकाश की किरण अपवर्तन के पश्चात् बिना विचलित हुए सीधी निकल जाती है, लेंस का प्रकाशिक केंद्र कहलाता है।
- **वक्रता केंद्र** (Centre of curvature) उत्तल व अवतल लेंस के गोलीय पृष्ठ जिस गोले के भाग होते हैं, उस गोले का केंद्र लेंस का वक्रता केंद्र कहलाता है।
- **वक्रता त्रिज्या** (Radius of curvature) लेंस जिस गोले का भाग होता है, उस गोले की त्रिज्या को लेंस की वक्रता त्रिज्या कहते हैं।
- **मुख्य अक्ष** (Principal axis) लेन्स के दोनों गोलीय पृष्ठों के वक्रता केंद्रों से गुजरने वाली एक काल्पनिक सीधी रेखा को लेन्स का मुख्य अक्ष (XX') कहते हैं।
- **द्वारक** (Aperture) लेन्स के अर्द्धवृत्ताकार सिरों के व्यास को लेन्स का द्वारक (AB) कहते हैं।
- **मुख्य फोकस अथवा फोकस** (Focus) लेन्स के दो फोकस होते हैं; प्रथम फोकस (F_1) तथा द्वितीय फोकस (F_2)।

  उत्तल लेन्स का प्रथम व द्वितीय फोकस उत्तल लेन्स के मुख्य अक्ष पर स्थित वह निश्चित बिन्दु जिससे चलने वाली प्रकाश किरणें लेन्स से अपवर्तन के पश्चात् मुख्य अक्ष के समान्तर हो जाती हैं, उत्तल लेन्स का **प्रथम फोकस** कहलाता है।

  इसी प्रकार, उत्तल लेन्स के मुख्य अक्ष के समान्तर चलने वाली प्रकाश किरणें लेन्स से अपवर्तन के पश्चात् मुख्य अक्ष के जिस बिन्दु पर मिलती हैं, उत्तल लेन्स का **द्वितीय फोकस** कहलाता है।

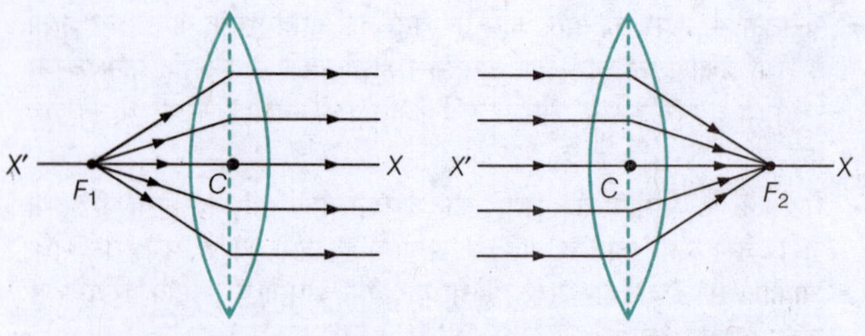

अवतल लेन्स का प्रथम व द्वितीय फोकस अवतल लेन्स के मुख्य अक्ष पर स्थित वह निश्चित बिंदु जिसकी ओर जाती हुई प्रकाश किरणें लेन्स से अपवर्तन के पश्चात् मुख्य अक्ष के समान्तर हो जाती हैं, अवतल लेन्स का **प्रथम फोकस** कहलाता है।

इसी प्रकार, अवतल लेन्स के मुख्य अक्ष के समान्तर चलने वाली प्रकाश किरणें लेन्स से अपवर्तन के पश्चात् मुख्य अक्ष के जिस बिन्दु से आती हुई प्रतीत होती हैं, अवतल लेन्स का **द्वितीय फोकस** कहलाता है।

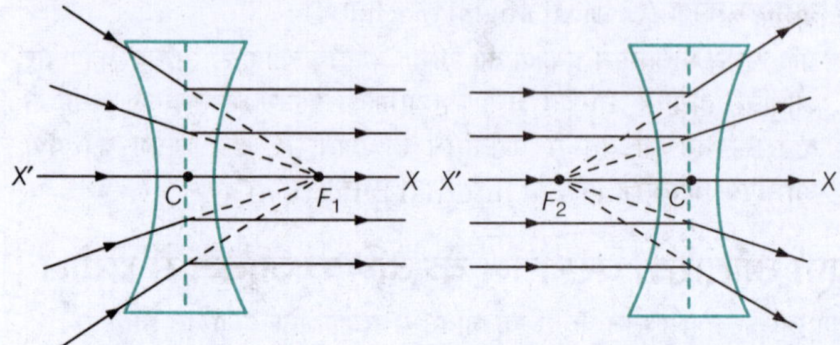

- **फोकस दूरी** (Focal length) लेंस के प्रकाशिक केंद्र तथा फोकस की दूरी को लेंस की फोकस दूरी कहते हैं।

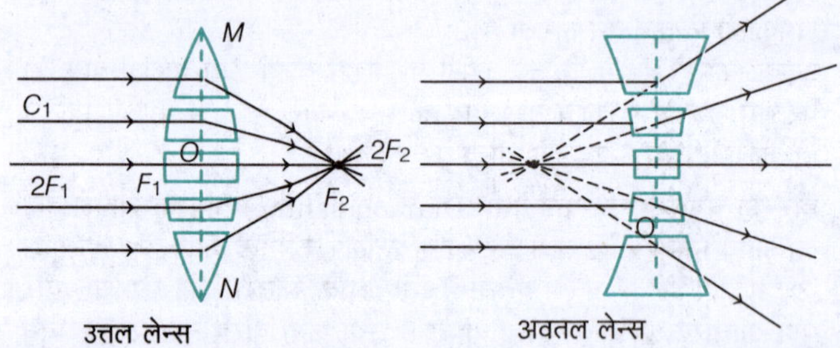

उत्तल लेन्स अवतल लेन्स

लेंस सूत्र तथा आवर्धन

- लेंस से वस्तु की दूरी (u), प्रतिबिंब की दूरी (v) तथा फोकस दूरी (f) के मध्य संबंध दर्शाने वाले सूत्र को **लेंस सूत्र** (Lens formula) कहते हैं, जोकि निम्नलिखित है

$$\frac{1}{f} = \frac{1}{v} - \frac{1}{u}$$

- लेंस के मुख अक्ष के लंबवत् नापी गई प्रतिबिंब की लंबाई तथा वस्तु की लंबाई के अनुपात को **रेखीय आवर्धन** (Linear magnification) कहते हैं।

लेंस की क्षमता

- लेंस द्वारा प्रकाश किरणों को अभिसारित व अपसारित करने की सामर्थ्य को **लेंस की क्षमता** (Power of lens) कहते हैं।
- लेंस की क्षमता (P), फोकस दूरी (f) के प्रतिलोम के बराबर होती है, अर्थात्

$$P = \frac{1}{f\,(\text{मीटर में})}$$

- लेंस की क्षमता का मात्रक डायोप्टर होता है।
- उत्तल लेंस की क्षमता धनात्मक तथा अवतल लेंस की क्षमता ऋणात्मक होती है।
- यदि P_1, P_2 व P_3 ... क्षमताओं के लेंस परस्पर संपर्क में रखे होते हैं, तो उनकी कुल क्षमता $P = P_1 + P_2 + P_3 + \ldots$ होगी।

लेंसों के उपयोग

लेंसों के उपयोग निम्नलिखित हैं

- उत्तल लेंस का उपयोग घड़ीसाज, घड़ी के छोटे पुर्जे देखने के लिए करता है।
- डॉक्टर आँख व कान के अंदर देखने के लिए उत्तल लेंस का उपयोग करते हैं।
- उत्तल लेंस का उपयोग विभिन्न प्रकाशिक यंत्रों; जैसे–दूरदर्शी, सूक्ष्मदर्शी, फोटोग्राफिक कैमरे आदि में किया जाता है।
- मानव नेत्र में उत्पन्न दृष्टि दोष के निवारण हेतु चश्मे में उचित फोकस दूरी के उत्तल एवं अवतल लेंसों का प्रयोग किया जाता है।

उत्तल लेंस द्वारा वस्तु की विभिन्न स्थितियों में प्रतिबिंब का बनना

वस्तु की स्थिति	प्रतिबिंब की स्थिति	प्रतिबिंब की प्रकृति एवं आकार	किरण आरेख
अनंत पर	द्वितीय फोकस तल में	वास्तविक, उल्टा तथा वस्तु से छोटा	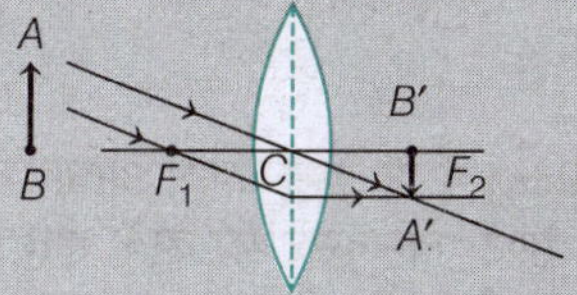
अनंत तथा $2F_1$ के बीच	F_2 तथा $2F_2$ के बीच	वास्तविक, उल्टा तथा वस्तु से छोटा	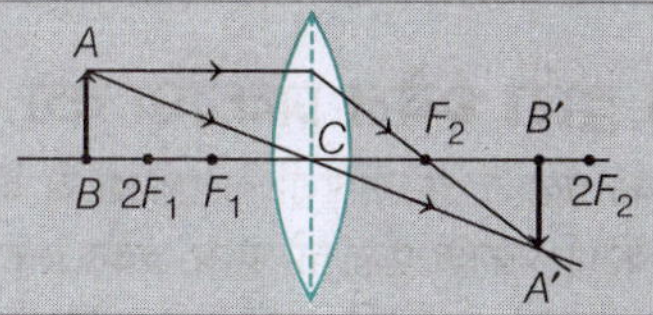
$2F_1$ पर	$2F_2$ पर	वास्तविक, उल्टा तथा वस्तु के बराबर	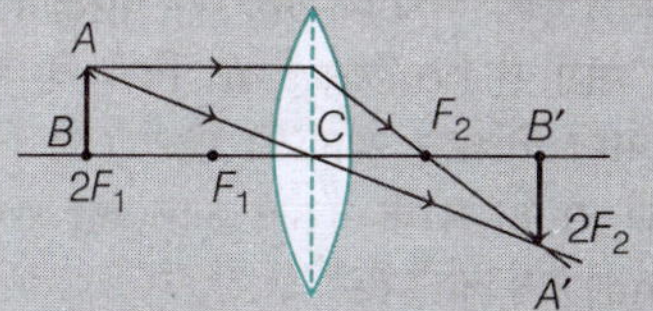
$2F_1$ तथा F_1 के बीच	$2F_2$ तथा अनंत के बीच	वास्तविक, उल्टा तथा वस्तु से बड़ा	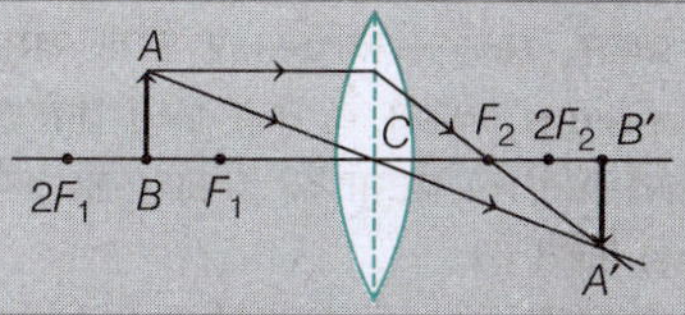
प्रथम फोकस F_1 पर	अनंत पर	वास्तविक, उल्टा तथा वस्तु से बहुत बड़ा	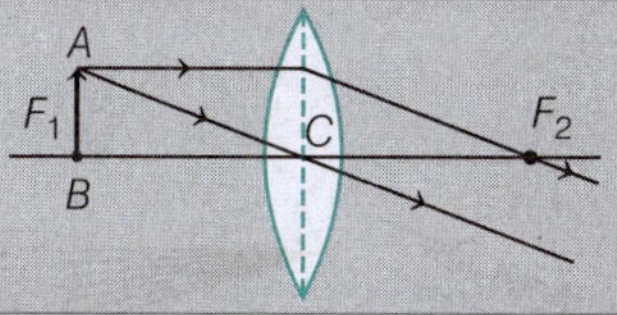
प्रथम फोकस F_1 तथा प्रकाशिक केंद्र के बीच	वस्तु की ओर ही अनंत तथा फोकस के बीच	आभासी, सीधा तथा वस्तु से बड़ा	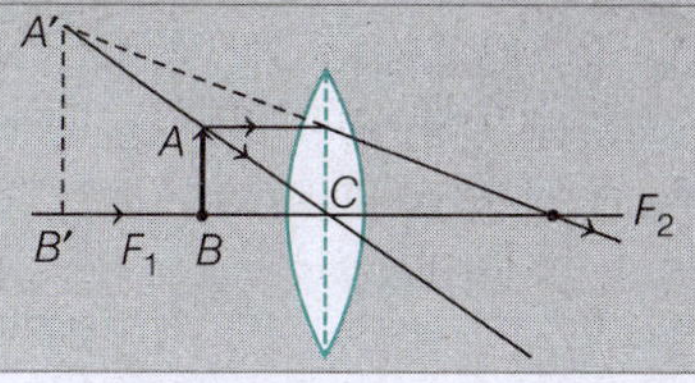

अवतल लेंस द्वारा वस्तु की विभिन्न स्थितियों में प्रतिबिंब का बनना

वस्तु की स्थिति	प्रतिबिंब की स्थिति	प्रतिबिंब की प्रकृति एवं आकार	किरण आरेख
अनंत पर	F_2 पर	आभासी, सीधा तथा वस्तु से अत्यंत छोटा	A, B, $2F_2$, F_2, C, F_1, $2F_1$
अनंत तथा प्रकाशिक केंद्र के बीच	F_2 तथा प्रकाशिक केंद्र के बीच	आभासी, सीधा तथा वस्तु से छोटा	A, A′, B, F, B′, C

प्रिज्म

प्रिज्म (Prism) में दो त्रिभुजाकार आधार तथा तीन आयताकार पार्श्व पृष्ठ होते हैं। ये पृष्ठ एक-दूसरे पर झुके होते हैं। इसके दो पार्श्व फलकों के बीच के कोण को **प्रिज्म कोण** (Prism angle) कहते हैं।

प्रिज्म द्वारा श्वेत प्रकाश का वर्ण विक्षेपण

- सूर्य का प्रकाश अनेक रंगों के प्रकाश से मिलकर बना है। सूर्य के प्रकाश के संकीर्ण प्रकाश पुँज को प्राय: **श्वेत प्रकाश** (White light) कहते हैं। जब श्वेत प्रकाश की किरण किसी पारदर्शी प्रिज्म में से गुजरती है, तो वह अपने मार्ग से विचलित होकर प्रिज्म के आधार की ओर झुक जाती है तथा सात विभिन्न रंगों की किरणों में विभाजित भी हो जाती है। इन किरणों से प्रिज्म के दूसरी ओर रखे सफेद पर्दे पर एक रंगीन पट्टी (Band) बन जाती है।
- इस प्रकार, उत्पन्न विभिन्न रंगों के समूह को **वर्णक्रम** या **स्पेक्ट्रम** (Spectrum) कहते हैं तथा श्वेत प्रकाश के अपने अवयवी रंगों में विभक्त होने की घटना को प्रकाश का वर्ण विक्षेपण (Dispersion of light) कहते हैं।

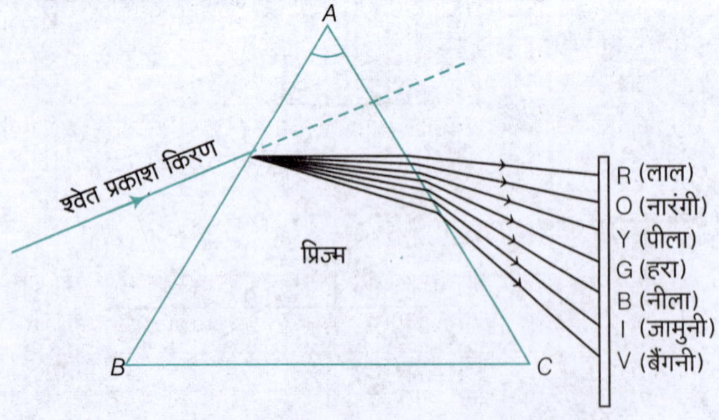

प्रिज्म द्वारा श्वेत प्रकाश का वर्ण विक्षेपण

- श्वेत प्रकाश के वर्ण-क्रम में मुख्य रूप से सात रंग दिखाई देते हैं तथा प्रिज्म के आधार की ओर से इन रंगों का क्रम इस प्रकार होता है- सबसे पहले नीचे से, बैंगनी (Violet), जामुनी (Indigo), नीला (Blue), हरा (Green), पीला (Yellow), नारंगी (Orange) तथा अंत में लाल (Red)।
- रंगों के इस क्रम को अंग्रेजी के शब्द VIBGYOR या हिन्दी के शब्द बैंजनीहपीनाला द्वारा याद रखा जा सकता है।

इससे स्पष्ट होता है कि जब श्वेत प्रकाश की किरण प्रिज्म में से गुजरती है, तो श्वेत प्रकाश में विद्यमान विभिन्न रंगों की किरणों में प्रिज्म द्वारा उत्पन्न विचलन भिन्न-भिन्न होता है। लाल प्रकाश किरण में विचलन सबसे कम तथा बैंगनी प्रकाश किरण में विचलन सबसे अधिक होता है। अन्य रंगों की प्रकाश किरणों में विचलन इन दोनों (लाल व बैंगनी) रंगों के बीच होता है।

वस्तुओं के रंग

सामान्य प्रकाश में रखी गई वस्तु जिस रंग के प्रकाश को परावर्तन अथवा अपवर्तन द्वारा हमारी आँख में भेजती है, वह वस्तु हमें उसी रंग की दिखाई पड़ती है। किसी वस्तु का रंग दो कारकों पर निर्भर करता है

(i) वह वस्तु किस रंग के प्रकाश में देखी जा रही है।

(ii) वह वस्तु किस रंग का परावर्तन अथवा अपवर्तन करती है तथा किस रंग को अवशोषित (Absorb) कर लेती है।

उदाहरण- किसी डिस्क को दिन के प्रकाश में तेजी से घुमाने पर वर्ण आपस में मिल जाते हैं, तो डिस्क श्वेत प्रतीत होती है इस डिस्क को सामान्यत: **न्यूटन की डिस्क** कहते हैं।

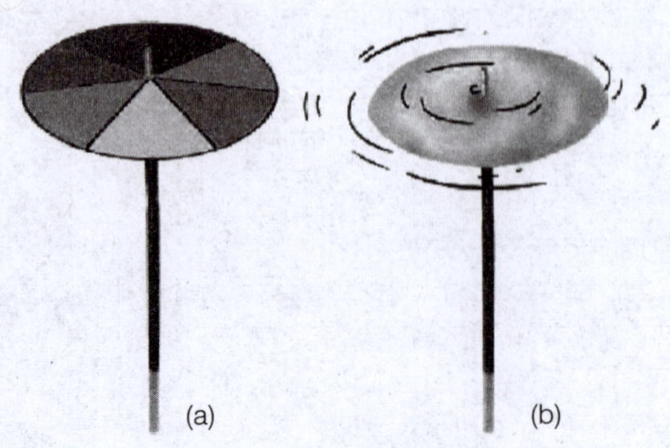

प्राथमिक, द्वितीयक तथा पूरक रंग

प्राथमिक रंग (Primary colours) वे रंग जो किन्हीं अन्य रंगों के मिश्रण से प्राप्त नहीं किए जा सकते तथा उचित अनुपात में मिश्रित करने पर अन्य सभी रंगों को उत्पन्न करते हैं, प्राथमिक रंग कहलाते हैं; जैसे-लाल, हरा, नीला रंग प्राथमिक रंगों की श्रेणी में आते हैं।

द्वितीयक रंग (Secondary colours) प्राथमिक रंगों के मिश्रण से बने रंग द्वितीयक रंग कहलाते हैं; जैसे-मैजेन्टा, पीला, मोरपंखी नीला आदि।

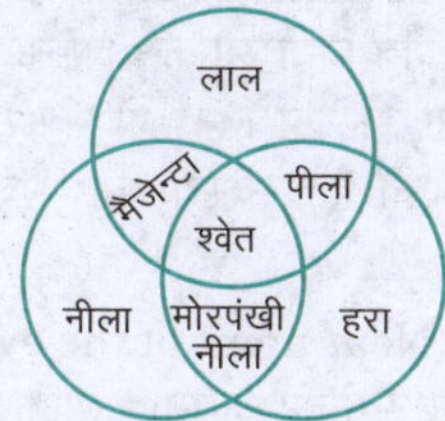

रंगों का मिश्रण

हरा + लाल = पीला (Yellow)

नीला + लाल = मैजेन्टा (Magenta)

पूरक रंग (Supplementary colours) जिन दो रंगों को मिलाने से श्वेत रंग प्राप्त होता है, वे पूरक रंग कहलाते हैं; जैसे-नीला-पीला, हरा-मैजेन्टा, लाल-मोरपंखी नीला आदि।

इन्द्रधनुष

इन्द्रधनुष (Rainbow) वर्षा के पश्चात् आकाश में जल के सूक्ष्म कणों में दिखाई देने वाला प्राकृतिक स्पेक्ट्रम है। यह वायुमंडल में उपस्थित जल की सूक्ष्म बूँदों द्वारा सूर्य के प्रकाश के परिक्षेपण के कारण प्राप्त होता है। इसके बनने में अपवर्तन, परावर्तन एवं पूर्ण आन्तरिक परावर्तन की घटनाएँ भी सम्मिलित हैं। इन्द्रधनुष सदैव सूर्य के विपरीत दिशा में बनता है। अतः सुबह के समय यह पश्चिम में तथा शाम को पूर्व में बनता है। दोपहर में इन्द्रधनुष दिखाई नहीं देता है।

कभी-कभी एक साथ दो इन्द्रधनुष बनते हैं– एक चमकीला और छोटा, जबकि दूसरा पहले के ऊपर थोड़ा धुँधला और बड़ा होता है। चमकीले इन्द्रधनुष को **प्राथमिक इन्द्रधनुष** (Primary rainbow) कहते हैं। इसमें लाल रंग बाहर होता है। धुँधले और बड़े इन्द्रधनुष को **द्वितीयक इन्द्रधनुष** (Secondary rainbow) कहते हैं। इसमें लाल रंग अंदर होता है।

प्रकाश का प्रकीर्णन

- जब प्रकाश किसी ऐसे माध्यम से गुजरता है, जिसमें धूल, वायु आदि के अतिसूक्ष्म कण उपस्थित हों, तो उन कणों द्वारा प्रकाश का कुछ भाग सभी दिशाओं में फैल जाता है। इस घटना को **प्रकाश का प्रकीर्णन** (Scattering of light) कहते हैं।
- लॉर्ड रैले के अनुसार, प्रकाश के प्रकीर्णन की मात्रा प्रकाश की तरंगदैर्ध्य (λ) की चतुर्थ घात के व्युत्क्रमानुपाती होती है।
- लाल रंग के प्रकाश का प्रकीर्णन न्यूनतम तथा बैंगनी रंग के प्रकाश का प्रकीर्णन अधिकतम होता है, क्योंकि लाल रंग की तरंगदैर्ध्य, बैंगनी रंग से अधिक होती है।
- जब प्रकाश किसी विषमांगी मिश्रण या कोलॉइडी विलयन से होकर गुजरता है, तो प्रकाश के मार्ग के कणों द्वारा इसका प्रकीर्णन हो जाता है, प्रकाश के प्रकीर्णन की यह घटना **टिंडल प्रभाव** (Tyndall effect) कहलाती है।

प्रकाश के प्रकीर्णन के उदाहरण निम्नलिखित हैं

- प्रकाश के प्रकीर्णन के कारण दिन में आकाश का रंग नीला दिखाई देता है। यदि अंतरिक्ष से आकाश को देखा जाए, तो वह काला दिखाई देगा, क्योंकि वहाँ वायुमंडल नहीं होगा।
- समुंद्र का नीला दिखाई देना प्रकाश के प्रकीर्णन के कारण होता है। सूर्योदय तथा सूर्यास्त के समय, सूर्य का लाल दिखाई देना, प्रकीर्णन के कारण होता है।
- लाल रंग के प्रकाश की तरंगदैर्ध्य अन्य रंगों की तुलना में अधिक होती है, जिसके कारण लाल रंग के प्रकाश का प्रकीर्णन सबसे कम होता है, इसलिए इसे अधिक दूरी से देखा जा सकता है। इसी कारण, खतरे के संकेत के लिए लाल रंग का प्रयोग किया जाता है।

प्रकाश का व्यतिकरण

- समान आवृत्ति की दो या दो से अधिक प्रकाश तरंगें संचरण करते हुए किसी बिंदु पर मिलती हैं, तो उस बिंदु पर ऊर्जा का पुनर्वितरण हो जाता है। इस घटना को **प्रकाश का व्यतिकरण** (Interference of light) कहते हैं।
- व्यतिकरण की घटना में जिन बिंदुओं पर तरंगें समान कला में मिलती हैं, अर्थात् प्रकाश की तीव्रता अधिक होती है, उन बिंदुओं पर हुए व्यतिकरण को **संपोषी व्यतिकरण** (Constructive interference) कहते हैं।
- व्यतिकरण की घटना में जिन बिंदुओं पर तरंगें विपरीत कला में मिलती हैं, अर्थात् प्रकाश की तीव्रता न्यूनतम होती है, उन बिंदुओं पर हुए व्यतिकरण को **विनाशी व्यतिकरण** (Destructive interference) कहते हैं।

प्रकाश के व्यतिकरण के उदाहरण

दैनिक जीवन में व्यतिकरण के उदाहरण निम्नलिखित हैं

- सीडी का रंगीन दिखाई देना
- साबुन के बुलबुलों का रंगीन दिखाई देना
- जल की सतह पर फैले तेल की परत का रंगीन दिखाई देना।

प्रकाश का विवर्तन

- जब प्रकाश किरणें किसी पतले रेखाछिद्र अथवा तीक्ष्ण अवरोध पर पड़ती हैं, तो ये रेखाछिद्र या अवरोध के किनारों पर आंशिक रूप से मुड़ जाती हैं।
- प्रकाश किरणों के इस प्रकार आंशिक रूप से मुड़ने की घटना को **प्रकाश का विवर्तन** (Diffraction of light) कहते हैं।

प्रकाश का ध्रुवण

- सामान्यत: प्रकाश की तरंग में विद्युत वेक्टर के कम्पन तरंग की गति के लम्बवत् तल में प्रत्येक दिशा में सममित (Symmetrically) रूप से होते हैं। जब प्रकाश की कोई तरंग टूरमैलीन क्रिस्टल (एक विशेष प्रकार का क्रिस्टल) पर डाली जाती है, तो तरंग के केवल वे कम्पन ही बाहर निकल पाते हैं, जो क्रिस्टल की अक्ष के समान्तर होते हैं। इस प्रकार निर्गत तरंग में कम्पन, तरंग की गति की दिशा के लम्बवत् तल में होते हैं।
- ऐसी तरंग को **समतल ध्रुवित तरंग** कहते हैं और इस घटना को **प्रकाश का ध्रुवण** (Polarisation of light) कहते हैं।

अर्थात् किसी तरंग के कम्पनों को तरंग संचरण के लम्बवत् तल में किसी विशिष्ट दिशा में सीमित रखने की परिघटना को ध्रुवण (Polarisation) कहते हैं। यह केवल अनुप्रस्थ तरंगों में होता है।

पोलेरॉइड

पोलेरॉइड (Polaroid) एक ऐसी युक्ति है, जिसके द्वारा अध्रुवित प्रकाश को ध्रुवित प्रकाश में परिवर्तित किया जाता है। इसके निम्नलिखित उपयोग हैं

- पोलेरॉइड का उपयोग रात में सामने से आने वाले वाहन की तेज रोशनी से उत्पन्न चकाचौंध से बचने हेतु किया जाता है।
- सूक्ष्मदर्शी से अत्यंत सूक्ष्म कणों को देखने के लिए पोलेरॉइड लगे सूक्ष्मदर्शी का उपयोग किया जाता है।
- इसकी सहायता से त्रिविमीय चित्र को देखा जा सकता है।
- पोलेरॉइड का उपयोग धूप के चश्मों में प्रकाश की तीव्रता को नियंत्रित करने में किया जाता है।

मानव नेत्र

- मानव नेत्र (Human eye) एक अत्यंत मूल्यवान व सुग्राही ज्ञानेन्द्रिय है, जिसकी सहायता से वस्तुओं को देखा जाता है।
- मानव नेत्र की संरचना में एक उत्तल लेंस होता है, इसका लेंस निकाय एक प्रकाश सुग्राही परदे पर प्रतिबिंब बनाता है, जिसे **रेटिना** (Retina) या ***दृष्टिपटल*** कहते हैं। प्रकाश एक पतली झिल्ली से होकर नेत्र में प्रवेश करता है, इस झिल्ली को ***कॉर्निया*** (Cornea) या ***स्वच्छ मंडल*** कहते हैं।
- नेत्र गोलक की आकृति गोलाकार होती है तथा इसका व्यास 2.3 सेमी होता है। नेत्र में प्रवेश करने वाली प्रकाश किरणों का अधिकांश अपवर्तन *कॉर्निया* के बाहरी पृष्ठ पर होता है।
- *कॉर्निया* के पीछे एक संरचना होती है जिसे ***परितारिका*** (Iris) कहते हैं, जोकि पुतली के आकार को नियंत्रित करती है। *पुतली* नेत्र में प्रवेश करने वाले प्रकाश की मात्रा को नियंत्रित करती है। *अभिनेत्र लेंस* रेटिना पर वस्तु का उल्टा तथा वास्तविक प्रतिबिंब बनाता है।
- *रेटिना* एक कोमल सूक्ष्म झिल्ली होती है, जिसमें वृहत् संख्या में प्रकाश सुग्राही कोशिकाएँ होती हैं। सूक्ष्म झिल्ली होती है जिसमें वृहत् संख्या में प्रकाश सुग्राही कोशिकाएँ होती है।
- प्रदीप्ति होने पर प्रकाश-सुग्राही कोशिकाएँ सक्रिय हो जाती हैं तथा विद्युत सिग्नल उत्पन्न करती हैं। ये सिग्नल दृक् तंत्रिकाओं द्वारा मस्तिष्क तक पहुँचा दिए जाते हैं।
- मस्तिष्क इन सिग्नलों की व्याख्या करता है तथा अंततः इस सूचना को संसाधित करता है जिससे कि हम किसी वस्तु को जैसा है वैसा ही देख लेते हैं।

मानव नेत्र की समंजन क्षमता

- मांसपेशियों द्वारा नेत्र लेन्स की फोकस दूरी को आवश्यकतानुसार परिवर्तित करने की क्षमता को नेत्र की **समंजन क्षमता** (Power of accommodation) कहते हैं।
- जब मांसपेशियाँ शिथिल (Stationary) होती हैं, तो नेत्र लेन्स और रेटिना के मध्य की दूरी निश्चित होती है तथा अनंत दूरी पर स्थित वस्तुओं के प्रतिबिम्ब रेटिना पर स्पष्ट रूप से फोकस होते हैं।
- जब वस्तु को नेत्र के निकट लाया जाता है, तो रेटिना पर उसका प्रतिबिम्ब प्राप्त करने के लिए मांसपेशियाँ नेत्र लेन्स पर दबाव डालकर लेन्स की वक्रता त्रिज्या को इस प्रकार समायोजित करती हैं कि लेन्स की फोकस दूरी कम हो जाती है तथा प्रतिबिम्ब रेटिना पर ही प्राप्त होता है।

मानव नेत्र की समंजन क्षमता को निम्नलिखित बिन्दुओं द्वारा बताया जा सकता है

- **नेत्र का दूर बिन्दु** (Far point of the eye) नेत्र से अधिकतम दूरी पर स्थित वह बिन्दु जिसे नेत्र बिना समंजन क्षमता के स्पष्ट देख सकता है, नेत्र का दूर बिन्दु कहलाता है। इस बिन्दु से नेत्र तक की दूरी, स्पष्ट दृष्टि की अधिकतम दूरी कहलाती है। स्वस्थ मनुष्य के लिए इसका मान अनन्त होता है।
- **नेत्र का निकट बिन्दु** (Near point of the eye) वह निकटतम बिन्दु जिसे नेत्र अपनी अधिकतम समंजन क्षमता लगाकर स्पष्ट देख सकता है, नेत्र का निकट बिन्दु कहलाता है। नेत्र से इस बिन्दु की दूरी को स्पष्ट दृष्टि की न्यूनतम दूरी कहते हैं।

स्वस्थ नेत्र के लिए स्पष्ट दृष्टि की न्यूनतम दूरी 25 सेमी होती है। निकट बिन्दु और दूर बिन्दु के बीच की दूरी को **दृष्टि विस्तार** (Range of vision) कहते हैं।

दृष्टि के लिए दो नेत्र की आवश्यकता

- एक नेत्र की अपेक्षा दो नेत्र होने से हमारा दृष्टि क्षेत्र विस्तृत हो जाता है। मानव के एक नेत्र का क्षैतिज दृष्टि क्षेत्र लगभग 150° होता है जबकि दो नेत्रों द्वारा यह लगभग 180° हो जाता है। अतः दो आँखें होने से दृष्टि का विस्तृत क्षेत्र प्राप्त होता है। इसका अर्थ है कि दो आँखें खुली होने से हम अपने सामने का काफी बड़ा क्षेत्र देख सकते हैं।
- मानव प्राणियों में दोनों नेत्र सिर पर सामने की ओर स्थित होते हैं, इसलिए उनकी दृष्टि का क्षेत्र लगभग 180° तक सीमित होता है। परन्तु शिकार करने वाले जन्तुओं के दोनों नेत्र प्रायः सिर पर विपरीत दिशाओं में स्थित होते हैं जिससे कि उन्हें अधिकतम विस्तृत दृष्टि क्षेत्र प्राप्त हो सकें।
- दृष्टि क्षेत्र सीमित होने के बावजूद भी मानव प्राणियों को त्रिविम चाक्षुकी का लाभ मिल जाता है। एक नेत्र बन्द करने पर उन्हें संसार चपटा केवल द्विविमीय दिखाई देता है। परन्तु दोनों नेत्रों से देखने पर संसार की वस्तुओं की तीनों विमाएँ दिखाई देती हैं।
- दूसरी ओर मानव प्राणियों की दोनों आँखें एक-दूसरे से कुछ ही सेन्टीमीटर की दूरी पर होती हैं, इसलिए प्रत्येक नेत्र किसी वस्तु का थोड़ा-सा भिन्न प्रतिबिम्ब देखता है। मानव मस्तिष्क दोनों प्रतिबिम्बों का संयोजन करके एक प्रतिबिम्ब बना देता है। जिससे मनुष्य को ज्ञात हो जाता है कि कोई वस्तु उसके कितनी दूर या निकट होती है अर्थात् दोनों आँखें होने से मनुष्य में अत्यधिक ठीक-ठाक दूरियाँ आँकने की क्षमता आ जाती है।

दृष्टि दोष तथा उनका संशोधन

मानव नेत्र में उत्पन्न दृष्टि दोष निम्नलिखित हैं

निकट-दृष्टि दोष

- निकट-दृष्टि दोष को **निकटदृष्टिता** (Near-sightedness) भी कहते हैं।
- निकट-दृष्टि दोषयुक्त कोई व्यक्ति निकट रखी वस्तुओं को तो स्पष्ट देख सकता है, परंतु दूर रखी वस्तुओं को वह स्पष्ट नहीं देख पाता।
- निकट-दृष्टि दोषयुक्त व्यक्ति का दूर-बिंदु अंनत पर न होकर नेत्र के पास आ जाता है।

- निकट-दृष्टि दोषयुक्त नेत्र में, किसी दूर रखी वस्तु का प्रतिबिंब दृष्टिपटल (रेटिना) पर न बनकर दृष्टिपटल के सामने बनता है।
- इस दोष के उत्पन्न होने के निम्नलिखित कारण हैं
  - अभिनेत्र लेंस की वक्रता का अत्यधिक होना अथवा
  - नेत्र गोलक का लंबा हो जाना।
- इस दोष को किसी उपयुक्त क्षमता के अवतल लेंस (अपसारी लेंस) के उपयोग द्वारा संशोधित किया जा सकता है।

दीर्घ-दृष्टि दोष

- दीर्घ-दृष्टि दोष को **दूर दृष्टिता** (Far-sightedness) भी कहते हैं।
- दीर्घ-दृष्टि दोषयुक्त कोई व्यक्ति दूर की वस्तुओं को तो स्पष्ट देख सकता हैं, परंतु निकट रखी वस्तुओं को सुस्पष्ट नहीं देख पाता है।
- दीर्घ-दृष्टि दोषयुक्त व्यक्ति का निकट-बिंदु सामान्य निकट बिंदु (25 सेमी) से दूर हट जाता है।
- इसी दोष के कारण पास रखी वस्तु से आने वाली प्रकाश किरणें दृष्टिपटल (रेटिना) के पीछे फोकसित होती हैं।
- इस दोष के उत्पन्न होने के निम्नलिखित कारण हैं
  - अभिनेत्र लेंस की फोकस दूरी का अत्यधिक हो जाना अथवा
  - नेत्र गोलक का छोटा हो जाना।
- इस दोष को उपयुक्त क्षमता के उत्तल लेंस (अभिसारी लेंस) का उपयोग करके संशोधित किया जा सकता है।

जरा-दूरदृष्टिता

- आयु में वृद्धि होने के साथ-साथ मानव नेत्र की समंजन-क्षमता घट जाती है। अधिकांश व्यक्तियों का निकट-बिंदु दूर हट जाता है।
- संशोधक चश्मों के बिना उन्हें पास की वस्तुओं को आराम से सुस्पष्ट देखने में कठिनाई होती है। इस दोष को **जरा-दूरदृष्टिता** (Short-sightedness) कहते हैं।
- यह दोष पक्ष्माभी पेशियों के धीरे-धीरे दुर्बल होने तथा क्रिस्टलीय लेंस के लचीलेपन में कमी आने के कारण उत्पन्न होता है।
- कभी-कभी किसी व्यक्ति के नेत्र में दोनों ही प्रकार के दोष निकट-दृष्टि तथा दूर-दृष्टि दोष हो सकते हैं। ऐसे व्यक्तियों को वस्तुओं को सुस्पष्ट देखने के लिए प्रायः **द्विफोकसीय लेंसों** (Bi-focal lens) की आवश्यकता होती है।
- आजकल संस्पर्श लेंस (Contact lens) अथवा शल्य हस्तक्षेप द्वारा दृष्टि दोषों का संशोधन संभव है।

विभिन्न जंतुओं के नेत्र के गुण

- जंतुओं के नेत्र विभिन्न आकृतियों के होते हैं। केकड़े के नेत्र बहुत छोटे होते हैं परंतु इनके द्वारा केकड़ा चारों ओर देख सकता है। इसलिए यदि शत्रु पीछे से भी उसकी ओर आता है। तब भी उसे पता लग जाता है। तितली के बड़े नेत्र होते हैं जो सहस्रों छोटे नेत्रों से मिलकर बने प्रतीत होते हैं।
- यह केवल सामने अथवा पार्श्व में ही नहीं बल्कि पीछे का भी देख सकती है।
- उल्लू रात में भली-भाँति देख सकता है परंतु दिन में नहीं देख पाता। इसके विपरीत दिन के प्रकाश में सक्रिय पक्षी (चील, गरुड़) दिन में अच्छी प्रकार देख सकते हैं लेकिन रात में ठीक से नहीं देख पाते। उल्लू के नेत्र में बड़ा कॉर्निया तथा बड़ी पुतली होती है, ताकि नेत्र में अधिक प्रकाश प्रवेश कर सके।
- इसी के साथ-साथ इसके रेटिना में बड़ी संख्या में शलाकाएँ होती हैं तथा केवल कुछ ही शंकु होते हैं। इसके विपरीत दिन के पक्षियों के नेत्रों में शंकु अधिक तथा शलाकाएँ कम होती हैं।

चाक्षुष विकृति

- चाक्षुषी (दृष्टि संबंधी) अक्षमता (Visual deformity) से पीड़ित व्यक्तियों की वस्तुओं को देखने के लिए सीमित दृष्टि (Limited vision) होती है। कुछ व्यक्ति जन्म से ही बिल्कुल नहीं देख पाते। कुछ व्यक्ति किसी बीमारी या किसी चोट के कारण अपनी दृष्टि खो देते हैं।
- ऐसे व्यक्ति स्पर्श द्वारा अथवा ध्वनियों को ध्यानपूर्वक सुनकर वस्तुओं को पहचानने का प्रयत्न करते हैं। वे अपनी दूसरी ज्ञानेन्द्रियों को अधिक विकसित कर लेते हैं। चाक्षुष विकृति वाले व्यक्तियों के लिए चाक्सुस साधन बनाए गए हैं।
- चाक्षुष साधन चाक्षुष विकृति युक्त व्यक्तियों को पढ़ने तथा लिखने में सहायता करते हैं। श्रवण साधनों में कैसेट, टेपरिकॉर्डर, बोलने वाली पुस्तकें तथा ऐसे अन्य साधन सम्मिलित हैं।
- बोलने वाले कैलकुलेटर तथा कम्प्यूटर जैसे इलेक्ट्रॉनिक साधन भी उपलब्ध हैं जिनसे अनेक संगणना कार्य किए जा सकते हैं। बंद परिपथ टेलीविजन भी एक इलेक्ट्रॉनिक साधन है जो मुद्रित सामग्री को उचित **विपर्यास** (कंट्रास्ट) तथा प्रदीप्ति के साथ आवर्धित करता है।
- आजकल श्रवण सीडी (Hearing CD) तथा कम्प्यूटरों के साथ वाक्यंत्र भी वांछित विषय को सुनने तथा लिखने में अत्यधिक सहायक हैं।
- प्रकाशिक साधनों में द्वि-फोकसी लेंस, संस्पर्श लेंस, रंजित लेंस, आवर्धक तथा दूरबीनी साधन सम्मिलित हैं। जबकि लेंसों के संयोजन चाक्षुष सीमाबंधन के संशोधन के लिए उपयोग किए जाते हैं। दूरबीनी साधन चॉक बोर्ड तथा कक्ष्ग प्रदर्शनों को देखने के लिए उपलब्ध हैं।

ब्रैल पद्धति

- चाक्षुष विकृति युक्त व्यक्ति लुई ब्रैल ने चाक्षुष विकृति युक्त व्यक्तियों के लिए एक पद्धति विकसित की जिसे **ब्रैल पद्धति** (Braille system) कहते हैं।
- ब्रैल पद्धति में 63 बिंदुकित पैटर्न अथवा छाप हैं। प्रत्येक छाप एक अक्षर, अक्षरों के समुच्चय, सामान्य शब्द अथवा व्याकरणिक चिह्न को प्रदर्शित करती है।
- बिंदुओं को ऊर्ध्वाधर पंक्तियों के दो कक्षों में व्यवस्थित किया गया है। प्रत्येक पंक्ति में तीन बिंदु हैं।

प्रकाशिक यंत्र

- दर्पणों, लेंसों तथा प्रिज्मों के परावर्ती तथा अपवर्ती गुणों का उपयोग करके अनेक प्रकाशिक यंत्र डिजाइन किए जाते हैं।
- वे यंत्र जिनकी सहायता से दूरस्थ या समीपस्थ अति सूक्ष्म वस्तु के आवर्धित प्रतिबिंब प्राप्त किए जाते हैं, **प्रकाशिक यंत्र** (Optical instruments) कहलाते हैं।

सरल सूक्ष्मदर्शी

- सरल सूक्ष्मदर्शी (Simple microscope) एक ऐसा यन्त्र होता है, जिसकी सहायता से हम अत्यन्त सूक्ष्म कणों को देखते हैं।

- इस सूक्ष्मदर्शी में छोटी फोकस दूरी का एक उत्तल लेन्स होता है। जब किसी वस्तु को इस लेन्स के सामने इसकी फोकस दूरी से कम दूरी पर रखते हैं, तो वस्तु का आभासी, सीधा व बड़ा प्रतिबिम्ब बनता है।
- इसका उपयोग स्केल (Scale) के बने छोटे-छोटे खानों के बीच की दूरी पढ़ने, **फिंगरप्रिण्ट** (Fingerprint) की जाँच करने, सूक्ष्म जीवाणुओं को देखने आदि के काम आता है।

संयुक्त सूक्ष्मदर्शी

- संयुक्त सूक्ष्मदर्शी (Compound microscope) में दो उत्तल लेन्स होते हैं, इनमें से एक को **अभिदृश्यक** (Objective) व दूसरे को **नेत्रिका** (Eyepiece) कहते हैं। संयुक्त सूक्ष्मदर्शी की आवर्धन क्षमता सरल सूक्ष्मदर्शी की अपेक्षा बहुत अधिक होती है।
- अभिदृश्यक लेन्स का द्वारक छोटा होने पर वस्तु से आने वाला प्रकाश छोटे द्वारक में फैलता है और वस्तु अधिक चमकीली दिखाई देती है।
- जिस नेत्रिका तथा अभिदृश्यक में कम फोकस दूरी के लेन्सों का उपयोग होता है उसकी आवर्धन क्षमता उतनी ही अधिक होती है। संयुक्त सूक्ष्मदर्शी का उपयोग प्रयोगशालाओं में होता है। इसके द्वारा खून, बलगम आदि की भी जाँच की जाती है।

खगोलीय दूरदर्शी

- दूरदर्शी अथवा दूरबीन का उपयोग दूर की वस्तुओं को कोणीय आवर्धन प्रदान करने के लिए किया जाता है। दूरदर्शी वस्तु को आभासी रूप से नेत्र के निकट लाकर इसके द्वारा नेत्र पर बनने वाले दर्शन कोण को बढ़ा देता है। खगोलीय पिंड, ग्रह आदि को देखने हेतु दूरदर्शी का उपयोग किया जाता है। **खगोलीय दूरदर्शी** (Astronomical telescope) में अभिदृश्यक लेंस अधिक फोकस दूरी तथा अभिनेत्र लेंस कम फोकस दूरी का होता है।
- **परावर्ती दूरदर्शी** की सहायता से दूर स्थित वस्तु का चमकीला प्रतिबिंब प्राप्त किया जाता है। इसके लिए इसमें अभिदृश्यक लेंस के स्थान पर बड़े आकार का अवतल दर्पण प्रयोग किया जाता है।

बहु रूपदर्शी

- इसमें समान लम्बाई तथा समान चौड़ाई के तीन आयताकार समतल दर्पण लगे होते हैं तथा दो दर्पणों के बीच का कोण 60° का होता है।
- तीनों दर्पणों के परावर्तक तल बाहर की ओर होते हैं और दर्पणों द्वारा घिरे स्थान में रंगीन काँच के कुछ टुकड़े रहते हैं। ये तीनों दर्पण एक मोटी नली के अन्दर लगे रहते हैं।
- नली के एक सिरे पर शीशे का गोलाकार टुकड़ा और दूसरे सिरे पर घिसे हुए शीशे का टुकड़ा लगा रहता है। जब पारदर्शक शीशे वाले सिरे से नली में देखते हैं, तो नली को घुमाने से नई-नई रंगीन आकृतियाँ दिखाई देती हैं।
- ये आकृतियाँ रंगीन काँच की प्रतिबिम्ब हैं, जो समतल दर्पण से बार-बार परावर्तित होने के कारण बनते हैं। नली को घुमाने से रंगीन काँच के टुकड़ों की स्थितियाँ भी बदल जाती हैं और इसलिए आकृतियों के रंग बदल जाते हैं।

अतिरिक्त तथ्य
तमिलनाडु बोर्ड एवं NIOS

- ग्रीक गणितज्ञ युक्लिड ने प्रकाश के परावर्तन को समझाया।
- परावर्तन के दौरान प्रकाश की गति, आवृति तथा तरंगदैर्ध्य में कोई परिवर्तन नहीं होता है।
- सूर्य के प्रकाश में 50% दृश्य प्रकाश (400 nm से 700 nm तक), 40% अवरक्त प्रकाश (700 nm से अधिक), एवं 10% पराबैगनी प्रकाश (400 nm से कम) होता है।
- दृश्य प्रकाश की तरंगदैर्ध्य 4000 Å से 7000 Å होती है।
- सूर्य एक सेकण्ड में 3.92×10^{26} जूल ऊर्जा विकिरण करता है।
- प्रतिबिम्ब की चमक प्रकाश को परावर्तित करने वाले क्षेत्रफल पर निर्भर करती है।
- जब प्रकाश एक माध्यम से दूसरे माध्यम से जाता है, तो केवल इसकी चाल एवं तरंगदैर्ध्य परिवर्वित होती है, लेकिन इसकी आवृति अपरिवर्तित रहती है। अर्थात् प्रकाश का रंग इसकी आवृति के कारण होता है न कि तरंगदैर्ध्य के कारण।
- मानव नेत्र पीले-हरे प्रकाश के लिए अत्यन्त संवेदनशील होते हैं, जिसकी तरंगदैर्ध्य 5550Å है।
- जब वस्तु अनंत दूरी पर रखी है अर्थात समानान्तर-किरणें आँख में प्रवेश करती है, तो आँख की पेशियों में बहुत कम खिंचाव होता है तथा आँख की इस स्थिति को शिथिलता अथवा विश्रांति की अवस्था कहते हैं।
- **अबिन्दुकता** यह दोष नेत्र लेंस के पूर्ण रूप से गोलीय प्रकृति न होने के कारण उत्पन्न होता है। इसमें नेत्र लेंस की फोकस दूरी दो लाम्बिक दिशा में होती है उस दोष के निवारण हेतु बेलनाकार लेंस प्रयुक्त करते हैं।

13

विकिरण तथा द्रव्य की द्वैत प्रकृति

(स्रोत)

Class-XII New NCERT Chap 11 (विकिरण तथा द्रव्य की द्वैत प्रकृति)

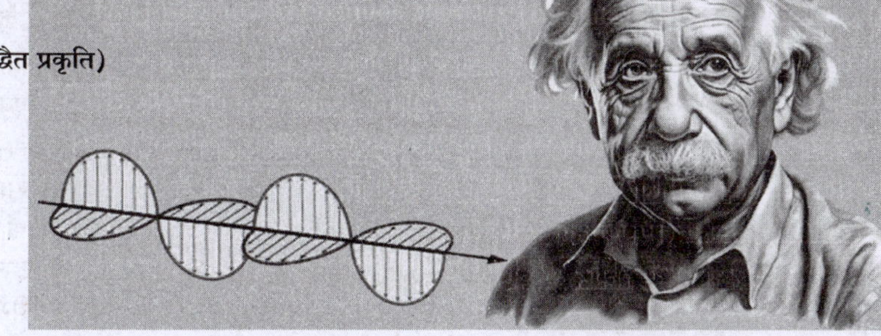

- विकिरण तरंग तथा कण दोनों की भाँति व्यवहार करता है। प्रकाश विद्युत प्रभाव, कॉम्पटन प्रभाव आदि प्रभावों की सफल व्याख्या प्रकाश की कणीय प्रकृति से हो सकी।
- जबकि कुछ अन्य प्रभावों जैसे-परावर्तन, अपवर्तन, व्यतिकरण, विवर्तन एवं ध्रुवण की व्याख्या प्रकाश की तरंग प्रकृति द्वारा हो सकी। इसी को **प्रकाश की द्वैत** (Dual nature of light) अथवा **दोहरी प्रकृति** कहते हैं।

इलेक्ट्रॉन उत्सर्जन

- धातुओं में मुक्त इलेक्ट्रॉन होते हैं, जो उनकी **चालकता** (Conductivity) के लिए उत्तरदायी होते हैं। तथापि, मुक्त इलेक्ट्रॉन सामान्यतः धातु की सतह से बाहर नहीं निकल सकते, क्योंकि ऋणावेशित इलेक्ट्रॉन के बाहर आने पर धातु धनावेशित हो जाएगी और पुनः इलेक्ट्रॉन को आकर्षित कर लेगी। परिणामस्वरूप, केवल वही इलेक्ट्रॉन धातु की सतह से बाहर आ पाते हैं, जिनकी ऊर्जा इस आकर्षण से अधिक है।
- इलेक्ट्रॉनों को धातु पृष्ठ से बाहर निकालने के लिए एक निश्चित न्यूनतम ऊर्जा की आवश्यकता होती है, इस न्यूनतम ऊर्जा को **कार्यफलन** (Work function) कहते हैं, इसे ϕ से दर्शाते हैं।
- कार्यफलन को eV (इलेक्ट्रॉन वोल्ट) में मापते हैं। एक इलेक्ट्रॉन वोल्ट किसी इलेक्ट्रॉन को 1 वोल्ट विभवांतर के द्वारा त्वरित कराने पर प्राप्त ऊर्जा का मान है।

$$1 \text{ eV} = 1.602 \times 10^{-19} \text{ जूल}$$

- कार्यफलन धातु के गुणों और इसके पृष्ठ की प्रकृति पर निर्भर करता है।

इलेक्ट्रान उत्सर्जन के प्रकार

- धातु के पृष्ठ से इलेक्ट्रॉन उत्सर्जन के लिए मुक्त इलेक्ट्रॉनों को आवश्यक न्यूनतम ऊर्जा निम्नलिखित किसी भी एक भौतिक विधि के द्वारा दी जा सकती है
  - (i) **तापायनिक उत्सर्जन** (Thermionic emission) उपयुक्त तापन के द्वारा मुक्त इलेक्ट्रॉनों को पर्याप्त तापीय ऊर्जा दी जा सकती है, जिससे कि वे धातु से बाहर आ सकें।
  - (ii) **क्षेत्र उत्सर्जन** (Field emission) किसी धातु पर लगाया गया एक प्रबल विद्युत क्षेत्र (10^8 Vm^{-1} की कोटि का) इलेक्ट्रॉनों को धातु-पृष्ठ के बाहर ला सकता है, जैसा कि किसी स्पार्क प्लग में।
  - (iii) **प्रकाश-विद्युत उत्सर्जन** (Photoelectric emission) उपयुक्त आवृत्ति का प्रकाश जब किसी धातु-पृष्ठ पर पड़ता है, तो इलेक्ट्रॉनों का उत्सर्जन होता है। ये प्रकाशजनित इलेक्ट्रॉन प्रकाशिक इलेक्ट्रॉन कहलाते हैं।

प्रकाश विद्युत प्रभाव

- जब निश्चित आवृत्ति या उससे अधिक आवृत्ति का प्रकाश धातु की सतह पर आपतित होता है, तो धातु के पृष्ठ से इलेक्ट्रॉनों का उत्सर्जन होता है। इस घटना को **प्रकाश विद्युत प्रभाव** (Photoelectric effect) कहते हैं।
- प्रकाश विद्युत प्रभाव में, प्रकाश ऊर्जा का वैद्युत ऊर्जा में रूपांतरण होता है, यह ऊर्जा के **संरक्षण नियम** (Law of conservation of energy) का पालन करती है।

देहली आवृत्ति

- किसी धातु की सतह पर आपतित प्रकाश की वह न्यूनतम आवृत्ति जो इलेक्ट्रॉन उत्सर्जन के लिए आवश्यक होती है, **देहली आवृत्ति** (Threshold frequency) कहलाती है।
- इसका मान उत्सर्जन पृष्ठ के पदार्थ की प्रकृति पर निर्भर करता है।

प्रकाश विद्युत धारा

- प्रकाश विद्युत प्रभाव में इलेक्ट्रॉनों के उत्सर्जन के कारण परिपथ में विद्युत धारा प्रवाहित होती है, जिसे **प्रकाश विद्युत धारा** (Photoelectric current) कहते हैं।
- प्रकाशिक धारा, उत्सर्जित होने वाले प्रति सेकण्ड इलेक्ट्रॉनों की संख्या के अनुक्रमानुपाती होती है। अतः उत्सर्जित होने वाले प्रति सेकण्ड प्रकाशिक इलेक्ट्रॉनों की संख्या आपतित विकिरण की तीव्रता के समानुपाती है।

प्रकाश विद्युत धारा पर प्रकाश की आवृत्ति का प्रभाव

- प्रकाशिक इलेक्ट्रॉन के उत्सर्जन के लिए प्रकाश की आवृत्ति का मान देहली आवृत्ति से अधिक होना चाहिए।
- देहली आवृति का मान भिन्न-भिन्न धातुओं के लिए भिन्न-भिन्न होना चाहिए।
- प्रकाशिक इलेक्ट्रॉन की उच्चतम गतिज ऊर्जा, आपतित विकिरण की तीव्रता पर निर्भर नहीं करती है। जबकि यह आपतित विकिरण की आवृत्ति के साथ रैखिक परिवर्तित होती है।

प्रकाश विद्युत उत्सर्जन के नियम

- किसी दिए गए प्रकाश-संवेदी पदार्थ और आपतित विकिरण की आवृत्ति (देहली आवृत्ति से अधिक) के लिए, प्रकाश विद्युत धारा आपतित प्रकाश की तीव्रता के अनुक्रमानुपाती होती है। किसी दिए गए प्रकाश-संवेदी पदार्थ और आपतित विकिरण की आवृत्ति के लिए, संतृप्त धारा आपतित विकिरण की तीव्रता के अनुक्रमानुपाती होती है।
- किसी दिए गए प्रकाश-संवेदी पदार्थ के लिए, एक निश्चित न्यूनतम अंतक-आवृत्ति होती है जिसे **देहली आवृत्ति** (Threshold frequency) कहते हैं, जिसके नीचे प्रकाशिक इलेक्ट्रॉनों का कोई उत्सर्जन नहीं होता चाहे आपतित प्रकाश कितना भी तीव्र क्यों न हो।
- देहली आवृत्ति के ऊपर, निरोधी विभव अथवा तुल्यतः उत्सर्जित प्रकाशिक इलेक्ट्रॉनों की उच्चतम गतिज ऊर्जा आपतित विकिरण की आवृत्ति के साथ रैखिकतः बढ़ती है, परंतु यह इसकी तीव्रता से स्वतंत्र होती है।

आइन्स्टीन का प्रकाश विद्युत समीकरण

- क्वाण्टम सिद्धान्त के अनुसार, किसी प्रकाश स्रोत से ऊर्जा का उत्सर्जन ऊर्जा के छोटे-छोटे बण्डलों के रूप में होता है जिन्हें **फोटॉन** (Photon) कहते हैं। प्रत्येक फोटॉन की ऊर्जा $E = h\nu$ होती है, जहाँ, h प्लांक नियतांक तथा प्रकाश की आवृत्ति है।
- आइन्स्टीन के अनुसार, जब प्रकाशीय क्वाण्टा अर्थात् फोटॉन किसी धातु की सतह पर आपतित होते हैं, तो एक फोटॉन एक मुक्त इलेक्ट्रॉन से ही अनुक्रिया करता है, तो उसकी सम्पूर्ण ऊर्जा को इलेक्ट्रॉन पूर्ण रूप से अवशोषित कर लेता है।
- इलेक्ट्रॉन द्वारा प्राप्त इस ऊर्जा का एक भाग धातु के तल से इलेक्ट्रॉन निकालने या धातु के परमाणु से इलेक्ट्रॉन मुक्त करने में व्यय होता है। इस ऊर्जा को कार्य **फलन की ऊर्जा** (Energy of work function) (ϕ) कहते हैं तथा फोटॉन की शेष ऊर्जा उत्सर्जित इलेक्ट्रॉन को गतिज ऊर्जा प्रदान करती है। तब उत्सर्जित इलेक्ट्रॉन की अधिकतम गतिज ऊर्जा निम्न सूत्र द्वारा प्राप्त होती है

$$K_{max} = h\nu - \phi_0$$

यह **आइन्स्टीन का प्रकाश विद्युत** (Einstein's photoelectric equation) समीकरण कहलाता है।

प्रकाश की कणीय प्रवृत्ति : फोटॉन

- प्रकाश विद्युत प्रभाव की व्याख्या के लिए वैज्ञानिक मैक्स प्लांक ने क्वांटम सिद्धांत का प्रतिपादन किया।
- प्लांक के अनुसार, किसी पदार्थ अथवा पृष्ठ द्वारा ऊर्जा का उत्सर्जन तथा अवशोषण सतत न होकर ऊर्जा के छोटे-छोटे बंडलों अथवा पैकेटों के रूप में होता है, जिसे **फोटॉन** या **क्वांटा** (Photon or quanta) कहते हैं।
- प्रकाश के कण जैसे व्यवहार को **ए.एच. क्वांटम** के इलेक्ट्रॉन के द्वारा X-किरणों के प्रकीर्णन के प्रयोग से 1724 ई. में पुनः पुष्ट किया गया।

फोटॉनों के कुछ महत्त्वपूर्ण अभिलक्षण

फोटॉनों के प्रमुख अभिलक्षण निम्न हैं

(i) किसी भी स्रोत से विकिरण फोटॉन के रूप में उत्सर्जित होता हैं जोकि एक सरल रेखा के अनुदिश प्रकाश के वेग (3×10^8) मी/से से चलते हैं।

(ii) समान तरंगदैर्ध्य λ अथवा आवृत्ति (ν) के संगत उत्सर्जित समस्त फोटॉनों की ऊर्जा का मान समान होता है। जब फोटॉन एक माध्यम से दूसरे माध्यम में जाता है, तो उसकी आवृत्ति अपरिवर्तित रहती है, जबकि वेग परिवर्तित हो जाता है।

(iii) फोटॉन का विराम द्रव्यमान शून्य होता है।

(iv) फोटॉन की ऊर्जा $E = h\nu$ तथा संवेग $p = \frac{h}{\lambda}$ होता है।

(v) विद्युतीय रूप से फोटॉन, उदासीन प्रकृति के होते हैं, अतः सामान्य परिस्थितियों में यह विद्युतीय व चुम्बकीय क्षेत्रों से विक्षेपित नहीं किए जा सकते हैं।

द्रव्य की तरंग प्रकृति

- एक फ्रांसीसी भौतिक वैज्ञानिक लुइस विक्टर दे-ब्रोग्ली ने बताया कि पदार्थ के गतिमान कण तरंग सदृश गुण प्रदर्शित कर सकते हैं अर्थात् प्रकाश में कण व तरंग दोनों के ही गुण विद्यमान हैं अर्थात् प्रकाश की द्वैती प्रकृति होती है। गतिमान द्रव्य कणों से एक तरंग संबंधित होती है, जिसे **द्रव्य तरंग** (Matter wave) कहते हैं।
- दे-ब्रोग्ली के अनुसार, कोई कण जिसका संवेग p है, के साथ जुड़े तरंगदैर्ध्य λ को निम्न प्रकार से दर्शाया जाता है

$$\lambda = \frac{h}{p} = \frac{h}{mv}$$

यहाँ, h = प्लांक नियतांक, m = कण का द्रव्यमान, p = संवेग

इसे **दे-ब्रोग्ली का तरंग समीकरण** (de-Broglie's wave equation) कहते हैं। दे-ब्रोग्ली तरंगदैर्ध्य कण की प्रकृति पर निर्भर नहीं करती है।

- द्रव्य कणों की तरंग प्रकृति को सत्यापित करने के लिए सर्वप्रथम प्रयोग डेविसन तथा जर्मर ने किया था।

फोटो सेल

- फोटो सेल (Photocell) एक ऐसी युक्ति है, जो प्रकाश ऊर्जा को वैद्युत ऊर्जा में बदल देती है। ये अर्द्धचालक होते हैं, जो प्रकाश संसूचक की तरह कार्य करते हैं।
- ये प्रकाश आधारित प्रतिरोधक (Light Dependent Resistors, LDR) हैं जो प्रकाश की अनुपस्थिति में उच्च प्रतिरोधकता दर्शाते हैं। प्रकाश की उपस्थिति में इनकी प्रतिरोधक कम पड़ जाती है। इसका सर्वाधिक उपयोग सिनेमाघरों में ध्वनि के पुनरुत्पादन व टेलीविजन में किया जाता है।

14

अर्द्धचालक इलेक्ट्रॉनिक्स

(स्रोत)
Class-XII New NCERT Chap 14 (अर्द्धचालक इलेक्ट्रॉनिकी-पदार्थ, युक्तियाँ तथा सरल परिपथ)

- ऐसी युक्तियाँ जिनमें इलेक्ट्रॉन के प्रवाह को नियंत्रित किया जाता है, इलेक्ट्रिकी की आधारभूत युक्तियाँ होती हैं। अर्द्धचालक की खोज से पहले, विभिन्न इलेक्ट्रॉनिकी तत्वों का उपयोग विद्युत परिपथों में किया जाता था। इन पर आधारित युक्तियों के संचालन में उच्च वोल्टता आवश्यक थी तथा इनका स्थायित्व भी कम होता था।
- अर्द्धचालक (Semiconductor) की खोज से यह प्रमाणित हुआ कि निम्न विभवांतर पर इनसे धारा का प्रवाह तथा प्रवाह के दिशा पर आसानी से नियंत्रण किया जा सकता है।
- अर्द्धचालक युक्तियों के प्रचालन के लिए कम विभवांतर, कम शक्ति की आवश्यकता होती है। इन अर्द्धचालक युक्तियों की विश्वसनीयता अधिक होती है।

ठोस तथा ऊर्जा बैंड

- पदार्थ की वह अवस्था, जिसमें आयतन व आकृति निश्चित होते हैं, **ठोस** (Solid) कहलाती है। ठोसों के अभिलाक्षणिक गुण इसके अवयवी कणों के मध्य कार्यरत् बलों की प्रकृति पर निर्भर करते हैं।
- किसी क्रिस्टल के भीतर प्रत्येक इलेक्ट्रॉन की अपनी अद्वितीय स्थिति होती है तथा किन्हीं दो इलेक्ट्रॉनों के चारों ओर के आवेशों का पैटर्न एक जैसा नहीं होता। यही कारण है कि प्रत्येक इलेक्ट्रॉन के ऊर्जा स्तर भिन्न होते हैं।
- ये भिन्न ऊर्जा स्तर जिनमें ऊर्जा का सतत् परिवर्तन होता रहता है **ऊर्जा बैंडों** (Energy bands) का निर्माण करते हैं।
- वह ऊर्जा स्तर जिसमें संयोजक इलेक्ट्रॉनों के ऊर्जा स्तर स्थित होते हैं, **संयोजी ऊर्जा बैंड** (Valence energy band) कहलाता है।
- वह ऊर्जा बैंड जिसमें चालक इलेक्ट्रॉनों के ऊर्जा स्तर उपस्थिति होते हैं, **चालन ऊर्जा बैंड** (Conduction energy band) कहलाता है।
- वह न्यूनतम ऊर्जा जो इलेक्ट्रॉनों को संयोजी बैंड से चालन बैंड में स्थानांतरण के लिए आवश्यक होती है, **बैंड ऊर्जा अंतराल** (Band energy gap) कहलाती है।

ऊर्जा बैंड के आधार पर ठोसों के प्रकार

ठोसों को वर्जित ऊर्जा अंतराल के आधार पर निम्नलिखित भागों में वर्गीकृत किया जा सकता है

1. चालक

- वे पदार्थ जिनमें विद्युत आवेश सुगमता से प्रवाहित होता है, चालक (Conductors) कहलाते हैं। उदाहरण- चाँदी, ताँबा, ऐल्युमीनियम आदि विद्युत के अच्छे चालक हैं।
- इनमें संयोजी बैंड तथा चालन बैंड पूर्णत: भरे होते हैं या चालन बैंड थोड़ा खाली होता है।
- किसी तत्त्व के विद्युत का अच्छा चालक होने की निम्नलिखित दो स्थितियाँ हैं
  - जब चालन बैंड आंशिक रूप से भरा होता है, तब इलेक्ट्रॉन विद्युत क्षेत्र द्वारा ऊर्जा ग्रहण करके उच्च ऊर्जा स्तर में चले जाते हैं तथा त्वरित होकर विद्युत धारा उत्पन्न करते हैं। इनके संयोजी बैंड व चालन बैंड के बीच वर्जित ऊर्जा बैंड की चौड़ाई लगभग नगण्य होती है।
  - जब संयोजी बैंड तथा चालन बैंड एक-दूसरे के क्षेत्र में अतिव्यापित होते हैं, तब इलेक्ट्रॉन एक विद्युत क्षेत्र द्वारा उत्तेजित होते हैं तथा संयोजी बैंड से चालन बैंड में चले जाते हैं।

2. कुचालक या अचालक

- वे पदार्थ, जिनमें विद्युत आवेशों का प्रवाह कठिन होता है, कुचालक (Insulators) कहलाते हैं। कुचालकों में मुक्त इलेक्ट्रॉनों की संख्या लगभग नगण्य होती है। उदाहरण-सीसा, अभ्रक, एबोनाइट, रबर, शुद्ध जल आदि कुचालक हैं।

- कुचालकों में संयोजी बैंड पूर्णत: भरे हुए तथा चालन बैंड पूर्णत: रिक्त होते हैं। इनमें संयोजी बैंड तथा चालन बैंड के मध्य वर्जित ऊर्जा अंतराल बहुत अधिक ($E_g > 3\,\text{eV}$) होता है; जैसे–हीरे का वर्जित ऊर्जा अंतराल लगभग 6 इलेक्ट्रॉन-वोल्ट है।

3. अर्द्धचालक

- वे ठोस पदार्थ जिनकी विद्युत चालकता चालकों से कम तथा कुचालकों से अधिक होती है, **अर्द्धचालक** (Semiconductors) कहलाते हैं। उदाहरण जर्मेनियम, सिलिकॉन, कार्बन आदि अर्द्धचालक हैं।
- अर्द्धचालकों में संयोजी बैंड पूर्ण रूप से भरे अथवा थोड़े खाली होते हैं एवं चालन बैंड पूर्णत: रिक्त अथवा थोड़े भरे होते हैं। इनमें संयोजक बैंड तथा चालन बैंड के मध्य वर्जित ऊर्जा अन्तराल बहुत कम ($E_g \approx 1.1\,\text{eV}$) होता है।

अर्द्धचालकों के प्रकार

अर्द्धचालक मुख्य रूप से दो प्रकार के होते हैं

(i) **नैज अर्द्धचालक** (Intrinsic semiconductor) शुद्ध अर्द्धचालक, जिनमें कोई अपद्रव्य न मिला हो, नैज अर्द्धचालक कहलाते हैं। नैज अर्द्धचालकों में मुक्त इलेक्ट्रॉनों की संख्या (n_e), होलों की संख्या (n_n) के बराबर होती है। इसमें धारा इलेक्ट्रॉनों तथा होलों दोनों के कारण उत्पन्न होती है। परमशून्य ताप पर प्रत्येक अर्द्धचालक पूर्ण अचालक की भाँति व्यवहार करता है।

(ii) **अपद्रव्यी या बाह्य अर्द्धचालक** (Extrinsic semiconductor) जब किसी शुद्ध अर्द्धचालक में कोई उपयुक्त अशुद्धि अत्यल्प मात्रा में मिलाई जाती है, तो उसकी चालकता (Conductivity) में कई गुना वृद्धि हो जाती है।
इस प्रकार के पदार्थों को अपद्रव्यी अर्द्धचालक अथवा अशुद्धि अर्द्धचालक (Impurity semiconductor) कहते हैं। वांछित अशुद्धि को अर्द्धचालक में सावधानीपूर्वक मिश्रित करना **मादन** (Doping) या अपमिश्रण कहलाता है तथा इस प्रकार के पदार्थ को **मादित अर्द्धचालक** (Doped semiconductor) कहते हैं।

बाह्य अर्द्धचालक के प्रकार

मिश्रित अपद्रव्यी (Impurities) के आधार पर बाह्य अर्द्धचालक को दो भागों में बाँटा गया है

(i) **n-प्रकार के अर्द्धचालक** (n-type semiconductor) जिन अर्द्धचालकों की चालकता मुख्य रूप से इलेक्ट्रॉनों के कारण होती है, उन्हें n- प्रकार का अर्द्धचालक कहते हैं।
शुद्ध अर्द्धचालक में पंचसंयोजी (संयोजकता 5) अपद्रव (Impurity); जैसे–एन्टीमनी, फॉस्फोरस अथवा आर्सेनिक मिलाने पर n-प्रकार के अर्द्धचालक प्राप्त होते हैं। ये अशुद्धियाँ **दाता** (Donor) कहलाती हैं।

(ii) **p-प्रकार के अर्द्धचालक** (p-type semiconductor) जिन अर्द्धचालकों की विद्युत चालकता मुख्य रूप से कोटरों (धनात्मक छिद्रों) के कारण होती है, उन्हें p- प्रकार के अर्द्धचालक कहते हैं।
शुद्ध अर्द्धचालक में त्रिसंयोजी (संयोजकता 3) अपद्रव्य; जैसे–एल्युमीनियम, बोरॉन मिलाने पर p- प्रकार के अर्द्धचालक प्राप्त होते हैं, ये अशुद्धियाँ **ग्रहणकर्ता** (Acceptors) कहलाती हैं।

p-n संधि

- जब p- टाइप क्रिस्टल के टुकड़े को परमाणवीय रूप से n-टाइप क्रिस्टल के टुकड़े के संपर्क में लाकर जोड़ा जाता है, तब दो विभिन्न क्षेत्रों के बीच की परिसीमा को p-n संधि (p-n junction) कहते हैं।
- p-n संधि के दोनों ओर की उस परत को जिसमें आवेश वाहक नहीं होते हैं, **अवक्षय परत** (Depletion layer) कहलाती है।
- p-n संधि के दोनों ओर बनी अवक्षय परत के सिरों के बीच उत्पन्न विभवांतर को **विभव प्राचीर** (Potential barrier) या संपर्क विभव कहते हैं। इसका मान संधि के ताप पर निर्भर करता है।
- p-n संधि बहुत-सी अर्द्धचालक युक्तियों ; जैसे–डायोड, ट्रांजिस्टर, सोलर सेल, LED, एकीकृत परिपथ आदि की मूल इकाई है।

अर्द्धचालक डायोड

- अर्द्धचालक डायोड (Semiconductor diode) मूल रूप में एक p-n संधि होती है, जिसके सिरों पर धात्विक संपर्क जुड़े होते हैं, ताकि इस संधि पर कोई बाह्य वोल्टता अनुप्रयुक्त की जा सके। इस युक्ति के दो टर्मिनल होते हैं।

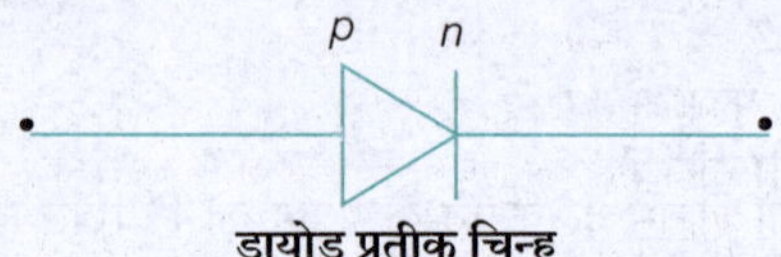

डायोड प्रतीक चिन्ह

- जब डायोड का p–सिरा, बैटरी के धनात्मक टर्मिनल से तथा n–सिरा बैटरी के ऋणात्मक टर्मिनल से जुड़ा होता है, तो डायोड **अग्रदिशिक बायसित** (Forward biased) होता है तथा इसके विपरीत डायोड **पश्च दिशिक बायसित** (Backward biased) होता है।

संधि डायोड का दिष्टकारी के रूप में अनुप्रयोग

- कोई संधि डायोड तभी विद्युत धारा प्रवाहित होने देता है, जब वह अग्रदिशिक बायसित होता है।
- अत: यदि किसी डायोड के सिरों पर कोई प्रत्यावर्ती वोल्टता अनुप्रयुक्त की जाए, तो चक्र के केवल उसी भाग के परिपथ में धारा प्रवाहित होगी जब डायोड अग्रदिशिक बायसित है।
- डायोड के इस गुण का उपयोग **प्रत्यावर्ती वोल्टता** (Alternating voltage) का दिष्टकरण करने में किया जाता है तथा इस कार्य के लिए जिस परिपथ का उपयोग करते हैं, उसे **दिष्टकारी** (Rectifier) कहते हैं। इससे AC को DC में परिवर्तित किया जाता है।

जेनर डायोड

- यह एक विशिष्ट प्रयोजन अर्द्धचालक डायोड है, जिसका नाम उसके आविष्कारक सी. जेनर के नाम पर रखा गया है।
- इसे भंजन क्षेत्र में पश्चदिशिक बायस में प्रचलित करने के लिए डिजाइन किया गया है तथा इसका उपयोग वोल्टता नियंत्रक के रूप में किया जाता है।

फोटोडायोड

- फोटोडायोड (Photodiode) भी एक विशिष्ट प्रयोजन *p-n* संधि डायोड है, जिसमें एक पारदर्शी खिड़की होती है, जिससे प्रकाश-किरणें डायोड तक आ सकती हैं। यह पश्चदिशिक बायस में प्रचालित होता है।
- जब फोटोडायोड ऊर्जा (जोकि अर्द्धचालक के ऊर्जा अंतराल से अधिक है) के **फोटॉनों** (प्रकाश) द्वारा प्रदीप्त होती है, तो फोटॉनों के अवशोषण के कारण इलेक्ट्रॉन-कोटर के युगल उत्पन्न होते हैं।
- फोटोडायोड का उपयोग प्रकाशिक सिग्नलों के संसूचन के लिए प्रकाश संसूचक की भाँति प्रयोग किया जा सकता है।

प्रकाश उत्सर्जक डायोड

- यह एक अत्यधिक अपमिश्रित *p-n* संधि डायोड होता है, जो अग्रदिशिक बायस में स्वत: विकिरणों का उत्सर्जन करता है। यह डायोड पारदर्शी आवरण में बंद होता है, ताकि इसके द्वारा उत्सर्जित विकिरण (प्रकाश) बाहर आ सके।
- इन डायोडों में अलग-अलग अर्द्धचालक पदार्थ प्रयुक्त होते हैं, जिसके अनुसार ही ये विभिन्न रंग के प्रकाश उत्सर्जित करते हैं; जैसे–गैलियम फॉस्फाइड (GaP), हरे रंग का तथा सिलिकॉन कार्बाइड (SiC) नीले रंग का प्रकाश उत्सर्जित करते हैं।
- इन का उपयोग कैलकुलेटर एवं कंप्यूटर में अंक एवं शब्दों के प्रदर्शन में होता है। अवरक्त विकिरण का उत्सर्जन करने वाले प्रकाश उत्सर्जक डायोड का उपयोग TV, DVD आदि के रिमोट कंट्रोल में होता है। इसका उपयोग दिष्टकारी में भी किया जाता है।
- LED के कम शक्ति पारंपरिक तापदीप्त लैंपों की तुलना में निम्नलिखित लाभ हैं
  - निम्न प्रचालन वोल्टता तथा अपेक्षाकृत कम शक्ति।
  - शीघ्र क्रिया, गरम होने के लिए कोई समय नहीं चाहिए।
  - उत्सर्जित प्रकाश की बैंड चौड़ाई 100 Å से 500 Å अथवा दूसरे शब्दों में यह लगभग (परंतु यथार्थ रूप में नहीं) एक-वर्णी प्रकाश उत्सर्जित करता है।
  - अधिक आयु तथा सुदृढ़।
  - तीव्र ऑन-ऑफ होने की क्षमता।

सौर सेल

- सौर सेल (Solar cell) मूल रूप से एक ऐसी *p-n* संधि होती है, जो सौर-विकिरणों के आपतित होने पर विद्युत वाहक बल उत्पन्न करती है।
- यह फोटोडायोड के सिद्धांत (फोटोवोल्टीय प्रभाव) पर ही कार्य करता है। केवल इतना ही अंतर है कि इसमें कोई बाह्य बायस अनुप्रयुक्त नहीं की जाती तथा संधि का क्षेत्रफल सौर विकिरणों के आपतन के लिए काफी अधिक रखा जाता है, ताकि अधिक शक्ति प्राप्त की जा सके।
- इसके मुख्य उपयोग निम्नलिखित हैं
  - सुदूर क्षेत्रों में विद्युत ऊर्जा उत्पन्न करने हेतु सौर सेलों का उपयोग किया जाता है।
  - सौर सेलों से निर्मित सोलर पैनलों का प्रयोग वाटर हीटर के रूप में किया जाता है।
  - कृत्रिम उपग्रहों में लगी बैटरियों के आवेशन के लिए सोलर पैनलों का उपयोग किया जाता है।

तारे एवं सौर परिवार

(स्रोत)

Class-VIII Old NCERT Chap 17 (तारे एवं सौर परिवार)

- पृथ्वी, अंतरिक्ष तथा उसमें उपस्थित सभी खगोलीय पिंडों (आकाशगंगा या मंदाकिनी, तारे आदि) को समग्र रूप से विश्व या **ब्रह्मांड** (Universe) कहते हैं। ब्रह्मांड की रचना आकाशगंगाओं से हुई है।
- अनुमानत: ब्रह्मांड में खरबों की संख्या में आकाशगंगाएँ हैं तथा प्रत्येक आकाशगंगा में खरबों तारे हैं और हमारा सौरमंडल जिस आकाशगंगा का सदस्य है, उसका नाम **दुग्धमेखला** (Milky way) है।
- अमेरिकी खगोलवेत्ता **एडविन पी. हब्बल** (Edwin P. Hubble) ने वर्ष 1929 में बताया कि आकाशगंगाएँ अंतरिक्ष में स्थिर नहीं हैं, बल्कि वे एक-दूसरे से दूर होती जा रही हैं। खगोलीय पिंडों और उनसे संबंधित परिघटनाओं के अध्ययन को **खगोलिकी** (Astronomy) कहा जाता है।

खगोलीय पिंड

आकाश में दिखाई देने वाले पिंडों; जैसे-आकाशगंगा, तारा, ग्रह, उपग्रह, धूमकेतु आदि को **खगोलीय पिंड** (Celestial bodies) कहते हैं।

चंद्रमा

- चंद्रमा (Moon) पृथ्वी का प्राकृतिक उपग्रह है तथा यह पृथ्वी के चारों ओर एक निश्चित पथ पर चक्कर लगाता है, जिसे उसकी **कक्षा** (Orbit) कहते हैं। चंद्रमा का आकार तारों से बहुत बड़ा प्रतीत होता है, क्योंकि यह तारों की तुलना में पृथ्वी के बहुत अधिक निकट है।
- पृथ्वी चंद्रमा के साथ सूर्य की परिक्रमा करती है। चंद्रमा भी अपनी धुरी पर घूमता है। चंद्रमा पृथ्वी की एक परिक्रमा पूरी करने में अपने अक्ष पर एक घूर्णन पूरा करता है। चंद्रमा का व्यास पृथ्वी के व्यास का लगभग एक-चौथाई है तथा इसका द्रव्यमान पृथ्वी के द्रव्यमान का लगभग अठारहवाँ भाग है।
- चंद्रमा सूर्य या अन्य तारों की भाँति अपना प्रकाश उत्पन्न नहीं करता। चंद्रमा इसलिए दिखाई देता है, क्योंकि यह अपने ऊपर पड़ने वाले सूर्य के प्रकाश को हमारी ओर परावर्तित कर देता है।
- हम चंद्रमा के उस भाग को देख पाते हैं, जिस भाग से सूर्य का परावर्तित प्रकाश हम तक पहुँचता है।
- चंद्रमा की आकृति में प्रतिदिन परिवर्तन होता रहता है। उस दिन को जब चंद्रमा की आकृति पूर्ण चक्रीय दिखाई देती है, **पूर्णिमा** (Full moon day) कहते हैं, इसके पश्चात् प्रत्येक राशि को चंद्रमा का चमकीला भाग घटता जाता है। पंद्रहवें दिन चंद्रमा दिखाई नहीं पड़ता, इस दिन को **अमावस्या** (New moon day) कहते हैं।
- अमावस्या के अगले दिन, चंद्रमा का एक छोटा भाग दिखाई देता है, इसे **बालचंद्र** (Crescent moon) कहते हैं। इसके पश्चात् फिर चंद्रमा बड़ा होता जाता है। इस प्रकार, पूरे माह तक दिखाई देने वाली चंद्रमा के प्रदीप्त भाग की विभिन्न आकृतियों को **चंद्रमा की कलाएँ** (Phases of the moon) कहते हैं।

चंद्रमा का पृष्ठ

- चंद्रमा का पृष्ठ धूल भरा तथा निर्जन है। इस पर विभिन्न आयानों के गर्त तथा खड़ी ढाल वाले ऊँचे पर्वत भी हैं। इनमें से कुछ पर्वत तो ऊँचाई में पृथ्वी के सर्वाधिक ऊँचाई के पर्वतों के समान हैं। चंद्रमा पर न तो वायुमंडल है और न ही जल।

तारे

- ऐसे खगोलीय पिंड, जो अत्यधिक गर्म होते हैं तथा इनका अपना प्रकाश होता है, **तारे** (Stars) कहलाते हैं। तारे लगातार ऊष्मा और प्रकाश उत्सर्जित करते हैं। तारे पृथ्वी के आकार की तुलना में बहुत बड़े हैं और कई तारे सूर्य से भी बड़े हैं। तारे छोटे प्रतीत होते हैं, क्योंकि वे हमसे बहुत दूर हैं।

- सूर्य भी एक तारा है जो पृथ्वी के सबसे निकट है, सूर्य बहुत बड़ा और चमकीला दिखाई देता है, क्योंकि यह किसी भी अन्य तारे की तुलना में हमारे अधिक निकट है। तारे को केवल रात में देखा जा सकता है। वैसे तो तारे दिन के समय आकाश में मौजूद होते हैं लेकिन सूर्य के तेज प्रकाश के कारण हम उन्हें दिन में नहीं देख सकते हैं।
- तारे पूर्व से पश्चिम की ओर गति करते दिखाई देते हैं। कोई तारा जो सूर्यास्त होते ही पूर्व में उदय होता है सामान्यत: सूर्योदय से पहले ही पश्चिम में अस्त हो जाता है। सूर्य भी प्रात: पूर्व में उदय होता है और पूरे दिन आकाश में भ्रमण करता है तथा शाम को पश्चिम में अस्त हो जाता है। अत: सूर्य आकाश में पूर्व से पश्चिम दिशा की ओर गति करता प्रतीत होता है।
- पूर्व से पश्चिम की ओर आकाश में तारों और सूर्य की यह स्पष्ट गति पृथ्वी के अपनी धुरी (Spindle) पर पश्चिम से पूर्व की ओर घूमने के कारण है।
- **ध्रुव तारा** (Pole star) एक ऐसा तारा है, जो पृथ्वी के अक्ष की दिशा में स्थित है, यह गति करता हुआ प्रतीत नहीं होता है, क्योंकि यह पृथ्वी के घूर्णन अक्ष पर स्थित है और पृथ्वी की धुरी स्थिर है तथा समय के साथ बदलती नहीं है।

ब्रह्मांड में दूरी मापने की इकाई (प्रकाश-वर्ष)

सूर्य पृथ्वी से लगभग 150000000 किलोमीटर (15 करोड़ किलोमीटर) दूर है। सूर्य के पश्चात् दूसरा निकटतम तारा प्रॉक्सिमा सेन्चुरी (Proxima centauri) है। इसकी दूरी पृथ्वी से लगभग 40000,000,000,000 किलोमीटर है। इतनी अधिक दूरियों को लंबाई के अन्य मात्रक प्रकाश-वर्ष में व्यक्त किया जाता है।

$$1 \text{ प्रकाश-वर्ष} = 9.46 \times 10^{15} \text{ मीटर}$$

सूर्य के प्रकाश की चाल 3×10^8 मी/सेकण्ड है। सूर्य से प्रकाश को पृथ्वी तक पहुँचने में लगभग 8 मिनट का समय लगता है।

तारामंडल

तारों का ऐसा समूह जो किसी आकृति का निर्माण करता है, **तारामंडल** (Constellations) कहलाता है। प्रत्येक तारामंडल किसी जानवर, इंसान या अन्य वस्तु की आकृति में दिखाई देता है।

एक विशेष तारामंडल में बड़ी संख्या में तारों का समूह होता है। उनमें से कुछ चमकीले होते हैं और नग्न आँखों से आसानी से देखे जा सकते हैं।

वे सभी तारे जो तारामंडल बनाते हैं, समान दूरी पर नहीं होते हैं, परंतु वे आकाश में ठीक एक ही रेखा में होते हैं।

सप्तऋषि (ग्रेट बियर) ओरॉयन, कैसोयोपिया तथा लिओ मेजर विशिष्ट प्रकार के तारामंडल हैं, जिनका वर्णन निम्नलिखित है

- **सप्तर्षि तारामंडल** (Ursa major) यह तारामंडल सबसे लोकप्रिय तारामंडल है, इस तारामंडल को **बिग डिपर** (Big dipper), **बिग बीयर** (Big bear) अथवा अर्समेजेर भी कहते हैं। इस तारामंडल में सात सुस्पष्ट तारे होते हैं। इसकी आकृति कलछी या प्रश्न चिन्ह जैसी प्रतीत होती है।
- यह पूर्व से पश्चिम की ओर बढ़ता हुआ प्रतीत होता है तथा सप्तर्षि (तारामंडल) ध्रुव तारे के चारों ओर चक्कर लगाता हुआ प्रतीत होता है। इस तारामंडल को गर्मियों में रात्रि के प्रथम प्रहर में देख सकते हैं।
- सप्तर्षि, सात प्रसिद्ध प्राचीन भारतीय संतों या ऋषियों के नाम के साथ संबद्ध है। प्राचीन पौराणिक कथाओं के अनुसार, सप्तर्षि नक्षत्र वेदों के शाश्वत ज्ञान को व्यक्त करते हैं।

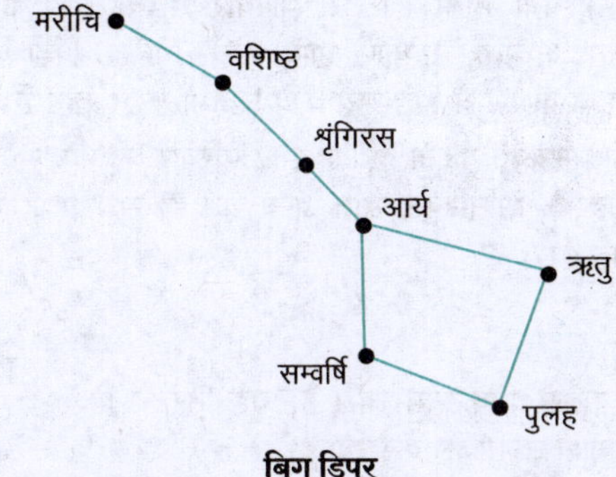

बिग डिपर

- **ओरॉयन तारामंडल** (Orion constellation) ओरॉयन एक अन्य विख्यात तारामंडल है, जिसे हम सर्दियों में मध्यरात्रि में देख सकते हैं। यह आकाश में सर्वाधिक भव्य तारामंडलों में गिना जाता है। इसमें सात या आठ चमकीले तारे होते हैं, इसे शिकारी भी कहते हैं।

  आकाश में सबसे अधिक चमकीला तारा, सीरियस (लुब्धक), ओरॉयन के निकट दिखाई देता है।

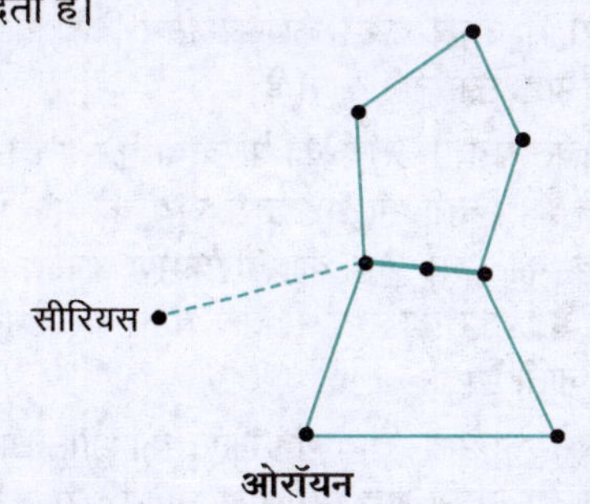

ओरॉयन

- **कैसोयोपिया तारामंडल** (Cassiopeia constellation) उत्तरी आकाश में एक अन्य प्रमुख तारामंडल कैसोयोपिया है। यह सर्दियों में रात्रि के प्रथम प्रहर में दिखाई देता है। यह अंग्रेजी के अक्षर *W* अथवा *M* के बिगड़े रूप जैसा दिखाई देता है।

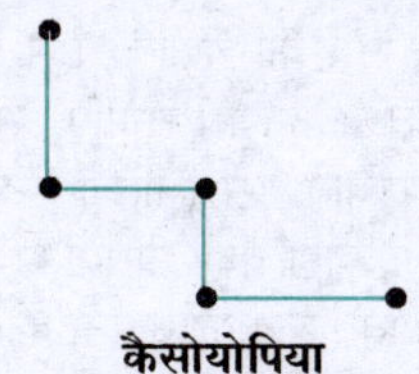
कैसोयोपिया

- **लिओ मेजर तारामंडल** (Leo major constellation) यह तारामंडल ग्रीष्मकाल में रात्रि के प्रथम प्रहर में दिखाई देता है, इसमें 9 चमकीले तारे होते हैं। इस आकृति में बड़े सिंह की रूपरेखा बनती है।

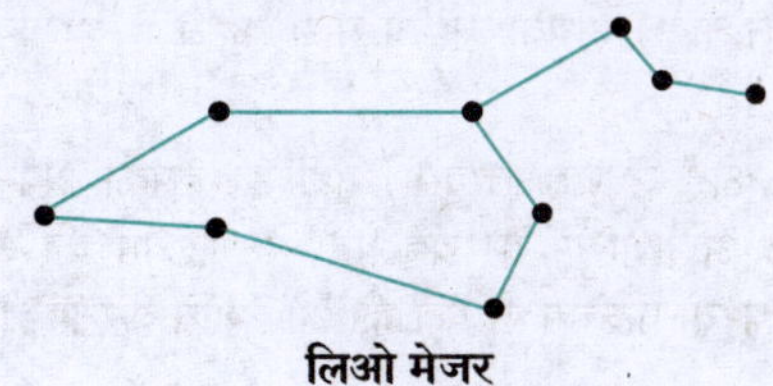
लिओ मेजर

सौरमंडल

सूर्य तथा इसकी परिक्रमा करने वाले खगोलीय पिंडों से मिलकर सौरमंडल (Solar system) बना होता है। इस परिवार में बहुत-से पिंड हैं; जैसे–ग्रह, धूमकेतु, क्षुद्रग्रह, उल्काएँ आदि। सूर्य तथा इन पिंडों के बीच गुरुत्वाकर्षण बल के कारण ये पिंड सूर्य की परिक्रमा करते रहते हैं।

पृथ्वी भी सूर्य की परिक्रमा करती है, यह सौर परिवार की एक सदस्य है। यह एक ग्रह है, इसके अतिरिक्त सात अन्य ग्रह हैं। सूर्य तथा ग्रहों का वर्णन निम्नलिखित हैं

सूर्य

- सूर्य (Sun) सबसे निकटतम तारा है, यह निरंतर विशाल मात्रा में ऊष्मा तथा प्रकाश उत्सर्जित कर रहा है।
- पृथ्वी की लगभग समस्त ऊर्जा का स्रोत सूर्य है। वास्तव में, सभी ग्रह की ऊष्मा प्रकाश की ऊर्जा का प्रमुख स्रोत सूर्य ही है।

ग्रह

ऐसे विशाल खगोलीय पिंड जो बंद दीर्घवृत्ताकर कक्षाओं में सूर्य की परिक्रमा करते हैं, ग्रह (Planet) कहलाते हैं। ग्रहों का अपना प्रकाश नहीं होता। ग्रहों तथा तारों में अंतर करने की सरलतम विधि यह है कि तारे टिमटिमाते हैं, जबकि ग्रह ऐसा नहीं करते हैं।

प्रत्येक ग्रह एक निश्चित पथ पर सूर्य की परिक्रमा करता है। इस पथ को **कक्षा** (Orbit) कहते हैं। किसी भी ग्रह द्वारा सूर्य की एक परिक्रमा पूरी करने में लगे समय को उस ग्रह का **परिक्रमण काल** (Period of revolution) कहते हैं। ग्रहों की सूर्य से दूरी बढ़ने पर उनके परिक्रमण काल में भी वृद्धि हो जाती है।

सूर्य की परिक्रमा करने के साथ-साथ ग्रह लट्टू की भाँति अपने अक्ष पर घूर्णन गति भी करते हैं। किसी ग्रह द्वारा एक घूर्णन पूरा करने में लगने वाले समय को उसका **घूर्णन काल** (Period of rotation) कहते हैं।

ग्रहों का वर्णन निम्नलिखित है

- **बुध** (Mercury) बुध ग्रह सूर्य से निकटतम ग्रह है। यह हमारे सौर परिवार का लघुत्तम ग्रह है, क्योंकि बुध सूर्य के अत्यधिक निकट है। अत: अधिकांश समय तक सूर्य की चकाचौंध में छिपा रहने के कारण इसका प्रेक्षण करना अत्यंत कठिन है। तथापि, सूर्योदय से तुरंत पूर्व अथवा सूर्यास्त के तुरंत पश्चात् इसे क्षितिज पर देखा जा सकता है। अत: यह वहीं दिखाई देता है जहाँ वृक्षों अथवा भवनों द्वारा क्षितिज को देखने में कोई बाधा नहीं आती। बुध का अपना कोई उपग्रह नहीं है।
- **शुक्र** (Venus) ग्रहों में शुक्र पृथ्वी का निकटतम पड़ोसी है। रात्रि के आकाश में यह सबसे अधिक चमकीला ग्रह है। कभी-कभी शुक्र पूर्वी आकाश में सूर्योदय से पूर्व दिखाई देता है। कभी-कभी सूर्यास्त के तुरंत पश्चात् यह पश्चिमी आकाश में दिखाई देता है। इसलिए इसे प्राय: प्रभात तारा (प्रात:तारा) अथवा सांध्य तारा कहते हैं, यद्यपि यह तारा नहीं है।

  शुक्र का अपना कोई उपग्रह (चंद्रमा) नहीं है। इसकी अपने अक्ष पर घूर्णन गति कुछ असाधारण है। यह पूर्व से पश्चिम की ओर घूर्णन करता है जबकि पृथ्वी पश्चिम से पूर्व की ओर गति करती है।
- **पृथ्वी** (Earth) पृथ्वी ही सौर परिवार का एकमात्र ऐसा ग्रह है, जिस पर जीवन का अस्तित्व ज्ञात है। पृथ्वी पर जीवन विद्यमान होने तथा उसकी निरंतरता बनाए रखने के लिए कुछ विशिष्ट पर्यावरणीय अवस्थाएँ उत्तरदायी हैं। इनमें पृथ्वी की सूर्य से उचित दूरी होना भी सम्मिलित है ताकि पृथ्वी पर सही ताप परिसर, जल की उपस्थिति, उपयुक्त वायुमंडल तथा ओजोन का आवरण बना रह सके।

  अंतरिक्ष से देखने पर पृथ्वी के पृष्ठ पर जल तथा भूमि से प्रकाश के परावर्तित होने के कारण वह नीली-हरी प्रतीत होती है।

  पृथ्वी का घूर्णन अक्ष इसकी कक्षा के तल के लंबवत् नहीं है। इसका अपने अक्ष पर झुकाव पृथ्वी पर ऋतु-परिवर्तन के लिए उत्तरदायी है। पृथ्वी का केवल एक ही उपग्रह (चंद्रमा) है।

  विषुवत् वृत्त के तल को पृथ्वी का **विषुवतीय तल** (Equatorial plane) कहते हैं। वह तल जिसमें पृथ्वी सूर्य की परिक्रमा करती है, उसे पृथ्वी का **कक्षीय तल** (Orbital plane) कहते हैं। ये दोनों तल एक-दूसरे से 23.5° के कोण पर झुके हैं। इसका यह तात्पर्य है कि पृथ्वी का अक्ष अपने कक्षीय तल से 66.5° के कोण पर झुका है।
- **मंगल** (Mars) पहला ग्रह जो पृथ्वी की कक्षा से बाहर है, उसे मंगल के नाम से जाना जाता है। यह थोड़ा लाल रंग का लगता है और इसलिए इसे **लाल ग्रह** (Red planet) भी कहा जाता है। मंगल के दो छोटे प्राकृतिक उपग्रह हैं, अर्थात् फोबोस और डीबोस। इसका दिन का तापमान 5 से 15 डिग्री सेल्सियस के बीच रहता है और अब तक इस पर जीवन का कोई प्रमाण नहीं मिला है। हानिकारक विकिरण से बचाने के लिए इसमें वायुमंडल की कोई सुरक्षात्मक परत नहीं है।
- **बृहस्पति** (Jupiter) बृहस्पति सौर परिवार का सबसे बड़ा ग्रह है। यह इतना बड़ा है कि लगभग 1300 पृथ्वियाँ इस विशाल ग्रह के भीतर रखी जा सकती हैं। बृहस्पति का द्रव्यमान पृथ्वी के द्रव्यमान का लगभग 318 गुना है। यह अपने अक्ष पर अत्यधिक तीव्र गति से घूर्णन करता है।

  यह रात के आकाश में बहुत चमकीली वस्तु की तरह प्रतीत होता है, क्योंकि इसमें घने बादल का वातावरण होता है जो इस पर पड़ने वाले सूर्य के प्रकाश को दर्शाता है।

  बृहस्पति अपनी धुरी पर बहुत तेजी से घूमता है। बृहस्पति पर जीवन नहीं हो सकता, क्योंकि इसके वातावरण में मीथेन और अमोनिया जैसी जहरीली गैसें हैं। इसके 67 उपग्रह (या चंद्रमा) हैं और इसके चारों ओर कुछ धुंधले वलय भी हैं।
- **शनि** (Saturn) सूर्य से छठा ग्रह शनि है, जो सौरमंडल का दूसरा सबसे बड़ा ग्रह है। शनि के बारे में एक तथ्य यह है कि यह सौरमंडल के सभी ग्रहों में सबसे **कम घना** (Dense) है। शनि का घनत्व पानी से भी कम है। जैसे शनि पानी से हल्का है, वैसे ही यदि हम पानी के एक बड़े कुंड में इसकी कल्पना करें, तो यह पानी पर तैरेगा। यह पानी में नहीं डूबेगा। शनि के चारों ओर वलयों की उपस्थिति इसकी विशिष्टता है। इन वलयों के तीन अलग-अलग सेट पृथ्वी से दिखाई देते हैं। शनि एकमात्र ऐसा ग्रह है जिसके चारों ओर सुविकसित वलय हैं।

  शनि के वलयों को केवल दूरबीन की सहायता से ही देखा जा सकता है। सूर्य से दूर होने के कारण शनि अत्यंत ठंडा ग्रह है। अत: शनि पर जीवन का कोई अस्तित्व नहीं है। इसके 62 उपग्रह (या चंद्रमा) हैं।

- **यूरेनस** (Uranus) सूर्य से सातवाँ ग्रह यूरेनस है, जिसे केवल एक बड़ी दूरबीन की सहायता से ही देखा जा सकता है। चूँकि, यह टेलीस्कोप की सहायता से खोजा गया पहला ग्रह है। यूरेनस का व्यास पृथ्वी के व्यास से लगभग चार गुना है, परंतु यह एक दूरबीन के माध्यम से एक छोटी डिस्क के रूप में दिखाई देता है। यूरेनस और सौरमंडल का तीसरा सबसे बड़ा ग्रह है। शुक्र की तरह, यूरेनस भी पूर्व से पश्चिम की ओर अपनी धुरी पर घूमता है।
- यह एक अत्यंत ठंडा ग्रह है और इसका वातावरण जहरीली गैसों से घिरा हुआ है। इन कारणों से यहाँ जीवन संभव नहीं है। यूरेनस ग्रह के 27 उपग्रह (या चंद्रमा) हैं।
- **नेपच्यून** (Neptune) सूर्य से आठवाँ ग्रह नेपच्यून है। यह मुख्य रूप से तरल और जमे हुए हाइड्रोजन और हीलियम गैसों से बना है। नेपच्यून अत्यंत ठंडा ग्रह है और इस पर कोई जीवन नहीं है। इसके 14 उपग्रह (या चंद्रमा) हैं।

आंतरिक तथा बाह्य ग्रह

- सौर परिवार के प्रथम चार ग्रह–बुध, शुक्र, पृथ्वी तथा मंगल अन्य चार ग्रहों की तुलना में सूर्य के अत्यंत निकट हैं, इन्हें आंतरिक ग्रह (Internal planets) कहते हैं। आंतरिक ग्रहों के बहुत कम चंद्रमा होते हैं।
- वे ग्रह जो मंगल की कक्षा से बाहर हैं; जैसे–बृहस्पति, शनि, यूरेनस तथा नेपच्यून, आंतरिक ग्रहों की तुलना में कहीं अधिक दूर हैं, इन्हें **बाह्य ग्रह** (Outer planets) कहते हैं। इनके चारों ओर वलय-निकाय हैं। बाह्य ग्रहों की अधिक संख्या में चंद्रमा होते हैं।

सौर परिवार के कुछ अन्य सदस्य

ग्रहों तथा उनके उपग्रहों के अतिरिक्त कुछ अन्य पिंड भी हैं, जो सूर्य की परिक्रमा भी करते हैं। ये क्षुद्रग्रह, धूमकेतु और उल्कापिंड हैं। ये सभी सौरमंडल के सदस्य हैं। क्षुद्रग्रहों, धूमकेतुओं और उल्कापिंडों की गति भी सूर्य के गुरुत्वाकर्षण बल द्वारा नियंत्रित होती है। इनका विवरण निम्नलिखित है

- **क्षुद्र ग्रह** (Asteroids) मंगल तथा बृहस्पति की कक्षाओं के बीच काफी बड़ा अंतराल है। इस अंतराल को बहुत सारे ऐसे छोटे-छोटे पिंडों ने घेर रखा है जो सूर्य की परिक्रमा करते हैं, इन्हें क्षुद्र ग्रह कहते हैं।
- **धूमकेतु** (Comet) ये भी हमारे सौर परिवार के सदस्य हैं। ये अत्यंत परवलीय कक्षाओं में सूर्य की परिकमा करते हैं, परंतु इनका सूर्य का परिक्रमण काल सामान्यत: काफी अधिक होता है।

  सामान्यत: धूमकेतु चमकीले सिर तथा लंबी पूँछ वाले होते हैं। जैसे-जैसे कोई धूमकेतु सूर्य के समीप आता जाता है। इसकी पूँछ आकार में बढ़ती जाती है। किसी धूमकेतु की पूँछ सदैव ही सूर्य से दूर होती है। ऐसे बहुत-से धूमकेतु ज्ञात हैं, जो समय-समय पर एक निश्चित काल-अंतराल पर दृष्टिगोचर होते हैं।

  हैली धूमकेतु (Halley's comet) एक ऐसा ही धूमकेतु है जो लगभग हर 76 वर्ष के अंतराल में दिखाई देता है। इसे वर्ष 1986 में देखा गया था।
- **उल्का और उल्कापिंड** (Meteors and Meteoroid) रात्रि के समय जब आकाश साफ हो तथा चंद्रमा भी न दिखाई दे रहा हो, तो आप कभी-कभी आकाश में प्रकाश की एक चमकीली धारी-सी देखी जा सकती है। इसे शूटिंग स्टार या **टूटता तारा** (Falling star) कहते हैं।

  यद्यपि यह तारा नहीं है, इन्हें **उल्का** कहते हैं। उल्का सामान्यत: छोटे पिंड होते हैं जो यदा-कदा पृथ्वी के वायुमंडल में प्रवेश कर जाते हैं।

  वायुमंडलीय घर्षण के कारण ये तप्त होकर जल उठते हैं और चमक के साथ शीघ्र ही वाष्पित हो जाते हैं। यही कारण है कि प्रकाश की चमकीली धारी अति अल्प समय के लिए ही दृष्टिगोचर होती है।

  कुछ उल्का आकार में इतनी बड़ी होती हैं कि पूर्णत: वाष्पित होने से पूर्व ही वे पृथ्वी पर पहुँच जाती हैं। वह पिंड जो पृथ्वी पर पहुँचता है, उसे **उल्कापिंड** कहते हैं। उल्कापिंड वैज्ञानिकों को उस पदार्थ की प्रकृति की खोज करने में सहायता करते हैं जिससे सौर परिवार बना है।

उल्कावृष्टि

जब पृथ्वी किसी धूमकेतु की पूँछ को पार करती है तो उल्काओं के झुंड दिखाई देते हैं, इन्हें **उल्कावृष्टि** (Meteor shower) कहते हैं।

कृत्रिम उपग्रह

कृत्रिम उपग्रह (Artificial satellites) एक मानव निर्मित अंतरिक्षयान है, जिसे रॉकेट नामक प्रक्षेपणयान की सहायता से पृथ्वी की कक्षा में स्थापित किया जाता है। पृथ्वी के चारों ओर अपनी कक्षा में कृत्रिम उपग्रह की गति पृथ्वी के गुरुत्वाकर्षण खिंचाव के कारण होती है।

भारत ने कई उपग्रहों का निर्माण तथा प्रक्षेपण किया है, आर्यभट्ट भारत का प्रथम उपग्रह था। कुछ अन्य भारतीय उपग्रह **इनसैट** (INSAT), आई.आर.एस. (IRS) कल्पना-I, EDUSAT आदि हैं।

कृत्रिम उपग्रहों के व्यावहारिक अनुप्रयोग निम्नलिखित हैं

- सामान्यत: कृत्रिम उपग्रह की सहायता से अन्य ग्रहों, तारों आकाशगंगाओं आदि के बारे में जानकारी एकत्र की जाती है।
- इस प्रकार के उपग्रहों का उपयोग संचार उद्देश्यों के लिए किया जाता है जैसे कि टेलीविजन कार्यक्रमों का लंबी दूरी का प्रसारण, टेलीफोन कॉल और इंटरनेट।
- इनका उपयोग पृथ्वी के प्राकृतिक संसाधनों; जैसे–खनिज, संभावित मछली पकड़ने के क्षेत्र, कृषि फसलों आदि के सर्वेक्षण के लिए किया जाता है।
- इनका उपयोग मौसम की भविष्यवाणी; जैसे–वर्षा, हिमपात आदि के लिए और चक्रवात तथा बाढ़ की अग्रिम चेतावनी देने के लिए भी किया जाता है।

रसायन विज्ञान

परमाणु संरचना एवं रेडियोधर्मिता

(स्रोत)

Class-IX New NCERT Chap 3 (परमाणु एवं अणु),
Chap 4 (परमाणु संरचना),
Class-XI New NCERT Chap 2 (परमाणु संरचना)
Tamil Nadu Board (Class-IX), NIOS

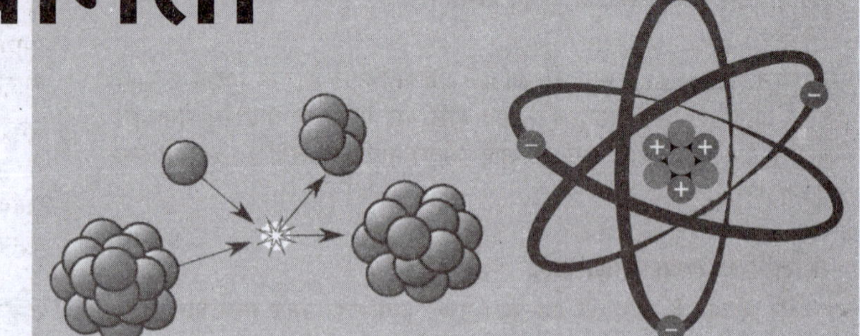

- सर्वप्रथम 400 ई. पू. परमाणु के अस्तित्व (Existence) को भारतीय **महर्षि कणाद** एवं ग्रीक के दर्शनशास्त्री **डिमोक्रिट्स** ने प्रस्तावित किया था। उनके अनुसार परमाणु (Atom) द्रव्य के मूल संरचनात्मक भाग होते हैं। पदार्थ के लगातार विभाजन से अंततः परमाणु प्राप्त होते हैं जिसे और विभाजित नहीं किया जा सकता है।
- परमाणु शब्द ग्रीक भाषा के शब्द *'atomio'* से उत्पन्न हुआ है जिसका अर्थ 'न काटे जाने वाला' या 'अविभाज्य' होता है।

डाल्टन का परमाणु सिद्धांत

वर्ष 1808 में **जॉन डाल्टन** ने द्रव्य का परमाणु सिद्धांत प्रस्तुत किया, जिसे डाल्टन का परमाणु सिद्धांत कहा जाता है।

डाल्टन के परमाणु सिद्धांत के अनुसार, सभी **द्रव्य** (Matter) चाहे तत्व, यौगिक या मिश्रण हो, सूक्ष्म कणों से बने होते हैं, जिन्हें **परमाणु** (Atom) कहते हैं। डाल्टन के सिद्धांत की विवेचना निम्न प्रकार से कर सकते हैं

- सभी द्रव्य परमाणुओं से बने होते हैं, जो कि रासायनिक अभिक्रिया में भाग लेते हैं।
- परमाणु अविभाज्य सूक्ष्मतम कण होते हैं, जो रासायनिक अभिक्रिया में न तो सृजित होते हैं और न ही उनका विनाश होता है।
- एक ही तत्व के सभी परमाणुओं के द्रव्यमान एवं रासायनिक गुणधर्म समान होते हैं।
- भिन्न-भिन्न तत्वों के परमाणुओं के द्रव्यमान एवं रासायनिक गुणधर्म भिन्न-भिन्न होते हैं।
- एक से अधिक तत्वों के परमाणुओं के निश्चित अनुपात में संयोजन से **यौगिक** (Compounds) बनते हैं।
- किसी भी यौगिक में परमाणुओं की सापेक्ष संख्या एवं प्रकार निश्चित होते हैं।

विभिन्न तत्वों के परमाणुओं के आधुनिक प्रतीक

- डाल्टन ऐसे प्रथम वैज्ञानिक थे, जिन्होंने तत्वों के प्रतीकों का प्रयोग अत्यन्त विशिष्ट अर्थ में किया। जब उन्होंने किसी तत्व के प्रतीक का प्रयोग किया, तो यह प्रतीक उस तत्व की एक निश्चित मात्रा की ओर इंगित करता था अर्थात् यह प्रतीक तत्व के एक परमाणु को प्रदर्शित करता था।
- बर्जिलियस ने तत्वों के ऐसे प्रतीकों का सुझाव दिया, जो उन तत्वों के नामों के एक या दो अक्षरों से प्रदर्शित होता था।

⊙ हाइड्रोजन	● कार्बन	⊙ ऑक्सीजन
फॉस्फोरस	⊕ सल्फर	(I) आयरन
(C) कॉपर	(L) सीसा	(S) सिल्वर
(G) गोल्ड	(P) प्लैटिनम	पारा

डाल्टन द्वारा सुझाए गए कुछ तत्वों के प्रतीक

- प्रारम्भ में तत्वों के नामों की व्युत्पत्ति उन स्थानों के नामों से की गई, जहाँ वे सर्वप्रथम पाए गए थे। उदाहरणस्वरूप, कॉपर (Copper) का नाम **साइप्रस** (Cyprus) से व्युत्पन्न हुआ।
- कुछ तत्वों के नामों को विशिष्ट रंगों से लिया गया। उदाहरणस्वरूप, स्वर्ण (Gold) का नाम अंग्रेजी के उस शब्द से लिया गया, जिसका अर्थ होता है पीला।
- **इंटरनेशनल यूनियन ऑफ प्योर एंड एप्लाइड केमिस्ट्री** (IUPAC) एक अन्तर्राष्ट्रीय वैज्ञानिक संस्था है, जो तत्वों के नामों, प्रतीकों और मात्रकों को स्वीकृति प्रदान करती है।
- अधिकतर तत्वों के प्रतीक उन तत्वों के अंग्रेजी नामों के एक या दो अक्षरों से बने होते हैं। किसी प्रतीक के पहले अक्षर को सदैव बड़े अक्षर (Capital letter) में तथा दूसरे अक्षर को छोटे अक्षर (Small letter) में लिखा जाता है।

उदाहरणार्थ

(i) हाइड्रोजन, H (ii) ऐलुमिनियम, Al न कि AL

(iii) कोबाल्ट, Co न कि CO

- कुछ तत्वों के प्रतीक उनके अंग्रेजी नामों के प्रथम अक्षर तथा बाद में आने वाले किसी एक अक्षर को संयुक्त करके बनाते हैं। उदाहरण (i) क्लोरीन Cl, (ii) जिंक, Zn इत्यादि।
- अन्य तत्वों के प्रतीकों को लैटिन, जर्मन या ग्रीक भाषाओं में उनके नामों से बनाया गया है। उदाहरणार्थ-लौह (Iron) का प्रतीक Fe है, जो उसके लैटिन नाम फेरम से व्युत्पन्न किया गया है।
- इसी प्रकार सोडियम का प्रतीक Na तथा पोटैशियम का प्रतीक K क्रमशः **नैट्रियम** एवं **केलियम** से व्युत्पन्न हैं। इस प्रकार प्रत्येक तत्व का एक नाम एवं एक अद्वितीय रासायनिक प्रतीक होता है।

कुछ तत्वों के प्रतीक

तत्व	प्रतीक	तत्व	प्रतीक	तत्व	प्रतीक
ऐलुमिनियम	Al	कॉपर	Cu	नाइट्रोजन	N
आर्गन	Ar	फ्लोरीन	F	ऑक्सीजन	O
बेरियम	Ba	स्वर्ण (गोल्ड)	Au	पोटैशियम	K
बोरॉन	B	हाइड्रोजन	H	सिलिकॉन	Si
ब्रोमीन	Br	आयोडीन	I	चाँदी (सिल्वर)	Ag
कैल्सियम	Ca	आयरन	Fe	सोडियम	Na
कार्बन	C	सीसा	Pb	सल्फर	S
क्लोरीन	Cl	मैग्नीशियम	Mg	यूरेनियम	U
कोबाल्ट	Co	निऑन	Ne	जिंक	Zn

परमाणु द्रव्यमान

किसी तत्व के सापेक्षिक परमाणु द्रव्यमान को उसके परमाणुओं के औसत द्रव्यमान का कार्बन-12 परमाणु के द्रव्यमान के 1/12वें भाग के अनुपात द्वारा परिभाषित किया जाता है।

कुछ तत्वों के परमाणु द्रव्यमान

तत्व	परमाणु द्रव्यमान (u)
हाइड्रोजन	1
कार्बन	12
नाइट्रोजन	14
ऑक्सीजन	16
सोडियम	23
मैग्नीशियम	24
सल्फर	32
क्लोरीन	35.5
कैल्सियम	40

अणु

एक ही तत्व के परमाणु अथवा भिन्न-भिन्न तत्वों के परमाणु परस्पर संयोग करके अणु निर्मित करते हैं।

तत्वों के अणु

- किसी तत्व के अणु एक ही प्रकार के परमाणुओं द्वारा संरचित होते हैं। आर्गन (Ar), हीलियम (He) इत्यादि जैसे अनेक तत्वों के अणु उसी तत्व के केवल एक परमाणु द्वारा निर्मित होते हैं। लेकिन अधिकांश अधातुओं में ऐसा नहीं होता है।
  उदाहरणार्थ, ऑक्सीजन अणु दो ऑक्सीजन परमाणुओं से बनता है, इसलिए इसे द्वि-परमाणुक अणु, O_2 कहते हैं।
- यदि सामान्यतः 2 के स्थान पर 3 ऑक्सीजन परमाणु परस्पर संयोग करते हैं, तो हमें ओजोन, O_3 प्राप्त होती है।
- किसी अणु की सरंचना में प्रयुक्त होने वाले परमाणुओं की संख्या को उस अणु की परमाणुकता कहते हैं।

कुछ तत्वों की परमाणुकता

तत्वों के प्रकार	नाम	परमाणुकता
अधातु	आर्गन	एक परमाणुक
	हीलियम	एक परमाणुक
	ऑक्सीजन	द्विपरमाणुक
	हाइड्रोजन	द्विपरमाणुक
	नाइट्रोजन	द्विपरमाणुक
	क्लोरीन	द्विपरमाणुक
	फॉस्फोरस	चतुष्परमाणुक
	सल्फर	बहुपरमाणुक
धातु	सोडियम	एकपरमाणुक
	आयरन	एकपरमाणुक
	ऐलुमिनियम	एकपरमाणुक
	कॉपर	एकपरमाणुक

कुछ यौगिकों के अणु

यौगिक	संयुक्त	द्रव्यमान अनुपात
जल	हाइड्रोजन, ऑक्सीजन	1 : 8
अमोनिया	नाइट्रोजन, हाइड्रोजन	14 : 3
कार्बन डाइऑक्साइड	कार्बन, ऑक्सीजन	3 : 8

आयन

- धातु एवं अधातु युक्त यौगिक आवेशित कणों से बने होते हैं। इन आवेशित कणों को आयन कहते हैं। आयन एक आवेशित परमाणु अथवा परमाणुओं का एक ऐसा समूह होता है, जिस पर नेट आवेश विद्यमान होता है। यह ऋण आवेश अथवा धन आवेश होता है।

- ऋण आवेशित आयन को ऋणायन (Anion) तथा धन आवेशित आयन को धनायन (Cation) कहते हैं।
  उदाहरण-सोडियम क्लोराइड (NaCl) में धनात्मक सोडियम आयन (Na^+) तथा ऋणात्मक क्लोराइड आयन (Cl^-) संघटक कण के रूप में विद्यमान होते हैं। परमाणुओं के समूह पर नेट आवेश विद्यमान हो, तो उन्हें बहुपरमाणुक आयन कहते हैं

कुछ सामान्य, सरल एवं बहुपरमाणुक आयन

संयोजकता	आयन का नाम	संकेत	अधात्विक तत्व	संकेत	बहुपरमाणुक आयन	संकेत
1.	सोडियम	Na^+	हाइड्रोजन	H^+	अमोनियम	NH_4^+
	पोटैशियम	K^+	हाइड्राइड	H^-	हाइड्रॉक्साइड	OH^-
	सिल्वर	Ag^+	क्लोराइड	Cl^-	नाइट्रेट	NO_3^-
	कॉपर (I)*	Cu^+	ब्रोमाइड	Br^-		
			आयोडाइड	I^-	हाइड्रोजन कार्बोनेट	HCO_3^-
2.	मैग्नीशियम	Mg^{2+}	ऑक्साइड	O^{2-}	कार्बोनेट	CO_3^{2-}
	कैल्सियम	Ca^{2+}	सल्फाइड	S^{2-}	सल्फाइट	SO_3^{2-}
	जिंक	Zn^{2+}			सल्फेट	SO_4^{2-}
	आयरन (II)*	Fe^{2+}				
	कॉपर (II)*	Cu^{2+}				
3.	ऐलुमिनियम	Al^{3+}	नाइट्राइड	N^{3-}	फॉस्फेट	PO_4^{3-}
	आयरन (III)*	Fe^{3+}				

अवपरमाण्विक कण

20वीं शताब्दी के प्रारंभिक वर्षों में सर जे.जे. थॉमसन, गोल्डस्टीन, रदरफोर्ड, चैडविक, बोर आदि ने अपने अध्ययन से निष्कर्ष निकाला कि परमाणु इलेक्ट्रॉन, प्रोटॉन, न्यूट्रॉन आदि कई **अपरमाण्विक कणों** (Sub-atomic particles) से मिलकर बना है।

इलेक्ट्रॉन की खोज

- इलेक्ट्रॉन की खोज **जे.जे. थॉमसन** द्वारा 1897 ई. में कैथोड किरणों के प्रयोग द्वारा की गई।
- इस प्रयोग में जब विसर्जन नलिका (Discharge tube) में दाब को निर्वातन (Vacuum) द्वारा 10^{-6} वायु पर नियंत्रित करके उच्च वोल्टता प्रयुक्त की गई, तो कैथोड से ऋणावेशित कणों की धारा आरंभ हुई, जिन्हें इलेक्ट्रॉन कहते हैं। इन किरणों को **कैथोड किरणें** (Cathode rays) कहा गया।
- कैथोड किरणें, कैथोड से आरंभ होकर ऐनोड की ओर गमन करती हैं। ये किरणें स्वयं दिखाई नहीं देती, परंतु इनके व्यवहार को गैसों तथा कुछ **स्फुरदीप्त** (Phosphorescence) तथा **प्रतिदीप्त** (Fluorescence) पदार्थों की उपस्थिति में देखा जा सकता है। उदाहरणत: टेलीविजन चित्र नलिका **कैथोड किरण नलिका** (Cathode ray tube) होती है।
- विद्युत और चुंबकीय क्षेत्रों की अनुपस्थिति में ये किरणें सीधी दिशा में गमन करती हैं।
- विद्युतचुंबकीय क्षेत्रों की उपस्थिति में कैथोड किरणों का व्यवहार ऋणावेशित कणों (इलेक्ट्रॉन) के अपेक्षित व्यवहार के समान होता है।
- कैथोड किरणों (इलेक्ट्रॉन) के लक्षण कैथोड किरण नलिका के इलेक्ट्रोडों के पदार्थ एवं उसमें उपस्थित गैस की प्रकृति पर निर्भर नहीं करते हैं।

इलेक्ट्रॉन पर आवेश

- **आर.ए. मिलिकन** (1868-1953) ने इलेक्ट्रॉन पर आवेश के लिए एक विधि तैयार की, जो **तेल बूँद प्रयोग** (Oil drop experiment) कहलाती है।
- उनके अनुसार, इलेक्ट्रॉन पर आवेश -1.6×10^{-19} C, विद्युत आवेश का नवीनतम मान 1.602176×10^{-19} C है।
- थॉमसन के अनुसार, इलेक्ट्रॉन का द्रव्यमान 9.1094×10^{-31} kg है।

प्रोटॉन की खोज

- इलेक्ट्रॉन की खोज से पूर्व ही **गोल्डस्टीन** ने 1886 ई. में एक नए विकिरण की खोज की, जिसे उन्होंने **कैनाल किरणों** (Canal rays) का नाम दिया।
- ये किरणें धनावेशित विकिरण थी, जिसके द्वारा अंतत: दूसरे अवपरमाणुक कणों की खोज हुई।
- इस अवपरमाणुक कण पर आवेश, इलेक्ट्रॉन के आवेश के बराबर, किंतु विपरीत था। इसे प्रोटॉन का नाम **रदरफोर्ड** ने दिया।

न्यूट्रॉन की खोज

- जब बेरीलियम पर तीव्र गति के α-कण टकराते हैं, तो विद्युत उदासीन कण उत्सर्जित होते हैं, जिनका द्रव्यमान, हाइड्रोजन के द्रव्यमान के बराबर होता है, इन्हें **न्यूट्रॉन** (Neutron) कहते हैं।
- चैडविक ने इन कणों की खोज वर्ष 1932 में की थी।

परमाणु के स्थायी मूल कणों की विशेषताएँ

कण	इलेक्ट्रॉन	प्रोटॉन	न्यूट्रॉन
प्रतीक	$_{-1}e^0$	$+\,_1p^1$ या $+\,_1H^1$	$_0n^1$
आवेश/SI में (कूलॉम)	-1.602×10^{-10}	$+1.602\times10^{-19}$	0
आवेश की मात्रा	−1 इकाई	+1 इकाई	0
द्रव्यमान/SI में (किग्रा)	9.1×10^{-31}	1.6×10^{-27}	1.6×10^{-27}
u	0.005493 ≈ 0.00	1.00757 ≈ 1.00	1.00898 ≈ 1.00
खोजकर्त्ता	जे.जे. थॉमसन	अर्नेस्ट रदरफोर्ड	जेम्स चैडविक
उपस्थिति	नाभिक के बाहर	नाभिक के अंदर	नाभिक के अंदर

अन्य अपरमाणवीय कण

- परमाणु में स्थायी मूल कणों के अतिरिक्त कुछ अन्य अपरमाणवीय कण (Non-atomic particles) भी उपस्थित हो सकते हैं, परंतु इनका अस्तित्व निश्चित नहीं है। अत: इन्हें **अस्थायी मूल कण** भी कहते हैं।

परमाणु में उपस्थित अस्थायी मूल कणों की विशेषताएँ

कण/प्रतीक/प्रकृति	आवेश (esu में) $\times 10^{-10}$	द्रव्यमान (u में)	खोजकर्ता
पॉजिट्रॉन (e^+, $_1e^0$, β^+) (+)	+ 4.8029	0.0005486	एन्डरसन (1932)
न्यूट्रिनो (ν) (–)	0	< 0.00002	पॉली
एंटीप्रोटॉन (p^-) (–)	4.8029	1.00787	चैम्बरलिन सुगरी और व्हेलैड (1955)
फोटॉन ($h\nu$) (0)	0	0	प्लांक
ग्रेविटॉन (G) (0)	0	0	—
धनावेशित म्यू मेसॉन (μ^+) (+)	+ 4.8029	0.1152	युकावा (1935)
ऋणावेशित म्यू मेसॉन (μ^-) (–)	– 4.8029	0.1152	युकावा (1935)
धनावेशित पाई मेसॉन (π^+) (+)	+ 4.8029	0.1514	—
ऋणावेशित पाई मेसॉन (π^-) (–)	– 4.8029	0.1514	पावेल (1947)
उदासीन पाई मेसॉन (π^0) (0)	0	0.1454	—

परमाणु मॉडल

आवेशित कणों के परमाणुओं में वितरण की व्याख्या के लिए विभिन्न परमाणु मॉडल प्रस्तावित किए गए। इनका विवरण निम्न है

टॉमसन मॉडल

- टॉमसन मॉडल को 1898 ई. में **जे.जे. टॉमसन** ने प्रस्तावित किया। इसे प्लम पुडिंग, रेजिन पुडिंग अथवा तरबूज मॉडल कहा गया।
- इसके अनुसार, परमाणु धनावेशित गोले का बना होता है और इलेक्ट्रॉन उसमें धँसे होते हैं।
- ऋणात्मक और धनात्मक आवेश परिमाण में समान होते हैं, इसलिए परमाणु वैद्युतीय रूप से उदासीन होता है।

रदरफोर्ड का परमाणु मॉडल

- **रदरफोर्ड** ने सोने की बहुत पतली पन्नी (Gold foil) पर α-कणों की बौछार की। प्रेक्षणों (Observations) और इसके परिणाम के आधार पर रदरफोर्ड ने परमाणु का नाभिकीय मॉडल प्रस्तुत किया।
- इस मॉडल के अनुसार, परमाणु का धनावेश तथा अधिकांश द्रव्यमान एक अतिअल्प क्षेत्र में केंद्रित होता है। परमाणु के इस अतिअल्प भाग को रदरफोर्ड ने **नाभिक** (Nuclear) कहा।
- नाभिक के चारों ओर, इलेक्ट्रॉन वृत्ताकार पथों में बहुत तेजी से गमन करते हैं, जिन्हें **कक्षा** (Orbit) कहा जाता है।
- इलेक्ट्रॉन और नाभिक आपस में आकर्षण के स्थिर वैद्युत बलों (Electrostatic forces) के द्वारा बन्धित रहते हैं।
- नाभिक का आकार परमाणु के आकार की तुलना में काफी कम होता है।

रदरफोर्ड के परमाणु मॉडल की कमियाँ

- **वृत्तीय मार्ग** (Circular path) में चक्रण करते हुए इलेक्ट्रॉन का स्थायी हो पाना संभव नहीं है, क्योंकि कोई भी आवेशित कण गोलाकार कक्ष में त्वरित (Accelerated) होगा।
- त्वरण के दौरान आवेशित कणों से ऊर्जा का विकिरण होगा। इस प्रकार स्थायी कक्ष में घूमता हुआ इलेक्ट्रॉन अपनी ऊर्जा विकिरित करेगा और नाभिक से टकरा जाएगा।
- यदि ऐसा होता, तो परमाणु अस्थायी होते, जबकि हम जानते हैं कि परमाणु स्थायी होते हैं।

बोर का परमाण्विक मॉडल

रदरफोर्ड के मॉडल पर उठी आपत्तियों को दूर करने के लिए **नील्स बोर** ने निम्नलिखित अवधारणाएँ प्रस्तुत की

- इलेक्ट्रॉन केवल कुछ निश्चित कक्षाओं में ही चक्कर लगा सकते हैं, जिन्हें इलेक्ट्रॉन की **विविक्त कक्षा** (Discrete orbit) कहते हैं।
- जब इलेक्ट्रॉन इस विविक्त कक्षा में चक्कर लगाते हैं, तो उनकी ऊर्जा का विकिरण नहीं होता है। इन कक्षाओं या कोशों को **ऊर्जा स्तर** (Energy level) कहते हैं।
- ये कक्षाएँ K, L, M, N या संख्याओं 1, 2, 3, 4 ..... के द्वारा व्यक्त की जाती हैं।

परमाणु के अभिलक्षण

परमाणु में निम्नलिखित अभिलक्षण हैं

परमाणु संख्या (Z)

परमाणु के नाभिक में प्रोटॉन विद्यमान होते हैं। एक परमाणु में उपस्थित प्रोटॉनों की संख्या उसकी **परमाणु संख्या** (Atomic number) को बताती है। इसे 'Z' द्वारा दर्शाया जाता है।

परमाणु संख्या (Z) = परमाणु के नाभिक में प्रोटॉनों की संख्या
= उदासीन परमाणु में इलेक्ट्रॉनों की संख्या

द्रव्यमान संख्या (A)

नाभिक में उपस्थित प्रोटॉनों और न्यूट्रॉनों को न्यूक्लिऑन कहते हैं। न्यूक्लिऑनों की कुल संख्या को परमाणु की **द्रव्यमान संख्या** (Mass number) (A) कहते हैं।

द्रव्यमान संख्या (A) = प्रोटॉन की संख्या (Z) + न्यूट्रॉन की संख्या (n)

परमाणवीय स्पीशीज के प्रकार

परमाणवीय स्पीशीज (Atomic species) के प्रकार निम्न हैं

- **समस्थानिक** (Isotopes) एक ही तत्व के वे परमाणु जिनका परमाणु क्रमांक (*Z*) समान, परंतु द्रव्यमान संख्या (*A*) भिन्न-भिन्न होती है, समस्थानिक कहलाते हैं। उदाहरण- ${}^1_1H$, ${}^2_1H$, ${}^3_1H$ हाइड्रोजन के तीन समस्थानिक हैं।
- **समस्थानिकों के अनुप्रयोग** समस्थानिकों में विशेष गुण होते हैं, जिनका उपयोग हम विभिन्न क्षेत्रों में करते हैं। उनमें से कुछ निम्नलिखित हैं-
  - यूरेनियम के एक समस्थानिक का उपयोग **परमाणु भट्टी** (Atomic reactor) में ईंधन के रूप में होता है।
  - कैंसर के उपचार में कोबाल्ट के समस्थानिक का उपयोग होता है।
  - घेंघा रोग के इलाज में आयोडीन के समस्थानिक का उपयोग होता है।
- **समभारिक** (Isobars) विभिन्न तत्वों के वे परमाणु जिनकी द्रव्यमान संख्या (*A*) समान, परंतु परमाणु क्रमांक (*Z*) भिन्न होते हैं, वे समभारिक कहलाते हैं। उदाहरण- ${}^{40}_{18}Ar$, ${}^{40}_{19}K$
- **समइलेक्ट्रॉनिक** (Isoelectronic) जिन स्पीशीजों में इलेक्ट्रॉनों की संख्या समान होती है, समइलेक्ट्रॉनिक कहलाते हैं।

  उदाहरण- F^-, Ne, Na^+ तथा Mg^{2+} प्रत्येक में 10 इलेक्ट्रॉन उपस्थित हैं।
- **समन्यूट्रॉनिक** (Isotones) जिन स्पीशीजों में परमाणु क्रमांक तथा द्रव्यमान संख्या, दोनों भिन्न-भिन्न होते हैं, परंतु न्यूट्रॉनों की संख्या समान होती है, समन्यूट्रॉनिक कहलाते हैं।

  उदाहरण- ${}^3_1H$ तथा ${}^4_2He$ दोनों में 2 न्यूट्रॉन उपस्थित हैं।

परमाणु के संरचनात्मक लक्षण

परमाणु के संरचनात्मक लक्षण निम्न प्रकार हैं

कोश तथा उपकोश

- विभिन्न तथा निश्चित ऊर्जाओं वाले वृत्ताकार पथ जिनमें, इलेक्ट्रॉन घूमते हैं, **कोश** (Shell) कहलाते हैं।
- प्रत्येक कोश या कक्षा एक या अधिक **उपकोशों** (Sub-shells) से मिलकर बनी होती है। विभिन्न कोशों को निरूपित करने के लिए *K*, *L*, *M*, *N* आदि प्रतीकों का प्रयोग किया जाता है। प्रत्येक उपकोश में एक या अधिक कक्षक होते हैं, जिन्हें *s*, *p*, *d*, *f* से निरूपित करते हैं।

कोश, उनके उपकोश, कक्षक तथा इलेक्ट्रॉनों की संख्या

कोश	उपकोश	कक्षक	इलेक्ट्रॉनों की कुल संख्या
K-कोश (*n* = 1)	1 (कोश *s*)	1	2
L-कोश (*n* = 2)	2 (*s* और *p*)	1 + 3 = 4	8
M-कोश (*n* = 3)	3 (*s*, *p* और *d*)	1 + 3 + 5 = 9	18
N-कोश (*n* = 4)	4 (*s*, *p*, *d* और *f*)	1 + 3 + 5 + 7 = 16	32
O-कोश (*n* = 5)	5 (*s*, *p*, *d* और *f*)	1 + 3 + 5 + 7 = 16	32
P-कोश (*n* = 6)	6 (*s*, *p* और *d*)	1 + 3 + 5 = 9	18
Q-कोश (*n* = 7)	7 (*s* और *p*)	1 + 3 = 4	8

कक्षक

- किसी परमाणु के नाभिक के चारों ओर त्रिविम का वह क्षेत्र जिसमें इलेक्ट्रॉन के पाए जाने की प्रायिकता सर्वाधिक होती है, **कक्षक** (Orbit) कहलाता है।

विभिन्न कोशों में इलेक्ट्रॉनों का वितरण

- परमाणुओं की विभिन्न कक्षाओं में इलेक्ट्रॉनों के वितरण के लिए बोर और बरी ने कुछ नियम प्रस्तुत किए, जिसे **बोर-बरी प्रारूप** (Bohr-Bury model) के नाम से जाना जाता है।
- इन नियमों के अनुसार, किसी कक्षा में उपस्थित अधिकतम इलेक्ट्रॉनों की संख्या को सूत्र $2n^2$ से दर्शाया जाता है, जहाँ '*n*' कक्षा की संख्या या ऊर्जा स्तर है इसलिए इलेक्ट्रॉनों की अधिकतम संख्या

  पहले कक्ष या *K* कोश में $2 \times 1^2 = 2$ होगी।

  दूसरे कक्ष या *L* कोश में $2 \times 2^2 = 8$ होगी।

  तीसरे कक्ष या *M* कोश में $2 \times 3^2 = 18$ होगी।

  चौथे कक्ष या *N* कोश में $2 \times 4^2 = 32$ होगी।
- सबसे बाहरी कोश में इलेक्ट्रॉनों की अधिकतम संख्या 2 हो सकती है।
- किसी परमाणु के दिए गए कोश में इलेक्ट्रॉन तब तक स्थान नहीं लेते हैं, जब तक कि उससे पहले वाले भीतरी कक्ष पूर्ण रूप से भर नहीं जाते हैं। इससे स्पष्ट होता है कि कक्षाएँ क्रमानुसार भरती हैं।

nl^x प्रकार योजना

- यह इस प्रकार लिखा जाता है 2, 8, 8, 18, 32 या nl^x, जहाँ, *n* मुख्य क्वांटम संख्या या कोश को इंगित करता है, *l* द्विगंशी क्वांटम या उपकोश को इंगित करता है तथा *x* इलेक्ट्रॉनों की संख्या है।

  उदाहरण- $2s^2$ का अर्थ है दो इलेक्ट्रॉन द्वितीय ऊर्जा स्तर के *s*- उपकोश में उपस्थित हैं।

संयोजकता

- किसी परमाणु की सबसे बाहरी कक्षा में उपस्थित इलेक्ट्रॉन को **संयोजकता-इलेक्ट्रॉन** (Valence-electron) कहा जाता है।
- परमाणु के बाह्यतम कक्ष में इलेक्ट्रॉनों के **अष्टक** (Octet) बनाने के लिए जितनी संख्या में इलेक्ट्रॉनों की साझेदारी या स्थानांतरण होता है, वही उस तत्व की संयोजकता-शक्ति अर्थात् **संयोजकता** (Valency) होती है।

कुछ तत्वों की संयोजकता

परमाणु	प्रतीक	संयोजकता	परमाणु	प्रतीक	संयोजकता
हाइड्रोजन	H	1	फॉस्फोरस	P	5
ऑक्सीजन	O	2	सोडियम	Na	1
कार्बन	C	4	मैग्नीशियम	Mg	2
नाइट्रोजन	N	3	कैल्सियम	Ca	2
क्लोरीन	Cl	1	ऐलुमिनियम	Al	3
ब्रोमीन	Br	1	लौह (आयरन)	Fe	2
आयोडीन	I	1	बेरियम	Ba	2

रासायनिक सूत्र लिखना

- आयन की संयोजकता अथवा आवेश संतुलित होना चाहिए।
- जब एक यौगिक किसी धातु एवं अधातु के संयोग से निर्मित होता है, तो धातु के नाम अथवा उसके प्रतीक को रासायनिक सूत्र में पहले लिखते हैं। उदाहरणार्थः कैल्सियम ऑक्साइड (CaO), सोडियम क्लोराइड (NaCl), आयरन सल्फाइड (FeS), कॉपर ऑक्साइड (CuO)... इत्यादि, जहाँ पर ऑक्सीजन, क्लोरीन, सल्फर अधातुएँ हैं तथा उन्हें दाईं ओर लिखते हैं, जबकि कैल्सियम, सोडियम, आयरन एवं कॉपर धातुएँ हैं तथा उन्हें बाईं ओर लिखते हैं।
- बहुपरमाणुक आयनों द्वारा निर्मित यौगिकों में आयनों की संख्या दर्शाने के लिए आयन को कोष्ठक में लिखकर आयनों की संख्या कोष्ठक के बाहर लिखते हैं। उदाहरण $Mg(OH)_2$ है।

सरल यौगिकों के सूत्र

- दो भिन्न-भिन्न तत्वों से निर्मित सरलतम यौगिकों को द्विअंगी यौगिक कहते हैं।
- आण्विक यौगिकों के रासायनिक सूत्र लिखते समय हम पहले संघटक तत्वों के प्रतीक लिखकर उनकी संयोजकताएँ लिखते हैं जैसा कि निम्न उदाहरणों में दर्शाया गया है। तत्पश्चात् संयोजित परमाणुओं की संयोजकताओं को **क्रॉस करके** (Cross over) अणु सूत्र लिखते हैं।

उदाहरण

1. हाइड्रोजन क्लोराइड का सूत्र

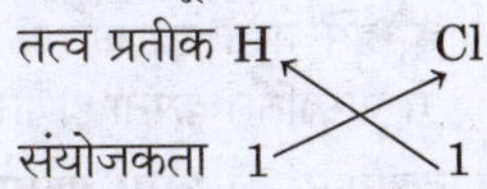

अतः हाइड्रोजन क्लोराइड का रासायनिक सूत्र HCl है।–

2. हाइड्रोजन सल्फाइड का सूत्र

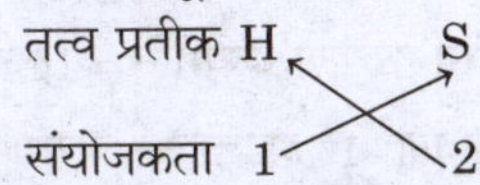

अतः हाइड्रोजन सल्फाइड का सूत्र H_2S है।–

3. कार्बन टेट्राक्लोराइड का सूत्र

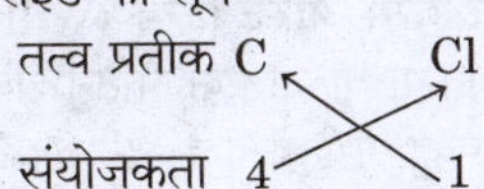

अतः कार्बन टेट्राक्लोराइड का सूत्र CCl_4 है।–

मैग्नीशियम क्लोराइड का सूत्र ज्ञात करने के लिए पहले हम धनायन का संकेत (Mg^{2+}) लिखते हैं इसके पश्चात् ऋणायन क्लोराइड (Cl) लिखते हैं। तत्पश्चात् इनके आवेशों को **आड़ा-तिरछा** (Criss-cross) करके हम सूत्र प्राप्त करते हैं।

4. मैग्नीशियम क्लोराइड का सूत्र

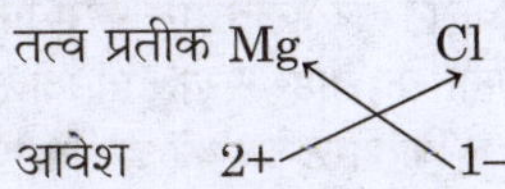

अतः सूत्र : $MgCl_2$

मैग्नीशियम क्लोराइड के अणु में दो क्लोराइड आयन (Cl^-) प्रत्येक मैग्नीशियम आयन (Mg^{2+}) के लिए होता है। इस प्रकार के आयनिक यौगिकों में धनात्मक तथा ऋणात्मक आवेशों का संतुलन होना चाहिए तथा सम्पूर्ण सरंचना उदासीन होनी चाहिए।

5. ऐलुमिनियम ऑक्साइड का सूत्र

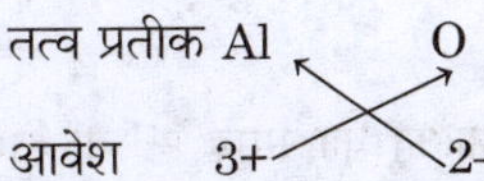

अतः सूत्र : Al_2O_3

6. कैल्सियम ऑक्साइड का सूत्र

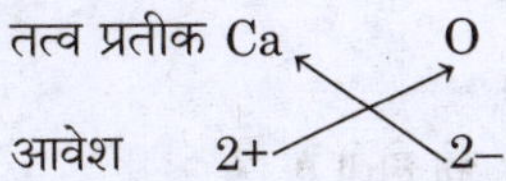

यहाँ पर दोनों तत्वों की संयोजकताएँ समान हैं। अतः इसका सूत्र Ca_2O_2 प्राप्त होगा, किंतु हम इस सूत्र को CaO के रूप में सरलीकृत करते हैं।

बहुपरमाणुक आयनों वाले यौगिक

सोडियम नाइट्रेट का सूत्र

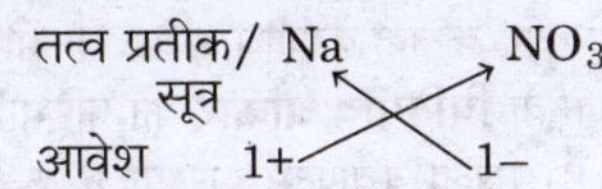

अतः सूत्र : $NaNO_3$

कक्षकों में इलेक्ट्रॉनों के भरे जाने के नियम

परमाणु के कक्षकों में इलेक्ट्रॉनों के भरे जाने के नियम निम्नलिखित हैं

ऑफबाऊ नियम

- विभिन्न परमाणुओं के कक्षकों में इलेक्ट्रॉन **ऑफबाऊ नियम** (Aufbau principle) के अनुसार भरे जाते हैं। ऑफबाऊ नियम पाउली अपवर्जन सिद्धांत, हुण्ड के अधिकतम बहुलता नियम और कक्षकों की आपेक्षिक ऊर्जा पर आधारित हैं।
- इस नियम के अनुसार, परमाणुओं की **तलस्थ अवस्था** (Ground state) में, कक्षकों को उनकी ऊर्जा के बढ़ते क्रम में भरा जाता है।

  अर्थात् इलेक्ट्रॉन पहले सबसे कम ऊर्जा वाले कक्षक में जाते हैं और उनको भरने के बाद उच्च ऊर्जा वाले कक्षकों को भरते हैं।

  कक्षकों की ऊर्जा का बढ़ता क्रम इस प्रकार है –

  $1s < 2s < 2p < 3s, < 3p, 4s < 3d, 4p < 5s < 4d < 5p < 4f,$

  $5d < 6p < 7s......$

पाउली अपवर्जन सिद्धांत

- पाउली अपवर्जन सिद्धांत (Pauli's exclusion principle) के अनुसार, किसी परमाणु में उपस्थित दो इलेक्ट्रॉनों के लिए चारों क्वांटम संख्याओं के मान एक समान नहीं हो सकते।
- अर्थात् यदि दो इलेक्ट्रॉनों की तीन क्वाण्टम संख्याएँ n, l और m एकसमान हैं, तो उनकी चक्रण क्वांटम संख्या (s) भिन्न होनी चाहिए।

हुण्ड का अधिकतम बहुलता का नियम

हुण्ड के अधिकतम बहुलता नियम (Hund's rule for maximum multiplicity) के अनुसार, एक ही उपकोश के कक्षकों में इलेक्ट्रॉनों का **युग्मन** (Pairing) तब तक नहीं होता है, जब तक उस उपकोश के सभी कक्षकों में एक-एक इलेक्ट्रॉन न आ जाए।

क्वाण्टम संख्याएँ

क्वाण्टम संख्याएँ चार संख्याओं का समूह है, जो निम्न के संबंध में हमें पूर्ण जानकारी देते हैं

(i) स्थिति और ऊर्जा (कक्षा संख्या एवं कोश)
(ii) उपकोश
(iii) अभिविन्यास
(iv) इलेक्ट्रॉन का चक्रण

क्वांटम संख्याएँ चार प्रकार की होती हैं

(i) **मुख्य क्वाण्टम संख्या** (Principal quantum number) यह एक धनात्मक पूर्णांक होती है। इसका मान 1, 2, 3.... आदि हो सकता है। मुख्य क्वाण्टम संख्या से कक्षक के आकार तथा उसकी ऊर्जा के बारे का पता चलता है। इसके द्वारा कोश का भी पता चलता है। इसे (n) से प्रदर्शित करते हैं।

(ii) **द्विगंशी क्वाण्टम संख्या** (Azimuthal quantum number) इसे कक्षक क्वाण्टम संख्या, कक्षक कोणीय संवेग या भौम क्वाण्टम संख्या भी कहते हैं। यह कक्षक के **त्रिविमीय आकार** को परिभाषित करती है। इसे (l) से प्रदर्शित करते हैं। मुख्य क्वाण्टम संख्या n के लिए l के मान 0 से $n-1$ हो सकते हैं।

(iii) **चुंबकीय क्वाण्टम संख्या** (Magnetic quantum number) यह उपऊर्जा स्तरों (उपकोशों) के कक्षकों के अभिविन्यास का निर्धारण करती है। इसे (m) से प्रदर्शित करते हैं। किसी उपकोश के लिए m_l के $2l+1$ मान सम्भव हैं।

(iv) **चक्रण क्वाण्टम संख्या** (Spin quantum number) यह कक्षक में किसी इलेक्ट्रॉन के चक्रण को प्रदर्शित करती है। किसी इलेक्ट्रॉन के लिए दो प्रकार के चक्रण **दक्षिणावर्त** या **वामावर्त**, s के मान $+\frac{1}{2}$ या $-\frac{1}{2}$ सम्भव हो सकते हैं। इसे (m_s) से प्रदर्शित करते हैं।

आण्विक द्रव्यमान

- किसी पदार्थ का आण्विक द्रव्यमान (Molecular mass) उसके सभी संघटक परमाणुओं के द्रव्यमानों का योग होता है।
- इस प्रकार यह अणु का वह सापेक्ष द्रव्यमान है, जिसे परमाणु द्रव्यमान इकाई (Atomic mass unit) (u) द्वारा व्यक्त किया जाता है।

जल (H_2O) का आण्विक द्रव्यमान = 2 × हाइड्रोजन का परमाणु द्रव्यमान
+ 1 × ऑक्सीजन का परमाणु द्रव्यमान
$= (2 \times 1.008) + (1 \times 16) = 18.024$

सूत्र इकाई द्रव्यमान

- किसी पदार्थ का सूत्र इकाई द्रव्यमान (Formula unit mass) उसके सभी संघटक परमाणुओं के परमाणु द्रव्यमानों का योग होता है।
- सोडियम क्लोराइड (NaCl) का सूत्र

NaCl इकाई द्रव्यमान = सोडियम का परमाणु द्रव्यमान
+ क्लोरीन का परमाणु द्रव्यमान
$= 1 \times 23u + 1 \times 35.5u$
$= 58.5u$

मोल संकल्पना

- किसी **स्पीशीज** (परमाणु, अणु, आयन अथवा कण) के एक मोल में मात्राओं की वह संख्या जो C-12 के 12 ग्राम में उपस्थित उसके परमाणु अथवा आण्विक द्रव्यमान के बराबर होती है, **मोल संकल्पना** (Mole concept) कहलाती है।
- किसी पदार्थ के एक मोल में कणों (परमाणु, अणु अथवा आयन) की संख्या निश्चित होती है जिसका मान 6.022×10^{23} होता है।
- किसी पदार्थ (परमाणु, अणु, इलेक्ट्रॉन, आयन आदि) के 6.022×10^{23} कणों (1 मोल) को दर्शाने वाली संख्या **आवोगाद्रो स्थिरांक** अथवा **आवोगाद्रो संख्या** (Avogadro number) कहलाती हैं, जिसको N_A से व्यक्त करते हैं। यह नाम इतालवी वैज्ञानिक **आवोगाद्रो** (Avogadro) के सम्मान में रखा गया है।
- किसी पदार्थ के 1 मोल का द्रव्यमान उसके सापेक्ष परमाणु एवं अणु द्रव्यमान (ग्राम में) के बराबर होता है।
- किसी तत्व का परमाणु द्रव्यमान उस तत्व के द्रव्यमान को **परमाणु द्रव्यमान इकाई** (Atomic mass unit) (u) में व्यक्त करता है।
- किसी पदार्थ के एक मोल का द्रव्यमान उसका **मोलर द्रव्यमान** (Molar mass) (M) कहलाता है, हमें उसी संख्यात्मक मान को लेना पड़ेगा, परंतु इकाई को u से g में परिवर्तित करना होगा।
- परमाणुओं के मोलर द्रव्यमान को **ग्राम परमाणु द्रव्यमान** (Gram atomic mass) भी कहते हैं।

  उदाहरण- हाइड्रोजन परमाणु का द्रव्यमान = 1u होता है।

  अत: हाइड्रोजन का ग्राम परमाणु द्रव्यमान = 1g होगा।
- 1u हाइड्रोजन में केवल 1 हाइड्रोजन परमाणु होता है तथा 1g हाइड्रोजन में उसके 1 मोल परमाणु होते हैं अर्थात् उसमें 6.022×10^{23} हाइड्रोजन के परमाणु होंगे।
- वर्ष 1896 ई. में **विल्हेल्म ओस्टवाल्ड** (Wilhelm Ostwald) ने मोल शब्द प्रस्तावित किया था जो एक लैटिन शब्द मोल्स (Moles) से व्युत्पन्न होता है, जिसका अर्थ होता है-ढेर (Heap or pile)।
- वर्ष 1967 में मोल इकाई स्वीकार कर ली गई, जो परमाणुओं एवं अणुओं की वृहत् संख्या को निरूपित करने का सरलतम उपाय है।

रेडियोधर्मिता

- 19वीं शताब्दी में विभिन्न प्रकार की किरणों की खोज हुई।
- **विल्हेम रॉन्टजेन** ने 1895 ई. में दर्शाया कि कैथोड किरणें नली में उपस्थित पदार्थ से टकराने पर इलेक्ट्रॉन ऐसी किरणें उत्पन्न करते हैं, जो कैथोड किरण नली के बाहर रखे, प्रतिदीप्त पदार्थ में प्रतिदीप्त उत्पन्न कर सकते हैं चूँकि रॉन्टजेन को इन किरणों की प्रकृति का पता नहीं था। अत: उन्होंने इन्हें X-किरणों (X-rays) का नाम दिया, जो आज भी प्रचलित है।

- इलेक्ट्रॉनों के अधिक घनत्व वाले धातु ऐनोड लक्ष्य से टकराने के कारण प्रभावी X-किरणें उत्पन्न होती हैं।
- X-किरणें विद्युत तथा चुंबकीय क्षेत्रों से विक्षेपित नहीं होती हैं।
- इन किरणों में अति **उच्च भेदन शक्ति** (High penetration power) होती है। यही कारण है कि वस्तुओं के आंतरिक अध्ययन में इन किरणों का उपयोग होता है।
- इन किरणों की तरंगदैर्ध्य (0.1 nm) बहुत कम होती है और वैद्युतचुंबकीय प्रभाव दर्शाती हैं।
- **हेनरी बैकुरल** (1852-1908) ने देखा कि कुछ तत्व विकिरण का उत्सर्जन स्वयं करते हैं। उन्होंने इस परिघटना को **रेडियोएक्टिवता** (Radioactivity) कहा तथा ऐसे तत्व, **रेडियोएक्टिव तत्व** (Radioactive elements) कहलाते हैं।
- इस रेडियोधर्मिता को **मैडम क्यूरी, पियरे क्यूरी, रदरफोर्ड** तथा **फ्रेडरिक सोडी** ने विकसित किया। इसमें तीन प्रकार की किरणों α, β तथा γ का उत्सर्जन देखा गया।
- 1896 ई. में पियरे क्यूरी तथा उनकी पत्नी मैडम क्यूरी ने यूरेनियम से दस लाख गुनी रेडियोसक्रियता वाले तत्व रेडियम की खोज की, जिसके लिए क्यूरी दंपत्ति को वर्ष 1903 में नोबेल पुरस्कार प्राप्त हुआ।
- पदार्थ की रेडियोएक्टिवता **गीगर मूलर काउण्टर** उपकरण द्वारा मापी जाती है, जो गैसों के आयनीकरण पर आधारित है।

रेडियोएक्टिव बैकुरल किरणें

रदरफोर्ड ने बताया कि वैद्युत और चुंबकीय क्षेत्र में रेडियोएक्टिव पदार्थ से विकिरणों का उत्सर्जन निम्नलिखित तीन प्रकार से होता है

(i) विकिरण का वह भाग, जो ऋणात्मक प्लेट की ओर गति करता है, वह किरणें धनात्मक आवेशित **α-किरणें** कहलाती हैं। ये चुंबकीय क्षेत्र द्वारा विक्षेपित (Deflected) हो सकती हैं।

(ii) विकिरण का वह भाग, जो धनात्मक प्लेट की ओर गति करता है, वह किरणें ऋणात्मक आवेशित **β-किरणें** कहलाती हैं। ये चुंबकीय क्षेत्र द्वारा विक्षेपित हो सकती हैं।

(iii) विकिरण का वह भाग, जो वैद्युत और चुंबकीय क्षेत्र में अप्रभावित रहता है, वह किरणें **γ-किरणें** कहलाती हैं।

α, β तथा γ किरणों के गुण

गुण	α-किरणें	β-किरणें	γ-किरणें
प्रकृति	ये धनावेशित होती हैं। इन पर दो इकाई धनावेश तथा चार इकाई द्रव्यमान होता है, ये साधारणतया हीलियम नाभिक हैं।	ये ऋणावेशित होती हैं। इनका आवेश इलेक्ट्रॉन के आवेश के समान तथा द्रव्यमान भी इलेक्ट्रॉन के समान होता है।	इन पर कोई आवेश या द्रव्यमान नहीं होता है। X-किरणों का विद्युत चुंबकीय विकिरण समान होता है।
वेग	निर्वात् में प्रकाश के वेग का $\frac{1}{10}$वाँ भाग	प्रकाश के वेग का $\frac{9}{10}$ या 33.92%	प्रकाश के वेग के बराबर
भेदन क्षमता	अधिक द्रव्यमान तथा कम वेग के कारण, इनकी भेदन क्षमता β तथा γ-किरणों से कम होती है। ये किरणें 0.01 सेमी मोटी ऐलुमिनियम की चादर को भेद सकती हैं।	कम द्रव्यमान तथा अधिक वेग होने के कारण इनकी भेदन क्षमता α-किरणों से अधिक तथा γ-किरणों से कम होती हैं। ये किरणें 0.2 सेमी मोटी ऐलुमिनियम की चादर को भेद सकती हैं।	उच्च वेग तथा अद्रव्य प्रकृति के कारण इनकी भेदन क्षमता α तथा β-किरणों से अधिक होती है। ये किरणें 100 सेमी मोटी ऐलुमिनियम की चादर को भेद सकती हैं।
गतिज ऊर्जा	उच्च	α-किरणों से कम	बहुत कम
आयनन क्षमता	इनकी गैसों को आयनित करने की क्षमता β-किरणों से 100 गुना तथा γ-किरणों से 10,000 गुना अधिक होती है।	इनकी गैसों को आयनित करने की क्षमता α-किरणों से 100 गुना कम तथा γ-किरणों से 100 गुना अधिक होती है।	इनकी गैसों को आयनित करने की क्षमता α-किरणों से 10,000 गुना तथा β-किरणों से 100 गुना कम होती है।
चुंबकीय क्षेत्र में विचलन	चुंबकीय क्षेत्र में ये उत्तरी ध्रुव की ओर मुड़ जाती हैं। अधिक द्रव्यमान होने के कारण चुंबकीय क्षेत्र में इनका विचलन β-किरणों की तुलना में कम होता है।	चुंबकीय क्षेत्र में ये दक्षिणी ध्रुव की ओर मुड़ जाती हैं। कम द्रव्यमान होने के कारण चुंबकीय क्षेत्र में इनका विचलन γ-किरणों के तुलना में अधिक होता है।	आवेशहीन होने के कारण इन पर चुंबकीय क्षेत्र पर कोई प्रभाव नहीं पड़ता है।
फोटोग्राफिक प्लेट पर प्रभाव	काला कर देती हैं।	काला कर देती हैं।	काला कर देती हैं।
जिंक सल्फाइड की प्लेट पर प्रभाव	प्रतिदीप्ति (Fluorescence) उत्पन्न करती हैं।	प्रतिदीप्ति उत्पन्न करती हैं।	प्रतिदीप्ति उत्पन्न करती हैं।

अतिरिक्त तथ्य
तमिलनाडु बोर्ड एवं NIOS

- डाल्टन के परमाणु सिद्धांत ने गुणित अनुपात नियम की रचना की थी।
- हम परमाणुओं को नग्न आँखों से नहीं देख सकते लेकिन आधुनिक तकनीकों का प्रयोग करके परमाणुओं की छवि को तत्वों की सतह पर देखा जा सकता है। इस तकनीक को स्कैनिंग टनलिंग माइक्रोस्कॉपी (एस.टी.एम) के रूप में जाना जाता है।
- परमाणु द्रव्यमान स्केल उपकरण, मास स्पेक्ट्रोमीटर द्वारा परमाणु भार की निर्धारण विधि पर निर्भर करता है।
- प्लैटिनम का प्रतीक Pt होता है।
- टंगस्टन का प्रतीक W होता है।
- C-60 को बकमिन्सटर फुलेरीन नाम दिया
- सामान्य तौर पर मोल शब्द का प्रयोग 1896 में विल्हेम ऑस्टवाल्ड ने किया था।
- किसी भी यौगिक की संरचना उसके रासायनिक सूत्र द्वारा प्रदर्शित की जा सकती है।
- किसी परमाणु के द्रव्यमान को ऊर्जा में $E = mc^2$ से परिवर्तित किया जा सकता है
- किसी तत्व का परमाणु द्रव्यमान कार्बन-12 के एक परमाणु के सापेक्ष $\frac{1}{12th}$ व्यक्त किया जाता है।
- इसे परमाणु-द्रव्यमान मात्रक (amu) प्रदर्शित करते है।
- कार्बन 12 के एक परमाणु के द्रव्यमान के 12 वें भाग को परमाणु द्रव्यमान मात्रक कहते हैं।

$$[A_r] = \frac{\text{पदार्थ के एक अणु का द्रव्यमान (भार)}}{\text{C-12 परमाणु के } \frac{1}{12} \text{ वें भाग का द्रव्यमान (भार)}}$$

- औसत परमाणु भार : किसी तत्व का परमाणु भार उस तत्व के सभी समस्थानिकों के परमाणु भारों का औसत होता है।
- समपरमाण्विक अणु : वे अणु जो समान तत्व के परमाणुओं द्वारा निर्मित होते हैं।
- विषमपरमाण्विक अणु : वे अणु जो भिन्न तत्वों के परमाणुओं द्वारा निर्मित होते हैं।
- परमाणुकता किसी गैसीय तत्व के एक अणु में उपस्थित उसके परमाणुओं की संख्या उस तत्व की परमाणुकता कहलाती है।
- बहुपरमाणुक अणु : वे अणु जिसमें तीन से अधिक परमाणु उपस्थित होते हैं।

02

पदार्थों के भौतिक एवं रासायनिक परिवर्तन एवं पृथक्करण

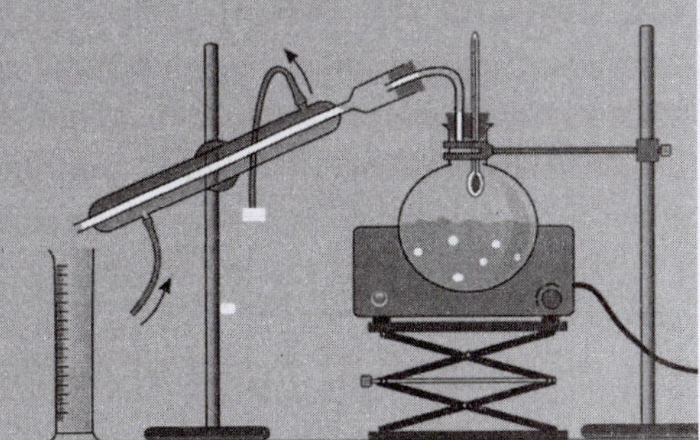

(स्रोत)

Class-VI New NCERT Chap 3 (पदार्थों का पृथक्करण), Chap 11 (हमारे चारों ओर वायु), Class-VII New NCERT Chap 5 (भौतिक एवं रासायनिक परिवर्तन), Class-IX New NCERT Chap 2 (क्या हमारे आस-पास के पदार्थ शुद्ध हैं?), Chap 3 (परमाणु एवं अणु)

परिवर्तन

- दैनिक जीवन में हमें अपने आस-पास बहुत से परिवर्तन दिखाई देते हैं, इन परिवर्तनों में एक या एक से अधिक पदार्थ सम्मिलित हो सकते हैं। उदाहरण-शक्कर का **विलयन** (Solution) बनाना एक परिवर्तन है, इसी प्रकार दूध से दही जमाना एक अन्य परिवर्तन है।
- कभी-कभी दूध खट्टा हो जाता है, दूध का खट्टा होना भी एक परिवर्तन है। खींचा हुआ रबर बैंड भी किसी परिवर्तन को प्रदर्शित करता है।
- मुख्यत: यह परिवर्तन निम्न दो प्रकार के होते हैं
  (i) भौतिक परिवर्तन (ii) रासायनिक परिवर्तन

भौतिक परिवर्तन

- ऐसे गुण, जिनका हम अवलोकन एवं वर्णन कर सकते हैं, उदाहरण–रंग, कठोरता, दृढ़ता, बहाव, घनत्व, द्रवणांक तथा क्वथनांक आदि को भौतिक गुण कहा जाता है।
- अवस्थाओं का **अंत:रूपांतरण** (Interconversion) एक **भौतिक परिवर्तन** (Physical changes) है, क्योंकि ये परिवर्तन पदार्थों के संघटन में बिना परिवर्तन किए होते हैं और उनकी रासायनिक प्रकृति में भी कोई परिवर्तन नहीं होता है।
  उदाहरण-जल का बर्फ में परिवर्तन एक भौतिक परिवर्तन है, क्योंकि रासायनिक रूप से बर्फ तथा जल दोनों समान हैं। यद्यपि बर्फ, जल और वाष्प अलग-अलग दिखाई देते हैं और ये भिन्न-भिन्न भौतिक गुणों को दर्शाते हैं, परंतु ये रासायनिक रूप से समान होते हैं।

रासायनिक परिवर्तन

- रासायनिक परिवर्तन में एक पदार्थ की दूसरे पदार्थ से क्रिया द्वारा **रासायनिक संघटन** (Chemical composition) परिवर्तित हो जाता है।
- रासायनिक परिवर्तन पदार्थ के रासायनिक गुणधर्मों में परिवर्तन लाता है, जिससे हमें नया पदार्थ प्राप्त होता है। रासायनिक परिवर्तन को रासायनिक प्रतिक्रिया भी कहा जाता है।
- जैसे-फलों का पकना, सूर्य से प्रकाश, लोहे में जंग लगना, दही का जमना आदि रासायनिक परिवर्तन के उदाहरण हैं।

भौतिक तथा रासायनिक परिवर्तनों का तुलनात्मक अध्ययन

भौतिक परिवर्तन	रासायनिक परिवर्तन
पदार्थ के केवल भौतिक गुण परिवर्तित होते हैं।	रासायनिक गुण भी परिवर्तित होते हैं।
कोई नया पदार्थ नहीं बनता है।	एक या अधिक नए पदार्थ बनते हैं।
परिवर्तन के साथ सामान्यतया ऊर्जा परिवर्तन नहीं होती है।	इन परिवर्तनों के दौरान सामान्यतया ऊर्जा परिवर्तन होती है।
उदाहरण-बर्फ का पिघलना, पेपर को काटना, मोम का पिघलना आदि।	उदाहरण-कोल का दहन, दूध से दही का बनना आदि।

नोट मोमबत्ती के जलने के दौरान भौतिक तथा रासायनिक दोनों परिवर्तन होते हैं।

रासायनिक संयोजन के नियम

लवाइजिए एवं **जोजफ एल. प्राउस्ट** (Jaseph L. Proust) ने बहुत अधिक प्रायोगिक कार्यों के पश्चात् रासायनिक संयोजन के निम्नलिखित दो नियम प्रतिपादित किए।

द्रव्यमान संरक्षण का नियम

द्रव्यमान सरंक्षण के नियम के अनुसार किसी रासायनिक अभिक्रिया में द्रव्यमान का न तो सृजन किया जा सकता है न ही विनाश।

स्थिर अनुपात का नियम

- लवाइजिए एवं अन्य वैज्ञानिकों के अनुसार यौगिक दो या दो से अधिक तत्वों से निर्मित होता है। इस प्रकार प्राप्त यौगिकों में, इन तत्वों का अनुपात स्थिर होता है चाहे इसे किसी स्थान से प्राप्त किया गया हो अथवा किसी ने भी इसे बनाया हो।
- यौगिक जल में हाइड्रोजन एवं ऑक्सीजन के द्रव्यमानों का अनुपात सदैव 1 : 8 होता है चाहे जल का स्रोत कोई भी हो। इसी प्रकार यदि 9 g जल का अपघटन करें तो सदैव 1 g हाइड्रोजन तथा 8 g ऑक्सीजन ही प्राप्त होगी। इसी प्रकार अमोनिया (NH_3) में, नाइट्रोजन एवं हाइड्रोजन द्रव्यमानों के अनुसार सदैव 14 : 3 के अनुपात में विद्यमान रहते हैं, चाहे अमोनिया किसी भी प्रकार से निर्मित हुई हो अथवा किसी भी स्रोत से ली गई हो।
- उपरोक्त उदाहरणों में स्थिर अनुपात के नियम की व्याख्या होती है, जिसे निश्चित अनुपात का नियम भी कहते हैं। प्राउस्ट ने इस नियम को इस प्रकार से व्यक्त किया था "किसी भी यौगिक में तत्व सदैव एक निश्चित द्रव्यमानों के अनुपात में विद्यमान होते हैं"।

द्रव्य का वर्गीकरण

- दैनिक जीवन में शुद्ध शब्द का अर्थ रसायन विज्ञान की अपेक्षा भिन्न है। साधारण व्यक्ति के लिए शुद्ध पदार्थ का अर्थ होता है कि उस पदार्थ में कोई मिलावट तो नहीं है, परंतु रासायनिक दृष्टि से शुद्ध पदार्थ वह होता है, जिसमें उपस्थित सभी मौलिक कण एक ही प्रकार के हों।
- **रासायनिक संघटन** या **शुद्धता** के आधार पर द्रव्य को निम्न प्रकार वर्गीकृत किया जा सकता है

शुद्ध पदार्थ

- रसायन विज्ञान में शुद्ध पदार्थ (Pure substances) वह होता है, जिसमें उपस्थित सभी कण समान रासायनिक प्रकृति के हों अर्थात् एक शुद्ध पदार्थ समान प्रकार के कणों से मिलकर बना होता है। सभी पदार्थ दो या दो से अधिक शुद्ध अवयवों के संयोग से बनते हैं।

  उदाहरण–जल, नमक, बेकिंग सोडा आदि शुद्ध पदार्थ हैं।
- शुद्ध पदार्थ दो प्रकार के होते हैं

  (i) **तत्व** (Elements) रॉबर्ट बॉयल ने 1661 ई. में बताया कि "वह शुद्ध द्रव्य, जिसे भौतिक या रासायनिक विधियों द्वारा दो या दो से अधिक सरल पदार्थों में विभाजित नहीं किया जा सकता और न ही उनसे बनाया जा सकता, **तत्व** कहलाता है।"

  अर्थात् "तत्व समान प्रकार के परमाणुओं से मिलकर बने होते हैं एवं एक ही तत्व के सभी परमाणुओं का परमाणु क्रमांक समान होता है।" वास्तव में, तत्व प्रकृति के मूल पदार्थ हैं।

  उदाहरण–लोहा, क्लोरीन, गंधक, सोना, ब्रोमीन आदि।

  (ii) **यौगिक** (Compounds) वे पदार्थ, "जो दो या दो से अधिक तत्वों के परमाणुओं के निश्चित अनुपात में रासायनिक संयोग से बनते हैं, **यौगिक** कहलाते हैं।"

  उदाहरण–जल (H_2O) एक यौगिक है, क्योंकि इसमें इसके अवयवी तत्वों अर्थात् हाइड्रोजन तथा ऑक्सीजन के भार का अनुपात सदैव 1 : 8 होता है।

  आधुनिक अणु सिद्धांत के अनुसार, यौगिक वह पदार्थ हैं, जिससे अणु भिन्न-भिन्न प्रकार के परमाणुओं के निश्चित अनुपात में संयोग द्वारा निर्मित होते हैं।

अशुद्ध पदार्थ/मिश्रण

- वे **अशुद्ध पदार्थ** (Impure substances), "जो दो या दो से अधिक भिन्न प्रकार के पदार्थों को किसी भी अनुपात में मिला देने पर बनते हैं तथा जिनके अवयवों को साधारण भौतिक विधियों द्वारा पृथक् (Separation) किया जा सकता है, **मिश्रण** कहलाते हैं।"

  उदाहरण- चीनी तथा जल का मिश्रण, नमक तथा जल का मिश्रण, शरबत, मिश्रधातु, इस्पात, बारूद आदि।
- मिश्रण के गुणधर्म उसके अवयवों के गुणों के मिश्रित गुण होते हैं।
- मिश्रण निम्नलिखित दो प्रकार के होते हैं

  (i) **समांगी मिश्रण** (Homogeneous mixture) वह मिश्रण जिसके प्रत्येक भाग का संघटन तथा गुणधर्म समान हो, समांगी मिश्रण कहलाता है। इसके विभिन्न अवयवों की सीमाओं को पृथक् रूप से नहीं देखा जा सकता है।

  उदाहरण–नमक या चीनी तथा जल का मिश्रण एक समांगी मिश्रण है।

  (ii) **विषमांगी मिश्रण** (Heterogeneous mixture) वह मिश्रण जिसका प्रत्येक भाग एकसमान नहीं होता, विषमांगी मिश्रण कहलाता है। इसकी संरचना एकसमान नहीं होती है। इसके विभिन्न अवयवों के बीच पृथक्करण सीमा स्पष्ट दिखाई नहीं देती है।

  उदाहरण–जल में चॉक या रेत का **निलंबन** (Suspension) एक विषमांगी मिश्रण है।

विलयन

- दो या दो से अधिक पदार्थों द्वारा बने समांगी मिश्रण को विलयन (Solution) कहते हैं। उदाहरण- शरबत, नींबू-पानी आदि।
- किसी भी विलयन के सामान्यत: दो **अवयव** (Components) होते हैं, जो निम्नलिखित हैं

  (i) **विलायक** (Solvent) विलयन का वह अवयव, जो अपेक्षाकृत अधिक मात्रा में होता है, विलायक कहलाता है।

  (ii) **विलेय** (Solutes) विलयन में विलायक के अतिरिक्त उपस्थित एक या एक से अधिक अवयव, जो अपेक्षाकृत कम मात्रा में होते हैं, विलेय कहलाते हैं।

  उदाहरण–

  नींबू और जल का विलयन

  जल - विलायक, नींबू - विलेय

  सोडा और जल का विलयन

  जल - विलायक, सोडा - विलेय

विलयन के गुण

- विलयन एक समांगी मिश्रण है, जिसमें विलेय तथा विलायक के कणों का आकार लगभग समान होता है।
- विलयन में विलेय के कणों का आकार अत्यंत सूक्ष्म (10^{-10} मीटर) होता है। अत: विलयन के कणों को आँख या सूक्ष्मदर्शी से नहीं देखा जा सकता।
- विलयन, प्रकाश को प्रकीर्णित नहीं करता है, क्योंकि विलयन के कण अत्यंत सूक्ष्म होते हैं।
- विलयन के कण **स्थायी** होते हैं।
  अत: विलयन में से विलेय के कणों को सामान्य प्रक्रिया द्वारा पृथक् नहीं किया जा सकता।

विलयन के प्रकार

(i) **भौतिक प्रावस्था के आधार पर** विलेय तथा विलायक की भौतिक प्रावस्था के आधार पर नौ प्रकार के विलयन बनाए जा सकते हैं

- ठोस का ठोस में मिश्रण उदाहरण–पीतल (Brass) अर्थात् जस्ते (20%) तथा कॉपर (50%) की मिश्रधातु।
- ठोस का द्रव में विलयन; उदाहरण-नमक का जल में विलयन।
- ठोस का गैस में विलयन; उदाहरण-धुआँ, यह कार्बन का वायु में विलयन है।
- द्रव का ठोस में विलयन; उदाहरण-जैली।
- द्रव का द्रव में विलयन; उदाहरण-मदिरा, यह एथिल ऐल्कोहॉल का जल में विलयन है।
- द्रव का गैस में विलयन; उदाहरण-वायु में जल-वाष्प।
- गैस का ठोस में विलयन; उदाहरण-हाइड्रोजन गैस तथा पैलेडियम धातु का समांगी मिश्रण।
- गैस का द्रव में विलयन; उदाहरण-सोडा-जल।
- गैस का गैस में विलयन; उदाहरण-वायु, यह मुख्यत: दो घटकों, ऑक्सीजन (21%) और नाइट्रोजन (78%) का मिश्रण है।

(ii) **सांद्रण के आधार पर** सांद्रण के आधार पर विलयन निम्नलिखित प्रकार के हो सकते हैं

- **तनु विलयन** (Dilute solution) वह विलयन, जिसमें विलायक की मात्रा विलेय की तुलना में बहुत अधिक होती है, तनु विलयन कहलाता है।
- **सांद्र विलयन** (Concentrated solution) वह विलयन, जिसमें विलायक की मात्रा विलेय की तुलना में कम या लगभग समान होती है, सांद्र विलयन कहलाता है।
- **संतृप्त विलयन** (Saturated solution) वह विलयन, जिसमें स्थिर ताप पर और अधिक विलेय नहीं घोला जा सके, संतृप्त विलयन कहलाता है।

  नोट किसी निश्चित ताप पर, संतृप्त विलयन में घुलित विलेय की मात्रा उसकी **विलेयता** (Solubility) या **घुलनशीलता** कहलाती है।

- **असंतृप्त विलयन** (Unsaturated solution) यदि किसी विलयन में, विलेय पदार्थ की मात्रा संतृप्तता के लिए आवश्यक मात्रा से कम हो, तो वह विलयन असंतृप्त विलयन कहलाता है।
- **अतिसंतृप्त विलयन** (Supersaturated solution) जब किसी संतृप्त विलयन को गर्म किया जाता है, तो इसमें विलेय पदार्थ को घोलने की क्षमता में वृद्धि हो जाती है, इस प्रकार का विलयन अतिसंतृप्त विलयन कहलाता है। यह सामान्य ताप पर निर्मित नहीं होता है।

विलयन की सांद्रता

किसी निश्चित ताप पर, विलायक या विलयन की दी गई मात्रा या द्रव्यमान में उपस्थित विलेय की मात्रा **विलयन की सांद्रता** (Concentration of solution) कहलाती है।

$$\text{अर्थात् विलयन की सांद्रता} = \frac{\text{विलेय का द्रव्यमान (मात्रा)}}{\text{विलयन का द्रव्यमान या आयतन}}$$

यद्यपि, विलयन की सांद्रता को दर्शाने के लिए बहुत-सी राशियाँ उपस्थित हैं परंतु इनमें से दो सरलतम निम्न हैं

(i) $$\text{विलयन का द्रव्यमान प्रतिशत सांद्रण} = \frac{\text{विलेय का द्रव्यमान}}{\text{विलयन का द्रव्यमान}} \times 100$$

(ii) $$\text{विलयन का आयतन प्रतिशत सांद्रण} = \frac{\text{विलेय का द्रव्यमान}}{\text{विलयन का द्रव्यमान}} \times 100$$

या $$= \frac{\text{विलेय का आयतन}}{\text{विलयन का आयतन}} \times 100$$

निलंबन

- निलंबन (Suspension) एक विषमांगी मिश्रण है। इसमें परिक्षेपित कणों का आकार 10^{-3} सेमी और 10^{-4} सेमी या इससे अधिक होता है। ये अस्थायी होते हैं। उदाहरण–नदी का गंदा जल, मृदा का जलीय विलयन, वायु में धुआँ, पेंट आदि।
- निलंबन के प्रमुख गुण निम्न प्रकार हैं
  - यह एक विषमांगी मिश्रण है।
  - ये कण आँखों से देखे जा सकते हैं।
  - ये **निलंबित कण** (Suspended particles) प्रकाश की किरणों को फैला देते हैं, जिससे उसका **मार्ग दृश्य** (Visible) हो जाता है।
  - जब इसे शांत छोड़ देते हैं, तब ये कण नीचे की ओर बैठ जाते हैं अर्थात् निलंबन अस्थायी होता है।

कोलॉइडी विलयन

- कोलॉइडी विलयन (Colloidal solution) एक विषमांगी मिश्रण होता है। इसमें **परिक्षेपित कणों** (Dispersed particles) का आकार 10^{-5} सेमी से 10^{-7} सेमी के बीच होता है।
- इन कणों को नग्न आँखों की सहायता से नहीं देखा जा सकता। उदाहरण–गोंद, रक्त, स्याही आदि।
- कोलॉइडी विलयन में निम्नलिखित दो प्रावस्थाएँ होती हैं
  (i) **परिक्षिप्त प्रावस्था** (Dispersed phase) वह प्रावस्था, जिसमें पदार्थ कोलॉइडी कणों के रूप में परिक्षिप्त या वितरित रहता है, परिक्षिप्त प्रावस्था कहलाती है। उदाहरण-विलेय।
  (ii) **परिक्षेपण माध्यम** (Dispersion medium) वह **सतत् प्रावस्था** (Continuous phase), जिसमें अन्य पदार्थ के कण परिक्षिप्त रहते हैं, परिक्षेपण माध्यम कहलाती है। उदाहरण-विलायक।

कोलॉइडी विलयनों का वर्गीकरण

- परिक्षेपण माध्यम तथा परिक्षिप्त प्रावस्था के आधार पर कोलॉइडी विलयन निम्नलिखित आठ प्रकार के हो सकते हैं

कोलॉइडी विलयनों के प्रकार

परिक्षिप्त प्रावस्था	परिक्षेपण माध्यम	प्रकार	उदाहरण
द्रव	गैस	ऐरोसॉल	कोहरा, बादल, कुहासा
ठोस	गैस	ऐरोसॉल (ठोस)	धुआँ, स्वचालित वाहन का निथार (Exhaust)
गैस	द्रव	फोम	शेविंग क्रीम
द्रव	द्रव	इमल्शन (पायस)	दूध, फेस क्रीम
ठोस	द्रव	सॉल	मैग्नीशिया-मिल्क, कीचड़
गैस	ठोस	फोम	फोम, रबड़, स्पंज, प्यूमिस
द्रव	ठोस	जैल	जैली, पनीर, मक्खन
ठोस	ठोस	ठोस सॉल	रंगीन रत्न (पत्थर), दूधिया काँच

- कोलॉइडी विलयनों के नाम परिक्षेपण प्रावस्था के नाम पर आधारित होते हैं। उदाहरण–यदि परिक्षेपण माध्यम जल, ऐल्कोहॉल, बेन्जीन या वायु हो, तो कोलॉइडी विलयन क्रमशः **हाइड्रोसॉल** (Hydrosol), **ऐल्कोसॉल** (Alcosol), **बेन्जोसॉल** (Benzosol) या **ऐरोसॉल** (Aerosol) कहलाते हैं।
- कोलॉइडी विलयन के महत्वपूर्ण गुणधर्म निम्नलिखित हैं
  - एक कोलॉइड विषमांगी मिश्रण होता है।
  - कोलॉइड के कणों का आकार इतना छोटा होता है कि इन्हें पृथक् रूप से नग्न आँखों से नहीं देखा जा सकता है।
  - कोलॉइड इतने बड़े होते हैं कि प्रकाश की किरण को फैलाते हैं तथा उसके मार्ग को दृश्य बनाते हैं। कोलॉइड थोड़े से स्थायी होते हैं। जब इनको शांत छोड़ दिया जाता है, तब ये कण तल पर बैठते हैं।
  - इसके कण **छानन** (Filtration) विधि द्वारा मिश्रण से पृथक् नहीं किए जा सकते हैं, परंतु इन्हें एक विशेष विधि **अपकेंद्रीकरण तकनीक** (Centrifugation technique) द्वारा पृथक् किया जा सकता है।

नोट गैसें परस्पर पूर्णतया मिश्रित हो जाती हैं, अतः उनका मिश्रण सदैव समांगी होता है अर्थात् ये कोलॉइडी विलयन नहीं बनाती हैं।

टिण्डल प्रभाव

कोलॉइडी कणों द्वारा **प्रकाश का प्रकीर्णन** (Scattering of light) **टिण्डल प्रभाव** (Tyndall effect) कहलाता है। वास्तविक विलयन में विलेय के कण बहुत छोटे होते हैं, जो उन पर डाले गए प्रकाश को **प्रकीर्णित** (Scattered) नहीं कर सकते हैं। कोलॉइडल विलयन में कण प्रकाश प्रकीर्णन के लिए पर्याप्त होते हैं।

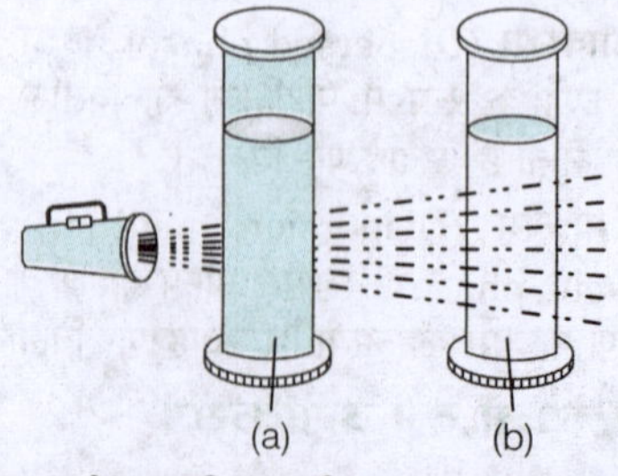

(a) कॉपर सल्फेट का विलयन टिण्डल प्रभाव नहीं दर्शाता है।
(b) दूध तथा पानी का मिश्रण टिण्डल प्रभाव दर्शाता है।

निम्न स्थितियों में भी टिण्डल प्रभाव **प्रेक्षित** (Observe) हो सकता है

- एक कमरे में छोटे छिद्र के द्वारा जब प्रकाश की किरण आती है। (वायु में उपस्थित धूल और कार्बन के कणों द्वारा प्रकाश के फैलने के कारण होता है।)
- जब एक घने जंगल के **आच्छादन** (Shading) से सूर्य की किरण गुजरती है। (जंगल के कोहरे में छोटे-छोटे जल के कण होते हैं, जोकि कोलॉइड कणों की भाँति व्यवहार करते हैं)

पायस

- ये द्रव, द्रव कोलॉइडी निकाय हैं इनमें सूक्ष्म विभाजित द्रव की बूँदों का दूसरे द्रव में **परिक्षेपण** (Dispersion) होता है।
- जब दो अमिश्रणीय या आंशिक मिश्रणीय द्रवों के मिश्रण को हिलाया जाता है, तो पायस (Emulsions) प्राप्त होता है।
- इनके स्थायित्व के लिए **पायसीकर्मक** (Emulsifying agent or emulsifiers) मिलाया जाता है। प्रोटीन, गोंद, प्राकृतिक एवं संश्लेषित साबुन, ऐल्कोहॉल आदि प्रमुख पायसीकर्मक हैं।

पायस (इमल्शन) के प्रकार

ये दो प्रकार के होते हैं - तेल का जल में परिक्षेपण तथा जल का तेल में परिक्षेपण।

- तेल का जल में परिक्षेपण के उदाहरण दूध एवं वेनीशिंग क्रीम हैं।
- मक्खन एवं क्रीम जल का तेल में परिक्षेपण का उदाहरण है।
- पायस के प्रमुख गुणधर्म निम्न हैं
  - यह सूक्ष्म विभाजित द्रव की बूँदों का दूसरे द्रव में परिक्षेपण है।
  - यह ब्राउनी गति और टिण्डल प्रभाव भी दर्शाता है।
  - इन्हें गर्म, ठण्डा या अपकेन्द्रण करके अवयवी द्रवों में तोड़ा जा सकता है।

वास्तविक विलयन, कोलॉइडी विलयन तथा निलंबन में विभेद

गुण	वास्तविक विलयन	कोलॉइडी विलयन	निलम्बन
प्रकृति	समांगी	विषमांगी	विषमांगी
कण का आकार	< 1 nm ($\approx 10^{-7} - 10^{-8}$ cm)	1-100 nm ($\approx 10^{-5} - 10^{-7}$ cm)	> 100 nm ($\approx 10^{-3} - 10^{-4}$ cm)
पृथक्करण (i) सामान्य (ii) अतिसूक्ष्म निस्यन्दन	सम्भव नहीं सम्भव नहीं	संभव नहीं संभव	संभव संभव
कणों का बैठ जाना	नीचे नहीं बैठते हैं।	अपकेंद्रण के कारण नीचे बैठते हैं।	गुरुत्व के प्रभाव में नीचे बैठ जाते हैं।
कणों की दृश्यता	पारदर्शी	अल्प पारदर्शी या पारदर्शी	अपारदर्शी
टिण्डल प्रभाव	नहीं दर्शाते हैं।	दर्शाते हैं।	दर्शाते हैं।
कणों का विसरण	शीघ्रता से विसरित होते हैं।	मंद गति से विसरित होते हैं।	विसरित नहीं होते हैं।
ब्राउनी गति	नहीं दर्शाते हैं।	दर्शाते हैं।	दर्शा सकते हैं।

पदार्थों का पृथक्करण

- किसी पदार्थ का उपयोग करने से पहले हमें उसमें मिश्रित हानिकारक तथा अनुपयोगी पदार्थों को पृथक् करने की आवश्यकता होती है।
- पृथक् किए जाने वाले पदार्थों के कणों के **आमाप** अथवा द्रव्य भिन्न हो सकते हैं। ये पदार्थों की तीन अवस्थाओं, जैसे-ठोस, द्रव और गैस में से कोई भी हो सकती हैं।
- पदार्थों के पृथक्करण की कुछ सामान्य विधियाँ निम्न प्रकार हैं
  - **हस्त-चयन** (Hand picking) इस विधि का उपयोग गेहूँ , चावल तथा दालों से कुछ मिट्टी के बड़े कणों, पत्थर तथा भूसे को पृथक् करने में किया जा सकता है। ऐसी अशुद्धियों की मात्रा प्रायः बहुत अधिक नहीं होती है। ऐसी स्थितियों में हस्त-चयन द्वारा पदार्थों को पृथक् करना एक सुविधाजनक विधि है।
  - **थ्रेशिंग** (Threshing) सूखे पौधों की डंडियों से अन्नकणों अथवा अनाज को पृथक् करने के प्रक्रम को थ्रेशिंग कहते हैं। अत्यधिक मात्रा के अन्नकणों को डंडियों से पृथक् करने के लिए थ्रेशिंग मशीनों का उपयोग भी किया जाता है।
  - **निष्पावन** (Winnowing) पवनों अथवा वायु के झोंकों द्वारा किसी मिश्रण से भारी तथा हल्के अवयवों को पृथक् करने की विधि निष्पावन कहलाती है। साधारणतया किसान इस विधि का उपयोग हल्के भूसे को भारी अन्नकणों से पृथक् करने के लिए करते हैं।
  - **चालन** (Sieving) इस विधि का उपयोग मिश्रण के दो ऐसे अवयवों, जिनकी आमापों में अंतर हो, को पृथक् करने में किया जाता है। प्रायः आटे की मिल में गेहूँ को पीसने से पहले पत्थरों तथा भूसे जैसी अशुद्धियों को हटाया जाता है।
    साधारणतया गेहूँ की बोरी को एक तिरछी चालनी पर डाला जाता है। चालन द्वारा पत्थर, डंडियों तथा भूसा जो **निष्पावन** तथा थ्रेशिंग के बाद गेहूँ में रह जाते हैं, को दूर किया जाता है।
  - **अवसादन** (Sedimentation) मिश्रण में जल मिलाने पर भारी अवयवों के नीचे तली में बैठे जाने के प्रक्रम को अवसादन कहते हैं।
  - **निस्तारण** (Decantation) अवसादित मिश्रण को बिना हिलाए जल को मिट्टी सहित उड़ेलने की क्रिया को निस्तारण कहते हैं। यही सिद्धांत ऐसे द्रवों के मिश्रण को पृथक् करने में भी उपयोग में लाया जाता है, जो आपस में मिश्रित नहीं होते।
    उदाहरण के लिए, तेल तथा जल को उनके मिश्रण से इसी विधि द्वारा पृथक् किया जा सकता है। यदि द्रव के ऐसे मिश्रणों को कुछ समय के लिए रखा रहने दिया जाए, तो वे दो पृथक्-पृथक् परतों में बँट जाते हैं। इसके बाद जो अवयव ऊपरी परत बनाता है, उसे **निस्तारण** द्वारा पृथक् कर सकते हैं।
  - **निस्यंदन** (Filtration) ठोस तथा द्रव के मिश्रण को पृथक् करने के लिए निस्यंदन (Filtrate) का प्रयोग किया जाता है। इस विधि में ठोस तथा द्रव के मिश्रण को फिल्टर-पत्र (निस्यंदक) के ऊपर उड़ेलते हैं, जिससे मिश्रण के ठोस कण इसके छिद्रों से नहीं गुजर पाते तथा फिल्टर-पत्र पर ही रह जाते हैं तथा द्रव अन्य पात्र में एकत्र कर लिया जाता है।
    निस्यंदन विधि का उपयोग घरों में पनीर बनाने में भी होता है। पनीर बनाने के लिए दूध को उबालने से पहले उसमें नींबू का रस मिलाया जाता है। इससे पनीर के ठोस कणों तथा द्रव का मिश्रण प्राप्त होता है। पनीर को इस मिश्रण से कपड़े या छन्नी से फिल्टर करके पृथक् किया जाता है।
  - **वाष्पन** (Evaporation) जल की उसके वाष्प में परिवर्तन की प्रक्रिया को वाष्पन कहते हैं। मिश्रण से जल तथा नमक को वाष्पन प्रक्रिया द्वारा पृथक् किया जाता है।

मिश्रण के घटकों का पृथक्करण

- प्रायः प्राकृतिक पदार्थ रासायनिक रूप से शुद्ध नहीं होते हैं।
- मिश्रण से घटकों को पृथक् करने के लिए विभिन्न प्रकार की विधियाँ प्रयोग में लाई जाती हैं।
- पृथक् करने से मिश्रण के प्रत्येक घटक के बारे में जानकारी प्राप्त करना और प्रयोग में लाना सुगम हो जाता है।
- विषमांगी मिश्रण को साधारण भौतिक क्रिया द्वारा पृथक् किया जा सकता है, उदाहरण–हाथ से चुनकर, छन्नी से छानकर, जो हम प्रतिदिन व्यवहार में लाते हैं।
- कभी-कभी मिश्रण से घटकों को पृथक् करने के लिए विशेष तकनीकों को प्रयोग में लाया जाता है।

मिश्रण से विभिन्न प्रकार के घटकों को पृथक् करने की विधियाँ निम्नलिखित हैं

1. वाष्पन

- किसी द्रव का उसके क्वथनांक के नीचे ही वाष्प (या गैस) में परिवर्तित होना, **वाष्पन** कहलाता है तथा पदार्थ वाष्पशील पदार्थ कहलाता है।
- इस विधि का प्रयोग मिश्रण के वाष्पशील घटक (विलायक) से अवाष्पशील घटक (विलेय) को पृथक् करने के लिए किया जा सकता है।
- मिश्रण को गर्म करने पर वाष्पशील घटक **वाष्पित** (Vaporised) हो जाता है तथा अवाष्पशील घटक शेष रह जाता है।
  उदाहरण-स्याही का जल में मिश्रण अर्थात् स्याही को इस विधि द्वारा पृथक् किया जा सकता है।
- सूर्य का प्रकाश छिछली पानी वाली झीलों से पानी को धीरे-धीरे वाष्पित कर देता है तथा साधारण नमक ठोस के रूप में शेष रह जाता है।

नोट स्याही को प्रत्यक्ष रूप से गर्म नहीं करना चाहिए, क्योंकि प्रत्यक्ष गर्म करने वाली नीली या काली स्याही **विघटित** हो सकती है।

2. अपकेंद्रीकरण

- दो घटकों जिनके घनत्वों में अंतर होता है, उन्हें **अपकेंद्रीकरण** (Centrifugation) द्वारा पृथक् किया जा सकता है। यह विधि इस सिद्धांत पर आधारित है कि जब सघन कणों पर **अपकेंद्री बल** (Centrifugal force) कार्य करता है, तो उन्हें तली में जाने के लिए प्रेरित करता है तथा हल्के कण ऊपर रहते हैं।
- एक युक्ति जिसका प्रयोग द्रवों से ठोसों को प्रचक्रित-करके पृथक् करने में किया जाता है, उसे **अपकेंद्रित** (Centrifuge) कहते हैं। इस विधि में सामान्यतया अपकेंद्रण मशीन (Centrifugal machines) का प्रयोग किया जाता है। इस मशीन को विद्युत द्वारा या हाथ से चलाया जा सकता है।
- इस मशीन के प्रमुख अनुप्रयोग निम्नलिखित हैं
  - रक्त तथा यूरिन के परीक्षण के लिए डाइग्नोस्टिक लैबोरैट्री में।
  - वॉशिंग मशीन में गीले कपड़ों से पानी को निचोड़ने में।
  - घरों तथा डेरियों में क्रीम से मक्खन को निकालने में।

3. पृथक्कारी कीप द्वारा पृथक्करण

- इस विधि का प्रयोग दो अघुलनशील द्रवों के मिश्रण को पृथक् करने में करते हैं। यह विधि इस सिद्धांत पर आधारित है कि दो अघुलनशील द्रवों को उनके घनत्व के आधार पर परतों के रूप में पृथक् किया जा सकता है।
- पृथक्करण कीप का उपयोग निम्नलिखित स्थितियों में किया जाता है
  - पृथक्करण तकनीकों का प्रयोग तेल तथा जल के मिश्रण के पृथक्करण में होता है।
  - अयस्क से आयरन के पृथक्करण के दौरान हल्का धातुमल (Slag) द्रवित आयरन से पृथक् हो जाता है।

4. ऊर्ध्वपातन

- कुछ ठोसों में गर्म करने पर ऊर्ध्वपातन (Sublimation) की प्रवृत्ति पाई जाती है अर्थात् ये गर्म करने पर बिना द्रव अवस्था में परिवर्तित हुए सीधे ही ठोस से गैसीय/वाष्प अवस्था में परिवर्तित हो जाते हैं। इस प्रकार के ठोस युक्त मिश्रण को किसी दूसरे (सामान्य) ठोस से ऊर्ध्वपातन द्वारा पृथक् किया जा सकता है।
- कपूर, अमोनियम क्लोराइड, नैफ्थेलीन, आयोडीन, ऐन्थ्रासीन आदि ठोस ऊर्ध्वपातन के उदाहरण हैं।
- इस प्रकार, उन मिश्रणों, जिनमें ऊर्ध्वपातित हो सकने वाले अवयव हों, को ऊर्ध्वपातित न होने योग्य अशुद्धियों से पृथक् करने के लिए ऊर्ध्वपातन की प्रक्रिया का उपयोग करते हैं। उदाहरण-अमोनियम क्लोराइड तथा साधारण नमक के मिश्रण को ऊर्ध्वपातन द्वारा पृथक् किया जा सकता है।

5. क्रोमैटोग्राफी

- ग्रीक में **क्रोमा** (*Kroma*) का अर्थ रंग होता है। इस विधि का प्रयोग सबसे पहले रंगों को पृथक् करने में किया गया, इसलिए इसका नाम **क्रोमैटोग्राफी** (Chromatography) पड़ा। यह एक ऐसी विधि है, जिसका प्रयोग उन विलेय पदार्थों को पृथक् करने में होता है, जो एक ही प्रकार के विलायक में घुले होते हैं।
- मिश्रण के विभिन्न घटकों का पृथक्करण समान विलायक में उनकी भिन्न विलेयता पर आधारित है।

  उदाहरण-स्याही में उपस्थित **रंजक** (डाई) का पृथक्करण पेपर क्रोमैटोग्राफी द्वारा किया जाता है। प्रयुक्त स्याही में जल, विलायक के रूप में तथा डाई इसमें विलेय के रूप में होती है। जैसे ही जल छानक पत्र के ऊपर की दिशा की ओर अग्रसर होता है, यह डाई के कणों को भी अपने साथ ले लेता है।
- प्राय: डाई दो या दो से अधिक रंगों का मिश्रण होता है। रंग वाला घटक जोकि जल में अधिक घुलनशील है, तेजी से ऊपर उठता है और इस प्रकार रंगों का पृथक्करण संभव हो जाता है।
- अनुप्रयोग क्रोमैटोग्राफी का प्रयोग निम्न को पृथक् करने के लिए किया जाता है
  - रक्त से ड्रग
  - प्राकृतिक रंगों से **वर्णक** (Pigments)
  - डाई में रंग

6. आसवन

- यदि मिश्रण में द्रव घुलनशील है, जो विघटित हुए बिना उबलते हैं तथा जिनके घटकों के क्वथनांकों के मध्य अंतराल होता है, उन्हें आसवन (Distillation) द्वारा पृथक् किया जा सकता है।
- आसवन में द्रव का वाष्प में एवं वाष्प को पुन: संघनन द्वारा द्रव में रूपांतरित किया जाता है। आसवन का प्रयोग केवल उन द्रवों के लिए किया जाता है, जिनके क्वथनांकों में 25K से अधिक का अंतर होता है।

7. प्रभाजी आसवन

- दो या दो से अधिक घुलनशील द्रवों, जिनके क्वथनांक का अंतर 25K से कम होता है, के मिश्रण को पृथक् करने के लिए **प्रभाजी आसवन** (Fractional distillation) विधि का प्रयोग किया जाता है।

  उदाहरण-वायु से विभिन्न गैसों का पृथक्करण तथा पेट्रोलियम उत्पादों से उनके विभिन्न घटकों का पृथक्करण आदि।
- इसका उपकरण साधारण आसवन विधि के समान ही होता है। केवल आसवन फ्लास्क और संघनक के बीच एक प्रभाजी स्तंभ का प्रयोग किया जाता है। साधारण प्रभाजी स्तंभ एक नली होती है, जोकि शीशे के गुटकों से भरी होती है।
- ये गुटके वाष्प को ठंडा और संघनित होने के लिए सतह प्रदान करते हैं तथा पुनरावृत्ति रूप से संघनित करते हैं।

8. वायु में उपस्थित विभिन्न गैसों का पृथक्करण

- वायु एक समांगी मिश्रण है तथा इसके घटकों को प्रभाजी आसवन द्वारा पृथक् किया जाता है। इस उद्देश्य के लिए दाब बढ़ाकर तथा तापमान बहुत कम करके वायु को संपीडित कर ठंडा करते हैं, इससे द्रवित वायु प्राप्त होती है।
- इस द्रवित वायु को प्रभाजी आसवन स्तंभ में धीरे-धीरे गर्म किया जाता है, जहाँ सभी गैसें विभिन्न ऊँचाइयों पर अपने क्वथनांक के अनुसार पृथक् हो जाती हैं।

अतिरिक्त तथ्य

तमिलनाडु बोर्ड एवं NIOS

- एथिल ऐल्कोहॉल और बेन्जीन कार्बनिक विलायक के उदाहरण हैं।
- पृथ्वी पर प्राकृतिक रूप से पाये जाने वाले 90 तत्वों में से दो तत्व सिलिकॉन और ऑक्सीजन एक साथ मिलकर पृथ्वी की परत का तीन-चौथाई भाग बनाते हैं।
- ओ. आर. एस. एक समांगी मिश्रण या विलयन का उदाहरण है।
- आयोडीन (ठोस) एथिल ऐल्कोहॉल में घुलकर आयोडीन का टिंचर बनाता है।
- बेरियम सल्फेट एक अपारदर्शी माध्यम है। इसका उपयोग नैदानिक एक्सरे (बेरियम मील टेस्ट) के लिए करते हैं।
- सोना और ताँबा समांगी ठोस विलयन बनाते हैं।
- क्रिस्टलीकरण एक विलयन से ठोस क्रिस्टल के बनने की प्रक्रिया है।

03

रासायनिक अभिक्रियाएँ, बंध एवं रासायनिक समीकरण

(स्रोत)

Class-VI New NCERT Chap 3 **(पदार्थों का पृथक्करण)**,
Class-VII New NCERT Chap 5 **(भौतिक एवं रासायनिक परिवर्तन)**
Class-IX New NCERT Chap 2 **(क्या हमारे आस-पास के पदार्थ शुद्ध हैं?)**,
Class-X New NCERT Chap 1 **(रासायनिक अभिक्रियाएँ एवं समीकरण)**,
Class-XI Old NCERT Chap 5 **(द्रव्य की अवस्थाएँ)**
Tamil Nadu Board (Class-X), NIOS

रासायनिक अभिक्रिया

वह अभिक्रिया, जिसमें एक या एक से अधिक पदार्थ **अभिकारक**, (Reagent) परस्पर अभिक्रिया करके नए पदार्थ **उत्पाद**, (Product) का निर्माण करते हैं एवं निर्मित पदार्थ के भौतिक व रासायनिक गुण मूल पदार्थों से भिन्न होते हैं, **रासायनिक अभिक्रिया** (Chemical reaction) कहलाती है।

उदाहरण- मैग्नीशियम धातु को वायु में जलाने पर मैग्नीशियम ऑक्साइड का सफेद चूर्ण प्राप्त होता है, जिसके भौतिक व रासायनिक गुण मैग्नीशियम धातु के गुणों से सर्वथा भिन्न होते हैं।

$$2Mg + O_2 \longrightarrow 2MgO$$

$$\underbrace{\text{मैग्नीशियम} + \text{ऑक्सीजन}}_{\text{अभिकारक}} \rightarrow \underset{\text{(उत्पाद)}}{\text{मैग्नीशियम ऑक्साइड}}$$

रासायनिक अभिक्रिया की पहचान

एक रासायनिक अभिक्रिया को निम्न प्रेक्षणों (Observations) द्वारा पहचाना जा सकता है

(i) अवस्था में परिवर्तन (ii) रंग में परिवर्तन
(iii) गैस का निकलना (iv) ताप में परिवर्तन
(v) अवक्षेप का निर्माण

रासायनिक समीकरण

जब ऑक्सीजन की उपस्थिति में मैग्नीशियम **रिबन** (Strip) (कतरन) का दहन होता है, तब यह मैग्नीशियम ऑक्साइड में परिवर्तित हो जाता है। शब्दों के रूप में, किसी रासायनिक अभिक्रिया को लिखना बहुत विस्तृत हो जाता है, इसे संक्षिप्त रूप में भी लिखा जा सकता है। इसे शब्द-समीकरण के रूप में लिखना सबसे सरलतम विधि है।

$$\underbrace{\text{मैग्नीशियम} + \text{ऑक्सीजन}}_{\text{(अभिकारक)}} \longrightarrow \underset{\text{(उत्पाद)}}{\text{मैग्नीशियम ऑक्साइड}}$$

- शब्द-समीकरण में, अभिकारकों के उत्पाद में परिवर्तन को उनके मध्य एक तीर ($\rightarrow$) का निशान लगाकर दर्शाया जाता है।
- अभिकारकों के बीच योग (+) का चिन्ह लगाकर उन्हें बाईं ओर (LHS) लिखा जाता है।
- इसी प्रकार, उत्पादों के बीच भी योग (+) का चिन्ह लगाकर उन्हें दाईं ओर (RHS) लिखा जाता है।
- तीर का सिरा उत्पाद की ओर होता है तथा यह अभिक्रिया होने की दिशा को दर्शाता है।

अभिकारक $\longrightarrow$ उत्पाद

रासायनिक समीकरण लिखना

- शब्दों की जगह रासायनिक सूत्र का उपयोग करके रासायनिक समीकरणों को अधिक संक्षिप्त तथा उपयोगी बनाया जा सकता है।

  रासायनिक समीकरण किसी रासायनिक अभिक्रिया को दर्शाता है।

  यदि आप मैग्नीशियम, ऑक्सीजन तथा मैग्नीशियम ऑक्साइड के सूत्रों का स्मरण करें, तो उपरोक्त शब्द-समीकरण को इस प्रकार लिखा जा सकता है

$$\underset{\text{(अभिकारक)}}{2Mg + O_2} \longrightarrow \underset{\text{(उत्पाद)}}{2MgO}$$

- तीर के निशान के बाईं ओर के तत्वों के परमाणुओं की संख्या की गिनती कर उनकी तुलना करें। यदि दोनों ओर तत्वों के परमाणुओं की संख्या समान है, तो समीकरण संतुलित है।

यदि नहीं, तो समीकरण असंतुलित है, क्योंकि समीकरण के दोनों ओर का द्रव्यमान बराबर नहीं है। किसी अभिक्रिया का ऐसा रासायनिक समीकरण ढाँचा, **रासायनिक समीकरण** (Chemical equation) कहलाता है।

अत: उपरोक्त रासायनिक समीकरण मैग्नीशियम के वायु में जलने का ढाँचा समीकरण है।

संतुलित रासायनिक समीकरण का महत्व

- द्रव्यमान संरक्षण के नियमानुसार, किसी भी रासायनिक अभिक्रिया में द्रव्यमान का न तो निर्माण होता है और न ही विनाश अर्थात् किसी भी रासायनिक अभिक्रिया के उत्पाद तत्वों का कुल द्रव्यमान अभिकारक तत्वों के कुल द्रव्यमान के बराबर होता है।
- दूसरे शब्दों में, रासायनिक अभिक्रिया के पहले एवं उसके पश्चात् प्रत्येक तत्व के परमाणुओं की संख्या समान रहती है, इसलिए हमें ढाँचा समीकरण को संतुलित करना आवश्यक होता है।

शब्द-समीकरण को निम्न प्रकार दर्शाया जा सकता है

जिंक + सल्फ्यूरिक अम्ल ⟶ जिंक सल्फेट + हाइड्रोजन

उपरोक्त शब्द-समीकरण को निम्नलिखित रासायनिक समीकरण से दर्शाया जा सकता है

$$Zn + H_2SO_4 \longrightarrow ZnSO_4 + H_2 \quad ...(i)$$

उपरोक्त समीकरण में तीर के निशान के दोनों ओर के तत्वों के परमाणुओं की संख्या की तुलना करें।

तत्व	अभिकारकों में परमाणुओं की संख्या (LHS)	उत्पादों में परमाणुओं की संख्या (RHS)
Zn	1	1
H	2	2
S	1	1
O	4	4

समीकरण (i) में, तीर के निशान के दोनों ओर के प्रत्येक तत्व के परमाणुओं की संख्या समान है, इसलिए यह एक संतुलित रासायनिक समीकरण है।

रासायनिक समीकरण को संतुलित करना

रासायनिक समीकरण को जाँच एवं **त्रुटि विधि** द्वारा संतुलित किया जा सकता है।

जाँच एवं त्रुटि विधि

- इस विधि में सर्वप्रथम समीकरण में सबसे कम स्थानों पर आने वाले तत्व के परमाणुओं को संतुलित किया जाता है तथा इसके पश्चात् इससे अधिक व और अधिक स्थानों पर आने वाले तत्वों के परमाणुओं को संतुलित किया जाता है। यह विधि अनुमान पर आधारित है।
- किसी भी समीकरण को संतुलित करते समय यह ध्यान रखना चाहिए कि गुणक को केवल सूत्र से पहले लिखकर समीकरण को संतुलित कर सकते हैं। संतुलित करते समय सूत्र में कोई परिवर्तन नहीं करना चाहिए।
- एक रासायनिक अभिक्रिया को संतुलित करने के लिए अनेक पद प्रयुक्त होते हैं, जो निम्नलिखित हैं

– **पद** (a) सर्वप्रथम असंतुलित समीकरण को लिखकर सूत्र के चारों ओर एक कोष्ठक बना लीजिए

$$\underset{\text{सोडियम}}{(Na)} + \underset{\text{जल}}{(H_2O)} \longrightarrow \underset{\text{सोडियम हाइड्रॉक्साइड}}{(NaOH)} + \underset{\text{हाइड्रोजन}}{(H_2)}$$

– **पद** (b) असंतुलित समीकरण में उपस्थित विभिन्न तत्वों के परमाणुओं की सूची बना लीजिए

तत्व	अभिकारकों में परमाणुओं की संख्या (LHS)	उत्पादों में परमाणुओं की संख्या (RHS)
Na	1	1
H	2	3
O	1	1

– **पद** (c) **सर्वप्रथम तत्वों का संतुलन** उपरोक्त सारणी से यह स्पष्ट है, कि केवल हाइड्रोजन परमाणु ही असंतुलित है, अत: इन्हें सबसे पहले संतुलित कीजिए।

H के परमाणु	अभिकारकों में	उत्पादों में
(i) प्रारंभ में	2 (H_2O) में	3 (NaOH में 1 तथा H_2 में 2)
(ii) संतुलित करने के लिए	2×2	NaOH में 2×1 H_2 में 2 = 4 H परमाणु

इस प्रकार समीकरण निम्न होगा $Na + 2H_2O \longrightarrow 2\,NaOH + H_2$

– **पद** (d) **द्वितीय तत्व का संतुलन** हम प्राप्त समीकरण का प्रेक्षण करते हैं तथा एक अन्य तत्व का चुनाव करते हैं, जो अब भी असंतुलित होता है। उपरोक्त समीकरण में, Na अब भी असंतुलित होता है। Na परमाणुओं का संतुलन निम्न प्रकार है

Na के परमाणु	अभिकारकों में	उत्पादों में
(i) प्रारंभ में	1 (Na में)	2 (NaOH में)
(ii) संतुलित करने के लिए	2×1	2

इस Na के संतुलन के बाद तथा **कोष्ठक** (Brackets) हटाने के बाद प्राप्त समीकरण

$$2Na + 2H_2O \longrightarrow 2NaOH + H_2$$

– **पद** (e) **अन्य तत्वों का संतुलन** जब समीकरण को पुन: देखते हैं, तो कोई असंतुलित तत्व नहीं पाया गया। रासायनिक समीकरण के संतुलन की यह विधि जाँच एवं त्रुटि विधि है।

– **पद** (f) **समीकरण की यथार्थता की जाँच** समीकरण की यथार्थता की जाँच, हम प्रत्येक तत्व के परमाणुओं को पृथक् रूप से सारणी में व्यवस्थित करके करते हैं।

	अभिकारकों में परमाणुओं की संख्या	उत्पादों में परमाणुओं की संख्या
Na	2	2
H	4	4
O	2	2

उपरोक्त सारणी स्पष्ट रूप से दर्शाती है कि समीकरण संतुलित रासायनिक समीकरण है।

रासायनिक समीकरण को अधिक सूचनात्मक बनाना

- रासायनिक समीकरण को अधिक सूचनात्मक बनाने के लिए क्रियाकारकों तथा उत्पादों की भौतिक अवस्था को प्रतीकों द्वारा प्रदर्शित करते हैं, उदाहरण-ठोस को (*s*) से, द्रव को (*l*) से, गैस को (*g*) से तथा जलीय विलयन को (*aq*) से प्रदर्शित किया जाता है।
- बनने वाले अवक्षेप को प्रतीक (*s*) से प्रदर्शित न करके (↓) द्वारा प्रदर्शित किया जाता है। समान रूप से मुक्त गैस की **गैसीय अवस्था** को प्रतीक (*g*) से प्रदर्शित न करके (↑) द्वारा प्रदर्शित करते हैं।

  उदाहरण–

  $$\underset{\text{मैग्नीशियम}}{Mg(s)} + \underset{\text{सल्फ्यूरिक अम्ल}}{H_2SO_4(aq)} \longrightarrow \underset{\text{मैग्नीशियम सल्फेट}}{MgSO_4(aq)} + \underset{\text{हाइड्रोजन}}{H_2\uparrow}$$

- अभिक्रिया की परिस्थितियों (ताप, दाब) एवं उत्प्रेरक को तीर के ऊपर या नीचे लिखकर प्रदर्शित किया जाता है।

  उदाहरण-हैबर प्रक्रम द्वारा अमोनिया का निर्माण

  $$\underset{\text{नाइट्रोजन}}{N_2(g)} + \underset{\text{हाइड्रोजन}}{3H_2(g)} \xrightarrow[\text{500°, Fe चूर्ण}]{\text{200 वायुमंडल}} \underset{\text{अमोनिया}}{2NH_3(g)}$$

- अभिकारकों के गर्म करने को तीर के ऊपर Δ (या ऊष्मा) लिखकर प्रदर्शित किया जाता है।

  उदाहरण-मार्बल को गर्म करने पर यह चूने तथा कार्बन डाइऑक्साइड (CO_2) में विघटित हो जाता है।

  $$CaCO_3(s) \xrightarrow{\Delta} CaO(s) + \underset{\text{कार्बन डाइऑक्साइड}}{CO_2(g)}$$

- सांद्रण को दर्शाने के लिए अभिकारकों के सूत्र के पहले या नीचे तनु या सान्द्र लिख दिया जाता है।

  उदाहरण- $Zn(s) + \underset{(\text{तनु})}{H_2SO_4(aq)} \longrightarrow ZnSO_4(aq) + H_2\uparrow$

- मुक्त हुई ऊष्मा को उत्पाद की ओर (+) चिन्ह द्वारा तथा अवशोषित ऊष्मा को (–) चिन्ह के द्वारा दर्शाया जाता है।

  उदाहरण–

  $$C(s) + O_2(g) \longrightarrow CO_2(g); + 94 \text{ किलोकैलोरी}$$

  $$C(s) + 2S(s) \longrightarrow CS_2(l); - 22 \text{ किलोकैलोरी}$$

- उत्क्रमणीय अभिक्रिया को उत्क्रमणीयता के चिन्ह (⇌) द्वारा प्रदर्शित किया जाता है।

  उदाहरण–

  $$H_2(g) + I_2(g) \rightleftharpoons 2HI(g)$$

रासायनिक अभिक्रियाओं के प्रकार

- रासायनिक क्रिया के समय किसी एक तत्व का परमाणु दूसरे तत्व के परमाणु में नहीं बदलता है, न तो कोई परमाणु मिश्रण से बाहर जाता है और न ही बाहर से मिश्रण में आता है।
- वास्तव में, किसी रासायनिक अभिक्रिया में परमाणुओं के आपसी आबंध के टूटने एवं जुड़ने से नए पदार्थों का निर्माण होता है। इस आधार पर रासायनिक अभिक्रियाओं को निम्न प्रकार से वर्गीकृत किया जा सकता है

संयोजन अभिक्रिया

- ऐसी अभिक्रिया जिसमें दो या दो से अधिक अभिकारक मिलकर एकल उत्पाद का निर्माण करते हैं, उसे **संयोजन अभिक्रिया** (Combination reactions) कहते हैं।

  उदाहरण–

  कैल्सियम ऑक्साइड जल के साथ तीव्रता से अभिक्रिया करके बुझे हुए चूने (कैल्सियम हाइड्रॉक्साइड) का निर्माण करके अधिक मात्रा में ऊष्मा उत्पन्न करता है।

  $$\underset{\text{(बिना बुझा हुआ चूना)}}{CaO(s)} + H_2O(l) \longrightarrow \underset{\text{(बुझा हुआ चूना)}}{Ca(OH)_2(aq)} + \text{ऊष्मा}$$

- इस अभिक्रिया में कैल्सियम तथा जल मिलकर एकल उत्पाद, कैल्सियम हाइड्रॉक्साइड बनाते हैं।

  ऊपर की अभिक्रिया में निर्मित बुझे हुए चूने $Ca(OH)_2(aq)$ के विलयन का उपयोग दीवारों की सफेदी करने के लिए किया जाता है।

- कैल्सियम हाइड्रॉक्साइड वायु में उपस्थित कार्बन डाइऑक्साइड के साथ धीमी गति से अभिक्रिया करके दीवारों पर **कैल्सियम कार्बोनेट** ($CaCO_3$) की एक पतली परत बना देता है।
- सफेदी करने के दो-तीन दिन बाद कैल्सियम कार्बोनेट का निर्माण होता है और इससे दीवारों पर चमक आ जाती है। संगमरमर का रासायनिक सूत्र $CaCO_3$ ही है।

  $$\underset{\text{कैल्सियम हाइड्रॉक्साइड}}{Ca(OH)_2(aq)} + CO_2(g) \longrightarrow \underset{\text{कैल्सियम कार्बोनेट}}{CaCO_3(s)} + H_2O(l)$$

  कोयले का दहन- $C(s) + O_2(g) \longrightarrow CO_2(s)$

  $H_2(g)$ तथा $O_2(g)$ से जल का निर्माण–

  $$2H_2(g) + O_2(g) \longrightarrow 2H_2O(l)$$

- जिन अभिक्रियाओं में उत्पाद के निर्माण के साथ-साथ ऊष्मा भी उत्पन्न होती है, उन्हें **ऊष्माक्षेपी रासायनिक अभिक्रियाएँ** (Exothermic chemical reactions) कहते हैं।

  उदाहरण–

  $$\underset{\text{मीथेन}}{CH_4(g)} + \underset{\text{ऑक्सीजन}}{2O_2(g)} \longrightarrow \underset{\text{कार्बन डाइऑक्साइड}}{CO_2(g)} + 2H_2O(g) + \text{ऊष्मा}$$

- शाक-सब्जियों (वनस्पति द्रव्य) का विघटन होकर कंपोस्ट (Compost) बनना भी ऊष्माक्षेपी अभिक्रिया का ही उदाहरण है।

वियोजन (अपघटन) अभिक्रिया

- इस अभिक्रिया में एक अभिकर्मक टूटकर छोटे-छोटे उत्पाद प्रदान करता है। यह एक **वियोजन अभिक्रिया** (Decomposition reactions) है।

  उदाहरण-गर्म करने पर फेरस सल्फेट ($FeSO_4 \cdot 7H_2O$) का क्रिस्टल जल त्याग देता है और क्रिस्टल का रंग बदल जाता है। इसके उपरांत यह फेरिक ऑक्साइड (Fe_2O_3), सल्फर डाइऑक्साइड (SO_2) तथा सल्फर ट्राइऑक्साइड (SO_3) में वियोजित हो जाता है। फेरिक ऑक्साइड ठोस है, जबकि SO_2 तथा SO_3 गैसें हैं।

  $$\underset{\text{फेरस सल्फेट}}{2FeSO_4(s)} \xrightarrow{\text{ऊष्मा}} \underset{\text{फेरिक ऑक्साइड}}{Fe_2O_3(s)} + SO_2(g) + SO_3(g)$$

ऊष्मा देने पर कैल्सियम कार्बोनेट का कैल्सियम ऑक्साइड तथा कार्बन डाइऑक्साइड में वियोजित होना, एक प्रमुख वियोजन अभिक्रिया है, जिसका उपयोग विभिन्न उद्योगों में होता है।

- कैल्सियम ऑक्साइड को चूना या बिना बुझा हुआ चूना कहते हैं। इसके अनेक उपयोगों में से एक उपयोग सीमेंट के निर्माण में होता है। ऊष्मा के द्वारा की गई वियोजन अभिक्रिया को **ऊष्मीय वियोजन** (Thermal decomposition) कहते हैं।

$$\underset{\text{चूना पत्थर}}{CaCO_3(s)} \xrightarrow{\text{ऊष्मा}} \underset{\text{बुझा हुआ चूना}}{CaO(s)} + CO_2(g)$$

उदाहरण-लेड नाइट्रेट को गर्म करने पर भूरे रंग का धुआँ उत्सर्जित होता है। यह नाइट्रोजन डाइऑक्साइड (NO_2) का धुआँ है।

$$\underset{\text{लेड नाइट्रेट}}{2Pb(NO_3)_2(s)} \xrightarrow{\text{तापन}} \underset{\text{लेड ऑक्साइड}}{2PbO(s)} + 4NO_2(s) + O_2$$

- सूर्य के प्रकाश में श्वेत रंग का सिल्वर क्लोराइड धूसर रंग का हो जाता है। प्रकाश की उपस्थिति में सिल्वर क्लोराइड का सिल्वर तथा क्लोरीन में वियोजन के कारण ऐसा होता है।

$$\underset{\text{सिल्वर क्लोराइड}}{2AgCl(s)} \xrightarrow{\text{सूर्य का प्रकाश}} \underset{\text{सिल्वर}}{2Ag(s)} + \underset{\text{क्लोरीन}}{Cl_2(g)}$$

सिल्वर ब्रोमाइड भी इसी प्रकार अभिक्रिया करता है।

$$\underset{\text{सिल्वर ब्रोमाइड}}{2AgBr(s)} \xrightarrow{\text{सूर्य का प्रकाश}} \underset{\text{सिल्वर}}{2Ag(s)} + \underset{\text{ब्रोमीन}}{Br_2(g)}$$

- ऊपर दी गई अभिक्रिया का उपयोग श्याम-श्वेत (Black and White) फोटोग्राफी में किया जाता है। वियोजन अभिक्रिया में अभिकारकों को तोड़ने के लिए ऊष्मा, प्रकाश या विद्युत ऊर्जा की आवश्यकता होती है। जिन अभिक्रियाओं में ऊर्जा अवशोषित होती है, उन्हें **ऊष्माशोषी अभिक्रिया** (Endothermic reactions) कहते हैं।

विद्युत-अपघटन

- वह अभिक्रिया, जिसमें यौगिक के जलीय विलयन (या गलित अवस्था) में विद्युत प्रवाहित करने पर, यह दो या दो से अधिक सरल पदार्थों में अपघटित हो जाता है, **विद्युत-अपघटन** (Electrolysis) कहलाता है।
- इस प्रक्रम में धनायन कैथोड पर तथा ऋणायन ऐनोड पर एकत्रित हो जाते हैं। उदाहरण-जब अम्लीय जल में विद्युत धारा प्रवाहित की जाती है, तो जल, हाइड्रोजन एवं ऑक्सीजन में विघटित हो जाता है।

$$2H_2O \xrightarrow{\text{विद्युत-अपघटन}} \underset{\text{(कैथोड)}}{2H_2} + \underset{\text{(ऐनोड)}}{O_2}$$

विस्थापन या प्रतिस्थापन अभिक्रियाएँ

- वह रासायनिक अभिक्रिया, जिसमें अधिक क्रियाशील तत्व कम क्रियाशील तत्व के यौगिक से उस तत्व के परमाणु को विस्थापित कर स्वयं उसका स्थान ग्रहण कर लेता है, **प्रतिस्थापन अभिक्रिया** (Displacement reactions) कहलाती है। यह अभिक्रिया दो प्रकार की होती है

(i) **एकल विस्थापन अभिक्रिया** (Single displacement reactions) आयरन कॉपर से अधिक क्रियाशील होने के कारण कॉपर को कॉपर सल्फेट के विलयन से विस्थापित कर देता है।

उदाहरण-

$$Fe(s) + \underset{\text{कॉपर सल्फेट}}{CuSO_4(aq)} \longrightarrow \underset{\text{आयरन सल्फेट}}{FeSO_4(aq)} + \underset{\text{कॉपर}}{Cu(s)}$$

इसी प्रकार, जिंक तथा लेड भी कॉपर की अपेक्षा अधिक क्रियाशील होने के कारण कॉपर के यौगिकों से कॉपर धातु को विस्थापित कर देते हैं।

$$\underset{\text{जिंक}}{Zn(s)} + \underset{\text{कॉपर सल्फेट}}{CuSO_4(aq)} \longrightarrow \underset{\text{जिंक सल्फेट}}{ZnSO_4(aq)} + \underset{\text{कॉपर}}{Cu(s)}$$

$$\underset{\text{लेड}}{Pb(s)} + \underset{\text{कॉपर क्लोराइड}}{CuCl_2(aq)} \longrightarrow \underset{\text{लेड क्लोराइड}}{PbCl_2(aq)} + \underset{\text{कॉपर}}{Cu(s)}$$

(ii) **उभय अपघटन अभिक्रियाएँ** (Double displacement reactions) वे रासायनिक अभिक्रियाएँ, जिनमें अभिकारक यौगिकों के **आयनों** (Ions) अथवा **मूलकों** (Radicals) के परस्पर विनिमय द्वारा नए उत्पाद बनते हैं, **उभय अपघटन अभिक्रियाएँ** कहलाती हैं। इन्हें द्वि-विस्थापन अभिक्रिया भी कहते हैं।

उदाहरण-सोडियम सल्फेट (Na_2SO_4) तथा बेरियम क्लोराइड ($BaCl_2$) के जलीय विलयनों को मिलाने पर इनके आयनों के विनिमय (Exchange) के फलस्वरूप बेरियम सल्फेट ($BaSO_4$) तथा सोडियम क्लोराइड (NaCl) बनते हैं।

$$\underset{\text{सोडियम सल्फेट}}{Na_2SO_4(aq)} + \underset{\text{बेरियम क्लोराइड}}{BaCl_2(aq)} \longrightarrow \underset{\text{बेरियम सल्फेट}}{BaSO_4(s)} + \underset{\text{सोडियम क्लोराइड}}{2NaCl(aq)}$$

यहाँ अभिक्रिया से पूर्व सल्फेट (SO_4^{2-}) सोडियम से जुड़ा है तथा अभिक्रिया के पश्चात् यह बेरियम से जुड़ जाता है, इसी प्रकार क्लोराइड (Cl^-) अभिक्रिया के पूर्व बेरियम से जुड़ा है तथा अभिक्रिया के पश्चात् यह सोडियम से जुड़ जाता है। इस प्रकार, आयनों का विनिमय हो जाता है।

उदासीनीकरण अभिक्रियाएँ

- अम्ल एवं क्षारक एक-दूसरे को उदासीन करके संगत लवण तथा जल बनाते हैं। यह अभिक्रिया **उदासीनीकरण अभिक्रिया** (Neutralisation Reactions) कहलाती है।
- यदि अम्ल और क्षारक दोनों प्रबल हैं तो इस प्रक्रिया के दौरान 57.1 किलोजूल ऊष्मा निर्मुक्त होती हैं।

उदाहरण- $\underset{\text{अम्ल}}{HCl} + \underset{\text{क्षारक}}{NaOH} \longrightarrow \underset{\text{लवण}}{NaCl} + \underset{\text{जल}}{H_2O}$

समावयवीकरण या पुनर्विन्यास अभिक्रियाएँ

- वह रासायनिक अभिक्रिया, जिसमें किसी यौगिक के अणु के परमाणु पुनर्विन्यास में भाग लेते हैं **समावयवीकरण** या **पुनर्विन्यास अभिक्रिया** (Isomerisation or rearrangement reactions) कहलाती हैं।
- यह सामान्यत: कार्बनिक यौगिकों में देखी जाती है।

उदाहरण-अमोनियम सायनेट का यूरिया में समावयवीकरण।

$$\underset{\text{अमोनियम सायनेट}}{NH_4CNO} \xrightarrow{\Delta} \underset{\text{यूरिया}}{NH_2CONH_2}$$

उत्क्रमणीय तथा अनुत्क्रमणीय अभिक्रिया

- वह अभिक्रिया जो दोनों दिशाओं में होती है, **उत्क्रमणीय अभिक्रिया** (Reversible reaction) कहलाती है।

उदाहरण-हैबर प्रक्रम द्वारा नाइट्रोजन तथा हाइड्रोजन से अमोनिया का निर्माण।

$$\underset{\text{नाइट्रोजन}}{N_2} + \underset{\text{हाइड्रोजन}}{3H_2} \xrightleftharpoons{Fe, Me} \underset{\text{अमोनिया}}{2NH_3}$$

- वह अभिक्रिया जो केवल एक दिशा में होती है, **अनुत्क्रमणीय अभिक्रिया** (Irreversible reaction) कहलाती है।

उदाहरण- $$\underset{\text{सोडियम हाइड्रॉक्साइड}}{2NaOH} + \underset{\text{सल्फ्यूरिक अम्ल}}{H_2SO_4} \longrightarrow \underset{\text{सोडियम सल्फेट}}{Na_2SO_4} + 2H_2O$$

जल-अपघटन अभिक्रिया

- यह जल के साथ दुर्बल अम्ल या दुर्बल क्षारक के लवणों की अभिक्रिया है। उच्च परावैद्युत स्थिरांक (Dielectric constant) होने के कारण जल की जलयोजन प्रवृत्ति (Hydration tendency) बहुत प्रबल है।
- यह बहुत से आयनिक यौगिकों को घोल लेता है। यद्यपि कुछ सहसंयोजी तथा कुछ आयनिक यौगिक जल में **जल-अपघटित** (Hydrolysis reaction) हो जाते हैं। उदाहरण–

$$\underset{\text{सोडियम ऐसीटेट}}{CH_3COONa} + H_2O \longrightarrow \underset{\text{ऐसीटिक अम्ल}}{CH_3COOH} + \underset{\text{सोडियम हाइड्रॉक्साइड}}{NaOH}$$

प्रकाश रासायनिक अभिक्रिया

- ये रासायनिक अभिक्रियाएँ सूर्य के प्रकाश की उपस्थिति में होती हैं। उदाहरण–

$$\underset{\text{कार्बन डाइऑक्साइड}}{6CO_2} + 12H_2O \xrightarrow[\text{प्रकाश संश्लेषण}]{\text{सूर्य का प्रकाश}} \underset{\text{ग्लूकोस}}{C_6H_{12}O_6} + 6H_2O + \underset{\text{ऑक्सीजन}}{6O_2}$$

- प्रकाश रासायनिक अभिक्रिया (Photochemical reaction) का वेग प्रकाश की तीव्रता से प्रभावित होता है।

नोट प्रकाश संवेदक (Photosensitiser) वह पदार्थ है जो रासायनिक रूप से अपरिवर्तित रहते हुए रासायनिक अभिक्रिया कराते हैं। प्रकाश संश्लेषण में क्लोरोफिल प्रकाश संवेदक का कार्य करता है।

प्रकाश ऑक्सीकरण (Photo oxidation) वह प्रक्रिया है जिसमें ऑक्सीकरण प्रकाश द्वारा घटित होता है।

उपचयन एवं अपचयन

- अभिक्रिया के समय जब किसी पदार्थ में ऑक्सीजन की वृद्धि होती है, तो उसका उपचयन (Oxidation) हुआ है।
- जब अभिक्रिया में किसी पदार्थ में ऑक्सीजन का ह्रास होता है, तो उसका **अपचयन** (Reduction) हुआ है। उदाहरण- कॉपर की ऑक्सीजन के साथ क्रिया द्वारा कॉपर ऑक्साइड (II) बनता है, जोकि कॉपर चूर्ण की सतह पर कॉपर ऑक्साइड की काली परत के रूप में चढ़ जाती है।
- यदि इस गर्म पदार्थ (CuO) के ऊपर हाइड्रोजन गैस प्रवाहित की जाए, तो सतह की काली परत भूरे रंग की हो जाती है, क्योंकि इस स्थिति में विपरीत अभिक्रिया संपन्न होती है तथा कॉपर प्राप्त होता है।

$$\underset{\text{कॉपर ऑक्साइड}}{CuO + H_2} \xrightarrow{\text{तापन}} \underset{\text{कॉपर}}{Cu} + \underset{\text{हाइड्रोजन}}{H_2O}$$

उपरोक्त अभिक्रिया में कॉपर (II) ऑक्साइड में ऑक्सीजन का ह्रास हो रहा है, इसलिए यह **अपचयित** हुआ है।

- हाइड्रोजन में ऑक्सीजन की वृद्धि हो रही है, इसलिए यह उपचयित हुआ है अर्थात् किसी अभिक्रिया में एक अभिकारक उपचयित तथा दूसरा अभिकारक अपचयित होता है। इन अभिक्रियाओं को **उपचयन-अपचयन** अथवा **रेडॉक्स अभिक्रियाएँ** (Redox reactions) कहते हैं।

$$CuO + H_2 \xrightarrow{\text{तापन}} Cu + H_2O$$

(उपचयन: $H_2 \rightarrow H_2O$; अपचयन: $CuO \rightarrow Cu$)

रेडॉक्स अभिक्रिया के कुछ अन्य उदाहरण हैं –

$$ZnO + C \longrightarrow Zn + CO \quad ...(i)$$

$$MnO_2 + 4HCl \longrightarrow MnCl_2 + 2H_2O + Cl_2 \quad ...(ii)$$

अभिक्रिया (i) में कार्बन उपचयित होकर CO तथा ZnO अपचयित होकर Zn बनता है। अभिक्रिया (ii) में HCl, Cl_2 में उपचयित तथा MnO_2, $MnCl_2$ में अपचयित हुआ है।

- उपरोक्त उदाहरणों के आधार पर हम कह सकते हैं कि यदि किसी अभिक्रिया में पदार्थ का उपचयन तब होता है जब उसमें ऑक्सीजन की वृद्धि या हाइड्रोजन का ह्रास होता है। पदार्थ का अपचयन तब होता है जब उसमें ऑक्सीजन का ह्रास या हाइड्रोजन की वृद्धि होती है।

ऑक्सीकारक और अपचायक

- **इलेक्ट्रॉन ग्राही ऑक्सीकारक** (Oxidant) है और इलेक्ट्रॉन दाता **अपचायक** (Reductant) है। संक्षेप में, एक पदार्थ जो ऑक्सीकृत होता है या जिसकी ऑक्सीकरण संख्या में वृद्धि होती है, अपचायक की तरह कार्य करता है। जबकि एक पदार्थ जो अपचयित होता है या जिसकी ऑक्सीकरण संख्या में कमी होती है, ऑक्सीकारक की तरह कार्य करता है। उदाहरण–

$$\overset{0}{Zn}(s) + 2\overset{+1\,-1}{HCl}(aq) \longrightarrow \overset{+2\,-1}{ZnCl_2}(aq) + \overset{0}{H_2}(g)$$

- जिंक की ऑक्सीकरण संख्या में 0 से +2 की वृद्धि होती है अत: जिंक का ऑक्सीकरण हो रहा है। हाइड्रोजन की ऑक्सीकरण संख्या में + 1 से 0 की कमी होती है अत: हाइड्रोजन का अपचयन हो रहा है।
- इसके अतिरिक्त जिंक HCl में हाइड्रोजन की ऑक्सीकरण संख्या घटाने में सहायता करता है अत: जिंक **अपचायक** (Reductant or reducing agent) और HCl में हाइड्रोजन ऑक्सीकारक (Oxidant or oxidising agent) हैं।
- अपचायकों के उदाहरण हाइड्रोजन, सल्फर डाइऑक्साइड, कार्बन मोनॉक्साइड, हाइड्रोजन सल्फाइड, कार्बन, आदि हैं।
- ऑक्सीकारकों के उदाहरण-ऑक्सीजन, ओजोन, हाइड्रोजन परऑक्साइड, पोटैशियम परमैंग्नेट, पोटैशियम डाइक्रोमेट, आदि हैं।

ऑक्सीकरण अवस्था और ऑक्सीकरण संख्या

- संयोजकता तत्वों का प्रमुख अभिलाक्षणिक गुण है। ऑक्सीकरण अवस्था या ऑक्सीकरण संख्या, संयोजकता के स्थान पर बहुधा प्रयोग किया जाता है।
- वास्तविक या काल्पनिक आवेश जो एक परमाणु अपनी संयुक्त अवस्था में दर्शाता है उस परमाणु की ऑक्सीकरण अवस्था या ऑक्सीकरण संख्या कहलाती है।
- ऑक्सीकरण संख्या की गणना के निम्नलिखित नियम हैं –
  - किसी परमाणु की अपनी तत्व अवस्था में ऑक्सीकरण संख्या शून्य होती है। H_2 में H की, P_4 में P की तथा S_8 में S की ऑक्सीकरण संख्या शून्य है।
  - सभी यौगिकों में F की ऑक्सीकरण संख्या हमेशा –1 होती है।

- ऑक्सीजन की ऑक्सीकरण संख्या यौगिकों में –2 होती है। परॉक्साइडों (–1), सुपरऑक्साइडों $\left(-\frac{1}{2}\right)$ और ऑक्सीजन फ्लुओराइडों (+2 या +1) को छोड़कर।
- धात्विक हाइड्राइडों में H की ऑक्सीकरण संख्या –1 है, जबकि शेष यौगिकों में इसकी ऑक्सीकरण संख्या + 1 है।
- किसी आयन की ऑक्सीकरण संख्या उस पर स्थित आवेश का मान है।
- जटिल आयन के लिए, इसके सभी परमाणुओं की ऑक्सीकरण संख्या का योग उस आयन के आवेश के बराबर होता है।

  किसी अणु में उपस्थित सभी परमाणुओं की ऑक्सीकृत संख्या का योग शून्य होता है। उदाहरण-OF_2 में ऑक्सीजन की ऑक्सीकरण अवस्था की इस प्रकार गणना करते हैं

$$x + (-1) \times 2 = 0$$
$$\Rightarrow \quad x = +2$$

इसी प्रकार, H_2O में ऑक्सीजन की ऑक्सीकरण अवस्था,

$$2 \times 1 + x = 0$$
$$\Rightarrow \quad x = -2$$

ऑक्सीकरण अभिक्रियाओं के दैनिक जीवन में प्रभाव

ऑक्सीकरण अभिक्रिया द्वारा दैनिक जीवन पर निम्नलिखित प्रभाव पड़ते हैं

(i) **संक्षारण** (Corrosion) वह अभिक्रिया, जिसमें धातु वायु की ऑक्सीजन, नमी या अन्य रसायनों से धीमी अभिक्रिया द्वारा धीरे-धीरे नष्ट होती जाती है, **संक्षारण** कहलाती है।

उदाहरण-लोहे पर जंग लगना, चाँदी के आभूषणों पर काली परत का जमना आदि। संक्षारण को धातुओं पर पेंट करके, मिश्रित धातु बनाकर या अन्य धातुओं की परत चढ़ाकर रोका जा सकता है।

(ii) **विकृतगंधिता** (Rancidity) खाद्य पदार्थों में उपस्थित तेल तथा वसा (वाष्पशील प्रकृति वाले) के मंद (धीमे) ऑक्सीकरण से उनके स्वाद तथा गंध का बदल जाना, **विकृतगंधिता** कहलाती है।

विकृतगंधिता का कारण वायुवीय ऑक्सीकरण होता है अर्थात् वसायुक्त अथवा तैलीय खाद्य सामग्री को जब लंबे समय तक खुला रखा जाता है, तो ये ऑक्सीकरण के कारण विकृतगंधी तथा खाने योग्य नहीं रहते हैं। उदाहरण-पानी तथा पनीर खुला रखने पर विकृत गंध देने लगते हैं।

विकृतगंधिता को निम्न विधियों द्वारा रोका जा सकता है

- खाद्य पदार्थों को वायुरोधी पात्रों में रखना।
- निम्न ताप पर पके हुए खाने का प्रशीतन।
- खाद्य पदार्थ जैसे आलू चिप्स इत्यादि की पैकिंग में ऑक्सीजन को हटाकर उसके स्थान पर नाइट्रोजन गैस भर देते हैं।
- खाद्य पदार्थों तथा पके हुए भोजन को सीधे सूर्य के प्रकाश के संपर्क से बचाकर।
- प्रतिऑक्सीकारक मिलाकर।

अतिरिक्त तथ्य
तमिलनाडु बोर्ड एवं NIOS

- फ्रांसीसी रसायनिज्ञ 'गै-लुसाक' ने गैसों की क्रियाओं पर प्रयोग किया और पाया कि गैसों की रासायनिक क्रिया के समय उनके अभिकारकों व उत्पाद का अनुपात सरल पूर्णांकों से सम्बन्धित होता है। यदि उनका अनुपात एक तापमान व दाब पर मापा जाये तो।
- निश्चित अनुपात का नियम द्रव्यमान से सम्बन्धित है।
- श्वसन एक ऊष्माक्षेपी प्रक्रिया का उदाहरण है।
- सब्जी या बायोमास का अपघटन होने पर खाद बनाना भी एक ऊष्माक्षेपी अभिक्रिया का उदाहरण है।
- एक पदार्थ जिसमें बैक्टीरिया को खत्म करने की क्षमता होती है। वह डिसइंफेक्टेंट, बैक्टीरिसाइड या एक एंटीसेप्टिक कहलाता है।
- एक ऑक्सी ऐसीटिलीन टॉर्च में जो कि वैल्डिंग और धातुओं को काटने में प्रयोग होती है। एसीटिलीन का ऑक्सीकरण होता है और बहुत ज्यादा तापमान उत्पन्न करती है।

04

तत्वों का आवर्त वर्गीकरण

(स्रोत)

Class-X Old NCERT Chap 5 **(तत्वों का आवर्त वर्गीकरण)**, Class-XI New NCERT Chap 3 **(तत्वों का वर्गीकरण एवं गुणधर्मों में आवर्तिता)**
Tamil Nadu Board (Class-IX, X), NIOS

अब तक लगभग 118 तत्वों की खोज हो चुकी है, जिनमें से 94 प्राकृतिक हैं तथा शेष कृत्रिम विधियों द्वारा प्राप्त किए गए हैं।

जैसे-जैसे विभिन्न तत्वों की खोज हो रही थी, वैज्ञानिक इन तत्वों के गुणधर्मों के बारे में अधिक-से-अधिक जानकारी एकत्र करने लगे। उन्हें तत्वों की इन जानकारियों को व्यवस्थित करना बड़ा ही कठिन लगा। उन्होंने इन गुणधर्मों में एक ऐसा प्रतिरूप ढूँढ़ना आरंभ किया, जिसके आधार पर इतने सारे तत्वों का आसानी से अध्ययन किया जा सके।

तत्वों का प्रारंभिक वर्गीकरण

डॉबेराइनर, न्यूलैंड्स, मेण्डेलीफ आदि वैज्ञानिकों ने तत्वों को वर्गीकृत करने की दिशा में महत्वपूर्ण प्रयास किए, जिन्हें निम्न प्रकार से स्पष्ट किया गया है

1. न्यूलैंड्स का अष्टक सिद्धांत

- 1866 ई. में अंग्रेज वैज्ञानिक **जॉन न्यूलैंड्स** (John Newlands) ने, ज्ञात तत्वों को परमाणु द्रव्यमान के आरोही क्रम में व्यवस्थित किया। उन्होंने सबसे कम परमाणु द्रव्यमान वाले तत्व हाइड्रोजन से आरंभ किया तथा 56वें तत्व थोरियम पर इसे समाप्त किया। उन्होंने पाया कि प्रत्येक आठवें तत्व का गुणधर्म पहले तत्व के गुणधर्म के समान है।
- उन्होंने इसकी तुलना संगीत के **अष्टक** से की और इसलिए उन्होंने इसे अष्टक का सिद्धांत कहा। इसे **न्यूलैंड्स का अष्टक सिद्धांत** (Newlands' octet theory) के नाम से जाना जाता है।
- न्यूलैंड्स के अष्टक सिद्धान्त में लीथियम एवं सोडियम के गुणधर्म समान थे। सोडियम, लीथियम के बाद आठवाँ तत्व है। इसी तरह बेरिलियम एवं मैग्नीशियम में अधिक समानता है। न्यूलैंड्स के अष्टक सिद्धान्त के मूल रूप का एक भाग निम्न सारणी में दिया गया है।

न्यूलैंड्स के अष्टक सिद्धांत की सीमाएँ

- न्यूलैंड्स के अनुसार, ऐसा देखा गया है कि अष्टक का सिद्धांत केवल कैल्सियम तत्व तक ही लागू हुआ, क्योंकि कैल्सियम तत्व के पश्चात् प्रत्येक आठवें तत्व के गुणधर्म पहले तत्व से समानता नहीं रखते थे।
- न्यूलैंड्स ने यह कल्पना की थी, कि प्रकृति में केवल 56 तत्व विद्यमान हैं तथा भविष्य में कोई अन्य तत्व नहीं मिलेगा, परंतु बाद में कई नए तत्व पाए गए जिनके गुणधर्म, अष्टक सिद्धांत से समानता नहीं रखते थे।
- इस सारणी में इन तत्वों को समायोजित करने के लिए न्यूलैंड्स ने दो तत्वों को एकसाथ रख दिया और कुछ असमान तत्वों को एक स्थान पर रख दिया। इस सारणी में कोबाल्ट तथा निकैल एक साथ हैं तथा इन्हें एक साथ उसी स्तंभ में रखा गया है, जिसमें फ्लुओरीन, क्लोरीन एवं ब्रोमीन हैं, यद्यपि इनके गुणधर्म उन दोनों तत्वों से भिन्न हैं।
- आयरन को कोबाल्ट एवं निकैल से दूर रखा गया है, जबकि उनके गुणधर्मों में समानता होती है। इस प्रकार, न्यूलैंड्स अष्टक सिद्धांत केवल हल्के तत्वों के लिए ही ठीक से लागू हो पाया। नोबल गैसों की खोज के पश्चात् अष्टक का सिद्धांत **अप्रासंगिक** (Irrelevant) हो गया।

सारणी : न्यूलैंड्स का अष्टक

संगीत के सुर	सा (डो)	रे	गा	मा	पा	धा	नि
	H	Li	Be	B	C	N	O
	F	Na	Mg	Al	Si	P	S
	Cl	K	Ca	Cr	Ti	Mn	Fe
	Co तथा Ni	Cu	Zn	Y	In	As	Se
	Br	Rb	Sr	Ce तथा La	Zr	—	—

2. डॉबेराइनर का त्रिक नियम

- 1817 ई. में जर्मन रसायनज्ञ, **जॉन वुल्फगांग डॉबेराइनर** (Johann Wolfgang Dobereiner) ने समान गुणधर्मों वाले तत्वों को समूहों में व्यवस्थित करने का प्रयास किया। उन्होंने तीन-तीन तत्व वाले कुछ समूहों को चुना एवं उन समूहों को **त्रिक समूह** (Triad group) कहा।
- डॉबेराइनर ने बताया कि त्रिक के तीनों तत्वों को उनके परमाणु द्रव्यमान के आरोही क्रम में रखने पर बीच वाले तत्व का परमाणु द्रव्यमान, अन्य तत्वों के परमाणु द्रव्यमान का लगभग औसत होता है।

उदाहरण–

तत्व	Li	Na	K
परमाणु भार	7	23	39

दोनों सिरों के तत्वों का औसत परमाणु भार $= \frac{7+39}{2} = 23$

अत: Na तत्व का परमाणु भार = 23

- डॉबेराइनर केवल तीन त्रिक ही ज्ञात कर सके थे, इसलिए त्रिक में वर्गीकृत करने की यह पद्धति सफल नहीं हो पाई थी।

मेण्डेलीफ की मूल आवर्त सारणी

- न्यूलैंड्स के अष्टक सिद्धांत के अस्वीकार होने के बाद भी कई वैज्ञानिकों ने ऐसे प्रतिरूपों की खोज जारी रखी, जिससे तत्वों के गुणधर्मों का उनके परमाणु द्रव्यमान के साथ संबंध स्थापित हो सके।
- तत्वों के वर्गीकरण का मुख्य श्रेय रूसी रसायनज्ञ **दिमित्री इवानोविच मेण्डेलीफ** (Dmitri Ivanovich Mendeleev) को जाता है। तत्वों की आवर्त सारणी के प्रारंभिक विकास में उनका प्रमुख योगदान रहा। उन्होंने अपनी सारणी में तत्वों को उनके मूल गुणधर्म, परमाणु द्रव्यमान तथा रासायनिक गुणधर्मों में समानता के आधार पर व्यवस्थित किया था।
- जब मेण्डेलीफ ने अपना कार्य आरंभ किया था, तब तक 63 तत्व ज्ञात थे। उन्होंने तत्वों के परमाणु द्रव्यमान एवं उनके भौतिक तथा रासायनिक गुणधर्मों के बीच संबंधों का अध्ययन किया था। रासायनिक गुणधर्मों के अंतर्गत मेण्डेलीफ ने तत्वों के ऑक्सीजन एवं हाइड्रोजन के साथ बनने वाले यौगिकों पर अपना ध्यान केंद्रित किया था। उन्होंने ऑक्सीजन एवं हाइड्रोजन का इसलिए चुनाव किया था, क्योंकि ये अत्यंत सक्रिय होते हैं तथा अधिकांश तत्वों के साथ यौगिक बनाते हैं। तत्व से बनने वाले हाइड्राइड एवं ऑक्साइड के सूत्र को तत्वों के वर्गीकरण के लिए मूलभूत गुणधर्म माना गया है।
- यह भी देखा गया कि समान भौतिक एवं रासायनिक गुणधर्म वाले विभिन्न तत्व एक निश्चित अंतराल के बाद पुन: आ जाते हैं। इसी आधार पर मेण्डेलीफ ने आवर्त सारणी बनाई, जिसका सिद्धांत है, **तत्वों के गुणधर्म उनके परमाणु द्रव्यमान का आवर्त फलन** (Periodic function) **होते हैं।**
- मेण्डेलीफ की आवर्त सारणी में ऊर्ध्व स्तंभ को **समूह** (Group) तथा क्षैतिज पंक्तियों को **आवर्त** (Period) कहते हैं।

मेण्डेलीफ की आवर्त सारणी

समूह	**I**	**II**	**III**	**IV**	**V**	**VI**	**VII**		**VIII**	
ऑक्साइड	R_2O	RO	R_2O_3	RO_2	R_2O_5	RO_3	R_2O_7		RO_4	
हाइड्राइड	RH	RH_2	RH_3	RH_4	RH_3	RH_2	RH			
आवर्त ↓	A B	A B	A B	A B	A B	A B	A B		संक्रमण श्रेणी	
1.	H 1.008									
2.	Li 6.939	Be 9.012	B 10.81	C 12.011	N 14.007	O 15.999	F 18.998			
3.	Na 22.99	Mg 24.31	Al 29.98	Si 28.09	P 30.974	S 32.06	Cl 35.453			
4. प्रथम श्रेणी	K 39.102	Ca 40.08	Sc 44.96	Ti 47.90	V 50.94	Cr 50.20	Mn 54.94	Fe 55.85	Co 58.93	Ni 58.71
द्वितीय श्रेणी	Cu 63.54	Zn 65.37	Ga 69.72	Ge 72.59	As 74.92	Se 78.96	Br 79.909			
5. प्रथम श्रेणी	Rb 85.47	Sr 87.62	Y 88.91	Zr 91.22	Nb 92.91	Mo 95.94	Tc 99	Ru 101.07	Rh 102.91	Pd 106.4
द्वितीय श्रेणी	Ag 107.87	Cd 112.40	In 114.82	Sn 118.69	Sb 121.75	Te 127.60	I 126.90			
6. प्रथम श्रेणी	Cs 132.90	Ba 137.34	La 138.91	Hf 178.49	Ta 180.95	W 183.85		Os 190.2	Ir 192.2	Pt 195.09
द्वितीय श्रेणी	Au 196.97	Hg 200.59	Tl 204.37	Pb 207.19	Bi 208.98					

मेण्डेलीफ की मूल आवर्त सारणी का महत्व (उपलब्धियाँ)

मेण्डेलीफ की मूल आवर्त सारणी निम्नलिखित के लिए महत्वपूर्ण सिद्ध हुई

- **तत्वों के गुणों का क्रमबद्ध अध्ययन** (Systematic study of the properties of elements) आवर्त सारणी व्यवस्थित करते समय मेण्डेलीफ को सारणी में अधिक द्रव्यमान वाले तत्व को कभी-कभी कम द्रव्यमान वाले तत्व से पहले रखना पड़ा। क्रम इसलिए (परिवर्तित) पड़ा, ताकि समान गुणधर्म वाले तत्वों को एक साथ रखा जा सके।

  उदाहरण-कोबाल्ट (परमाणु द्रव्यमान 58.9) सारणी में निकैल (परमाणु द्रव्यमान 58.7) से पहले है।
- **नए तत्वों की खोज** (Discovery of new elements) इसके अतिरिक्त, मेण्डेलीफ ने अपनी आवर्त सारणी में कुछ रिक्त स्थानों को छोड़ दिया।
  - इन रिक्त स्थानों को दोष के रूप में देखने के अतिरिक्त मेण्डेलीफ ने दृढ़तापूर्वक कुछ ऐसे तत्वों के अस्तित्व का अनुमान किया, जो उस समय तक ज्ञात नहीं थे। इनका नामकरण उन्होंने उसी समूह में इससे पहले आने वाले तत्व के नाम में **एका** (संस्कृत शब्द) **उपसर्ग** (Mono prefix) लगाकर किया था।

  जैसे बाद में ज्ञात होने वाले स्कैंडियम, गैलियम, जर्मेनियम के गुणधर्म क्रमश: **एका-बोरॉन** (Eka-boron), **एका-ऐलुमिनियम** (Eka-aluminium) तथा **एका-सिलिकॉन** (Eka-silicon) के समान थे।
  - मेण्डेलीफ द्वारा अनुमानित एका-ऐलुमिनियम तथा बाद में ज्ञात गैलियम के गुणधर्म को सारणी में सूचीबद्ध किया गया है। इससे मेण्डेलीफ की आवर्त सारणी की परिशुद्धता तथा उपयोगिता के ठोस प्रमाण प्राप्त हुए।
- **उत्कृष्ट गैसें** (Noble gases) जैसे-हीलियम (He), निऑन (Ne) एवं ऑर्गन (Ar) का पहले भी कई संदर्भ में उल्लेख किया गया।
  - इन गैसों का पता देर से चला, क्योंकि ये अक्रिय हैं तथा वायुमंडल में इनकी मात्रा बहुत कम है।
  - मेण्डेलीफ की आवर्त सारणी की एक विशेषता यह भी थी कि जब इन गैसों का पता चला, तब पिछली व्यवस्था को छेड़े बिना ही इन्हें नए समूह में रखा जा सका।

एका-ऐलुमिनियम तथा गैलियम के गुणधर्म

गुणधर्म	एका-ऐलुमिनियम	गैलियम
परमाणु द्रव्यमान	68	69.7
ऑक्साइड का सूत्र	E_2O_3	Ga_2O_3
क्लोराइड का सूत्र	ECl_3	$GaCl_3$

मेण्डेलीफ की आवर्त सारणी के दोष

मेण्डेलीफ की आवर्त सारणी के दोष निम्नलिखित हैं

- **हाइड्रोजन का स्थान** (Position of hydrogen) हाइड्रोजन का इलेक्ट्रॉनिक विन्यास क्षार धातुओं से मिलता है। क्षार धातुओं की भाँति हाइड्रोजन भी हैलोजन, ऑक्सीजन एवं सल्फर के साथ एक जैसे सूत्र वाले यौगिक बनाती है। उदाहरण-(HCl, NaCl), (H_2O, Na_2O), (H_2S, Na_2S) आदि। दूसरी ओर हैलोजन की भाँति हाइड्रोजन भी द्विपरमाणुक अणु के रूप में पाई जाती है और धातुओं एवं अधातुओं के साथ सहसंयोजक यौगिक बनाती है। अत: मेण्डेलीफ की आवर्त सारणी में इसका स्थान निश्चित नहीं है, परंतु इसे क्षार धातुओं के साथ रखा जाता है।
- **समस्थानिकों एवं समभारिकों का स्थान** (Position of isotopes and isobars) मेण्डेलीफ की आवर्त सारणी में समस्थानिकों (भिन्न परमाणु भार वाले समान तत्व के परमाणु) तथा समभारिकों (भिन्न परमाणु क्रमांक व समान द्रव्यमान संख्या वाले परमाणु) को अलग स्थान नहीं दिया गया था और न ही इसके कारण का स्पष्टीकरण संभव हुआ।

आधुनिक आवर्त सारणी

वर्ष 1913 में हेनरी मोजले ने बताया कि तत्व के परमाणु द्रव्यमान की तुलना में उसकी परमाणु संख्या (Z) अधिक आधारभूत गुणधर्म है। तद्नुसार, मेण्डेलीफ की आवर्त सारणी में परिवर्तन किया गया तथा परमाणु संख्या को आधुनिक आवर्त सारणी के आधार के रूप में स्वीकार किया गया। इस आधुनिक आवर्त नियम को निम्न प्रकार वर्णित किया जा सकता है

- तत्वों के गुणधर्म उनकी परमाणु संख्या का **आवर्त फलन** होते हैं।
- परमाणु संख्या से हमें परमाणु के नाभिक में स्थित प्रोटॉनों की संख्या का पता चलता है तथा एक तत्व से दूसरे तत्व तक बढ़ने पर इस संख्या में एक संख्या की बढ़ोतरी होती है। तत्वों को उनकी परमाणु संख्या के आरोही क्रम में व्यवस्थित करने पर जो वर्गीकरण प्राप्त होता है, उसे **आधुनिक आवर्त सारणी** कहा जाता है।
- तत्वों को परमाणु संख्या के आरोही क्रम में व्यवस्थित करने पर तत्वों के गुणधर्मों का अधिक **परिशुद्धता** से अनुमान लगाया जा सकता है।

आधुनिक आवर्त सारणी में तत्वों की स्थिति

- आधुनिक आवर्त सारणी में 18 ऊर्ध्व स्तंभ हैं, जिन्हें 'समूह' कहा जाता है तथा 7 क्षैतिज पंक्तियाँ हैं, जिन्हें 'आवर्त' कहा जाता है।

  किसी वर्ग के सभी तत्वों के संयोजी इलेक्ट्रॉनों की संख्या समान होती है।

आवर्त सारणी में तत्वों की संख्या

आवर्त सारणी में तत्वों की संख्या निम्नलिखित हैं

- आवर्त में तत्वों के संयोजी इलेक्ट्रॉनों की संख्या समान नहीं होती है, परंतु कक्षकों की संख्या समान रहती है।
- संयोजी कक्षक में बाएँ से दाएँ जाने पर परमाणु क्रमांक में एक इकाई की वृद्धि के साथ संयोजी इलेक्ट्रॉनों की संख्या में भी एक इकाई की वृद्धि होती है। अत: भिन्न तत्वों के परमाणु, जिनके कक्षकों की संख्या समान हो, समान आवर्त में रखे जाते हैं।
- संयोजी कक्षकों में इलेक्ट्रॉनों की संख्या बदलने के साथ ही तत्वों के रासायनिक गुण बदल जाते हैं।
- विभिन्न आवर्तों में, इलेक्ट्रॉनों की संख्या भिन्न हो सकती है, इसे कक्षकों में इलेक्ट्रॉनों के भरने के आधार पर समझाया जा सकता है।
- किसी कक्षक में इलेक्ट्रॉनों की अधिकतम संख्या $2n^2$ हो सकती है।

  जहाँ, n = दिए गए **परमाणु के कक्षक** की संख्या है।

  उदाहरण- K- कक्षक (कोश) $= 2 \times (1)^2 = 2$ (अति लघु आवर्त)

  L- कक्षक (कोश) $= 2 \times (2)^2 = 8$ (लघु आवर्त)

  M- कक्षक (कोश) $= 2 \times (3)^2 = 18$ (लघु आवर्त)

  परंतु अंतिम कक्षा में अधिकतम केवल 8 इलेक्ट्रॉन हो सकते हैं, अतः इसे **लघु आवर्त** कहा जाता है।
- चतुर्थ एवं पाँचवें आवर्त में 18 तत्व होते हैं एवं इन्हें **'दीर्घ आवर्त'** कहा जाता है।
- छठे तथा सातवें आवर्त में 32 तत्व हो सकते हैं, अतः इन्हें भी दीर्घ आवर्त कहा जाता है।

आधुनिक आवर्त सारणी (Modern Periodic Table)

अवस्था: द्रव L, गैस G, ठोस S, Not found in nature X

Key to chart: G 8 → परमाणु संख्या; O → प्रतीक; Oxygen → नाम; 15.9994 → द्रव्यमान

समूह संख्या

आवर्त ↓ / समूह →	1 IA	2 IIA	3 IIIB	4 IVB	5 VB	6 VIB	7 VIIB	8 VIII	9 VIII	10 VIII	11 IB	12 IIB	13 IIIA	14 IVA	15 VA	16 VIA	17 VIIA	18 0(शून्य)
1	1 S H Hydrogen 1.008																	2 G He Helium 4.003
2	3 S Li Lithium 6.941	4 S Be Beryllium 9.0121											5 S B Boron 10.811	6 S C Carbon 12.011	7 G N Nitrogen 14.007	8 G O Oxygen 15.999	9 G F Fluorine 18.998	10 G Ne Neon 20.180
3	11 S Na Sodium 22.990	12 S Mg Magnesium 24.305											13 S Al Aluminium 26.962	14 S Si Silicon 28.086	15 S P Phosphorus 30.914	16 S S Sulphur 32.066	17 S Cl Chlorine 35.453	18 S Ar Argon 39.948
4	19 S K Potassium 39.098	20 S Ca Calcium 40.079	21 S Sc Scandium 44.956	22 S Ti Titanium 47.867	23 S V Vanadium 50.942	24 S Cr Chromium 51.996	25 S Mn Manganese 54.938	26 S Fe Iron 55.845	27 S Co Cobalt 58.933	28 S Ni Nickel 58.693	29 S Cu Copper 63.546	30 S Zn Zinc 65.39	31 S Ga Gallium 69.723	32 S Ge Germanium 72.61	33 S As Arsenic 7.822	34 S Se Selenium 78.96	35 L Br Bromine 79.904	36 G Kr Krypton 83.30
5	37 S Rb Rubidium 85.468	38 S Sr Strontium 87.62	39 S Y Yttrium 88.906	40 S Zr Zirconium 91.224	41 S Nb Niobium 92.906	42 S Mo Molybdenum 95.94	43 S Tc Technetium (98)	44 S Ru Ruthenium 101.07	45 S Rh Rhodium 102.906	46 S Pd Palladium 106.42	47 S Ag Silver 107.868	48 S Cd Cadmium 112.411	49 S In Indium 114.818	50 S Sn Tin 118.710	51 S Sb Antimony 121.80	52 S Te Tellurium 177.60	53 S I Iodine 125.904	54 G Xe Xenon 131.29
6	55 S Cs Ceasium 132.505	56 S Ba Barium 137.327	57 S La Lanthanum 138.906	72 S Hf Hafnium 178.49	73 S Ta Tantalum 180.948	74 S W Tungsten 183.84	75 S Re Rhenium 186.207	76 S Os Osmium 190.23	77 S Ir Iridium 192.217	78 S Pt Platinum 195.078	79 S Au Gold 198.967	80 S Hg Mercury 200.59	81 S Tl Thallium 204.383	82 S Pb Lead 207.2	83 S Bi Bismuth 208.980	84 S Po Polonium (209)	85 S At Astatine (210)	86 G Rn Radon (222)
7	87 S Fr Francium (223)	88 S Ra Radium (226)	89 S Ac Actinium (227)	104 X Rf Rutherfordium (261)	105 X Db Dubnium (262)	106 X Sg Seaborgium (263)	107 X Bh Bohrium (262)	108 X Hs Hassium (265)	109 X Mt Meitnerium (266)	110 X Ds Darmstadtium (269)	111 X Rg Rontgenium (272)	112 X Uub Ununbium (277)	113 Uut Unutrium	114 X Uuq Ununqua-dium	115 Uup Unupent-ium	116 X Uuh Unurhexium	117 Uus Ununseptium	118 Uuo Ununoctium

f-Block Elements

Lantha-noids	58 S Ce Cerium 140.116	59 S Pr Praseodymium 140.908	60 S Nd Neodymium 144.908	61 X Pm Promethium (145)	62 S Sm Samarium 150.36	63 S Eu Europium 151.064	64 S Gd Gadolinium 157.25	65 S Tb Terbium 158.925	66 S Dy Dysprosium 162.50	67 S Ho Holmium 164.930	68 S Er Erbium 167.26	69 S Tm Thulium 168.934	70 S Yb Yterbium 173.04	71 S Lu Lutetium 174.957
Acti-noids	90 S Th Thorium 232.038	91 S Pa Protactinium 231.036	92 S U Uranium 238.029	93 S Np Neptunium (237)	94 S Pu Plutonium (244)	95 X Am Amercium (243)	96 X Cm Curium (247)	97 X Bk Barkelium (247)	98 X Cf Californium (251)	99 X Es Einsteinicum (269)	100 X Fn Fermium (257)	101 X Md Mendelevium (258)	102 X No Nobelium (259)	103 X Lr Lawrencium (262)

धातु / उपधातु / अधातु

आवर्तों के लक्षण

- किसी आवर्त में बाईं से दाईं जाने पर संयोजकता इलेक्ट्रॉनों की संख्या 1 से 8 तक बढ़ती है। किसी आवर्त में तत्वों के क्रमवार परमाणु क्रमांक हैं।
- किसी आवर्त में बाईं से दाई जाने पर हाइड्रोजन के प्रति तत्वों की संयोजकता पहले 1 से 4 तक बढ़ती है फिर शून्य तक घटती है।
- परमाणु त्रिज्या, विद्युत धनात्मक लक्षण, धात्विक गुण, तत्वों की अपचायक प्रवृत्ति तथा ऑक्साइडों की क्षारीय प्रकृति, ये सभी गुण आवर्त में बाईं से दाईं ओर जाने पर घटते हैं।
- ऋणविद्युती लक्षण, अधात्विक गुण, ऑक्साइडों की अम्लीय प्रकृति, आयनन विभव में किसी आवर्त में बाईं से दाईं ओर जाने पर वृद्धि होती हैं। किसी आवर्त में बाईं से दाई ओर जाने पर विद्युत ऋणात्मकता और इलेक्ट्रॉन बन्धुता में भी वृद्धि होती है।

समूहों के लक्षण

- आवर्त सारणी में किसी समूह के सभी तत्वों में **संयोजी इलेक्ट्रॉनों** की संख्या समान होती है। किसी समूह में ऊपर से नीचे जाने पर परमाणु त्रिज्या, धनविद्युती लक्षण, धात्विक प्रकृति, तत्वों की अपचायक प्रकृति तथा ऑक्साइडों की क्षारीय प्रकृति में वृद्धि होती है।
- आवर्त सारणी में किसी समूह में ऊपर से नीचे जाने पर ऋणविद्युती प्रकृति, आयनन विभव, इलेक्ट्रॉन बन्धुता, विद्युत ऋणात्मकता, अधात्विक प्रकृति और ऑक्साइडों की अम्लीय प्रकृति में **परमाणु क्रमांक** बढ़ने के साथ कमी आती है।
- समूह में नीचे जाने पर धातुओं की क्रियाशीलता में वृद्धि होती है लेकिन अधातुओं की क्रियाशीलता घटती है।

किसी तत्व की समूह संख्या और आवर्त संख्या को ज्ञात करना

- किसी परमाणु में **कोशों** (Shell) की संख्या आवर्त सारणी में उस तत्व की आवर्त संख्या बताती है।
- संयोजी इलेक्ट्रॉनों की संख्या आवर्त सारणी में उस तत्व की समूह संख्या को निश्चित करती हैं।
- *s*-ब्लॉक तत्वों के लिए, समूह संख्या = संयोजी कोश में इलेक्ट्रॉनों की संख्या।
- *p*-ब्लॉक तत्वों के लिए, समूह संख्या = 10 + संयोजी कोश में इलेक्ट्रॉनों की संख्या।
- *d*-ब्लॉक तत्वों के लिए, समूह संख्या = *ns* कोश में इलेक्ट्रॉन + $(n-1)\,d$ – कोश में इलेक्ट्रॉन।

तत्वों के प्रकार

- तत्वों का इलेक्ट्रॉनिक विन्यास आवर्ती वर्गीकरण के लिये सैद्धान्तिक मूलाधार उपलब्ध कराता है। एक ही समूह या परिवार में उपस्थित तत्वों के रासायनिक गुणधर्म समान होते हैं क्योंकि इनके **बाह्यतम कोश** में इलेक्ट्रॉनों की संख्या और वितरण एक ही प्रकार का होता है।
- संयोजी इलेक्ट्रॉन ग्रहण करने वाले कक्षकों के प्रकार के आधार पर तत्वों को निम्न चार ब्लॉक में वर्गीकृत किया गया है

s-ब्लॉक तत्व

- इन तत्वों में संयोजी इलेक्ट्रॉन *s*-कक्षक में प्रवेश करता है। आवर्त सारणी के समूह 1 और 2 (IA और II A) इस ब्लॉक के तत्व हैं।
- आवर्त सारणी का समूह 1 (IA) सामूहिक रूप से **क्षारीय धातुएँ** (Alkali metals) कहलाते हैं।
- आवर्त सारणी का समूह 2 (IIA) सामूहिक रूप से **क्षारीय मृदा धातुएँ** (Alkaline earth metals) कहलाते हैं।
- *s*-ब्लॉक तत्वों का सामान्य इलेक्ट्रॉनिक विन्यास क्षारीय धातुओं के लिए उत्कृष्ट गैस ns^1 तथा क्षारीय मृदा धातुओं के लिए **उत्कृष्ट गैस** (Noble gas) ns^2 हैं।
- ये नर्म धातुएँ प्रबल धनविद्युती तथा क्षारीय ऑक्साइड बनाती हैं।

p-ब्लॉक तत्व

- *p*-ब्लॉक तत्वों में संयोजी इलेक्ट्रॉन *p*-कक्षक में प्रवेश करते हैं। इनके संयोजी कोश का इलेक्ट्रॉनिक विन्यास $ns^2\,np^{1-6}$ है।
- आवर्त सारणी में समूह-13 से 18 (III A से VIII A) *p*-ब्लॉक तत्व हैं। यह अकेला ब्लॉक है जिसमें **धातु, अधातु तथा उपधातु** (Metals, non-metals and metalloids) सभी हैं।
- इस ब्लॉक के भारी सदस्य **अक्रिय युग्म प्रभाव** (Inert pair effect) दर्शाते हैं, अर्थात् इनमें निम्न संयोजकता अधिक स्थायी है। उदाहरण–लैड के लिए +4 संयोजकता की अपेक्षा +2 संयोजकता अधिक स्थायी है। इसी प्रकार Tl में +3 संयोजकता की अपेक्षा +1 संयोजकता अधिक स्थायी है।

d-ब्लॉक तत्व

- इन तत्वों को संक्रमण तत्व कहा जाता है (जिंक, कैडमियम और मर्करी के अतिरिक्त)। *d*-ब्लॉक तत्वों में संयोजी इलेक्ट्रॉन *d*-कक्षक मे प्रवेश करते हैं।
- संयोजी कोश का इलेक्ट्रॉनिक विन्यास $(n-1)\,d^{1-10}\,ns^{1-2}$ होता है। आवर्त सारणी के इस ब्लॉक में समूह 3 से 12 तक के तत्व हैं।
- संक्रमण धातुओं की तीन श्रेणियाँ, 3*d*–श्रेणी (Sc से Zn), 4*d*–श्रेणी (*Y* से Cd) और 5*d*–श्रेणी (La से Hg, Ce से Lu को निकालकर) से जानी जाती है।

f-ब्लॉक तत्व

- आवर्त सारणी का *f*-ब्लॉक दो श्रेणियों **लैन्थेनाइडों** (Lanthanides) (लैन्थेनम से आगे वाले 14 तत्व) तथा **ऐक्टिनाइडों** (Actinides) (ऐक्टिनियम से आगे वाले 14 तत्व) से मिलकर बना है।
- लैन्थेनॉइडों का इलेक्ट्रॉनिक विन्यास $6s^2\,5d^{0-2}\,4f^{1-14}$ होता है। ऐक्टिनॉइडों का इलेक्ट्रॉनिक विन्यास अनियमित है।
- इस ब्लॉक के तत्व **आन्तरिक संक्रमण तत्व** (Inner transition elements) भी कहलाते हैं।
- यूरेनियम (परमाणु क्रमांक-92) के बाद वाले तत्व मानव निर्मित हैं अर्थात् मानव द्वारा कृत्रिम रूप से संश्लेषित किए गए हैं। अत: इन्हें **ट्रांसयूरेनियम** या **संश्लेषित तत्व** (Transuranium or synthetic elements) भी कहते हैं। ये सभी तत्व रेडियों सक्रिय तत्व है।
- नेप्चूनियम (Np), प्लूटोनियम (Pu),ऐमेरिशयम (Am), क्यूरियम (Cm), बर्केलियम (Bk), कैलिफोर्नियम (Cf), आइन्सटाइनियम (Es) तथा मेण्डलीवियम (Md), आदि।

नोट *s* और *p*-ब्लॉक के तत्व सामूहिक रूप से **निरूपक तत्व** (Representative elements) कहलाते हैं। Hg, Zn, Cu, Sc, आदि *d*–ब्लॉक तत्व हैं लेकिन संक्रमण तत्व (Transition element) नहीं हैं।
केवल हाइड्रोजन को छोड़कर *s*, *d* और *f*–ब्लॉक के सभी तत्व धातुएँ हैं।

आधुनिक आवर्त सारणी की प्रवृत्ति

आवर्त सारणी में आवर्तों तथा समूहों में तत्वों के कुछ गुणों में क्रमिक परिवर्तन पाया जाता है तथा अगले आवर्त में इन गुणों की पुनरावृत्ति (Repetition) होती है, ऐसे गुण आवर्ती गुणधर्म कहलाते हैं। आधुनिक आवर्त सारणी की प्रवृत्ति निम्न कारकों पर निर्भर करती है।

1. संयोजकता

किसी भी तत्व की **संयोजकता** (Valency) उसके परमाणु के सबसे बाहरी कोश में उपस्थित संयोजकता इलेक्ट्रॉनों की संख्या से निर्धारित होती है।

- **आवर्त में** (In period) लघु आवर्त के तत्वों की हाइड्रोजन के प्रति संयोजकता पहले 1 से 4 तक बढ़ती है तथा इसके बाद 4 से 1 तक क्रमश: घटती है। ऑक्सीजन के प्रति संयोजकता 1 से 7 तक क्रमश: बढ़ती है।
- **वर्ग में** (In group) वर्ग संख्या वर्ग की संयोजकता को दर्शाती है। (शून्य एवं आठवें वर्ग को छोड़कर)।

  उदाहरण- वर्ग 1 की संयोजकता एक एवं वर्ग 2 की संयोजकता दो है।

2. परमाणु आकार/परमाणु त्रिज्या

किसी परमाणु के नाभिक के केंद्र से उसके अंतिम कोश के बीच की दूरी को **परमाणु त्रिज्या** (Atomic size) कहते हैं। परमाणु त्रिज्या ज्ञात होने पर परमाणु के आकार का पता चल जाता है।

परमाणु त्रिज्या में परिवर्तन निम्न प्रकार होता है

- **आवर्त में** (In period) बाईं से दाईं ओर जाने पर परमाणु त्रिज्या घटती है। नाभिक में आवेश के बढ़ने से यह इलेक्ट्रॉनों को नाभिक की ओर खींचता है, जिससे परमाणु का आकार घटता जाता है।
- **वर्ग में** (In group) ऊपर से नीचे जाने पर परमाणु का आकार बढ़ता है। ऐसा इसलिए होता है, क्योंकि नीचे जाने पर एक नया कोश जुड़ जाता है। इससे नाभिक तथा सबसे बाहरी कोश के बीच की दूरी बढ़ जाती है, और इस कारण नाभिक का आवेश बढ़ जाने के बाद भी परमाणु का आकार बढ़ जाता है।

3. धात्विक एवं अधात्विक गुणधर्म

यह तत्वों के धनायन में परिवर्तित होने की प्रवृत्ति को प्रदर्शित करता है। किसी तत्व की धनायन में परिवर्तित होने की प्रवृत्ति जितनी अधिक होगी, उसका **धात्विक लक्षण** (Metallic character) (या धनविद्युती लक्षण) भी उतना ही अधिक होगा।

धात्विक लक्षण में परिवर्तन निम्न प्रकार होता है

- **आवर्त में** (In period) किसी आवर्त में बाएँ से दाएँ जाने पर धात्विक गुण घटता है।

  कारण किसी आवर्त में बाएँ से दाएँ जाने पर परमाणु त्रिज्या में कमी होने के कारण तत्वों की इलेक्ट्रॉन दान करके धनायन बनाने की प्रवृत्ति कम होती जाती है अर्थात् धात्विक लक्षण कम होता जाता है।
- **वर्ग में** (In group) किसी वर्ग में ऊपर से नीचे जाने पर धात्विक लक्षण बढ़ता है।

  कारण वर्ग में नीचे की ओर जाने पर आकार में वृद्धि होने के कारण बाह्यतम् इलेक्ट्रॉन पर नाभिकीय आकर्षण कम होता जाता है, अत: तत्व का इसे शीघ्रता से त्यागकर धनायन बनाने का गुण बढ़ता जाता है। दूसरे शब्दों में धात्विक लक्षण बढ़ता जाता है।

4. ऑक्साइडों की प्रवृत्ति

- सामान्यतया धातु ऑक्साइड क्षारीय तथा अधातु ऑक्साइड अम्लीय होते हैं, अत: किसी आवर्त के अनुदिश बाएँ से दाएँ जाने पर ऑक्साइडों का **अम्लीय गुण** बढ़ता है, जबकि क्षारीय गुण कम होता जाता है।
- किसी वर्ग के अनुदिश ऊपर से नीचे जाने पर ऑक्साइडों का क्षारीय लक्षण बढ़ता है, जबकि अम्लीय लक्षण कम होता जाता है।

5. विद्युतऋणात्मकता

- किसी परमाणु द्वारा, सह-संयोजी बंध में प्रयुक्त इलेक्ट्रॉन युग्मों को तुलनात्मक रूप से आकर्षित करने की प्रवत्ति विद्युतऋणात्मकता कहलाती है।
- आवर्त में बाएँ से दाएँ जाने पर **विद्युतऋणात्मकता** बढ़ती है, जबकि वर्ग में ऊपर से नीचे जाने पर यह घटती है।

कुछ तत्वों के उच्चतम और निम्नतम गुण

तत्व	उच्चतम/निम्नतम गुण
हाइड्रोजन	सबसे हल्का तत्व (अधातु)
ऑस्मियम	सबसे भारी तत्व
मर्करी	द्रव धातु
ब्रोमीन	द्रव अधातु
सिल्वर	सबसे अच्छा सुचालक (धातु)
ग्रेफाइट (कार्बन का अपररूप)	सबसे अच्छा अधात्विक चालक
सीजियम	सबसे अधिक क्रियाशील धातु
फ्लुओरीन	सबसे अधिक क्रियाशील अधातु
टंगस्टन	उच्चतम गलनांक वाली धातु
हीलियम	उच्चतम आयनन विभव वाला तत्व
सीजियम	निम्नतम आयनन विभव वाला तत्व
सोडियम	मिट्टी के तेल में रखा जाने वाला तत्व
कैल्सियम	हड्डियों और दाँतों में पाया जाने वाला तत्व
प्लूटोनियम	सर्वाधिक विषैली धातु

अतिरिक्त तथ्य
तमिलनाडु बोर्ड एवं NIOS

- ताँबे (Cu) और चाँदी (Ag) जैसे तत्वों की क्षार धातु (लीथियम (Li), सोडियम (Na)) आदि के साथ कोई समानता न होते हुए भी उनको एक साथ। वर्ग में वर्गीकृत किया जाता है।
- मेण्डेलीफ की आवर्त सारणी तत्वों की इलेक्ट्रॉनिक व्यवस्था की व्याख्या नहीं करता है।
- आवर्त सारणी (वर्ग 3 से 12) के बीच ब्लॉक में संक्रमण के तत्व शामिल हैं।
- संक्रमण तत्व ऊष्मा और विद्युत के सुचालक होते हैं।
- संक्रमण तत्वों में से अधिकांश तत्व उत्प्रेरक के रूप में उपयोग किए जाते हैं।
- परमाणु त्रिज्या को पिकोमीटर में मापा जाता है। ($1pm = 10^{-12}m$) होते हैं।
- तत्वों का पहला वर्गीकरण धातु और अधातु के रूप में हुआ था।

अम्ल, क्षारक एवं लवण

(स्रोत)

Class-VII New NCERT Chap 4 (अम्ल, क्षारक और लवण),
Class-X New NCERT Chap 2 (अम्ल, क्षारक एवं लवण)
Tamil Nadu Board (Class-IX), NIOS

- अपने दैनिक जीवन में हम नींबू, इमली, नमक, शक्कर और सिरके जैसे अनेक पदार्थों का उपयोग करते हैं।
- दही, नींबू का रस, संतरे का रस और सिरके का स्वाद खट्टा होता है। इन पदार्थों का स्वाद खट्टा इसलिए होता है, क्योंकि इनमें **अम्ल** (Acid) होते हैं। ऐसे पदार्थों की रासायनिक प्रकृति अम्लीय होती है।

अम्ल

- अम्ल (Acid) शब्द की उत्पत्ति लैटिन शब्द '**एसियर**' (Acere) से हुई है, जिसका अर्थ है-**खट्टा** (Sour)। इन पदार्थों में पाए जाने वाले अम्ल प्राकृतिक अम्ल होते हैं।

कुछ प्राकृतिक अम्ल एवं उनके स्रोत

अम्ल का नाम	स्रोत
ऐसीटिक अम्ल	सिरका
फॉर्मिक अम्ल	चींटी का डंक
साइट्रिक अम्ल	नींबू कुल के (सिट्रस) फल जैसे संतरा, नींबू आदि
लैक्टिक अम्ल	दही
ऑक्सेलिक अम्ल	पालक
ऐस्कॉर्बिक अम्ल (विटामिन-C)	आँवला, सिट्रस फल
टार्टरिक अम्ल	इमली, अंगूर, कच्चे आम आदि।

- **आर्हेनियस सिद्धांत** (Arrhenius theory) के अनुसार, वे पदार्थ जो जलीय विलयन में वियोजित होकर केवल हाइड्रोजन आयन (H^+) देते हैं तथा हाइड्रोजन आयन के अतिरिक्त कोई अन्य धनायन नहीं देते, **अम्ल** (Acid) कहलाते हैं।
- अत: स्पष्ट है कि सभी अम्लों में हाइड्रोजन तत्व उपस्थित होता है।
- अम्लों के **भौतिक गुण** निम्नलिखित हैं
  - अम्ल स्वाद में खट्टे तथा जल में विलेय होते हैं।
  - अम्ल नीले लिटमस पेपर को लाल कर देते हैं।
  - अम्लों की प्रकृति **संक्षारक** (Corrosive) होती है। इनकी क्रिया से कपड़ा, लकड़ी, कागज, त्वचा, आदि नष्ट हो जाते हैं।
- अम्लों के **रासायनिक गुण** निम्नलिखित हैं
  - **धातु के साथ अभिक्रिया** (Reaction with metals) धातु, अम्लों से हाइड्रोजन परमाणुओं का हाइड्रोजन, हाइड्रोजन गैस के रूप में विस्थापन करती है और एक यौगिक बनता है, जिसे **लवण** (Salt) कहते हैं।
    अम्ल + धातु → लवण + हाइड्रोजन गैस
  - **धातु कार्बोनेट तथा धातु हाइड्रोजन कार्बोनेट की अम्ल के साथ अभिक्रिया** (Reaction of acid with metallic carbonate and metallic hydrogen carbonate) चूना-पत्थर (Limestone), **खड़िया** (Chalk) एवं संगमरमर (Marble) कैल्सियम कार्बोनेट के विविध रूप हैं।
    सभी धातु कार्बोनेट एवं हाइड्रोजन कार्बोनेट अम्ल के साथ अभिक्रिया करके संगत लवण, कार्बन डाइऑक्साइड एवं जल बनाते हैं।
    धातु कार्बोनेट/धातु हाइड्रोजन कार्बोनेट + अम्ल → लवण + कार्बन डाइऑक्साइड + जल
  - **अम्लों के साथ धात्विक ऑक्साइडों की अभिक्रिया** (Relation of acids with metallic oxides) धातु ऑक्साइड एवं अम्ल के मध्य होने वाली सामान्य अभिक्रिया
    धातु ऑक्साइड + अम्ल ⟶ लवण + जल

अम्लों के प्रकार

आयनन के आधार पर अम्लों को दो भागों में वर्गीकृत किया जा सकता है

(i) **प्रबल अम्ल** (Strong acid) वे अम्ल, जो जल में पूर्णतया आयनित या वियोजित होते हैं, प्रबल अम्ल कहलाते हैं। सामान्य तथा खनिज अम्ल (खनिजों से प्राप्त होने वाले अम्ल) प्रबल अम्ल होते हैं।

उदाहरण- H_2SO_4, HCl, HNO_3 आदि।

(ii) **दुर्बल अम्ल** (Weak acid) वे अम्ल, जो जल में पूर्णतया वियोजित या आयनित नहीं होते हैं, दुर्बल अम्ल कहलाते हैं। सामान्य तथा कार्बनिक अम्लों (पादपों व जीव-जंतुओं) से प्राप्त होने वाले अम्ल दुर्बल अम्ल होते हैं।

उदाहरण- HCN, CH_3COOH, HCOOH आदि।

क्षारक

- सामान्यत: ऐसे पदार्थ, जिनका स्वाद कड़वा होता है और जो स्पर्श करने पर साबुन जैसे लगते हैं, वे **क्षारक** (Base) कहलाते हैं। इन पदार्थों की प्रकृति क्षारकीय कहलाती है।

कुछ क्षार एवं इनके स्रोत

क्षारक का नाम	स्रोत
कैल्सियम हाइड्रॉक्साइड	चूने का पानी
अमोनियम हाइड्रॉक्साइड	खिड़की के काँच आदि साफ करने के लिए उपयुक्त अपमार्जक
सोडियम हाइडॉक्साइड/ पोटैशियम हाइड्रॉक्साइड	साबुन
मैग्नीशियम हाइड्रॉक्साइड	दूधिया मैग्नीशियम (मिल्क ऑफ मैग्नीशिया)

- **आर्हेनियस सिद्धांत** के अनुसार, वे रासायनिक पदार्थ, जो आयनन के पश्चात् जल में वियोजित होकर ऋणावेशित आयनों के रूप में केवल हाइड्रॉक्साइड आयन (OH^-) देते हैं, **क्षारक या भस्म** कहलाते हैं।

नोट वे क्षारक, जो जल में घुलनशील होते हैं, **क्षार** (Alkali) कहलाते हैं। अत: सभी क्षार, क्षारक होते हैं, किंतु सभी क्षारक, क्षार नहीं होते।

- क्षारकों के प्रमुख भौतिक गुण निम्नलिखित हैं
  - क्षारक जल में विलेय तथा स्वाद में तीखे और कड़वे होते हैं।
  - क्षारक लाल लिटमस पेपर को नीला कर देते हैं।
  - अम्लों के समान क्षारकों की भी प्रवृत्ति संक्षारक होती है। यह प्रवृत्ति प्रबल अम्लों की तुलना में कम होती है।
- क्षारकों के रासायनिक गुण निम्नलिखित हैं
  - **धातु के साथ क्रिया** (Reaction with metal) प्रबल क्षारक, सक्रिय धातुओं के साथ क्रिया करके हाइड्रोजन गैस उत्पन्न करते हैं।

    अत: क्षारकों को धातु पात्रों (सक्रिय धातु) में नहीं रखना चाहिए।

    क्षारक + धातु $\longrightarrow$ लवण + हाइड्रोजन गैस
  - **अधात्विक ऑक्साइड के साथ अभिक्रिया** (Reaction with non-metallic oxide) क्षारक अधातु ऑक्साइड (अम्लीय ऑक्साइड) के साथ क्रिया करके लवण एवं जल बनाते हैं। यह अभिक्रिया अधातु के ऑक्साइडों की अम्लीय प्रकृति को सिद्ध करती है।

    क्षारक + अधातु-ऑक्साइड $\longrightarrow$ लवण + जल
  - **अम्लों से अभिक्रिया** (Reaction with acid) क्षारक अम्लों से अभिक्रिया करके उनके प्रभाव को नष्ट कर देते हैं तथा लवण व जल (H_2O) का निर्माण करते हैं।

क्षारकों के प्रकार

आयनन के आधार पर क्षारकों को दो भागों में वर्गीकृत किया जा सकता है

(i) **प्रबल क्षारक** (Strong bases) वे क्षारक, जो जल में पूर्णतया वियोजित या आयनित होकर हाइड्रॉक्साइड आयन (OH^-) देते हैं, प्रबल क्षारक कहलाते हैं।

उदाहरण- KOH, NaOH, $Ba(OH)_2$ आदि।

(ii) **दुर्बल क्षारक** (Weak bases) वे क्षारक, जो जल में पूर्णतया वियोजित या आयनित नहीं होते हैं, दुर्बल क्षारक कहलाते हैं।

उदाहरण- $Al(OH)_3$, NH_4OH आदि।

अम्ल तथा क्षारक के बीच अभिक्रिया

- अम्ल एवं क्षारक की अभिक्रिया के परिणामस्वरूप लवण तथा जल प्राप्त होते हैं तथा इसे **उदासीनीकरण अभिक्रिया** (Neutralisation reactions) कहते हैं।

  क्षारक + अम्ल $\longrightarrow$ लवण + जल
- जल में अम्ल या क्षारक के घुलने की प्रक्रिया अत्यंत ऊष्माक्षेपी होती है।
- सांद्र अम्ल में जल मिलाने पर उत्पन्न हुई, ऊष्मा के कारण मिश्रण बाहर आ सकता है। इसलिए इस क्रिया को सावधानी से करना चाहिए।

अम्लों या क्षारकों के जलीय विलयन

- जल की उपस्थिति में अम्ल H^+ आयन देते हैं, परंतु यह स्वतंत्र अवस्था में नहीं रह सकते अर्थात् H_3O^+ (हाइड्रोनियम आयन) के रूप में रहते हैं।
- किसी अम्ल या क्षारक को जल में विलेय करने के पश्चात् प्राप्त जलीय विलयन में विद्युत का चालन होता है, क्योंकि अम्ल या क्षारक के जलीय विलयन में मुक्त आयन उपस्थित होते हैं, जिससे क्षारकों का जलीय विलयन OH^- आयन देता है।

  उदाहरण- $HCl + H_2O \longrightarrow H_3O^+ + Cl^-$,

  $$H^+ + H_2O \longrightarrow H_3O^+$$

  $$NaOH(s) \longrightarrow Na^+(aq) + OH^-(aq)$$

  अम्ल तथा क्षारक अपने जलीय विलयन में मुक्त आयनों की उपस्थिति के कारण वैद्युत का प्रवाह करते हैं।

नोट सभी क्षारक जल में विलेय नहीं होते हैं। केवल जल में विलेय क्षारकों को क्षार कहा जाता है।

अम्ल या क्षारक पर तनुता प्रभाव

- जल में अम्ल या क्षारक मिलाने पर आयन की सांद्रता $\left(\frac{H_3O^+}{OH^-}\right)$ में प्रति इकाई आयतन में कमी हो जाती है। इस प्रक्रिया को **तनुकरण** (Dilution) कहते हैं एवं अम्ल या क्षारक **तनुकृत** (Dilute) होते हैं।
- अम्लीय विलयन में विद्युत धारा का प्रवाह अम्ल में उपस्थित इन्हीं आयनों द्वारा होता है।
- अम्लों में धनायन H^+ तथा ऋणायन जैसे HCl में Cl^-, HNO_3 में NO_3^-, CH_3COOH में CH_3COO^-, H_2SO_4 में SO_4^{2-} होते हैं। चूँकि अम्ल में उपस्थित धनायन H^+ है, इससे ज्ञात होता है कि अम्ल विलयन में हाइड्रोजन आयन $H^+(aq)$ उत्पन्न करता है तथा इसी कारण उनका गुणधर्म अम्लीय होता है।

सूचक

- कोई पदार्थ अम्लीय है अथवा क्षारकीय, इनका परीक्षण करने के लिए विशेष प्रकार के पदार्थों का उपयोग किया जाता है। ये पदार्थ **सूचक** (Indicator) कहलाते हैं।
- हल्दी, लिटमस, गुड़हल की पंखुड़ियाँ आदि प्राकृतिक रूप से पाए जाने वाले सूचक हैं। सबसे सामान्य रूप से उपयोग किया जाने वाला प्राकृतिक सूचक लिटमस है। इसे लाइकेनों से निष्कर्षित किया जाता है।
- सामान्यत: यह लाल और नीले लिटमस पत्र के रूप में उपलब्ध होता है।
- गुड़हल के पुष्प का सूचक अम्लीय विलयनों को गहरा गुलाबी (मेजेन्टा) और क्षारकीय विलयनों को हरा कर देता है।
- लिटमस विलयन बैंगनी रंग का रंजक होता है, जो **थैलोफाइटा समूह** (Thallophyta group) के लाइकेन पौधे से निकाला जाता है। इसे सूचक की तरह उपयोग किया जाता है।
- बहुत सारे प्राकृतिक पदार्थ; जैसे-लाल पत्ता गोभी, हल्दी, हाइड्रेंजिया पेटूनिया एवं जेरानियम जैसे कई फूलों की रंगीन पंखुड़ियाँ किसी विलयन में अम्ल एवं क्षारक की उपस्थिति को सूचित करते हैं। इन्हें अम्ल-क्षारक सूचक या कभी-कभी केवल सूचक कहते हैं।
- कुछ ऐसे पदार्थ जिनकी गंध अम्लीय या क्षारकीय माध्यम में भिन्न हो जाती है, इन्हें गंधीय सूचक कहते हैं।

सूचक एवं उनकी प्रकृति

सूचक	अम्लीय विलयन में रंग	उदासीन विलयन में रंग	क्षारीय विलयन में रंग
लिटमस	लाल	जामुनी	नीला
फीनॉल्फ्थैलीन	रंग रहित	रंग रहित	गुलाबी
मिथाइल ऑरेंज	लाल	नारंगी	पीला

अम्ल एवं क्षारक के विलयन की प्रबलता

- किसी विलयन में उपस्थित हाइड्रोजन आयन की सांद्रता ज्ञात करने के लिए एक स्केल विकसित किया गया, जिसे **pH स्केल** (pH scale) कहते हैं।
- इस pH में p सूचक है, **'पुसांस'** (Potenz) जो एक जर्मन शब्द है, जिसका अर्थ होता है- 'शक्ति'। इस pH स्केल से सामान्यत: शून्य (अधिक अम्लीयता) से चौदह (अधिक क्षारीय) तक pH को ज्ञात कर सकते हैं।

pH 1 2 3 4 5 6 7 8 9 10 11 12 13 14

← बढ़ती हुई अम्लीयता | बढ़ती हुई क्षारकीयता →

pH स्केल

- साधारण भाषा में pH को एक ऐसी संख्या के रूप में देखना चाहिए, जो किसी विलयन की अम्लता अथवा क्षारीयता को दर्शाता है। हाइड्रोनियम आयन की सांद्रता जितनी अधिक होगी, उसका pH उतना ही कम होगा।
- किसी भी उदासीन विलयन के pH का मान 7 होगा। यदि pH स्केल में किसी विलयन का मान 7 से कम है, तो अम्लीय विलयन होगा एवं यदि pH मान 7 से 14 तक बढ़ता है, तो वह विलयन में OH^- की सांद्रता में वृद्धि को दर्शाता है। अत: विलयन क्षारीय होगा।

विलयन के प्रकार	298 K पर H^+ आयनों की सान्द्रता
उदासीन	$[H^+] = 1.0 \times 10^{-7}$ mol L^{-1}
अम्लीय	$[H^+] > 1.0 \times 10^{-7}$ mol L^{-1}
क्षारीय	$[H^+] < 1.0 \times 10^{-7}$ mol L^{-1}

- अम्ल तथा क्षारक की शक्ति विलयन (जल) में क्रमश: H^+ आयन तथा OH^- आयन की संख्या पर निर्भर करती है।
- अधिक संख्या में H^+ आयन उत्पन्न करने वाले अम्ल, प्रबल अम्ल कहलाते हैं, जबकि कम H^+ आयन उत्पन्न करने वाले अम्ल, दुर्बल अम्ल कहलाते हैं।

कुछ सामान्य पदार्थों के pH मान

पदार्थ के नाम	pH	पदार्थ के नाम	pH
HCl 4%	0	मानव लार	6-8
पेट का अम्ल	1	रक्त प्लाज्मा	7.4
नींबू का रस	2	अंडे की सफेदी	8
सिरका	3	सागर पानी	8
संतरा	3.5	बेकिंग सोडा	9
सोडा, अंगूर	4	प्रतिअम्ल	10
खट्टा दूध	4.5	अमोनिया पानी	11
ताजा दूध	5	नींबू पानी	12
मानव लार	6-8	क्लीनर	13
शुद्ध पानी	7	कास्टिक सोडा 4% NaOH	14

दैनिक जीवन में pH का महत्व

- हमारा शरीर 7.0 से 7.8 pH परास के बीच कार्य करता है।
- वर्षा के जल का pH मान जब 5.6 से कम हो जाता है, तो वह अम्लीय वर्षा कहलाती है।
- अच्छी उपज के लिए पौधों को एक विशिष्ट pH परास की आवश्यकता होती है।

हमारे पाचन तंत्र का pH

- हमारा उदर (Stomach) **हाइड्रोक्लोरिक अम्ल** (HCl) उत्पन्न करता है। यह उदर को हानि पहुँचाए बिना भोजन के पाचन में सहायक होता है। अपच की स्थिति में उदर अत्यधिक मात्रा में अम्ल उत्पन्न करता है, जिसके कारण उदर में दर्द एवं जलन का अनुभव होता है। इस दर्द से मुक्त होने के लिए **प्रतिअम्ल** (Antacid) जैसे क्षारकों का उपयोग किया जाता है।
- यह (Antacid) अम्ल की आधिक्य मात्रा को उदासीन करता है। इसके लिए मैग्नीशियम हाइड्रॉक्साइड (मिल्क ऑफ मैग्नीशिया) जैसे दुर्बल क्षारक का उपयोग किया जाता है।

pH परिवर्तन के कारण दंत-क्षय

- मुँह के pH का मान 5.5 से कम होने पर दाँतों का क्षय (Erosion of teeth) प्रारंभ हो जाता है।

- दाँतों का इनैमल (दन्तवल्क) कैल्सियम हाइड्रॉक्सी ऐपेटाइट (कैल्सियम फॉस्फेट का क्रिस्टलीय रूप) से बना होता है, जोकि शरीर का सबसे कठोर पदार्थ है।
- यह जल में नहीं घुलता, लेकिन मुँह का pH मान 5.5 से कम होने पर **दंत क्षरण** (Erosion) प्रारम्भ हो जाता है। मुँह में उपस्थित बैक्टीरिया, भोजन के पश्चात् मुँह में अवशिष्ट शर्करा एवं खाद्य पदार्थों का निम्नीकरण करके अम्ल उत्पन्न करते हैं।
- भोजन के बाद मुँह साफ करने से इससे बचाव किया जा सकता है। मुँह की सफाई के लिए क्षारकीय दंत-मंजन का उपयोग करने से अम्ल की आधिक्य मात्रा को उदासीन किया जा सकता है, जिसके परिणामस्वरूप दंत क्षय को रोका जा सकता है।

पशुओं एवं पौधों द्वारा उत्पन्न रसायनों से आत्मरक्षा

- मधुमक्खी का डंक एक अम्ल छोड़ता है, जिसके कारण दर्द एवं जलन का अनुभव होता है। डंक मारे गए अंग में बेकिंग सोडा जैसा दुर्बल क्षारक के उपयोग से आराम मिलता है। नेटल के डंक वाले रोम मेथैनोइक अम्ल (HCOOH) छोड़ जाते हैं जिनके कारण जलन एवं दर्द का अनुभव होता है।
- नेटल एक शाकीय पादप है, जो जंगलों में उपजता है। इसके पत्तों में डंकनुमा बाल होते हैं, जो यदि गलती से छू जाएँ, तो डंक जैसा दर्द होता है। इन बालों में मेथैनोइक अम्ल का स्राव होने के कारण दर्द होता है।
- पारंपरिक रूप पर इसका इलाज डंक वाले स्थान पर डॉक पौधे की पत्ती रगड़कर किया जाता है।

उदासीनीकरण (Neutralisation)

जब किसी अम्लीय विलयन में क्षारकीय विलयन मिलाया जाता है, तो दोनों विलयन एक-दूसरे के प्रभाव को उदासीन (Neutralise) कर देते हैं। उदासीनीकरण अभिक्रिया में सदैव ऊष्मा निकलती है, निर्मुक्त (Released) ऊष्मा से अभिक्रिया मिश्रण का ताप बढ़ जाता है। अतः उदासीनीकरण को निम्न रूप में परिभाषित किया जा सकता है। किसी अम्ल और किसी क्षारक के बीच होने वाली अभिक्रिया उदासीनीकरण कहलाती है। इस प्रक्रम में ऊष्मा के निर्मुक्त होने के साथ-साथ लवण और जल निर्मित होते हैं।

दैनिक जीवन में उदासीनीकरण के प्रमुख उदाहरण निम्नलिखित हैं

- **अपाचन** (Indigestion) कभी-कभी अपाचन काफी कष्टदायक होता है। अपाचन से मुक्ति पाने के लिए हम दूधिया मैग्नीशियम जैसा कोई प्रतिअम्ल लेते हैं, जिसमें मैग्नीशियम हाइड्रॉक्साइड $Mg(OH)_2$ होता है। यह अत्यधिक अम्ल के प्रभाव को उदासीन कर देता है। जब चींटी काटती है, तो यह त्वचा में अम्लीय द्रव डाल देती है। डंक के प्रभाव को नमीयुक्त खाने का सोडा, सोडियम हाइड्रोजन कार्बोनेट ($NaHCO_3$) अथवा कैलामाइन (Calamine) विलयन मिलाकर उदासीन किया जा सकता है, जिसमें जिंक कार्बोनेट होता है।
- **मृदा उपचार** (Soil treatment) जब मृदा अत्यधिक अम्लीय होती है, तो उसे बिना बुझा हुआ चूना (कैल्सियम ऑक्साइड) अथवा बुझा हुआ चूना (कैल्सियम हाइड्रॉक्साइड) जैसे क्षारकों से उपचारित किया जाता है। यदि मृदा क्षारकीय हो तो, इसमें जैव पदार्थ मिलाए जाते हैं।
- **कारखानों का अपशिष्ट** (Wastage of industries) कारखाने के अपशिष्ट को जलाशयों व नदियों में विसर्जित करने से पहले क्षारकीय पदार्थ मिलाकर उदासीन किया जाता है।

लवण

- अम्लों और क्षारकों की अभिक्रिया से प्राप्त यौगिकों को **लवण** (Salt) कहते हैं तथा ऐसी अभिक्रियाएँ **उदासीनीकरण अभिक्रियाएँ** (Neutralisation reactions) कहलाती हैं। लवण का धनायन क्षार से तथा लवण का ऋणायन अम्ल से आता है।

$$NaOH + HCl \longrightarrow \underset{\text{लवण}}{NaCl} + H_2O$$

- यदि एक सामान्य लवण दुर्बल अम्ल तथा प्रबल क्षारक से प्राप्त किया जाता है तो यह लवण क्षारीय कहलाता है, क्योंकि इसका जलीय विलयन लाल लिटमस को नीला कर देता है।

  उदाहरण- $Na_2CO_3, CH_3COONa, Na_2B_4O_7 \cdot 10H_2O$, आदि।
- यदि एक सामान्य लवण प्रबल अम्ल और प्रबल क्षार की अभिक्रिया से प्राप्त किया जाता है तो प्राप्त लवण **उदासीन लवण** (Neutral Salt) कहलाता है क्योंकि इसके जलीय विलयन का लिटमस पर कोई प्रभाव नहीं पड़ता है।

  उदाहरण- $NaCl, KCl, K_2SO_4, NaNO_3, KClO_3$, आदि।
- यदि एक सामान्य लवण प्रबल अम्ल तथा दुर्बल क्षारक की अभिक्रिया से प्राप्त होता है तो प्राप्त **लवण अम्लीय** (Acidic salt) होता है, क्योंकि इसका जलीय विलयन नीले लिटमस को लाल कर देता है।

  उदाहरण- $FeCl_3, CuSO_4, ZnCl_2, FeSO_4, HgSO_4$, आदि।

लवणों के प्रकार

विभिन्न प्रकार के लवण निम्न प्रकार हैं

(i) **सामान्य लवण** (Common salt) किसी अम्लीय अणु से धातु द्वारा हाइड्रोजन परमाणुओं के पूर्णतः विस्थापन द्वारा बने लवण को सामान्य लवण कहते हैं। इन लवणों में विस्थापनीय परमाणु नहीं होते हैं। उदाहरण- $NaCl$, Na_2SO_4, KNO_3, $FeSO_4$, K_2SO_4, $[Ca_3(PO_4)_2]$ Na_3BO_3 आदि।

(ii) **अम्लीय लवण** (Acidic salt) ये लवण अम्लों के अपूर्ण उदासीनीकरण द्वारा प्राप्त किए जाते हैं अर्थात् क्षारक अथवा धातु द्वारा हाइड्रोजन $[H^+]$ परमाणुओं के आंशिक विस्थापन द्वारा इन्हें प्राप्त किया जाता है। इन लवणों में एक या एक से अधिक विस्थापनीय हाइड्रोजन परमाणु बने रहते हैं।

उदाहरण-$NaHCO_3$, $NaHSO_4, NaH_2PO_4$, आदि।

(iii) **क्षारीय लवण** (Basic salt) इन लवणों में विस्थापनीय एक या अधिक हाइड्रॉक्सिल $[OH^-]$ आयन होते हैं। ये लवण अम्ल द्वारा क्षारक के आंशिक उदासीनीकरण के फलस्वरूप बनते हैं।

उदाहरण- $Mg(OH)Cl, Zn(OH)Cl$, आदि।

(iv) **द्विक लवण** (Double salt) ये दो सरल लवणों के संयोग से बने होते हैं। इनका अस्तित्व केवल ठोस अवस्था में होता है। इनमें रवा जल भी होता है। उदाहरण- मोहर लवण $[FeSO_4 \cdot (NH_4)_2SO_4 \cdot 6H_2O]$, पोटाश एलम $[K_2SO_4 \cdot Al_2(SO_4)_3 \cdot 24H_2O]$, आदि। ये लवण सूत्र में उपस्थित सभी आयनों (अवयवों) का परीक्षण देते हैं।

(v) **संकर लवण** (Complex salt) ये वे यौगिक होते हैं जिनमें धातु आयन निश्चित संख्या में ऋणायन अथवा उदासीन अणुओं, जिन्हें लिगैंड कहते हैं, से बन्धन करके **संकुलन** (Complex) स्पीशीज बनाते

हैं जिनके अपने अभिलाक्षणिक गुण होते हैं। इनका अस्तित्व विलयन में होता है।

उदाहरण-पोटैशियम हेक्सासायनोंफेरेट $K_4[Fe(CN)_6]$ (III) में $[Fe(CN)_6]^{4-}$ संकर आयन है तथा ट्रेटाऐमीनोक्यूप्रिकसल्फेट $[Cu(NH_3)_4]SO_4$ में $[Cu(NH_3)_4]^{2+}$ संकर आयन है।

(vi) **मिश्रित लवण** (Mixed salt) इन लवणों में एक से अधिक क्षारीय या अम्लीय मूलक (धनायन या ऋणायन) होते हैं।

उदाहरण- विरंजक चूर्ण [Ca(OCl)Cl], सोडियम पोटैशियम सल्फेट ($NaKSO_4$) एवं रोशेल (Roschelle) लवण, आदि।

कुछ सामान्य लवणों के उपयोग

(i) **सोडियम क्लोराइड** (Sodium chloride) इसे सामान्य लवण या चट्टानी नमक भी कहते हैं। इसके क्रिस्टल अशुद्धियों की उपस्थिति के कारण भूरे रंग के दिखाई देते हैं।
यह हमारे भोजन का आवश्यक अंग है। यह विभिन्न खाद्य पदार्थों जैसे अचार के **परिरक्षण** (Preservation) में प्रयुक्त किया जाता है। यह प्रतिदिन उपयोग में आने वाले अनेक यौगिकों जैसे विरंजक चूर्ण, बेकिंग सोडा, सोडियम हाइड्रॉक्साइड के निर्माण में प्रयुक्त होने वाला **कच्चा पदार्थ** (Raw material) है।

(ii) **सोडियम बाइकार्बोनेट** (Sodium bicarbonate) इसे बेकिंग सोडा भी कहते हैं। इसका उपयोग बेकिंग पाउडर (जो बेकिंग सोडा तथा टार्टरिक अम्ल का मिश्रण है) बनाने में, सोडा अम्ल अग्निशामक में, प्रतिअम्ल के रूप में किया जाता है।

(iii) **जिप्सम** (Gypsum) आंशिक रूप से इसमें से क्रिस्टलन जल को हटाकर प्लास्टर ऑफ पेरिस $\left(CaSO_4 \cdot \frac{1}{2} H_2O\right)$ प्राप्त किया जाता है।

(iv) **सोडियम कार्बोनेट** (Sodium carbonate) इसे **धोने का सोडा** (Washing soda) भी कहते हैं। यह क्षारीय लवण है। इसका उपयोग काँच, साबुन एवं कागज उद्योग में, जल की स्थायी कठोरता हटाने में, अपमार्जकों के निर्माण में, कपड़ों की शुष्क धुलाई में तथा बोरेक्स जैसे अन्य सोडियम यौगिकों के उत्पादन में किया जाता है।

(v) **पोटैशियम नाइट्रेट** (Potassium nitrate) इसका उपयोग उर्वरक के रूप में, काँच उद्योग में, गन पाउडर तथा आतिशं बनाने में किया जाता है।

(vi) **कॉपर सल्फेट** (Copper sulphate) इसका उपयोग विद्युत लेपन में, कॉपर को शुद्ध करने में, रंगाई छपाई में तथा कीटाणुनाशक के रूप में किया जाता है।

(vii) **पोटाश एलम** (Potash alum) इसका उपयोग जल को शुद्ध करने में, खून बहने से रोकने में, रंगाई में रंग बन्धक के रूप में, चमड़ा उद्योग में तथा औषधि निर्माण में किया जाता है।

लवणों का pH

- प्रबल अम्ल एवं प्रबल क्षारक के लवण के pH (pH of salt) का मान 7 होता है तथा ये उदासीन होते हैं जबकि प्रबल अम्ल एवं दुर्बल क्षारक के लवण के pH का मान 7 से कम होता है तथा ये अम्लीय होते हैं।
- प्रबल क्षारक एवं दुर्बल अम्ल के लवण के pH का मान 7 से अधिक होता है तथा ये क्षारकीय होते हैं।

सोडियम क्लोराइड, NaCl

- हाइड्रोक्लोरिक अम्ल एवं सोडियम हाइड्रॉक्साइड के विलयन की अभिक्रिया से उत्पन्न लवण को सोडियम क्लोराइड (Sodium chloride) कहते हैं।
- इसे बड़े स्तर पर समुद्री जल से अन्य लवणों के पृथक्करण से प्राप्त करते हैं। इसे चट्टानी लवण से भी प्राप्त किया जा सकता है।

सोडियम हाइड्रॉक्साइड, NaOH

- सोडियम क्लोराइड के जलीय विलयन (लवण जल) से विद्युत प्रवाहित करने पर यह वियोजित होकर सोडियम हाइड्रॉक्साइड (Sodium hydroxide) उत्पन्न करता है। इस प्रक्रिया को **क्लोर-क्षार** (Chlor-base) प्रक्रिया कहते हैं, क्योंकि इससे निर्मित उत्पाद-क्लोरीन (क्लोर) एवं सोडियम हाइड्रॉक्साइड (क्षार) होते हैं।

$$2NaCl(aq) + 2H_2O(l) \longrightarrow 2NaOH\,(aq) + Cl_2(g) + H_2(g)$$

- क्लोरीन गैस ऐनोड पर मुक्त होती है एवं हाइड्रोजन गैस कैथोड पर। कैथोड पर सोडियम हाइड्रॉक्साइड विलयन का निर्माण भी होता है।

विरंजक चूर्ण

- जलीय सोडियम क्लोराइड के विद्युत-अपघटन से क्लोरीन का निर्माण होता है। इस क्लोरीन गैस का उपयोग विरंजक चूर्ण (Bleaching powder) के उत्पादन के लिए किया जाता है।
- **शुष्क बुझा हुआ चूने** $[Ca(OH)_2]$ पर क्लोरीन की क्रिया से विरंजक चूर्ण का निर्माण होता है।

$$Ca(OH)_2 + Cl_2 \longrightarrow CaOCl_2 + H_2O$$

- विरंजक चूर्ण का उपयोग निम्न बिंदुओं के आधार पर किया गया है
  - वस्त्र उद्योग में सूती एवं लिनेन के विरंजन के लिए, कागज की फैक्ट्री में, लकड़ी के मज्जा एवं लाउंड्री में साफ कपड़ों के विरंजन के लिए।
  - कई रासायनिक उद्योगों में एक **उपचायक** (Oxidant) के रूप में।
  - पीने वाले जल को जीवाणुओं से मुक्त करने के लिए।

सोडियम बाइकार्बोनेट

- **बेकिंग सोडा** (Baking Soda) यौगिक का रासायनिक नाम सोडियम हाइड्रोजन कार्बोनेट ($NaHCO_3$) है। इसे बनाने में सोडियम क्लोराइड का उपयोग एक मूल पदार्थ के रूप में किया जाता है।
- बेकिंग सोडा का उपयोग निम्न बिंदुओं के आधार पर किया गया है
  - बेकिंग पाउडर बनाने में, जो बेकिंग सोडा (सोडियम हाइड्रोजन कार्बोनेट) एवं टार्टरिक अम्ल जैसा एक मंद खाद्य अम्ल का मिश्रण है।

    जब बेकिंग पाउडर को गर्म किया जाता है या जल में मिलाया जाता है, तो निम्न अभिक्रिया होती है

    $$NaHCO_3 + \underset{\text{(किसी अम्ल से)}}{H^+} \longrightarrow CO_2 \uparrow + H_2O + \text{अम्ल का सोडियम लवण}$$

    इस अभिक्रिया से उत्पन्न कार्बन डाइऑक्साइड के द्वारा पावरोटी या केक में खमीर उठाया जा सकता है तथा इससे ये मुलायम एवं स्पंजी हो जाता है।
  - सोडियम हाइड्रोजन कार्बोनेट भी ऐन्टैएसिड का एक संघटक है। क्षारीय होने के कारण यह पेट में अम्ल की अधिकता को उदासीन करके राहत पहुँचाता है।
  - इसका उपयोग सोडा-अम्ल अग्निशामक में भी किया जाता है।

सोडियम कार्बोनेट

- बेकिंग सोडा को गर्म करके सोडियम कार्बोनेट (Sodium carbonate $Na_2CO_3 \cdot 10H_2O$) प्राप्त किया जा सकता है। सोडियम कार्बोनेट के पुन: क्रिस्टलीकरण से धोने का सोडा प्राप्त होता है। यह भी एक क्षारकीय लवण है।
- धोने के सोडे का उपयोग निम्न बिंदुओं के आधार पर किया गया है
  - सोडियम कार्बोनेट का उपयोग काँच, साबुन एवं कागज उद्योगों में होता है।
  - इसका उपयोग बोरेक्स जैसे सोडियम यौगिक के उत्पादन में होता है।
  - इसका उपयोग घरों में साफ-सफाई के लिए होता है।
  - इसका उपयोग जल की स्थायी कठोरता हटाने में होता है।

प्लास्टर ऑफ पेरिस

- जिप्सम को 373 K पर गर्म करने पर यह जल के अणुओं का त्यागकर कैल्सियम सल्फेट अर्द्धहाइड्रेट/हेमीहाइड्रेट $\left(CaSO_4 \cdot \frac{1}{2} H_2O\right)$ बनाता है। इसे **प्लास्टर ऑफ पेरिस** (Plaster of Paris) कहते हैं।
- प्लास्टर ऑफ पेरिस एक सफेद चूर्ण है, जो जल मिलाने पर यह पुन: जिप्सम बनकर कठोर ठोस पदार्थ प्रदान करता है।

$$\underset{\text{(प्लास्टर ऑफ पेरिस)}}{CaSO_4 \cdot \frac{1}{2} H_2O} + 1\frac{1}{2} H_2O \longrightarrow \underset{\text{जिप्सम}}{CaSO_4 \cdot 2H_2O}$$

- प्लास्टर ऑफ पेरिस का उपयोग निम्न बिंदुओं के आधार पर किया गया है
  - प्लास्टर ऑफ पेरिस का उपयोग खिलौने बनाने के लिए किया जाता है। सजावट का सामान बनाने एवं सतह को चिकना बनाने हेतु किया जाता है।
  - इस पदार्थ का उपयोग डॉक्टर टूटी हुई हड्डियों को सही जगह स्थिर रखने के लिए करते हैं।

अतिरिक्त तथ्य

तमिलनाडु बोर्ड एवं NIOS

- सल्फ्यूरिक अम्ल (H_2SO_4) को रसायन का राजा कहा जाता है।
- सिट्रिक अम्ल का उपयोग **खाद्य परिरक्षक** के रूप में होता है।
- ऐक्वारेजिया ($3HCl + HNO_3$) का उपयोग स्वर्ण और प्लैटिनम की सफाई में किया जाता है।
- चाय में टैनिक अम्ल पाया जाता है।
- एथिल ऐल्कोहॉल (C_2H_5OH) और ग्लूकोस ($C_6H_{12}O_6$) में हाइड्रोजन विद्यमान है परन्तु यह पानी में विलय होने के बाद H^+ आयन नहीं देते हैं। इनके विलयन विद्युत का संचालन नहीं करते हैं और अम्लीय नहीं हैं।
- सोडियम हाइड्रॉक्साइड (NaOH) को कास्टिक सोडा कहा जाता है और पोटैशियम हाइड्रॉक्साइड (KOH) को **कास्टिक पोटाश** कहा जाता है।
- सल्फ्यूरिक अम्ल (H_2SO_4) का पानी में विलयन एक ऊष्माक्षेपी क्रिया है।
- pH संकेतन डैनिश, बायोकेमिस्ट सोरेन सोरेन्सेन द्वारा 1909 में तैयार किया गया है।
- बेकिंग सोडा का निर्माण सोल्वे प्रक्रिया द्वारा किया जाता है।
- हाइड्रोजन और हाइड्रॉक्सिल आयनों की सांद्रता के उत्पाद को ''आयन उत्पाद'' या पानी के **आयन उत्पाद** कहते हैं।

06

धातुएँ

(स्रोत)
Class-VIII Old NCERT Chap 4 **(धातु और अधातु)**,
Class-X New NCERT Chap 3 **(धातु एवं अधातु)**

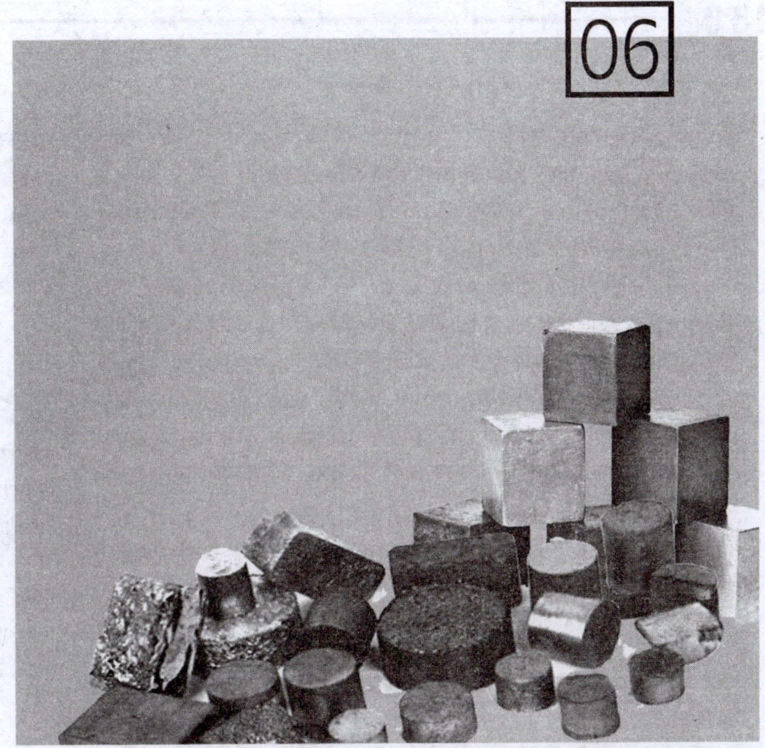

वे सूक्ष्मतम कण, जिनसे पदार्थ निर्मित होते हैं, **तत्व** (Element) कहलाते हैं। तत्वों के अध्ययन को सरल बनाने के लिए तत्वों को उनके भौतिक तथा रासायनिक गुणों की समानता तथा असमानता के आधार पर तीन श्रेणियों में वर्गीकृत किया गया है।

(i) धातु (ii) अधातु (iii) उपधातु

धातु

- कुछ पदार्थ कठोर, चमकीले, आघातवर्ध्य, तन्य, ध्वानिक और ऊष्मा तथा विद्युत के सुचालक होते हैं। वे पदार्थ जिनमें सामान्यतया ये गुण होते हैं, **धातु** (Metal) कहलाते हैं। उदाहरण- ऐलुमिनियम (Al), कॉपर (Cu)
- धातुओं का उपयोग मशीनें, मोटर गाड़ियाँ, वायुयान, रेलगाड़ियाँ, उपग्रह, औद्योगिक साजो-सामान, खाने बनाने के पात्र, जल बॉयलर आदि के निर्माण में किया जाता है।

धातुओं के भौतिक गुण

धातुओं के प्रमुख भौतिक गुण निम्नलिखित हैं

- **धात्विक चमक** (Metallic luster) शुद्ध रूप में धातु की सतह चमकदार होती है, धातु के इस गुणधर्म को धात्विक चमक कहते हैं।
- **विद्युत एवं ऊष्मीय चालकता** (Electric and thermal conductivity) अधिकांश धातुएँ विद्युत तथा ऊष्मा की सुचालक होती हैं। इनका गलनांक बहुत अधिक होता है। सिल्वर तथा कॉपर ऊष्मा के सबसे अच्छे चालक हैं।
- **आघातवर्धनीयता** (Malleability) धातुओं का गुण जिसके कारण उन्हें पीटकर शीट में परिवर्तित किया जा सकता है, आघातवर्धनीयता कहलाता है।
- **तन्यता** (Tensile) धातुओं का वह गुण, जिससे उन्हें खींचकर तारों में परिवर्तित किया जा सकता है, तन्यता कहलाता है। सोना सबसे अधिक तन्य धातु है।
- **ध्वानिक** (Sonorous) जो धातुएँ कठोर सतह से टकराने पर आवाज उत्पन्न करती हैं, उन्हें **ध्वानिक** (सोनोरस) कहते हैं।
- **गलनांक व क्थनांक** (Melting point and boiling point) सामान्यतः धातुओं के गलनांक उच्च होते हैं। गैलियम और सीजियम धातुओ के गलनांक कम है। यदि आप अपनी हथेली पर इन दोनों धातुओं को रखेगें, तो ये पिघलने लगेंगी।

धातुओं के रासायनिक गुण

धातुओं द्वारा विभिन्न रासायनिक गुण प्रदर्शित किए जाते हैं, उनमें से कुछ महत्वपूर्ण गुण निम्नलिखित हैं

- **धातुओं की ऑक्सीजन से अभिक्रिया** (Reaction of Metals with O_2) वायु में चमकदार श्वेत ज्वाला के साथ मैग्नीशियम का दहन होता है। लगभग सभी धातुएँ ऑक्सीजन के साथ मिलकर संगत धातु के ऑक्साइड बनाती हैं।

  धातु + ऑक्सीजन ⟶ धातु ऑक्साइड

  उदाहरण-जब कॉपर को वायु की उपस्थिति में गर्म किया जाता है, तो यह ऑक्सीजन के साथ मिलकर काले रंग का कॉपर (II) ऑक्साइड बनाता है।

  $2Cu + O_2 \longrightarrow 2CuO$ [कॉपर (II) ऑक्साइड]

  इसी प्रकार ऐलुमिनियम, ऐलुमिनियम ऑक्साइड प्रदान करता है।

  $4Al + 3O_2 \longrightarrow 2Al_2O_3$

  धातु ऑक्साइड की प्रकृति क्षारकीय होती है लेकिन ऐलुमिनियम ऑक्साइड, जिंक ऑक्साइड जैसे कुछ धातु ऑक्साइड अम्लीय तथा क्षारकीय दोनों प्रकार के व्यवहार प्रदर्शित करते हैं। ऐसे धातु ऑक्साइड जो अम्ल तथा क्षारक दोनों से अभिक्रिया करके लवण तथा जल प्रदान करते हैं, **उभयधर्मी ऑक्साइड** (Amphoteric oxides) कहलाते हैं।
- **धातुओं की जल के साथ अभिक्रिया** (Reaction of Metals with Water) जल के साथ अभिक्रिया करके धातुएँ हाइड्रोजन गैस तथा धातु ऑक्साइड उत्पन्न करती हैं।

- जो धातु ऑक्साइड जल में घुलनशील हैं, वे जल में घुलकर धातु हाइड्रॉक्साइड प्रदान करते हैं। लेकिन सभी धातुएँ जल के साथ अभिक्रिया नहीं करती हैं।

$$\text{धातु + जल} \longrightarrow \text{धातु ऑक्साइड + हाइड्रोजन}$$
$$\text{धातु ऑक्साइड + जल} \longrightarrow \text{धातु हाइड्रॉक्साइड}$$

जल के साथ कैल्सियम की अभिक्रिया थोड़ी धीमी होती है। यहाँ उत्सर्जित ऊष्मा हाइड्रोजन के प्रज्वलित होने के लिए पर्याप्त नहीं होती है।

$$Ca(s) + 2H_2O(l) \longrightarrow Ca(OH)_2(aq) + H_2(s)$$

क्योंकि उपरोक्त अभिक्रिया में उत्पन्न हाइड्रोजन गैस के बुलबुले कैल्सियम धातु की सतह पर चिपक जाते हैं। अत: कैल्सियम तैरना प्रारंभ कर देता है।

- **धातुओं की अम्लों से अभिक्रिया** (Reaction of Metals with Acids) जब धातुएँ नाइट्रिक अम्ल के साथ अभिक्रिया करती हैं, तब हाइड्रोजन गैस उत्सर्जित नहीं होती है, क्योंकि HNO_3 एक प्रबल ऑक्सीकारक होता है, जो उत्पन्न H_2 को ऑक्सीकृत करके जल में परिवर्तित कर देता है एवं स्वयं नाइट्रोजन के किसी ऑक्साइड (N_2O, NO, NO_2) में अपचयित हो जाता है।
- मैग्नीशियम (Mg) एवं मैंगनीज (Mn), अति तनु HNO_3 के साथ अभिक्रिया कर H_2 गैस उत्सर्जित करते हैं। हाइड्रोजन (H_2) गैस के बुलबुले बनने की दर मैग्नीशियम के साथ सबसे अधिक होती है।
- **धातु की लवण विलयनों के साथ अभिक्रिया** (Reaction of Metals with Salt Solutions) अभिक्रियाशील धातु अपने से कम अभिक्रियाशील धातु को उसके यौगिक के विलयन या गलित अवस्था से विस्थापित कर देती है। सभी धातुओं की अभिक्रियाशीलता समान नहीं होती है।

धातुओं की सक्रियता श्रेणी

सक्रियता श्रेणी (Reactivity series) वह सूची है, जिसमें धातुओं की क्रियाशीलता को अवरोही क्रम में व्यवस्थित किया जाता है, जिसे सक्रियता श्रेणी कहते हैं।

सक्रियता श्रेणी : धातुओं की सापेक्ष अभिक्रियाशीलताएँ

K	पोटैशियम	सबसे अधिक अभिक्रियाशील
Na	सोडियम	↑
Ca	कैल्सियम	
Mg	मैग्नीशियम	
Al	ऐलुमिनियम	
Zn	जिंक	
Fe	आयरन	घटती अभिक्रियाशीलता
Pb	लैड	
H	हाइड्रोजन	
Cu	कॉपर (ताँबा)	
Hg	मर्करी (पारद)	
Ag	सिल्वर	↓
Au	गोल्ड	सबसे कम अभिक्रियाशील

धातुओं की प्राप्ति

- **पृथ्वी की भूपर्पटी** (Earth crust) धातुओं का मुख्य स्रोत है। समुद्री जल में भी सोडियम क्लोराइड, मैग्नीशियम क्लोराइड आदि जैसे कुछ विलेय लवण उपस्थित रहते हैं। पृथ्वी की भूपर्पटी में प्राकृतिक रूप से पाए जाने वाले तत्वों या यौगिकों को **खनिज** (Minerals) कहते हैं।
- कुछ स्थानों पर खनिजों में कोई विशेष धातु काफी मात्रा में होती है, जिसे निकालना लाभकारी होता है। इन खनिजों को **अयस्क** (Ores) कहते हैं।

अयस्कों का सान्द्रण

अवांछित पदार्थों जैसे रेत, क्ले, आदि का अयस्कों से निष्कासन का प्रक्रम **सान्द्रण** (Concentration), **प्रसाधन** (Dressing) या सज्जीकरण (Benefaction) कहलाता है। यह हाथों से चुनकर भी किया जा सकता है लेकिन अनेक दूसरी तकनीकें भी प्रयोग की जा सकती हैं। इन तकनीकों का वर्णन इस प्रकार है

(i) **द्रवीय धावन** (Hydraulic washing) यह विधि अयस्क तथा गैंग कणों के **आपेक्षिक घनत्वों** (Relative density) के अन्तर पर निर्भर करती है। अत: यह **गुरुत्वीय पृथक्करण** (Gravity separation) का एक प्रकार है। तेज धारा के साथ गैंग के हल्के कण बह जाते हैं और भारी अयस्क के कण शेष रह जाते हैं। उदाहरण- आयरन के अयस्क (Fe_2O_3) और (Fe_3O_4) इस प्रक्रम द्वारा सान्द्रित किए जाते हैं।

(ii) **चुम्बकीय पृथक्करण** (Magnetic separation) यह विधि अयस्क और गैंग के चुम्बकीय गुणों की भिन्नता पर आधारित है। उदाहरण- क्रोमाइट अयस्क ($FeO \cdot Cr_2O_3$) का सान्द्रण तथा दो अयस्कों वोल्फ्रेमाइट (टंगस्टन का चुम्बकीय अयस्क) का कैसिटेराइट (टिन का अचुम्बकीय अयस्क) से पृथक्करण इस प्रक्रम से किया जाता है।

(iii) **फेन प्लवन विधि** (Froth floatation method) यह विधि सल्फाइड अयस्कों को **गैंग** (Gangue) से मुक्त करने के लिए प्रयुक्त होती है। संग्राही चीड़ का तेल तथा फेन-स्थायीकारी (क्रिसॉल) को अयस्क के जल में निलम्बन में मिलाया जाता है। अयस्क के कण तेल से भीगकर फेन के साथ ऊपर आ जाते हैं जिन्हें मथकर निकाल लिया जाता है। जबकि गैंग के कण जल से भीग कर नीचे बैठ जाते हैं।

(iv) **निक्षालन** (Leaching) यदि अयस्क किसी उपयुक्त विलायक में विलेय हो तो प्राय: निक्षालन का उपयोग करते हैं। बॉक्साइट अयस्क का निक्षालन सान्द्र सोडियम हाइड्रॉक्साइड द्वारा तथा स्वर्ण और चाँदी का निक्षालन वायु की उपस्थिति में सोडियम अथवा पोटैशियम सायनाइड के तनु विलयन से किया जाता है।

सान्द्रित अयस्कों से अशोधित धातुओं का निष्कर्षण

सान्द्रित अयस्क से धातुओं का पृथक्करण निम्न दो मुख्य पदों में होता है

(i) **ऑक्साइड में परिवर्तन** (Conversion to Oxide) यह निम्नलिखित दो प्रक्रियाओं द्वारा प्राप्त किया जाता है

- **निस्तापन** (Calcination) निस्तापन में अयस्क को गर्म करने की आवश्यकता होती है जिससे वाष्पशील पदार्थ निष्कासित हो जाते हैं और धातु ऑक्साइड शेष रह जाता है। धातु के कार्बोनेट, हाइड्रॉक्साइड तथा ऑक्साइड का निस्तापन करते हैं। ये पदार्थ छोटे अणुओं (उदाहरण- CO_2, H_2O) के मुक्त होने के साथ अपने संगत ऑक्साइडों में अपघटित हो जाते हैं।

- **भर्जन** (Roasting) यह केवल सल्फाइड अयस्कों के लिए है। इसमें अयस्क को धातु ऑक्साइड में परिवर्तित करने के लिए वायु की नियमित आपूर्ति में धातु के गलनांक से नीचे के तापमान पर एक भट्टी में गर्म किया जाता है। इस प्रक्रिया में सल्फर तथा आर्सेनिक आदि अशुद्धियाँ ऑक्सीकृत हो जाती हैं और वाष्पशील अशुद्धियों के रूप में शेष रह जाती हैं। संगत धातु ऑक्साइड भी शेष रह जाता है।

  उदाहरण- $CuFeS_2 + 3O_2 \xrightarrow{\Delta} CuO + FeO + 2SO_2$

(ii) **ऑक्साइड का धातु में अपचयन** (Reduction of Oxide to Metal) ऑक्साइड का धातु में अपचयन निम्नलिखित प्रकार से किया जाता है

- **प्रगलन** (Smelting) यह कार्बन या इसके ऑक्साइडों द्वारा अपचयन है। सक्रियता श्रेणी के मध्य में स्थित धातुओं का अपचयन इस विधि से किया जाता है।
  अयस्क को उसके द्रवणांक से ऊपर तापक्रम पर कोक और गालक के साथ मिलाकर गर्म करने की प्रक्रिया को प्रगलन कहते हैं। लेड, आयरन, टिन, जिंक, आदि धातुओं के ऑक्साइड इस विधि से अपचयित किए जाते हैं। इस विधि का उपयोग पूरे मिश्रण को गलाने में तथा धातु ऑक्साइडों को धातु में अपचयित करने में किया जाता है।

  उदाहरण- $PbO + CO \xrightarrow{\text{उच्च ताप}} Pb$ (गलित लैड) $+ CO_2 \uparrow$
- **ऐलुमिनोथर्मिक प्रक्रम** (Aluminothermic process) क्रोमियम, मैंगनीज, आदि धातुओं के ऑक्साइड ऐलुमिनियम द्वारा अपचयित किए जाते हैं।

  उदाहरण- $Cr_2O_3 + 2Al \longrightarrow Al_2O_3 + 2Cr$
- **स्वतः अपचयन** (Auto-reduction) सक्रियता श्रेणी में नीचे आने वाली धातुएँ काफी कम सक्रिय होती है। इन धातुओं के ऑक्साइडों को केवल गर्म करने से ही धातु को प्राप्त किया जा सकता है। उदाहरण-कॉपर, मर्करी, लैड का अपचयन इस विधि से किया जाता है।
- **विद्युत अपघटन विधि** (Electrolytic method) सक्रियता श्रेणी में सबसे ऊपर स्थित धातुएँ उदाहरण- सोडियम, कैल्सियम, ऐलुमिनियम के लिए यह विधि प्रयोग की जाती है। इस विधि से इनके ऑक्साइड धातु में अपचयित हो जाते हैं। सोडियम क्लोराइड के अपघटन के फलस्वरूप सोडियम प्राप्त किया जाता है।

परिष्करण या शोधन

- किसी भी विधि द्वारा निष्कर्षण से प्राप्त धातुओं में सामान्य रूप से कुछ अशुद्धियाँ मिली रहती हैं। उचित दशाओं में अशुद्ध या कच्ची धातु से शुद्ध धातु के निष्कर्षण की विधि धातु का **शोधन** (Refining) कहलाती है।
- यह धातु तत्व की प्रकृति तथा उसमें उपस्थित अशुद्धियों की प्रकृति पर निर्भर करती है। उच्च शुद्धता की धातु प्राप्त करने के लिए अनेक विधियाँ प्रयोग में लाई जाती हैं।
- ये इस प्रकार हैं

(i) **आसवन** (Distillation) Zn, Cd, Hg धातुओं का शोधन इस विधि से किया जाता है क्योंकि ये निम्न क्वथन धातु हैं।

(ii) **द्रवीकरण** (Liquation) टिन, मर्करी, लैड जैसी धातुएँ इस विधि से शोधित की जाती हैं क्योंकि इनके गलनांक निम्न हैं।

(iii) **विद्युत अपघटनी शोधन** (Electrolytic refining) कॉपर, सिल्वर, गोल्ड, ऐलुमिनियम और लेड धातु का शोधन इस विधि द्वारा किया जाता है। इस विधि में अशुद्ध धातु का ऐनोड तथा शुद्ध धातु का कैथोड बनाते हैं। धातु के लवण विलयन का उपयोग विद्युत अपघट्य के रूप में होता है।

(iv) **मण्डल परिष्करण** (Zone refining) यह विधि इस सिद्धान्त पर आधारित है कि अशुद्धियों की विलेयता धातु की ठोस अवस्था की अपेक्षा गलित अवस्था में अधिक होती है। यह विधि अति उच्च शुद्धता वाले अर्द्धचालकों तथा अन्य अतिशुद्ध धातुओं जैसे जर्मेनियम, सिलिकन, बोरॉन, गैलियम तथा इण्डियम को प्राप्त करने में उपयोगी है।

(v) **वाष्प प्रावस्था परिष्करण** (Vapour phase refining) इस विधि में धातु को वाष्पशील यौगिक में परिवर्तित कर लिया जाता है। इसके पश्चात् इसे विघटित करके शुद्ध धातु प्राप्त कर लेते हैं।

(vi) **वर्णलेखन विधि** (Chromatographic method) यह विधि इस सिद्धान्त पर आधारित है कि अधिशोषक पर मिश्रण के विभिन्न घटकों का अधिशोषण अलग-अलग होता है। सूक्ष्म मात्रा में पाए जाने वाले तत्वों का शुद्धिकरण इस विधि से किया जाता है।

संक्षारण

- खुली वायु में कुछ दिन छोड़ देने पर सिल्वर की वस्तुएँ काली हो जाती हैं। ऐसा सिल्वर का वायु में उपस्थित सल्फर के साथ अभिक्रिया कर सिल्वर सल्फाइड की परत बनने के कारण होता है।
- प्राकृतिक रूप से धातु द्वारा ऑक्साइड, सल्फाइड, हाइड्रोऑक्साइड, आदि की परत बनाने की प्रक्रिया को **संक्षारण** (Corrosion) कहते हैं।
- कॉपर वायु में उपस्थित आर्द्र कार्बन डाइऑक्साइड के साथ अभिक्रिया करता है, जिससे इसकी सतह से भूरे रंग की चमक धीरे-धीरे खत्म हो जाती है तथा इस पर हरे रंग की परत $[Cu(OH)_2]$ चढ़ जाती है।
- यह हरा पदार्थ **बेसिक कॉपर कार्बोनेट** $[CuCO_3]$ होता है। लंबे समय तक आर्द्र वायु में रहने पर लोहे पर भूरे रंग के पत्रकी पदार्थ की परत चढ़ जाती है, जिसे **जंग** (Rusting) कहते हैं।
- लोहे एवं इस्पात को जंग से सुरक्षित रखने के लिए उन पर जस्ते (जिंक) की पतली परत चढ़ाने की विधि को **यशदलेपन** (Electroplating) कहते हैं। जस्ते की परत नष्ट हो जाने के बाद भी यशदलेपित वस्तु जंग से सुरक्षित रहती है।
- पेंट करके, तेल लगाकर, ग्रीस लगाकर, यशदलेपन, क्रोमियम लेपन, ऐनोडीकरण या मिश्रधातु बनाकर लोहे को जंग लगने से बचाया जा सकता है।

मिश्रधातु

- दो या दो से अधिक धातुओं के समांगी मिश्रण को **मिश्रधातु** (Alloy) कहते हैं। इसे तैयार करने के लिए पहले मूल धातु को गलित अवस्था में लाया जाता है एवं तत्पश्चात् दूसरे तत्वों को एक निश्चित अनुपात में इसमें विलीन किया जाता है। फिर इसे कमरे के ताप पर शीतलीकृत किया जाता है।
- **शुद्ध सोने** को 24 कैरेट कहते हैं तथा यह काफी नर्म होता है, इसलिए आभूषण बनाने के लिए यह उपयुक्त नहीं होता है। इसे कठोर बनाने के लिए इसमें चाँदी या ताँबा मिलाया जाता है।
- भारत में अधिकांशत: आभूषण बनाने के लिए 22 कैरेट सोने का उपयोग होता है।
- इसका तात्पर्य यह है कि 22 भाग शुद्ध सोने में 2 भाग ताँबा या चाँदी का मिलाया जाना।
- यदि कोई एक धातु पारद (Metal Mercury) है, तो इसके मिश्रधातु को **अमलगम** (Amalgam) कहते हैं।
- शुद्ध धातु की अपेक्षा उसके मिश्रधातु की विद्युत चालकता तथा गलनांक कम होता है। उदाहरण- ताँबा एवं जस्ते (Cu एवं Zn) की मिश्रधातु पीतल है।

कुछ अन्य महत्वपूर्ण धातुएँ

- **टंगस्टन** (Tungsten) का संकेत W है तथा इसका गलनांक 3500°C है। इसका उत्पादन राजस्थान स्थित **डेगाना खान** (Degana mines) से किया जाता है।
- विद्युत बल्ब का **तन्तु** (Filament) टंगस्टन का बना होता है तथा बल्ब की दीर्घायु तथा तन्तु को जलने से रोकने के लिए बल्ब में से वायु को निकाल दिया जाता है।
- **टाइटेनियम** (Titanium) का उपयोग नौका बनाने में किया जाता है, क्योंकि समुद्री जल द्वारा इसका **संक्षारण** (Corrosion) नहीं होता है।
- **जिर्कोनियम** (Zirconium) में न्यूट्रॉन अवशोषित करने का गुण होता है। अत: इसका उपयोग परमाणु भट्टी में किया जाता है।
- **क्रोमियम** (Chromium) का उपयोग चुम्बकीय रिकार्डिंग उत्पादों जैसे आडियो कैसेट और VHS टेपों में किया जाता है।
- **बेराइल** (Beryl) बेरीलियम धातु का मुख्य अयस्क है। बेरीलियम का उपयोग सर्किट बोर्ड, हार्ड डिस्क, मदर बोर्ड, आदि में किया जाता है।
- **फ्रांसियम** (Francium) एक रेडियोधर्मी द्रव धातु है।
- **स्टैनस सल्फाइड** (SnS_2) को मोजेइक गोल्ड (Mosaic gold) भी कहा जाता है तथा इसका उपयोग पेन्ट के रूप में किया जाता है।
- **पैलेडियम** (Palladium) धातु का उपयोग एअरक्राफ्टों के निर्माण में किया जाता है।
- **सीजियम** (Caesium) धातु का उपयोग प्रकाश विद्युत सेलों में किया जाता है।
- **बेरियम सल्फेट** (बेरियम भोजन-Barium meal) का प्रयोग X-किरणें परीक्षण के दौरान मानव आमाशय में बेरियम परिचायक कोड के रूप में किया जाता है क्योंकि बेरियम X-किरणों का अच्छा अवशोषक है तथा यह चित्रों में दूसरे क्षेत्रों की अपेक्षा आमाशय को स्पष्ट दिखाने में सहायता करता है।
- **पोटैशियम ब्रोमाइड** (KBr) फोटोग्राफी में, पोटैशियम नाइट्रेट (KNO_3) गन पाउडर में तथा मोनोपोटैशियम टार्टरेट बेकरी में प्रयुक्त किया जाता है।
- **पोटैशियम कार्बोनेट** (K_2CO_3) को (Pearl ash) के नाम से जाना जाता है।
- **नाइक्रोम** (Nichrome) निकैल (Ni), क्रोमियम (Cr) और आयरन (Fe) की मिश्रधातु है। विद्युत हीटर की कुण्डली नाइक्रोम से बनी होती है।
- **ऑस्मियम** (Osmium, Os) सर्वाधिक भारी धातु है।

अतिरिक्त तथ्य

तमिलनाडु बोर्ड एवं NIOS

- तत्वों को धातु व अधातु दो श्रेणियों में बाँटा जा सकता है।
- पारा एक धातु है, जो सामान्य ताप पर द्रव अवस्था में पायी जाती है।
- थर्माइट प्रक्रम रेल ट्रैक और भारी मशीनरी के वेल्डिंग के लिए महत्वपूर्ण होती है।
- लोहे के संक्षारण को विशेष रूप से जंग लगना कहा जाता है।
- गैल्वेनीकरण की प्रक्रिया में लोहे पर जिंक धातु की परत चढ़ाई जाती है।

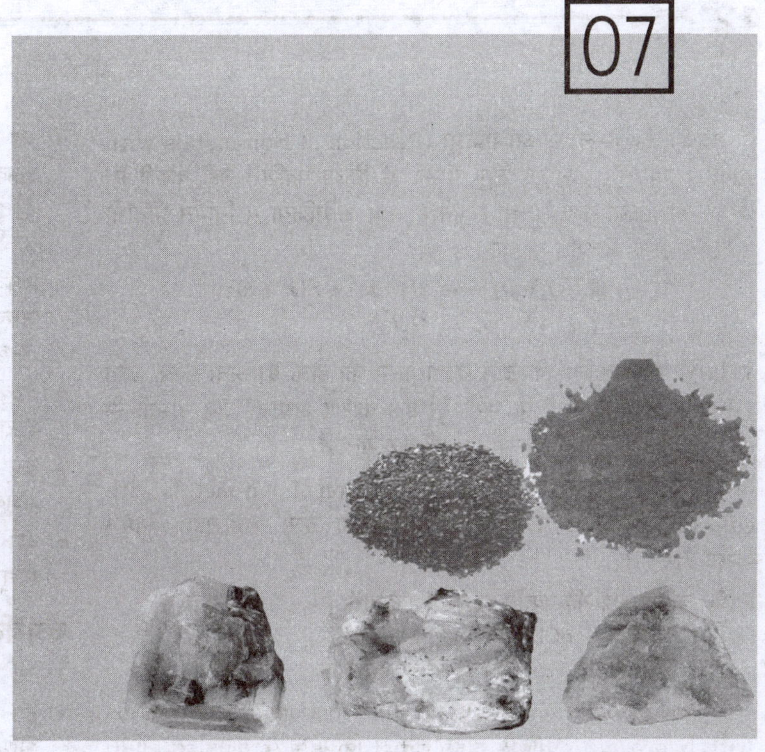

07

अधातुएँ

(स्रोत)

Class-VIII Old NCERT Chap 4 (धातु और अधातु),
Class-X New NCERT Chap 3 (धातु एवं अधातु),
Chap 4 (कार्बन एवं उसके यौगिक),
Class-XII Old NCERT Chap 7 (p-ब्लॉक के तत्व)

अधातु

- वे तत्व, जो ऊष्मा तथा विद्युत का चालन नही करते, **अधातु** (Non-metals) कहलाते हैं। धातुओं की तुलना में अधातुओं की संख्या कम है। कार्बन, सल्फर, आयोडीन, ऑक्सीजन, हाइड्रोजन आदि अधातुओं के कुछ उदाहरण हैं।
- ब्रोमीन ऐसी अधातु है, जो द्रव होती है। इसके अतिरिक्त सारी अधातुएँ या तो ठोस या फिर गैसें होती हैं।

अधातुओं के भौतिक गुण

अधातुओं के भौतिक गुण निम्नलिखित हैं

- **धात्विक चमक** (Metallic luster) सामान्यतया अधातुओं की कोई विशेष चमक नहीं होती, इनकी सतह मलिन होती है। उदाहरण-सल्फर (S) तथा फॉस्फोरस (P) दोनों अधातुओं में कोई चमक नहीं पाई जाती है।
  अपवाद-आयोडीन व ग्रेफाइट चमकीले होते हैं।
- **विद्युत एवं ऊष्मीय अचालकता** (Electric and thermal non-conductivity) अधातुएँ विद्युत तथा ऊष्मीय सुचालकता प्रदर्शित नहीं करती, क्योंकि इनमें मुक्त इलेक्ट्रॉन (Free electrons) नहीं पाए जाते।
  उदाहरण-फॉस्फोरस (P) तथा सल्फर (S) दोनों ही अधातुओं के द्वारा विद्युत तथा ऊष्मीय चालन नहीं किया जाता है।
  अपवाद-कार्बन का **अपररूप** (Allotrope) ग्रेफाइट मुक्त इलेक्ट्रॉन की उपस्थिति के कारण विद्युत चालन करता है तथा इलेक्ट्रोड बनाने में प्रयुक्त होता है।
- **भंगुरता** (Brittleness) ठोस अधातुओं को पीटने पर ये चादर में परिवर्तित नहीं होती हैं, क्योंकि इनकी प्रकृति **भंगुर** (Brittle) होती है अर्थात् इन्हें हथौड़े से पीटने पर छोटे-छोटे टुकड़ों में टूट जाती हैं।
- **अतन्यता** (Non-tensile) अधातुओं को खींचकर तारों में परिवर्तित नहीं किया जा सकता अर्थात् इनमें तन्यता का अभाव होता है। इनकी भंगुर प्रकृति के कारण ये खींचने पर टूट जाती हैं।
- **कठोरता** (Hardness) अधिकांश ठोस अधातुएँ जैसे– सल्फर (S) और फॉस्फोरस (P) मृदु होती हैं, जबकि कुछ कठोर होती हैं।
  अपवाद-कार्बन का अपररूप हीरा सर्वाधिक कठोर पदार्थ है।
- **गलनांक व क्वथनांक** (Melting point and boiling point) अधातुओं के गलनांक तथा क्वथनांक कम होते हैं अर्थात् ये निम्न ताप पर ही वाष्पित हो जाती हैं।
  अपवाद-कार्बन (C), बोरॉन (B) और सिलिकॉन (Si)।
- **ध्वनि** (Sonorous) अधातुएँ अध्वनिक होती हैं अर्थात् इन्हें हथौड़े से पीटने पर कोई ध्वनि उत्पन्न नहीं होती है।
- **विलेयता** (Solubility) अधातुएँ अनेक द्रव विलायकों में घुल जाती हैं। उदाहरण-सल्फर (S), कार्बन डाइसल्फाइड (CS_2) में घुल जाती है तथा आयोडीन (I_2), क्लोरीन (Cl_2) में घुल जाती है।

अधातुओं के रासायनिक गुण

अधातुओं द्वारा विभिन्न रासायनिक गुण प्रदर्शित किए जाते हैं, उनमें से कुछ महत्त्वपूर्ण गुण निम्नलिखित हैं

- **अधातुओं की ऑक्सीजन से अभिक्रिया** (Reaction with Oxygen) अधातुएँ ऑक्सीजन से क्रिया करके ऑक्साइड निर्मित करती हैं। इन ऑक्साइडों की प्रकृति अम्लीय/उदासीन होती है।

$$C(s) + O_2(g) \longrightarrow CO_2(g) \text{ (अम्लीय)}$$

कार्बन (C) तथा सल्फर (S) की ऑक्सीजन (O_2) से क्रिया द्वारा निर्मित ऑक्साइड, जल (H_2O) से क्रिया करके अम्ल निर्मित करते हैं।

$$CO_2(g) + H_2O(aq) \longrightarrow \underset{\text{कार्बोनिक अम्ल}}{H_2CO_3(aq)}$$

- **अधातुओं की जल से अभिक्रिया** (Reaction with Water) अधातुएँ जल के साथ सामान्यतया अभिक्रिया नहीं दर्शाती हैं।

- **अधातुओं की अम्लों से अभिक्रिया** (Reaction of Non-metals with Acids) सामान्य अधातुएँ तनु अम्लों से क्रिया प्रदर्शित नहीं करती हैं। इनकी अभिक्रिया केवल तभी संभव है, जब अभिक्रिया में निर्मित प्रोटॉनों को इलेक्ट्रॉनों की पूर्ति हो जाए।

$$H_2SO_4(aq) \longrightarrow 2H^+(aq) + SO_4^{2-}(aq)$$
$$2H^+(aq) + 2e^- \longrightarrow H_2(g)$$

अधातुओं की प्रकृति इलेक्ट्रॉन ग्रहण करने की होती है। अतः इनके द्वारा इलेक्ट्रॉन की पूर्ति नहीं हो पाती है। इस कारण अधातुएँ तनु अम्लों से क्रिया करके हाइड्रोजन विस्थापित नहीं कर पाती हैं।

- **अधातुओं की क्लोरीन से अभिक्रिया** (Reaction of non-metals with chlorine) अधातुएँ क्लोरीन से अभिक्रिया द्वारा क्लोराइड निर्मित करती हैं।

निर्मित क्लोराइडों की प्रकृति सहसंयोजक होती है।

$$\underset{\text{फॉस्फोरस}}{P_4} + \underset{\text{क्लोरीन}}{6Cl_2} \longrightarrow \underset{\text{फॉस्फोरस ट्राइक्लोराइड}}{4PCl_3(g)}$$

- **अधातुओं की हाइड्रोजन से अभिक्रिया** (Reaction of non-metals with hydrogen) अधातुएँ, हाइड्रोजन से क्रिया करके हाइड्राइड निर्मित करती हैं।

$$\underset{\text{नाइट्रोजन}}{N_2(g)} + \underset{\text{हाइड्रोजन}}{3H_2} \longrightarrow \underset{\text{अमोनिया}}{2NH_3(g)}$$
$$\underset{\text{कार्बन}}{C(s)} + \underset{\text{हाइड्रोजन}}{2H_2(g)} \longrightarrow \underset{\text{मेथेन}}{CH_4(g)}$$

अधातुओं के उपयोग

- अधातु हमारे जीवन के लिए आवश्यक है और इसे सभी सजीव श्वसन के दौरान अपने अंदर लेते हैं।
- अधातुओं का उपयोग उर्वरकों में पौधों की वृद्धि हेतु किया जाता है।
- अधातुओं का उपयोग जल शुद्धिकरण प्रक्रम में किया जाता है।
- अधातुओं का बैंगनी रंग का विलयन एंटीबायोटिक के रूप में घावों पर लगाया जाता है।
- अधातुएँ पटाखों के निर्माण में प्रयुक्त होती हैं।

कार्बन

- कार्बन भू-पर्पटी में पाया जाने वाला 17वाँ **अतिबाहुल्य** (Most abundant) तत्व है। यह प्रकृति में स्वतंत्र एवं संयुक्त अवस्था में पाया जाता है।
- तत्व अवस्था में यह कोयला, ग्रेफाइट तथा हीरे में मिलता है, जबकि संयुक्त अवस्था में यह धातु कार्बोनेट, हाइड्रोकार्बन तथा वायु में कार्बन डाइऑक्साइड गैस (0.03%) के रूप में मिलता है।
- कार्बन एक ऐसा तत्व है, जो अन्य तत्वों (जैसे-डाइहाइड्रोजन, डाइऑक्सीजन, क्लोरीन, सल्फर आदि) से योग करके जीवित ऊतकों से दवाओं एवं प्लास्टिक तक का निर्माण करता है।
- कार्बनिक रसायन विज्ञान, कार्बन के यौगिकों पर ही आधारित है। यह जीवित प्राणियों का आवश्यक घटक है।
- प्राकृतिक रूप से कार्बन के दो स्थायी समस्थानिक ^{12}C तथा ^{13}C मिलते हैं। इसके अतिरिक्त एक अन्य समस्थानिक ^{14}C भी उपस्थित रहता है।
- यह एक रेडियोएक्टिव समस्थानिक है, जिसकी अर्द्ध-आयु 5770 वर्ष है। इसका उपयोग **रेडियो कार्बन डेटिंग** (Radio carbon dating) में होता है। अन्य समूहों के प्रथम सदस्यों की भाँति इस समूह का प्रथम सदस्य कार्बन अपने समूह के अन्य सदस्यों से भिन्न व्यवहार प्रदर्शित करता है।
- इसके छोटे आकार, उच्च विद्युतऋणात्मकता (Electronegativity), **उच्च आयनन एन्थैल्पी** (High ionisation enthalphy) तथा d-कक्षकों की अनुपलब्धता के कारण ऐसा होता है।
- कार्बन में अन्य परमाणुओं के साथ सहसंयोजक बंध (Covalent bond) द्वारा जुड़कर लंबी शृंखला या वलय बनाने की प्रवृत्ति होती है।
- इस प्रवृत्ति को **शृंखलन** (Catenation) कहते हैं। C—C बंध अधिक मजबूत होने के कारण यह होता है।
- वर्ग में ऊपर से नीचे जाने पर बढ़ता हुआ आकार तथा घटती हुई विद्युतऋणात्मकता के कारण शृंखलन की प्रवृत्ति घटती जाती है।

कार्बन में आबंधन-सहसंयोजी आबंध

- अधिकांश कार्बन यौगिक अच्छे विद्युत चालक नहीं होते हैं।
- इन परमाणुओं के बीच प्रबल आकर्षण बल नहीं है। चूँकि, ये यौगिक अधिकांशत: विद्युत के कुचालक होते हैं, अत: हम इस निष्कर्ष पर पहुँच सकते हैं कि इन यौगिकों के आबंधन से किसी आयन की उत्पत्ति नहीं होती है।

कार्बन के कुछ यौगिकों के गलनांक एवं क्वथनांक

यौगिक	गलनांक (K)	क्वथनांक (K)
एसीटिक एसिड (CH_3COOH)	290	391
क्लोरोफॉर्म ($CHCl_3$)	209	334
एथेनॉल (CH_3CH_2OH)	156	351
मेथेन (CH_4)	90	111

- हम जानते हैं कि बाहरी कोश को पूरी तरह से भर देने अर्थात् **उत्कृष्ट गैस** विन्यास को प्राप्त करने की प्रवृत्ति के आधार पर तत्वों की अभिक्रियाशीलता समझाई जाती है।
- आयनिक यौगिक बनाने वाले तत्व सबसे बाहरी कोश से इलेक्ट्रॉन प्राप्त करके या उनका ह्रास करके इसे प्राप्त करते हैं।
- कार्बन के सबसे बाहरी कोश में चार इलेक्ट्रॉन होते हैं तथा उत्कृष्ट गैस विन्यास को प्राप्त करने के लिए इसको चार इलेक्ट्रॉन प्राप्त करने या खोने की आवश्यकता होती है।
- यदि इन्हें इलेक्ट्रॉनों को प्राप्त करना या खोना हो तो-
  (i) ये चार इलेक्ट्रॉन प्राप्त कर C^{4-} ऋणायन बना सकता है, लेकिन छः प्रोटॉन वाले नाभिक के लिए दस इलेक्ट्रॉन अर्थात चार अतिरिक्त इलेक्ट्रॉन धारण करना मुश्किल हो सकता है।
  (ii) ये चार इलेक्ट्रॉन खो कर C^{4+} धनायन बना सकता है, लेकिन चार इलेक्ट्रॉनों को खो कर छः प्रोटॉन वाले नाभिक में केवल दो इलेक्ट्रॉनों का कार्बन धनायन बनाने के लिए अत्यधिक ऊर्जा की आवश्यकता होगी।
- कार्बन अपने अन्य परमाणुओं अथवा अन्य तत्वों के परमाणुओं के साथ संयोजकता इलेक्ट्रॉनों की साझेदारी करके इस समस्या को सुलझा लेता है। केवल कार्बन ही नहीं बल्कि अनेक अन्य तत्व भी इसी प्रकार इलेक्ट्रॉन की साझेदारी करके अणुओं का निर्माण करते हैं।

- जिन इलेक्ट्रॉनों की साझेदारी की जाती है, वे दोनों परमाणुओं के बाहरी कोश के ही होते हैं तथा इनके फलस्वरूप दोनों ही परमाणु उत्कृष्ट गैस विन्यास की स्थिति को प्राप्त करते हैं। कार्बन के यौगिकों की चर्चा करने से पहले इलेक्ट्रॉनों की साझेदारी से बने कुछ सामान्य अणुओं को समझते हैं।
  - इस तरह से बने अणुओं में सबसे सामान्य अणु हाइड्रोजन का है। हाइड्रोजन की परमाणु संख्या 1 है। अत: इसके K कोश में एक इलेक्ट्रॉन है। K कोश को भरने के लिए इसको एक इलेक्ट्रॉन की आवश्यकता होती है। इसलिए हाइड्रोजन के दो परमाणु अपने इलेक्ट्रॉनों की साझेदारी करके हाइड्रोजन का अणु, H_2 बनाते हैं। परिणामस्वरूप हाइड्रोजन का प्रत्येक अणु अपने निकटतम उत्कृष्ट गैस, हीलियम के इलेक्ट्रॉनिक विन्यास को प्राप्त करता है, जिसके K कोश में दो इलेक्ट्रॉन होते हैं।

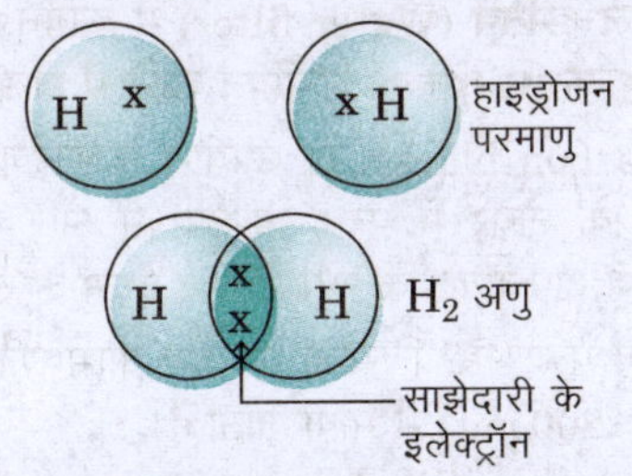

हाइड्रोजन का एक अणु

  - इलेक्ट्रॉन के सहभागी युग्म हाइड्रोजन के दो परमाणुओं के बीच सहसंयोजी एक आबंध बनाते हैं। इस आबंध को दो परमाणुओं के बीच एक रेखा के द्वारा भी व्यक्त किया जाता है।

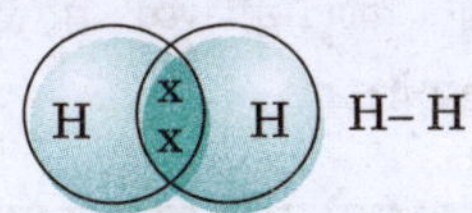

हाइड्रोजन के दो परमाणुओं को बीच एकल बंध

  - क्लोरीन की परमाणु संख्या 17 है। क्लोरीन द्विपरमाणुक अणु, Cl_2 बनाती है।
  - ऑक्सीजन के दो परमाणुओं के बीच द्विआबंध का बनना दिखाई देता है। ऐसा इसलिए होता है, क्योंकि ऑक्सीजन के परमाणु के L कोश में छ: इलेक्ट्रॉन होते हैं (ऑक्सीजन की परमाणु संख्या आठ है।) तथा इसे अष्टक पूरा करने के लिए दो और इलेक्ट्रॉनों की आवश्यकता होती है। अत: ऑक्सीजन का प्रत्येक परमाणु ऑक्सीजन के अन्य परमाणु के साथ दो इलेक्ट्रॉनों की साझेदारी करता है, ऑक्सीजन के प्रत्येक परमाणु के द्वारा प्रदान किए गए दो इलेक्ट्रॉनों से इलेक्ट्रॉनों के दो सहभागी युग्म प्राप्त होते हैं। इसे दो परमाणुओं के बीच **द्विआबंध बनना** कहते हैं।

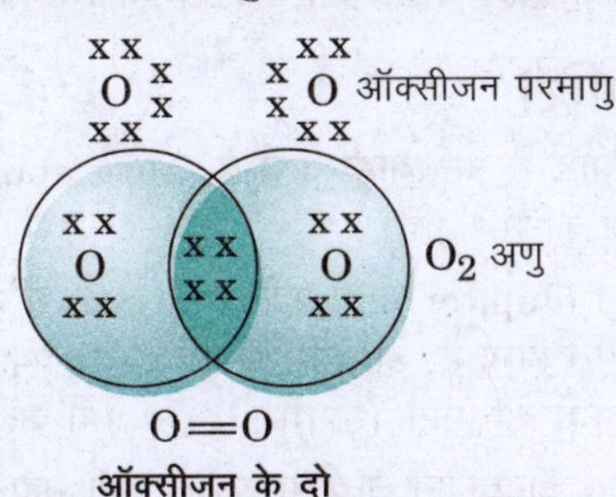

ऑक्सीजन के दो परमाणुओं के बीच दोहरा बंध

  - नाइट्रोजन की परमाणु संख्या 7 है। अष्टक प्राप्त करने के लिए नाइट्रोजन के एक अणु में नाइट्रोजन का प्रत्येक परमाणु तीन इलेक्ट्रॉन देता है, जिससे इलेक्ट्रॉन के तीन सहभागी युग्म प्राप्त होते हैं। इसे दो परमाणुओं के बीच त्रिआबंध का बनना कहा जाता है। N_2 की इलेक्ट्रॉन बिंदु संरचना तथा इसके त्रिआबंध को चित्र के अनुसार दर्शाया जा सकता है।

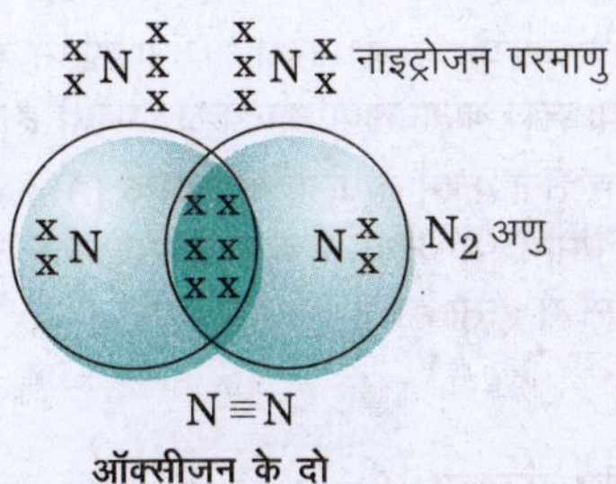

ऑक्सीजन के दो परमाणुओं के बीच त्रिआबंध

  - मेथेन, जो कार्बन का यौगिक है। ईंधन के रूप में मेथेन का अधिकाधिक उपयोग होता है तथा यह बायोगैस एवं संपीडित प्राकृतिक गैस (CNG) का प्रमुख घटक है। यह कार्बन के सर्वाधिक सरल यौगिक में से एक है। मेथेन का सूत्र CH_4 है। जैसा कि आप जानते हैं, हाइड्रोजन की संयोजकता 1 है। कार्बन चतु:संयोजक है, क्योंकि इसमें चार संयोजकता इलेक्ट्रॉन होते हैं। उत्कृष्ट गैस विन्यास की स्थिति को प्राप्त करने के लिए कार्बन इन इलेक्ट्रॉनों की साझेदारी हाइड्रोजन के चार परमाणुओं के साथ करता है, जैसा कि चित्र में दिखाया गया है।

मेथेन की इलेक्ट्रॉन बिंदु संरचना

  - इस प्रकार दो परमाणुओं के बीच इलेक्ट्रॉन के एक युग्म की साझेदारी के द्वारा बनने वाले आबंध सहसंयोजी आबंध कहलाते हैं। **सहसंयोजी आबंध** वाले अणुओं में भीतर तो प्रबल आबंध होता है, लेकिन इनका **अन्तराअणुक बल** दुर्बल होता है। फलस्वरूप इन यौगिकों के क्वथनांक एवं गलनांक कम होते हैं। चूँकि, परमाणुओं के बीच इलेक्ट्रॉनों की साझेदारी होती है और आवेशित कण बनते हैं; सामान्यत: ऐसे सहसंयोजी यौगिक विद्युत के कुचालक होते हैं।

कार्बन के अपररूप

- कार्बन के क्रिस्टलीय और अक्रिस्टलीय दोनों ही अपररूप (Allotropes) होते हैं। हीरा तथा ग्रेफाइट कार्बन के दो प्रमुख क्रिस्टलीय रूप हैं।
- एच. डब्ल्यू. क्रोटो, ई. स्मैले तथा आर. एफ. कार्ल (H.W. Kroto, E. Smalley and R.F. Curl) ने वर्ष 1985 में कार्बन के एक अन्य रूप **फुलेरीन** की खोज की।

हीरा

- हीरे में क्रिस्टलीय जालक होता है। इसमें प्रत्येक परमाणु sp^3-संकरित होता है तथा चतुष्फलकीय ज्यामिति से अन्य चार कार्बन परमाणुओं से जुड़ा रहता है।

- इसमें C—C बंध लंबाई 154 pm होती है। कार्बन परमाणु दिक (Space) में दृढ़ **त्रिविमीय जालक** (Rigid three-dimensional network) का निर्माण करते हैं।
- इस संरचना में संपूर्ण जालक में दिशात्मक सहसंयोजक बंध उपस्थित रहते हैं।
- इस प्रकार विस्तृत सहसंयोजक बंधन को तोड़ना कठिन कार्य होता है। अत: हीरा पृथ्वी पर पाया जाने वाला सर्वाधिक कठोर पदार्थ है।
- इसका उपयोग धार तेज करने के लिए **अपघर्षक** (Abrasive) के रूप में, **रूपदा** (Dyes) बनाने में तथा विद्युत-प्रकाश लैंप में टंगस्टन तंतु (Filament) बनाने में होता है।

ग्रेफाइट

- ग्रेफाइट की **परतीय संरचना** (Layered structure) होती है। ये परतें वान्डरवाल्स बल (Vander waal's force) द्वारा जुड़ी रहती हैं। दो परतों के मध्य की दूरी 340 pm होती है
- प्रत्येक परत में कार्बन परमाणु **षट्कोणीय वलय** (Hexagonal rings) के रूप में व्यवस्थित होते हैं, जिसमें C—C बंध की लंबाई 141.5 pm होती है।
- षट्कोणीय वलय में प्रत्येक कार्बन परमाणु (sp^2) संकरित होता है। प्रत्येक कार्बन परमाणु तीन निकटवर्ती कार्बन परमाणुओं से तीन सिग्मा बंध बनाता है। इसका चौथा इलेक्ट्रॉन p-बंध बनाता है।
- संपूर्ण परत में इलेक्ट्रॉन विस्थानीकृत होते हैं। इलेक्ट्रॉन गतिशील होते हैं, अत: ग्रेफाइट विद्युत का सुचालक होता है। ग्रेफाइट को परतों के तल में आसानी से तोड़ा जा सकता है।
- यही कारण है कि ग्रेफाइट मुलायम (Soft) तथा चिकना (Slippery) होता है। उच्च ताप पर जिन मशीनों में तेल का प्रयोग स्नेहक (Lubricant) के रूप में नहीं हो सकता है, उनमें ग्रेफाइट शुष्क स्नेहक का कार्य करता है।

फुलेरीन्स

- हीलियम, ऑर्गन आदि अक्रिय गैसों की उपस्थिति में जब ग्रेफाइट को **विद्युत आर्क** (Electric arc) में गर्म किया जाता है, तब फुलेरीन का निर्माण होता है।
- वाष्पित लघु C^n अणुओं को संघनित करने पर प्राप्त **कज्जली पदार्थ** (Sooty material) में मुख्य रूप से C_{60} कुछ अंश तथा C_{70} तथा अति सूक्ष्म मात्रा में 350 या अधिक समसंख्या में कार्बन फुलेरीन पाए गए।
- फुलेरीन कार्बन का शुद्धतम रूप है, क्योंकि फुलेरीन में किसी प्रकार का झूलता बंध (Dangling bonds) नहीं होता है।
- फुलेरीन की संरचना पिंजरानुमा होती है। (C_{60}) अणु की आकृति सॉकर बॉल के समान होती है। इसे **बकमिन्स्टर फुलेरीन** (Buckminster fullerene) कहते हैं।
- इसमें छ: सदस्यीय बीस वलय तथा पाँच सदस्यीय बारह वलय होते हैं। एक छ: सदस्यीय वलय छ: अथवा पाँच सदस्यीय वलय के साथ संगलित (Fused) रहते हैं, जबकि पाँच सदस्यीय वलय केवल छ: सदस्यीय वलय के साथ संगलित अवस्था में रहते हैं।
- सभी कार्बन परमाणु समान होते हैं तथा (sp^2) संकरित होते हैं। प्रत्येक कार्बन परमाणु अन्य तीन कार्बन परमाणुओं के साथ तीन आबंध बनाता है।

कार्बन के उपयोग

- प्लास्टिक पदार्थ में अंत:स्थापित ग्रेफाइट तंतु उच्च सामर्थ्य वाली हल्की वस्तुएँ बनाते हैं।
- इन वस्तुओं का उपयोग मछली पकड़ने की छड़ (Fishing rods), टेनिस रैकेट, वायुयान तथा **डोंगी** (Canoes) बनाने में होता है।
- विद्युत का अच्छा प्रचालक होने के कारण ग्रेफाइट का उपयोग बैटरी के इलेक्ट्रोड बनाने में तथा औद्योगिक विद्युत-अपघटन में होता है।
- ग्रेफाइट द्वारा निर्मित क्रूसिबिल तनु अम्लों तथा क्षारों के प्रति अक्रिय होती हैं।
- अत्यधिक सरंध्र सक्रिय चारकोल का उपयोग जहरीली गैसों को अधिशोषित करने में होता है।
- इसका उपयोग **जल-छनित्र** (Water-filter) में कार्बन अशुद्धियों को दूर करने तथा वातानुकूलन में गंध को नियंत्रित करने में होता है।
- **कार्बन स्याह** (Carbon black) का उपयोग कृष्णरंजक बनाने में तथा स्वचालित वाहनों के टायर में पूरक के रूप में और कोक का उपयोग मुख्यत: धातुकर्म में अपचायक के रूप में तथा ईंधन के रूप में होता है।
- हीरा एक मूल्यवान पत्थर है, जिसका उपयोग आभूषणों में होता है। इसे कैरेट (एक कैरेट = 200 mg) में मापा जाता है।

हाइड्रोजन

प्रकृति में समस्त ज्ञात तत्वों में हाइड्रोजन की परमाणु संरचना सरलतम है। इसके परमाणु में एक प्रोटॉन तथा एक इलेक्ट्रॉन होता है। तात्विक हाइड्रोजन का अस्तित्व द्विपरमाणुक H_2 अणु के रूप में है, जिसे **डाइहाइड्रोजन** (Dihydrogen) (H_2) कहते हैं।

आवर्त सारणी में हाइड्रोजन का स्थान

- हाइड्रोजन का इलेक्ट्रॉनिक विन्यास $1s^1$ है। एक ओर इसका बाह्यतम इलेक्ट्रॉनिक विन्यास क्षार धातुओं (ns^1) के समान होता है, जो आवर्त सारणी के प्रथम वर्ग से संबंधित है, जबकि दूसरी ओर हैलोजनों की भाँति (ns^2np^5) इलेक्ट्रॉनिक विन्यास के साथ आवर्त सारणी के 17वें वर्ग से संबंधित है जो संगत उत्कृष्ट गैस विन्यास से एक इलेक्ट्रॉन कम है।
- इस प्रकार हाइड्रोजन क्षार धातुओं से समानता दर्शाता है, जो एक इलेक्ट्रॉन त्यागकर एकधनीय आयन बनाते हैं। साथ ही यह हैलोजन की भाँति एक इलेक्ट्रॉन ग्रहण कर एकऋणीय आयन बनाता है।
- क्षार धातुओं के समान हाइड्रोजन, ऑक्साइड, हैलाइड एवं सल्फाइड बनाता है यद्यपि सामान्य परिस्थितियों में क्षार की धातुओं के विपरीत उच्च आयनन एन्थैल्पी होती है एवं यह धात्विक अभिलक्षण नहीं दर्शाता है।

हाइड्रोजन प्राप्ति

- डाइहाइड्रोजन ब्रह्मांड में **अतिबाहुल्य तत्व** (Most abundant) (ब्रह्मांड के संपूर्ण द्रव्यमान का 70%) है।
- बड़े ग्रहों बृहस्पति (Jupiter) तथा शनि (Saturn) में अधिकांशत: भाग हाइड्रोजन से निर्मित होता है, हालाँकि अपनी हल्की प्रकृति के कारण यह पृथ्वी के वायुमंडल में कम मात्रा (लगभग 0.15%) में पाई जाती है।
- संयुक्त अवस्था में हाइड्रोजन तत्व भू-पर्पटी तथा महासागर में 15.4% भाग का निर्माण करता है।

- संयुक्त अवस्था में जल के अतिरिक्त यह पादप तथा जंतु-ऊतकों, कार्बोहाइड्रेट, प्रोटीन, हाइड्राइड, हाइड्रोकार्बन और कई अन्य यौगिकों में पाया जाता है।

हाइड्रोजन के समस्थानिक

- हाइड्रोजन के तीन समस्थानिक **प्रोटियम** (Protium) (^1_1H), **ड्यूटीरियम** (Deuterium) (^2_1H या D) तथा **ट्राइटियम** (Tritium) (^3_1H या T) होते हैं। ये तीनों समस्थानिक न्यूट्रॉन की संख्या के आधार पर एक-दूसरे से भिन्न होते हैं।
- सामान्य हाइड्रोजन (प्रोटियम) में कोई न्यूट्रॉन नहीं है। ड्यूटीरियम जिसे '**भारी हाइड्रोजन**' (Heavy hydrogen) भी कहा जाता है, में एक तथा ट्राइटियम के नाभिक में दो न्यूट्रॉन होते हैं।

हाइड्रोजन के यौगिक

हाइड्रोजन के यौगिकों का विवरण निम्नलिखित है

जल

- सभी सजीवों का एक वृहद् भाग जल द्वारा निर्मित है। मानव शरीर में लगभग 65% एवं कुछ पौधों में लगभग 95% जल होता है।
- जीवों को जीवित रखने के लिए जल एक महत्वपूर्ण यौगिक है। यह एक अतिमहत्वपूर्ण विलायक है। पृथ्वी की सतह पर जल का वितरण एकसमान नहीं है।

जल के गुणधर्म

- यह एक रंगहीन तथा स्वादहीन द्रव है। संघनित प्रावस्था (द्रव तथा ठोस अवस्था) में जल के असामान्य गुणों का कारण जल के अणुओं के बीच विस्तृत हाइड्रोजन बंधन का होना है।
- इसी वर्ग के अन्य तत्वों के हाइड्राइड H_2S तथा H_2Se की तुलना में जल का उच्च हिमांक, उच्च क्वथनांक, उच्च वाष्पन ऊष्मा, उच्च संलयन ऊष्मा का कारण हाइड्रोजन-बंधन का होना है।
- अन्य द्रवों की तुलना में जल की विशिष्ट ऊष्मा (Specific heat), **तापीय चालकता** (Thermal conductivity), पृष्ठ-तनाव (Surface tension), द्विध्रुव आघूर्ण (Dipole moment) तथा परावैद्युतांक (Dielectric index) के मान उच्च होते हैं। इन्हीं गुणों के कारण जीवमंडल में जल की महत्वपूर्ण भूमिका है।
- जल की उच्च वाष्पन ऊष्मा तथा उच्च ऊष्माधारिता ही जीवों के शरीर तथा जलवायु के सामान्य ताप को बनाए रखने के लिए उत्तरदायी है।
- वनस्पतियों एवं प्राणियों के **उपापचय** (Metabolism) में अणुओं के अभिगमन के लिए जल एक उत्तम विलायक का कार्य करता है।
- जल ध्रुवीय अणुओं के साथ हाइड्रोजन बंध बनाता है, जिससे सहसंयोजक यौगिक, जैसे-ऐल्कोहॉल तथा कार्बोहाइड्रेट यौगिक जल में विलेय होते हैं।
- जल का क्रिस्टलीय प्रारूप बर्फ है। वायुमंडलीय दाब पर बर्फ का क्रिस्टलीकरण षट्कोणीय आकृति (Crystallisation of ice in hexagonal lattice) के रूप में होता है, परंतु न्यून ताप पर इसका संघनन घनीय आकृति के रूप में होता है। बर्फ का घनत्व जल से कम होता है। फलतः बर्फ का टुकड़ा जल में तैरता रहता है।
- शीतकाल में झीलों में पानी की सतह पर जमी बर्फ की सतह **ऊष्मारोधन** (Thermal insulation) प्रदान करती है, जिससे जलीय जीवन सुरक्षित रहता है

कठोर एवं मृदु जल

- सामान्यतः वर्षा का जल लगभग शुद्ध होता है (वायुमंडल की कुछ विलेयशील गैसें घुली हो सकती हैं)। जब जल पृथ्वी की सतह पर बहता है, तब इसका अस्तित्व उत्तम विलायक के रूप में होता है।
- यह कई लवणों का घोल होता है। जल में उपस्थित विलेयशील कैल्सियम तथा मैग्नीशियम लवण, (जो हाइड्रोजन कार्बोनेट, क्लोराइड तथा सल्फेट के रूप में रहते हैं, उसकी कठोरता का कारण होते हैं।
- **कठोर जल** (Hard water) साबुन के साथ आसानी से झाग नहीं देता है। विलेयशील कैल्सियम तथा मैग्नीशियम लवण से मुक्त जल को '**मृदु जल**' (Soft water) कहते हैं। मृदु जल साबुन के साथ आसानी से झाग देता है।
- कठोर जल साबुन के साथ मलफेन/अवक्षेप देता है। साबुन, जिसमें सोडियम स्टीएरेट ($C_{17}H_{35}COONa$) होता है, कठोर जल के साथ अभिक्रिया करके Ca/Mg स्टीएरेट के रूप में **अवक्षेपित** (Precipitated) हो जाता है।
- अतः कठोर जल धुलाई के लिए उपयुक्त नहीं है। यह भाप **क्वथित्र** (Steam boiler) के लिए भी हानिकारक है, क्योंकि पपड़ी के रूप में इसमें लवण जम जाते हैं, जिससे भाप क्वथित्र की दक्षता में कमी आ जाती है।

जल की कठोरता निम्न दो प्रकार की होती है

अस्थायी कठोरता

अस्थायी कठोरता (Temporary hardness) जल में कैल्सियम तथा मैग्नीशियम के हाइड्रोजन कार्बोनेट की उपस्थिति के कारण होती है। जल की अस्थायी कठोरता निम्नलिखित विधियों द्वारा दूर की जाती है

- **उबालना** (Boiling) उबालने की प्रक्रिया में $Mg(HCO_3)_2$ एवं $Ca(HCO_3)_2$ के विलेयशील लवण क्रमशः अविलेयशील $Mg(OH)_2$ तथा $CaCO_3$ में परिवर्तित हो जाते हैं।
  $MgCO_3$ की तुलना में $Mg(OH)_2$ का विलेयता गुणनफल उच्च होता है, अतः $Mg(OH)_2$ अवक्षेपित हो जाता है। इस अवक्षेप को छानकर अलग कर लिया जाता है। प्राप्त छनित जल ही मृदु जल है।
- **क्लार्क विधि** (Clark's method) इस विधि में **बुझे चूने** (Slaked lime) की परिकलित मात्रा को कठोर जल में मिला दिया जाता है।
  फलतः कैल्सियम कार्बोनेट तथा मैग्नीशियम हाइड्रॉक्साइड अवक्षेपित हो जाता है तथा उसे छानकर अलग कर लिया जाता है।

स्थायी कठोरता

इस प्रकार की कठोरता जल में विलेयशील कैल्सियम तथा मैग्नीशियम के क्लोराइड तथा सल्फेट के रूप में घुले रहने के कारण होती है। यह (स्थायी कठोरता) उबालने से दूर नहीं की जा सकती है।

इसे निम्नलिखित विधियों द्वारा दूर किया जा सकता है

- **धावन सोडा** (सोडियम कार्बोनेट) **के उपचार से** धावन सोडा कठोर जल में विलेयशील कैल्सियम एवं मैग्नीशियम क्लोराइड तथा सल्फेट के साथ क्रिया करके अविलेयशील कार्बोनेट बनाता है।
- **कैल्गॉन विधि** (Calgon's method) सोडियम हेक्सामेटाफॉस्फेट (Sodium hexametaphosphate, $Na_6P_6O_{18}$] को व्यापारिक रूप में '**कैल्गॉन**' कहते हैं। जब यह कठोर जल में मिलाया जाता है, तब निम्नलिखित अभिक्रिया देता है

$$Na_6P_6O_{18} \longrightarrow 2Na^+ + Na_4P_6O_{18}^{2-}$$
$$M^{2+} + Na_4P_6O_{17}^{2-} \longrightarrow [Na_2MP_6O_{18}]^{2-} + 2Na^+ \ (M = Mg, Ca)$$

यह ऋणायन संकुल Mg^{2+} एवं Ca^{2+} आयन को विलयन में रखता है।

- **आयन विनिमय विधि** (Ion exchange method) इस विधि को **'जिओलाइट/परम्यूटिट विधि'** (Zeolite/Permuted method) भी कहते हैं। जलयुक्त सोडियम ऐलुमिनोसिलिकेट ($NaAlSiO_4 \cdot 3H_2O$) जिओलाइट/ परम्यूटिट कहलाता है।

  सरलता के लिए, सोडियम ऐलुमिनियम सिलिकेट को NaZ भी लिख सकते हैं। कठोर जल में इसे मिलाने पर निम्नलिखित विनिमय अभिक्रिया होती है

$$2NaZ(s) + M^{2+}(aq) \longrightarrow MZ_2(s) + 2Na^+(aq)\ (M = Mg, Ca)$$

  परम्यूटिट/जिओलाइट में से जब सारा सोडियम पूर्ण रूप से समाप्त हो जाता है, तब जलीय सोडियम क्लोराइड विलयन द्वारा उपचार कराकर इसका पुन: प्रयोग करने के लिए **पुनर्जनन** (Regenerated) कर लिया जाता है

$$MZ_2(s) + 2NaCl(aq) \longrightarrow 2NaZ(s) + MCl_2(aq)$$

- **संश्लेषित रेजिन विधि** (Synthetic resin method) आजकल कठोर जल का मृदुकरण मुख्य रूप से संश्लेषित धनायन विनिमयक द्वारा किया जाता है। यह विधि जिओलाइट की तुलना में अधिक दक्ष है।

  धनायन विनिमयक रेजिन $—SO_3H$ समूहयुक्त वृहद् कार्बनिक अणु होते हैं तथा जल में अविलेय होते हैं। आयन विनिमय रेजिन ($R—SO_3H$) को NaCl से उपचार करके $R—Na$ में परिवर्तित किया जाता है। रेजिन Na^+ आयन का जल में उपस्थित Ca^{2+} एवं Mg^{2+} आयन से विनिमय करके कठोर जल को मृदु बना देता है। (जहाँ, R = रेजिन ऋणायन है)

$$2RNa(s) + M^{2+}(aq) \longrightarrow R_2M(s) + 2Na^+(aq)$$

  रेजिन का पुनर्जनन (Regeneration) सोडियम क्लोराइड विलयन मिलाकर किया जाता है।

  जल को **उत्तरोत्तर** (Successively) धनायन-विनिमयक (H^+ आयन के रूप में) तथा ऋणायन-विनिमयक (OH^- के रूप में) रेजिन से प्रवाहित करने पर शुद्ध **विखनिजित** (Demineralised) तथा **विआयनित** (Deionised) जल प्राप्त किया जाता है

$$2RH(s) + M^{2+}(aq) \longrightarrow MR_2(s) + 2H^+(aq)$$

  धनायन विनिमय के इस प्रक्रम में, H^+ का विनिमय जल में उपस्थित Na^+, Ca^{2+}, Mg^{2+} एवं अन्य धनायनों द्वारा हो जाता है। फलत: प्रोटॉन का निष्कासन होता है तथा जल अम्लीय हो जाता है।

  ऋण-आयन विनिमय के दूसरे प्रक्रम में,

$$RNH_2(s) + H_2O(l) \longrightarrow RNH_3^+ \cdot OH^-(aq)$$

$$RNH_3^+ \cdot OH^-(s) + X^-(aq) \longrightarrow RNH_3^+ \cdot X^-(s) + OH^-(aq)$$

  OH^- का विनिमय जल में उपस्थित ऋणायन (उदाहरण–Cl^-, HCO_3^-, SO_4^{2-}) द्वारा होता है। इस प्रकार मुक्त OH^- आयन धनायन विनिमय से मुक्त H^+ आयन से अभिक्रिया करके जल को उदासीन कर देता है।

$$H^+(aq) + OH^-(aq) \longrightarrow H_2O(l)$$

  धनायन तथा ऋणायन विनिमयकों के **रेजिन तल** (Resin bed) का उपयोग जब पूर्ण रूप से हो जाता है, तब इन्हें क्रमश: तनु अम्ल तथा तनु क्षारक विलयनों से अभिक्रिया कराकर पुनर्जनित कर लिया जाता है।

हाइड्रोजन परॉक्साइड (H_2O_2)

- हाइड्रोजन परॉक्साइड एक महत्वपूर्ण रसायन है, जो पर्यावरण-नियंत्रण में घरेलू तथा औद्योगिक बहि:स्राव (Effluents) के उपचार के रूप में काम आता है। शुद्ध अवस्था में हाइड्रोजन परॉक्साइड लगभग रंगहीन (अति हल्का) द्रव है।
- H_2O_2 के वृहद् रूप में उपयोग के कारण इसके औद्योगिक उत्पादन में वृद्धि होती जा रही है। इसके कुछ उपयोग निम्न हैं
  - दैनिक जीवन में इसका उपयोग मंद कीटनाशी तथा बालों के विरंजन के रूप में किया जाता है। **पूतिरोधी** (Antispetic) के रूप में यह बाजार में **'परहाइड्रॉल'** (Perhydrol) नाम से बेचा जाता है।
  - इसका उपयोग सोडियम परबोरेट तथा सोडियम परकार्बोनेट के निर्माण में किया जाता है, जो उच्च कोटि के अपमार्जकों (Detergents) के लिए उपयोगी है।
  - इसका उपयोग हाइड्रोक्विनॉन, टार्टरिक अम्ल, खाद्य-उत्पादों तथा औषधियों (सिफैलोस्पोरिन) के संश्लेषण में किया जाता है।
  - उद्योगों में H_2O_2 का उपयोग वस्त्रों, कागज की लुगदी, चमड़ा, तेल, वसा आदि के **विरंजक कारक** (Bleaching agent) के रूप में किया जाता है।

भारी जल (D_2O)

- भारी जल विस्तृत रूप से नाभिकीय रिएक्टरों में न्यूट्रॉन मंदक के रूप में तथा विनिमय अभिक्रियाओं की क्रियाविधियों के अध्ययन में काम आता है।
- इसका उत्पादन जल के विद्युत-अपघटन द्वारा तथा उर्वरक उद्योगों में उपोत्पाद (Byproducts) के रूप में होता है। भारी जल का उपयोग ड्यूटीरियम के अनेक यौगिक बनाने के लिए किया जाता है।

नाइट्रोजन (N_2)

- वायुमंडल में आण्विक नाइट्रोजन का आयतन 78% है। भू-पर्पटी के खनिजों में यह सोडियम नाइट्रेट (चिली साल्टपीटर या चिली शोरा) तथा पोटैशियम नाइट्रेट (इंडियम साल्टपीटर) के रूप में पाया जाता है।
- जीवों और वनस्पतियों में यह प्रोटीन के रूप में पाया जाता है।
- नाइट्रोजन का मुख्य उपयोग अमोनिया तथा नाइट्रोजन युक्त अन्य औद्योगिक रसायनों (उदाहरण-कैल्सियम सायनेमाइड) के निर्माण में होता है। जहाँ अक्रिय वातावरण की आवश्यकता होती है, वहाँ भी इसका उपयोग होता है। उदाहरण-लोहा और स्टील उद्योग, अभिक्रियाशील रसायनों के लिए **अक्रिय तनुकारी** (Inert diluent) है।
- द्रव नाइट्रोजन का उपयोग जैविक पदार्थों एवं खाद्य सामग्री के लिए प्रशीतक (Coolant) के रूप में और क्रायोसर्जरी में होता है।

नाइट्रोजन के यौगिक

- **अमोनिया** (Ammonia, NH_3) यह एक तीखी गंधवाली, रंगहीन गैस है। अमोनिया गैस जल में अत्यधिक विलेय है। अमोनिया कई नाइट्रोजनी उर्वरकों के उत्पादन (अमोनियम नाइट्रेट, यूरिया, अमोनियम फॉस्फेट तथा अमोनियम सल्फेट) तथा कुछ अकार्बनिक यौगिकों के उत्पाद में उपयोग किया जाता है, जिनमें से नाइट्रिक अम्ल प्रमुख है।

  द्रव अमोनिया प्रशीतक के रूप में भी उपयोग में आती है।

- **नाइट्रिक अम्ल** (Nitric acid, HNO_3) इसका प्रमुख उपयोग उर्वरकों के लिए अमोनियम नाइट्रेट बनाने तथा विस्फोटक एवं पायरों तकनीक में प्रयुक्त होने वाले अन्य नाइट्रेटों के उत्पादन में होता है। यह नाइट्रोग्लिसरीन, ट्राइनाइट्रोटॉलुईन तथा अन्य कार्बनिक नाइट्रो यौगिकों के विरचन में भी प्रयुक्त होता है।

  इसके अन्य प्रमुख उपयोग स्टेनलैस स्टील के अम्लोपचार, धातुओं के निक्षारण और रॉकेट ईंधनों में ऑक्सीकारक के रूप में हैं।

सल्फर (S)

- भू-पर्पटी में सल्फर की उपलब्धता केवल 0.03 से 0.1% है। संयुक्त अवस्था में सल्फर मुख्यतया सल्फेटों के रूप में जिप्सम $CaSO_4 \cdot 2H_2O$, एप्सम लवण $MgSO_4 \cdot 7H_2O$, बेराइट $BaSO_4$ तथा सल्फाइडों के रूप में गैलेना PbS, जिंक ब्लैंड ZnS, कॉपर पाइराइट $CuFeS_2$ में पाई जाती है।
- सल्फर की सूक्ष्म मात्रा ज्वालामुखी में हाइड्रोजन सल्फाइड के रूप में पाई जाती है। कार्बनिक पदार्थों; उदाहरण-अंडे, प्रोटीन, लहसुन, प्याज, सरसों, बाल तथा ऊन में सल्फर होती है।

सल्फर के यौगिक

- **सल्फर डाइऑक्साइड** (Sulphur dioxide, SO_2) इससे सल्फ्यूरिक अम्ल, सोडियम हाइड्रोजन सल्फाइट तथा कैल्सियम हाइड्रोजन सल्फाइट (औद्योगिक रसायन) का उत्पादन होता है। द्रव SO_2 अनेक कार्बनिक तथा अकार्बनिक रसायनों के लिए विलायक के रूप में प्रयुक्त होती है।
- **सल्फ्यूरिक अम्ल** (Sulphuric acid, H_2SO_4) यह एक अत्यधिक महत्वपूर्ण औद्योगिक रसायन है। सल्फ्यूरिक अम्ल की आवश्यकता, हजारों यौगिकों के उत्पादन तथा बहुत से औद्योगिक प्रक्रमों में होती है। इस अम्ल की अधिकांश मात्रा का उपयोग उर्वरकों के उत्पादन में किया जाता है। (उदाहरण-अमोनियम सल्फेट, सुपरफॉस्फेट)।

  सल्फ्यूरिक अम्ल के अन्य उपयोग निम्न हैं
  - पेट्रोलियम के शोधन में;
  - अपमार्जक उद्योग में;
  - धातुकर्मीय प्रक्रमों में (उदाहरण-वैद्युतलेपन एवं यशद्लेपन (Galvanisation) के पहले धातुओं के शोधन में);
  - संचायक बैटरियों में;
  - नाइट्रोसेलुलोस (Nitrocellulose) उत्पादों के उत्पादन में
  - प्रयोगशाला अभिकर्मक की तरह।

हैलोजन

- फ्लोरीन, क्लोरीन, ब्रोमीन, आयोडीन, ऐस्टैटीन एवं टेनेसाइन वर्ग 17 के सदस्य हैं। ये तत्व संयुक्त रूप से **हैलोजन** (Halogens) कहलाते हैं। ग्रीक भाषा में *हैलो* का अर्थ है 'लवण' तथा *जेनेस* का अर्थ है उत्पन्न करना अर्थात् लवण पैदा करने वाले। हैलोजन अतिक्रियाशील अधातु तत्व हैं।
- वर्ग 1 व 2 की तरह वर्ग 17 के तत्व भी आपस में बहुत अधिक समानता दर्शाते हैं।
- इतनी समानता आवर्त सारणी के अन्य वर्गों के तत्वों में नहीं पाई जाती। इनके रासायनिक तथा भौतिक गुणों में भी नियमित परिवर्तन होता है। ऐस्टै न एवं टेनेसाइन रेडियोधर्मी तत्व हैं।
- फ्लुओरीन और क्लोरीन बहुलता से उपलब्ध है, जबकि ब्रोमीन तथा आयोडीन कम मात्रा में पाया जाता है। फ्लुओरीन मुख्यतया अविलेय फ्लुओराइडों, फ्लुओरस्पार CaF_2, क्रायोलाइट Na_3AlF_6 तथा फ्लुओरऐपेटाइट $3Ca_3(PO_4)_2 \cdot CaF_2$ और थोड़ी मात्रा में नदी जल, पादपों, जीवों की हड्डियों तथा दाँतों में उपस्थित होती है।
- समुद्री पानी में सोडियम, पोटैशियम, मैग्नीशियम तथा कैल्सियम के क्लोराइड, ब्रोमाइड तथा आयोडाइड उपस्थित होते हैं लेकिन मुख्यतया यह सोडियम क्लोराइड विलयन (द्रव्यमान द्वारा 2.5%) है।
- शुष्क हुए समुद्री **निक्षेपों** (Deposits) में सोडियम क्लोराइड तथा कार्नेलाइट $[KCl \cdot MgCl_2 \cdot 6H_2O]$ जैसे यौगिक उपस्थित होते हैं। कुछ समुद्री जीवों के तंत्र में आयोडीन होता है तथा बहुत से समुद्री पादपों में 0.5% आयोडीन तथा चिली साल्टपीटर में 0.2% तक सोडियम आयोडेट पाया जाता है।

अक्रिय गैसें

- हीलियम, निऑन, ऑर्गन, क्रिप्टॉन, जीनॉन, रेडॉन ये सभी गैसें हैं तथा रासायनिक रूप से अक्रिय हैं, ये बहुत कम यौगिक बनाती हैं। इसी कारण इन्हें **उत्कृष्ट गैसें** (Noble gases) कहते हैं।
- रेडॉन के अतिरिक्त अन्य सभी उत्कृष्ट गैसें वायुमंडल में पाई जाती हैं। आयतन के अनुसार, इनकी शुष्क वायु में बाहुल्यता लगभग 1% है, जिसमें ऑर्गन प्रमुख अवयव है। हीलियम तथा कभी-कभी निऑन रेडियोधर्मी उत्पत्ति के खनिजों में पाए जाते हैं। उदाहरण-पिचब्लैंड, मोनेजाइट, क्लीवाइट।
- अक्रिय गैसों के उपयोग निम्न हैं
  - **हीलियम** (Helium, He) अज्वलनशील तथा हल्की गैस है। अत: इसका उपयोग मौसम प्रेक्षण के लिए गुब्बारों में भरने के लिए किया जाता है। इसका उपयोग गैसशीतित नाभिकीय रिएक्टरों में भी किया जाता है। द्रव हीलियम (क्वथनांक 4.2 K) को निम्न ताप पर संचालित प्रयोगों के लिए निम्नतापीकारक के रूप में उपयोग किया जाता है। आधुनिक गोताखोरी के उपकरणों में यह ऑक्सीजन के तनुकारी के रूप में उपयोग में आती है, क्योंकि रक्त में इसकी विलेयता बहुत कम है।
  - **निऑन** (Neon, Ne) का उपयोग विसर्जन ट्यूब तथा प्रदीप्त बल्बों में विज्ञापन प्रदर्शन हेतु किया जाता है। निऑन बल्बों का उपयोग वनस्पति उद्यान तथा ग्रीनहाउस में किया जाता है।
  - **आर्गन** (Argon, Ar) का उपयोग उच्चताप धातुकर्मीय प्रक्रमों में अक्रिय वातावरण उत्पन्न करने के लिए किया जाता है। धातुओं तथा उपधातुओं के आर्क वेल्डिंग में इसका उपयोग विद्युत बल्ब को भरने के काम आता है। प्रयोगशाला में इसका उपयोग वायु सुग्राही पदार्थों के प्रबंधन में भी किया जाता है।
  - **जीनॉन तथा क्रिप्टॉन** (Xe and Kr) के कोई विशेष उपयोग नहीं हैं। इनका उपयोग विशेष अवसरों के लिए बनाए गए बल्बों में किया जाता है।

अतिरिक्त तथ्य
तमिलनाडु बोर्ड एवं NIOS

- **ग्रेफाइट एक मात्र अधातु है, जो विद्युत का सुचालक है।** परन्तु ऊष्मा का **कुचालक है।**
- **ब्रोमीन एक अधातु है, जो कमरे के ताप पर द्रव अवस्था में पायी जाती है।**
- **हीरा, ताँबे की अपेक्षा उत्तम ऊष्माचालक है।** परन्तु विद्युत का कुचालक है।

कार्बनिक रसायन

(स्रोत)

Class-VIII New NCERT Chap 3 (कोयला और पेट्रोलियम),
Class-X New NCERT Chap 4 (कार्बन एवं उसके यौगिक),
Class-XI New NCERT Chap 9 (हाइड्रोकार्बन),
Class-XII Old NCERT Chap 15 (बहुलक)

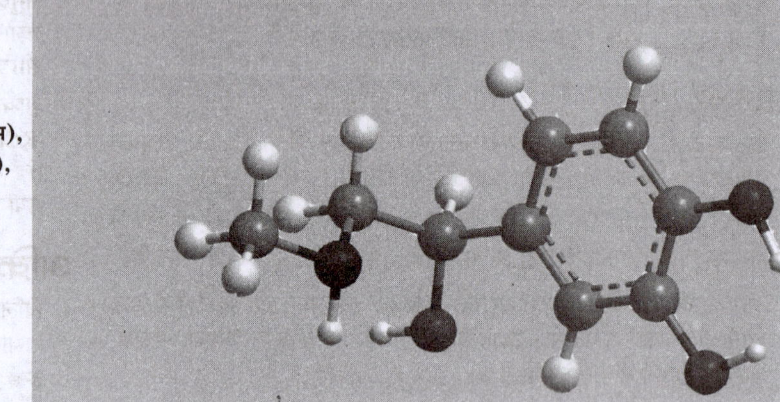

- हाइड्रोकार्बन तथा उनके व्युत्पन्न (Derivatives) अर्थात् कार्बन के यौगिक CO, CO_2, कार्बोनेटों और बाइकार्बोनेटों को छोड़कर सभी **कार्बनिक यौगिक** (Organic compound) कहलाते हैं।
- स्वीडिश वैज्ञानिक **बर्जिलियस** ने प्रतिपादित किया कि जैव-शक्ति (Vital force) कार्बनिक यौगिकों के निर्माण के लिए उत्तरदायी है।
- 1828 ई. में जर्मनी के प्रसिद्ध रसायनशास्त्री **वोहलर** (Wohler) ने प्रयोगशाला में **यूरिया** (Urea) का संश्लेषण दो अकार्बनिक यौगिकों अमोनियम सल्फेट तथा पोटैशियम सायनेट के मिश्रण को गर्म करके किया।

पेट्रोलियमः कार्बनिक यौगिकों के एक स्रोत के रूप में

पेट्रोलियम मुख्यतया ऐलिफैटिक हाइड्रोकार्बनों तथा अल्प मात्रा में ऐरोमैटिक हाइड्रोकार्बनों का मिश्रण है, इसमें अल्प मात्रा में सल्फर तथा नाइट्रोजन के कार्बनिक यौगिक भी पाए जाते हैं।

पेट्रोलियम के विभिन्न घटक (अवयव) तथा उनके उपयोग

पेट्रोलियम के अवयव	उपयोग
द्रव रूप में पेट्रोलियम गैस (LPG)	घरों और उद्योगों में ईंधन के रूप में।
पेट्रोल	मोटर ईंधन, वैमानिक ईंधन, शुष्क धुलाई के लिए।
मिट्टी का तेल	स्टोव, लैंप, जेट वायुयान के लिए ईंधन।
डीजल	भारी मोटर वाहनों व विद्युत जनित्रों के लिए ईंधन।
स्नेहक तेल (Lubricating oil)	स्नेहन।
ग्रीस, वैसलीन (पेट्रोलियम जैली)	औषधीय विरचन में।
पैराफिन मोम	मलहम, मोमबत्ती, वैसलीन, आदि में।
एस्फाल्ट (Asphalt) या टार (बिटुमिन)	पेंट और सड़क निर्माण में।

पेट्रोरसायन

- पेट्रोलियम तथा प्राकृतिक गैसों से अनेक उपयोगी पदार्थ प्राप्त किए जाते हैं, जिन्हे, **पेट्रोरसायन** (Petrochemicals) कहते हैं। संतृप्त हाइड्रोकार्बन (Saturated hydrocarbons) (मेथेन, एथेन, प्रोपेन, आदि), **असंतृप्त हाइड्रोकार्बन** (एथिलीन, प्रोपिलीन, आदि), **ऐरोमैटिक हाइड्रोकार्बन** (Unsaturated hydrocarbons) (बेंजीन, टॉलुईन), ऐल्कोहॉल, फॉर्मेल्डिहाइड, ऐसीटोन, ऐसीटिक अम्ल, आदि कुछ पेट्रोरसायनों के उदाहरण हैं।
- पेट्रोरसायनों का उपयोग अपमार्जक (Detergents), रेशे (पॉलीएस्टर, नायलॉन, ऐक्रिलिक, आदि), पॉलीथीन और अन्य मानव निर्मित प्लास्टिक आदि के औद्योगिक निर्माण में किया जाता है।
- प्राकृतिक गैस से प्राप्त हाइड्रोजन गैस का उपयोग उर्वरकों (यूरिया) के उत्पादन हेतु किया जाता है।

विभिन्न ईंधनों के ऊष्मीय मान

ईंधन	ऊष्मीय मान (kJ/kg)
गोबर के उपले	6,000-8,000
लकड़ी	17,000-22,000
कोयला	25,000-33,000
पेट्रोल	45,000
मिट्टी का तेल	45,000
डीजल	45,000
मेथेन	50,000
सीएनजी (CNG)	50,000
एलपीजी (LPG)	55,000
जैव गैस	35,000-40,000
हाइड्रोजन	1,50,000

कार्बनिक यौगिकों का वर्गीकरण

कार्बनिक यौगिकों को निम्न प्रकार से वर्गीकृत किया गया है

- **अचक्रीय अथवा विवृत्त शृंखला यौगिक** (Acyclic or open chain compounds) इन यौगिकों को ऐलिफैटिक (वसीय यौगिक) भी कहा जाता है। ये सीधी या शाखित विवृत शृंखला (Branched open chain) के बने होते हैं
- **ऐलिसाइक्लिक यौगिक या बन्द शृंखला या वलय यौगिक** (Alicyclic or closed chain compounds) इन यौगिकों में कार्बन परमाणु जुड़कर एक वलय समचक्रीय बनाते हैं। कभी-कभी वलय में कार्बन के अलावा अन्य परमाणु होते हैं (विषम चक्रीय)।
- **ऐरोमैटिक यौगिक** (Aromatic compounds) ऐरोमैटिक शब्द *ग्रीक* शब्द *ऐरोमा* जिसका अर्थ 'सुगन्ध' है से लिया गया था। इन यौगिकों में बेन्जीन (छ: कार्बन से बना वलय यौगिक जिसमें एकांतर क्रम में एकल और द्विआबंध होते हैं) तथा दूसरे संबंधित वलय यौगिक (बेन्जिनॉइड) हैं। ऐलिसाइक्लिक यौगिकों की तरह, ऐरोमैटिक यौगिकों के वलय में विषम परमाणु हो सकता है (विषमचक्रीय ऐरोमैटिक यौगिक)।

सजातीय श्रेणियाँ (Homologous Series)

- कार्बनिक यौगिकों के समूह अथवा ऐसी श्रेणी, जिसमें एक विशिष्ट क्रियात्मक समूह हो सजातीय श्रेणी बनाते हैं। इसके सदस्यों को **सजात** (Homologous) कहते हैं। उदाहरण मेथेन (CH_4), एथेन (C_2H_6), प्रोपेन (C_3H_8), ब्यूटेन (C_4H_{80}), आदि सीधे शृंखला ऐल्केन हैं।
- इसी प्रकार मेथिल ऐल्कोहॉल (CH_3OH), एथिल ऐल्कोहॉल (C_2H_5OH), प्रोपिल ऐल्कोहॉल (C_3H_7OH), ब्यूटिल ऐल्कोहॉल (C_4H_9OH) और एमिल ऐल्कोहॉल ($C_5H_{11}OH$), आदि ऐल्कोहॉल श्रेणी के समजात हैं। इस घटना को समजातीयता (Homology) कहते हैं।

समावयवता

दो या दो से अधिक यौगिक जिनके अणुसूत्र तो समान हो, किन्तु भौतिक अथवा रासायनिक गुणधर्म भिन्न हों) **समावयवी** (Isomers) कहलाते हैं और इस परिघटना को **समावयवता** (Isomerism) कहते हैं।

समावयवता दो प्रकार की होती हैं

(i) संरचनात्मक समावयवता

यौगिक जिनके अणुसूत्र समान होते हैं, किन्तु संरचना भिन्न होती है, उन्हें **संरचनात्मक समावयवियों** (Structural isomers) में वर्गीकृत किया जाता है।

उदाहरण-आण्विक सूत्र C_5H_{12} के तीन शृंखला समावयवी होते है।

(a) *n*-पेन्टेन (b) *आइसो*-पेन्टेन

(c) *निओ*-पेन्टेन हैं

(ii) त्रिविम समावयवता

त्रिविम समातृयवी (Stereo isomers) वे यौगिक हैं, जिनमें संरचना एवं परमाणुओं के आबंधन का क्रम तो समान रहता है, परंतु उनके अणुओं में परमाणुओं अथवा समूहों की त्रिविम स्थितियाँ भिन्न रहती हैं। इस प्रकार की समावयवता **त्रिविम समावयवता** कहलाती है।

हाइड्रोकार्बन

- वे यौगिक, जिनमें केवल कार्बन और हाइड्रोजन तत्व उपस्थित होते है, हाइड्रोकार्बन (Hydrocarbons) कहलाते हैं। उदाहरण-CH_4, C_2H_6, C_2H_4, C_6H_6 आदि।
- पेट्रोलियम या कच्चा तेल इनका प्राकृतिक स्रोत है। हाइड्रोकार्बन विभिन्न प्रकार के होते हैं। कार्बन-कार्बन आबंधों के प्रकार के आधार पर इन्हें तीन मुख्य बर्गों में वर्गीकृत किया गया है।

हाइड्रोकार्बन
- खुली शृंखला यौगिक या ऐलिफैटिक यौगिक
  - संतृप्त ऐल्केन्स (पैराफीन) C_nH_{2n+2}
  - असंतृप्त
    - ऐल्कीन्स C_nH_{2n}
    - ऐल्काइन्स C_nH_{2n-2}
- बंद शृंखला यौगिक
  - ऐलिसाइक्लिक
  - ऐरोमैटिक

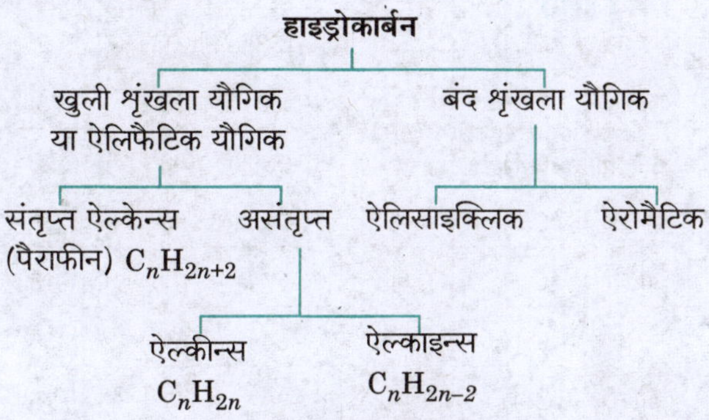

हाइड्रोकार्बन का वर्गीकरण

1. संतृप्त हाइड्रोकार्बन

इनमें कार्बन-कार्बन तथा कार्बन-हाइड्रोजन एकल आबंध होते हैं। ये दो प्रकार के होते हैं

(i) **ऐल्केन या *पैराफिन*** (Alkanes or Paraffin) *पैराफिन* एक लैटिन शब्द है जिसका अर्थ है 'अल्प क्रियाशील', अत: ये रासायनिक रूप से अधिकांश रसायनों के प्रति निष्क्रिय हैं।

इन यौगिकों में, विभिन्न कार्बन परमाणु एक-दूसरे से एकल आबंधों द्वारा जुड़कर कार्बन परमाणुओं की खुली शृंखला बनाते हैं। ऐल्केनों का सामान्य सूत्र C_nH_{2n+2} होता है। मेथेन (CH_4) इस परिवार का प्रथम सदस्य है। परिवार के दूसरे सदस्य द्रव्यमान के बढ़ते क्रम के साथ इस प्रकार हैं एथेन (C_2H_6) < प्रोपेन (C_3H_8) < ब्यूटेन (C_4H_{10}) < पेन्टेन (C_5H_{12}) < हेक्सेन (C_6H_{14}) < हेप्टेन (C_7H_{16}) आदि।

मेथेन या मार्श गैस (Methane or Marsh Gas), CH_4, यह साधारण ताप पर गैस है। यह दलदली स्थानों में वनस्पतियों के सड़ने से (जीवाणुओं द्वारा अपघटन से) बुलबुलों के रूप में उत्पन्न होती रहती है अत: इसे '**मार्श गैस**' (Marsh gas) भी कहते हैं। यह काले रंग की होती है। मेथेन का उपयोग ईंधन के रूप में, प्रकाश और ऊर्जा उत्पन्न करने में, कार्बन ब्लैक, छापेखाने की स्याही बनाने में, मेथेनॉल के औद्योगिक उत्पादन में, कार्बनिक यौगिकों के संश्लेषण में तथा हाइड्रोजन के औद्योगिक उत्पादन में किया जाता है।

(ii) **साइक्लोऐल्केन** (Cycloalkane) साइक्लोऐल्केनों में कार्बन परमाणु बंद शृंखला या वलय (Ring) बनाते हैं। इनका सामान्य सूत्र C_nH_{2n+2} है। साइक्लोप्रोपेन (C_3H_8) इस परिवार का प्रथम सदस्य है।

एकल आबंध से जुड़े दो कार्बन परमाणुओं के बीच की दूरी हमेशा बहुआबंधों (द्विआबंध और त्रिआबंध) से जुड़े दो कार्बन परमाणु के बीच की दूरी से अधिक होती है। अत: एथेन में C—C आबंध लंबाई एथीन, एथाइन और बेन्जाइन की अपेक्षा अधिक है।

कुछ एल्केन और उनके भौतिक गुण

कार्बन परमाणु की संख्या	नाम	आण्विक सूत्र	आण्विक भार (g)	गलनांक (°C)	क्वथनांक (°C)	संरचनात्मक समावयवों की संख्या
1	मीथेन	CH_4	16	–183	–162	1
2	इथेन	C_2H_6	30	–172	–89	1
3	प्रोपेन	C_3H_8	44	–187	–42	1
4	ब्यूटेन	C_4H_{10}	58	–138	0	2
5	पेंटेन	C_5H_{12}	72	–130	36	3
6	हैक्सेन	C_6H_{14}	86	–95	68	5
7	हैप्टेन	C_7H_{16}	100	–91	98	9
8	ऑक्टेन	C_8H_{18}	114	–57	126	18
9	नोनेन	C_9H_{20}	128	–54	151	35
10	डेकेन	$C_{10}H_{22}$	142	–30	–174	75

2. असंतृप्त हाइड्रोकार्बन

असंतृप्त हाइड्रोकार्बनों (Unsaturated hydrocarbon) में कार्बन-कार्बन बहुआबंध जैसे द्विआबंध, त्रिआबंध या दोनों उपस्थित होते हैं। ये दो प्रकार के होते हैं

(i) **ऐल्कीन** (Alkenes) ये द्विआबंध युक्त असंतृप्त हाइड्रोकार्बन होते हैं। इनका सामान्य सूत्र C_nH_{2n} होता है। इनका प्रथम सदस्य एथिलीन अथवा एथीन C_2H_4 है।

ऐल्कीनों के प्रथम सदस्य एथिलीन की अभिक्रिया क्लोरीन से कराने पर तैलीय द्रव प्राप्त होता है। अत: ऐल्कीनों को **ओलीफीन** (Olefin) (तैलीय यौगिक बनाने वाले) भी कहते हैं।

(ii) **ऐल्काइन** (Alkynes or acetylenic hydrocarbon) ये कम से कम एक त्रिआबंध युक्त असंतृप्त हाइड्रोकार्बन होते हैं। इनका सामान्य सूत्र C_nH_{2n-2} होता है।

इनका प्रथम सदस्य ऐसीटिलीन या ऐथाइन (C_2H_2) है। सिल्वर नाइट्रेट के साथ ऐसीटिलीन की अभिक्रिया इसके अम्लीय गुण को दर्शाती है।

3. ऐरोमैटिक हाइड्रोकार्बन

वे हाइड्रोकार्बन, जिनमें कार्बन परमाणु आपस में सिग्मा (σ) अथवा पाई (π) बन्ध के द्वारा बन्द विवृत श्रृंखला में विन्यासित होते हैं, **ऐरोमैटिक हाइड्रोकार्बन** (Aromatic hydrocarbon) कहलाते हैं।

इन्हें ऐरीन भी कहते हैं, क्योंकि इनके अधिकांश यौगिकों में विशिष्ट गंध होती है (ग्रीक शब्द ***ऐरोमा*** (Aroma) का अर्थ है सुगंध)। इनका सामान्य सूत्र C_nH_{2n-6} होता है। इनमें अधिकांश यौगिकों में बेंजीन वलय पाई जाती है। बेंजीन, टॉलुईन, नेफ्थैलीन, बाइफेनिल, ऐन्थ्रासीन, आदि ऐरोमैटिक हाइड्रोकार्बन हैं। इनमें से कुछ का विवरण इस प्रकार है

बेंजीन (Benzene), C_6H_6

- बेंजीन को सभी ऐरोमैटिक यौगिकों का जन्मदाता कहा जाता है। इसकी खोज सर्वप्रथम फैराडे ने 1825 ई. में की थी।
- फैराडे ने बेंजीन को व्हेल मछली के तेल के **भंजक आसवन** (Fractional distillation) से प्राप्त किया था।
- **हॉफमान** (Hofmann) ने कोलतार के प्रभाजी आसवन द्वारा इसे प्राप्त किया। कोलतार और पेट्रोलियम इसके मुख्य स्रोत हैं। रक्त तप्त नली में ऐसीटिलीन गैस प्रवाहित करके सर्वप्रथम **बर्थोलेट** (Bertholet) ने बेंजीन का संश्लेषण किया।
- इसका उपयोग अन्य ऐरोमैटिक यौगिकों के निर्माण में, तेल, वसा, रबड़ तथा अन्य पदार्थों के विलायक के रूप में, ऊनी कपड़ों की शुष्क धुलाई में किया जाता है।
- बेंजीन और पेट्रोल के मिश्रण का उपयोग मोटरकारों में ईंधन के रूप में किया जाता है।

टॉलुईन (Toluene), $C_6H_5CH_3$

- इसे सर्वप्रथम **टॉलू बाल्सम** (Tolue Balsam) नामक एक रेजिन के शुष्क आसवन द्वारा प्राप्त किया जाता है।
- इसका उपयोग TNT विस्फोटक, प्रतिहिमीभूत (Antifreeze) के रूप में, विलायक के रूप में, क्लोरामीन-टी (Chloramine-T) नामक दवा बनाने में, **कृत्रिम मधुरक** (Artificial Sweetner) सैकरीन के निर्माण में तथा शुष्क धुलाई में किया जाता है।

कार्बन यौगिकों की नामकरण पद्धति

किसी समजातीय श्रेणी में यौगिकों के नामों का आधार बेसिक कार्बन की उन मूल श्रृंखलाओं पर आधारित होता है, जिनको प्रकार्यात्मक समूह की प्रकृति के अनसार '**पूर्वलग्न**' या '**अनुलग्न**' 'प्रत्यय' के द्वारा संशोधित किया गया हो। निम्नलिखित विधि के द्वारा किसी कार्बन यौगिक का नामकरण किया जा सकता है-

(i) यौगिक में कार्बन परमाणुओं की संख्या ज्ञात कीजिए। तीन कार्बन परमाणु वाले यौगिक का नाम प्रोपेन होगा।

(ii) प्रकार्यात्मक समूह की उपस्थिति में इसको पूर्वलग्न अथवा अनुलग्न के साथ यौगिक के नाम में दर्शाया जाता है।

(iii) यदि प्रकार्यात्मक समूह का नाम अनुलग्न के आधार पर दिया जाना हो तथा यदि प्रकार्यात्मक समूह के अनुलग्न नाम स्वर a, e, i, o, u से प्रारम्भ होता हो तो कार्बन श्रृंखला के नाम से अंत का 'e' हटाकर, उसमें समुचित अनुलग्न लगाकर संशोधित करते हैं, जैसे-कीटोन समूह की तीन कार्बन वाली श्रृंखला को निम्नलिखित विधि से नाम दिया जाएगा-Propane – 'e' = propan + 'one' = propanone प्रोपेनॉन।

(iv) असंतृप्त कार्बन श्रृंखला में कार्बन श्रृंखला के नाम में दिए गए अन्तिम 'ane' को 'ene' या 'yne' से प्रतिस्थापित करते हैं, जैसे-द्विआबंध वाली तीन कार्बन की श्रृंखला प्रोपीन कहलाएगी तथा त्रि-आबंध होने पर यह **प्रोपाइन** (propyne) कहलाएगी।

कार्बनिक यौगिकों की नामकरणपद्धति

	यौगिकों का प्रकार	पूर्वलग्न/ अनुलग्न	उदाहरण	
1.	हैलो ऐल्केन	पूर्वलग्न क्लोरो, ब्रोमो, आदि	H H H | | | H—C—C—C—Cl | | | H H H	क्लोरोप्रोपेन
			H H H | | | H—C—C—C—Br | | | H H H	ब्रोमोप्रोपेन
2.	ऐल्कोहॉल	अनुलग्न-ol	H H H | | | H—C—C—C—OH | | | H H H	प्रोपेनॉल
3.	ऐल्डिहाइड	अनुलग्न-al	H H H | | | H—C—C—C=O | | H H	प्रोपेनल
4.	कीटोन	अनुलग्न-one	H H | | H—C—C—C—H | ‖ | H O H	प्रोपेनॉन
5.	कार्बोक्सिलिक अम्ल	अनुलग्न-oic acid	H H O | | ‖ H—C—C—C—OH | ‖ H O	प्रोपेनॉइक अम्ल
6.	ऐल्कीन	अनुलग्न-ene	H H | | H H—C—C=C< | H H	प्रोपीन
7.	ऐल्काइन	अनुलग्न-yne	H | H—C—C≡C—H | H	प्रोपाइन

कार्बन यौगिकों के रासायनिक गुणधर्म

दहन

- सभी अपररूपों में कार्बन, ऑक्सीजन में दहन करके ऊष्मा एवं प्रकाश के साथ कार्बन डाइऑक्साइड देता है। दहन पर अधिकांश कार्बन यौगिक भी प्रचुर मात्रा में ऊष्मा एवं प्रकाश को मुक्त करते हैं। निम्नलिखित ऑक्सीकरण अभिक्रियाएँ हैं,

  (i) $C + O_2 \rightarrow CO_2 +$ ऊष्मा एवं प्रकाश

  (ii) $CH_4 + 2O_2 \rightarrow CO_2 + 2H_2O -$ ऊष्मा एवं प्रकाश

  (iii) $CH_3CH_2OH + O_2 \rightarrow CO_2 + H_2O -$ ऊष्मा एवं प्रकाश

ऑक्सीकरण

- दहन करने पर कार्बन यौगिकों को सरलता से ऑक्सीकृत किया जा सकता है। इस पूर्ण ऑक्सीकरण के अतिरिक्त ऐसी अभिक्रियाएँ भी होती हैं, जिनमें ऐल्कोहॉल को कार्बोक्सिलिक अम्ल में बदला जाता है-

$$CH_3 + CH_2OH \xrightarrow[\text{या अम्लीकृत } K_2Cr_2O_7 + \text{ऊष्मा}]{\text{क्षारीय } KMnO_4 + \text{ऊष्मा}} CH_3COOH$$

- हम देखते हैं कि कुछ पदार्थों में अन्य पदार्थों को ऑक्सीजन देने की क्षमता होती है। इन पदार्थों को **ऑक्सीकारक** कहा जाता है।
- क्षारीय पोटैशियम परमैंगनेट अथवा अम्लीकृत पोटैशियम डाइक्रोमेट ऐल्कोहॉलों को अम्लों में ऑक्सीकृत करते हैं अर्थात ये आरम्भिक पदार्थ में ऑक्सीजन जोड़ते हैं। अतएव इनको ऑक्सीकारक कहते हैं।

संकलन अभिक्रिया

- पैलेडियम अथवा निकैल जैसे उत्प्रेरकों की उपस्थिति में असंतृप्त हाइड्रोकार्बन हाइड्रोजन जोड़कर संतृप्त हाइड्रोकार्बन देते हैं। उत्प्रेरक वे पदार्थ होते हैं, जिनके कारण अभिक्रिया भिन्न दर से आगे बढ़ती है, जो अभिक्रिया को प्रभावित नहीं करते हैं।
- निकैल उत्प्रेरक का उपयोग करके साधारणतः वनस्पति तेलों के हाइड्रोजनीकरण में इस अभिक्रिया का उपयोग होता है। वनस्पति तेलों में साधारणतः लम्बी असंतृप्त कार्बन श्रृंखलाएँ होती हैं, जबकि जन्तु वसा में संतृप्त कार्बन श्रृंखलाएँ होती हैं।

$$R_2C = CR_2 \xrightarrow[H_2]{\text{निकैल उत्प्रेरक}} R-\overset{H}{\underset{R}{C}}-\overset{H}{\underset{R}{C}}-R$$

प्रतिस्थापन अभिक्रिया

- संतृप्त हाड्रोकार्बन अत्यधिक अनभिक्रित होते हैं तथा अधिकांश अभिकर्मकों की उपस्थिति में अक्रिय होते हैं। हालाँकि, सूर्य के प्रकाश की उपस्थिति में अति तीव्र अभिक्रिया में क्लोरीन का हाइड्रोकार्बन में संकलन होता है।
- क्लोरीन एक-एक करके हाइड्रोजन के परमाणुओं का प्रतिस्थापन करती है। इसको प्रतिस्थापन अभिक्रिया कहते हैं, क्योंकि एक प्रकार का परमाणु अथवा परमाणुओं के समूह दूसरे का स्थान लेते हैं।
- साधारणतः उच्च समजातीय ऐल्केन के साथ अनेक उत्पादों का निर्माण होता है।

$$CH_4 + Cl_2 \xrightarrow{\text{सूर्य के प्रकाश की उपस्थिति में}} CH_3Cl + HCl$$

कार्बन, हाइड्रोजन और ऑक्सीजन के कार्बनिक यौगिक

ये ऐल्कोहॉल, फीनॉल, ईथर, ऐल्डिहाइड, कीटोन, कार्बोक्सिलिक अम्ल, ऐसिड ऐनहाइड्राइड और एस्टर हैं। इनमें से कुछ का संक्षिप्त विवरण निम्न प्रकार है

- **ऐल्कोहॉल** जब ऐलिफैटिक हाइड्रोकार्बन का कोई हाइड्रोजन परमाणु हाइड्रॉक्सिल (—OH) समूह द्वारा प्रतिस्थापित होता है, तो ऐल्कोहॉल (Alcohol) बनते हैं। इनका सामान्य सूत्र $C_nH_{2n+1}OH$ है।

  ऐल्कोहॉलों को इनके यौगिकों में उपस्थित एक (मोनो), दो (डाइ), तीन, (ट्राइ) अथवा अधिक हाइड्रॉक्सिल (—OH) समूह की संख्या के अनुसार क्रमशः मोनो, डाइ, ट्राइ तथा पॉलिहाइड्रॉक्सी यौगिकों में वर्गीकृत किया गया है

  - मोनोहाइड्रिक ऐल्कोहॉल (Monohydric alcohol) उदाहरण-मेथेनॉल।
  - डाइहाइड्रिक ऐल्कोहॉल (Dihydric alcohol) उदाहरण-ग्लाइकॉल।
  - ट्राइहाइड्रिक ऐल्कोहॉल (Trihydric alcohol) उदाहरण-ग्लिसरॉल।

– इस समूह की उपस्थिति एस्टरीकरण परीक्षण द्वारा ज्ञात की जाती है। कार्बोक्सिलिक अम्ल के साथ एल्कोहॉलिक गंध वाले यौगिक का बनना ऐल्कोहॉल की उपस्थिति दर्शाता है।

- **मेथिल ऐल्कोहॉल या मेथेनॉल** (Methyl alcohol) CH_3OH इसे **काष्ठ स्प्रिट** (Wood spirit) भी कहते हैं, क्योंकि इसे लकड़ी के भंजक आसवन से प्राप्त किया जाता है।

– यह फॉर्मेल्डिहाइड को पोटैशियम या सोडियम हाइड्रॉक्साइड के साथ गर्म करने पर भी प्राप्त किया जाता है। अभिक्रिया के दौरान सोडियम और पोटैशियम फॉर्मेट भी बनते हैं। यह रंगहीन, विषैला, शराब जैसी गंध वाला द्रव है।

– इसके बहुत कम सेवन से भी अंधापन हो जाता है ऐसा **ऑप्टिक नर्व** (Optic nerve) के प्रभावित होने के कारण होता है। अधिक मात्रा में इसके सेवन से मृत्यु भी हो सकती है। यकृत (Liver) में मेथेनॉल का ऑक्सीकरण मेथेनल में हो जाता है, जो यकृत की कोशिकाओं के घटकों के साथ शीघ्रता से क्रिया करके **प्रोटोप्लाज्म** (Protoplasm) को स्कंदित कर देता है।

– इसका प्रयोग पेंट और वार्निशों में विलायक के रूप में, कृत्रिम रंगों के निर्माण में, फॉर्मेल्डिहाइड और विकृत ऐल्कोहॉल बनाने में, पेट्रोल में मिश्रित करके ईंधन के रूप में किया जाता है।

- **एथिल ऐल्कोहॉल या एथेनॉल** (Ethyl alcohol) C_2H_5OH औद्योगिक स्तर पर इसे शीरे (Molasses) या स्टार्च युक्त खाद्यान्न के किण्वन से बनाया जाता है। इसे फॉस्फोरिक अम्ल की उपस्थिति में एथीन और जल (भाप) के साथ अभिक्रिया द्वारा बनाया जाता है।

$$\underset{\text{एथीन}}{CH_2{=}CH_2} + H_2O \xrightarrow{H_3PO_4} \underset{\text{एथेनॉल}}{CH_3CH_2OH}$$

– यह एक रंगहीन वाष्पशील द्रव है। यह वार्निश, पेंट, आदि में विलायक के रूप में प्रयुक्त होता है। यह पारदर्शक साबुन, परफ्यूम, आयोडीन टिंचर, पॉलिश, **शराब** (Wine) के उत्पादन में तथा अनेक कार्बन यौगिकों को बनाने में प्रयुक्त होता है। यह स्प्रिट लैंप तथा स्टोव में ईंधन के रूप में और जख्मों को साफ करने में भी प्रयुक्त किया जाता है।

– जब अधिक मात्रा में एथेनॉल का सेवन किया जाता है, तो इससे उपापचयी प्रक्रिया धीमी हो जाती है तथा केंद्रीय तंत्रिका तंत्र कमजोर हो जाता है। व्यक्ति राहत महसूस करता है लेकिन उसे पता नहीं चल पाता कि उसके सोचने समझने की क्षमता तथा माँसपेशी बुरी तरह प्रभावित हुई हैं।

एथेनॉल की अभिक्रियाएँ

(i) सोडियम के साथ अभिक्रिया-

$$2Na + 2CH_3CH_2OH \rightarrow \underset{\text{(सोडियम एथॉक्साइड)}}{2CH_3CH_2ONa^+} + H_2$$

ऐल्कोहॉल सोडियम से अभिक्रिया कर हाइड्रोजन गैस उत्सर्जित करता है। एथेनॉल के साथ अभिक्रिया में दूसरा उत्पाद सोडियम एथॉक्साइड बनता है। क्या आप बता सकते हैं कि कौन-सा दूसरा पदार्थ धातु से अभिक्रिया कर हाइड्रोजन बनाता है।

(ii) असंतृप्त हाइड्रोकार्बन बनाने की अभिक्रिया-443K तापमान पर एथेनॉल को आधिक्य सान्द्र सल्फ्यूरिक अम्ल के साथ गर्म करने पर एथेनॉल का निर्जलीकरण होकर एथीन बनता है।

$$CH_3CH_2OH \xrightarrow[H_2SO_4]{\text{गर्म सान्द्र}} CH_2 = CH_2 + H_2O$$

इस अभिक्रिया में सल्फ्यूरिक अम्ल निर्जलीकारक के रूप में कार्य करता है, जो एथेनॉल से जल को अलग कर देता है।

- **एथिलीन ग्लाइकॉल** (Ethylene glycol) ($CH_2OH — CH_2OH$) यह डाइहाइड्रॉक्सी ऐल्कोहॉल है। यह मीठा गाढ़ा द्रव है। ठंडे स्थानों में जल का हिमांक कम करने के लिए इसका उपयोग कारों के रेडिएेटर में किया जाता है।

- **ग्लिसरॉल या ग्लिसरीन** (Glycerol or Glycerine) यह अत्यधिक आर्द्रताग्राही पदार्थ है। यह मुक्त अवस्था में मानव रक्त तथा शक्कर के किण्वित घोल में पाया जाता है तथा संयुक्त अवस्था में ग्लिसराइड (एस्टर) के रूप में वसा और तेलों में पाया जाता है।

- इसका उपयोग विस्फोटकों जैसे ट्राईनाइट्रोग्लिसरीन (सांद्र HNO_3 और सांद्र H_2SO_4 द्वारा ग्लिसरीन के नाइट्रीकरण द्वारा) और डायनामाइट, आदि के बनाने में, छापे की स्याही, जूते की पॉलिश, टाइप मशीन के फीते, पारदर्शक साबुन, प्रसाधन सामग्री बनाने में किया जाता है।

- **फीनॉल** (Phenols), C_6H_5OH जब ऐरोमैटिक हाइड्रोकार्बन का कोई H-परमाणु हाइड्रॉक्सिल समूह (—OH) द्वारा प्रतिस्थापित होता है, तो फीनॉल बनता है। बेंजीन का सबसे सरलतम हाइड्रॉक्सिल व्युत्पन्न फीनॉल (C_6H_5OH) है। फेरिक क्लोराइड परीक्षण फीनॉल की उपस्थिति को इंगित करता है।

- **ईथर** (Ethers) जब हाइड्रोकार्बन का एक H-परमाणु ऐल्कॉक्सी (—O*R*) या एरिलॉक्सी (—OAr) समूह द्वारा प्रतिस्थापित होता है, तो ईथर बनते हैं। इनका सामान्य सूत्र $(C_nH_{2n+1})_2O$ होता है।
उदाहरण-डाइमेथिल ईथर, डाइएथिल ईथर, आदि।

- **कीटोन** (Ketones) कार्बनिक यौगिकों जिनमें क्रियात्मक समूह $>C = O$ होता है, कीटोन कहलाते हैं। इनका सामान्य सूत्र $(C_nH_{2n+1})_2CO$ या $C_nH_{2n}O$ होता है। ऐसीटोन (डाइमेथिल कीटोन), मेथिल एथिल कीटोन, डाइएथिल कीटोन तथा मेथिल-*n*-प्रोपिल कीटोन आदि कीटोन के उदाहरण हैं।

- **कार्बोक्सिलिक अम्ल** (Carboxylic acids) ऐसे कार्बनिक यौगिक जिनमें कार्बोक्सिलिक (—COOH) क्रियात्मक समूह उपस्थित होता है, कार्बोक्सिलिक अम्ल कहलाते हैं। इनका सामान्य सूत्र $C_nH_{2n+1}COOH$ होता है। फॉर्मिक अम्ल (HCOOH), ऐसीटिक अम्ल (CH_3COOH), प्रोपिओनिक अम्ल (CH_3CH_2COOH), आदि कार्बोक्सिलिक अम्ल के उदाहरण हैं। कार्बोनिक्सालिक अम्ल निम्न प्रकार के हैं

– **फॉर्मिक अम्ल** (Formic acid), HCOOH सर्वप्रथम इसे लाल चींटियाँ और जल के आसवन द्वारा प्राप्त किया था, जिसके कारण इसका नाम फॉर्मिक अम्ल रखा गया। लेटिन में *फॉर्मिक्स* का अर्थ है लाल चींटियाँ। इसका उपयोग ऊनी तथा सूती कपड़ों की रंगाई में, फलों के रसों को सुरक्षित रखने में, रबड़ लेटेक्स को स्कंदित करने में, विद्युत लेपन में, चमड़े के शोधन में, गठिया रोग की औषधियों में, निकेल फॉर्मेट तेलों के हाइड्रोजनीकरण में बनाने में किया जाता है। यह कीटनाशक के रूप में भी प्रयुक्त किया जाता है।

– **ऐसीटिक अम्ल** (Acetic acid), CH_3COOH औद्योगिक स्तर पर इसका निर्माण **पायरोलिग्नियस अम्ल** (Pyroligneous acid) से किया जाता है। आजकल ऐसीटिक अम्ल मुख्यत: सिरके (4-6% ऐसीटिक अम्ल) से बनाया जाता है। यह एक रंगहीन, तीक्ष्ण गंध वाला तथा संक्षारक द्रव है।

इसका उपयोग रबड़ के स्कंदन में, फोटोग्राफिक फिल्म बनाने में, सेलुलोस ऐसीटेट तथा पॉलीवाइनिल ऐसीटेट नामक कृत्रिम रेशे बनाने में, लेड टेट्राऐसीटेट बनाने में किया जाता है। यह सिरके के रूप में, अचार, चटनी, आदि बनाने में भी प्रयुक्त किया जाता है। पैरों के पसीने में उपस्थित कार्बोक्सिलिक अम्ल को पहचानकर प्रशिक्षित कुत्ते लोगों का पीछा करते हैं।

एथेनॉइक अम्ल की अभिक्रियाएँ

(i) **एस्टरीकरण अभिक्रिया** एस्टर मुख्य रूप से अम्ल एवं ऐल्कोहॉल की अभिक्रिया से निर्मित होते हैं। एथेनॉइक अम्ल किसी उत्प्रेरक की उपस्थिति में परिशुद्ध एथेनॉल से अभिक्रिया करके एस्टर बनाते हैं-

$$\underset{\text{(एथेनॉइक अम्ल)}}{CH_3-COOH}+\underset{\text{(एथेनॉल)}}{CH_3-CH_2OH}\xrightleftharpoons{\text{अम्ल}} \underset{\text{(एस्टर)}}{CH_3-\underset{\underset{O}{||}}{C}-O-C_2H_5}+H_2O$$

सामान्यतया एस्टर की गंध मृदु होती है। इसका उपयोग इत्र बनाने एवं स्वाद उत्पन्न करने वाले कारक के रूप में किया जाता है। सोडियम हाइड्रॉक्साइड से अभिक्रिया द्वारा, जो एक क्षार है, एस्टर पुनः ऐल्कोहॉल एवं कार्बोक्सिलिक अम्ल का सोडियम लवण बनाता है। इस अभिक्रिया को साबुनीकरण कहा जाता है, क्योंकि इससे साबुन तैयार किया जाता है। साबुन दीर्घ श्रृंखला वाले कार्बोक्सिलिक अम्लों सोडियम अथवा पोटैशियम लवण होते हैं।

$$CH_3COOC_2H_5 \xrightarrow{NaOH} C_2H_5OH + CH_3COONa$$

(ii) क्षारक के साथ अभिक्रिया-खनिज अम्ल की भाँति एथेनॉइक अम्ल सोडियम हाइड्रॉक्साइड जैसे क्षारक से अभिक्रिया करके लवण (सोडियम एथेनॉएट या सोडियम ऐसीटेट) तथा जल बनाता है।

$$NaOH + CH_3COOH \rightarrow CH_3COONa + H_2O$$

(iii) कार्बोनेट एवं हाइड्रॉकार्बोनेट के साथ अभिक्रिया-एथेनॉइक अम्ल कार्बोनेट एवं हाइड्रोकार्बोनेट के साथ अभिक्रिया करके लवण, कार्बन डाइऑक्साइड एवं जल बनाता है। इस अभिक्रिया में उत्पन्न **लवण** को साडियम ऐसीटेट कहते हैं।

$$2CH_3COOH + NaCO_3 \rightarrow 2CH_3COONa + H_2O + CO_2$$

$$CH_3COOH + NaHCO_3 \rightarrow CH_3COONa + H_2O + CO_2$$

- **ऑक्सैलिक अम्ल** (Oxalic acid) $(COOH)_2$ यह डाइकार्बोक्सिलिक अम्ल वर्ग का प्रथम सदस्य है। यह रुबार्ब, सॉरेल तथा ऑक्सेलिक समूह के पौधों में अपने पोटैशियम लवण के रूप में पाया जाता है। इसका उपयोग कपड़ों की छपाई व रंगाई में रंग बंधक के रूप में, स्याही के धब्बे छुड़ाने में (10% विलयन), चमड़े के विरंजन में, धातुओं की पॉलिश, स्याही व रंगों के बनाने में, एलिल ऐल्कोहॉल, फॉर्मिक अम्ल तथा अन्य उपयोगी कार्बनिक यौगिक बनाने में किया जाता है। फोटोग्राफी में फेरस ऑक्सेलेट का प्रयोग उत्पादक के रूप में किया जाता है।
- **लैक्टिक अम्ल** (Lactic acid), $CH_3CHOHCOOH$ यह मोनोहाइड्रॉक्सी अम्ल है, जो दूध में पाया जाता है और दूध को खट्टा बनाता है। यह जल में H-आबंधों के कारण अधिक विलेय है, परंतु कार्बनिक विलायकों में अविलेय है।
लैक्टिक अम्ल के मांसपेशियों में एकत्रित होने के कारण हम थकान अनुभव करते हैं। इसका प्रयोग खाद्य उत्पाद जैसे-दही बनाने में, फॉर्मेसी में तथा प्रसाधन सामग्री बनाने में किया जाता है।
- **सैलिसिलिक अम्ल** (Salicylic acid) $C_6H_4(OH)COOH$ यह श्वेत क्रिस्टलीय हाइड्रॉक्सी बेंजोइक अम्ल है। इसका उपयोग दर्द निवारक दवाओं, **काय** (Body) मलहमों के निर्माण में किया जाता है।
- **सिट्रिक अम्ल** (Citric acid) यह सिट्रस फल जैसे नींबू, संतरा, मौसमी में पाया जाता है। यह मोनोहाइड्रॉक्सी ट्राइकार्बोक्सिलिक अम्ल है।

• **एस्टर** (Esters) ऐसे कार्बनिक यौगिक जिनमें —$COOR$ प्रकार्यात्मक समूह उपस्थित होता है, एस्टर कहलाते हैं। इनका सामान्य सूत्र $RCOOR'$ या $C_nH_{2n+1}COOR$ या $C_nH_{2n}O_2$ मेथिल ऐसीटेट (CH_3COOCH_3), एथिल ऐसीटेट $(CH_3COOC_2H_5)$, आदि एस्टर के उदाहरण हैं।
ऐथिल ऐसीटेट एक कृत्रिम इत्र (Perfume) तथा दवाएँ बनाने में प्रयुक्त किया जाता है।

अन्य महत्त्वपूर्ण कार्बनिक यौगिक

• **क्लोरोफॉर्म** (Chloroform), $CHCl_3$ इसकी खोज **लीबिग** ने सन् 1831 में की थी। क्लोरोफॉर्म प्रकाश की उपस्थिति में ऑक्सीकृत होकर विषैली फॉस्जीन (कार्बोनिल क्लोराइड) बनाता है। इसलिये इसे भण्डारण के लिए पूर्णतः भरी हुई रंगीन बोतलों में रखा जाता है जिससे इसमें वायु उपस्थित न रहे।
सर्वप्रथम इसका प्रयोग सेम्पसन ने **निश्चेतक** (Anaesthetic) के रूप में किया था बाद में इसका प्रयोग शल्य चिकित्सा में किया गया।

• **आयोडोफॉर्म** (Iodoform), CHI_3 यह पीले रंग का विशिष्ट गन्ध वाला ऊर्ध्वपातित क्रिस्टलीय ठोस है। यह आयोडीन, NaOH और एथेनॉल की अभिक्रिया के द्वारा बनाया जाता है।
इस अभिक्रिया को **हैलोफॉर्म अभिक्रिया** (Haloform reaction) कहते हैं। पूर्व में इसका उपयोगी **पूतिरोधी** (Antiseptic) के रूप में किया जाता था। इसका पूतिरोधक गुण मुक्त हुई आयोडीन के कारण होता है न कि स्वयं आयोडोफॉर्म के कारण। यह एक बैक्टीरियानाशक (Antibacterial) पदार्थ है।

• **क्लोरोफ्लोरोकार्बन** (Chlorofluorocarbons), CFCs इन्हें फ्रेऑन भी कहते हैं। ये अत्यधिक स्थाई, अक्रियाशील, **अविषैले** (non-toxic), असंक्षारक (Non-corrosive) और आसानी से द्रवित होने वाली गैसें हैं। फ्रेऑन-12 (Freon-12) उद्योगों में सर्वाधिक प्रयुक्त होने वाले सामान्य फ्रेऑनों में से एक है। इनका प्रयोग ऐरोसॉल प्रणोदक, प्रशीतक तथा वायु शीतलन में किया जाता है। ये क्षोभमण्डल में विसरित होकर ओजोन परत का क्षरण करते हैं तथा प्रकृति में ओजोन सन्तुलन को अनियन्त्रित कर देते हैं।

• **ऐनिलीन** (Aniline or amino benzene), $C_6H_5NH_2$ यह ऐमीन व्युत्पन्न है तथा इसका नाम पुर्तगाली शब्द एनिल जिसका अर्थ *इंडिगो* (नील) है, से लिया गया है।
अनवरडॉरबेन (Unverdorben) ने इसे प्रथम बार सन् 1826 में चूने के पानी और इंडिगो के आसवन से तैयार किया था।
इसका उपयोग अन्य ऐरोमैटिक यौगिकों जैसे सल्फोनिलिक अम्ल, नाइट्रोऐनिलीन तथा विस्फोटकों के निर्माण में, रंजकों के निर्माण में, औषधियों के निर्माण में, **ज्विटर आयन** (Zwitter ion) के निर्माण मे, रबड़ उद्योग में, वल्कनीकरण में, उत्प्रेरक के रूप में किया जाता है।

• **मेथिल आइसोसायनेट** (Methyl isocyanate) इसका प्रयोग रबड़, चिपकाने वाले पदार्थ (Adhesives) तथा पीड़कनाशी के निर्माण में किया जाता है। USA की यूनियन कार्बाइड कम्पनी के प्लांट से इस गैस (MIC) के रिसाव के कारण भोपाल गैस दुर्घटना में हजारों लोग मारे गए थे।

- **बेन्जीन हेक्साक्लोराइड** (BHC) **या गैमेक्सीन या लिण्डेन** (Gammexane or benzene hexachloride or lindane) सूर्य के प्रकाश की उपस्थिति में बेन्जीन की क्लोरीन से अभिक्रिया के फलस्वरूप इसे प्राप्त किया जाता है। यह एक प्रबल कीटाणुनाशक है।
- **नेफ्थैलीन** (Naphthalene), $C_{10}H_8$ यह बहुल केंद्रकीय (Polynuclear) हाइड्रोकार्बन है इसका मुख्य स्रोत कोलतार है। यह विषाक्त कैंसर जनित गुण दर्शाते हैं। इसका प्रयोग जीवाणुनाशी के रूप में तथा कीड़ों (Moth) को कपड़ों से दूर करने में किया जाता है।
- **क्लोरोबेन्जीन** (Chlorobenzene), C_6H_5Cl इसे आयरन उत्प्रेरक की उपस्थिति में बेन्जीन की क्लोरीन के साथ अभिक्रिया द्वारा बनाया जाता है।

$$C_6H_6 + Cl_2 \xrightarrow{Fe} C_6H_5Cl + HCl$$

औद्योगिक स्तर पर इसे बेन्जीन द्वारा राश्चिग विधि से बनाया जाता है। इसका उपयोग ऐनिलीन, फीनॉल, क्लोरोनाइट्रोबेन्जीन तथा कीटाणुनाशक DDT के निर्माण में किया जाता है।

- **डाइक्लोरोमेथेन** (Dichloromethane), CH_2Cl_2 यह पॉलिहैलोजन यौगिक है। इसका प्रयोग विलायक के रूप में, पेन्ट अपचायक के रूप में, ऐरोसॉल में प्रणोदक के रूप में तथा औषध निर्माण की प्रक्रिया में विलायक के रूप में तथा धातुओं की सफाई में किया जाता है।
- **डाइक्लोरो डाइफिनाइल ट्राइक्लोरो एथेन** (डी डी टी) (Dichloro Diphenyl Trichloro Ethane, DDT) यह मच्छर, जुओं के लिए एक प्रमुख कीटनाशक है तथा इसके अनेकों औद्योगिक उपयोग हैं।
- **यूरिया** (Urea), NH_2CONH_2 यह प्रयोगशाला में संश्लेषित किए जाने वाला प्रथम कार्बनिक यौगिक है। इसका निष्कर्षण सर्वप्रथम वर्ष 1773 में किया गया था। यह रंगहीन, गन्धहीन, जल में विलेय पदार्थ है। इसमें नाइट्रोजन की मात्रा 46% होती है जिसके कारण इसे नाइट्रोजनी उर्वरक के रूप में प्रयुक्त किया जाता है। इसका उपयोग बेरोनल दवा बनाने में, फॉर्मेल्डिहाइड यूरिया, प्लास्टिक बनाने में किया जाता है।

साबुन और अपमार्जक

- इनका प्रयोग शोधन अभिकर्मक (Cleansing agent) के रूप में किया जाता है। ये चिनकनाई (वसा) के **निष्कासन** (Removal) में सहायता करते हैं, जो कपड़ों और त्वचा के साथ दूसरे पदार्थों को चिपका देती है।

साबुन

- साबुन (Soaps) दीर्घ शृंखला वाले वसा अम्लों; उदाहरण-स्टिएरिक अम्ल ($C_{17}H_{35}COOH$), ओलिक अम्ल ($C_{17}H_{33}COOH$) और पामिटिक अम्ल ($C_{15}H_{31}COOH$) के सोडियम और पोटैशियम लवण हैं।
- इन्हें पेट्रोलियम उत्पादों से प्राप्त किया जाता है। साबुनों का उपयोग जल के शोधन गुण को बढ़ाने के लिए किया जाता है। ये जैव निम्नीकृत यौगिक हैं।

साबुन के प्रकार

(i) **प्रसाधन साबुन** (Toilet soaps) ये उत्तम प्रकार के वसा एवं तेलों से बनाये जाते हैं तथा इनमें से क्षार के आधिक्य को निकाल दिया जाता है। इन्हें आकर्षक बनाने के लिए इनमें रंग और सुगन्ध भी डाले जाते हैं।

(ii) **पानी में तैरने वाले साबुन** (Floating soaps) इन्हें बनाने के लिए इन्हें सख्त होने से पहले वायु के छोटे बुलबुले विस्पंदित किए जाते हैं।

(iii) **पारदर्शी साबुन** (Transparent soaps) ये साबुन को एथेनॉल (एथिल ऐल्कोहॉल) में घोलकर और फिर विलायक के आधिक्य को वाष्पित करके बनाए जाते हैं।

(iv) **औषध-साबुन** (Medicated soaps) इनमें औषधिय गुण वाले पदार्थ डाले जाते हैं।

कठोर जल में साबुन की निष्क्रियता

- साबुन कठोर जल में उपस्थित कैल्सियम और मैग्नीशियम आयनों से अभिक्रिया करके क्रमशः अघुलनशील कैल्सियम और मैग्नीशियम साबुन बनाते हैं।
- ये **मलफेन** (Scum) की तरह पानी से अलग हो जाते हैं तथा कपड़ों पर चिपचिपे पदार्थ की तरह चिपक जाता है। कठोर जल में धुले बाल इस चिपचिपे पदार्थ (अवक्षेप) के कारण कान्तिहीन लगते हैं।
- सामान्यता सोडियम साबुनों की अपेक्षा पोटैशियम साबुन मुलायम होते हैं।
- अम्लीय माध्यम में साबुन जल अपघटित होकर संगत अविलेय दीर्घ शृंखला युक्त वसा अम्ल देते हैं तथा इस प्रकार अपने शोधन प्रभाव को खो देते हैं।

अपमार्जक

- इनमें साबुन के सभी गुण होते हैं, लेकिन ये वास्तव में साबुन नहीं होते। ये मृदु और कठोर दोनों प्रकार के जल में उपयोग किए जाते हैं, क्योंकि इनके कैल्सियम और मैग्नीशियम लवण जल में विलेय होते हैं। अतः मलफेन नहीं बनता है। ये अम्लीय माध्यम में भी उपयोग किए जा सकते हैं। अतः ये साबुनों से अपेक्षाकृत प्रबल शोधन गुण रखते हैं।
- रासायनिक तौर पर अपमार्जक (Detergent) लंबी श्रृंखला वाले वसीय अम्लों के (12-18 कार्बन परमाणु वाले) के एल्किन सल्फेट या सल्फोनेट या अमोनियम लवण हैं; उदाहरण-सोडियम लॉराइल सल्फेट, सोडियम p-डोडेसिल बेन्जीन सल्फोनेट। सामान्यता इन्हें वनस्पति तेलों से प्राप्त किया जाता है।

संश्लेषित अपमार्जकों का वर्गीकरण

- संश्लेषित अपमार्जकों को मुख्यतया तीन वर्गों में बाँटा गया है-

(i) **ऋणायनी अपमार्जक** (Anionic detergents) ये लंबी श्रृंखला वाले ऐल्कोहॉलों अथवा हाइड्रोकार्बनों के सल्फोनिल व्युत्पन्न होते हैं; उदाहरण-सोडियम ऐल्किन बेन्जीन सल्फोनेट। इन अपमार्जकों का ऋणायनी भाग शोधन क्रिया में भाग लेता है। इनका उपयोग घरेलू कार्यों तथा टूथपेस्ट (भंजन) में किया जाता है।

(ii) **धनायनी अपमार्जक** (Cationic detergents) ये ऐसीटेट, क्लोराइड या ब्रोमाइड ऋणायनों के साथ बने ऐमीनों के चतुष्क अमोनियम लवण हैं। उदाहरण-सेटिल ट्राइमेथिल अमोनियम ब्रोमाइड। यह जीवाणुनाशक होते हैं। सेटिल ट्राइमेथिल अमोनियम ब्रोमाइड केश कंडीशनरों में डाला जाता है।

(iii) **अनआयनिक अपमार्जक** (Non-ionic detergents) इनकी संरचना में कोई आयन नहीं होता है; उदाहरण-आंशिक एस्टरीकृत यौगिक; जैसे **पेन्टाएरीथीटोल मोनोस्टिएरेट** (Penta aerythritol monostearate) बर्तन धोने के द्रव अपमार्जक के रूप में।

मिसेल

- साबुन के अणु ऐसे होते हैं, जिनके दोनों सिरों के विभिन्न गुणधर्म होते हैं। जल में विलेय एक सिरे को **जलरागी** कहते हैं तथा हाइड्रोकार्बन में विलेय दूसरे सिरे को **जलविरागी** कहते हैं।
- जब साबुन जल की सतह पर होता है, तब इसके अणु अपने को इस प्रकार व्यवस्थित कर लेते हैं कि इसका आयनिक सिरा जल के अन्दन होता है। जबकि हाइड्रोकार्बन पूँछ (दूसरा छोर) जल के बाहर होती है।

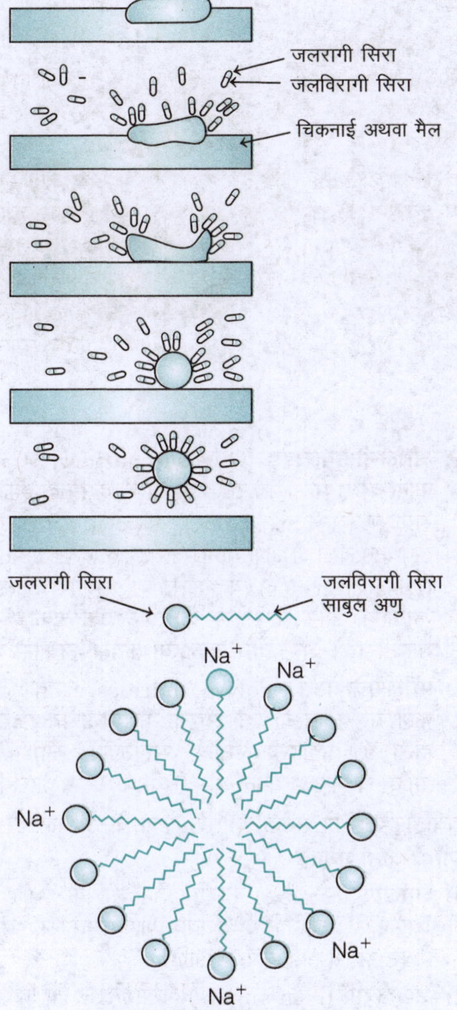

मैल हटाने में साबुन का प्रभाव

- जल के अन्दर इन अणुओं की एक विशेष व्यवस्था होती है, जिससे इसका हाइड्रोकार्बन सिरा जल के बाहर बना होता है। ऐसा अणुओं का बड़ा गुच्छा बनने के कारण होता है, जिससे जलविरागी पूँछ गुच्छे के आंतरिक हिस्से में होती है, जबकि उसका आयनिक सिरा गुच्छे की सतह पर होता है। इस संरचना को **मिसेल** कहते हैं।
- मिसेल के रूप में साबुन स्वच्छ करने में सक्षम होता है, क्योंकि तैलीय मैल मिसेल के केन्द्र में एकत्र हो जाते हैं।
- मिसेल विलयन में कोलॉइड के रूप में बने रहते हैं तथा आयन-आयन विकर्षण के कारण ये अवक्षेपित नहीं होते। इस प्रकार मिसेल में तैरते मैल आसानी से हटाए जा सकते हैं। सबुन के मिसेल प्रकाश को प्रकीर्णित कर सकते हैं। यही कारण है कि साबुन का घोल बादल जैसा दिखता है।

अतिरिक्त तथ्य

भारतीय बोर्ड एवं NIOS

- ऐलिफैटिक शब्द ग्रीक शब्द ऐलीफर से बना है, जिसका अर्थ वसा होता है।
- एल्केन के समान एल्कीन भी यौगिकों की सजातीय श्रेणी बनाते हैं, जिसके प्रत्येक सदस्य में CH_2 इकाई का अन्तर होता है।
- फलों को पकाने के लिए ऐसीटिलीन का उपयोग किया जाता है।
- ऐल्कोहॉल का क्रियाशील समूह हाइड्रॉक्सिल ($-OH$) होता है।
- ऐल्कोहॉल पानी में घुलनशीन है क्योंकि यह पानी के अणुओं के साथ हाइड्रोजन आवेश बना सकता है।
- एथेनॉल (C_2H_5OH) कार्बनिक यौगिकों के लिए विलायक के रूप में कार्य करता है। पावर ऐल्कोहॉल पेट्रोल और एथेनॉल का मिश्रण होता है।
- रेक्टिफाइड स्प्रिट में 95.5% एथेनॉल और 4.5% जल होता है।
- मिथाइलेटेड स्प्रिट में 95% एथेनॉल और 5% मेथेनॉल होता है।
- फॉर्मेल्डिहाइड का जलीय विलयन जिसे फोर्मेलीन कहा जाता है। प्रयोगशाला में जैविक नमूनों के संरक्षण के लिए प्रयोग किया जाता है।
- वैनिलिन जो स्वाद के लिए प्रयोग किया जाता है। उसमें भी ऐल्डिहाइड क्रियाशील समूह है।
- टी एफ एम (टोटल फैटी मेटीरियल) साबुन की गुणवता का आकलन करने के लिए एक महत्वपूर्ण कारक होता है। जिस साबुन का टी एफ एम अधिक होता है। वह अच्छा नहाने का साबुन होता है।

विस्फोटक

ये वे पदार्थ हैं, जो दहन के फलस्वरूप अत्यधिक ऊष्मा, ऊर्जा और तीव्र ध्वनि उत्पन्न करते हैं। ये शुद्ध यौगिक; जैसे टी एन टी के बने हो सकते हैं अथवा ये ईंधन और ऑक्सीकारक का मिश्रण भी हो सकते हैं। इन्हें प्राथमिक, द्वितीयक और तृतीयक विस्फोटकों में भी वर्गीकृत किया जा सकता है।

- **ट्राइनाइट्रोग्लिसरीन** (Trinitroglycerine-TNG) यह एक रंगहीन तैलीय द्रव है, जो डायनामाइट बनाने के काम आता है। इसे **नोबल का तेल** भी कहते हैं। इस विस्फोटक को 1846 ई. में खोज गया था।
- **ट्राइनाइट्रोटॉलुईन** (Trinitrotoluene-TNT) यह टॉलुईन की सांद्र सल्फ्यूरिक अम्ल की उपस्थिति में सांद्र नाइट्रिक अम्ल की अभिक्रिया द्वारा बनाया जाता है। इसकी खोज 1863 ई. में हुई थी, परंतु ब्रिटिश सेना द्वारा इसका प्रयोग वर्ष 1914 में किया गया था।
- **रिसर्च एंड डेवेलपमेंट एक्सप्लोसिव** (Research and Development Explosive) इसका रासायनिक नाम साइक्लोट्राइमिथाइलीन ट्राइनाइट्रामीन है। इसकी खोज जर्मनी के हैनिंग ने 1899 ई. में की थी, इसे प्लास्टिक विस्फोटक भी कहते हैं।
- **ट्राइनाइट्रोफीनॉल** (Trinitrophenol-TNP) इसे पिक्रिक अम्ल भी कहते हैं। इसे फीनॉल के नाइट्रीकरण अर्थात् सांद्र सल्फ्यूरिक अम्ल की उपस्थिति में सांद्र नाइट्रिक अम्ल से क्रिया द्वारा प्राप्त किया जाता है। यह भी एक शक्तिशाली विस्फोटक है।
- **डायनामाइट** (Dynamite) इसे स्वीडिश वैज्ञानिक अल्फ्रेड नोबेल ने 1863 ई. में खोजा था। यह नाइट्रोग्लिसरीन को लकड़ी के बुरादे या कीजेलगूर में अवशोषित करके तथा अल्प मात्रा में सोडियम कार्बोनेट को मिश्रित करके बनाया जाता है। यह सुरंगों में विस्फोट करने के लिए प्रयुक्त किया जाता है।

09

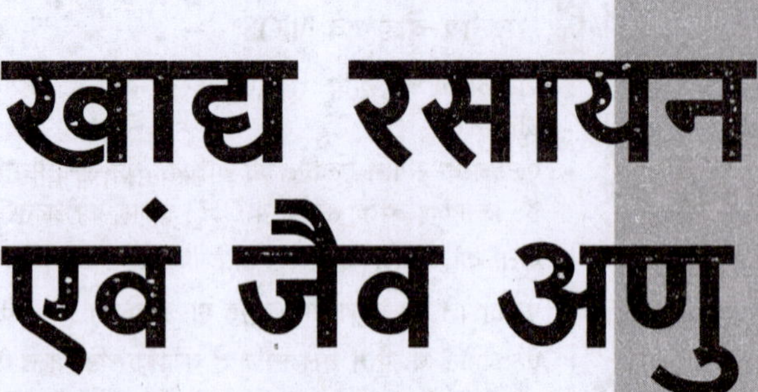

खाद्य रसायन एवं जैव अणु

(स्रोत)

Class-VIII Old NCERT Chap 3 (संश्लेषित रेशे और प्लास्टिक),
Class-XII New NCERT Chap 10 (जैव अणु),
Class-XII Old NCERT Chap 16 (दैनिक जीवन में रसायन)

- जैव-तंत्र अनेक **जटिल जैवअणु** (Complex biomolecules) जैसे कार्बोहाइड्रेट, प्रोटीन, न्यूक्लिक अम्ल, लिपिड आदि से मिलकर बनते हैं। प्रोटीन तथा कार्बोहाइड्रेट हमारे भोजन के आवश्यक अवयव हैं।
- ये जैव अणु आपस में अन्योन्य क्रिया करते हैं तथा जैव-प्रणाली का आण्विक आधार बनाते हैं। इसके अतिरिक्त कुछ सरल अणु जैसे विटामिन और खनिज लवण भी जीवों की कार्य-प्रणालियों में महत्वपूर्ण भूमिका निभाते हैं।

कार्बोहाइड्रेट

- आधुनिक परिभाषा के अनुसार, 'ये **ध्रुवण घूर्णक** (Optically active) पॉलिहाइड्रॉक्सी अथवा कीटोन हैं' या ऐसे यौगिक हैं, जो जल-अपघटन के उपरांत इस प्रकार की इकाइयाँ देते हैं **कार्बोहाइड्रेट** (Carbohydrates) कहलाते हैं। इनका सामान्य सूत्र $C_x(H_2O)_y$ होता है। ये मुख्यतया पौधों द्वारा उत्पन्न किए जाते हैं तथा प्राकृतिक कार्बनिक यौगिकों का वृहत् समूह बनाते हैं।
- कार्बोहाइड्रेट के मुख्य स्रोत अनाज जैसे-गेहूँ, मक्का, चावल, जौ, जई, आलू, शलजम, चकुंदर, केला, अरबी, मांस आदि हैं। घरेलू उपयोग में आने वाली सामान्य शर्करा को सुक्रोस कहते हैं, जबकि दुग्ध में पाए जाने वाली शर्करा को दुग्ध-शर्करा या **लैक्टोस** (Lactose) कहते हैं। कार्बोहाइड्रेटों को **सैकेराइड** (Saccharides) भी कहते हैं।

कार्बोहाइड्रेटों का वर्गीकरण

- कार्बोहाइड्रेटों को जल-अपघटन में उनके व्यवहार के आधार पर मुख्यत: निम्नलिखित तीन वर्गों में वर्गीकृत किया गया है
  (i) **मोनोसैकेराइड** (Monosaccharides) ये सरलतम कार्बोहाइड्रेट हैं, इनका छोटे अणुओं में जल-अपघटन नहीं किया जा सकता है। उदाहरण- ट्रायोस (Triose), ग्लिसरैल्डिहाइड (Glyceraldehyde), टेट्रोस (Tetrose), इरेथ्रोस (Erythrose), पेन्टोस (Pentose), राइबोस (Ribose) और हेक्सोस (Hexose), ग्लूकोस (Glucose), फ्रक्टोस (Fructose), आदि।
  (ii) **ओलिगोसैकेराइड** (Oligosaccharides) ये जल-अपघटन के फलस्वरूप मोनोसैकेराइड की दो से दस तक इकाइयाँ देते हैं। जैसे सुक्रोस (गन्ने की शक्कर), माल्टोस, लैक्टोस ये सभी जल-अपघटन द्वारा दो अणु मोनोसैकेराइड के देते हैं। अत: ये **डाइसैकेराइड** (Disaccharides) कहलाते हैं। सुक्रोस जल-अपघटन द्वारा ग्लूकोस और फ्रक्टोस की एक-एक इकाई देता है, जबकि माल्टोस से प्राप्त दोनों इकाइयाँ केवल ग्लूकोस की होती हैं।
  (iii) **पॉलिसैकेराइड** (Polysaccharides) इनके जल-अपघटन के फलस्वरूप अत्यधिक संख्या में मोनोसैकेराइड इकाइयाँ प्राप्त होती हैं। उदाहरण-स्टार्च, सेलुलोस, ग्लाइकोजन तथा गोंद, आदि। ये जल में अविलेय हैं तथा पौधों से प्राप्त किए जाते हैं।
- कार्बोहाइड्रेटों को उनके भौतिक गुणों के आधार पर निम्नलिखित दो वर्गों में बाँटा गया है
  (i) **शर्कराएँ** (Sugars) कार्बोहाइड्रेट जो कि स्वाद में मीठे होते हैं, 'शर्कराएँ' कहलाते हैं। उदाहरण- ग्लूकोस, सुक्रोस, फ्रक्टोस, लैक्टोस (दुग्ध शर्करा), आदि।
  (ii) **अशर्कराएँ** (Non-sugars) कार्बोहाइड्रेट जो कि स्वाद में मीठे नहीं होते हैं, ये जल में अविलेय या अति अल्पविलेय होते हैं। सभी पॉलिसैकेराइड अशर्करा हैं।
- कार्बोहाइड्रेटों को उनके अपचायक गुणों के आधार पर निम्नलिखित दो वर्गों में बाँटा गया है
  (i) **अपचायी कार्बोहाइड्रेट** (Reducing carbohydrates) ये टॉलेन अभिकर्मक को सिल्वर दर्पण तथा फेहलिंग विलयन को लाल अवक्षेप में अपचयित कर देते हैं। सभी मोनोसैकेराइड तथा डाइसैकेराइड (सुक्रोस को छोड़कर) अपचायी कार्बोहाइड्रेट होते हैं।
  (ii) **अनपचायी कार्बोहाइड्रेट** (Non-reducing carbohydrates) ये टॉलेन अभिकर्मक तथा फेहलिंग विलयन को अपचयित नहीं कर पाते हैं। सुक्रोस तथा दूसरे सभी उच्च सैकेराइड अनपचायी कार्बोहाइड्रेट हैं।

कुछ सामान्य कार्बोहाइड्रेट

- **ग्लूकोस** (Glucose), $C_6H_{12}O_6$ इसे **डेक्सट्रोस** (Dextrose) भी कहते हैं। यह मीठे फलों (पके अंगूरों) और शहद में पाया जाता है। औद्योगिक स्तर पर इसे स्टार्च के जल-अपघटन से प्राप्त किया जाता है। यह **उपापचय** (Metabolism) के फलस्वरूप शरीर को ऊर्जा प्रदान करने वाली मुख्य शर्करा है। रक्त में इसकी सांद्रता का परास 70-115 मिग्रा/100 मिली है। यह मानव शरीर को तात्कालिक ऊर्जा उपलब्ध कराता है।
- **फ्रक्टोस** (Fructose), $C_6H_{12}O_6$ इसे **'फलों की शक्कर'** भी कहा जाता है। यह शहद, फल तथा उच्च फ्रक्टोस कॉर्न सीरप में पाई जाती है। प्राकृतिक फ्रक्टोस को **लेवुलोस** (Laevulose) भी कहते हैं। यह औषधियों के सीरप, टॉफियाँ, आदि को बनाने में प्रयुक्त की जाती है।
- **सुक्रोस** (Sucrose), $C_{12}H_{22}O_{11}$ इसे इक्षु-शर्करा (गन्ने की शक्कर) भी कहते हैं। जल-अपघटन के पश्चात् यह सममोलर मात्रा में ग्लूकोस और फ्रक्टोस देता है। इस उत्पाद को **अपवृत शर्करा** (Invert sugar) भी कहते हैं। यह एक अत्यंत उत्तम परिरक्षक (Preservative) है, जो अधिकांश डब्बा बंद भोज्य पदार्थों जैसे-जैम, जैली में उपस्थित होता है।
- **माल्टोस** (Maltose), $C_{12}H_{22}O_{11}$ यह दो ग्लूकोस इकाइयों से बना होता है। इसे **माल्ट शर्करा** (Malt sugar) भी कहते हैं। यह ऐल्कोहॉल के निर्माण में प्रयुक्त किया जाता है।
- **लैक्टोस** (Lactose), $C_{12}H_{22}O_{11}$ लैक्टोस स्तनधारियों के दूध में उपस्थित होता है। यह गाय के दूध में 4-6% तथा मानव दूध में 5-8% होता है, अतः यह **दुग्ध शर्करा** भी कहलाती है। यह गैलेक्टोस तथा ग्लूकोस से निर्मित होती है।
- **स्टार्च** (Starch), $(C_6H_{10}O_5)_n$ यह पौधों में मुख्य संगृहीत पॉलिसैकेराइड है। यह दाल, जड़, कंद तथा कुछ सब्जियों में पाया जाता है। पाचन के समय सर्वप्रथम यह माल्टोस देता है, जो आगे अपघटित होकर ग्लूकोस देता है। यह ग्लूकोस का बहुलक है और दो घटकों **ऐमिलोस** (Amylose) (जल में विलेय) तथा **ऐमिलोपेक्टिन** (Amylopectin) (जल में अविलेय) से मिलकर बनता है।
- **सेलुलोस** (Cellulose), $(C_6H_{10}O_5)_n$ यह पौधों में प्रचुरता में उपलब्ध कार्बनिक पदार्थ है। यह पौधों की कोशिकाओं की कोशिकाभित्ति का प्रधान अवयव हैं। यह ग्लूकोस से बनी ऋजु शृंखला (Straight chain) युक्त पॉलिसैकेराइड है। यह चकनाचूर अवरोधी ग्लास (Unbreakable glass) बनाने में प्रयुक्त किया जाता है।
- **ग्लाइकोजन** (Glycogen) प्राणी शरीर में कार्बोहाइड्रेट, ग्लाइकोजन के रूप में संगृहीत रहते हैं। चूँकि इसकी संरचना ऐमिलोपेक्टिन के समान होती है।

प्रोटीन

- प्रोटीन जीव जगत में सर्वाधिक पाए जाने वाले जैव अणु हैं। प्रोटीन के प्रमुख स्रोत दूध, पनीर, दालें, मूँगफली, मछली तथा माँस आदि हैं। यह शरीर के प्रत्येक भाग में उपस्थित होते हैं तथा जीवन का मूलभूत संरचनात्मक एवं क्रियात्मक आधार बनाते हैं।
- यह शरीर की वृद्धि एवं अनुरक्षण के लिए भी आवश्यक होते हैं। प्रोटीन शब्द की व्युत्पत्ति ग्रीक शब्द 'प्रोटियोस' से हुई है जिसका अर्थ प्राथमिक अथवा अतिमहत्वपूर्ण होता है। सभी प्रोटीन α-ऐमीनो अम्लों के बहुलक होते हैं।
- ऐमीनो अम्ल में ऐमीनो ($—NH_2$) तथा कार्बोक्सिल (—COOH) प्रकार्यात्मक समूह उपस्थित होते हैं। कार्बोक्सिल समूह के संदर्भ में ऐमीनो समूह की आपेक्षिक स्थितियों के आधार पर ऐमीनों अम्लों को α, β, γ तथा δ आदि में वर्गीकृत किया जा सकता है। प्रोटीन के जल-अपघटन से केवल-ऐमीनो अम्ल ही प्राप्त होते हैं। इनमें अन्य प्रकार्यात्मक समूह (Functional Group) भी उपस्थित हो सकते हैं।
- सभी ऐमीनों अम्लों के रूढ़ नाम हैं जो इन यौगिकों के गुण अथवा इनके स्रोत को प्रदर्शित करते हैं। ग्लारूसीन को उसका नाम मीठे स्वाद के कारण दिया गया है। ग्रीक भाषा में *ग्लाइकोस* (*glykos*) का अर्थ मीठा होता है तथा टाइरोसीन सर्वप्रथम पनीर से प्राप्त किया गया था (ग्रीक भाषा में *टाइरोस* (*Tyros*) का अर्थ पनीर है)।
- प्रत्येक ऐमीनो अम्ल को साधारणतया एक तीन अक्षर प्रतीक द्वारा प्रदर्शित किया जाता है। कभी-कभी एक अक्षर प्रतीक का उपयोग भी किया जाता है।

प्रोटीनों की संरचना

- प्रोटीन α-ऐमीनो अम्लों के बहुलक होते हैं जो आपस में **पेप्टाइड आबंध** अथवा **पेप्टाइड बंध** द्वारा जुड़े रहते हैं। रासायनिक रूप से पेप्टाइड आबंध, —COOH समूह तथा $—NH_2$ समूह के मध्य बना एक आबंध होता है, जो एक जैसे अथवा भिन्न ऐमीनो अम्लों के अणुओं के मध्य अभिक्रिया एक अणु के ऐमीनो समूह तथा दूसरे अणु के कार्बोक्सिल समूह के मध्य संयोग से होती है।
- जिसके फलस्वरूप एक जल का अणु मुक्त होता है तथा पेप्टाइड आबंध —CO—NH— बनता है। चूँकि उत्पाद दो ऐमीनो अम्लों के द्वारा बनता है अतः इसे **डाइपेप्टाइड** (Dipeptides) कहते हैं। उदाहरण-जब ग्लाइसीन का कार्बोक्सिल सूमह, ऐलानीन के ऐमीनो समूह के साथ संयोग करता है, तो हमें एक डाइपेप्टाइड, ग्लाइसिलऐलेनीन प्राप्त होता है।
- यदि तीसरा ऐमीनो अम्ल, डाइपेप्टाइड से संयोग करता है तो उत्पाद **ट्राइपेप्टाइड** (Tripeptides) कहलाता है। एक ट्राइपेप्टाइड में तीन ऐमीनो अम्ल होते हैं, जो दो पेप्टाइड बंध. द्वारा संयुक्त रहते हैं।
- इसी प्रकार से जब चार, पाँच, अथवा छः ऐमीनो अम्ल आपस में जुड़ते हैं तो परिणामी उत्पादों को **टेट्रापेप्टाइड, पेन्टापेप्टाइड** अथवा **हैक्सापेप्टाइड** (Tetrapeptides, pentapeptides or hexapetides) कहते हैं। जब ऐमीनो अम्लों की संख्या दस से अधिक होती है, तो उत्पाद **पॉलिपेप्टाइड** (Polypeptides) कहलाते हैं।
- एक पॉलिपेप्टाइड जिसमें 100 से अधिक ऐमीनो अम्ल अवशेष होते हैं तथा जिनका आण्विक द्रव्यमान 10,000 u से अधिक होता है, **प्रोटीन** (Protein) कहलाता है।

प्रोटीन का वर्गीकरण

आण्विक आकृति के आधार पर प्रोटीनों को दो वर्गों में वर्गीकृत किया जा सकता है

(i) **रेशेदार प्रोटीन** (Fibrous protein) जब पॉलिपेप्टाइड शृंखलाएँ समानांतर होती हैं तथा हाइड्रोजन एवं डाइसल्फाइड आबंधों द्वारा संयुक्त रहती हैं तो रेशे जैसी संरचना बनती है। इस प्रकार के प्रोटीन सामान्यतया जल में अविलेय होते हैं। कुछ सामान्य उदाहरण-किरेटिन (बाल, ऊन तथा रेशम में उपस्थित) तथा मायोसिन (माँसपेशियों में उपस्थित) आदि हैं।

(ii) **गोलिकाकार प्रोटीन** (Globular protein) जब पॉलिपेप्टाइड की शृंखलाएँ कुंडली बनाकर गोलकृति प्राप्त कर लेती हैं, तब ऐसी संरचनाएँ प्राप्त होती हैं। ये सामान्यतः जल में विलेय होती हैं। इंसुलिन तथा ऐल्बूमिन इनके सामान्य उदाहरण हैं।

प्रोटीन का विकृतीकरण

- जैविक निकाय में पाई जाने वाली विशेष त्रिविम संरचना तथा जैविक सक्रियता वाले प्रोटीन, **प्राकृत प्रोटीन** (Natural protein) कहलाते हैं। जब प्राकृत प्रोटीन में भौतिक परिवर्तन करते हैं। उदाहरण-ताप में परिवर्तन अथवा रासायनिक परिवर्तन करते हैं।
  उदाहरण–pH में परिवर्तन आदि किया जाता है तो हाइड्रोजन आबंधों में अस्तव्यवस्तता (Chaos) उत्पन्न हो जाती है।
- जिसके कारण गोलिका (ग्लोब्यूल) खुल जाती है तथा हैलिक्स अकुंडलित हो जाती है तथा प्रोटीन अपनी जैविक सक्रियता को खो देता है। इसे **प्रोटीन का विकृतीकरण** (Deformation of proteins) कहते हैं।
- विकृतीकरण के दौरान द्वितीयक तथा तृतीयक संरचनाएँ नष्ट हो जाती हैं, परंतु प्राथमिक संरचना अप्रभावित रहती है।
- उबालने पर अंडे की सफेदी का स्कंदन विकृतीकरण का एक सामान्य उदाहरण है। एक अन्य उदाहरण दही का जमना है, जो दूध में उपस्थित बैक्टीरिया द्वारा लैक्टिक अम्ल उत्पन्न होने के कारण होता है।

वसा एवं तेल

- वसा मुख्यत: एक ही ऐल्कोहॉल ग्लिसरॉल से बने संतृप्त (Saturated) एस्टर हैं, जबकि तेल असंतृप्त (Unsaturated) एस्टर हैं। अत: इन्हें **ट्राइग्लिसराइड** (Triglyceride) भी कहते हैं। इस प्रकार ट्राइग्लिसराइड ग्लिसरॉल के उच्च अणुभार वाले मोनोकार्बोक्सिलिक अम्लों जैसे-पामिटिक अम्ल ($C_{15}H_{31}COOH$), स्टिऐरिक अम्ल ($C_{17}H_{35}COOH$), ओलिक अम्ल ($C_{17}H_{33}COOH$), आदि के साथ बने एस्टर हैं।
- कार्बोहाइड्रेटों के समान ये भी कार्बन, हाइड्रोजन और ऑक्सीजन से बने होते हैं, परंतु इनमें कार्बोहाइड्रेटों की अपेक्षा ऑक्सीजन की मात्रा बहुत कम होती है।
- ये जल में अविलेय हैं, परंतु कार्बनिक विलायकों जैसे बेंजीन, कार्बन टेट्राक्लोराइड, पेट्रोलियम, आदि में विलेय हैं। ये जीवों में मुख्य भोजन संग्राहक हैं और विभिन्न कार्यों के लिए उत्तरदायी होते हैं।
- फॉस्फोलिपिड, फॉस्फोरस युक्त वसा का मुख्य समूह है। असंतृप्त ट्राइग्लिसराइडों को तेल तथा संतृप्त ट्राइग्लिसराइडों को वसा कहते हैं। सामान्यत: जिन ग्लिसराइडों का गलनांक 20°C से कम होता है, उन्हें **तेल** तथा जिनका गलनांक 20°C से अधिक होता है, उन्हें **वसा** (Fat) कहते हैं।
- कमरे के ताप पर वसा ठोस अवस्था में होती है। किसी वसा या तेल की असंतृप्तता को **आयोडीन मान** (Iodine value) द्वारा निर्धारित किया जाता है।

खाद्य परिरक्षक

- ये खाद्य पदार्थों को सूक्ष्मजीवों की वृद्धि के कारण होने वाली खराबी से बचाते हैं। खाने का नमक, चीनी, वनस्पति तेल, सोडियम मेटाबाइसल्फाइट तथा सोडियम बेंजोएट सामान्य रूप से उपयोग में आने वाले परिरक्षक (Food Preservative) हैं। सॉर्बिक अम्ल तथा प्रोपेनोइक अम्ल के लवण भी परिरक्षकों के रूप में प्रयुक्त होते हैं।
- प्रशीतन (Refrigeration) भी भोजन के परिरक्षण में सहायता करता है, क्योंकि यह कम ताप उपलब्ध कराता है जिससे जैव-रासायनिक अभिक्रियाओं अर्थात् सजीवों में होने वाली अभिक्रियाएँ, जैव-रासायनिक अभिक्रियाओं की गति घट जाती है, जिससे बैक्टीरिया अर्थात् सूक्ष्मजीवियों की सक्रियता घट जाती है अर्थात् वे भोजन नहीं खा सकते और न ही प्रजनन कर सकते हैं।

प्रतिऑक्सीकारक

- असंतृप्त तेल और वसायुक्त खाद्य पदार्थों को लंबे समय तक रखने पर उनका क्षय (Deterioration) होने लगता है। ऐसा वायुमंडलीय ऑक्सीजन के द्वारा ऑक्सीकरण से होता है।
- खाद्य पदार्थों को खराब होने तथा ऑक्सीकरण से रोकने के लिए कुछ रसायन जो कि ऑक्सीकरण को रोकने में सहायक होते हैं, इनमें मिलाए जाते हैं। इन पदार्थों को **प्रतिऑक्सीकरक** (Antioxidant) कहते हैं।
- अत: वे रसायन, जो खाद्य पदार्थों पर ऑक्सीजन की क्रिया को घटाते हो तथा इनके परिरक्षण में सहायक हो, **प्रतिऑक्सीकारक** (Antioxidant) कहलाते हैं। BHA (ब्यूटाइलेटिड *p*-हाइड्रॉक्सी ऐनिसॉल-Butylated *p*-Mydroxy Anisole), BHT (ब्यूटाइलेटिड *p*-हाइड्रॉक्सी टॉलुईन-Butylated *p*-hydroxy toluene), गैलिक अम्ल के एस्टर तथा लैसिथिन (Lecithin), आदि कुछ प्रतिऑक्सीकारक के उदाहरण हैं। कुछ प्रतिऑक्सीकारक खाद्य पदार्थों में उपस्थित होते हैं जैसा कि नीचे सारणी में दिखाया गया है।

कुछ प्रतिऑक्सीकारक के स्रोत

प्रतिऑक्सीकारक	प्रतिऑक्सीकारक युक्त खाद्य पदार्थ
विटामिन-C (ऐस्कॉर्बिक अम्ल)	फल तथा सब्जियाँ
विटामिन-E (टोकोफेरॉल)	वनस्पति तेल
कैरोटिनॉयड	फल तथा सब्जियाँ
पॉली, फिनॉलिक प्रतिऑक्सीकारक	चाय, कॉफी, सोयाबीन, चॉकलेट, आदि।

कृत्रिम मधुरक

बहुत से लोग कृत्रिम मधुरक (Artificial Sweetner) का प्रयोग करते हैं, क्योंकि प्राकृत मधुरक जैसे सुक्रोस, ग्रहण की गई कैलोरी बढ़ाते हैं। इनका प्रयोग मधुमेह के रोगियों के लिए भी अत्यधिक महत्वपूर्ण है।

बाजार में बिकने वाले कुछ कृत्रिम मधुरक निम्न प्रकार हैं

- **सैकेरीन** (Saccharin) इसे *ऑर्थो*सल्फोबेन्जीमाइड भी कहते हैं। यह सुक्रोस से 550 गुना अधिक मीठी होती है। यह शरीर से अपरिवर्तित रूप में ही मूत्र के साथ उत्सर्जित हो जाती है। अत: सेवन के बाद पूर्णत: अक्रिय (Entirely inert) अहानिकारक प्रतीत होती है।
- **ऐस्पार्टेम** (Aspartame) यह सबसे अधिक सफल और व्यापक रूप से प्रयोग में आने वाला कृत्रिम मधुरक है। यह सुक्रोस से 100 गुना मीठा होता है तथा ठण्डे खाद्य पदार्थों तथा पेय पदार्थों में प्रयुक्त किया जाता है क्योंकि यह खाना पकाने के तापमान पर अस्थायी है।
- **एलिटेम** (Alitame) यह अधिक प्रबल कृत्रिम मधुरक है। यह सुक्रोस की तुलना में 2000 गुना मीठा है।
- **सुक्रालोस** (Sucralose) यह सुक्रोस का ट्राइक्लोरो व्युत्पन्न है। इसका रूप रंग स्वाद शर्करा जैसा होता है। यह सुक्रोस की तुलना में 600 गुना मीठा है। यह गर्म खाद्य पदार्थों में प्रयुक्त की जाती है क्योंकि यह खाना पकाने के तापमान पर स्थायी है।

10

दैनिक जीवन में रसायन

(स्रोत)

Class-VIII Old NCERT Chap 3 **(संश्लेषित रेशे और प्लास्टिक)**,
Class-X New NCERT Chap 4 **(कार्बन एवं उसके यौगिक)**,
Class-XII Old NCERT Chap 16 **(दैनिक जीवन में रसायन)**

- रसायन मानव जीवन के हर क्षेत्र को प्रभावित करता है। रसायन के सिद्धांतों का उपयोग मानव जाति के हितों के लिए किया गया है।
- विस्फोटक, ईंधन, रॉकेट, नोदक, भवन-निर्माण एवं विद्युत-उपकरण सामग्री आदि सभी रसायन हैं।
- रसायन विज्ञान ने हमारे जीवन को इतना अधिक प्रभावित किया है कि हमें यह अनुभूति तक नहीं होती कि हमारी सभी गतिविधियों का संचालन रसायनों द्वारा होता है।

दैनिक जीवन में प्रयुक्त रसायन निम्नलिखित हैं

रेशे

रेशे (Fibre) की लंबी तथा धागेनुमा संरचनाएँ होती हैं। ये निम्न प्रकार के होते हैं

(i) **प्राकृतिक रेशे** (Natural fibre) इन्हें जन्तुओं और पौधों से प्राप्त किया जाता है, ये **जैव निम्नीकरणीय** (Bio-degradation) होते हैं। पौधों से मिलने वाले रेशे सेलुलोस के बने होते हैं। सेलुलोस बड़ी संख्या में ग्लूकोस इकाइयों से निर्मित होता है। सेलुलोस कागज और टेक्सटाइल उद्योग में काम आता है। कॉटन (कपास), सन, जूट, आदि पौधों से प्राप्त होने वाले रेशे हैं। जन्तुओं से प्राप्त रेशे जैसे ऊन, रेशम, आदि प्रोटीन से बने होते हैं।

(ii) **अर्द्ध-संश्लेषित रेशे** (Semi-synthetic fibre) ये प्राकृतिक रेशों को कुछ रसायनों द्वारा उपचारित करके प्राप्त किए जाते हैं। उदाहरण–रेयॉन (Rayon), यह काष्ठ लुगदी (सेलुलोस - एक प्राकृतिक रेशा) के रासायनिक उपचार द्वारा प्राप्त किया जाता है; सर्वप्रथम रेयॉन बनाने के लिए सेलुलोस (काष्ठ लुगदी) को सान्द्र तथा ठण्डे सोडियम हाइड्रॉक्साइड तथा बाद में कार्बन डाइसल्फाइड से उपचारित करके **विस्कोस** (Viscose) प्राप्त करते हैं। यही कारण है कि कभी-कभी रेयॉन को **विस्कोस रेयॉन** (Viscose rayon) कहा जाता है।

(iii) **संश्लेषित रेशे** (Synthetic fibre) इन्हें प्रयोगशालाओं या इंडस्ट्रीज में रसायनों से प्राप्त किया जाता है। ये विभिन्न प्रकार के होते हैं; उदाहरण कार्बन फाइबर नायलॉन, पॉलिएस्टर, धात्विक रेशे, सिलिकॉन कार्बाइड रेशे, आदि।

संश्लेषित रेशे व उनके उपयोग

रेशे	एकलक	उपयोग
नायलॉन	हेक्सामेथिलीन डाइऐमीन, $NH_2(CH_2)_6NH_2$ और ऐडिपिक अम्ल, $HOOC(CH_2)_4COOH$	टूथ ब्रशों के शूकों (Bristles), रस्सियाँ पैराशूट, मछली पकड़ने के जाल तथा कपड़ों आदि के निर्माण में।
पॉलिएस्टर	एथिलीन ग्लाइकॉल $CH_2OH—CH_2OH$ तथा टेरेफ्थैलिक अम्ल, $HOOC—C_6H_4—COOH$ HOOC—(बेंज़ीन वलय)—COOH	कपड़े तथा अग्निशमन में प्रयुक्त हौज पाइप आदि बनाने में।
कार्बन रेशे	कार्बन	अंतरिक्ष यानों के पुर्जे और खेलकूद के सामानों को बनाने में।
ऑरलॉन	ऐक्रिलोनाइट्राइल, $CH_2=CHCN$	ऊन के स्थान (Substitute) पर संश्लेषित कंबल आदि बनाने में।

प्लास्टिक

- संश्लेषित रेशे की तरह प्लास्टिक (Plastics) भी एक बहुलक है। सभी प्लास्टिकों में इकाइयों की व्यवस्था एक ही प्रकार की नहीं होती। कुछ में यह रेखीय होती है, तो अन्य में यह तिर्यकबद्ध (Triangular) होती है।
- प्लास्टिक का पुन: चक्रण (Recycle) हो सकता है, इसे पुन: प्रयुक्त किया जा सकता है। पॉलिथीन प्लास्टिक का एक उदाहरण है, जो सामान्य उपयोग में आने वाली पॉलिथीन थैलियाँ बनाने के काम आता है।
- प्लास्टिक जो गर्म करने पर आसानी से विकृत हो जाता है और सरलतापूर्वक मुड़ जाता है, **थर्मोप्लास्टिक** (Thermoplastic) कहलाता है।
- पॉलिथीन और पीवीसी (PVC) थर्मोप्लास्टिक के कुछ उदाहरण हैं। इनका उपयोग खिलौने, कंधियाँ और विभिन्न प्रकार के पात्रों के बड़े पैमाने पर निर्माण हेतु किया जाता है।
- दूसरी ओर, कुछ प्लास्टिक ऐसे हैं, जिन्हें एक बार साँचे में ढाल दिया जाता है, तो इन्हें ऊष्मा देकर नर्म नहीं किया जा सकता है। ये **थर्मोसेटिंग** (Thermosetting) प्लास्टिक कहलाते हैं; उदाहरण–बैकेलाइट और मैलेमाइन।
- बैकेलाइट ऊष्मा और विद्युत का कुचालक है। यह बिजली के स्विच, विभिन्न बर्तनों के हत्थे आदि बनाने में काम आता है।
- मैलेमाइन (Melamine), एक बहुउपयोगी पदार्थ है। यह आग का प्रतिरोधक है तथा अन्य प्लास्टिक की अपेक्षा ऊष्मा को सहने की अधिक क्षमता रखता है।
- प्लास्टिक ऊष्मा और विद्युत की कुचालक है, इसलिए बिजली के तार प्लास्टिक से ढके रहते हैं और खाना बनाने वाले पात्रों के हत्थे इसके बने होते हैं। आग बुझाने वाले कर्मचारियों के परिधानों पर मेलामाइन प्लास्टिक की परत चढ़ी होती है, जो उसे अग्निरोधक बनाती है।
- टेफ्लॉन (Teflon) एक विशिष्ट प्लास्टिक है, जिस पर तेल और जल चिपकता नहीं है। यह भोजन पकाने के पात्रों पर चिपकाने वाली परत लगाने के काम आता है।

औषध

- औषध (Drugs) निम्न आण्विक द्रव्यमान के रसायन हैं। जब इनमें से कुछ का उपयोग रोगों के निदान, निवारण और उपचार के लिए किया जाता है, इसलिए इन रसायनों को **औषध** (Medicines) कहते हैं।
- औषध को निम्न प्रकार से वर्गीकृत किया जाता है
    (i) **प्रतिज्वरकारी** (Antipyretics) Anti का अर्थ है 'प्रति' तथा Pyretics का अर्थ है 'ज्वर संबंधी'। प्रतिज्वरकारी प्रयोग शरीर का दर्द कम करने और बुखार उतारने के लिए किया जाता है। ऐस्प्रिन, क्रोसीन, ब्रूफेन, फिनैसिटिन, पैरासिटामॉल, एनलजिन, नोवेलजिन आदि दवाएँ प्रतिज्वरकारी के रूप में प्रयोग की जाती हैं।

    (ii) **पीड़ाहारी** (Analgesics) यह दर्द को बिना चेतना-क्षीणता, असमन्वय या पक्षाघात अथवा तंत्रिका तंत्र में अन्य कोई बाधा उत्पन्न किए, कम अथवा समाप्त करते हैं; उदाहरण–ऐस्प्रिन, पैरासिटामॉल, मॉर्फीन, (मॉर्फीन एक ओपियड ऐल्केलॉइड है, जो पोस्ता (Poppy) से प्राप्त किया जाता है) आदि।

    (iii) **प्रतिजैविक** (Antibiotics) यह रसायन सूक्ष्मजीवियों की वृद्धि रोकते हैं या इनका विनाश करते हैं। इन्हें सूक्ष्मजीवियों से प्राप्त किया जाता है तथा दूसरे सूक्ष्मजीवियों को नष्ट करने में प्रयुक्त किया जाता है। वर्ष 1928 में **एलेक्जेंडर फ्लेमिंग** ने प्रथम प्रतिजीवाणु पेनिसिलिन की खोज की। पेनिसिलिन (जो कवक से प्राप्त की जाती है), ऐमीनोलाइकोसाइड, ऑफ्लोक्सासिन जीवाणुनाशी (Bactericidal) है, जबकि एरिथ्रोमाइसिन, टेट्रासाइक्लिन, क्लारैम्फेनिकॉल जीवाणु निरोधी (Bacteriostatic) प्रतिजीवाणु हैं।

    (iv) **सल्फा औषध** (Sulpha drugs) इन दवाओं में सल्फर और नाइट्रोजन होती है। सल्फापिरिडिन, सल्फाडिआजिन, सल्फागुआनिडिन और सल्फाथायजोल कुछ महत्वपूर्ण सल्फा औषध हैं। ये बैक्टीरिया संक्रमण के विरुद्ध प्रभावी हैं। **सल्फैनिल ऐमाइड**, प्रथम सल्फा औषधी, जिसको वर्ष 1908 में बनाया गया।

    (v) **प्रतिरोधी** (Antiseptic) यह सूक्ष्मजीवियों का विनाश करते हैं या उनकी वृद्धि को रोकते हैं, लेकिन ये सजीव ऊतकों के लिए हानिकारक नहीं हैं। जैसे फ्यूरासिन, सोफ्रामाइसिन, आदि ये प्रतिजैविकों के समान खाए नहीं जाते हैं। डेटॉल, बिथियोनल, टिंक्चर आयोडीन, बोरिक अम्ल और 0.2% फीनॉल का जलीय विलयन अन्य प्रतिरोधी हैं।

    (vi) **विसंक्रामी** (Disinfectants) इसका प्रयोग निर्जीव वस्तुओं जैसे फर्श, नालियों और यंत्रों, आदि पर किया जाता है; उदाहरण–फीनॉल का 1% विलयन, फिनाइल।

    (vii) **निश्चेतक** (Anaesthesia) यह औषधि संवेदी अंगों को बंद कर देती हैं। अत: मुख्य बड़ी शल्य क्रिया (सर्जरी) के दौरान दिए जाते हैं। प्रथम निश्चेतक डाइएथिल ईथर (Diethyl ether) **विलियम मॉर्टन** (William Morten) द्वारा 1846 ई. में प्रयुक्त किया गया था।

    क्लोरोफॉर्म को एक बार सामान्य निश्चेतक की तरह **जेम्स सेम्पसन** (James Sampson) ने सर्जरी में प्रयुक्त किया था लेकिन इसका स्थान कम विषैले (Less toxic), अपेक्षाकृत अधिक सुरक्षित निश्चेतक जैसे ईथर ने ले लिया।

    कोकेन, डिआजेपाम (Diazepam), हैलोथेन (Halothane), नाइट्रस ऑक्साइड, पेन्टोथेल सोडियम (Pentothal sodium) आदि निश्चेतकों के रूप में प्रयुक्त होने वाले अन्य यौगिकों के उदाहरण हैं।

    (viii) **प्रतिअम्ल** (Antiacids) यह औषधि आमाशय में अम्ल को घटाती या उदासीन करती हैं। धात्विक हाइड्रॉक्साइड; जैसे ऐलुमिनियम हाइड्रॉक्साइड और मैग्नीशियम हाइड्रॉक्साइड दोनों pH को उदासीनता से आगे बढ़ने नहीं देते। अत: इन्हें सोडियम हाइड्रोजन कार्बोनेट से अच्छा प्रतिअम्ल (Antacid) कहा जाता है।

रंजक

- वे पदार्थ जो रेशों और खाद्य पदार्थों के रंगने में प्रयुक्त होते हैं, **रंजक** (Dyes) कहलाते हैं। पदार्थ में उपस्थित क्रोमोफोर समूह; जैसे नाइट्रो, ऐजो, आदि रंग के लिए उत्तरदायी होते हैं।
- ये समूह श्वेत प्रकाश का कुछ भाग अवशोषित कर लेते हैं। इसलिए बाहर दिखने वाले प्रकाश का रंग अवशोषित रंग का पूरक होता है।

रंजकों का वर्गीकरण

रंजकों को दो प्रकार से वर्गीकृत किया गया है

अनुप्रयोग के आधार पर

अनुप्रयोग के आधार पर रंजक निम्नलिखित हैं

(i) **अम्लीय रंजक** (Acid dyes) ये अपने सोडियम लवणों के रूप में प्रयुक्त किए जाते हैं जो जल में विलेय है। ये ऊन सिल्क और नायलॉन को सीधे-रंगने में प्रयुक्त किए जाते हैं, लेकिन सूती कपड़े रंगने पें

इनका प्रयोग नहीं किया जाता है; उदाहरण–मेथिल ऑरेन्ज, मेथिल रेड, कॉन्गो रेड, ऑरेन्ज-I, ऑरेन्ज-II आदि।

(ii) **क्षारीय रंजक** (Basic dyes) ये नायलॉन और पॉलीएस्टर को रंगने में प्रयुक्त होते हैं; उदाहरण–ऐनिलीन यैलो, मैलेकाइट ग्रीन आदि।

(iii) **प्रत्यक्ष रंजक** (Direct dyes) इनके जलीय विलयन में डुबाकर सीधे-रेशों को रंगा जाता है; उदाहरण–मार्शियस यैलो, कॉन्गो रेड।

(iv) **परिक्षिप्त रंजक** (Disperse dyes) ये परिक्षिप्त रूप में प्रयुक्त किए जाते हैं; उदाहरण–सेलिटॉन फॉस्ट, पिंक-बी।

(v) **रेशा क्रियाशील रंजक** (Fibre reactive dyes) रासायनिक अभिक्रिया द्वारा ये रेशों से चिपक जाते हैं; उदाहरण–प्रोसियॉन, सिबा क्रॉन आदि।

(vi) **वेट रंजक** (Vat dyes) ये विशेषतया सूती कपड़ों को रंगने में काम आते हैं; उदाहरण–इण्डिगो।

(vii) **बंधक रंजक** (Mordant dyes) इन रंजकों को रेशे (Fibre) और रंजक के बीच रंग बंधक की आवश्यकता होती है। रंग बंधकों के आधार पर एक ही रंजक विभिन्न रंग देता है। उदाहरण–ऐलिजेरिन ऐलुमिनियम के साथ चमकीला लाल तथा बेरियम के साथ नीला रंग देता है।

रासायनिक संघटन के आधार पर

रासायनिक संघटन के आधार पर रंजक निम्नलिखित हैं

(i) **ऐजो रंजक** (Azo dyes); उदाहरण–मेथिल ऑरेन्ज, कॉन्गो रेड।

(ii) **थैलीन रंजक** (Phthalein dyes); उदाहरण–फीनॉल्फ्थैलीन और मर्क्यूरोक्रोम, फ्लोरीसीन आदि।

(iii) **इण्डिगोइड रंजक** (Indigoid dyes); उदाहरण–इण्डिगो (नील) और टायरिकन पर्पल।

(iv) **ऐन्थ्रोक्विनॉन रंजक** (Anthraquinone dyes); उदाहरण–ऐलिजेरिन (प्राकृतिक रंजक), टर्की रेड आदि।

(v) **ट्राइफेनिल मेथेन रंजक** (Triphenyl methane dyes); उदाहरण– मैलेकाइट ग्रीन।

काँच

- सर्वप्रथम काँच (Glass) का निर्माण मिस्र में हुआ था। यह विभिन्न क्षारीय धातुओं के सिलिकेटों का एक अक्रिस्टलीय पारदर्शक या आंशिक पारदर्शक समांगी मिश्रण है।
- साधारण काँच (सोडा काँच अथवा खिड़की काँच) की लगभग संरचना $Na_2O \cdot CaO \cdot 6SiO_2$ है। यह रेत (Silica), सोडियम कार्बोनेट (सोडा) और कैल्सियम कार्बोनेट (चूना पत्थर) को उचित मात्रा में मिलाकर तथा उचित ताप पर पिघलाकर प्राप्त किया जाता है। कुछ काँच के टुकड़े मिश्रण में गालक (Flux) के रूप में मिलाए जाते हैं, जो मिश्रण को गलनीय बनाते हैं।

काँच के प्रकार, इनके गुण और उपयोग

काँच के प्रकार	गुणधर्म	उपयोग
सोडा काँच या मृदु काँच	सोडियम कार्बोनेट, कैल्सियम कार्बोनेट और सिलिका से बना, सस्ता और भंगुर	खिड़की के शीशे, बोतल, ट्यूब लाइट, साधारण बर्तन बनाने में।
पोटाश काँच या कठोर काँच	पोटैशियम और कैल्सियम के कार्बोनेट और सिलिका से बना, उच्च ताप प्रतिरोधी	बीकर, परखनली, उच्च तापरोधी उपकरण बनाने में।
फोटोक्रोमेटिक काँच	तेज चमकदार UV प्रकाश में काला (Dark) हो जाता है ऐसा सूक्ष्म क्रिस्टलीय सिल्वर यौगिक (सिल्वर क्लोराइड) का काँच में उपस्थित होने के कारण है।	धूप परिरक्षक चश्में बनाने में।
पाइरेक्स काँच या बोरोसिलिकेट काँच	इसमें बोरेक्स और सिलिका है। ताप में अचानक परिवर्तन का कोई प्रभाव नहीं।	प्रयोगशाला उपकरण बनाने में।
फ्लिण्ट काँच	इसमें सोडियम, पोटैशियम और लैड सिलिकेट हैं, अपवर्तनांक उच्च होता है।	उत्तम कलात्मक वस्तुएँ, उपकरण, बल्ब तथा प्रकाशीय उपकरणों में।
क्राउन काँच	इसमें पोटैशियम, बेरियम और सिलिकन के ऑक्साइड है। अपवर्तनांक उच्च होता है।	प्रकाशीय उपकरणों में, चश्मों के लेन्स बनाने में।
जेना काँच (काँच का सर्वश्रेष्ठ रूप)	इसमें जिंक और बेरियम बोरोसिलिकेट होता है। प्रवल, अम्ल व क्षार प्रतिरोधी होता है।	प्रयोगशाला में अम्ल व क्षार रखने की बोतलें बनाने में।
क्रुक्स काँच	इसमें सीरियम ऑक्साइड (CeO_2) और सिलिका है। UV किरणों को अवशोषित करता है।	विभिन्न नेत्र दोषों में चश्मों के लैन्स बनाने में।
लैड क्रिस्टल काँच	इसमें पोटैशियम कार्बोनेट, लेड ऑक्साइड और सिलिका हैं, पूर्ण आंतरिक परावर्तन दर्शाता है।	विभिन्न अलंकारिक वस्तुएँ बनाने में।
क्वाट्‌र्ज काँच या सिलिका काँच	इसमें से पराबैंगनी किरणें निकल जाती हैं।	पराबैंगनी लैम्पों के बल्ब बनाने में, प्रयोगशाला उपकरण बनाने में।

काँच का अनीलीकरण

- इस प्रक्रिया में गर्म काँच की वस्तुओं को धीरे-धीरे निरन्तर तथा औसत दर्जे से ठण्डा किया जाता है।
- यदि काँच को बहुत धीरे ठण्डा करते हैं तो यह धुँधला (अपारदर्शी) हो जाता है तथा यदि इसे शीघ्रता से ठण्डा किया जाता है तो यह भंगुर और क्षयशील हो जाता है।

रंगीन काँच

- इन्हें पिघले या संगलित काँच में रंगों की आपूर्ति करने वाले पदार्थों को मिलाकर प्राप्त किया जाता है।
- ऐसे कुछ पदार्थ निम्न सारणी में दिए गए हैं

रंग देने वाले पदार्थ	काँच का रंग
कार्बन	भूरा काला
कैडमियम सल्फाइड	नींबू पीला
कोबाल्ट ऑक्साइड	गहरा नीला
क्यूप्रस ऑक्साइड	ग्लिटर लाल
क्यूप्रिक ऑक्साइड	पीकॉक नीला
गोल्ड क्लोराइड	रूबी लाल
फैरिक लवण	फ्लुओरीसेन्ट पीला
निकैल और मैंगनीज मोनोऑक्साइड	काला
मैंगनीज डाइऑक्साइड	गुलाबी
फैरिक ऑक्साइड	भूरा
पोटैशियम डाइक्रोमेट	हरा या हरा पीला
सीलिनियम ऑक्साइड	ऑरेन्ज रेड
सोडियम क्रोमेट या फेरस ऑक्साइड	हरा

- **जल काँच (Water glass)** मूलत: सोडियम सिलिकेट है यह सोडियम कार्बोनेट के साथ सिलिका को गर्म करके प्राप्त किया जाता है। यह जल में विलेय है।
- सुरक्षा काँच में दो काँच की परतों के मध्य विनाइल ऐसीटेट रेजिन की पारदर्शी प्लास्टिक की परत होती है।
- ऑप्टिकल फाइबर का उपयोग दूरसंचार एवं एण्डोस्कोपी में किया जाता है तथा धूप के चश्मों में प्रयुक्त रंगीन काँच में **लैन्थेनॉइड ऑक्साइड** होता है।

ग्लास वूल

- यह तापरोधी तथा विद्युतरोधी पदार्थ है। यह विभिन्न ऊष्मीय और यांत्रिक गुणों के साथ रोल करके स्लैब के रूप में बनाया जाता है।
- स्टील की अपेक्षा इसकी **तनन सामर्थ्य** (Tensile strength) उच्च होती है। वास्तव में, यह अग्निरोधी है तथा फायर ग्लास बनाने में प्रयुक्त होता है।
- फाइबर ग्लास का उपयोग काँच प्रबलित प्लास्टिक (Glass reinforced plastic) बनाने में किया जाता है।

सीमेंट

- यह एक महत्वपूर्ण भवन निर्माण सामग्री है, इसका प्रयोग सर्वप्रथम ब्रिटेन में 1824 ई. में **जोसेफ एस्पिडन** (Joseph Aspdin) ने किया था। इसे **पोर्टलैंड सीमेंट** (Portland cement) भी कहा जाता है, क्योंकि यह पोर्टलैंड टापू पर प्राप्त प्राकृतिक चूने के पत्थर से मिलता-जुलता है।
- यह धूसर (Grey) रंग का पाउडर (बारीक चूर्ण) है। रासायनिक रूप से यह कैल्सियम ऐलुमिनियम सिलिकेट है। सीमेंट का विशिष्ट गुण कठोरीकरण है, जब यह जल के संपर्क में आता है, तो इसमें उपस्थित सिलिकेट और ऐलुमिनेट जल से क्रिया करके कोलॉइडी विलयन बनाते हैं जो ठोस हो जाता है।

उर्वरक

ये औद्योगिक पैमाने पर बनाए जाने वाले पौधों के पोषक तत्व हैं। उर्वरक नाइट्रोजन, फास्फोरस, पोटैशियम तथा अन्य पोषकों की आपूर्ति के द्वारा मिट्टी की उर्वरता में वृद्धि करते हैं। इनका प्रयोग अच्छी वनस्पति वृद्धि तथा स्वस्थ पौधे उत्पन्न होना सुनिश्चित करने के लिए किया जाता है।

उर्वरकों के प्रकार

उर्वरक निम्न प्रकार के होते हैं

- **नाइट्रोजनी उर्वरक** (Nitrogenous fertilisers) ये अमोनिया और इसके व्युत्पन्नों से प्राप्त किए जाते हैं; उदाहरण–अमोनियम सल्फेट, कैल्सियम, अमोनियम नाइट्रेट, बेसिक कैल्सियम नाइट्रेट, कैल्सियम सायनेमाइड (नाइट्रोलियम) यूरिया आदि।
  - अमोनियम सल्फेट, $(NH_4)SO_4$ में 25% अमोनिया होता है जो भास्मिक मृदा में उपस्थित बैक्टीरिया द्वारा नाइट्रेट में परिवर्तित हो जाता है। नाइट्रेटो को फसली पौधे आसानी से अवशोषित कर लेते हैं। भारत में बडे पैमाने पर इसका उत्पादन झारखंड में स्थित सिंदरी कारखाने में किया जाता है।
  - कैल्सियम अमोनियम नाइट्रेट, $Ca(NO_3)_2NH_4NO_3$ में नाइट्रोजन की मात्रा लगभग 20% होती है जो पौधों द्वारा सीधे अवशोषित कर लिया जाता है। अपनी उच्च विलेयता के कारण इसका मृदा पर कोई दुष्प्रभाव नहीं होता। इसका निर्माण पंजाब के नांगल में बड़े-पैमाने पर किया जाता है।
  - यूरिया, NH_2CONH_2 में लगभग 46% नाइट्रोजन होती है तथा यह मृदा के pH को प्रभावित नहीं करता है यह व्यापक रूप से प्रयोग में लाया जाने वाला नाइट्रोजनी उर्वरक है।
  - यह कार्बन डाइऑक्साइड तथा अमोनिया के मिश्रण को 125-150°C ताप तथा 8.5 वायुमंडल दाब पर गर्म करके प्राप्त किया जाता है। इस उर्वरक को बीजों के सीधे संपर्क में कभी नहीं आने देते हैं। इस उर्वरक का प्रयोग किए जाने के 3-4 दिन बाद ही जल की आपूर्ति (सिंचाई) की जाती है।
- **फॉस्फेटिक उर्वरक** (Phosphatic fertilisers) ये सुपरफॉस्फेट ऑफ लाइम, ट्रिपल सुपरफॉस्फेट (हड्डी राख से प्राप्त किया गया) तथा थॉमस धातुमल या फॉस्फेटिक धातुमल हैं। सुपरफॉस्फेट ऑफ लाइम, कैल्सियम डाइहाइड्रोजन फॉस्फेट और जिप्सम का मिश्रण है इसमें 16-20% P_2O_5 होता है।

  थॉमस धातुमल में 14-18% P_2O_5 होता है यह स्टील उद्योग का उपोत्पाद है। अपनी उच्च विलेयता के कारण यह पौधों द्वारा आसानी से स्वंगीकृत कर लिया जाता है।
- **पोटाश उर्वरक** (Potash fertilisers) पोटैशियम क्लोराइड, पोटैशियम नाइट्रेट तथा पोटैशियम सल्फेट पोटाश उर्वरकों के उदाहरण हैं।
- NP **उर्वरक** (NP fertilisers) ये मृदा में नाइट्रोजन तथा फॉरस्फोरस की आपूर्ति करते हैं। इन्हें नाइट्रोजनी और फॉस्फेटी उर्वरकों को उचित मात्रा में मिलाने पर प्राप्त किया जाता है।

  कैल्सियम सुपरफॉस्फेट नाइट्रेट, अमोनियाकृत फॉस्फेट सल्फेट तथा डाइहाइड्रोजन अमोनियाकृत फॉस्फेट NP उर्वरकों के उदाहरण हैं।
- NPK **उर्वरक या पूर्ण उर्वरक** (NPK fertilisers) ये मृदा में तीनों मुख्य पोषक तत्वों नाइट्रोजन, फॉस्फोरस तथा पोटैशियम की आपूर्ति करते हैं। ये ही कारण है कि इन्हें मिश्रित उर्वरक या **पूर्ण उर्वरक** (Complete fertiliser) भी कहा जाता है। ये तीनों प्रकार के उर्वरकों (नाइट्रोजनी, फॉस्फेटी तथा पोटाश उर्वरकों को उचित मात्रा में मिलाकर प्राप्त किए जाते हैं।

11

पर्यावरण रसायन

(स्रोत)

Class-XI Old NCERT Chap 14 (पर्यावरण रसायन)
Tamil Nadu Board (Class-IX), NIOS

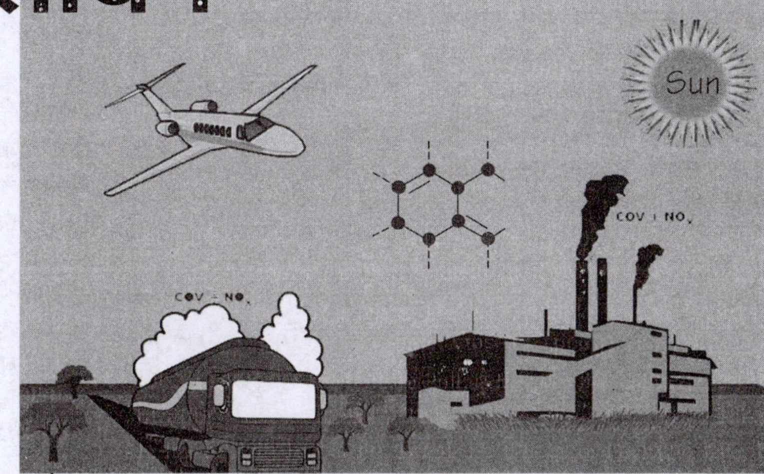

- पर्यावरण जीवों की क्रियाओं-प्रतिक्रियाओं को प्रभावित करने वाली समस्त भौतिक अथवा अजैविक तथा जैविक परिस्थितियों का योग है। वायु, जल, मृदा, जीव-जंतु आदि सभी सम्मिलित रूप से पर्यावरण की रचना करते हैं।
- प्रदूषकों की परस्पर क्रिया से बढ़ी **विषाक्ता** (Toxicity) को **सिनर्जिस्म** (Synergism) कहते हैं। सर्वाधिक क्षयकारी प्रदूषक अवायवीय पाचन द्वारा मेथेन में परिवर्तित हो जाते हैं।

पर्यावरण प्रदूषण

- पर्यावरण-प्रदूषण हमारे परिवेश में अवांछनीय परिवर्तन जो पौधों, जंतुओं तथा मनुष्यों पर हानिकारक प्रभाव डालते हैं, का परिणाम है। वह पदार्थ, जो प्रदूषण उत्पन्न करता है, **प्रदूषक** (Pollutant) कहलाता है। प्रदूषक ठोस, द्रव अथवा गैसीय पदार्थ हो सकता है, जो प्राकृतिक घटनाओं के कारण उत्पन्न होता है।
- एक औसत मनुष्य को भोजन की तुलना में लगभग 12-15 गुना अधिक वायु की आवश्यकता होती है। अत: भोजन में प्रदूषक की अति अल्प मात्रा वायु में उपस्थित समान मात्रा की तुलना में महत्वपूर्ण है। प्रदूषक को निम्नीकृत किया जा सकता है। उदाहरण-सब्जियों के **त्याज्य** (Discarded) भाग प्राकृतिक विधियों द्वारा निम्नीकृत एवं अपघटित हो जाते हैं।
- इसके विपरीत कुछ प्रदूषक जो धीरे-धीरे निम्नीकृत होते हैं, कई दशकों तक पर्यावरण में अपरिवर्तित रूप में बने रहते हैं।

  उदाहरण-डाइक्लोरोडाइफिनाइल ट्राइक्लोरो एथेन (DDT), प्लास्टिक-निर्मित अनेक पदार्थ, भारी धातुएँ, अनेक रसायन तथा नाभिकीय अपशिष्ट आदि यदि एक बार पर्यावरण में निर्गमित हो जाते हैं, तो इन्हें पृथक् करना कठिन होता है। ये प्रदूषक प्राकृतिक विधियों द्वारा निम्नीकृत नहीं होते हैं तथा जीवित प्राणियों के लिए हानिकारक होते हैं।

भूमंडलीय ताप वृद्धि एवं हरितगृह प्रभाव

- सौर ऊर्जा का 75% भाग पृथ्वी की सतह द्वारा अवशोषित कर लिया जाता है, जिससे इसके ताप में वृद्धि होती है। ऊष्मा का कुछ भाग वायुमंडल में उपस्थित गैसों (जैसे-कार्बन डाइऑक्साइड, ओजोन, क्लोरोफ्लोरो कार्बन, यौगिकों तथा जलवाष्प) द्वारा ग्रहण कर लिया जाता है, जिससे वायुमंडल के ताप में वृद्धि होती है। यही **भूमंडलीय ताप** वृद्धि का कारण है।
- कार्बन डाइऑक्साइड के अतिरिक्त अन्य हरितगृह गैसें, मेथेन (CH_4), जलवाष्प, नाइट्रस ऑक्साइड (N_2O), क्लोरो-फ्लोरोकार्बन तथा ओजोन हैं। ऑक्सीजन की अनुपस्थिति में जब वनस्पतियों को जलाया, पचाया अथवा सड़ाया जाता है, तब मेथेन उत्पन्न होती है।
- धान के क्षेत्रों, कोयले की खानों, **दलदली क्षेत्रों** तथा जीवाश्म ईंधनों द्वारा अधिक मात्रा में मेथेन उत्पन्न होती है।
- क्लोरोफ्लोरोकार्बन मनुष्य द्वारा निर्मित रसायन है, जो वायुप्रशीतक आदि में काम आता है। क्लोरोफ्लोरोकार्बन भी ओजोन-परत को हानि पहुँचा रहे हैं। नाइट्रस ऑक्साइड (N_2O) वातावरण में प्राकृतिक रूप से उत्पन्न होता है, परंतु पिछले कुछ वर्षों में जीवाश्म ईंधन एवं उर्वरकों के अधिक प्रयोग से इसकी मात्रा में उल्लेखनीय वृद्धि हुई है।
- यदि इसी प्रकार तापवृद्धि का क्रम बना रहा, तो ध्रुवों पर स्थित हिमनदों के पिघलने की दर अधिक होगी, जिससे समुद्र के जल-स्तर में वृद्धि के फलस्वरूप पृथ्वी के निचले स्थानों में जल भर जाएगा। भूमंडलीय **तापवृद्धि** के कारण बहुत से संक्रामक रोगों, जैसे-डेंगू, मलेरिया, पीत ज्वर, निद्रा रोग आदि में वृद्धि होती है।

अम्ल वर्षा

- वायुमंडल में उपस्थित कार्बन डाइऑक्साइड द्वारा जल से की गई अभिक्रिया के फलस्वरूप उत्पन्न H^+ आयन के कारण वर्षाजल का pH सामान्यत: 5.6 होता है।
- जब वर्षा का pH, 5.6 से कम हो जाता है, तो इसे **अम्लवर्षा** (Acid rain) कहते हैं। 'अम्लवर्षा' में वायुमंडल से पृथ्वी-सतह पर अम्ल निक्षेपित हो जाता है। अम्लीय प्रकृति के नाइट्रोजन एवं सल्फर के ऑक्साइड वायुमंडल में ठोस कणों के साथ हवा में बहकर या तो ठोस रूप में अथवा जल में द्रव रूप में कुहासे से या हिम की भाँति निक्षेपित होते हैं।
- जीवाश्म-ईंधन जैसे-कोयला, शक्ति-संयंत्रों, भट्ठियों तथा मोटर इंजनों में डीजल और पेट्रोल, जिसमें सल्फर तथा नाइट्रोजन पदार्थ होते हैं, के दहन पर सल्फर डाइऑक्साइड (SO_2) तथा नाइट्रोजन डाइऑक्साइड (NO_2) उत्पन्न होते हैं। SO_2 तथा NO_2 ऑक्सीकरण के पश्चात् जल के साथ अभिक्रिया करके अम्लवर्षा में प्रमुख योगदान देते हैं, क्योंकि प्रदूषित वायु में सामान्यत: कणिकीय द्रव्य उपस्थित होते हैं, जो ऑक्सीकरण को **उत्प्रेरित** (Inspired) करते हैं।
- इसमें अमोनियम लवणों का भी निर्माण होता है, जो वायुमंडलीय धुँध (ऐरोसॉल के सूक्ष्म कण) के रूप में दृश्यमान होते हैं। वर्षा की बूँदों में ऑक्साइड तथा अमोनियम लवणों के ऐरोसॉल कण के फलस्वरूप नम विक्षेपण (Wet deposition) होता है।
- ठोस तथा द्रव भूमि-सतहों द्वारा SO_2 सीधे अवशोषित (Absorbed) हो जाते हैं। इस प्रकार शुष्क निक्षेपण (Dry deposition) होता है।

समतापमंडलीय प्रदूषण

- पृथ्वी से 50 किमी ऊपर समतापमंडल में **ओजोन** (O_3) का कवच स्थित है, जो सूर्य की **पराबैंगनी किरणों** (UV rays) को अवशोषित कर मनुष्य को अनेक रोगों से बचाता है।
- **फ्रेऑन** (Freon) सबसे अधिक घातक क्लोरोफ्लोरो कार्बन है, जिसका प्रयोग रेफ्रिजरेटर, एअर कंडीशनर, गद्देदार सीट या सोफों में काम आने वाली फोम तथा ऐरोसॉल स्प्रे में होता है। ये CFC, UV किरणों से विघटित होकर क्लोरीन आयन बनाते हैं, जो O_3 से क्रिया करके ओजोन को नष्ट करता है।

धूम-कोहरा

- धूम-कोहरा (Smog) शब्द 'धूम' एवं 'कोहरे' से मिलकर बना है। विश्व के अनेक शहरों में प्रदूषण इसका सामान्य उदाहरण है।
- धूम कोहरे दो प्रकार के होते हैं
  (i) **सामान्य धूम कोहरा** (Classical smog) (जो ठंडी नम जलवायु में होता है) धूम, कोहरे एवं सल्फर डाइऑक्साइड का मिश्रण है। रासायनिक रूप से यह एक अपचायक मिश्रण है। अत: इसे **अपचायक धूम-कोहरा** (Reduce smog) भी कहते हैं।
  (ii) **प्रकाश रासायनिक धूम** (Photochemical smog) कोहरा जो उष्ण, शुष्क एवं साफ धूपमयी जलवायु में होता है। स्वचालित वाहनों तथा कारखानों से निकलने वाले नाइट्रोजन के ऑक्साइडों तथा हाइड्रोकार्बनों पर सूर्य के प्रकाश की क्रिया के कारण उत्पन्न होता है। प्रकाश रासायनिक धूम कोहरे की रासायनिक प्रकृति ऑक्सीकारक है। चूँकि इसमें ऑक्सीकारक अभिकर्मकों की सांद्रता उच्च रहती है, अत: इसे **ऑक्सीकारक धूम कोहरा** (Oxidising smog) कहते हैं।

प्रकाश रासायनिक धूम-कोहरे का प्रभाव

- प्रकाश रासायनिक धूम के सामान्य घटक ओजोन, नाइट्रिक ऑक्साइड, ऐक्रोलीन, फॉर्मेल्डिहाइड एवं परॉक्सीऐसीटिल नाइट्रेट (PAN) हैं। प्रकाश रासायनिक धूम-कोहरे के कारण भी गंभीर स्वास्थ्य-समस्याएँ होती हैं। ओजोन एवं नाइट्रिक ऑक्साइड नाक एवं गले में जलन पैदा करते हैं।
- इनकी उच्च सांद्रता से सरदर्द, छाती में दर्द, गले का शुष्क होना, खाँसी एवं श्वास अवरोध हो सकता है।
- प्रकाश रासायनिक धूम-कोहरा रबर में दरार उत्पन्न करता है एवं पौधों पर हानिकारक प्रभाव डालता है। यह धातुओं, भवन-निर्माण के पदार्थों एवं रंगी हुई सतहों (Painted surface) का क्षय भी करता है।
- रासायनिक धूम-कोहरे के **प्राथमिक पूर्वगामी** (Primary precedent), जैसे-NO_2 एवं हाइड्रोकार्बन को नियंत्रित कर लें, तो **द्वितीयक पूर्वगामी** (Secondary precedent) जैसे-ओजोन एवं PAN तथा प्रकाश रासायनिक धूम-कोहरा स्वत: ही कम हो जाएगा।
- सामान्यतया स्वचालित वाहनों में **उत्प्रेरित परिवर्तक** (Inspired converter) उपयोग में लाए जाते हैं, जो वायुमंडल में नाइट्रोजन ऑक्साइड एवं हाइड्रोकार्बन के उत्सर्जन को रोकते हैं। कुछ पौधें (जैसे-पाइनस, जुनीपेरस, क्वेरकस, पायरस तथा विटिस), जो नाइट्रोजन ऑक्साइड का **उपापचय** (Metabolism) कर सकते हैं, का रोपण इस संदर्भ में सहायक हो सकता है।
- भोपाल गैस त्रासदी 3 दिसंबर, 1984 की मध्य रात्रि में भोपाल स्थित यूनियन कार्बाइड लि. के कारखाने से दुर्घटनावश निकली **मिथाइल आयसो सायनेट** (Methyl isocyanate) जिसका उपयोग कीटनाशक उत्पाद बनाने में किया जाता था। इसके रिसाव से लगभग 3200 व्यक्तियों की जान गई।

जल प्रदूषण

- जीवन के लिए जल अनिवार्य हैं। हम जल को साधारण तथा शुद्ध मानते हैं, परंतु हमें जल की गुणवत्ता सुनिश्चित करनी चाहिए।
- जल का प्रदूषण मानवीय क्रियाकलापों से प्रारंभ होता है। विभिन्न प्रक्रमों के माध्यय से प्रदूषण सतह या भौम जल तक आता है।
  स्रोत के आधार पर जलीय प्रदूषकों को निम्न भागों में बाँटा गया है
  - **बिंदु स्रोत** (Point source) किसी एक स्रोत से निकलने वाले प्रदूषकों को बिंदु स्रोत कहते हैं।
  - **बिंदुहीन स्रोत** (Non-point source) ये प्रदूषक जल में बड़े स्रोतों से मिलते हैं।
- जल के एक नमूने के निश्चित आयतन में उपस्थित कार्बनिक पदार्थ को विखंडित करने के लिए जीवाणु द्वारा आवश्यक ऑक्सीजन को **जैवरासायनिक ऑक्सीजन माँग** (Biochemical Oxygen Demand, BOD) कहा जाता है।
  अत: जल में BOD की मात्रा कार्बनिक पदार्थ को जैवीय रूप में विखंडित करने के लिए आवश्यक ऑक्सीजन की मात्रा होगी। स्वच्छ जल की BOD का मान 5 ppm से कम होता है, जबकि अत्यधिक प्रदूषित जल में यह 17 ppm या इससे अधिक होता है।

- रासायनिक प्रदूषक, जल एक अच्छा विलायक है। जल में विलेय अकार्बनिक रसायन, जिनमें भारी धातु जैसे-कैडमियम, मर्करी, निकैल आदि शामिल हैं, महत्त्वपूर्ण प्रदूषकों में आते हैं।
- ये सभी धातुएँ हमारे लिए हानिकारक हैं, क्योंकि हमारा शरीर इन्हें विसर्जित नहीं कर सकता है। समय के साथ इनकी मात्रा स्वीकार्य सीमा से ऊपर चली जाती है। तब ये प्रदूषक धातुओं, वृक्कों, केंद्रीय तंत्रिका-तंत्र, लीवर आदि को नुकसान पहुँचाते हैं।
- खदानों के सीवेज से प्राप्त अम्ल जैसे-सल्फ्यूरिक अम्ल एवं विभिन्न स्रोतों से प्राप्त लवण, जिनमें ठंडे मौसम में हिम एवं बर्फ को पिघलाने वाले लवण-सोडियम एवं कैल्सियम क्लोराइड शामिल हैं, जल में विलेय प्रदूषक हैं।
- प्रदूषित जल में पाए जाने वाले अन्य समूह कार्बनिक रसायन हैं। पेट्रोलियम उत्पाद; जैसे-समुद्रों में बड़े तेल-बहाव जल के कई स्रोतों को प्रदूषित करते हैं। दूसरे गंभीर प्रभाव वाले कार्बनिक यौगिकों में कीटनाशक हैं, जो स्प्रे द्वारा बहकर भूमि के नीचे आते हैं।
- विभिन्न प्रकार के औद्योगिक रसायन, जैसे-**पॉलीक्लोरीनेटेड बाइफिनायल** (Pohychlorinated biphenyls, PCBs) जो विलायक के रूप में प्रयुक्त होते हैं, अपमार्जक एवं उर्वरक भी जल-प्रदूषकों की श्रेणी में सम्मिलित हैं। PCBs संभावित कैंसरजन्य हैं।
- आजकल उपलब्ध अधिकांश अपमार्जक जैव अपघटनीय हैं। फिर भी इनका उपयोग अन्य समस्याएँ उत्पन्न करता है। अपघटित करने वाले जीवाणु इन अपमार्जकों से भोजन प्राप्त करके तेजी से बढ़ते हैं।
- बढ़ोत्तरी करने में वे जल में उपस्थित समस्त ऑक्सीजन का उपयोग कर सकते हैं। ऑक्सीजन की कमी के कारण जलीय जीवन के अन्य रूप जैसे-मछलियाँ एवं पौधे, मर सकते हैं। उर्वरकों में फॉस्फेट **योगज** के रूप में होते हैं।
- जल में फॉस्फेट का योग शैवाल की बढ़ोत्तरी में सहयोग करता है। शैवाल की यह प्रचुर बढ़ोत्तरी जलीय सतह को ढक लेती है तथा जल में ऑक्सीजन की सांद्रता बहुत कम हो जाती है फलतः अवायुविक परिस्थिति उत्पन्न होने से दुर्गंधयुक्त सड़न पैदा होती है एवं जलीय जंतुओं के मृत्यु का कारण बनती है। इस प्रकार यह पुष्पकुंजग्रस्त जल अन्य जीवों की वृद्धि को रोकता है। जल-निकायों में पौष्टिक अभिवृद्धि के फलस्वरूप ऑक्सीजन की कमी के कारण **सुपोषण** (Eutrophication) कहते हैं।

पेयजल में निर्धारित सामान्य धातुओं की अधिकतम सांद्रता

धातु	**अधिकतम सांद्रता** (ppm **अथवा** $mgdm^{-3}$)
Fe	0.2
Mn	0.05
Al	0.2
Cu	3.0
Zn	5.0
Cd	0.005

तेल जैपर

- यह TERI (The Energy and Resource Institute) द्वारा बनाई गई एक नई तकनीक है, जिसमें जीवाणु के उपयोग द्वारा बिखरे तेल को साफ किया जाता है। यह एक जीवोपचारण क्रिया है।

  यह मुंबई में प्रयोग की गई तकनीक है (अगस्त 2010 में कार्गो व मरचेंट जहाज की टक्कर से 400 टन तेल समुद्र में बिखरा था)।
- महाराष्ट्र प्रदूषण बोर्ड ने TERI की सेवाओं द्वारा यह तेल साफ करवाया था। पाँच विभिन्न जीवाणुओं को अचलनशील करके वाहक अणुओं के साथ मक्का के भुट्टे के पाउडर में मिलाया गया, इसे तेल जैपर कहते हैं।
- यह तेल व तैलीय कीचड़ (Oil and Natural Gas Corporation, ONGC या भारत पैट्रोलियम द्वारा निकला हानिकारक अपशिष्ट पदार्थ) में पाए जाने वाले हाइड्रोकार्बन से क्रिया करके उसे हानिहीन CO_2 व जल में परिवर्तित कर देता है।

हरित रसायन

- हरित रसायन उत्पादन का वह प्रक्रम है, जो पर्यावरण में न्यूनतम प्रदूषण या खराबी लाए। एक प्रक्रम में उत्पन्न होने वाले सह उत्पादों को यदि लाभदायक तरीके से उपयोग नहीं किया जाए, तो वे पर्यावरण-प्रदूषण में सहायक होते हैं। ऐसे प्रक्रम न केवल पर्यावरणीय दृष्टि से हानिकारक हैं, बल्कि महँगे भी हैं।
- उत्पाद अपव्यय एवं इसका विसर्जन दोनों ही वित्तीय रूप से खराब हैं। विकास कार्यों के साथ-साथ वर्तमान ज्ञान को रासायनिक हानि को कम करने के लिए उपयोग में लाना ही हरित रसायन का आधार है।

  यह भली-भाँति ज्ञात है कि कार्बनिक विलायक, जैसे-बेंजीन, टॉलूईन, कार्बन टेट्राक्लोराइड आदि अत्यधिक विषैले हैं। इनका प्रयोग करते समय सतर्क रहना चाहिए।
- एक रासायनिक अभिक्रिया की सीमा, ताप, दाब, उत्प्रेरक के उपयोग आदि भौतिक मापदंड पर निर्भर करते हैं। यदि एक रासायनिक अभिक्रिया में अभिकारक एक पर्यावरणीय मैत्रीपूर्ण माध्यम में पूर्णतः पर्यावरणीय मैत्रीपूर्ण उत्पादों में बदल जाए, तो पर्यावरण में कोई रासायनिक प्रदूषक नहीं होगा।
- संश्लेषण के दौरान प्रारंभिक पदार्थ का चयन करते समय यह सावधानी रखनी चाहिए, ताकि जब भी वह अंतिम उत्पाद में परिवर्तित हो, तो अपविष्ट उत्पन्न ही न हो। यह संश्लेषण के दौरान अनुकूल परिस्थितियों को अर्जित करके किया जाता है।

  जल की उच्च विशिष्ट ऊष्मा तथा कम वाष्पशीलता के कारण इसे संश्लेषित अभिक्रियाओं में माध्यम के रूप में प्रयुक्त किया जाना वांछित है। जल सस्ता, अज्वलनशील तथा **अकैंसरजन्य प्रभाव** वाला माध्यम है।

हरित रसायन के अनुप्रयोग

दैनिक जीवन में हरित रसायन के उदाहरण निम्न हैं

- **कपड़ों की निर्जल धुलाई** (Dry washing of clothes) इसमें टेट्राक्लोरोएथीन [$Cl_2C = CCl_2$] का उपयोग प्रारंभ में निर्जल धुलाई के लिए विलायक के रूप में किया जाता था। यह यौगिक भू-जल को प्रदूषित कर देता है। यह एक संभावित कैंसरजन्य भी है। धुलाई की प्रक्रिया में इस यौगिक का द्रव कार्बन डाइऑक्साइड एवं उपयुक्त अपमार्जक द्वारा प्रतिस्थापित किया जाता है। हैलोजनीकृत विलायक का द्रवित CO_2 से प्रतिस्थापन भू-जल के लिए कम हानिकारक है। आजकल हाइड्रोजन परॉक्साइड का उपयोग लॉण्ड्री में कपड़ों के विरंजन के लिए लिया जाता है, जिससे परिणाम तो अच्छे निकलते ही हैं, जल का कम उपयोग भी होता है।
- **पेपर का विरंजन** (Filtration of paper) पूर्व में पेपर के विरंजन के लिए क्लोरीन गैस उपयोग में आती थी। आजकल उत्प्रेरक की उपस्थिति में हाइड्रोजन परॉक्साइड, जो विरंजन क्रिया की दर को बढ़ाता है, उपयोग में लाया जाता है।
- **रसायनों का संश्लेषण** (Synthesis of chemicals) औद्योगिक स्तर पर एथीन का ऑक्सीकरण आयनिक उत्प्रेरकों एवं जलीय माध्यम की उपस्थिति में करवाया जाए, तो लगभग 90% ऐथेनॉल प्राप्त होता है।

$$CH_2 = CH_2 + O_2 \xrightarrow[\text{Pd(II), Cu(II)} \\ \text{जल में}]{\text{उत्प्रेरक}} CH_3CHO(90\%)$$

संक्षेप में, हरित रसायन एक कम लागत उपागम है, जो कम पदार्थ, ऊर्जा-उपभोग एवं अपविष्ट जनन से संबंधित है।

- **गंदले जल को स्वच्छ करने के हरित उपाय** (Cleaning polluted water) उद्योगों के अपशिष्ट जल को स्वच्छ करने के लिए इमली के बीजों का चूर्ण एक प्रभाव सामग्री पाई गई है। यह सस्ता होता है, विषैला नहीं होता और जैव निम्नीकृत हो सकता है। यह चूर्ण सामान्यत: कृषि अपशिष्ट की तरह फेंक दिया जाता है।

अतिरिक्त तथ्य

तमिलनाडु बोर्ड एवं NIOS

- कार्बन डाइऑक्साइड (CO_2) मोटर वाहनों से निकलने वाली प्राथमिक प्रदूषक गैस है।
- कार्बन मोनोऑक्साइड (CO) ईंधन के अपूर्ण दहन से बनती है।
- उद्योग जो विभिन्न विषाक्त तत्व एवं भारी धातुएँ व औद्योगिक विलायक प्राकृतिक जल निकायों में छोड़ते हैं। जल प्रदूषण के स्रोत हैं।
- वायु प्रदूषण के फैलने वाले प्रदूषण जैसे सल्फर डाइऑक्साइड (SO_2), नाइट्रोजन के ऑक्साइड आदि वर्षा द्वारा घुल जाते हैं।
- ऐसे प्रदूषक जो जल निकाय में एक एकल पहचान वाले स्रोत से पहुँचते हैं। सुस्पष्ट स्रोत प्रदूषक कहलाते हैं।
- मेथेन (CH_4) प्रमुख ग्रीन हाउस गैस है।
- कणिकीय पदार्थों (पार्टिकुलेट मैटर) में वायु में फैले ठोस या द्रवों के छोटे कण शामिल होते हैं। ये निलंबित कणिकीय पदार्थ (सस्पेंडिड पार्टिकुलेट मैटर-एस. पी. एम.) कहलाते हैं।

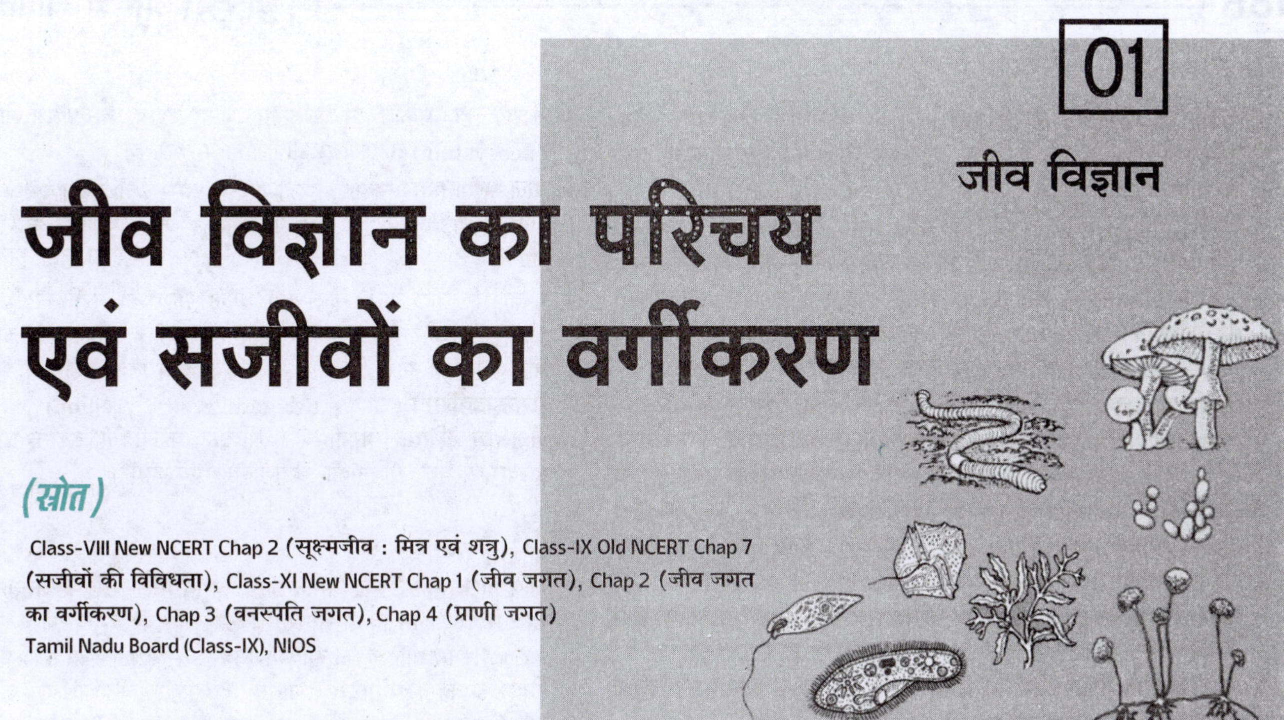

01

जीव विज्ञान

जीव विज्ञान का परिचय एवं सजीवों का वर्गीकरण

(स्रोत)

Class-VIII New NCERT Chap 2 (सूक्ष्मजीव : मित्र एवं शत्रु), Class-IX Old NCERT Chap 7 (सजीवों की विविधता), Class-XI New NCERT Chap 1 (जीव जगत), Chap 2 (जीव जगत का वर्गीकरण), Chap 3 (वनस्पति जगत), Chap 4 (प्राणी जगत) Tamil Nadu Board (Class-IX), NIOS

जीव विज्ञान का परिचय

- सभी सजीवों (Living beings) (पादपों एवं जंतुओं) की संपूर्ण क्रियाओं का अध्ययन जीव विज्ञान (Biology; *Bios*–life; *logos*–study) शाखा के अंतर्गत किया जाता है।
- ''विज्ञान की वह शाखा, जिसमें जीवों की संपूर्ण क्रियाओं का अध्ययन किया जाता है, **जीव विज्ञान** कहलाती है।''
- अध्ययन की सुविधा की दृष्टि से जीव विज्ञान को विभिन्न शाखाओं में विभाजित किया जाता है।
- जंतुओं का अध्ययन, जीव विज्ञान की शाखा, **प्राणि विज्ञान** (Zoology) तथा पादपों (पेड़-पौधों) का अध्ययन, **वनस्पति विज्ञान** (Botany) के अंतर्गत किया जाता है।
- **अरस्तू** (Aristotle) ने 384-322 ईसा पूर्व में जंतुओं की रचना, स्वभाव, जनन तथा मुर्गी के अंडों में भ्रूणीय परिवर्धन (Embryological development), आदि का अध्ययन किया और इनके आधार पर अपनी पुस्तक *'हिस्टोरिया एनिमेलियम' (Historia Animalium)* में 500 जंतुओं का वर्णन किया था। इसी कारण इन्हें **विज्ञान, जीव विज्ञान** तथा **जंतु विज्ञान का जनक** (Father of Science, Biology and Zoology) कहते हैं।
- **थियोफ्रेस्टस** (Theophrastus) ने 370-287 ईसा पूर्व में लगभग 500 पादपों का उनकी आयु तथा आकार के आधार पर अपनी पुस्तक *'हिस्टोरिया प्लान्टेरम' (Historia Plantarum)* में वर्णन किया, इसलिए इन्हें **वनस्पति विज्ञान का जनक** (Father of Botany) कहा जाता है।

जीव विज्ञान की शाखाएँ

जीव विज्ञान को विभिन्न शाखाओं में विभाजित किया जाता है। इन प्रमुख शाखाओं को निम्न चित्र द्वारा समझा जा सकता है

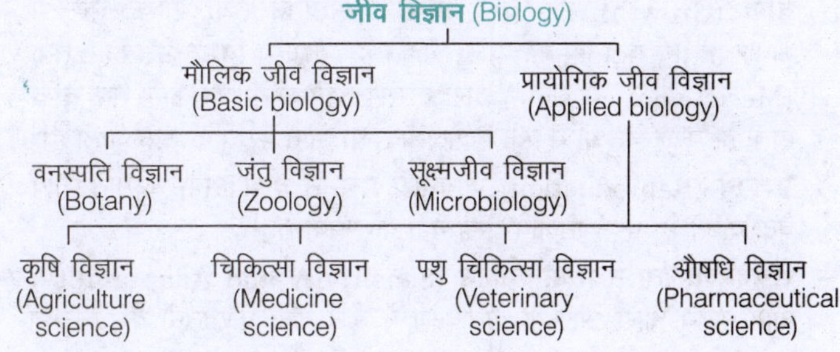

सजीव जगत

- जीव जगत में सजीव (Living) एवं निर्जीव (Non-living) दोनों प्रकार की वस्तुएँ उपस्थित हैं। वे वस्तुएँ, जो वृद्धि, विकास, प्रतिक्रिया तथा जीवन के दूसरे लक्षणों को प्रदर्शित करती हैं, **सजीव** कहलाती हैं।
- जीवन की एक निश्चित परिभाषा देना बहुत कठिन है, परंतु सजीवों के कुछ विशेष लक्षण होते हैं, जिनके आधार पर उन्हें निर्जीव से पृथक् किया जा सकता है। सजीवों के विशेष लक्षण निम्न प्रकार हैं
  - **जीवद्रव्य** (Protoplasm) जीवधारियों के जीवन का भौतिक आधार जीवद्रव्य होता है। इसमें सभी जैविक क्रियाएँ होती हैं तथा इसकी रासायनिक संरचना जटिल होती है। जीवद्रव्य निरंतर परिवर्तन की स्थिति में रहता है और इसी को हम जीवन कहते हैं।

- **कोशिका संरचना** (Cell Structure) जीवधारी एक या अनेक कोशिका के बने होते हैं, अतः कोशिका जीवों की संरचनात्मक तथा क्रियात्मक इकाई (Structural and functional unit) है।
- **पोषण** (Nutrition) जीवों को वृद्धि तथा गति के लिए ऊर्जा की आवश्यकता होती है, जो उन्हें भोज्य-पदार्थों से मिलती है। पौधे जल, खनिज पदार्थ तथा कार्बन डाइऑक्साइड से सूर्य के प्रकाश की उपस्थिति में **पर्णहरित** (Chlorophyll) की सहायता से भोजन का निर्माण करते हैं। जंतु भोजन के लिए पौधों पर निर्भर रहते हैं।
- **उपापचय** (Metabolism) जीवों में भौतिक तथा रासायनिक परिवर्तन होते रहते हैं। इनमें उपचय (Anabolic) क्रियाएँ रचनात्मक (Constructive) होती हैं, जिससे सरल से जटिल पदार्थ बनते हैं, जो जीवद्रव्य के घटक होते हैं। इसके ठीक विपरीत अपचय (Catabolic) क्रियाएँ विनाशात्मक (Destructive) होती हैं, जिनमें जटिल पदार्थों का विघटन होता है।
- **श्वसन** (Respiration) श्वसन जीवधारियों का प्रमुख लक्षण है। इस क्रिया में वे ऑक्सीजन लेकर कार्बन डाइऑक्साइड बाहर निकालते हैं। इस क्रिया से भोज्य पदार्थों में संचित ऊर्जा मुक्त होती है, जिससे जैविक क्रियाएँ संचालित होती हैं।
- **गति** (Movement) सभी जीवधारी गति करते हैं। कोशिका के अंदर जीवद्रव्य का या पौधे के स्वतंत्र भाग; जैसे–**युग्मक** (Gamete) या **चलबीजाणु** (Zoospore) का एक स्थान से दूसरे स्थान को गमन करना, गति कहलाता है। जंतु भोजन या अनुकूल वातावरण की खोज में गमन करते हैं, परंतु अधिकांश पौधे अपने स्थान पर रहते हुए, गुरुत्व (Gravity), प्रकाश (Light), आदि के कारण एक ओर मुड़ जाते हैं।
- **वृद्धि** (Growth) जीवों की आकृति, आयतन तथा शुष्क भार में अपरिवर्तनीय बढ़ोतरी को 'वृद्धि' कहते हैं। पौधों में **विभज्योतकी ऊतक** (Meristematic tissue) द्वारा निरंतर तथा अनिश्चितकाल तक वृद्धि होती है, परंतु जंतुओं में एक विशेष अवस्था आने पर वृद्धि रुक जाती है।
- **प्रजनन** (Reproduction) जीवधारी प्रजनन द्वारा अपने समान जीव पैदा करते हैं, परंतु निर्जीव ऐसा नहीं कर सकते हैं।
- **संवेदनशीलता तथा अनुकूलन** (Sensitivity and Adaptability) जीव अपने चारों ओर के वातावरण में होने वाले परिवर्तनों का अनुभव करते हैं। इस कारण वे **संवेदनशील** होते हैं तथा उनके अनुसार अपनी संरचना, रहन-सहन व क्रियाओं में परिवर्तन कर लेते हैं, इसको **अनुकूलन** कहते हैं।
- **उत्सर्जन** (Excretion) जीवधारियों में विभिन्न क्रियाओं के फलस्वरूप हानिकारक व अनावश्यक पदार्थ बनते हैं, जिन्हें वे अपने शरीर से निष्कासित करते रहते हैं। यह क्रिया जीवों में निरंतर व जीवन-पर्यंत चलती रहती है।

जैव-विविधता

- किसी स्थान विशेष पर प्राकृतिक रूप से पाए जाने वाले जीव-जंतु एवं पेड़-पौधों की भिन्न-भिन्न प्रजातियों में अनेक प्रकार की विभिन्नताएँ देखने को मिलती हैं; जैसे-स्वभाव, रंग, रूप, संख्या, आदि। जीवों की इन विभिन्नताओं को ही **जैव-विविधता** (Biodiversity) कहते हैं।
- 'जैव-विविधता' शब्द का प्रयोग सर्वप्रथम **वाल्टर जी. रोजेन** (Walter G. Rosen) ने वर्ष 1985 में किया था। जीवों में मिलने वाली इस विविधता के कारण ही प्रकृति में संतुलन बना रहता है और संपूर्ण पारितंत्र (Ecosystem) की खाद्य आपूर्ति होती रहती है।
- एक अनुमान के अनुसार, पृथ्वी ग्रह पर समस्त जीवों की करीब 10 मिलियन जातियाँ पाई जाती हैं, उनमें से केवल 1 या 2 मिलियन जातियाँ ही खोजी गई हैं।
- पृथ्वी पर कुछ गर्म और नमी वाला भाग जो कर्क रेखा (Tropic of Cancer) और मकर रेखा (Tropic of Capricorn) के बीच स्थित है, वहाँ के पादपों और जंतुओं में अत्यधिक विविधताएँ पाई जाती हैं। यह क्षेत्र ही **मेगाडाइवर्सिटी क्षेत्र** (Megadiversity region) कहलाता है; जैसे-ऑस्ट्रेलिया, भारत, चीन, ब्राजील, कोलंबिया, इंडोनेशिया, मलेशिया, इक्वाडोर, पेरू, मैक्सिको, मेडागास्कर एवं जायरे।

वर्गीकरण

- जीवधारियों को उनकी समानताओं एवं विभिन्नताओं के आधार पर विभिन्न वर्गों में विभाजित किया गया है, जिसे जीवों का वर्गीकरण के नाम से जाना जाता है। जीवधारियों को सुविधाजनक रूप से पहचानने तथा मानव जाति के लिए इनकी उपयोगिता जानने के लिए जीवधारियों का **वर्गीकरण** (Classification) अत्यंत आवश्यक है।
- वर्गीकरण की सहायता से नए जीवों की खोज आसान होती है। इसकी सहायता से किसी वर्ग के सभी जीवों के अध्ययन में सुविधा मिलती है।
- जीवों के वर्गीकरण से यह ज्ञात होता है कि किस प्रकार सरल संरचना वाले **एककोशिकीय जलीय** (Unicellular aquatic) जीवों से विभिन्न वातावरण में रहने वाले जटिल जीवों का विकास हुआ है।
- वर्गीकरण की सहायता से जीवों में पाई जाने वाली आकारिकीय समानताओं एवं विभिन्नताओं के कारणों का पता चलता है।
- वर्गीकरण से जीवों के विकास क्रम का ज्ञान होता है। वर्गीकरण पद्धति का मुख्य कार्य वर्गीकरण की आधारभूत इकाइयों को पहचानना तथा उनका वर्णन करना होता है; जैसे-जातियों और समान प्रकार की जातियों को क्रमशः संबंधों के आधार पर उच्च वर्गों में वर्गीकृत किया जाता है।

वर्गीकरण का आधार

सजीवों के कुछ विशेष लक्षण होते हैं, जिनके आधार पर उन्हें वर्गीकृत किया जाता है। ये लक्षण निम्नलिखित हैं

- **कोशिका संरचना** (Cell Structure) प्रोकैरियोटिक और यूकैरियोटिक कोशिका की संरचना अलग-अलग होती है। यूकैरियोटिक कोशिका में झिल्लीबद्ध **कोशिकांग** (Membranous cell organelles) पाए जाते हैं और सुविकसित **केंद्रक** (Nucleus) भी पाया जाता है। इसके कारण ही कोशिका के विभिन्न भागों में कोशिकीय क्रियाएँ होती हैं, जबकि प्रोकैरियोटिक कोशिका में वास्तविक केन्द्रक व झिल्लीयुक्त कोशिकांग अनुपस्थित होते हैं।
- **शारीरिक संरचना** (Body Structure) एककोशिकीय (Unicellular) से लेकर बहुकोशिकीय (Multicellular) जीवों में शरीर संरचना अलग-अलग होती है।
- बहुकोशिकीय जीवों में कोशिकाएँ श्रम विभाजन (Division of labour) प्रदर्शित करती हैं और क्रमशः ऊतकों (Tissues), एवं अंगों (Organs) और अंग-तंत्र (Organ system) का निर्माण करती हैं, जबकि एककोशिकीय जीवों में ये सभी लक्षण अनुपस्थित होते हैं।

- **पोषण** (Nutrition) पोषण के आधार पर दो प्रकार के जीव होते हैं
  - **स्वपोषी** (Autotrophs) ये जीव अपना भोजन प्रकाश-संश्लेषण की क्रिया द्वारा स्वयं बनाते हैं।
  - **विषमपोषी** (Heterotrophs) ये जीव अपना भोजन स्वपोषी जीवों, अन्य विषमपोषी जीवों एवं मृत कार्बनिक पदार्थों से प्राप्त करते हैं।
- **शारीरिक संगठन** (Body Organisation) पादपों और जंतुओं में अलग-अलग प्रकार का शारीरिक संगठन होता है। पादपों में जंतुओं की अपेक्षा विभिन्न प्रकार के ऊतक पाए जाते हैं, जो उनके शारीरिक संगठन को जंतुओं से अलग करते हैं।
- **कार्यात्मक संगठन** (Functional Organisation) शारीरिक संगठन की तरह कार्यात्मक संगठन में भी विभिन्नता पाई जाती है। उदाहरण- *अमीबा* (एककोशिकीय) के गमनांग **कूटपाद** (Pseudopodia) होते हैं, जबकि मनुष्य में गमन के लिए **पश्चपाद** (Hindlimbs) पाए जाते हैं। पादप स्थिर प्रकृति के होते हैं, जबकि जंतु एक स्थान से दूसरे स्थान तक गमन कर सकते हैं।

वर्गिकी पदानुक्रम

- विभिन्न वर्गिकीय श्रेणियों (Taxonomical series) को एक उचित क्रम में व्यवस्थित करना वर्गिकी पदानुक्रम (Taxonomic hierarchy) या **लिनियन पदानुक्रम** (Linnaean hierarchy) कहलाता है।
- वर्गीकरण की आधारभूत इकाई **जाति** (Species) है।
- जीव विज्ञान की वह शाखा, जिसके अंतर्गत वर्गीकरण एवं इसके मूल सिद्धांतों का अध्ययन किया जाता है, **वर्गिकी** (Taxonomy) कहलाती है।

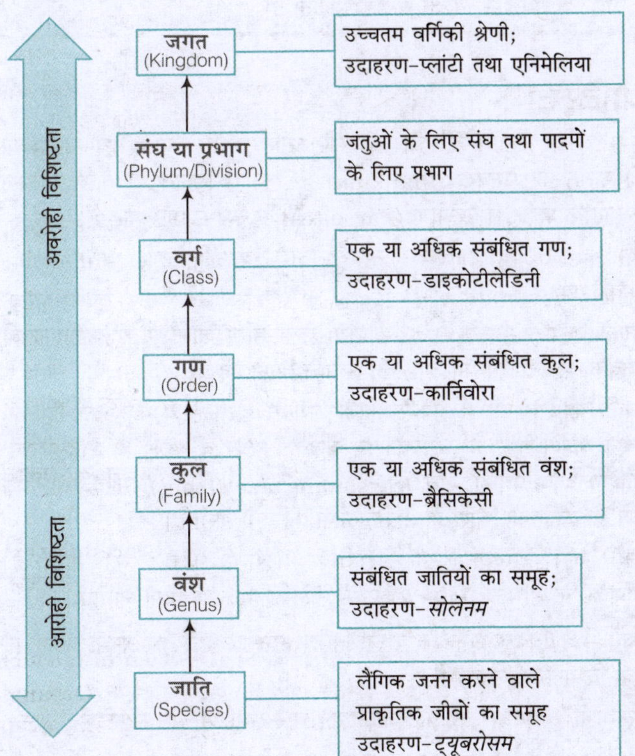

नाम पद्धति/द्विनाम (द्विपदनाम) पद्धति

- **कैरोलस लिनियस** (Carolus Linnaeus) ने द्विनाम या द्विपदनाम नामकरण पद्धति (Nomenclature/Binomial Nomenclature) की खोज की।
- इसके अनुसार, किसी जीव की खोज के पश्चात् जीवों के वर्गीकरण में उसका उपयुक्त स्थान निर्धारित करके उसे एक निश्चित वैज्ञानिक नाम दिया जाता है।
- लिनियस ने अपनी पुस्तक *'सिस्टेमा नैचुरी (Systema Naturae)'* के दसवें संस्करण (1758 ई.) में इसका वर्णन किया था। अपने महत्त्वपूर्ण योगदान के कारण इन्हें **वर्गीकरण विज्ञान का जनक** (Father of Taxonomy) भी कहा जाता है।
- इस पद्धति के अनुसार, प्रत्येक जीव के नाम के दो भाग होते हैं; पहला भाग जीव के **वंश** (Genus) को प्रदर्शित करता है; इसे **जेनेरिक नाम** (Generic name) कहते हैं तथा दूसरा भाग जीव की **जाति** (Species) को प्रकट करता है, इसे **विशिष्ट नाम** (Specific name) कहते हैं।
- वैज्ञानिक नाम इटैलिक में लिखे जाते हैं; जैसे-घरेलू चिड़िया का वैज्ञानिक नाम *पैसर डोमेस्टिकस* (*Passer domesticus*) है, जहाँ *पैसर* **वंश** को तथा *डोमेस्टिकस* **जाति** को निरूपित करता है।

वर्गिकी संवर्ग सहित कुछ जीव

सामान्य नाम	वैज्ञानिक नाम	वंश	कुल	गण	वर्ग	संघ/भाग
मानव	*होमो सेपियन्स*	*होमो*	होमोनिडी	प्राइमेटा	मैमेलिया	कॉर्डेटा
घरेलू मक्खी	*मस्का डोमेस्टिका*	*मस्का*	म्यूसीडी	डिप्टेरा	इंसेक्टा	आर्थ्रोपोडा
आम	*मैंगीफेरा इंडिका*	*मैंगीफेरा*	एनाकार्डीएसी	सेपिन्डेल्स	डाइकोटीलेडिनी	एंजियोस्पर्मी
गेहूँ	*ट्रिटिकम एस्टीवम*	*ट्रिटिकम*	पोएसी	पोएलस	मोनोकोटीलेडिनी	एंजियोस्पर्मी

सजीव जगत का वर्गीकरण

- **आर. एच. व्हिटेकर** (RH Whittaker; 1969) ने संगठन के तीन स्तरों के आधार पर जीवों को पाँच (मोनेरा, प्रोटिस्टा, फंजाई, प्लांटी एवं एनिमेलिया) जगत में वर्गीकृत किया था।

  ये स्तर हैं

  (i) कोशिका संरचना की जटिलता (यूकैरियोटिक अथवा प्रोकैरियोटिक)

  (ii) पोषण विधि के प्रकार (स्वपोषी अथवा परपोषी)

  (iii) शरीर संगठन की जटिलता (एककोशिकीय अथवा बहुकोशिकीय)
- **कार्ल वोस** (Carl Woese; 1977) ने मोनेरा जगत को दो डोमेन **आर्किया** एवं **यूबैक्टीरिया** में विभक्त किया तथा शेष सभी जीवों को यूकैरिया, डोमेन में रखा।

व्हिटेकर द्वारा प्रस्तुत पाँच-जगत वर्गीकरण की प्रमुख विशेषताएँ निम्नवत् हैं

1. मोनेरा

- इसमें उपस्थित जीवों का शरीर, एककोशिकीय, प्रोकैरियोट तथा मुख्य कोशिकांग अनुपस्थित होते हैं। ये जीव कशाभिकाओं (Flagella) की सहायता से गमनशील होते हैं।

- जीव प्रकाश-संश्लेषण या अवशोषण द्वारा पोषण प्राप्त करते हैं। जीवों में जनन अलैंगिक एवं विखंडन विधि द्वारा होता है।
- विकासीय स्थिति के आधार पर जीवाणु दो प्रकार के होते हैं-आदिम आर्किबैक्टीरिया तथा वास्तविक यूबैक्टीरिया।

आर्किबैक्टीरिया

यह आद्य (Primitive) प्रोकैरियोट का समूह है तथा इन्हें **सजीव जीवाश्म** (Living fossils) भी कहते हैं। ये चरम वातावरणों; जैसे-नमक की उच्च सान्द्रता, उच्च तापक्रम, अम्लीय तथा क्षारीय माध्यम व गन्धक स्रोतों में जीवित रहते हैं। इनमें प्राय: अलैंगिक जनन पाया जाता है। लैंगिक जनन अनुपस्थित होता है।

यूबैक्टीरिया

इनको **ल्यूवेनहॉक** (1676) ने खोजा तथा **एहरेनबर्ग** (1928) ने इन्हें बैक्टीरिया नाम दिया। **लुईस पाश्चर** ने किण्वन (Fermentation) पर कार्य किया तथा इन्हें **सूक्ष्मजीव विज्ञान का जनक** (Father of Microbiology) कहते हैं। जीवाणु अतिसूक्ष्म, एककोशिकीय, सभी स्थलों पर विद्यमान, उच्च ताप से न्यून ताप तक पाए जाते हैं।

जीवाणु की विशेषताएँ

- ये सबसे सरल तथा आद्य (Simple and primitive) जीव हैं।
- ये प्राय: एककोशिकीय (Unicellular) होते हैं, जो स्वतंत्र रूप से या समूहों में रहते हैं। ये अतिसूक्ष्म कोशिका के रूप में साधारणतया 2-10 μ तक व्यास वाले होते हैं। जीवाणु कोशिका की कोशिका भित्ति मोटी तथा पेप्टिडोग्लाइकेन की बनी होती है।
- कोशिकाद्रव्य में विभिन्न प्रकार के कोशिकांग (Cell organelle) जैसे; गॉल्जीकाय, माइटोकॉण्ड्रिया व अंत:प्रद्रव्यी जालिका, आदि नहीं होते, किन्तु राइबोसोम कोशिकाद्रव्य में स्वतंत्र रूप से पाए जाते हैं।
- इनमें वास्तविक केंद्रक नहीं होता, क्योंकि इनमें केंद्रकीय झिल्ली का अभाव होता है। इनमें केंद्रिका (Nucleolus) भी नहीं होती है अर्थात् यह एक असीम केंद्रकीय या प्रोकैरियोटिक जीव है।
- इनका आकार मुख्यतया, गोल, छड़ाकर या सर्पिलाकार होता है।
- इनमें सामान्यतया पर्णहरित (Chlorophyll) नहीं होता, अत: पोषण के लिए ये प्राय: परजीवी या मृतजीवी ही होते हैं। कुछ जीवाणुओं में भिन्न प्रकार के पर्णहरित; जैसे- बैक्टीरियोक्लोरोफिल, बैक्टीरियोविरिडिन, आदि पाए जाते हैं। ये जीवाणु **स्वपोषी** होते हैं तथा अन्य कुछ जीवाणु **रसायन-संश्लेषी** भी होते हैं।
- इनमें प्रचलन **कशाभ** (Cilia) या **कशाभिका** (Flagella) द्वारा होता है।
- जीवाणु में प्रजनन प्राय: **द्विविभाजन** (Binary fission) द्वारा सम्पन्न होता है।

सायनोबैक्टीरिया

- इन्हें **नील-हरित शैवाल** (Blue-green algae) भी कहते हैं। इनमें हरित पादपों की तरह पर्णहरिम-a (Chlorophyll-a) पाया जाता है तथा ये प्रकाश-संश्लेषी स्वपोषी (Photoautotrophs) होते हैं।
- सायनोबैक्टीरिया एककोशिकीय, क्लोनीय अथवा तंतुमय, अलवण जलीय समुद्री अथवा स्थलीय शैवाल हैं। इनकी कॉलोनी प्राय: जेलीनुमा आवरण से ढकी रहती है, जो प्रदूषित जल में बहुत फलते-फूलते हैं।
- नील-हरित शैवाल (*नॉस्टॉक* एवं *एनाबीना*) पर्यावरण के नाइट्रोजन को **हेटेरोसिस्ट** (Heterocyst) नामक विशिष्ट कोशिकाओं द्वारा स्थिर कर सकते हैं।
- रसायन संश्लेषी बैक्टीरिया नाइट्रेट, नाइट्राइट एवं अमोनिया जैसे विभिन्न अकार्बनिक पदार्थों को ऑक्सीकृत कर उनसे मुक्त ऊर्जा का उपयोग ATP उत्पादन के लिए करते हैं। ये नाइट्रोजन, फॉस्फोरस, आयरन एवं सल्फर जैसे पोषकों के पुनर्चक्रण (Recycle) में महत्त्वपूर्ण भूमिका निभाते हैं।
- इनमें जनन कायिक (Vegetative) एवं अलैंगिक (Asexual) प्रकार का होता है।

> - पर्यावरण को स्वच्छ रखने के लिए जीवाणुओं का उपयोग किया जाता है। उदाहरण के लिए, कार्बनिक अवशिष्ट (सब्जियों के छिलके, जंतु अवशेष, विष्ठा इत्यादि) का अपघटन जीवाणुओं द्वारा किया जाता है तथा हानि रहित अकार्बनिक पदार्थ का निर्माण होता है।
> - जीवाणुओं का उपयोग औषधि उत्पादन एवं कृषि में मृदा की उर्वरता में वृद्धि करने में किया जाता है, जिसमें नाइट्रोजन स्थिरीकरण शामिल होता है।
> - *लैक्टोबैसिलस* जीवाणु दूध को दही में परिवर्तित कर देता है। इसके अतिरिक्त जीवाणु पनीर, अचार एवं अनेक खाद्य पदार्थों के उत्पादन में भी सहायक हैं।
> - बेकिंग उद्योग में यीस्ट तीव्रता से जनन करके श्वसन के दौरान CO_2 उत्पादित करते हैं, जिससे खमीर वाले मैदे या आटे का आयतन बढ़ जाता है, जिसके द्वारा केक, पेस्ट्री व ब्रेड बनाए जाते हैं।
> - जौ, गेहूँ, चावल एवं फलों के रस में उपस्थित प्राकृतिक शर्करा में यीस्ट (कवक) द्वारा एल्कोहॉल एवं शराब का उत्पादन किया जाता है।
> - चीनी (शर्करा) को एल्कोहॉल में परिवर्तित करने की प्रक्रिया **किण्वन** अथवा **फर्मेन्टेशन** कहलाती है।
> - सूक्ष्मजीवों द्वारा संदूषित भोजन खाने से खाद्य विषाक्तता हो जाती है। सूक्ष्मजीवों द्वारा उत्पन्न विषैले पदार्थ भोजन को विषाक्त बना देते हैं, जिसके सेवन से व्यक्ति रोगी हो सकता है।

2. प्रोटिस्टा

- ये मुख्यतया जलीय जीव हैं। अधिकांश प्रोटिस्ट नम स्थानों तथा जलाशयों की सतह पर **प्लवक** (Plankton) के रूप में मिलते हैं। कुछ प्रोटिस्ट जंतुओं के शरीर में परजीवी (Parasites) के रूप में पाए जाते हैं।
- इस जगत के सदस्य सामान्यतया एककोशिकीय, कभी-कभी बहुकोशिकीय होते हैं।
- इनकी उत्पत्ति मोनेरा से हुई है तथा ऐसा माना जाता है, कि उच्च जीवों (कवक, प्लांटी, ऐनिमेलिया) की उत्पत्ति इनसे हुई है।
- इनकी कोशिकाओं में यूकैरियोटिक संगठन होता है व कोशिका झिल्ली युक्त कोशिकांग, है। सुविकसित केंद्रक, 80S व 70S के राइबोसोम, कोशिकाद्रव्य प्रवाही गति (Streaming movement) आदि उपस्थित होते हैं। कोशिका भित्ति प्राय: सेलुलोस की बनी होती है।
- इनमें गति अमीबीय या कशाभिकी/पक्ष्माभी प्रकार की होती है। पक्ष्माभ/कशाभिका में $(9+2)$ सूक्ष्म नलिका व्यवस्था पायी जाती है।
- जीवों में कायिक, अलैंगिक व लैंगिक प्रजनन विधियाँ तथा सभी प्रकार के सूत्री विभाजन मिलते हैं।
- चलनांगों के आधार पर प्रोटोजोआ को चार समूह में बाँट सकते हैं

- **अमीबीय प्रोटोजोआ** इनमें चलन के लिए कूटपाद पाए जाते हैं; उदाहरण-*अमीबा, एंटअमीबा*।
- **कशाभीय प्रोटोजोआ** इनमें कशाभ द्वारा चलन होता है; उदाहरण-*ट्रिपैनोसोमा*।
- **पक्ष्माभी प्रोटोजोआ** इनमें चलन हेतु पक्ष्माभ पाए जाते हैं; ये सबसे विकसित प्रोटोजोआ प्राणि होते हैं; उदाहरण-*पैरामीशियम*।
- **स्पोरोजोआ** इनमें विशेष चलनांग अनुपस्थित होते हैं तथा इनका वितरण बीजाणु (Spore) के रूप में किया जाता है; उदाहरण-*प्लाज्मोडियम*।

3. कवक

- ये सर्वव्यापी (Cosmopolitan) अर्थात् विश्व के सभी भागों में पाए जाते हैं।
- कवक (Fungi) मुख्यतया यूकैरियोटिक, बहुकोशिकीय एवं परजीवी (Parasites) या मृतोपजीवी (Saprophytes) होते हैं। इनमें पर्णहरिम अनुपस्थित होता है।
- कवक का शरीर लंबी धागेनुमा संरचनाओं का बना होता है, जिन्हें कवक तंतु या **हाइफी** (Hyphae) कहते हैं। संयुक्त रूप से हाइफी के साथ कवक के शरीर को **कवकजाल** (Mycelium) कहते हैं। कवक की कोशिका भित्ति **काइटिन** (कवकीय सेलुलोस) नामक जटिल शर्करा की बनी होती है।
- कवकों की कुछ प्रजातियाँ नील-हरित शैवाल (सायनोबैक्टीरिया) के साथ अंतर्संबंध बनाती हैं, जिसे **सहजीविता** (Symbiosis) कहते हैं। ऐसे सहजीवी जीवों को **लाइकेन** कहा जाता है।
- शैवाल कवक (फंजाई) के लिए भोजन संश्लेषित करता है और कवक शैवाल को आश्रय देता है व खनिज एवं जल का अवशोषण करता है।
- इनके घनिष्ठ सहवास के कारण यह अनुमान लगाना असंभव है कि इनमें दो विभिन्न जीव हैं। लाइकेन प्रदूषण के बहुत अच्छे संकेतक हैं, क्योंकि ये प्रदूषित क्षेत्रों में नहीं उगते हैं। ये उच्च पादपों जैसे *पाइनस* के मूल के साथ सहजीवी **कवकमूल** संबंध बनाते हैं। उदाहरण-यीस्ट, *एस्पर्जिलस, पेनिसिलियम, राइजोपस* एवं *एगैरिकस* (खाद्य मशरूम)।
- कवक में भोज्य पदार्थ **ग्लाइकोजन** अथवा **तेल** के रूप में संचित रहता है।
- कवक में जनन प्राय: निम्न तीन प्रकार का होता है
  (i) **लैंगिक** (Sexual) इसमें दो युग्मकों अथवा दो केंद्रकों का संयुग्मन होता है।
  (ii) **अलैंगिक** (Asexual) बीजाणु (Spores) द्वारा इसमें अलैंगिक जनन होता है; उदाहरण-*म्यूकर, राइजोपस*, आदि।
  (iii) **कायिक** (Vegetative) विखंडन (Fragmentation) अथवा कलिकाओं के द्वारा इनमें कायिक जनन होता है।

4. पादप

- पादप (Plantae) **बहुकोशिकीय यूकैरियोटिक** जीव हैं। इनकी कोशिकाओं के चारों ओर सेलुलोस की कोशिका भित्ति पाई जाती है।
- ये प्रकाश-संश्लेषण द्वारा अपने लिए भोजन का निर्माण पर्णहरिम की सहायता से स्वयं करते हैं अर्थात् स्वपोषी होते हैं।
- इनमें जनन लैंगिक, अलैंगिक व कायिक प्रकार के होते हैं।
- पादपों में अनियमित वृद्धि पाई जाती है।

पादप जगत का वर्गीकरण

- पादप जगत में प्रथम स्तर का वर्गीकरण इस तथ्य पर निर्भर होता है कि पादप शरीर के घटक सुविकसित एवं विभेदित हैं अथवा नहीं।
- अगले स्तर का वर्गीकरण पादपों में जल और अन्य पदार्थों के परिवहन के लिए विशिष्ट ऊतकों की उपस्थिति और अनुपस्थिति पर निर्भर होता है।
- पादपों का वर्गीकरण करते समय यह देखा जाता है कि पादपों में बीजधारण की क्षमता है अथवा नहीं। यदि बीजधारण की क्षमता है, तो बीज फल के अंदर विकसित है अथवा नहीं।
- इन लक्षणों के आधार पर पादप जगत को थैलोफाइटा, ब्रायोफाइटा, टेरिडोफाइटा, जिम्नोस्पर्म तथा एन्जियोस्पर्म में वर्गीकृत किया है। इन्हें भी दो समूहों में बाँटा जा सकता है, जो निम्न हैं

(i) अपुष्पोद्भिद् पादप

अपुष्पोद्भिद् (Cryptogamae) के अंतर्गत उन पादपों को रखा गया है, जिनमें जनन अंग प्रत्यक्ष नहीं होते और न ही इनमें बीज निर्माण की क्षमता होती है। इसके अंतर्गत निम्नलिखित प्रभाग आते हैं

(a) थैलोफाइटा

- थैलोफाइटा (Thallophyta) प्रभाग के पादपों को सामान्यतया **शैवाल** (Algae) कहा जाता है। ये मुख्य रूप से जल में पाए जाते हैं।
- इन पादपों का शरीर जड़, तना एवं पत्ती में विभेदित नहीं होता है अर्थात् **सूकायी** (Thalloid) होता है।
- ये पादप **स्वपोषी** होते हैं अर्थात् प्रकाश-संश्लेषण (Photosynthesis) करते हैं। इनकी कोशिका भित्ति **सेलुलोस** (Cellulose) की बनी होती है।
- इसमें संचित भोज्य पदार्थ **स्टार्च** (Starch) होता है। इनमें संवहन ऊतक (जाइलम एवं फ्लोएम) अनुपस्थित होते हैं।
- इनमें मुख्यत: अलैंगिक जनन पाया जाता है तथा लैंगिक जनन प्राय: एककोशिकीय चलबीजाणुओं (Zoospores) द्वारा होता है।
- इनमें नर एवं मादा युग्मकों के संलयन से युग्मनज (Zygote) तो बनता है, किंतु भ्रूण (Embryo) का निर्माण नहीं होता है। युग्मकों के संयोजन से बना युग्मनज अर्द्धसूत्री विभाजन द्वारा सीधे ही संतति पादप को उत्पन्न करता है; उदाहरण-*स्पाइरोगायरा, अल्वा, कारा, यूलोथ्रिक्स*।

(b) ब्रायोफाइटा

- ब्रायोफाइटा (Bryophyta) को **पादप जगत का उभयचर** (Amphibian of plant kingdom) भी कहा जाता है।
- ये पादप थैलोफाइटा से अधिक विकसित होते हैं, क्योंकि ये स्थल पर रहते हैं और लैंगिक जनन के लिए जल पर निर्भर होते हैं।
- ये पादप शरीर सूकाय (Thallus) के समान होते हैं।
- ये पादप **स्वपोषी** होते हैं और प्राय: नम, ठंडे, छायादार स्थानों पर उगते हैं।
- ये पादप शरीर के एक भाग से दूसरे भाग में भोज्य पदार्थों का संवहन नहीं करते हैं, क्योंकि इनमें इस कार्य के लिए विशिष्ट ऊतक नहीं होते हैं एवं वास्तविक जड़ के स्थान पर **मूलाभास** (Rhizoids) पाए जाते हैं।
- यह पादप युग्मकोद्भिद् (Gametophyte) प्रकार का होता है, परंतु बीजाणुद् भिद (Sporophyte) पीढ़ी भी सुविकसित किंतु आश्रित होती है।
- इसके अंतर्गत बहुकोशिकीय जननांग पाए जाते हैं तथा इसमें निषेचन के पश्चात् भ्रूण का निर्माण होता है; उदाहरण-लिवरवर्ट्स *(रिक्सिया, मार्केशिया)*, मॉस (*फ्यूनेरिया, स्फैगनम*), आदि।

(c) टेरिडोफाइटा

- टेरिडोफाइटा (Pteridophyta) समूह के पादपों को **वानस्पतिक सर्प** (Botanical snakes) भी कहा जाता है।
- पादप शरीर जड़, तना एवं पत्ती जैसी संरचनाओं में विभेदित होते हैं, परंतु ये संरचनाएँ वास्तविक जड़, तना एवं पत्ती से भिन्न होती हैं।
- ये पादप मुख्यत: स्थलीय और बीजाणुद्भिद् होते हैं।
- इन पादपों में जल तथा भोजन के संवहन के लिए विशिष्ट ऊतक अर्थात् जाइलम तथा फ्लोएम होते हैं। अत: ये पादप **संवहनी अपुष्पोद्भिद्** (Vascular cryptogams) कहलाते हैं।
- इन पादपों में पुष्प व बीज का निर्माण नहीं होता है।
- इन पादपों में युग्मकोद्भिद् (प्रोभैलस) स्वतंत्रजीवी, सुविकसित तथा अत्यंत छोटा होता जाता है।
- निषेचित अंडे भ्रूण में परिवर्धित होते हैं; उदाहरण-*मार्सीलिया*, फर्न, हॉर्सटेल (*इक्वीसीटम*), क्लब मॉस (*सिलैजिनेला*)।

(ii) पुष्पोद्भिद पादप

वे पादप जो बीज का निर्माण करते हैं तथा उनमें जनन ऊतक पूर्ण विकसित और विभेदित होते हैं, **फैनेरोगैम** (Phanerogamae) (पुष्पोद्भिद्) कहलाते हैं। पादपों के भ्रूण के साथ खाद्य पदार्थ संचित होता है, जोकि भ्रूण (Embryo) के विकास व अंकुरण (Germination) में उपयोगी होता है। बीज की अवस्था के आधार पर इस उपजगत के पादपों को दो भागों में बाँटा गया है

(a) अनावृतबीजी पादप या जिम्नोस्पर्म

- ये पादप **बहुवर्षीय** (Perennial) एवं **काष्ठीय** (Wooden) होते हैं।
- इन पादपों में बीजाण्ड (Ovules) नग्न अवस्था में होते हैं। अत: ये पादप **नग्नबीजी** (Gymnosperms) कहलाते हैं।
- इनमें पुष्पक्रम के स्थान पर **शंकु** (Cone) लगे होते हैं, जिनमें विशेष पत्तियाँ, जिन्हें **बीजाणुपर्ण** (Sporophylls) कहते हैं, समूह में लगी होती हैं। इनमें नर एवं मादा शंकु अलग-अलग होते हैं।
- इनमें संवहन ऊतक लगभग पूर्ण विकसित होते हैं, किंतु इनके संवहन ऊतकों के जाइलम में वाहिकाओं एवं फ्लोएम में सहकोशिकाओं का अभाव होता है।
- इनमें वास्तविक फल का निर्माण नहीं होता है तथा परागण (Pollination) वायु द्वारा होता है उदाहरण-*पाइनस, साइकस, सीड्रस* (देवदार), *गिन्को*, आदि।

(b) आवृतबीजी पादप या एंजियोस्पर्म

- आवृतबीजी पादप (*एंजियो*-ढका, *स्पर्म*-बीज) एकवर्षीय, द्विवर्षीय, बहुवर्षीय, शाकीय या काष्ठीय सभी प्रकार के होते हैं।
- इनमें पुष्प स्पष्ट होते हैं, जो **एकलिंगी** तथा **द्विलिंगी** प्रकार के होते हैं।
- इनमें अंडाशय (Ovary) उपस्थित होता है, जो निषेचन के पश्चात् फल का निर्माण करता है। इनमें बीज सदैव फल के अंदर होते हैं। परागण विभिन्न माध्यमों; जैसे-जल, वायु, कीटों, पक्षियों एवं जानवरों द्वारा होता है।

5. जंतु

- जंतु (Animalia) जगत में सभी बहुकोशिकीय, यूकैरियोटिक एवं परपोषी जंतु होते हैं। अत: इनमें प्रकाश-संश्लेषण नहीं पाया जाता है।
- इनमें कोशिका भित्ति (Cell wall) अनुपस्थित होती है।
- इनका एक निश्चित आकार व संरचना होती है।
- इनमें संचित पदार्थ ग्लाइकोजन (Glycogen) और वसा होते हैं।
- इनमें मुख्यतया उच्च जीवों में लैंगिक जनन तथा निम्न जीवों में अलैंगिक जनन पाया जाता है।

जंतुओं का वर्गीकरण

वर्तमान में जंतु जगत को निम्न दस प्रमुख संघो में विभाजित किया गया है :

(i) संघ-पोरीफेरा

- इसमें प्राय: सभी जलीय जीव आते हैं, जो समुद्र तथा जलाशयों में पाए जाते हैं तथा **उभयलिंगी** होते हैं।
- इनका शारीरिक संगठन कोशिकीय स्तर (Cellular grade) का होता है। अत: इनमें ऊतक व अंग अनुपस्थित होते हैं।
- इनमें **नाल तंत्र** (Canal system) पाया जाता है, जो शरीर की सभी महत्त्वपूर्ण प्रक्रियाओं में सहायक है। यह तीन प्रकार का हो सकता है; जैसे-एस्कॉन, साइकॉन व ल्यूकॉन।
- इनका शरीर असममित (Asymmetrical), देहगुहाहीन व द्विस्तरीय (Diploblastic) होता है। शरीर में उपस्थित दो स्तर निम्न हैं
  - बाह्य त्वचीय स्तर (External epidermis)
  - आंतरिक जठरीय स्तर (Internal gastrodermis)
- बाह्य त्वचीय स्तर पिनेकोसाइट कोशिकाओं तथा आंतरिक जठरीय स्तर कीप अथवा **कॉलर** (Collar) कोशिकाओं का बना होता है।
- इन दोनों स्तरों के मध्य जेलीनुमा **मीसेनकाइमा** (Mesenchyma) पाया जाता है।
- इन जंतुओं में **पुनरुद्भवन** (Regeneration) की अपार क्षमता पाई जाती है, जिसका कारण आर्कियोसाइट्स (Archaeocytes) कोशिकाएँ हैं।
- इनका अंत:कंकाल कैल्सियम कार्बोनेट ($CaCO_3$), सिलिका व स्पॉन्जीन (Spongin) प्रोटीन के तंतुओं की कोशिकाओं का बना होता है।
- इसमें पूरे शरीर पर छोटे-छोटे छिद्र पाए जाते हैं, जिन्हें **चर्म रंध्र** या **ऑस्टिया** (Ostia) तथा अग्रभाग के एक बड़े छिद्र को अपवाही रंध्र या **ऑस्कुलम** (Osculum) कहते हैं।
- इनमें अंत:कोशिकीय (Intracellular) पाचन पाया जाता है।
- इनमें अलैंगिक जनन मुकुलन, जैम्यूल या विखंडन द्वारा व लैंगिक जनन आंतरिक परनिषेचन द्वारा होता है।
- इनका परिवर्धन अप्रत्यक्ष (लार्वा अवस्था उपस्थित) होता है; उदाहरण-*साइकॉन, यूप्लैक्टेला, ल्यूकोसोलीनिया, स्पॉन्जिला*, आदि।

(ii) संघ-निडेरिया या सीलेन्ट्रेटा

- इसमें **एकल** या **निवही** (Colonial) जीव हैं, जो प्राय: समुद्र तथा जलाशयों में ही पाए जाते हैं।
- इनका शरीर **द्विस्तरीय** (Diploblastic) **देहभित्ति** युक्त एवं अरीय सममित (Radial symmetry) वाला होता है। शरीर के दोनों स्तरों के बीच मीसोग्लीआ (Mesoglea) उपस्थित होता है।
- ये जंतु **बहुरूपी** (Polymorphic) होते हैं तथा इनमें पीढ़ी एकांतरण (Alternation of generation) पाया जाता है।
- इनका शरीर ऊतक स्तर (Tissue grade) के संगठन से निर्मित होता है।
- इनके शरीर पर **दंश कोशिकाएँ** (Nematoblast or Sting cells) पाई जाती हैं, जो गमन, सुरक्षा व पोषण में महत्त्वपूर्ण भूमिका निभाती हैं।

- इनके शरीर के मध्य में जठरवाहिनी गुहा या सीलेन्ट्रॉन (Coelenteron) पाई जाती हैं, जिसमें भोजन का पाचन व वितरण दोनों होते हैं।
- इनके शरीर में एक ही छिद्र होता है, जो मुख एवं मलद्वार दोनों का कार्य करता है। इनमें श्वसन, उत्सर्जन, संवहन तंत्र अनुपस्थित व तंत्रिका तंत्र अल्प विकसित होता है।
- इनमें **पुनरुद्भवन** (Regeneration) की अपार क्षमता पाई जाती है, जो इनके मीसोग्लीआ में उपस्थित अंतराली कोशिकाओं (Interstitial cells) के कारण होता है।
- इनमें लैंगिक व अलैंगिक दोनों प्रकार का जनन होता है। अलैंगिक जनन मुख्यतया मुकुलन द्वारा होता है; उदाहरण—सी-एनीमॉन, *मैड्रीपोरा, हाइड्रा, जेलीफिश, ओबीलिया, फाइसेलिया, पेनेट्ला,* आदि।

(iii) संघ-प्लैटीहेल्मिंथीज

- इनका शरीर **त्रिस्तरीय** (Triploblastic), **अगुहिक** (Acoelomate) व **द्विपार्श्व सममित** (Bilaterally symmetrical) होता है तथा शारीरिक संगठन अंग स्तर (Organ level) का होता है।
- कुछ सदस्यों में शरीर पर **कूटविखंडीकरण** (Pseudometamerism) पाया जाता है।
- शरीर लंबा, पतला व चपटा होता है, इसलिए ये जंतु **चपटे कृमि** (Flat worm) कहलाते हैं।
- सिर का विभेदीकरण (Cephalisation) इसी संघ के जंतुओं से प्रारंभ हुआ है, परंतु वास्तविक सिर (Head) इस संघ के किसी भी जंतु में नहीं पाया जाता है।
- इनमें गमनांगों का अभाव होता है, किंतु चूषकांग या आसंजक अंग पाए जाते हैं।
- इनके शरीर पर मोटी क्यूटिकल की परत होती है, जो अम्ल, क्षार या एंजाइम प्रतिरोधी होती है।
- इनमें आहारनाल अल्पविकसित या अनुपस्थित होती है।
- इनमें कंकाल तंत्र, श्वसन तंत्र व परिसंचरण तंत्र अनुपस्थित होता है तथा श्वसन त्वचा द्वारा व प्रायः अवायवीय होता है।
- इनमें उत्सर्जन विशिष्ट **ज्वाला कोशिकाओं** (Flame cells) द्वारा होता है। इसे वृक्क के विकास का उद्गम बिंदु मानते हैं।
- ये **द्विलिंगी** (Bisexual) होते हैं तथा जनन क्षमता अत्यधिक विकसित होती है। इनमें अंत:निषेचन पाया जाता है; उदाहरण-प्लेनेरिया, टीनिया सोलियम, एम्फीलीना, फैशियोला हिपैटिका, शिस्टोसोमा हीमेटोबियम (रुधिर कृमि), *पेरागोनिमस* (फेफड़ा कृमि), आदि।

(iv) संघ-एस्केहेल्मिंथीज या निमेटोडा

- इस संघ के जीव **त्रिस्तरीय** स्वतंत्र जीवी या परजीवी प्रकार के होते हैं। इनका शरीर कृमिनुमा, नुकीले सिरे युक्त, त्रिस्तरीय, द्विपार्श्व सममित व **कूटगुहीय** (Pseudocoelomate) होता है।
- इनके शरीर पर खंड अनुपस्थित होते हैं तथा यह **उपचर्म** (Cuticle) से आस्तरित होता है।
- इनके शरीर के अग्र सिरे पर मुख व पश्च सिरे पर गुदाद्वार पाया जाता है।
- यह ऐसा प्रथम संघ है, जिसके जंतुओं में मुख से लेकर गुदाद्वार तक सीधी आहारनाल (Alimentary canal) अर्थात् पूर्ण आहारनाल उपस्थित होता है।
- इनमें श्वसन व परिसंचरण तंत्र अनुपस्थित होता है तथा तंत्रिका तंत्र विकसित होता है।
- इनमें **रेनेट कोशिका** (Rennet cell) द्वारा उत्सर्जन संपन्न होता है।
- इनमें परिवर्धन (Development) प्रत्यक्ष या अप्रत्यक्ष हो सकता है।
- ये एकलिंगी (Unisexual) होते हैं अर्थात् नर व मादा पृथक्-पृथक् होते हैं तथा इनमें लैंगिक द्विरूपता (Sexual dimorphism) पाई जाती है अर्थात् नर व मादा के शरीर की बाहरी बनावट व आकार भिन्न-भिन्न होते हैं; जिससे नर एवं मादा को पहचाना जा सकता है; उदाहरण-*एस्कैरिस,* हुकवर्म, फाइलेरिया कृमि, आदि।

(v) संघ-ऐनेलिडा

- इसमें संघ में प्रायः बिलकारी, बेलनाकार, द्विपार्श्व सममित, त्रिस्तरीय व रेंगने वाले जंतु हैं। इनमें वास्तविक **देहगुहा** (Coelom) व वास्तविक **विखंडीभवन** (Metameric segmentation) पाया जाता है।
- इनमें विखंडन के कारण पूरे शरीर पर **वलयाकार खंड** (Circular segments) बन जाते हैं।
- इनमें अंगतंत्र स्तर (Organ system level) का शारीरिक संगठन तथा अनुदैर्ध्य पेशियाँ (Longitudinal muscles) पाई जाती हैं।
- इनका शरीर अधिचर्म से ढका व देहगुहा संकुचनशील होती है।
- इनमें मुख से लेकर गुदा तक सीधी आहारनाल पाई जाती है।
- इनका गमन **पैरापोडिया** (Parapodia), **सीटा** (Seta), **चूषक** (Suckers) व पेशियों द्वारा होता है।
- इनमें श्वसन त्वचा या क्लोमों द्वारा होता है।
- रुधिर परिसंचरण बंद प्रकार का होता है अर्थात् रुधिर वाहिनियाँ व ह्रदय जैसा अंग पाया जाता है तथा रुधिर में हीमोग्लोबिन नामक श्वसन वर्णक पाया जाता है।
- इनमें उत्सर्जन **वृक्कक** (Nephridia) द्वारा होता है।
- इनमें तंत्रिका तंत्र विकसित होता है, जिसमें तंत्रिका वलय व प्रतिपृष्ठ तल पर दो **तंत्रिका रज्जु** (Nerve cord) उपस्थित होती हैं।
- ये **एकलिंगी** या **द्विलिंगी** हो सकते हैं तथा परिवर्धन प्रत्यक्ष या अप्रत्यक्ष प्रकार का होता है।

(vi) संघ-आर्थोपोडा

- इनका शारीरिक संगठन अंगतंत्र स्तर का त्रिस्तरीय, द्विपार्श्वीय सममित होता है।
- इनमें जुड़े हुए (संधित) **उपांग** (Jointed appendages) पाए जाते हैं, जो शरीर के विभिन्न खंडों से निकलते हैं तथा गमन, भोजन ग्रहण, श्वसन, उत्सर्जन व जनन, आदि में सहायक होते हैं।
- इनके शरीर पर **काइटिन** (Chitin) नामक पदार्थ का दृढ़ बाह्य कंकाल पाया जाता है, जिसके कारण इनको दबाकर मारना अत्यंत कठिन होता है।
- यह देहगुहा **रुधिरगुहा** (Haemocoel) कहलाती है, जिसमें रुधिर लसीका (Haemolymph) द्रव्य भरा होता है। इनमें खुला परिसंचरण पाया जाता है।
- इनमें पाचन तंत्र पूर्ण होता है, जिसमें मुख से गुदा तक सभी अंग पाए जाते हैं तथा मुख सभी प्रकार के भोजन के लिए अनुकूलित होता है।
- इनमें श्वसन **शारीरिक सतह, क्लोम** (Gills), **ट्रैकिया** (Trachea) अथवा **बुक-फेफड़ों** (Book lungs) द्वारा होता है।

- इनके उत्सर्जी तंत्र में **ग्रीन ग्रंथियाँ** (Green glands) या **मैल्पीघियन नलिकाएँ** (Malpighian tubules) पाई जाती हैं।
- इनमें तंत्रिका तंत्र पूर्ण विकसित होता है, जिनमें तंत्रिका वलय (Nerve ring) पाई जाती है एवं समन्वयन के लिए हॉर्मोन का भी स्रावण होता है।
- इनमें संवेदी अंग भी भिन्न प्रकार के तथा पूर्ण विकसित होते हैं।
- ये एकलिंगी होते हैं तथा लैंगिक द्विरूपता पूर्णरूपेण विकसित होती है।
- इनमें परिवर्धन प्रत्यक्ष या अप्रत्यक्ष दो प्रकार का होता है; उदाहरण-मधुमक्खी, रेशम का कीट, मच्छर (*Anopheles, Culex, Aedes*), बिच्छू, मकड़ी, झींगा, केकड़ा, तिलचट्टा, कनखजूरा, आदि।

(vii) संघ-मोलस्का

- इस संघ के जंतु मुख्यतया समुद्री होते हैं, परंतु कुछ स्वच्छ जल एवं भूमि पर भी पाए जाते हैं।
- इनमें **द्विपार्श्व सममिति** पाई जाती है। इनकी देहगुहा बहुत कम होती है तथा शरीर में थोड़ा विखंडन होता है।
- ये कोमल शरीर वाले जंतु होते हैं, जिन पर **प्रावार** (Mantle) की एक पतली झिल्ली पाई जाती है। प्रावार के चारों ओर कैल्सियम कार्बोनेट ($CaCO_3$) का एक कठोर खोल या कवच (Shell) उपस्थित होता है।
- इनमें चलन हेतु पेशीय पाद पाए जाते हैं।
- इनमें पूर्ण पाचन तंत्र पाया जाता है, जिसमें यकृत तथा दाँत भी शामिल हैं।
- इनमें श्वसन **क्लोमों** (Ctenidia) अथवा प्रावार द्वारा होता है।
- इनके रुधिर में **हीमोसायनिन** (Haemocynin) नामक वर्णक पाया जाता है, जिसके कारण इनका रुधिर हल्का नीला-सा दिखाई देता है। खुला संवहन तंत्र पाया जाता है।
- इनमें उत्सर्जी तंत्र में वृक्क पाए जाते हैं। इनका उत्सर्जी पदार्थ अमोनिया या यूरिक अम्ल होता है।
- ये मुख्यतया **एकलिंगी** होते हैं। इनमें निषेचन आंतरिक एवं बाह्य दो प्रकार का हो सकता है; उदाहरण-घोंघा, सीपी, *लोलिगो, सीपिया, ऑक्टोपस,* आदि। इनमें से *लोलिगो* एवं *सीपिया* सबसे बड़े अकशेरुकी जंतु हैं।

(viii) संघ-इकाइनोडर्मेटा

- इन जंतुओं की त्वचा काँटों से आच्छादित होती है। इनका अंग-तंत्र स्तर का शारीरिक संगठन, त्रिस्तरीय तथा सीलोम युक्त होता है। ये पूर्णतया मुक्तजीवी तथा समुद्री जंतु हैं।
- इनके लार्वा में द्विपार्श्वीय सममित तथा वयस्कों में पंचकोणीय अरीय सममित (Pentamerous radial symmetry) पाई जाती है।
- इनके संपूर्ण शरीर पर सुरक्षा हेतु **कंटिकाएँ** (Spines) तथा कैल्सियम कार्बोनेट ($CaCO_3$) का कंकाल पाया जाता है।
- इनमें पूर्ण पाचन तंत्र पाया जाता है।
- इनमें विशेष **जल संवहन तंत्र** (Water vascular system) उपस्थित होता है, जोकि खुले प्रकार का होता है। इस परिवहन तंत्र को कार्यान्वित करने के लिए इसमें रुधिर या हीमल तंत्र (Haemal system) तथा पैरीहीमल तंत्र (Parihaemal system) पाया जाता है। इन तंत्रों में हृदय अनुपस्थित होता है। मैड्रेपोराइट (जल के अंदर आने का द्वार) एवं नालपाद (जल के बाहर जाने का द्वार) इसी तंत्र का भाग होते हैं।
- इनमें श्वसन के लिए **नालपाद** (Tube feet), **श्वसन वृक्ष** (Respiratory tree) आदि पाए जाते हैं।
- इनमें उत्सर्जी तंत्र भी कम विकसित होता है।
- इनमें तन्त्रिका तंत्र कम विकसित होता है,तथा मस्तिष्कहीन होता है।
- इनमें **पुनरुद्भवन** की अद्भुत क्षमता पाई जाती है; उदाहरण-तारा मछली, समुद्री खीरा, समुद्री अर्चिन, आदि।

(ix) संघ-प्रोटोकॉर्डेटा

- ये पूर्णतया समुद्री जीव होते हैं, जो बिलों में रहते हैं।
- इनमें वास्तविक देहगुहा पाई जाती है। ये द्विपार्श्व सममित, त्रिकोरकी होते हैं।
- इनमें जीवन की कुछ अवस्थाओं में **नोटोकॉर्ड** (Notochord) उपस्थित होती है। नोटोकॉर्ड छड़नुमा संरचना है, जो जंतुओं के पृष्ठ भाग पर पाई जाती है। यह पेशियों को जोड़ने तथा तंत्रिका ऊतक को आहार नाल से अलग करने का कार्य करती है।
- इनमें पाचन तंत्र पूर्ण होता है तथा श्वसन क्लोम दरारों एवं शारीरिक सतह द्वारा होता है।
- इनमें उपकला की तंत्रिका कोशिका, संवेदी अंगों की भाँति कार्य करती हैं।
- इनमें **लैंगिक** जनन होता है तथा जीव **पृथकलिंगी** होता है। इनमें कृमि जैसे छोटे जीव आते हैं; उदाहरण- *बैलेनोग्लोसस, हर्डमानिया*, आदि।

(x) संघ-कॉर्डेटा (कशेरुकी)

- इस संघ के जंतुओं में द्विपार्श्वीय सममिति, त्रिस्तरीय शरीर एवं **वास्तविक देहगुहा** पाई जाती है, जिसमें अंग-तंत्र स्तर का संगठन पाया जाता है।
- इनमें वास्तविक मेरुदंड एवं अंत:कंकाल पाया जाता है। इस कारण जंतुओं में पेशियों का वितरण अलग होता है एवं पेशियाँ कंकाल से जुड़ी होती हैं, जो इन्हें चलने में सहायता करती हैं।
- इनमें परिवहन तंत्र पूर्ण विकसित एवं बंद प्रकार का होता है। रुधिर में **हीमोग्लोबिन** नामक श्वसन वर्णक पाया जाता है।
- इनमें पूर्ण विकसित तंत्रिका तंत्र, उत्सर्जी तंत्र एवं प्रजनन तंत्र पाया जाता है।
- अंत:स्रावी तंत्र (Endocrine system) भी अत्यंत विकसित होता है।
- जंतु **एकलिंगी** (Unisexual) होते हैं। निषेचन एवं परिवर्धन बाह्य या आंतरिक होता है। इसी आधार पर ये जंतु अंडयुज अथवा जरायुज होते हैं।

संघ-कॉर्डेटा का वर्गीकरण

कॉर्डेटा को दो अधिवर्गों में बाँटा गया है

(i) अधिवर्ग-मत्स्य या पिसीज

- ये पूर्णतया जलीय होते हैं, जो स्वच्छ व समुद्री दोनों जल में मिलते हैं। इस वर्ग के जंतुओं को सत्य मछली (True fish) मानते हैं।
- इनके शरीर के ऊपर **कंटकों** (Spines) एवं **शल्क** (Scales) का बना बाह्य कंकाल पाया जाता है।
- इनमें युग्मित **उपांग** (पखों के रूप में) पाए जाते हैं, जो तैरने में सहायता करते हैं।
- ये **क्लोमों** (Gills) द्वारा श्वसन करते हैं, जो जल में घुलनशील ऑक्सीजन लेते हैं।

- इनमें वायु **थैली** अथवा **वाताशय** (Air bladder) पाया जाता है, जो जल दाब नियंत्रित कर जल की गहराई में मछलियों की रक्षा करता है।
- इनमें हृदय **द्विवेश्मी** (Two-chambered) होता है अर्थात् इसमें एक अलिन्द (Auricle) तथा एक निलय (Ventricle) होता है। इसमें सदैव अनॉक्सीकृत (Deoxygenated) रुधिर बहता है। इसलिए इस हृदय को **शिरा का हृदय (Venous heart)** भी कहते हैं।
- ये **असमतापी** (Cold-blooded) जंतु होते हैं; उदाहरण शार्क, *एक्सोसीटस*, समुद्री घोड़ा (*हिप्पोकैम्पस*), *लेबियो*, *कतला*, आदि।

(ii) अधिवर्ग-टेट्रापोडा

इसे चार वर्गों में बाँटा गया है

(a) वर्ग-उभयचर

- इनका शरीर सिर, ग्रीवा, धड़ एवं पुच्छ में विभाजित होता है।
- इनकी त्वचा में शल्क नहीं पाए जाते हैं, अपितु श्लेष्मा ग्रन्थियाँ (Mucous glands) पाई जाती हैं।
- इनमें अस्थियों का बना अंतःकंकाल पाया जाता है। कशेरुकदंड में एटलस (Atlas) नामक प्रथम कशेरुका पाई जाती है, जो सिर की चलनशीलता के लिए उत्तरदाई होती है।
- यह **शीत रुधिर** (Cold blood) वाले या **अनियततापी** होते हैं।
- इनमें दाँत युक्त मुख तथा श्लेष्म युक्त जिह्वा पाई जाती है, जो पाचन में सहायता करती है। उभयचर वे प्रथम जंतु हैं, जिनमें सत्य जिह्वा पाई जाती है। इनमें श्वसन क्लोम, फेफड़ों अथवा त्वचा द्वारा होता है।
- इनमें **हृदय त्रिवेश्मी** (Three-chambered) होता है।
- ये अमोनिया का उत्सर्जन करते हैं। यकृत द्वारा अमोनिया का निर्माण होता है।
- ये अंडे देने वाले जंतु हैं; उदाहरण मेंढ़क, सेलामेण्डर, ब्यूफो, आदि

(b) वर्ग-सरीसृप

- इनका शरीर सिर, ग्रीवा, धड़ एवं पुच्छ में विभाजित होता है तथा इनकी त्वचा सूखी एवं श्लेष्मरहित होती है।
- त्वचा पर काँटेदार शल्क का आवरण पाया जाता है, जो इनका बाह्य कंकाल बनाता है।
- इनमें अस्थियों का अंतःकंकाल पाया जाता है।
- इनमें श्वसन फेफड़ों द्वारा होता है।
- ये असमतापी होते हैं तथा इनका **हृदय त्रिवेश्मी** होता है, परंतु उच्च सरीसृप जैसे मगरमच्छ का हृदय **चार वेश्मों** का बना होता है।
- इसमें आंतरिक निषेचन पाया जाता है तथा लिंग पृथक् होते हैं।
- इनके अंडे कैल्सियम कार्बोनेट के आवरणयुक्त होते हैं, जिनसे शिशुओं का जन्म होता है।
- इन अंडों को **क्लेडॉइक** (Cleidoic) अंडे कहते हैं; उदाहरण-सर्प, छिपकली, कछुआ, मगरमच्छ, घड़ियाल, गिरगिट, आदि।

(c) वर्ग-पक्षी

- इनका शरीर सिर, ग्रीवा, धड़ एवं पुच्छ में विभाजित होता है।
- इनमें पश्चपाद चलने, कूदने तथा अग्रपाद उड़ने हेतु रूपांतरित होते हैं।
- इनकी त्वचा पतली एवं रूखी होती है तथा इनका शरीर परों (Feathers) में ढका रहता है।
- इनके मुख पर एक कठोर हॉर्नी चोंच पाई जाती है, जोकि दाँतों का रूपांतरण मानी जाती है।
- इनमें प्रत्येक नेत्र के चारों ओर **स्क्लेरोटिक प्लेटों** (Sclerotic plates) का बना अस्थि छल्ला पाया जाता है।
- इनमें बाह्य कर्ण (External ears) का अभाव होता है।
- इनमें खोखली अस्थियों का बना हल्का **अंतःकंकाल** पाया जाता है।
- इनका **हृदय चार वेश्मों** (Four-chamberes) का बना होता है।
- ये समतापी (Homeotherms) जीव होते हैं।
- ये अण्डज होते हैं; उदाहरण-मोर, तोता, शुतुरमुर्ग, कीवी, ऐमु, बाज, गिद्ध, आदि।

(d) वर्ग-स्तनधारी

- इनकी त्वचा में स्वेद (Sweat), दुग्ध (Mammary), तेल (Sebaceous) एवं श्लेष्म (Mucous) ग्रंथियाँ पाई जाती हैं। इनमें से दुग्ध या स्तन ग्रंथियाँ इन जंतुओं का विशिष्ट लक्षण हैं।
- ये **नियततापी** होते हैं। इनके शरीर पर बाल पाए जाते हैं, जो तापमान को नियत रखने में सहायता करते हैं।
- इनका शरीर सिर, ग्रीवा, धड़ एवं पुच्छ में विभाजित तथा शारीरिक आकार अनेक प्रकार का हो सकता है।
- इनके मुख में होंठ, दाँत तथा जबड़े पाए जाते हैं।
- इनमें बाह्य कर्णों में **कर्ण पल्लव** (Ear pinnae) पाए जाते हैं।
- गर्दन में 7 ग्रीवा (Cervical) कशेरुकाएँ उपस्थित होती हैं।
- इनमें अग्रपाद व पश्चपाद पाए जाते हैं, जो चलने, उछलने एवं पकड़ने का कार्य करते हैं।
- इनमें अस्थियों का बना अंतःकंकाल पाया जाता है।
- इनमें पाचन तंत्र पूर्ण विकसित होता है तथा ग्रहण किए जाने वाले आहार के अनुसार अनुकूलित होता है; जैसे–शाकाहारियों की आहारनाल लंबी एवं माँसाहारियों की आहारनाल छोटी होती है। ऐसा शाकाहारियों में सेलुलोस के विशिष्ट पाचन के कारण होता है।
- इनमें पूर्ण विकसित श्वसन तंत्र पाया जाता है। श्वसन फेफड़ों द्वारा होता है, जोकि स्पंजी, अस्थि पंजर से सुरक्षित होते हैं। फेफड़ों को उदर गुहा से अलग करने के लिए **पेशीय डायाफ्राम** (Muscular diaphragm) उपस्थित होता है।
- इनमें परिवहन तंत्र बंद प्रकार का होता है तथा हृदय चार वेश्मों में बँटा होता है।
- ये **एकलिंगी** होते हैं तथा इनमें आंतरिक निषेचन पाया जाता है। ये शिशु को जन्म देते हैं अर्थात् जरायुज होते हैं; उदाहरण-मानव, कुत्ता, बिल्ली, चमगादड़, चूहा, डॉलफिन, व्हेल, सील, आदि।

विषाणु

- विषाणु (Viruses) तंबाकू मोजैक विषाणु (Tobacco Mosaic Virus, TMV) की खोज **इवानोवस्की** ने 1892 ई. की थी तथा **स्टेनले** ने 1935 में TMV को क्रिस्टलीकरण द्वारा पृथक् किया था।
- इनमें सजीव व निर्जीव दोनों के गुण होते हैं।
- ये अविकल्पी **अंतराकोशिकीय** (Intracellular) परजीवी होते हैं।
- इनमें एक ही प्रकार का न्यूक्लिक अम्ल (DNA या RNA) होता है। DNA एकल रज्जुक या द्विरज्जुक होता है।
- इनमें बाह्य आवरण (कैप्सिड) **प्रोटीन** का बना होता है।
- इनका संवर्धन कृत्रिम माध्यम में संभव नहीं है, ये कोशिका के बाहर निष्क्रिय होते हैं।
- इनमें संक्रमण, रोगजनकता व प्रतिजीवी गुण होते हैं। इनमें कोशिका भित्ति, कोशिकांग, जीवद्रव्य व एंजाइम्स का अभाव होता है।
- ये ताप, विकिरण, रासायनिक पदार्थों के प्रति अनुक्रिया दर्शाते हैं।
- विषाणु (Viruses) का आमाप (Size) 10 nm से 300 nm का हो सकता है।
- सबसे छोटा विषाणु पशुओं के **खुरपका-मुखपका** रोग का होता है (लगभग 20 μ व्यास) तथा सबसे बड़ा चेचक का **पॉक्सवायरस** (Poxvirus) होता है (लगभग 300 mμ)।

वायरॉइड

- वर्ष 1971 में **टी.ओ. डाइनर** (TO Diener) ने एक नया संक्रामक कारक खोजा, जो वायरस से भी छोटा था तथा जिसके कारण **पोटैटो स्पिंडल ट्यूबर** (Potato spindle tuber) नामक रोग होता था।
- वायरॉइडों (Viroids) में प्रोटीन आवरण (अस्तर), जो वायरस में पाए जाते हैं, का अभाव होता है। इसलिए यह वायरॉइड के नाम से जाने जाते हैं। वायरॉइड के RNA का आण्विक भार कम होता है।

अतिरिक्त तथ्य
तमिलनाडु बोर्ड एवं NIOS

- जीवों में पाई जाने वाली अपार विभिन्नता, जैव विविधता कहलाती है। यूनानी भाषा में 'बायोस' का अर्थ है 'जीवन' और 'डाइवर्सिटी' का अर्थ है 'विभिन्नता'। इन दो शब्दों के संयोग से बायोडाइवर्सिटी शब्द बना है।
- वर्गीकरण, जीवों के बीच विकासक्रम का संबंध दर्शाता है। इसे अंग्रेजी में सिस्टेमैटिक्स भी कहा जाता है। वर्गीकरण या सिस्टेमैटिक्स के विज्ञान को अंग्रेजी में टेक्सोनॉमी कहते हैं।
- मनुष्य का वैज्ञानिक नाम *होमो सेपियन्स* है। *होमो सेपियन्स* का अर्थ है- बुद्धिमान होमीनिड।
- चपटे कृमि उभयलिंगी होते हैं, जिनमें एक ही जीव में नर और मादा दोनों प्रजनन अंग होते हैं।
- कीटों का बाह्यकंकाल काइटिन का बना होता है और यह जंतु की वृद्धि के साथ-साथ विकसित होता है। बाह्यकंकाल को त्यागना और पुनर्वृद्धि होन निर्मोचन कहलाता है।
- जीवाणु की कोशिका भित्ति एक रासायनिक पदार्थ पेप्टिडोग्लाइकेन, लिपिड, पॉलीसैकेराइड्स और कुछ प्रोटीन की बनी होती है, जो जीवाणु को अद्वितीय बनाती है।

02

कोशिका

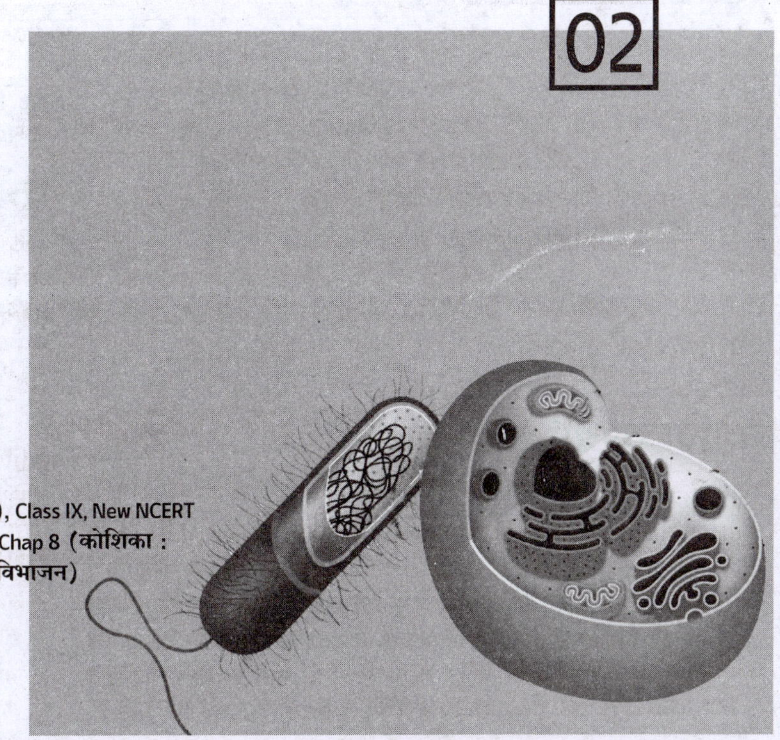

(स्रोत)

Class-VII, New NCERT Chap 8 (कोशिका संरचना एवं कार्य), Class IX, New NCERT Chap 5 (जीवन की मौलिक इकाई), Class-XI New NCERT Chap 8 (कोशिका : जीवन की इकाई), Chap 10 (कोशिका चक्र और कोशिका विभाजन) Tamil Nadu Board (Class-IX), NIOS

- प्रत्येक जीव चाहे वह विशाल हाथी हो या सूक्ष्म जीवाणु (Micro bacteria) एक या अनेक छोटी-छोटी स्वतंत्र इकाइयों से मिलकर बना होता है, जिन्हें **कोशिका** (Cell) कहते हैं।
- कोशिका की खोज सन् 1665 में **रॉबर्ट हुक** ने कॉर्क के टुकड़े में की थी। इन्होंने कॉर्क के टुकड़े (मृत पादप छाल) को अति सरल सूक्ष्मदर्शी (Simple microscope) में देखा, उन्हें उसमें मधुमक्खी के छत्ते के समान छोटे-छोटे कोष्ठक दिखाई दिए, जिसे उन्होंने *सेलुला* या सेल (*Cellula* or Cell) नाम दिया। 'सेल' एक लैटिन शब्द है जिसका अर्थ 'छोटा कमरा' होता है।
- **एंटोनी वॉन ल्यूवेनहॉक** ने सर्वप्रथम उन्नत सूक्ष्मदर्शी की सहायता से 1674 ई. में तालाब के जल में प्रथम जीवित कोशिका को देखा था, जिनमें *अमीबा, पैरामीशियम*, शुक्राणु, *क्लैमाइडोमोनास*, जीवाणु आदि शामिल हैं।

कोशिका सिद्धांत

- 1838-39 ई. में दो जर्मन जीव वैज्ञानिकों **मैथियस श्लीडन** (Matthias Schleiden) एवं **थियोडोर श्वान** (Theodor Schwann) ने **कोशिका सिद्धांत** (Cell Theory) दिया।
- इस सिद्धांत के अनुसार सभी जीव कोशिकाओं के बने होते हैं एवं यह जीवन की संरचनात्मक (Structural) एवं क्रियात्मक (Functional) इकाई होती है।
- **रूडोल्फ विरचोव** ने 1855 ई. में कोशिका सिद्धांत को और अधिक विस्तृत रूप से समझाया कि सभी कोशिकाएँ पूर्ववर्ती कोशिकाओं (*Omnis cellula-e-cellula*) से बनी होती हैं।

कोशिकाओं का आकार, आकृति एवं संगठन

- कोशिकाओं की संख्या के आधार पर जीव **एककोशिकीय** (Unicellular) (उदाहरण-जीवाणु, *अमीबा, पैरामीशियम* आदि) एवं **बहुकोशिकीय** (Multicellular) (उदाहरण-कवक, जंतु एवं पादप) होते हैं।
- एककोशिकीय जीवों में एक कोशिका ही सभी आवश्यक जैविक कार्यों को संपन्न करती है, जबकि बहुकोशिकीय जीवों में कोशिकाओं में श्रम विभाजन (Division of Labour) पाया जाता है। बहुकोशिकीय जीवों में ऊतक (Tissue), अंग (Organ) एवं अंग-तंत्र (Organ system) पाए जाते हैं।
- कोशिकाओं की आकृति एवं आकार उनके कार्यों के अनुरूप विशिष्ट होते हैं। कुछ कोशिकाओं का आकार एवं आकृति अनियमित होती है; जैसे-श्वेत रुधिर कणिका (White Blood Cell-WBC) एवं *अमीबा*।
- *अमीबा* में पादाभ (Pseudopodia) जोकि भोजन ग्रहण करने एवं गति प्रदान करने में सहायक होते हैं, इसकी अनियमित आकृति के लिए उत्तरदायी होते हैं।
- अधिकांश कोशिकाओं का आकार एवं आकृति निश्चित होती है; जैसे-अंडाणु (गोलाकार), *पैरामीशियम* (चप्पलनुमा), मुर्गी का अंडा (अंडाकार), शुक्राणु (भालाकार), रेखित पेशी (तर्कुरूपी), RBCs (तश्तरीनुमा) आदि।
- शुतुरमुर्ग का अंडा आकार में, सबसे बड़ी कोशिका (170mm $\times$ 130mm) होती है, जबकि माइकोप्लाज्मा PPLO (Pleuro Pneumonia Like Organism) आकार में सबसे छोटी कोशिका (0.1-0.5 μm) होती है।
- तंत्रिका कोशिका (Neuron) लंबाई में 90 cm-1m तक होती है, जोकि सबसे लंबी जंतु कोशिका है।
- सन् 1940 में इलेक्ट्रॉन सूक्ष्मदर्शी की खोज के बाद कोशिका की जटिल संरचना तथा बहुत से अंगकों को समझाना सम्भव हो सका।

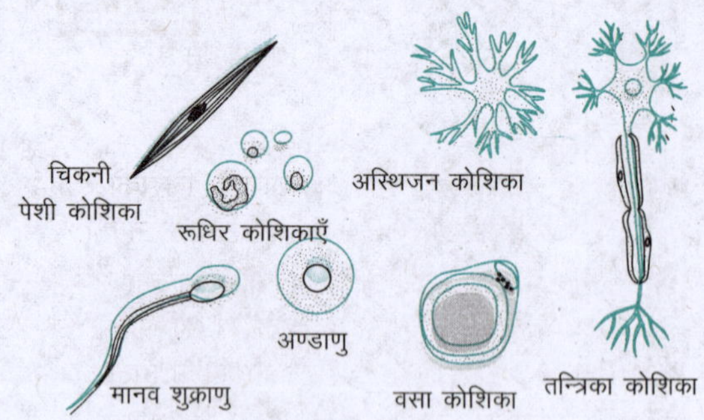

कोशिकाओं के प्रकार

केंद्रक की संरचना के आधार पर कोशिकाएँ दो प्रकार की होती हैं

(i) **प्रोकैरियोटिक कोशिका** (Prokaryotic cell) लैटिन शब्द प्रो. आदि केरियॉन-केन्द्रक यह सरलतम संरचना कुछ सरल एककोशिकीय जीवों (Unicellular organisms) जैसे– जीवाणु, नील-हरित शैवाल आदि में पाई जाती है। इनमें केंद्रक झिल्ली के अभाव के कारण स्पष्ट केंद्रीय क्षेत्र नहीं पाया जाता है एवं केंद्रक (Nucleur) के नाम पर केवल हिस्टोन प्रोटीन रहित DNA पाया जाता है, जिसे **केंद्रकाभ** (Nucleoid) कहते हैं। इनमें सुविकसित झिल्लीबद्ध कोशिकांगों का अभाव होता है तथा 70S राइबोसोम, मीसोसोम (कोशिकीय श्वसन हेतु) आदि पाए जाते हैं।

(ii) **यूकैरियोटिक कोशिका** (Eukaryotic cell) यूनानी शब्द यू-वास्तविक केरियॉन-केन्द्रक यह जटिल व विकसित कोशिका है, जिसमें सुविकसित केंद्रक अपने सभी अवयवों के साथ पाया जाता है। यह कवक, प्रोटोजोआ, सभी जंतु एवं पादप कोशिकाओं में पाई जाती है।

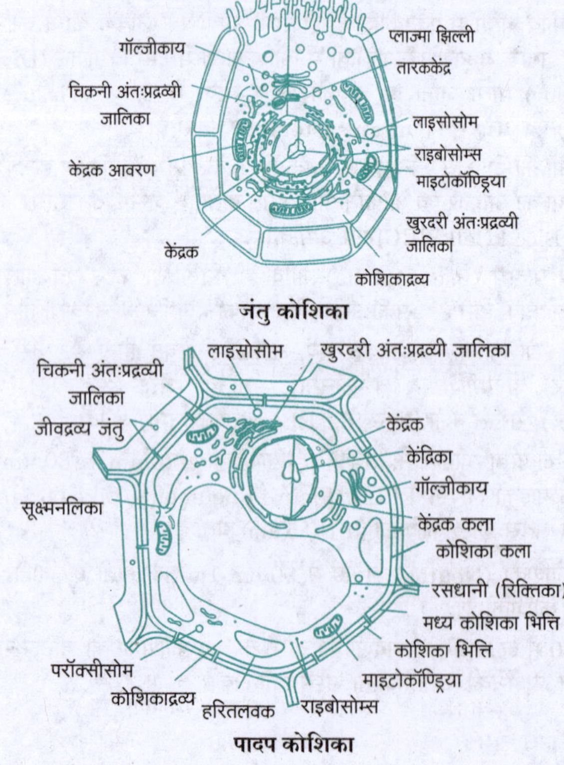

जंतु कोशिका

पादप कोशिका

नोट *लाल रुधिर कोशिकाओं (RBCs) एवं चालनी नलिका (Sieve tube) में परिपक्वन पर केंद्रक का अभाव होता है।*

कोशिका की संरचना

कोशिका में भी विभिन्न कार्यों के क्रियान्वयन हेतु आंतरिक श्रम विभाजन पाया जाता है अर्थात् प्रत्येक कार्य को एक विशिष्ट कोशिकीय घटक या कोशिकांग (Organelles) पूरा करता है। कोशिका की संपूर्ण संरचना को निम्नलिखित तीन भागों में बाँटा जा सकता है

1. बाह्य आवरण

इसमें कोशिका भित्ति (Cell wall) एवं कोशिका झिल्ली (Cell membrane) सम्मिलित होती हैं, जिनका संक्षिप्त विवरण निम्न है

कोशिका भित्ति

- यह जीवाणुओं, कवकों एवं पादपों में कोशिका की सबसे बाहरी परत होती है, जोकि निर्जीव होती है।
- जीवाणुओं में यह **पेप्टाइडोग्लाइकेन** (Peptidoglycan), कवकों में यह **काइटिन** (Chitin) एवं पादपों में यह **सेलुलोस** (Cellulose) की बनी होती है। कोशिका भित्ति कोशिका की बाह्य आक्रमण से रक्षा करती है एवं कोशिका का आकार प्रदान करती है।
- कोशिका भित्ति के कारण पादप कोशिकाएँ परिवर्तनीय माध्यम को जन्तु कोशिका की अपेक्षा आसानी से सहन कर लेती हैं। कोशिका भित्ति पादपों, कवक तथा जीवाणु की कोशिकाओं को अपेक्षाकृत कम तनु विलयन में फटने नहीं देती हैं।

कोशिका झिल्ली

- सभी कोशिकाओं के चारों ओर एक पतली झिल्ली पाई जाती है, जिसे कोशिका झिल्ली (Cell Membrane) कहते हैं। यह अत्यंत पतली, लचीली, **अर्द्धपारगम्य** (Semipermeable) होती है तथा चयनात्मक पारगम्यता (Selective permeable) का गुण भी दर्शाती है।
- कोशिका झिल्ली का लचीलापन एककोशिकीय जीवों में कोशिका के बाह्य वातावरण से अपना भोजन तथा अन्य पदार्थ ग्रहण करने में सहायक होता है, इस प्रक्रिया को एन्डोसाइटोसिस कहते हैं। *अमीबा* अपना भोजन इसी प्रक्रिया से ग्रहण करता है।
- जंतु कोशिका में यह बाहरी आवरण बनाती है, जबकि पादप कोशिका में यह कोशिका भित्ति के अंदर पाई जाती है।
- कोशिका झिल्ली के **सिंगर-निकोलसन** (Singer and Nicolson, 1972) के तरल मोजैक (Fluid mosaic) सिद्धांत के अनुसार, फॉस्फोलिपिड के दो स्तरों की बनी होती है, जिसमें बीच-बीच में एवं सतह पर प्रोटीन के अणु पाए जाते हैं।
- कोशिका झिल्ली जंतु कोशिका को निश्चित आकार एवं सुरक्षा प्रदान करती है। कोशिका में गैसों (CO_2 एवं O_2) का बाह्य पर्यावरण से आदान-प्रदान विसरण (Diffusion) प्रक्रिया द्वारा होता है।
- इसमें पदार्थ (गैस) के अणु अपनी उच्च सांद्रता (High Concentration) से निम्न सांद्रता (Lower Concentration) की ओर स्वतः ही विसरित होते हैं, जब तक दोनों ओर की सांद्रता समान न हो जाए। इसमें ऊर्जा की आवश्यकता नहीं होती है।

- कोशिका में जल एवं जल में विलेयशील पदार्थों का परिवहन परासरण (Osmosis) द्वारा होता है।
- परासरण जल या विलायक के अणुओं की अर्द्धपारगम्य झिल्ली (Semi Permeable Membrane, SPM) के आर-पार इसकी उच्च सांद्रता से निम्न सांद्रता की ओर गति होती है। इसमें भी ऊर्जा की आवश्यकता नहीं होती है।
- यदि कोशिका को तनु विलयन वाले माध्यम में रखा जाएँ, तो परासरण की क्रिया के कारण जल कोशिका में अन्दर चला जाता है, ऐसे विलयन को **अल्प परासारी विलयन** (Hyputonic Solution) कहते हैं इसके परिणामस्वरूप कोशिका फूलने लगेगी।
- यदि कोशिका को ऐसे विलयन में रखा जाए जिसमें बाह्य जल की सान्द्रता कोशिका में स्थित जल की सान्द्रता के बराबर हो, तो इस स्थिति में जल की कोई गति नहीं होगी। ऐसे विलयन को **समपरासारी विलयन** (Isotonic solution) कहते हैं।
- यदि कोशिका के बाहर विलयन की सान्द्रता अन्दर के विलयन से अधिक होती है, तो जल परासरण द्वारा कोशिका के बाहर आ जाता है, ऐसे विलयन को अतिपरा विलयन (Hypertonic Solution) कहते हैं।

- परासरण की क्रिया द्वारा पादपों में जल की हानि होती है, जिसके कारण कोशिका झिल्ली सहित आन्तरिक पदार्थ संकुचित हो जाते हैं, इस घटना को **जीवद्रव्य कुंचन** (Plasmolysis) कहते हैं।
- परासरण द्वारा जल अवशोषण की क्षमता केवल जीवित कोशिकाओं में होती है।

- एककोशिकीय अलवणीय जलीय जीव तथा अधिकांश पादप कोशिकाएँ परासरण की क्रिया द्वारा जल को ग्रहण करते हैं। परासरण का सामान्य उदाहरण पादपों की मूल द्वारा जल का अवशोषण होता है।

2. जीवद्रव्य

- यह कोशिका का आधार द्रव्य है, जहाँ जीवन के लिए आवश्यक अधिकांश उपापचयी अभिक्रियाएँ प्रत्यक्ष या अप्रत्यक्ष रूप से संपन्न होती हैं एवं भिन्न पदार्थों का आदान-प्रदान होता है।
- ब्रिटिश जीवविज्ञानी हक्सले ने जीवद्रव्य (Protoplasm) को **जीवन का भौतिक आधार** (Physical basis of life) कहा है।
- दो निकटवर्ती कोशिकाओं के जीवद्रव्य कोशिका झिल्ली या कोशिका भित्ति में उपस्थित छिद्रों (प्लाज्मोडैस्मेटा) द्वारा परस्पर जुड़े रहते हैं एवं परस्पर पदार्थों का आदान-प्रदान करते हैं।
- इसे दो भागों में बाँटा जा सकता है-**कोशिकाद्रव्य** (Cytoplasm) जोकि संपूर्ण कोशिका में फैला होता है तथा **केंद्रकद्रव्य** (Nucleoplasm) जोकि केंद्रक में फैला होता है।
- कोशिकाद्रव्य में कोशिकांग उपस्थित होते हैं।

3. कोशिकांग

- कोशिका में अनेक प्रकार के उपापचयी कार्यों या प्रक्रियाओं को समुचित रूप से क्रियान्वित करने हेतु कोशिकाद्रव्यी स्तर पर श्रम विभाजन पाया जाता है अर्थात् प्रत्येक विशिष्ट उपापचयी कार्य को करने के लिए एक विशेष संरचना पाई जाती है।
- इन्हीं कोशिकीय कार्य विशिष्ट संरचनाओं को कोशिकांग (Cell organelles) कहते हैं। ये प्रायः झिल्लीयुक्त होते हैं।

कोशिका में पाए जाने वाले प्रमुख कोशिकांग निम्नवत् हैं

केंद्रक

- यह कोशिका का सबसे महत्त्वपूर्ण कोशिकांग है, जिसकी खोज 1831 ई. में स्कॉटिश वैज्ञानिक **रॉबर्ट ब्राउन** (Robert Brown) ने की थी।
- केंद्रक (Nucleus) को देखने के लिए कोशिका को आयोडीन विलयन, सैफ्रेनिन या मिथाइलीन ब्लू जैसे अभिरंजकों से अभिरंजित कर सूक्ष्मदर्शी में देखा जाता है। केंद्रक निम्न प्रकार की संरचनाओं से मिलकर बना होता है
  - **केंद्रक झिल्ली** (Nuclear membrane) यह केंद्रक का बाह्य आवरण होता है, जोकि द्विस्तरीय होता है एवं इसमें पदार्थों के आदान-प्रदान हेतु छोटे-छोटे छिद्र पाए जाते हैं।
  - **केंद्रकद्रव्य** (Nucleoplasm) यह केंद्रक का आधारद्रव्य (Matrix) है, जिसमें DNA, RNA आदि पाए जाते हैं।
  - **क्रोमैटिन जालक** (Chromatin material) यह क्रोमैटिन के तंतुओं का गुच्छा होता है, जोकि DNA एवं क्षारीय हिस्टोन प्रोटीनों से मिलकर बना होता है। यह कोशिका विभाजन के समय संघनित (Condensed) होकर गुणसूत्र (Chromosome) बनाता है। DNA में कोशिका के कार्यों व संगठन से संबंधित सभी आवश्यक सूचनाएँ पाई जाती हैं। DNA के क्रियात्मक खंड को **जीन** (Gene) कहते हैं।
  - **केंद्रिका** (Nucleolus) यह एक गोलाकार या अंडाकार संरचना है जो राइबोसोम का निर्माण करती है।
- केंद्रक कोशिका की सभी उपापचयी क्रियाओं (Metabolic activities) पर नियंत्रण रखता है, इसलिए इसे कोशिका का **नियंत्रण कक्ष** या **मस्तिष्क** (Control chamber or Brain) भी कहते हैं। केंद्रक क्रोमेटिन की उपस्थिति के कारण आनुवंशिक गुणों को नियंत्रित करता है एवं कोशिका विभाजन (Cell division) में मुख्य रूप से भाग लेता है।

माइटोकॉण्ड्रिया

- यह एक दोहरी झिल्ली युक्त कोशिकांग है, जिसमें बाहरी झिल्ली छिद्रित होती है, जबकि आंतरिक झिल्ली वलित होकर अंगुलीनुमा प्रवर्धों (Finger like structure) का निर्माण करती है, जिन्हें **क्रिस्टी** (Cristae) कहते हैं।
- इन क्रिस्टी पर केंद्र की ओर F_1 कण या प्रारंभिक कण पाए जाते हैं, जहाँ इलेक्ट्रॉन परिवहन तंत्र (Electron Transport System, ETS) द्वारा एडीनोसीन ट्राइफॉस्फेट (Adenosine Triphosphate, ATP) का उत्पादन होता है।
- इसी कारण माइटोकॉण्ड्रिया को **कोशिका का शक्तिगृह या बिजली घर** (Power house of the cell) कहते हैं। यह एक **अर्द्ध-स्वायत्त** (Semi autonomous) **कोशिकांग** है, जिसमें केंद्रीय आधारद्रव्य (Matrix) में 70S राइबोसोम, DNA एवं स्व-संश्लेषित प्रोटीन पाए जाते हैं। अतः यह अपनी प्रतिकृति (Replica) बना सकता है।

लवक

यह दोहरी झिल्लीयुक्त कोशिकांग केवल पादप कोशिका में पाया जाता है। रंगों के आधार पर लवक निम्न प्रकार के होते हैं

- **हरितलवक** (Chloroplast) यह पत्तियों एवं हरे तने में पाया जाने वाला हरे रंग का लवक (Plastid) है, जिसमें प्रकाश-संश्लेषण (Photosynthesis) हेतु पर्णहरिम (Chlorophyll) वर्णक (Pigment) पाया जाता है।

- भोजन का निर्माण करने के कारण यह **कोशिका की रसोई** (Kitchen of Cell) कहलाती है।
- **वर्णीलवक** (Chromoplast) यह पादप के रंगीन भागों में पाया जाता है; जैसे–फल, फूल, रंगीन पत्तियाँ आदि।
- **अवर्णी लवक** (Leucoplast) यह पादप के रंगहीन (Colourless) भागों में पाया जाता है एवं भोजन का संचय करता है; जैसे-जड़, तना, आदि।
- इसमें स्टार्च, तेल तथा प्रोटीन जैसे पदार्थ संचित होते हैं।
- माइटोकॉण्ड्रिया की तरह लवक में भी अपना DNA तथा राइबोसोम होते हैं।

अंतःप्रद्रव्यी जालिका

यह नलिकाओं (Tubules) एवं थैलीनुमा संरचनाओं का एक जटिल तंत्र है, जो केंद्रक कला से कोशिका कला तक फैला रहता है। राइबोसोम की उपस्थिति या अनुपस्थिति के आधार पर यह दो प्रकार की होती है

- **खुरदरी अंतःप्रद्रव्यी जालिका** (Rough Endoplasmic Reticulum, RER) इसमें सतह पर राइबोसोमों की उपस्थिति के कारण ER खुरदरी दिखाई देती है। यह **प्रोटीन संश्लेषण** में सहायक होती है।
- **चिकनी अंतःप्रद्रव्यी जालिका** (Smooth Endoplasmic Reticulum, SER) इसमें सतह पर राइबोसोम नहीं पाए जाते हैं, जिस कारण यह चिकनी दिखाई देती है। यह **वसा** या **लिपिड संश्लेषण** का कार्य करती है।
- चिकनी अन्तःप्रद्रव्यी जालिका कशेरुकी जन्तुओं के यकृत की कोशिका में विष तथा दवा के निराविषीकरण करने में सहायक होती है।

राइबोसोम

- ये प्रोटीन का संश्लेषण करने वाली झिल्ली विहीन सूक्ष्म संरचनाएँ हैं, इसी कारण इन्हें **प्रोटीन की फैक्ट्री** (Protein factory) भी कहते हैं।
- ये RNA एवं प्रोटीन के बने होते हैं तथा 70S एवं 80S प्रकार के होते हैं (यहाँ S-Swedberg Unit है)।

गॉल्जी उपकरण

- उच्च पादपों व जंतुओं में अंतःप्रद्रव्यी जालिका से जुड़ी हुई महीन, कणहीन व चिकनी नलिका का गुच्छा पाया जाता है, जिसे गॉल्जीकाय (Golgi body) या डिक्टियोसोम (पादपों में) कहते हैं।
- यह ER द्वारा संश्लेषित पदार्थों को पैक करके कोशिका के अंदर या बाहर विभिन्न क्षेत्रों में भेज कर पदार्थों के परिवहन को सुगम बनाता है, इसलिए इसे '**कोशिका का ट्रैफिक पुलिसमैन**' भी कहते हैं।
- यह जटिल शर्करा का निर्माण, हॉर्मोन्स, गोंद, रेजिन का स्रावण, आयनों का अवशोषण, प्राथमिक लयनकाय का निर्माण, **शुक्राणु** के अग्रपिण्डक (Acrosome) का निर्माण आदि कार्य करता है।

लयनकाय

- इस एकल झिल्ली युक्त कोशिकांग में पाचक एंजाइम पाए जाते हैं, जो RER में संश्लेषित होते हैं।
- यह अपशिष्ट पदार्थों, बाहरी पदार्थों, जैसे-जीवाणुओं, भोजन के कणों, मृत या पुराने कोशिकांगों आदि का पाचन करता है।
- यदि किसी दुर्घटनावश लयनकाय (Lysosome) फट जाता है, तो यह स्वयं की कोशिका का पाचन कर देता है, अतः इसे '**कोशिका की आत्मघाती थैली**' (Suicidal bag of cell) भी कहते हैं।

रसधानी या रिक्तिका

- यह एकल कला (टोनोप्लास्ट) से घिरी संग्राहक थैली है, जिसमें भोज्य कण, वर्णक, जल, अपशिष्ट आदि भरे होते हैं, इसलिए इसे **कोशिका भंडार गृह** (Store house of cell) या **कोशिका का कचरा पात्र** कहा जाता है।
- यह पादप कोशिका में प्रायः एक ही होती है एवं कोशिका का 50–90% भाग घेरती है, जबकि जंतु कोशिका में यह अनुपस्थित या बहुत छोटी-छोटी होती है।
- *अमीबा* में यह खाद्य धानी (Food vacoule) के रूप में भी कार्य करती है। यह अतिरिक्त जल एवं अपशिष्ट पदार्थों को कोशिका से बाहर निकालती है।

साइटोपंजर

- साइटोपंजर (Cytoskeleton) यूकैरियोटिक कोशिका के कोशिकाद्रव्य में प्रोटीन की बनी सूक्ष्म तंतुओं (Microfilaments) तथा नलिकाओं (Tubules) के विस्तृत जाल के रूप में फैला रहता है।
- कोशिका में मिलने वाला साइटोपंजर यांत्रिक सहायता, गति व कोशिका के आकार को बनाए रखने में उपयोगी है।

तारककाय एवं तारककेंद्र

- तारककाय (Centrosome) वह अंगक है जो दो बेलनाकार संरचना से मिलकर बना होता है, जिसे तारककेंद्र (Centriole) कहते हैं। यह अक्रिस्टलीय (Amorphous) परिकेंद्रीय द्रव्य से घिरा होता है। दोनों तारककेंद्र तारककाय में एक दूसरे के लंबवत् स्थित होते हैं।
- प्रत्येक तारक केन्द्र त्रिक तन्तुओं (Triple fibres) के नौ समूहों से मिलकर बना होता है।
- ये त्रिक तन्तु मध्य नाभि (Hub) के चारों ओर स्थित होते हैं। प्रत्येक त्रिक तन्तु में तीन सूक्ष्म नलिकाएँ एक रेखा में स्थित होती हैं।
- तारककेंद्र पक्ष्माभ (Cilia) व कशाभिका (Flagellum) का आधारकाय (Basal Body) बनाता है और तर्कुतंतु (Tractile fibres) जंतु कोशिका विभाजन के उपरांत **तर्कु उपकरण** (Spindle apparatus) बनाता है।

जंतु एवं पादप कोशिकाओं में अंतर

संघटन	जंतु कोशिका	पादप कोशिका
कला संघटन	जंतु कोशिका में कोशिका कला के बाहर कोशिका भित्ति नहीं पाई जाती है।	पादप कोशिका में कोशिका कला के बाहर सेलुलोस की बनी कोशिका भित्ति पाई जाती है।
केंद्रक	कोशिका के मध्य में होता है।	एक तरफ होता है।
गुणसूत्र	छोटे होते हैं।	बड़े होते हैं।
माइटोकॉण्ड्रिया	अधिक संख्या में पाए जाते हैं।	कम पाए जाते हैं।
लवक	अनुपस्थित	उपस्थित एवं तीन प्रकार का
अंतःप्रद्रव्यी जालिका	अधिक मात्रा में एवं पास-पास होती है।	कम तथा दूर-दूर होती है।
लाइसोसोम	उपस्थित	प्रायः अनुपस्थित

कोशिका चक्र

- कोशिकीय घटनाओं का वह क्रम जिसमें कोशिका अपने जीनोम के द्विगुणन (Duplication) एवं अन्य संघटकों के संश्लेषण के पश्चात् विभाजित होकर दो नई संतति (Daughter) कोशिकाओं का निर्माण करती है, कोशिका चक्र (Cell cycle) कहलाता है।
- जीवाणु में कोशिका चक्र की अवधि 20 मिनट, यीस्ट में 90 मिनट एवं मानव में 24 घंटे होती है। कोशिका चक्र की दो अवस्थाएँ होती हैं, जो इस प्रकार हैं

1. अंतरावस्था

अंतरावस्था (Interphase) कोशिका की विश्रामावस्था होती है, जिसमें कोशिका विभाजित नहीं होती है। इसकी तीन प्रावस्थाएँ निम्न हैं

(i) **पश्च-सूत्री वृद्धि प्रावस्था** (G_1 phase) इसमें विभाजन पश्चात् कोशिका उपापचयी रूप से सक्रिय होकर आकार में वृद्धि करती है।

(ii) **संश्लेषण प्रावस्था** (S phase) इसमें DNA एवं तारककेंद्र का द्विगुणन होता है।

(iii) **पूर्व-सूत्री वृद्धि प्रावस्था** (G_2 phase) इसमें विभाजन हेतु आवश्यक प्रोटीनों का संश्लेषण होता है।

2. विभाजन प्रावस्था

- विभाजन प्रावस्था (Mitosis, M-Phase) में केंद्रक एवं कोशिकाद्रव्य विभाजन द्वारा कोशिका विभाजित होती है।
- पुरानी या मातृ कोशिका (Maternal cell) के विभाजन द्वारा दो नई सतंति कोशिकाओं के निर्माण करने की प्रक्रिया को **कोशिका विभाजन** (Cell Division) कहते हैं। मानव में कोशिका विभाजन का समय 1 घंटा होता है। यह विभाजन दो प्रकार का होता है

समसूत्री विभाजन

- समसूत्री विभाजन (Mitosis) में एक मातृ कोशिका से दो संतति कोशिकाएँ बनती हैं। इसमें संतति कोशिका में उपस्थित **गुणसूत्रों** (Chromosomes) की संख्या मातृ कोशिका के समान ही होती है।
- यह विभाजन **कायिक कोशिकाओं** (Somatic cells) (जैसे-गाल की कोशिका, प्याज की मूलाग्र कोशिका आदि) में पाया जाता है।
- यह विभाजन अलैंगिक जनन (जैसे-*अमीबा*, जीवाणु आदि में) एवं क्षतिग्रस्त ऊतकों की मरम्मत तथा वृद्धि में सहायक होता है।
- इसमें आनुवंशिक विभिन्नताएँ (Genetic Variations) उत्पन्न नहीं होती हैं। इसमें चार चरण होते हैं
  - **पूर्वावस्था** (Prophase) केंद्रक झिल्ली एवं केंद्रिका का विलोपन तथा गुणसूत्रों का संघनन।
  - **मध्यावस्था** (Metaphase) गुणसूत्रों का मध्यवर्ती प्लेट (Equatorial plate) पर व्यवस्थित होना एवं गुणसूत्र बिंदुओं का तारक केंद्रक के तर्कु तंतुओं से जुड़ना।
  - **पश्चावस्था** (Anaphase) गुणसूत्र बिंदुओं का अलग होना एवं अर्द्धगुणसूत्रों का विपरीत ध्रुवों की ओर गमन।
  - **अन्त्यावस्था** (Telophase) विपरीत ध्रुवों पर एकत्रित गुणसूत्रों का विसंघनन-केंद्रक झिल्ली एवं केंद्रिका का पुनर्निर्माण एवं अन्य कोशिकांगों का निर्माण।

अर्द्धसूत्री विभाजन

- अर्द्धसूत्री विभाजन (Meiosis) में दो चरणों में एक मातृ कोशिका (Mother cell) से चार संतति कोशिकाओं (Daughter cells) का निर्माण होता है, जिनमें गुणसूत्र संख्या मातृ कोशिका की आधी होती है। यह विभाजन जननांगों की जनन कोशिकाओं (Germ cells) (जैसे-परागकोष, वृषण, अंडाशय आदि) में पाया जाता है।
- यह विभाजन अगुणित युग्मक निर्माण द्वारा लैंगिक जनन (Sexual reproduction) में सहायक होता है। इसमें **जीन विनिमय** (Crossing over) के कारण आनुवंशिक विभिन्नताएँ उत्पन्न होती हैं।

अतिरिक्त तथ्य
तमिलनाडु बोर्ड एवं NIOS

- लैटिन शब्द सैला का अर्थ है, कोष्ठक या पिंजरा या खण्ड।
- सभी कोशिकाओं के तीन मूल भाग होते हैं।
  - कोशिका भित्ति एवं कोशिका झिल्ली जो कोशिका की सीमाएँ तय करती है और इसे आकार देती है।
  - DNA जो केन्द्रक में पाया जाता है।
  - कोशिका के अन्दर पाया जाने वाला द्रव साइटोप्लाज़्म या कोशिकाद्रव्य।
  - कोशिका का DNA यदि कोशिकाद्रव्य में स्थित हो या फिर केन्द्रक में केन्द्रक झिल्ली से घिरा हो, तो कोशिकाएँ क्रमशः प्रोकैरियोटिक या यूकैरियोटिक कहलाती हैं।
- यूकैरियोटिक कोशिकाओं में DNA केन्द्रक/केन्द्रक झिल्ली के अन्दर होता है, जो कि वास्तविक केन्द्रक बनाता है। आनुवंशिक पदार्थ DNA अणुओं द्वारा निर्मित गुणसूत्र होता है, जो कि कोशिका के अविभाजन की स्थिति में क्रोमेटिन तन्तु के जाल के रूप में उपस्थित रहता है।
- प्रोटोप्लाज़्म कोशिका का जीवित पदार्थ है। कोशिकांग एवं कोशिकाद्रव्य संयुक्त रूप से प्रोटोप्लाज़्म या जीवद्रव्य का निर्माण करते हैं।
- पादप कोशिका में तारककाय व तारक केन्द्र अनुपस्थित, जबकि जन्तु कोशिका में उपस्थित होते हैं।
- पादप कोशिका में आरक्षित भोजन स्टार्च या तेल के रूप में भण्डारित रहता है, जबकि जन्तु कोशिका में ग्लाइकोजन के रूप में भण्डारित रहता है।
- स्टैम सैल (मातृ कोशिकाएँ) हमारे शरीर की अविभाज्य कोशिकाएँ होती हैं, जिनमें समसूत्री विभाजन की क्षमता होती है एवं जिन्हें अधिक स्टैम सैल उत्पादित करने के लिए पुनः विभाजित किया जाता है। स्टेम सैल भ्रूण, गर्भनाल एवं वयस्कों के अस्थि मज्जा से प्राप्त की जाती है।
- इनके द्वारा मानवीय रोगों के कारण क्षतिग्रस्त ऊतकों को प्रतिस्थापित किया जा सकता हैं, उदाहरण-अस्थि मज्जा प्रत्यारोपण जिसके द्वारा रुधिर कैंसर का उपचार होता है।
- स्टैम सैल के अन्य उपयोग
  - मानव विकास के अध्ययन में
  - नई औषधियों की जाँच में
  - जीन चिकित्सा पद्धति में
- प्लाज़्मा झिल्ली कोशिका का बाह्य आवरण होता है, जो कोशिका की सामग्री को उसके बाह्य वातावरण से अलग करता है।
- प्लाज़्मा झिल्ली कोशिका में कुछ सामग्रियों के प्रवेश और निकास की अनुमति देती है। यह कुछ अन्य सामग्रियों के परिवहन को भी रोकती है, इसलिए प्लाज़्मा झिल्ली को चयनात्मक पारगम्य झिल्ली कहा जाता है।
- पादप, कवक और जीवाणुओं की कोशिका भित्ति जन्तु कोशिकाओं की तुलना में आसपास के माध्यम में बहुत अधिक परिवर्तनों का सामना करती है।
- रसधानी कोशिकाओं को परासरण नियमन, श्वसन, पोषण, अपशिष्ट पदार्थों के निष्कासन, परासरण नियमन, जैसे कार्य करने में मदद करती है। इसके अतिरिक्त यह कोशिका की आकृति व आकार भी बनाए रखती है।

03

ऊतक

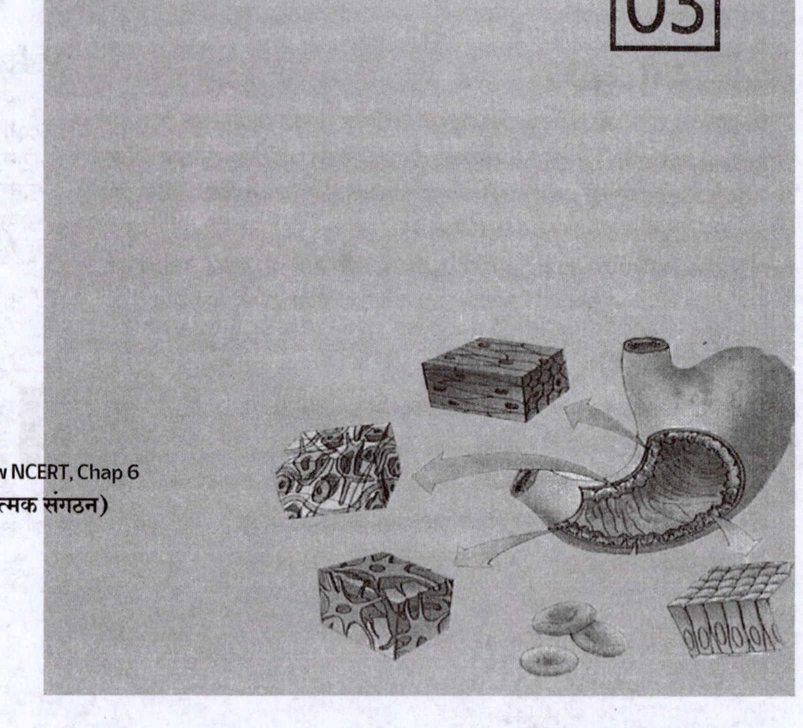

(स्रोत)

Class-IX, New NCERT, Chap 6 **(ऊतक)**, Class-XI, New NCERT, Chap 6 **(पुष्पीय पादपों का शरीर)**, Chap 7 **(प्राणियों में संरचनात्मक संगठन)** Tamil Nadu Board (Class-IX), NIOS

- बहुकोशिकीय जीवों (Multicellular organisms) में श्रम विभाजन (Division of labour) होता है अर्थात् इनमें कोशिकाएँ परस्पर मिलकर ऊतकों (Tissues) का निर्माण करती हैं, जो क्रमशः अंगों एवं अंग-तंत्रों का निर्माण करते हैं।
- जीव विज्ञान की वह शाखा जिसमें ऊतकों का अध्ययन किया जाता है, वह औतिकी (Histology) कहलाती है।
- समान उत्पत्ति एवं समान कार्य करने वाली कोशिकाओं का ऐसा समूह जिनकी मूलभूत संरचना भी समान होती है, **ऊतक** कहलाता है।
- इन्हें दो भागों में बाँटा जा सकता है- **पादप ऊतक** (Plant tissue) एवं **जंतु ऊतक** (Animal tissue)।

पादप ऊतक

- पादप स्थिर अर्थात् गतिहीन होते हैं। अतः इनमें यांत्रिक सहारा (Mechanical support) प्रदान करने वाले सुरक्षात्मक ऊतक अधिक पाए जाते हैं, जो संरचना में सरल एवं प्रायः मृत होते हैं।
- पादपों में वृद्धि कुछ सीमित क्षेत्रों में ही होती है, किंतु इनमें जीवनपर्यंत असीमित वृद्धि (कोशिका विभाजन) होती है। विभाजन की क्षमता के आधार पर पादप ऊतक दो प्रकार के होते हैं- विभज्योतक (Meristimatic tissue) एवं स्थायी ऊतक (Permanent tissue)।

1. विभज्योतक ऊतक

- पादपों में वृद्धि मुख्यतः सक्रिय विभाजन वाले विशिष्ट क्षेत्रों तक ही सीमित होती है। इन क्षेत्रों में पाए जाने वाले विभाजनशील ऊतक विभज्योतक कहलाते हैं, जो निरंतर कोशिका विभाजन द्वारा नई कोशिकाओं का निर्माण करते हैं।
- विभज्योतक की कोशिकाएँ अत्यधिक क्रियाशील होती हैं। उनमें कोशिका-द्रव्य की मात्रा अधिक होती है, पतली कोशिका भित्ति और स्पष्ट केन्द्रक होते हैं व रसधानी अनुपस्थित होती है।
- स्थिति के आधार पर विभज्योतक ऊतक तीन प्रकार के होते हैं

(i) **शीर्षस्थ विभज्योतक** (Apical meristem) यह तने (Stem) एवं जड़ (Root) के शीर्ष पर वृद्धि वाले भागों में पाया जाता है। यह प्राथमिक ऊतक, पादप की लंबाई में वृद्धि करता है।

(ii) **अंतर्विष्ट/अंतर्वेशी विभज्योतक** (Intercalary meristem) ये ऊतक पत्तियों के आधार पर या टहनी के पर्व (Internode) या पर्वसन्धियों के पास उपस्थित होते हैं। वास्तव में ये शीर्षस्थ विभज्योतक ऊतक के वे भाग हैं, जो लंबाई बढ़ने के कारण उनसे अलग हो जाते हैं। ये ऊतक **स्थायी ऊतक** (Permanent tissue) के बीच-बीच में पाए जाते हैं तथा ये भी पादपों की लम्बाई में वृद्धि के लिए उत्तरदायी होते हैं।

(ii) **पार्श्व विभज्योतक** (Lateral meristem) ये द्वितीयक ऊतक (Secondary tissue) होते हैं, जो प्राथमिक ऊतकों के समाप्त होने के बाद तनें व जड़ के परिपक्व क्षेत्रों में विकसित होते हैं। एधा (Cambium) इसका उदाहरण है, जो द्वितीयक वृद्धि द्वारा जड़ एवं तने का व्यास बढ़ाते हैं।

2. स्थायी ऊतक

- विभज्योतकों द्वारा विकसित नई कोशिकाएँ परिपक्व (Mature) होकर अपने कार्यों के अनुसार नए रूप या आकार में रूपांतरित होकर विभाजन की क्षमता खो देती है एवं स्थायी ऊतकों का निर्माण करती है।
- इस प्रकार नई कोशिकाओं द्वारा एक विशिष्ट कार्य करने के लिए स्थायी रूप और आकार लेने की क्रिया **विभेदीकरण** (Differentiation) कहलाती है।
- कोशिकाओं के प्रकारों के आधार पर स्थायी ऊतक दो प्रकार के होते हैं

(i) सरल स्थायी ऊतक

इस प्रकार के ऊतक समान प्रकार की कोशिकाओं द्वारा निर्मित होते हैं। ये तीन प्रकार की होती हैं

(a) **मृदूतक** (Parenchyma) यह पतली कोशिका भित्ति वाली जीवित कोशिकाओं का बना सरलतम स्थायी ऊतक है। इसकी कोशिकाएँ अंडाकार या गोलाकार होती है। इनमें अंतराकोशिकीय अवकाश (Intercellular space) पाया जाता है। ये मुख्य रूप से **भोजन** एवं **जल का संचय** करते हैं।

कुछ मृदूतकों में हरितलवक (Chloroplast) पाया जाता है, जिसके कारण ये प्रकाश- संश्लेषण कर पाते हैं, उन्हें **हरित ऊतक** (Chlorenchyma) कहते हैं। जलीय पादपों में मृदूतक की कोशिकाओं के मध्य बड़ी वायु की गुहिकाएँ पाई जाती हैं, जोकि उन्हें तैरने में सहायता प्रदान करती है। इन्हें **वायोतक** (Aerenchyma) कहते हैं।

(b) **स्थूलकोणोतक** (Collenchyma) इसकी जीवित कोशिका भित्ति (Cell wall) पर मुख्य रूप से कोनों पर पैक्टिन का जमाव होता है, इसलिए इसके कोने मोटे होते हैं।

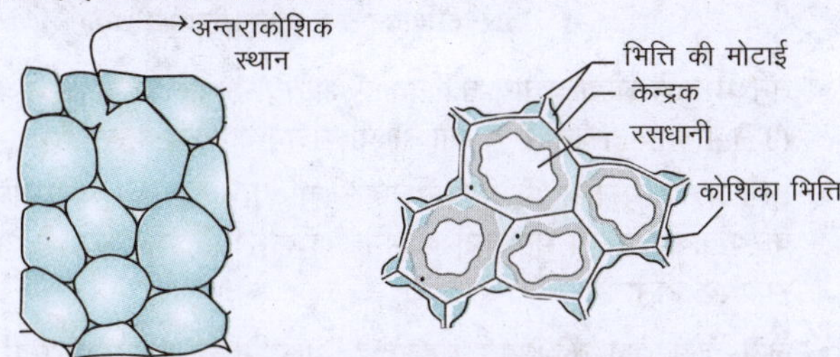

विभिन्न प्रकार के सरल ऊतक (a) पैरेन्काइमा (b) कोलेन्काइमा

इनमें प्रायः हरितलवक पाया जाता है, जो प्रकाश संश्लेषण में सहायक होते हैं। इनमें अंतराकोशिकीय अवकाश (Intracellular space) का अभाव होता है। यह द्विबीजपत्री पादपों (Dicotyledonous plants) के तने की **अधस्त्वचा** (Hypodermis) में पाया जाता है तथा नई शाखाओं एवं पत्तियों को यांत्रिक सहारा प्रदान करता है।

(c) **दृढ़ोतक** (Sclerenchyma) यह कठोर एवं मोटी भित्ति वाला मृत रक्षात्मक ऊतक है। यह ऊतक पादप को कठोर व मजबूत बनाता है। इनके ऊपर सेलुलोस (Cellulose) एवं लिग्निन (Lignin) की बनी मोटी भित्ति पाई जाती है।

यह दो प्रकार की होती हैं-**दृढ़ोतक तंतु** (Sclerenchymatous fibres) जिसमें लंबी,–पतली एवं सिरे से नुकीली कोशिकाएँ होती है एवं **दृढ़ कोशिकाएँ** (Stone cells) जिसमें गोलाकार, अंडाकार या बेलनाकार कोशिकाएँ होती हैं। ये ऊतक पादप को यांत्रिक सहारा एवं सुरक्षा प्रदान करते हैं तथा ये नारियल के रेशेदार छिलके, संवहनी (Vascular) बंडल, तने, पत्तियों की शिराओं (Veins), बीज एवं फलों के छिलके आदि में पाए जाते हैं।

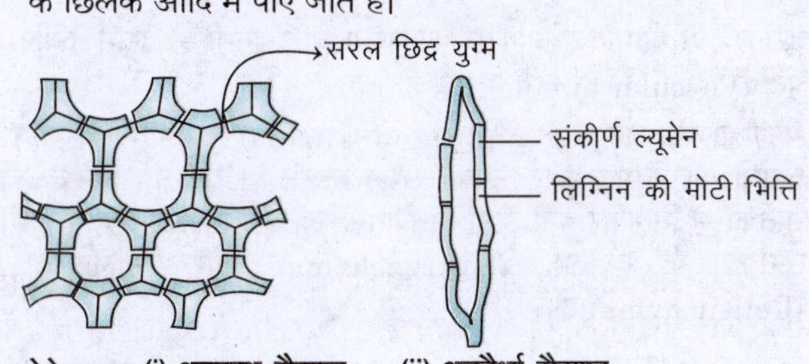

स्क्लेरेन्काइमा (i) अनुप्रस्थ सैक्शन (ii) अनुदैर्ध्य सैक्शन

(ii) जटिल स्थायी ऊतक

ये ऊतक एक से अधिक प्रकार की कोशिकाओं से मिलकर बने होते हैं, जो एक साथ मिलकर एक इकाई की तरह कार्य करते हैं।

ये दो प्रकार के होते हैं

(a) जाइलम

- जाइलम (Xylem) जल संवाहक ऊतक (Water conducting tissues) है, जो मृदा से अवशोषित जल एवं खनिज लवणों को मूल से पादप के अन्य भागों तक पहुँचाता है।
- इसमें जल का **एकदिशीय** (Unidirectional) परिवहन (Transportation) होता है। यह ऊतक पादपों को यांत्रिक सहारा भी प्रदान करता है।
- इसमें निम्नलिखित चार प्रकार की कोशिकाएँ पाई जाती हैं
  - **वाहिनिकाएँ** (Tracheids) इस प्रकार की कोशिकाएँ निर्जीव, लंबी, नलिकाकार एवं दोनों सिरों पर नुकीली होती हैं। कोशिका भित्ति पर अत्यधिक लिग्निन जमा होने के कारण इन वाहिनिकाओं की दीवार सर्पिलाकार (Spiral), वलयाकार (Annular), जालिकारूपी (Reticulate) और गर्तमय (Pitted) हो सकती हैं। ये जल संवहन के साथ-साथ पादपों को दृढ़ता प्रदान करती हैं।
  - **वाहिकाएँ** (Vessels) ये भी पतली बेलनाकार, नलीनुमा वाहिनिकाओं के समान कोशिकाएँ हैं, परंतु इनकी चौड़ाई वाहिनिकाओं की तुलना में अधिक होती है। कोशिका भित्ति पर लिग्निन के स्थूलन के कारण, वाहिकाएँ भी अनेक प्रकार, (जैसे-सर्पिलाकार, वलयाकार, जालिकावत्, सोपानवत्, गर्ती, आदि) की होती हैं। ये जल एवं खनिज लवणों का संवहन करती हैं।
  - **जाइलम मृदूतक** (Xylem Parenchyma) ये वे जीवित कोशिकाएँ होती हैं, जो मृदूतक के समान ही होती हैं, परंतु इनकी भित्ति लिग्निन के जमा होने के कारण थोड़ी मोटी हो जाती है। ये कोशिकाएँ शर्करा (Sugar), तेल, आदि पदार्थों को संचयित करती हैं।
  - **जाइलम तंतु** (Xylem Fibres) इस प्रकार की कोशिकाएँ निर्जीव, लंबी, पतली और सिरों पर नुकीली होती हैं। ये पादपों को सहारा और दृढ़ता प्रदान करती हैं।

(b) फ्लोएम

- फ्लोएम (Pholem) **भोजन संवाहक ऊतक** है, जो पत्तियों में निर्मित भोजन को पादप के अन्य भागों तक पहुँचाता है।
- इसमें भोजन का **द्विदिशीय** (Bidirectional) परिवहन होता है।
- फ्लोएम निम्नलिखित चार प्रकार की कोशिकाओं से मिलकर बना होता है
  - **चालनी नलिकाएँ** (Sieve Tubes) ये विशेष प्रकार की नलिकाकार संरचनाएँ हैं, जोकि अनेक सजीव और लंबी कोशिकाओं के सिरे कतार में जुड़ने के फलस्वरूप बनती हैं। इन कोशिकाओं के बीच-बीच में उपस्थित अनुप्रस्थ भित्तियों में अनेक छिद्र होते हैं, जिससे इनकी रचना छलनी के समान प्रतीत होती है।

    इसी कारण इन्हें **चालनी पट्टिकाएँ** (Sieve plates) कहते हैं। इनमें भोज्य पदार्थों का घुलित अवस्था में स्थानांतरण होता है।
  - **सहकोशिकाएँ** (Companion Cells) ये कोशिकाएँ लंबी, पतली और चालनी नलिकाओं के पार्श्व में उपस्थित होती हैं। इन कोशिकाओं में एक बड़ा केंद्रक तथा जीवद्रव्य पाया जाता है। केवल आवृतबीजी पादपों के फ्लोएम में सहकोशिकाएँ पाई जाती हैं।

- ये चालनी कोशिकाओं द्वारा कार्बनिक भोजन के संवहन में सहायता करती हैं।
- **फ्लोएम मृदूतक** (Phloem Parenchyma) चालनी नलिकाओं के बीच-बीच में साधारण मृदूतक समान जीवित, लंबी एवं केंद्रकयुक्त, छोटी-छोटी कोशिकाएँ पाई जाती हैं, जो फ्लोएम मृदूतक कहलाती हैं। ये भोजन का संचय (Accumulation) करती हैं।
- **फ्लोएम रेशे** (Phloem Fibres) ये लंबी निर्जीव दृढ़ कोशिकाओं के बने होते हैं तथा फ्लोएम को यांत्रिक शक्ति और दृढ़ता प्रदान करते हैं।

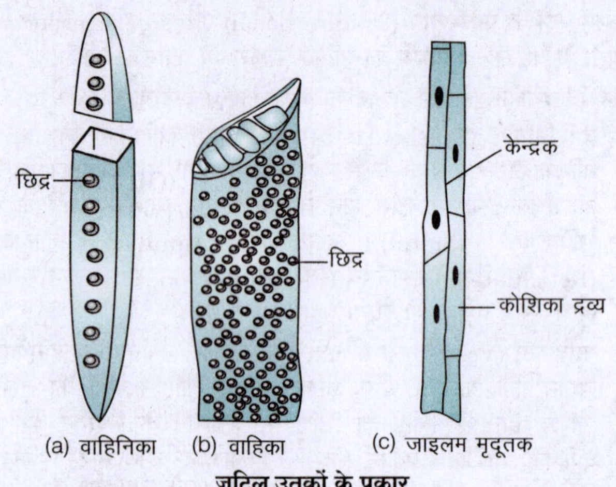

जटिल उतकों के प्रकार

पादप ऊतक तंत्र

संरचना एवं स्थिति के आधार पर पादपों में तीन प्रकार का ऊतक तंत्र पाया जाता है

1. बाह्यत्वचीय ऊतक तंत्र

- यह पादप का सबसे बाहरी आवरण होता है।
- **बाह्यत्वचा** (Epidermis) की कोशिकाएँ कम जीवद्रव्य एवं बड़ी रसधानी (Vacoule) युक्त मृदूतकी कोशिकाएँ होती हैं, जो मरुद्भिद पादपों (Xerophytic plants) में वाष्पोत्सर्जन (Transpiration) को कम करने हेतु मोटी होती हैं।
- मरुद्भिद् पादपों के तने में बाह्यत्वचा की कोशिकाएँ **क्यूटिन** (Cutin) नामक जल अवरोधक पदार्थ का स्रावण करती हैं, जो इन पर एक मोम की परत का निर्माण करती है, जिसे **क्यूटिकल** (Cuticle) कहते हैं।
- यह वाष्पोत्सर्जन को कम करती है एवं पादप को यांत्रिक आघात एवं परजीवी कवक (Parasitic fungi) के प्रवेश से भी बचाती है।
- पत्तियों एवं हरे पादपों के तने पर छोटे–छोटे सूक्ष्म छिद्र पाए जाते हैं, जो गैसों (CO_2 एवं O_2) के विनिमय एवं वाष्पोत्सर्जन का कार्य करते हैं। इन्हें **रंध्र (Stomata)** कहते हैं।
- प्रत्येक रंध्र दो सेम के आकार की **द्वार या रक्षी कोशिकाओं** (Guard cells) से घिरा होता है, जो इनके खुलने एवं बंद होने को नियंत्रित करता है। इसकी बाहरी भित्ति पतली, जबकि आंतरिक भित्ति मोटी होती है। घास में द्वार कोशिकाएँ डंबल आकार की होती हैं।
- द्वार कोशिकाओं में हरितलवक पाए जाते हैं एवं इनके पास स्थित विशिष्ट बाह्यत्वचीय कोशिकाओं को **सहायक कोशिकाएँ** (Subsidiary cells) कहते हैं।

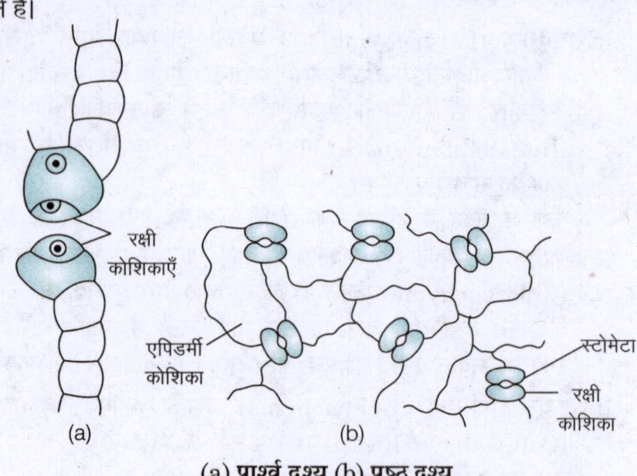

(a) पार्श्व दृश्य (b) पृष्ठ दृश्य
द्वार कोशिका तथा एपिडर्मिस कोशिका

- तने में कुछ बाह्यत्वचीय कोशिकाएँ अतिवृद्धि कर बहुकोशिकीय **त्वचारोम** (Trichomes) बनाती हैं, जो वाष्पोत्सर्जन को कम करती हैं।
- इसी प्रकार मूल में भी मूलीय बाह्यत्वचा (Epiblema) में कोशिकाएँ वृद्धि कर एककोशिकीय मूलरोमों का निर्माण करती हैं, जो जल के अवशोषण में सहायक होती हैं।
- जैसे-जैसे वृक्ष की आयु बढ़ती है, वृक्ष के बाह्य सुरक्षात्मक ऊतकों में द्वितीयक विभज्योतक की एक पट्टी जो कॉर्टिक्स में होती है कॉर्क नामक कोशिकाओं की परतों को बनाती है इन छालों की कोशिकाएँ मृत होती हैं। ये बिना अंत:कोशिकीय स्थानों के व्यवस्थित होती हैं।
- इनकी भित्ति पर सुबेरिन नामक पदार्थ होता है, जो इन छालों को वायु एवं जल के लिए अभेद्य बनाता है।

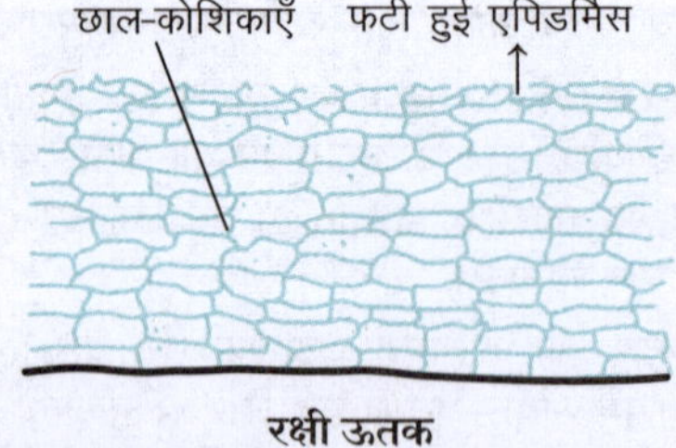

रक्षी ऊतक

2. भरण ऊतक तंत्र

- शीर्षस्थ विभज्योतकी ऊतकों में **पेरीब्लेम** (Periblem) से इस तंत्र का निर्माण होता है।
- इस तंत्र से ही पादप के शरीर का मुख्य भाग बनता है। इसमें केवल संवहन पूल (Vascular bundle) नहीं होते हैं।
- भरण ऊतक तंत्र (Ground tissue system) का प्राथमिक कार्य भोज्य पदार्थों का निर्माण और उनका संग्रह करना है। यह तंत्र अनेक प्रकार के ऊतकों से मिलकर बना होता है, जिनमें मृदूतक सबसे प्रमुख होता है। अन्य ऊतकों में दृढ़ोतक (Sclerenchyma) और स्थूलकोण ऊतक (Collenchyma) होते हैं।

- यह ऊतक तंत्र भिन्न-भिन्न पादपों के समूह में अलग-अलग होता है। द्विबीजपत्री पादपों में भरण ऊतक तंत्र को वल्कुट या कॉर्टेक्स (Cortex), परिरम्भ या पेरिसाइकिल (Pericycle), मज्जा (Pith) और मेड्यूलरी रेज (Medullary rays) भागों में विभाजित किया जा सकता है।
- एकबीजपत्री पादपों में संवहन पूल बिखरे हुए होते हैं, इसलिए इनमें वल्कुट और मज्जा अलग-अलग स्पष्ट नहीं होते हैं। वल्कुट अधिचर्म या बाह्यत्वचा के लिए नीचे अन्तस्त्वचा (Endodermis) तक का संपूर्ण भाग इसके अन्तर्गत आता है।

3. संवहनी ऊतक तंत्र

जाइलम तथा फ्लोएम मिलकर संवहन (Vascular) ऊतक तंत्र बनाते हैं। जाइलम, फ्लोएम तथा एधा (Cambium) की उपस्थिति एवं अनुपस्थिति के आधार पर संवहन पूल निम्न प्रकार के होते हैं

(i) **संयुक्त पूल** (Conjoint Bundle) इसमें जाइलम व फ्लोएम एक ही त्रिज्या पर होते हैं। तनों में इसी प्रकार के संवहन पूल पाए जाते हैं।

(ii) **संकेंद्री पूल** (Concentric Bundle) ऐसे संवहन पूल में एक ऊतक दूसरे को पूर्णरूप से घेरे रहता है; जैसे-जाइलम फ्लोएम को या फ्लोएम जाइलम को पूर्णरूप से घेरे रहता है। इसे संकेंद्री पूल कहते हैं।

(iii) **अरीय पूल** (Radial bundle) इस संवहन पूल में जाइलम तथा फ्लोएम अलग-अलग त्रिज्याओं पर स्थित होते हैं। ये प्रायः जड़ों में पाए जाते हैं।

जंतु ऊतक

- पादपों की तुलना में जंतुओं में भोजन, आश्रय, साथी आदि की खोज के कारण गति या गमन पाया जाता है। ये जीव पादपों की अपेक्षा अपने विशिष्ट वातावरण के प्रति अधिक अनुकूलता प्रदर्शित करते हैं। अतः इनमें ऊर्जा की आवश्यकता भी अधिक होती है। इसी कारण इनके अधिकांश ऊतक जीवित होते हैं।
- जंतुओं में निम्न चार प्रकार के ऊतक पाए जाते हैं

1. उपकला ऊतक

- उपकला ऊतक (Epithelial tissue) शरीर की विभिन्न सतहों पर ग्रन्थिल या अग्रन्थिल आवरण बनाते हैं। सतह पर होने के कारण इस ऊतक में रुधिर कोशिकाएँ नहीं होती हैं।
- ये निम्नलिखित प्रकार की होती हैं

(i) सरल उपकला

ऐसे ऊतकों में आधारकला पर कोशिकाओं का केवल एक ही स्तर होता है। ये सामान्यतया ऐसी सतहों पर होती हैं, जहाँ सुरक्षा के साथ-साथ स्रावण, अवशोषण, विसरण या परासरण द्वारा पदार्थों का आदान-प्रदान भी होता है। आकृति और रचना के आधार पर यह सरल उपकला (Simple Epithelium) निम्नलिखित तीन प्रकार की होती है।

(a) **सरल शल्की उपकला** (Simple Squamous Epithelium) इस उपकला की कोशिकाएँ शल्कों की भाँति चपटी, बहुभुजी (Polygonal) और चौड़ी प्लेट के आकार की होती हैं। इसे **खड़जी उपकला** (Pavement epithelium) भी कहते हैं। इनका प्रमुख कार्य पदार्थों को विसरण द्वारा एक ओर से दूसरी ओर पहुँचाना होता है।

ये देहगुहा के विभिन्न भागों; जैसे-हृदय, रुधिर वाहिनियों, आहार नली, मुँह का अस्तर लसीका वाहिनियों, फेफड़ों की वायु कूपिकाओं के चारों ओर पाई जाती हैं।

(b) **सरल घनाकार उपकला** (Simple Cuboidal Epithelium) इस सरल उपकला की कोशिकाएँ घनाकार होती हैं। यह उपकला उन अंगों में मिलती है, जहाँ अवशोषण, उत्सर्जन और स्रावण की क्रियाएँ होती हैं अर्थात् यह ऊतक वृक्क नलिकाओं, जनदों (Gonads), श्वसनिका या ब्रोंकियोल्स एवं स्वेद ग्रन्थियों में पाया जाता है।

(c) **सरल स्तम्भी उपकला** (Simple Columnar Epithelium) इस उपकला की कोशिकाएँ स्तम्भ (Pillars) के समान लम्बी, आयताकार व एक-दूसरे से सटी होती हैं।

कुछ स्थानों पर इन कोशिकाओं के बीच में कई स्थानों पर श्लेष्म का स्रावण करने वाली **चषक कोशिकाएँ** (Goblet cells) भी पाई जाती हैं। छोटी आँत एवं कुछ अन्य स्थानों पर इसकी कोशिकाओं के स्वतंत्र सिरों पर अनेक अँगुली समान प्रवर्ध पाए जाते हैं, ये **सूक्ष्मांकुर** (Microvilli) कहलाते हैं।

सूक्ष्मांकुर युक्त सतहों को ब्रश सदृश सतह भी कहते हैं। ये अवशोषण में सहायक है। यह ऊतक आमाशय, आँत, पित्ताशय, पित्तवाहिनियों की आंतरिक सतह पर पाया जाता है।

(ii) आभासीस्तृत स्तम्भी उपकला

- आभासीस्तृत स्तम्भी उपकला (Pseudostratified columnar epithelium) में उपस्थित स्तम्भी कोशिकाओं की लंबाई बराबर न होने के कारण छोटी-छोटी कोशिकाओं के एक अतिरिक्त स्तर की उपस्थिति का आभास होता है, जिसके कारण यह उपकला द्विस्तरीय दिखाई देती हैं।
- इस उपकला में सामान्यतया रोमाभि, श्लेष्मा या चषक कोशिकाओं की उपस्थिति अधिक होती हैं।
- ये श्वासनाल, नासिका गुहाओं, ग्रसनी, मूत्रमार्ग, ग्रंथि की बड़ी वाहिनियों एवं अन्य लम्बी नलिकाओं के आंतरिक स्तर को बनाती हैं।

(iii) स्तृत उपकला

- स्तृत उपकला (Stratified epithelium) में कोशिकाएँ एक से अधिक स्तरों में व्यवस्थित होती हैं एवं कोशिकाओं का केवल सबसे भीतरी (निचला) स्तर ही आधार कला पर स्थित होता है।
- सरल उपकला की ही तरह यह भी तीन प्रकार अर्थात् शल्की, घनाकार एवं स्तम्भी होती है।
- इस ऊतक के बाह्य स्तर की कोशिकाएँ नमी, चिकनाहट एवं घर्षण के कारण नष्ट होती रहती हैं, जबकि भीतरी स्तर की कोशिकाएँ विभाजित होकर इसकी क्षतिपूर्ति करती रहती हैं। ये ऊतक वायु से सीधे सम्पर्क रखने वाले भागों; जैसे देहभित्ति, नेत्रों की कॉर्निया, मलाशय गुहा, मुखगुहा, आदि पर पाए जाते हैं।

(iv) ग्रंथिल उपकला ऊतक

- ग्रंथिल उपकला (Glandular Epithelium) वास्तव में सरल स्तम्भी उपकला का एक रूपांतरण है। इनकी कोशिकाओं में एक स्पष्ट केंद्रक (Nucleus) होता है।
- ये कोशिकाएँ हॉर्मोन्स, एंजाइम्स, श्लेष्म, पाचक रस, आदि तरल पदार्थों का स्रावण करती हैं।
- ग्रंथिल उपकला ऊतक में स्रावण के लिए निम्नलिखित दो प्रकार की ग्रंथियाँ मिलती हैं
  - (a) **एककोशिकीय ग्रंथि** (Unicellular Gland) इसके अंतर्गत चषक (Goblet) कोशिकाएँ आती हैं, जो श्लेष्म (Mucous) का स्रावण करती हैं।
  - (b) **बहुकोशिकीय ग्रंथि** (Multicellular Gland) इसके अंतर्गत बहुकोशिकीय बाह्यस्रावी (Exocrine) और अंत:स्रावी (Endocrine) ग्रंथियाँ आती हैं।

2. संयोजी ऊतक

- संयोजी ऊतक (Connective tissue) शरीर के विभिन्न ऊतकों, अंगों तथा अंग-तंत्रों को परस्पर एक-दूसरे से जोड़ता है तथा **अंगों को सहारा** भी प्रदान करता है।
- संयोजी ऊतक की कोशिकाएँ आपस में कम जुड़ी होती हैं और **अंतरकोशिकीय आधात्री** (Intercellular matrix) में धँसी होती हैं।
- यह आधात्री ठोस, अर्द्ध-ठोस या तरल हो सकती हैं एवं इसकी प्रवृत्ति ऊतक के कार्य के प्रकार पर निर्भर करती है।
- संरचना के आधार पर संयोजी ऊतक तीन प्रकार के होते हैं

(i) वास्तविक संयोजी ऊतक

वास्तविक संयोजी ऊतक (Proper connective tissue) का आधारद्रव्य (Matrix) जैली नुमा मुलायम होता है। यह भी तीन प्रकार का होता है

- **ढीले संयोजी ऊतक या आंतराली ऊतक** (Loose connective tissue) इसका आधारद्रव्य (Matrix) पारदर्शक एवं चिपचिपा होता है, जो आंतरागों (Internal organs) एवं ऊतकों को हिलने की स्वतंत्रता प्रदान करता है। इसमें **श्वेत कोलेजन** (White collagen) एवं **पीले इलास्टिन तंतु** (Fibres) पाए जाते हैं।
- यह त्वचा और माँसपेशियों के मध्य, रक्त वाहिका के चारों ओर एवं अस्थि मज्जा (Bone marrow) में पाया जाता है। यह अंगों के भीतर की खाली जगह भरता है, आंतरिक अंगों को सहारा प्रदान करता है एवं क्षतिग्रस्त ऊतकों की मरम्मत करता है।
- ढीले संयोजी ऊतक दो प्रकार के होते हैं-
  - एरिओलर संयोजी ऊतक
  - वसापय संयोजी ऊतक
- **सघन संयोजी ऊतक या तंतुमय ऊतक** (Dense connective tissue) इसमें तंतु एवं तंतु कोशिकाएँ सघनता से व्यवस्थित होती हैं। इसमें आधारद्रव्य कम मात्रा में पाया जाता है। ये मुख्यतया दो प्रकार के होते हैं
  - (a) **कण्डरा** (Tendon) इसमें श्वेत कोलेजन तंतु अधिक मात्रा में पाए जाते हैं। ये तंतु पेशियों (Muscles) को अस्थियों (Bones) से जोड़ते हैं।
  - (b) **स्नायु** (Ligament) इनमें पीले इलास्टिन तंतु अधिक मात्रा में पाए जाते हैं। ये **तंतु अस्थियों** को **अस्थियों** से जोड़ते हैं। कण्डरा, स्नायु की तुलना में मजबूत एवं सीमित लचीलेपन वाला तंतुमय ऊतक है।
- **विशिष्टकृत संयोजी ऊतक या वसामय ऊतक** (Adipose Connective Tissue) यह अंतराली ऊतक का ही रूपांतरण है जिसमें वसा कोशिकाएँ सर्वाधिक संख्या में पाई जाती हैं। ये ऊतक त्वचा के नीचे एवं आंतरिक अंगों के बीच में पाया जाता है एवं कोमल भागों की आघातों से रक्षा करता है।

(ii) कंकालीय संयोजी ऊतक

कंकालीय संयोजी ऊतक (Skeletal connective tissue) शरीर के अंत: कंकाल का निर्माण करते हैं। ये दो प्रकार के होते हैं

- (a) **उपास्थि** (Cartilage) इसमें कोशिकाओं के मध्य पर्याप्त अंतराकोशिकीय स्थान होता है तथा इसका अर्द्ध ठोस आधारद्रव्य या आधात्री प्रोटीन एवं पॉलीसैकेराइड शर्करा का बना होता है।

  यह लचीला ऊतक है, जो नाक, कान, कंठ (Larynx), श्वासनली (Trachea) एवं अस्थियों की संधियों (Joints) पर पाया जाता है। इनमें दबाव एवं तनाव को सहने की अत्यधिक क्षमता होती है।
- (b) **अस्थि** (Bone) इसमें अस्थि कोशिकाएँ कैल्सियम फॉस्फेट के ठोस आधारद्रव्य में धँसी होती हैं, जिसमें बीच-बीच में कोलेजन तंतु पाए जाते हैं। यह कंकाल तंत्र का निर्माण कर शरीर के ढाँचे का निर्माण करता है।

  यह माँसपेशियों को जुड़ने के लिए आधार प्रदान करता है, जिसकी सहायता से कशेरुकी (Vertebrate) जंतुओं में गमन होता है। यह शरीर के कोमल अंगों को सुरक्षा प्रदान करता है एवं अस्थि मज्जा में लाल रुधिर कणिकाओं (RBCs) व श्वेत रुधिर कणिकाओं (WBCs) का उत्पादन होता है।

(iii) संवहनीय संयोजी ऊतक

- इनका आधारद्रव्य तरल प्रकृति का होता है। अत: इसमें कोशिकाएँ तैरती रहती हैं।
- यह ऊतक शरीर के विभिन्न भागों के मध्य पदार्थों के परिवहन का महत्त्वपूर्ण कार्य करता है। यह दो प्रकार (लसीका एवं रुधिर) का होता है।

रुधिर

यह लाल रंग का क्षारीय (pH=7.4) तरल है, जो सम्पूर्ण शरीर में विभिन्न अंगों एवं अंग-तंत्रों के मध्य पोषक तत्त्वों, उत्सर्जी पदार्थों, हॉर्मोनों आदि का परिवहन करता है। इसके अतिरिक्त यह शरीर के ताप का भी नियमन करता है। इसके दो भाग होते हैं

- (i) **प्लाज्मा** (Plasma) यह रुधिर का 55% तरल आधात्री भाग है, जोकि हल्के पीले रंग का गाढ़ा तरल पदार्थ है। इसमें 90-92% जल, 6-8% प्रोटीन एवं शेष अकार्बनिक लवण पाए जाते हैं। इसमें मुख्यतया ग्लोबुलिन, एल्ब्युमिन, फाइब्रिनोजन, जैसी प्रोटीन पाई जाती हैं।
- (ii) **रुधिर कोशिकाएँ** (Blood Cells) यह रुधिर का 45% ठोस भाग है, जिसमें तीन तरह की रुधिर कोशिकाएँ पाई जाती हैं।

लाल रुधिर कोशिकाएँ या इरिथ्रोसाइट

- एक स्वस्थ व्यक्ति में RBCs की संख्या 50-44 लाख प्रति mm^3 होती हैं।
- परिपक्व RBCs में केंद्रक नहीं पाया जाता है तथा इनकी आकृति उभयावतल होती है।
- इनका निर्माण वयस्क में **अस्थि मज्जा** (Bone marrow) में होता है तथा इनका जीवन काल 120 दिन का होता है।
- **प्लीहा** (Spleen) को RBCs **का कब्रिस्तान** (Graveyard of RBCs) कहा जाता है, क्योंकि इनका विनाश यहीं होता है।
- RBCs में **हीमोग्लोबिन** (Haemoglobin) नामक लौह युक्त लाल श्वसन वर्णक (Red respiratory pigment) पाया जाता है, जो इसके लाल होने का कारण है। यही वर्णक O_2 एवं CO_2 से जुड़कर इनका परिवहन करता है।

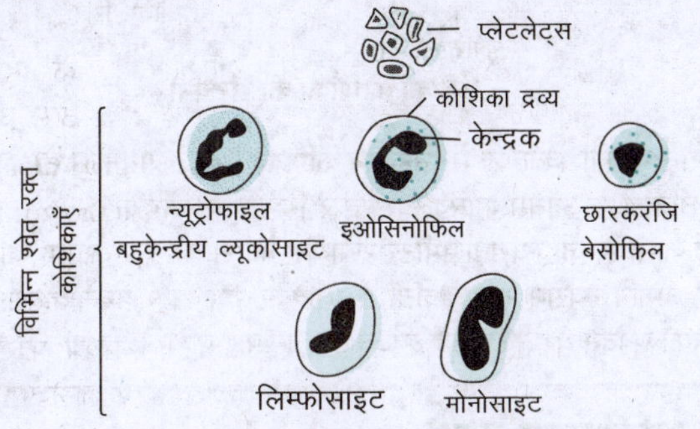

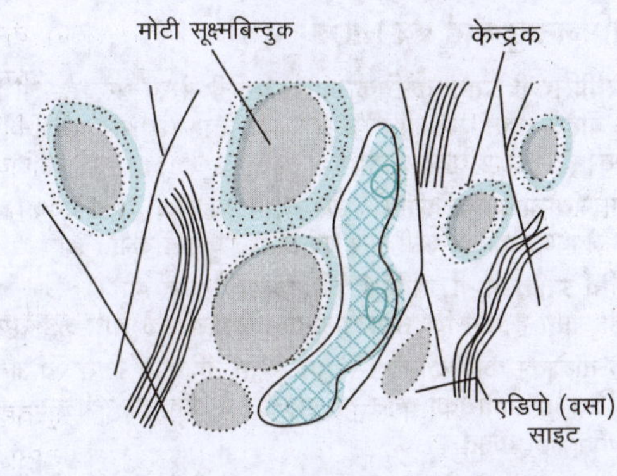

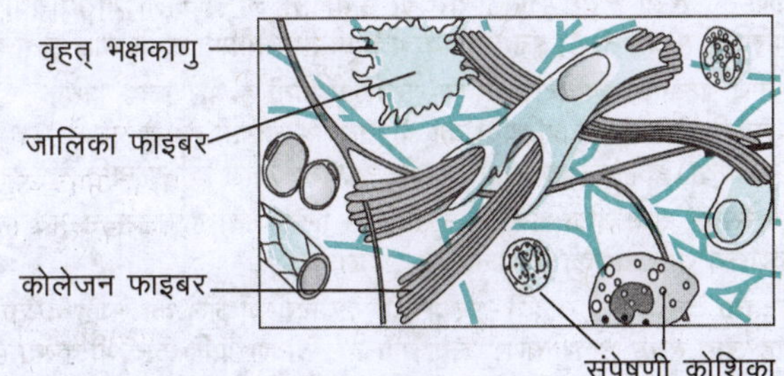

श्वेत रुधिर कोशिकाएँ या ल्यूकोसाइट

- एक स्वस्थ व्यक्ति में WBCs की संख्या 6000-8000 प्रति mm^3 होती है।
- ये केंद्रक युक्त रंगहीन कोशिकाएँ हैं, जिनका जीवनकाल 2-7 दिन का होता है।
- ये प्रतिरक्षा तंत्र (Immune system) की कोशिकाएँ हैं, जो रोगों से लड़ने में सहायता प्रदान करती है।
- ये दो प्रकार की होती हैं – **कणिकाणु** (Granulocytes) जैसे–न्यूट्रोफिल (Neutrophil), इओसिनोफिल (Eosinophil) एवं बेसोफिल (Basophil) तथा **कणिका विहीन** (Agranulocytes) जैसे – मोनोसाइट (Monocyte) एवं लिम्फोसाइट (Lymphocyte)
- न्यूट्रोफिल एवं मोनोसाइट (6-8%) भक्षकाणु (Phagocyte) प्रकार की कोशिकाएँ हैं, जो जीवाणु जैसे बाह्य कारकों या कोशिकाओं का भक्षण करती हैं।
- बेसोफिल हिस्टामिन, सिरोटोनिन, हिपेरिन आदि का स्राव करती है एवं शोथकारी क्रियाओं में सम्मिलित होती है।
- इओसिनोफिल (2-3%) संक्रमण से बचाव करती है एवं एलर्जी प्रतिक्रिया में सम्मिलित होती है।
- लिम्फोसाइट (20-25%) दो प्रकार की होती हैं-B **लिम्फोसाइट एवं T लिम्फोसाइट** (अस्थि मज्जा एवं थाइमस में परिपक्व) जो प्रतिरक्षियों (Antibodies) का निर्माण करती है।

प्लेटलेट्स या थ्रोम्बोसाइट

- यह स्तनियों की विशिष्ट केंद्रक विहीन कोशिका **मेगाकैरियोसाइट** के विखंडन (Fission) से बनती है एवं रुधिर में इनकी संख्या 1.5-3.5 लाख प्रति mm^3 होती है।
- ये चोट लगने पर घाव वाले भाग पर **रक्त का थक्का** (Clotting) बनाती हैं।

लसीका

- लसीका (Lymph) रंगहीन अर्द्ध–पारदर्शी क्षारीय तरल है, जो रुधिर के प्लाज्मा एवं WBCs द्वारा ही निर्मित होता है।
- रुधिर एवं कोशिकाओं के मध्य पोषक तत्त्वों एवं गैसों का विनिमय इसी ऊतक द्रव्य के द्वारा होता है। इसमें वसा, लिम्फोसाइट, हॉर्मोन, आदि प्रमुखता से पाए जाते हैं।

3. पेशीय ऊतक

- पेशीय ऊतक (Muscular tissue) अनेक लंबी बेलनाकार पेशीय कोशिकाओं या तंतुओं के समूहों द्वारा बना होता है, जो परस्पर समानांतर रूप से विन्यासित होती हैं। पेशी तंतु अनेक छोटी इकाइयों जैसे पेशी तंतुक (Myofibril) द्वारा बना होता है।
- यह ऊतक शरीर की सभी प्रकार की गतियों के लिए उत्तरदायी होता है।

पेशीय ऊतक तीन प्रकार के होते हैं

रेखित पेशियाँ

- अभिरंजित कर सूक्ष्मदर्शी से देखने पर इस पेशी ऊतक में एकांतर क्रम में गहरे एवं हल्के रंगों वाली पट्टियाँ या धारियाँ (Bands) पाई जाती हैं, इसी कारण इसे **'रेखित पेशी'** (Striated muscle) कहते हैं।
- अस्थि (कंकाल) से जुड़े होने के कारण इन्हें **कंकाली पेशी** (Skeletal muscle) भी कहते हैं।
- अपनी इच्छानुसार इन पेशियों में गति उत्पन्न करने के कारण इन्हें **ऐच्छिक पेशी** (Voluntary muscle) भी कहते हैं।
- पेशी बहुकेंद्रकीय, दोनों सिरों से अस्थि से जुड़ी, बेलनाकार, लंबी एवं अशाखित होती है। यह पेशी हाथ, पैर, गर्दन, आदि भागों में पाई जाती है।

अरेखित पेशियाँ

- इन पेशियों में धारियाँ नहीं पाई जाती हैं, इसलिए इन्हें 'अरेखित' (Non-striated) या 'चिकनी पेशी' कहते हैं। ये पेशियाँ आंतरांगों; जैसे–आहारनाल, रक्त नलिका आदि के प्रसार एवं संकुचन जैसी गतियों को नियंत्रित करती हैं।
- इन पेशियों की गति को हम अपनी इच्छानुसार नियंत्रित नहीं कर सकते हैं। अतः इन्हें **अनैच्छिक पेशी** (Involuntary muscle) कहते हैं।
- यह पेशी एक केंद्रीय, तर्कुरूपी (Spindle-shaped) अर्थात् दोनों सिरों से नुकीली एवं अशाखित होती है।

हृदयी पेशियाँ

- यह हृदय की भित्ति में पाई जाने वाली शाखित, लंबी, बेलनाकार एवं एक केंद्रक युक्त पेशी है। यह संरचना में रेखित पेशी के समान धारियों युक्त, किंतु कार्य में अनैच्छिक होती है।
- इसमें **अंतर्विष्ट डिस्क** (Intercalated disc) पाई जाती है, जो इसके संकुचन को नियंत्रित करती है।
- ये **पेशीजनक** (Myogenic) होती है अर्थात् इनमें स्वउत्प्रेरण (Self excitation) पाया जाता है, जिसके कारण ये बिना थके लयबद्ध रूप से जीवनभर कार्य करती रहती हैं।

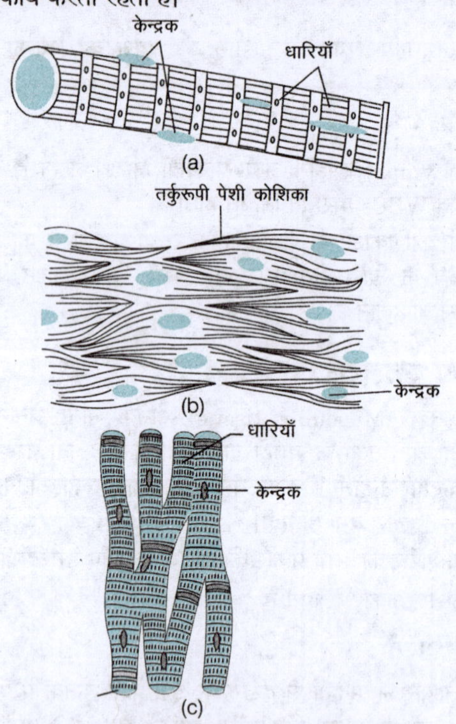

पेशीय ऊतक (a) रेखित पेशी (b) चिकनी पेशी, (c) कार्डियक (हृदयक) पेशी

4. तंत्रिका ऊतक

- तंत्रिका ऊतक (Nervous tissue) जीवों को वातावरणीय उत्तेजना के अनुकूल प्रतिक्रिया करने की क्षमता प्रदान करता है। यह उत्तेजनशील ऊतक तंत्रिका तंत्र की संरचनात्मक एवं कार्यात्मक इकाई न्यूरॉन से बना होता है।
- मस्तिष्क एवं मेरुरज्जु इसी ऊतक द्वारा बने होते हैं।
- न्यूरॉन के तीन मुख्य भाग होते हैं
  (i) **द्रुमिका** (Dendrite) ये पतली झाड़ीनुमा शाखाएँ होती हैं, जो आवेग या उद्दीपन ग्रहण करती हैं।
  (ii) **कोशिकाकाय** (Cyton) यह केंद्रक, कोशिकांग एवं कोशिकाद्रव्य युक्त भाग है जो द्रुमिका से आवेग ग्रहण करता है।
  (iii) **तंत्रिकाक्ष** (Axon) यह एक लंबा माइलिन युक्त या विहीन प्रवर्द्ध है, जो आवेग को कोशिकाकाय से दूर ले जाता है।

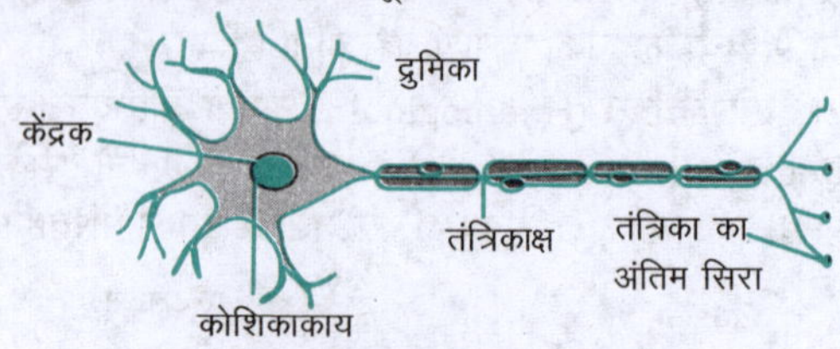

तंत्रिका कोशिका की संरचना

- न्यूरॉन में कोशिकाद्रव्य में **निस्सल कणिकाएँ** (Nissl granules) पाई जाती हैं। तंत्रिका के अंतिम शाखित सिरे पर सिनेप्टिक घुंडियाँ (Synaptic Knob) पाई जाती हैं, जो न्यूरोट्रांसमीटर रसायनों का स्रावण कर आवेग को सिनेप्स के पार अगले न्यूरॉन तक भेजती हैं। तंत्रिका रेशे से गुजरने वाली संवेदना को तंत्रिका स्पंदन कहते हैं। यह स्पंदन इच्छानुसार पेशियों की गति में सहायक है।

अतिरिक्त तथ्य
तमिलनाडु बोर्ड एवं NIOS

- एपिथीलियमी ऊतक कोशिकाओं की पतली संरक्षी परत है, जो कि शरीर की बाहरी सतह पर, आंतरिक अंगों की सतह पर और शरीर की गुहाओं के अस्तर के रूप में पाया जाता है।
- वसा संयोजी ऊतक वसा के भण्डारण में सहायक है। ये वृक्कों, अण्डाशयों एवं नेत्र गोलकों के चारों ओर धक्कारोधी कुशन बनाते हैं।
- पेशीय ऊतक लम्बी, संकीर्ण कोशिकाओं के बने होते हैं, जिन्हें पेशी तन्तु कहा जाता है, जो कि संयोजी ऊतक के द्वारा एक साथ जुड़े रहते हैं।
- एक तन्त्रिका कोशिका के सिरे पर स्थित तंत्रिकाक्ष सिरों एवं अन्य तन्त्रिका कोशिका के कोशिका काय या साइटॉन के बीच के स्थान को सिनैप्स (Synapse) कहते हैं।
- कण्डरा, रस्सी जैसी मजबूत संरचना होती है, जो कंकाली माँसपेशियों को अस्थियों से जोड़ती है। इनमें अधिक मजबूती तथा सीमित लचीलापन होता है।
- स्नायु अत्यधिक लोचदार तंतुमय संरचनाएँ होती है और इनमें अधिक मजबूती होती है। ये अस्थियों को अस्थियों से जोड़ती है। ये जोड़ों (सन्धियों) को मजबूत बनाते हैं और सामान्य गमन की अनुमति देते हैं।
- 'मेरिस्टेम' शब्द ग्रीक शब्द 'मेरिस्टोस' से लिया गया है, जिसका अर्थ है, विभाज्य या कोशिका विभाजन क्रियाकलाप।
- मृदूतक कई माँसल पादपों और मरुद्भिद पादपों में जल का संग्रह करता है। यह खाद्य संग्रह, अवशोषण, प्लवनशीलता, स्रावण आदि कार्य भी करता है।
- दृढोतक तन्तु लम्बी कोशिकाएँ होती हैं और इनके सिरे सामान्यतः नुकीले होते हैं। इनकी भित्तियाँ लिग्निनयुक्त होती है। ये तन्तु/रेशे कई पादपों में प्रचुर मात्रा में पाए जाते हैं। इन रेशों की औसत लम्बाई 1-3 मिमी होती है, जबकि *लिनम यूसिटेटिसिमम* (अलसी या फ्लैक्स) *केनेबिस सेटाइवा* (हेम्प) और *कॉरकॉरस केप्सुलेरिस* (जूट) जैसे पादपों में रेशे/तन्तु बड़े पैमाने पर 20 मिमी से 550 मिमी तक हो सकते हैं।
- चालनी नलिकाओं का मुख्य कार्य पत्तियों से संग्राहक अंगों तक खाद्य का परिवहन करना है।

04

(स्रोत)

Class-X New NCERT Chap 8 (आनुवंशिकता), Class-XII New NCERT Chap 4 (वंशागति तथा विविधता के सिद्धांत), Chap 5 (वंशागति के आण्विक आधार)

- जीवों के सभी लक्षण एक पीढ़ी से दूसरी पीढ़ी में स्थानांतरित होते हैं। जनकों (Parents) से संतति (Offspring) में स्थानांतरित होने वाले लक्षण वंशागत या **आनुवंशिक लक्षण** (Hereditary or genetic characters) कहलाते हैं तथा इस प्रक्रिया को **वंशागति** (Heredity or inheritance) कहते हैं।
- जीव विज्ञान की वह शाखा जिसके अंतर्गत जीवों में विभिन्नताओं (Variations) एवं वंशागति का अध्ययन किया गया है, **आनुवंशिकी** (Genetics) कहलाती है।

आनुवंशिकता/वंशागति के नियम

- सर्वप्रथम आनुवंशिकता के नियमों के प्रतिपादन एवं प्रायोगिक सत्यापन के कारण **ग्रेगर जॉन मेंडल** को 'आनुवंशिकी का जनक' (Father of genetics) कहते हैं।
- मेंडल ने ऑस्ट्रिया के ब्रून शहर में सात वर्षों तक (1856-63) उद्यान मटर (*Pisum sativum*) पर संकरण (Hybridisation) के विभिन्न प्रयोग कर आनुवंशिकता के नियमों का प्रतिपादन किया।
- मेंडल के अनुसार, जीवों में प्रत्येक आनुवंशिक लक्षण एक विशिष्ट कारक (Factor) द्वारा निर्धारित किया जाता है, जो इनकी वंशागति को भी नियंत्रित करता है।
- डेनमार्क के वनस्पतिशास्त्री **विल्हेम जोहानसेन** ने वर्ष 1909 में इन कारकों को **जीन** (Gene) कहा, जोकि **वंशागति की इकाई** होते हैं।
- पौधों का जीनप्रारूप (Genotype) ज्ञात करने के लिए **परीक्षार्थ संकरण** (Test cross) का उपयोग किया जाता है, जिसमें अज्ञात जीनप्रारूप वाले पौधे की समयुग्मकी अप्रभावी (Homozygous recessive) लक्षण वाले पौधे के साथ संकरित (Hybridise) कराया जाता है।
- समयुग्मकी होने की स्थिति में सभी पादप प्रभावी लक्षण वाले होते हैं, जबकि विषमयुग्मकी (Heterozygous) होने की स्थिति में प्रभावी एवं अप्रभावी लक्षणों वाले पादपों का अनुपात 1 : 1 होता है।
- वर्ष 1900 में तीन वैज्ञानिकों **ह्यूगो डी व्रीज, कार्ल कॉरेन्स** एवं **एरिक वॉन शेरमैक** ने मेंडल के नियमों की पुनः खोज की।

मेंडल द्वारा अपने प्रयोग में प्रयुक्त सात जोड़ी विपर्यासी या विपरीत लक्षणों के युग्म विकल्पी या एलील्स

लक्षण	प्रभावी लक्षण (Dominant character)	अप्रभावी लक्षण (Recessive character)
तने की लंबाई	लंबा	बौना
फूल का रंग	बैंगनी	सफेद
फूल की स्थिति	अक्षीय	अग्रस्थ
फली का आकार	फूली हुई	सिकुड़ी हुई
फली का रंग	हरा	पीला
बीज का आकार	गोल	झुर्रीदार
बीज का रंग	पीला	हरा

लक्षणों की वंशागति के नियम : मेंडल का योगदान

माता व पिता दोनों ही समान मात्रा में आनुवंशिक पदार्थ को संतति में स्थानान्तरित करते हैं अर्थात् मानव में लक्षणों की वंशागति पिता और माता के DNA से प्रभावित होती है; उदाहरण-स्वतन्त्र एवं जुड़े कर्णपालि मानव समष्टि में पाए जाने वाले दो परिवर्तन हैं।

- मेंडल (1822-1884) ने मटर एवं अन्य जीवों के वंशागत गुणों का अध्ययन किया था। वह पहले वैज्ञानिक थे, जिन्होंने प्रत्येक पीढ़ी के एक-एक पौधे द्वारा प्रदर्शित लक्षणों का रिकॉर्ड रखा और गणना की। इससे उन्हें वंशागत नियमों के प्रतिपादन में सहायता मिली।

मेंडल ने अपने प्रयोगों के आधार पर निम्नलिखित तीन नियमों का प्रतिपादन किया

1. प्रभाविता का नियम

- इस नियम के अनुसार, जब दो विपर्यासी (विपरीत) लक्षणों वाले पौधों के मध्य संकरण करवाया जाता है, तो जो लक्षण प्रथम पीढ़ी (F_1) में प्रकट होता है, वह **प्रभावी लक्षण** कहलाता है एवं इस गुण को 'प्रभाविता' (Dominance) कहते हैं। इसके विपरीत F_1-पीढ़ी में प्रकट न होने वाला लक्षण 'अप्रभावी' (Recessive) कहलाता है।

  उदाहरण के लिए जब शुद्ध या **समयुग्मकी** (Homozygous) (जब एलील के दोनों जीन समान हो) लंबे पादप (TT) का समयुग्मकी बौने पादप (tt) के साथ संकरण करवाया जाता है, तो F_1 पीढ़ी में सदैव लंबे पादप प्राप्त होते हैं।
- इस नियम का सत्यापन एकसंकर संकरण (Monohybrid cross) द्वारा किया जाता है, जिसमें एक बार में केवल एक ही लक्षण का अध्ययन किया जाता है।

2. पृथक्करण या युग्मकों की शुद्धता का नियम

- इस नियम के अनुसार, युग्मक निर्माण के समय कारकों (जीन) के जोड़े एक-दूसरे से पृथक् (Segregate) हो जाते हैं एवं एक युग्मक में दो में से केवल एक ही जीन आता है अर्थात् जोड़ों में उपस्थित होने पर भी एक एलील के जीन परस्पर सम्मिश्रित नहीं होते हैं एवं एक-दूसरे के कार्य को प्रभावित नहीं करते हैं।
- इस नियम का सत्यापन भी एकसंकर संकरण द्वारा किया जा सकता है।
- इस संकरण को निम्न रेखाचित्र से समझ सकते हैं

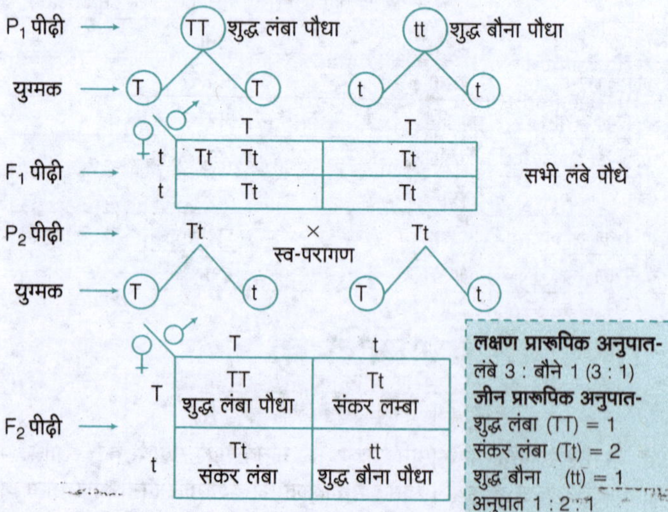

मेंडल द्वारा संपादित एकसंकर संकरण का रेखाचित्र

3. स्वतंत्र अपव्यूहन का नियम

- मेंडल के इस नियम का आधार द्विसंकर संकरण (Dihybrid cross) है।
- इस नियम के अनुसार, जब दो या दो से अधिक असंबंधित प्रभावी लक्षणों वाले पौधों के मध्य संकरण कराया जाता है, तो उनके जीन युग्म के कारकों का **पृथक्करण** (Segregation) एवं अपव्यूहन (Assortment) स्वतंत्र रूप से होता है अर्थात् ये स्वतंत्र रूप से पृथक् होकर जनकों के अन्य किसी भी लक्षण के साथ संयोग न बनाते हुए संतति पीढ़ियों में जाते हैं।

  उदाहरण-जब पीले गोल तथा हरे झुर्रीदार बीज वाले शुद्ध जनक पौधों में संकरण कराया जाता है, तो प्रथम पीढ़ी (F_1) में सभी **संकर** (Hybridise) पौधे गोल तथा पीले बीज वाले होते हैं।
- इससे यह सिद्ध होता है, कि बीजों का पीला रंग एवं गोल आकार प्रभावी गुण है तथा हरा रंग एवं झुर्रीदार आकार अप्रभावी गुण है।
- F_1 पीढ़ी के पौधों में स्व-परागण (Self-pollination) कराने पर F_2 पीढ़ी में चार प्रकार के बीज वाले पौधे 9 : 3 : 3 : 1 के अनुपात में प्राप्त होते हैं
  (i) पीले गोल-9
  (ii) हरे गोल-3
  (iii) पीले झुर्रीदार-3
  (iv) हरे झुर्रीदार-1

उपरोक्त प्रयोग को निम्न रेखाचित्र द्वारा समझ सकते हैं

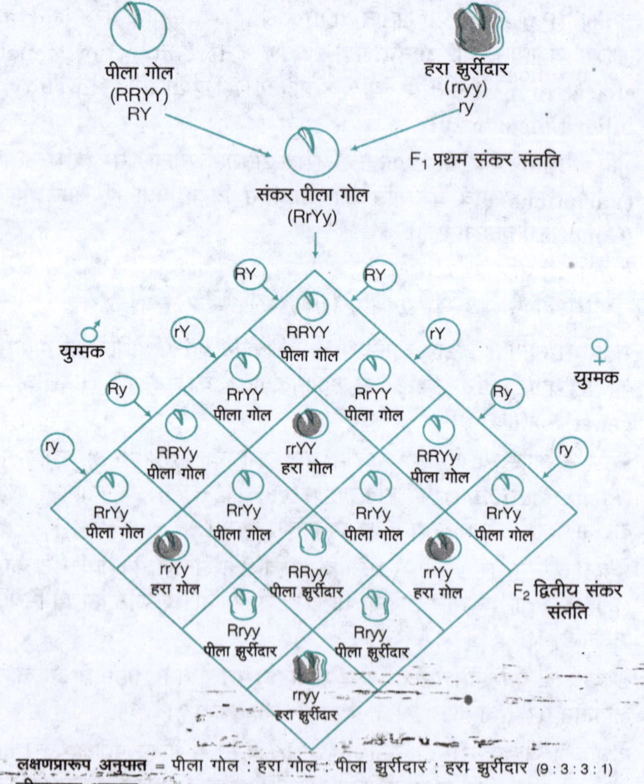

लक्षणप्रारूप अनुपात = पीला गोल : हरा गोल : पीला झुर्रीदार : हरा झुर्रीदार (9 : 3 : 3 : 1)
जीनप्रारूप अनुपात = 1 : 2 : 1 : 2 : 2 : 4 : 1 : 2 : 1

मेंडल द्वारा मटर में सम्पादित द्विसंकरण संकरण का रेखाचित्र

मेंडलवाद के अपवाद

- **अपूर्ण प्रभाविता** (Incomplete dominance) इसमें F_1 पीढ़ी में विषमयुग्मजी स्थिति में प्रभावी लक्षण पूरी तरह से प्रभावी न होकर मध्यवर्ती प्रभाव दर्शाता है अर्थात् अपूर्ण रूप से प्रभावी होता है। उदाहरण-गुलाबाँस (*Mirabilis jalapa*) में लाल पुष्प वाले पौधे को सफेद पुष्प वाले पौधे से क्रॉस कराने पर F_1-पीढ़ी में गुलाबी पुष्प वाले पौधे उत्पन्न होते हैं।
- **सह-प्रभाविता** (Co-dominance) इसमें F_1 पीढ़ी में एक जीन के दोनों एलील एक साथ प्रभावी रूप से अपने लक्षण प्रदर्शित करते हैं। मानव का AB रुधिर वर्ग इसका उदाहरण है, जिसमें I^A एवं I^B जीन दोनों एक साथ प्रभावी होते हैं।

वंशागति का गुणसूत्रीय सिद्धांत

- गुणसूत्र (Chromosome) आनुवंशिक लक्षणों के नियंत्रक, जीन के वाहक होते हैं।
- **बोवेरी एवं सटन** (Boveri and Sutton) ने वर्ष 1902 में बताया, कि युग्मकों के बनने की प्रक्रिया में समजात गुणसूत्रों का युग्मकों में पृथक्करण एवं नर तथा मादा युग्मकों के संयुग्मन की प्रक्रिया में समजात गुणसूत्रों का मिलना मेंडल द्वारा बताए गए एकल आनुवंशिक कारकों (Unit Hereditary Factors) की तरह ही होता है।
- इन समानताओं के कारण वैज्ञानिकों में यह धारणा बनी कि गुणसूत्र ही मेंडल के कारकों (Mendelian Factors) का कार्य करते हैं। इसी आधार पर सटन एवं बोवेरी ने वर्ष 1902 में **वंशागति के गुणसूत्रीय मत** (Chromosomal Theory of Inheritance) का प्रतिपादन किया था।

लिंग निर्धारण

- लिंग निर्धारण (Sex-determination) वह प्रक्रिया है, जिसके द्वारा यह सुनिश्चित होता है कि एकलिंगी जंतुओं में लैंगिक जनन द्वारा उत्पन्न होने वाली संतति नर होगी या मादा।
- मानव में कुल **23 जोड़ी** या **46 गुणसूत्र** पाए जाते हैं, जिनमें 22 जोड़ी नर एवं मादा में एक समान होते हैं तथा शरीर के अन्य कायिक लक्षणों का निर्धारण करते हैं। इन्हें **ऑटोसोम** (Autosome) या **कायिक गुणसूत्र** (Somatic chromosomes) कहते हैं।

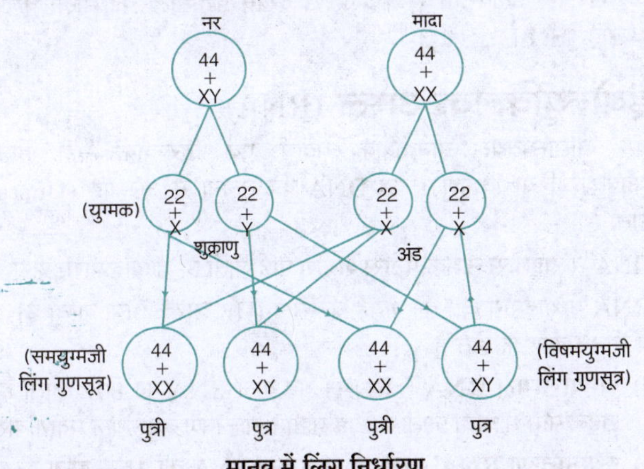

मानव में लिंग निर्धारण

- शेष एक जोड़ी गुणसूत्र नर एवं मादा में अलग-अलग होते हैं, जो इनके लिंग का निर्धारण करते हैं, इन्हें **लैंगिक गुणसूत्र/हेटेरोसोम** या **एलोसोम (Sex Chromosomes/Heterosomes/Allosomes)** कहते हैं।
- नर में ये XY तथा मादा में XX होते हैं। अतः मानव में शिशु के लिंग का निर्धारण पिता का शुक्राणु (Sperm) करता है, माता का अंडाणु (Egg) नहीं।
- पक्षियों, मछलियों, सरीसृपों वं कुछ कीटों में मादा विषमयुग्मकी (ZW) होती है, जबकि नर समयुग्मकी (ZZ) होता है।

उत्परिवर्तन

- उत्परिवर्तन (Mutation) किसी जीव के जीनोम (DNA) में अचानक से उत्पन्न परिवर्तन होता है, जिसके परिणामस्वरूप जीव के जीनोटाइप एवं फीनोटाइप में परिवर्तन आ जाता है।
- उत्परिवर्तन उत्पन्न करने वाले भौतिक एवं रासायनिक कारक **'उत्परिवर्तनजन'** (Mutagen) कहलाते हैं; जैसे पराबैंगनी (UV) विकिरणें, X-किरणें, α, β तथा γ किरणें, मस्टर्ड गैस, आदि।

आनुवंशिक विकार

- **हीमोफीलिया** (Haemophilia) यह अप्रभावी X-लिंग सहलग्न वंशागति (X-Sex linked inheritance) का उदाहरण है, जिसमें विषमयुग्मजी मादा केवल वाहक होती है, रोगग्रस्त नहीं। इस रोग में रुधिर स्कंदन कारक VIII के अभाव के कारण चोट लगने पर रक्त का थक्का (Clot) नहीं बन पाता है एवं निरंतर रक्तस्राव के कारण व्यक्ति की मृत्यु हो सकती है।
- **वर्णान्धता** (Colour blindness) यह भी अप्रभावी X-लिंग सहलग्न वंशागति का उदाहरण है। इस रोग में व्यक्ति लाल एवं हरे रंग में विभेद नहीं कर पाता है।
- **दाँत्र-कोशिका अरक्तता** (Sickle-cell anaemia) यह एक उपापचयी (Metabolic) विकार है, जिसमें हीमोग्लोबिन की β शृंखला के जीन में छठा कोडोन GAG, GUG द्वारा प्रतिस्थापित हो जाता है एवं ऑक्सीजन की कमी होने पर विषमयुग्मकी मानव में आधी RBCs का आकार दात्राँकार (Sickle shaped) हो जाता है, क्योंकि बीटा शृंखला का प्रथम अमीनो अम्ल वैलीन छठे स्थल के नए कोडोन के कारण जुड़े वैलीन से जुड़ जाता है।
- **फीनाइलकीटोनूरिया** (Phenylketonuria) यह उपापचयी विकार है, जिसमें रोगी में फीनाइलऐलेनीन अमीनो अम्ल को टाइरोसीन में बदलने के लिए आवश्यक एंजाइम फिनाइलएलेनीन हाइड्रोक्सीलेज (Phenylalanine Hydroxylase, PAH) की कमी होती है। परिणामस्वरूप एकत्रित फीनाइलऐलेनीन, फीनाइलपाइरुविक अम्ल में परिवर्तित हो जाता है एवं मानसिक दुर्बलता का कारण बन जाता है।
- **डाउन सिंड्रोम** (Down's Syndrome) यह 21वें गुणसूत्र की एकाधिसूत्रता (Trisomy) या एक अतिरिक्त प्रति बनने के कारण उत्पन्न होता है। इसमें व्यक्ति का कद छोटा, सिर गोल एवं छोटा, मोटी जीभ, मुँह आंशिक खुला एवं अवरुद्ध मानसिक विकास युक्त होता है।
- **क्लाइनफेल्टर सिंड्रोम** (Klinefelter's Syndrome) यह X गुणसूत्र की एकाधिसूत्रता (Trisomy) या एक अतिरिक्त प्रति बनने के कारण होता है अर्थात् इसमें 47 गुणसूत्र (44+XXY) होते हैं। इसमें रोगी बाँझ तथा पुरुष एवं मादा दोनों के लक्षणों से युक्त होता है।

- **टर्नर सिंड्रोम** (Turner's Syndrome) इसमें मादा में एक X गुणसूत्र का अभाव होता है अर्थात् इसमें कुल 45 गुणसूत्र (44 + X O) होते हैं। इसमें मादा बाँझ होती है, क्योंकि इनमें अंडाशय अल्प विकसित होते हैं एवं द्वितीयक लैंगिक लक्षणों का अभाव होता है।

आनुवंशिक पदार्थ

- **फ्रेडरिक मिश्चर** ने सर्वप्रथम न्यूक्लिक अम्ल (न्यूक्लिन) के रूप में आनुवंशिक पदार्थ (DNA) की खोज की थी।
- **फ्रेडरिक ग्रिफिथ** ने वर्ष 1928 में *स्ट्रेप्टोकोकस न्यूमोनी* जीवाणु में रूपांतरण (Transformation) प्रयोग द्वारा आनुवंशिक पदार्थ (Genetic material) की उपस्थिति को सिद्ध किया।
- **ओसवाल्ड एवेरी, कोलीन मैक्लियॉड एवं मैक्लीन मैक्कार्टी** ने वर्ष 1944 में रूपांतरण प्रयोग की रासायनिक विवेचना कर DNA को आनुवंशिक पदार्थ के रूप में सिद्ध किया।
- वर्ष 1952 में **हर्षे एवं चेस** ने जीवाणुभोजी (Bacteriophage) विषाणु द्वारा पारगमन (Transduction) प्रयोग कर DNA को आनुवंशिक पदार्थ के रूप में पुनः सत्यापित किया।

डीऑक्सीराइबोन्यूक्लिक अम्ल (DNA)

- DNA एक **द्विरज्जुक पॉलीन्यूक्लियोटाइड शृंखला** (Double-stranded Polynucleotide Chain) है, जो परस्पर हाइड्रोजन बँधों (Hydrogen bonds) द्वारा जुड़ी रहती है।
- DNA में प्रत्येक न्यूक्लियोटाइड इकाई का निर्माण एक **डीऑक्सीराइबोस** नामक **पेंटोस शर्करा** (Pentose sugar), एक **नाइट्रोजनी क्षारक** (Nitrogen base) एवं एक **फॉस्फेट समूह** (Phosphate group) द्वारा होता है।
- DNA में चार प्रकार के न्यूक्लियोटाइड पाए जाते हैं एवं इनमें उपस्थित विभिन्नता का कारण प्रयुक्त नाइट्रोजनी क्षारक होते हैं, जो चार प्रकार के होते हैं–एडीनीन (A) एवं ग्वानीन (G) जिन्हें **प्यूरीन क्षारक** कहते हैं तथा थाइमीन (T) एवं साइटोसीन (C) जिन्हें **पिरीमिडीन क्षारक** कहते हैं।
- पेंटोस शर्करा एवं नाइट्रोजनी क्षारक मिलकर **न्यूक्लियोसाइड** बनाते हैं, जो फॉस्फेट समूह से जुड़कर ऋणावेशित **न्यूक्लियोटाइड** का निर्माण करते हैं।
- DNA की आण्विक संरचना के **द्विकुंडलित मॉडल** (Double helix model) की व्याख्या वर्ष 1953 में **जेम्स वॉटसन** एवं **फ्रांसिस क्रिक** नामक वैज्ञानिकों ने की थी।
- DNA का प्रत्येक अणु दो कुंडलित पॉलीन्यूक्लियोटाइड शृंखलाओं का बना होता है, दोनों शृंखलाएँ एक–दूसरे से सर्पिल क्रम में दक्षिणावर्त (Clockwise) कुंडलित रहती हैं। इस प्रकार प्रत्येक DNA अणु में से दो कुंडलित रचना होती है। इस द्विकुंडलन का व्यास लगभग 20 Å होता है।
- प्रत्येक पॉलीन्यूक्लियोटाइड शृंखला में डीऑक्सीराइबोस शर्करा और फॉस्फेट समूह एकांतर क्रम में जुड़े होते हैं। इसी क्रम के द्वारा शृंखला का आधार बनता है। फॉस्फेट समूह एक तरफ की शर्करा के 5′ C से तथा दूसरी ओर 3′ C पर **फॉस्फोडाइएस्टर बंध** (Phosphodiester bond) द्वारा जुड़े रहते हैं।
- एक ही शृंखला के किन्हीं दो न्यूक्लियोटाइड्स के बीच 3.4 Å की दूरी होती है। कुंडलन के एक चक्रण (Rotation) के बीच की दूरी 34 Å होती है।
- दोनों शृंखलाएँ **प्रतिसमानांतर** (Antiparallel) दशा में कुंडलित होती हैं अर्थात् एक शृंखला में डाइएस्टर बंध $3' \rightarrow 5'$ दिशा में तथा दूसरी शृंखला में $5' \rightarrow 3'$ दिशा में होते हैं।
- दोनों शृंखलाओं की प्रत्येक शर्करा के C_1 पर **समकोण** (Perpendicular) पर एक नाइट्रोजनी क्षारक लगा होता है।
- एक शृंखला के प्यूरीन, दूसरी शृंखला के पिरीमिडीन से हाइड्रोजन आबंधों द्वारा जुड़े होते हैं। A सदैव T से तथा C सदैव G से जुड़ा होता है।
- एडीनीन व थाइमीन के मध्य दो हाइड्रोजन आबंध (A = T) तथा साइटोसीन व ग्वानीन के मध्य तीन हाइड्रोजन आबंध (C ≡ G) होते हैं।
- **इर्विन चारगॉफ के अनुसार** DNA में A + G = T + C होता है।

DNA का द्विगुणन

- DNA में प्रायः अर्द्धसंरक्षी विधि (Semiconservative method) से एक पैतृक DNA अणु दो नए DNA अणुओं को उत्पन्न करता है अर्थात् पैतृक DNA का प्रत्येक रज्जुक (Strand) अलग होकर नए पूरक रज्जुक का निर्माण कर लेता है। अतः नए संतति DNA में केवल एक ही रज्जुक नया होता है, जबकि दूसरा पुराना (पैतृक) होता है।
- इसका प्रायोगिक सत्यापन **मेसेलसन** व **स्टाहल** ने वर्ष 1958 में *ई. कोलाई* में किया। इसमें DNA पॉलीमरेज द्वारा $3' \rightarrow 5'$ ध्रुवता वाले रज्जुक पर सतत् रूप से DNA रज्जुक का निर्माण होता है, जबकि $5' \rightarrow 3'$ ध्रुवता वाले रज्जुक पर DNA खंडों (ओकाजाकी खंड) में निर्मित होकर DNA लाइगेज से जुड़ता है।

DNA की पैकेजिंग

- यूकैरियोटिक कोशिकाओं में क्षारीय हिस्टोन प्रोटीनों द्वारा DNA की पैकेजिंग (Packaging of DNA) की जाती है।
- पैकेजिंग के दौरान आठ हिस्टोन प्रोटीन के अणु परस्पर जुड़कर धनावेशित हिस्टोन अष्टक (Histon octamer) बनाते हैं, जिसके चारों ओर ऋणावेशित DNA लिपटा रहता है। इस संरचना को **न्यूक्लियोसोम** (Nucleosome) कहते हैं, जिसमें DNA के लगभग 166 क्षार युग्म होते हैं।
- यह संरचना इलेक्ट्रॉन सूक्ष्मदर्शी से देखने पर मोती की माला के समान दिखाई देती है।

राइबोन्यूक्लिक अम्ल (RNA)

- यह सामान्यतया आनुवंशिक पदार्थ एवं द्विरज्जुक नहीं होता है (अपवाद-रियो विषाणु)। यह DNA की तुलना में अस्थाई (Unstable) होता है।
- RNA में **राइबोस** नामक **पेंटोस शर्करा** पाई जाती है, डीऑक्सीराइबोस नहीं।
- RNA में थाइमीन (T) की जगह यूरेसिल (U) क्षारक पाया जाता है।

ये तीन प्रकार के होते हैं

(i) **राइबोसोमल RNA** (*r*RNA) यह कुल RNA का 80% होता है। यह राइबोसोम में पाया जाता है। यह प्रोटीन संश्लेषण हेतु स्थल प्रदान करते हैं।

(ii) **स्थानांतरण RNA** (*t*RNA) यह कुल RNA का 15% होता है। इनका मुख्य कार्य अनुवादन (Translation) प्रक्रम में अमीनो अम्ल के अणुओं को पकड़कर राइबोसोम पर लाना है तथा संदेशवाहक RNA अणुओं की

सहायता से इन्हें जोड़कर प्रोटीन संश्लेषण (Protein synthesis) में सहायता करना है।

(iii) **संदेशवाहक RNA** (mRNA) ये राइबोसोम्स की सतह पर प्रोटीन संश्लेषण में सहायता कहते हैं तथा DNA में उपस्थित आनुवंशिक संदेशों को कोडॉन के रूप में केंद्रक से कोशिकाद्रव्य में पहुँचाते हैं।

अणु जैविकी का केंद्रीय सिद्धांत

- इस सिद्धांत का प्रतिपादन **क्रिक** ने सन् 1958 में किया, जिसके अनुसार DNA से mRNA तथा RNA से प्रोटीन बनने की क्रिया में एक सूचना का संचार, एक ओर से दूसरी ओर तक होता रहता है।
- **टेमिन** तथा **बाल्टीमोर** (Temin and Baltimore) ने सूचनाओं के विपरीत प्रवाह (Reverse flow of information) की खोज की, जो इस प्रकार है

$$\text{DNA} \underset{\text{व्युत्क्रम अनुलेखन}}{\overset{\text{अनुलेखन}}{\rightleftharpoons}} m\text{RNA} \xrightarrow{\text{अनुवादन}} \text{प्रोटीन}$$

जीन अभिव्यक्ति

- जीन अभिव्यक्ति (Gene Expression) वह क्रिया है, जिसके अंतर्गत, जीन्स में कूटित सूचनाओं का अन्य पदार्थों में प्रकटीकरण होता है। ये पदार्थ (प्रोटीन) विभिन्न जीवों में लक्षणप्रारूप (Phenotypes) का निर्धारण करते हैं।
- DNA में उपस्थित सूचनाएँ mRNA में अनुलेखित होकर कोशिकाद्रव्य (Cytoplasm) में आती है। यहाँ पर ये राइबोसोम, अमीनो अम्ल, tRNA व विशिष्ट एंजाइमों की सहायता से नए प्रोटीन अणुओं का निर्माण करती हैं अर्थात् जीन की अभिव्यक्ति में DNA, RNA व प्रोटीन में संबंध निम्नलिखित हैं

$$\text{DNA} \rightarrow \text{RNA} \rightarrow \text{प्रोटीन}$$

इस प्रक्रिया के प्रमुख चरण निम्न प्रकार से हैं

(i) mRNA अणु का संश्लेषण, RNA पॉलीमरेज नामक एंजाइम की उपस्थिति में होता है। इस क्रिया में DNA का एक खंड **साँचे** (Template) के रूप में प्रयुक्त होता हैं। यह प्रक्रिया **अनुलेखन** (Transcription) कहलाती है।

(ii) सुकेंद्रकीय कोशिका में निर्मित प्रारम्भिक mRNA से कार्यात्मक mRNA का रासायनिक प्रतिरूपण (Chemical modification) होता है, जिसे **RNA प्रसंस्करण** (RNA processing) कहते हैं।

(iii) किसी प्रोटीन (पॉलीपेप्टाइड) में अमीनो अम्लों का अनुक्रम, mRNA के क्षार अनुक्रमों (Base sequences) के ही अनुरूप होता है। यह प्रक्रिया **अनुवादन** (Translation) कहलाती है।

आनुवंशिक कूट

- यह mRNA पर उपस्थित न्यूक्लियोटाइडों का त्रिक समूह (Triplet) होता है, जिसे **कोडॉन** (Codon) कहते हैं। प्रत्येक कोडॉन एक विशिष्ट अमीनो अम्ल को कोडित करता है, जिस आधार पर अनुवादन में mRNA के कूट को पढ़कर tRNA अमीनो अम्ल को rRNA पर लाता है एवं पॉलीपेप्टाइड शृंखला का निर्माण होता है।
- शरीर में मौजूद 20 प्रकार केअमीनो अम्लों को 61 प्रकार के कोडॉन कोडित करते हैं; जैसे–प्रारंभक कोडॉन (Initiation codon) AUG मिथिओनीन को कोडित करता है। यह सार्वत्रिक (Universal) होता है।
- UAG, UAA एवं UGA किसी भी अमीनो अम्ल को कोडित न कर अनुवादन समाप्त करते हैं। अतः इन्हें **समापक कोडॉन** (Termination codon) कहते हैं।

मानव जीनोम परियोजना

- प्रत्येक मनुष्य एक-दूसरे से भिन्न होता है। यह भिन्नता उसकी आनुवंशिक व्यवस्था के कारण होती हैं, जिसका निर्धारण उसके DNA पर उपस्थित अनुक्रमों द्वारा किया जाता है।
- यही कारण है कि मानव जीनोम का मानचित्रण करना सदैव से वैज्ञानिकों का उद्देश्य रहा है।
- सन् 1990 में संयुक्त राष्ट्र अमेरिका ने एक अन्तर्राष्ट्रीय अनुसन्धान कार्यक्रम के रूप में **मानव जीनोम परियोजना** (Human Genome Project, HGP) की शुरुआत की, ताकि इसका उपयोग जीन उपचार, जैव प्रौद्योगिकी उत्पादों के उत्पादन, कृत्रिम संकरण, रोग निरोधन, जीर्णता निरोधन, आदि उद्देश्यों हेतु किया जा सके।
- मानव जीनोम में लगभग 3 बिलियन (300 करोड़) न्यूक्लियोटाइड क्षारों की जानकारी प्राप्त हो चुकी है।
- प्रायः एक मानव जीन में लगभग 3000 न्यूक्लियोटाइड क्षार होते हैं।
- सर्वाधिक बड़ी जीन डिसट्रोफिन (Dystrophin) में 2.4 बिलियन क्षार सम्मिलित होते हैं। मानव जीनोम में लगभग 30000 क्रियात्मक जीन (Functional gene) होते हैं।

DNA अगुँलिछापी या फिंगरप्रिंटिंग

- DNA फिंगरप्रिंटिंग वह तकनीक है, जिसके द्वारा DNA के निश्चित क्षेत्रों के न्यूक्लियोटाइड क्रम ज्ञात किए जाते हैं, जो प्रत्येक व्यक्ति के लिए विशिष्ट होते हैं।
- DNA फिंगरप्रिंटिंग द्वारा व्यक्तियों के जीनोम में उपस्थित DNA बहुरूपता का उपयोग कर पुनरावृत्त DNA द्वारा दो अलग-अलग व्यक्तियों के DNA की जाँच कर माता-पिता, अपराधी, जैव-विकास आदि की पहचान की जाती है।

अतिरिक्त तथ्य
तमिलनाडु बोर्ड एवं NIOS

- सन् 1902 में सटन ने टिड्डे के गुणसूत्रों के साथ काम करते हुए यह पुष्टि की, कि मेंडल के कारक गुणसूत्रों में उपस्थित होते हैं। बाद में कारक शब्द के स्थान पर जीन शब्द का प्रयोग हुआ, अर्थात् गुणसूत्रों पर जीन उपस्थित होते हैं।
- जीन वंशागति के लिए उत्तरदायी है। ये गुणसूत्रों पर नियत स्थानों पर पाए जाते हैं।
- गुणसूत्र कोशिका विभाजन के दौरान ही दिखाई देते हैं। विभाजन के समय के अतिरिक्त कोशिका के केन्द्रक में ये क्रोमेटिन जाल के रूप में दिखाई देते हैं।
- गुणसूत्रों का एक निश्चित दोहरा सेट द्विगुणित संख्या कहलाता है और $2n$ के रूप में दर्शाया जाता है।
- प्रत्येक गुणसूत्र DNA या डीऑक्सी राइबोन्यूक्लिक एसिड के एक अणु और कुछ प्रोटीन से बना होता है।
- कोशिका विभाजन से पहले गुणसूत्र के DNA अणु प्रतिकृति करण के द्वारा DNA के दोहरे अणु, जिन्हें क्रोमेटिड कहते हैं, बनाते हैं। गुणसूत्रों के दोनों क्रोमेटिड एक गुणसूत्र बिंदु (Centromere) पर संलग्न रहते हैं और कोशिका विभाजन के समय अलग होकर दो गुणसूत्र बनाते हैं।
- जीवाणु (Bacteria) में केवल एक ही गुणसूत्र उपस्थित होता है, क्योंकि उसमें निश्चित केन्द्रक नहीं होता है। गुणसूत्र कोशिकाद्रव्य में न्यूक्लिऑयड नामक स्थान में उपस्थित होता है।
- एक विभाजनशील कोशिका की समसूत्री अवस्था की मध्यावस्था में गुणसूत्रों को देखा जा सकता है।
- Y गुणसूत्र पर केवल नरत्व के जीन उपस्थित होते हैं, जिसमें से एक जीन ''वृषण निर्धारण कारक'' के नाम से जाना जाता है।
- **डॉ. हरगोविंद खुराना** ने पहली बार प्रयोगशाला में मानव निर्मित कृत्रिम जीन का संश्लेषण किया था। इस योगदान के लिए डॉ. खुराना को 1970 में नोबेल पुरस्कार प्रदान किया गया।
- मानव में चार रक्त समूह A, B, AB और O पाए जाते हैं। रुधिर समूह की आनुवंशिकता को नियन्त्रित करने वाली जीनों को I^A, I^B और i द्वारा व्यक्त किया जाता है। जीन I^A व I^B प्रभावी होते हैं और i अप्रभावी जीन होता है।
- मानव रुधिर रीसस समूह (Rh) से सम्बन्धित होता है।
- अधिकतर मानव सकारात्मक रीसस समूह (Rh^+) व कुछ नकारात्मक रीसस (Rh^-) रुधिर समूह के होते हैं। (Rh^+) जीन (Rh^-) जीन पर प्रभावी होता है।
- तालिका में इन जीनों के संयोजन और उनसे बनने वाले रुधिर समूहों को दर्शाया गया है।

जीन संयोजन	रुधिर समूह
I^A I^A या I^A i	A
I^B I^B या I^B i	B
I^A I^B	AB
ii	O

- **रुधिर समूह** A का एक व्यक्ति रुधिर समूह A और AB के व्यक्ति को ही रुधिर दान कर सकता है।
- AB रुधिर समूह चार रुधिर समूहों में से किसी से भी रुधिर प्राप्त कर सकता है।
- O रुधिर समूह केवल O से ही रुधिर प्राप्त कर सकता है, परन्तु चारों रुधिर समूह को रुधिर दान कर सकता है।
- इसी प्रकार O रुधिर समूह सार्वभौमिक दाता है और AB सार्वभौमिक प्राप्तकर्ता है।
- प्रसव पूर्व निदान तकनीक (विनियमन और दुरुपयोग निवारण) अधिनियम, 1994, 1 जनवरी, 1996 से मादा भ्रूण हत्या की रोकथाम के लिये एक प्रयोग में लाया गया।
- यह अधिनियम किसी भी प्रसव पूर्व लिंग का निर्धारण करने से सम्बन्धित विज्ञापनों पर प्रतिबंध लगाता है और उसके उल्लंघन के लिए सजा पाने का प्रावधान है।
- मानव में लिंग गुणसूत्रों व दैहिक गुणसूत्रों में जीन उत्परिवर्तन के परिणामस्वरूप या दोषी जीन की उपस्थिति से या हानिकारक प्रभाव के आ जाने से आनुवंशिक विकार या वंशानुगत विकार प्रकट हो जाता है।
- जीन प्रतिस्थापन चिकित्सा के द्वारा किसी व्यक्ति में उपस्थित दोषपूर्ण जीन को हटाया जा सकता है अथवा उसके स्थान पर एक सामान्य जीन डाला जा सकता है।
- **थैलेसीमिया** एक अलिंग गुणसूत्री आनुवंशिक विकार है, जबकि हीमोफीलिया और वर्णान्धता लिंग गुणसूत्री विकार हैं।
- आनुवंशिक परामर्श से एक आनुवंशिक विकार की अगली पीढ़ियों में जाने की सम्भावना का पता लगाने में सहायता प्राप्त होती है।
- **मेण्डल** ने मटर के पौधे का चयन किया, क्योंकि यह स्व-परागण करने वाला, कम जीवन काल वाला, पर-परागण करने में आसान, गहन रूप से स्पष्ट विरोधाभासी लक्षण वाला व उभयलिंगी पुष्प है।
- विशिष्ट लक्षण की बाह्य अभिव्यक्ति को फीनोटाइप के रूप में जाना जाता है।
- विपरीत लक्षणों की जोड़ी बनाने वालो दो कारकों को एलील कहा जाता है।

जीवन की उत्पत्ति एवं जैव विकास

(स्रोत)

Class-X New NCERT Chap 8 (आनुवंशिकता), Class-XII, New NCERT Chap 6 (विकास)

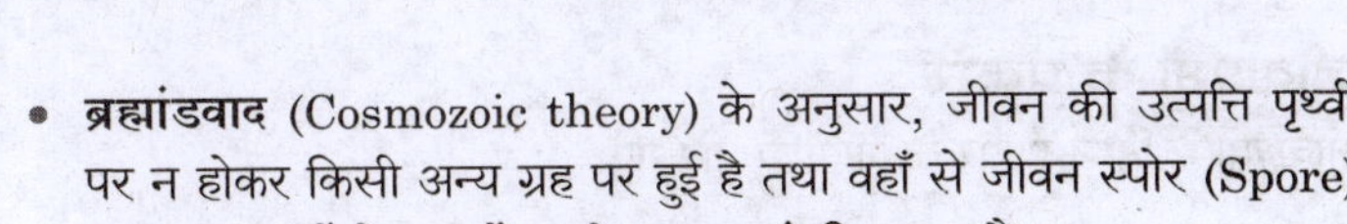

जीवन की उत्पत्ति

- ब्रह्मांड (Universe) की उत्पत्ति आज से लगभग 20,000 करोड़ या 200 बिलियन वर्ष पूर्व मानी जाती है।
- ब्रह्मांड अनेक आकाशगंगाओं (Galaxies) के विशाल समूहों से बना है, जोकि तारों एवं गैसों के बादल तथा धूल से बनी होती हैं।
- ब्रह्मांड की उत्पत्ति के संदर्भ में **बिग बैंग सिद्धांत** (Big Bang Theory) के अनुसार, ब्रह्मांड की उत्पत्ति एक महाविस्फोट के कारण हुई है, जिसके परिणामस्वरूप ब्रह्मांड का विस्तार हुआ, तापमान में कमी आई तथा हाइड्रोजन एवं हीलियम जैसी गैसें बनीं। इन गैसों के गुरुत्वाकर्षण के कारण संघनित होने से आकाशगंगाओं का निर्माण हुआ।
- हमारी आकाशगंगा **मिल्की वे** (Milky Way) में पृथ्वी की उत्पत्ति 4.5 बिलियन वर्ष पूर्व हुई थी।
- प्रारंभ में पृथ्वी पर वायुमंडल नहीं था। जलवाष्प, मीथेन (CH_4), कार्बन डाइऑक्साइड (CO_2), अमोनिया (NH_3), आदि धरातल के गलित पदार्थों (Molten mass) से मुक्त हुए एवं सूर्य की UV किरणों ने जल को हाइड्रोजन (H_2) एवं ऑक्सीजन (O_2) में तोड़ दिया। O_2 ने NH_3 एवं CH_4 के साथ मिलकर जल, CO_2 एवं अन्य गैसों का निर्माण किया।
- ओजोन परत के निर्माण के बाद पृथ्वी के धीरे-धीरे ठंडा होने पर जल-वाष्प के संघनित होने के कारण हजारों वर्षों तक वर्षा हुई एवं लवणीय महासागरों का निर्माण हुआ।
- पृथ्वी पर जीवन की उत्पत्ति लगभग 4 बिलियन वर्ष पूर्व की मानी जाती है।
- **ब्रह्मांडवाद** (Cosmozoic theory) के अनुसार, जीवन की उत्पत्ति पृथ्वी पर न होकर किसी अन्य ग्रह पर हुई है तथा वहाँ से जीवन स्पोर (Spore) नामक इकाइयों के रूप में पृथ्वी पर स्थानांतरित हुआ है।
- **आर्हीनियस** का **कॉस्मिक पैनस्पर्मिया सिद्धांत** भी इसी सिद्धांत का उदाहरण है।
- **स्वतः उत्पत्तिवाद** या **अजीवात् जीवोत्पत्तिवाद** (Theory of Spontaneous Generation or Abiogenesis) के अनुसार, जीवन की उत्पत्ति निर्जीव पदार्थों जैसे अपघटित (Decaying) एवं सड़े हुए पदार्थों (Rotting matter), जैसे-कीचड़, आदि से हुई है।
- इस वाद का खंडन **लुईस पाश्चर** ने 1862 ई. में अपने हंस की ग्रीवा वाले फ्लास्क एवं यीस्ट शर्करा (Sugar) के निजर्मीकृत (Sterilised) घोल के द्वारा किया एवं जीवन की उत्पत्ति जीवित जीवों से ही होती है अर्थात् **जीवात् जीवोत्पत्तिवाद** (Theory of Biogenesis) को सिद्ध किया।
- जीवन की उत्पत्ति के संदर्भ में रूसी वैज्ञानिक **ए आई ओपेरिन** एवं इंग्लैंड के वैज्ञानिक **जे बी एस हैल्डेन** ने **प्रकृतिवाद** या **रासायनिक जैव विकास** का सिद्धांत (Naturalistic Theory or Theory of Chemical Evolution) दिया।
- इस सिद्धांत के अनुसार, जीवन की सर्वप्रथम उत्पत्ति जीवन रहित कार्बनिक अणुओं; जैसे-प्रोटीन, RNA आदि से हुई है।
- इस सिद्धांत की प्रायोगिक पुष्टि **स्टैनले मिलर** ने वर्ष 1952-53 में की। इन्होंने एक बंद फ्लास्क में मीथेन, हाइड्रोजन, अमोनिया तथा जलवाष्प लेकर 800°C ताप पर विद्युत डिस्चार्ज द्वारा अमीनो अम्लों का निर्माण किया।

जैव विकास

सरल संरचना वाले आदिम जीवों से आधुनिक जटिल जीवों के क्रमिक विकास को जैव विकास (Organic evolution) कहते हैं।

जैव विकास के प्रमाण

जैव विकास एक निरंतर चलने वाली अत्यंत धीमी एवं क्रमिक प्रक्रिया है, जिसे होने में सैकड़ों से हजारों वर्ष लग सकते हैं। अतः प्रकृति में होते हुए इसे देख पाना संभव नहीं है।

इसके लिए ही जैव विकास की पुष्टि जीवों में पाए जाने वाले कुछ लक्षणों या अन्य कारकों द्वारा की जाती है, जो निम्नवत् हैं

जीवाश्म

- भूगर्भ एवं चट्टानों में दबे प्राचीन काल के मृत जंतुओं एवं पादपों के परिरक्षित अवशेष जिससे उनके अस्तित्व एवं उनकी संरचना का ज्ञान होता है, जीवाश्म (Fossils) कहलाते हैं।
- जीवाश्मों की संरचना के तुलनात्मक (Comparative) अध्ययन एवं **रेडियोधर्मी डेटिंग** (Radioactive dating) विधि द्वारा जीव के संभावित समयकाल (जब वह अस्तित्व में था) को ज्ञात करने से जैव विकास की पुष्टि होती है।

जीवाश्मों के प्रकार

जीवाश्मों में निम्न प्रकार के जीवाश्म पाए गए

- **पत्थर बने जीवाश्म** (Petrified fossils), जैसे-अस्थि, कवच, दाँत तथा बड़े वृक्ष।
- **ढाँचे वाले जीवाश्म** (Mould fossils), जैसे-पत्तियाँ, कीटों के पंख तथा जैली मछलियाँ।
- **अपरिवर्तित जीवाश्म** (Unaltered fossils), जैसे-बर्फ में सुरक्षित मैमथ, गेण्डा।
- **मुद्रण जीवाश्म** (Print fossils), जैसे मोलस्क जीवों के कवच।
- **दबे हुए जीवाश्म** (Compressed fossils), जैसे-पौधों के जीवाश्म।

तुलनात्मक आकारिकी एवं शरीर रचना

इसके अंतर्गत जीवों की शारीरिक संरचना एवं आकार का तुलनात्मक अध्ययन किया जाता है। इसमें निम्न प्रकार के अंग आते हैं

- **समजात अंग** (Homologous Organs) ये संरचना एवं उत्पत्ति में समान होते हैं अर्थात् एक ही पूर्वज द्वारा उत्पन्न होते हैं, किंतु कार्य में भिन्न होते हैं।

  उदाहरण-सील के फ्लीपर (अगली टाँगें) तैरने के लिए, घोड़े की अगली टाँगें दौड़ने के लिए, मनुष्य के हाथ वस्तुओं को पकड़ने के लिए अनुकूलित होते हैं। इनके कार्यों में अंतर होते हुए भी इनकी मूल संरचना और उत्पत्ति में समानता है।
- **समवृत्ति अंग** (Analogous Organs) ये संरचना एवं उत्पत्ति में भिन्न होते हैं, किंतु कार्य में समान होते हैं। उदाहरण-कीट, पक्षी एवं चमगादड़ के पंख उड़ने का कार्य करते हैं, परंतु इनकी मूल संरचना तथा उत्पत्ति भिन्न होती है। कीटों के पंख काइटिन के बने होते हैं। इनमें कंकाल नहीं होता है, जबकि चमगादड़ के पंख धड़ के नीचे फैली त्वचा से बने होते हैं।
- **अवशेषी अंग** (Vestigial Organs) जंतुओं के शरीर में अनेक ऐसी संरचनाएँ पाई जाती हैं, जिनका शरीर में कोई महत्त्व नहीं होता है। ये अवशेषी अंग कहलाते हैं।
- अवशेषी अंगों की उपस्थिति से प्रमाणित होता है कि ये रचनाएँ इन जंतुओं के पूर्वजों में कभी विकसित और उपयोगी रही होंगी; उदाहरण-अजगर के पश्च पाद, कीवी पक्षी के पंख, कबूतर के पंख अग्रपाद का रूपांतरण जीवों में अवशेषी अंग।
- मानव शरीर में 100 से अधिक अवशेषी अंग पाए जाते हैं। इनमें से कुछ प्रमुख हैं; जैस-निमेषक झिल्ली (Nictitating membrane), कर्ण पल्लवों की पेशियाँ (Muscles of ear pinna), पुच्छ (Tail) कशेरुकाएँ, कृमिरूप परिशेषिका (Vermiform appendix), अक्ल दाढ़ (Wisdom teeth), आदि हैं।

अनुकूली एवं अभिसारी विकिरण

- किसी एक जाति के जीव जब विभिन्न भौगोलिक क्षेत्रों में पहुँच जाते हैं, तो प्रत्येक क्षेत्र के जीवों में अपने-अपने क्षेत्र के वातावरण के अनुरूप आकारिकीय परिवर्तन होने लगते हैं। इसके फलस्वरूप पूर्वज जाति की मूल समष्टि अनेक नई समष्टियों में विभाजित हो जाती है। इसे **अनुकूली विकिरण** (Adaptive radiation) या **अनुकूली अपसरण** कहते हैं।
- इस प्रकार पृथक् हुई प्रत्येक समष्टि नई जाति में विकसित हो जाती है। डार्विन की फिंचेज एवं ऑस्ट्रेलियन मार्सुपियल्स (शिशुधानी प्राणि) इसके प्रमुख उदाहरण हैं। यह **अपसारी विकास** (Divergent evolution) का भी प्रमाण है।
- जब एकसमान वातावरण में रहने के कारण विभिन्न वर्गों के जीवों की आकारिकी में प्राकृतिक चयन के फलस्वरूप समान अनुकूली परिवर्तन होते हैं, तो इसे **अभिसारी विकास** (Convergent evolution) कहते हैं। उदाहरण-ऑस्ट्रेलियन मार्सुपियल तथा अपरास्तनी (Placental mammals)।

जैव विकास के सिद्धांत

जैव विकास के प्रमुख सिद्धांत निम्न हैं

(i) लैमार्कवाद

- जीन बैप्टिस्ट डी लैमार्क (Jean Baptiste de Lamarck;1744-1829) एक फ्रांसीसी वैज्ञानिक थे। लैमार्क के अनुसार, जीवधारियों और उनके अंगों के आकार में वृद्धि की स्वभाविक प्रवृत्ति होती है एवं वातावरण के परिवर्तन के अनुसार, जीव स्वयं को अनुकूल बनाने के लिए अपने शरीर की संरचना और आदतों में परिवर्तन कर लेता है। लैमार्कवाद की दो अवधारणाएँ हैं, जो निम्न हैं
  - **अंगों का उपयोग और अनुपयोग** (Use and Disuse of Organs) वातावरण के प्रभाव के फलस्वरूप जीवधारी अपने अंगों का उपयोग अथवा अनुपयोग करते हैं। उपयोग में आने वाले अंग अधिक विकसित होने लगते हैं।

- इसके विपरीत उपयोग में न आने वाले अंगों का धीरे-धीरे ह्रास होने लगता है और अंत में वे लुप्त हो जाते हैं। कभी-कभी ये अवशेषी अंगों के रूप में भी पाए जाते हैं।
- **उपार्जित लक्षणों की वंशागति** (Inheritance of Acquired Characters) वातावरण से प्रभावित लक्षण अर्थात् उपार्जित लक्षण उसकी संतानों में पहुँच जाते हैं तथा इनके सम्मिलित होते रहने से धीरे-धीरे नई प्रजाति बन जाती है। लैमार्क ने अपने उपार्जित लक्षणों की वंशागति के सिद्धांत को दो बहुचर्चित उदाहरण-अफ्रीकी जिराफ एवं सर्पों से संबद्ध करके प्रस्तुत किया था।

(ii) नव-लैमार्कवाद

- अनेक वैज्ञानिकों के **लैमार्कवाद** पर आलोचना के कारण लैमार्क ने आधुनिक विज्ञान के दृष्टिकोण से पुनः विचार किया। इसके अनुसार, जीवों के उपार्जित लक्षणों में केवल वे ही लक्षण वंशागत होते हैं, जोकि **गुणसूत्रों** (जीन) में परिवर्तन ला सकें।
- **आनुवंशिक** (Genetics) एवं **वंशागति** (Inheritance) के सिद्धांतों के अध्ययन से यह सिद्ध हो गया है, कि जो उपार्जित लक्षण किसी जीव के जीन-प्रारूप में होते हैं, वे ही वंशागति द्वारा अगली पीढ़ी में पहुँचते हैं तथा विकास में सहायक सिद्ध होते हैं।

(iii) डार्विनवाद

- **चार्ल्स डार्विन** (Charles Darwin) अंग्रेज प्राकृतिवादी वैज्ञानिक (Naturalist) थे।
- उन्होंने **माल्थस** (Malthus) के 'जनसंख्या के सिद्धांत' के अनुसार बताया कि जनसंख्या बढ़ने पर पौधों और जंतुओं में जीवन-संघर्ष होता है तथा प्रकृति द्वारा योग्यतम् का चयन होता है।
- डार्विनवाद की व्याख्या निम्न तथ्यों पर आधारित है
  - **जीवों में सन्तानोत्पत्ति की प्रचुर क्षमता** (Enormous Fertility in the Organisms) सभी जीवधारियों में सन्तानोत्पत्ति की अपार क्षमता होती है, जिसके कारण उनके सदस्यों की संख्या तेजी से बढ़ती है। उदाहरण के लिए मादा *ऐस्केरिस* अपने जीवनकाल में 2.5 करोड़ अंडे देती है या एक सीप एक जननकाल में 10 लाख अंडे देती है।
  - **जीवन संघर्ष** (Struggle for Existence) प्राणियों को भोजन, प्रकाश जनन एवं सुरक्षित आवास की आवश्यकता पूर्ति हेतु अन्य प्राणियों से **स्पर्धा** (Competition) करनी पड़ती है। इसे जीवन संघर्ष कहते हैं।
  - **विभिन्नताएँ तथा इनकी वंशागति** (Variations and Their Inheritance) प्रकृति में प्रत्येक जाति के जीवों में विभिन्नताएँ मिलती हैं। ये विभिन्नताएँ जीवों को वातावरण के अनुकूल बनाने के लिए होती हैं। ऐसे जीव, जिनमें ये विभिन्नताएँ वातावरण के **समन्वयन** (Coordination) में होती है, वे जीवित रहते हैं और हानिकारक विभिन्नता वाले जीव नष्ट हो जाते हैं। ये विभिन्नताएँ सन्तानों में वंशागत हो जाती हैं।
  - **योग्यतम् की उत्तरजीविता** (Survival of the Fittest) जीवन-संघर्ष में वे ही जीव जीवित रहते हैं, जो वातावरण के प्रति अनुकूलित होते हैं तथा आवश्यकतानुसार परिवर्तन करके स्वयं को और अधिक अनुकूल बना लेते हैं, जो जीव स्वयं को अनुकूलित नहीं कर पाते हैं, वे शीघ्र ही नष्ट हो जाते हैं। हरबर्ट स्पेन्सर ने इसे 'योग्यतम् की उत्तरजीविता' कहा था।
  - **प्राकृतिक चयन** (Natural Selection) जीवित रहने के लिए जीवों में संघर्ष होता है, इसमें जो जीव **प्राकृतिक वातावरण** के अनुकूल होते हैं, वे ही जीवित रहते हैं एवं अन्य जीव नष्ट हो जाते हैं। अतः प्रकृति में श्रेष्ठ व अनुकूलित जीवों का ही वरण होता है।

मानव का विकास

- संघ-कॉर्डेटा में स्तनधारी वर्ग के गण प्राइमेट्स में मानव जाति को श्रेष्ठतम् स्थान प्राप्त है, जिनकी **उत्पत्ति** (Origin) तथा जैव-विकास 70-100 मिलियन वर्ष पूर्व हुआ।
- अनेक जीवाश्मों द्वारा प्रमाणित होता है, कि मानव के पूर्वजों, जिसमें कपियों (Apes) और बंदरों को भी सम्मिलित किया जाता है, के अधिकांश जीवाश्म अफ्रीका, एशिया और यूरोप से प्राप्त हुए हैं। यद्यपि कुछ विशेष कारणों के कारण मानव का उद्भव अफ्रीका में माना जाता है।
- प्रारंभिक एवं आदि कपि (Ape) का लगभग 400 लाख वर्ष पूर्व उद्भव हुआ, जिसको *पेरेपिथेकस* कहा गया। इसको *होमीनिडिया* (मनुष्य सहित) का पूर्वज स्तंभ माना जाता है। इस अन्य जीवाश्म प्रोप्लिओपिथेकस की मिस्र में खोज हुई, जो कि ओलिगोसीन काल का था।
- एक छोटा मायोसीन कपि *लिम्नोपिथेकस* का भी जीवाश्म प्राप्त हुआ, जो कि गिब्बन के समान था। आधुनिक चिम्पैंजी का पूर्वज *प्रोकोंसल* को माना जाता है। ये मनुष्य के समान दिखते थे।
- इनमें जबड़े का मेंडीबुलर कोंडाइल, इंसाइजर तथा कपाल की फ्रंटल अस्थियों में अत्यंत निकट की समानता पाई जाती है। अतः यह *होमो* का पूर्वज हो सकता है।
- डार्विन ने अपनी पुस्तक **'डिसेन्ट ऑफ मैन एंड सलेक्शन इन रिलेशन टू सैक्स'** में मानव का विकास कपियों, जैसे पूर्वज से होने के सिद्धान्त का वर्णन किया।
- लिनियस ने मनुष्य को वानरों व कपियों के साथ रखा तथा उसे वैज्ञानिक नाम *होमो सेपिएन्स* दिया, जिसका अर्थ है–'बुद्धिमान प्राणी'।
- अफ्रीका, एशिया तथा यूरोप में कुछ जीवाश्म प्राप्त हुए। ये सभी मीयोसीन तथा पूर्व प्लीयोसीन काल में प्राप्त हुए। इससे यह स्पष्ट होता है, कि उस काल में एन्थ्रोपोइड कपि बहुसंख्यक थे, जो कि सभी सामान्य प्रकार के थे।
- इनमें से कुछ रूपान्तरित तथा विशेषीकृत हो गए तथा उनसे आधुनिक कपि का विकास हुआ तथा इनमें से कुछ होमिनिडी के विकास का आधार भी हुए।
- **आधुनिक मानव** (*होमो सेपिएन्स सेपिएन्स*) Modern Man आधुनिक मानव की विशेषताएँ निम्न हैं
  - ये लगभग 25000 वर्ष से रहने वाली जाति है, जिसके अंतर्गत निग्रोइड्स, कॉकेसोइड्स अथवा मन्गोलॉइड्स इत्यादि, रेसेस होती हैं।
  - पूर्णतः सीधे खड़े रहने वाले मानव जिनके बाहु पैरों से छोटे थे।
  - ऊपर की ओर खड़ा सिर तथा सामने लंबे नेत्र थे।
  - प्रमस्तिष्क (Cerebrum) अत्यधिक विकसित होता है तथा औसत कपाल क्षमता 1350-1500 घन सेमी होती है।

अतिरिक्त तथ्य

तमिलनाडु बोर्ड एवं NIOS

- ब्रिटिश जीव विज्ञानी **जे.बी. एस हेल्डेन** और रूसी वैज्ञानिक ए.आई. ओपेरिन के द्वारा प्रस्तावित सिद्धांत के अनुसार जीवन की उत्पत्ति उथले समुद्र में हुई थी। उनके अनुसार, आदिकालीन पृथ्वी का वातावरण ऑक्सीजन रहित अपचयित (reducing) था।
- **कैम्ब्रियन** नामक भूगर्भीय युग में बहुकोशिकीय जीवों का विभिन्न आकृति, आकार और कार्यों में महान विविधीकरण हुआ जो लगभग विस्फोटक था। यह कैम्ब्रियन विस्फोट के रूप में जाना जाता है।
- **चार्ल्स डार्विन** (1809-1882) ने अपने विकास के सिद्धांत की प्रक्रिया को प्राकृतिक वरण का नाम दिया।
- डार्विन ने 1859 में *'जाति का उद्भव'* नामक पुस्तक प्रकाशित की।
- वह प्रक्रिया, जो पूर्वजों से प्रजातियों के विविधीकरण का कारण बनती है **'प्राकृतिक वरण'** कहलाती है।
- विभिन्नताओं के आनुवंशिक स्रोत की खोज में प्रगति के साथ डार्विन के मौलिक, प्राकृतिक वरणवाद में संशोधन करके नव डार्विनवाद या आधुनिक संश्लेषणात्मक वाद का रूप दिया गया।
- विभिन्नताएँ जीवन के स्तर पर उत्परिवर्तन और लैंगिक जनन के द्वारा जनसंख्या के जीन पूल में आती है। (जीन पूल का अर्थ है, जीवों की जनसंख्या में उपस्थित सभी जीन) प्राकृतिक वरण अनुकूल लाभ वाले परिवर्तित जीन के अधिक से अधिक प्रजनन का कारण बनता है।
- आनुवंशिक पदार्थ या जीन अर्थात् एक जनसंख्या के जीन पूल के विकास को **सूक्ष्म** या **माइक्रो विकास** कहते हैं। सूक्ष्म विकास द्वारा किसी प्रजाति की जनसंख्या में अंतर आता है।
- जाति और उपजाति के स्तर पर विकास और विविधीकरण को मैक्रो विकास या अनुकूली विकास कहते हैं, जैसे डायनोसोर धावक, उड़ने वाले व तैराक के रूप में अनुकूली विकिरण या मैक्रो विकास के कारण विकसित हुए।
- मानव विकास लगभग 1.5 से 2 मिलियन वर्ष पूर्व प्रारम्भ हुआ।
- *ऑस्ट्रेलोपिथेकस* को मानव का प्रथम पूर्वज माना जाता है।
- लूसी नामक *ऑस्ट्रेलोपिथेकस* का जीवाश्म अफ्रीका की चट्टानों के भण्डार से मिला है।
- कायिक विभिन्नताएँ वे विविधताएँ हैं, जो जीवों की शारीरिक कोशिकाओं को प्रभावित करती हैं।
- ये वंशानुगत नहीं होती हैं, यह पर्यावरणीय कारणों के कारण होते हैं।
- जननिक विभिन्नताएँ किसी जीव की जनन कोशिकाओं में उत्पन्न होती है।
- यह वंशानुगत होती है। यह पूर्वजों में उपस्थित होती है अथवा अचानक प्रकट होती है।
- **कैस्पर मारिया वॉन स्टर्नबर्ग** को 'जीवाश्म पादप विज्ञान के जनक' (1761-1838) के रूप में जाना जाता है।
- जीवाश्मों की आयु उनमें मौजूद रेडियोधर्मी तत्वों से निर्धारित होती है।
- यह कार्बन, यूरेनियम, तथा पोटेशियम हो सकते हैं।
- **रेडियोधर्मी कार्बन डेटिंग पद्धति** की खोज डब्ल्यू.एफ. लिस्बी (1956) ने की थी।
- **एथेनोबॉटनी** (Ethnobotany) किसी क्षेत्र के पौधों एवं उनके व्यावहारिक उपयोग का लोगों की स्थानीय संस्कृति के पारंपरिक ज्ञान के माध्यम से किया जाना वाला अध्ययन है।
- एस्ट्रोबॉयोलॉजी ब्रह्माण्ड में जीवन की उत्पत्ति, विकास व वितरण एवं दूसरी दुनिया में जीवन की संभावनाओं की जाँच से सम्बन्धित है।
- **बीरबल साहनी** 'भारतीय पुरावनस्पति विज्ञान के जनक' (1891-1949) है।
- जीवन के लिए गोल्डीलॉक क्षेत्र अपने तारे से बिल्कुल सही दूरी पर स्थित कक्षा है जो द्रवीय जल को अस्तित्व में रखती है। इस प्रकार यह दूरी इतनी होती है, कि ग्रह न बहुत गर्म हो और न ही बहुत ठंडा हो।
- हमारे सौरमण्डल में 'पृथ्वी' गोल्डीलॉक क्षेत्र का एकमात्र गृह है।

06

पादप आकारिकी एवं कार्यिकी

(स्रोत)

Class-VI New NCERT, Chap 4 (पौधों को जानिए), Class-VII, New NCERT Chap 1 (पादपों में पोषण), Chap 6 (जीवों में श्वसन), Chap 7 (जंतुओं और पादपों में परिवहन) Chap 8 (पादप में जनन), Class-X, New NCERT Chap 5 जैव प्रक्रम, Chap 6 (नियंत्रण एवं समन्वय), Chap 7 (जीव जनन कैसे करते हैं?), Class-XI, New NCERT Chap 5 (पुष्पीय पादपों की आकारिकी), Class-XI Old NCERT Chap 11 (पादपों में परिवहन),Chap 12 (खनिज पोषण), Class-XI, New NCERT Chap 11 (उच्च पादपों में प्रकाश-संश्लेषण), Chap 12 (पादपों में श्वसन), Chap 13 (पादप वृद्धि एवं परिवर्धन), Class - XII, New NCERT Chap 1 (पुष्पी पादपों में लैंगिक प्रजनन) Class-XII Old NCERT Chap 1 (जीवों में जनन) Tamil Nadu Board (Class-IX, X), NIOS

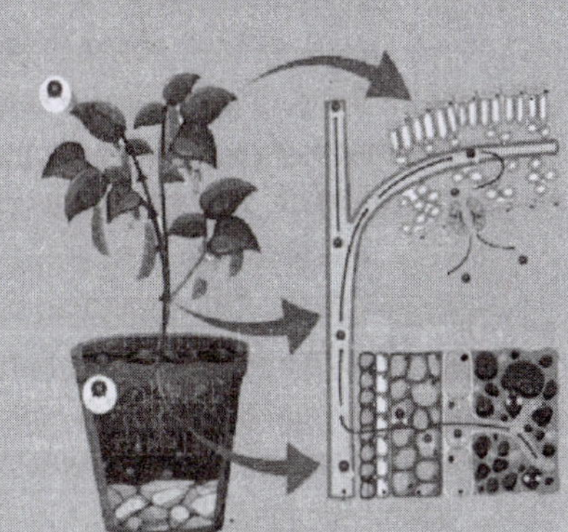

पादप आकारिकी

आकारिकी (*Morph*-form; *logos*-study) का संबंध पौधों के विभिन्न अंगों जैसे–जड़, तना, पत्तियाँ, पुष्प, बीज, फल आदि की बाह्य संरचना के अध्ययन से है।

- पादपों को 3 संवर्गों में विभाजित कर सकते हैं— शाक, झाड़ी एवं वृक्ष।
- हरे एवं कोमल तने वाले पौधे **शाक** कहलाते हैं। ये सामान्यत: छोटे होते हैं और इनमें शाखाएँ अधिक नहीं होती हैं।
- कुछ शाखाएँ तने के आधार के समीप से निकलती हैं। तना कठोर होता है, परंतु अधिक मोटा नहीं होता। इन्हें **झाड़ी** कहते हैं।
- कुछ पौधे बहुत ऊँचे होते हैं तथा इनके तने सुदृढ़ एवं गहरे होते हैं। इनमें शाखाएँ भूमि से अधिक ऊँचाई पर तने के ऊपरी भाग से निकलती हैं, इन्हें **वृक्ष** कहते हैं।
- कमजोर तने वाले पौधे सीधे खड़े नहीं हो सकते और ये भूमि पर फैल जाते हैं। इन्हें **विसर्पी लता** कहते हैं, जबकि कुछ पौधे किसी की सहायता से ऊपर चढ़ जाते हैं, ऐसे पौधे **आरोही** लता कहलाते हैं।

पादपों के प्रमुख भागों का विस्तृत वर्णन निम्नवत् हैं

1. जड़

पौधे का वह भाग, जो **भ्रूण** (Embryo) के **मूलांकुर** (Radicle) से विकसित होता है, जड़ (Root) कहलाता है। जड़ सामान्यतया भूमिगत होती है।

इसका मुख्य कार्य पादपों को भूमि पर स्थिर रखना तथा भूमि से जल व खनिज लवणों का अवशोषण करना है। यह प्रकाश के विपरीत तथा भूमि की तरफ बढ़ती है।

जड़ों के विशिष्ट लक्षण

- जड़ें प्रकाश से दूर (Negatively phototrophic) तथा भूमि की गुरुत्वाकर्षण शक्ति की ओर (Positively geotropic) जाती है।
- जड़ों में पर्णहरिम (Chlorophyll) नहीं पाया जाता है, इसलिए इनका रंग भूरा होता है।
- जड़ों के शीर्ष पर एक टोपीनुमा संरचना **मूल गोप** (Root cap) पाई जाती है।
- जड़ों के शीर्ष पर एककोशिकीय लम्बी पतली संरचनाएँ पाई जाती हैं, जिन्हें **मूल रोम** (Root hairs) कहते हैं।
- जड़ों पर **पर्व** (Internodes) व **पर्वसंधियाँ (nodes)** नहीं पाई जाती हैं।

जड़ों के प्रकार

जड़ें दो प्रकार की होती हैं

(i) **मूसला जड़ें** (Tap roots) ये जड़ें मूलांकुर (Radicle) से विकसित होती हैं। मूलांकुर की वृद्धि से प्राथमिक जड़ बनती है। इससे द्वितीयक जड़ें तथा तृतीयक जड़ें निकलती हैं। इन प्राथमिक जड़ व उसकी शाखाओं को मिलाकर **मूसला जड़ तंत्र** (Tap root system) कहते हैं। ये प्राय: द्विबीजपत्री पौधों में पाई जाती हैं; उदाहरण-आम, नीम, आदि।

मूसला जड़ के रूपांतरण (Modification) के प्रमुख उदाहरण निम्न हैं

- **ग्रन्थिमय-मूसला जड़ें** (Nodulated roots) कुल-लेग्युमिनोसी (Family–Leguminosae) के पादप; जैसे-अरहर, मटर, चना, आदि की जड़ों में गाँठें (Nodules) पाई जाती हैं, जो वातावरण से नाइट्रोजन को लेकर नाइट्रोजन यौगिक बनाते हैं, जिन्हें पादप ग्रहण कर सकते हैं।

- **श्वसन जड़ें** (Pneumatophores or Respiratory Roots) ये श्वसन का कार्य करती हैं; उदाहरण-*सोनेरेशिया* (*Sonneratia*), *एवीसीनिया* (*Avicennia*), *राइजोफोरा* (*Rhizophora*), आदि।
- **संग्राहक जड़ें** (Storage Roots) कई पादपों में मूसला जड़ें भोजन संचय (Food storage) के कारण रूपान्तरित हो जाती हैं, जो निम्न प्रकार से हैं
  - (a) **तर्कुरूप** (Fusiform), उदाहरण-मूली (*Raphanus sativus*)।
  - (b) **शंकुरूप** (Conical), उदाहरण-गाजर (*Daucus carota*)।
  - (c) **कुम्भीरूप** (Napiform), उदाहरण-शलजम (*Brassica rapa*), चुकन्दर (*Beta vulgaris*)।
  - (d) **कन्दिल** (Tuberous), उदाहरण- *मिराबिलिस* (*Mirabilis*)।

(ii) **अपस्थानिक जड़ें** (Adventitious Roots) ये मूलांकुर से नहीं बनती हैं। ये पौधों की शाखाओं तथा पत्तियों से निकलती हैं। इस प्रकार की जड़ों के समूह को **रेशेदार जड़ तन्त्र** (Fibrous root system) कहते हैं। ये प्राय: एकबीजपत्री पौधों में पाई जाती हैं; उदाहरण-गेहूँ, चावल आदि।

अपस्थानिक जड़ के रूपांतरण (Modifications of Adventitious Root) अपस्थानिक जड़ें भोज्य पदार्थों के संग्रह, सहारा देने तथा विभिन्न जैविक कार्यों के लिए रूपांतरित होती हैं।

- **कन्दिल जड़ें** (Tuberous Roots) भोज्य-पदार्थों (Food material) के एकत्रित होने से, ये फूलकर अनियमित आकार (Indefinite shape) की हो जाती हैं; उदाहरण-शकरकंद (*Ipomea batatas*)।
- **स्तम्भ जड़ें** (Prop Roots) इस प्रकार की जड़ें प्राय: तनों तथा उनकी शाखाओं से निकलती हैं और तनों को सहारा देती हैं; उदाहरण-बरगद (Banyan)।
- **अवस्तम्भ या जटा जड़ें** (Stilt Roots) पादपों को सहारा प्रदान करती हैं; उदाहरण-मक्का (Maize), गन्ना (Sugarcane), पैन्डैनस (Screwpine), आदि।
- **आरोही जड़ें** (Climbing Roots) ये जड़ें सहारा प्रदान करने वाले पादपों में आन्तरिक रूप से धँस जाती हैं; उदाहरण–पान (Betal), आदि।

जड़ों के कार्य

- ये पादप को यांत्रिक सहायता देती हैं। ये पादपों की स्थिरता बनाए रखती हैं।
- ये मृदा से जल तथा खनिज लवणों का अवशोषण करती हैं।
- ये जल तथा खनिज लवणों का परिवहन करती हैं।
- कुछ जड़ें भोजन संचित करने का भी कार्य करती हैं।

2. तना

तना (Stem) पौधे का आरोही (Ascending) भाग है, जो **प्रांकुर** (Plumule) से विकसित होता है। तने पर शाखाएँ, पत्तियाँ व फूल उत्पन्न होते हैं। तने की सतह पर बहुकोशीय रोम पाए जाते हैं।

तनों के विशिष्ट लक्षण

- तने प्रकाश की ओर (Positively phototrophic) तथा भूमि से दूर (Negatively geotropic) जाते हैं।
- तने पर **कलिकाएँ** (Buds) (उदाहरण-आलू) पाई जाती हैं।
- तने पर शाखाएँ तथा पत्तियाँ पाई जाती हैं।
- सामान्यतया बड़े तनों में पर्णहरिम (Chlorophyll) नहीं पाया जाता।
- तनों पर **पर्व** व **पर्वसन्धियाँ** पाई जाती हैं।

तनों के प्रकार

तने मिट्टी में स्थान के आधार पर निम्न प्रकार के होते हैं

- **वायवीय तने** (Aerial Stems) ये तने मृदा के ऊपर उगते हैं। उदाहरण-नींबू, गुलाब, आदि।
- **उपवायवीय तने** (Subaerial Stems) ये तने भूमि पर रेंगते हैं। उदाहरण-जलीय पादप, घास, आदि।
- **भूमिगत तने** (Underground Stems) ये तने भूमि के अन्दर पाए जाते हैं। ये भोजन को संचित कर मोटे हो जाते हैं। उदाहरण-आलू, प्याज, लहसुन, हल्दी, आदि।

तनों के रूपांतरण

पादपों के तने विभिन्न कार्य; जैसे–पोषण, कायिक संवर्धन, संचय, आदि करने हेतु रूपांतरित हो जाते हैं। ये मुख्यतया तीन प्रकार के होते हैं

(i) **भूमिगत तनों के रूपांतरण** (Modifications of Underground Stems) निम्नलिखित कार्यों को करने के लिए भूमिगत तने रूपांतरित हो जाते हैं

- **चूषक** (Sucker) उदाहरण-केला।
- **प्रकंद** (Rhizome) उदाहरण-अदरक (*जिंजिबर ऑफिसिनेल*), हल्दी, केला, आदि।
- **घनकंद** (Corm) उदाहरण-कचालू (Elephant foot), केसर (Saffron), जिमीकंद (*Freesia*), आदि।
- **स्तम्भ** (Tuber) उदाहरण-आलू, गुलाब, आदि।
- **शल्ककंद** (Bulb) उदाहरण-प्याज, लहसुन, आदि।

(ii) **अर्द्धवायवीय तनों के रूपांतरण** (Modifications of Subaerial Stems) इनका कुछ भाग भूमि के अंदर तथा कुछ भूमि के ऊपर पाया जाता है। इनमें कायिक जनन भी होता है। ये तने निम्नलिखित प्रकार से रूपांतरित होते हैं

- **उपरिभूस्तरी** (Runner) उदाहरण-दूब घास, *मेरीलिया* आदि।
- **भूस्तरी** (Stolon) उदाहरण-पुदीना, जैसमीन, स्ट्रॉबेरी, आदि।
- **भूस्तारिका** (Offsets) उदाहरण-जलकुम्भी, *पिस्टिया*, आदि।
- **चूषक** (Sucker) उदाहरण-गुलाब, लिली, आदि।

(iii) **वायवीय तनों के रूपांतरण** (Modifications of Aerial Stems) ये तने पूर्ण रूप से पृथ्वी के ऊपर होते हैं, जिस पर पर्व, पर्वसंधियाँ, कलिकाएँ, पुष्प, फल, पत्ती, आदि होते हैं। वायवीय तने निम्नलिखित प्रकार से रूपांतरित होते हैं

- **प्रतान** (Tendrils) उदाहरण-*कुकुरबिटा*, लौकी, अंगूर, आदि।
- **कंटक** (Thorn) उदाहरण-नींबू (citrus), *बोगेनविलिया* (*Bougainvillea*), अनार (pomegranate), आदि।
- **पर्णकाय** (Phylloclade) उदाहरण-नागफनी (*Opuntia*), कैक्टस (*Cactus*), आदि।
- **पत्र प्रकलिका** (Bulbils) उदाहरण-घीग्वार (*Aloe*), अगेव (*Agave*), *रसकस* (*Ruscus*), आदि।

तनों के कार्य

- ये पत्तियों तक जल व खनिज पहुँचाने में सहायता करते हैं।
- इन पर पत्तियाँ, शाखाएँ तथा फल लगते हैं तथा उन्हें इस क्रम में रखता है, जिससे उन्हे अधिकतम सूर्य का प्रकाश मिलता रहे।
- ये पादपों को स्थिर रखता है तथा सहारा प्रदान करता है।
- ये फूलो को सही जगह पर लगाकर उनके परागण (Pollination) में सहायता करते हैं।

3. पत्ती

- पौधे में हरा चपटा तथा फैला हुआ भाग पत्ती है। यह पर्व संधि से निकलती है तथा इसके **कक्ष** (Axile) में एक **कक्षस्थ कलिका** (Axillary bud) होती है।
- पत्तियों में **प्रकाश-संश्लेषण** होता है तथा इनकी उत्पत्ति बाह्यजनित (Exogenous) होती है।

पत्तियों के रूपांतरण

ये निम्नलिखित रूप से रूपांतरित हो जाती हैं

- **कंटकी** (Spiny) इसमें पर्णफलक काँटेदार होता है। उदाहरण-घींग्वार, बारबैरी, पीली कटेली (*Argemone*) एवं अन्नानास (Pineapple)।
- **प्रतानी** (Tendrillar) इसमें पर्णफलक का शीर्ष, प्रतान में परिवर्तित हो जाता है, जो किसी सहारे पर चढ़ने में पौधों को सहायता देता है। उदाहरण-*ग्लोरिओसा* (*Gloriosa*), मटर (Pea), दालें।
- **हुकदार पत्ती** (Leaf Hooks) ये अंतिम छोर पर उपस्थित पत्तियाँ होती हैं, जिनमें तीन घुमावदार संरचनाएँ होती हैं, जिससे ये हुक की भाँति कार्य करती हैं। उदाहरण-*डोक्सैंथा*, आदि।
- **पर्णाभ** (Phyllodes) ये कम जीवित रहने वाले, पत्ती का चपटा, हरा पर्णवृन्त होता है, जो प्रकाश-संश्लेषण करने के लिए रूपांतरित होता है। उदाहरण- *अकेसिया, मिलेनोक्साइलान।*
- **घटपर्णी** (Pitcher) इसमें पर्णाधार चपटा तथा फलक घटक का आकार ले लेता है, जिसके ऊपर ढक्कन होता है। इनके अंदर पाचक रस होते हैं, जो अंदर आए कीट को पचा लेते हैं। उदाहरण-*नेपेन्थीस* (*Nepenthes*)।

पत्तियों के कार्य

- ये पादपों में प्रकाश-संश्लेषण (Photosynthesis) करने का मुख्य भाग हैं।
- पत्तियों पर **रंध्र** (Stomata) पाए जाते हैं, जिनसे **वाष्पोत्सर्जन** (Transpiration) तथा गैसों का आदान-प्रदान होता है।
- वाष्पोत्सर्जन द्वारा पादप में तापमान अनुकूल बना रहता है।
- पत्तियाँ अक्षीय व सहायक कलिकाओं को सुरक्षा प्रदान करती हैं।
- कुछ पत्तियाँ भोजन संचय; प्याज में करती हैं।
- ये वर्धी प्रजनन (Vegetative reproduction) एवं परागण (Pollination) में भी सहायता करती हैं।

4. पुष्प

- यह एक विशेष प्रकार का संघनित प्ररोह (Condensed shoot) है। इसकी पत्तियाँ पुष्प बनाने हेतु रूपान्तरित होकर विशेष प्रकार के पत्तों का रूप धारण कर लेती हैं, जिन्हें **पुष्पीपत्र** (Floral leaves) कहते हैं।
- सामान्यतया पुष्प के चार भाग होते हैं-बाह्य दलपुंज (Calyx), दलपुंज (Corolla), पुमंग (Androecium) तथा जायांग (Gynoecium)।

पुष्प निम्न प्रकार के होते हैं

(i) **पूर्ण पुष्प** (Complete Flower) वे पुष्प जिसमें चारों **चक्र** (Whorls); जैसे-बाह्यदल, दल, पुमंग तथा जायांग होते हैं, पूर्ण पुष्प कहलाते हैं; उदाहरण-गुड़हल।

(ii) **अपूर्ण पुष्प** (Incomplete Flower) जब इन चारों चक्रों में से कोई एक चक्र अनुपस्थित हो, तब अपूर्ण पुष्प कहलाते हैं; उदाहरण-लौकी।

(iii) **एकलिंगी** (Unisexual) जब दोनों जननांगों (पुंकेसर एवं स्त्रीकेसर) में से कोई एक उपस्थित होता है, तब पुष्प एकलिंगी कहलाते हैं; उदाहरण-कद्दू।

(iv) **द्विलिंगी** (Bisexual) जब पुष्प में **पुंकेसर** (Stamen) व स्त्रीकेसर (Pistil) दोनों ही उपस्थित हों; तब पुष्प द्विलिंगी कहलाते हैं; उदाहरण-मटर।

पुष्प के भाग

पुष्प को निम्नलिखित चार भागों में बाँटा गया है, जो इस प्रकार हैं

बाह्यदलपुंज

- बाह्यदलपुंज (Calyx) पुष्प का सबसे बाहरी चक्र है और इसकी इकाई को **बाह्य दल** (Sepals) कहते हैं।
- प्रायः बाह्य दल हरी पत्तियों के समान होते हैं और कली अवस्था में फूल की रक्षा करते हैं।
- बाह्यदलपुंज संयुक्त बाह्य दली (जुड़े हुए बाह्य दल) अथवा पृथक् बाह्य दली (मुक्त बाह्य दल) होते हैं।

दलपुंज

- दलपुंज (Corolla) **दल** (Petal) का बना होता है। दल प्रायः चमकीले रंग का होता है। यह परागण (Pollination) के लिए कीटों को अपनी ओर आकर्षित करता है।
- बाह्यदलपुंज की तरह दलपुंज भी संयुक्त दली अथवा पृथक्दलीय हो सकता है।
- पौधों में दलपुंज की आकृति तथा रंग भिन्न-भिन्न होते हैं।

पुमंग

- पुमंग (Androecium) पुष्पों का नर जनन अंग है, जो **पुंकेसरों** (Stamens) का बना होता है।
- पुंकेसर में तीन भाग होते हैं-पुतंतु (Filament), परागकोष (Anther) तथा योजी (Connective)।
- अधिकांशतया पुंकेसरों में दो परागकोष (Pollen sacs) होते हैं। इन पुंकेसरों को द्विकोष्ठी (Dithecous) कहते हैं, परंतु मालवेसी कुल के सदस्यों में पुंकेसर एककोष्ठी (Monothecous) होते हैं।

जायांग

जायांग (Gynoecium) पुष्पों का मादा जनन अंग है, जो एक या अनेक इकाई अर्थात् **अण्डपों** (Carpels) से मिलकर बना होता है।

अंडप के सामान्यतया तीन भाग होते हैं

(i) **अण्डाशय** (Ovary) अण्डप के आधार का फूला हुआ भाग अण्डाशय कहलाता है। इसमें मादा युग्मक या अण्ड बनता है।

(ii) **वर्तिका** (Style) यह अंडाशय के ऊपर पतले धागे के समान रचना होती है।

(iii) **वर्तिकाग्र** (Stigma) यह जायांग का शिखर भाग होता है, जो पराग कण (Pollen grain) ग्रहण करता है। घास में वर्तिकाग्र पंख के समान होती है।

पुष्प की अनुदैर्ध्य काट

पुष्पक्रम

पुष्पाक्ष पर पुष्पों के लगे रहने के क्रम अथवा विन्यास को पुष्पक्रम (Inflorescence) कहते हैं। यह निम्न प्रकार का होता है

- **असीमाक्षी पुष्पक्रम** (Racemose Inflorescence) इस प्रकार के पुष्पक्रम में मुख्य अक्ष (Main axis) पुष्प में समाप्त नहीं होता है, इसलिए मुख्य अक्ष की लंबाई अनिश्चित काल तक बढ़ती है। इनमें पुष्प **अग्राभिसारी क्रम** (Acropetal succession) में लगे होते हैं। उदाहरण-गेहूँ, सरसों, आदि।
- **समीमाक्षी पुष्पक्रम** (Cymose Inflorescence) इस पुष्पक्रम में मुख्य अक्ष के शिखर पर स्थित कलिका (Bud) पुष्प को जन्म देकर समाप्त हो जाती है, जिसके कारण अक्ष की वृद्धि रुक जाती है, इसलिए पौधे की लंबाई निश्चित (Definite) होती है। पुष्प **तलाभिसारी** (Basipetal) क्रम में व्यवस्थित होते हैं और पुष्प **अपकेंद्री** (Centrifugal) क्रम में खुलते हैं। उदाहरण-मकोय, *पिटुनिया*, आदि।

5. फल

- निषेचन के पश्चात् अण्डाशय फल में परिवर्तित हो जाता है, अर्थात् परिपक्व अंडाशय (Ripened ovary) को फल (Fruit) कहते हैं।
- जब फल केवल अण्डाशय से विकसित होते हैं, तो इन्हें **सत्यफल** (True fruit) कहते हैं; जैसे-आम, आदि।
- जब फल अण्डाशय के अतिरिक्त पुष्प के अन्य भाग; जैसे-पुष्पासन (Thalamus) तथा बाह्यदलपुंज आदि से विकसित होते हैं, तब इन्हें **कूट या आभासी फल** (False fruit) कहते हैं; जैसे-नाशपाती, शहतूत, सेब आदि।
- कुछ पौधों में निषेचन क्रिया न होने पर भी अण्डाशय फल में बदल जाता है। ऐसे फलों को **अनिषेकफलनी फल** (Parthenocarpic fruit) तथा इस क्रिया को **अनिषेकफलन** (Pathenocarpy) कहते हैं। ये फल बीजरहित होते हैं।

6. बीज

- बीज (Seed) एक परिपक्व, निषेचित बीजांड है, इसके अंदर भ्रूणीय अवस्था में छोटे पादप, संचित भोज्य-पदार्थ एवं रक्षा कवच पाए जाते हैं।
- एक प्रारूपिक बीज (Typical seed) में निम्नलिखित दो भाग पाए जाते हैं

(i) बीजावरण

- बीजावरण (Seed coat) बीज का बाह्य आवरण या कवच बनाता है, जो बीजांड के अध्यावरणों (Integuments) के सूखने से विकसित होता है।
- बीजों में यह दो परतों से बना होता है। बाहरी परत को बाह्य कवच या **बीजचोल** (Testa) कहा जाता है तथा भीतरी परत को **अंत:चोल** या **प्रवार** (Tegmen) कहा जाता है।
- प्रत्येक बीज अंडाशय भित्ति (Ovary wall) के साथ एक छोटे वृंत में जुड़ा रहता है, जिसे **बीजांडवृंत** (Funiculus) भी कहते हैं।
- पूर्ण रूप से पके हुए बीज में वृंत के नीचे एक सूक्ष्म अंडाकार गर्त होता है, जिसे **नाभिका** (Hilum) कहते हैं।
- बीज में नाभिका के समीप एक छिद्र स्थित होता है, जिसे **अंडद्वार** या **बीजांडद्वार** (Micropyle) कहा जाता है। बीजांडद्वार से होकर ही जल, बीज के अंदर प्रवेश करता है।

(ii) भ्रूण

भ्रूण (Embryo) पादप के बीज में बीजावरण के अंदर स्थित शिशु पादप है। यह बीजांड में स्थित अंडे के निषेचन से बनता है।

एक परिपक्व बीज में पाए जाने वाले भ्रूण के निम्नलिखित दो भाग होते हैं

- **बीजपत्र** (Cotyledons) इन्हें बीजीय पर्ण (Seed leaves) भी कहा जाता है। इनकी संख्या एकबीजपत्री पादपों में एक तथा द्विबीजपत्री पादपों में दो होती है। इनका मुख्य कार्य खाद्य पदार्थों को एकत्रित करना है, जिसके कारण ये फूलकर मांसल हो जाते हैं।
- **बीजाक्ष** (Tigellum) यह बीज या भ्रूण का मुख्य अक्ष है। अत: इसे **भ्रूणीय अक्ष** (Embryonal axis) भी कहा जाता है। बीजपत्र भ्रूणीय अक्ष से संलग्न होते हैं।

पादप कार्यिकी

वनस्पति विज्ञान की वह शाखा है, जिसमें पौधों की विभिन्न जैविक क्रियाओं (Vital activities) का अध्ययन किया जाता है, पादप शरीर क्रिया विज्ञान या पादप कार्यिकी (Plant physiology) कहलाती है।

पादपों में परिवहन

- उच्च पादपों में जड़ों द्वारा ग्रहण किया गया जल एवं पत्तियों द्वारा प्रकाश-संश्लेषण से उत्पन्न खाद्य पदार्थ पौधों के विशिष्ट ऊतकों द्वारा सभी अंगों तक पहुँचते हैं। पौधों में जल एवं खाद्य पदार्थ के इस प्रकार पहुँचने की प्रक्रिया को **परिवहन** (Transportation) कहते हैं।
- प्रत्येक पदार्थ को कोशिका में पहुँचने के लिए कोशिका झिल्ली से होकर गुजरना पड़ता है। कोशिका झिल्ली को **वरणात्मक पारगम्य** (Selectively permeable) कहा जाता है।
- प्रत्येक कोशिका के जीवद्रव्य और बाह्य तरल के मध्य एक **परासरणी तंत्र** (Osmotic system) स्थापित हो जाता है। इनके मध्य एक वरणात्मक झिल्ली (Selective membrane) होती है।

  कोशिकाओं के मध्य निम्न जलीय संबंध पाए जाते हैं

(i) **विसरण** (Diffusion) गैस, द्रव तथा ठोस के अणुओं की उनके अधिक सांद्रता (Higher concentration) के क्षेत्र से कम सांद्रता (Lower Concentration) की ओर होने वाली गति को विसरण कहते हैं।

यह गति तब तक होती रहती है, जब तक दोनों की सांद्रता अर्थात् अणुओं का वितरण समान नहीं हो जाता है। प्रकाश-संश्लेषण की प्रक्रिया में जल वाष्प तथा ऑक्सीजन बाहर विसरित होते हैं।

(ii) **परासरण** (Osmosis) जब दो विभिन्न सांद्रता वाले विलयनों को अर्द्धपारगम्य झिल्ली के द्वारा पृथक् किया जाता है, तब **विलायक** (Solvent) का कम सांद्रता वाले विलयन से अधिक सांद्रता वाले विलयन की ओर गमन, परासरण कहलाता है।

परासरण के अंतर्गत जब कोशिका में जल प्रवेश करता है, तो इसे **अंत:परासरण** (Endosmosis) कहते हैं व जब जल कोशिका से बाहर की ओर गमन करता है तब यह **बाह्य परासरण** (Exosmosis) कहलाता है।

जीवद्रव्यकुंचन (Plasmolysis) बहि:परासरण (Exomosis) की क्रिया के फलस्वरूप जल के अणु रिक्तिका रस से बाहर की ओर गति करते हैं, जिसके परिणामस्वरूप जीवद्रव्य कोशिका भित्ति से हटकर संकुचित हो जाता है, इस घटना को जीवद्रव्यकुंचन कहते हैं। कोशिका की यह अवस्था **श्लथ** (Flaccid) कहलाती है।

(iii) **अंत:शोषण** (Imbibition) किसी पदार्थ के ठोस कणों के द्वारा किसी द्रव का बिना विलयन (Solution) बनाए अवशोषण करने को **अंत:शोषण** कहते हैं। अंत:शोषण, बीजों के अंकुरण के समय व जड़ों द्वारा जल अवशोषण के समय की प्रारंभिक अवस्था है।

जल का परिवहन

- पादप जड़ों द्वारा जल का अवशोषण करते हैं तथा उसे एक विशिष्ट तरीके से पादपों के अंतिम छोर तक प्रवाहित करते हैं। जल के अवशोषण में विसरण, परासरण तथा **विभव प्रवणता** (Potential gradient) जैसी क्रियाएँ सम्मिलित होती हैं।
- इन क्रियाओं द्वारा जल का छोटे-छोटे स्थानों तक परिवहन होता है जैसे एक कोशिका से दूसरी कोशिका तक, परंतु जल का लम्बे पथ पर परिवहन एक सघन क्रिया है, जिसमें **जड़ दाब** (Root pressure) तथा **वाष्पोत्सर्जन खिंचाव** (Transpiration pull) क्रियाएँ होती हैं।
- वाष्पोत्सर्जन एवं **बिंदु स्रावण** (Guttation) क्रियाओं द्वारा पादप के वायवीय भागों से जल की हानि होती है।

(i) **वाष्पोत्सर्जन** (Transpiration) पादप अवशोषित किए हुए जल का 5-10% ही उपयोग करते हैं तथा अवशोषित कुल जल का लगभग 90-95% भाग वाष्पोत्सर्जन द्वारा निष्काषित हो जाता है।

वाष्पोत्सर्जन पादपों को वायवीय भागों द्वारा जल का वाष्प के रूप में उड़ जाना होता है। अत्यधिक जल की मात्रा पत्तियों की सतह पर उपस्थित रंध्रों (Stomata) द्वारा वाष्प के रूप में निष्कासित हो जाती है। पादपों द्वारा यह जल को मृदा से जड़ों तथा जड़ों से पौधे के ऊपरी भागों तक पहुँचाने में सहायता करता है। रंध्रों से CO_2 तथा O_2 का भी आदान-प्रदान होता है।

(ii) **बिंदु स्रावण** (Guttation) कुछ शाकीय पादपों में पत्तियों के किनारे पर शिराओं (Veins) के छोर पर कुछ द्रव की बूँदें निकलती रहती हैं। यह उस परिस्थिति में होता है, जब पौधों की जड़ों द्वारा जल का सक्रिय अवशोषण (Active absorption) हो रहा हो, परंतु वाष्पोत्सर्जन कम अथवा बिल्कुल न हो।

जब मृदा में अवशोषण जल की मात्रा अधिक हो, परंतु वाष्पोत्सर्जन कम हो रहा हो, तो धनात्मक जड़ दबाव (Positive root pressure) के कारण जल का बिंदुओं के रूप में स्रावण होता है।

यह पत्तियों के किनारों पर **जलरंध्र** (Hydrathode) द्वारा होता है। यह क्रिया साधारणतया रात्रि में होती है। इससे निकला जल वास्तव में जलीय विलयन होता है, जिसमें शर्करा, अमीनो अम्ल, कार्बनिक अम्ल, आदि घुले होते हैं।

खनिजों का परिसंचरण

- मृदा में उपस्थित खनिज तत्व जड़ों द्वारा अवशोषित किए जाते हैं तथा जाइलम के द्वारा पानी के साथ ऊपर की ओर प्रवाहित किए जाते हैं।
- जड़ीय पादपों में अकार्बनिक पदार्थों का प्रवाह **बहुदिशीय** (Bidirectional) होता है।
- पादपों में खनिज तत्व मुख्यतया पादप के वृद्धि वाले भाग जैसे शीर्षस्थ (Apical) तथा पार्श्व (Lateral) विभज्योतक ऊतकों (Meristematic tissues), नई पत्तियों, विकासशील फूलों, फलों, बीज तथा संचित अंगों में प्रवाहित होते हैं।
- पादपों के कुछ पुराने भागों से नई विकसित पत्तियों तक पोषक तत्वों व खनिजों का पुन: संचरण होता है।

कार्बनिक विलायकों का परिसंचरण

कार्बनिक पदार्थ मुख्यतया पत्तियों में प्रकाश-संश्लेषण की क्रिया द्वारा बनते हैं तथा ये जड़ व तने के नए हरे भागों में भी बनते हैं। ये पदार्थ फ्लोएम द्वारा पादपों के सभी भागों तक परिसंचरित होते हैं।

पादपों में खनिज पोषण

- पादप विभिन्न प्रकार के तत्वों के आयनों का प्रयोग करके अनेक जैविक क्रियाओं का नियमन करते हुए वृद्धि करते हैं। इस प्रकार वे सभी तत्व, जो पादपों की वृद्धि एवं परिवर्धन के लिए आवश्यक होते हैं, **खनिज तत्व** (Mineral element) कहलाते हैं तथा पादपों द्वारा इन तत्वों का अवशोषण एवं प्रयोग करने की क्रियाविधि को **खनिज पोषण** (Mineral nutrition) कहते हैं।
- तत्वों की मात्रात्मक आवश्यकता के आधार पर इन्हें दो मुख्य भागों में बाँटा गया है

(i) **दीर्घ या वृहद् पोषक तत्व** (Macroelements) वृहद् पोषकों को सामान्यतया पादप के शुष्क पदार्थ का 1-10 mg/L की सान्द्रता से विद्यमान होना चाहिए। इस श्रेणी में आने वाले तत्व हैं; जैसे-कार्बन (C), हाइड्रोजन (H), नाइट्रोजन (N), ऑक्सीजन (O), फॉस्फोरस (P), सल्फर (S), पोटैशियम (K), कैल्शियम (Ca) और मैग्नीशियम (Mg)। इनमें से कार्बन, हाइड्रोजन तथा ऑक्सीजन की प्राप्ति मुख्यतया कार्बन डाइऑक्साइड (CO_2) एवं जल (H_2O) से होती हैं, जबकि दूसरे तत्व मृदा से खनिज लवणों के रूप में ग्रहण किए जाते हैं।

(ii) **लघु या सूक्ष्म पोषक तत्व** (Microelements) सूक्ष्म पोषकों की अनिवार्यता अत्यन्त सूक्ष्म मात्रा (0.1 mg/L शुष्क भार के बराबर या उससे कम) में होती है। इनके अंतर्गत लौह (Fe), ताँबा (Cu), मॉलिब्डेनम (Mo), जस्ता (Zn), बोरॉन (B), मैंगनीज (Mn), क्लोरीन (Cl) तथा निकिल (Ni) सम्मिलित हैं।

नाइट्रोजन, प्रोटीन और अन्य यौगिकों के संश्लेषण के लिए एक आवश्यक घटक है। यह मुख्य रूप से अकार्बनिक नाइट्रेट या नाइट्राइट या कार्बनिक रूप में होता है।

पोषण के आधार पर पादपों का वर्गीकरण

पोषण के आधार पर पादपों का वर्गीकरण दो प्रकार से किया गया है

(i) **स्वपोषी पौधे** (Autotrophic) ये अपना भोजन स्वयं संश्लेषित कर सकते हैं, इन्हें स्वपोषी पादप कहते हैं। उदाहरण–सभी हरे पादप।

(ii) **परपोषी पौधे** (Heterotrophic) ये अपना भोजन स्वयं संश्लेषित नहीं कर सकते हैं, इन्हें परपोषी पादप कहते हैं। ये निम्न प्रकार के होते हैं

- **परजीवी पौधे** (Parasitic Plants) ये पादप खाद्य एवं जल हेतु अन्य पौधों पर निर्भर रहते हैं। इनमें खाद्य एवं जल के अवशोषण हेतु विशिष्ट जड़ें पाई जाती हैं, जो **चूषक जड़ें** अथवा **चूषकांग** (Sucking roots or haustoria) कहलाती हैं। उदाहरण–डॉडर (Dodder) अथवा अमरबेल (*Cuscuta*)।
- **मृतोपजीवी पौधे** (Saprophytic Plants) ये पादप मृत कार्बनिक पदार्थों पर उगते हैं; उदाहरण–कवक (Fungi)।

प्रकाश-संश्लेषण

- प्रत्येक हरा पादप सूर्य के प्रकाश की उपस्थिति में जल तथा कार्बन डाइऑक्साइड (CO_2) की सहायता से स्वयं अपने भोजन का निर्माण करता है। पादपों द्वारा यह भोजन बनाने की क्रिया ही प्रकाश-संश्लेषण (Photosynthesis) कहलाती है।
- पादपों का हरा रंग **पर्णहरिम** (Chlorophyll) की उपस्थिति के कारण होता है और पर्णहरिम की उपस्थिति के कारण ही पादप सूर्य की प्रकाश ऊर्जा को रासायनिक ऊर्जा के रूप में बदलकर कार्बोहाइड्रेट्स का निर्माण करते हैं।

इसे निम्न समीकरण द्वारा प्रदर्शित किया जा सकता है

$$\underset{\text{कार्बन डाइऑक्साइड}}{6CO_2} + \underset{\text{जल}}{12H_2O} \xrightarrow[\text{पर्णहरिम}]{\text{सूर्य का प्रकाश}} \underset{\text{ग्लूकोस}}{C_6H_{12}O_6} + \underset{\text{जल}}{6H_2O} + \underset{\text{ऑक्सीजन}}{6O_2} \uparrow$$

- कार्बोहाइड्रेट पादपों को ऊर्जा प्रदान करते हैं, पादपों द्वारा कार्बोहाइड्रेट को तुरंत उपयोग में नहीं लिया जाता है, उन्हें **स्टार्च** (Starch) के रूप में संचित कर लिया जाता है।
- प्रकाश-संश्लेषण की क्रिया पत्तियों के **हरितलवक** (Chloroplast) में होती है। हरितलवक हरे रंग के कोशिकांग होते हैं। ये पत्ती के **पर्णमध्योतक** (Mesophyll) में सर्वाधिक सक्रिय (Active) होते हैं। ये प्रकाश-संश्लेषण उपकरण की भाँति कार्य करते हैं।
- प्रकाश-संश्लेषण प्रक्रम के दौरान निम्नलिखित घटनाएँ होती हैं
  - क्लोरोफिल द्वारा प्रकाश ऊर्जा को अवशोषित करना
  - प्रकाश ऊर्जा को रासायनिक ऊर्जा में रूपांतरित करना तथा जल अणुओं का हाइड्रोजन तथा ऑक्सीजन में अपघटन
  - कार्बन डाइऑक्साइड का कार्बोहाइड्रेट में अपचयन
- पत्ती में, कुछ अन्य संरचनाएँ भी उपस्थित होती हैं, जैसे रन्ध्र (पत्ती की सतह पर उपस्थित सूक्ष्म छिद्र), जोकि प्रकाश संश्लेषण के दौरान गैसीय विनिमय में भाग लेते हैं, लेकिन यह बड़ी मात्रा में जल की हानि के लिए भी जिम्मेदार होते हैं।
- प्रकाश संश्लेषण के लिए कार्बन डाईऑक्साइड की आवश्यकता न होने पर ये छिद्र बन्द हो जाते हैं।
- रक्षक कोशिकाएँ सेम के बीज के आकार की होती है, जो रन्ध्र को खोलने का कार्य करती हैं।
- रक्षक कोशिकाओं का प्रत्येक युग्म रन्ध्रों के खुलने को नियन्त्रित करता है और इस प्रकार पत्ती के अन्दर और बाहर गैसों का विसरण और जल वाष्प के निकलने की दर नियन्त्रित किया जाता है।

पादपों में श्वसन

- "जीवित कोशिकाओं में होने वाली उन सभी एंजाइमी अभिक्रियाओं (Enzymatic reactions) को **श्वसन** (Respiration) कहते हैं, जिनमें ऑक्सीजन की उपस्थिति या अनुपस्थिति में कार्बनिक पदार्थों का ऑक्सीकरण होता है तथा ऊर्जा मुक्त होती है।"
- जंतुओं व मनुष्यों में श्वसन के लिए विशेष अंग पाए जाते हैं, परंतु पादपों में श्वसन के लिए कोई विशेष अंग नहीं पाए जाते हैं। इनमें **रंध्रों** (Stomata) द्वारा ऑक्सीजन युक्त वायु प्रवेश करती है, जो पादपों के सभी भागों में पहुँचकर भोजन के ऑक्सीकरण अर्थात् कोशिकीय श्वसन (Cellular respiration) में भाग लेती है।
- ऑक्सीजन की आवश्यकता के अनुसार, श्वसन दो प्रकार का होता है

(i) **वायवीय या ऑक्सी श्वसन** (Aerobic Respiration) यह आण्विक ऑक्सीजन की उपस्थिति में होता है। इसे निम्न समीकरण द्वारा दर्शाया जाता है

$$\underset{\text{ग्लूकोस}}{C_6H_{12}O_6} + \underset{\text{ऑक्सीजन}}{6O_2} \xrightarrow{\text{एंजाइम}} \underset{\text{कार्बन डाइऑक्साइड}}{6CO_2} + \underset{\text{जल}}{6H_2O}$$

+ 38 ATP या 673 किलो कैलोरी ऊर्जा

(ii) **अवायवीय या अनॉक्सी श्वसन** (Anaerobic Respiration) यह ऑक्सीजन की अनुपस्थिति में होता है। इस क्रिया को **किण्वन** (Fermentation) भी कहते हैं। इसे निम्न समीकरण द्वारा दर्शाया जाता है

$$\underset{\text{ग्लूकोस}}{C_6H_{12}O_6} \xrightarrow[\text{श्वसन}]{\text{अनॉक्सी}} \underset{\text{ऐल्कोहॉल}}{2C_2H_5OH} + \underset{\text{कार्बन डाइऑक्साइड}}{2CO_2}$$

+ 59 किलो कैलोरी ऊर्जा

- अत्यधिक व्यायाम करने के बाद पेशियों में ऐंठन होती है, क्योंकि पेशियाँ अवायवीय रूप से श्वसन करती हैं। इस प्रक्रम में ग्लूकोस के आंशिक विखंडन से लैक्टिक अम्ल और कार्बन डाइऑक्साइड बनते हैं।
- लैक्टिक अम्ल का संचयन पेशियों में ऐंठन उत्पन्न करता है। गर्म पानी से स्नान करने अथवा शरीर की मालिश करवाने पर हमें ऐंठन से आराम मिलता है।
- गर्म जल से स्नान अथवा शरीर की मालिश करने से रक्त का संचरण बढ़ जाता है। इसके परिणामस्वरूप पेशी कोशिकाओं में ऑक्सीजन की आपूर्ति बढ़ जाती है। ऑक्सीजन की आपूर्ति बढ़ जाने से लैक्टिक अम्ल का कार्बन डाइऑक्साइड और जल में पूर्ण विखंडन हो जाता है।

- श्वसन की तीन अवस्थाएँ होती हैं, जो निम्नलिखित हैं
  (i) **बाह्य श्वसन** (External Respiration) इसमें एक जीव तथा उसके वातावरण के मध्य श्वसनीय गैसों (O_2 एवं CO_2) का विनिमय होता है। पादपों में श्वसन दिन-रात होता रहता है। इसके अंतर्गत वे ऑक्सीजन ग्रहण करके कार्बन डाइऑक्साइड (CO_2) को मुक्त करते हैं। पादपों में प्राणियों की भाँति गैसीय आदान-प्रदान के लिए विशिष्ट अंग नहीं होते हैं। पादपों में श्वसन जड़, तना (वातरंध्र), पत्ती (रंध्र) द्वारा होता है।
  (ii) **आंतरिक या ऊतक श्वसन** (Internal or Tissue Respiration) इसमें ऊतक तथा बाह्य कोशिकीय वातावरण के मध्य श्वसनीय गैसों का विनिमय (Exchange) होता है।
  (iii) **कोशिकीय श्वसन** (Cellular Respiration) यह एक एन्जाइम नियन्त्रित, चरणबद्ध (Stepwise) रासायनिक क्रिया है, जिसमें माइटोकॉण्ड्रिया के अन्दर ग्लूकोस का ऑक्सीकरण होने से अधिक ऊर्जायुक्त ATP अणु उत्पन्न होते हैं, जिनमें ऊर्जा, उच्च ऊर्जा बन्धों में संचित होती है। इस प्रकार श्वसन एक जैव-रासायनिक (Biochemical) ऑक्सीकरण क्रिया है।

इस क्रिया को निम्नलिखित तीन पदों में विभाजित किया गया है

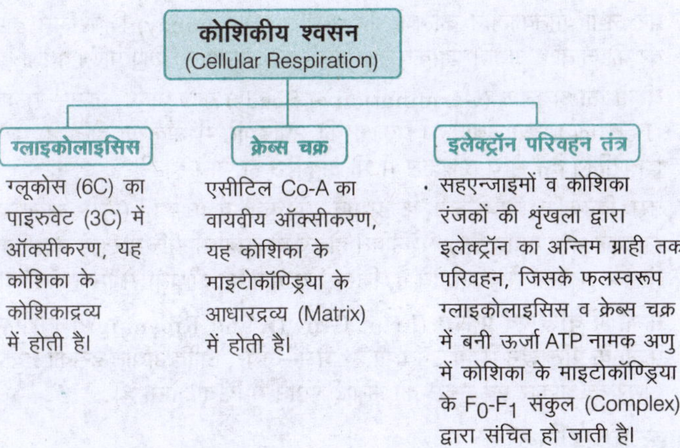

पादपों में उत्सर्जन

प्राणियों की भाँति पादप भी अपशिष्ट उत्पादों का उत्सर्जन (Excretion) करते हैं। पादपों में अपशिष्ट उत्पादों का उत्सर्जन निम्न प्रकार से होता है

(i) **गैसीय अपशिष्ट उत्पाद** (Gaseous Waste Product) पादपों में गैसीय अपशिष्ट पदार्थों का निष्कासन पत्ती पर उपस्थित **रंध्रों** (Stomata) और तने पर उपस्थित **वातरंध्रों** (Lenticels) द्वारा होता है। ये गैसीय अपशिष्ट CO_2 और O_2 होते हैं।

(ii) **तरल अपशिष्ट उत्पाद** (Liquid Waste Product) पादपों में वाष्पोत्सर्जन की प्रक्रिया द्वारा अधिक जल का निष्कासन रंध्रों (Stomata) से जल वाष्प द्वारा और कुछ पादपों में जल रंध्रों (Hydathodes) से बूंदों के रूप में होता है। जल रंध्रों द्वारा बिंदुस्रावण की क्रिया होती है।

(iii) **ठोस अपशिष्ट उत्पाद** (Solid Waste Product) पादप ठोस अपशिष्ट उत्पादों को कोशिकीय रिक्तिका और ऊतकों (अधिकांशतः मृत) में संचित करते हैं; जैसे–**अंतः काष्ठ** (Heart wood)। पादपों के द्वारा गोंद का स्रावण होता है, जिसका उपयोग खाने तथा उद्योगों आदि में किया जाता है।

रेजिन का उपयोग वार्निश बनाने में और **ग्लेजिंग एजेंट** (Glazing Agent) के रूप में किया जाता है। रबर पादप से प्राकृतिक रबर प्राप्त किया जाता है, जिसका उपयोग टायर उद्योग, चिकित्सा संबंधित दस्ताने, गुब्बारों आदि के निर्माण में होता है।

पादपों में समन्वयन

- पादपों में वातावरण के प्रभाव से अथवा आंतरिक उद्दीपनों से संपूर्ण शरीर या शरीर का कोई अंग अपनी स्थिति में परिवर्तन करता है, तो इस परिवर्तन को **गति** (Movement) कहते हैं।
- पादपों में गति जीवद्रव्य की **संवेदनशीलता** (Sensitivity) अथवा **उत्तेजनशीलता** (Irritability) के कारण होती है।
- पादपों में गतियों को दो प्रकार से वर्गीकृत किया जा सकता है

1. उद्दीपन के लिए तत्काल अनुक्रिया

- संवेदनशील पादप (छुईमुई) उद्दीपन (Stimulus) के प्रति तत्काल अनुक्रिया (Response) दर्शाते हैं। पादप के सभी भाग यह अनुक्रिया प्रदर्शित करते हैं अर्थात् गति करते हैं।
- जैसे ही पादप को स्पर्श किया जाता है, उसमें सूचनाओं का आदान-प्रदान होने लग जाता है।

2. वृद्धि के कारण गति

- पादप वृद्धि करते हुए किसी विशेष उद्दीपन के प्रति अनुक्रिया दर्शाते हैं। जब पादप में गति प्रदर्शित होती है, तो वृद्धि दिशात्मक होती है।
- कुछ पादप जैसे मटर, कद्दू और खीरा अन्य पादपों के सहारे से या **प्रतान** (Tendril) के माध्यम से ऊपर चढ़ते हैं अर्थात् आगे बढ़ते हैं। ये प्रतान स्पर्श के प्रति संवेदनशील होते हैं।
- इस प्रकार पादप धीरे-धीरे एक निश्चित दिशा में गति करके उद्दीपन के प्रति अनुक्रिया दर्शाता है।
- इसके अंतर्गत दो प्रकार की गतियाँ प्रदर्शित होती हैं

अनुवर्तनी गतियाँ

- अनुवर्तनी गतियाँ (Tropic Movements) पौधे के किसी भाग में एक **पार्श्वीय** (Lateral) दिशा से प्रभावित उद्दीपन के कारण होती हैं और उत्पन्न हुई अनुक्रिया (Response) से पौधों के विभिन्न भागों में असमान रूप से वृद्धि होकर उनमें वक्रता आ जाती है।
- इन गतियों में अनुक्रिया की दिशा उद्दीपन की स्थिति (दिशा) पर निर्भर करती है।
- उद्दीपन के आधार पर गतियाँ निम्न प्रकार की होती हैं
  - **प्रकाशानुवर्तन गति** (Phototropic Movement) (उद्दीपन-प्रकाश)
  - **गुरुत्वानुवर्तन गति** (Geotropism Movement) (उद्दीपन- गुरुत्वाकर्षण)
  - **जलानुवर्तन गति** (Hydrotropic Movement) (उद्दीपन-जल)
  - **रसायनानुवर्तन गति** (Chemotropic movement) (उद्दीपन- रसायन)

अनुकुंचन गतियाँ

- इस प्रकार की गतियों में पादप को उद्दीपन किसी भी ओर से मिले, गति एक पूर्व निश्चित दिशा में ही होगी अर्थात् उद्दीपन का प्रभाव गति की दिशा पर नहीं पड़ता है। इस प्रकार की गतियों के प्रकार निम्न हैं
  - **प्रकाशानुकुंचनी गति** (Photonastic Movement) (उद्दीपन -प्रकाश)
  - **स्पर्शानुकुंचनी गति** (Thigmonasty Movement) (उद्दीपन-कीट का संपर्क)
  - **तापानुकुंचनी गति** (Thermonastic Movement) (उद्दीपन-ताप)
  - **कंपानुकुंचनी गति** (Seismonastic Movement) (उद्दीपन- स्पर्श)

पादपों में हॉर्मोनल समन्वयन/पादप हॉर्मोन्स

- जंतुओं की भाँति पादपों में भी पादप तंत्र की कार्य प्रणाली के उचित समन्वयन (Coordination) व रासायनिक पदार्थों के परिवहन के लिए रासायनिक हॉर्मोंस की आवश्यकता होती है।
- 'हॉर्मोन' शब्द का प्रयोग सर्वप्रथम **अर्नेस्ट स्टरलिंग** (Ernest Starling) ने वर्ष 1905 में किया था। वे विशेष प्रकार के जटिल कार्बनिक रासायनिक पदार्थ, जो पादपों में वृद्धि तथा विकास को नियंत्रित करते हैं, **पादप हॉर्मोन** (Plant hormones) कहलाते हैं।

पादप हॉर्मोंस का वर्गीकरण

पादप हॉर्मोन्स के वर्गीकरण को मुख्यतया दो समूहों में बाँटा जा सकता है

1. वृद्धि प्रवर्धक हॉर्मोन्स

वृद्धि प्रवर्धक हॉर्मोन्स (Growth Promoting Hormones) पादप अथवा उनके विभिन्न अंगों में वृद्धि को प्रेरित करते हैं; जैसे–ऑक्सिन, जिबरेलिन, साइटोकाइनिन, आदि। कुछ महत्त्वपूर्ण वृद्धि प्रवर्धक हॉर्मोंस निम्न हैं

ऑक्सिन

ऑक्सिन (Auxin) की खोज वेंट (Went) नामक वैज्ञानिक ने की थी। उदाहरण– IAA (इंडोल ऐसीटिक अम्ल-Indole Acetic Acid), IBA (इंडोल ब्यूटाइरिक अम्ल-Indole Butyric Acid), 2, 4-D (2,4-डाइक्लोरोफिनॉक्सी ऐसीटिक अम्ल-Dichlorophenoxy Acetic Acid) आदि हैं। ऑक्सिन के कार्य निम्नलिखित हैं

- **शीर्ष प्रमुखता** (Apical Dominance) ऑक्सिन शीर्ष कलिका (Apical Bud) में उपस्थित होता है तथा उसको वृद्धि के लिए प्रेरित करता है। इसे शीर्ष प्रमुखता कहते हैं, क्योंकि इसके कारण पार्श्व कलिकाओं (Lateral Buds) की वृद्धि नहीं हो पाती है, परंतु शीर्ष कलिका को काट देने पर पार्श्व कक्षीय कलिकाओं में वृद्धि होने लगती है।
- **कोशिका दीर्घीकरण** (Cell Elongation) प्ररोह (Shoot) में ऑक्सिन की अधिक सांद्रता कोशिकाओं का दीर्घीकरण करती है।
- **विगलन का रुकना** (Stoppage of Abscission) ऑक्सिन की सांद्रता कम हो जाने पर विगलन परत बन जाने से पत्तियाँ, फूल व फल गिरने लग जाते हैं। 2, 4-D, IBA, NAA, आदि ऑक्सिन्स का छिड़काव करने से विगलन रुक जाता है।
- **प्रसुप्ति** (Dormancy) ऑक्सिन का प्रयोग करके कलिकाओं, बीजों व कंदों (Tubers) को सुप्त (Dormant) किया जा सकता है, जिससे इन्हें अधिक समय तक शीत भंडारण (Cold storage) में रखा जा सकता है।
- **कोशिका विभाजन** (Cell Division) ये हॉर्मोंस साइटोकाइनिंस के साथ क्षति (Injury) में कैम्बियम के विभाजन के समय, कलम बाँधने (Grafting) के समय तथा ऊतक संवर्धन (Tissue culture) में यदि निश्चित मात्रा में प्रयोग किए जाए, तो कोशिका विभाजन बढ़ता है।
- **अनिषेकफलन** (Parthenocarpy) संतरा, नींबू, अंगूर, केला, आदि में ऑक्सिन के प्रयोग द्वारा बीजरहित फल बनते हैं। फल बनने में निषेचन का प्रयोग न होने के कारण इस प्रक्रिया को अनिषेकफलन कहते हैं।

जिबरेलिन

जिबरेलिन (Gibberellin) की खोज सर्वप्रथम जापानी वैज्ञानिक **कुरोसावा** (Kurosawa) ने वर्ष 1926 में धान के खेत में की थी। यह एक वृद्धि नियंत्रण पदार्थ है, इसे जिबरेलिन 'GA' भी कहा जाता है। जिबरेलिन के कार्य निम्नलिखित हैं

- **आनुवंशिक बौने पादपों का दीर्घीकरण** (Elongation of Genetically Dwarf Plants) यह हॉर्मोंस आनुवंशिक बौने पादप के दीर्घीकरण में सहायक होता है; जैसे–मक्का एवं मटर। इसके अतिरिक्त यह हॉर्मोन पर्वों (Internodes) की कोशिकाओं का दीर्घीकरण भी करता है, जिससे तने की लंबाई बढ़ जाती है। इस प्रकार से तने का लंबाई में बढ़ना **बोल्टिंग** (Bolting) कहलाता है।
- **प्रसुप्ति को दूर करना** (Breaking Dormancy) आलू के कंद और पादपों पर लगी शीतकालीन कलियों की प्रसुप्ति (Dormancy) जिबरेलिन द्वारा दूर की जाती है अर्थात् यह कंद तथा बीजों को अंकुरण के लिए प्रेरित करता है।
- **बीजों का अंकुरण** (Germination of Seeds) कुछ पादप; जैसे– सलाद (Lettuce) तथा तंबाकू में प्रकाश की उपस्थिति में अंकुरण होता है, परंतु जिबरेलिन देने से ये अंधकार में भी अंकुरित हो जाते हैं।
- इस क्रिया में जिबरेलिन के प्रभाव से कुछ एंजाइम्स, (जैसे–प्रोटिएज, लाइपेज तथा एमाइलेज) संश्लेषित होकर बीजपत्रों में संचित खाद्य पदार्थ को विलेय अवस्था में बदल देते हैं, जिससे ये भ्रूण को शीघ्रता से मिल जाते हैं।
- **फलों में वृद्धि एवं पकना** (Fruit Growth and Ripening) जिबरेलिन फलों के परिवर्द्धन में भी उपयोगी है; जैसे–अंगूर, आदि अर्थात् इसका प्रयोग अंगूर के आकार एवं गुच्छे की लंबाई बढ़ाने में किया जाता है।

साइटोकाइनिन

मिलर (Miller) तथा उनके सहयोगियों ने इसे सर्वप्रथम खमीर (Yeast) और फफूँद के DNA से प्राप्त किया और इसलिए इसे **काइनेटिन** नाम दिया गया, जो न्यूक्लिक अम्ल (DNA) के अपघटन से बनता है।

लेथम एवं उसके सहयोगियों (Latham *et.al*) ने वर्ष 1963 में प्रथम प्राकृतिक **साइटोकाइनिन** (Cytokinin) को अपरिपक्व मक्के के दाने में खोजा और इसलिए इसे **जियाटिन** (Zeatin) नाम दिया। साइटोकाइनिन के कार्य निम्नलिखित हैं

- **कोशिका विभाजन** (Cell Division) साइटोकाइनिन ऑक्सिन के साथ मिलकर कोशिका विभाजन को प्रेरित करता है।
- **कोशिका दीर्घीकरण एवं विभेदन** (Cell Elongation and Differentiation) यह कोशिकाओं में वृद्धि को प्रेरित करता है। कैलस (Callus) में कम साइटोकाइनिन व उच्च ऑक्सिन सांद्रता से जड़ों का तथा उच्च साइटोकाइनिन व कम ऑक्सिन सांद्रता से **प्ररोह** (Shoot) का निर्माण होता है।
- **शीर्ष प्रभाविता का प्रतिकार** (Counteraction of Apical Dominance) साइटोकाइनिन के कारण शीर्षस्थ कलिका की उपस्थिति में भी पार्श्व कलिकाएँ वृद्धि कर पाती हैं।

उपरोक्त कार्यों के अतिरिक्त ये जीर्णता में विलंब (Delaying in senescence), पोषक पदार्थों का अभिगमन, हरितलवक के परिपक्वन, फ्लोएम में संवहन का नियंत्रण, जड़ के व्यास में वृद्धि, आदि कार्यों में भी उपयोगी हैं।

2. वृद्धि निरोधक हॉर्मोन्स

वृद्धि निरोधक हॉर्मोन्स (Growth Inhibitory Hormones) पादप अथवा उनके अंगों में वृद्धि को रोकते हैं; जैसे–एब्सिसिक अम्ल, इथाइलीन, आदि। कुछ वृद्धि निरोधक हॉर्मोन्स निम्न हैं

एब्सिसिक अम्ल

कार्न्स एवं एडिकोट (Carns and Addicott; 1961-65) ने एब्सिसिक अम्ल को कपास के पादपों की कलियों (Buds) से अलग किया था।

एब्सिसिक अम्ल के कार्य निम्नलिखित हैं

- **जीर्णता एवं विलगन** (Senescence and Abscission) एब्सिसिक अम्ल पत्तियों में विलगन तथा जीर्णता उत्पन्न करता है अर्थात् इसके छिड़काव से पत्तियाँ शीघ्र गिर जाती हैं।
- **कलिका प्रसुप्ति** (Bud Dormancy) एब्सिसिक अम्ल एक वृद्धि संदमक (Inhibitor) के रूप में कार्य करता है तथा अनेक पादपों में कलिकाओं को प्रसुप्ति के लिए प्रेरित करता है।
- **पुष्पन** (Flowering) एब्सिसिक अम्ल की उपस्थिति में कुछ अल्प प्रदीप्तिकाली पादपों का दीर्घ प्रदीप्तिकाली अवस्थाओं में पुष्पन हो जाता है, जबकि दीर्घ प्रदीप्तिकाली पादपों में यह पुष्पन को संदमित करता है।
- **बीज प्रसुप्ति** (Seed Dormancy) एब्सिसिक अम्ल परिपक्व भ्रूण की प्रसुप्ति को नियंत्रित करता है तथा अनुकूल परिस्थितियाँ न मिलने तक यह भ्रूण की वृद्धि को सुषुप्तावस्था में ही रोके रखता है।
- **रंध्रों को बंद करना** (Closing the Stomata) यह रंध्र के बंद होने की प्रक्रिया को प्रेरित करता है।

इथाइलीन

इथाइलीन पादप जगत का **गैसीय हॉर्मोन** कहलाता हैं। **बर्ग** (Berg) ने इसे पादप हॉर्मोन सिद्ध किया।

इथाइलीन के कार्य निम्नलिखित हैं

- **फलों की वृद्धि एवं पकना** (Fruit Growth and Ripening) इथाइलीन फल वृद्धि तथा उसके पकने को प्रेरित करता है, इस हॉर्मोन का उपयोग सेब, केला, आम, आदि को कृत्रिम रूप से पकाने में किया जाता है।
- **अनुप्रस्थ वृद्धि** (Transverse Growth) यह हॉर्मोन पादपों की अनुलंब वृद्धि को संदमित करता है, किंतु अनुप्रस्थ वृद्धि को **उद्दीप्त** (Stimulate) करता है।
- **विगलन** (Abscission) इथाइलीन पत्तियों, फूलों तथा फलों में विलगन क्षेत्र के निर्माण को उद्दीप्त करता है।
- **जड़ प्रारंभन** (Initiation of Root) कम सांद्रता में इथाइलीन जड़ प्रारंभन, कलम में जड़ उत्प्रेरण, पार्श्व जड़ों तथा मूलरोम की वृद्धि, आदि को प्रेरित करता है।
- **पुष्पन** (Flowering) ऑक्सिन की भाँति यह पुष्पी पादपों में पुष्पन को कम करता है, परंतु अनन्नास में पुष्पन को प्रेरित करता है।

पादप में अलैंगिक जनन

- अलैंगिक जनन में एकल जनक द्वारा संतति का उत्पादन होता है। इसमें आनुवंशिक रूप से क्लोन (Clone) पादप प्राप्त होते हैं।
- कुछ पादप; जैसे–गन्ना, गुलाब या अंगूर, आदि को उगाने के लिए **कायिक प्रवर्धन** (Vegetative reproduction) का प्रयोग किया जाता है, क्योंकि इसके द्वारा उगाए गए पादपों में बीज की आवश्यकता नहीं होती है और बीज द्वारा उगाए गए पादपों की अपेक्षा पुष्प व फल कम समय में आ जाते हैं। अतः कायिक प्रवर्धन द्वारा पादप कम समय में उगाए जा सकते हैं।
- यह पद्धति उन पादपों; जैसे–केला, संतरा एवं चमेली, आदि को उगाने के लिए भी उपयोगी है, जो बीज उत्पन्न करने की क्षमता खो चुके हैं।
- कायिक प्रवर्धन का दूसरा लाभ यह भी है कि इस प्रकार उत्पन्न सभी पादप आनुवंशिक रूप से जनक पादप के समान ही होते हैं। इस प्रक्रिया में पादप का कोई भी वर्धी भाग मातृ पादप से अलग होकर नए पादप का निर्माण करता है।
- कायिक प्रजनन या प्रवर्धन विभिन्न वर्धी भागों के आधार पर विभिन्न प्रकार का होता है। इन विभिन्न प्रकारों का अध्ययन दो शीर्षकों में कर सकते हैं, जो निम्न प्रकार हैं

प्राकृतिक कायिक प्रवर्धन

इस क्रिया में प्राकृतिक रूप से पादप का कोई भी अंग या रूपांतरित भाग मातृ पादप से अलग होकर नया पादप बनाता है। यह अनुकूल परिस्थितियों में संपन्न होता है। कायिक अंगों से जनन के आधार पर प्राकृतिक कायिक जनन (Natural vegetative reproduction) को निम्नलिखित भागों में बाँटा गया है

- **जड़ों द्वारा** (By Roots); उदाहरण-शकरकंद, सतावर, पुदीना, आदि।
- **पत्ती द्वारा** (By Leaves); उदाहरण-*ब्रायोफिल्लम, बिग्नोनिया,* घाव पत्ता, आदि।
- **तनों द्वारा** (By Stems); उदाहरण-अदरक, आलू, आदि।

कृत्रिम कायिक प्रवर्धन

मानव द्वारा पादपों में कृत्रिम ढंग से किए गए कायिक जनन को कृत्रिम कायिक जनन या प्रवर्धन (Artificial vegetative reproduction) कहते हैं।

पादपों में कृत्रिम कायिक जनन की विधियाँ निम्नलिखित हैं

- **कलम लगाना** (By Cutting) इस विधि में अच्छे विकसित परिपक्व पादपों की शाखाओं को काटकर भूमि में दबा दिया जाता है। इन शाखाओं पर कुछ कक्षस्थ कलिकाओं (Axillary buds) का होना आवश्यक है।

  शाखा के भूमिगत भाग की पर्व**संधियों** (Nodes) से अपस्थानिक जड़ें (Adventitious roots) निकलती हैं। इनकी कक्षस्थ कलिकाएँ वृद्धि करके एक नए पादप का निर्माण करती हैं।

  उदाहरण–गुलाब, गन्ना, गुड़हल, आदि
- **दाब लगाना** (By Layering) वह पादप, जिनकी शाखाएँ कठोर होती हैं, सरलता से कलम के रूप में प्रवर्धित नहीं हो पाती हैं। इसलिए उपरोक्त पादपों में, पादप की शाखा के कुछ भाग को छीलकर शाखा को भूमि में दबा देते हैं।
- कुछ समय पश्चात्, मृदा में दबे हुए भाग से अपस्थानिक जड़ें निकल आती हैं। अब इस अवस्था में शाखा को जनक पादप से काटकर अलग करके इसे मिट्टी में रोप देते हैं। उदाहरण–नींबू, चमेली, अंगूर, आदि।

- **पैबंद लगाना या रोपण** (By Grafting) इसमें निम्न या अशुद्ध जाति के तने को तिरछा काट लिया जाता है, जिसे **स्कंध** (Stock) कहते हैं तथा उच्च किस्म की जाति के पादप की एक शाखा या **कलम** (श्यान) को इसी प्रकार तिरछी काटकर मिलान करके इसके साथ जोड़ दिया जाता है, इसके पश्चात् इस पूर्ण संरचना को रस्सी, कपड़े, आदि से बाँध दिया जाता है।
- साथ ही दोनों के संधि स्थल पर मोम पिघलाकर लेप कर दिया जाता है। कुछ दिनों पश्चात् स्कंध तथा कलम दोनों आपस में जुड़ जाते हैं। उदाहरण–नींबू, अमरूद, आदि।

कायिक जनन के प्रकार उदाहरण सहित

जनन के प्रकार	पौधे का विशिष्ट भाग	उदाहरण
(A) प्राकृतिक विधियाँ	अपस्थानिक जड़ें शकरकंदी, डहेलिया	
	(क) उपरिभूस्तारी तना	घास (बगीचे की)
	(ख) अधःभूस्तारी तना	गुलदाऊदी
	(ग) शल्ककंद तना	प्याज
	(घ) कंद तना	आलू, कैना
	(ङ) प्रकंद तना	अदरक
	(च) अपस्थानिक पर्ण मुकुल	*ब्रायोफिल्लम*
(B) कृत्रिम विधियाँ	(क) कलम	गुलाब,मनीप्लांट
	(ख) दाब कलम	मोगरा (जैरमीन) अंगूर
	(ग) रोपण	नींबू जाति, आम ऑर्किड, गुलदाऊदी, ऐरपैरेगस

ऊतक संवर्धन

- पादप ऊतक व अंगों से प्रयोगशाला में उचित संवर्धन माध्यम की उपस्थिति में अधिक संख्या में रोगहीन पादपों का विकास करना, ऊतक संवर्धन (Tissue Culture) कहलाता है।
- इस तकनीक को अंतःपात्रे (In vitro) सूक्ष्म प्रवर्धन (Micropropagation) भी कहते हैं, क्योंकि यह प्रयोगशाला में पात्र में होती है। तत्पश्चात् विकसित नवपादप को मृदा में व्यवस्थित कर दिया जाता है। इस विधि में, जिस पादप के ऊतक को संवर्धित करना होता है, उस पादप की कोशिका को पोषक माध्यम में रख दिया जाता है।
- इस संवर्धन माध्यम में अकार्बनिक लवण, कुछ विटामिन्स तथा वृद्धि नियंत्रक पादप हॉर्मोन (साइटोकाइनिन) मिलाते हैं। ऊतक की कोशिकाएँ अनियमित रूप से विभाजन कर **कैलस** (Callus) का निर्माण करती हैं। कैलस की कोशिकाएँ कलिकाओं का निर्माण करती हैं, जो वृद्धि करके नए पादप का निर्माण करती हैं।
- यह तकनीक सजावटी पादप; जैसे–कार्निशन, *ऑर्किड*, डहेलिया, आदि के उत्पादन हेतु अधिक प्रयोग की जाती है।
- ऊतक संवर्धन तकनीक के निम्न लाभ हैं
  - इससे रोगहीन वातावरण में एकल जनक द्वारा अत्यधिक मात्रा में पादप विकसित किए जाते हैं।
  - इस विधि द्वारा पादपों को विभिन्न रोगों से बचाया जा सकता है।
  - इस विधि द्वारा सजावट योग्य पादपों का शीघ्र विकास संभव है।
  - इस विधि में वातावरण का पादप वृद्धि पर कोई प्रभाव नहीं पड़ता है।

पुष्पीय पादपों में लैंगिक जनन

- उच्च पादपों आवृतबीजी (Angiosperm) में लैंगिक जनन की प्रक्रिया के लिए विशेष संरचनाएँ पाई जाती हैं, जिन्हें **पुष्प** (Flower) कहते हैं।
- जब पुष्प में पुंकेसर अथवा स्त्रीकेसर में से कोई एक जननांग उपस्थित होता है, तो पुष्प एकलिंगी कहलाते हैं; उदाहरण पपीता, तरबूज।
- जब पुष्प में पुंकेसर एवं स्त्रीकेसर दोनों उपस्थित होते हैं, तो उन्हें उभयलिंगी पुष्प कहते हैं ; उदाहरण गुड़हल, सरसों।
- इन पुष्पों के विशेष अंगों में जनन कोशिकाएँ पाई जाती हैं, जिनमें युग्मक (Gametes) बनते हैं। पादपों में होने वाले लैंगिक जनन के चार चरण निम्न हैं

1. युग्मकजनन

- अर्द्धसूत्री विभाजन द्वारा अगुणित युग्मकों (Haploid gametes) का निर्माण ही युग्मकजनन (Gametogenesis) कहलाता है।
- नर कोशिकाएँ या परागकण के निर्माण को **लघुबीजाणुजनन** (Microsporogenesis) कहते हैं, जबकि अंड कोशिका के निर्माण को **गुरुबीजाणुजनन** (Megasporogenesis) कहते हैं।

इसमें मुख्यतया दो क्रियाएँ होती हैं

नर युग्मकोद्भिद् अथवा पराग कण का बनाना

- पुंकेसर (Stamen) पर प्रायः दो **परागकोष** (Pollensac) उपस्थित होते हैं। इनके दो-दो परागकोषों में पराग कणों का निर्माण विशेष **लघुबीजाणु मातृ कोशिका** (Microspore mother cell) से होता है। यह अर्द्धसूत्री कोशिका विभाजन के द्वारा एक साथ चार कोशिकाओं का निर्माण करती है।
- चार कोशिकाओं का यह समूह **चतुष्क** (Tetrad) कहलाता है तथा चतुष्क की प्रत्येक कोशिका एक **लघुबीजाणु** (Microspore) बनाती है, जो बाद में **पराग कण** (Pollen Grain) में बदल जाती है। पराग कण परागकोषों में बिखरे रहते हैं।

पराग कण की संरचना

- पराग कण या लघुबीजाणु (Pollen grain or Microspore) वास्तविकता में पादप का **नर युग्मकोद्भिद्** (Male gametophyte) होता है। यह दो आवरणों से ढकी हुई एक कोशिका सदृश्य संरचना है।
- परागकोष में ही इसका एकमात्र केंद्रक साधारण विभाजन द्वारा विभाजित होकर एक **नलिका केंद्रक** (Tube nucleus) एवं दूसरा जनन केंद्रक (Generative nucleus) बनाता है।
- जनन केंद्रक और इसके चारों ओर के जीवद्रव्य को **जनन कोशिका** (Generative cell) कहते हैं।
- पराग कण में जनन कोशिका एवं नलिका केंद्रक के बाहर उपस्थित दो आवरण निम्न प्रकार हैं
  - **बाह्यचोल** (Exine) यह अत्यंत कठोर, खुरदरा एवं क्यूटिन युक्त स्पोरोपोलेनिन नामक पदार्थों का बना हुआ आवरण है। सभी पराग कणों के बाह्यचोल में एक या एक से अधिक **जनन छिद्र** (Germ pores) होते हैं, जिनसे परागण (Pollination) के पश्चात् पराग नलिका (Pollen tube) बाहर निकलती है।

- अन्त:चोल (Intine) यह बाह्यचोल के अंदर जीवद्रव्य एवं केंद्रक अर्थात् जनन कोशिका के बाहर का अत्यंत पतली भित्ति सदृश आवरण होता है, जोकि पराग नलिका बनाने के लिए उत्तरदायी होता है।

मादा युग्मकजनन या मादा युग्मकोद्भिद् का बनना

- पुष्प के **स्त्रीकेसर** (Pistil) में अंडाशय नामक भाग होता है। इसके आधारीय भाग में **बीजांड** (Ovules) **अपरा** (Placenta) नामक संरचना से लगे होते हैं।
- बीजांड के अंदर उपस्थित भ्रूणकोष (Embryo sac) नामक संरचना को **मादा युग्मकोद्भिद्** (Female Gametophyte) की संज्ञा दी जाती है।
- गुरुबीजाणु मातृ कोशिका (Megaspore mother cell) में अर्द्धसूत्री विभाजन द्वारा चार अगुणित **गुरुबीजाणु कोशिकाएँ** (Megaspore cells) बनती है।
- इनमें से सबसे नीचे की कोशिका आकार में बड़ी होकर सक्रिय गुरुबीजाणु कोशिका बनाती है, शेष तीनों कोशिकाएँ नष्ट हो जाती हैं। यह सक्रिय गुरुबीजाणु कोशिका परिवर्धन के उपरान्त भ्रूणकोष या मादा युग्मकोद्भिद् (Female gametophyte) का निर्माण करती हैं।

बीजांड की संरचना

- पादपों में प्रत्येक बीजांड, बीजांडासन से एक पतले व छोटे **बीजांडवृत** (Funicle) द्वारा जुड़े रहते हैं, जिस स्थान पर बीजांड, बीजांड वृंत से जुड़ता है, उसे **नाभिका** (Hilum) कहते हैं। बीजांड के अंदर का अधिकांश भाग **बीजांडकाय** (Nucellus) से बना होता है, जिसके चारों ओर बाह्य अध्यावरण तथा अंत:अध्यावरण पाए जाते हैं।
- इन पर्तों के मध्य नीचे की ओर एक छिद्र होता है, जिसे **बीजांडद्वार** (Micropyle) कहते हैं। बीजांड का आधारीय भाग निभाग (Chalaza) कहलाता है।
- बीजांडकाय में अंदर की ओर **भ्रूणकोष** (Embryo sac) स्थित होता है। भ्रूणकोष में बीजांडद्वार की ओर तीन कोशिकाओं का समूह पाया जाता है, इसे **अंड समुच्चय** (Egg apparatus) कहते हैं।
- अंड समुच्चय के मध्य में बड़ी अंडकोशिका (Egg cell) तथा इसके दोनों ओर एक-एक छोटी सहायक कोशिकाएँ (Synergid cells) होती हैं।

2. परागण

किसी पुष्प के पराग कणों का उसी पुष्प अथवा उसी जाति के किसी अन्य पुष्प के वर्तिकाग्र (Stigma) पर पहुँचने की क्रिया को 'परागण' (Pollination) कहते हैं। परागण मुख्य रूप से दो प्रकार का होता है

स्व-परागण

किसी पादप के पुष्प के पराग कण उसी पुष्प के वर्तिकाग्र पर या उसी पादप के किसी अन्य पुष्प के वर्तिकाग्र पर पहुँचने को 'स्व-परागण' (Self-pollination) कहते हैं।

पर-परागण

- जब एक पुष्प के परागकण लिंगी जनन द्वारा उत्पन्न उसी जाति के अन्य पादप के वर्तिकाग्र पर विभिन्न माध्यमों से पहुँचते हैं, तो इसे **पर-परागण** (Cross-pollination) कहते हैं।
- एकलिंगी पुष्प; जैसे- पपीता, मक्का, आदि में पर-परागण पाया जाता है। पर-परागण कीटों, वायु, जल और जंतुओं के माध्यम से होता है।

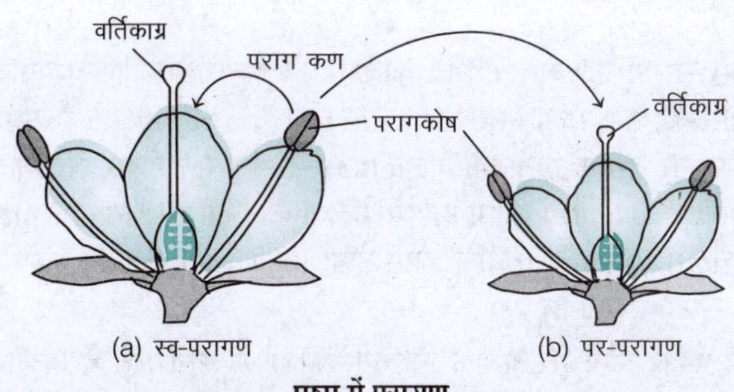

पुष्प में परागण

पर-परागण की विधियाँ

पादपों में पर-परागण निम्न प्रकार से होता है

- **कीटों द्वारा परागण** (Entomophily) कीटों को आकर्षित करने के लिए पादपों में विशेष युक्तियाँ; जैसे–पुष्पों का रंग, सुगंध, मकरंद (Nectar), आदि अपनाई जाती हैं।
- कीट परागित पुष्प बड़े ही आकर्षक एवं मकरंद युक्त होते हैं। इन पुष्पों के वर्तिकाग्र प्राय: चिपचिपे होते हैं। उदाहरण–अंजीर, आक, *साल्विया*, पीपल आदि।
- **वायु द्वारा परागण** (Anemophily) अनेक पादपों में वायु द्वारा परागण होता है। इसके लिए अनेक युक्तियाँ पाई जाती हैं; जैसे–पुष्प प्राय: छोटे और समूह में लगे होते हैं, इन पुष्पों में सुगंध, मकरंद और रंग का अभाव होता है। इनकी वर्तिकाग्र खुरदरे एवं चिपचिपे होते हैं।

  पराग कण हल्के, जलरोधी शुष्क तथा अत्यधिक मात्रा में बनते हैं, क्योंकि वायु के माध्यम से इनकी हानि बहुत अधिक होती है। उदाहरण–गेहूँ, मक्का, ज्वार, आदि।
- **जल द्वारा परागण** (Hydrophily) यह परागण जल में उगने वाले पादपों में पाया जाता है। इन पादपों में पुष्प जल के ऊपर खिलते हैं; जैसे–कमल, जललिली, आदि जल परागण के लिए पुष्पों, पराग कणों, वर्तिका, वर्तिकाग्र, आदि में अनेक अनुकूलन पाए जाते हैं।
- पुष्प रंगहीन, मकरंदहीन और गंधहीन होते हैं। परागकण हल्के होते हैं, इनका घनत्व अधिक अर्थात् ये संख्या में अधिक होते हैं।
- इसके करण पराग कण जल सतह पर तैरते हुए मादा पुष्प के संपर्क में आते हैं। तत्पश्चात् परागकण वर्तिकाग्र द्वारा ग्रहण कर लिए जाते हैं। उदाहरण–*वैलिस्नेरिया, हाइड्रिला, सिरेटोफिल्लम,* आदि।
- **जंतु द्वारा परागण** (Zoophily) कुछ पादपों में परागण घोंघों, पक्षियों, चमगादड़, आदि की सहायता से होता है। उदाहरण-सेमल, कदंब, *बिग्नोनिया,* आदि।

3. निषेचन

- नर तथा मादा युग्मक केंद्रकों का संलयन निषेचन (Fertilisation) कहलाता है।
- एक नर युग्मक (Male gamete) अंड कोशिका से संलयित होकर द्विगुणित **युग्मनज** (Zygote) का निर्माण करता है।
- तत्पश्चात् यह द्विगुणित युग्मनज वृद्धि और विभाजन के फलस्वरूप **भ्रूण** (Embryo) का निर्माण करता है।
- निषेचन के दौरान पराग नलिका का बीजांड में बीजांडद्वार द्वारा प्रवेश होता है।
- यहाँ पराग नलिका दोनों नर युग्मकों को मुक्त कर देती है।

- इनमें से एक नर युग्मक अंड कोशिका से संलयित होकर युग्मनज बनाता है, इसे **सत्य निषेचन** (True fertilisation) कहते हैं तथा दूसरा नर युग्मक द्वितीयक केंद्रक ($2n$) से संयुग्मित होकर त्रिगुणित भ्रूणपोष केंद्रक ($3n$) बनता है, इस प्रक्रिया को **त्रिक संलयन** (Triple fusion) कहते हैं, क्योंकि इसमें तीन अगुणित (Haploid) केंद्रकों का संलयन होता है।
- इस प्रकार दोनों नर युग्मक निषेचन प्रक्रिया में भाग लेते हैं अर्थात् निषेचन दो बार होता है, इसलिए इस प्रक्रिया को **द्विनिषेचन** (Double fertilisation) कहते हैं।

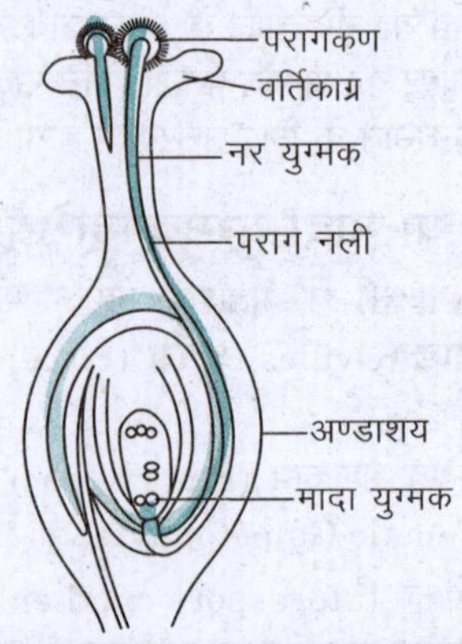

वर्तिकाग्र पर पराग कणों का अंकुरण

4. फल तथा बीज का निर्माण

- निषेचन के बाद अण्डाशय (Ovary) से फल और बीजांडों से फल के अंदर के बीज बनते हैं।
- परिपक्व अंडाशय से सत्य फल बनता है।
- बीजांड में भ्रूणपोष (Endosperm) तथा भ्रूण के विकास के साथ-साथ अध्यावरण (Integument) सूखकर कठोर हो जाते हैं और बीज कवच बनाते हैं।
- बीजांडकाय (Nucellus) समाप्त हो जाता है, लेकिन कुछ बीजों में यह एक पतली परत के रूप में शेष बचा रहता है, जिसे परिभ्रूणपोष (Perisperm) कहते हैं।

  बीज दो प्रकार के होते हैं
  - **अभ्रूणपोषी बीज** (Non-endospermic Seeds) इन बीजों में भ्रूणपोष अनुपस्थित होता है, क्योंकि ये वृद्धि करते हुए बीजांड द्वारा पूर्णतया उपयोग में लिए जाते हैं। इनमें भोजन का संग्रह **बीजपत्रों** (Cotyledons) में होने से ये मोटे हो जाते हैं। उदाहरण-चना, मटर, दालें तथा सेम।
  - **भ्रूणपोषी बीज** (Endospermic Seeds) इन बीजों में भोजन भ्रूणपोष में संग्रहित रहता है तथा बीजपत्र पतले होते हैं; उदाहरण-मक्का, गेहूँ तथा अरंडी।
- प्रकृति में पादप के फलों और बीजों का प्रकीर्णन पवन, जल और जंतुओं द्वारा होता है।
- **सहजन** (ड्रमस्टिक) तथा द्विफल (मेपिल), जैसे पादप के पंखयुक्त बीज, घासों के हल्के बीज अथवा आक (मंदार) के रोमयुक्त बीज और सूरजमुखी के रोमयुक्त फल पवन के साथ उड़कर सुदूर स्थानों तक चले जाते हैं।
- कुछ बीज जल द्वारा प्रकीर्णित होते हैं। ऐसे बीजों अथवा फल के आवरण स्पंजी अथवा तंतुमय होते हैं, ताकि वे जल में प्लवन (तैरते) करते हुए एक स्थान से दूसरे स्थान तक जा सकें; उदाहरण- नारियल।
- कुछ बीज जंतुओं द्वारा प्रकीर्णित होते हैं, विशेषरूप से कंटकी (काँटेदार) बीज, जिनमें हुक जैसी संरचनाएँ होती हैं, जिससे बीज जंतुओं के शरीर से चिपक जाते हैं और दूरस्थ स्थानों तक ले जाए जाते हैं इनके उदाहरण-*यूरेना एवं जैन्थियम* हैं। कुछ पौधों के फल झटके के साथ फट जाते हैं, जिससे उनके अंदर स्थित बीज प्रकीर्णित हो जाते हैं। बीज जनक पादप से दूर जाकर गिरते हैं। *एरंड* और *बाल्सम* के पादप में ऐसा ही होता है।

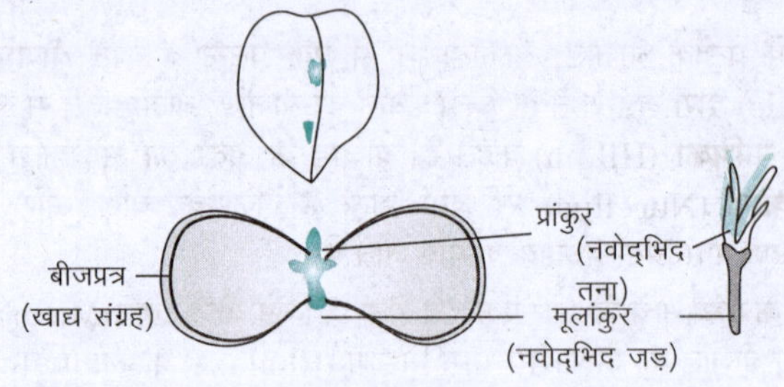

बीज की संरचना

अतिरिक्त तथ्य

तमिलनाडु बोर्ड एवं NIOS

- प्रकाश संश्लेषण की क्रिया को प्रकाशिक अभिक्रिया, थायलैकॉइड में होती है और अप्रकाशिक अभिक्रिया (डार्क अभिक्रिया या केल्विन चक्र), जो कि हरितलवक के स्ट्रोमा में होती है।
- मेल्विन केल्विन, एक अमेरिकी जैव रसायनज्ञ ने प्रकाश संश्लेषण के लिए एक रासायनिक पथ की खोज की थी। इस चक्र को केल्विन चक्र नाम दिया गया।
- भारत रत्न से सम्मानित भारतीय वैज्ञानिक सीएन आर राव (2013) हाइड्रोजन ईंधन (नवीकरणीय ऊर्जा) का उत्पादन करने के लिए कृत्रिम प्रकाश संश्लेषण जैसी तकनीक पर काम कर रहे हैं।
- श्वसन भागफल मुक्त हुइ कार्बन डाईऑक्साइड का आयतन और उपभोग की गई ऑक्सीजन की आयतन का अनुपात हैं। इसे इस प्रकार लिखा जाता है।

$$\text{श्वसन भागफल (RQ)} = \frac{\text{मुक्त हुई कार्बन डाइऑक्साइड का आयतन}}{\text{उपभोग की गई ऑक्सीजन का आयतन}}$$

07

जंतु कार्यिकी एवं जनन

(स्रोत)

Class-VI New NCERT Chap 1 (भोजन के घटक), Class-VII New NCERT Chap 2 (प्राणियों में पोषण), Chap 7 (जंतुओं और पादपों में परिवहन), Class-VIII New NCERT Chap 6 (जंतुओं में जनन), Chap 7 (किशोरावस्था की ओर), Class-X New NCERT Chap 5 (जैव प्रक्रम), Chap 6 (नियन्त्रण एवं समन्वय), Chap 7 (जीव जनन कैसे करते है), Class-XI New NCERT Chap 16* (पाचन एवं अवशोषण), Chap 14 (श्वसन और गैसों का विनिमय), Chap 15 (शरीर द्रव तथा परिसंचरण), Chap 16 (उत्सर्जी उत्पाद एवं उनका निष्कासन), Chap 17 (गमन एवं संचलन), Chap 18 (तंत्रिकीय नियंत्रण एवं समन्वय), Class-XII New NCERT Chap 2 (मानव जनन) Tamil Nadu Board (Class-IX), NIOS

- वे सभी प्रक्रियाएँ, जो जीव को जीवित बनाए रखने में सक्षम होती हैं, उपापचयी या **जैविक** या **जीवन प्रक्रियाएँ** या **जैव प्रक्रम** (Metabolic or Life processes) कहलाती हैं; जैसे-पोषण, श्वसन, उत्सर्जन, परिवहन, आदि।
- विकसित बहुकोशिकीय जंतुओं (Multicellular animals) में इन प्रक्रमों के क्रियान्वयन एवं समन्वयन हेतु पृथक्-पृथक् विकसित अंग-तंत्र पाए जाते हैं; जैसे-पोषण हेतु पाचन तंत्र, परिवहन हेतु परिसंचरण तंत्र, आदि।

अध्यावरणी तंत्र

अध्यावरणी तंत्र (Integumentary System) के अंतर्गत त्वचा (Skin) तथा इसके व्युत्पन्न (Derivatives) आते हैं। सभी कशेरुकी (Vertebrates) जंतुओं के शरीर पर मोटा आवरण होता है, जिसे **देहभित्ति** (Body wall) कहते हैं। इसी देहभित्ति के बाहरी स्तर को त्वचा अथवा **अध्यावरण** (Integument) कहते हैं।

त्वचा या अध्यावरण

मानव की त्वचा पतली, शुष्क तथा रोमयुक्त (Hairy) होती है तथा यह वसीय ऊतकों (Adipose tissues) द्वारा पेशी स्तर (Muscle layer) से जुड़ी होती है। त्वचा मानव अध्यावरणी तंत्र का सबसे बड़ा तथा मानव शरीर का प्रमुख स्पर्श संवेदी अंग (Sensory organ) है। मानव त्वचा में मुख्यतया दो स्तर होते हैं

1. अधिचर्म या उपचर्म (बाहरी स्तर) 2. चर्म (भीतरी स्तर)

अधिचर्म या उपचर्म

अधिचर्म (Epidermis) की उत्पत्ति भ्रूण (Embryo) के बाह्यजनन स्तर (Ectoderm) से होती है। यह त्वचा की सबसे बाहरी परत होती है तथा बाहर से अंदर की ओर क्रमशः निम्न उप-परतों में विभेदित होती है

(i) **किण स्तर** (Stratum Corneum) यह अधिचर्म की सबसे बाहर की ओर पाई जाने वाली उप-परत है, जोकि मृत कोशिकाओं (Dead cells) की बनी होती है। ये कोशिकाएँ चपटी, किरैटिन युक्त तथा जलरोधी होती हैं। इस परत का समय-समय पर शरीर से निर्मोचन (Moulting) होता रहता है।

(ii) **स्वच्छ स्तर** (Stratum Lucidum) यह स्तर किण स्तर के ठीक नीचे पाया जाता है। यह भी मृत, चपटी कोशिकाओं का बना होता है, परंतु इन कोशिकाओं की मोटाई किण स्तर की कोशिकाओं से अधिक होती है तथा यह स्तर 3-5 कोशिकीय परतों से बना होता है।

(iii) **कणि स्तर** (Stratum Granulosum) यह वह पतला स्तर है, जोकि हमारी त्वचा को सूखने से बचाता है। इसकी कोशिकाएँ चपटी तथा कैरेटोहायलिन प्रोटीन के कारण कणिकामय होती हैं।

(iv) **अंकुरण या मैल्पीघी स्तर** (Stratum Germinativum or Malpighian Layer) यह अधिचर्म का सबसे भीतरी स्तर होता है तथा इसका निर्माण स्तंभाकार (Columnar) सजीव कोशिकाओं से बना होता है। यह अधिचर्म का एक मात्र स्तर है, जिसकी कोशिकाएँ सजीव (Living) होती हैं। इन कोशिकाओं में निरंतर कोशिका विभाजन (Cell division) होने के कारण नई कोशिकाएँ बनती रहती हैं तथा बाहर (ऊपर) की ओर सरकती रहती हैं। इस स्तर की कोशिकाओं के मध्य कुछ रंगा कोशिकाएँ (Melanocytes) भी पाई जाती हैं, जिनमें **मिलैनिन** (Melanin) नामक रंगा पदार्थ होता है, जो धूप के दुष्प्रभावों से शरीर की रक्षा करता है। मिसैनिन की अधिकता के कारण ही मानव त्वचा का रंग गहरा भूरा या काला हो जाता है।

चर्म

चर्म (Dermis) की उत्पत्ति भ्रूण की **मध्यजनन स्तर** (Mesoderm) से होती है। यह परत अधिचर्म के ठीक नीचे पाई जाती है।

- यह अधिचर्म की तुलना में 2-3 गुना मोटी होती है तथा इसका निर्माण **तंतुमय संयोजी ऊतकों** (Filamentous connective tissues) से होता है।
- इसमें अनेक प्रकार की त्वक् ग्रंथियाँ (Cutaneous glands), रोम (Hair), कोलैजन तंतु (Collagen fibres), तंत्रिका तंतु (Nerve fibres), अरेखित पेशी तंतु (Unstriated muscle fibres) तथा स्पर्श कणिकाएँ (Touch receptors) पाई जाती हैं।
- इस स्तर के नीचे स्थित वसीय ऊतक (Fatty or Areolar tissue) इसे पेशियों से जोड़कर रखते हैं। यह शरीर की बाह्य आघातों (External injuries) से रक्षा करती है।

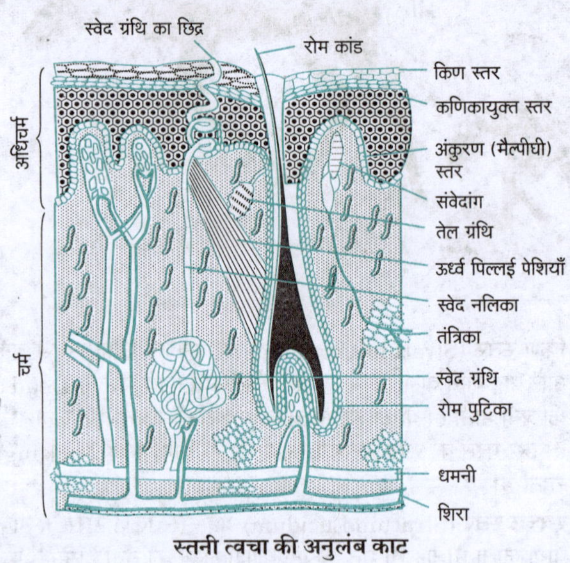

स्तनी त्वचा की अनुलंब काट

त्वचा के व्युत्पन्न

मानव शरीर में त्वचा से संबंधित निम्नलिखित व्युत्पन्न (Derivatives) पाए जाते हैं

1. बाल या रोम

- बाल (Hair) उपचर्म के व्युत्पन्न होते हैं। शरीर पर बालों का पाया जाना स्तनधारियों का एक मुख्य लक्षण है। बाल का वह भाग, जो त्वचा के अंदर स्थित होता है, बाल की **जड़** (Root) कहलाता है। यह **जड़ रोम पुटिका** (Hair follicle) में बंद रहती है। रोम पुटिका का फूला हुआ आधारीय भाग रोम **अंकुरक** (Hair papilla) कहलाता है।
- इस अंकुरक में रुधिर केशिकाओं (Blood capillaries) का गुच्छा होता है, जो बाल को भोजन तथा ऑक्सीजन प्राप्त कराता है। रोम पुटिका से तेल ग्रंथि तथा **ऊर्ध्व पिलाई** (Arrector pilli) पेशियाँ लगी होती हैं।
- वातावरण में विभिन्न परिवर्तन; जैसे-ठंड, भय, आदि होने पर ऊर्ध्व पिलाई संकुचित हो जाती है, जिसके कारण बाल खड़े हो जाते हैं। इस प्रक्रिया को सामान्य भाषा में **रोंगटे खड़े होना** (Goosebumps) बोलते हैं।
- तेल ग्रंथि से **सीबम** (Sebum) नामक चिकना पदार्थ स्रावित होता है, जो बालों को चिकना व जलरोधी बनाता है। बाल का वह भाग, जो अधिचर्म से बाहर निकला होता है, **रोम कांड** (Hair shaft) कहलाता है।
- रोम कांड की वल्कुट (Cortex) कोशिकाओं में **रंगा कणिकाओं** (Pigmented granules) के कारण बालों का रंग काला होता है। रंगा कणिकाओं का निर्माण न होने के कारण वल्कुट कोशिकाओं में हवा भर जाती है, जिसके कारण प्रकाश की किरणें चारों ओर फैलती हैं और बाल सफेद दिखाई देने लगते हैं।

2. त्वचीय ग्रंथियाँ

इन ग्रंथियों का निर्माण अधिचर्म के अंकुरण (मैल्पीघी) स्तर से होता है। ये बाह्य स्रावी ग्रन्थियाँ होती हैं तथा ये ग्रंथियाँ बनने के पश्चात् त्वचा में धँस जाती हैं। मनुष्य में निम्नलिखित त्वचीय ग्रंथियाँ (Cutaneous glands) पाई जाती हैं

(i) **स्वेद ग्रंथियाँ** (Sweat Glands) ये ग्रंथियाँ अशाखित व लंबी कुंडलित नली के समान संरचना के रूप में होती हैं, जो पसीने (Sweat) का स्रावण करती हैं। ये त्वचा की चर्म स्तर पर पाई जाती हैं।
गर्मियों में ये अधिक मात्रा में पसीना स्रावित करके मानव शरीर के **ताप नियमन** में सहायता करती हैं। इसके अतिरिक्त ये पसीने के द्वारा मानव शरीर के अनावश्यक जल तथा उत्सर्जी पदार्थों को भी शरीर से निष्कासित करती हैं।

(ii) **तेल या सिबेसियस ग्रंथियाँ** (Sebaceous Glands) ये ग्रंथियाँ रोम पुटिका में खुलती हैं। इनसे तैलीय तरल सीबम (Sebum) स्रावित होता है, जो बाल तथा त्वचा को चिकना तथा जलरोधी बनाता है।

(iii) **स्तन ग्रंथियाँ** (Mammary Glands) ये स्वेद ग्रंथि का ही रूपांतरित रूप हैं तथा यह केवल स्त्रियों में ही पूर्ण रूप से विकसित होती हैं। स्त्रियों में प्रसव के पश्चात् इनसे दुग्ध का स्रावण होता है, जो नवजात शिशु के पोषण का कार्य करता है।

(iv) **सेरूमिनस ग्रंथियाँ** (Ceruminous Glands) ये मानव कर्ण (Ear) में पाई जाती हैं तथा रूपांतरित स्वेद ग्रंथियाँ होती हैं। इन ग्रंथियों से मोम समान पदार्थ **सेरूमेन** (Cerumen) स्रावित होता है, जो बाह्य कर्ण नलिका को चिकना तथा कर्णपटह को नम रखता है।

(v) **अश्रु या लैक्राइमल ग्रंथियाँ** (Tear Glands) अश्रु ग्रंथि नेत्र के बाहरी कोण पर ऊपर की ओर त्वचा के नीचे स्थित होती हैं। इनसे एक विशेष प्रकार का जलीय तरल स्रावित होता है, जो कॉर्निया को स्वच्छ रखता है। ये ग्रंथियाँ नवजात शिशु में जन्म के 4 माह के पश्चात् सक्रिय होती हैं।

(vi) **मीबोमियन ग्रंथियाँ** (Meibomian Glands) ये ग्रंथियाँ नेत्र की बरोनियों की पुटिकाओं में खुलती हैं। इनसे स्रावित तैलीय तरल नेत्र की कॉर्निया (Cornea) को नम एवं चिकना बनाता है।

(vii) **मूलाधार ग्रंथियाँ** (Perineal Glands) ये ग्रंथियाँ जननागों एवं गुदा के समीप स्थित होती हैं। इनसे विशेष गंधयुक्त तरल स्रावित होता है, जो लैंगिक आकर्षण हेतु सहायक होता है।

त्वचा के कार्य

त्वचा के कार्य निम्नलिखित हैं

(i) शरीर की सुरक्षा (Protection of Body)
(ii) ताप नियंत्रण एवं उत्सर्जन (Temperature Control and Excretion)
(iii) अवशोषण (Absorption)
(iv) विटामिन-D का संश्लेषण (Synthesis of Vitamin-D)
(v) होमियोस्टेसिस (Homeostasis)

पोषण

- सभी जीवों को जीवित रहने तथा शरीर में होने वाली विभिन्न उपापचयी क्रियाओं (Metabolic activities) को सुचारु रूप से चलाने हेतु ऊर्जा (Energy) की आवश्यकता होती है।
- यह ऊर्जा उन्हें भोजन में उपस्थित पोषक पदार्थ (Nutrients) से प्राप्त होती है। अतः जीवों द्वारा भोजन से पोषक पदार्थों को प्राप्त कर प्रत्येक कोशिका तक पहुँचाने की क्रिया **पोषण** (Nutrition) कहलाती है।

पोषक पदार्थ

पोषक पदार्थ (Nutrients) भोज्य पदार्थों में पाए जाने वाले वे रासायनिक पदार्थ होते हैं जिनकी उचित मात्रा शरीर को स्वस्थ रखने के लिए अतिआवश्यक होती है।

रासायनिक दृष्टि से पोषक पदार्थों को दो भागों में वर्गीकृत किया गया है

I. कार्बनिक पदार्थ

कार्बनिक पदार्थ (Organic substances) को सरल भाषा में **जैविक अणु** (Biomolecules) भी कहते हैं। जीवधारियों के शरीर में पाए जाने वाले ये कार्बनिक पदार्थ निम्न प्रकार के होते हैं

कार्बोहाइड्रेट्स

- ये कार्बन, हाइड्रोजन तथा ऑक्सीजन (C, H and O) से बनते हैं, जो प्रायः 1 : 2 : 1 के अनुपात में होते हैं।
- सरल कार्बोहाइड्रेट्स शर्कराओं के अंतर्गत ग्लूकोस, फ्रक्टोस, लैक्टोस (स्तनधारियों में दुग्ध शर्करा) तथा जटिल कार्बोहाइड्रेट्स के अंतर्गत स्टार्च (Starch) में भी प्रमुख हैं। यह मुख्यतया चावल, आलू, गन्ना, चुकंदर, आदि में प्रचुर मात्रा में मिलता है।
- किसी खाद्य पदार्थ में तनु आयोडीन विलयन की 2 या 3 बूँदें डालने पर खाद्य पदार्थ नीले या काले रंग में परिवर्तित हो जाता है, जोकि उस खाद्य पदार्थ में **मण्ड** (Starch) की उपस्थिति को दर्शाता है।

कार्बोहाइड्रेट्स के कार्य

- कार्बोहाइड्रेट्स जैविक कार्यों हेतु ऊर्जा का उत्पादन करते हैं। इनमें से ग्लूकोस जैसे अणु तो शरीर को तुरंत ही ऊर्जा प्रदान करते हैं। अतः ग्लूकोस को **कोशिकीय ईंधन** (Cellular fuel) भी कहते हैं।
- ये पादप कोशिका भित्ति, काइटिन के बाह्य कंकाल, भोजन संचय, आदि में प्रयुक्त होते हैं।

प्रोटीन्स

- प्रोटीन जीवित जीवों के शरीर का लगभग 14% भाग बनाते हैं। ये सामान्यतया कार्बन, हाइड्रोजन, ऑक्सीजन तथा नाइट्रोजन के संयोग से बनते हैं।
- इनकी संयोजन इकाइयाँ अमीनो अम्ल होती हैं अर्थात् ये अमीनो अम्लों के बहुलक (Polymer) हैं।
- प्रोटीन्स जीवद्रव्य का निर्माण करने वाले प्रमुख पदार्थ हैं।
- प्रोटीन्स के मुख्य स्रोत माँस, मछली, दूध, अंडा, पनीर, सोयाबीन, आदि हैं।
- प्रोटीन की कमी से बच्चों में **क्वाशियोरकॉर** (Kwashiorkor) तथा **मैरेस्मस** (Marasmus) रोग हो जाते हैं।
- किसी खास पदार्थ में दो बूँद कॉपर सल्फेट का विलयन तथा दस बूँद कॉस्टिक सोडा का विलयन डालने पर खाद्य पदार्थ बैंगनी रंग में परिवर्तित हो जाता है, जोकि खाद्य पदार्थ में प्रोटीन की उपस्थिति को दर्शाता है।

प्रोटीन्स के कार्य

- ये पादपों तथा जंतुओं में एंजाइम के रूप में कार्य करते हैं।
- ये शरीर की वृद्धि व नई कोशिकाओं के निर्माण में सहायक हैं।
- ये बाल, माँसपेशियों तथा त्वचा के मुख्य घटक हैं।
- ये हॉर्मोन्स की तरह कार्य करते हैं; जैसे-इंसुलिन, वैसोप्रेसिन, आदि।

वसा

- वसा कार्बन, हाइड्रोजन तथा ऑक्सीजन के असंतृप्त यौगिक (Unsaturated compounds) होते हैं। मक्खन, पनीर, दूध, घी, आदि इसके प्रमुख स्रोत हैं।
- इसके अतिरिक्त ये नारियल, मूँगफली, सरसों, तिल, आदि में भी पाए जाते हैं।

वसा के कार्य

- शरीर में अतिरिक्त कार्बोहाइड्रेट्स वसा के रूप में संचित रहते हैं, जो ऊर्जा प्रदान करने में सहायक होते हैं। कार्बोहाइड्रेट्स की तुलना में वसा से अधिक ऊर्जा प्राप्त होती है, क्योंकि वसा में जल की मात्रा कम होने से अधिक ऊर्जा का संचय होता है।
- ये **ताप नियंत्रक** (Thermostat) होते हैं तथा प्रोटीन्स के साथ मिलकर कोशिका कला का निर्माण करते हैं।

विटामिन्स

- विटामिन्स जटिल कार्बनिक पदार्थ होते हैं, जो शरीर को **प्रतिरक्षा** (Immunity) प्रदान करते हैं। इनकी कमी से **अपूर्णता रोग** (Deficiency diseases) हो जाते हैं।
- ये शरीर की उपापचयिक क्रियाओं के लिए आवश्यक होते हैं। इन्हें **वृद्धि कारक** (Growth factors) भी कहते हैं।

विटामिन्स मुख्यतया दो प्रकार के होते हैं

जल में विलेय विटामिन्स

विटामिन-B कॉम्प्लैक्स एवं **विटामिन-C** जल में घुलनशील विटामिन्स (Water soluble vitamins) होते हैं।

इनकी अधिक मात्रा हमेशा मूत्र के साथ विसर्जित कर दी जाती है। अतः ये हमारे शरीर में केवल अपूर्णता अथवा हीनताजनित रोग (Deficiency disease) ही उत्पन्न करते हैं।

जल में विलेय विटामिन्स, उनके स्रोत एवं हीनताजनित रोग

नाम	स्रोत	हीनताजनित रोग
विटामिन-B_1 (थायमीन-Thiamine)	साबुत अनाज, अंकुरित गेहूँ, खमीर, फली (सेम), काष्ठफल (बादाम), मछली, सूखी मिर्च, बिना पॉलिश वाली दालें तथा समुद्री भोजन।	बेरी-बेरी (भूख का कम लगना, वृद्धि में मन्दता) रोग, शराबियों में इसकी कमी से वरनिक्स सिंड्रोम और कोरसाकोफस सिंड्रोम (Wernicke's syndrome and Korsakoff's syndrome) हो जाता है।
विटामिन-B_2 (राइबोफ्लेविन-Riboflavin)	दूध, पनीर, माँस, अंडे, फली, अंकुरित गेहूँ, मशरुम तथा हरी पत्तेदार सब्जियाँ	ओष्ठ विदरक (Cheilosis), त्वचा, जीभ, आदि का फटना (Cracks), आँखों का लाल होना
विटामिन-B_{12} (सायनोकोबालामिन, कोबालामिन Cyanocobalamin, cobalamin)	यह *स्पाइरुलिना* (एक शैवाल) में पाया जाता है। स्रोत-यकृत, माँस, मछली, अंडे तथा दूध	प्रणाशी रक्ताल्पता (Pernicious anaemia)
विटामिन-C (एस्कॉर्बिक अम्ल-Ascorbic acid)	नींबू वंशीय (*सिट्रस*) फल, आँवला, हरे पत्ते वाली सब्जियाँ, अमरूद तथा टमाटर	इसकी कमी से स्कर्वी (Scurvy) नामक रोग हो जाता है, जिससे मसूड़ों से रुधिर का स्राव, शरीर की प्रतिरक्षा क्षमता में कमी, अस्थियों का सख्त होना, अस्थियों व दाँतों की वृद्धि का रुकना, आदि

वसा में विलेय विटामिन्स

विटामिन-A, D, E एवं **K** वसा में घुलनशील विटामिन्स (Fat soluble vitamins) हैं। वसा में घुलनशील होने के कारण इनकी अधिक मात्रा का उत्सर्जन शरीर से हो पाना संभव नहीं होता है। अत: इसी कारण से इनकी कम तथा अधिक दोनों प्रकार की मात्रा मानव में रोग उत्पन्न करती है।

वसा में विलेय विटामिन्स उनके स्त्रोत एवं हीनताजनित रोग

नाम	स्त्रोत	हीनताजनित रोग
विटामिन-A (रेटिनॉल-Retinol)	गाजर, टमाटर, पपीता, आम, दूध, मछली तथा यकृत तेल	रतौंधी (Night blindness) (शाम और रात को कम दिखाई देना), जीरोफ्थैलमिया (नेत्र के कॉर्निया का कठोरीकरण), मंदित वृद्धि, वृक्कों का संक्रमण
विटामिन-D (कैल्सीफेरॉल- Calciferol)	मछली, यकृत तेल, सूर्य के प्रकाश की उपस्थिति में त्वचा विटामिन-D का संश्लेषण कर सकती है।	बच्चों में रिकेट्स (हड्डियाँ तथा दाँत कमजोर, हड्डियों का टेढा-मेढ़ा होना) तथा वयस्कों में अस्थि मृदुता (Osteomalacia)
विटामिन-E (टोकोफेरॉल- Tocoferol)	सब्जियों का तेल, अंकुरित गेहूँ का तेल, सूरजमुखी का तेल, आदि वनस्पति वसा	प्रजनन विफलता, पेशियाँ कमजोर, RBCs की भुरभुरेपन में वृद्धि (रक्ताल्पता)
विटामिन-K (फिलोक्विनॉन-Phylloquinone)	पत्तेदार सब्जियाँ, अंडे, अंकुरित गेहूँ, बड़ी आँत में उपस्थित जीवाणु द्वारा विटामिन-K का संश्लेषण किया	रुधिर का थक्का न जमना या रुधिरस्राव (Haemorrhage)

II. अकार्बनिक पदार्थ

इसके अंतर्गत निम्न पदार्थ आते हैं

1. खनिज लवण

खनिज लवण (Mineral salts) सामान्यतया कैल्शियम, सोडियम, मैग्नीशियम, पोटैशियम एवं लौह के कार्बोनेट्स, क्लोराइड्स, फॉस्फेट्स तथा सल्फेट्स, आदि के रूप में पाए जाते हैं। शरीर में इनकी मात्रा लगभग 2-3% होती है। हरी सब्जियाँ, फल, अनाज, दूध, माँस, मछली, नमक, आदि खनिज लवणों के मुख्य स्रोत हैं। ये लवण विभिन्न उपापचयी क्रियाओं हेतु आवश्यक होते हैं।

जीवों में आवश्यक खनिज तत्व

खनिज (रासायनिक प्रतीक)	स्रोत; आवश्यक मात्रा	महत्त्व	कमी के प्रभाव
लौह (Fe)	माँस, यकृत, मछली, राजमा, अंडे, फलियाँ, अनाज, हरी सब्जियाँ; 18 मिग्रा।	हीमोग्लोबिन, मायोग्लोबिन तथा साइटोक्रोम का घटक	हीमोग्लोबिन की कमी से एनीमिया या रक्ताल्पता, दुर्बलता एवं शरीर का सुरक्षा-तंत्र दुर्बल
कैल्शियम (Ca)	दूध, पनीर, हरी सब्जियाँ, फलियाँ, अनाज, अंडे, मछली; 800 मिग्रा।	दाँतों एवं हड्डियों की संरचना में, रुधिर स्कन्दन, तन्त्रिकाओं एवं पेशियों के कार्य	दाँत एवं हड्डियाँ दुर्बल, शरीर की वृद्धि में रुकावट एवं टिटैनी
फॉस्फोरस (P)	दूध, माँस, अनाज, अंडे, मछली; 800 मिग्रा	दाँतों एवं हड्डियों की संरचना में, अम्ल-क्षार संतुलन, ATP, DNA, RNA, आदि का घटक	दाँत व हड्डियाँ दुर्बल, शरीर की वृद्धि एवं कार्यिकी में रुकावट
आयोडीन (I)	दूध, समुद्री भोजन, आयोडीन युक्त नमक; 150 माइक्रोग्राम।	थाइरॉक्सिन हॉर्मोन का महत्त्वपूर्ण घटक	घेंघा; जड़वामनता आदि

2. जल

- यह मानव शरीर का लगभग 60-80% भाग बनाता है।
- जल भोजन के बड़े अणुओं को छोटे-छोटे अणुओं में बाँट देता है। यह क्रिया जल-अपघटन (Hydrolysis) कहलाती है।
- यह शरीर में होने वाली समस्त जैविक या जैव रासायनिक क्रियाओं के लिए माध्यम प्रदान करता है। जल की कमी से **निर्जलीकरण** (Dehydration) की समस्या उत्पन्न होती है।

3. आहारी रेशे

- हमारे भोजन में आहारी रेशे या रुक्षांश की पूर्ति मुख्यत: पादप उत्पादों से होती है।
- रुक्षांश के मुख्य स्रोत साबुत खाद्यान्न, दाल, आलू, ताजे फल और सब्जियाँ होते हैं।
- ये हमारे शरीर को कोई पोषक प्रदान नहीं करते हैं। रुक्षांश बिना पचे भोजन को बाहर निकालने में हमारे शरीर की सहायता करता है।

विभिन्न जीवों में पोषण

एककोशिकीय जीव कोशिका की सतह द्वारा एवं बहुकोशिकीय जीव पाचन तंत्र में पाचन द्वारा पोषण प्राप्त करते हैं।

अमीबा में पोषण

- *अमीबा* एककोशिकीय एवं सर्वाहारी (Omnivorous) जीव है। इसमें भोजन के पाचन हेतु विशिष्ट संरचनाओं का अभाव होता है।
- इसमें प्राणी **समभोजी** (Holozoic) प्रकार का अंत: कोशिकीय (Intercellular) पोषण पाया जाता है, जोकि अंगुलीनुमा प्रवर्धों स्यूडोपोडिया या कूट पादाभ (Pseudopodia) द्वारा होता है।
- इसमें मुख नहीं होता है। अत: यह जल के साथ आए भोजन के कणों को कोशिका की सतह द्वारा **अंतर्ग्रहित** (Ingestion) कर लेता है।
- यहाँ भोजन के कण के चारों ओर एक **खाद्य रिक्तिका** (Food vacuole) का निर्माण होता है।
- इस रिक्तिका में एंजाइमों द्वारा भोजन सरल तत्वों में टूटता है, जोकि जीवद्रव्य द्वारा सरलतापूर्वक अवशोषित कर लिए जाते हैं। इस प्रक्रम को **अवशोषण** (Absorption) कहते हैं।
- तत्पश्चात् अपचित (Undigested) भोजन कोशिका झिल्ली द्वारा बाहर कर दिया जाता है।
- इस प्रक्रम हेतु कोशिका भित्ति अचानक से टूट जाती है तथा अपचित भोज्य कण बाहर फेंक दिए जाते हैं। इस प्रक्रम को **बहि:क्षेपण** (Egestion) कहते हैं।

मानव में पोषण

- भोजन के रूप में ग्रहण किए गए जटिल पदार्थों को शरीर द्वारा प्रयोग में लाए जाने वाले उपयुक्त सरल रूप में अपघटित करने की क्रिया **पाचन क्रिया** कहलाती है।
- इस क्रिया को कार्यान्वित करने के लिए मानव शरीर में एक संपूर्ण तंत्र पाया जाता है, जिसे **पाचन तंत्र** (Digestive system) कहते हैं।
- इस पाचन तंत्र में भोजन का पाचन विभिन्न प्रकार के पाचक विकरों या एंजाइम्स (Digestive enzymes) की सहायता से होता है। इन पाचक एंजाइम्स का स्रावण इसी पाचन तंत्र में उपस्थित पाचक ग्रंथियाँ (Digestive glands) करती हैं।

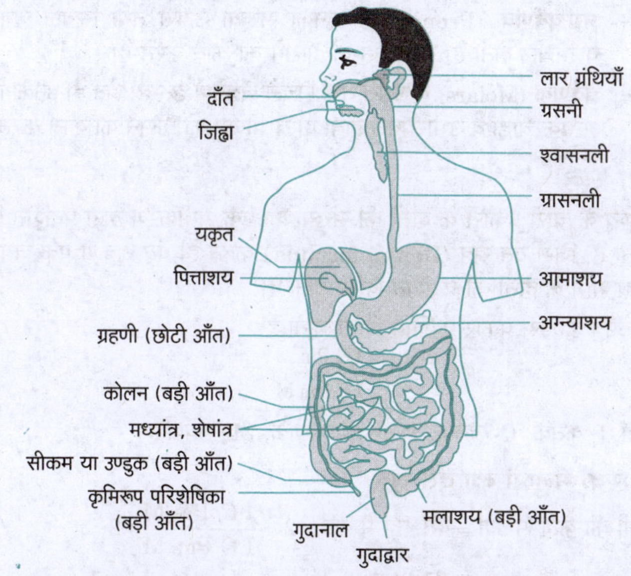

मनुष्य की आहारनाल तथा उससे संबंधित पाचक ग्रंथियाँ

- अत: अध्ययन की सुविधा हेतु मानव में पाए जाने वाले पाचन तंत्र को दो भागों में बाँटा जा सकता है

1. आहारनाल

मानव की आहारनाल (Alimentary canal) लगभग 8-10 मीटर लंबी होती है तथा **मुखद्वार** (Mouth) से **गुदाद्वार** (Anus) तक फैली रहती है। इसका विभिन्न भागों में अलग-अलग व्यास होता है। कार्यिकी के आधार पर इसमें निम्न भाग होते हैं

मुख एवं मुख गुहिका

- मुख (Mouth) एक अनुप्रस्थ काट के रूप में मानव शरीर के प्रतिपृष्ठ तल पर स्थित होता है तथा दो मांसल तथा चल होंठों (Lips) से घिरा रहता है।
- मुखद्वार, पीछे की ओर **मुख गुहिका** (Buccal cavity) में खुलता है।
- इस मुख गुहिका की निचली सतह पर एक मांसल **जिह्वा** (Tongue) होती है, जो पीछे की ओर जुड़ी हुई तथा आगे स्वतंत्र होती है, साथ ही मुख गुहिका बाईं तथा दाईं ओर गालों से घिरी रहती है।
- मुख गुहिका की छत **तालु** (Palate) कहलाती है। तालु मुख गुहिका तथा श्वसन मार्ग (Respiratory path) को अलग करती है।

गुहिका में निम्नलिखित महत्त्वपूर्ण अंग पाए जाते हैं

(a) दाँत

- मुख गुहिका में दोनों जबड़ों के किनारों पर दाँतों (Teeth) की पंक्तियाँ पाई जाती हैं। मनुष्य में निम्नलिखित चार प्रकार के दाँत पाए जाते हैं
  - **कृंतक** (Incisors) ये आगे की ओर लगे चपटे, धारदार दाँत होते हैं, जो भोजन को कुतरने या काटने के काम आते हैं। यह चार ऊपरी जबड़े में तथा चार निचले जबड़े में सामने की ओर स्थित होते हैं।

- **रदनक** (Canines) ये कृंतक से सटे नुकीले धारदार दाँत होते हैं, जो भोजन को चीरने-फाड़ने का काम करते हैं। ऊपरी ओर निचले जबड़े में दो-दो रदनक होते हैं। ये माँसभक्षियों (Carnivorous) में अधिक विकसित होते हैं।
- **अग्रचर्वणक** (Premolars) इनकी संख्या ऊपरी तथा निचले जबड़े में चार-चार होती है। ये भोजन को पीसने का कार्य करते हैं।
- **चर्वणक** (Molars) ये ऊपरी तथा निचले जबड़े में छः-छः होते हैं। इनका शिखर अधिक चौड़ा व उभारयुक्त होता है। ये भोजन को पीसने का कार्य करते हैं।

दंत सूत्र

मनुष्य के चारों प्रकारों के दाँतों की संख्या को एक समीकरण द्वारा प्रदर्शित किया जाता है, जिसे दंत सूत्र (Dental formula) कहते हैं। दंत सूत्र में एक जबड़े के आधे भाग के दाँतों को प्रदर्शित किया जाता है।

दंत सूत्र को इस प्रकार प्रदर्शित किया जाता है

$$=\frac{\text{I C Pm M}}{\text{I C Pm M}}$$

जहाँ, I-कृंतक, C-रदनक, Pm-अग्रचर्वणक, M-चर्वणक

वयस्क मनुष्य का दंत सूत्र

$$\text{दाँतों की कुल संख्या} = \text{दंत सूत्र में दाँत} \times 2 = \frac{\text{I C Pm M}}{\text{I C Pm M}} \times 2$$

$$= \frac{2123}{2123} \times 2 = \frac{8}{8} \times 2 = 32$$

शिशु का दंत सूत्र

$$\text{दाँतों की कुल संख्या} = \text{दंत सूत्र में दाँत} \times 2 = \frac{\text{I C Pm M}}{\text{I C Pm M}} \times 2$$

$$= \frac{2102}{2102} \times 2 = \frac{5}{5} \times 2 = 20$$

(b) जिह्वा

- मुख गुहिका में जिह्वा (Tongue) पाई जाती है, जो एक लंबी व चपटी मांसल संरचना होती है, यह मुख की ओर से स्वतंत्र व अंदर की ओर सतह से जुड़ी होती है।
- जिह्वा इच्छानुसार गति करती है।
- जिह्वा **श्लेष्म** (Mucous) का स्रावण करती है, जो जिह्वा को गीला बनाए रखने में सहायक है।
- जिह्वा के ऊपरी भाग पर चार प्रकार की **स्वाद कलिकाएँ** (Taste buds) होती हैं।
- मनुष्य में जिह्वा का अग्र छोर मीठे, पश्चभाग कड़वे, पार्श्व किनारे खट्टे तथा अग्र छोर के कुछ पीछे नमकीन स्वादों का अनुभव कराता है।
- जिह्वा भोजन को पीसने, लार को मिलाने, भोजन को निगलने तथा बोलने में सहायता करती है।

ग्रसनी

- मुख गुहिका का पिछला भाग ही ग्रसनी (Pharynx) कहलाता है। यह लगभग 12-14 सेमी लंबी कीपाकार नली होती है, जोकि वायु व भोजन का सहमार्ग होती है।
- ग्रसनी में अंदर एक बड़ा छिद्र होता है, जो **निगलद्वार** (Gullet) कहलाता है।
- इसके पास ही श्वासनली का छिद्र अथवा **घाँटीद्वार** (Glottis) होता है।
- घाँटीद्वार पर लटकी हुई पत्ती के समान उपास्थिमय **घाँटीढापन** (Epiglottis) होता है, जो भोजन निगलते समय घाँटीद्वार को ढक लेता है, जिससे भोजन श्वासनली में नहीं जा पाता है। इस प्रकार ग्रसनी भोजन को **ग्रासनली** (Oesophagus) तक पहुँचाने में सहायता करती है।

ग्रसिका या ग्रासनली

- यह पतली, पेशीय, संकुचनशील एवं लगभग 23-27 सेमी लंबी नली है। ग्रसनी, निगलद्वार द्वारा आहारनाल के दूसरे भाग अर्थात् ग्रासनली में खुलती है।
- इसकी दीवार में पाचक ग्रंथियाँ (Digestive glands) नहीं होती हैं, परंतु श्लेष्म ग्रंथियाँ (Mucous glands) उपस्थित होती हैं, जिससे भोजन **क्रमाकुंचन** (Peristalsis) द्वारा फिसलता हुआ आमाशय (Stomach) में पहुँच जाता है।

आमाशय

- यह लगभग 25 सेमी लंबा, आहारनाल का सबसे चौड़ा थैलीनुमा भाग होता है, जोकि 'J' के आकार का होता है। इसमें जठर ग्रंथियाँ (Gastric glands) पाई जाती हैं, जो भोजन के पाचन हेतु **जठर रस** (Gastric juice) का स्रावण करती हैं।
- प्रत्येक व्यक्ति के आमाशय की दीवार में लगभग 3.5 करोड़ जठर ग्रंथियाँ होती हैं। जठर रस में हाइड्रोक्लोरिक अम्ल (HCl), पेप्सिन, लाइपेज (Lipase) नामक विकर या एंजाइम उपस्थित होते हैं।
- आमाशय भोजन को कुछ समय के लिए एकत्रित रखता है, फिर उसे पीसकर व तोड़कर उसका आंशिक पाचन (काइम) करता है।

छोटी आँत या क्षुद्रांत्र

- छोटी आँत (Small intestine) भोजन के पाचन तथा अवशोषण का मुख्य केंद्र होती है। यह लगभग 6-7 मीटर लंबी तथा 2.5 सेमी चौड़ी तथा अत्यधिक कुंडलित नली होती है।
- इसके अधिकतर भाग में **रसांकुर** (Villi) पाए जाते हैं, जो भोजन के पाचन तथा अवशोषण के लिए सहायक होते हैं।
- इसे निम्न तीन भागों में बाँटा जा सकता है

(a) **ग्रहणी** (Duodenum) यह लगभग 25 सेमी लंबी 'C' अथवा 'U' के आकार की होती है। इसमें पाचक एन्जाइम्स को स्रावित करने वाली ग्रंथियों का अभाव होता है, परंतु इसमें **ग्रहणी ग्रंथियाँ** तथा **ब्रूनर ग्रंथियाँ** (Brunner's glands) पाई जाती हैं, जो श्लेष्म का स्रावण करती हैं।

यहाँ पित्तवाहिनी (Bile duct) द्वारा **पित्त रस** (Bile juice) एवं अग्न्याशयी वाहिनी (Pancreatic duct) द्वारा **अग्न्याशयी रस** (Pancreatic juice) आकर काइम (Chyme) में मिलते हैं।

(b) **मध्यांत्र** (Jejunum) नीचे की ओर ग्रहणी मध्यांत्र में खुलती है, जो लगभग 2.4 मीटर लंबी कुंडलित नलिका होती है तथा इसका व्यास लगभग 4 सेमी होता है।

(c) **शेषांत्र** (Ileum) मध्यांत्र लगभग 3.4 मीटर लंबी कुंडलित नलिका में खुलती है, जो छोटी आँत का अंतिम भाग है। इसकी दीवार मध्यांत्र से पतली होती है। यह छोटी आँत का सबसे लंबा भाग है। यह बड़ी आँत के **उण्डुक या सीकम** (Caecum) में खुलता है।
छोटी आँत के इस भाग में रसांकुर (Villi) उपस्थित होते हैं, जोकि पचे हुए भोजन के अवशोषण (Absorption) को कई गुना बढ़ा देते हैं।

नोट गाय, भैंस एवं हिरण जैसे घास खाने वाले जन्तु रोमन्थी (रूमिनैन्ट) कहलाते हैं। वे पत्तियों का अन्तर्ग्रहण तीव्रता से करके उन्हें निगल लेते हैं तथा रूमेन में भण्डारित कर लेते हैं कुछ अन्तराल के बाद भोजन पुनः मुख में आ जाता है और पशु धीरे-धीरे जुगाली कर उसे चबाते हैं। घास खाने वाले शाकाहारी को सेलुलोस को पचाने के लिए लम्बी क्षुद्रान्त्र की आवश्यकता होती है। माँस का पाचन सरल होता है, अतः बाघ जैसे माँसाहारी की क्षुद्रान्त्र छोटी होती है।

बड़ी आँत या वृहदांत्र

- यह आहारनाल का अंतिम भाग है। यह लगभग 1.5 मीटर लंबी तथा 4.7 सेमी चौड़ी लंबी नलिका होती है।
- इस भाग में पचे हुए शेष भोजन का तथा जल का अवशोषण होता है और साथ ही अपच भोजन को शरीर से बाहर निकाल दिया जाता है।
- बड़ी आँत (Large intestine) को तीन भागों में बाँटा जा सकता है

(a) **उण्डुक या सीकम** (Caecum) यह लगभग 5-8 सेमी लंबी नली होती है। यहाँ छोटी आँत तथा बड़ी आँत के मिलने के स्थान पर एक अँगुली सदृश्य नलिका जुड़ी रहती है, जिसे **कृमिरूप परिशेषिका** (Vermiform appendix) कहते हैं। मानव में यह **अवशेषी अंग** (Vestigial organ) है। कभी-कभी इस परिशेषिका में भोजन के कण पहुँच जाते हैं, जिनके सड़ने पर इसमें सूजन आ जाती है और व्यक्ति **अपेन्डिसाइटिस** (Appendicitis) रोग से ग्रसित हो जाता है।

(b) **कोलन** (Colon) यह उल्टे 'U' के आकार की नलिका होती है, जो लगभग 1.3 मीटर लंबी होती है।

(c) **मलाशय** (Rectum) यह बड़ी आँत का अंतिम भाग है, जो लगभग 15 सेमी लंबा होता है। मलाशय की भित्ति बहुत पतली होती है। मलाशय का अंतिम **भाग गुदा** (Anal canal) कहलाता है, जो एक वृत्ताकार गुदा या मलद्वार (Anus) द्वारा शरीर से बाहर खुलती है।

2. पाचक ग्रंथियाँ

आहारनाल से संबंधित पाचक ग्रंथियाँ (Digestive glands) निम्नलिखित हैं

लार ग्रंथियाँ

मनुष्य में निम्न तीन जोड़ी लार ग्रंथियाँ (Salivary glands) पाई जाती हैं, जो प्रतिदिन लगभग 1.5 लीटर लार का स्रावण करती हैं।

यकृत

- यकृत (Liver) मानव शरीर की **सबसे बड़ी ग्रंथि** एवं अंग है। इसका भार लगभग 1500 ग्राम होता है।
- यह उदरगुहा (Abdominal cavity) में डायाफ्राम के नीचे तथा आमाशय के ऊपर स्थित होता है। मानव के यकृत में तीन पालियाँ (Lobes) होती हैं।
- यकृत के पिंड अनेक बहुभुजीय पिंडकों से बने होते हैं, जिन्हें **ग्लिसन संपुट** (Glisson's capsule) कहते हैं।
- इन पिंडकों से यकृत कोशिकाओं (Hepatic cells) का निर्माण होता है, जिससे **पित्त रस** (Bile juice) स्रावित होता है।
- यह पित्तरस यकृत के निकट स्थित थैलीनुमा संरचना पित्ताशय (Gall bladder) में एकत्र होता है।
- यकृत कोशिकाएँ **हिपैरिन** (Heparin) नामक **प्रतिस्कंदक** (Anticoagulant) पदार्थ का स्रावण करती हैं, जो रुधिर वाहिनियों (Blood vessels) में रुधिर को जमने से रोकता है।
- जब पाचन के पश्चात् रुधिर में आवश्यकता से अधिक ग्लूकोस (Glucose) पहुँचता है, तो वह यकृत कोशिकाओं द्वारा ग्लाइकोजन (Glycogen) में बदल दिया जाता है और यकृत में संचित कर दिया जाता है।
- यकृत कोशिकाएँ **प्रोथ्रॉम्बिन** (Prothrombin) तथा **फाइब्रिनोजन** (Fibrinogen) रुधिर प्रोटीन का संश्लेषण करती है, जो चोट लगने पर रुधिर का थक्का बनाने का कार्य करती है।

अग्न्याशय

- अग्न्याशय (Pancreas) यकृत के बाद शरीर की दूसरी सबसे बड़ी ग्रंथि है। यह लगभग 12-15 सेमी लंबी तथा 'J' के आकार की होती है। यह उदरगुहा में आमाशय व शेषांत्र (Ilium) के बीच स्थित होती है।
- सामान्य व्यक्ति में इसका भार 60-90 ग्राम होता है। यह एक **मिश्रित ग्रंथि** (Mixed gland) है।
- इसमें **लैंगरहैंस की द्वीपिकाएँ** (Islets of Langerhans) स्थित होती हैं, जोकि अग्न्याशय का अंत:स्रावी (Endocrine) भाग बनाती हैं।
- इसका बाह्यस्रावी (Exocrine) भाग क्षारीय **अग्न्याशयिक रस** (Pancreatic Juice) का स्रावण करता है तथा अंत:स्रावी भाग **हॉर्मोन्स** का स्रावण करता है।

जंतुओं में पाचन तंत्र की क्रियाविधि

जंतुओं में पाचन तंत्र के अंतर्गत निम्न प्रक्रियाएँ होती हैं

1. अंतर्ग्रहण

भोज्य पदार्थों के शरीर में पहुँचने या इन्हें ग्रहण करने की क्रिया को अंतर्ग्रहण (Ingestion) कहते हैं। भिन्न-भिन्न जीव भिन्न-भिन्न अंगों द्वारा भोजन ग्रहण करते हैं। *हाइड्रा* स्पर्शकों द्वारा, मेंढक द्विशाखित जिह्वा द्वारा, पक्षी चोंच द्वारा एवं मानव मुख से भोजन को ग्रहण करते हैं। इसके पश्चात् मुख में भोजन को चबाकर उसका अंतर्ग्रहण किया जाता है।

2. पाचन

- बहुकोशिकीय जंतुओं में पाचन (Digestion) एक नलिकाकार आहारनाल में संपन्न होता है। इसमें अनेक पाचक ग्रंथियों से स्रावित पाचक रस (Digestive juice) की सहायता से भोजन का पाचन किया जाता है।
- इसे बाह्यकोशिकीय पाचन (Extracellular digestion) कहते हैं; जैसे-मेंढक, बंदर, मनुष्य, आदि।

- मनुष्य में भोजन के पाचन की प्रक्रिया को दो भागों में बाँट सकते हैं
  (i) **यांत्रिक या भौतिक पाचन** (Mechanical digestion) इसमें भोजन को चबाना, आमाशय में भोजन की लुगदी बनना, आहारनाल में क्रमाकुंचन गति (पेशीय संकुचन) के कारण भोजन को आगे खिसकाना, आदि सम्मिलित हैं।
  (ii) **रासायनिक पाचन** (Chemical digestion) इसके अंतर्गत पाचक ग्रंथियों द्वारा स्रावित रस के विकर (एंजाइम्स) जटिल अघुलनशील भोज्य पदार्थों को सरल घुलनशील इकाइयों में तोड़ देते हैं।
  इन दोनों प्रक्रियाओं को सम्मिलित कर मनुष्य में पाचन निम्नलिखित पदों में संपन्न होता है
  (a) **मुख गुहिका में पाचन** मुख गुहिका में उपस्थित लार ग्रंथियों से **टायलिन** (Ptyalin) नामक एंजाइम स्रावित होता है, जो स्टार्च (Starch) को शर्करा (Sugar) में बदल देता है। लार में उपस्थित **लाइसोजाइम** (Lysozyme) भोजन में उपस्थित हानिकारक जीवाणुओं को नष्ट करता है। लार का pH मान लगभग 6.8 होता है अर्थात् मुख गुहिका में भोजन के पाचन से संबंधित विभिन्न क्रियाएँ अम्लीय माध्यम में होती हैं। उपस्थित जिह्वा के द्वारा मनुष्य केवल स्वाद का अनुभव करता है।
  (b) **आमाशय में पाचन** आमाशय की भित्ति में उपस्थित जठर ग्रंथियों (Gastric Glands) द्वारा **जठर रस** (Gastric Juice) का स्रावण होता है। जठर रस में 97-98% जल, 0.2-0.5% हाइड्रोक्लोरिक अम्ल (HCl), पेप्सिन (Pepsin), जठर लाइपेज (Gastric Lipase), रेनिन, आदि एंजाइम श्लेष्म के साथ पाए जाते हैं। इसकी pH 2-3.5 होने के कारण यह अम्लीय होता है।
  जठर रस में उपस्थित हाइड्रोक्लोरिक अम्ल (HCl) निष्क्रिय पेप्सिनोजन (Pepsinogen) को सक्रिय पेप्सिन (Pepsin) में बदल देता है। इसके अतिरिक्त HCl भोजन में उपस्थित जीवाणुओं को भी मारता है तथा भोजन को सड़ने से बचाता है।
  (c) **छोटी आँत में पाचन** छोटी आँत का अग्रभाग, जो **ग्रहणी** (Duodenum) कहलाता है, में यकृत से पित्त रस एवं अग्न्याशय से अग्न्याशयिक रस (Pancreatic juice) भी आकर पाचन क्रिया में सहायता करता है। पित्त रस का मुख्य कार्य वसा का **इमल्सीकरण** (Emulsification) तथा आमाशय से प्राप्त भोजन के माध्यम को अम्लीय से क्षारीय बनाता है।
  इसका रंग हल्का हरा-पीला पित्त वर्णक **बिलिरुबिन** (Bilirubin) तथा **बिलिवर्डिन** (Biliverdin) के कारण होता है। अग्न्याशयिक रस में उपस्थित एमाइलेज एंजाइम पॉलीसैकेराइड्स (स्टार्च) को डाइसैकेराइड्स (उदाहरण-माल्टोस) में बदल देता है। अग्न्याशयिक रस से उपस्थित लाइपेज (स्टीएप्सिन) एंजाइम वसा का पाचन करता है।

3. भोजन का अवशोषण

- मनुष्य की छोटी आँत के मध्यांत्र (Midgut) एवं शेषांत्र (Ileum) में आंतरिक स्तर पर अवशोषण हेतु उपस्थित **रसांकुर** (Villi) में **रुधिर** (Blood) एवं **लसीका** (Lymph) की केशिकाओं का जाल होता है।
- रसांकुर के मध्य भाग में आक्षीर वाहिनी या लैक्टियल्स (Lacteals) नामक लसीका केशिका उपस्थित होती हैं। इनमें से लसीका केशिकाएँ वसीय अम्ल तथा ग्लिसरॉल का अवशोषण करती हैं।
- छोटी आंत्र में सभी प्रकार के पचित भोजन का अवशोषण निष्क्रिय (Passive), सक्रिय (Active) तथा सुसाध्य परिवहन (Facilitated transport) द्वारा भी होता है।
- ग्लूकोस, अमीनो अम्ल तथा सोडियम का सक्रिय अवशोषण होता है।
- बड़ी आँत में केवल जल एवं कुछ औषधियों का अवशोषण होता है।

4. अपचित भोजन का बहिष्करण

- अवशोषण के पश्चात् शेष बचा हुआ ठोस वर्ज्य पदार्थ **विष्ठा** (Faeces) कहलाता है और **मलाशय** (Rectum) में एकत्र हो जाता है।
- यह विष्ठा मलद्वार (Anus) के द्वारा समय-समय पर बाहर निकाल दिया जाता है।

श्वसन

- ऐसी सभी भौतिक एवं रासायनिक क्रियाओं के योग को श्वसन (Respiration) कहते हैं, जिनमें वायुमंडलीय ऑक्सीजन शरीर की कोशिकाओं में पहुँचकर भोजन का ऑक्सीकरण करती है तथा CO_2 गैस बाहर निकलती है।
- कोशिकीय श्वसन एक ऑक्सीकारक (Oxidising) एवं ऊर्जा प्रदान करने वाली प्रक्रिया है, जिसमें जटिल कार्बनिक यौगिकों के टूटने से सरल यौगिक बनते हैं और CO_2 गैस निकलती है।
- ऑक्सीजन की उपस्थिति या अनुपस्थिति के आधार पर श्वसन वायवीय एवं अवायवीय होता है।

श्वसन के चरण

श्वसन में तीन चरण होते हैं, जो निम्न हैं

(i) **बाह्य श्वसन** (External Respiration) रुधिर या शरीर तथा वायु के बीच O_2 तथा CO_2 का आदान-प्रदान।

(ii) **अंतःश्वसन** (Internal Respiration) रुधिर तथा ऊतकों या कोशिका के बीच O_2 तथा CO_2 का आदान-प्रदान।

(iii) **कोशिकीय श्वसन** (Cellular Respiration) कोशिकाओं में ईंधन पदार्थों का ऑक्सीकरण तथा ऊर्जा का उत्पादन। ग्लूकोस को कोशिकीय ईंधन भी कहते हैं।

कुछ जंतुओं के मुख्य श्वसन अंग

जंतुओं के मुख्य श्वसन अंग निम्न प्रकार हैं

- **फेफड़े** (Lungs) मनुष्य, मेंढक, पक्षी, छिपकली, पशु आदि
- **त्वचा** (Skin) मेंढक एवं केंचुआ
- **क्लोम** (Gills) मेंढक का लार्वा, मछली एवं प्रॉन
- **श्वसन नाल** (Trachea) कीट (कॉकरोच)
- **सामान्य शरीर सतह** (General Body Surface) *अमीबा*, स्पंज एवं *हाइड्रा*
- **पुस्त फेफड़े** (Book Lungs) मकड़ी एवं बिच्छू
- **मुख गुहिका** (Buccal Cavity) मेंढक
- **पुस्त क्लोम** (Book Gill) *लिमुलस*

मानव में श्वसन

- मानव के प्रमुख श्वसनांग फेफड़े होते हैं, जो वक्षगुहा (Thoracic cavity) में कशेरुकदंड (Vertebral column) तथा पसलियों (Ribs) द्वारा बने एक अस्थि पंजर (Ribcage) से घिरे होते हैं।

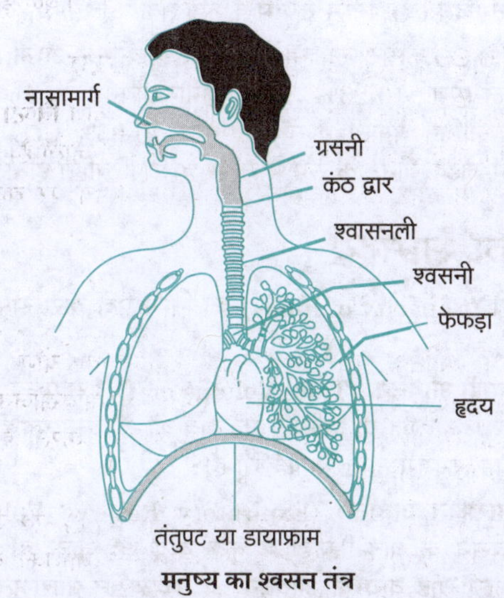

मनुष्य का श्वसन तंत्र

- फेफड़े श्वासनाल अथवा वायुनाल (Windpipe) एवं नासामार्ग (Nasal passage) द्वारा बाह्य वातावरण से संबद्ध रहते हैं।
- इनके अतिरिक्त सभी श्वसनांग सहायक श्वसनांगों की श्रेणी में आते हैं।

मानव श्वसन तंत्र के मुख्य अंग निम्नलिखित हैं

1. नासिका एवं नासामार्ग

- श्वसन अंगों का प्रथम भाग नासिका (Nose) कहलाता है। यह दो बाह्य नासाछिद्रों (External nares or Nostrils) के द्वारा बाहर खुलता है।
- नासिका के मध्य एक **नासा पट** (Nasal septum) पाया जाता है, जिसके कारण नासागुहा (Nasal cavity) या नासावेश्म दो भागों (दाएँ व बाएँ) में विभक्त हो जाता है।
- नासिका के प्रारंभ में छोटे-छोटे बाल होते हैं, जो धूल, आदि के कणों को वायु के साथ अंदर जाने से रोकते हैं।
- नासागुहा के अंदर श्लेष्म कला या श्लेष्मक झिल्ली (Mucous membrane) उपस्थित होती है, जो नासामार्ग में पतला तथा चिकना तरल श्लेष्म स्रावित करती है।
- श्लेष्म कला पर असंख्य बाल जैसे अत्यंत महीन **रोमाभ** (Cilia) होते हैं। ये श्लेष्म या कफ (Cough) को अंदर की ओर ग्रसनी में या बाहर की ओर नाक में लगातार भेजते रहते हैं।
- श्लेष्म नासिका द्वारा अंदर आने वाली वायु को शरीर के ताप पर लाने तथा नम बनाने में भी सहायक होता है।

2. वायुनाल

वायुनाल (Windpipe) को निम्न दो भागों में बाँटा जाता है

स्वरयंत्र या कंठ द्वार

- स्वरयंत्र (Larynx) ग्रसनी में पीछे, किंतु निगल द्वार से पहले एक छिद्र होता है। यह वायु को ग्रसनी से घाँटीद्वार (Glottis) की सहायता से श्वासनाल में पहुँचाता है।
- इसके ऊपर उपास्थि (Cartilage) का बना ढक्कन होता है, जिसे **घाँटीढापन** (Epiglottis) कहते हैं, जो भोजन निगलते समय घाँटीद्वार को बंद कर देता है।
- यह एक छोटे बक्से के समान होता है। ये पुरुषों में गले के सामने बाहर की ओर उभरा दिखाई देता है, जिसे **टेंटुआ** या **एडम्स एप्पल** (Adam's Apple) के नाम से जाना जाता है।
- यह उपास्थियों से मिलकर बनी संरचना है, इसकी गुहा में उपस्थित दो मजबूत लचीले स्वर रज्जु (Vocal cords) कंपन होने पर ध्वनि उत्पन्न करते हैं।

श्वासनली

- श्वासनली (Trachea) लगभग 10-12 सेमी लंबी तथा लगभग 1.5-2.5 सेमी व्यास की नली है, जो कंठ से लेकर पूर्ण ग्रीवा (Neck) में विद्यमान होती है। यह वक्ष में पहुँचकर दो छोटी शाखाओं में विभाजित हो जाती है, जिन्हें **श्वसनियाँ** (Bronchi) कहते हैं।
- प्रत्येक श्वसनी अपनी ओर के फेफड़े में प्रवेश कर जाती है, जहाँ पहुँचकर यह अनेक शाखाओं तथा **उपशाखाओं** (Bronchioles) में विभाजित होकर अंततः **वायुकोष्ठकों** या **वायुकोषों** (Alveoli) में प्रवेश कर समाप्त हो जाती है।
- श्वासनली में 'C' आकृति की हायलिन (Hyaline) उपास्थि के अधूरे छल्ले होते हैं, जो इसमें वायु न होने पर इसकी दीवारों को चिपकने से रोकते हैं। इसके फलस्वरूप वायु की अनुपस्थिति में यह नली पिचकने से बच जाती है।

3. फेफड़े

- फेफड़े (Lungs) मनुष्य के प्रमुख श्वसन अंग हैं। ये संख्या में दो हल्के गुलाबी रंग के कोमल तथा लचीले अंग हैं, जो वक्ष गुहा में हृदय को घेरे हुए उपस्थित होते हैं।
- प्रत्येक फेफड़े के चारों ओर पतली तथा दोहरी झिल्ली चढ़ी होती है, जिसे **फुफ्फुसावरण** (Pleural membrane) कहते हैं। फेफड़े जिस गुहा में पाए जाते हैं, उसे **फुफ्फुस गुहा** (Pleural cavity) कहते हैं। दाहिना फेफड़ा, बाएँ फेफड़े से कुछ बड़ा तथा चौड़ा, परंतु लंबाई में छोटा होता है।
- फेफड़े तंतुपट या **डायाफ्राम** (Diaphragm) के उभरे हिस्से पर चिपके रहते हैं, जिसे फेफड़े का आधार तथा शंक्वाकार छोर का **शीर्ष** (Apex) कहते हैं। दायाँ फेफड़ा खाँचों द्वारा तीन पिंडों (Lobes) में बँटा रहता है, जबकि बायाँ फेफड़ा दो पिंडों में बँटा होता है।
- प्रत्येक श्वसनी, श्वासनली के दो भागों में बँटने से बनती है तथा यह फेफड़ों में प्रवेश कर अनेक शाखाओं एवं उपशाखाओं में बँट जाती है। इसकी अंतिम महीन उपशाखाएँ **कूपिका नलिकाएँ** (Alveolar ducts) कहलाती हैं।
- इन नलिकाओं के सिरे फूलकर कूपिका का निर्माण करते हैं। प्रत्येक कूपिका पर अँगूर के गुच्छे के समान कई **वायुकोष** (Alveoli or Alveolus) लगे रहते हैं।

- प्रत्येक वायुकोष शल्की उपकला (Epithelium) की चपटी पतली कोशिकाओं से बनता है, जो गैसीय विनिमय (Gaseous exchange) को सुगम बनाती हैं।
- एक वयस्क मानव के प्रत्येक फेफड़े में वायुकोष्ठों की संख्या लगभग 15 करोड़ तथा नवजात शिशु में लगभग 2 करोड़ होती हैं।

मानव में श्वसन की क्रियाविधि

मानव में श्वसन प्रक्रिया (Mechanism of respiration in humans) को निम्नलिखित पदों में बाँटा जा सकता है

श्वासोच्छ्वास

- वायुमंडल से श्वसनांगों द्वारा शुद्ध वायु (O_2) को ग्रहण करने तथा अशुद्ध वायु (CO_2) को बाहर निकालने की प्रक्रिया को **श्वासोच्छ्वास** (Breathing) कहते हैं।
- श्वासोच्छ्वास क्रियाविधि (Breathing mechanism) निम्नलिखित दो चरणों में पूर्ण होती है
  - **चरण 1 : अंत:श्वसन** (Inhalation) इस क्रिया में शुद्ध वायु (O_2) श्वसनांगों द्वारा फेफड़ों में पहुँचती है। इस प्रक्रिया में डायाफ्राम एवं **आंतरिक अंतरापर्शुक पेशियाँ** (Internal intercostal muscles) संकुचित हो जाती हैं एवं डायाफ्राम समतल (Flattened) हो जाता है। निचली पसलियाँ बाहर एवं ऊपर की ओर फैलती हैं तथा छाती फूल जाती है, जिसके फलस्वरूप वक्ष गुहा (Thoracic cavity) का आयतन बढ़ जाता है और फेफड़ों में वायु का दाब कम हो जाता है। जिससे वायु नासारंध्रों , कंठ तथा श्वासनली में होते हुए फेफड़ों में भर जाती है।
  - **चरण 2 : नि:श्वसन** (Exhalation) इस क्रिया में वायु फेफड़ों से बाहर निकलती है। इसमें **बाह्य अंतरापर्शुक पेशियों** (External intercostal muscles) तथा डायाफ्राम में शिथिलन से पसलियाँ, स्टर्नम और डायाफ्राम अपनी पूर्व स्थिति में आ जाते हैं, जिससे वक्ष गुहा (Thoracic cavity) का आयतन कम हो जाता है तथा फेफड़ों पर दबाव बढ़ जाता है और वायु नासामार्ग व वायुनाल द्वारा बाहर निकल जाती है।

फेफड़ों में गैसीय विनिमय

- फेफड़ों में गैसीय विनिमय (Gaseous exchange in lungs) सामान्य विसरण (Diffusion) द्वारा होता है।
- वायु कोषों (Alveoli) में उपस्थित वायु से ऑक्सीजन रुधिर केशिकाओं में तथा रुधिर केशिकाओं से कार्बन डाइऑक्साइड वायु कोषों में विसरित हो जाती है।

ऑक्सीजन परिवहन

फेफड़ों में ऑक्सीजन विनिमय (Oxygen transport) के दौरान, विसरित 97 % ऑक्सीजन रुधिर में उपस्थित श्वसन वर्णक (हीमोग्लोबिन) के साथ लगातार अभिक्रिया कर **ऑक्सीहीमोग्लोबिन** नामक उत्पाद बनाती है, जिसका संपूर्ण शरीर में परिवहन होता है।

ऊतक स्तर पर गैसीय विनिमय

- ऊतक स्तर (Tissue level) पर फेफड़ों की तरह ही परंतु स्वभाव में विपरीत गैसीय विनिमय (Exchange of gases) होता है।
- रुधिर से O_2 ऊतकों में मुक्त होती है तथा CO_2 ऊतकों से रुधिर में विसरित (Diffused) होकर आ जाती है।

कार्बन डाइऑक्साइड का परिवहन

- कोशिकाओं में भोज्य पदार्थों के जैव-रासायनिक ऑक्सीकरण के फलस्वरूप उत्पादित CO_2 निम्न रूप में फेफड़ों तक पहुँचती है।
- लगभग 5 – 7% CO_2 रुधिर प्लाज्मा में घुलकर कार्बोनिक अम्ल (H_2CO_3) बनाती है। लगभग 10-23% CO_2 हीमोग्लोबिन से क्रिया करके कार्बोक्सीहीमोग्लोबिन बनाती है तथा लगभग 70-85% CO_2, सोडियम तथा पोटैशियम बाइकार्बोनेट के रूप में रुधिर द्वारा परिवहित होती है।

फेफड़ों का सामर्थ्य

फेफड़ों के सामर्थ्य (Capacity of lungs) को निम्न पदों द्वारा समझाया जा सकता है

- **अवरीय या प्रवाही आयतन** (Tidal Volume or TV) सामान्य श्वसन के दौरान एक बार में ली गई या निकाली गई वायु का आयतन प्रवाही आयतन कहलाता है। यह लगभग 500 मिली होता है।
- **उच्छ्वसन आरक्षित आयतन** (Expiratory Reserve Volume or ERV) उच्छ्वसन के बाद फेफड़ों में कुछ वायु रह जाती है। उसमें से बलपूर्वक निकाली गई वायु के आयतन को उच्छ्वसन आरक्षित आयतन कहते हैं। इसका आयतन लगभग 1000 मिली होता है।
- **अंत:श्वसन आरक्षित आयतन** (Inspiratory Reserve Volume or IRV) एक सामान्य अंत:श्वसन के बाद बलपूर्वक फेफड़ों के द्वारा ली जाने वाली वायु के आयतन को नि:श्वसन आरक्षित आयतन कहते हैं। इसका आयतन लगभग 2500-3000 मिली होता है।
- **अवशेषी आयतन** (Residual Volume or RV) पूरे प्रयास से फेफड़ों से वायु निकालने के बाद फेफड़ों में शेष बची वायु का आयतन अवशेषी आयतन कहलाता है। यह लगभग 1500 मिली होती है।
- **अंत:श्वसन क्षमता** (Inspiratory Capacity or IC) प्रवाह आयतन के अतिरिक्त अभ्यास द्वारा फेफड़ों में अधिक-से-अधिक ली जा सकने वाली वायु की मात्रा को अंत: श्वसन क्षमता कहते हैं।

  IC = TV + IRV = 500 मिली + 3000 मिली = 3500 मिली
- **कार्यात्मक अवशेष क्षमता** (Functional Residual Capacity or FRC) यह अवशेषी आयतन और उच्छ्वसन आरक्षित आयतन का योग होती है।

  FRC = RV + ERV
  = 1500 मिली + 1000 मिली = 2500 मिली
- **सजीव क्षमता** (Vital Capacity or VC) फेफड़ों में पूरे प्रयास के बाद अधिक-से-अधिक वायु भरने के उपरांत जितनी वायु प्रयास से बाहर निकाली जा सकती है, उसे सजीव क्षमता कहते हैं।

  VC = TV + IRV + ERV
  = 500 मिली + 3000 मिली + 1000 मिली
  = 4500 मिली
- **फेफड़ों की संपूर्ण क्षमता** (Total Lung Capacity or TLC) हमारे फेफड़ों में कुल वायु की जितनी मात्रा समा सकती है, वहीं फेफड़ों की संपूर्ण क्षमता कहलाती है।

TLC = TV + IRV + ERV + RV
= VC + RV
= 4500 + 1500 मिली
= 6000 मिली

श्वसन भागफल

श्वसन भागफल (Respiratory Quotient or RQ) CO_2 के उत्पादन व O_2 के ग्रहण का अनुपात होता है।

$$RQ = \frac{CO_2 \text{ के उत्पादन की मात्रा}}{O_2 \text{ के ग्रहण करने की मात्रा}}$$

यह विभिन्न पदार्थों के लिए भिन्न होता है। यह कार्बोहाइड्रेट्स के लिए 1.00, प्रोटीन के लिए लगभग 1.4, वसा के लिए 0.7 तथा किण्वन हेतु अनंत (∞) होता है।

परिसंचरण तंत्र

उच्च बहुकोशिकीय जन्तुओं में आवश्यक पदार्थों की आपूर्ति एवं अनावश्यक पदार्थों का बहिष्करण सीधे कोशिका द्वारा न होकर एक विशेष तन्त्र, जिसे परिसंचरण तन्त्र (Circulatory system) कहा जाता है, के द्वारा होता है। यह तन्त्र दो प्रकार का होता है

(i) **खुला परिसंचरण तंत्र** (Open Circulatory System) इसमें कोशिकीय तन्त्र नहीं पाया जाता है। हृदय द्वारा पम्प किया गया रुधिर, वाहिकाओं द्वारा सीधे निर्धारित स्थान (साइनस) पर पहुँचता है। इस तन्त्र में रुधिर कम दाब तथा कम वेग से बहता है। इस प्रकार का रुधिर परिसंचरण तन्त्र संघएनीलिडा के जन्तुओं, तिलचट्टा, कीट, मछली, आदि में पाया जाता है।

(ii) **बंद परिसंचरण तन्त्र** (Closed Circulatory System) इसमें रुधिर बन्द नलिकाओं में अधिक दाब एवं वेग से बहता है। इसमें पदार्थों का आदान-प्रदान ऊतक द्रव्य द्वारा होता है। यह केंचुए, मोलस्का एवं सभी कशेरुकियों में पाया जाता है।

मानव में रुधिर परिसंचरण तंत्र की संरचना

मानव में रुधिर परिसंचरण तंत्र के अन्तर्गत रुधिर, हृदय तथा रुधिर वाहिनियाँ आते हैं।

रुधिर

- रुधिर (Blood) एक **तरल संयोजी ऊतक** है, जिसकी उत्पत्ति भ्रूण के **मध्यजनस्तर** (Mesoderm) से होती है।
- मानव शरीर में रुधिर की मात्रा शरीर के भार की लगभग 7-8% होती है। अत: एक 70 किलोग्राम के मनुष्य के शरीर में औसतन **5-6 लीटर** रुधिर होता है। स्त्रियों में रुधिर की मात्रा कुछ कम होती है।
- रुधिर के निम्न दो मुख्य घटक हैं

(i) **प्लाज्मा** (Plasma) यह रुधिर का लगभग 55% भाग बनाता है, जिसमें 90% जल तथा 10% में जटिल कार्बनिक तथा अकार्बनिक पदार्थ होते हैं। इसे रुधिर का निर्जीव भाग कहते हैं, क्योंकि इसमें रुधिर कणिकाओं का अभाव होता है।

(ii) **रुधिर कणिकाएँ या रुधिराणु** (Blood corpuscles) ये रुधिर का लगभग 45% भाग बनाते हैं। मानव में रुधिराणु निम्नलिखित तीन प्रकार के होते हैं

(a) **लाल रुधिर कणिकाएँ** [RBC) इनमें लाल वर्णक उपस्थित होता है, जिसे हीमोग्लोबिन कहते हैं। इसकी उपस्थिति के कारण रुधिर का रंग लाल होता है

(b) **श्वेत रुधिर कणिकाएँ** (WBC) ये रोगाणुओं को नष्ट करती हैं।

(c) **प्लेटलेट्स या थ्रोम्बोसाइट्स** (Platletror Thrombocyte) ये रुधिर का थक्का बनाने में सहायक हैं।

रुधिर वर्ग

- **लैण्डस्टीनर** ने तीन प्रकार के रुधिर वर्गों (Blood Groups) A, B और O की खोज की। चौथे प्रकार के एवं बहुत कम पाए जाने वाले रुधिर वर्ग AB की खोज **वॉन डीकॉस्टेलो** एवं **स्टर्ले** (1902) ने की।
- **लैण्डस्टीनर** (1900) ने दो प्रकार के **प्रतिजनों** (Antigens), प्रतिजन A एवं प्रतिजन B की खोज की। प्रतिजन A एवं B प्रोटीन न होकर म्यूकोपॉलीसैकेराइड होती है।
- मनुष्य को वह रुधिर नहीं दिया जाता, जो उसकी एण्टीबॉडी से क्रिया कर थक्का बना देता है। **O** रुधिर वर्ग वाले मनुष्य **सर्वदाता** (Universal donor) कहलाते हैं। **AB** रुधिर वर्ग वाले मनुष्य **सर्वग्राही** (Universal recipients) कहलाते हैं।

हृदय

हृदय (Heart) विशेष प्रकार की हृदय पेशियों (Cardiac muscles) के द्वारा बना होता है। ये पेशियाँ जीवनपर्यंत क्रियाशील रहती हैं।

हृदय की संरचना

- हृदय वक्षगुहा (Thoracic cavity) में फेफड़ों के बीच में स्थित होता है। इसका अधिकांश भाग वक्ष के बाईं ओर तथा थोड़ा-सा भाग अस्थि के दाईं ओर होता है।
- साधारणतया इसका आकार व्यक्ति की बंद मुट्ठी के समान होता है एवं इसका भार लगभग 300 ग्राम होता है।
- मनुष्य का हृदय एक दोहरी झिल्ली, हृदयावरणी थैली (Pericardial sac) या हृदयावरण (Pericardium) से घिरा रहता है।
- मानव हृदय **चार कक्षीय** या **वेश्मीय** (Four-chambered) होता है, जोकि हृदय खाँच या कोरोनरी सल्कस (Coronary sulcus) द्वारा **अलिंद** (Auricle or Atrium) तथा **निलय** (Ventricle) में बँटा रहता है।
- अलिंद हृदय का ऊपरी चौड़ा भाग तथा निलय हृदय का निचला शंकुरूपी भाग होता है।
- अलिंदों की दीवारों अपेक्षाकृत पतली होती हैं, जबकि निलयों की दीवारें मोटी होती हैं।
- दोनों अलिंद अंतअलिंदीय पट्ट (Interatrial septum) तथा निलय अंतरानिलय खाँच (Interventricular sulcus) द्वारा पृथक् होते हैं।
- मानव हृदय में बायाँ अलिंद सबसे बड़ा वेश्म होता है। दाएँ अलिंद में महाशिराओं (Vena cava) के छिद्रों के समीप शिरा-अलिंद गाँठ (Sino-auricular node) होती है, जो स्पंदन केंद्र या पेसमेकर कहलाती है।

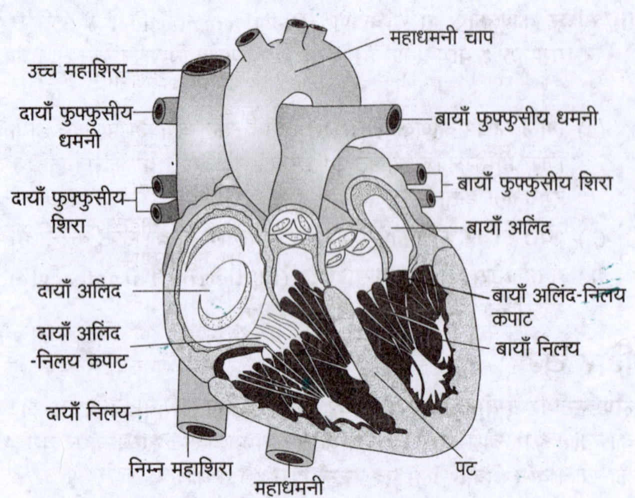

मनुष्य के हृदय की आंतरिक संरचना (अनुलंब काट में)

- दाएँ अलिंद व निलय के मध्य अलिंद निलय कपाट में तीन वलन होते हैं। अतः ये त्रिवलनी या **ट्राइकस्पिड कपाट** (Tricuspid valve) कहलाते हैं।
- बाएँ अलिंद व निलय के मध्य कपाट पर दो वलन होते हैं, जिसे द्विवलन या बाइकस्पिड कपाट (Bicuspid valve) या मिट्रल कपाट (Mitral valve) कहते हैं।

रुधिर वाहिनियाँ

रुधिर हृदय के द्वारा पंप होता हुआ पूर्ण शरीर में विस्तृत रूप से फैली मोटी-पतली रुधिर वाहिनियों (Blood vessels) में निरंतर बहता रहता है। रुधिर वाहिनियों के दो तंत्र होते हैं

(i) **धमनी** (Arteries) यह रुधिर को हृदय से शरीर के विभिन्न अंगों एवं ऊतकों में पहुँचाती हैं। इनमें मुख्यतया ऑक्सीजन युक्त (Oxygenated) शुद्ध रुधिर होता है। केवल फुफ्फुसीय धमनियाँ (Pulmonary arteries) इसका अपवाद होती हैं, क्योंकि ये हृदय से अशुद्ध रुधिर (Impure or Deoxygenated blood) को शुद्धिकरण के लिए फेफड़ों में ले जाती हैं।
धमनियों की भित्तियाँ मोटी और प्रत्यास्थ होती है, क्योंकि इनमें रुधिर प्रवाह तेजी से और अधिक दाब पर होता है।

(ii) **शिरा** (Veins) यह शरीर के सभी अंगों एवं ऊतकों से रुधिर को वापस हृदय में लाती हैं। इनमें CO_2 युक्त अनॉक्सीकृत या अशुद्ध रुधिर होता है। फुफ्फुसीय शिराएँ (Pulmonary veins) इसका अपवाद होती हैं, जिनमें शुद्ध रुधिर होता है, क्योंकि ये फेफड़ों में ऑक्सीजन युक्त रुधिर को हृदय में लाती हैं। शिराओं की भित्तियाँ पतली होती है। शिराओं में उपस्थित वाल्व रुधिर को केवल हृदय की ओर ही प्रवाहित होने देते हैं।

- धमनियों मे प्रवाहित हो रहे रुधिर के कारण उत्पन्न स्पंदन को नाड़ी स्पंद (नब्ज) कहते हैं
- विश्राम की अवस्था में किसी व्यस्क व्यक्ति की स्पंदन दर सामान्यतः 72 से 80 स्पंदन प्रति मिनट होती है।
- धमनियाँ आगे जाकर छोटी-छोटी वाहिनियों में विभाजित हो जाती हैं। ऊतकों में पहुँचकर वे पुनः अत्यधिक पतली नलिकाओं में विभाजित हो जाती हैं, जिन्हें **केशिकाएँ** कहते हैं। ये केशिकाएँ मिलकर शिराओं का निर्माण करती हैं।

मानव में दोहरा रुधिर परिसंचरण

- रुधिर परिसंचरण की खोज **विलियम हार्वे** (1578-1657) में की थी।
- मानव हृदय ऑक्सीकृत रुधिर (बायाँ भाग) और अनॉक्सीकृत रुधिर (दायाँ भाग) को विभिन्न अंगों तक प्रवाहित करता है।
- परिसंचरण के दौरान मानव हृदय में रुधिर दो बार आता है। इसी कारण इस परिसंचरण को दोहरा रुधिर परिसंचरण (Double blood circulation) कहते हैं।

इस परिसंचरण को हम दो चरणों में विभक्त कर सकते हैं

(i) **फुफ्फुसीय परिसंचरण** (Pulmonary Circulation) मनुष्य के दोहरे परिसंचरण में हृदय के दाएँ अलिंद में संपूर्ण शरीर से (फेफड़ों को छोड़कर) अशुद्ध रुधिर आता है। अलिंद से यह अशुद्ध रुधिर दाएँ निलय में पहुँचता है और दाएँ निलय से फिर यह रुधिर फुफ्फुस चाप द्वारा शुद्ध (ऑक्सीकृत) होने के लिए फेफड़ों में चला जाता है। इस पूर्ण परिसंचरण परिपथ (Circulatory circuit) को फुफ्फुसीय परिसंचरण कहते हैं।

(ii) **दैहिक परिसंचरण** (Systemic Circulation) इस परिसंचरण परिपथ में, जो शुद्ध रुधिर फेफड़ों से फुफ्फुस शिराओं द्वारा हृदय के बाएँ अलिंद में आता है, वह शुद्ध रुधिर बाएँ अलिंद से बाएँ निलय में पहुँचता है और दैहिक महाधमनी या कैरोटिको-सिस्टेमिक चाप द्वारा संपूर्ण शरीर में वितरित हो जाता है। इस परिसंचरण परिपथ को दैहिक परिसंचरण कहते हैं।

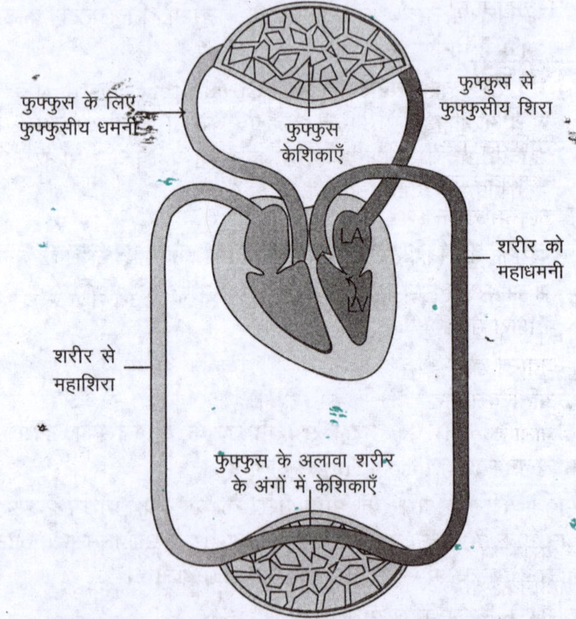

ऑक्सीजन तथा कार्बन डाइऑक्साइड के परिवहन तथा विनिमय का व्यवस्थात्मक निरुपण

रुधिर दाब

- एक सामान्य मनुष्य का हृदय एक मिनट में 72-75 बार धड़कता है, इसे **हृदय स्पंदन दर** (Heartbeat rate) कहते हैं। इसे स्टेथोस्कोप द्वारा सुना जा सकता है। कार्य करते समय मानव हृदय अपनी पेशियों को क्रमानुसार फैलाता एवं सिकोड़ता रहता है।
- हृदय की पेशियों के सिकुड़ने की अवस्था को **प्रकुंचन** (Systole) एवं फैलने को **अनुशिथिलन** (Diastole) कहते हैं।
- रुधिर बंद नलिकाओं में बहता है, जब इसे हृदय द्वारा पम्प किया जाता है, तो यह नलिकाओं की दीवार पर दबाव डालता है अंर्थात् यह धमनियों की दीवार को दबाता है, इसी को रुधिर दाब कहते हैं।
- सर्वप्रथम हैल्स (Hales; 1733) ने घोड़े में रुधिर दाब नापा था।
- रुधिर दाब को निम्न दो अवस्थाओं में नापा जाता है
  - (i) **प्रकुंचन दाब** (Systolic Pressure) यह रुधिर दाब की ऊपरी सीमा (Upper limit) है, जो हृदय संकुचन की अवस्था प्रदर्शित करती है। मनुष्य में यह सीमा 120 mm Hg होती है।
  - (ii) **शिथिलन दाब** (Diastolic Pressure) यह रुधिर दाब की निचली सीमा (Lower limit) है, जो हृदय शिथिलन की अवस्था प्रदर्शित करती है। मनुष्य में यह सीमा 80mm Hg होती है।
- जिस यंत्र के द्वारा रुधिर दाब नापा जाता है, उसे दाबांतरमापी या **स्फिग्मोमैनोमीटर** (Sphygmomanometer) कहते हैं।
- रुधिर दाब मनुष्य में हाथ (Arm) की ब्रैकियल धमनी (Brachial artery) में नापा जाता है। स्वस्थ मनुष्य का ब्लड प्रेशर 120/80 mm Hg होता है।

लसीका

- लसीका भी परिसंचरण में सहायक होता है। केशिकाओं की भित्ति में उपस्थित छिद्रों द्वारा कुछ प्लाज्मा, प्रोटीन तथा रुधिर कोशिकाएँ बाहर निकलकर उतक के अन्तकोशिकीय अवकाश में आ जाते हैं जिससे लसीका का निर्माण होता है।
- लसीका अन्तकोशिकीय अवकाश से लसीका केशिकाओं में चला जाता है, जो आपस में मिलकर बडी लसीका वाहिनी का निर्माण करती है। यह अन्त में शिरा में खुलती है।
- क्षुद्रान्त्र द्वारा अवशोषित वसा का परिवहन लसीका द्वारा होता है और यह अतिरिक्त तरल को बाह्य कोशिकीय अवकाश से वापिस रूधिर में ले जाता है।

उत्सर्जन तंत्र

- शरीर में होने वाली विभिन्न उपापचयी क्रियाओं के परिणामस्वरूप हानिकारक तथा विषाक्त अपशिष्ट पदार्थों का निर्माण होता है। इन पदार्थों को शरीर से बाहर निष्कासित करने की जैव-प्रक्रिया का **उत्सर्जन** (Excretion) कहते हैं तथा उत्सर्जन को कार्यान्वित करने वाले अंग **उत्सर्जी अंग** (Excretory organs) कहलाते हैं।
- बहुत से एककोशिकीय जीव (*अमीबा, पैरामीशियम*) इन अपशिष्टों को शरीर की सतह से जल में विसरित कर देते हैं, जबकि जटिल बहुकोशिकीय जीव इस कार्य को पूरा करने के लिए विशिष्ट अंगों का उपयोग करते हैं।

उत्सर्जन के प्रकार

- जंतुओं के उत्सर्जी पदार्थ विभिन्न प्रकार के होते हैं। उत्सर्जी पदार्थों के प्रकार के आधार पर उत्सर्जन निम्न चार प्रकार का होता है
  - (i) **अमीनो अम्ल उत्सर्जन** (Aminotelism) इसमें उत्सर्जी पदार्थ अमीनो अम्ल होता है। उदाहरण–सीपी, घोंघा, इकाइनोडर्मेटा।
  - (ii) **अमोनिया उत्सर्जन** (Ammonotelism) इसमें नाइट्रोजन का उत्सर्जन मुख्यतया अमोनिया के रूप में होता है। उदाहरण-जलीय कशेरुकी, अस्थिल मछलियाँ, उभयचर।
  - (iii) **यूरिया उत्सर्जन** (Ureotelism) इसमें नाइट्रोजन का उत्सर्जन मुख्यतया यूरिया के रूप में होता है। उदाहरण-स्तनधारी, मनुष्य, मेंढक।
  - (iv) **यूरिक अम्ल उत्सर्जन** (Uriotelism) इसमें नाइट्रोजन का उत्सर्जन यूरिक अम्ल के रूप में होता है। यूरिक अम्ल लगभग ठोस अवस्था में उत्सर्जित किया जाता है। उदाहरण-पक्षी, सरीसृप, बहुत से कीट।

मानव में उत्सर्जन/मानव उत्सर्जन तंत्र

- मानव उत्सर्जन तंत्र (Human excretory system) का मुख्य कार्य शरीर में से अपशिष्ट नाइट्रोजन पदार्थों; जैसे-यूरिया आदि को बाहर निकालना होता है। मनुष्य में मुख्य उत्सर्जी अंग **वृक्क** (Kidney) होते हैं।
- इनसे संबंधित अन्य सहायक उत्सर्जी अंग निम्नलिखित हैं
  - (i) मूत्रवाहिनियाँ (Ureters) (ii) मूत्राशय (Urinary Bladder)
  - (iii) मूत्रमार्ग (Urethra)

वृक्क

- मनुष्य में एक जोड़ी वृक्क (Kidneys) पाए जाते हैं, जो उदरगुहा (Abdomen cavity) में डायाफ्राम (Diaphragm) के नीचे कशेरुक दंड के दोनों ओर अधर सतह पर पतली पेरीटोनियम झिल्ली (Peritonium membrane) द्वारा लगे रहते हैं।

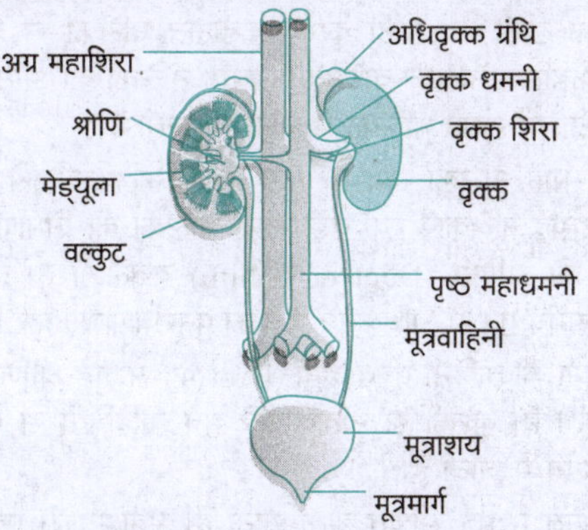

मनुष्य के मुख्य उत्सर्जी अंग (वृक्क)

- वृक्क सेम के बीज के आकार के कत्थई, भूरे-लाल रंग के अंग होते हैं।
- यह लगभग 10 सेमी लंबा, 5-6 सेमी चौड़ा एवं 2-5 सेमी मोटा होता है। पुरुष में वृक्क का भार 130-160 ग्राम तथा स्त्रियों में 110-150 ग्राम तक होता है।
- मनुष्य में दायाँ वृक्क, बाएँ वृक्क की अपेक्षा कुछ पीछे तथा नीचे की ओर स्थित होता है। वृक्क का भीतरी किनारा धँसा हुआ या अवतल (Concave) तथा बाहरी किनारा उभरा हुआ या उत्तल (Convex) होता है।

- अवतल तल अंदर की ओर धँसकर एक **गर्त** (Pit) बनाता है, जो **नाभिका** या **हाइलम** (Hilum) या **हाइलस** (Hilus) कहलाता है। यहाँ से मूत्रनलिका (Ureter) निकलती है। प्रत्येक वृक्क में लगभग 8-12 लाख महीन, लंबी एवं कुंडलित वृक्क नलिकाएँ या **नेफ्रॉन्स** (Nephrons) होती हैं, जोकि वृक्क की रचनात्मक तथा क्रियात्मक इकाई होती हैं।
- ये संयोजी ऊतक, रुधिर वाहिनियों, लसीका वाहिनियों तथा पेशी तंतुओं में दबे एवं फँसे हुए पाए जाते हैं। प्रत्येक नेफ्रॉन में निम्नलिखित संरचनाएँ होती हैं
  (i) **बोमेन सम्पुट** (Bowman's Capsule) प्रत्येक नेफ्रॉन में दोहरी कला युक्त, प्यालेनुमा मैल्पीघी सम्पुट या बोमेन सम्पुट (Malpighian capsule or Bowman's capsule) होता है। बोमेन सम्पुट का बाहरी स्तर चपटी शल्की उपकला (Flattened squamous epithelium) तथा आंतरिक स्तर विशेष प्रकार की चपटी कोशिकाओं पोडोसाइट्स (Podocytes) से बना होता है।
  (ii) **केशिकागुच्छ** (Glomerulus) बोमेन संपुट के अंदर रुधिर का प्रवाह एक मोटी, **अभिवाही धमनिका** (Afferent artery) तथा बाहर की ओर रुधिर का प्रवाह एक पतली **अपवाही धमनिका** (Efferent artery) द्वारा होता है।
  दोनों धमनिकाएँ बोमेन सम्पुट में केशिकाओं का एक गुच्छा बनाती हैं, जो **केशिकागुच्छ** कहलाता है। केशिकागुच्छ तथा बोमेन सम्पुट सम्मिलित रूप से मैल्पीघियन कणिका या रीनल कॉर्पसल्स कहलाते हैं।
  (iii) **समीपस्थ कुंडलित नलिका** (Proximal Convoluted Tubule) मैल्पीघियन कणिका का अंतिम भाग मोटी समीपस्थ कुंडलित नलिका से जुड़ा रहता है। इस समीपस्थ कुंडलित नलिका की कोशिकाओं पर रसांकुर पाए जाते हैं, जिससे इस भाग की अवशोषण क्षमता बढ़ जाती है।
  (iv) **हेन्ले लूप** (Henle's Loop) समीपस्थ कुंडलित नलिका आगे जाकर एक U-आकार की नली या हेन्ले लूप में खुलती है।
  (v) **दूरस्थ कुंडलित नलिका एवं मूत्र संग्रह नलिका** (Distal Convoluted Tubule and Urine Collecting Tubule) हेन्ले लूप का आरोही भाग एक छोटी एवं मोटी दूरस्थ कुंडलित नलिका से जुड़ा रहता है। दूरस्थ कुंडलित नलिका वास्तव में वृक्क नलिका का अंतिम भाग है, जो एक मोटी मूत्र संग्रह नलिका में जाकर खुलती है।
  प्रत्येक संग्रह नलिका लगभग 8-9 वृक्क नलिकाओं से जुड़ी होती है। अनेक संग्रह नलिकाएँ एक बड़ी संग्रह नलिका का निर्माण करती हैं, जो **बेलिनी की वाहिनी** (Duct of Bellini) कहलाती है। इस नलिका से गुजरते समय मूत्र से अधिकतम जल का पुनरावशोषण कर लिया जाता है।
  - बेलिनी की वाहिनी मूत्रवाहिनी (Ureter) से जुड़े श्रोणि या पेल्विस में खुलती है। वृक्कों से नलिकाकार मूत्र वाहिनियों से होता हुआ मूत्र मूत्राशय में जाता है।
  - मूत्राशय में मूत्र संचित होता रहता है। मूत्राशय से एक पेशीय नली जुड़ी होती है, जिसे **मूत्रमार्ग** कहते हैं। मूत्रमार्ग का दूसरा सिरा खुला होता है, जिसे **मूत्ररंध्र** कहते हैं और जिससे मूत्र शरीर से बाहर निकाल दिया जाता है।

वृक्क में मूत्र निर्माण की क्रियाविधि

यकृत में अमोनिया से यूरिया के निर्माण के पश्चात् वृक्क के नेफ्रॉन में मूत्र निर्माण निम्नलिखित तीन प्रक्रियाओं द्वारा होता है

1. परानिस्यंदन

- केशिकागुच्छ की रुधिर केशिकाओं में जितना रुधिर अभिवाही धमनियों से आता है, उतना ही रुधिर समान मात्रा में अपवाही धमनिका से नहीं निकल पाता है। इसके फलस्वरूप केशिकागुच्छ की रुधिर केशिकाओं में रुधिर का दाब बढ़ जाता है। इस बढ़े हुए दाब के कारण रुधिर का तरल भाग छनकर बोमेन सम्पुट में आ जाता है।
- यह छना हुआ तरल नेफ्रिक निस्यंद (Nephric filtrate) या ग्लोमेरुलर निस्यंद (Glomerular filtrate) कहलाता है। इसमें यूरिया, यूरिक अम्ल, ग्लूकोस तथा अनेक लवण होते हैं।

2. वरणात्मक या चयनात्मक पुनरावशोषण

- वृक्क में परानिस्यन्दन (Ultrafiltration) के द्वारा प्रतिदिन लगभग 150-180 लीटर नेफ्रिक निस्यन्द प्राप्त होता है, जिसमें से मात्र 1.5 लीटर ही मूत्र के रूप में उत्सर्जित होता है तथा शेष भाग का हेन्ले लूप में ही पुनः अवशोषण हो जाता है। विसरण तथा सक्रिय पुनरावशोषण (Reabsorption) द्वारा क्रमशः जल तथा अन्य घटकों का अवशोषण हो जाता है।
- जल के पुनरावशोषण का नियंत्रण **एंटीडाइयूरेटिक हॉर्मोन** (ADH) द्वारा होता है। इस क्रिया में महत्त्वपूर्ण तत्व; जैसे-ग्लूकोस, विटामिन, अमीनो अम्ल, आदि पुनः रुधिर में पहुँचा दिए जाते हैं।

3. वाहिकीय स्रावण

- वृक्क नलिकाओं के समीपस्थ तथा दूरस्थ भाग की कोशिकाएँ परिनलिका जाल (Peritubular network) की रुधिर केशिकाओं में हानिकारक उत्सर्जी पदार्थों (जैसे-K^+, H^+, यूरिक अम्ल), जो छनने से रह गए थे, सक्रिय विसरण द्वारा निष्कासित करती हैं, जो वृक्क नलिकाओं की संग्रही नलिका में मुक्त कर दिए जाते हैं।
- शेष छना हुआ तरल मूत्र कहलाता है, मूत्र हल्का अम्लीय होता है। मूत्र का रंग **यूरोक्रोम** (Urochrome) **वर्णक** के कारण हल्का पीला होता है।
- वयस्क व्यक्ति सामान्यतः 24 घंटे में 1 से 1.8 लीटर मूत्र करता है। मूत्र में 95% जल, 2.5% यूरिया और 2.5% अन्य अपशिष्ट उत्पाद होते हैं।

कृत्रिम वृक्क (रुधिर अपोहन)

- वृक्कों के खराब होने पर रुधिर में एकत्रित व्यर्थ उत्सर्जी पदार्थों को कृत्रिम वृक्क की सहायता से पृथक् करने को रुधिर अपोहन (Haemodialysis) कहते हैं। अपोहन मशीन को ही कृत्रिम वृक्क (Artificial kidney) कहते हैं।
- कृत्रिम वृक्क में रुधिर को सेलोफेन की झिल्ली से अति-कुण्डलित नलिकाओं द्वारा प्रवाहित करते हैं। नलिकाओं के बाहर अपोहनी तरल प्रवाहित होता है।
- यह झिल्ली यूरिया, यूरिक अम्ल, क्रिएटिनिन आदि के लिए पारगम्य (Permeable) होती है, किंतु प्लाज्मा प्रोटीन तथा रुधिर कणिकाओं के लिए अपारगम्य होती है।
- अंगदान या प्रत्यारोपण में किसी एक व्यक्ति (दाता) के शरीर से शल्य चिकित्सा द्वारा अंग निकालकर किसी अन्य व्यक्ति (ग्राही) के शरीर में प्रत्यारोपित किया जाता है। सामान्य प्रत्यारोपण में कॉर्निया, वृक्क, दिल, यकृत, अग्न्याशय, फेफड़े, आँत और अस्थिमज्जा शामिल हैं।
- वृक्क, यकृत का कुछ भाग, ऊतक, फेफड़ों इत्यादि का दान दाता के जीवित होने पर भी किया जा सकता है।

मानव में प्रचलन

मानव में पेशियों (रेखित पेशी) के संकुचन एवं शिथिलन के कारण कंकाल तंत्र (Skeletal system) में उपस्थित संधियों (Joints) में गति होने के कारण गमन या प्रचलन पाया जाता है।

कंकाल तंत्र

शरीर के अंदर या बाहर उपस्थित कोई भी कठोर दृढ़ भाग कंकाल (Skeleton) कहलाता है।

कंकाल तंत्र के प्रकार

मानव शरीर में कंकाल तंत्र (Skeletal system) दो प्रकार का पाया जाता है

(i) **बाह्य कंकाल** (Exoskeleton) शरीर की सतह पर स्थित संरचनाएँ; जैसे शल्क (मछलियों एवं सर्पों में), पंख तथा नखर (पक्षियों में), बाल, दाँत, सींग तथा नाखून स्तनियों में बाह्य कंकाल का निर्माण करते हैं।

(ii) **अंत:कंकाल** (Endoskeleton) यह कॉर्डेट्स का मुख्य आधार होता है तथा यह आकृति प्रदान करता है। यह अस्थि (Bone) एवं उपास्थि (Cartilage) का बना होता है। इसका विकास भ्रूणीय मीजोडर्म से होता है।

मानव कंकाल

मानव कंकाल (Human skeleton) में छोटी व बड़ी 206 अस्थियाँ होती हैं। कर्ण अस्थि **स्टेपीज** (Stapes) शरीर की सबसे छोटी तथा जाँघ की अस्थि **फीमर** (Femur) सबसे लंबी अस्थि होती है।

मानव कंकाल तंत्र निम्नलिखित दो भागों में बाँटा गया है

1. अक्षीय कंकाल

इसमें कुल 80 अस्थियाँ होती हैं। अक्षीय कंकाल (Axial skeleton) का वर्णन निम्न है

खोपड़ी

- मानव की खोपड़ी (Skull) में 29 अस्थियाँ होती हैं।
- ये अस्थियाँ मस्तिष्क तथा चेहरे पर पाए जाने वाले संवेदांगों की रक्षा करती हैं।
- खोपड़ी के नीचे की ओर एक बड़ा छिद्र होता है, जिसे **महारंध्र** (Foramen magnum) कहते हैं।
- महारंध्र के दोनों ओर अनुकपाल अस्थिकंद (Occipital condyle) के गोल उभार होते हैं, जो एटलस कशेरुक (Atlas or First cervicle vertebra) से संधि बनाते हैं। इससे खोपड़ी मेरुदंड पर टिकी रहती है। खोपड़ी में निम्नलिखित अस्थियाँ होती हैं
- **करोटि की अस्थियाँ** (Bones of Cranium)
  करोटि में 8 अस्थियाँ होती हैं

ऑसीपिटल–1	पेराइटल–2	फ्रंटल–1
टेम्पोरल–2	स्फीनॉइड–1	एथमॉयड–1

- **चेहरे की अस्थियाँ** (Facial Bones) चेहरे में 14 अस्थियाँ होती हैं

नेजल–2	वोमर–1	पैलेटाइन–2
लैक्राइमल–2	मैक्सिली–2	जाइगोमेटिक–2
टर्बिनल्स–2	मैंडिबिल–1	

- **कान की अस्थियाँ** (Ear Bones)
  प्रत्येक कान में 6 छोटी अस्थियाँ होती हैं

मैलियस–2	इनकस–2	स्टेपीज–2

- **हायऑइड** (Hyoid) यह अक्षीय कंकाल की एकमात्र अस्थि है।

कशेरुक दंड की अस्थियाँ

- यह शरीर का अक्ष बनाता है तथा शरीर को फलक्रम (Beam) के समान अवलंबन प्रदान करता है।
- इसमें मेरुरज्जु (Spinal cord) बाहरी आघातों से सुरक्षित रहता है। इसके कारण शरीर में लचीलापन होता है।
- मनुष्य में वयस्क की कशेरुकदण्ड (Vertebral column) में 26 तथा शिशु की कशेरुकदण्ड में 33 कशेरुकाएँ (Vertebrae) होती हैं।
- यह 33 छोटी, छल्लेनुमा अस्थियों से बना होता है। इन्हें कशेरुक (Vertebra) कहते हैं। कशेरुक के मध्य उपास्थि की डिस्क होती है।
- कशेरुक दंड को पाँच भागों में विभाजित किया जाता है
  - **ग्रीवा भाग** (Cervical Region) इसमें सात ग्रीवा कशेरुक (Cervical vertebra) होते हैं। प्रथम ग्रीवा कशेरुक को एटलस, दूसरे को एक्सिस तथा शेष को सामान्य **ग्रीवा कशेरुक** कहते हैं।
  - **वक्ष भाग** (Thoracic Region) इसमें बारह वक्षीय कशेरुक (Thoracic vertebra) होते हैं। इनसे पसलियाँ जुड़ी होती हैं।
  - **कटि भाग** (Lumber Region) इसमें पाँच कटि कशेरुक होते हैं।
  - **त्रिक भाग** (Sacral Region) इसमें पाँच त्रिक कशेरुक (Sacram vertebra) होते हैं, जो परस्पर स्थायी रूप से एक साथ जुड़े रहते हैं। ये श्रोणि मेखला के दोनों अर्द्ध-भाग के मध्य स्थित होता है तथा श्रोणि मेखला से संधि भी बनाता है।
  - **अनुत्रिक भाग** (Coccyx Region) इसमें चार अनुत्रिक कशेरुक होते हैं। ये भी परस्पर समेकित होकर एक त्रिकोणी रचना बनाते हैं, जिसे अनुत्रिक कहते हैं।

उरोस्थि एवं पसलियाँ

- उरोस्थि (Sternum) (संख्या में एक) अस्थियाँ वक्ष (Thorax) भाग के अधर तल पर पाई जाती हैं तथा वक्ष के ऊपरी भाग को सहारा देती हैं।
- पसलियों (Ribs) की 12 जोड़ियाँ होती हैं।
- प्रथम सात जोड़ी पसलियाँ **वास्तविक पसलियाँ** (True ribs) कहलाती हैं। ये एक ओर उरोस्थि (Sternum) से तथा दूसरी ओर कशेरुकाओं से जुड़ी रहती हैं।
- इसके बाद की तीन पसलियाँ (8वीं, 9वीं व 10वीं जोड़ी) परस्पर 7वीं पसली से जुड़ी रहती हैं, इन्हें कूट पसलियाँ (False ribs) कहते हैं।
- अंतिम दो पसलियाँ (11वीं व 12वीं) वक्षीय कशेरुकाओं से तो जुड़ी रहती हैं, परंतु इनका संबंध उरोस्थि से नहीं होता है। अत: इनको **प्लावी पसलियाँ** (Floating ribs) कहते हैं।

2. अनुबंधी कंकाल

इसमें कुल 126 अस्थियाँ होती हैं। अनुबंधी कंकाल (Appendicular skeleton) का वर्णन निम्न है

ऊपरी भाग

ऊपरी भाग (Upper extremity) में कुल अस्थियाँ 64 होती हैं।

भाग	अस्थियाँ	संख्या
अंस मेखला	स्कैपुला (2) क्लेविकल (2)	4
बाहु	ह्यूमरस	2
प्रबाहु	रेडियो (2) अल्ना (2)	4
कलाई	कार्पल	16
हथेली	मेटाकार्पल	10
अँगुली	अँगुलास्थियाँ	28

निचला भाग

निचला भाग (Lower extremity) में कुल अस्थियाँ 62 होती हैं।

भाग	अस्थियाँ	संख्या
श्रोणि मेखला	इन्नोमिनेट	2
जौघ	फीमर	2
पिण्डली	टिबिया (2), फिबुला (2)	4
घुटना	पटेला	2
गुल्फ	टार्सल	14
तलुबा	मेटाटार्सल	10
अँगुली	अँगुलास्थि	28

संधियाँ

दो या अधिक अस्थियों के मध्य जोड़ के स्थान को संधि (Joints) कहते हैं एवं संधियों के अध्ययन को **संधि विज्ञान** या **ऑर्थोलॉजी** (Orthology) कहते हैं। संधियाँ दो प्रकार की होती हैं

1. अचल संधियाँ

अचल संधियों (Immovable joints) में साइनोवियल सम्पुट (Synovial capsule) नहीं होता है।

अतः इनमें गति नहीं होती है; उदाहरण-करोटि की विभिन्न हड्डियों के मध्य टेढ़ी-मेढ़ी सीवनों (Sutures) जैसी संधियाँ।

2. पूर्ण रूपेण चल संधियाँ

- इस संधि पर दो अस्थियों के सिरे सरलता से हिल सकते हैं।
- दो अस्थियों की जुड़ने वाली सतहों पर काचाभ उपास्थि (Hyaline Cartilage) होती है, जिस पर साइनोवियल कला ढकी रहती है। पूरी संधि साइनोवियल सम्पुट से ढकी रहती हैं, जिससे अस्थियों के मध्य घर्षण नहीं होता है।
- संधियों में हड्डियों के परस्पर जुड़ने वाले स्थानों की आकृतियों के अनुसार पूर्णरूपेण चल संधियाँ पाँच प्रकार की होती हैं।

(i) **कंदुक-खल्लिका संधियाँ** (Ball and Socket Joints) ऐसी संधि में एक हड्डी का गेंद या कंदुक (Ball) जैसा गोल उभरा सिरा दूसरी के एक प्यालेनुमा गड्ढे या खल्लिका (Cavity or socket) में फिट होता है। उभरे सिरे वाली हड्डी चारों ओर घूम सकती है। श्रोणि मेखला (Pelvic girdle) तथा फीमर के मध्य की संधियाँ ऐसी ही होती हैं।

(ii) **कब्जा संधियाँ** (Hinge Joints) ऐसी संधि में एक हड्डी के सिरे का उभार दूसरी के गड्ढे में ऐसे फिट होता है कि उभरे सिरे वाली हड्डी दरवाजे की भाँति केवल एक ही दिशा में पूरी मुड़ सकती है। घुटने तथा अँगुलियों के अग्र भाग पर ऐसी संधियाँ होती हैं।

(iii) **खूँटीदार संधियाँ** (Pivotal Joints) ऐसी संधि में एक हड्डी धुरी की भाँति स्थिर रहती है तथा दूसरी अपने गड्ढे द्वारा इसके ऊपर फिट होकर, इधर-उधर गोलाई में घूमती है। एटलस कशेरुका (Atlas vertebra) तथा अक्ष (Axis) के मध्य की संधि ऐसी ही होती है।

(iv) **विसर्पी संधियाँ** (Gliding Joints) ऐसी संधि में संधि-स्थान पर हड्डियाँ एक-दूसरे पर आगे-पीछे या इधर-उधर फिसल सकती हैं। कशेरुकाओं के संधि प्रवर्धों (Zygapophyses) के मध्य, जंघा की टीबियो-फीबुला एवं गुल्फ (टखने) की हड्डियों के मध्य तथा प्रबाहु की रेडियो-अल्ना और कलाई की हड्डियों के मध्य ऐसी ही संधियाँ होती हैं।

(v) **सैडल संधियाँ** (Saddle Joints) यह कंदुक-खल्लिका संधि जैसी होती है, लेकिन इसमें बाल और सॉकिट कम विकसित होते हैं। अत: बाल वाली हड्डी चारों ओर अच्छी तरह नहीं घूमती। अंगूठे की मेटाकार्पल और कार्पल के मध्य ऐसी ही संधि होती है। इसी कारण अंगूठा अन्य अँगुलियों की अपेक्षा अधिक इधर-उधर घुमाया जा सकता है।

तंत्रिका तंत्र

- शरीर की प्रत्येक प्रतिक्रिया में भाग लेने वाले विविध ऊतकों तथा अंगों की क्रियाओं के समन्वयन (Coordination) हेतु केवल जंतुओं में एक विशेष तंत्र पाया जाता है, जिसे तंत्रिका तंत्र (Nervous system) कहते हैं।
- यह वातावरणीय परिवर्तनों को संवेदी सूचनाओं के रूप में ग्रहण करके उसे तंत्रिकीय प्रेरणाओं अथवा आवेगों (Impulses) के रूप में प्रसारित कर प्रतिक्रियाओं (Quick reactions) का संचालन करता है।
- यह भ्रूण के बाह्य जनन स्तर (Ectoderm) से बनता है।
- तंत्रिका तंत्र के मुख्य घटक अथवा मुख्य कोशिका को तंत्रिका कोशिका या **न्यूरॉन** (Nerve cells or Neuron) कहते हैं।
- न्यूरॉन तंत्रिका तंत्र की संरचनात्मक (Structural) एवं क्रियात्मक (Functional) इकाई होती है।

तंत्रिका कोशिकाओं के प्रकार

तंत्रिका कोशिकाएँ कार्य के आधार पर निम्न प्रकार की होती हैं

(i) **संवेदी या अभिवाही तंत्रिका कोशिकाएँ** (Sensory Neurons) ये संवेदनाओं को अंगों से ग्रहण करके केंद्रीय तंत्रिका तंत्र (Central Nervous System, CNS) को पहुँचाती हैं।

(ii) **चालक या अपवाही तंत्रिका कोशिकाएँ** (Motor Neurons) ये संदेशों को केंद्रीय तंत्रिका तंत्र से कार्यकारी अंगों तक पहुँचाती हैं।

(iii) **मिश्रित या संयोजक तंत्रिका कोशिकाएँ** (Mixed Neurons) ये संवेदी तथा प्रेरक दोनों प्रकार की होती हैं तथा दोनों में संबंध स्थापित करती हैं।

तंत्रिका आवेग का संचार

- तंत्रिका तंतुओं (Nerve fibres) का मुख्य कार्य संवेदी अंगों से उद्दीपन (Stimulus) ग्रहण करके उन्हें मस्तिष्क तक पहुँचाना तथा मस्तिष्क से प्राप्त प्रेरणाओं को अपवाही अंगों तक ले जाना है। यह संपूर्ण कार्य आवेगों के रूप में होता है।
- तंत्रिका तंतुओं में आवेगों का संवहन एक विद्युत-रासायनिक (Electrochemical) घटना है, जिसके अंतर्गत आवेग स्वसंचारी (Self-propagative) विद्युत-रासायनिक लहरों (Electrochemical waves) के रूप में तंत्रिका तंतुओं में से प्रसारित होते हैं।

तंत्रिका आवेग की चालन क्रिया को निम्न भागों में बाँटा जा सकता है

(i) तंत्रिका तंतु में तंत्रिका आवेग की उत्पत्ति, जोकि तंत्रिका तंतु में उपस्थित विभिन्न आयनों के आदान-प्रदान के फलस्वरूप होता है।

(ii) तंत्रिका तंतु में आवेग संचरण या आवेगों का अंतरा-तंत्रिकीय संचरण, जोकि आयनों के उपरोक्त आदान-प्रदान के सभी संभव दिशाओं में संचरण के फलस्वरूप होता है।

- विश्रामावस्था के दौरान प्रत्येक तंत्रिका तंतु **ध्रुवित अवस्था** (Polarised state) में रहता है। किसी आवेग के उत्पन्न होने के कारण इसका **विध्रुवण** (Depolarisation) हो जाता है, जोकि एक लहर के रूप में पूरे तंतु में फैलता जाता है। जितनी तीव्रता से यह विध्रुवण तंत्रिका तंतु में फैलता है, उतनी ही तीव्रता से इसके पीछे-पीछे प्रत्येक स्थान पर इसका **पुनः ध्रुवण** (Repolarisation) होता रहता है।
- इस आवेग को एक तंत्रिका तंतु से दूसरी तंत्रिका तंतु तक पहुँचने के लिए विशेष प्रक्रिया द्वारा **युग्मानुबंधन** (Synapse) से गुजरना पड़ता है।
- किसी चालक तंत्रिका कोशिका के एक्सॉन की अंतिम शाखाओं पर जब तंत्रिका आवेग पहुँचता है, तो एक्सॉन की अंतिम सिरों के द्वारा विशेष प्रकार के संवेदी रसायन स्रावित किए जाते हैं, जिन्हें **न्यूरोट्रांसमीटर्स** या **न्यूरोहॉर्मोन्स** (Neurohormones) कहते हैं।
- न्यूरोहॉर्मोन द्वारा एक न्यूरॉन से दूसरे न्यूरॉन तक तंत्रिका आवेग का पहुँचना ही **रासायनिक युग्मानुबंधन** (Chemical Synapse) कहलाता है। वह युग्मानुबंधन जो चालक तंत्रिका और पेशी तंतु के मध्य पाया जाता है, **तंत्रिका पेशीय संधि** कहलाता है। इससे पेशी में गति उत्पन्न होती है।

तंत्रिका तंत्र का विभाजन

मनुष्य में तंत्रिका तंत्र को निम्नलिखित तीन भागों में विभक्त किया जाता है

1. केंद्रीय तंत्रिका तंत्र

इस तंत्रिका तंत्र का प्रमुख भाग **मस्तिष्क** (Brain) एवं **मेरुरज्जु** (Spinal cord) है।

मानव मस्तिष्क

- यह खोपड़ी के **मस्तिष्क कोष** (Cranium) में सुरक्षित रहता है।
- मानव मस्तिष्क का भार लगभग 1300-1400 ग्राम होता है, जबकि नवजात शिशु में इसका भार 370-400 ग्राम तक होता है।
- मनुष्य में इसका आयतन 1200-1500 cc होता है। यह चारों ओर से तिहरी झिल्ली से घिरा होता है।

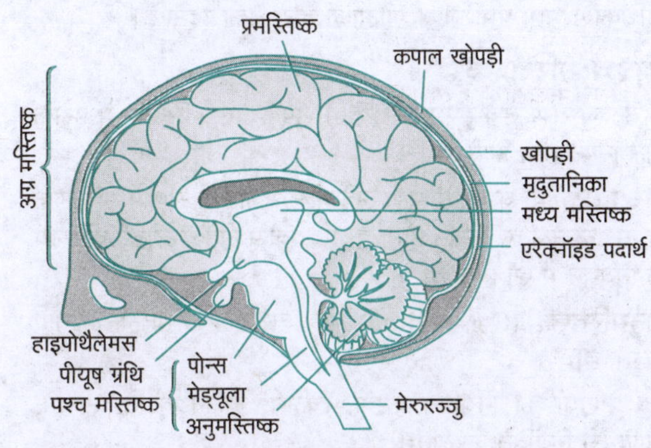

मानव मस्तिष्क का पार्श्व दृश्य

- बाहरी झिल्ली को **दृढ़तानिका** (Duramater), मध्य झिल्ली को **जालतानिका** (Arachnoid) तथा भीतरी झिल्ली को **मृदुतानिका** (Pia mater) कहते हैं।
- मृदुतानिका में रुधिर केशिकाओं का एक सघन जाल होता है, इन्हीं के द्वारा मस्तिष्क को भोजन तथा O_2 मिलती है।
- मृदुतानिका एवं जालतानिका के मध्य तथा मस्तिष्क की गुहा (Ventricle) में एक रंगहीन, स्वच्छ तरल पदार्थ अर्थात् प्रमस्तिष्क मेरुद्रव्य (Cerebrospinal fluid) भरा रहता है, जो मस्तिष्क की बाह्य आघातों से सुरक्षा करता है।
- मस्तिष्क का बाह्य भाग **धूसर पदार्थ** (Grey matter) से बना होता है तथा भीतरी भाग **श्वेत पदार्थ** (White matter) से बना होता है।
- मस्तिष्क के तीन प्रमुख भाग होते हैं

(a) **अग्रमस्तिष्क**

अग्रमस्तिष्क (Forebrain) के अंतर्गत निम्न भाग आते हैं

- **घ्राण मस्तिष्क** (Olfactory Brain) प्रमस्तिष्क के दोनों ललाट पिंडों के निचले भाग पर एक-एक, अंडाकार व छोटा घ्राण पिंड (Olfactory lobe) स्थित होता है। यह गंध (Smell) के ज्ञान का केंद्र होता है।
- **प्रमस्तिष्क** (Cerebrum) यह अग्रमस्तिष्क का सबसे बड़ा (80%) व विकसित भाग है। प्रमस्तिष्क पर पाई जाने वाली दरारें इसकी सतह धरातल में वृद्धि करती हैं। यह स्मृति, सोचने-विचारने, चेतना, तर्क शक्ति, सीखने, आदि का केंद्र होता है।
- **डाइएनसिफैलॉन** (Diencephalon) अग्रमस्तिष्क के पिछले भाग को 'डाइएनसिफैलॉन' कहते हैं। यह प्रमस्तिष्क के ठीक नीचे स्थित होता है। इसके निम्नलिखित तीन भाग होते हैं
  - **एपिथैलेमस** (Epithalamus) यह भाग पीनियल ग्रंथि से संबद्ध होता है।
  - **थैलेमस** (Thalamus) यह दर्द, ठंड व गर्मी के अनुभव का कार्य करता है।
  - **हाइपोथैलेमस** (Hypothalamus) यह भूख, प्यास, स्नेह, घृणा, उत्साह, पीड़ा, नींद व ताप नियंत्रण का केंद्र है। साथ ही यह वसा तथा कार्बोहाइड्रेट के उपापचय का भी नियंत्रण करता है।

(b) मध्यमस्तिष्क

- मस्तिष्क का यह भाग मस्तिष्क को मेरुरज्जु से जोड़ता है। इसका अधिकांश भाग प्रमस्तिष्क गोलार्द्धों द्वारा ढका रहता है।

(c) पश्च मस्तिष्क

यह मेरुरज्जु तथा बचे हुए मस्तिष्क में संपर्क बनाए रखता है। इसके अंतर्गत निम्न भाग आते हैं

- **पोन्स** (Pons) यह 2.5 सेमी लंबे गोल उभार के रूप में मस्तिष्क के निचले तल पर स्थित होता है। यह श्वास लेने व छोड़ने की लय के नियमन में सहायक है।
- **अनुमस्तिष्क** (Cerebellum) यह शरीर का संतुलन बनाए रखता है।
- यह पेशियों को नियंत्रित करके प्रचलन, खेलने-कूदने, नाचने, आदि को नियंत्रित करता है।
- **मस्तिष्क पुच्छ या मेड्यूला ऑब्लोंगेटा** (Medulla Oblongata) यह मस्तिष्क का पश्च बेलनाकार भाग है, जो कपाल के महारंध्र (Foramen magnum) से निकलकर मेरुरज्जु में स्थानांतरित हो जाता है। यह शरीर की अनैच्छिक (Involuntary) क्रियाओं; जैसे-श्वास की लय, हृदय स्पंदन, परिसंचरण, छींकना, खाँसना, हिचकी, वमन, जीभ की गतियों, आदि का नियंत्रण एवं नियमन करता है।

मेरुरज्जु या सुषुम्ना

- मस्तिष्क पुच्छ कपालीय गुहा (Cranial cavity) के बाहर एक लंबी, खोखली व बेलनाकार रचना के रूप में मानव की देहगुहा में रूपांतरित होता है, इस रचना को मेरुरज्जु (Spinal cord) कहते हैं।
- इसकी केंद्रीय अक्ष में प्रमस्तिष्क मेरुद्रव्य (Cerebrospinal fluid) से भरी संकरी गुहा, न्यूरोसील (Neurocoel) होती है।
- मेरुरज्जु भी मस्तिष्क के समान ही तीन झिल्लियों से ढकी रहती है।
- इन झिल्लियों के मध्य में एक तरल पदार्थ (धूसर द्रव्य) भरा रहता है, जो 'H' की आकृति का होता है। मेरुरज्जु में धूसर एवं श्वेत द्रव्य की स्थिति मस्तिष्क के विपरीत होती है।
- मेरुरज्जु **प्रतिवर्ती क्रियाओं** (Reflex actions) का केंद्र है तथा यह मस्तिष्क व मेरु तंत्रिकाओं के बीच सेतु का कार्य करता है।

2. परिधीय तंत्रिका तंत्र

- केंद्रीय तंत्रिका तंत्र को शरीर के विभिन्न संवेदी भागों से जोड़ने वाली धागेनुमा तंत्रिकाएँ, परिधीय तंत्रिका तंत्र (Peripheral Nervous System, PNS) बनाती हैं।
- ये तंत्रिकाएँ दो प्रकार अर्थात् मस्तिष्क से संबंधित कपालीय तंत्रिकाएँ (Cranial nerves) तथा मेरुरज्जु से संबंधित मेरु अथवा सुषुम्नीय तंत्रिकाएँ (Spinal nerves) होती हैं।
- मानव में कपालीय तंत्रिकाएँ 12 जोड़ी तथा सुषुम्नीय तंत्रिकाएँ 31 जोड़ी होती हैं। इनमें से कुछ तंत्रिकाएँ संवेदी, कुछ चालक तथा कुछ मिश्रित स्वभाव की होती हैं।

3. स्वायत्त तंत्रिका तंत्र

- यह वास्तव में परिधीय तंत्रिका तंत्र का ही भाग होता है, जो आंतरांगों (Viceral organs) की क्रियाओं का नियंत्रण व नियमन करता है, परंतु परिधीय तंत्रिकाओं के विपरीत यह भाग तुलनात्मक रूप में स्वतंत्र होता है। इसमें अंतरांगों का दोहरा परस्पर विरोधात्मक (Antagonistic) नियंत्रण होता है। स्वायत्त तंत्रिका तंत्र (Autonomons Nervous System, ANS) के मुख्य दो घटक होते हैं, जो निम्नलिखित हैं
  - (i) **अनुकंपी तंत्रिका तंत्र** (Sympathetic Nervous System) अनुकंपी तंत्रिका तंत्र का संबंध उन अंतरांगी प्रतिक्रियाओं से होता है, जो ऊर्जा के व्यय के साथ प्रतिकूल (Adverse) वातावरणीय दशाओं में शरीर की सुरक्षा करती हैं; जैसे-हृदय स्पंदन दर का बढ़ना, रुधिर नलिकाओं का सिकुड़ना, रुधिर दांब का बढ़ना, लार का स्रावण कम होना, आदि।
  - (ii) **परानुकंपी तंत्रिका तंत्र** (Parasympathetic Nervous System) यह उन प्रक्रियाओं से संबंधित होता है, जिनमें ऊर्जा का संरक्षण होता है; जैसे-हृदय स्पंदन का धीमा होना, रुधिर नलिकाओं का शिथिलन, लार स्रावण में बढ़ोतरी, आहारनाल में क्रमाकुंचन (Peristalsis) का बढ़ना, आदि। साथ ही यह इंसुलिन का स्रावण तथा बाह्य जननांगों को उत्तेजित भी करता है।

प्रतिवर्ती क्रिया

- किसी उद्दीपन (Stimulus) के फलस्वरूप शीघ्रतापूर्वक होने वाली स्वचालित और अनैच्छिक क्रिया को **प्रतिवर्ती क्रिया** (Reflex action) कहते हैं; जैसे-स्वादिष्ट भोजन देखते ही मुँह में लार का आना, काँटा चुभते ही पैर का झटके के साथ ऊपर उठ जाना, तेज प्रकाश में आँख की पुतली का सिकुड़ जाना, छींकना, खाँसना, आदि प्रतिवर्ती क्रियाएँ हैं।
- ये क्रियाएँ **मेरुरज्जु** (Spinal Cord) से नियंत्रित होती हैं। प्रतिवर्ती क्रिया तीव्रगति से होने वाली स्वचालित अनुक्रिया है, जिसके संचालन में मस्तिष्क भाग नहीं लेता है।
- संवेदी अंगों से संवेदनाओं का संवेदी तंतुओं द्वारा मेरुरज्जु तक आने और मेरुरज्जु से प्रेरणा के रूप में अनुक्रिया करने वाले अंग की माँसपेशियों तक पहुँचने के मार्ग को **प्रतिवर्ती चाप** (Reflex arc) कहते हैं तथा होने वाली क्रिया प्रतिवर्ती क्रिया कहलाती है।

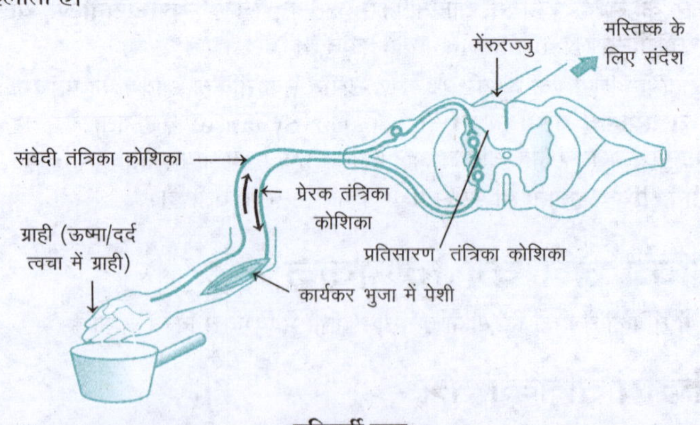

प्रतिवर्ती चाप

अंतःस्रावी तंत्र

- तंत्रिका तंत्र के अतिरिक्त एक और तंत्र जंतुओं में विशिष्ट रासायनिक पदार्थों द्वारा शरीर की विभिन्न जैविक क्रियाओं और तंत्रों का नियमन व समन्वयन करता है। यह तंत्र अंत:स्रावी तंत्र (Endocrine system) होता है तथा इस तंत्र की कार्य प्रणाली में विभिन्न विशिष्ट रासायनिक पदार्थों को रासायनिक संदेशवाहक के रूप में प्रयोग किया जाता है।

- यह तंत्र अंतः स्रावी ग्रंथियों (Endocrine glands) से मिलकर बना होता है, जो **नलिका ग्रन्थियाँ** (Tubular Glands) भी कहलाती हैं। ये अपना स्राव रुधिर में मुक्त करती हैं और यह स्त्राव निर्धारित अंग में पहुँचकर रासायनिक क्रियाओं का समन्वयन करता है। अंतःस्रावी ग्रंथियों द्वारा स्रावित पदार्थों को **हॉर्मोन** कहते हैं।

हॉर्मोन्स

- ऐसा सक्रिय संदेशवाहक पदार्थ, जो किसी बाह्य या अंतःउद्दीपन (Stimulus) के कारण, शरीर के किसी भाग की अंतःस्रावी ग्रंथियों द्वारा स्रावित होकर रुधिर के द्वारा पूर्ण शरीर में संचरित होता है तथा जिसकी सूक्ष्म मात्रा ही शरीर की कोशिकाओं की कार्यिकी को प्रभावित करने के लिए काफी होती है, हॉर्मोन (Hormone) कहलाता है।
- जंतु हॉर्मोन प्रायः प्रोटीन, अमीनो अम्ल, स्टीरॉइड्स या इनके व्युत्पन्न होते हैं। प्रथम हॉर्मोन सिक्रिटिन (Secretin) की खोज **बैलिस** (Bayliss) तथा **स्टर्लिंग** (Starling) ने वर्ष 1903 में की थी।

मानव की अंतःस्रावी ग्रंथियाँ

मानव शरीर में पाई जाने वाली मुख्य अंतःस्रावी ग्रंथियाँ का विवरण निम्न प्रकार है

(i) **हाइपोथैलेमस** (Hypothalamus) यह अग्रमस्तिष्क के फर्श पर स्थित होता है। इससे विभिन्न मोचक एवं निरोधी हॉर्मोन स्त्रावित होते हैं, जो अन्य अंतःस्रावी ग्रंथियों से स्रावण को प्रेरित करते हैं।

(ii) **पीयूष ग्रंथि** (Pituitary Gland) यह ग्रंथि मस्तिष्क में स्फीनॉइड अस्थि में उपस्थित गड्ढे सैला टर्सिका में स्थित होती है। यह डाएनसिफैलॉन के फर्श हाइपोथैलेमस से एक वृंत द्वारा जुड़ी रहती है। इस वृंत को **इंफंडिबुलम** कहते हैं। संरचनात्मक दृष्टि से मटर के दाने के आकार की यह ग्रंथि तीन पिंडों से निर्मित होती है

(a) अग्र पिंड (Pars Distalis or Adenohypophysis)

(b) मध्य पिंड (Pars Intermedia or Intermediate Lobe)

(c) पश्च पिंड (Pars Nervosa or Neurohypophysis)

यह ग्रंथि अपने स्रावों द्वारा अन्य ग्रंथियों के कार्यों को नियंत्रित करती है। अतः इसे **मास्टर ग्रंथि** भी कहते हैं।

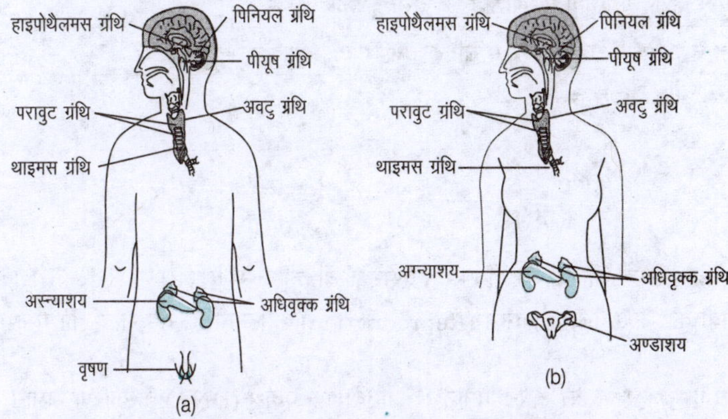

मानव की अन्तःस्रावी ग्रन्थियाँ (a) **नर** (b) **मादा**

(iii) **थाइरॉइड ग्रंथि** (Thyroid Gland) यह ग्रंथि स्वर यंत्र (Larynx) के पार्श्व-अधर तल पर स्थित द्विपालित (Bilobed) संरचना होती है। यह 'H' आकृति की होती है।

यह मुख्य रूप से **थाइरॉक्सिन** या **थाइरॉइड हॉर्मोन** (Thyroxine or Thyroid Hormone) स्रावित करती है, जोकि मुख्यतया आयोडीन का उत्पाद है।

नोट लावा से व्यस्क बनने की क्रिया को कायान्तरण कहते हैं। मेंढक में थाइरॉइड द्वारा स्रावित हॉर्मोन **थायरॉक्सिन** इसका नियमन करता है। थायरॉक्सिन के उत्पादन के लिए जल में आयोडीन की उपस्थिति आवश्यक है। यदि जल जिसमें टैडपोल लार्वा वृद्धि कर रहे हैं, में पर्याप्त मात्रा में आयोडीन नहीं हो, तो टैडपोल वयस्क मेंढक में परिवर्धित नहीं हो सकते हैं।

(iv) **पैराथाइरॉइड ग्रंथि** (Parathyroid Gland) यह ग्रंथि के पृष्ठ तल पर चार (दो जोड़ी) अंडाकार पैराथाइरॉइड ग्रंथियाँ स्थित होती हैं।

यह मटर के दाने के आकार की होती है और थाइरॉइड ग्रंथि पर स्थित होती है।

(v) **अधिवृक्क ग्रंथि** (Adrenal Gland) यह उदर में वृक्क के अग्र सिरे पर स्थित होती है एवं संख्या में एक जोड़ी होती है।

वृक्क की ही भाँति अधिवृक्क ग्रंथि के भी दो भाग **कार्टेक्स** तथा **मेड्यूला** होते हैं।

अधिवृक्क ग्रंथि में वल्कुट भाग ग्रंथि का लगभग 90% भाग है। इसके द्वारा स्रावित सभी हॉर्मोन्स स्टेरॉइड (Steroid) होते हैं।

(vi) **पिनियल काय** (Pineal Body) यह छोटी, चपटी, सफेद ग्रंथि है, जो अग्रमस्तिष्क में डाइएनसिफैलॉन के मध्य पृष्ठतल पर एक खोखले वृंत पर स्थित होती है।

यदि पिनियल काय को शरीर से निकाल दिया जाए, तो अंडाशयों की वृद्धि रुक जाती है।

(vii) **थाइमस ग्रंथि** (Thymus Gland) यह हृदय के आगे चपटी तथा द्विपिंडकीय (Bilobed) रूप में स्थित होती है। यह शिशुओं में विकसित तथा वयस्कों में छोटी होकर लुप्त हो जाती है।

(viii) **अग्न्याशय** (Pancreas) यह एक मिश्रित ग्रंथि है। इसका अंतःस्रावी भाग **लैंगरहैंस की द्वीपिकाएँ** (Islets of Langerhans) होती हैं। लैंगरहैंस की द्वीपिकाओं में उपस्थित कोशिकाएँ एवं उनके कार्य निम्नलिखित हैं

(a) **बीटा कोशिकाएँ** (β-cells) ये 70% भाग में स्थित होती होती हैं एवं इंसुलिन हॉर्मोन का स्रावण करती हैं।

(b) **एल्फा कोशिकाएँ** (α-cells) ये 20% भाग में स्थित रहती हैं एवं ग्लूकैगॉन हॉर्मोन का स्रावण करती हैं।

(ix) **जनद** (Gonads) नर में जनद के रूप में एक जोड़ी वृषण (Testis) तथा मादा में एक जोड़ी अंडाशय (Ovaries) पाए जाते हैं। ये द्वितीयक लैंगिक लक्षणों के विकास में सहायक होते हैं।

विभिन्न ग्रंथियों, उनसे स्रावित हॉर्मोन व उनके कार्य

ग्रंथि का नाम	हॉर्मोन का नाम	मुख्य कार्य
हाइपोथैलेमस	न्यूरोहॉर्मोन्स (i) मोचक हॉर्मोन (ii) संदमन हॉर्मोन	पीयूष ग्रंथि के अग्र पिण्ड से हॉर्मोन स्राव को प्रेरित करना। पीयूष ग्रंथि के अग्र पिण्ड से हॉर्मोन स्राव को रोकना
पिट्यूटरी या पीयूष एडिनोहाइपोफाइसिस	सोमैटोट्रॉपिक हॉर्मोन (STH) या वृद्धि हॉर्मोन	शरीर के आकार (वृद्धि) का नियंत्रण करता है।
	थाइरोट्रॉपिक हॉर्मोन (TSH)	थाइरॉइड ग्रंथि का नियन्त्रण।
	एड्रीनोकॉर्टिकोट्रॉपिक हॉर्मोन (ACTH)	एड्रीनल कॉर्टेक्स के स्रावण का नियंत्रण।
	गोनैडोट्रॉपिक हॉर्मोन	जनदों को उत्तेजित कर लैंगिक क्रियाशीलता को नियंत्रित करना।
	फॉलिकल प्रेरक हॉर्मोन (FSH)	शुक्राणु व अण्डाणु निर्माण की क्रिया पर प्रभाव।
	ल्यूटीनाइजिंग हॉर्मोन (LH)	कॉर्पस ल्यूटियम को वृद्धि के लिए प्रेरित करता है।
	लैक्टोजैनिक हॉर्मोन	गर्भित मादाओं के दुग्ध का निर्माण तथा उसके स्रावण को प्रेरित करता है।
न्यूरोहाइपोफाइसिस	वैसोप्रेसिन या एंटीडाइयूरेटिक हॉर्मोन (ADH)	रुधिर में जल की मात्रा का नियंत्रण।
	पिटोसिन या ऑक्सीटोसिन	प्रसव के दौरान गर्भाशय की अनैच्छिक माँसपेशियों के संकुचन का नियंत्रण, दुग्धस्रावण का प्रेरण
पीनियल ग्रंथि	मिलैटोनिन	दैनिक लय का नियमन
थाइरॉइड	थाइरॉक्सिन	शरीर में होने वाली समस्त उपापचयी क्रियाओं पर नियंत्रण एवं वृद्धि।
पैराथाइरॉइड	पैराथॉर्मोन	रुधिर में Ca, P की मात्रा का नियन्त्रण, ECF में Ca^{2+} की मात्रा घटाना।
थाइमस	थाइमोसिन	वृद्धि एवं लैंगिक परिपक्वता पर प्रभाव, लिम्फोसाइट्स का उत्पादन करके, उन्हें प्रतिरक्षी पदार्थों के संश्लेषण की प्रेरणा देना।
एड्रीनल कॉर्टेक्स	लिंग हॉर्मोन	बाह्य जनन अंगों में भिन्नता, द्वितीयक लैंगिक लक्षणों पर नियंत्रण।
	ग्लूकोकॉर्टिकॉइड्स, कॉर्टिसोल या कॉर्टिकोस्टीरॉइड	वसा, प्रोटीन तथा ग्लूकोस के उपापचय का नियंत्रण।
	मिनरैलोकॉर्टिकॉइड, एल्डोस्टीरॉन	शरीर में खनिज लवणों की मात्रा को नियंत्रित करता है।
मेड्यूला	एड्रीनेलिन (आपातकालीन हॉर्मोन)	रक्त चाप वृद्धि, रुधिर शर्करा वृद्धि, हृदय स्पन्दन, का नियंत्रण (अनुकम्पी तंत्र की भाँति)
	नॉरएड्रीनेलिन (Noradrenaline)	मादा में जनन अंगों का परिवर्धन, गौण लैंगिक लक्षणों का नियंत्रण
अण्डाशय	एस्ट्रोजन	गौण लैंगिक लक्षणों का विकास।
	प्रोजेस्टेरॉन	शरीर को गर्भावस्था के लिए तैयार करना।
	रिलैक्सिन	प्रसव के दौरान गर्भाशयी माँसपेशियों को ढ़ीला करना।
वृषण	टेस्टोस्टेरॉन	प्रोटीन उपापचय में सहायक नर में लैंगिक लक्षण यौन स्वभाव का नियंत्रण।
अग्न्याशय (लैंगरहैन्स की द्वीपिकाएँ)	इंसुलिन व ग्लूकागॉन	ग्लूकोस उपापचय का नियंत्रण

जीवों में जनन

- अपनी जाति तथा वंश की निरंतरता को बनाए रखने हेतु यह अतिआवश्यक है, कि प्रत्येक जीव अपने ही समान दूसरे जीवों को जन्म दे।
- जीवों में होने वाली वह प्रक्रिया, जिसके अंतर्गत जीव अपने ही समान दूसरे जीवों को जन्म देता है, **जनन** (Reproduction) कहलाती है। यह जीवों की मूलभूत विशेषता है।
- जनन द्वारा जीव नई संतति का सृजन करते हैं, जो लगभग उनके समान दिखते हैं। ये नर संतति अपने जनक से आनुवंशिक पदार्थ (DNA) के कारण समान होते हैं।
- DNA जीवों की शारीरिक संरचना का ब्लू प्रिंट या आधार तैयार करता है।
- DNA कोशिका के केंद्रक में स्थित संहानित संरचना गुणसूत्र के रूप में उपस्थित होती है, जिनका कार्य जनक से संतति में लक्षणों को ले जाना होता है।

जनन के प्रकार

जनन प्रक्रिया मुख्यतया दो प्रकार की होती है

अलैंगिक जनन

- इसमें संतान का एक ही जनक होता है। इसमें नए जीव का जन्म केवल कायिक कोशिकाओं द्वारा होता है, अत: इसे **कायिक प्रजनन** (Vegetative reproduction) भी कहते हैं।
- इस प्रकार के जनन में कोशिकाएँ समसूत्री विभाजन (Mitotic division) करती हैं।
- इस प्रकार के जनन में युग्मकों (Gametes) का निर्माण व निषेचन नहीं होता।
- इस प्रकार के जनन में उत्पन्न आनुवंशिकी व आकारिकी रूप से समरूप संतति को क्लोन या एक **पूर्वजक** (Clones) कहते हैं।
- अलैंगिक जनन विधि मुख्यतया एक कोशिकीय जीव, निम्न पादपों तथा जंतुओं में पाई जाती है; उदाहरण–प्रोटोजोआ, कवकों तथा कुछ निम्न जीव; जैसे–प्रोटिस्ट, स्पंज, सीलेंट्रेट व *प्लेनेरिया*, आदि।

अलैंगिक जनन के प्रकार

अलैंगिक जनन निम्न प्रकार से होता है

1. विखंडन

- विखंडन (Fission) विधि में एककोशिकीय जीव विभाजित होकर दो कोशिकाओं में विभक्त हो जाता है, यह क्रिया **द्विविखंडन** (Binary fission) कहलाती है।
- इसमें सर्वप्रथम केंद्रक विभाजित होता है तथा बाद में कोशिकाद्रव्य विभाजित होता है।
- कभी-कभी केंद्रक अनेक बार विभाजित होकर अनेक खंडों में बँट जाता है, यह क्रिया **बहुविखंडन** (Multiple fission) कहलाती है। यह प्राय: प्रतिकूल परिस्थिति में होता है; उदाहरण–जीवाणु, *युग्लीना*, *अमीबा*।

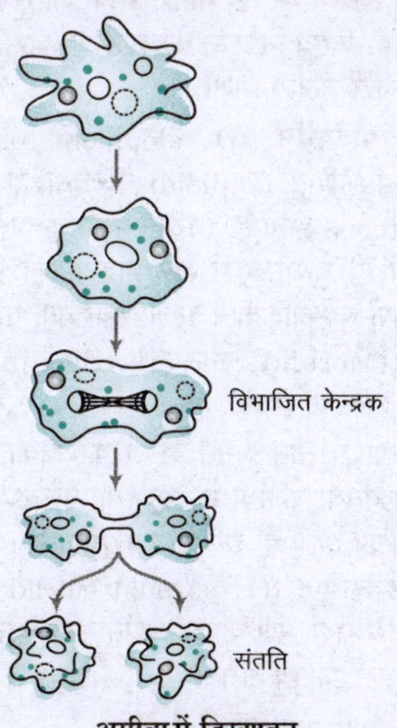

***अमीबा* में द्विखण्डन**

2. खंडन

- खंडन (Fragmentation) विधि में बहुकोशिकीय जीव पूर्ण वृद्धि करके दो या अधिक खंडों में टूट जाते हैं।
- इसके पश्चात् प्रत्येक खंड वृद्धि करके पूर्ण जीव बना लेता है; उदाहरण–*स्पाइरोगायरा, राइजोपस, यूलोथ्रिक्स।*

3. मुकुलन

- मुकुलन (Budding) प्रक्रिया में जनन कोशिका पर एक उभार बनता है, जो **मुकुल** (Bud) कहलाता है।
- यह मुकुल धीरे-धीरे बड़ा हो जाता है और मातृकोशिका से अलग होकर स्वतंत्र पादप बना लेता है; उदाहरण–यीस्ट, *हाइड्रा।*
- यीस्ट में ये मुकुल मातृ कोशिका से अलग हुए बिना ही नए मुकुल का निर्माण करते हैं, जिससे एक ही यीस्ट कोशिका पर मुकुलों या कलिकाओं की शृंखला बन जाती है।

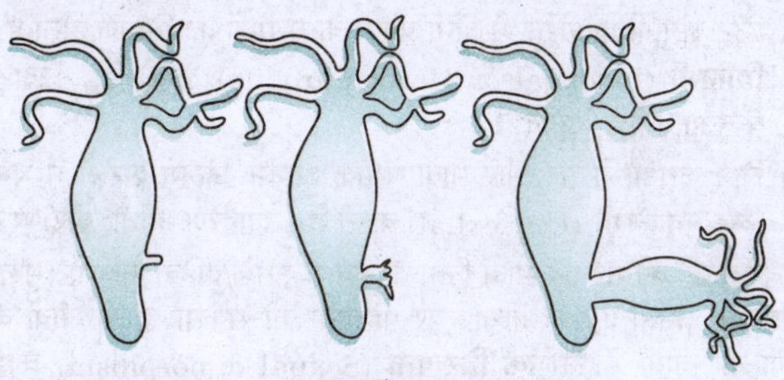
हाइड्रा में मुकुलन

4. पुनरुद्भवन

- किसी जंतु के किसी भी भाग को काटकर सामान्यतया नए जंतु की उत्पत्ति होना पुनरुद्भवन (Regeneration) (पुनर्जनन) कहलाता है।
  उदाहरण के लिए, *हाइड्रा* तथा *प्लेनेरिया*, आदि जीवों को यदि अनेक टुकड़ों में काट दिया जाए, तो प्रत्येक भाग वृद्धि एवं विभाजन द्वारा विकसित होकर पूर्ण जीव का निर्माण करता है।
- जटिल संरचना वाले जीव पुनरुद्भवन द्वारा नई संतति उत्पन्न नहीं कर सकते हैं, क्योंकि इन जीवों की कोशिकाएँ विभिन्न कार्यों हेतु विशिष्टकृत हो जाती हैं और उनमें विभाजन की क्षमता नहीं रहती है।

5. बीजाणुओं द्वारा

- एककोशिकीय पादपों में बहुविखंडन के पश्चात् **चलबीजाणुओं** (Zoospores) का निर्माण होता है; उदाहरण–*क्लैमाइडोमोनास*। तत्पश्चात् ये चलबीजाणु मुक्त होकर सामान्य पादप की भाँति जीवन व्यतीत करने लगते हैं।
- इसी प्रकार, प्रतिकूल परिस्थितियों में यीस्ट कोशिकाएँ आवरणयुक्त बीजाणु का निर्माण करती हैं, जो **अंत:बीजाणु** (Endospores) कहलाते हैं।
- अन्य कवकों में भी इसी प्रकार के बीजाणु बनते हैं। अधिकतर बीजाणुओं की संरचना एककोशिकीय होती है तथा इनमें बाहर की ओर वातावरण से सुरक्षा हेतु दृढ़ आवरण (Cystwall) उपस्थित होता है।
- यह आवरण अनुकूल परिस्थितियों में फट जाता है और बीजाणु मुक्त होकर नए जीव का निर्माण करते हैं। इनका प्रकीर्णन वायु या जल द्वारा होता है; उदाहरण–*म्यूकर, राइजोपस, पक्सीनिया*, फर्न।

लैंगिक जनन

- लैंगिक जनन (Sexual reproduction) में मुख्यतया पूरक लिंग जनक स्त्री व पुरुष दोनों सम्मिलित होते हैं।
- इन जनकों में अर्द्धसूत्री (Meiotic) विभाजन के फलस्वरूप अगुणित नर व मादा युग्मकों का निर्माण होता है।
- इसके पश्चात् मादा व नर युग्मकों का निषेचन होता है, जिसके फलस्वरूप द्विगुणित युग्मनज (Zygote) का निर्माण होता है।
- लैंगिक जनन से उत्पन्न संतति, अपने माता व पिता के पूर्णतया समरूप नहीं होती है, किंतु अधिकतर लक्षण समान होते हैं।
- लैंगिक जनन अधिकतर उच्च पादपों एवं जंतुओं में होता है।

जंतुओं में लैंगिक जनन

- युग्मकों के निर्माण के आधार पर जंतुओं को निम्न प्रकार से वर्गीकृत कर सकते हैं
  (i) जिन जंतुओं के शरीर में दोनों प्रकार के युग्मकों का निर्माण होता है, उन्हें **द्विलिंगी** (Bisexual or Hermaphrodite) कहते हैं; उदाहरण- केंचुआ, जोंक, आदि।
  (ii) जिन जंतुओं में नर और मादा युग्मक अलग-अलग शरीरों में बनते हैं, उन्हें **एकलिंगी** (Unisexual) कहते हैं; उदाहरण-हाथी, शेर, पपीता
- जब जंतुओं को नर एवं मादा लिंग के रूप में उनके दैहिक लक्षणों (मुख्यतया सहायक जननांगों) के आधार पर पहचाना जा सकता है, तो जीवों के इस गुण को जीवों में **लैंगिक द्विरूपता** (Sexual dimorphism) कहते हैं। उदाहरण-मानव।

मानव में जनन काल की अवधि

- स्त्रियों में जननावस्था का प्रारम्भ यौवनारम्भ (10 से 12 वर्ष की आयु) से हो जाता है तथा सामान्यत: 45 से 50 वर्ष की आयु तक चलता रहता है। यौवनारम्भ पर अंडाणु परिपक्व होने लगते हैं।
- अंडाशयों में एक अंडाणु परिपक्व होता है तथा लगभग 28 से 30 दिनों के अंतराल पर किसी एक अंडाशय द्वारा निर्मोचित होता है।
- इस अवधि में गर्भाशय की दीवार मोटी हो जाती है, जिससे वह अंडाणु के निषेचन के पश्चात् युग्मनज को ग्रहण कर सके, जिसके फलस्वरूप गर्भधारण होता है।
- यदि अंडाणु का निषेचन नहीं हो पाता तब उस स्थिति में अंडाणु तथा गर्भाशय का मोटा स्तर उसकी रुधिर वाहिकाओं सहित निस्तारित हो जाता है।
- इससे स्त्रियों में रूधिर होता है, जिसे **ऋतु स्राव** अथवा **रजोधर्म** कहते हैं।
- ऋतुस्राव लगभग 28 से 30 दिन में एक बार होता है। पहला ऋतुस्राव यौवनारम्भ में होता है, जिसे **रजोदर्शन** कहते हैं।
- लगभग 45 से 50 वर्ष की आयु में ऋतुस्राव होना रुक जाता है। ऋतुस्राव के रुक जाने को **रजोनिवृत्ति** कहते हैं।
- प्रारंभ में ऋतुस्राव चक्र अनियमित हो सकता है तथा उसके नियमित होने में कुछ समय लग सकता है।
- ऋतुस्राव चक्र का नियंत्रण हॉर्मोन द्वारा होता है। इस चक्र में अंडाणु का परिपक्व होना, इसका निर्मोचन, गर्भाशय की दीवार का मोटा होना एवं निषेचन न होने की स्थिति में उसका टूटना शामिल है।

मानव में लैंगिक जनन

मानव में जनन मुख्यतया तीन चरणों में सम्पन्न होता है

(i) **युग्मकजनन** (Gametogenesis) युग्मकों के निर्माण की प्रक्रिया युग्मकजनन कहलाती है। नर युग्मक से शुक्राणु के बनने की क्रिया **शुक्राणुजनन** (Spermatogenesis) तथा मादा युग्मक से अंड बनने की क्रिया **अंडजनन** (Oogenesis) कहलाती है।

शुक्राणुओं का निर्माण वृषण (Testis) में होता है। वृषण नर के शरीर में उदरगुहा के बाहर त्वचा निर्मित एक थैली (Scrotum or scrotal sac) में शिश्न (Penis) के दोनों ओर स्थित होते हैं।

स्तनियों में शुक्राणुओं का निर्माण देहगुहा (Body) के तापक्रम पर नहीं हो सकता है। इन्हें देहगुहा के ताप से 2-3°C कम ताप की आवश्यकता होती है।

(ii) **निषेचन** (Fertilisation) युग्मकों के परस्पर मिलने की क्रिया निषेचन कहलाती है।

इन जंतुओं में विविध प्रकार के सहायक जननांग होते हैं, जोकि शुक्राणुओं को मादा के शरीर में पहुँचाने में मदद करते हैं। शुक्राणुओं के मादा शरीर में पहुँचाने की प्रक्रिया को मैथुन (Copulation) कहते हैं। मैथुन के पश्चात् शुक्राणु, मादा की योनि (Vagina) में चले जाते हैं, जो पूँछ की सहायता से गति करके गर्भाशय (Uterus) से होते हुए **अंडनलिका** (Fallopian tube) में पहुँचते हैं, जहाँ, निषेचन क्रिया सम्पन्न होती है।

निषेचन के एक सप्ताह पश्चात् निषेचित अंड या युग्मनज (Zygote) गर्भाशय में स्थापित हो जाता है। यह प्रक्रिया **गर्भाधान** (Implantation) कहलाती है। भ्रूण (Embryo) को माँ के रुधिर से ही पोषण मिलता है, इसके लिए एक विशेष प्रकार की संरचना होती है, जिसे **जरायु** या **ऑवल** (Placenta) कहते हैं।

- वह निषेचन जो मादा के शरीर के अंदर होता है आंतरिक निषेचन कहलाता है। जैसे— मनुष्य, गाय, कुत्ते, मुर्गी इत्यादि
- वह निषेचन जिसमें नर एवं मादा युग्मक का संलयन मादा के शरीर के बाहर होता है, बाह्य निषेचन कहलाता है। जैसे मेढक, मेढक, मछली, स्टारफिश जैसे जलीय प्राणी।

(iii) **युग्मनज का परिवर्धन** (Development of Zygote) युग्मनज एककोशिकीय द्विगुणित (Diploid) संरचना होती है। इसमें समसूत्री विभाजन (Mitosis) होता है, जिसके फलस्वरूप यह बहुकोशिकीय भ्रूण में बदल जाता है। युग्मनज में इस प्रक्रिया को **विदलन** (Cleavage) कहते हैं, सम्पूर्ण बहुकोशिकीय भ्रूणावस्था तक पहुँचने के लिए युग्मनज पहले मॉरुला (Morula), ब्लास्टुला (Blastula) तथा फिर गैस्ट्रुला (Gastrula) प्रावस्था में बदलता है।

गैस्ट्रुला अवस्था में तीन जनन स्तरों का विकास होता है। अधिकांश जंतुओं में (मुख्यतया पक्षियों में) भ्रूण का परिवर्धन शरीर के बाहर अंडे के कवच के अंदर होता है, इसे **अंडजरायुजता** (Oviparity) कहते हैं, ऐसे जीव **अंडजरायुज** (Oviparous) कहलाते हैं। मनुष्य तथा सभी स्तनियों में अधिकांश भ्रूण का परिवर्धन मादा शरीर के अंदर (गर्भाशय में) होता है। इसे **जरायुजता** (Viviparity) कहते हैं तथा ऐसे जीव **जरायुज** (Viviparous) कहलाते हैं।

मानव में युग्मनज का परिवर्धन

मानव में भ्रूण को विकसित होने में 9 माह का समय लगता है। इस पूरे समय के दौरान भ्रूण मादा (स्त्री) के गर्भाशय में रोपित रहता है और जरायु (Placenta) के द्वारा अपनी सारी आवश्यकताओं की पूर्ति करता है। यह एक तश्तरीनुमा संरचना होती है, जो गर्भाशय की भित्ति में धँसी रहती है।

इन विट्रो फर्टिलाइजेशन (IVF) बन्ध्य दंपतियों हेतु उपयुक्त इस प्रकार के निषेचन में शरीर के बाहर प्रयोगशाला में, अण्डाणु एवं शुक्राणु एकत्र करके उचित माध्यम में कुछ घण्टों के लिए कृत्रिम निषेचन किया जाता है तथा एक सप्ताह तक युग्मनज को परखनली में विकसित किया जाता है। उसके पश्चात् प्राक्-भ्रूण को माता के गर्भाशय में स्थापित कर दिया जाता है। माता के गर्भाशय में भ्रूण का पूर्ण विकास होता है तथा सामान्य शिशु का जन्म होता है, इसे परखनली शिशु (Test tube baby) कहा जाता है।

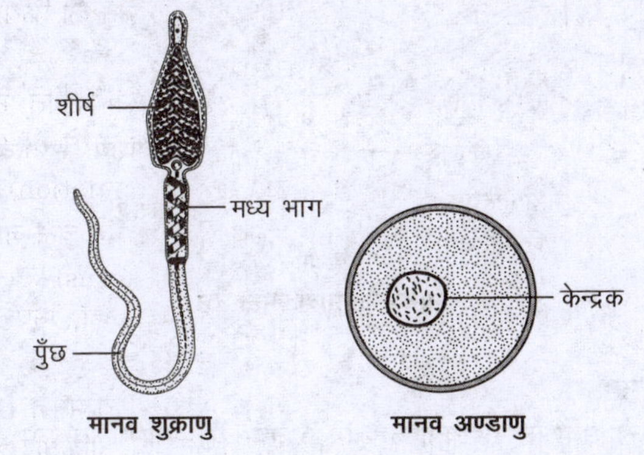

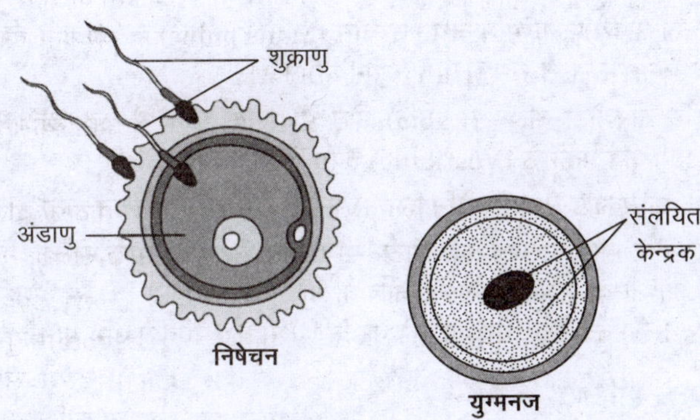

मानव जनन तंत्र

मानव में दो प्रकार का जनन तंत्र पाया जाता है

1. नर जनन तंत्र

मानव के नर जनन तंत्र (Male Reproductive System) में निम्नलिखित अंग पाए जाते हैं

वृषण

- पुरुषों में एक जोड़ी वृषण (Testes), उदरगुहा (Abdominal cavity) से बाहर शिश्न (Penis) के पास वृषण कोष (Scrotal sacs or Scrotum) में सुरक्षित पाए जाते हैं।
- वृषण कोष की थैलेनुमा संरचना होती है, जिसका तापमान शरीर से लगभग 2-3°C कम रहता है, जो शुक्राणु निर्माण में सहायक होता है, क्योंकि अधिक ताप के कारण शुक्राणुओं का परिपक्वन उदरगुहा में नहीं हो सकता है।
- प्रत्येक वृषण के अंदर अनेक महीन कुण्डलित शुक्रनलिकाएँ (Seminiferous tubules) उपस्थित होती हैं, जिसकी जननिक उपकला (Germinal epithelium) में शुक्राणुजनन (Spermatogenesis) क्रिया से शुक्राणुओं का निर्माण होता है।
- शुक्रनलिकाएँ आपस में मिलकर जाल सदृश रचनाएँ बनाती हैं, जिसे वृषण जालक (Rete testis) कहते हैं।
- इस जालक से अपवाही नलिकाएँ (Efferent ductules) निकलती हैं, जो **अधिवृषण** (Epididymis) का निर्माण करती हैं।
- वृषण से नर हॉर्मोन **टेस्टोस्टेरॉन** (Testosterone) का स्रावण भी होता है।

अधिवृषण

- यह प्रत्येक वृषण से चिपकी कुंडलित, नलिकाकार, लंबी एवं चपटी संरचना है, जिसका निर्माण वृषण की अपवाहक नलिकाओं द्वारा होता है।
- यह लगभग 6 मीटर लंबी संरचना है, जो स्वयं तीन भागों शीर्ष (Head), काय (Body) एवं पुच्छ (Tail) में विभक्त रहती है।
- इसमें शुक्राणु परिपक्व होते हैं तथा उनमें गति उत्पन्न होती है।
- प्रत्येक वृषण पर चिपके अधिवृषण की सभी नलिकाएँ मिलकर शुक्रवाहिनियाँ (Vas deferens) बनाती हैं।

शुक्रवाहिनियाँ

- ये एक जोड़ी लगभग 40-45 सेमी लंबी तथा मोटी संरचना होती है।
- शुक्राणु, इनके द्वारा उदरगुहा में स्थित शुक्राशय में पहुँचते हैं।

शुक्राशय

- शुक्राशय (Seminal vesicle) थैलीनुमा संरचना होती है। इसके द्वारा हल्का पीला एवं क्षारीय पोषक तरल का स्रावण होता है, जिसमें शुक्राणु गति करते हैं।
- शुक्राणु इस तरल के साथ मिलकर वीर्य (Semen) का निर्माण करते हैं।
- शुक्राशय से निकलने वाली एक छोटी नलिका शुक्रवाहिनी से मिलकर स्खलन नलिका (Ejaculatory duct) बनाती है।

मूत्रमार्ग

- शुक्राशय स्खलन नलिका की सहायता से मूत्राशय (Urinary bladder) के एक संकरे भाग मूत्रमार्ग में खुलता है।
- मूत्रमार्ग शिश्न के शीर्ष सिरे पर मूत्र जनन छिद्र द्वारा बाहर खुलता है। यह शुक्राणु तथा मूत्र के बाहर निकलने का संयुक्त मार्ग होता है।

शिश्न

- यह बेलनाकार पेशीय मैथुनांग (Copulatory organ) होता है, जो मैथुन क्रिया में सहायक होता है।
- यह रुधिर एवं पेशियों द्वारा निर्मित होता है।

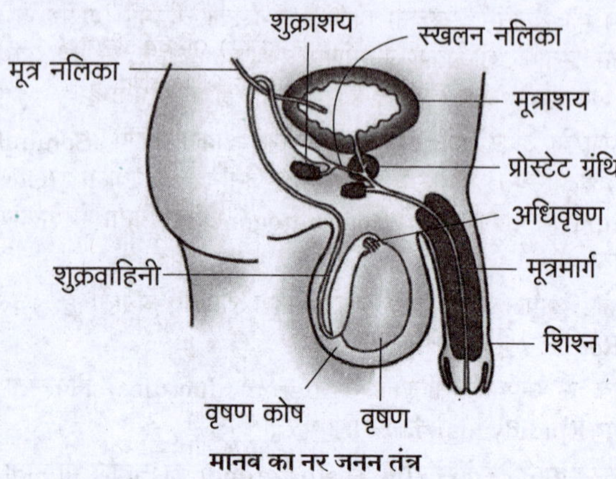

मानव का नर जनन तंत्र

सहायक ग्रंथियाँ

- प्रोस्टेट (Prostate), काउपर (Cowper), पेरीनियल (Perineal) ग्रंथि नर जनन तंत्र की सहायक ग्रंथियाँ होती हैं।
- ये वीर्य निर्माण, शुक्राणुओं को पोषण देने तथा उनको जीवित रखने में सहायता करती है।

2. मादा जनन तंत्र

मानव के मादा जनन तंत्र (Female Reproductive System) में निम्नलिखित अंग पाए जाते हैं

अंडाशय

- ये एक जोड़ी, अंडाकार एवं उदरगुहा में वृक्कों (Kidneys) के नीचे श्रोणि मेखला (Pelvic girdle) के पीछे गर्भाशय के पार्श्वों में स्थित होते हैं।
- इसमें अंडाणुओं (Ovum) का निर्माण होता है।
- इसके अतिरिक्त ये मादा हॉर्मोंस अर्थात् **प्रोजेस्टेरॉन** (Progesterone) तथा **एस्ट्रोजन** (Oestrogen) का भी स्रावण करती हैं।

अंडवाहिनियाँ

- ये कीपनुमा झालरदार संरचनाएँ हैं। इनका अधिकांश भाग **फैलोपियन नलिका** (Fallopian tube) कहलाता है, जहाँ निषेचन संपन्न होता है।
- इसमें अंडाशय से अंडाणुओं को प्राप्त कर निषेचन होने तक उनके भरण पोषण का कार्य भी होता है।
- अंडाशय से दूसरी ओर दोनों अण्डवाहिनियाँ आपस में जुड़कर एक थैलीनुमा संरचना बनाती हैं, जिसे **गर्भाशय** (Uterus) कहते हैं।

गर्भाशय

- यह दोनों अंडवाहिनियों के खुलने का स्थान होता है, जो लगभग 7.5 सेमी लंबा, 3 सेमी मोटा तथा 5 सेमी चौड़ा थैलेनुमा, खोखला एवं उल्टी नाशपती के आकार का होता है। भ्रूण का परिवर्धन तथा भरण-पोषण यहीं होता है।
- गर्भाशय का अंतिम भाग योनि (Vagine) कहलाता है।

योनि

- यह लगभग 7-10 सेमी लम्बी, नलिका-समान, मूत्राशय तथा मलाशय के मध्य स्थित होती है।
- यह पुरुष के लिंग का प्रवेश द्वार, प्रसव पश्चात् शिशु के बाहर आने का मार्ग तथा रजोधर्म स्रावण का मार्ग होती है।

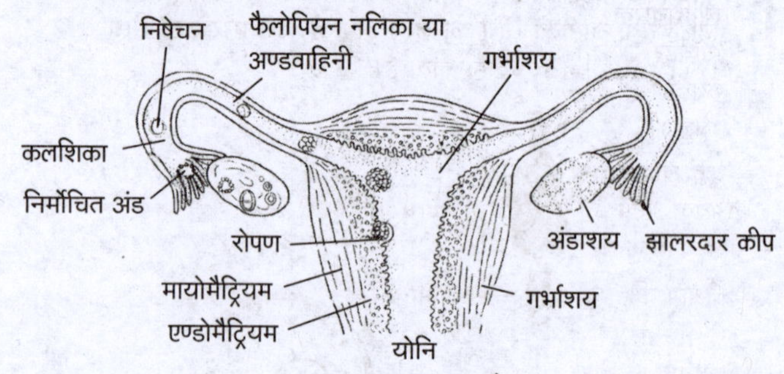

मानव का मादा जनन तंत्र

बाह्य जननांग

- ये योनि से संबंधित सहायक जननांग हैं तथा इन्हें सम्मिलित रूप से **भग** (Vulva) कहते हैं।
- भग का ऊपरी फूला भाग **जघन उत्थान** (Mons pubis) कहलाता है, जिस पर यौवनारंभ से ही रोम (Hair) आने लगते हैं।
- भग में दो जोड़ी ओष्ठ (Labia) होते हैं। इनके मध्य में एक छोटा-सा तर्कुरूपी क्षेत्र **प्रकोष्ठ** (Vestibule) होता है।
- इसके अधिकांश भाग में **योनि छिद्र** (Vaginal orifice) स्थित होता है।
- प्रकोष्ठ के साथ ही यहाँ एक छोटी-सी पेशीय संरचना उभरी रहती है, जो भग ओष्ठों के ऊपरी सिरों के जोड़ के अंदर स्थित होती है। इसे भगशेफ (Clitoris) कहते हैं। भगशेफ को नर के शिश्न का समवृति अंग मानते हैं।

सहायक ग्रंथियाँ

- इनमें बार्थोलिन एवं पेरीनियल ग्रंथियाँ (Perineal glands) आती हैं।
- बार्थोलिन या **प्रघाण ग्रंथि** (Bartholin gland) योनि के आस-पास उपस्थित एक जोड़ी ग्रंथियाँ हैं। इनसे निकला स्राव मैथुन के समय स्नेहक का कार्य करता है।
- ठीक इसी प्रकार प्रकोष्ठ (Vestibule) तथा मलाशय (Anus) के मध्य स्थित एक जोड़ी पेरीनियल ग्रंथि भी स्त्रियों में विशेष गंध युक्त स्राव का स्रावण करती है।

अतिरिक्त तथ्य

तमिलनाडु बोर्ड एवं NIOS

- एक ग्राम वसा के ऑक्सीकरण पर 37 किलो जूल (9 किलो कैलोरी) ऊर्जा प्राप्त होती है। एक संतुलित आहार में पर्याप्त मात्रा में आवश्यक पोषक तत्व, जैसे–कार्बोहाइड्रेट, वसा, प्रोटीन, विटामिन, खनिज तथा जल होते हैं।
- अपर्याप्त तथा असंतुलित आहार के कारण उत्पन्न रोग को **अभाव जनित रोग** कहते हैं। प्रोटीन ऊर्जा कुपोषण (मेरेस्मस एवं क्वाशियोरकर), खनिज अभाव कुपोषण (गॉयटर, अरक्तता), विटामिन अभाव कुपोषण (रतौंधी, रिकेट्स, बेरी-बेरी, पेलेग्रा)।
- शुद्ध खाद्य पदार्थों में सस्ता, घटिया, खाद्यशील अथवा अखाद्यशील पदार्थ का मिलाया जाना **खाद्य मिलावट** कहलाता है।
- विश्राम की अवस्था में एक व्यस्क मनुष्य 16 से 18 बार प्रति मिनट श्वसन करता है। व्यायाम करने पर, रोग से पीड़ित होने पर, बुखार आने पर, पीड़ा होने पर अथवा मानसिक तनाव की स्थिति में श्वासोच्छवास की दर बढ़ जाती है। चिकित्सा तकनीक में कृत्रिम श्वसन के लिए ऑक्सीजन मास्क और वेन्टीलेटर का उपयोग किया जाता है।
- जैसे-जैसे अधिक ऊँचाई पर चढ़ते हैं, वैसे-वैसे वायु का दबाव कम होता जाता है, जिसके कारण ऑक्सीजन कम मिलने से साँस लेने में कठिनाई होती है।
- वृक्क नाइट्रोजन अपशिष्टों के उत्सर्जन के अतिरिक्त शरीर में जल आयतन का परासरणी नियमन (Osmoregulation) भी करते हैं।
- वृक्कों के अतिरिक्त फेफड़ें, त्वचा, यकृत भी अपशिष्टों को बाहर निकालते हैं।
- पसीना के द्वारा त्वचा में उपस्थित स्वेद ग्रन्थियाँ लवणों की अतिरिक्त मात्रा को बाहर निकालती हैं। फेफड़े CO_2 को बाहर निकालते हैं। RBC वर्तुलाकार होती है व केन्द्रक रहित होती है। ये ऑक्सीजन को ऊतकों तक पहुँचाती है तथा कार्बन डाइ-ऑक्साइड को वापिस लाती है।
- श्वेत रुधिर कोशिका (WBC) रंगहीन होती है व इनकी आकृति अनियमित होती है। ये शरीर को संक्रमण से बचाती है तथा एन्टीबॉडी का निर्माण करती है।
- शरीर के अन्दर रुधिर चढ़ाने की प्रक्रिया को रुधिरधान (Blood transfusion) कहते हैं। रुधिरधान उसी अवस्था में सफल होता है, जब दाता (Donor) का रुधिर ग्राही (Recipient) के रुधिर से मिलता या सुमेलित होता है। बेमेल रक्ताधान के कारण लाल रुधिर कोशिकाओं में समूहन हो जाता है, जिसके कारण प्राप्तकर्ता की मृत्यु हो जाती है
- मानव में चार रुधिर समूह [A, B, AB, O] पाए जाते हैं, इस प्रणाली को ABO प्रणाली कहते हैं। हृदयघात, अल्परक्तता, रुधिर कैंसर व उच्च रुधिर दाब परिसंचरण तन्त्र से सम्बन्धित विकार हैं।
- हृदयघात का पता इलेक्ट्रोकार्डियोग्राफ (ECG) द्वारा लगाया जा सकता है।
- मेनिन्जाइटिस एक गम्भीर मस्तिष्क की आवरण झिल्लियों में सूजन से सम्बन्धित रोग है।
- यह मुख्यतः सूक्ष्मजीवी जैसे जीवाणु, विषाणु, कवक एवं *अमीबा* द्वारा मस्तिष्क को घेरने वाली मेनिन्जेज एवं सेरिब्रोस्पाइनल तरल/द्रव्य में संक्रमण के कारण होता है।
- प्रतिवर्त (Reflex) दो प्रकार के होते हैं—
  (i) प्राकृतिक (सहज) प्रतिवर्त में पहले अर्जित ज्ञान या अनुभव आवश्यकता नहीं होती है। ये आनुवंशिक होते हैं; जैसे—गटकना, खाँसना और पलकें झपकना
  (ii) प्रेरित (उपार्जित) प्रतिवर्त जीवन में अनुभव एवं ज्ञान के कारण विकसित होते हैं। अतः ये उपार्जित होते हैं; जैसे—खाने की गन्ध से मुँह में लार का आना।
- हॉर्मोन शब्द यूनानी भाषा के ''हॉर्मोइन'' से लिया गया है, जिसका अर्थ गति या उत्तेजना प्रदान करना है।
- पीयूष ग्रन्थि (ACTH) की अधिक सक्रियता से कुशिंग रोग हो जाता है।
- पीयूष ग्रन्थि द्वारा स्रावित वृद्धि हॉर्मोन (GH) या सोमेटोट्रॉपिक हॉर्मोन की कमी से बौनापन व अतिस्राव से अतिकायता उत्पन्न हो जाती है।
- थाइरॉइड ग्रन्थि से स्रावित थायरॉक्सिन हॉर्मोन की कमी से क्रेटिनिज्म व गलगण्ड (Goiter) रोग होता है।
- अग्न्याशय ग्रन्थि से स्रावित इन्सुलिन हॉर्मोन के अल्पस्राव से मधुमेह रोग होता है।
- नौ अनिवार्य अमीनो अम्ल फेनिलएलेनिन, वेलिन, थ्रेओनिन, ट्रिप्टोफेन, मीथिओनिन, ल्यूसीन, आइसोल्यूसीन, लाइसिन और हिस्टिडीन है।
- डा. फक ने विटामिन के बारे में बताया था। विटामिन A को वर्णमाला का पहला अक्षर दिया गया था, क्योंकि सर्वप्रथम इस विटामिन खोज की गई थी।
- मानव मादा में मासिक धर्म चक्र 11-13 वर्ष की आयु में शुरू होता है।
- ये यौवन की शुरुआत का प्रतीक है और रजोदर्शन कहलाता है।

स्वास्थ्य एवं रोग

(स्रोत)

Class-VIII New NCERT Chap 2 (सूक्ष्मजीव : मित्र एवं शत्रु) Class-IX Old NCERT Chap 13 (हम बीमार क्यों होते हैं) Class-XII New NCERT, Chap 7 (मानव स्वास्थ्य तथा रोग) Tamil Nadu Board (Class-IX), NIOS

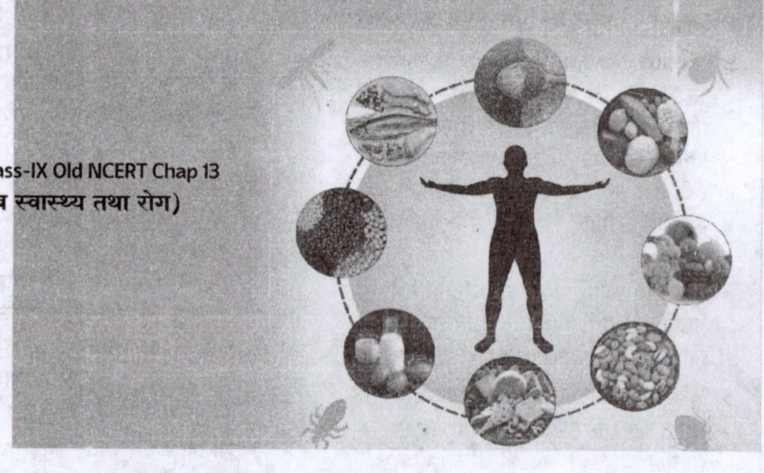

स्वास्थ्य

- विश्व स्वास्थ्य संगठन (World Health Organisation–WHO, 1948) के अनुसार, स्वास्थ्य केवल रोगमुक्त होने से संबद्ध नहीं है। 'स्वास्थ्य' (Health) का तात्पर्य किसी व्यक्ति की शारीरिक, मानसिक तथा सामाजिक जीवन क्षमता की पूर्णरूपेण समन्वयित (Coordination) स्थिति से है।
- सन्तुलित आहार, व्यक्तिगत स्वच्छता और नियमित व्यायाम अच्छे स्वास्थ्य को बनाए रखने के लिए बहुत महत्त्वपूर्ण है।
- अच्छा स्वास्थ्य हमारी कार्य करने की क्षमता को बढ़ावा देता है। यह हमारे सभी कार्यों को कुशलतापूर्वक संपन्न करने में सहायक होता है।
- अच्छा स्वास्थ्य मानसिक व सामाजिक दबावों को वहन करने की भी क्षमता प्रदान करता है।

रोग

रोग शरीर की वह अवस्था है, जिसमें शरीर की कार्यिकी (Anatomy) सुचारू रूप से न चलकर कुछ या अधिक परिवर्तित हो जाती है अर्थात् शरीर के स्वस्थ संरचनात्मक अथवा क्रियात्मक अवस्था में किसी प्रकार का विकार उत्पन्न होना 'रोग' (Disease) कहलाता है।

रोगों के संकेत

- हमारे शरीर के अंग-तंत्र (Organ system) में किसी विशेष कार्य को संपन्न करने हेतु कुछ विशिष्ट अंग महत्त्वपूर्ण होते हैं।
- रोग की स्थिति में शरीर के एक अथवा अनेक अंग तंत्रों की क्रिया एवं संरचना में परिवर्तन उत्पन्न हो जाते हैं। ये परिवर्तन रोग के लक्षणों को उत्पन्न करते हैं।
- रोग के लक्षण हमारे अस्वस्थ होने का संकेत देते हैं; जैसे-सर्दी, सिरदर्द, खाँसी, दस्त, आदि। ये संकेत देते हैं कि शरीर रोगग्रस्त हो सकता है, किंतु स्पष्टतया ये नहीं बताते हैं कि कौन-सा रोग है।
  उदाहरण–सिरदर्द का कारण परीक्षा का भय अथवा तनाव, मस्तिष्कावरणशोथ (Meningitis) होना अथवा अनेकों बीमारियों में से एक हो सकता है।
- रोग के चिन्ह वे विशिष्ट लक्षण होते हैं, जिनके आधार पर चिकित्सक किसी विशेष रोग के होने की पुष्टि करते हैं।

रोग के प्रकार

रोग उत्पन्न करने वाले कारकों के आधार पर मनुष्य में पाए जाने वाले समस्त रोगों को दो वर्गों में बाँटा जा सकता है

1. जन्मजात रोग

ऐसे रोग जन्म से ही प्रारंभ होते हैं, इसलिए इन्हें जन्मजात रोग (Congential diseases) कहते हैं। ये आनुवंशिक-अव्यवस्था के कारण तथा पीढ़ी-दर-पीढ़ी वंशागत (Inherited) होते हैं; जैसे-दाँत्र-कोशिका अरक्तता (Sickle cell anaemia), हीमोफीलिया (Haemophilia), विभिन्न अंगों के विकास में विकार उत्पन्न होना आदि जन्मजात रोग हैं।

2. उपार्जित रोग

उपार्जित रोग (Acquired diseases) जन्म के बाद उत्पन्न होते हैं। ये पश्च-भ्रूणीय उपार्जित रोग भी कहलाते हैं। संक्रमण की उपाधि के आधार पर रोग निम्नलिखित प्रकार से हो सकते हैं

(i) असंक्रामक रोग

असंक्रामक रोग (Non-communicable diseases) एक व्यक्ति से दूसरे व्यक्ति को नहीं होते। ये निम्न प्रकार के होते हैं

- **एलर्जी** (Allergy) यह बाह्य पदार्थों; जैसे-धूल, परागकण, रेशम, नायलॉन, रासायनिक पदार्थों व कभी-कभी खाद्य पदार्थों से होती है; उदाहरण- छींक, खुजली का होना आदि।
- **कुपोषण संबंधी** (Nutritional Deficiencies) ये रोग पोषक तत्वों की कमी के कारण होते हैं। उदाहरण- मैरैस्मस, क्वाशियोरकर, आदि।
- **अपह्रासित रोग** (Degenerated Diseases) ये रोग किसी अंग; जैसे-फेफड़े, हृदय, यकृत, वृक्क आदि के सही प्रकार से कार्य न करने के कारण होते हैं। उदाहरण-कोरोनरी आर्टिस्क्लेरोसिस, आदि।
- **कैंसर** (Cancer) यह रोग शरीर के किसी भी भाग में अविभेदित कोशिकाओं के ट्यूमर के रूप में विकसित होता है; उदाहरण-मुख का कैंसर, यकृत का कैंसर, गर्भाशय का कैंसर, फेफड़े का कैंसर, आदि।
- **मानसिक रोग** (Mental Diseases) तंत्रिका तंत्र में विकृति से मानसिक रोग उत्पन्न होते हैं; जैसे-डिप्रेशन, हिस्टीरिया, आत्महत्या की प्रवृत्ति, तनाव, आदि मानसिक रोग के कारण हैं।
- **औद्योगिक व अन्य प्रदूषण संबंधी रोग** (Diseases due to Industrial and Other Pollution) फैक्ट्रियों एवं वाहनों आदि से उत्पन्न होने वाले प्रदूषण से मनुष्य में साँस एवं चर्म (Skin) संबंधी अनेक रोग उत्पन्न होते हैं।

(ii) संक्रामक रोग

- वे रोग, जिनके तात्कालिक कारण जैविक कारक; जैसे-सूक्ष्मजीव (जीवाणु, विषाणु, कवक, आदि) होते हैं, उन्हें संक्रामक रोग (Infectious or communicable diseases) कहते हैं।
- संक्रामक रोग रोगी व्यक्ति से दूसरे स्वस्थ व्यक्ति में प्रत्यक्ष अथवा अप्रत्यक्ष रूप (जैसे-जल, वायु, संपर्क, आदि) से संचरित हो सकते हैं; उदाहरण- हैजा, मलेरिया, एड्स, जुकाम, चेचक, प्लेग, खसरा, डिफ्थीरिया, आदि।
- एककोशिकीय या बहुकोशिकीय जीव जो संक्रामक रोग उत्पन्न करते हैं, **संक्रामक कारक** (Infectious agents) कहलाते हैं। रोग उत्पन्न करने वाले ये जीव **रोगकारक** (Pathogen) भी कहलाते हैं।
- इन्हें विभिन्न समूहों में वर्गीकृत किया गया है। उनमें से कुछ विषाणु, जीवाणु, शैवाल, प्रोटोजोआ, आदि हैं।
- संक्रामक रोग एक संक्रमित व्यक्ति से स्वस्थ व्यक्ति तक विभिन्न साधनों द्वारा फैल सकते हैं। अतः इन्हें **संचारी रोग** (Communicable diseases) भी कहते हैं।
- रोग विभिन्न साधनों; जैसे- वायु, जल, लैंगिक सम्पर्क, वाहक, आदि द्वारा फैलते हैं। इनके विषय में आगे विस्तारपूर्वक बताया गया है

वायु संचारी या जनित रोग

- ऐसे रोगों के सूक्ष्मजीव (Micro-organism) वायु द्वारा फैलते हैं। जब रोगी व्यक्ति छींकता अथवा खाँसता है, तो उस समय छोटे-छोटे बूँदक (Droplet) बाहर निकलते हैं।
- ये बूँदक समीप उपस्थित किसी अन्य व्यक्ति के श्वास द्वारा उसके शरीर में प्रवेश कर जाते हैं।
- इनसे सूक्ष्मजीवों को नए स्वस्थ व्यक्ति को संक्रमित करने का अवसर मिल जाता है; उदाहरण-साधारण जुकाम, निमोनिया, क्षय रोग आदि।
- किसी संक्रमित व्यक्ति के सम्पर्क में आने पर वायु संक्रमित रोग के होने की संभावना सबसे अधिक होती है।
- बन्द क्षेत्रों में बूँदकों (Droplets) की उपस्थिति सभी के लिए खतरा उत्पन्न करती है। अतः उच्च जनसंख्या वाले क्षेत्र जहाँ वायु संवहन ठीक से नहीं होता है, वहाँ लोग वायु-जनित रोगों से सरलता से ग्रसित हो जाते हैं।

जल संचारी या जनित रोग

- इन रोगों में सूक्ष्मजीव जल द्वारा फैलते हैं। जब संक्रमणीय रोग जैसे हैजा से ग्रसित रोगी के अपशिष्ट पदार्थ पेयजल में मिल जाते हैं और यदि कोई स्वस्थ व्यक्ति अनजाने में इस जल का सेवन कर लेता है, तो रोगाणुओं को एक नया पोषी (Host) मिल जाता है, जिससे वह व्यक्ति भी इस रोग से ग्रसित हो जाता है।
- ऐसे रोग अधिकांश साफ पेय जल न मिलने के कारण फैलते हैं। इसके अन्य उदाहरण-टायफॉइड, पीलिया, दस्त, आदि हैं।

लैंगिक संचारी रोग

- लैंगिक संचारी रोग (Sexually Transmitted Diseases, STD) उन सूक्ष्मजीवियों द्वारा होते हैं, जो लैंगिक सम्पर्क के दौरान शरीर के तरल द्वारा एक साथी से दूसरे साथी में स्थानांतरित हो जाते हैं। इन्हें यौन संक्रमित रोग भी कहते हैं।
- लैंगिक संचारी रोग सामान्य सम्पर्क, जैसे-हाथ मिलाना, गले मिलना, खेल कूद अथवा कोई अन्य विधि जिसमें हम सामाजिक रूप से एक-दूसरे के सम्पर्क में आते हैं, से नहीं फैलते हैं।
- सिफलिस व AIDS प्रमुख लैंगिक संचारी रोग हैं।

रोगवाहकों द्वारा रोग का फैलना

- कुछ जंतु जो हमारे चारों ओर उपस्थित पर्यावरण में रहते हैं एवं रोगजनकों (जीवाणुओं) को रोगग्रस्त व्यक्ति से स्वस्थ व्यक्ति में पहुँचाते हैं। अतः ये मध्यस्थ का कार्य करते हैं, जिन्हें रोगवाहक या वेक्टर कहते हैं।
  उदाहरण-मच्छर (*एनॉफिलीज* मादा)-मलेरिया, *क्यूलेक्स*- फाइलेरिएसिस, *एडीज*-पीत ज्वर, डेंगू।
- मक्खियाँ जैसे घरेलू मक्खी-टायफॉइड एवं हैजा, सी-सी मक्खी-निद्रालु रोग, सैंडफ्लाई-काला-अजार।

- कुछ प्रमुख संक्रामक रोगों का विस्तृत विवरण निम्नलिखित है

जीवाणु-जनित रोग

रोग	रोगकारक	वाहक/संक्रमण विधि	लक्षण	निवारण एवं नियन्त्रण
ट्यूबरकुलोसिस (TB)	*माइकोबेक्टीरियम ट्यूबरकुलोसिस*	संक्रमित व्यक्ति के छींकने-खाँसने के दौरान मुक्त बूँदकों को श्वास द्वारा लेने से	इस रोग के जीवाणु फेफड़ों (Lungs), त्वचा, आँत और अस्थियों में ग्रंथियाँ बनाकर रहते हैं। TB के आरंभ में व्यक्ति अत्यधिक थकान महसूस करता है, धीरे-धीरे रोगी को भूख कम लगने लगती है।	इस रोग से बचने के लिए BCG का टीका लगवाना आवश्यक है। रोगी के कपड़े, थूक, बर्तन, बिस्तर, आदि को अलग रखना चाहिए। आजकल एण्टी-ट्यूबरक्यूलर ट्रीटमेन्ट (ATT) द्वारा क्षयरोग (TB) का सफलतापूर्वक उपचार किया जा रहा है।
हैजा (Cholera)	*विब्रिओ कॉलेरी (Vibrio cholerae)*	मक्खी द्वारा संदूषित जल व भोजन से	दस्त, खनिज तत्वों की अत्यधिक हानि से वृक्क को नुकसान।	उबला जल पीना चाहिए एवं पका हुआ भोजन खाना चाहिए। स्वच्छता का ध्यान रखना चाहिए। कोलेरा टीका द्वारा प्रतिरक्षाकरण, ORS घोल, टेट्रासायक्लिन प्रतिजैविक (Antibiotic) औषधि लेनी चाहिए।
मियादी बुखार या आँत्रीय ज्वर *(Typhoid)*	*साल्मोनेला टाइफी (Salmonella typhi)*	यह जीवाणु मुख्यतया दूषित जल के माध्यम से पीने के पानी, आहार, दूध, आदि के द्वारा स्वस्थ व्यक्ति के शरीर में प्रवेश करता है।	मियादी बुखार से ग्रसित व्यक्ति को लंबे समय तक बुखार रहता है। बुखार के साथ-साथ कभी-कभी सारे शरीर पर, छोटे-छोटे सफेद रंग के मोती के समान आकार वाले दाने भी निकल आते हैं। इसी कारण यह रोग मोतीझरा भी कहलाता है।	खाद्य-पदार्थों को हमेशा ढककर रखना चाहिए। इस रोग में क्लोरेम्फेनिकोल (Chloramphenicol) और क्लोरोमाइसिटीन (Chloromycetin) नामक दवाइयाँ लाभदायक रहती हैं। रोगी को TAB का टीका लगवाना चाहिए।
दस्त (Diarrhoea)	*जिआर्डिया इन्टेस्टाइनेलिस (Giardia intestinalis) शिगेला (Shigella), साल्मोनेला (Salmonella)*।	संदूषित भोजन, जल, हाथ, कपड़ों द्वारा	वमन (Vomiting), दस्त	स्वच्छता, ORS घोल देना चाहिए। एंटीबायोटिक्स औषधियाँ लेनी चाहिए।
डिफ्थीरिया	*कॉर्नीबैक्टीरियम डिफ्थीरियाई*	रोगी व्यक्ति के द्वारा खाँसने या छींकने से फैले रोगाणुओं द्वारा तथा संक्रमित दूध के माध्यम द्वारा	श्वासावरोध, हल्का बुखार, गले में कृत्रिम झिल्ली का निर्माण हो जाता है।	डिफ्थीरिया एन्टीटॉक्सिन का टीकाकरण करना चाहिए, रोगी से उचित दूरी रखनी चाहिए।
लेग	*बैसिलस पेस्टिस*	इसका संक्रमण चूहों पर पाए जाने वाले पिस्सुओं द्वारा होता है। जेनोप्सला कैओपिस प्लेग का भयानक पिस्सू है।	शारीरिक दर्द, गिल्टी कांख तथा गर्दन की ग्रन्थियों में सूजन आ जाती है। न्यूमोनिक प्लेग में हल्का बुखार तथा सेप्टीसिमिक प्लेग में जीवाणु फैल जाता है।	सल्फाड्रग्स तथा स्ट्रेप्टोमाइसीन दवाइयों के प्रयोग द्वारा, चूहों को घर में प्रवेश करने से रोकना चाहिए।
निमोनिया	*स्ट्रेप्टोकोकस न्यूमोनी*	रोगी व्यक्ति द्वारा खाँसने या छींकने से फैले जीवाणुओं द्वारा	तेज बुखार, साँस लेने में कठिनाई, फेफड़ों में सूजन	ठण्ड से बचाव तथा प्रतिजैविकी दवाइयों का प्रयोग किया जाता है।
काली खाँसी	*बोर्डेटेला परटूसिस*	हवा में फैले रोगाणुओं द्वारा। यह प्रमुख तौर पर बच्चों को होती है।	रात्री में खाँसी	इसके बचाव के लिए बच्चों को डीपीटी (DPT) का टीका लगाया जाता है।

विषाणु-जनित रोग

रोग	रोगकारक	वाहक/संक्रमण विधि	लक्षण	निवारण एवं नियन्त्रण
इन्फ्लूएंजा (Influence)	*मिक्सोवाइरस इन्फ्लूएंजी*	संपर्क द्वारा या छींकने के कारण उत्पन्न संक्रमित बूँदकों द्वारा	अचानक ठंड लगना, नाक बहना, छींक आना, ज्वर, सिरदर्द, श्वसनीय म्यूकोसा में शोथ, कमजोरी	संक्रमित व्यक्ति के संपर्क से बचना। उपचार हेतु एण्टीवायरल औषधियाँ दी जाती हैं।
यकृतशोथ (Hepatitis A and B)	हिपेटाइटिस विषाणु या हिपेटाइटिस A व B विषाणु	हिपेटाइटिस विषाणु से संक्रमित भोजन व जल द्वारा।	भूख न लगना, वमन के साथ तेज बुखार, जी मिचलाना, सिरदर्द, जोड़ों में दर्द, आदि इस रोग के सामान्य लक्षण हैं। संक्रमण के 3-10 दिनों के बाद मूत्र गहरे पीले रंग का व मल हल्के रंग का होने लगता है।	संक्रमण से सुरक्षा के लिए आयनीकृत एवं UV किरणों से उपचारित पेयजल पीना चाहिए। रोगी के वस्त्र, बिछौने, बर्तन, आदि को समय-समय पर निःसंक्रमित करते रहना चाहिए। हिपेटाइटिस -B में एन्जीरीक्स - B एवं शैन-वैक-B का टीका लगवाना चाहिए। इंटरफेरॉन (Interferon) की सुई रोग के नियंत्रण में सहायक है।
एड्स (AIDS)	रिट्रो विषाणु (HIV)	संक्रमित व्यक्ति के तरल आधार द्रव्य से किसी भी प्रकार से संपर्क होने पर। मुख्यतया रुधिर, संक्रमित इन्जेक्शन या यौन क्रिया के दौरान	लसीका गाँठों में सूजन, ज्वर, रात्रि में पसीना आना, वजन कम होना, स्मरण शक्ति तथा बोलने व सोचने की क्षमता का ह्रास। प्रतिरक्षा तंत्र का कमजोर होना।	AIDS के विषय में जागरूकता फैलाना, अनजान व्यक्ति से लैंगिक संपर्क न करना। दूसरों द्वारा प्रयुक्त सुइयों व रेजर का प्रयोग न करना। पूर्ण उपचार अभी संभव नहीं है। रोगी में HIV के संक्रमण को नियंत्रित रखने हेतु कुछ एण्टीवायरल औषधियाँ दी जाती हैं।
छोटी माता	वेरीसेला जोस्टर	संक्रमित व्यक्ति के छूने तथा कपड़े के इस्तेमाल द्वारा	हल्का बुखार, शरीर पर पित्तिकाएँ, जलस्फोट	टीकाकरण, सफाई रखने से एवं संक्रमित व्यक्ति से पृथक रहना चाहिए।
मेनिनजाइटिस	हर्पीज विषाणु	सेरिब्रोस्पाइनल द्रव से संक्रमण होता है।	मस्तिष्क पर प्रभाव, तेज बुखार, बेहोशी	मेनिनजाइटिस रोधी टीकाकरण एवं प्रतिजैविक का प्रयोग
चेचक	वैरियोला	खाँसने या छींकने से	सिर, पीठ, कमर में दर्द एवं लाल दाने	टीकाकरण, रोगी व्यक्ति से उचित दूरी रखने पर।
रेबीज या हाइड्रोफोबिया (Rabies or Hydrophobia)	रैब्डो विषाणु	यह रोग संक्रमित कुत्ते, बिल्ली, बंदर, गीदड़, आदि किसी भी जंतु के काटने से हो सकता है।	सिरदर्द, तेज बुखार, छाती, गले की पेशियों में सूजन और ऐंठन इस रोग के लक्षण हैं। इनमें रोगी को बेचैनी होती है तथा दौरे पड़ने लगते हैं। रोगग्रस्त मनुष्य के गले में भयंकर पीड़ा होती है तथा वो कुछ भी नहीं निगल पाता है। अतः प्यास लगने पर भी पानी नहीं पी सकता है एवं रोगी पानी से भी डरने लगता है।	पालतू जानवर कुत्ता, बिल्ली, आदि को एण्टीरेबीज (Antirabies) का टीका लगवाकर प्रतिरक्षी कराना चाहिए। रेबीज के संक्रमण के उपचार हेतु जंतु द्वारा काटे गए स्थान को लाल दवा से धोना चाहिए। घाव में कार्बोलिक अम्ल, पोटैशियम परमैंगनेट का चूर्ण भर सकते हैं। रोगी को एण्टीरेबीज के पाँच टीके संक्रमित कुत्ते के काटने से 1, 3, 7, 14, 30 वें दिन लगवाने चाहिए।
डेंगू (Dengue)	आर्बो विषाणु	*एडीज जाति* के मच्छर द्वारा।	सिरदर्द के साथ तेज ज्वर, वमन, कमजोरी व जोड़ों में दर्द।	आस-पास के वातावरण को स्वच्छ रखना, मच्छरों के प्रजनन स्थानों का निवारण करना व जन जागरूकता अभियान का संचालन।
पोलियो या पोलियोमायेलिटिस (Polio)	पोलियो विषाणु	यह विषाणु संक्रमित भोजन, दूध तथा पेयजल के माध्यम से आहारनाल को संक्रमित करता है।	इस रोग के प्रारंभिक लक्षण बुखार, उल्टी, सिर और बदन में दर्द एवं गले की पेशियों का सख्त होना है। प्रारंभिक लक्षणों के पश्चात् बच्चे के हाथ-पैर कमजोर दिखाई देने लगते हैं तथा वह उन्हें हिला नहीं पाता है अर्थात् पक्षाघात (Paralysis) जैसी स्थिति बन जाती है। पक्षाघात का यह दौरा बुखार उतरने पर स्थायी हो जाता है।	प्रारंभिक अवस्था में इस रोग से सुरक्षा के लिए स्वच्छ वातावरण के साथ व्यक्तिगत स्वच्छता भी अत्यंत महत्त्वपूर्ण है। अतः बच्चों को गंदे स्थानों पर खेलने से रोकना चाहिए। पोलियो का टीका लगवाना ही इस रोग से बचाव का एकमात्र उपाय है।

कुछ प्रोटोजोआ-जनित रोग

रोग	रोगकारक	वाहक/संक्रमण विधि	लक्षण	निवारण एवं नियन्त्रण
मलेरिया	*प्लाज्मोडियम*	मादा *एनोफिलीज* मच्छर	सिरदर्द, उल्टी, पेशीय दर्द। ठंड के विशिष्ट पैटर्न के साथ तेज ज्वर, पसीना आना।	मच्छरदानी का प्रयोग करें। जल को खुले में इकट्ठा न होने दें। खुली नालियों में कैरोसीन तेल डालें। खिड़कियों व दरवाजों पर जालियों का प्रयोग करें। मलेरिया की रोकथाम के लिए क्विनीन औषधि दी जाती है।
निद्रालु रोग	*ट्रिपैनोसोमा ब्रूसी*	सी-सी मक्खी के काटने से	उत्तेजना, ज्वर, सिरदर्द, खुजली, आदि।	कीटरोधकों का प्रयोग, लंबी बाँह के कपड़े पहनना। सी-सी मक्खी बहुल क्षेत्रों से बचना। एफ्लोरनिथिन औषधि का प्रयोग।
काला-अजार या लेश्मानिएसिस	*लीशमानिया डोनोवेनी*	संक्रमित सैण्डफ्लाई के काटने से	तेज ज्वर, तिल्ली एवं यकृत का बढ़ जाना	कीटरोधी का प्रयोग, एण्टीमनीयुक्त औषधि का प्रयोग इस रोग के उपचार हेतु किया जाता है।
पायरिया	*एन्टअमीबा जिन्जिवेलिस*	चुंबन द्वारा संचारित	दाँतों के मसूड़ों से पस का आना, कभी-कभी दाँतों की जड़ों में जख्म होना।	दाँतों व मसूड़ों की लगातार साफ-सफाई, प्रति सेप्टिकों से मुँह की सफाई। माउथवाश का प्रयोग।

हेल्मिन्थ-जनित रोग

रोग	रोगकारक	वाहक/संकमण विधि	लक्षण	निवारण एवं नियन्त्रण
अमीबीएसिस	*एंटअमीबा हिस्टोलिटिका*	मक्खी, तिलचट्टा	पेट में दर्द, कब्ज पेट में मरोड़, मल में रक्त व श्लेष्मा	**रोकथाम** • भोजन से पूर्व तथा शौच के पश्चात् हाथ धोना। • मल को सही प्रकार हटवाना • व्यक्तिगत स्वच्छता • खाने से पहले तरकारी व फल भली भाँति धोना **उपचार** डॉक्टर की सलाह के अनुसार एंटीबायोटिक
एस्कैरियासिस	*ऐस्केरिस लुम्ब्रीकॉएडिस*	कृमि के अंडे रोगी के मल द्वारा मृदा, जल इत्यादि को दूषित करते हैं। इसके सेवन से कृमि आँतों में जन्म लेते हैं।	मांसपेशीय दर्द, आंतरिक रक्तस्त्राव, पाचन में मुश्किल, आँत का दर्द और आँत के पथ में रुकावट होना। बच्चों में यह उनकी शारीरिक मंदता और मानसिक वृद्धि को बढ़ा देता है।	**रोकथाम** अमीबीएसिस रोकने के समान **उपचार** कृमि विरोधी दवा का सेवन (डॉक्टर की सलाह अनुसार)
फाइलेरिएसिस	*वूचेरेरिया बैक्रॉफ्टी*	मादा *क्यूलेक्स* मच्छर	प्रारम्भ में ज्वर यह परजीवी लिम्फ नलियों में रहकर सूजन पैदा करते हैं खासकर टांगों में।	**रोकथाम** मलेरिया के समान **उपचार** डॉक्टर से पूछकर प्रतिरोधक औषधि

कवक जनित मानव रोग

रोग	रोगकारक	संचरण का कारण	लक्षण	निवारण एवं नियंत्रण
रिंगवर्म (दाद)	*माइक्रोस्पोरम, ट्राइकोफाइटॉन*	वायुजनित, संक्रमित व्यक्तियों के प्रत्यक्ष या परोक्ष संपर्क से	शुष्क शल्की परत बनना, लाल-दानेदार खुजली युक्त घेरा	नियमित स्नान व सफाई रखना, कवकरोधी क्रीम लगाना
एथलीट फुट	*ट्राइकोफाइटॉन*	पैर की सफाई न रखना, जहाँ खाल अधिक समय तक गर्म और गीली रहती है।	त्वचा का लाल होना, खुजली, जलन होना	पसीने युक्त मौजे व जूते न पहनना, पैरों की सफाई रखना
खाज	*एकरस स्केबीज*	संक्रमित त्वचा या संदूषित वस्तु के प्रत्यक्ष सम्पर्क में आना	त्वचा में खुजली एवं सफेद दाग	पर्मिथीन, दवा का उपयोग
टीनिया कुरुरिस	*ट्राइकोफाइटोन रुबरुन*	रोगी व्यक्ति द्वारा छुई गई वस्तुओं को छूने से	खुजली के साथ लाल धब्बे	प्रति-कवक दवाइयाँ जैसे एलिलामीन व एजोली दवाइयाँ।

संक्रामक रोगों के उपचार के नियम

संक्रामक रोग होने पर चिकित्सक उपचार हेतु भिन्न-भिन्न औषधियाँ देता है, जो विभिन्न विधियों से कार्य करती हैं।

संक्रामक रोगों के उपचार के निम्नलिखित दो पद हैं

रोग के प्रभाव को कम करना

- इसमें एक विशिष्ट उपचार द्वारा रोग के प्रभाव को कम कर दिया जाता है, ताकि लक्षणों को कम किया जा सके।
- ये लक्षण मुख्यतया प्रतिरक्षी तंत्र (Immune system) की प्रतिक्रिया या शोथ (Inflammation) के कारण उत्पन्न होते हैं।
- हम ज्वर को कम करने, दर्द को कम करने या दस्त रोकने के लिए औषधियों का प्रयोग कर सकते हैं, परंतु इससे रोग उत्पन्न करने वाले सूक्ष्मजीवी की मृत्यु नहीं होती है। अत: रोग पूर्णतया ठीक नहीं होता है।

रोग के कारक की मृत्यु

- किसी रोग हेतु ऐसी औषधि का प्रयोग करना, जिससे सूक्ष्मजीवी की मृत्यु हो जाए, उपचार की सर्वोत्तम विधि है।

  अत: यह आवश्यक है कि रोग उत्पन्न करने वाले विशिष्ट सूक्ष्मजीवी के विरूद्ध औषधि ली जाए।

  उदाहरण के लिए, बैक्टीरियल रोगों के उपचार हेतु रोगी को प्रतिजैविक या एंटीबायोटिक्स दी जानी चाहिए, जो रोगी को प्रभावित किए बिना जीवाणु के आवश्यक जैव रसायन पथों (ये प्रक्रियाएँ नए पदार्थ बनाने के विभिन्न चरण अथवा श्वसन हो सकती हैं) को अवरुद्ध कर देती हैं।
- इसी प्रकार, कुछ अन्य औषधियाँ प्रोटोजोआ जैसे मलेरिया परजीवी को मार सकती हैं। एंटीवायरल औषधि बनाना कठिन है, क्योंकि विषाणु में अपनी जैव-रासायनिक प्रणाली बहुत कम होती है।
- विषाणु हमारे शरीर में प्रवेश करते हैं और अपनी जीवन प्रकिया के लिए हमारी कार्यिकीय संरचना का उपयोग करते हैं।

प्रतिजैविक

- वे रासायनिक पदार्थ जो पोषद (Host) सूक्ष्मजीवियों (जीवाणु तथा कवक) द्वारा निम्न सांद्रता में उत्पन्न किए जाते हैं एवं जिनमें अन्य आक्रामक सूक्ष्मजीवियों की वृद्धि को अवरुद्ध करने की क्षमता होती है, **प्रतिजैविक** (Antibiotics) कहलाते हैं। ये सामान्यतया आक्रामक जीवाणु के महत्त्वपूर्ण जैव-रासायनिक मार्ग को बंद कर देते हैं।
- **प्रथम प्रतिजैविक** पेनिसिलीन जिसकी खोज वर्ष 1929 में **अलेक्जेंडर फ्लेमिंग** ने कवक *पेनिसिलियम* से की।
- यह जीवाणु में कोशिका भित्ति (Cell wall) बनाने वाली प्रक्रिया को बाधित कर देती है। इसके परिणामस्वरूप जो जीवाणु कोशिका भित्ति नहीं बना सकते हैं वे सरलता से नष्ट जाते हैं।
- मानव की कोशिकाएँ कोशिका भित्ति नहीं बना सकती हैं, इसलिए पेनिसिलीन का प्रभाव नहीं होता है।
- पेनिसिलीन ऐसे सभी जीवाणुओं को प्रभावित करती है, जिनमें कोशिका भित्ति बनाने की प्रक्रिया होती है। इस प्रकार बहुत से एंटीबायोटिक जीवाणुओं की अनेक जाति को प्रभावित करते हैं, न कि केवल एक जाति को।
- स्ट्रेप्टोमाइसिन, टेट्रासाइक्लिन और एरिथ्रोमाइसिन सामान्य रूप से उपयोग की जाने वाली प्रतिजैविक है।

संक्रामक रोगों के निवारण की विधियाँ

संक्रामक रोगों के निवारण की सामान्यतया दो विधियाँ हैं। ये निम्नलिखित हैं

संक्रामक रोगों के निवारण की सामान्य विधियाँ

- यह विधि मुख्यतया रोगी के सम्पर्क से बचने से सम्बंधित है। संक्रामक रोगों के निवारण हेतु जन-स्वच्छता अत्यंत महत्त्वपूर्ण है।
- पर्यावरण से संबंधित रोग के निवारण की विभिन्न विधियाँ नीचे तालिका में दी गई हैं

सूक्ष्मजीव	विधि
वायुजनित या वातोढ़ सूक्ष्मजीव	भीड़ रहित स्थानों पर निवास करना।
जलजनित या जलोढ़ सूक्ष्मजीव	स्वच्छ जल पीना। इसके लिए पानी में उपस्थित सूक्ष्मजीवों को मारने के उपाय किए जा सकते हैं।
रोगवाहक सूक्ष्मजीव	साफ वातावरण में रहना चाहिए, जहाँ मच्छर, मक्खी, आदि उत्पन्न नहीं हो सकें।

संक्रामक रोगों के निवारण के अन्य सामान्य नियम निम्नवत् हैं

(a) **प्रबल प्रतिरक्षी तंत्र** (Strong Immune System) प्रतिरक्षी तंत्र हमारे शरीर में प्रवेश करने वाले सूक्ष्मजीवों से लड़ता है व उन्हें नष्ट कर देता है। यदि प्रतिरक्षी तंत्र सफलतापूर्वक कार्यरत् रहता है, तो हमें कोई रोग नहीं होता है।

प्रतिरक्षी तंत्र की कोशिकाएँ रोगाणुओं के बढ़ने से पहले उन्हें मार देती हैं। यदि रोगाणुओं की संख्या नियंत्रित हो जाती है, तो रोग की अभिव्यक्ति बहुत कम होती है अर्थात् संक्रामक रोगाणुओं से संक्रमित होने का अर्थ यह नहीं है कि हमें कोई प्रभावी बीमारी होगी।

(b) **संतुलित आहार** (Balanced Diet) प्रतिरक्षा तंत्र के सफलतापूर्वक क्रियान्वयन में पर्याप्त संतुलित भोजन तथा पोषण की भी महत्त्वपूर्ण भूमिका होती है, इसलिए उचित मात्रा में भोजन की उपलब्धता संक्रामक रोगों से बचने के लिए दूसरी मूल आवश्यकता है।

संक्रामक रोगों के निवारण की विशिष्ट विधियाँ

यह विधि प्रतिरक्षकरण से संबंधित है।

प्रतिरक्षाकरण

- जब रोगाणु प्रतिरक्षा तंत्र (Immune system) पर पहली बार आक्रमण करते हैं, तो प्रतिरक्षा तंत्र रोगाणुओं के प्रति प्रतिक्रिया करता है और फिर इसके विशिष्ट रूप एवं गुण का स्मरण (Memorize) कर लेता है।

- जब वही रोगाणु या उसके समान कोई अन्य रोगाणु पुन: शरीर के सम्पर्क में आता है, तो प्रतिरक्षा तंत्र पूर्ण शक्ति से उसे नष्ट कर देता है।
- अत: पहले संक्रमण की अपेक्षा दूसरा संक्रमण शीघ्र ही समाप्त हो जाता है। यह **प्रतिरक्षाकरण** (Immunisation) के नियम का आधार है।

टीकाकरण

- ब्रिटिश डॉक्टर **एडवर्ड जेनर** (Edward Jenner) ने **सर्वप्रथम वर्ष** 1976 में **जेम्स फिप्स** (James Phipps) नामक बच्चे को **चेचक** (Smallpox) या बड़ी माता का टीका लगाया।
- प्रथम टीके का निर्माण गाय [गौ–चेचक (Cow pox)] द्वारा किया गया, इसलिए इसे **वैक्सीन** (Vaccine) नाम दिया गया, क्योंकि लैटिन भाषा में गाय को *वेका (Vacca)* कहते हैं।
- टीकाकरण (Vaccination) में शरीर में विशिष्ट संक्रमण प्रविष्ट कराकर प्रतिरक्षा तंत्र को मूर्ख बनाया जाता है।
- यह उन रोगाणुओं की नकल करता है, जो सामान्यतया संक्रमण द्वारा शरीर में पहुँचते हैं।
- यह वास्तव में रोग नहीं उत्पन्न करता है, बल्कि रोग उत्पन्न करने वाले रोगाणुओं को तथा उसके बाद रोग उत्पन्न करने से रोकता है।
- टीका मृत (Dead) या दुर्बल (Attenuated) संक्रामक कारकों या उनके उत्पाद से तैयार किया जाता है, जो प्रतिरक्षी तंत्र को एक विशिष्ट रोग के विरुद्ध प्रतिरक्षी बनाने हेतु प्रेरित करता है।
- संक्रामक रोगों के निवारण हेतु अनेक टीके उपलब्ध हैं, जोकि रोग-विशिष्ट होते हैं। वे रोग जिनके विरुद्ध टीके उपलब्ध हैं, निम्नवत् हैं
  - डिफ्थीरिया, परट्यूसिस, टिटेनस-DDT, Hib- टीका
  - पोलियोमेलाइटिस-OPV (Oral Polio Vaccine)
  - हिपेटाइटिस B-हिपेटाइटिस टीका
  - ट्युबरकुलोसिस-BCG (Bacillus Calmette Guerin)
- ये टीके बच्चों की संक्रामक रोगों से रक्षा करने के लिए भारत के सरकारी स्वास्थ्य कार्यक्रमों के अंतर्गत उपलब्ध हैं।
- टीके को उचित आयु में दिया जाना आवश्यक है, उदाहरण-हिपेटाइटिस-A के विरुद्ध टीका बाजार में उपलब्ध है।
- हिपेटाइटिस विषाणु के कारण पीलिया हो जाता है। यह जल द्वारा फैलता है। इसके टीके को पाँच वर्ष की आयु के बाद देना व्यर्थ है, क्योंकि तब तक बच्चा इसके संक्रमण के प्रभाव में आकर इसके विरुद्ध प्रतिरक्षी हो चुका होता है।
- भारत में पल्स पोलियो प्रतिरक्षीकरण (PPI) कार्यक्रम की शुरुआत विश्व स्वास्थ्य संगठन (WHO) के वैश्विक पोलियो उन्मूलन प्रस्ताव के अंतर्गत वर्ष 1995 में की गई।
- इस कार्यक्रम के अंतर्गत पाँच वर्ष तक के बच्चों को दिसंबर व जनवरी में ओरल पोलियो वैक्सीन (OPV) की दो बूँदें दी जाती हैं।
- WHO द्वारा भारत को वर्ष 2014 में पोलियो मुक्त घोषित कर दिया गया है। यद्यपि यह कार्यक्रम आज भी चल रहा है, जिससे इसके पुन: रोगग्रस्त करने की संभावना पूर्णतया समाप्त हो जाए।

प्रतिरक्षा

- किसी विशिष्ट रोगाणुओं के प्रति प्रतिरोध (Resistance) प्राप्त करना **प्रतिरक्षा (Immunity)** कहलाता है।
- जीवविज्ञान की वह शाखा, जो प्रतिरक्षी प्रतिक्रियाओं से संबंधित है, उसे **प्रतिरक्षा विज्ञान या इम्यूनोलॉजी** (Immunology) कहते हैं।
- **वॉन बेहरिंग** (Von Behring) को प्रतिरक्षा विज्ञान का जनक माना जाता है।
- प्रतिरक्षा निम्नलिखित दो प्रकार की होती है
  (i) अविशिष्ट प्रतिरक्षा (Non-specific immunity)
  (ii) विशिष्ट प्रतिरक्षा (Specific immunity)

अविशिष्ट या सहज या स्वाभाविक प्रतिरक्षा

- यह प्रतिरक्षा मानव शरीर की सामान्य अवस्था एवं शरीर तंत्रों की समुचित कार्यिकी पर भी निर्भर करती है, इसीलिए पोषण, आयु, थकान, लिंग, जलवायु, आदि इस प्रतिरक्षा के निर्धारक तत्व होते हैं।
- यह प्रतिरक्षा किसी विशेष रोग से सुरक्षा प्रदान करने की बजाय सभी रोगों एवं प्रतिजनों (Antigens) से समान रूप में सुरक्षा प्रदान करती है। इसको **सहज अथवा स्वाभाविक प्रतिरक्षा** (Innate or Non-specific Immunity) भी इसी कारण से कहा जाता है।
- अविशिष्ट प्रतिरक्षा का एक रूप **जातीय प्रतिरक्षा** (Species Immunity) है।
- जिसके अन्तर्गत एक जाति में होने वाला रोग, दूसरी जाति में नहीं होता है; उदाहरण-चूजों में एन्थ्रैक्स (Anthrax) नहीं होता, क्योंकि एन्थ्रैक्स का जीवाणु 37°C पर सही प्रकार से वृद्धि कर पाता है, जबकि चूजों का सामान्य तापक्रम 45°C होता है।
- **नस्ल प्रतिरक्षा** (Racial Immunity) भी अविशिष्ट प्रतिरक्षा का ही एक और रूप है; उदाहरण-काली अफ्रीकी नस्ल के मानवों में हँसियाकार कोशिका अरक्तता (Sickle cell anaemia) बहुत सामान्य रोग है, परंतु ये मलेरिया से पीड़ित नहीं होते हैं, क्योंकि मलेरिया परजीवी का हँसियाकार कोशिका में पूर्ण क्षमता से वृद्धि कर पाना सम्भव नहीं हो पाता है।

विशिष्ट या उपार्जित प्रतिरक्षा

- इस प्रतिरक्षा में भिन्न-भिन्न प्रकार के रोगोत्पादक आक्रमणकारियों एवं प्रतिजनों से सुरक्षा के लिए भिन्न-भिन्न प्रकार की पृथक् विशिष्टीकृत कोशिकाएँ होती हैं, इसलिए इसे विशिष्टीकृत (उपार्जित) प्रतिरक्षा (Specific or Acquired Immunity) कहते हैं। यह जन्मजात न होकर प्रतिजन के प्रभाव से अर्जित की जाती है, अत: उपार्जित प्रतिरक्षा है।
- विशिष्ट प्रतिरक्षा को पुन: दो प्रकार में विभेदित कर सकते हैं

सक्रिय उपार्जित प्रतिरक्षा

- जब किसी जीव की अपनी कोशिकाएँ प्रतिरक्षा उत्पन्न करती हैं, तो यह सक्रिय प्रतिरक्षा (Active Immunity) कहलाती है। यह तब विकसित होती है, जब व्यक्ति रोग से ग्रसित हो या रोग के लिए टीके लेता हो। ये भी दो प्रकार की होती है
   (a) **प्राकृतिक सक्रिय उपार्जित प्रतिरक्षा** (Natural Acquired Active Immunity) इसमें व्यक्ति का प्रतिरक्षा तन्त्र सक्रिय रूप से सम्मिलित होता है, जो प्रतिरक्षी कोशिकाओं या प्रतिरक्षण सक्रिय कोशिकाओं का उत्पादन करता है।
   (b) **कृत्रिम सक्रिय उपार्जित प्रतिरक्षा** (Artificial Acquired Active Immunity) सक्रिय प्रतिरोधक क्षमता के निर्माण के लिए विभिन्न रोगाणुओं द्वारा प्रतिजनों का निर्माण व्यापारिक रूप से किया जाता है, जो निम्नलिखित हैं
   - **टीका** (Vaccine) यह विभिन्न जीवाणुओं एवं विषाणुओं से प्राप्त किए जाते हैं, जो सक्रिय एवं निष्क्रिय रोगाणुओं के लिए टीका बनाने में प्रयुक्त किए जाते हैं।
   - **जीवाणुक टीका** (Bacterial Vaccine) इसे अक्रिय जीवाणु कोशिका से प्राप्त किया जाता है।
   - **टॉक्सोइड** (Toxoids) यह जीवाणु का विष होता है, इसे भी अक्रिय जीवाणु कोशिकाओं से प्राप्त किया जाता है।
   - **विषाणु टीका** (Viral Vaccine) विषाणुओं के शरीर के विभिन्न भागों से इस प्रकार के अनेक टीके तैयार किए जाते हैं; जैसे-पोलियो, चेचक, आदि के टीके।

निष्क्रिय उपार्जित प्रतिरक्षा

- इनमें प्रतिरक्षा तंत्र सक्रिय रूप से सम्मिलित नहीं होता, इसमें प्रतिरक्षी या विशिष्ट प्रतिरक्षण कोशिकाएँ एक व्यक्ति से दूसरे व्यक्ति में स्थानांतरित होती हैं।
- ये भी दो प्रकार की होती हैं
   (i) **प्राकृतिक अक्रिय उपार्जित प्रतिरक्षा** (Natural Acquired Passive Immunity) इस प्रतिरक्षा को जन्मजात उपार्जित अक्रिय प्रतिरक्षा भी कहते हैं, क्योंकि भ्रूण में माता के रुधिर से बनी हुई प्रतिरक्षी (माता प्रतिरक्षी) भ्रूणीय परिवहन के द्वारा प्रवेश कर जाती है एवं जन्म के पश्चात् 3 से 6 माह तक जीवित रहती हैं।
   ठीक इसी प्रकार जन्म के पश्चात् माता का शुरुआती दूध अथवा कोलोस्ट्रम (First milk or colostrum) वास्तव में प्रतिरक्षी (I_gA, I_gG and I_gM) का ही घोल होता है।
   (ii) **कृत्रिम सक्रिय उपार्जित प्रतिरक्षा** (Artificial Acquired Active Immunity) इस प्रकार की प्रतिरक्षा, मानव शरीर में प्रतिरक्षी सीरम को कृत्रिम रूप से इन्जेक्शन द्वारा रुधिर परिवहन में प्रवेश कराने के कारण होती है; उदाहरण-टिटेनस, रेबीज, खाद्य-विषाक्ता एवं सर्प विष, आदि में।

अतिरिक्त तथ्य
तमिलनाडु बोर्ड एवं NIOS

- रॉबर्ट कॉच (1876) ने जीवाणु *बैसिलस एन्थ्रेसिस* की खोज की थी, जो एन्थ्रेक्स रोग का कारण होता है।

09

पर्यावरण एवं पारिस्थितिकी

(स्रोत)

Class-VI New NCERT Chap 6 **(सजीव-विशेषताएँ एवं आवास)** Chap 11 **(हमारे चारों ओर वायु)** Class-VI Old NCERT Chap 14 जल, Class-VII Old NCERT Chap 7 **(मौसम, जलवायु तथा जलवायु के अनुरूप जंतुओं द्वारा अनुकूलन)**, Old NCERT Chap 9 **(मृदा)**, Old NCERT Chap 16 **(जल एक बहुमूल्य संसाधन)**, Class-VIII New NCERT Chap 12 **(वन : हमारी जीवन रेखा)**, Chap 13 **(अपशिष्ट जल की कहानी)**, Class-IX Old NCERT Chap 14 **(प्राकृतिक सम्पदा)**, Class-X New NCERT Chap 13 **(हमारा पर्यावरण)**, Class-XII New NCERT Chap 11 **(जीव एवं समष्टियाँ)**, Chap 12 **(पारितंत्र)**, Class-XII Old NCERT Chap 16 **(प्राकृतिक संसाधनों का प्रबन्धन)**
Tamil Nadu Board (Class-IX), NIOS

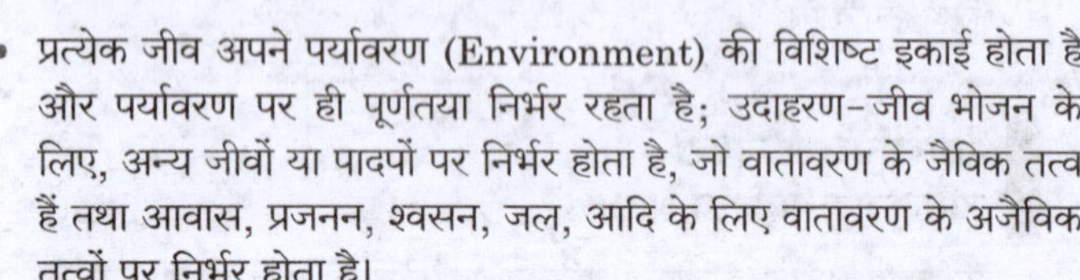

- प्रत्येक जीव अपने पर्यावरण (Environment) की विशिष्ट इकाई होता है और पर्यावरण पर ही पूर्णतया निर्भर रहता है; उदाहरण-जीव भोजन के लिए, अन्य जीवों या पादपों पर निर्भर होता है, जो वातावरण के जैविक तत्व हैं तथा आवास, प्रजनन, श्वसन, जल, आदि के लिए वातावरण के अजैविक तत्वों पर निर्भर होता है।
- जीवन की आधारभूत इकाई कोशिका (Cell) तथा उच्चतम इकाई जीव (Organism) स्वयं होता है। जिस प्रकार कोशिका से जीव का संगठनात्मक निर्माण होता है, उसी प्रकार जीव से **जैवमंडल** (Biosphere) का निर्माण होता है।
- जैवमंडल पृथ्वी का वह भाग होता है, जहाँ सजीव निवास करते हैं। यह स्थलमंडल, जलमंडल तथा वायुमंडल में सम्मिलित रूप से विद्यमान होता है।
- प्राय: यह जल में समुद्र तल से 6 किमी नीचे एवं वायु में स्थल से 8 किमी ऊपर तक पाया जाता है।

पर्यावरण

- पर्यावरण (Environment) शब्द 'परि+ आवरण' से मिलकर बना है, जिसका अर्थ है, परिवेश (Surrounding)। अंग्रेजी भाषा में पर्यावरण का अर्थ 'Everything around an organism' होता है, जो जीव को प्रत्यक्ष या अप्रत्यक्ष रूप से प्रभावित करता है।
- जीव के चारों ओर उपस्थित वह क्षेत्र, जो उन्हें घेरे रहता है तथा उसकी जैविक क्रियाओं पर प्रत्यक्ष (Direct) या अप्रत्यक्ष (Indirect) रूप से प्रभाव डालता है, पर्यावरण कहलाता है।
- इस परिवृति में जीव से संबंधित वे सभी तत्व, वस्तुएँ, स्थितियाँ और दशाएँ सम्मिलित हैं, जो जीवों के जीवन विकास को प्रभावित करती हैं।
- पर्यावरण, **जैविक** (Biotic) और **अजैविक** (Abiotic) दोनों प्रकार के घटकों से मिलकर बना होता है।
- जैविक पर्यावरण के अंतर्गत वृहत्ताकार एवं सूक्ष्माकार जीव (जंतु एवं पादप) पाए जाते हैं और अजैविक पर्यावरण के अंतर्गत मृदा, जल, वायु, प्रकाश, ताप, आदि घटक आते हैं।

पर्यावरण का वर्गीकरण

हमारा पर्यावरण तीन तत्वों से मिलकर बना है; जैसे-वायु, जल और स्थल। इसी आधार पर इसे निम्नलिखित भागों में बाँटा गया है

वायुमंडल

- वायु से घिरा पृथ्वी के चारों ओर का क्षेत्र (आवरण) वायुमंडल (Atmosphere) कहलाता है अर्थात् पृथ्वी के चारों ओर स्थित पारदर्शी गैसीय आवरण को वायुमंडल कहते हैं।
- पृथ्वी की सतह से लगभग 300 किमी ऊँचाई तक गैसों का एक आवरण होता है।
- गैसों का 95% भाग पृथ्वी की सतह से 20 किमी ऊँचाई तक के क्षेत्रों में होता है। अतिरिक्त शेष 5% गैसें 20 किमी के ऊपर 282 किमी ऊँचाई तक विस्तृत होती हैं।
- पृथ्वी के वायुमंडल में गैसों का मिश्रण होता है, जिनमें से कुछ महत्त्वपूर्ण गैसें निम्नलिखित हैं

वायु का सामान्य संघटन

घटक	मात्रा (%) में
नाइट्रोजन	78.09%
ऑक्सीजन	20.95%
आर्गन	0.9%
कार्बन डाइऑक्साइड	0.039%
मीथेन	0.0002%
हाइड्रोजन	0.00005%

- वायु बहुत-सी गैसों का मिश्रण है; जैसे-नाइट्रोजन, ऑक्सीजन, कार्बन डाइऑक्साइड, जलवाष्प, आदि जो पृथ्वी पर जीवन की निरंतरता हेतु आवश्यक हैं।
- यूकैरियोटिक कोशिकाओं और बहुत-सी प्रोकैरियोटिक कोशिकाओं को ग्लूकोज अणुओं को तोड़ने तथा उससे ऊर्जा प्राप्त करने के लिए ऑक्सीजन की आवश्यकता होती है। इसके परिणामस्वरूप कार्बन डाइऑक्साइड उत्पन्न होती है।
- वायुमंडल में कार्बन डाइऑक्साइड की मात्रा 0.04% से भी कम होती है, क्योंकि कार्बन डाइऑक्साइड, दो विधियों से स्थिर होती है
  - हरे पेड़-पौधे सूर्य की किरणों की उपस्थिति में कार्बन डाइऑक्साइड को प्रकाश संश्लेषण द्वारा ग्लूकोज में परिवर्तित कर देते हैं।
  - बहुत-से समुद्री जंतु, समुद्री जल में घुले कार्बोनेट से अपने कवच का निर्माण करते हैं।

जलमंडल

- पृथ्वी पर विद्यमान सभी जलकायों (Water bodies) को सम्मिलित रूप से जलमंडल (Hydrosphere) कहते हैं।
- इसके अंतर्गत महासागर, सागर, तालाब, झीलें, नदियाँ, ग्लेशियर, आदि आते हैं।
- पृथ्वी का लगभग 71% भाग जल से ढका होने के कारण इसे **नीला ग्रह** (Blue planet) भी कहते हैं।
- विश्व की सर्वोच्च चोटी माउण्ट एवरेस्ट (8848 मी) से लेकर सबसे गहरे गर्त मेरियाना (10994 मी) में जल पाया जाता है।
- जीवन की सर्वप्रथम उत्पत्ति इसी में हुई थी। अत: दाब, ताप, प्रकाश, आदि कारणों की विविधता के कारण इस मंडल में सर्वाधिक मात्रा में जैव-विविधता (Biodiversity) पाई जाती है। सभी जीवों में पाए जाने वाला जीवद्रव्य (Protoplasm) जल के मिश्रण से बना होता है।
- जैलीफिश (Jellyfish) के जीवद्रव्य में 95% जल व मानव के रुधिर प्लाज्मा एवं मस्तिष्क में 90% जल होता है।
- सभी पेशी एवं तंत्रिकाओं (Nerves) में लगभग 80% जल होता है। यहाँ तक कि शरीर का सबसे कठोर पदार्थ दाँतों पर पाया जाने वाला इनेमल (Enamel) में भी 2% जल होता है। अत: मानव के शरीर में लगभग 70% जल होता है।
- पृथ्वी पर सभी स्थानों पर वर्षा समान मात्रा में नहीं होती है। किसी स्थान की समुद्र से दूरी, मौसमी जलवायु एवं पर्वत शिखरों का झुकाव तथा ऊँचाई जैसे भौगोलिक कारणों से वर्षा की मात्रा समान नहीं होती है।
- वर्षा की मात्रा के अनुरूप ही अलग-अलग पादप विकसित होते हैं।
- अधिक वर्षा और अधिक ताप से सघन वन; जैसे–ऊष्णकटिबंधीय वर्षा वन या सदाबहार वर्षा वन विकसित होते हैं।
- यदि वर्षा अधिक और ताप कम हो, तो वनस्पति में लाइकेन, चीड़ के वृक्ष और झाड़ियाँ मिलती हैं।
- जिन स्थानों पर वर्षा कम और तापक्रम अधिक होता है, तो वहाँ वनस्पति में छोटे वृक्ष (झाड़ी एवं क्षुप) होते हैं।
- जिन स्थानों पर वर्षा औसत से कम होती है, वहाँ मरुस्थल पाए जाते हैं।

स्थलमंडल

- पृथ्वी की ऊपरी या बाहरी उबड़-खाबड़ उपजाऊ सतह को ही स्थलमंडल (Lithosphere) कहते हैं।
- यह विभिन्न पर्वतों, गर्तों, मैदानों, पठारों, रेगिस्तानों, आदि से मिलकर बना होता है, जहाँ स्थलीय तथा वायवीय जीवों के अतिरिक्त विशाल वृक्षों द्वारा निर्मित वन पाए जाते हैं।
- यह पृथ्वी का लगभग 29% भाग घेरता है। यह सर्वाधिक भौगोलिक तथा जलवायु विभिन्नताओं से प्रभावित भाग है, जो जैव-विकास का प्रमुख कारण है।

मृदा

- मृदा (Soil) पृथ्वी की सतह की ऊपरी उपजाऊ परत है। मृदा का निर्माण चट्टानों के भौतिक, रासायनिक तथा जैविक अपक्षरण के कारण होता है।
- मृदा निर्माण को **मृदाजनन** कहते हैं तथा मृदा संबंधी अध्ययन विज्ञान को **पीडोलॉजी** (Pedology) कहते हैं।

पारिस्थितिकी

- जीव तथा उसके पर्यावरण का पारस्परिक संबंध ही पारिस्थितिकी (Ecology) कहलाता है।
- जर्मन जैव-वैज्ञानिक **रेटर** (Reiter, 1868) ने सर्वप्रथम पारिस्थितिक शब्द का प्रतिपादन तथा प्रयोग किया।
- इस शब्द का प्रयोग '*Oekologie*' के रूप में किया गया था। यह ग्रीक भाषा के शब्दों '*ऑइकॉस* (*Oikos*)–घर या आवास तथा *लोगस* (*logos*) – अध्ययन' से मिलकर बना है।
- **अर्नेस्ट हेकल** (Ernst Haeckel) ने 1869 ई. में पारिस्थितिकी शब्द की पूर्ण व्याख्या की। इनके अनुसार, पारिस्थितिकी की परिभाषा निम्न है "सजीवों के अकार्बनिक व कार्बनिक वातावरणीय तथा पारस्परिक संबंधों का अध्ययन पारिस्थितिकी या पारिस्थितिक विज्ञान (Ecology) कहलाता है।"
- **प्रो. रामदेव मिश्रा** (Prof. Ramdev Mishra) को 'भारतीय पारिस्थितिकी' का जनक कहा जाता है। उन्होंने बताया कि "पारिस्थितिकी, रूप, प्रक्रिया तथा कारकों के बीच पारस्परिक संबंधों का अध्ययन है।"

समष्टि

'किसी विशिष्ट भौगोलिक क्षेत्र में, किसी दिए गए समय पर निवास एवं परस्पर प्रजनन करने वाली समान जाति के जीवधारियों के समूह को उस जीव की समष्टि (Population) कहते हैं'।

समष्टि के गुण

किसी भी जीव की समष्टि में निम्नलिखित गुण पाए जाते हैं

(i) **समष्टि आकार व घनत्व** (Population Density) किसी स्थान पर इकाई क्षेत्र में निश्चित समय पर उपस्थित एक ही जाति के कुल सदस्यों की संख्या को समष्टि घनत्व कहते हैं।

समष्टि घनत्व को निम्न सूत्र द्वारा प्रदर्शित किया जा सकता है

$$D = \frac{N}{S}$$

यहाँ D = समष्टि घनत्व
N = जीवों की कुल संख्या
S = क्षेत्र

(ii) **जन्म दर** (Birth Rate or Natality) किसी समष्टि में नए जीवों के उत्पन्न होने की दर को ही जन्म दर कहते हैं।

(iii) **मृत्यु दर** (Death Rate or Mortality) किसी समष्टि में इकाई समय में मरने वाले व्यक्तियों की संख्या को मृत्यु दर कहते हैं। समष्टि में दिए गए इकाई समय में जन्म दर व मृत्यु दर के अनुपात को ही जैव सूचकांक (Vital index) कहते हैं।

(iv) **लिंग अनुपात** (Sex Ratio) किसी समष्टि में प्रति एक हजार पुरूषों पर स्त्रियों की संख्या को लिंग अनुपात कहते हैं। लिंग अनुपात इसलिए महत्वपूर्ण है, क्योंकि यदि समष्टि में स्त्रियों की संख्या अधिक है, तो इसका सीधा प्रभाव जन्म दर पर धनात्मक रूप से पड़ता है।

(v) **आयु संरचना** (Age Structure) यह किसी समष्टि में उपस्थित व्यष्टियों के आयु वर्गों का प्रतिशत है। आयु वितरण के आधार पर समष्टियाँ तीन प्रकार की होती हैं

- **तीव्र वृद्धि करती समष्टि** (Rapidly Growing Population) इस प्रकार की समष्टि में जन्म दर अधिक व मृत्यु दर कम होती है। इस कारण इस समष्टि में युवाओं की संख्या अधिक होती है।
- **स्थिर समष्टि** (Stable Population) इस प्रकार की समष्टि में जन्म दर व मृत्यु दर लगभग बराबर होती है।
- **घटती हुई समष्टि** (Declining Population) इस प्रकार की समष्टि में जन्म दर की तुलना में मृत्यु दर अधिक होती है।

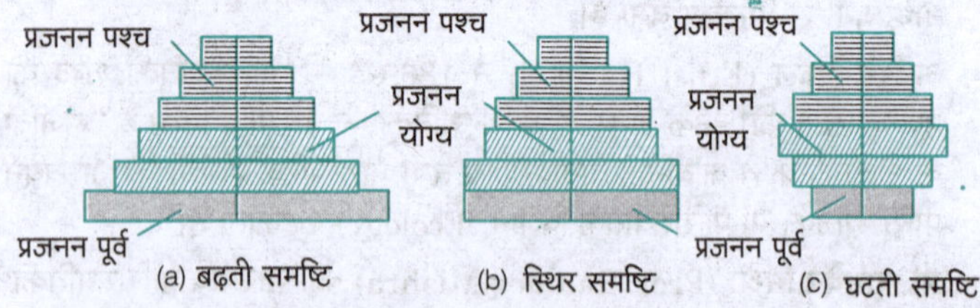

विभिन्न प्रकार की जनसंख्या की आयु संरचना

(vi) **समष्टि वृद्धि** (Population Growth) किसी भी जाति की समष्टि का आकार स्थिर नहीं होता है। वह समय के साथ, पर्यावरणीय कारकों के प्रभाव में बदलता रहता है। अतः समष्टि एक गतिकीय (Dynamic) इकाई है।

समष्टि में व्यष्टियों की संख्या में वृद्धि ही समष्टि वृद्धि कहलाती है। जन्म दर व आप्रवासन से समष्टि के आकार में वृद्धि होती है, जबकि मृत्यु दर व उत्प्रवासन से समष्टि के आकार में कमी आती है।

पारिस्थितिक अंतर्क्रियाएँ

पर्यावरण में प्रायः विभिन्न जातियों के सदस्य एक-दूसरे को प्रभावित करते हैं तथा परस्पर अंतर्क्रियाएँ भी करते हैं। इन्हें पारिस्थितिक अंतर्क्रियाएँ (Ecological interactions) कहते हैं।

अंतर्क्रियाओं के प्रकार

साधारणतया अंतर्क्रियाएँ तीन प्रकार की होती हैं

1. धनात्मक या लाभदायक अंतर्क्रियाएँ

इस प्रकार की अंतर्क्रियाओं में भाग लेने वाली एक अथवा दोनों जातियाँ लाभांवित (Benefitted) होती हैं। इसके अन्तर्गत निम्नलिखित अन्तर्क्रियाएँ सम्मिलित होती हैं

(i) **सहभोजिता** (Commensalism) इस प्रकार की अंतर्क्रिया में भाग लेने वाली एक जाति लाभांवित होती है, जबकि दूसरी अप्रभावित रहती है; उदाहरण–मनुष्य की आँत (Intestine) में रहने वाला जीवाणु ई. *कोलाई* भोजन तथा आश्रय प्राप्त करता है।

(ii) **प्रोटोकॉपरेशन** (Protocooperation) इस संबंध के अंतर्गत दो भिन्न जातियों के सदस्य जब परस्पर अंतर्क्रिया करते हैं, तो वे दोनों लाभान्वित होते हैं, किंतु ये पृथक्-पृथक् स्वतंत्र रूप से भी निर्वाह कर सकते हैं;

उदाहरण–पशु एवं कीटभक्षी पक्षी, क्योंकि ये पक्षी पशुओं के शरीर से जुएँ एवं कीट भोजन के रूप में ग्रहण करते हैं और बदले में पशुओं को इन परजीवियों (Parasites) से छुटकारा मिल जाता है।

(iii) **सहोपकारिता** (Mutualism) यह दो भिन्न जातियों के जीवों के मध्य ऐसा संबंध है, जिसमें दोनों ही जीव लाभांवित होते हैं, किंतु इनमें से कोई भी पृथक् होकर जीवित नहीं रह सकता है।

उदाहरण–रोमन्थी जीव (Ruminants) तथा सूक्ष्मजीव, रोमन्थी जीवों के आमाशय (Stomach) में सूक्ष्मजीव भोजन एवं आश्रय प्राप्त करते हैं और बदले में सेलुलोस पर क्रिया करके उसे पाचन योग्य बना देते हैं।

2. ऋणात्मक या हानिकारक अंतर्क्रियाएँ

इस प्रकार की अंतर्क्रियाओं में सम्मिलित दो जीव जातियों में से एक या दोनों को हानि उठानी पड़ती है।

इसके अंतर्गत निम्नलिखित अंतर्क्रियाएँ सम्मिलित होती हैं

(i) **प्रतिजीविता** (Amensalism) इसमें एक जीव अपने विषैले स्राव द्वारा दूसरे जीव को हानि पहुँचाता है। इसमें हानि उठाने वाला **एमेनसल** (Amensal) तथा प्रभावित करने वाला जीव **संदमक** (Inhibitor) कहलाता है।

उदाहरण–*स्ट्रेप्टोमाइसिस ग्राइसिमस, स्ट्रेप्टोमाइसिस* नामक प्रतिजैविक स्रावित करता है, जिससे अन्य जीवाणुओं का संदमन होता है।

(ii) **प्रतिस्पर्द्धा** (Competition) जब जीवन हेतु आवश्यक संसाधन सीमित मात्रा में पाए जाते हैं, तो उन्हें प्राप्त करने के लिए दो अथवा अधिक जीवों के मध्य प्रतिस्पर्द्धा होती है। यह प्रतिस्पर्द्धा **अंतः जातीय** (Intraspecific) या **अंतर्जातीय** (Interspecific) दोनों प्रकार की हो सकती है।

उदाहरण–माँसाहारी जीव; जैसे–शेर, चीता, तेंदुआ, बाघ इत्यादि शिकार हेतु प्रतिस्पर्द्धा करते हैं।

(iii) **परजीविता** (Parasitism) यह दो जातियों के भिन्न आकार वाले जीवों के मध्य ऐसा संबंध है, जिसमें छोटे जीव लाभान्वित होते हैं और बड़े जीव को हानि उठानी पड़ती है। लाभ प्राप्त करने वाला जीव परजीवी कहलाता है, जो बड़े जीव अर्थात् पोषी (Host) के शरीर पर अथवा उसके भीतर रहता है।

उदाहरण–*एनॉफिलीज* मच्छर व मनुष्य में मलेरिया परजीवी (*प्लाज्मोडियम*) तथा जंतुओं के शरीर पर जुएँ इत्यादि।

(iv) **परभक्षण** (Predation) इस प्रकार की अंतर्क्रिया में एक जीव किसी अन्य जीवित जीव को मारकर खा जाता है।

भक्षण करने वाला जीव परभक्षी (Predator) तथा भोजन बनने वाला जीव भक्ष्य (Prey) कहलाता है, उदाहरण–सभी माँसाहारी शिकारी जीव परभक्षी होते हैं।

3. उदासीन अंतर्क्रियाएँ

- इस प्रकार की अंतर्क्रियाओं में दोनों में से किसी भी जीव को लाभ या हानि नहीं होती है; उदाहरण-अनुहरण (Mimicry)।
- अनुहरण में एक जीव रूप, रंग, आकार या व्यवहार में किसी अन्य जीव या निर्जीव पदार्थ की नकल करता है, जिससे परभक्षी या तो उसे पहचान नहीं पाते या उसे हानिकारक/व्यर्थ समझकर छोड़ देते हैं।
- नकल करने वाला जीव मिमिक (Mimic) कहलाता है, जबकि वह जीव, जिसकी नकल की जाती है, मॉडल कहलाता है; उदाहरण-कुछ तितलियाँ, मॉथ इत्यादि।

जीवों में पारिस्थितिकीय अनुकूलन

- वातावरण में होने वाले परिवर्तनों को सहने के लिए वातावरणीय प्रभावों के कारण जीवों में संरचनात्मक (Structural), कार्यात्मक (Physiological) तथा आकारिकीय (Morphological) परिवर्तन ही पारिस्थितिकीय अनुकूलन कहलाते हैं।
- पादपों और जंतुओं में अनेक प्रकार के पारिस्थितिकीय अनुकूलन (Ecological adaptation) पाए जाते हैं।

जलोद्भिद् पादप

- ऐसे पादप, जो जल से संतृप्त स्थानों पर पाए जाते हैं तथा पूर्णरूप या आंशिक रूप से जल में डूबे रहते हैं, जलोद्भिद् पादप (Hydrophytic plants) कहलाते हैं।
- इन पादपों का शरीर जल के सम्पर्क में रहता है, जिसके कारण जल अवशोषण की आवश्यकता कम होती है। अत: जड़ें बहुत कम विकसित या अनुपस्थित होती हैं।
- जलनिमग्न पादपों के तने पतले, कोमल तथा स्पंजी होने के कारण जल के बहाव में सुरक्षित रहते हैं।
- जलनिमग्न पादपों में पत्तियाँ महीन व कटी-फटी होती हैं। *वैलिसनेरिया* (*Vallisneria*) में पत्तियाँ लम्बी तथा फीतेनुमा (Ribbon-shaped) होती हैं।
- जो पत्तियाँ जल की सतह पर तैरती हैं, वे बड़ी होती हैं तथा इनकी ऊपरी सतह पर मोम सदृश पदार्थ की परत पाई जाती है।

जलीय प्राणियों में अनुकूलन

- इनके शरीर के ऊपर कंटकों एवं शल्कों का बना बाह्य कंकाल पाया जाता है व शरीर नौकाकार होता है, जो तैरने में सहायक होता है।
- इनमें युग्मित उपांग (परखों के रूप में) पाए जाते हैं, जो तैरने में सहायता करते हैं, जबकि मेंढक के पश्चपाद में जालयुक्त पादांगुलियाँ उन्हें तैरने में सहायता करती है।
- ये क्लोमों द्वारा श्वसन करते हैं, जो जल में घुलनशील ऑक्सीजन लेते हैं।
- इनमें वायु थैली अथवा वाताशय (Air bladder) पाया जाता है, जो जल दाब नियंत्रित कर जल की गहराई में मछलियों की रक्षा करता है।

पर्वतीय क्षेत्रों में पादप के अनुकूलन

- पर्वतीय क्षेत्रों के पादप सामान्यत: शंक्वाकार होते हैं तथा इनकी शाखाएँ तिरछी होती हैं।
- इनमें से कुछ वृक्षों की पत्तियाँ सुई के आकार की होती हैं। इससे वर्षा का जल एवं हिम सरलता से नीचे की ओर खिसक जाता है।
- पर्वतों पर अधिक भिन्न आकृति एवं आकार वाले वृक्ष भी मिल सकते हैं। पर्वत पर जीवित रहने के लिए इनमें कुछ अन्य प्रकार के अनुकूलन भी हो सकते हैं।

पर्वतीय क्षेत्रों में जन्तुओं के अनुकूलन

- उनकी मोटी त्वचा या फर ठंड से उनका बचाव करती है। उदाहरणत: शरीर को गर्म रखने के लिए याक का शरीर लंबे बालों से ढका होता है।
- पहाड़ी तेंदुए के शरीर पर फर होते हैं। यह बर्फ पर चलते समय उसके पैरों को ठंड से बचाता है।
- पहाड़ी बकरी के मजबूत खुर उसे ढालदार चट्टानों पर दौड़ने के लिए अनुकूलित बनाते हैं।

शुष्कोद्भिद् या मरुद्भिद् पादप

- ऐसे स्थान जहाँ पर जल की कमी होती है तथा शुष्कता की स्थिति बनी रहती है, वहाँ शुष्कोद्भिद् पादप (Xerophytes plants) पाए जाते हैं।
- इन पादपों में मूलतंत्र अत्यधिक विकसित पाया जाता है। जड़ें लंबी शाखित व अधिक मूलरोम युक्त होती हैं। अधिक मूलरोमों व गहराई तक जाने के कारण जड़ों में जल अवशोषण की क्षमता अधिक होती है।
- इन पादपों का तना छोटा, काष्ठीय (Woody) व मोटी छाल युक्त होता है। तनों पर रोम व कंटक पाए जाते हैं, जो वाष्पोत्सर्जन को कम करते हैं।
- कुछ पादपों में तना रूपांतरित होकर चौड़ा व माँसल होकर पत्ती का कार्य करता है। ऐसे तने को **पर्णाभस्तंभ** (Phylloclade) कहते हैं, उदाहरण–नागफनी।
- अनेक पादपों; जैसे-बरगद, पीपल, आदि की पत्तियाँ वाष्पोत्सर्जन को कम करने के लिए मोटी होती हैं।
- नागफनी में पत्तियाँ काँटों में रूपांतरित हो जाती हैं, जिससे वाष्पोत्सर्जन की दर को मंद कर जल की हानि को कम किया जा सके।

मरुस्थलीय/मरुद्भिद् जंतुओं में अनुकूलन

- कंगारु चूहा अपने उपापचय द्वारा बने जल पर निर्भर रहता है, यह कभी जल नहीं पीता है। इनमें उत्सर्जी पदार्थों को हटाने के लिए जल के बहुत कम आयतन की आवश्यकता होती है।

- अनेक जंतुओं में मूत्र को सांद्रित करने की क्षमता होती है; जैसें-ऊँट अपने मूत्र को पानी की उपलब्धता नहीं होने पर रोक लेता है, जिससे वह कई दिनों तक बिना जल के रह सकता है।
- मरुस्थल प्रदेशों में पाए जाने वाले कुछ जीव ग्रीष्म निष्क्रियता दर्शाते हैं।
- मरुस्थल में रहने वाले चूहे एवं साँप, तेज गर्मी से बचने के लिए भूमि के अंदर गहरे बिलों में रहते हैं। रात्रि के समय ये बाहर निकलते हैं।

ठंडे वातावरण के जंतुओं में अनुकूलन

- ठंडी जलवायु में रहने वाले स्तनधारियों के कान एवं पाद सामान्यत: पर छोटे होते हैं, ताकि ऊष्मा का क्षय कम हो।
- ध्रुवीय समुद्रों में सील जैसे स्तनधारियों में त्वचा के नीचे वसा (Blubber) की मोटी परत होती है, जो ऊष्मारोधी (Insulator) का कार्य करती है और शरीर की ऊष्मा हानि को कम करती है।
- शरीर पर घने बालों का होना, जिससे ऊष्मा की हानि कम होती है, उदाहरण-ध्रुवीय भालू।
- ठंडे प्रदेशों के कुछ जीवों में **शीत निष्क्रियता** (Hibernation) पाई जाती है।

पारिस्थितिक तंत्र

- जीवों व पर्यावरण के मध्य होने वाले पारस्परिक संबंधों से बने तंत्र को ही पारितंत्र या पारिस्थितिक तंत्र (Ecosystem) कहते हैं।
- इकोसिस्टम (Ecosystem) अर्थात् पारिस्थितिक तंत्र शब्द का सर्वप्रथम प्रयोग **ए. जी. टेन्सले** (AG Tansley) ने वर्ष 1935 में किया था।
- **ऑडम** (Odum) के अनुसार, पारितंत्र, पारिस्थितिकी (Ecology) की मूल इकाई है, जिसके अंतर्गत जैविक समुदाय व अजैविक पर्यावरण दोनों एक-दूसरे को प्रभावित करते हैं।
- यह जीवमंडल की संरचनात्मक एवं कार्यात्मक इकाई होती है।

पारिस्थितिक तंत्र के प्रकार

अध्ययन की दृष्टि से पारिस्थितिक तंत्र के निम्न प्रकार हैं

1. प्राकृतिक पारिस्थितिक तंत्र

आवास के आधार पर प्राकृतिक पारिस्थितिक तंत्र दो प्रकार का हो सकता है

(i) जलीय पारिस्थितिक तंत्र

इसमें अंतर्गत जल में पाए जाने वाले पारितंत्रों को सम्मिलित किया गया है। जलीय पारिस्थितिक तंत्र (Aquatic ecosystem) भी दो प्रकार का हो सकता है

(a) **स्वच्छ जलीय पारिस्थितिक तंत्र** (Freshwater Ecosystem) इसमें बहते हुए जल व स्थिर जल के पारितंत्रों को सम्मिलित किया गया है; जैसे-तालाब, नदी, झील, आदि।

(b) **समुद्री जलीय पारिस्थितिक तंत्र** (Marine Water Ecosystem) इसमें समुद्र, तटीय भाग तथा ज्वारीय (Tidal) भागों को सम्मिलित किया जाता है।

(ii) स्थलीय पारिस्थितिक तंत्र

स्थलीय पारिस्थितिक तंत्र (Terrestrial Ecosystem) निम्न तीन प्रकार का होता है

(a) घास के मैदान का पारिस्थितिक तंत्र (Grassland Ecosystem)

(b) मरुस्थल का पारिस्थितिक तंत्र (Desert Ecosystem)

(c) वन का पारिस्थितिक तंत्र (Forest Ecosystem)

2. कृत्रिम या मानव-निर्मित पारिस्थितिक तंत्र

- इस प्रकार के पारितंत्र का निर्माण कृत्रिम रूप से मानव द्वारा किया जाता है तथा इसका नियमन, प्राकृतिक संतुलन के विरुद्ध जाकर किया जाता है।
- कृत्रिम पारिस्थितिक तंत्र (Artificial or Man-made ecosystem) के प्रमुख; उदाहरण-धान, गेहूँ, आदि के खेत, जल जीवशाला (Water aquarium), आदि हैं।

पारिस्थितिक तंत्र के घटक

पारिस्थितिक तंत्र का निर्माण दो घटकों के मिलने से होता है- जैविक घटक तथा अजैविक घटक।

1. पारिस्थितिक तंत्र के जैविक घटक

- पारिस्थितिक तंत्र के जैविक घटकों (Biotic components of ecosystem) में सजीवों को सम्मिलित किया जाता है; जैसे- पादप, जंतु, जीवाणु, आदि।
- पोषण के आधार पर जैविक घटकों को भी तीन भागों में बाँटा जा सकता है

(i) स्वपोषी घटक या उत्पादक

ऐसे सभी जीव, जो अपने पोषण के लिए सरल अकार्बनिक पदार्थों से जटिल कार्बनिक पदार्थों (Organic substances) का निर्माण कर सकते हैं, स्वपोषी (Autotrophic) या उत्पादक (Produce) कहलाते हैं। ये घटक प्रकाश-संश्लेषण की प्रक्रिया द्वारा भोजन (कार्बोहाइड्रेट) एवं ऑक्सीजन का निर्माण करते हैं। इसके अंतर्गत समस्त हरे पादप, प्रकाश-संश्लेषी जीवाणु तथा सायनोबैक्टीरिया (उदाहरण-*नॉस्टॉक*) आते हैं।

(ii) विषमपोषी घटक या उपभोक्ता

ऐसे जीव, जो स्वपोषी घटकों द्वारा निर्मित भोजन से प्रत्यक्ष या अप्रत्यक्ष रूप से अपने पोषण (Nutrition) की प्राप्ति करते हैं, विषमपोषी (Heterotrophic) कहलाते हैं; जैसे- खरगोश, चूहा, मेंढक, शेर, मनुष्य, आदि। विषमपोषी जीवों को उनके पोषण की विधि के आधार पर निम्न प्रकार वर्गीकृत किया जा सकता है

(a) **प्रथम श्रेणी उपभोक्ता** (Primary Consumers) वे ऐसे जीव, जो अपना भोजन सीधे ही उत्पादकों से प्राप्त करते हैं, प्रथम श्रेणी उपभोक्ता कहलाते हैं। इन जीवों को शाकाहारी (Herbivores) भी कहा जाता है। टिड्डा, चूहे, हिरन, खरगोश, चिड़िया, बकरी, आदि प्राथमिक उपभोक्ता के उदाहरण हैं।

(b) **द्वितीय श्रेणी उपभोक्ता** (Secondary Consumers) ऐसे जीव, जो शाकाहारी जंतुओं का शिकार करके अपने भोजन की प्राप्ति करते हैं। द्वितीयक श्रेणी के उपभोक्ता या प्राथमिक स्तर के माँसाहारी (Primary carnivores) कहलाते हैं; जैसे- पक्षी, बिल्ली, कुत्ता, मेंढक, लोमड़ी, सर्प, भेड़िया, आदि।

(c) **तृतीय श्रेणी उपभोक्ता** (Tertiary Consumers) ऐसे विषमपोषी जीव जो माँसाहारी जंतुओं या द्वितीयक उपभोक्ता से पोषण प्राप्त करते हैं, तृतीय श्रेणी उपभोक्ता या द्वितीयक माँसाहारी (Secondary carnivores) कहलाते हैं।

इन्हें सर्वोच्च उपभोक्ता (Top consumer) भी कहते हैं; जैसे-मानव, भालू शेर, बाज, आदि।

(iii) सूक्ष्म उपभोक्ता या मृतोपजीवी या अपघटक

- ऐसे जीव, जो पादप व जंतुओं के मृत शरीर के जटिल कार्बनिक पदार्थों को सरल अकार्बनिक पदार्थों में तोड़कर अपना भोजन प्राप्त करते हैं, अपघटक कहलाते (Decomposer) हैं; जैसे-जीवाणु (Bacteria), कवक (Fungi) (उदाहरण-*एगेरिकस*), आदि।
- ये पादप व जंतुओं में संचित कार्बनिक पदार्थों को पुन: वातावरण में लौटाने का कार्य करते हैं।

2. पारिस्थितिक तंत्र के अजैविक घटक

- इसमें सभी निर्जीव घटक; जैसे-तापमान, प्रकाश, खनिज तत्व, मृदा, जल आदि सम्मिलित हैं। ये पारितंत्र में जीवों की विविधता एवं संख्या को प्रभावित करते हैं।
- पारितंत्र के भौतिक घटक किसी क्षेत्र में पाए जाने वाले जैविक घटकों की संख्या का नियमन करते हैं।

खाद्य श्रृंखला

- पारिस्थितिक तंत्र में सभी जीव भोजन ग्रहण करने के लिए एक-दूसरे से परस्पर जुड़े रहते हैं और एक श्रृंखला बनाते हैं। यही श्रृंखला खाद्य श्रृंखला (Food chain) कहलाती हैं।
- दूसरे शब्दों में, उत्पादकों (Producers) से शीर्ष उपभोक्ताओं तक जीवधारियों की श्रेणी के द्वारा ऊर्जा के स्थानांतरण की प्रक्रिया खाद्य श्रृंखला कहलाती है।
- किसी भी खाद्य श्रृंखला में ऊर्जा का प्रवाह सदैव उत्पादकों से उपभोक्ताओं की ओर होता है तथा यह जीवों के मध्य के संबंध को प्रदर्शित करती है।
- खाद्य श्रृंखला में भोजन के रूप में ऊर्जा का प्रवाह विभिन्न पदों या स्तरों के द्वारा होता है। इन पदों या स्तरों को **पोषक स्तर** (Trophic level) कहा जाता है। आवास के आधार पर खाद्य श्रृंखला निम्न दो प्रकार की होती है

(i) **स्थलीय खाद्य श्रृंखला** यह स्थल में पाई जाने वाली खाद्य श्रृंखला है; जैसे- घास → टिड्डा → मेंढक → साँप → गिद्ध।

(ii) **जलीय खाद्य श्रृंखला** यह जल में पाई जाने वाली खाद्य श्रृंखला है। जैसे-पादपप्लवक → जंतुप्लवक → छोटी मछली (रोहू) → मगरमच्छ

प्रकृति में खाद्य श्रृंखलाएँ तीन प्रकार की हो सकती हैं

(i) **परभक्षी खाद्य श्रृंखला** (Predatory Food Chain) यह हरे पौधों से प्रारंभ होकर, छोटे जंतुओं में तथा फिर बड़े जंतुओं की ओर जाती है।

(ii) **परजीवी खाद्य श्रृंखला** (Parasitic Food Chain) यह बड़े जंतुओं से प्रारंभ होकर छोटे जंतुओं तक जाती है।

(iii) **मृतोपजीवी खाद्य श्रृंखला** (Detritus Food Chain) यह मृत प्राणियों से प्रारंभ होकर सूक्ष्मजीवों की ओर जाती है।

खाद्य जाल

- जब अनेक प्रकार की खाद्य श्रृंखलाएँ आपस में जुड़ जाती हैं, तो पारितंत्र में अंतर्संबंधों का स्वरूप एक जाल की भाँति दिखाई देता है। इस जटिल अंतर्संबंधों के जाल को खाद्य जाल (Food web) कहते हैं। यह जीवों के समुदायों के मध्य के संबंधों को प्रदर्शित करता है।
- इस जाल में एक प्राणी को खाने वाले कई परभक्षी (Predator) उत्पन्न हो जाते हैं अर्थात् यहाँ अनेक प्राथमिक, द्वितीयक तथा तृतीयक उपभोक्ता होते हैं। जिस पारितंत्र का खाद्य जाल जितना अधिक जटिल होगा, वह उतना ही अधिक स्थिर होगा।

पारिस्थितिक तंत्र में ऊर्जा प्रवाह

- पृथ्वी पर सूर्य का प्रकाश ही सभी जीवों के लिए ऊर्जा का मुख्य स्रोत है। सूर्य से प्राप्त प्रकाश ऊर्जा के उपयोग की क्षमता केवल उत्पादकों में होती है। उत्पादक प्रकाश-संश्लेषण की प्रक्रिया द्वारा कार्बनिक पदार्थों का निर्माण कर इसे संचित कर लेते हैं।
- इसी संचित कार्बनिक पदार्थ का उपयोग भोजन के रूप में उपभोक्ताओं द्वारा किया जाता है, जिससे प्राप्त ऊर्जा उन्हें गतिमान बनाए रखती है। इस प्रकार पारिस्थितिक तंत्र में एक पोषी स्तर से दूसरे पोषी स्तर में ऊर्जा का स्थानांतरण भोजन के रूप मे (उत्पादकों से उपभोक्ताओं की तरफ) होता है, जिसे **ऊर्जा प्रवाह** (Energyh flow) कहते हैं। इस प्रकार विभिन्न पोषक स्तरों के मध्य ऊर्जा प्रवाह **एकदिशीय** (Unidirectional) होता है।
- **लिंडमान** (Lindeman; 1942) के 10% का नियम के अनुसार, किसी पारितंत्र में ऊर्जा का एक जीव या पोषी स्तर से दूसरे जीव या पोषी स्तर में केवल 10% भाग ही स्थानांतरित होता है तथा शेष 90% भाग जीवों द्वारा अपने स्वयं के विभिन्न क्रियाकलापों; जैसे-उत्सर्जन, श्वसन, आदि में व्यर्थ हो जाता है। हरे पादप या उत्पादक प्रत्येक ऊर्जा प्रवाह के प्रक्रम में प्रारंभिक चरण होते हैं।

प्रकृति में खाद्य श्रृंखला (a) वन में (b) घास के मैदानों में (c) तालाब में

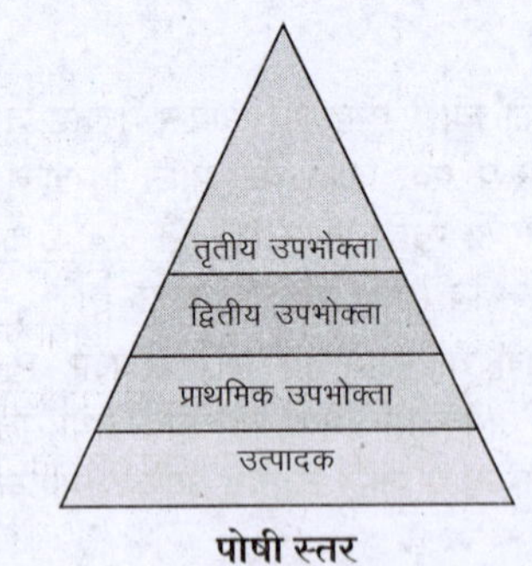

पोषी स्तर

एक प्रारूपी स्थलीय खाद्य शृंखला

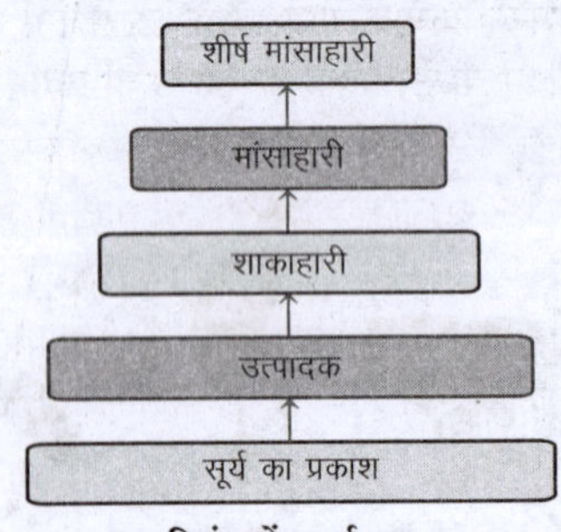

पारितंत्र में ऊर्जा प्रवाह

पारिस्थितिक पिरामिड

- पारिस्थितिक तंत्र के पोषी स्तरों की संरचना, एक प्रकार की उत्पादक-उपभोक्ता व्यवस्था है तथा पारिस्थितिक तंत्र के पोषी स्तरों की संरचना का आलेखी (Graphic) प्रदर्शन, पारिस्थितिक पिरामिड (Ecological pyramid) कहलाता है।
- पारिस्थितिक पिरामिड का सिद्धान्त **एल्टन** (Elton) के द्वारा वर्ष 1927 में दिया गया। प्रत्येक खाद्य स्तर, **पोषी स्तर** कहलाता है।
पारिस्थितिक पिरामिड तीन प्रकार के होते हैं

1. **संख्या का पिरामिड** (Pyramid of Number) इसमें प्रत्येक पोषी स्तर पर व्यक्तिगत जीव संख्या दर्शाई जाती है। संख्या का पिरामिड घास के मैदान एवं तालाब के पारिस्थितिक तंत्र में सीधा, वन पारिस्थितिक तंत्र में मध्यम तथा एकल वृक्ष या परजीवी खाद्य शृंखला में उल्टा होता है।
2. **जीवभार का पिरामिड** (Pyramid of Biomass) इस प्रत्येक पोषी स्तर पर जीवभार दर्शाया जाता है। इसका पिरामिड घास के मैदान तथा वन पारिस्थितिक तंत्र में सीधा होता है, जबकि तालाब के पारिस्थितिक तंत्र में उल्टा होता है।
3. **ऊर्जा का पिरामिड** (Pyramid of Energy) इस पिरामिड में विभिन्न पोषी स्तरों पर निहित ऊर्जा या उत्पादकता दिखाई जाती है। इसका पिरामिड सभी पारिस्थितिक तंत्रों में सदैव सीधा होता है।

जैव-रासायनिक चक्र

- "वातावरण के निर्जीव और सजीव घटकों के मध्य होने वाले विभिन्न रासायनिक पदार्थों के तत्वों के चक्रण को जैव-रासायनिक चक्र (Biochemical cycles) कहते हैं।"
- जैव-रासायनिक चक्र को मुख्यत: दो वर्गों में बाँटा गया है
  (i) **गैसीय जैव-रासायनिक चक्र** ये वायुमंडल व जलमंडल से संबंधित रासायनिक चक्र है, उदाहरण-नाइट्रोजन चक्र, कार्बन चक्र, ऑक्सीजन व हाइड्रोजन चक्र।
  (ii) **अवसादीय जैव-रासायनिक चक्र** यह स्थलीय, मंद गतिक व निम्न उपयोगी चक्र है, उदाहरण-फॉस्फोरस, सल्फर, पोटैशियम व कैल्शियम चक्र।

प्रमुख जैव-रासायनिक चक्र

कुछ प्रमुख जैव-रासायनिक चक्र (Important biochemical cycles) निम्नलिखित हैं

1. जल चक्र

- पर्यावरण में जल का परिवहन जल चक्र (Water cycle) कहलाता है। इसे गैसीय या अवसादीय किसी भी श्रेणी में नहीं रखा जाता है। पृथ्वी के 75% भाग में जल उपस्थित है।
- जल, हाइड्रोजन और ऑक्सीजन के संयोग से बना एक यौगिक है, जिसमें हाइड्रोजन और ऑक्सीजन एक विशिष्ट अनुपात (2 : 1) में पाई जाती है। जलीय चक्र को निम्नलिखित चरणों में समझाया जा सकता है
- सूर्य द्वारा उत्सर्जित ऊर्जा के कारण पर्यावरण का तापमान बढ़ता है, इस कारण महासागरों, समुद्रों, नदियों, झीलों और मृदा की सतह से जल का लगातार वाष्पीकरण (Evaporation) होता रहता है। पादपों द्वारा वाष्पोत्सर्जन (Transpiration) की क्रिया में और जीवों द्वारा उत्सर्जन (Excretion); जैसे-मूत्र, पसीना, आदि द्वारा जल और जलवाष्प उत्सर्जित होती है।
- सभी जीवों में श्वसन (Respiration) क्रिया के फलस्वरूप भी जलवाष्प (Water vapour) उत्पन्न होती है, जो वायु में छोड़ दी जाती है।
- जलवाष्प हल्की होने के कारण वायुमंडल में एकत्रित होती रहती है।
- जब वातावरण का तापमान गिरता है, तो निम्न ताप पर जलवाष्प संघनित (Condense) होकर कोहरा, धुंध, पाला, ओस, आदि के रूप में या जल की बूँदों में बदल जाती है। ये बूँदें वर्षा अथवा हिम के रूप में पथ्वी पर पुनः वापस आ जाती हैं। इस प्रकार जल चक्रण चलता रहता है।

2. नाइट्रोजन चक्र

नाइट्रोजन चक्र (Nitrogen cycle) के निम्नलिखित पाँच मुख्य चरण हैं

(i) **नाइट्रोजन स्थिरीकरण** (Nitrogen Fixation) स्वतंत्र नाइट्रोजन द्वारा नाइट्रोजनयुक्त पदार्थों के निर्माण को नाइट्रोजन स्थिरीकरण या नाइट्रोजन यौगिकीकरण कहते हैं।

(ii) **नाइट्रोजन का स्वांगीकरण** (Nitrogen Assimilation) पादप नाइट्रोजन का प्रयोग मुख्यतया नाइट्रेट के रूप में करते हैं। पादप की कोशिकाओं में नाइट्रेट के अपचयन (Reduction) से निर्मित अमोनिया (NH_3), एमीन (— NH_2) के रूप में उपयोग में लाई जाती है।

(iii) **अमोनीकरण** (Ammonification) मृत जंतुओं तथा पादपों के शरीर एवं जंतुओं के उत्सर्जी पदार्थों का विघटन मृतोपजीवी सूक्ष्मजीवों; जैसे-जीवाणु *बैसिलस वल्गैरिस* (*Bacillus vulgaris*), आदि द्वारा सम्पन्न होता है, जिसके फलस्वरूप अमोनिया मुक्त होती है। यह क्रिया अमोनीकरण कहलाती है।

(iv) **नाइट्रीकरण** (Nitrification) इस क्रिया में जीवाणु; जैसे- *नाइट्रोसोमोनास* (*Nitrosomonas*) तथा *नाइट्रोबैक्टर* (*Nitrobacter*), आदि अमोनिया को नाइट्राइट या नाइट्रेट में बदल देते हैं। *नाइट्रोसोमोनास* जीवाणु अमोनिया को नाइट्राइट में और *नाइट्रोबैक्टर* जीवाणु नाइट्राइट को नाइट्रेट में बदल देते हैं। ये नाइट्रीकारक जीवाणु कहलाते हैं।

(v) **विनाइट्रीकरण** (Denitrification) इस क्रिया में जीवाणु; जैसे-*बैसिलस डिनाइट्रीफिकेन्स* (*Bacillus denitrificans*), *स्यूडोमोनास डिनाइट्रीफीकेन्स* (*Pseudomonas denitrificans*), आदि मृदा में उपस्थित नाइट्रोजन यौगिकों को स्वतंत्र नाइट्रोजन में बदल देते हैं। इससे मृदा ऊसर हो जाती है।

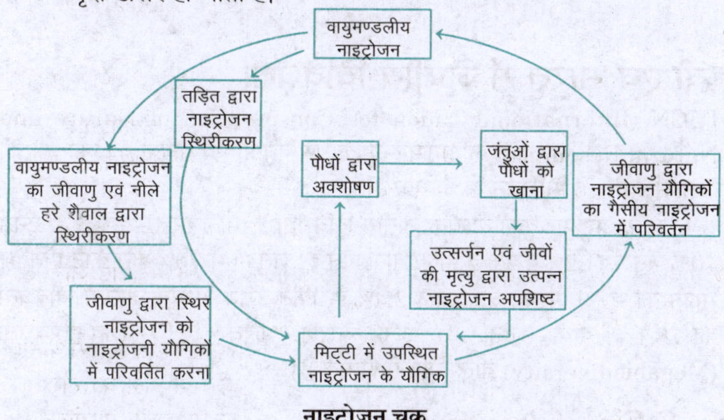

नाइट्रोजन चक्र

3. कार्बन चक्र या कार्बन डाइऑक्साइड चक्र

- पृथ्वी पर कार्बन चक्र (Carbon cycle) मुख्यतया कार्बन डाइऑक्साइड (CO_2) का चक्रण है।
- वायुमंडल में कार्बन डाइऑक्साइड की सांद्रता 0.03% होती है। प्रकृति में कार्बन के चक्रीय प्रक्रम को निम्नलिखित पदों में विभक्त किया जा सकता है

(i) पादप वायुमंडल में उपस्थित स्वतंत्र कार्बन डाइऑक्साइड को ग्रहण करके प्रकाश-संश्लेषण की क्रिया द्वारा कार्बोहाइड्रेट्स (ग्लूकोस) में परिवर्तित कर देते हैं।

(ii) पादपों से इन कार्बोहाइड्रेट्स को शाकाहारी जीवों, जोकि प्रथम श्रेणी के **उपभोक्ता** कहलाते हैं, के द्वारा प्राप्त कर लिया जाता है।

(iii) शाकाहारी जंतुओं द्वारा कार्बोहाइड्रेट्स का ऑक्सीकरण होकर कार्बन डाइऑक्साइड के रूप में कुछ कार्बन को त्याग दिया जाता है।

(iv) माँसाहारी जंतुओं द्वारा शाकाहारी जंतुओं का भक्षण किया जाता है। अत: इनके द्वारा भी भोजन (कार्बोहाइड्रेट्स) के ऑक्सीकरण द्वारा कार्बन डाइऑक्साइड के रूप में कुछ कार्बन को त्याग दिया जाता है।

(v) उत्पादकों और उपभोक्ताओं (शाकाहारी एवं माँसाहारी जंतुओं) की मृत्यु के पश्चात् अपघटकों द्वारा इनके शरीर में उपस्थित कार्बनिक यौगिकों का अपघटन होता है, जिससे पुन: कार्बन डाइऑक्साइड उत्पन्न होती है और वायुमंडल में चली जाती है। इस प्रकार कार्बन डाइऑक्साइड के रूप में शेष कार्बन वातावरण में स्वतंत्र हो जाता है।

(vi) इसके अतिरिक्त जीवाश्म ईंधनों; जैसे-कोयला, पेट्रोलियम, प्राकृतिक गैस, आदि के जलने, चूने की चट्टानों के अपक्षय, गर्म झरने, ज्वालामुखी द्वारा भी वायुमंडल में कार्बन डाइऑक्साइड मुक्त होती है। इस प्रकार कार्बन चक्र का मुख्य पथ वायुमंडल और जलमंडल से सजीव तंत्रों में होकर पुन: वायुमंडल तक बनता है।

4. ऑक्सीजन चक्र

वायुमंडल में स्वतंत्र ऑक्सीजन की मात्रा लगभग 21% होती है। ऑक्सीजन चक्र (Oxygen cycle) के निम्नलिखित चरण हैं

(i) सभी जीव (पादप और जंतु) श्वसन क्रिया में वायुमंडल से ऑक्सीजन लेते हैं तथा जलीय जीव जल में घुली हुई ऑक्सीजन का श्वसन हेतु उपयोग करते हैं। श्वसन की क्रिया में ऑक्सीजन की सहायता से कार्बनिक पदार्थों का ऑक्सीकरण किया जाता है, जिसके फलस्वरूप कार्बन डाइऑक्साइड, जल और ऊर्जा प्राप्त होती है।

(ii) कोयला, पेट्रोलियम पदार्थों, आदि जीवाश्म ईंधनों के दहन में भी वायुमंडल की ऑक्सीजन व्यय होती है और कार्बन डाइऑक्साइड बनती है।

(iii) पादपों द्वारा प्रकाश-संश्लेषण की क्रिया में कार्बनिक भोज्य पदार्थों (कार्बोहाइड्रेट्स; जैसे-ग्लूकोस) के निर्माण में CO_2 का उपयोग कर लिया जाता है। इस क्रिया में ऑक्सीजन बनती है, जो वायुमंडल में पुन: मुक्त कर दी जाती है।

10

जैव-विविधता एवं संरक्षण

(स्रोत)

Class-VIII New NCERT Class 5 (पौधे व जंतुओं का संरक्षण),
Class-XII New NCERT Chap 13 (जैव-विविधता एवं संरक्षण)

जैव-विविधता

किसी भौगोलिक क्षेत्र में पाई जाने वाली सभी सजीव जातियाँ या पादपों, जंतुओं एवं सूक्ष्मजीवों की विभिन्न जातियाँ ही उस क्षेत्र विशेष की जैव-विविधता (Biodiversity) कहलाती हैं।

इस शब्द को प्रचलित करने वाले जीव वैज्ञानिक **एडवर्ड ओ विल्सन** है, जिन्हें **जैव-विविधता का जनक** (Father of Biodiversity) भी कहते हैं।

जैव-विविधता के स्तर

जैव-विविधता के तीन स्तर निम्नवत् हैं

(i) **आनुवंशिक विविधता** (Genetic Diversity) इसमें एक ही जाति में आनुवंशिक स्तर पर पाई जाने वाली विविधता शामिल होती है; उदाहरण-भारत में धान की 50000 से अधिक किस्में एवं आम की 1000 से अधिक किस्में पाई जाती हैं।

(ii) **जातीय विविधता** (Species Diversity) इसमें एक क्षेत्र विशेष में उपस्थित जातियों की संख्या एवं प्रकार में विविधता शामिल होती है; उदाहरण-पश्चिमी घाट पर उभयचरों (Amphibians) में जातीय विविधता पूर्वी घाट से अधिक होती है।

(iii) **पारिस्थितिकीय विविधता** (Ecological Diversity) इसमें विभिन्न पारितंत्रों के जैविक समुदायों के मध्य पाई जाने वाली विविधता आती है; उदाहरण-रेगिस्तान में पाए जाने वाले जंतु एवं वनस्पति घास के मैदानों में पाए जाने वाले जंतुओं एवं वनस्पति से पूर्णतया भिन्न होते हैं।

पृथ्वी एवं भारत में जातीय विविधता

- IUCN (International Union for Conservation of Nature and Natural Resources) के अनुसार पृथ्वी पर जंतुओं एवं पादपों की जातियों की कुल संख्या 1.5 मिलियन से अधिक है।
- रॉबर्ट मे के अनुसार कुल वैश्विक जातीय विविधता 7 मिलियन से अधिक है। इनमें 70% जंतु एवं 22% कवक व पादप पाए जाते हैं। जंतुओं में 70% जंतु कीट होते हैं।
- भारत का भू-क्षेत्र विश्व का केवल 2.4% है, किंतु इसमें वैश्विक जातीय विविधता का 8.1% पाया जाता है। इसी कारण भारत 12 महाजैव-विविधता (Megabiodiversity) वाले देशों में से एक है।

जैव-विविधता के प्रतिरूप

जैव-विविधता के प्रमुख प्रतिरूप निम्न हैं

(i) **अंक्षाशीय प्रवणता** (Latitudinal Gradient) सामान्यतया जैसे-जैसे हम भूमध्य रेखा (Equator) से ध्रुवों की ओर जाते हैं, तो जैव-विविधता कम होती जाती है;

उदाहरण-कोलम्बिया जोकि भूमध्य रेखा के पास स्थित देश है, पक्षियों की 1400 लगभग प्रजातियाँ पाई जाती हैं, जबकि न्यूयॉर्क जोकि 41° उत्तर में स्थित है, वहाँ 105 प्रजातियाँ एवं ग्रीनलैंड (71° उत्तर) में केवल 56 प्रजातियाँ पाई जाती हैं।

स्थाई वातावरण, सूर्य का अधिक प्रकाश, इष्टतम तापमान, पर्याप्त वर्षा, हिमनदन का अभाव, आदि के कारण उष्णकटिबंधीय क्षेत्रों (23.5° उत्तर से 23.5° दक्षिण) में शीतोष्ण क्षेत्रों (Temperate area) की तुलना में अधिक जातीय विविधता पाई जाती है।

(ii) **जातीय-क्षेत्र संबंध** (Species-Area Relationship) **एलेक्जैण्डर वॉन हम्बोल्ट** नामक जर्मनी के प्रसिद्ध प्रकृतिविद् व भूगोलशास्त्री ने दक्षिणी अमेरिका के वनों में काफी समय तक अध्ययन किया व शोध के पश्चात् यह बताया कि किसी भी दिए गए क्षेत्र की जातीय समृद्धि अन्वेषण (Explored) क्षेत्र के साथ केवल एक हद तक ही बढ़ सकती है।

इनके अनुसार, जातीय समृद्धि (पक्षी, चमगादड़, मछलियाँ, आदि) एवं क्षेत्र के मध्य संबंध एक **आयताकार अतिपरवलय** (Rectangular hyperbola) के रूप में परिलक्षित होता है।

जातीय विविधता का महत्त्व

- **डेविड टिलमैन** के अनुसार उच्च जातीय विविधता वाला पारितंत्र अधिक स्थायी होता है एवं इसकी उत्पादकता भी उच्च एवं स्थायी होती है। यह प्राकृतिक आपदाओं एवं विदेशी जातियों के आक्रमण को झेलने में भी सक्षम होता है।
- पारितंत्र में किसी एक जाति के महत्त्व को समझने हेतु पॉल एहरलिक ने **रिवेट पोपर परिकल्पना** (Rivet Popper Hypothesis) दी।

जैव-विविधता की क्षति

- मॉरिशस का डोडो पक्षी, अफ्रीका का क्वैगा, ऑस्ट्रेलिया की थाइलेसिन, रूस की स्टेलर समुद्री गाय, बाली, जावा एवं कैस्पियन के बाघों की उपजातियाँ आदि जैव-विविधता की क्षति या **जाति विलोपन** (Species extinction) के उदाहरण हैं।
- इस समय विश्व में 15500 से अधिक जातियाँ विलुप्ति की कगार पर हैं, जिनमें 12% पक्षी, 23% स्तनी, 32% उभयचर एवं 31% आवृतबीजी पादप जातियाँ शामिल हैं।
- जीवन की उत्पत्ति के बाद से पृथ्वी पर 5 बार जातियों का व्यापक स्तर पर विलोपन हो चुका है एवं छठा वृहद् जाति विलोपन प्रगति पर है। मानवीय क्रियाकलाप इसमें 100-1000 गुना तक वृद्धि कर रहे हैं।
- जैव-विविधता की क्षति के कारण उस क्षेत्र विशेष की उत्पादकता घटती है, पर्यावरणीय गतिरोधों जैसे सूखा, बाढ़, चक्रवात, आदि का सामना करने में कमी आती है व जल चक्र में बाधा, वर्षा में कमी, वृद्धि या अनियमितता, पीड़कों (Pest) में वृद्धि, मरुस्थलीकरण (Desertification) में बढ़ोतरी, मृदा अपरदन आदि समस्याएँ उत्पन्न होती हैं।

जैव-विविधता की क्षति के कारण

जैव-विविधता की क्षति के प्रमुख कारण निम्न हैं

(i) **आवासीय क्षति एवं विखंडन** (Habitat Loss) यह पादपों एवं जंतुओं के जाति विलोपन का सबसे बड़ा कारण है। एक समय 14% भू-भाग पर फैले उष्णकटिबंधीय वर्षा वन आज 6% भू-भाग पर ही विद्यमान है, जिसका प्रमुख कारण वनोन्मूलन (Deforestation) है। इसके कारण उत्पन्न आवासीय क्षति हजारों स्थानिक जातियों के विलोपन का कारण बनती है।

उदाहरण-पृथ्वी के फेफड़े कहे जाने वाले अमेजन वर्षा वन सोयाबीन की खेती एवं चरगाह के लिए काटे जा रहे हैं। प्रदूषण के कारण ज्वारनदमुख, सागरों या वन क्षेत्रों में संवेदनशील आवास नष्ट हो रहे हैं एवं प्रवासी जंतुओं पर आवासीय विखंडन के कारण प्रतिकूल प्रभाव पड़ रहा है।

(ii) **अतिदोहन** (Overexploitation) मानवीय लालच या क्रियाकलापों के कारण प्राकृतिक संसाधनों का अविवेकपूर्ण उपयोग, वनोन्मूलन एवं जंतुओं का शिकार करना भी जाति विलोपन का प्रमुख कारण है। उदाहरण-मॉरिशस की डोडो एवं यात्री कबूतर इनके अधिक शिकार करने के कारण लुप्त हुए हैं।

(iii) **विदेशी जातियों का आक्रमण** (Invasion of Foreign Species) कभी-कभी अनजाने में या जान-बूझकर किसी उद्देश्य से एक क्षेत्र में लाई गई विदेशी जाति अपनी आक्रामकता के कारण स्थानिक जाति (Local Species) के अस्तित्व के लिए संकट बन सकती है।

उदाहरण-नाइल पर्च मछली, कैट फिश, गाजर घास *(पार्थेनियम)*, जलकुंभी *(आइकोर्निया)* आदि।

(iv) **सहविलुप्तता** (Coextincation) इसमें एक जाति के विलुप्त होने से उस पर आश्रित अन्य जाति भी विलुप्त हो जाती है।

उदाहरण-एक विशिष्ट परागणकारी (Pollinator) जंतु के विलुप्त होने पर उस पर आश्रित पुष्पीय पादप भी विलुप्त हो जाएगा।

रेड डेटा बुक

यह पुस्तक IUCN द्वारा प्रतिवर्ष प्रकाशित की जाती है, जिसमें वैश्विक स्तर पर जंतुओं एवं पादपों की विकट संकटापन्न जातियों, संकटग्रस्त जातियों, सुभेद्य जातियों, विलुप्त जातियों आदि का विवरण दिया जाता है, ताकि लोगों, गैर-सरकारी संगठनों एवं सरकारों का इस ओर ध्यान आकर्षित कर इन्हें बचाया जा सके। रेड डेटा बुक के अनुसार, प्राणियों को निम्न चार जातियों में बाँटा गया है

(i) **विकट संकटापन्न जातियाँ** (Critically Endangered Species) इसके अंतर्गत आने वाली जातियाँ विलुप्तता की कगार पर हैं, जो आगामी भविष्य में किसी भी क्षण विलुप्त हो सकती हैं। भारत में विकट संकटापन्न जातियों में लगभग 18 जंतु व 44 पादप हैं; जैसे-*सस साल्वेनियस (Sus salvanius), बरबेरिस नीलगिरिएन्सिस (Berberis nilghiriensis)* आदि।

(ii) **संकटग्रस्त जातियाँ** (Endangered Species) श्रेणी में उन जातियों को रखा गया है, जिनकी जनसंख्या बहुत तेजी से घटी है और भविष्य में इनके विलुप्त होने का खतरा उत्पन्न हो गया है; जैसे-बाघ, गेंडा, लाल पांडा आदि।

(iii) **सुभेद्य जातियाँ** (Vulnerable Species) इस श्रेणी में उन जातियों को रखा गया है, जिनकी संख्या अभी तो पर्याप्त है, लेकिन उचित संरक्षण न होने पर निकट भविष्य में ये संकटग्रस्त जातियों की श्रेणी में आ जाएँगी। मगरमच्छ, हिमालयन कस्तूरी हिरन, हिमालयन छछूँदर इसी श्रेणी के जंतु हैं।

(iv) **स्थानीय या विशेष क्षेत्री जातियाँ** (Endemic Species) इसमें पादपों या जंतुओं की वे जातियाँ आती हैं, जो एक विशेष प्राकृतिक क्षेत्र के बाहर पूरे विश्व में कहीं और नहीं पाई जाती हैं; जैसे-साल, जंगली आम, भारतीय विशाल गिलहरी, उड़न गिलहरी आदि पंचमढ़ी जैवमंडल आरक्षित क्षेत्र की स्थानीय/विशेष क्षेत्रीय जातियाँ हैं।

जैव-विविधता का संरक्षण

जैव-विविधता के संरक्षण (Biodiversity Conservation) की दो प्रमुख विधियाँ हैं

1. *स्वस्थाने संरक्षण*

इसके अंतर्गत प्राणिजात एवं वनस्पतिजात (*Fauna* and *flora*) का उसके प्राकृतिक आवास में ही संरक्षण किया जाता है। *स्वस्थाने* संरक्षण (*Insitu* conservation) के प्रमुख उदाहरण निम्न हैं

जैव संवेदी क्षेत्र या तप्त स्थल

- *स्व स्थाने* संरक्षण के लिए क्षेत्रों की प्राथमिकता को निर्धारित करने के लिए **नॉर्मन मेयर** (Norman Mayer) ने **तप्त स्थल** (Hotspots) प्रणाली को सन् 1988 में विकसित किया। **तप्त स्थल** पृथ्वी पर पादप एवं जंतुओं की दुर्लभ प्रजातियों की घनी आबादी के क्षेत्र हैं।
- सर्वप्रथम जैव-विविधता **तप्त स्थल** चिह्नित किए गए थे। तत्पश्चात् इस सूची में तप्त स्थल और सम्मिलित किए गए हैं। अब संसार में कुल 36 जैव-विविधता तप्त स्थल हैं।
- यद्यपि जैव-विविधता के सभी तप्त स्थल परस्पर मिलकर संसार का 2% से भी कम हैं, परंतु इन क्षेत्रों में 44% जातियाँ पाई जाती हैं। इन तप्त स्थलों को विशेष सुरक्षा प्रदान करके विलोपन की दर को 30% तक कम किया जा सकता है।
- भारत के तीन जैव-विविधता तप्त स्थल पश्चिमी घाट और श्रीलंका, पूर्वी हिमालय एवं इंडो-बर्मा क्षेत्र हैं।

राष्ट्रीय उद्यान

- वह क्षेत्र, जो वन्यजीवों के लिए पूर्णरूप से संरक्षित होता है तथा जहाँ शिकार खेलना, पशु चराना, फसल बोना निषेध होता है, राष्ट्रीय उद्यान (National park) कहलाता है।
- इन क्षेत्रों में जंतुओं या **प्राणिजात** (*Fauna*) तथा पादपों या **वनस्पतिजात** (*Flora*) दोनों का संरक्षण किया जाता है एवं इसका नियंत्रण केंद्र सरकार के द्वारा होता है।
- भारत में 106 (दिसम्बर 2023) राष्ट्रीय उद्यान हैं, जिनका अनुमानित क्षेत्र 44,402.95 वर्ग किमी है। यह भारत के भौगोलिक क्षेत्र का 1.35% है।
- **जिम कॉर्बेट राष्ट्रीय उद्यान** (Jim Corbett National Park) भारत का प्रथम राष्ट्रीय उद्यान है, जिसकी स्थापना वर्ष 1936 में हुई थी। यह अब उत्तराखंड में स्थित है।
- सतपुड़ा राष्ट्रीय उद्यान भारत का प्रथम आरक्षित वन है। सर्वोत्तम किस्म की टीक (सागौन) इस वन में मिलती है।

वन्यजीव अभयारण्य या शरणस्थल

- वन्यजीव अभयारण्य (Wildlife Sanctuaries), वे आरक्षित क्षेत्र हैं, जहाँ पादप एवं जंतुओं की स्थानीय जातियों तथा प्रवास करके आई जातियों को अनुकूल परिस्थितियाँ प्रदान की जाती हैं।
- वन्यजीव अभयारण्य में प्राणियों अथवा जंतुओं को मारना या शिकार करना अथवा पकड़ना पूर्णत: निषिद्ध एवं दंडनीय अपराध है एवं ये क्षेत्र राज्य सरकारों द्वारा घोषित एवं व्यवस्थित किए जाते हैं।
- वर्तमान में भारत में 573 वन्यजीव अभयारण्य हैं।

बाघ आरक्षित क्षेत्र

- बाघों (भारत का राष्ट्रीय जंतु) की सुरक्षा एवं उनकी घटती हुई जनसंख्या को ध्यान में रखकर भारत में 1 अप्रैल, 1973 को विश्व वन्यजीव कोष (WWF) तथा IUCN की सहायता से **बाघ परियोजना** (Tiger project) प्रारंभ की गई।
- प्रारंभ में भारत में 9 बाघ रिजर्व थे, लेकिन अब तक 54 बाघ आरक्षित क्षेत्रों का केंद्र सरकार द्वारा अनुमोदन हो चुका है।

जैव-मंडल आरक्षित क्षेत्र

- यह संरक्षित क्षेत्रों की एक विशेष श्रेणी है। जैव-मंडल आरक्षित क्षेत्र (Biosphere reserve area) में एक सीमा तक मानव गतिविधियाँ जारी रहती हैं, लेकिन इन गतिविधियों से जैव संपदा को कोई नुकसान नहीं पहुँचने दिया जाता।
- जैव-मंडल आरक्षित क्षेत्र का विचार वर्ष 1975 में **यूनेस्को** (UNESCO) द्वारा दिया गया। यूनेस्को ने इसी वर्ष **मानव तथा जैव-मंडल कार्यक्रम** (Man and Biosphere or MAB Programme) प्रारंभ किया।

  जैव-मंडल आरक्षित क्षेत्र तीन भागों में बँटा होता है

  (i) **परिचालन क्षेत्र** (Manipulation or Transition Zone) यह जैव-मंडल आरक्षित क्षेत्र का बाहरी क्षेत्र है। इस क्षेत्र में मानव-बस्ती होती है। इसलिए यह मानव सक्रियता वाला क्षेत्र होता है।

  (ii) **प्रतिरोधक क्षेत्र** (Buffer Zone) परिचालन के अंदर का क्षेत्र प्रतिरोधक क्षेत्र कहलाता है। इस क्षेत्र में मानव बस्तियाँ तो नहीं होती, लेकिन सीमित मानव क्रियाएँ होती हैं।

  (iii) **केंद्रीय क्षेत्र** (Core Zone) यह जैव-मंडल का केंद्रीय भाग है। यह भाग पूरी तरह वन्य जीवों के लिए संरक्षित होता है और इस भाग में मानव क्रियाकलाप पूर्णतया प्रतिबंधित होते हैं।
- भारत में MAB प्रोग्राम वर्ष 1986 में प्रारंभ हुआ तथा भारत का प्रथम जैव-मंडल आरक्षित क्षेत्र **नीलगिरि जैव-मंडल आरक्षित क्षेत्र** (Niligiri Biosphere Reserve or NBR) है।
- किसी विशेष क्षेत्र में पाए जाने वाले पेड़-पौधे उस क्षेत्र के 'वनस्पतिजात' एवं जीव-जंतु ''प्राणिजात' कहलाते हैं।
- साल, सागौन, आम, जामुन, सिल्वर फर्न, अर्जुन इत्यादि वनस्पतिजात हैं तथा चिंकारा, नील गाय, बार्किंग हिरण, चीतल, तेंदुआ, जंगली कुत्ता, भेड़िया इत्यादि पंचमढ़ी जैवमंड्ल आरक्षित क्षेत्र के प्राणिजात हैं।
- पंचमढ़ी जैव आरक्षित क्षेत्र में सतपुड़ा नामक एक राष्ट्रीय उद्यान तथा बोरी एवं पचमढ़ी नामक दो वन्यजंतु अभ्यारण्य आते हैं।

पवित्र वन

- ये जंगलों के कुछ ऐसे भाग हैं, जिन्हें धार्मिक या सांस्कृतिक कारणों से स्थानीय जन-जातियों द्वारा जैव-विविधता की सुरक्षा के उद्देश्य से परंपरागत युक्तियों द्वारा संरक्षित रखा जाता है।
- मेघालय की खासी एवं जयंतिया पहाड़ी, राजस्थान का अरावली पर्वत, कर्नाटक एवं महाराष्ट्र के पश्चिमी घाट आदि पवित्र वनों के उदाहरण हैं।

2. *बाह्यस्थाने संरक्षण*

- इसमें जंतुओं एवं पादपों को उनके प्राकृतिक आवासों से दूर मानव निर्मित एवं नियंत्रित आवासों में संरक्षित किया जाता है।

- जंतुआलय (Zoos), वनस्पति उद्यान (Botanical garden) एवं वन्य जीव सफारी पार्क इसके प्रमुख उदाहरण हैं।
- इसके अतिरिक्त उत्तक संवर्धन, जीन बैंक, बीज बैंक, क्रायोप्रिजर्वेशन या निम्न ताप परिरक्षण (–196°C पर तरल नाइट्रोजन में ऊतकों, युग्मकों, आदि का संरक्षण), आदि भी *बाह्यस्थाने* संरक्षण (*Exsitu* conservation) के ही भाग हैं।
- जैव-विविधता संरक्षण हेतु वर्ष 1992 में ब्राजील के रियो डी जेनरियों में पृथ्वी सम्मेलन का आयोजन किया गया एवं सभी सदस्य देशों से जैव-विविधता संरक्षण हेतु प्रयास करने के लिए कहा गया।
- इसके बाद वर्ष 2002 में दक्षिण अफ्रीका के जोहान्सबर्ग में 190 देशों ने सतत विकास पर आयोजित विश्व शिखर सम्मेलन में वर्ष 2010 तक जैव-विविधता की विलोपन दर को कम करने पर सहमति प्रकट की।

वे पक्षी जो उड़कर सुदूर क्षेत्रों तक लम्बी यात्रा करते हैं, प्रवासी पक्षी कहलाते हैं। मौसम में परिवर्तन के कारण प्रवासी पक्षी प्रत्येक वर्ष सुदूर क्षेत्रों से एक निश्चित समय पर उड़ कर आते हैं। वह यहाँ अंडे देने के लिए आते हैं, क्योंकि उनके मूल आवास में बहुत अधिक शीत के कारण वह स्थान उस समय जीवनयापन हेतु अनुकूल नहीं होता है।

वनोन्मूलन एवं कारण

- वनोन्मूलन का अर्थ है, वृक्षों की कटाई या वनों को समाप्त करने पर प्राप्त भूमि का अन्य कार्यों में उपयोग करना।
- वन में वृक्षों की कटाई निम्न उद्देश्यों से की जाती है:
  - कृषि के लिए भूमि प्राप्त करना
  - घरों एवं कारखानों का निर्माण
  - फर्नीचर बनाने अथवा लकड़ी का ईंधन के रूप में उपयोग।
  - दावानल एवं भीषण सूखा भी वनोन्मूलन के कुछ प्राकृतिक कारक हैं।

वनोन्मूलन के परिणाम

- वनोन्मूलन से पृथ्वी पर ताप एवं प्रदूषण के स्तर में वृद्धि होती है। इससे वायुमण्ड्ल में कार्बन डाइऑक्साइड का स्तर बढ़ता है। भौम जल स्तर का भी निम्नीकरण हो जाता है।
- वृक्षों की अनवरत कटाई करने से वर्षा एवं भूमि की उर्वरता में कमी आ जाती है। इसके अतिरिक्त बाढ़ तथा सूखे जैसी प्राकृतिक आपदाओं की संभावनाएँ बढ़ जाती हैं।
- प्रकाश-संश्लेषण की क्रिया में पौधों को भोजन बनाने के लिए कार्बन डाइऑक्साइड की आवश्यकता होती है। कम वृक्षों का अर्थ है कार्बन डाइऑक्साइड के उपयोग में कमी आना जिससे वायुमण्डल में इसकी मात्रा बढ़ जाती है। कार्बन डाइऑक्साइड पृथ्वी द्वारा उत्सर्जित ऊष्मीय विकिरणों का प्रग्रहण कर लेती है। अत: इसकी मात्राा में वृद्धि के परिणामस्वरूप वैश्विक् ऊष्णन (Global warming) होता है।
- पृथ्वी के ताप में वृद्धि के जलचक्र का संतुलन बिगड़ता है और वर्षा दर में कमी आती है, जिसके कारण सूखा पड़ता है।
- मृदा के गुणों में परिवर्तन आने का मुख्य कारण वनोन्मूलन है।
- वृक्ष मृदा अपरदन को रोकते हैं। भूमि पर वृक्षों की कमी होने से मृदा अपरदन अधिक होता है। मृदा की ऊपरी परत हटाने से नीचे की कठोर चट्टानें दिखाई देने लगती हैं। इससे मृदा में ह्यूमस की कमी होती है तथा इसकी उर्वरता भी अपेक्षाकृत कम होती है। धीरे-धीरे उर्वर-भूमि मरुस्थल में परिवर्तित हो जाती है। इसे मरुस्थलीकरण कहते हैं।
- वनोन्मूलन से मृदा की जलधारणा क्षमता तथा भूमि की ऊपरी सतह से जल के नीचे की ओर अंत:स्रवण पर भी विपरीत प्रभाव पड़ता है, जिसके परिणामस्वरूप बाढ़ आती है। मृदा के अन्य गुण, जैसे पोषक तत्व, गठन इत्यादि भी वनोन्मूलन के कारण प्रभावित होते हैं।

- काटे गए वृक्षों की जगह नए वृक्ष लगाना पुनर्वनीकरण (Reforestation) कहलाता है।
- सिल्वीकल्चर को अपनाना अर्थात् काष्ठीय पौधे उगाना चाहिए, जिससे उद्योगों को लकड़ी प्राप्त होती है तथा वन क्षेत्रों में भी वृद्धि होती है।
- सिल्वीकल्चर या वन विज्ञान वह प्रक्रिया है, जिसमें पादपों की नियंत्रित स्थापना, विकास, संघटना, स्वास्थ्य और गुणवत्ता की विभिन्न आवश्यकताओं और मूल्यों को ध्यान में रखकर अध्ययन किया जाता है।
- हिमालयी क्षेत्र में महिलाओं ने पेड़ों से चिपककर उन्हें काटने तथा गिराये जाने से रोकने के लिए चिपको आन्दोलन चलाया था।

11

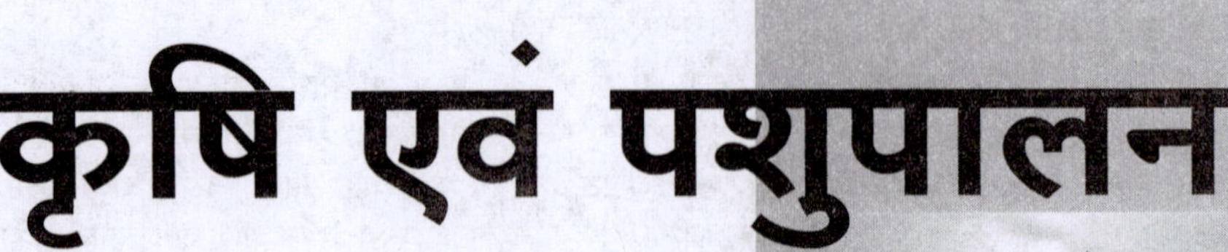

कृषि एवं पशुपालन

(स्रोत)

Class-VIII New NCERT Chap 1 (फसल उत्पादन एवं प्रबंध), Chap 2 सूक्ष्मजीव : मित्र एवं शत्रु, Class-IX New NCERT Chap 12 (खाद्य संसाधनों में सुधार)

भारत एवं विश्व में निरंतर बढ़ती जनसंख्या की खाद्य माँग को पूरा करने के लिए खाद्य संसाधनों की पोषण गुणवत्ता, उत्पादन क्षमता एवं आपूर्ति को सुनिश्चित करने के लिए कृषि एवं पशुपालन जैसे प्राथमिक क्षेत्रों से प्राप्त भोजन के उत्पादन के साथ-साथ इनका समुचित प्रबंधन (Management) एवं परिरक्षण (Preservation) भी आवश्यक होता है।

कृषि

- कृषि (Agriculture) के अंतर्गत एक निश्चित भू-भाग पर फसल का उत्पादन कर पादप उत्पाद के रूप में भोजन प्राप्त किया जाता है।
- जब एक ही किस्म के आर्थिक महत्व के पौधे किसी स्थान पर बड़े पैमाने पर उगाए जाते हैं, तो इसे फसल कहते हैं।
- कृषि की शुरुआत लगभग 10000 वर्ष पूर्व की मानी जाती है।

फसलों का वर्गीकरण

फसलों को दो प्रकार से वर्गीकृत किया जा सकता है

उत्पादन के आधार पर

उत्पादन के आधार पर फसलों के प्रमुख प्रकार निम्नवत् हैं

- **अनाज** (Cereal crops) इन पौधों की कृषि, ऊर्जा की दैनिक आवश्यकताओं की पूर्ति हेतु की जाती है। उदाहरण–गेहूँ, मक्का, बाजरा तथा ज्वार ऊर्जा की आपूर्ति हेतु कार्बोहाइड्रेट प्रदान करते हैं।
- **दालें** (Pulses) इनकी कृषि प्रोटीन की आवश्यकताओं की पूर्ति हेतु की जाती है। उदाहरण–चना, मटर, उड़द, मूँग, अरहर, मसूर, आदि।
- **तेलयुक्त बीजों वाली फसलें** (Oil seed crops) इन पौधों से हमें आवश्यक वसा व तेल प्राप्त होते हैं, उदाहरण-सोयाबीन, मूँगफली, तिल, अरंडी, सरसों, अलसी, सूरजमुखी, आदि।
- **सब्जियाँ, मसालें तथा फल** (Vegetables, spices and fruits) इनसे हमें कुछ मात्रा में प्रोटीनयुक्त विटामिन तथा खनिज लवण, वसा व कार्बोहाइड्रेट प्राप्त होते हैं; उदाहरण–पत्तागोभी, प्याज, काली-मिर्च, आदि।
- **चारा फसलें** (Fodder crops) इन फसलों का प्रयोग पशुधन के चारे के रूप में किया जाता है; जैसे-बरसीम, जई तथा सूडान घास।

ऋतु के आधार पर

ऋतु के आधार पर फसलों को निम्न वर्गों में बाँटा गया है

- **खरीफ की फसलें** (Kharif crops) इन फसलों को गर्मी व वर्षा ऋतु में जून से आरंभ होकर अक्टूबर तक के महीने में उगाया जाता है; उदाहरण-धान, सोयाबीन, अरहर, मक्का, कपास, चना, मूँगफली, आदि।
- **रबी की फसलें** (Rabi crops) इन फसलों को शुष्क तथा शीत ऋतु में नवंबर से अप्रैल तक के महीने में उगाया जाता है; उदाहरण-गेहूँ, चना, मटर, सरसों, अलसी, आदि।

फसल उत्पादन में सुधार

फसल उत्पादन में सुधार (Imporvement in crop yields) के प्रयासों को तीन चरणों में बाँटा जा सकता है- प्रथम, बोने हेतु बीजों का चयन, दूसरा, फसलों की उचित देखभाल तथा तीसरा, खेतों में उगी फसल की सुरक्षा तथा कटी हुई फसल को हानि से बचाना है।

1. फसल की किस्मों में सुधार

इस प्रयास का मुख्य उद्देश्य फसल की ऐसी किस्म की खोज करना है, जो विभिन्न परिस्थितियों; जैसे–उच्च मृदा लवणता, विविध जलवायु परिस्थितियाँ, जल उपलब्धता (सूखा व बाढ़) में भी जीवित रह सकें एवं बेहतर उत्पादन दे सकें।

फसल की किस्मों (प्रभेदों) के लिए विभिन्न उपयोगी गुणों; जैसे–रोग प्रतिरोधक क्षमता, उर्वरक के प्रति अनुरूपता, उत्पादन की गुणवत्ता तथा उच्च उत्पादन का चयन प्रजनन द्वारा कर सकते हैं।

इन गुणों से युक्त नई किस्म उच्च रूप से स्वीकार्य होती है। फसल की किस्मों में ऐच्छिक गुणों को निम्न दो विधियों द्वारा स्थानांतरित किया जा सकता है

संकरण

इस विधि में भिन्न आनुवंशिक गुणों वाले पौधों में संकरण (Hybridisation) द्वारा नई किस्म (संकर) या उच्च उत्पादक किस्म (High Yielding Varieties, HYV) प्राप्त की जाती है।

संकरण निम्न प्रकार का होता है

(a) **अंतराकिस्मीय** (Intervarietal) इस विधि में पादप की दो भिन्न किस्मों के मध्य संकरण कराया जाता है।

(b) **अंतरास्पीशीज** (Interspecific) इसमें एक वंश (जीन्स) की दो भिन्न जातियों (स्पीशीजों) के मध्य संकरण कराते हैं।

(c) **अंतरावंशीय** (Intergeneric) इसने विभिन्न जेनेरा से संबंधित पादपों के मध्य संकरण कराया जाता है।

आनुवंशिकीय रूपांतरित फसलें

इसके द्वारा उच्च उत्पादकता, उच्च गुणवत्ता, आदि गुणों वाली रूपांतरित फसलें प्राप्त की जाती हैं। आनुवंशिकीय रूपांतरण द्वारा फसल में ऐच्छिक गुणों को उत्पन्न किया जा सकता है।

फसल की किस्म सुधार के कारक

कुछ कारक जिनके लिए फसलों की किस्म में सुधार किए जाते हैं, निम्नवत् हैं

- **उच्च उत्पादन** (Higher Yield) फसलों की किस्म में सुधार प्रति एकड़ फसल की उत्पादकता बढ़ाने हेतु किया जाता है।
- **उन्नत किस्में** (Improved Quality) फसल उत्पाद की गुणवत्ता, प्रत्येक फसल में भिन्न होती है। दाल में प्रोटीन की गुणवत्ता, तिलहन में तेल की गुणवत्ता और फल तथा सब्जियों का संरक्षण महत्त्वपूर्ण होता है।
- **जैविक तथा अजैविक प्रतिरोधकता** (Biotic and Abiotic Resistance) जैविक (रोग, कीट तथा निमेटोड) तथा अजैविक (सूखा, क्षारता, जलक्रांति, सर्दी, गर्मी तथा पाला) परिस्थितियों का फसल उत्पादन पर अत्यधिक प्रभाव पड़ता है। इन परिस्थितियों को सहन कर सकने वाली किस्में फसल उत्पादन में सुधार कर सकती हैं।
- **परिपक्वन काल में परिवर्तन** (Change in Maturity Duration) फसल को उगाने से लेकर कटाई तक कम-से-कम समय लगना आर्थिक दृष्टि से सही है।

  इससे किसान प्रतिवर्ष अपने खेतों में अनेक फसलें उगा सकते हैं। कम समय होने के कारण फसल उत्पादन में धन भी कम खर्च होता है। समान परिपक्वन कटाई की प्रक्रिया को सरल बनाता है और कटाई के दौरान होने वाली फसल की हानि भी कम हो जाती है।
- **व्यापक अनुकूलता** (Wide Adaptability) इस प्रकार की किस्मों का विकास करना विभिन्न पर्यावरणीय परिस्थितियों में फसल उत्पादन को स्थायी करने में सहायक होगा। इस प्रकार एक ही किस्म को विभिन्न क्षेत्रों में विभिन्न जलवायु में उगाया जा सकता है।
- **ऐच्छिक शस्य विज्ञान गुण** (Desirable Agronomic Characteristics) ये वे गुण हैं, जो पादप में उत्तम वृद्धि व उच्च उत्पादकता दर्शाते हैं। इन गुणों वाले पादप अन्य पादपों की अपेक्षा अधिक पसंद किए जाते हैं; जैसे–चारे वाली फसलों के लिए लंबी तथा सघन शाखाएँ ऐच्छिक गुण हैं। अनाज के लिए बौने पौधे उपयुक्त होते हैं, ताकि इन फसलों को उगाने के लिए कम पोषकों की आवश्यकता हो। इस प्रकार शस्य विज्ञान वाली किस्में अधिक उत्पादन प्राप्त करने में सहायक होती हैं।

2. फसल उत्पादन प्रबंधन

इसके अंतर्गत उच्च उत्पादकता हेतु फसल उत्पादन के विभिन्न पहलुओं को नियंत्रित किया जाता है, जिसमें फसल उत्पादन के विभिन्न चरणों के कुशल कार्यान्वयन की आवश्यकता होती है। अतः फसल उत्पादन प्रबंधन (Crop production management) के अंतर्गत पोषकों, सिंचाई तथा कृषि पैटर्न का प्रबंधन आता है।

फसल उत्पादन हेतु कृषि में प्रयुक्त विभिन्न प्रक्रम निम्नवत् हैं

जुताई या मिट्टी तैयार करना

- फसल उगाने से पहले मिट्टी तैयार करना (Preparation of Soil) प्रथम चरण होता है। इसमें मिट्टी को पलटना तथा इसे पोला बनाना शामिल है।
- इसके कारण जड़ें भूमि में गहराई तक जा सकती हैं एवं पोली मिट्टी में गहराई में धँसी जड़ें भी सरलता से श्वसन कर सकती हैं।
- पोली मिट्टी, मिट्टी में रहने वाले केंचुओं और सूक्ष्मजीवों की वृद्धि करने में सहायता करती है। केंचुए किसानों के मित्र है, क्योंकि यह मिट्टी को और पलटकर पोला करते हैं तथा ह्यूमस बनाते हैं।
- मिट्टी को उलटने-पटलने एवं पोला करने की प्रक्रिया जुताई (Ploughing) कहलाती है। इसे हल, कुदाली या कल्टीवेटर चला कर करते हैं।
- यदि मिट्टी अत्यंत सूखी है, तो जुताई से पहले इसे पानी देने की आवश्यकता भी पड़ सकती है। जुते हुए खेत में मिट्टी के बड़े-बड़े ढेले भी हो सकते हैं। इन्हें एक पाटल की सहायता से तोड़ना आवश्यक है।
- बुआई एवं सिंचाई के लिए खेत को समतल करना आवश्यक है। यह कार्य पाटल द्वारा किया जाता है। कभी-कभी जुताई से पहले खाद दी जाती है। इससे जुताई के समय खाद मिट्टी में भली-भाँति मिल जाती है।
- बुआई से पहले खेत में पानी दिया जाता है।

बुआई

- इस चरण में गीली, नमी युक्त मृदा में बीजों को बोया जाता है।
- बोने से पहले अच्छी गुणवत्ता वाले साफ एवं स्वस्थ बीजों को बोया जाता है।
- इसके लिए किसान अधिक उपज देने वाले बीजों को प्राथमिकता देता है।
- बुवाई के लिए वर्तमान में ट्रैक्टर संचालित 'सीड ड्रिल' का उपयोग करते हैं।
- पौधों को अत्यधिक घने होने से रोकने के लिए बीजों के बीच उचित दूरी होना अत्यंत महत्त्वपूर्ण है। इससे पौधों को सूर्य का प्रकाश, पोषक एवं जल पर्याप्त मात्रा में प्राप्त होता है। अधिक घनेपन को रोकने के लिए कुछ पौधों को निकाल कर हटा दिया जाता है।

पोषक प्रबंधन

जंतु के समान पौधों को भी वृद्धि के लिए पोषक पदार्थों (Nutrients) की आवश्यकता होती है। पोषक पदार्थ अकार्बनिक तत्व होते हैं, जो पौधों को वायु, जल तथा मिट्टी से प्राप्त होते हैं। पौधों के लिए 16 पोषक पदार्थ आवश्यक हैं।

- **वृहत् पोषक तत्व** (Macronutrients) (अधिक मात्रा में आवश्यक) नाइट्रोजन, फॉस्फोरस, पोटैशियम, कैल्सियम, मैग्नीशियम, सल्फर।
- **सूक्ष्म पोषक तत्व** (Micronutrients) (कम मात्रा में आवश्यक) आयरन, मैंगनीज, बोरॉन, जिंक, कॉपर, मॉलिब्डेनम, क्लोरीन।
- इनमें से किसी भी पोषक तत्व की कमी के कारण पौधों की (कार्यिकी) प्रक्रियाओं सहित जनन, वृद्धि तथा रोगों के प्रति प्रवृत्ति (प्रतिरोधकता) पर प्रभाव पड़ता है। अधिक उत्पादन प्राप्त करने के लिए मिट्टी में खाद तथा उर्वरक के रूप में इन पोषकों को मिलाया जा सकता है।

1. खाद

खाद (Manure) एक प्राकृतिक उर्वरक है। यह कार्बनिक पदार्थ जंतुओं के अपशिष्ट तथा पौधों के कचरे के अपघटन (Decomposition) से तैयार किया जाता है। खाद मिट्टी को पोषकों तथा कार्बनिक पदार्थों से परिपूर्ण करती है और मिट्टी की उर्वरता को बढ़ाती है। खाद बनाने की प्रक्रिया में प्रयुक्त विभिन्न जैविक पदार्थ के उपयोगों के आधार पर खाद को निम्न वर्गों में विभाजित किया जाता है

(i) **कम्पोस्ट तथा वर्मी-कम्पोस्ट** (Compost and Vermi-compost) वह प्रक्रिया जिसमें कृषि अपशिष्ट पदार्थों; जैसे–पशुधन का मलमूत्र (गोबर, आदि), सब्जी के छिलके एवं कचरा, जानवरों द्वारा परित्यक्त चारे, घरेलू कचरे, सीवेज कचरे, फेंके हुए खरपतवार, आदि को गड्ढों में विगलित (अपघटित) कर देते हैं, यह क्रिया कम्पोस्टीकरण (Composting) कहलाती है।

कम्पोस्ट में कार्बनिक पदार्थ तथा पोषक बहुत अधिक मात्रा में होते हैं। जब कम्पोस्ट को केंचुओं द्वारा पौधे तथा जानवरों के अपशिष्ट पदार्थों के शीघ्र निरस्तीकरण की प्रक्रिया द्वारा बनाया जाता है, तो इसे वर्मी-कम्पोस्ट कहते हैं।

(ii) **हरी खाद** (Green Manure) फसल उगाने से पहले खेतों में कुछ पौधें; जैसे–पटसन, मूँग अथवा ज्वार, आदि उगा देते हैं, और तत्पश्चात् उन पर हल चलाकर खेत की मिट्टी में मिला दिया जाता है। ये पौधे हरी खाद में परिवर्तित हो जाते हैं, जो मिट्टी को नाइट्रोजन तथा फॉस्फोरस से परिपूर्ण करने में सहायक होते हैं। खाद के निम्नलिखित लाभ हैं

- खाद मृदा को पोषक तत्वों तथा कार्बनिक पदार्थों (ह्यूमस) से परिपूर्ण करती है।
- यह मृदा की उर्वरता को बढ़ाती है तथा कीटनाशकों (Insecticide) व पीड़कनाशकों (Pesticides) के हानिकारक प्रभावों को कम करती है।
- इसके कारण रेतीली मिट्टी में जल को धारण करने की क्षमता बढ़ जाती है। चिकनी मिट्टी में कार्बनिक पदार्थों की अधिक मात्रा पानी को निकालने में सहायता करती है, जिससे जल एकत्रित नहीं होता है-जैविक कचरे (खाद) के प्रयोग द्वारा कोई भी उर्वरकों के उच्च प्रयोग से पर्यावरण की रक्षा कर सकता है।
- खाद पौधों के कचरे के चक्रीकरण (Rotation) में सहायक होती है।

2. उर्वरक

उर्वरक (Fertilisers) व्यावसायिक रूप में तैयार रासायनिक पादप पोषक है। उर्वरक नाइट्रोजन, फॉस्फोरस तथा पोटैशियम (NPK) की आपूर्ति करते हैं। उर्वरकों के निम्नलिखित लाभ हैं

- ये आसानी से उपलब्ध हैं तथा इनका प्रयोग व संग्रह भी सरल है।
- इनका प्रयोग उच्च उत्पादन के लिए होता है, परंतु ये आर्थिक दृष्टि से मँहगे होते हैं। इनके उपयोग से अच्छी कायिक वृद्धि (पत्तियाँ, शाखाएँ तथा फूल) होती है और स्वस्थ पौधों की प्राप्ति होती है।

उर्वरकों की निम्नलिखित हानियाँ हैं

- उर्वरक का उपयोग बड़े ध्यान से करना चाहिए और उसके सदुपयोग के लिए इसकी खुराक की उचित मात्रा, उचित समय तथा उर्वरक देने से पहले तथा उसके बाद की सावधानियों को अपनाना चाहिए। कभी-कभी उर्वरक अधिक सिंचाई के कारण पानी में बह जाते हैं और पौधे उसका पूरा अवशोषण नहीं कर पाते हैं। उर्वरक की यही अधिक मात्रा जल प्रदूषण का कारण होती है।
- उर्वरक के सतत् प्रयोग से मिट्टी की उर्वरता घटती है, क्योंकि कार्बनिक पदार्थ की पुन: पूर्ति नहीं हो पाती है। इससे सूक्ष्मजीवों एवं भूमिगत जीवों का जीवन चक्र अवरुद्ध होता है।
- उर्वरकों के उपयोग द्वारा कम समय में फसलों का अधिक उत्पादन प्राप्त हो सकता है, परंतु ये कुछ समय पश्चात् मृदा की उर्वरता को हानि पहुँचाते हैं, जबकि खाद के उपयोग के लाभ दीर्घावधि तक होते हैं।

उर्वरक एवं खाद में अंतर

उर्वरक	खाद
उर्वरक एक मानव निर्मित अकार्बनिक पदार्थ है।	खाद एक प्राकृतिक पदार्थ है, जो गोबर एवं पौधों के अवशेष के विघटन से प्राप्त होता है।
उर्वरक का उत्पादन फैक्ट्रियों में होता है।	खाद खेतों में बनाई जा सकती है।
उर्वरक से मिट्टी को ह्यूमस प्राप्त नहीं होता।	खाद से मिट्टी को ह्यूमस प्रचुर मात्रा में प्राप्त होता है।
उर्वरक में पादप पोषक; जैसे-नाइट्रोजन, फॉस्फोरस तथा पोटैशियम प्रचुरता में होते हैं।	खाद में पादप पोषक तुलनात्मक रूप से कम होते हैं।

कार्बनिक/जैविक खेती

- यह एक कृषि प्रणाली है, जिसमें उर्वरकों, शाकनाशियों, कीटनाशकों आदि जैसे रसायनों का न्यूनतम या कोई उपयोग नहीं होता है और जैविक खाद, पुनर्नवीनीकरण कृषि अपशिष्ट, जैविक उर्वरकों का उपयोग होता है; जैसे–जैव उर्वरकों को तैयार करने में नीले-हरे शैवालों का संवर्धन किया जाता है।
- भण्डारण के उद्देश्य से नीम की पत्तियाँ या हल्दी जैसे जैव पीड़कनाशियों का उपयोग होता है।
- ये फसल प्रणालियाँ कीट, पीड़क और खरपतवार के जैविक नियन्त्रण में तथा पोषक तत्व प्रदान करने में उपयोगी होती है।

सिंचाई

- फसलों को विभिन्न विधियों; जैसे–नहरों, जलाशयों, कुओं, ट्यूबवेल, आदि द्वारा जल की आपूर्ति करने की प्रक्रिया सिंचाई (Irrigation) कहलाती है।
- भारत में अधिकांश खेती वर्षा पर आधारित होती है। अधिकांश क्षेत्रों में फसल की उपज, समय पर मानसून आने तथा वृद्धिकाल में उचित वर्षा होने पर निर्भर करती है।

- सिंचाई का समय एवं बारंबारता फसलों, मिट्टी एवं ऋतु में भिन्न होता है। गर्मी में पानी देने की बारंबारता अपेक्षाकृत अधिक होती है।
- जल संसाधन के प्रकार के आधार पर कृषि हेतु प्रयुक्त कुछ सामान्य सिंचाई के साधन निम्नवत् हैं
  (i) **कुएँ** (Wells) यह वहाँ बनाए जाते हैं, जहाँ सिंचाई के लिए भूमिगत जल उपलब्ध होता है। ये दो प्रकार के होते हैं
    (a) **खुदे हुए कुएँ** (Dug wells) इसके द्वारा भूमिगत जल स्तरों में स्थित पानी को एकत्रित किया जाता है।
    (b) **नलकूप** (Tubewells) इसमें पानी पंप द्वारा गहरे जल स्तरों से निकाला जाता है।
  (ii) **नहरें** (Canals) यह सिंचाई का एक बहुत विस्तृत तथा व्यापक तंत्र हैं, जिसमें पानी एक या अधिक जलाशयों अथवा नदियों या बाँध से आता है। मुख्य नहर से निकली शाखाएँ विभाजित होकर खेतों में सिंचाई करती हैं।
  (iii) **नदी जल उठाव प्रणाली** (River Lift Systems) इस प्रणाली का प्रयोग उन क्षेत्रों में किया जाता है, जहाँ जलाशयों से कम पानी मिलने के कारण नहरों का बहाव अनियमित अथवा अपर्याप्त होता है। नदियों के किनारे स्थित खेतों में सिंचाई करने के लिए नदियों से सीधे ही पानी निकाला जाता है।
  (iv) **तालाब** (Tanks) ये छोटे जलाशय हैं, जो छोटे क्षेत्रों में बहे हुए पानी का संग्रह करके तालाब का रूप ले लेते हैं।
- **आधुनिक विधियाँ** (Modern Techniques) कृषि में पानी की उपलब्धि बढ़ाने के लिए आधुनिक विधियाँ; जैसे–वर्षा के पानी का संग्रहण तथा जल विभाजन का उचित प्रबंधन द्वारा उपयोग किया जाता है। इसके अंतर्गत छोटे बाँध बनाकर भूमि के नीचे का जलस्तर बढ़ाया जाता है। ये छोटे बाँध वर्षा के पानी को बहने से रोकते हैं तथा मृदा अपरदन को भी कम करते हैं।

  पानी की कमी अथवा वर्षा की अनियमितता की स्थिति, सूखा (Drought) कहलाती है। वर्षा पर आधारित कृषि को सूखे से बहुत हानि होती है, विशेषतया उन क्षेत्रों में जहाँ पर किसान फसल उत्पादन में सिंचाई का उपयोग नहीं करते हैं और केवल वर्षा पर ही निर्भर रहते हैं।

सिंचाई की विधियाँ

कुओं, झीलों एवं नहरों में उपलब्ध जल को निकालकर खेतों तक पहुँचाने के तरीके विभिन्न क्षेत्रों में भिन्न-भिन्न हैं।

- **सिंचाई की पारंपरिक विधि** इस विधि में मवेशी अथवा मजदूर प्रयोग किए जाते हैं। अतः ये सस्ते हैं, परंतु ये कम दक्ष हैं। विभिन्न पारंपरिक तरीके निम्न हैं
  (a) मोट (घिरनी) (b) चेन पंप
  (c) ढेकली (d) रहट (उत्तोलक तंत्र)
- **सिंचाई की आधुनिक विधियाँ** इन विधियों के द्वारा हम जल का उपयोग मितव्ययता से कर सकते हैं। मुख्य विधियाँ निम्न हैं
  (a) **छिड़काव तंत्र** (Sprinkler System) इस विधि का उपयोग असमतल भूमि के लिए किया जाता है जहाँ पर जल कम मात्रा में उपलब्ध होता है। ऊर्ध्व पाइपों (नलों) के ऊपरी सिरों पर घूमने वाले नोजल लगे होते हैं। ये पाइप निश्चित दूरी पर मुख्य पाइप से जुड़े होते हैं। जब पंप की सहायता से जल मुख्य पाइप में भेजा जाता है, तो वह घूमते हुए नोजल से बाहर निकलता है। इसका छिड़काव लॉन, कॉफी की खेती एवं कई अन्य फसलों के लिए अत्यंत उपयोगी है।
  (b) **ड्रिप तंत्र** (Drip System) इस विधि में जल बूँद-बूँद करके सीधे पौधों की जड़ों में गिरता है। अतः इसे ड्रिप तंत्र कहते हैं। फलदार पौधों, बगीचों एवं वृक्षों को पानी देने का यह सर्वोत्तम तरीका है। इस विधि में जल व्यर्थ नहीं होता। अतः यह जल की कमी वाले क्षेत्रों के लिए एक वरदान है।

फसल पैटर्न

- फसल पैटर्न (Cropping pattern) का प्रयोग खेती हेतु भूमि के एक ही क्षेत्र का उपयोग करके अधिकतम लाभ प्राप्त करने हेतु किया जाता है।
- यह फसल का उत्पादन न होने या बहुत कम होना, रोग, आदि की संभावनाओं को कम करता है। इसके लिए फसलों को विभिन्न पैटर्न से उगाया जाता है। उनमें से कुछ निम्न हैं
  (i) **मिश्रित फसल** (Mixed Cropping) इसमें दो अथवा दो से अधिक फसलों को एकसाथ ही एक खेत में उगाते हैं;
  जैसे–गेहूँ + चना अथवा गेहूँ + सरसों अथवा मूँगफली + सूरजमुखी।
  इसके कुछ लाभ निम्नलिखित हैं
  इससे हानि होने की संभावना कम रहती है, क्योंकि एक फसल के नष्ट हो जाने पर भी दूसरी फसल के उत्पादन की आशा बनी रहती है।
  (ii) **अंतराफसलीकरण** (Intercropping) इसमें दो अथवा दो से अधिक फसलों को एकसाथ एक ही खेत में निर्दिष्ट पैटर्न पर उगाते हैं। कुछ पंक्तियों में एक प्रकार की फसल तथा उनके एकान्तर में स्थित दूसरी पंक्तियों में दूसरी प्रकार की फसल उगाते हैं।
  फसल का चुनाव इस प्रकार करते हैं कि उनकी पोषक तत्वों की आवश्यकताएँ भिन्न-भिन्न हों; उदाहरण-सोयाबीन + मक्का अथवा बाजरा + लोबिया।
  यह उपलब्ध पोषकों के अधिकतम उपयोग को सुनिश्चित कर अच्छे परिणाम देता है। इसके द्वारा पीड़क व रोगों को एक प्रकार की फसल के साथ पौधों में फैलने से रोका जा सकता है।
  (iii) **फसल चक्र** (Crop Rotation) किसी खेत में क्रमवार पूर्व नियोजित कार्यक्रम के अनुसार विभिन्न फसलों के उगाने के चक्र को **फसल चक्र** कहते हैं।
  परिपक्वन काल के आधार पर विभिन्न फसल सम्मिश्रण के लिए फसल चक्र अपनाया जाता है। खेत में एक फसल बोई जाती है तथा इसकी कटाई के बाद उसी खेत में दूसरी फसल बोई जाती है। इसके पश्चात् तीसरी फसल भी बोई जा सकती है।

फसल सुरक्षा प्रबंधन

- खेतों में फसलों को खरपतवार, कीट-पीड़क, रोगों, आदि से सुरक्षा प्रदान करना अत्यंत आवश्यक है। फसल सुरक्षा प्रबंधन द्वारा इनकी संभावनाओं को कम किया जाता है।
- यदि खरपतवार तथा पीड़कों को नियंत्रित नहीं किया जाता, तो वे फसलों को बहुत हानि पहुँचाते हैं।
- फसलों को हानि पहुँचाने वाले तत्व निम्न हैं
  – **खरपतवार** (Weed) यह कृषि योग्य भूमि में उगे अनावश्यक पौधे होते हैं, जो भोजन, स्थान तथा प्रकाश के लिए फसलों से स्पर्द्धा करते हैं; उदाहरण-गौखरू *(जैंथियम)*, गाजर घास *(पार्थेनियम)* व मोथा *(साइरेनस रोटेंडस)*, आदि। खरपतवार भूमि से पोषक तत्व ग्रहण करते

हैं, जिससे फसलों की वृद्धि कम हो जाती है। इसलिए अच्छी पैदावार के लिए प्रारंभिक अवस्था में ही खरपतवार को खेतों में से निकाल देना चाहिए। रसायनों के उपयोग से भी खरपतवार नियंत्रण किया जाता है, जिन्हें **खरपतवारनाशी** (Weedicide) कहते हैं; जैसे-2, 4-D। खेतों में इनका छिड़काव किया जाता है, जिससे खरपतवार पौधे नष्ट हो जाते हैं, परंतु फसल को कोई हानि नहीं होती।

- खरपतवार हटाने को निराई कहते हैं। यह कार्य **खुरपी** या **हैरो** की सहायता से किया जाता है।
  - **कीट-पीड़क** (Insect-Pest) कीट-पीड़क फसल के स्वास्थ्य को प्रभावित कर उत्पादन को कम करते हैं। प्रायः कीट-पीड़क पौधों पर निम्न प्रकार से आक्रमण करते हैं; ये मूल, तने तथा पत्तियों को काट देते हैं; जैसे-टिड्डा, ये तने तथा फलों में छिद्र कर देते हैं; जैसे-तना छेदक लार्वा।

सूक्ष्मजीवों द्वारा पौधों में होने वाले कुछ सामान्य रोग

पादप रोग	सूक्ष्मजीव	संचरण का तरीका
सिट्रस कैंकर	जीवाणु	वायु
गेहूँ का रस्ट	कवक	वायु एवं बीज
भिंडी का पीत मौजेक रोग	वायरस	कीट
चावल का झुलसा रोग	जीवाणु	जल

कटाई

- फसल पक जाने के बाद उसे काटना कटाई (Harvesting) कहलाता है। कटाई के दौरान या तो पौधों को खींचकर उखाड़ लेते हैं अथवा उसे धरातल के पास से काट लेते हैं
- एक अनाज फसल को पकने में लगभग 3 से 4 महीने का समय लगता है।
- कटाई के लिए हार्वेस्टर का उपयोग किया जाता है। थ्रेशिंग प्रक्रिया में काटी गई फसल से दानों को भूसे से अलग किया जाता है।

भंडारण

- अनाज के भंडारण (Storage) के दौरान कृषि उत्पाद में अत्यधिक हानि हो सकती है। इन हानियों के लिए निम्न कारक उत्तरदायी हैं
  - (i) **जैविक कारक** (Biotic Factors) इसमें रोडेण्ट्स (कृंतक), कवक, कीट, चिचड़ी तथा जीवाणुओं को सम्मिलित किया गया है।
  - (ii) **अजैविक कारक** (Abiotic Factors) भंडारण के स्थान पर उपयुक्त नमी व ताप के अभाव से भी अनाज की हानि होती है। इनका अनाज पर निम्नलिखित प्रभाव पड़ता है
    - (a) गुणवत्ता का ह्रास
    - (b) अंकुरण क्षमता में कमी
    - (c) वजन में कमी
    - (d) उत्पाद का बदरंग होना
- किसान अपनी फसल उत्पाद का भण्डारण जूट के बोरों, धातु के बड़े पात्र में करते हैं, परन्तु बीजों का बड़े पैमाने पर भण्डारण **साइलो** और **भण्डारगृहों** में किया जाता है, जिससे फसल को कीटों व चूहों से सुरक्षित रखा जा सके।

पशुपालन

- पशुधन का वैज्ञानिक प्रबंधन पशुपालन (Animal husbandry) कहलाता है। इसके अंतर्गत पशुओं को पालना, भोजन देना, प्रजनन, रोग नियंत्रण, आदि आते हैं।
- कृषि आधारित पशुधन में मवेशी, बकरी, भेड़, मुर्गी-पालन, मत्स्य-पालन, आदि आते हैं।
- इसकी आवश्यकता निम्न में होती है
  - (i) जनसंख्या वृद्धि तथा रहन-सहन के स्तर में वृद्धि के कारण अंडों, दूध तथा माँस की खपत भी बढ़ रही है। अतः इस बढ़ती माँग की आपूर्ति हेतु पशुपालन आवश्यक है।
  - (ii) इसके द्वारा पशुओं के उचित प्रबंधन व पालन हेतु आवश्यक दिशा-निर्देश निर्धारित किए जाते हैं।
- भारत में, पशुपालन के दो उद्देश्य हैं-दूध प्राप्त करना तथा कृषि कार्य (हल चलाना, सिंचाई तथा बोझा ढोने) के लिए पशुओं को पालना।
- भारतीय पालतू पशुओं की दो मुख्य जातियाँ हैं
  - (i) गाय *(बॉस इंडिकस)*,
  - (ii) भैंस *(बॉस बुबेलस)*
- उनके कार्य के आधार पर पशुओं को निम्न दो वर्गों में बाँटा जा सकता है
  - (i) **दुधारू पशु** (Milch animals) ये दुग्ध उत्पादक मादाएँ हैं।
  - (ii) **ड्रॉट पशु** (Drought animals) इनका प्रयोग खेतों में कृषि कार्यों हेतु किया जाता है।

पशुओं की नस्लें

(i) **देशी नस्लें** (Indigenous or Local breeds) इनमें उच्च रोग प्रतिरोधक क्षमता पाई जाती है; उदाहरण—रेडसिंधी, साहीवाल।

(ii) **विदेशी नस्लें** (Exotic or Foreign breeds) इनका दुग्धस्रावण काल लंबा होता है; उदाहरण—जर्सी, ब्राउन स्विस।

इन दोनों नस्लों में संकरण कराकर ऐच्छिक गुण वाली संतति प्राप्त की जा सकती है।

पशुओं की खाद्य आवश्यकताएँ

- पशुओं को एक संतुलित आहार की आवश्यकता होती है, जिसमें उचित मात्रा में सभी पोषक तत्व उपस्थित होने चाहिए। पशुओं की खाद्य आवश्यकताएँ दो प्रकार की होती हैं
  - (i) **स्वास्थ्य हेतु** (For health) वह आहार, जो पशुओं के अच्छे स्वास्थ्य हेतु आवश्यक होता है।
  - (ii) **दुग्ध उत्पादन हेतु** (For producing milk) वह आहार, जो दुग्धस्रावण काल में दूध के उत्पादन को बढ़ता है। विभिन्न प्रकार के पशु का आहार निम्नवत् हैं
    - (a) **मोटा चारा या रूक्षांश** (Roughage) यह रेशेयुक्त होता है तथा इसमें पोषक तत्वों की मात्रा कम होती है; उदाहरण—हरा चारा, भूसा, फली, आदि।
    - (b) **सांद्र** (Concentrate) इनमें रेशे कम होते हैं और प्रोटीन तथा अन्य पोषक तत्वों की मात्रा अधिक होती है; जैसे-चना व बाजरा।
- उपयुक्त पदार्थों के अतिरिक्त कुछ आहारों में अतिरिक्त सूक्ष्मपोषक तत्व उपस्थित होते हैं, जो पशुओं के स्वास्थ्य तथा दूध उत्पादन क्षमता को बढ़ाते हैं।

पशुओं के रोग

पशु अनेक प्रकार के रोगों से ग्रसित हो सकते हैं, जिनके कारण उनकी दूध उत्पादन क्षमता में कमी आ सकती है अथवा उनकी मृत्यु भी हो सकती है।

पशुओं के परजीवी दो प्रकार के हो सकते हैं

(i) **बाह्य परजीवी** (External Parasite) ये त्वचा पर पाए जाते हैं व त्वचा के रोग उत्पन्न करते हैं, जैसे-जूँ, घुन आदि।

(ii) **अंत: परजीवी** (Internal Parasite) इसमें वे कृमि आते हैं, जो आमाशय व आँत तथा यकृत को प्रभावित करते हैं। पशुओं में संक्रामक रोग विभिन्न बैक्टीरिया (जीवाणु), वाइरस (विषाणु), आदि से होता है। इन रोगों से बचाने के लिए पशुओं को टीका लगाया जाता है।

कुक्कुट या मुर्गी पालन

- मुर्गी पालन (Poultry farming) अंडे व कुक्कुट माँस के उत्पादन को बढ़ाने के लिए किया जाता है। अत: कुक्कुट पालन में उन्नत मुर्गी की नस्लें विकसित की जाती हैं।
- अंडों के लिए अंडे देने वाली लेअर मुर्गी का पालन किया जाता है तथा माँस के लिए ब्रॉयलर को पाला जाता है।
- नई किस्में बनाने के लिए देशी (जैसे-एसिल) तथा विदेशी (जैसे-लेगहॉर्न) नस्लों का संकरण कराया जाता है। इन संकरण कार्यक्रमों का उद्देश्य निम्न वाँछनीय गुणों वाली किस्मों का विकास करना है
  - चूजों की संख्या तथा गुणवत्ता।
  - छोटे कद के ब्रॉयलर जनक द्वारा चूजों के व्यावसायिक उत्पादन हेतु।
  - गर्मी अनुकूलन क्षमता/उच्च तापमान को सहने की क्षमता।
  - देखभाल में कम खर्च की आवश्यकता।
  - अंडे देने वाले तथा ऐसी क्षमता वाले पक्षी जो कृषि के उपोत्पाद (Agricultural by products) से प्राप्त सस्ते रेशेदार आहार का उपभोग कर सकें।
- ब्रॉयलर का आवास, पोषण तथा पर्यावरणीय आवश्यकताएँ अंडे देने वाले कुक्कुटों (लेअर मुर्गी) से भिन्न होती हैं। ब्रॉयलर के आहार में प्रोटीन तथा वसा की प्रचुर मात्रा होती है। कुक्कुट आहार में विटामिन-K की मात्रा भी अधिक होती है।

मत्स्य पालन

हमारे भोजन में मछली प्रोटीन का एक समृद्ध स्रोत है। मछली उत्पादन (Pisciculture) में पखयुक्त मछलियाँ तथा कवचीय मछलियाँ; जैसे-झींगा (प्रॉन) तथा मोलस्का सम्मिलित हैं। मछली प्राप्त करने की दो विधियाँ हैं

1. प्राकृतिक स्रोत से मछली पकड़ना

यह प्राकृतिक स्रोतों से मछली पकड़ने की एक विधि है। इनके स्रोत समुद्री जल तथा ताजा जल (अलवणीय जल) दोनों हैं।

समुद्री मत्स्यकी

- भारत का समुद्री मछली संसाधन क्षेत्र 7500 किलोमीटर समुद्री तट तथा इसके अतिरिक्त समुद्र की गहराई तक है।
- सर्वाधिक प्रचलित समुद्री मछलियाँ पॉमफ्रेट, मैकर्ल, टुना, सारडाइन तथा बांबेडक हैं।

  उच्च आर्थिक महत्त्व वाली समुद्री मछलियाँ निम्नवत् हैं

  (i) **पखयुक्त मछलियाँ** (Finned fishes) मुलेट, भेटकी, पर्लस्पॉट, आदि।

  (ii) **कवचीय मछलियाँ** (Shell fishes) झींगा, मस्सल, ऑएस्टर एवं समुद्री खरपतवार।
- ऑएस्टर का संवर्धन मोतियों को प्राप्त करने के लिए किया जाता है।
- सेटेलाइट तथा प्रतिध्वनि गंभीरता मापी से खुले समुद्र में मछलियों के बड़े समूह का पता लगाया जा सकता है तथा इन सूचनाओं का उपयोग कर मछली का उत्पादन बढ़ाया जा सकता है।
- भविष्य में समुद्री मछलियों का भंडार (Stock) कम होने की अवस्था में इन मछलियों की पूर्ति संवर्धन के द्वारा हो सकती है, इस प्रणाली को समुद्री संवर्धन (मेरीकल्चर) कहते हैं।

अंत:स्थली मत्स्यकी

- इसमें ताजे जल व खारे जल के स्रोतों से मछली उत्पादन किया जाता है। ताजे जल के स्रोत नाले, तालाब, पोखर तथा नदियाँ हैं।
- वे खारे जल के संसाधन हैं जहाँ समुद्री जल तथा ताजा जल मिश्रित होता है; जैसे-नदीमुख (एस्चुरी) तथा लैगून भी महत्त्वपूर्ण मत्स्य भंडारण हैं।
- जब मछलियों का प्रग्रहण अंत:स्थली वाले स्रोतों पर किया जाता है, तो उत्पादन अधिक नहीं होता है।
- मछली संवर्धन कभी-कभी धान की फसल के साथ भी किया जाता है। इसमें धान की फसल को जल की उच्च मात्रा व मछलियों को भोजन प्राप्त होता है।

2. मछली संवर्धन

इसमें मत्स्य संवर्धन (Fish culture) द्वारा मछलियाँ प्राप्त की जाती हैं। यह प्राय: ताजे जल या समुद्र तट के निकट किया जाता है। अत: मत्स्य उत्पादन समुद्र तथा ताजे जल के पारिस्थितिक तंत्रों में किया जा सकता है।

मधुमक्खी पालन

- मधुमक्खी पालन (Beekeeping) शहद व मोम प्राप्ति हेतु मधुमक्खियों का पालन, देखभाल व उचित प्रबंधन है। व्यावसायिक स्तर पर शहद के उत्पादन हेतु मधुवाटिका या मधुमक्खी फार्म बनाए जाते हैं।
- मधुमक्खी पालन के लाभ निम्नवत् हैं
  - इसके लिए कम लागत की आवश्यकता होती है।
  - इससे अनेक प्रकार के उत्पाद; जैसे-शहद (खाने या अन्य उत्पाद बनाने हेतु), मोम (औषधीय व सौंदर्य उत्पादों में), मधुमक्खी विष, आदि प्राप्त होते हैं। शहद में लेव्यूलेज, डैक्स्ट्रोज एवं माल्टोज होते हैं।
  - यह किसानों के लिए आय का एक अतिरिक्त स्रोत है।
  - यह परागण द्वारा फसल के उत्पादन को बढ़ाने में सहायक है।

व्यावसायिक स्तर पर मधु उत्पादन में प्रयुक्त मधुमक्खी की किस्में

वैज्ञानिक नाम	सामान्य नाम
एपिस सेरना इंडिका	भारतीय मधुमक्खी
एपिस डोरसेटा	शैल मधुमक्खी
एपिस फ्लोरी	लिटिल मधुमक्खी
एपिस मेलीफेरा	इटली की मधुमक्खी

- भारतीय कृषि में फसल पैदावार और खाद्य उत्पादन में एक बड़ा सुधार सन् 1968 से 1988 के मध्य एक क्रांति के रूप में दर्ज हुआ, जिसे हम भारतीय कृषि का स्वर्णिम युग या हरित क्रांति कहते हैं। इसका श्रेय कृषिविद् एम. एस. स्वामीनाथन को जाता है। फसल उत्पादन एवं खेतों का प्रबंधन कृषि विज्ञान की जिस शाखा के अन्तर्गत आता है, उसे **शस्य विज्ञान** (Agronomy)कहते हैं।
- किसी निश्चित समय में, खेत में एक निर्धारित क्रम से फसलों को उगाना ही फसल चक्र कहलाता है। एक ही भूमि पर, एक ही वर्ष में दो से चार फसलें उगाना बहुफसलोत्पादन कहलाता है।
- जायद की फसलें कद्दू, खरबूज, तरबूज, लौकी, तोरई, खीरा, हरीमिर्च, टमाटर और सूरजमुखी, आदि हैं।
- उद्यान कृषि में फलों व सब्जियों की वृद्धि एवं पैदावार के विषय में अध्ययन किया जाता है।
- फार्मयार्ड खाद अपघटित पशु मल और मूत्र, बचे हुए चारे (पशु आहार) और कूड़े-करकट का मिश्रण होता है।
- वांछित गुणों वाले पशुओं को पाने के लिए, पशुओं में प्रजनन किया जाता है। प्रजनन द्वारा वांछित गुणों वाली प्रजाति की प्राप्ति की एक महत्त्वपूर्ण और प्रभावी पद्धति कृत्रिम वीर्य सेचन है। कृत्रिम वीर्य सेचन में अधिक दूध देने वाली प्रजाति के वांछित नर के शुक्राणु का मादा के जनन क्षेत्र में अंत:क्षेपण किया जाता है। यह गाय, भैंस, कुक्कुट, घोड़े और बकरी की नस्लों को सुधारने के लिए प्रयुक्त होता है।
- किसी भी समय पर किसी क्षेत्र या देश के सभी लोगों के लिए भोजन की उपलब्धता, सुलभता और भोजन के लिए व्यय करने की क्षमता खाद्य सुरक्षा कहलाती है।

अतिरिक्त तथ्य

तमिलनाडु बोर्ड एवं NIOS

- कुदाल एक सरल कृषि उपकरण है, जिसका उपयोग खरपतवार को हटाने तथा मृदा को पलटने व ढीला करने में किया जाता है।
- स्पिंक्लर उद्यानों, कॉफी बागानों और अन्य फसलों के लिए उपयोग होता है।
- छोटी जोत वाली भूमि रखने वाले किसान अनाज से भूसी को अलग करने का कार्य विनोइंग द्वारा करते हैं।
- शुष्क नीम के पत्तों का उपयोग घर में अनाज भण्डारण के लिए किया जाता है।
- भारत में 1952 से 2010 तक खाद्यान उत्पादन में कृषि योग्य भूमि क्षेत्र में चार गुना वृद्धि हुई हैं।
- उर्वरकों के प्रति प्रतिक्रिया, उत्पाद की गुणवत्ता और उच्च पैदावार जैसी विभिन्न उपयोगी विशेषताओं के लिए प्रजनन द्वारा फसलों की किस्मों या उपभेदों का चयन किया जा सकता है।

12

पर्यावरणीय प्रदूषण

(स्रोत)

Class-VI Old NCERT Chap 16 **(कचरा संग्रहण एवं निपटान)**, Class-VII New NCERT Chap 13 **(अपशिष्ट जल की कहानी)**, Class-VIII Old NCERT Chap 18 **(वायु एवं जल का प्रदूषण)**, Class-IX Old NCERT Chap 14 **(प्राकृतिक संपदा)**, Class-X Old NCERT Chap 15 **(हमारा पर्यावरण)**, Chap 16 **(प्राकृतिक संसाधनों का प्रबंधन)**, Class-XII New NCERT Chap 16 **(पर्यावरण के मुद्दे)**
Tamil Nadu Board (Class-IX), NIOS

पर्यावरण प्रदूषण

पर्यावरण के प्राकृतिक संघटकों; जैसे-जल, वायु, मृदा, आदि में उत्पन्न अवाँछित या हानिकारक जैविक, रासायनिक या भौतिक परिवर्तनों को ही **पर्यावरणीय प्रदूषण** (Environmental pollution) कहते हैं तथा इनके अवाँछित कारक **प्रदूषक** (Pollutants) कहलाते हैं।

ये सजीवों के जीवन पर प्रतिकूल प्रभाव डालते हैं; जैसे-धूल, धुआँ, कूड़ा-कचरा, रसायन, आदि। ऑडम के अनुसार, विघटन के आधार पर प्रदूषक दो प्रकार के होते हैं

(i) **निम्नीकरणीय प्रदूषक** (Degradable Pollutants) निम्नीकरणीय प्रदूषक वातावरण में कुछ समय पश्चात् स्वत: ही ऊष्मा या सूक्ष्मजीवों की क्रियाओं द्वारा नष्ट या अपघटित हो जाते हैं, इन्हें **जैव-निम्नीकृत** (Biodegradable) प्रदूषक भी कहते हैं। जैव-निम्नीकरणीय प्रदूषकों को उपचारक संयंत्र (Treatment plant) या प्राकृतिक प्रक्रियाओं द्वारा निम्नीकृत (Degrade) या अपघटित कर दिया जाता है। ये पुन: स्रोत में परिवर्तित हो सकते हैं;
उदाहरण- कार्बनिक कचरा (जैसे-जूट, फलों तथा सब्जियों के छिलके, मृत देह, मल, आदि)।

(ii) **अनिम्नीकरणीय प्रदूषक** (Non-degradable Pollutants) ये प्रदूषक, सूक्ष्मजीवों, विकिरण, ऑक्सीकरण या रासायनिक अपघटन की प्राकृतिक क्रियाओं द्वारा विघटित या उपयोगी पदार्थ के रूप में परिवर्तित नहीं होते हैं;
उदाहरण-काँच, प्लास्टिक, BHC (Benzene Hexachloride), अपमार्जक (Detergent), DDT (Dichloro Diphenyl Trichloroethane) आदि। इन्हें संरक्षित या दृढ़ या **अजैव-निम्नीकृत** प्रदूषक के नाम से भी जाना जाता है।

प्रदूषण के प्रकार

अध्ययन की सुविधा के कारण प्रदूषण को निम्न प्रमुख श्रेणियों में विभक्त किया गया है

(i) वायु प्रदूषण
(ii) ध्वनि प्रदूषण
(iii) जल प्रदूषण
(iv) भूमि या मृदा प्रदूषण
(v) विकिरण या रेडियोधर्मी प्रदूषण

इनका विस्तृत वर्णन इस प्रकार है

वायु प्रदूषण

- वायुमंडल में उपस्थित वे अवाँछित (Undesired) या हानिकारक तत्व, जो वायु की गुणवत्ता को प्रभावित करते हैं, **वायु प्रदूषक** (Air pollutant) कहलाते हैं तथा यह प्रक्रम **वायु प्रदूषण** (Air pollution) कहलाता है।
- वायु प्रत्येक जीवित प्राणी के जीवन का आधार है तथा यह श्वसन में काम आती है।
- अत: इसके इस संघटन में कुछ परिवर्तन भी तत्काल ही जीवों को प्रभावित करता है; उदाहरण—भोपाल गैस त्रासदी में वायु का MIC (मिथाइल आइसोसाइनाइट) गैस से प्रदूषित होना हजारों लोगों की मृत्यु का कारण बना।
- मानव द्वारा औद्योगिक विकास के कारण लगे कारखानों से निकलने वाला धुआँ वायु प्रदूषण का प्रमुख कारण है।
- वायु के प्रमुख प्रदूषक निम्न हैं
  (i) कार्बन डाइऑक्साइड (CO_2) व कार्बन मोनोक्साइड (CO)
  (ii) सल्फर व नाइट्रोजन के ऑक्साइड
  (iii) मीथेन व ऐथेन जैसे अन्य हाइड्रोकार्बन
  (iv) खनन द्वारा उत्पन्न एवं धुएँ में उपस्थित धूल के महीन निलंबित कण

वायु प्रदूषण के कारण

वायु को प्रदूषित करने वाले कारण निम्नलिखित हैं

- प्राकृतिक एवं कृत्रिम हाइड्रोकार्बन आधारित ईंधन का दहन (Fuel combustion), जोकि O_3, CO_2, NO_2, CO, SO_2 आदि गैसों का प्रमुख स्रोत हैं।
- औद्योगिक अपशिष्ट (Industrial waste), जिसमें मुख्यतया उपरोक्त गैसें, धातु के कण एवं विभिन्न हाइड्रोकार्बन्स आते हैं।
- कृषि रसायन पदार्थ, जिनका उपयोग मुख्यतया कृषि में पैदावार बढ़ाने के लिए किया जाता है, परंतु इनका अत्यधिक उपयोग वायु प्रदूषण के लिए उत्तरदायी होता है।
- धातु; जैसे-पारा (Mercury), जस्ता (Zinc), सीसा (Lead), आर्सेनिक, निकिल, आदि के शोधन द्वारा उत्पादित धातु कण वायु में पहुँचकर उसे दूषित कर देते हैं। विभिन्न रेडियोधर्मी पदार्थ (Radioactive elements), जोकि भिन्न-भिन्न कारणों से वायुमंडल में मुक्त हो जाते हैं।
- वनों व वृक्षों की अत्यधिक कटाई, जिसके कारण पर्यावरण में असंतुलन की परिस्थितियाँ उत्पन्न हो जाती हैं।
- विभिन्न प्रकार के जीवधारियों एवं वस्तुओं का अपघटन, जिसके फलस्वरूप दूषित गैसें एवं अन्य वायु प्रदूषक उत्पन्न होते हैं।

वायु प्रदूषण के दुष्प्रभाव

वातावरण में वायु प्रदूषण के दुष्प्रभाव (Side-effects of air pollution) निम्न हैं

- वर्तमान समय में CO_2 का उत्सर्जन एक गंभीर समस्या है। यह वैश्विक ऊष्मीकरण (Global warming) के लिए उत्तरदायी है। वाहनों द्वारा उत्पन्न हाइड्रोकार्बन भी वायु में कार्बन की मात्रा बढ़ा रहे हैं।
- सल्फर व नाइट्रोजन के कारण उत्पन्न अम्ल वर्षा (Acid rain), जल व मृदा को प्रदूषित करती है।
- प्रदूषित वायु के कारण कैंसर, चर्म (Skin) रोग, नेत्र रोग व श्वास संबंधी बीमारियाँ उत्पन्न हो जाती हैं।
- सीसा व कैडमियम जैसे भारी तत्वों के वायु में उपस्थित होने के कारण हृदय (Heart) व गुर्दे (Kidney) संबंधी बीमारियाँ उत्पन्न होती हैं।
- खनन में लगे श्रमिकों में सिलिकोसिस (Silicosis) जैसे गंभीर रोग हो जाते हैं। खनन श्रमिकों में धूल के महीन कणों का उनके फेफड़ों में जम जाने के कारण सिलिकोसिस रोग उत्पन्न होता है।
- वायु में CFC (क्लोरो फ्लोरो कार्बन) के कारण O_3 परत या ओजोन परत में छिद्र या क्षरण हो गया है। इस कारण सूर्य की हानिकारक पराबैंगनी किरणें पृथ्वी पर आ रही हैं, जोकि अत्यंत हानिकारक हैं एवं त्वचा कैंसर का एक प्रमुख कारण हैं, उदाहरण-PAN (Peroxyacetyl Nitrate)।
- दमा या अस्थमा एवं श्वास संबंधी विकार होना।

वायु प्रदूषण के नियंत्रण के उपाय

वायु में प्रदूषकों के स्तर को निम्न प्रकार नियंत्रित किया जा सकता है

- आधुनिक तकनीकों द्वारा चिमनी से निकलने वाले धुएँ में से हानिकारक निलंबित कणों (Suspended particles) को पृथक् करके; जैसे-
  - कणिकीय पदार्थों (Particulate matter) को उत्सर्जित होने से रोकने के लिए वैद्युत कण (Electric particle) संचलन तकनीक का उपयोग करना; उदाहरण-स्थिर वैद्युत अवक्षेपित (Electrostatic precipitator) को बड़े उद्योगों की चिमनी में लगाकर उच्च विभव की विद्युत प्रवाहित की जाती है जिस कारण कणिकीय पदार्थ आवेशित होकर विपरीत इलेक्ट्रोड से चिपक जाते हैं। तत्पश्चात् इन्हें पृथक् कर लिया जाता है।
  - इसके अतिरिक्त वायु का उपयोग करके चक्रवात छनित्र तथा थैला छनित्र (Cyclone filter and Bag Filter) के द्वारा भारी धातुओं तथा SPM (Suspended Particulate Matter) कणों को पृथक् किया जा सकता है।
  - गैसों के उत्सर्जन में कमी करने हेतु चिमनी में जल की फुहारों तथा उत्प्रेरकीय अवशोषक की व्यवस्था करना; उदाहरण-**गीले मार्जक** (Wet scrubber) की सहायता से गैसें; जैसे-सल्फर डाइऑक्साइड (SO_2) को जल के प्रयोग द्वारा पृथक् किया जाता है। इन बहुत ही सूक्ष्म आकार की कणिकाओं को अवक्षेपण विधि द्वारा अलग नहीं कर सकते हैं।
- वृक्षारोपण को बढ़ावा देकर व वृक्षों की अनियंत्रित कटाई को रोककर, क्योंकि वृक्षों में CO_2 व O_2 के स्तर को संतुलित करने में अति महत्त्वपूर्ण भूमिका होती है। प्राकृतिक ईंधन जैसे पेट्रोल, डीजल के स्थान पर प्रकृति के अनुरूप संसाधन खोज कर; जैसे-बायोगैस, बायोफ्यूल, आदि।
- कारखानों को शहरों एवं आबादी क्षेत्र से दूर स्थापित करके खनन श्रमिकों को सुरक्षात्मक नकाब या आवरण (Mask) लगाकर कार्य करवाना चाहिए।
- लेड (Lead) पेट्रोल तथा उत्प्रेरक परिवर्तकों द्वारा कम धुआँ उत्पन्न करने वाले आधुनिक वाहनों का उपयोग करके।
- सार्वजनिक परिवहन को बढ़ावा देकर।

ओजोन परत अपक्षय

- वायुमंडल में भू-सतह से लगभग 50 किमी ऊपर समतापमंडल (Stratosphere) में ओजोन (O_3) गैस का एक सघन स्तर पाया जाता है, जिसे **ओजोन परत** (Ozone layer) कहते हैं।
- यह गैसीय परत सूर्य से आने वाली हानिकारक पराबैंगनी (Ultraviolet or UV) किरणों को अंतरिक्ष में परावर्तित कर जैवमंडल की सुरक्षा करती है।
- समतापमंडल में वर्ष 1980 से प्राण रक्षक ओजोन की परत पतली होती जा रही है, जिसे **ओजोन छिद्र** (Ozone hole) कहते हैं।
- इसका मुख्य कारण मानव द्वारा CFCs (Chlorofluorocarbons) का अत्यधिक उपयोग है।
- इनमें फ्रेऑन (Freon) सबसे अधिक घातक क्लोरोफ्लोरो कार्बन (CFC) गैस है, जिसका प्रयोग रेफ्रिजरेटर, एयर कंडीशनर, गद्देदार सीट या सोफों में काम आने वाली फोम तथा ऐरोसॉल स्प्रे में होता है।
- ओजोन परत की मोटाई को **डॉबसन इकाई** (Dobson Unit or DU) में मापा जाता है। समतापमंडल में ओजोन परत की मोटाई लगभग 0.3 ppm या 330 DU होती है।
- UV-किरणों से उत्परिवर्तन के कारण त्वचा विकृतियाँ जलन, त्वचा कैंसर, आदि रोग उत्पन्न हो जाते हैं।
- UV-किरणों के कारण नेत्रों में मोतियाबिंद (Cataract) उत्पन्न हो जाता है। UV-किरणें नेत्रों के लिए अत्यंत हानिकारक होती हैं, इनके द्वारा अंधापन तक भी हो सकता है।
- इसके अतिरिक्त जीर्णता गंजापन, बालों का कम आयु में सफेद होना, आनुवंशिक विकार, प्रोटीन, विकृतिकरण UV-किरणों के सामान्य दुष्प्रभाव हैं।

जल प्रदूषण

शुद्ध जल रंगहीन, स्वादहीन व उदासीन होता है एवं इसमें आवश्यक खनिज-लवण भी पाए जाते हैं। अत: जल की इस प्रकृति में अवाँछित व हानिकारक तत्वों के कारण उत्पन्न विभिन्नताओं को ही जल प्रदूषण (Water pollution) कहते हैं। प्रदूषित जल, मृदा प्रदूषण का भी महत्त्वपूर्ण कारक हैं।

जल प्रदूषण के कारण

जल प्रदूषण के कारण (Causes of water pollution) निम्नलिखित हैं

- शहरों व गाँवों का कूड़ा-करकट व नालियों या नालों में प्रवाहित मल, अपमार्जक, साबुन का पानी, आदि का जल स्रोतों में मिलना। कृषि में प्रयुक्त कीटनाशकों (Insecticides) का बहकर जल स्रोतों में मिलना।
- जल-कारखानों से निकले प्रदूषित जल व रसायन का नदियों या भूमिगत जल में मिलना।
- जलाशयों या पोखरों (Pond) में उच्च मात्रा में मृत वनस्पति व कार्बनिक पदार्थों का जमा होना।
- तेल व रसायनों का शुद्ध जल में मिलना।
- भूमि में लवणता वाले तत्वों का अधिक होना।
- अम्लीय वर्षा द्वारा आया जल भी जल प्रदूषण का एक प्रमुख कारण है।

जल प्रदूषण के दुष्प्रभाव

जल के प्रदूषण से निम्न दुष्प्रभाव (Adverse effects) हो सकते हैं

- टायफाइड, हाथीपाँव (Elephantiasis), हैजा (Cholera), अमीबता (Amoebiasis), डायरिया, आदि रोगों का कारण प्रदूषित जल है।
- धातु, तेल, रसायन व गर्म पानी के कारण जलीय वनस्पति व जीवों की मृत्यु हो जाती है। फ्लोराइड जल के कारण दाँत संबंधित रोग हो जाते हैं।
- प्रदूषित जल फसलों व भूमि को भी प्रभावित करता है अर्थात् प्रदूषित जल के कारण क्षेत्र की जैव-विविधता प्रभावित होती है।
- जल में भारी धातु; जैसे-आर्सेनिक, कैडमियम, जिंक, पारा, सीसा, कोबाल्ट, ताँबा, लौह, आदि के कारण, कैंसर जैसी घातक बीमारी हो जाती हैं।
- अपमार्जक तथा वाहित मल के कारण जल स्रोत में पोषक पदार्थों की मात्रा अत्यधिक बढ़ जाती है। इस कारण जल स्रोत उथले हो जाते हैं तथा सतही शैवालों में तीव्र वृद्धि होने लगती है, जिस कारण संपूर्ण जल सतह शैवालों से ढक जाती है।
- इस अवस्था को **सुपोषिता** या **सुपोषण** (Eutrophication) कहते हैं तथा शैवालों की तीव्र वृद्धि जल पुष्पन (Water blooming) या **शैवाल प्रस्फुटन** (Algae bloom) कहलाती है।
- इन शैवालों के कारण कार्बनिक पदार्थों का अपघटन होता है तथा जल स्रोत में ऑक्सीजन की कमी हो जाती है, जिस कारण जलीय जीव मर जाते हैं; उदाहरण-जलीय खरपतवार बंगाल का आतंक; हायसिन्थ या जलकुंभी *(आइकोर्निया केसिपीज)*।
- कृषि में प्रयुक्त रसायन तथा उर्वरक एवं अनेक भारी धातुएँ जल के साथ बहकर जल स्रोतों में आ जाते हैं। यह अक्षयकारी (Non-biodegradable) तत्व जल स्रोत से पारितंत्र (Ecosystem) की खाद्य शृंखला (Food chain) में प्रवेश कर जाते हैं।
- इन हानिकारक अजैव-निम्नीकृत तत्वों के खाद्य शृंखला में निरंतर ऊपर की ओर बढ़ने पर क्रमिक रूप से जीवों में इसकी सांद्रता का स्तर बढ़ता जाता है, इस घटना को **जैव-आवर्धन** (Biomagnification or Biological amplification) कहते हैं।
  - इन हानिकारक तत्वों की सांद्रता खाद्य शृंखला के निचले स्तर में नगण्य होती है, किंतु सर्वोच्च उपभोक्ता तक पहुँचने पर इनकी सांद्रता कई 100 गुना बढ़ जाती है, जो उस जीव के लिए हानिकारक होती है।
  - इसका सर्वोतम उदाहरण DDT (डाइक्लोरो डाइफिनाइल ट्राइक्लोरोएथेन) तथा BHC (बेंजीन हेक्सा क्लोराइड) का तालाब से बाज पक्षी तक पहुँचना है। इन रसायनों के कारण जीव की प्रजनन दर, आयु तथा कैल्शियम उपापचय जिसके कारण अंड कवच (Egg shell) बनते हैं, प्रभावित होते हैं। इस कारण इनके अंड कवच पतले रह जाते हैं तथा शिशु अपरिपक्व अवस्था में ही मर जाता है।

जल प्रदूषण के नियंत्रण के उपाय

जल प्रदूषण का नियंत्रण निम्न उपायों द्वारा किया जा सकता है

- जल स्रोतों के पास नहाना व कपड़े धोने प्रतिबंधित हों।
- कारखानों द्वारा उत्पन्न प्रदूषित जल को बिना उपचारित किए नदियों में नहीं प्रवाहित करना चाहिए।
- जल स्रोतों की सफाई पर ध्यान दिया जाए।
- कीटनाशकों की जगह जैविक खाद का उपयोग किया जाए।
- तेल, रसायनों, आदि को जल स्रोतों में न डाला जाए।
- पेयजल को उबालकर व छानकर पिएँ।

ध्वनि प्रदूषण

- विश्व स्वास्थ्य संगठन (WHO) के अनुसार, अवाँछित और अप्रिय आवाज ही शोर होती है, जो मानव के प्रतिदिन के क्रियाकलापों के कारण उत्पन्न होती है।
- वर्ष 1987 के वायु प्रदूषण निरोध तथा नियंत्रण अधिनियम में संशोधन के पश्चात् ध्वनि प्रदूषण (Noise pollution) को वायु प्रदूषण का ही भाग मान लिया गया है।
- ध्वनि (शोर) की तीव्रता **डेसीबल** (Decibel) में व्यक्त की जाती है। इसे संक्षेप में db कहते हैं। इसे मापने वाले यंत्र को **लार्म बैरोमीटर** कहा जाता है और जिस स्केल पर ध्वनि की तीव्रता पढ़ी जाती है, उसे 'गुणात्मक पैमाना' कहते हैं।
- प्राय: 80 db के स्तर से ऊपर की ध्वनि को शोर कहते हैं।

मृदा प्रदूषण

मृदा के जैविक, भौतिक व रासायनिक तत्वों के संतुलन को बिगाड़ने वाले अवाँछित हानिकारक व अनावश्यक तत्व, मृदा प्रदूषक (Soil pollulants) कहलाते हैं तथा इनके द्वारा उत्पन्न प्रदूषण, मृदा प्रदूषण (Soil pollution) कहलाता है।

मृदा प्रदूषण के कारण

मृदा प्रदूषण निम्न कारणों से हो सकता है

- कृषि में अत्यधिक कीटनाशकों का प्रयोग करना।
- परमाणु बम जैसे घातक हथियारों का परीक्षण करना।
- जैव अनअपघट्यों या अक्षयकारकों; जैसे-सीसा, पारा, प्लास्टिक, आदि के कारण उत्पन्न दुष्प्रभाव।
- ठोस अपशिष्ट; जैसे-मल, कूड़ा-करकट, मृत देह, आदि के मृदा में मिलने के कारण।
- कारखानों से निकलने वाले अपशिष्ट के कारण।

- पॉलीथीन, रसायन, अम्ल, क्षार, आदि के कारण।
- रेडियोधर्मी अपशिष्ट के कारण।
- जल प्रदूषण व अम्लीय वर्षा के कारण भी मृदा प्रदूषित होती है।

मृदा प्रदूषण के दुष्प्रभाव

मृदा प्रदूषण होने के कारण निम्न दुष्प्रभाव सामने आ सकते हैं

- भूमि का बंजर होना।
- कीटनाशकों के कारण मृदा की उर्वरक शक्ति कम होना।
- भूमि जल का प्रदूषित होना।
- वनस्पति में कमी आना।
- प्रदूषित फसल का उत्पन्न होना।
- फसल उत्पादन में कमी आना।
- हानिकारक तत्वों का खाद्य शृंखला में पहुँचकर विभिन्न रोग उत्पन्न करना।
- रेगिस्तान का प्रसार (मरुस्थलीकरण) होना।

मृदा प्रदूषण के नियंत्रण के उपाय

मृदा प्रदूषण को हम निम्न प्रकार नियंत्रित कर सकते हैं

- कीटनाशकों के प्रयोग को कम या बंद करके।
- परमाणु परीक्षणों को प्रतिबंधित करके।
- कारखानों को अनुपयोगी भूमि पर शहर से दूर प्रतिस्थापित करके।
- जल व वायु की स्वच्छता का ध्यान रखकर।
- रेडियोधर्मी अपशिष्टों का उचित निस्तारण करके।
- ठोस अपशिष्टों को भूमि में न दबाकर।
- गंदे जल का बंद पाइपों या नालियों में निष्कासन करके।
- खुले में शौच न करके।
- कूड़ा-करकट का वैज्ञानिक विधि द्वारा निस्तारण करके।

विकिरण या रेडियोधर्मी प्रदूषण

- रेडियोधर्मी तत्वों; जैसे-यूरेनियम, थोरियम, प्लूटोनियम, आदि के परमाण्विक नाभिक के प्राकृतिक विघटन से निकली अदृश्य विकिरण (जैसे- α, β या γ किरणें) अत्यन्त शक्तिशाली तथा हानिकारक होती हैं।
- इन विकिरणों के पर्यावरण तथा सजीवों पर त्वरित एवं गम्भीर दुष्प्रभाव पड़ते हैं। इन तत्वों को रेडियोसक्रिय या रेडियोधर्मी तत्व (Radioactive elements) तथा इस गुण को **रेडियोएक्टिवता** (Radioactivity) कहते हैं।
- इन विकिरणों के कारण पर्यावरण में उत्पन्न दुष्प्रभावों को विकिरण या रेडियोधर्मी प्रदूषण कहते हैं।

रेडियोधर्मी प्रदूषण का नियंत्रण

- परमाणु हथियारों पर प्रतिबंध लगाना।
- परमाणु बिजलीघरों की संख्या में कमी लाना तथा इन्हें आबादी से दूर स्थापित करना।
- परमाणु बिजलीघरों का उचित रखरखाव करना।
- परमाणु बिजलीघर तथा प्रयोगशालाओं से निकले रेडियोधर्मी अपशिष्ट का उचित निस्तारण करना।

रेडियोधर्मी प्रदूषण के दुष्प्रभाव

विकिरण के प्रारूप	गुणधर्म	शरीर पर प्रभाव
α-कण	वायु में केवल कुछ ही सेमी पार कर सकते हैं तथा सजीव ऊतकों में केवल 30 मिमी अर्थात् लगभग 3 कोशिकाएँ पार कर सकते हैं।	α-कण सामान्यतया त्वचा में नहीं घुस पाते हैं, परन्तु DNA के एक या दोनों सूत्रों को खण्डित कर देते हैं।
β-कण	वायु में लगभग 8 मीटर तक तथा सजीव ऊतक में लगभग 1 सेमी तक पार कर सकते हैं। त्वचा को बेध सकते हैं, लेकिन उसके नीचे के ऊतकों में नहीं पहुँच पाते हैं।	त्वचा का कैंसर और आँख में सफेद मोतियाबिन्द हो जाता है।
γ-किरणें	वायु में लगभग 100 मीटर पार कर सकती हैं, त्वचा को आसानी से बेध सकती है और शरीर में से गुजर सकती है।	कोशिकाओं में उत्परिवर्तन (Mutation) पैदा करती है। कैंसर तथा अधिक मात्रा से तत्काल मृत्यु हो सकती है।
X-किरणें	बहुत दूरी पार कर सकती हैं। इनमें γ-किरणों से अपेक्षाकृत कम ऊर्जा होती है।	शरीर के ऊतकों में से गुजर जाती हैं, लेकिन हड्डियों में से नहीं। इनसे त्वचा का कैंसर हो सकता है।

ठोस अपशिष्ट तथा इसका प्रबंधन

- मानवीय क्रियाकलापों के कारण दैनिक जीवन में बेकार समझकर फेंकी या त्यागी गई ठोस वस्तुएँ ही ठोस अपशिष्ट (Solid wastes) कहलाती हैं।
- रद्दी कागज, पॉलीथीन, पैकिंग बॉक्स तथा रेपर, रबर तथा धातु के बेकार टुकड़े, बेकार प्लास्टिक, टूटे चीनी मिट्टी तथा काँच के बर्तन, फलों तथा सब्जियों के छिलके, फटे-पुराने वस्त्र तथा बेकार चमड़ा, घरों का बेकार तथा टूटा-फूटा सामान, आदि ठोस अपशिष्ट के सामान्य उदाहरण है।
- नगरीकरण, विकास तथा बढ़ती जनसंख्या के कारण प्रतिदिन शहरों से लाखों टन ठोस अपशिष्ट का उत्पादन होता है।
- ठोस अपशिष्ट पदार्थों को दो श्रेणियों में विभक्त किया जा सकता है
  (i) जैव-निम्नीकृत पदार्थ एवं (ii) अजैव-निम्नीकृत पदार्थ

जैव-निम्नीकृत पदार्थों के प्रभाव

ये केवल मात्रात्मक रूप में अधिक हो जाने पर ही प्रदूषकों की भाँति व्यवहार करते हैं। जैव-निम्नीकृत पदार्थों के प्रभाव (Effects of biodegradable substances) निम्न हैं

- जैव-निम्नीकृत पदार्थों के अपघटित होते समय अत्यंत तीक्ष्ण दुर्गंध उत्पन्न होती है।
- औद्योगिक अपशिष्टों को मृदा में दबाने से मृदा की उर्वरता कम हो जाती है, जिससे फसल की उत्पादकता भी कम हो जाती है।
- बड़ी मात्रा में इन अपशिष्टों के एकत्रित होने के कारण इनमें रोगजनक-मक्खियाँ एवं मच्छर उत्पन्न हो जाते हैं, जो लोगों को बीमार कर देते हैं।
- जलस्रोतों में ये अपशिष्ट डालने पर वे प्रदूषित हो जाते हैं तथा अनेक जल-जनित रोगों के कारण बनते हैं।

अजैव-निम्नीकृत पदार्थों के प्रभाव

अजैव-निम्नीकृत पदार्थों के प्रभाव (Effects of non-biodegradable substances) निम्न हैं

- कीटनाशकों के लंबे समय तक अपघटित न होने के कारण ये मृदा एवं वायु में से आहार श्रृंखला में प्रवेश कर जीवों को नुकसान पहुँचा सकते हैं। रेडियोधर्मी तत्वों एवं जल में भारी धातुओं के एकत्रित होने के कारण मानव समेत सभी जीवों के लिए ये प्राणघातक हो सकते हैं।
- ये जल को प्रदूषित कर जलीय पारितंत्र को नष्ट कर सकते हैं।

ठोस अपशिष्ट निस्तारण की विधियाँ

- ठोस अपशिष्टों के कारण जल तथा भूमि प्रदूषण होता है तथा अनेक संक्रामक बीमारियाँ उत्पन्न हो जाती हैं। इस कारण इनका उचित निस्तारण आवश्यक है।
- वर्तमान में ठोस अपशिष्ट के नियंत्रण के लिए 3R (Reduce, Reuse and Recycling) अर्थात् अपशिष्ट के उत्पादन में कमी लाना, पुरानी वस्तुओं को पुन: उपयोग करना तथा पुन:चक्रण तकनीक के उपयोग को बढ़ावा दिया जा रहा है।
- ठोस अपशिष्टों के निस्तारण हेतु प्रयुक्त प्रमुख विधियाँ निम्न हैं
  - **पुन:चक्रण** (Recycling) इसके अंतर्गत पुन: उपयोग में आ सकने वाले अपशिष्टों का अन्य पदार्थों के कच्चे माल के लिए उपयोग किया जाता है; उदाहरण–लकड़ी, लोहा एवं अन्य धातुएँ, कागज, रबर, आदि।
  - **कम्पोस्टिंग** (Composting) इसके अंतर्गत असंक्रामक जैवनिम्नीकृत अपशिष्टों; जैसे-घरेलू कचरा, चमड़ा, पादप अपशिष्ट, आदि का उपयोग भूमि में दबाकर खाद निर्माण में किया जाता है।
  - **सैनेटरी लैंड फिलिंग** (Sanitary Land Filling) इसके अंतर्गत शहर से दूर बंजर भूमि में विशाल बहुमंजिला गड्ढे खोदकर इनमें अपशिष्ट भरा जाता है। महानगरों में अपशिष्ट के निस्तारण में यह तकनीक उपयोग में ली जाती है। यहाँ गड्ढे आस्तरित (Coated) होते हैं तथा लीचिंग के निकास की उचित व्यवस्था होती है।
  - **दहन** (Burning) इस तकनीक में अपशिष्ट को उच्च तापमान पर जला दिया जाता है। यह तकनीक संक्रामक तथा विषाक्त अपशिष्टों के लिए उपयुक्त है। यह दो प्रकार से होती हैं
    (a) **भस्मीकरण** (Incineration) यहाँ ऑक्सीजन की उपस्थिति में अवशिष्ट को 900-1200°C तक के तापक्रम पर जलाया जाता है। इसमें अत्यधिक वायु प्रदूषक हानिकारक गैसें उत्सर्जित होती हैं।
    (b) **पायरोलाइसिस** (Pyrolysis) यहाँ ऑक्सीजन की अनुपस्थिति में अपशिष्ट को कम ताप 600-800°C पर बंद कक्ष में जलाया जाता है।
  - **वाहित मल उपचार** (Sewage Treatment) महानगरों के वाहित मल को नदियों या जल स्रोतों में डालने से पूर्व तथा पुन: उपयोग में लाने से पहले वाहित मल उपचार संयंत्र (STP) में उपचारित किया जाता है। यहाँ विभिन्न भौतिक (जैसे-निस्यंदन, अवसादन, अभिकेंद्रण), रासायनिक तथा जैविक (सूक्ष्मजीवीय अपघटन) विधियों द्वारा वाहित मल का उपचार किया जाता है। इस कार्य हेतु यहाँ अनेक विशाल टैंक या कक्ष बनाए जाते हैं।

1. सर्वप्रथम अपशिष्ट वाहित जल को ऊर्ध्वाधर लगी छड़ों से बने शलाका छन्ने (बार स्क्रीन) से गुजारा जाता है। इससे अपशिष्ट जल में उपस्थित कपड़ों के टुकड़े, डंडियाँ, डिब्बे, प्लास्टिक के पैकेट, नैपकिन, आदि जैसे बड़े साइज़ के संदूषक अलग हो जाते हैं।

शलाका छन्ने

2. अब वाहित अपशिष्ट जल को ग्रिट और बालू अलग करने की टंकी में ले जाया जाता है।
   इस टंकी में अपशिष्ट जल को कम प्रवाह से छोड़ा जाता है, जिससे उसमें उपस्थित बालू, ग्रिट और कंकड़-पत्थर उसकी पेंदी में बैठ जाते हैं।

ग्रिट और बालू अलग करने की टंकी

3. फिर जल को एक ऐसी बड़ी टंकी में ले जाया जाता है, जिसका पेंदा मध्य भाग की ओर ढलान वाला होता है। जल को इस टंकी में कई घंटों तक रखा जाता है, जिससे मल जैसे ठोस उस की तली के मध्य भाग में बैठ जाते हैं। इन अशुद्धियों को खुरच कर बाहर निकाल दिया जाता है। यह आपंक (स्लज) होता है। अपशिष्ट जल में तैरने वाले तेल और ग्रीज जैसी अशुद्धियों को हटाने के लिए अपमथित्रा (स्किमर) का उपयोग किया जाता है। इस प्रकार साफ़ किया गया, जल निर्मलीकृत जल कहलाता है।

बल अपमथित्र

आपंक को एक पृथक् टंकी में स्थानांतरित किया जाता है, जहाँ यह अवायवीय जीवाणुओं द्वारा अपघटित हो जाता है। इस प्रक्रम में उत्पन्न होने वाली बायोगैस (जैव गैस) का उपयोग ईंधन के रूप में अथवा विद्युत उत्पादन के लिए किया जा सकता है।

4. निर्मलीकृत जल में पंप द्वारा वायु को गुजारा जाता है, जिससे उसमें वायवीय जीवाणुओं की वृद्धि होती है। ये जीवाणु निर्मलीकृत जल में अब भी बचे हुए मानव अपशिष्ट पदार्थों, खाद्य अपशिष्ट, साबुन और अन्य अवांछित पदार्थों का उपभोग कर लेते हैं।

वातित्र

कई घंटों के पश्चात् जल में निलंबित सूक्ष्मजीव टंकी की पेंदी में सक्रियित आपंक के रूप में बैठ जाते हैं। अब शीर्ष भाग से जल को निकाल दिया जाता है।

सक्रियित आपंक लगभग 97% जल है। जल को बालू बिछाकर बनाए शुष्कन तलों अथवा मशीनों द्वारा हटा दिया जाता है। शुष्क आपंक का उपयोग खाद के रूप में किया जाता है, जिससे कार्बनिक पदार्थ और पोषक तत्त्व पुनः मृदा में वापस चले जाते हैं।

उपचारित जल में अल्प मात्रा में कार्बनिक पदार्थ और निलंबित तत्त्व होते हैं। इसे समुद्र, नदी अथवा भूमि में विसर्जित कर दिया जाता है।

प्राकृतिक प्रक्रम इसे और अधिक स्वच्छ कर देते हैं। कभी-कभी जल को वितरण तंत्र में निर्मुक्त करने से पहले उसे क्लोरीन अथवा ओजोन जैसे रसायनों से रोगाणु रहित कर लेना आवश्यक होता है।

- **जैव-गैस उत्पादन** (Biogas Production) कुछ स्थानों पर खाद एवं जैवगैस निर्माण हेतु वाहित मल एवं अन्य जैवनिम्नीकृत अपशिष्ट पदार्थों का उपयोग किया जाता है।

नोट *वाहित मल संयंत्रों के चारों ओर यूकेलिप्टस के वृक्ष लगाने चाहिए। ये वृक्ष समस्त अतिरिक्त अपशिष्ट जल को अवशोषित कर लेते हैं और वायुमंडल में शुद्ध जलवाष्प को निर्मुक्त करते हैं।*

कृमि-प्रसंस्करण शौचालय

भारत में ऐसे शौचालय की रूपरेखा का परीक्षण किया गया है, जिसमें मानव मल को केचुओं द्वारा उपचारित किया जाता है।

यह तकनीक मानव मल के सुरक्षित प्रसंस्करण के लिए आदर्श सिद्ध हो सकती है, क्योंकि इसके उपयोग में जल की बहुत कम मात्रा की आवश्यकता होती है।

इन शौचालय का संचालन बहुत सरल और स्वच्छ है। मानव मल पूर्णतः कृमि केकों में परिवर्तित हो जाता है, जो मृदा के लिए अति समृद्ध पोषक है।

अतिरिक्त तथ्य
तमिलनाडु बोर्ड एवं NIOS

- 1980 में ओजोन की मात्रा वायुमण्डल में तीव्र गति से हटी।
- 1987 में, संयुक्त राष्ट्रीय पर्यावरण कार्यक्रम (UNEP) CFC उत्पादन को 1986 के स्तर पर रोकने के लिए एक समझौता करने में सफल रहा।
- अब विश्व में सभी निर्माता कंपनियों को CFC-मुक्त रेफ्रिजरेटर बनाना अनिवार्य हो गया है।

13

जैव-प्रौद्योगिकी

(स्रोत)

Class-XII New NCERT Chap 9 (जैव-प्रौद्योगिकी–सिद्धांत एवं प्रक्रम), Chap 10 (जैव-प्रौद्योगिकी एवं उसके उपयोग)

- किसी विशेष उत्पादों या पदार्थों को विकसित करने या बनाने के लिए जीवित प्रणालियों एवं जीवों का उपयोग किया जाता है, जिसे बायोटेक्नोलॉजी या जैव प्रौद्योगिकी कहते हैं।
- बायोटेक्नोलॉजी शब्द का प्रयोग सर्वप्रथम हंगेरियन इंजीनियर **कार्ल इरके** (Karl Ereky) ने वर्ष 1917 में किया था।
- पॉल बर्ग को आनुवंशिक अभियान्त्रिकी का पिता कहा जाता है।

जैव-प्रौद्योगिकी की सहयोगी तकनीकें

आधुनिक जैव-प्रौद्योगिकी (Biotechnology) में निम्नलिखित तकनीकों का प्रमुख योगदान रहा है

(i) **रासायनिक अभियांत्रिकी** (Chemical Engineering) इसके अंतर्गत रोगाणु रहित (Germ free) वातावरण में केवल वाँछित सूक्ष्मजीवों या पूर्वकेंद्रकीय (Prokaryotic) कोशिकाओं की वृद्धि करवाकर अधिक मात्रा में जैव-प्रौद्योगिकी उत्पाद; जैसे–एंटीबायोटिक, एंजाइम (विकर), टीके (Vaccines), आदि प्राप्त किए जाते हैं।

(ii) **आनुवंशिक या जीनी अभियांत्रिकी** (Genetic Engineering) इसके अंतर्गत जीवों में वाँछित लक्षण प्रारूप (Phenotype) प्राप्त करने के लिए आनुवंशिक पदार्थ (जीन या DNA खंड) को जोड़ा, घटाया या ठीक किया जाता है। यह प्रक्रिया आनुवंशिक अभियांत्रिकी कहलाती है। इसे टेलरिंग ऑफ DNA भी कहते हैं।

पुनर्योगज DNA तकनीक

- जैव-प्रौद्योगिकी द्वारा विभिन्न क्षेत्रों में कार्य करने के लिए कृत्रिम विधियों द्वारा कोशिकाओं की आनुवंशिक रूपरेखा में परिवर्तन किया जाता है।
- इसमें पुनर्योगज DNA (Recombinant DNA) बनाने के लिए जीन का स्थानांतरण या पुनर्योगज होता है।
- इस तकनीक में दो भिन्न जीवों के DNA को संयुक्त कर पुनर्योगज DNA उत्पन्न किया जाता है।
- इस तकनीक को DNA पुनर्योगज तकनीक (Recombinant DNA Technique) भी कहा जाता है।
- इस उद्देश्य की पूर्ति के लिए विभिन्न उपकरणों या साधनों की आवश्यकता होती है, जो निम्नलिखित हैं

एंजाइम्स

आनुवंशिक अभियांत्रिकी या पुनर्योगज DNA तकनीक में विभिन्न एंजाइम्स (Enzymes); जैसे– विदलन एंजाइम (Cleavage enzyme), लयन एंजाइम (Lyases), संयोजक एंजाइम (Lysing enzyme), संश्लेषी एंजाइम (Synthesising enzyme) तथा क्षारकीय फॉस्फेटेज (Alkaline phosphatase) कार्यरत् होते हैं।

विदलन एंजाइम

इस समूह के एंजाइम DNA अणु को वाँछित खंडों में पृथक् करते हैं। इन्हें पुन: तीन वर्गों में विभाजित किया जाता है

(a) **एक्सोन्यूक्लिएजेज** (Exonucleases) ये एंजाइम DNA अणु के 5' या 3' सिरों से न्यूक्लियोटाइड को पृथक् करते हैं।

(b) **एंडोन्यूक्लिएजेज** (Endonucleases) ये एंजाइम DNA अणु को मध्य (विशिष्ट स्थानों) से काटते/पृथक् करते हैं।

(c) **प्रतिबंधन एंडोन्यूक्लिएजेज** (Restriction Endonucleases) ये आनुवंशिक अभियांत्रिकी के सबसे महत्त्वपूर्ण एंजाइम हैं।

इन्हें आण्विक कैंची/चाकू (Molecular scissors or Molecular scalpel) भी कहा जाता है। प्रत्येक प्रतिबंधन एंडोन्यूक्लिएज एंजाइम DNA में विशिष्ट विलोमपद (Palindromic) न्यूक्लियोटाइड्स के अनुक्रम को पहचानता है; जैसे–*Eco* RI G–A–A–T–T–C अनुक्रम को पहचान कर, उसे G एवं A के मध्य में से काटता है।

यह विदलन (Cleavage) DNA के अभिज्ञान अनुक्रमों (Recognition sequences) की संख्या पर निर्भर करता है।

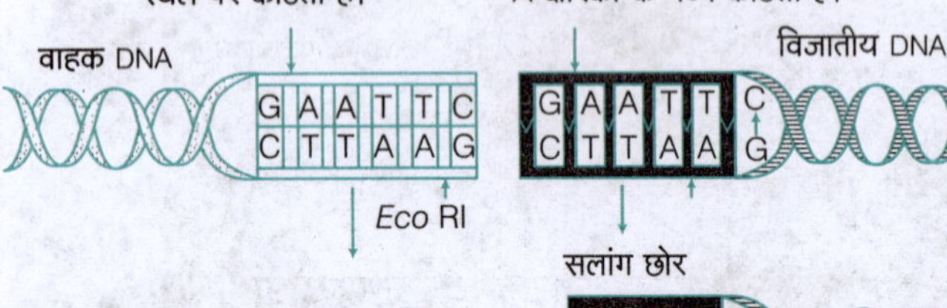

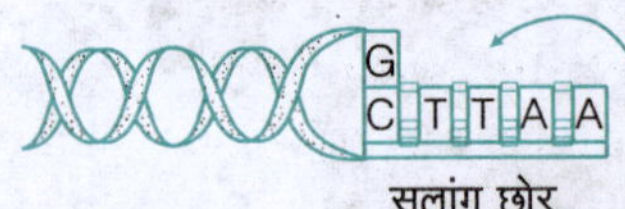

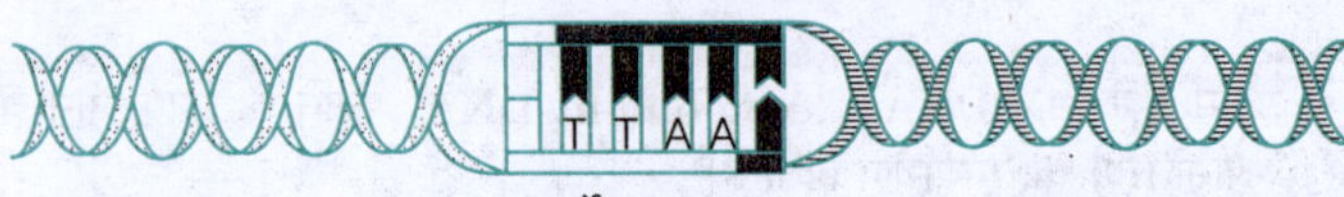

प्रतिबंधन एंजाइम–*Eco*RI की क्रिया द्वारा पुनर्योगज DNA के निर्माण के चरण

DNA लाइगेज

- ये एंजाइम टूटे हुए पूरक DNA खंडों को फॉस्फोडाइएस्टर बंधों (3′ OH तथा 5′ PO_4 के मध्य) के द्वारा जोड़ने/संयोजन करने का कार्य करते हैं।
- इनको आण्विक संयोजक (Molecular binder) या ऊतक लाइगेज (Tissue ligase) भी कहा जाता है।

क्लोनिंग वाहक या संवाहक

वाहक (Vector) में क्लोनिंग हेतु निम्नलिखित विशेषताएँ होनी चाहिए

प्रतिकृतिकरण का उद्भव

- यह DNA रज्जुक का एक खंड है, जो प्रतिकृति (Replication) के समय आरंभन बिंदु (Initiation) के रूप में कार्य करता है। DNA का कोई खंड इस स्थल से जुड़कर परपोषी कोशिकाओं (Host cells) में द्विगुणन (Duplication) करने में सक्षम होता है।
- यह अनुक्रम स्वायत्त रूप से प्रतिकृतिकरण की अनुमति देता है तथा इस प्रकार वाहक परपोषी कोशिकाओं में स्वयं की अनेक प्रतिलिपियाँ उत्पन्न कर सकता है।
- इसलिए लक्ष्य DNA की अत्यधिक संख्या प्राप्त करने के लिए, अत्यधिक प्रतिरूप बनाने में सहायक यह प्रतिकृतिकरण उत्पत्ति अनुक्रम (*Ori* sequence) संवाहक में क्लोन किया जाता है।

एक मार्कर जीन या वरण योग्य चिन्हक

- एक अच्छे वाहक में वरण योग्य चिन्हक (Marker gene or Selectable marker) की उपस्थिति भी एक आवश्यक विशेषता होती है। यह रूपांतरित (Transformed) परपोषी कोशिकाओं के वरण (चयन) की अनुमति प्रदान करता है तथा अरूपांतरित कोशिकाओं को पहचान कर उनको नष्ट करने में सहायक होता है।
- सामान्यतया प्रतिजैविक (Antibiotics) औषधियों (टेट्रासाइक्लिन, क्लोरैंफिनिकॉल, कैनामाइसीन तथा एंपिसिलिन) के प्रति-प्रतिरोधक (Resistance) कूटयुक्त जीन, *ई. कोलाई* के लिए उपयोगी वरण चिन्ह समझे जाते हैं।

क्लोनिंग या पहचान स्थल

वाहक में एक ही पहचान या क्लोनिंग स्थल (Cloning or Recognition sites) होना चाहिए, जहाँ प्रतिबंधन एंजाइम क्रिया कर सकें तथा जिससे विजातीय DNA को जोड़ा जा सके।

यदि एक से अधिक पहचान स्थल हो, तो प्रतिबंधन एंजाइम की क्रिया द्वारा वाहक अनेक स्थानों पर कट जाएगा तथा जीन क्लोनिंग भी जटिल हो जाएगी।

पुनर्योगज DNA तकनीक में निम्नलिखित वाहक उपयोग में लिए जाते हैं

- **प्लाज्मिड** (Plasmid) यह सर्वाधिक प्रयोग किया जाने वाला वाहक है। यह एक वृत्ताकार रचना होती है, जो DNA की बनी होती है। ये जीवाणु में मुख्य जीनोम के अतिरिक्त पाए जाते हैं। इनमें प्रतिजैविकता, लैंगिक कारक, भारी धातुओं के लिए प्रतिरोधक जीन, आदि पाए जाते हैं।
- ये जीवाणु के जीनोम से अलग पुनरावृत्ति (Replication) करते हैं। सबसे अधिक उपयोग किया जाने वाला प्लाज्मिड वाहक pBR322 है।
- pBR322 नामक प्लाज्मिड में टेट्रासाइक्लीन प्रतिरोधी (tet^R) एवं एंपिसिलिन प्रतिरोधी (amp^R) जीन होते हैं।
- इनमें से एक जीन में स्थित प्रतिबंध स्थल (Restriction site) पर विजातीय DNA जोड़ा जाता है। यदि pBR322 में (tet^R) जीन के प्रतिबंधन स्थल पर कोई विजातीय DNA जोड़ा जाता है, तो टेट्रासाइक्लीन के प्रति प्रतिरोध समाप्त हो जाता है, ऐसे पुनर्योगज प्लाज्मिड युक्त रूपांतरणों (जीवाणुओं) को एंपिसिलिन युक्त माध्यम पर स्थानांतरित करने पर ये पुनर्योगज प्लाज्मिड वृद्धि प्रदर्शित करते हैं।
- ये रूपांतरण टेट्रासाइक्लीन युक्त माध्यम पर वृद्धि नहीं करते हैं, क्योंकि विजातीय DNA के निवेशन से इनका टेट्रासाइक्लीन प्रतिरोधी जीन निष्क्रिय हो जाता है और पुनर्योगजों के चुनाव में सहायता करता है।
- प्रतिजैविकों के निष्क्रिय होने पर पुनर्योगजों का चयन कठिन हो जाता है। इसके लिए वैकल्पिक वरण योग्य चिन्हों का विकास हुआ। ये चिन्ह क्रोमोजेनिक पदार्थ की उपस्थिति में रंग उत्पन्न करने में सक्षम होते हैं।
- यदि β-गैलेक्टोसाइडेज जीन युक्त प्लाज्मिड जीवाणु कोशिका में होते हैं, तो क्रोमोजेनिक पदार्थ की उपस्थिति से नीले रंग की कॉलोनी बनती है।
- पुनर्योगज प्लाज्मिड में 'निवेशी निष्क्रियता' के कारण β-गैलेक्टोसाइडेज निष्क्रिय होता है और जीवाणु कॉलोनी में कोई रंग उत्पन्न नहीं होता।
- **बैक्टीरियोफेज** (Bacteriophage) ये वे विषाणु हैं, जो जीवाणुओं को संक्रमित करते हैं। ये क्लोनिंग वाहक के रूप में भी प्रयोग किए जाते हैं; जैसे–लैम्बडा (λ) फेज वाहक तथा M-13 फेज वाहक।

पादप तथा जंतुओं में जीन क्लोनिंग हेतु वाहक

- पादपों में *एग्रोबैक्टीरियम ट्यूमिफेसियंस* (*Agrobacterium tumefaciens*) के Ti (Tumor inducing) प्लाज्मिड को क्लोनिंग वाहक के रूप में उपयोग किया जाता है।
- यह जीवाणु DNA (*t*DNA) के एक खण्ड को सामान्य पादप कोशिका में स्थानांतरित करके उन्हें ट्यूमर कोशिकाओं में रूपांतरित कर देता है। ये ट्यूमर कोशिकाएँ *एग्रोबैक्टीरियम* जीवाणु के लिए आवश्यक रसायनों का निर्माण करती हैं।
- इसी प्रकार रिट्रोविषाणु (Retrovirus) को जंतुओं में क्लोनिंग हेतु वाहक के रूप में उपयोग किया जाता है, क्योंकि यह विषाणु सामान्य जंतु कोशिकाओं को कैंसर कोशिकाओं में रूपांतरित कर देता है।

जैव-प्रौद्योगिकी की प्रक्रियाएँ या पुनर्योगज DNA तकनीक

आनुवंशिक अभियान्त्रिकी या पुनर्योगज DNA तकनीक की क्रियाविधि अत्यन्त जटिल होती है।

यह निम्नलिखित चरणों में पूर्ण होती है

- वाँछित (Desired) जीन का विलगन (Isolation)।
- वाहक DNA अणु का चयन (Selection)।
- वाँछित जीन को वाहक DNA से जोड़कर पुनर्योगज DNA अणु का निर्माण।
- पुनर्योगज DNA को पोषद् (Host) जीवाणु के अंदर प्रवेश कराना।
- पुनर्योगज DNA द्वारा विजातीय जीन (Foreign gene) उत्पाद को प्राप्त करना।

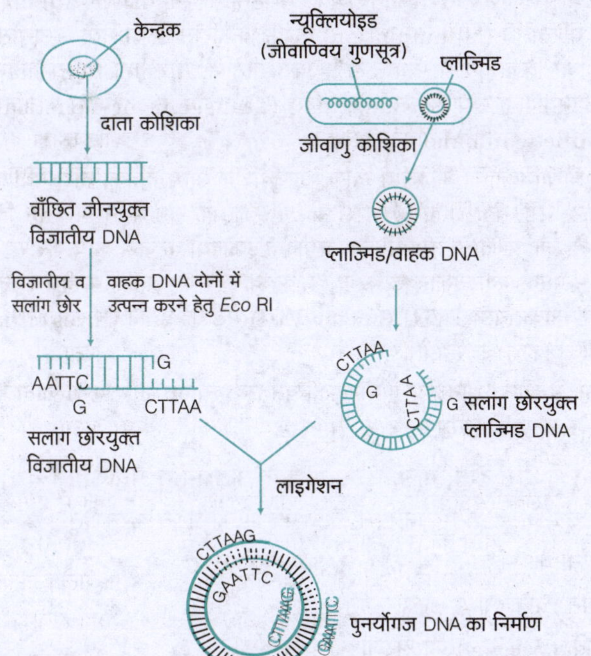

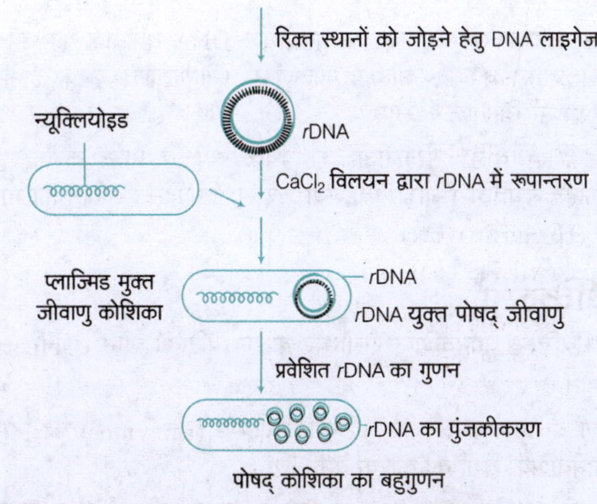

पुनर्योगज DNA तकनीक का आरेखीय चित्रण

चिकित्सा में जैव-प्रौद्योगिकी के उपयोग

- DNA पुनर्योगज विधि द्वारा अनेक प्रकार के प्रोटीन हॉर्मोन्स (Protein hormones), प्रतिजैविकों (Antibiotics), एंजाइमों (Enzymes), वैक्सीन (Vaccines), आदि का बड़े पैमाने पर उत्पादन किया जाता है तथा अंततः इनका औद्योगिक स्तर पर औषधियों या अन्य रूपों में मानव हित के लिए उपयोग किया जाता है। इसके फलस्वरूप विभिन्न प्रकार के असाध्य रोगों का उपचार किया जा सकता है।

मानव इंसुलिन

- इंसुलिन एक लघु प्रोटीन हॉर्मोन है। यह प्रोटीन युक्त हॉर्मोन अग्न्याशय (Pancreas) की बीटा (β) कोशिकाओं द्वारा निर्मित होता है तथा रुधिर में ग्लूकोस की मात्रा को नियंत्रित करता है।
- इस हॉर्मोन की अपूर्णता रुधिर में ग्लूकोस का स्तर बढ़ा देती है, परिणामस्वरूप कोशिकाएँ रुधिर से ग्लूकोस नहीं प्राप्त करती हैं। यह मधुमेह रोग (Diabetes mellitus) का कारण बनता है।
- वर्ष 1955 में **फ्रैडेरिक सेंगर** (Frederick Sanger) ने ज्ञात किया है कि गाय के अग्न्याशय से प्राप्त इंसुलिन के अणु में दो पॉलीपेप्टाइड शृंखलाएँ 'A' तथा 'B' होती हैं।
- शृंखला 'A' में 21 अमीनो अम्ल तथा शृंखला 'B' में 30 अमीनो अम्ल होते हैं। ये शृंखलाएँ आपस में डाइसल्फाइड बंधों (S-S bonds) की सहायता से जुड़ी होती हैं।
- मानव सहित स्तनधारियों में इंसुलिन **प्राक्-हॉर्मोन** (Pro-hormone) के रूप में संश्लेषित होता है, जिसमें एक अतिरिक्त शृंखला होती है, जिसे पेप्टाइड शृंखला 'C' कहते हैं।
- परिपक्वता के दौरान 'C' पेप्टाइड शृंखला पृथक् हो जाती है। अतः परिपक्व इंसुलिन में 33 अमीनो अम्ल युक्त 'C' पेप्टाइड नहीं होता है।
- वर्ष 1982 में मधुमेह के रोगियों के लिए मानव इंसुलिन का सफल उत्पादन किया गया। **एली लिली** नामक एक अमेरिकन औषधि निर्माण कम्पनी ने 5 जुलाई, 1983 को दो DNA अनुक्रमों को तैयार किया, जो मानव इंसुलिन की शृंखला A एवं B के समान थे।

- इन्होंने आनुवंशिक अभियांत्रिकी या पुनर्योगज DNA तकनीक का उपयोग करके इन जीन्स को *ई. कोलाई* जीवाणु में स्थानांतरित करके इंसुलिन शृंखलाएँ प्राप्त कीं।
- इंसुलिन की A व B शृंखलाओं को पृथक् रूप से प्राप्त करके, उन्हें डाइसल्फाइड बंधों द्वारा जोड़ दिया गया। इससे उत्पादित इंसुलिन को **मानव इंसुलिन** (Humulin) कहा।

जीन चिकित्सा

- मानव में विभिन्न आनुवंशिक रोगों का कारण त्रुटिपूर्ण जीन (Defective gene) होते हैं।
- ये त्रुटिपूर्ण या असामान्य जीन त्रुटिपूर्ण एंजाइम्स (Enzymes) का निर्माण करके आनुवंशिक रोगों का कारक बनते हैं।
- जीन उपचार (Gene therapy) के अंतर्गत मानव शरीर में असामान्य या त्रुटिपूर्ण या विकारी जीन को स्वस्थ जीन से प्रतिस्थापित करके, जीन प्रतिलिपियों की संख्या में वृद्धि करके, आनुवंशिक रोगों से मुक्ति के प्रयास किए जाते हैं।

  जीन चिकित्सा में निम्न दो स्तरों पर उपयोग किया जाता है

  (i) **भ्रूण उपचार** (Embryo Treatment) इसके अंतर्गत नए स्वस्थ भ्रूण का प्रत्यारोपण कर दिया जाता है, जिससे उसकी आनुवंशिकता भी परिवर्तित हो जाती है।

  (ii) **रोगी उपचार** (Patient Treatment) इस विधि में पहले जीन के सामान्य युग्मविकल्पी (Alleles) का पृथक्करण करके उसे माध्यम में संवर्धित (Cultured) करते हैं।

  इस युग्मविकल्पी को फिर रिट्रोविषाणु (Retrovirus) में प्रविष्ट कराया जाता है। तत्पश्चात् रोगी के शरीर से पृथक्कृत कोशिकाओं को इन रिट्रोविषाणुओं से संक्रमित कराया जाता है।

  सामान्य युग्मविकल्पी सहित विषाणु DNA कोशिकाओं के गुणसूत्र से जुड़ जाता है, जिसे रोगी के शरीर में अंत:क्षेपित (Inject) कर दिया जाता है।
- जीन उपचार को **रिजेनरेटिंग थैरेपी** (Regenerating therapy) भी कहते हैं। जीन चिकित्सा का प्रयोग सर्वप्रथम वर्ष 1990 में एक चार वर्षीय लड़की में एंजाइम एडीनोसीन डीएमीनेज की न्यूनता अभाव को दूर करने के लिए किया गया था।
- यह एंजाइम प्रतिरक्षा तंत्र (Immune system) के सफल कार्यान्वयन हेतु अत्यंत आवश्यक होता है। इसलिए SCID (Severe Combined Immunodeficiency) से ग्रसित जन्में शिशुओं में प्रतिरक्षा तंत्र उपस्थित नहीं होता है, जिससे इनमें संक्रमणों से लड़ने की क्षमता नहीं होती है।

आण्विक निदान

किसी भी रोग के प्रभावकारी उपचार हेतु रोग की प्रारम्भिक पहचान व रोग क्रिया विज्ञान का ज्ञान होना या उसे समझना अत्यंत आवश्यक है।

निदान के परम्परागत तरीकों (रुधिर व मूत्र जाँच) से रोग का प्रारम्भिक अवस्था में पता लगा पाना असंभव है। निम्नलिखित कुछ तकनीकों से रोग की प्रारम्भिक अवस्था में पहचान की जा सकती है

- **पॉलीमरेज शृंखला अभिक्रिया** (PCR-Polymerase Chain Reaction) जब जीवाणु व विषाणु कम संख्या में हों, तब PCR द्वारा उनके न्यूक्लिक अम्ल का प्रवर्धन (Amplification) करके उनकी पहचान कर सकते हैं। संदेहप्रद एड्स रोगियों में HIV की उपस्थिति का पता लगाने हेतु PCR तकनीक का प्रयोग किया जाता है।

  PCR तकनीक का उपयोग संदेहप्रद कैंसर रोगियों के जीन में होने वाले उत्परिवर्तनों (Mutations) का पता लगाने हेतु भी किया जाता है। इस उपयोगी विधि द्वारा अन्य कई आनुवंशिक रोगों का भी पता लगाया जाता है।
- **ब्लॉटिंग तकनीक** (Blotting Technique) किसी विशिष्ट DNA, RNA या प्रोटीन की पहचान हेतु ब्लॉटिंग तकनीक का प्रयोग करते हैं। सदर्न ब्लॉटिंग (Southern blotting) DNA, नॉदर्न ब्लॉटिंग (Northern blotting) RNA व वेस्टर्न ब्लॉटिंग (Western blotting) प्रोटीन की पहचान हेतु प्रयुक्त की जाती है।
- इस विधि में DNA या RNA की एकल शृंखला (Single-stranded) से एक विकिरण सक्रिय अणु (Radioactive molecule) युक्त संपरीक्षित्र (Probe) कोशिकाओं से प्राप्त DNA में से अपने पूरक DNA से ही संकरित होता है, जिसे बाद में स्वविकिरणी चित्रण (Autoradiography) की सहायता से पहचाना जाता है।
- उत्परिवर्तित जीन (Mutant gene) छायाचित्र पटल (Photographic) पर अदृश्य रहते हैं, क्योंकि संपरीक्षित्र व उत्परिवर्तित जीन आपस में एक-दूसरे के पूरक (Complementary) नहीं होते हैं।

पारजीनी जंतु

- ऐसे जंतु, जिन्हें उनके आनुवंशिक संगठन में आनुवंशिक अभियांत्रिकी द्वारा परिवर्तित (Manipulation) करके विकसित किया गया है अर्थात् वे जंतु, जो विजातीय या बाह्य जीन युक्त होते हैं, पारजीनी या ट्रांसजेनिक या आनुवंशिक रूप से रूपांतरित जंतु (Transgenic or Genetically Modified animals) कहलाते हैं।
- जैव-प्रौद्योगिकी की अद्वितीय खोज, आनुवंशिक अभियांत्रिकी द्वारा मवेशियों (शूकर, भेड़, बकरी) को एक प्रसंस्करण इकाई के रूप में नियुक्त कर दिया गया है, जो अंगदाता तथा प्रोटीन उत्पादक इकाइयों के जैसे कार्य कर रहे हैं; जैसे–ऊतक प्लाज्मोजन उत्प्रेरक (सक्रियक-TPA) बकरी के दूध से तथा रुधिर थक्का घटक-VIII (Factor-VIII) भेड़ की ईथल (Ewes eithal) से प्राप्त किया जा रहा है।
- जंतुओं में जीन स्थानान्तरण निम्नलिखित उद्देश्यों के लिए किया जाता है
  - आनुवंशिक रोगों के उपचार में।
  - जंतुओं द्वारा दुग्ध, माँस, ऊन, आदि के उत्पादन में सुधार हेतु।
  - अच्छे किस्म के प्रोटीनयुक्त खाद्य पदार्थों को प्राप्त करने हेतु।
  - जीनों की संरचना एवं कार्यों के अध्ययन हेतु।
  - जीन चिकित्सा में उपयोग हेतु।
  - टीके (Vaccine) की सुरक्षा जाँच हेतु।
  - क्लोन (Clone) के उत्पादन हेतु।

कृषि में जैव-प्रौद्योगिकी के उपयोग

भोजन मनुष्य की सबसे प्रमुख आवश्यकता है। अत: खाद्य पदार्थों के उत्पादन में जैव-प्रौद्योगिकी का उपयोग बड़े पैमाने पर किया जा रहा है, जिसके फलस्वरूप खाद्य उत्पादन में अत्यंत वृद्धि हो रही है।

इसे निम्न प्रकार से समझा जा सकता है

(i) **पादपों की उच्च प्रतिरोधिता** (High Resistant Capacity of Plants) आनुवंशिक अभियांत्रिकी द्वारा पादपों की ऐसी प्रजातियाँ विकसित की जा रही हैं, जिनमें सूक्ष्मजीवों; जैसे–विषाणु, कीटों के संक्रमण तथा मिट्टी की लवणीयता, सूखा, आदि को सहने या इनका प्रतिरोध करने की क्षमता होती है।

(ii) **पादप जीनप्रारूप में परिवर्तन** (Change in Genotype of Plant) क्लोनिंग द्वारा या पुनर्योगज DNA को पादप जीनप्रारूप में प्रवेश कराकर पादपों की अनेक लाभदायक जातियों में वृद्धि करके हॉर्मोन्स (जैसे-ऑक्सिन, साइटोकाइनिन) के संश्लेषण की दर बढ़ाई जाती है। इस विधि से तम्बाकू, प्याज, टमाटर, मक्का, जौ, गेहूँ, आदि की उत्कृष्ट प्रजातियों का विकास किया गया है।

(iii) **नॉन-लेग्यूमिनस पादपों में नाइट्रोजन- स्थिरीकरण की क्षमता का विकास** (Development of Capacity of Nitrogen-Fixation in Non-leguminous Plants) आनुवंशिक यन्त्री *निफ* जीन को *कैल्बीसिएला न्यूमोनिआई* (*Klebsiella pneumonae*) से पृथक् कर *ई. कोलाई* में इसको स्थापित करके गेहूँ एवं अन्य नॉन-लेग्यूमिनस पादपों में इसके स्थानांतरण का प्रयास कर रहे हैं।

(iv) **पारजीनी या GM फसलें** (Transgenic or Genetically Modified Crops) पारजीनी या ट्रांसजेनिक या आनुवंशिक रूप से परिवर्तित फसलें, ऐसी फसलें होती हैं, जिनमें विजातीय या बाहरी जीन का समावेश तथा उसकी अभिव्यक्ति होती है।

आनुवंशिकीय रूपांतरित पादपों के उदाहरण

आनुवंशिकीय रूपांतरित पादपों के कुछ उदाहरण निम्न हैं

Bt-कपास

- *बैसिलस थ्यूरिंजिएंसिस* (*Bacillus thuringiensis*) जीवाणु की कुछ प्रजातियों द्वारा ऐसे विषाक्त प्रोटीन (जीव विष) का निर्माण किया जाता है, जो विशिष्ट वर्ग के कीटों; जैसे–कोलिऑप्टेरॉन (Choliopteron–शृंग) तथा डीप्टेरॉन (Dipteron–मक्खी–मच्छर) को मारने में सहायक होता है।
- यह जीवाणु अपने जीवनकाल की विशिष्ट अवस्था में इस विषाक्त प्रोटीन के रवों (Crystals) का निर्माण करता है। ये विषाक्त प्रोटीन स्वयं जीवाणु को नष्ट नहीं करता, क्योंकि यह प्राक्विष (Protoxin) के रूप में निर्मित होता है।
- इस विषाक्त जीव विष का निर्माण जिस जीन द्वारा किया जाता है, उसे *cry* जीन नाम दिया गया है तथा निर्मित प्रोटीन को Cry प्रोटीन कहते हैं।
- जब कोई भी कीट इस पादप को खाता है, तो निष्क्रिय (Incactive) जीव विष कीट की आहारनाल (Alimentary canal) में पहुँचकर क्षारीय pH (Alkaline pH) के कारण अपनी सक्रिय (Active) अवस्था में बदल जाता है, जो इसकी घुलनशील (Soluble) अवस्था होती है।
- यह सक्रिय विष, कीट की आँत (Intestine) की उपकला (Epithelium) कोशिकाओं के साथ जुड़कर उसमें छिद्र (Pores) का निर्माण कर देता है।
- इस कारण कोशिकाएँ फट जाती हैं व कीट की मृत्यु हो जाती है। *Bt* विष भी अनेक प्रकार के होते हैं, जिन्हें अलग-अलग जीनों द्वारा कूटबद्ध (Code) किया जाता है; जैसे–
  - *cry* I ac तथा *cry* II ab जीन द्वारा निर्मित विषाक्त प्रोटीन कपास के गोलक शलभ कृमि को नियंत्रित करती है।
  - *cry* I ab जीन द्वारा निर्मित विषाक्त प्रोटीन मक्का छेदक (Maize borer) को नियंत्रित करती है।

सुनहरा चावल

- सुनहरा चावल (*Oryza sativa*) की पारजीनी किस्म है, जिसको आनुवंशिक अभियांत्रिकी द्वारा उत्पन्न किया गया है।
- इस किस्म में β-कैरोटीन (प्रोविटामिन-A, विटामिन-A का निष्क्रिय रूप) सही मात्रा में होता है, जो विटामिन-A का मुख्य स्रोत है। ये चावल के दाने, β-कैरोटीन की उपस्थिति के कारण पीले रंग के होते हैं। अत: इन्हें सुनहरा चावल (Golden rice) कहते हैं।

पीड़क प्रतिरोधक तम्बाकू

- RNA अंतरक्षेप (RNA interference) विधि द्वारा तम्बाकू के पादपों की जड़ों को संक्रमित करने वाले सूत्रकृमि *मेलोइडोगाइनी इन्कोग्नीसीया* (*Meloidogyne incognitia*) नामक पीड़क (Pest) के प्रति प्रतिरोधकता प्रदान की है।
- इसमें *एग्रोबैक्टीरियम* (*Agrobacterium*) संवाहक का उपयोग करके सूत्रकृमि (Nematode) के विशिष्ट जीनों को पादपों में प्रविष्ट कराया गया है। इस कारण पारजीनी पादपों की पीड़कों से सुरक्षा होती है।

जैव-प्रौद्योगिकी का औद्योगिक उपयोग

मनुष्य पुराने समय से दही, पनीर, सिरका, एल्कोहॉल, वाइन, आदि बनाने हेतु जीवाणुओं का उपयोग करता आ रहा है, किंतु आज के समय में आनुवंशिक अभियांत्रिकी द्वारा नए-नए आनुवंशिक लक्षणों वाले जीवाणुओं का निर्माण करके औद्योगिक स्तर पर विभिन्न प्रकार के रसायनों का संश्लेषण किया जा सकता है।

(i) **जैविक पदार्थों का औद्योगिक संश्लेषण** आनुवंशिक अभियांत्रिकी द्वारा उच्च वर्ग के जीवों के लिए जैविक पदार्थों; जैसे- हॉर्मोन्स, एंजाइम, विटामिन्स, इंटरफेरॉन्स, वैक्सीन, प्रतिजैविक, आदि का औद्योगिक स्तर पर उत्पादन, रूपांतरित जीवाणुओं की सहायता से किया जा रहा है।

(ii) **औद्योगिक रसायनों का संश्लेषण** आनुवंशिक अभियांत्रिकी द्वारा विभिन्न रसायनों; जैसे-एसीटोन, ग्लिसरॉल, मिथेनॉल, एथेनॉल, सिट्रिक अम्ल, लैक्टिक अम्ल, एसीटिक अम्ल, आदि का संश्लेषण औद्योगिक स्तर पर किया जा रहा है।

जैवदस्युता या बायोपाइरेसी

विभिन्न बहुराष्ट्रीय कम्पनियाँ (MNCs) या अन्य संगठन जब किसी देश के जैविक संसाधनों का समुचित प्रतिकर भुगतान किए बिना अनाधिकृत रूप से उन संसाधनों का प्रयोग करते हैं, तो यह बायोपाइरेसी (Biopiracy) कहलाता है।

जैव-एकस्व या बायोपेटेंट

- एकस्व प्रक्रिया अन्वेषक (Inventor) को एक अधिकार प्रदान करती है, ताकि किसी अन्य व्यक्ति द्वारा उसकी खोज का दुरुपयोग न किया जा सकें। विभिन्न देशों में एकस्व (Biopatent) संबंधी कानून अलग-अलग हैं।
- वर्तमान में यह कानूनी अधिकार जैविक उत्पादों, आनुवंशिकी, अभियांत्रिकी, उत्पादन, आदि के लिए भी अनुमोदित किए जा रहे हैं।

बायोरिएक्टर

- व्यावसायिक दृष्टि से वाँछित जैव-प्रौद्योगिकी उत्पाद के अधिक उत्पादन के लिए बायोरिएक्टर (Bioreactor) का उपयोग किया जाता है। इसके द्वारा 100-1000 लीटर तक संवर्धन का संशोधन किया जा सकता है।
- बायोरिएक्टर एक बड़े पात्र के समान होता है, जिसमें सूक्ष्मजीवों, पादपों, जंतुओं या मानव कोशिकाओं के संवर्धन से प्राप्त कच्चे पदार्थों को जैविक रूप से विशिष्ट उत्पादों तथा एंजाइम्स, आदि में परिवर्तित किया जा सकता है।
- बायोरिएक्टर वाँछित उत्पाद की प्राप्ति के लिए अनुकूलतम परिस्थितियाँ; जैसे-आधारी पदार्थ, ताप, pH, विटामिन, लवण या ऑक्सीजन, आदि उपलब्ध कराता है।
- विलोडित हौज बायोरिएक्टर (Stirred tank bioreactor) सर्वाधिक उपयोग में आने वाला बायोरिएक्टर है।
- जेनेटिक इंजीनियरिंग में प्लाज्मिड की सहायता से एक प्रजाति के सदस्य की जीन दूसरी प्रजाति के सदस्य में स्थानान्तरित करते हैं।
- विदेशी या विजातीय जीन सहित जीव को, अर्थात् जिसमें दूसरी प्रजाति की जीन निवेशित की गई हो, आनुवंशिक रूप से संशोधित या पारजीनी जीव [GMO] कहा जाता है।

अतिरिक्त तथ्य
तमिलनाडु बोर्ड एवं NIOS

- डॉ. इयान विल्मुट और उनके सहयोगियों ने जुलाई 1996 में स्कॉटलैण्ड के रोजलिन इंस्टीट्यूट में डॉली नामक पहली क्लोन मादा भेड़ विकसित की थी।
- DNA तकनीकों द्वारा विकसित फार्मा महत्त्वपूर्ण उत्पाद हैं।
- मानव वृद्धि हॉर्मोन का उपयोग वृद्धि की कमी वाले बच्चों के उपचार में किया जाता है। हीमोफीलिया के उपचार के लिए रक्त का थक्का जमाने वाला कारक विकसित किया जाता है।
- प्लाज्मिनोजन ऊतक सक्रियकारक का उपयोग रक्त के थक्कों को घोलने और दिल के दौरे को रोकने के लिए किया जाता है।
- हिपेटाइटिस B और रेबीज जैसे विभिन्न रोगों के विरुद्ध टीकों का विकसित करना। पारजीनी भेड़ को ऊन की गुणवत्ता और उत्पादन के लिए अमीनों अम्ल (सिस्टीन) के संश्लेषण के लिए जीन सम्मिलित करके विकसित किया गया है।
- मछलियों में वृद्धि को बढ़ाने के लिए वृद्धि हॉर्मोन जीन निवेशित कराके पारजीनी मछली विकसित की गई है।

परिशिष्ट

विज्ञान की शाखाएँ

भौतिक विज्ञान की शाखाएँ

- **खगोल भौतिकी** (Astrophysics) इसमें नक्षत्रों के भौतिक रूप से सम्बन्धित खगोलीय पिण्डों जैसे तारे, आकाशगंगा, आदि का अध्ययन किया जाता है।
- **परमाणवीय तथा आणविक भौतिकी** (Atomic and molecular physics) इसमें परमाणुओं और अणुओं के गुणों तथा संरचना का अध्ययन किया जाता है।
- **ध्वनिकी** (Acoustics) इसमें ध्वनि के उत्पादन तथा उसके गुणों का अध्ययन किया जाता है।
- **जैव भौतिकी** (Biophysics) इसमें जीवन चक्रों से सम्बन्धित भौतिकी के नियमों तथा उनके उपयोगों का अध्ययन किया जाता है।
- **क्रायोजैनिक्स** (Cryogenics) इसमें निम्न ताप के विभिन्न प्रयोगों तथा नियन्त्रण का अध्ययन किया जाता है।
- **संघनित द्रव्य भौतिकी** (Condensed matter physics) यह भौतिकी की वह शाखा है जिसमें द्रव्य की संघनित कला के भौतिक गुणों का अध्ययन किया जाता है।
- **ब्रह्माण्ड विज्ञान** (Cosmology) पृथ्वी, अन्तरिक्ष तथा उसमें उपस्थित सभी खगोलीय पिण्डों को समग्र रूप से विश्व या ब्रह्माण्ड कहते हैं। ब्रह्माण्ड से सम्बन्धित अध्ययन को ब्रह्माण्ड विज्ञान कहते हैं।
- **वैद्युत चुम्बकत्व** (Electromagnetism) विज्ञान की वह शाखा जिसमें वैद्युत आवेशित कणों के बीच लगने वाले बलों का अध्ययन किया जाता है।
- **विद्युत गतिकी** (Electrodynamics) इसमें चुम्बकीय तथा वैद्युत बलों के बीच सम्बन्धों का विश्लेषण किया जाता है।
- **द्रव्य गतिकी** (Fluid dynamics) इसमें द्रवों तथा गैसों की गति तथा उनके व्यवहारों का अध्ययन किया जाता है।
- **भू-भौतिकी** (Geophysics) इसमें पृथ्वी के गुणों तथा भौतिक विशेषताओं का अध्ययन किया जाता है।
- **गणितीय भौतिकी** (Mathematical physics) इसमें गणितीय प्रणाली द्वारा भौतिक घटनाओं का अध्ययन किया जाता है।
- **यान्त्रिकी** (Mechanics) यह भौतिकी की वह शाखा है जिसमें निर्देश तन्त्र से पिण्डों की गति का अध्ययन किया जाता है।
- **आणविक भौतिकी** (Molecular physics) इसमें अणुओं के व्यवहार तथा संरचनात्मक गुणों का अध्ययन किया जाता है।
- **नाभिकीय भौतिकी** (Nuclear physics) इसमें परमाणवीय नाभिक के साथ नाभिकीय अभिक्रियाओं की संरचना तथा गुणों व उपयोगों का अध्ययन किया जाता है।
- **प्रकाशिकी** (Optics) इसमें प्रकाश के व्यवहार तथा प्रकृति का अध्ययन किया जाता है।
- **कण भौतिकी** (Particle physics) इसमें तत्त्वीय कणों के गुणों तथा व्यवहार का विश्लेषण किया जाता है। इसे ऊर्जा भौतिकी भी कहते हैं।
- **प्लाज्मा भौतिकी** (Plasma physics) प्लाज्मा गैस की एक अवस्था है जिसमें धन आयन तथा इलेक्ट्रॉन स्वतन्त्र अवस्था में रहते हैं।
- **क्वान्टम भौतिकी** (Quantum physics) यह क्वान्टम भौतिकी के विभिन्न अध्ययनों से सम्बन्धित है। जिसके अन्तर्गत विद्युत चुम्बकीय विकिरण तथा पदार्थों के मध्य अनुक्रियाओं का अध्ययन किया जाता है।
- **आपेक्षिक भौतिकी** (Relativistic physics) यह अल्बर्ट आइन्सटीन द्वारा विकसित अन्तरिक्ष और समय का भौतिक सिद्धान्त है जो इस सिद्धान्त पर आधारित है कि भौतिक विज्ञान के सारे नियम एक समान गति करती वस्तु पर समान रूप से लागू होते हैं।
- **सांख्यिकी यान्त्रिकी** (Statistical mechanics) इसमें क्षेत्र दीर्घदर्शी प्रणाली, उसके परमाणु तथा अणुओं के घटक से सम्बन्धित क्षेत्रों का अध्ययन किया जाता है।
- **ऊष्मागतिकी** (Thermodynamics) इसमें ऊष्मा तथा ऊर्जा के विभिन्न रूपों व ऊर्जा का एक अवस्था से दूसरी अवस्था में रूपान्तरण का अध्ययन किया जाता है।

रसायन विज्ञान की शाखाएँ

- **कृषि रसायन** (Agro chemistry) कृषि उत्पादन, खाद्य प्रसंस्करण आदि में रसायन के अनुप्रयोग।
- **विश्लेषणात्मक रसायन** (Analytical chemistry) गुणात्मक और मात्रात्मक विश्लेषण से सम्बन्धित।
- **जैव रसायन भेषज (औषध) विज्ञान** (Biochemical pharmacology) जीवों पर औषध के प्रभाव और औषधों की लक्ष्यों पर क्रियाविधि से सम्बन्धित।
- **जैव रसायन** (Biochemistry) सजीवों में होने वाली रासायनिक अभिक्रियाओं से सम्बन्धित।
- **जैव अकार्बनिक रसायन** (Bioinorganic chemistry) धातु आयन-ऊतक अन्योन्यक्रिया तथा धातु आयनों का एन्जाइम क्रियाविधि पर प्रभाव।
- **रासायनिक बलगतिकी** (Chemical kinetics) रासायनिक अभिक्रिया के वेग तथा क्रियाविधि से सम्बन्धित।
- **कॉस्मेटोलॉजी अथवा सौन्दर्य प्रसाधन विज्ञान** (Cosmetology) प्रसाधन सामग्री तथा इनके उपयोग से सम्बन्धित।

- **विद्युतरसायन** (Electrochemistry) रेडॉक्स अभिक्रियाओं में निर्गमित ऊर्जा से विद्युत ऊर्जा का उत्पादन तथा विद्युत ऊर्जा के स्वत: अप्रवर्तित रासायनिक परिवर्तनों में उपयोग से सम्बन्धित।
- **पर्यावरणीय रसायन** (Environmental chemistry) परिवहन, अभिक्रियाओं, प्रभावों, तथ्यों आदि पर्यावरणीय रासायनिक स्पीशीज से सम्बन्धित।
- **खाद्य रसायन** (Food chemistry) खाद्यों के रासायनिक प्रसंस्करण से सम्बन्धित।
- **न्यायिक अन्वेषण रसायन** (Forensic chemistry) अपराध (जुर्म) के अन्वेषण में रासायनिक सिद्धान्तों, तकनीकों और विधियों के अनुप्रयोगों से सम्बन्धित।
- **भू-रसायन विज्ञान** (Geochemistry) भू-चट्टानों खनिजों तथा खगोलीय पिण्डों की रासायनिक संरचना, परिवर्तनों तथा प्रक्रियाओं से सम्बन्धित।
- **हरित रसायन** (Green chemistry) ऐसी विधियों तथा उत्पादों का प्रयोग करना जिनसे वातावरणीय प्रदूषण कम हो से सम्बन्धित।
- **अकार्बनिक रसायन** (Inorganic chemistry) कार्बन को छोड़कर सभी तत्वों तथा इनके यौगिकों, , कार्बोनेटों तथा बाइकार्बोनेटों सहित अध्ययन से सम्बन्धित।
- **औषधीय रसायन** (Medicinal chemistry) औषधियों के संश्लेषण, डिजाइन तथा परिवर्धन से सम्बन्धित।
- **नैनो रसायन** (Nanochemistry) नैनो परमाणुओं तथा अणुओं तथा इनके संयोजन से बने नैनो समूहों तथा इनके गुणों से सम्बन्धित।
- **नाभिकीय रसायन** (Nuclear chemistry) नाभिकीय संलयन, नाभिकीय विखण्डन, रेडियोसक्रिय तत्वों के अध्ययन से सम्बन्धित।
- **कार्बनिक रसायन** (Organic chemistry) कार्बन व हाइड्रोजन के यौगिक (हाइड्रोकार्बन) तथा इनके व्युत्पन्नों के अध्ययन के सम्बन्धित।
- **प्रकाश रसायन** (Photochemistry) द्रव्य और प्रकाश के मध्य अन्योन्य क्रिया से सम्बन्धित।
- **भौतिक रसायन** (Physical chemistry) ऊर्जा सम्बन्धित रासायनिक परिवर्तनों से सम्बन्धित।
- **भौतिक-कार्बनिक रसायन** (Physical-organic chemistry) कार्बनिक अणुओं की संरचना तथा भौतिक क्षमता से सम्बन्धित।
- **पॉलिमर (बहुलक) रसायन** (Polymer chemistry) पॉलिमर की संरचना, गुणों तथा इनके संश्लेषण की नई विधियों को खोजने से सम्बन्धित।
- **क्वाण्टम रसायन** (Quantum chemistry) अवपरमाणुक कणों की अन्योन्यक्रिया तथा गति का गणितीय वर्णन से सम्बन्धित।
- **स्पेक्ट्रोस्कोपी** (Spectroscopy) द्रव्य के अध्ययन में द्रव्य के उत्सर्जन तथा अवशोषण स्पेक्ट्रम से सम्बन्धित।
- **पृष्ठ रसायन** (Surface chemistry) सतह या अन्तरापृष्ठ पर होने वाली परिघटनाओं से सम्बन्धित।
- **सैद्धान्तिक रसायन** (Theoretical chemistry) रासायनिक प्रक्रमों के पूर्वकथन (भविष्यकथन) में रासायनिक तथा भौतिकीय गणनाओं के अध्ययन से सम्बन्धित।
- **ऊष्मा रसायन** (Thermochemistry) रासायनिक अभिक्रियाओं पर ऊष्मीय प्रभाव के अध्ययन से सम्बन्धित।

जीव विज्ञान की शाखाएँ

- **शस्य विज्ञान** (Agronomy) खेतों में उगाये जाने वाले पौधों का अध्ययन।
- **एग्रोस्टोलॉजी** (Agrostology) घासों का अध्ययन।
- **एन्थोलॉजी** (Anthology) पुष्पों का अध्ययन।
- **शारीरिकी** (Anatomy) आन्तरिक रचना का अध्ययन।
- **जीवाणु विज्ञान** (Bacteriology) जीवाणुओं का अध्ययन
- **जैव भौतिकी** (Biophysics) जीव तन्त्र के भौतिक पहलुओं का अध्ययन।
- **जैवरसायन** (Biochemistry) जीवों के रासायनिक घटक तथा रासायनिक प्रक्रियाओं का अध्ययन।
- **जैव प्रौद्योगिकी** (Biotechnology) जीवों या उनके उत्पादों का औद्योगिक क्रियाओं में प्रयोग।
- **कोशिका जैविकी** (Cell Biology) कोशिकाओं की संरचना, कार्य, जनन तथा जीवन चक्र का अध्ययन।
- **उपार्जिकी** (Ctetology) जन्तुओं द्वारा उपार्जित लक्षणों का अध्ययन।
- **कोशिका विज्ञान** (Cytology) कोशिकाओं की विस्तृत संरचना का अध्ययन।
- **कोशिकीय आनुवंशिकी** (Cytogenetics) वंशागति के कोशिकीय आधर का अध्ययन।
- **हृदय विज्ञान** (Cardiology) हृदय की रचना एवं कार्य का अध्ययन।
- **पारिस्थितिकी** (Ecology) जीवधारी तथा उसके वातावरण के बीच पारस्परिक सम्बन्धों का अध्ययन।
- **अन्त:स्रावी विज्ञान** (Endocrinology) अन्त:स्रावी ग्रन्थियों तथा हॉर्मोनों का अध्ययन।
- **इथालॉजी** (Ethology) प्राणियों के व्यवहार का अध्ययन।
- **एन्टोमोलॉजी** (Entomology) कीटों की जीवन-चक्र का अध्ययन।
- **सुजननिकी** (Eugenics) मानव जाति की पीढ़ियों को प्रभावित करने वाले कारकों का अध्ययन।
- **सौपरिवेशिकी** (Euthenics) वातावरण में परिवर्तन द्वारा मानव के जीवन स्तर में सुधार करना।
- **यूफेनिक्स** (Euphenics) चिकित्सा विज्ञान द्वारा अच्छे लक्षणों को पैदा करना।
- **एन्जाइमोलॉजी** (Enzymology) विभिन्न एन्जाइमों का अध्ययन।
- **भ्रूण विज्ञान** (Embryology) युग्मकों के निर्माण, निषेचन व भ्रूण के परिवर्धन का अध्ययन।
- **पुष्प कृषि** (Floriculture) सजावटी पुष्पों के संवर्धन का अध्ययन।
- **आनुवंशिकी** (Genetics) आनुवंशिकता तथा विभिन्नता के कारणों तथा प्रक्रमों का अध्ययन।
- **आनुवंशिक अभियांत्रिकी** (Genetic Engineering) आनुवंशिक पदार्थों के उपयोग और संयोजन के द्वारा नए आनुवंशिक लक्षणों वाले जीवों का निर्माण।
- **रुधिर विज्ञान** (Haematology) रुधिर तथा इससे जनित बीमारियों का अध्ययन।
- **हेल्मिन्थोलॉजी** (Helminthology) कृमियों का अध्ययन।

- **प्रतिरक्षा विज्ञान** (Immunology) प्राणियों की रोगों की प्रति प्रतिरोधकता का अध्ययन।
- **सरोवर विज्ञान** (Limnology) तालाबों व झीलों में रहने वाले जीवों का अध्ययन।
- **आकारिकी** (Morphology) आकार एवं रचना का अध्ययन।
- **पेशी विज्ञान** (Myology) पेशियों का अध्ययन।
- **सूक्ष्मजीव विज्ञान** (Microbiology) सूक्ष्मजीव, जैसे जीवाणु एवं विषाणु का अध्ययन।
- **आण्विक जीव विज्ञान** (Molecular Biology) जीवों में पाए जाने वाले अणुओं का रासायनिक स्तर पर अध्ययन।
- **मैमोलॉजी** (Mammalogy) स्तनधारियों का अध्ययन।
- **मैलेकोलॉजी** (Malacology) मोलस्का संघ के जीवों व कवचों का अध्ययन।
- **नियोनैटोलॉजी** (Neonatalogy) दो माह से कम आयु के बच्चों का अध्ययन।
- **तन्त्रिका विज्ञान** (Neutology) तन्त्रिका तन्त्र का अध्ययन।
- **अस्थि विज्ञान** (Osteology) अस्थियों का अध्ययन।
- **दंत विज्ञान** (Odontology) दाँतों का अध्ययन।
- **ऑन्टोजेनी** (Ontogeny) विभिन्न जीवों के जीवन-चक्रों का अध्ययन।
- **ऑर्निथोलॉजी** (Ornithology) पक्षियों का अध्ययन।
- **ऑफियोलॉजी** (Ophiology) सर्पों का अध्ययन।
- **सब्जी विज्ञान** (Olericulture) सब्जियों की कृषि का अध्ययन।
- **ऑन्कोलॉजी** (Oncology) ट्यूमर का अध्ययन; जैसे-कैन्सर।
- **शरीर-क्रिया विज्ञान** (Physiology) जीवन से जुड़ी क्रियाओं एवं कार्यों का अध्ययन।
- **विकास विज्ञान** (Phylogeny) जीवों के विभिन्न समूहों में जैव-विकासीय सम्बन्ध का अध्ययन।
- **जीवाश्मिकी** (Palaeontology) जीवाश्मों का अध्ययन।
- **परजीवी विज्ञान** (Parasitology) परजीवियों का अध्ययन।
- **आदि जन्तु विज्ञान** (Protozoology) प्रोटोजोआ का अध्ययन।
- **मृदा विज्ञान** (Pedology) विभिन्न प्रकार की मृदाओं का अध्ययन।
- **साइकोजीवविज्ञान** (Psychobiology) जीवों के व्यवहारों का अध्ययन।
- **पुरावनस्पति विज्ञान** (Palaeobotany) जीवाश्म पादपों का अध्ययन।
- **विकिरण विज्ञान** (Radiology) जीवधारियों पर विकिरण के प्रभाव का अध्ययन।
- **पेशीय विज्ञान** (Sarcology) पेशियों का अध्ययन।
- **स्नायुसन्धि विज्ञान** (Syndesmology) हड्डियों के जोड़ों का अध्ययन।
- **सीरम विज्ञान** (Serology) रुधिर आधार व सीरम का अध्ययन।
- **वन वर्धन विज्ञान** (Silviculture). वनों के विकास तथा देख-रेख का अध्ययन।
- **टॉक्सिकोलॉजी** (Toxicology) जहर, उसके स्वभाव तथा निदान का अध्ययन।
- **वर्गिकी** (Taxonomy) जीवों के नामकरण तथा वर्गीकरण का अध्ययन।
- **यूरोलॉजी** (Urology) मूत्र तथा इससे सम्बन्धित रोगों का अध्ययन।
- **विषाणु विज्ञान** (Virology) विषाणुओं का अध्ययन।
- **जूफाइटोलॉजी** (Zoophytology) पादपों की तरह दिखने वाली अकशेरूकी जंतुओं जैसे-मूँगा, स्पंज आदि का अध्ययन।

आविष्कार/खोज एवं सिद्धांत

भौतिक विज्ञान के अविष्कार एवं खोजकर्ता

आविष्कार	आविष्कार कर्ता
एडिंग मशीन (फ्रांस)	पास्कल (1692)
वायुयान (यू एस ए)	ओरविल तथा बिल्बर राइट (1903)
प्रशीतक (यू एस ए)	कैरियर (1902)
वायुयान (जैट इंजन) (जर्मनी)	ओहेन (1939)
एयर जहाज (फ्रांस)	हेनरी गिफार्ड (1852)
परमाणु बम (यू एस ए)	जे रोबर्ट ऑपनहाइमर (1945)
बॉल प्वांइट पेन (यू एस ए)	जॉन जे लाउड़ (1888)
बैरोमीटर (इटली)	एवनजीलिस्टा टोरिसेली (1644)
साइकिल (ब्रिटेन)	क्रिकपैटरिक मैकमिलन (1839-40)
साइकिल टायर (ब्रिटेन)	जॉन बॉयड डनलप (1888)
बुसनैन बर्नर (जर्मनी)	आर विलियम वॉन बुन्सेन (1855)
कैमरा (कोडेक) (यू एस ए)	वॉकर ईस्टमैन (1888)
कार (भाप) (फ्रांस)	निकोलस कुगनो (1769)
कार (पैट्रोल) (जर्मनी)	कार्ल बेन्ज (1988)
कारबुरेटर (जर्मनी)	गॉटलिब डैमलर (1876)
कैसेट (विडियो टेप) (जापान)	सोनी (1969)
सीमेन्ट (पोर्टलैण्ड) (ब्रिटेन)	जोसेफ एसपडीन (1824)
सिनेमा (फ्रांस)	निकोलस तथा जीन लुमिरे (1895)
घड़ी (यान्त्रिक) (चीन)	आई सिंग व लियांग लिंग टी सैन (1725)
घड़ी (पेण्डुलम) (नीदरलैण्ड)	क्रिश्चियन हाइगेंस
कॉम्पैक्ट डिस्क (यू एस ए)	आर सी ए (1972)
कम्प्यूटर (लैपटाप) (ब्रिटेन)	सिनक्लेयर (1987)
कम्प्यूटर (मिनी) (यू एस ए)	डिजिटल कॉर्प (1960)
डीजल इंजन (जर्मनी)	रूडोल्फ डीजल (1895)
डायनेमों (फ्रांस)	हाइपोलाइट पिक्सी (1832)
विद्युत ईस्त्री (यू एस ए)	एच डब्लू डब्ल्यू सीले (1882)
विद्युत लैम्प (यू एस ए)	थॉमस एल्वा एडिसन (1879)
विद्युत मोटर (डी सी) (बेल्जियम)	जेनोबे ग्रेमी (1873)
विद्युत मोटर (ए सी) (यू एस ए)	निकोलस टैस्ला (1888)
विद्युत वॉशिंग मशीन (यू एस ए)	एल्वा फिसर (1906)

आविष्कार	आविष्कार कर्ता
विद्युत चुम्बक (ब्रिटेन)	विलियम स्टरेर्जन (1824)
इलेक्ट्रोप्लेटिंग (इटली)	लुइगी ब्रुनाटेली (1805)
इलेक्ट्रॉनिक कम्प्यूटर (ब्रिटेन)	डा. एलन एम टयूरिंग (1824)
प्रतिछाया मशीन (ब्रिटेन)	एलक्जैण्डर, बैन (1843)
प्रकाशीय तन्तु (ब्रिटेन)	नरिंदर सिंह कपानी (1955)
धारामापी (फ्रांस)	आन्द्रे मैरी ऐम्पियर (1834)
ग्रामोफोन (यू एस ए)	थॉमस एल्वा एडिसन (1878)
हेलिकॉप्टर (फ्रांस)	लाउन्वाय एवं बियेन्वेनू (1924)
हाइड्रोजन बम (यू एस ए)	एडवर्ड टेलर (1954)
जैट इंजन (ब्रिटेन)	सर फ्रैंक विटल (1937)
लेसर (यू एस ए)	थियोड़र मैमेन (1960)
लॉनड्रेट (यू एस ए)	जे एफ कान्टरैल
लिफ्ट (यान्त्रिक) (यू एस ए)	एलीसा जी ऑटिस (1852)
तड़ित चालक (यू एस ए)	बैंजामिन फ्रैंकलिन (1752)
लाउडस्पीकर (ब्रिटेन)	होरेस शॉर्ट (1900)
मशीन गन (ब्रिटेन)	रिचर्ड गेटलिंग (1918)
मैगनेट रिकॉर्डिंग टेप (जर्मनी)	फ्रिट्ज फ्लूमर (1928)
माइक्रोफोन (यू एस ए)	एलेक्जैण्डर ग्राहम बैल (1876)
माइक्रोस्कोप (कम्प्यूटर) (नीदरलैण्ड)	जे जॉनसीन (1590)
माइक्रोस्कोप (विद्युत) (जर्मनी)	रस्का नॉल (1931)
माइक्रोवेव ऑवन (यू एस ए)	पेर्सी ले बेरॉन स्पेन्सर (1947)
मोटर साईकिल (जर्मनी)	जी. डैमलर (1885)
चलित प्रतिदर्शक (यू एस ए)	थॉमस एडिसन (1893)
नियोन लैम्प (फ्रांस)	जार्ज क्लाइड (1910)
न्यूट्रॉन बम (यू एस ए)	सैमुअल कोहेन (1958)
पेसमेकर (यू एस ए)	जौल (1952)
प्रकाश विद्युत सैल (जर्मनी)	जूल्यिस एलस्टर हेंस एफ जीटल (1893)
फोटोग्राफी (धातु पर) (फ्रांस)	जे एन निप्स (1826)
फोटोग्राफी (कागज पर) (ब्रिटेन)	डब्लू फॉक्स टैलबोट (1835)
फोटोग्राफी (फिल्म पर) (यू एस ए)	जॉन कैरबट (1888)
पिस्टल (यू एस ए)	कोल्ट (1836)
रडार (यू एस ए)	ए एच लॉयलर तथा लियो सी योंग (1922)
रेडियोकार्बन डेटिंग (यू एस ए)	लिबी (1947)
रेडियो टेलीग्राफी (यू एस ए)	डा. एम. लेमिश (1864)
रेडियोटेलिग्राफी (इटली)	जी मारकोनी (1901)
रेयान (ब्रिटेन)	सर जोजफ स्वान (1883)
रेजर (सुरक्षा) (यू एस ए)	किंग सी जिलेट (1895)
रेफ्रिरेजटर (यू एस ए)	जेम्स हेरिसन ऐलक्जैण्डर कटलिन (1850)
जहाज (भाप) (फ्रांस)	आई सी पेरियर (1775)
जहाज (टरबाइन) (ब्रिटेन)	हॉन सर सी पारसन्स (1894)
भाप इंजन (ब्रिटेन)	थॉमस सेवरी (1798)
भाप इंजन (पिस्टन) (ब्रिटेन)	थॉमस न्यूकोमेन (1712)
भाप इंजन (कण्डैनशर) (ब्रिटेन)	जेम्स वाट (1765)
स्टील (स्टैनलेस स्टील) (ब्रिटेन)	हैरी ब्रियरले (1913)
स्टेथोस्कोप (फ्रांस)	लेनेक (1819)
पनडुब्बी (यू एस ए)	डेविड़ बुसनैल (1776)
सुपर कम्प्यूटर (यू एस ए)	जे एच वॉन टेसल (1976)
टैंक (ब्रिटेन)	सर अमेस्ट डी स्विंगटन (1914)
टेप रिकॉर्ड़र (डेनमार्क)	फेसेनडेन पॉलसन (1899)
टेलीफोन (पूर्ण) (यू एस ए)	एलैक्जेण्डर ग्राम बैल (1876)
टेलीस्कोप (नीदरलैंड)	हेंस लिपरशे (1608)
टेलीविजन (यान्त्रिक) (ब्रिटेन)	जे. एल बेयर्ड (1926)
टेलीविजन (इलेक्ट्रॉनिक) (यू एस ए)	पी टी फार्सवर्थ (1927)
टेलीविजन (रंगीन) (ब्रिटेन)	जे एल बेयर्ड (1928)
वैक्यूम कलीनर (विद्युत) (यू एस ए)	स्पेन्जलर (1907)
विडियो टेप (यू एस ए)	चार्ल्स गिन्सबर्ग (1956)

रसायन विज्ञान की खोज/सिद्धांत एवं खोजकर्ता

खोज/सिद्धान्त	खोजकर्ता
परमाणु सिद्धान्त	जॉन डाल्टन
क्वाण्टम सिद्धान्त पर आधारित परमाणु सिद्धान्त	नील्स बोर
परमाणु क्रमांक	मोसले
आवोगाद्रो की परिकल्पना	आवोगाद्रो
कृत्रिम रेडियो सक्रियता	आइरीन क्यूरी और फैड्रिक जूलियट
सक्रियण ऊर्जा	आरहेनियस
ब्राउनी गति	रॉबर्ट ब्राउन
उत्प्रेरण	बर्जीलियस
इलेक्ट्रॉन की द्वैती प्रकृति	लुई दे ब्रॉग्ली
डॉबेरिनिर के त्रिक	डॉबेराइनर
तनुता नियम	ऑस्टवाल्ड
डायनामाइट	अल्फ्रेड नोबेल
इलेक्ट्रॉन	जे.जे. थॉमसन
गन पाउडर	रोजर बेकॉन
समूह विस्थापन नियम	फायान्स, रसेल, सोडी

खोज/सिद्धान्त	खोजकर्ता
हीलियम	फ्रेंकलैण्ड और लॉकियर
हाइड्रोजन गैस	कैवेण्डिश
भारी जल	यूरे
अक्रिय गैस	रैमजे
द्रव्यमान संरक्षण का नियम	लैवोशियर
गुणित अनुपात का नियम	डाल्टन
व्युत्क्रम अनुपात का नियम या तुल्य अनुपात का नियम	रिक्टर
गैसीय आयतनों का नियम	गै-लुसैक
गैसों का विसरण नियम	ग्राहम
आंशिक दाब का नियम	डाल्टन
अष्टक नियम	न्यूलैण्ड्स
द्रव्य अनुपाती क्रिया का नियम	गुलबर्ग तथा वाजे
विद्युत अपघटन का नियम	फैराडे
द्रव्यमान ऊर्जा समीकरण $E = mc^2$	अल्बर्ट आइन्स्टीन
द्रव्यमान स्पैक्ट्रम (mass spectrum)	ऑस्टन
द्रव्यमान स्पेक्ट्रोग्राफ	ऑस्टन
अणु	आवोगाद्रो
आधुनिक आवर्त नियम	मोसले
वायु द्वारा HNO_3 का निर्माण	बर्कलेण्ड
मेसॉन सिद्धान्त	एच.युकावा
न्यूट्रॉन	जेम्स चैडविक
न्यूट्रिनों	विल्सन
ऋण मेसॉन	कार्ल एण्डरसन
नायलॉन	वैलेस केरोथर्स
ऑक्सीजन गैस	प्रीस्टले
दर्पण समावयवता	वाण्ट हॉफ
आवर्त नियम तथा वर्गीकरण	डिमिट्री मेण्डेलीफ
pH स्केल	एस.पी. सॉरेन्सन
प्लास्टिक	एलेक्जेण्डर पार्कस
इलेक्ट्रॉन की तरंग प्रकृति (प्रायोगिक प्रमाण)	डेवीसन
प्रकाश विद्युत प्रभाव	अल्बर्ट आइन्स्टीन
पॉजिट्रॉन	विल्सन
धन मेसॉन	कार्ल एण्डरसन
कोणीय संवेग का क्वांटमीकरण (प्रायोगिक प्रमाण)	स्टर्न गर्लेच
रबर (वल्कनीकृत)	चार्ल्स गुडियर
रबर (जल सह)	चार्ल्स मैकिन्तोष
स्टेनलेस स्टील	हैरी ब्रेयरले

खोज/सिद्धान्त	खोजकर्ता
सल्फर	फ्राश
अमोनिया का संश्लेषण	हेबर
हाइड्रोकार्बनों का संश्लेषण	कोल्बे
यूरिया का संश्लेषण	व्होलर
उच्च ऐल्केनों का संश्लेषण	वुर्ट्ज़
टैरीलीन	जे. व्हिनफील्ड, जे. डिक्सन
आयनन का सिद्धान्त	अरहेनियस
संकरण का सिद्धान्त	एल.पाउलिंग
विद्युत संयोजकता का सिद्धान्त	कोसेल
सहसंयोजकता का सिद्धान्त	जी.एन.लुईस
ट्रान्स यूरेनियम तत्व	सीबोंग
सापेक्षिकता का सिद्धान्त	अल्बर्ट आइन्स्टीन
अनिश्चितता का सिद्धान्त	वर्नर हाइजेनबर्ग
परासरण दाब का नियम	बर्कले
आर डी एक्स	हैनिंग
श्रोडिंजर समीकरण (क्वाण्टम यान्त्रिकी)	इर्विन श्रोडिंजर

कुछ महत्त्वपूर्ण यौगिक और उनके रासायनिक सूत्र

यौगिक	रासायनिक सूत्र
परिशुद्ध ऐल्कोहल	C_2H_5OH
खाने का सोडा, बेंकिंग सोडा	$NaHCO_3$
काला ऑक्साइड	MnO_2
विरंजक चूर्ण	$CaOCl_2$
नीला थोथा	$CuSO_4 \cdot 5H_2O$
बोरेक्स	$Na_2B_4O_7 \cdot 10H_2O$
अकार्बनिक बेन्जीन	$B_3N_3H_6$
कैलगॉन	$Na_2[Na_4(PO_3)_6]$
कैलोमेल	Hg_2Cl_2
कार्बोलिक अम्ल	C_6H_5OH
कार्बोरन्डम	SiC
कास्टिक पोटाश	KOH
अश्रु गैस	$CCl_3—NO_2$
क्रोम यैलो	$PbCrO_4$
क्रोमिल क्लोराइड	CrO_2Cl_2
फेरिक ऐलम	$K_2SO_4 \cdot Fe_2(SO_4)_3 \cdot 24H_2O$
फ्रिऑन	CCl_2F_2
गैमक्सीन	$C_6H_6Cl_6$
ग्लौबर लवण	$Na_2SO_4 \cdot 10H_2O$

यौगिक	रासायनिक सूत्र
गन चूर्ण	KNO_3(70%) + S(12%) + चारकोल (13%)
जिप्सम	$CaSO_2 \cdot 2H_2O$
अकार्बनिक रबड़	$(PNCl_2)_n$
हाइड्रोलिथ, जलीय अश्न	CaH_2
सल्फ्यूरिक अम्ल	H_2SO_4
हास्य गैस	N_2O
लिथार्ज	PbO
मार्श गैस	CH_4
चूने का पानी	$Ca(OH)_2$
मिल्क ऑफ मैग्निशिया	$Mg(OH)_2$
मोहर लवण	$FeSO_4 \cdot (NH_4)_2SO_4 \cdot 6H_2O$
म्यूरेटिक अम्ल	HCl
मस्टर्ड गैस	$ClCH_2CH_2SCH_2CH_2Cl$
ओलियम	$H_2S_2O_7$
पर्ल ऐश	K_2CO_3
परहाइड्रोल	30% H_2O_2
जिओलाइट	$Na_2O \cdot Al_2O_3 \cdot 2SiO_2 \cdot 6H_2O$
फिलोसफर वूल	ZnO
फॉस्जीन	$COCl_2$
प्लास्टर ऑफ पेरिस	$CaSO_4 \cdot \frac{1}{2}H_2O$
प्रशियन नील	$Fe_4[Fe(CN)_6]_3$
प्रूसिक अम्ल	HCN
अश्मित चूना	CaO
लाल ऑक्साइड	Pb_3O_4
राशेल लवण	$KNaC_4H_4O_6 \cdot 4H_2O$
जंग	$Fe_2O_3 \cdot xH_2O$
स्मेलिंग साल्ट	$(NH_4)_2CO_3$
सोडा ऐश	Na_2CO_3 (निर्जलीय)
मदिरा स्प्रिट	C_2H_5OH
टैल्क	$3MgO \cdot 4SiO_2 \cdot H_2O$
टेफलॉन	$(C_2F_4)_n$
ट्राइ ऐथिल लैड	$(C_2H_5)_4Pb$
टर्नबुल नील	$KFe[Fe(CN)_6]$
सिरका	CH_3COOH (7 - 8%)
काष्ट स्प्रिट	CH_3OH

मुख्य औषधियाँ तथा उनके स्रोत युक्त पादप

औषधि	पादप	प्रयोग
एकोनाइट	मांकसूद (*एकोनिटम नैपैलस*)	यह न्यूरोग्लिया रह्यूमैटिज्म (गठिया) के उपचार में प्रयोग की जाती है। यह आन्तरिक रूप से दर्द बुखार में भी ली जाती है।
कॉल्चीकम	मीडो सैफ्रॉन (*कॉल्चीकम ऑटूमनेल*)	गठिया तथा अन्य सन्धिशोथ में प्रयोग की जाती है।
जेन्टियन	बिटररूट (*जेन्टियाना ल्यूटिया*)	यह पाचन संबंधी समस्या जैसे भूख में कमी, उदर (पेट) का भारीपन, अतिसार सीने में जलन इत्यादि में लाभदायक है।
स्ट्रेप्टोमाइसिन	*स्ट्रेप्टोमाइसिस ग्रसियस*	इस प्रतिजैविक औषधि का प्रयोग श्वसन रोग जैसे एम्फीसीमा, उत्सर्जन सम्बन्धी विकार, अन्य संक्रमण जैसे तपेदिक, दिमागी बुखार, निमोनिया के विरुद्ध किया जाता है।
ऑरोमाइसिन	*स्ट्रेप्टोमायसिन आरियोफैसीनर*	यह औषधि निमोनिया बार-बार आने वाला ज्वर, काली खाँसी नेत्रों के संक्रमण इत्यादि रोगों में लाभदायक होती है।
मॉर्फिन/कोडिन	ऑपियम पॉपी (*पेपावर सोमनीफेरम*)	यह पर्किन्सन रोग में प्रयोग की जाती है। यह नार्कोटिक, हिप्नोटिक एवं सीडेटिव की तरह उपयोग होती है।
बैलाडोना/टियो ट्रोपियम	*एट्रोपा बैलाडोना*	यह बाह्य रूप से दर्द निवारक तथा आन्तरिक रूप से कफ-वात रोग रोकने में प्रयोग की जाती है।
कैनाबिडिआल	कैनाबिस पौधे (*कैनाबिस सटाइवा*)	यह दर्द निवारक के रूप में प्रयोग की जाती है।
घींगवार	एलोय (*एलोय बार्बिडेन्सिस*)	पौधों की मांसल पत्तियों से ऊपरी परत हटाकर यह बुखार सन्धिशोथ, यकृत प्लीहा अन्य ग्रन्थियों में सूजन सम्बधी रोगों में प्रयोग की जाती है, अल्सर, मधुमेह तथा अस्थमा में भी यह कारगर औषधि है।
अश्वगन्धा	अश्वगन्धा (*विदानिया सोमनीफेरा*)	यह रह्यूमैटिज्म अन्य सन्धिशोथ तथा विभिन्न पैरालायटिक रोगों के उपचार में प्रयोग की जाती है।
सर्पगंधा (रेसरपीन)	*राउवॉल्फिया सर्पेन्टिना*	यह अवसाद तथा रुधिर दाब को कम करता है। भारत में यह 'पागल की दवा' के रूप में प्रचलित है।
कैफीन	(*कैमिलिया साइनेन्सिस*)	यह केन्द्रीय तन्त्रिका तन्त्र का उद्दीपन करता है।
काइमोपैपेन	पपीता (*कैरिका पपाया*)	यह प्रोटियोलिटिक तथा म्यूकोलिटिक की तरह कार्य करता है।
एस्प्रिन	विलो पादप	यह ज्वर नाशक, दर्दनिवारक तथा अन्य शोथो में प्रयोग किया जाता है।
करक्यूमिन	हल्दी (*करक्यूमा लोंगा*)	सन्धिशोथ, जोड़ों में दर्द तथा सूजन में कारगर आयुर्वेदिक औषधि है।
क्यूनीन	कुनैन (*सिनकोना आफिसिनेलिस*)	यह मलेरिया रोग में प्रयोग की जाने वाली अत्यन्त महत्त्वपूर्ण औषधि है।

शब्दावली

भौतिक विज्ञान

- **विपथगमन** (Aberration) लेंस या दर्पण द्वारा बनाए गए प्रतिबिम्ब में त्रुटि।
- **परमताप** (Absolute zero) परमताप वह न्यूनतम सम्भव ताप है जिसके नीचे कोई ताप सम्भव नहीं है। इसका मान होता है।
- **निरपेक्ष त्रुटि** (Absolute error) राशि के वास्तविक और व्यक्तिगत माप के बीच के अन्तर का परिमाण। इसे $|\Delta a|$ से निर्दिष्ट किया जाता है।
- **द्रव का निरपेक्ष प्रसार** (Absolute expansion of liquid) द्रव का निरपेक्ष प्रसार, द्रव के आभासी प्रसार व पात्र के आयतन में प्रसार के योग के तुल्य होता है।
- **निरपेक्ष आर्द्रता** (Absolute humidity) एकांक आयतन में उपस्थित जलवाष्प की मात्रा।
- **निरपेक्ष विद्युतशीलता** (Absolute permittivity) निर्वात् की विद्युतशीलता ही निरपेक्ष विद्युतशीलता कहलाती है।
- **अवशोषण स्पेक्ट्रम** (Absorption spectrum) वस्तु द्वारा अवशोषित विद्युत चुम्बकीय स्पेक्ट्रम, जब सभी आवृत्तियों के विकिरण को इससे होकर गुजारा जाता है।
- **अवशोषकता** (Absorptivity) किसी पदार्थ के विकिरण के अवशोषण की योग्यता की माप।
- **त्वरणमापी** (Accelerometer) विशेषत: वायुयानों या रॉकेटों का त्वरण मापने वाला यन्त्र।
- **संचायक** (Accumulator) एक ऐसी युक्ति जो विद्युत धारा के स्रोत की भाँति कार्य करती है। इसे पुन: आवेशित करके प्रयोग में लाया जा सकता है। इसमें होने वाली रासायनिक अभिक्रियाएँ उत्क्रमणीय होती हैं। (जैसे-द्वितीयक सैल, संचायक सैल)
- **अवर्णक लेंस** (Achromatic lens) ऐसा लेंस जिसमें सभी प्रकाश रंगों के लिए फोकस दूरी समान होती है।
- **प्रवेश्यता** (Admittance) प्रतिबाधा के व्युत्क्रम को प्रत्यावर्ती परिपथ की प्रवेश्यता कहते हैं। इसे सीमेन में मापते हैं।
- **ऐरियल** (एन्टेना) (Aerial) यह संचार प्रणाली का एक अंग है, जोकि रेडियों तरंगों को संप्रेषित व ग्रहण करता है।
- **वायुमापी** (Aerometer) यह वायु तथा गैसों का भार या घनत्व मापने वाला यन्त्र है।
- **प्रत्यावर्ती स्त्रोत** (Alternating source) विभवान्तर के वे स्रोत जिनकी ध्रुवता समय के साथ बदलती है, प्रत्यावर्ती स्रोत कहलाते हैं।
- **प्रवर्धक** (Amplifier) ऐसी इलेक्ट्रॉनिक युक्ति, जो निवेशी सिग्नल की प्रबलता में वृद्धि करती है।
- **ऐम्पियर घण्टा** (Ampere hour) विद्युत आवेश की प्रचलित इकाई। किसी चालक से प्रवाहित धारा का मान एक ऐम्पियर हो, तो उस चालक से एक घण्टे में प्रवाहित आवेश का मान एक ऐम्पियर-घण्टा के समान होता है। इसका मान 3600 कूलॉम है।
- **प्रवर्धन** (Amplification) किसी इलेक्ट्रॉनिक परिपथ के उपयोग से सिग्नल आयाम (और फलस्वरूप उसकी तीव्रता) में वृद्धि करने की प्रक्रिया प्रवर्धन कहलाती है।
- **आयाम** (Amplitude) यह दोलित्र की माध्य स्थिति से उसके किसी एक ओर अधिकतम विस्थापन होता है।
- **विश्लेषक** (Analyser) यह समतल ध्रुवित प्रकाश को प्रेक्षण करने की युक्ति है।
- **कोणीय आवर्धन** (Angular magnification) प्रतिबिम्ब द्वारा नेत्र तथा बिम्ब पर बनाए गए कोण का अनुपात। इसे द्वारा निरूपित किया जाता है।
- **द्वारक** (Aperture) किसी लेंस अथवा दर्पण का वह भाग जिससे होकर प्रकाश किरण गुजरती है। यह दर्पण की वक्रता पर निर्भर करता है।
- **आर्मेचर** (Armature) यह डायनमो या विद्युत मोटर की कुण्डली है।
- **खगोलीय मात्रक** (Astronomical unit) पृथ्वी की सूर्य से औसत दूरी को सौर निकाय के अन्तर्गत दूरियों को प्रदर्शित करने के लिए मात्रक के रूप में लिया जाता है। यह खगोलीय मात्रक (AU) कहलाता है।
- **वाष्पनमापी** (Atmometer) यह वह यन्त्र है जिसकी सहायता से जल के वाष्पन की दर को मापा जाता है।
- **अक्षीय वर्ण विपथन** (Axial chromatic aberration) भिन्न-भिन्न रंगों के प्रतिबिम्बों का भिन्न-भिन्न स्थितियों में बनना।
- **अक्षीय सदिश** (Axial vector) निर्देशांक तन्त्र को उसके प्रतिबिम्ब निर्देशांक तन्त्र से प्रतिस्थापित करने पर भी जिस सदिश के चिह्न में परिवर्तन नहीं आता है वह सदिश अक्षीय सदिश कहलाता है।
- **पश्च विद्युत वाहक बल** (Back emf) विभवान्तर, जो उसी विद्युत धारा के प्रवाह का विरोध करता है जो उसे प्रेरित करता है।
- **बैलिस्टिक्स** (Ballistics) प्रक्षेप्यों की गति का अध्ययन।
- **बैंड अन्तराल** (Band gap) ऊर्जा के दो स्वीकृत बैण्डों के बीच वर्जित ऊर्जाओं का परिसर। इसे ऊर्जा अन्तराल भी कहा जाता है।
- **बार** (Bar) यह CGS प्रणाली में दाब की इकाई है। 1 बार पारे के 76 सेमी लम्बे स्तम्भ द्वारा आरोपित दाब, 1 बार = 10 डाइन/सेमी।
- **दाबमापिक स्तम्भ** (Barometric height) दाबमापी में द्रव स्तम्भ की ऊँचाई।
- **वायुदाब-लेखी** (Barograph) मौसमविज्ञों द्वारा काम में लाया जाने वाला ऐसा यन्त्र जिसमें समय के साथ वायुमण्डलीय दाब में होने वाले परिवर्तनों का कागज पर अभिलेख किया जाता है।
- **अभिनति/बायस** (Bias) किसी इलेक्ट्रॉनिक युक्ति के साथ श्रेणीक्रम में संलग्न की जाने वाली स्थायी विद्युत प्रदाय को अभिनति कहते हैं।
- **द्वि-तारा** (Binary star) दो तारों का एक ऐसा निकाय जो उनके द्रव्यमान केन्द्र के परित: घूर्णन करता है तथा परस्पर गुरुत्वाकर्षण बल से आकर्षित है।
- **द्विध्रुवीय ट्रांजिस्टर** (Bipolar transistor) वह ट्रांजिस्टर जो अपने प्रचालन के लिए दो प्रकार के आवेश वाहकों (इलेक्ट्रॉन तथा होल) का उपयोग करता है।
- **द्विप्रिज्म** (Biprism) अधिक कोण का प्रिज्म है जो इस प्रकार कार्य करता है जैसे आधार से संयोजित दो न्यूनकोण प्रिज्म। इस प्रिज्म द्वारा एक वस्तु के दो प्रतिबिम्ब बनाए जाते हैं।

- **कृष्ण छिद्र** (Black hole) अन्तरिक्ष में स्थित वह पिण्ड जो स्वयं के गुरुत्वाकर्षण के कारण अत्यधिक संकुचित हो गया है। इसके पलायन वेग का मान प्रकाश के वेग से अधिक होता है।
- **अंधबिन्दु** (Blind spot) रेटिना पर उपस्थित सूक्ष्म वक्र जहाँ प्रकाशीय नाड़ी समाप्त होती है। यह भाग प्रकाश के प्रति असंवेदनशील होता है।
- **नीला विस्थापन** (Blue shift) जब स्रोत प्रेक्षक की ओर चलता है, तो उससे प्राप्त की जाने वाली तरंगों की तरंगदैर्ध्य में आभासी कमी।
- **भंजन वोल्टता** (Breakdown voltage) वह पश्च वोल्टता जिस पर कोई p-n सन्धि पश्च धारा में अचानक वृद्धि के साथ भंग हो जाती है।
- **सेतु दिष्टकारी** (Bridge rectifier) यह एक पूर्ण तरंग दिष्टकारी है जिसमें डायोडों की सहायता से सेतु निर्मित होता है।
- **ब्राउनी गति** (Brownian movement) किसी तरल या गैस में कणों की यादृच्छय गति ब्राउनी गति कहलाती है।
- **आयतन प्रत्यास्थता गुणांक** (Bulk modulus) वस्तु के अभिलम्ब प्रतिबल तथा आयतन विकृति का अनुपात।
- **लघुपथित** (Bypass) यह परिपथ के किसी घटक को लघुपथित करना दर्शाता है।
- **सीजियम घड़ी** (Caesium clock) यह एक परमाण्विक घड़ी है, जो सीजियम-133 नाभिक की दो अवस्थाओं के मध्य ऊर्जा अन्तर पर आधारित है जबकि नाभिक चुम्बकीय क्षेत्र में रखा हुआ है।
- **कार्नो दक्षता** (Carnot efficiency) दो नियत तापमानों पर ऊष्मा इंजन या रेफ्रिजरेटर की आदर्श दक्षता।
- **वाहक तरंग** (Carrier wave) रेडियो सम्प्रेषक से निष्कासित उच्च आवृत्ति व आयाम की वे विद्युतचुम्बकीय तरंगें जो सूचना वहन करने का कार्य करती हैं। यह सूचना मॉडुलन द्वारा अध्यारोपित की जाती है।
- **ऊर्ध्वतामापी** (Cathetometer) ऐसा यन्त्र, जिसमें दूरबीन लगी होती है। जो अंशाकित ऊर्ध्व स्तम्भ पर ऊपर-नीचे खिसक सकती है। इसमें ऊर्ध्वाधर दूरियाँ, विशेषरूप से नलिकाओं में द्रवों के स्तर से छोटे अन्तर पर मापी जाती हैं।
- **कॉस्टिक** (Caustic) गहरे छिद्र वाले अवतल दर्पण में प्रकाश की समान्तर किरण के परावर्तन के द्वारा बना पृष्ठ या वक्र।
- **उत्प्लावन केन्द्र** (Centre of buoyancy) यह वह बिन्दु है जिस पर किसी डूबे हुए पिण्ड का उत्प्लावन बल केन्द्रित होता है। यह बिन्दु विस्थापित द्रव के गुरुत्व केन्द्र से सम्पाती होता है।
- **आवेश वाहक** (Charge carrier) वह कण जो विद्युत धारा के प्रवाह में आवेश का परिवहन करते हैं। आवेश वाहकों का प्रकार चालक की प्रकृति पर निर्भर करता है।
- **आवेश घनत्व** (Charge density) किसी वस्तु या माध्यम के प्रति एकांक आयतन के वैद्युत आवेश को आयतनिक आवेश घनत्व कहते हैं।
- **प्रेरण कुण्डली** (Induction Coil) अधिक प्रतिघात व अल्प प्रतिरोध की कुण्डली जिसे विद्युत संकेत के उच्च आवृत्ति घटको को कम करने के लिए प्रयुक्त किया जाता है।
- **चोक** (Choke) ऐसी निम्न प्रतिरोध कुण्डली जो प्रत्यावर्ती धारा परिपथ में धारा को बिना अधिक ऊर्जा नष्ट किए नियन्त्रित कर सकती है।
- **वर्ण विपथन** (Chromatic aberration) प्रकाश की तरंगदैर्ध्य के साथ लेंस की फोकस लम्बाई में विभिन्नता
- **क्रोमाट्रॉन** (Chromatron) चार स्क्रीन वाली कैथोड-किरण नलिका, जो रंगीन टी वी में प्रयोग की जाती है।
- **वृत्तीय ध्रुवण** (Circular polarisation) इस प्रकार के ध्रुवण में ध्रुवण तल एक अक्ष के परित: एक समान रूप से घूर्णन करता है। वृत्तीय ध्रुवित प्रकाश 90° कलान्तर वाले दो समतल ध्रुवित प्रकाश के संयोजन के समतुल्य होता है।
- **बन्द परिपथ** (Closed circuit) वह परिपथ जिसमें बिना रूकावट के विद्युत धारा प्रवाहित हो सके।
- **समाक्षीय केबल** (Coaxial cable) एक केबल जिसमें केन्द्रीय चालक पर अचालक पदार्थ का आवरण चढ़ा होता है। वह अचालक पदार्थ अन्य चालक से घिरा रहता है। इस अवस्था में केन्द्रीय चालक व बाह्य चालक समाक्षीय होते हैं।
- **सीलोस्टेट** (Coelostat) खगोलीय दूरबीन में प्रयुक्त यन्त्र जो खगोलीय पिण्डों के मार्ग का अनुगमन करता है।
- **दिक्परिवर्तक** (Commutator) डायनेमो या जनित्र का वह भाग जिसके द्वारा बाह्य परिपथ में निर्गत् को संयोजित किया जाता है।
- **कूलॉम प्राचीर** (Coulomb barrier) परमाणु का नाभिक जिस प्रबल विद्युत स्थैतिक विभव प्राचीर द्वारा घिरा रहता है उसे कूलॉम प्राचीर कहते हैं।
- **सहयुग्मन नियतांक** (Coupling constant) यह एक भौतिक राशि है जो किसी निकाय के दो भागों या दो निकायों के मध्य अन्योन्य क्रिया की सामर्थ्य की माप है।
- **शीर्ष** (Crest) किसी तरंग में अधिकतम धनात्मक विस्थापन वाला बिन्दु।
- **निम्न तापमापी** (Cryometer) ऐसा तापमापी जिसमे निम्न ताप मापे जाते हैं।
- **वाष्पहियन** (Cryophorus) वाष्पन से उत्पन्न शीतलन प्रभाव दर्शाने के काम में आने वाला उपकरण (यन्त्र)।
- **निम्न तापस्थायी** (Cryostat) ऐसा उपकरण जिसमे तापमान कम रखा जाता है।
- **निम्नतापी स्विच** (Cryotron) अतिचालकता पर आधारित स्विच।
- **अवमन्दन** (Damping) दोलनों में ऊर्जा ह्रास के कारण आयाम में कमी को अवमन्दन कहते हैं। यह ऊर्जा की कमी घर्षण या अन्य प्रतिरोधक बलों के कारण होती है।
- **विस्फारमापी** (Dilatometer) पदार्थों के आयतन में परिवर्तनों को मापने वाला उपकरण।
- **निध्रुवण** (Depolarisation) प्राथमिक सेल में होने वाले ध्रुवण की रोकथाम।
- **विध्रुवक** (Depolariser) वह पदार्थ जो वोल्टीय सैल में ध्रुवण को दूर करने के लिए प्रयोग किया जाता है, जैसे ।
- **परावैद्युत ध्रुवण** (Dielectric polarisation) किसी परावैद्युत माध्यम में बाह्य विद्युत क्षेत्र लगाने पर द्विध्रुवों का प्रेरित होना।
- **नतिमापी** (Dip circle) यह एक उपकरण है जिससे किसी स्थान का नति कोण मापा जाता है। इसमें एक चुम्बकीय सूईं लगी होती है जो ऊर्ध्वाधर तल में घूर्णन करती है।

- **अपमिश्रक अपद्रव्य** (Dopant) अर्द्धचालक की विद्युत चालन बढ़ाने के लिए उसमें थोड़ी मात्रा मे मिलाया जाने वाला पदार्थ।
- **कर्षण** (Drag) तरलों द्वारा लगाया गया घर्षण बल।
- **तन्यता** (Ductility) पदार्थ का वह गुण जिसके कारण उसे तार के रूप में परिवर्तित किया जा सकता है।
- **प्रतिध्वनिक निर्धारण** (Echolocation) प्रतिध्वनि की सहायता से वस्तु की स्थिति का निर्धारण।
- **इलेक्ट्रेट** (Electret) स्थायी विद्युत बल-आघूर्ण वाली पराविद्युत।
- **विद्युत शक्तिमापी** (Electrodynamometer) डी सी व ए सी दोनों परिपथों के लिए धारा, वोल्टता या शक्तिमापक यन्त्र।
- **आनुभाविक** (Empirical) जो प्रयोगों के परिणाम व प्रेक्षणों पर आधारित हो उसे आनुभाविक कहते हैं।
- **अधिकेन्द्र** (Epicentre) पृथ्वी के तल पर स्थित वह बिन्दु जो भूकम्प के केन्द्र से ऊर्ध्वाधर ऊपर हो।
- **पारा पारचित्रदर्शी** (Epidiascope) अपारदर्शी या पारदर्शी वस्तुओं के चित्रों को प्रक्षेपित करने वाली युक्ति।
- **फेराइट्स** (Ferrites) यौगिकों का समूह जो लघु परन्तु स्थायी चुम्बकत्व रखता है।
- **द्रव प्रतिरोध** (Fluid resistance) द्रव में गतिशील किसी पिण्ड पर द्रव द्वारा आरोपित प्रतिरोधक बल।
- **प्रतिदीप्ति-दर्शी** (Fluoroscope) प्रतिदीप्ति पटल, जिस पर X-किरण चित्रों को सीधे ही देखा जा सकता है।
- ***f*-संख्या** (*f*-number) लेंस की फोकस दूरी व व्यास के अनुपात को व्यक्त करने वाली संख्या।
- **फ्रेनेल द्विप्रिज्म** (Fresnel's biprism) यह एक प्रिज्म है जिसका कोण अधिक (178°) होतो है। जब एकवर्णीय प्रकाश इस प्रिज्म से गुजरता है, तो दो आभासी कला-सम्बद्ध स्त्रोत उत्पन्न होते हैं जिनसे व्यतिकरण प्रतिरूप प्राप्त किया जा सकता है।
- **घूर्णन** (Gyration) किसी स्थिर बिन्दु या अक्ष के परित: पिण्ड की गति।
- **फलकन कोणमापी** (Gonimeter) कोण विशेषता: क्रिस्टल के पार्श्वों के मध्य मापक यन्त्र।
- **घूर्णाक्षस्थायी** (Gyroscope) ऐसा उपकरण, जिसमें एक भारी प्रचकण पहिया इस प्रकार चढाया हुआ होता है कि वह किसी भी अक्ष पर घूर्णन कर सकता है।
- **होलोग्राम** (Hologram) वह फोटोग्राफिक अंकन जिसमें वो सूचनाएँ संग्रहित होती हैं जिससे त्रि-आयामी प्रतिबिम्ब बनाया जा सकता है।
- **तापदीप्ति** (Incandescence) उच्च ताप पर किसी पदार्थ से दृश्य विकिरण का उत्सर्जन। विकिरण स्वयं भी तापदीप्ति कहलाता है।
- **आनतिमापी** (Inclinometer) वायुयान के आनति कोण को क्षितिज के सापेक्ष मापने वाला यन्त्र।
- **अवितान्य** (Inextensible) जिसको खींचा ना जा सके।
- **क्लाइस्ट्रॉन** (Klystron) ऐसे इलेक्ट्रॉन ट्यूब, जो सूक्ष्म तरंगें पैदा करें या उन्हें प्रवर्धित करें।
- **वामध्रुवण घूर्णक** (Laevorotatory) एक प्रकार का ध्रुवण घूर्णक पदार्थ, जो पारगामी प्रकाश किरणपुंज के ध्रुवण समतल को वामावर्त दिशा में घुमा देता है जबकि उसके प्रेक्षण की दिशा पदार्थ में से होकर प्रकाश स्रोत की ओर होती है।
- **पश्च** (Lag) यह कोण, समय या कला का वह मान है जिससे एक आवर्ती राशि दूसरी राशि से पीछे रहती है।
- **पार्श्व परिवर्तन** (Lateral inversion) दर्पण द्वारा बने प्रतिबिम्ब में वस्तु का बायाँ भाग दाईं ओर तथा दायाँ भाग बाईं ओर दिखाई पड़ता है। इस परिघटना को पार्श्व परिवर्तन कहते हैं।
- **सरल रेखीय आवेश वितरण** (Linear charge distribution) जब आवेश, एक तार या छड़ पर एकसमान रूप से वितरित हो, तो इसे सरल रेखीय आवेश वितरण करते हैं।
- **लोडस्टोन** (Lodestone) प्रकृति में पाया जाने वाला चुम्बक पत्थर।
- **मैक संख्या** (Mach number) यह वस्तु की चाल व ध्वनि की चाल का अनुपात है। यदि मैक संख्या का मान इकाई से अधिक हो, तो वस्तु की चाल सुपरसोनिक कहलाती है।
- **मैक मीटर** (Mach meter) ध्वनि के वेग के सन्दर्भ में वायुयान का वेग मापने वाला यन्त्र।
- **चुम्बकीय बोतल** (Magnetic bottle) यह पद प्लाज्मा भौतिकी में प्रयुक्त किया जाता है। नियन्त्रित संलयन प्रयोग में प्लाज्मा को नियन्त्रित रूप में रखने के लिए प्रयुक्त चुम्बकीय क्षेत्र के लिए इसका प्रयोग किया जाता है।
- **चुम्बकीय फोकसन** (Magnetic focussing) आवेशित कण (कण-पुँज) का चुम्बकीय क्षेत्र के उपयोग द्वारा फोकसन।
- **मैग्नेटोन** (Magneton) परमाणुक, अणुक या नाभिकीय चुम्बकों के चुम्बकीय आघूर्ण को प्रदर्शित करने के लिए प्रयुक्त पद।
- **चुम्बकीय प्रक्षोभ** (Magnetic storm) सूर्य धब्बों की क्रियाशीलता के कारण पृथ्वी के चुम्बकीय क्षेत्र में अचानक विक्षोभ।
- **चुम्बकत्वमापी** (Magnetometer) चुम्बकीय क्षेत्रों की सामर्थ्यों की तुलना करने के काम आने वाला यन्त्र।
- **चुम्बक मण्डल** (Magnetosphere) पृथ्वी या अन्य खगोलीय पिण्डों के चारों ओर का क्षेत्र जिसमें चुम्बकीय क्षेत्र का अनुभव हो सके।
- **मौसम विज्ञान** (Meteorology) विज्ञान की वह शाखा, जिसमें वायुमण्डल के सभी पहलुओं का अध्ययन किया जाता है।
- **मापिकी** (Metrology) बाटों व मापों का वैज्ञानिक अध्ययन।
- **मल्टीमीटर** (Multimeter) एक उपकरण है जो विभिन्न विद्युत राशियों जैसे प्रतिरोध, वोल्टता, प्रत्यावर्ती धारा, दिष्ट धारा आदि को मापन में प्रयुक्त होता है।
- **नेफेलोमीटर** (Nephelometer) द्रव में निलम्बित कणों द्वारा प्रकाश के प्रकीर्णन को मापने वाला यन्त्र।
- **मेधमापी** (Nephoscope) खगोलीय पिण्डों (बादलों) का वेग निर्धारण करने वाला यन्त्र।
- **निकोल प्रिज्म** (Nicol prism) आइसलैंड स्पार के क्रिस्टल से बनी एक युक्ति जो समतल ध्रुवित प्रकाश उत्पन्न करती है।
- **अपघटक** (Octave) संगीत के दो सुरों के मध्य अन्तराल जिनकी आवृत्ति का अनुपात 2 : 1 है।

- **उपगूहन** (Occulation) किसी खगोलीय पिण्ड से उत्सर्जित प्रकाश या रेडियो का उस समय अवरोधन जब कोई अन्य खगोलीय पिण्ड उसके और पर्यवेक्षक के बीच में आ जाता है।
- **अपारदर्शी** (Opaque) वे पदार्थ जो प्रकाश को प्रेषित नहीं कर सकते हैं।
- **सार्ववर्णी फिल्म** (Panchromatic film) सभी वर्णों के प्रकाश के लिए सुग्राही फोटोग्राफी फिल्म।
- **पेन्टोड** (Pentode) एक प्रकार का तापायनिक वाल्व या नलिका, जिसमें पाँच इलेक्ट्रॉड होते हैं, कैथोड, एनोड व इनके मध्य तीन ग्रिड।
- **दूरी** (Perigee) उपग्रह व पृथ्वी के मध्य न्यूनतम दूरी।
- **उपसौर, सूर्य-समीपक** (Perihelion) सूर्य की कक्षा में वह बिन्दु जो सूर्य से निकटतम दूरी पर होता है।
- **कला दर्शक** (Phasor) एक राशि जो समय के साथ सरल आवर्ती रूप में बदलती है, को घूर्णन करते सदिश के प्रक्षेप के रूप में निरूपित किया जाता है, उस सदिश को कला दर्शक कहते हैं।
- **ध्वनिकी** (Phonetics) यह ध्वनि के उत्पादन, संचरण, प्रसारण, ग्रहण व विश्लेषण से सम्बन्धित विज्ञान है।
- **फोनोन** (Phonon) क्रिस्टलीय जालक में प्रत्यास्थ कम्पनों का क्वांटा। इसकी ऊर्जा होती है, जहाँ प्लांक नियतांक व कम्पन आवृत्ति है।
- **पाइजो विद्युत प्रभाव** (Piezo-electric effect) बाह्य दाब आरोपित करने पर कुछ पदार्थों के सिरों पर वि. वा. बल का उत्पन्न होना पाइजो विद्युत प्रभाव कहलाता है।
- **क्षेत्रफलमापी** (Planimeter) यह क्षेत्रफल मापक यन्त्र है।
- **बहुवर्णीक** (Pleochronic) कुछ विशेष क्रिस्टल, जो भिन्न-भिन्न दिशाओं से देखें जाने पर विविध वर्णों के दिखाई पड़ते हैं।
- **आवेश की ध्रुवता** (Polarity of charge) वह गुण जो दो प्रकार के आवेशों में भेद करता है।
- **ताप विद्युत** (Pyroelectricity) कुछ विशेष क्रिस्टल जिनके विपरीत पार्श्व तप्त होने पर विद्युत आवेश युक्त होते हैं।
- **चतुर्ध्रुवी** (Quadrupole) बहुध्रुवियों में से एक जो आवेशों व धाराओं के किसी तन्त्र से उत्पन्न विद्युत व चुम्बकीय क्षेत्रों के प्रभाव को तन्त्र से बाहर स्थित बिन्दुओं पर दर्शित करता है।
- **त्रिज्यीय क्षेत्र** (Radial field) वह क्षेत्र जिसमें क्षेत्र रेखाएँ केन्द्र से विकिरित होने वाली त्रिज्याएँ होती हैं। बिन्दु आवेश, द्रव्यमान तथा वृत्त त्रिज्यीय क्षेत्र रखते हैं।
- **त्रिज्यीय वेग** (Radial velocity) वृत्ताकार पथ में गति करते हुए किसी कण के वेग का वह घटक जो वृत्तीय पथ की त्रिज्या की दिशा में होता है।
- **रेडियो दूरबीन** (Radio telescope) एक वृहद और अत्याधिक दैशिक ऐन्टिना वाला सुग्राही रेडियो अभिग्राही जो रेडियो तारों से आने वाले संकेतों को ग्रहण करने के लिए प्रयोग किया जाता है। इसका उपयोग रेडियो खगोलिकी में होता है।
- **अपवर्तनांकमापी** (Refractometer) पदार्थों का अपवर्तनांक मापने वाला उपकरण।
- **प्रशीतक** (Refrigerant) रेफ्रीजरेटरों में प्रयुक्त शीतलक तरल (जैसे-फ्रीऑन, अमोनिया)
- **प्रतिक्षेपित इलेक्ट्रॉन** (Recoil electron) वह इलेक्ट्रॉन जिसकी दिशा संघट्ट के कारण परिवर्तित हो गई हो।
- **लाल दैत्य** (Red giant) एक विशाल तारा जिसे स्टोलर (तारों के सम्बन्ध में) की अन्तिम अवस्था में देखा गया है। इसकी सतह का तापमान 2000-3000 K तथा व्यास सूर्य के व्यास का 10-100 गुना होता है।
- **सन्दर्भ स्तर** (Reference level) वह स्थान जहाँ स्थितिज ऊर्जा को शून्य चुना जाता है।
- **नियमित परावर्तन** (Regular reflection) दर्पण जैसे चिकने पृष्ठ से होने वाले परावर्तन को नियमित परावर्तन कहते हैं। नियमित परावर्तन द्वारा प्रतिबिम्ब बनते हैं।
- **रिजेक्टर** (Rejector) यह एक समान्तर अनुनादी परिपथ है जिसमें एक प्रेरक तथा एक संधारित्र समान्तर क्रम में व्यवस्थित रहते हैं। इस प्रकार के परिपथ का गतिक प्रतिघात कुछ विशिष्ट आवृत्तियों के लिए अत्यधिक होता है।
- **विभेदन शक्ति** (Resolving power) किसी प्रकाशिक निकाय द्वारा दो नजदीक वस्तुओं के अलग- अलग प्रतिबिम्ब बनाने की सामर्थ्य विभेदन शक्ति कहलाती है।
- **धारणशीलता** (Retentivity) चुम्बकीय पदार्थ में उपस्थित वह चुम्बकत्व जो बाह्य चुम्बकीय क्षेत्र के शून्य होने पर भी उपस्थित रहता है।
- **भूकम्प विज्ञान** (Seismology) भूकम्पों और उनसे सम्बन्धित परिघटनाओं का वैज्ञानिक अध्ययन।
- **चन्द्रिकी** (Selenology) चन्द्रमा की प्रकृति, उद्भव एवं गति सम्बन्धी अध्ययन।
- **सुग्राहितामापी** (Sensitometer) फोटोग्राफीय फिल्म की सुग्राहिता मापने वाला यंत्र।
- **समताप मण्डल** (Stratosphere) क्षोभमण्डल से ऊपर का क्षेत्र इस क्षेत्र में तापमान का मान लगभग समान रहता है। तथा वहाँ का वातावरण लगभग शान्त रहता है।
- **दूरचित्रक लेंस** (Telephoto lens) दूर स्थित वस्तुओं का फोटो लेने में समर्थ लेंस।
- **देहली श्रव्यता** (Threshold audibility) किसी आवृत्ति पर वह न्यूनतम ध्वनि तीव्रता होती है जो संसूचित की जा सकती है।
- **थाइरिस्टर** (Thyristor) यह एक सिलिकॉन नियन्त्रित दिष्टकारी है। इसकी ऐनोड-कैथोड धारा को एक तीसरे इलेक्ट्रॉड द्वारा नियन्त्रित किया जाता है जिसे गेट (द्वार) कहते हैं।
- **टोकामेक** (Tokamak) यह एक अक्षीय रूप से सममित टोरॉइड है जो प्लाज्मा संरक्षण के काम आता है।
- **टॉमोग्राफी** (Tomography) शरीर के आवश्यक तल का चित्र लेने हेतु X-किरण आधारित तकनीक।
- **टोनोमीटर** (Tonometer) ध्वनि के तारत्त्व का मापक यन्त्र।
- **क्षणिकाएँ** (Transient) यह तरंग या सिग्नल का एक अनावर्ती भाग है।
- **ट्रांसपोंडर** (Transponder) ये रेडियो या राडार अभिग्राहक की तरह का उपकरण है जो सिग्नल को ग्रहण करके स्वत: संगत जवाब प्रेषित करता है।
- **टर्बोजनित्र** (Turbogenerator) भाप टरबाइन युक्त विद्युत जनित्र।

- **ट्वीटर** (Tweeter) 5 से 15 किलोहर्ट्ज परास की ध्वनि की उच्च श्रव्य आवृत्ति हेतु इलेक्ट्रॉनिक उपकरण।
- **तरंग श्रेणी, शृंखला** (Wave train) यह तरंगों की एक क्रमागत शृंखला होती है जो नियमित अन्तराल पर स्थित होती है।
- **तरंगमापी** (Wavemeter) रेडियों तरंगों की तरंगदैर्ध्य मापने वाला यन्त्र।
- **राशिचक्रीय प्रकाश** (Zodiacal light) सूर्योदय से पूर्व एवं सूर्यास्त के उपरान्त आकाश में धूमिल प्रकाश।

रसायन विज्ञान

- **अवशोषक** (Absorbent) सोखने की शक्ति रखने वाले पदार्थ।
- **अवशोषण** (Absorption) वह प्रक्रिया जिसमें गैस, द्रव या ठोस के सम्पूर्ण स्थूल में या द्रव, ठोस के सम्पूर्ण स्थूल में समान रूप से वितरित हो जाते हैं।
- **अधिशोषण** (Adsorption) अणुक स्पीशीज का किसी ठोस या द्रव के स्थूल की अपेक्षा पृष्ठ पर संचित होना अधिशोषण कहलाता है।
- **एरोसॉल** (Aerosol) कोलॉइडी निकाय जिसमें ठोस या द्रव के कण गैस में परिक्षिप्त रहते हैं जैसे-धुआँ, धूल, धुन्ध, कोहरा आदि।
- **ऐल्कोहॉल** (Alcohols) ऐलिफैटिक यौगिक जिनमें कम से कम एक —OH समूह होता है तथा जिनका सामान्य सूत्र ROH है।
- **ऐल्डिहाइड** (Aldehydes) ऐल्केनों के एक H-परमाणु को ऐल्डिहाइड समूह —CHO द्वारा प्रतिस्थापित करने पर ऐल्डिहाइड प्राप्त होते हैं। इनका सामान्य सूत्र *R*—CHO है।
- **ऐल्केन** (Alkane) ये सरल हाइड्रोकार्बन है इन्हें सामान्यत: पैराफिन भी कहते हैं। इनका सामान्य सूत्र C_nH_{2n+2} है। ऐल्केन श्रेणी का आरम्भ मेथेन (CH_4) से होता है।
- **ऐल्कीन** (Alkenes) ये कम से कम एक द्विआबन्धयुक्त असंतृप्त हाइड्रोकार्बन होते हैं। इनका सामान्य सूत्र C_nH_{2n} है। इस श्रेणी का प्रथम सदस्य एथीन (C_2H_4) है।
- **ऐल्काइन** (Alkynes) ये कम से कम त्रिआबन्धयुक्त असंतृप्त हाइड्रोकार्बन होते हैं। इनका सामान्य सूत्र C_nH_{2n-2} है। इन श्रेणी का प्रथम सदस्य एथाइन (C_2H_2) है।
- **अपररूपता** (Allotropy) कोई तत्व एक से अधिक रूपों में विद्यमान रहे जिनके भौतिक गुण भिन्न-भिन्न हों किन्तु रासायनिक गुण समान हों, जैसे कार्बन के अपररूप हीरा, ग्रेफाइट, चारकोल तथा कोल हैं।
- **मिश्रधातु** (Alloy) धातुओं या धातु और अधातुओं के सरल मिश्रणों और ठोस विलयनों को जिनमें धात्विक गुण होते हैं, मिश्रधातु कहते हैं। जैसे पीतल कॉपर और जिंक की मिश्रधातु है।
- **अमलगम** (Amalgam) मरकरी का अन्य धातुओं के साथ मिश्रधातु। सिल्वर अमलगम दाँतों की कैविटी भरने में काम आता है।
- **उभयधर्मी** (Amphoteric) पदार्थ जो अम्लीय तथा क्षारीय दोनों प्रकार के गुण प्रदर्शित करें। जैसे, ऐलुमिना।
- **परमाणु द्रव्यमान** (Atomic mass) किसी तत्व का परमाणु द्रव्यमान एक संख्या है जो यह बताती है कि उस तत्व के एक परमाणु का द्रव्यमान कार्बन (परमाणु द्रव्यमान) के एक परमाणु के द्रव्यमान के 12वें भाग से कितना भारी है।
- **परमाणु संख्या** (Atomic number) यह किसी तत्व के परमाणु के नाभिक में उपस्थित प्रोटॉनों की संख्या के बराबर होती है।
- **परमाणुकता** (Atomicity) यह किसी अणु में उपस्थित परमाणुओं की संख्या है।
- **आवोगाद्रो संख्या** (Avogadro's number) एक मोल पदार्थ में उपस्थित अणुओं की संख्या स्थिर है जिसका मान 6.023×10^{23} है।
- **भस्म** (Bases) ये अम्लों से अभिक्रिया करके लवण व जल बनाते है। जल में घुलने पर हाइड्रॉक्सिल आयन (OH^-) मुक्त करते हैं इनके जलीय विलयन का pH 7 से अधिक होता है।
- **बेस मेटल** (Base metal) मिश्रधातु में मुख्य धातु अवयव।
- **बॉथ साल्ट** (Bath salts) लवण जिनका उपयोग कठोर जल को मृदु बनाने में किया जाता है।
- **बीटा (β) किरणें** (Beta rays) रेडियों सक्रिय पदार्थ से उत्पन्न (उत्सर्जित) अति तीव्र गति की इलेक्ट्रॉनिक धारा अथवा पॉजिट्रॉन धारा।
- **जैव अणु** (Biomolecules) जटिल प्रकृति के बृहत् अणु जो जैविक तन्त्र में पाए जाते हैं। जैसे प्रोटीन, वसा, न्यूक्लिक अम्ल।
- **बोरिक अम्ल** (Boric acid) श्वेत, क्रिस्टलीय ठोस, दुर्बल अम्ल की तरह व्यवहार करता है। इसका उपयोग मन्द पूतिरोधी के रूप में, सीमेन्ट और पेन्ट बनाने में किया जाता है।
- **ब्राइन** (Brine) सोडियम क्लोराइड का जल में संतृप्त विलयन।
- **कार्बऋणायन** (Carbanion) ऐसी क्रियाशील कार्बन स्पीशीज जिसमें कार्बन पर ऋणावेश होता है।
- **कार्बोनियम आयन** (Carbocation) ऐसी क्रियाशील कार्बन स्पीशीज जिसमें कार्बन पर धनावेश होता है।
- **कार्बोलिक अम्ल** (Carbolic acid) फिनॉल, C_6H_5OH को कार्बोलिक अम्ल भी कहा जाता है।
- **कार्बन डेटिंग** (Carbon dating) जैविक पुरातत्व कलाकृति की आयु का निर्धारण इसमे उपस्थित ${}_6C^{14}$ तथा ${}_6C^{12}$ का अनुपात ज्ञात करके किया जाता है।
- **कार्बोनिल समूह** (Carbonyl group) ऐल्डिहाइड और कीटोन समूहों के सम्मिलित रूप को कार्बोनिल (= CO) समूह कहते हैं।
- **कार्बोक्सिलिक अम्ल** (Carboxylic acid) —COOH समूह वाले यौगिक कार्बोक्सिलिक अम्ल कहलाते हैं। जैसे HCOOH फॉर्मिक अम्ल।
- **उत्प्रेरण** (Catalysis) ऐसा प्रक्रम जिसके द्वारा रासायनिक अभिक्रिया की दर परिवर्तित हो जाती है।
- **उत्प्रेरक** (Catalyst) वह पदार्थ जो किसी रासायनिक अभिक्रिया की दर को परिवर्तित कर देता है, परन्तु स्वयं अभिक्रिया के अन्त में रासायनिक रूप में अपरिवर्तित रहता है।
- **शृंखलन** (Catenation) किसी तत्व के परमाणुओं का एक-दूसरे से जुड़कर खुली या बन्द शृंखलाएँ बनाने का गुण शृंखलन कहलाता है।
- **रासायनिक ऊर्जा** (Chemical energy) परमाणुओं तथा अणुओं में संचित ऊर्जा जो रासायनिक अभिक्रिया के दौरान मुक्त होती है।
- **रासायनिक अभिक्रिया** (Chemical reaction) ऐसी प्रक्रिया जिसमें एक या एक से अधिक तत्व या यौगिक मिलकर नए पदार्थ बनाते हैं।

- **कोलतार** (Coaltar) काला, गाढ़ा, चिपचिपा पदार्थ जो कोयले के भंजक आसवन द्वारा कोयला गैस के उत्पादन के दौरान उत्पन्न होता है।
- **कोक** (Coke) कोयले का हल्का प्रकार जो वायु की उपस्थिति में कोयले के जलने से बनता है। इसका प्रयोग चूल्हों में ईधन के रूप में होता है।
- **कोलॉइड** (Colloid) रासायनिक पदार्थ जिसमें एक पदार्थ बहुत बारीक कणों के रूप में (परिक्षिप्त प्रावस्था) एक दूसरे पदार्थ में परिक्षेपित रहता है। जैसे जिलेटिन, गोंद, स्टार्च आदि।
- **दहन** (Combustion) एक रासायनिक अभिक्रिया जिसमें कोई पदार्थ ऑक्सीजन से संयोग करके प्रकाश, ऊष्मा और ज्वाला उत्पन्न करता है।
- **क्रिस्टल** (Crystal) वह ठोस पदार्थ जिसका निश्चित अभिलक्षणिक ज्यामितीय आकार होता है तथा जिनमें उनके अणुओं या परमाणुओं की नियत स्थिति होती है।
- **अपघटन** (Decomposition) एक यौगिक का एक या अधिक अवयवों में टूटना।
- **विहैलोजनीकरण** (Dehalogenation) हैलोजन का विलोपन।
- **निर्जलीकरण** (Dehydration) जल का विलोपन।
- **प्रस्वेदी** (Deliquescent) ऐसे पदार्थ जो वायुमण्डल से जल के अणुओं को अवशोषित करने की क्षमता रखते हैं। जैसे कैल्शियम क्लोराइड।
- **विलवणीकरण** (Desalinization) समुद्री जल या लवण युक्त जल से लवण निकालना।
- **विसरण** (Diffusion) परस्पर घुल-मिल जाने की स्वाभाविक प्रक्रिया।
- **तनु विलयन** (Dilute solution) वह विलयन जिसमें (विलायक की) अपेक्षाकृत कम विलेय घुला होता है।
- **आसवन** (Distillation) द्रव को गर्म करके वाष्प में परिवर्तित करना तथा वाष्प को ठण्डा करके पुन: द्रव में परिवर्तन का क्रम आसवन कहलाता है।
- **द्विक् लवण** (Double salt) दो सरल लवणों के संयोग से बने योगात्मक यौगिक जिनका अस्तित्व केवल ठोस अवस्था में होता है।
- **विद्युत अपघटन** (Electrolysis) किसी विद्युत अपघट्य के जलीय विलयन में विद्युत धारा प्रवाहित करने पर विद्युत अपघट्य के अपघटन का प्रक्रम।
- **विद्युत अपघट्य** (Electrolyte) आयनिक यौगिक जो जल में घुलकर अपने आयनों में वियोजित हो जाते हैं।
- **इलेक्ट्रॉन बन्धुता** (Electron affinity) कोई उदासीन गैसीय परमाणु जब इलेक्ट्रॉन ग्रहण करके ऋणायन में परिवर्तित होता है तो इस प्रक्रिया में हुए ऊर्जा परिवर्तन को उस तत्व की इलेक्ट्रॉन बन्धुता कहते हैं।
- **विद्युत ऋणात्मकता** (Electronegativity) यह परमाणु के रासायनिक यौगिक में सहसंयोजक आबन्ध के इलेक्ट्रॉनिक युग्म को अपनी और आकर्षित करने की योग्यता की गुणात्मक माप है।
- **विद्युत लेपन** (Electroplating) विद्युत-अपघटन द्वारा कॉपर, आयरन, पीतल, आदि की वस्तुओं पर सिल्वर, क्रोमियम आदि की पतली परत चढ़ाने की विद्युत लेपन कहते हैं।
- **तत्व** (Element) समान प्रकार (समान परमाणु क्रमांक) के परमाणुओं से बने हुए शुद्ध पदार्थ को तत्व कहते हैं।
- **विद्युत संयोजक आबन्ध** (Electrovalent bond) विपरीत आवेशित आयनों के मध्य विद्युत स्थिर आकर्षण बलों के फलस्वरूप बना आबन्ध।
- **उत्फुल्लन** (Efflorescence) जो हाइड्रेटेड लवण वायु में रखने पर अपना कुछ या कुल क्रिस्टलन जल वायु को दे देते हैं उन्हें उत्फुल्ल लवण कहते हैं तथा लवणों के इस गुण को उत्फुल्लन कहते हैं।
- **पायस** (Emulsion) एक द्रव का दूसरे द्रव में कोलॉइडी परिक्षेपण।
- **ऐन्थैल्पी** (Enthalpy) किसी पदार्थ या निकाय में संचित ऊर्जा जो ऊष्मा में परिवर्तन के लिए उपलब्ध हो।
- **ऐन्ट्रॉपी** (Entropy) किसी निकाय में अव्यवस्था की माप।
- **ईथर** (Ethers) ऐल्कोहॉल से प्राप्त कार्बनिक यौगिकों की श्रेणी। ये वाष्पशील, वायु से भारी, ज्वलनशील तथा जल में आंशिक विलेय हैं।
- **ऊष्माक्षेपी अभिक्रिया** (Exothermic reaction) अभिक्रियाएँ जिनमें ऊर्जा मुक्त होती है।
- **वसा अम्ल** (Fatty acids) एक क्षारकीय कार्बनिक ऐलिफैटिक अम्ल जो सजीवों में तेलों और वसाओं में ग्लिसराइड़ों के रूप में पाए जाते हैं।
- **छानना** (Filtration) किसी द्रव को छानक पत्र से गुजार कर इसमें उपस्थित अविलेय कणों को पृथक् करने की प्रक्रिया।
- **गैसोलिन** (Gasoline) पेट्रोलियम के प्रभाजी आसवन से प्राप्त (पेट्रोल के समान)।
- **ग्रिगनार्ड अभिकर्मक** (Grignard reagent) ऐल्किल हैलाइड और मैग्नीशियम के कार्बनिक यौगिक जिनका उपयोग कार्बनिक रसायनों के संश्लेषण में किया जाता है।
- **हैलाइड** (Halides) हैलोजन तत्वों के यौगिक जैसे फलुओराइड, क्लोराइड ब्रोमाइड, आयोडाइड आदि।
- **हैलोजन समूह** (Halogen group) आवर्त सारणी के समूह VII A के अधात्विक तत्व फलुओरीन (F), क्लोरीन (Cl), ब्रोमीन (Br), आयोडीन (I) और एस्टेटिन (At)
- **कठोर जल** (Hard water) कैल्शियम और मैग्नीशियम के लवणों से युक्त जल जो साबुन के साथ झाग नहीं देता है।
- **भारी जल** (Heavy water) भारी हाइड्रोजन के ऑक्साइड (D_2O) को भारी जल कहते हैं। यह भारी हाइड्रोजन ड्यूटेरियम ${}_1^2H$ है।
- **हाइड्रेट** (Hydrate) क्रिस्टलीय जलयुक्त यौगिक। जैसे $C_2H_2O_4 \cdot 2H_2O$
- **हाइड्रोकार्बन** (Hydrocarbon) कार्बन तथा हाइड्रोजन से बने यौगिक। जैसे C_2H_4, C_2H_6, C_6H_6 आदि।
- **हाइड्रोजेनीकरण** (Hydrogenation) असंतृप्त यौगिकों में हाइड्रोजन का योग।
- **आदर्श गैस** (Ideal gas) गैसे जो सभी परिस्थितियों में गैस नियमों बॉयल के नियम, चार्ल्स के नियम तथा आवेगाद्रो के नियम का पूर्णत: पालन करती है।
- **ज्वलन** (Ignition) किसी यौगिक या मिश्रण को पूर्ण दहन की सीमा तक गर्म करना।
- **अमिश्रणीय** (Immiscible) पदार्थ जो मिलाने पर एक संमागी पदार्थ बनाने में अयोग्य हैं।
- **सूचक** (Indicator) पदार्थ जो अम्ल या क्षार की उपस्थिति में रंग परिवर्तन करते हैं।

- **अक्रिय गैस** (Inert gas) आवर्त सारणी में शून्य समूह में रखे गए तत्व अक्रिय गैसें नाम से जाने जाते हैं। इन्हें आदर्श गैस (noble gas) भी कहते हैं।
- **अविलेय** (Insoluble) कोई भी यौगिक जो किसी खास विलायक या सभी विलायकों में घुलनशील न हो।
- **आन्तरिक ऊर्जा** (Internal energy) किसी रासायनिक निकाय में रासायनिक ऊर्जा, विद्युत ऊर्जा या यान्त्रिक ऊर्जा आदि सभी प्रकार की ऊर्जा का योग आन्तरिक ऊर्जा हैं।
- **अपवृत शर्करा** (Invert sugar) ग्लूकोस और फ्रक्टोस का समान अनुपात (समअणुक या समान मोल) में बना मिश्रण। जैसे सूक्रोस।
- **आयन** (Ion) इलेक्ट्रॉन के ग्रहण या खोने के कारण प्राप्त विद्युत आवेशित (ऋणायन या धनायन क्रमश:) परमाणु या परमाणुओं का समूह।
- **आयनिक आबन्ध** (Ionic bond) रासायनिक आबन्ध का एक प्रकार, जिसमें एक परमाणु से दूसरे पर इलेक्ट्रॉनों का ट्रॉसफर होता है।
- **आयनन** (Ionisation) एक प्रक्रिया जिसमें कोई उदासीन अणु विलयन में अपने आयनों (धनावेशित आयन और ऋणावेशित आयन) में टूट जाता है।
- **समभारी** (Isobars) समान परमाणु द्रव्यमान परन्तु भिन्न परमाणु क्रमांक। जैसे $^{40}_{18}Ar$ और $^{20}_{40}Ca$
- **समावयव** (Isomers) जिन यौगिकों के अणुसूत्र समान होते हैं किन्तु गुण एवं संरचना भिन्न-भिन्न होती है।
- जैसे एथिल ऐल्कोहॉल और डाइ मेथिल ईथर।
- **समन्यूट्रॉनिक** (Isotones) वे परमाण्विक नाभिक, जिनमें न्यूट्रॉनों की संख्या बराबर होती है किन्तु उनकी द्रव्यमान संख्या भिन्न होती है।
- **समस्थानिक** (Isotopes) समान परमाणु क्रमांक परन्तु भिन्न-भिन्न परमाणु द्रव्यमान। जैसे $^1_1H, ^2_1H, ^3_1H$ ।
- **समइलेक्ट्रॉनिक स्पीशीज** (Iso electronic species) स्पीशीज जिनमें इलेक्ट्रॉनों की संख्या समान होती है।
- **जूल थॉमसन प्रभाव** (Joule Thomson effect) जब किसी गैस को किसी सरन्ध्र डाट में से निर्वात् या कम दाब के क्षेत्र में प्रसारित होने दिया जाता है, तो गैस ठण्डी हो जाती है, अर्थात् उसका ताप कम हो जाता है।
- **कोसेल-लुईस सिद्धान्त** (Kossel Lewis theory) इस सिद्धान्त के अनुसार, तत्व स्थाई इलेक्ट्रॉनिक विन्यास (अक्रिय गैस विन्यास) प्राप्त करने की उच्च प्रवृत्ति रखते हैं।
- **लैम्प ब्लैक** (Lamp black) नर्म काले कार्बन वर्णक जो प्राकृतिक गैस या पेट्रोलियम के अपूर्ण दहन से प्राप्त किए जाते हैं।
- **लैसेग्ने परीक्षण** (Lassaigne's Test) कार्बनिक यौगिक, नाइट्रोजन, सल्फर, हैलोजन तथा फॉस्फोरस की पहचान इस परीक्षण द्वारा की जाती है।
- **लॉरिल ऐल्कोहॉल** (Lauryl alcohol) एक सफेद क्रिस्टलीय पदार्थ जिसका उपयोग अपमार्जक बनाने में किया जाता है।
- **निक्षालन** (Leaching) अयस्कों के सान्द्रण की एक विधि। यदि अयस्क किसी विलायक में विलेय हो तो इस विधि का प्रयोग किया जाता है।
- **लुईस अम्ल** (Lewis acid) वे पदार्थ जो इलेक्ट्रॉन युग्म ग्रहण कर सकते हैं।
- **लुईस बेस** (Lewis base) वे पदार्थ जो इलेक्ट्रॉन युग्म देते हैं।
- **सीमान्त अभिकर्मक** (Limiting reagent) किसी भी अभिक्रिया में वह अभिकर्मक जो पहले समाप्त हो जाता है तथा जो उत्पाद की मात्रा को सीमित कर देता है।
- **गैसों का द्रवीकरण** (Liquefaction of gases) उच्च दाब तथा निम्न ताप पर किसी गैस को इसके द्रव रूप में परिवर्तित करना।
- **द्रव वायु** (Liquid air) वायु को द्रव अवस्था में लाया जाता है इसका उपयोग प्रशीतक के रूप में और अक्रिय गैसों के उत्पादन में किया जाता है।
- **लिटमस पेपर** (Litmus paper) एक रंजक पत्र जिसका उपयोग अम्ल-क्षार उदासीन सूचक के रूप में किया जाता है। अम्लों के साथ नीला लिटमस पत्र लाल जबकि क्षारों के साथ लाल लिटमस पत्र नीला रंग देता है।
- **द्रव्यमान संख्या** (Mass number) किसी परमाणु के नाभिक में उपस्थित कुल प्रोटॉनों ओर न्यूट्रॉनों की संख्या।
- **लिथोपोन** (Lithopone) यह जिंक सल्फाइड और बेरियम सल्फेट से बना श्वेत वर्णक है। यह पेन्ट में काम आता है।
- **द्रव्य** (Matter) कोई भी वस्तु जिसका द्रव्यमान होता है और जो स्थान घेरती है।
- **धातु** (Metal) वे तत्व जिनकी प्रकृति इलेक्ट्रॉन दान करने की होती है।
- **उपधातु** (Metalloid) वे तत्व जिनमें धातु और अधातु दोनों के गुण पाए जाते हैं
- **धातुकर्म** (Metallurgy) अयस्कों से धातु पृथक्करण में प्रयुक्त होने वाली सम्पूर्ण वैज्ञानिक व प्रौद्योगिक प्रक्रिया।
- **मोल** (Mole) मोल पदार्थ की वह मात्रा है जिसमें कणों की संख्या (परमाणु आयन, अणु या सूत्र इकाई आदि) कार्बन-12 के ठीक 12 ग्राम में विद्यमान परमाणुओं के बराबर होती है।
- **अणु** (Molecule) किसी भी यौगिक का लघुतम कण जो स्वतन्त्र रूप से अस्तित्व बनाए रखने में सक्षम है। यौगिक के गुणधर्म और उनके अणु के गुणधर्म समान हैं।
- **रंग बन्धक** (Mordants) पदार्थ जिनका उपयोग कपड़े को रंगने की प्रक्रिया के दौरान रंगों (रंजकों) के साथ रंग बन्धक के रूप में किया जाता है।
- **मातृ द्रव** (Mother Liquor) द्रव जो क्रिस्टलों के बनने के बाद बनता है।
- **उदासीनीकरण** (Neutralisation) प्रक्रिया जिसमें अम्ल व क्षार आपस में अभिक्रिया करके लवण तथा जल बनाते हैं इस प्रक्रिया में ऊर्जा भी मुक्त होती है।
- **न्यूट्रॉन** (Neutron) नाभिक में पाया जाने वाला उदासीन मौलिक कण जिसका द्रव्यमान हाइड्रोजन परमाणु के द्रव्यमान के (लगभग) बराबर होता है।
- **उत्कृष्ट धातुएँ** (Noble metals) गोल्ड, सिल्वर, मर्करी और प्लेटिनम उत्कृष्ट धातुएँ कहलाती है क्योंकि वायु, नमी, CO_2 और प्रकृति में उपस्थित अन्य अधातुओं का इन पर कोई प्रभाव नहीं पड़ता है।
- **अधातु** (Non-metals) तत्व जिनकी प्रकृति इलेक्ट्रॉन ग्रहण करने की होती है।
- **इष्टतम ताप** (Optimum temperature) वह ताप जिस पर किसी अभिक्रिया में उत्पादों की अधिकतम मात्रा में लब्धि होती है।
- **कक्षा** (Orbit) नील्स बोर के अनुसार, इलेक्ट्रॉन नाभिक के चारों तरफ निश्चित त्रिज्या और ऊर्जा वाले वृत्ताकार पथों में घूम सकता है जिसे कक्षा कहते हैं।

- **कक्षक** (Orbital) किसी परमाणु के नाभिक के चारों ओर का क्षेत्र जिसमें इलेक्ट्रॉनों के पाए जाने की सम्भावना अधिकतम होती है। सम्बन्धित उपकोशों में एक *s*, तीन *p*, पाँच, *d* तथा सात *f* कक्षक होते हैं।
- **अयस्क** (Ore) उन खनिजों को जिनसे धातु निष्कर्षित करना आर्थिक रूप से लाभदायक होता है, अयस्क कहलाते हैं।
- **कार्बनिक यौगिक** (Organic compounds) हाइड्रोकार्बन **और उनके** व्युत्पन्न कार्बनिक यौगिक माने जाते हैं।
- **परासरण** (Osmosis) विलायक के अणुओं का अर्धपारगम्य झिल्ली में होकर शुद्ध विलायक से विलयन की ओर या तनु विलयन से सान्द्र विलयन की ओर स्वत: प्रवाह परासरण कहलाता है।
- **ऑक्साइड** (Oxide) किसी तत्व के ऑक्सीजन के साथ बने द्विअंगी यौगिक ऑक्साइड कहलाते हैं।
- **पेट्रोलियम** (Petroleum) पृथ्वी की पपड़ी में तथा समुद्र के भीतर समुद्री प्राणियों से बना हाइड्रोकार्बन का मिश्रण। इसे कच्चा तेल भी कहते हैं।
- **पैराफिन या पैराफिन मोम** (Paraffin or paraffin wax) पेट्रोलियम से प्राप्त श्वेत मोमीय ठोस पदार्थ जिसमें उच्चतर हाइड्रोकार्बन होते हैं।
- **अनुचुम्बकत्व** (Paramagnetism) यह उन पदार्थों द्वारा दर्शाया जाता है जिनमें एक या अधिक अयुग्मिलित इलेक्ट्रॉन होते हैं। ये चुम्बकीय क्षेत्र की ओर दुर्बल रूप से आकर्षित होते हैं।
- **प्लास्टिक** (Plastic) पदार्थ जो सामान्य इस्तेमाल में स्थिर (stable) होता है तथा आसानी के साथ किसी भी आकार में ढ़ाला जा सकता है। ये तिर्यक बद्ध (crosslinked) बहुलक होते हैं।
- **बहुलकीकरण** (Polymerisation) वह प्रक्रम जिसमें बड़ी संख्या में सरल अणु एक-दूसरे से संयोग करके उच्च भार का एक वृहत् अणु बनाते हैं, बहुलकीकरण कहलाता है।
- **बहुलक** (Polymer) छोटे अणुओं (एकलकों) से बहुलकीकरण के फलस्वरूप बने उच्च अणुभार के यौगिक बहुलक कहलाते हैं। जैसे प्लास्टिक, रबड़, पॉलिथीन आदि।
- **प्रूफ स्पिरिट** (Proof spirit) एथिल ऐल्कोहॉल की जलीय विलयन जिसमें भार के अनुसार 49.28% एथिल ऐल्कोहॉल तथा शेष जल होता है।
- **ताप-अपघटन** (Pyrolysis) वायु की अनुपस्थिति में उच्च ताप पर गर्म करने से कार्बनिक यौगिकों का अपघटन।
- **पॉवर ऐल्कोहॉल** (Power alcohol) एथिल ऐल्कोहॉल जिसका उपयोग आन्तरिक दहन इन्जिनों में शक्ति उत्पन्न करने के लिए किया जाता है।
- **अवक्षेप** (Precipitate) किसी रासायनिक अभिक्रिया में रासायनिक अभिकर्मकों की आपसी क्रिया से विलयन में बनने वाला अविलेय पदार्थ।
- **रॉकेट ईंधन या प्रणोदक** (Propellants) रॉकेट इन्जिन में प्रयुक्त होने वाले ठोस या द्रव पदार्थ।
- **प्रोटॉन** (Proton) परमाणु के नाभिक में पाया जाने वाला मौलिक कण जिस पर धनावेश होता है।
- **क्वाण्टम** (Quantum) मैक्स प्लांक के अनुसार, इलेक्ट्रॉन में ऊर्जा छोटे पैकेटों (bundles) के रूप में होती है जिसे क्वाण्टम (quanta) कहते हैं।
- **क्विक सिल्वर** (Quick silver) मर्करी का अन्य नाम (क्योंकि यह द्रव है और गलित चाँदी (सिल्वर) की तरह दिखता है।
- **मूलक** (Radical) ऋणावेशित या धनावेशित परमाणु या परमाणुओं के समूह। ऋणावेशित मूलक अम्लीय मूलक हैं जबकि धनावेशित मूलक क्षारीय या भास्मिक मूलक हैं।
- **अभिकारक** (Reactants) पदार्थ जो आपस में क्रिया करके उत्पाद बनाते हैं।
- **अभिकर्मक** (Reagents) पदार्थ जो किसी विशेष रसायन के साथ अभिक्रिया करता है। इसका उपयोग आयन, मूलक और रासायनिक पदार्थों को ज्ञात करने में किया जाता है।
- **रेडॉक्स अभिक्रिया** (Redox reaction) रासायनिक अभिक्रिया जिनमें ऑक्सीकरण और अपचयन दोनों होते हैं।
- **अपचयन** (Reduction) वह प्रक्रम, जिसके द्वारा किसी भी पदार्थ में हाइड्रोजन का संयोग होता है या फिर उससे ऑक्सीजन निकाली जाती है।
- **जंग लगना** (Rusting) आयरन को नम वायु में रखने पर उसके पृष्ठ पर धीरे-धीरे भूरे रंग का हाइड्रेटेड फेरिक ऑक्साइड, $Fe_2O_3 \cdot xH_2O$ की परत का जमना जंग लगना कहलाता है।
- **लवण** (Salt) रासायनिक पदार्थ जो अम्ल और भस्म (base) की आपसी क्रिया से बनता है।
- **संतृप्त विलयन** (Saturated solution) विलयन जिसमें समान ताप और दाब पर ओर विलेय नहीं घोला जा सकता।
- **कोश** (Shell) इलेक्ट्रॉनों के मुख्य ऊर्जा स्तर जैसे *K, L, M, N*...... आदि।
- **उपकोश** (Subshell) परमाणु में प्रत्येक कोश में एक अधिक उपकोश होते हैं। ये उपकोश हैं *s, p, d* और *f*।
- **सिलिकन** (Silicon) अधात्विक तत्व जिसका इस्तेमाल इस्पात उद्योग में तथा मिश्रधातु एवं कम्प्यूटर के इलेक्ट्रॉनिक चिप, आदि बनाने में होता है।
- **सिलिका** (Silica) कठोर, अघुलनशील, सफेद, रंगहीन पदार्थ जिसका गलनांक बहुत ऊँचा है। यह मुख्यत सिलिकन डाइऑक्साइड (SiO_2) है।
- **मृदु जल** (Soft water) जल जो आसानी से साबुन के साथ अधिक मात्रा में झाग उत्पन्न करें।
- **विलेयता** (Solubility) किसी पदार्थ की वह मात्रा जो निश्चित ताप पर, 100 ग्राम विलायक के संतृप्त करने के लिए आवश्यक होती है, पदार्थ की विलेयता कहलाती है।
- **विलेय** (Solute) ठोस जिन्हें द्रव में विलयन बनाने के लिए घोला जाता है।
- **विलयन** (Solution) दो या दो से अधिक अवयवों (घटकों) से बना समांगी मिश्रण।
- **विलायक** (Solvents) द्रव जिनका प्रयोग विलयन बनाने में किया जाता है। जैसे सीरप में जल।
- **निलम्बन** (Suspension) यह एक विषमांगी मिश्रण है इसके कण आँखों से देखे जा सकते हैं।
- **धूम-कोहरा** (Smog) औद्योगिक शहरों को प्रदूषित करने वाला घना, धूल और SO_2 युक्त कोहरा।
- **स्टेनलेस स्टील** (Stainless steel) इसमें 89.4% आयरन 10% क्रोमियम, 0.25% कार्बन तथा लगभग 0.35% मैंगनीज होता है। यह जंगरोधी है।

- **स्टील** (Steel) स्टील में कार्बन की प्रतिशत मात्रा 0.25 से 1.5 तक होती है।
- **सोडा ऐश** (Soda ash) निर्जल सोडियम कार्बोनेट।
- **ठोस** (Solid) द्रव्य की एक अवस्था जिसक आयतन और आकार निश्चित होता है।
- **स्पेक्ट्रोस्कोपी** (Spectroscopy) उत्सर्जन या अवशोषण स्पेक्ट्रा का अध्ययन।
- **एस टी पी** (STP) मानक ताप और दाब। इस अवस्था में गैस के गुणों का 273 K (0°C) ताप और 101325 Pa (या 760 mm of Hg या 1 वायुमण्डल) दाब पर निरीक्षण किया जाता है।
- **ऊर्ध्वपातन** (Sublimation) वह प्रक्रम जिसके अन्तर्गत ठोस पदार्थ को गर्म करने पर वह द्रव्य की अपेक्षा सीधे ही गैसीय रूप (या वाष्प) में परिवर्तित हो जाता है।
- **निकाय** (System) ऊष्मागतिकी में निकाय का अर्थ ब्रह्माण्ड के उस भाग से है जिस पर प्रेक्षण किए जाते हैं तथा इसका शेष भाग परिवेश कहलाता है।
- **ट्रेस तत्व** (Trace elements) वे तत्व जो भू-पर्पटी में आत्याधिक सूक्ष्म मात्रा में पाए जाते हैं। इसके अतिरिक्त सजीवों के लिए आवश्यक तत्व जो बहुत ही सूक्ष्म मात्रा में एन्जाइमों, विटामिनों तथा हार्मोनों के अवयव हैं।
- **परायूरेनियम तत्व** (Transuranium elements) परमाणु क्रमांक 92 के बाद के सभी तत्वों को परायूरेनियम तत्व कहते हैं। इनका निर्माण कृत्रिम विधियों द्वारा किया गया है।
- **असंयोजित इलेक्ट्रॉन** (Unshared electron) इलेक्ट्रॉन जो सहसंयोजक आबन्धों के निर्माण में भाग नहीं लेते। असंयोजित इलेक्ट्रॉनों के युग्म को एकाकी युग्म कहते हैं।
- **वल्कनीकरण** (Vulcanisation) रबड़ को सल्फर के साथ करीब 150°C पर गर्म करके उसकी गुणवत्ता तथा कठोरता को बढ़ाने की प्रक्रिया।
- **मोम** (Wax) गाढ़ा, फीका, पीला, चिपचिपा पदार्थ जो मधुमक्खियों द्वारा मधुकोश बनाने के लिए स्त्रावित किया जाता है।
- **संयोजकता इलेक्ट्रॉन** (Valence electron) किसी तत्व के परमाणु की बाह्य कक्षा में उपस्थित इलेक्ट्रॉन।
- **संयोजकता** (Valency) तत्वों के परमाणुओं की परस्पर संयोजन करने की क्षमता। यह संयोजी इलेक्ट्रॉनों की संख्या पर निर्भर करती है।
- **जेन्थेट** (Xanthate) कार्बनिक लवणों की श्रेणी (वर्ग), जो क्षार की उपस्थिति में किसी ऐल्कोहॉल की CS_2 के साथ अभिक्रिया द्वारा बनते हैं।
- **रासायनिक अभिक्रिया की लब्धि** (Yield of chemical reaction) किसी अभिक्रिया में वास्तव में प्राप्त उत्पाद की मात्रा ×100/अभिक्रिया में सैद्धान्तिक रूप से प्राप्त उत्पाद की मात्रा
- **जीमान प्रभाव** (Zeeman effect) चुम्बकीय क्षेत्र में स्पेक्ट्रमी रेखाओं का विपाटन।

जीव विज्ञान

- **विलगन** (Abscission) पौधों में कायिक अंग (पत्ती) तथा पुष्प इत्यादि का पौधों से पृथक होकर गिरने की प्रक्रिया विलगन कहलाती है। यह प्रक्रिया पादप में अनिषेचित पुष्पों, डण्ठल, आदि में शरद ऋतु में पत्तियों के वृन्त में विलगन पर्त के निर्माण के कारण होती है।
- **दशानुकूलन** (Acclimatisation) नवीन या नये आवास में जीव (पौधों) का समायोजन या अभ्यस्त होना।
- **अग्रपिंडिका** (Acrosome) शुक्राणु कोशिका के शीर्ष पर उपस्थित भाग जो निषेचन के समय अण्डे को बेधने के समक्ष होता है, क्योंकि इसमें एन्जाइम हायलूरोनीडेज होता है।
- **एक्टिन** (Actin) पेशी ऊतक एवं सूक्ष्मतन्तुओं में पायी जाने वाली ग्लोब्यूलर प्रोटीन।
- **सक्रिय प्रतिरक्षा** (Active immunity) बाह्य प्रतिजनों का सामना करने के लिए शरीर में उत्पन्न प्रतिरक्षी द्वारा प्रदान की गयी प्रतिरक्षा को सक्रिय प्रतिरक्षा कहा जाता है।
- **सक्रिय स्थल** (Active site) एन्जाइम (विकर) का वह सक्रिय स्थल वह दरार या स्थान है, जहाँ क्रियाधार (अभिकारक पदार्थ) आकर जुड़ते हैं।
- **सक्रिय वहन** (Active transport) सांद्रता प्रवणता (concentration gradient) के विरुद्ध कोशिका कला के पार पदार्थों का आवागमन, जिसमें ऊर्जा व्यय होती है।
- **अनुकूली विकिरण** (Adaptive radiation) एक विशेष भू-भौगोलिक क्षेत्र में एक प्रजाति से विभिन्न प्रजातियों के जैव-विकास का क्रम; उदाहरण डार्विन की फिंच।
- **किशोरावस्था** (Adolescence) बाल्यावस्था तथा यौवनारम्भ का मध्यकाल
- **एडीनोसीन डाइफॉस्फेट**, ADP (Adenosine diphosphate) एक कार्बनिक यौगिक, जो दो फॉस्फेट बंध द्वारा बना होता है। दूसरा फॉस्फेट बंध, जो ऊर्जा से भरपूर होता है और अकार्बनिक फॉस्फेट (H_3PO_4) के योग से ATP बनाता है।
- **एड्रिनेलिन** (Adrenaline) एड्रिनल ग्रन्थि के मध्यांश (medulla) भाग द्वारा स्रावित हॉर्मोन, यह हृदय की धड़कन, संकुचन क्षमता तथा श्वसन दर को बढ़ाने के साथ-साथ ग्लाइकोजन के विखण्डन को प्रेरित करता है, जिसके फलस्वरूप रुधिर में ग्लूकोज का स्तर बढ़ जाता है।
- **एडीनोसीन मोनोफॉस्फेट AMP** (Adenosine Monophosphate) DNA तथा RNA में प्रयुक्त एक न्यूक्लियोटाइड जिससे एडीनिलिक अम्ल भी कहा जाता है। इसमें एक फॉस्फेट समूह होता है।
- **वायवीय** (Aerobic) वे जीव जिनमें श्वसन के लिए ऑक्सीजन गैस का उपयोग होता है।
- **एल्डोस्टीरॉन** (Aldosterone) एड्रिनल ग्रन्थि के कॉर्टेक्स भाग द्वारा स्रावित हॉर्मोन, जो वृक्क की दूरस्थ नलिकाओं में जल, लवण (सोडियम, पोटैशियम) के पुन:अवशोषण का प्रेरक है।
- **एलील** (Allele) एक ही जीन के दो या अधिक भिन्न विकल्प।
- **विस्थानिक जाति** (Allopatric species) ऐसी जीव जातियाँ, जो विभिन्न भौगोलिक क्षेत्रों में पाई जाती हैं, विस्थानिक जातियाँ कहलाती हैं।
- **परबहुगणित** (Allopolyploid) ऐसी बहुगुणित बन्ध्य संकर जो विभिन्न जातियों या वंशों के संकरण से बनते हैं। इन बहुगुणितों में दो से अधिक जीनोम समुच्चय होते हैं।
- **कूपिका** (Alveoli) फेफड़ों के सूक्ष्मदर्शीय वायुकोष जिनकी भित्तियों से रुधिर और वायु के बीच गैसों का विनिमय होता है।

- **एडीनोसीन ट्राइफॉस्फेट,** ATP (Adenosine triphosphate) एक कार्बनिक यौगिक जिसमें एडीनीन, राइबोस और तीन फॉस्फेट समूह होते हैं। कोशिकाओं की विभिन्न क्रियाओं में ऊर्जा प्रदान करने व श्वसन प्रक्रिया में ऊर्जा संचित करने में महत्त्वपूर्ण है।
- **अनार्तव** (Amenorrhoea) ऋतुस्राव या रजोधर्म की अनुपस्थिति।
- **एम्निऑन** (Amnion) भ्रूण बाह्य कलाओं (extra embryonic membrances) में सबसे अन्दर की कला (झिल्ली) को वृद्धि करते हुए भ्रूण को घेरे रहती हैं।
- **उपचय** (Anabolism) जीवों में जैव-रासायनिक अभिक्रियाओं के रचनात्मक प्रक्रम, जिसमें सरल पदार्थों से जटिल कार्बनिक पदार्थ बनते हैं।
- **अनॉक्सीय** (Anaerobic) वे जीव जो ऑक्सीजन की अनुपस्थिति में श्वसन प्रक्रिया करते हैं।
- **समवृत्ति** (Analogous) कार्य और आकारिकी में लगभग समान, किन्तु उत्पत्ति (उद्भव) और विकास में भिन्न अंग।
- **आवृतबीजी** (Angiosperm) वनस्पति जगत का एक प्रभाग। इन पौधों के फलों में बीज सुरक्षित होते हैं।
- **ऐनॉक्सिया** (Anoxia) रुधिर या ऊतकों में ऑक्सीजन का अभाव।
- **प्रतिजैविक** (Antibiotic) सूक्ष्मजीवों द्वारा उत्पन्न रासायनिक पदार्थ जो अन्य सूक्ष्मजीवीयों नष्ट करते हैं या उनकी वृद्धि का संदमित कर देते हैं।
- **प्रतिजन** (Antigen) एक बाह्य विशेष पदार्थ, जिसके किसी जीव के शरीर में प्रवेश प्रतिरक्षी का संश्लेषण करता है।
- **महाधमनी** (Aorta) यह बाएँ निलय से निकलती है तथा शरीर के विभिन्न भागों (फेफडों के अतिरिक्त) में ऑक्सीकृत रुधिर का प्रवाह करती है।
- **शीर्ष प्रभाविता या प्रधानता** (Apical dominance) उच्च पादपों में वृद्धि करती अग्रस्थ कलिका कक्षस्थ (पार्श्व) कलिकाओं की वृद्धि का अवरोध करती है, जिसे शीर्ष प्रभाविता कहते हैं।
- **एपोप्टोसिस संकेत** (Apoptosis signal) इन संकेतों द्वारा प्रेरित क्रियान्वित कोशा मृत्यु (प्रौग्राम्ड सैल डेथ) प्रारम्भ होती है, जो मृत्यु को प्राप्त होने वाली कोशिकाओं में आत्महत्या प्रोटीन्स के समूह की सक्रियकरण के परिणामस्वरूप उत्पन्न होते हैं।
- **अलिंगसूत्र** (Autosomes) जीव के दैहिक लक्षणों युक्त (लैंगिक गुणसूत्रों से अतिरिक्त) सभी गुणसूत्र यानी जिनका लिंग वंशागति से कोई संबंध नहीं होता।
- **आधारी उपापचय** (Basal metabolism) पूर्ण विश्राम की अवस्था में शरीर द्वारा उपभोग की गयी ऊर्जा, जो प्राय: अन्त:श्वसन में प्रयुक्त ऑक्सीजन और निष्कासित CO_2 द्वारा मापी जाती है।
- **जीवभार** (Biomass) किसी निश्चित आवास में उपस्थित समस्त जीवों का शुष्क भार जीवभार कहलाता है।
- **ब्लास्टोसिस्ट** (कोरक पुटी) (Blastocyst) स्तनधारियों में भ्रूणीय परिवर्धन के समय, विदलन के परिणामस्वरूप ट्रोफोब्लास्ट भित्तियुक्त उत्पन्न खोखला गोला, जो कोरक के समतुल्य होता है।
- **कोरक** (Blastula) कोरकपुटी (पतली भित्तियुक्त खोखला गोला) में विदलन (विभाजन) द्वारा उत्पन्न दूसरी खोखली संरचना, जिसके चारों ओर कोशिकाओं की एक मोटी परत (ब्लास्टोडर्म) बन जाती है, जो गुहा ब्लास्टोसील को घेरे रहती है।
- **रुधिर सीरम** (Blood serum) रुधिर का तरल भाग जो रुधिर से उस समय अलग हो जाता है, जब रुधिर को पूर्णतया जमने दिया जाता है। इस प्रकार यह प्लाज्मा का वह भाग होता है, जिसमें स्कंदन कारक (clotting agents) नहीं होते हैं।
- **रुधिर शर्करा** (Blood sugar) जन्तु शरीर में प्रवाहित या परिसंचरित (Circulating) रुधिर में ग्लूकोज की मात्रा (औसत स्तर 70-100 mg /dL) होती है।
- **मांसाहारी** (Carnivoreous) माँसभक्षी जीव।;जैसे-शेर, बाघ
- C_3 **-पादप** (C_3-plants) पौधे, जो CO_2 स्थिरीकरण हेतु केवल कैल्विन चक्र अपनाते हैं। इस चक्र में प्रथम स्थायी उत्पाद (3C) 3PGA होता है।
- C_4 **- पादप** (C_4-plants) ऐसे पौधे जिनमें CO_2 स्थिरीकरण दो बार पहले पर्णमध्योतक कोशिका (mesophyll cells), तत्पश्चात पूलाच्छद कोशिकाओं (bundle sheath cells) में होता है। यहाँ प्रथम निर्मित स्थायी उत्पाद 4C युक्त OAA (Oxalo acitic acid) उत्पाद मैलिक है।
- **कैलस** (Callus) ऊतक संवर्धन के दौरान, कर्तोतक (explant) की वृद्धि से बना अविभेदित कोशिकाओं का समूह।
- **बाह्यदलपुंज** (Calyx) पुष्प के सबसे बाहरी चक्र; बाह्यदल (सेपल) का समूह (पुंज)।
- **कार्सिनोजन** (Carcinogens) कैंसर उत्पन्न करने वाले कारक
- **हृदय उत्पादन** (Cardiac output) एक मिनट में हृदय द्वारा पम्प किये गये रुधिर के मानकों हृदय उत्पादन कहा जाता है, जो हृदय दर तथा स्ट्रोक आयतन के गुणनफल के बराबर होता है। हृदय एक मिनट में लगभग 5.3 लीटर रुधिर पम्प करता है।
- **हृदयी चक्र** (कार्डियक चक्र) (Cardiac cycle) हृदय में दो संकुचनों के मध्य की घटनाओं के चक्र को हृदयी चक्र कहते हैं।
- **कैस्पैरियन स्ट्रिप या पट्टी** (Casparian strip) पौधों में जड़ की अन्तस्त्वचा में उपस्थित जल के लिए या प्रति अपारगम्य पट्टियों का घेरा, जो कोशिका भित्ति के मार्ग से जल तथा विलेय का रम्भ में निष्क्रिय प्रवाह रोक देता है।
- **कोशिकीय श्वसन** (Cellular respiration) कोशिकाओं में श्वसनी पदार्थों (ग्लूकोज) का ऑक्सीकरण तथा ऊर्जा उत्पादन।
- **कोशिका रस** (Cell sap) पादप कोशिका की रसधानी (Vacuole) में भरा अकार्बनिक और कार्बनिक पदार्थों का विलयन।
- **तारक केन्द्र** (Centriole) जन्तु कोशा में केन्द्रक के समीप पाये जाने वाला बेलनाकार सूक्ष्म कोशिकांग, जो कोशिका विभाजन के समय तुर्क तन्तुओं के निर्माण में संलग्न होता है।
- **गुणसूत्र** (Chromosome) सजीवों की कोशिकाओं में उपस्थित जनन द्रव्य युक्त संरचना जिसमें वंशानुगत गुणधर्म के वाहक जीन (gene) होते हैं।
- **काइम** (Chyme) अर्द्ध-तरल लुगदी समान आंशिक पचित अम्लीय भोजन जो आमाशय से ग्रहणी में स्थानान्तरित किया जाता है।
- **सहभोजिता** (Commensalism) विभिन्न जातियों के दो जीवों के मध्य ऐसा सम्बन्ध जिसमें एक को लाभ किन्तु दूसरे को न लाभ और न हानि होती है।
- **नेत्रश्लेष्मला** (Conjunctiva) कशेरुकियों की नेत्र में सामने की ओर उपस्थित महीन पतली पारदर्शी झिल्ली, जो श्वेत मण्डल की बाहरी और पलक की भीतरी सतह को ढँकती है।
- **कॉर्पस ल्यूटियम** (Corpus luteum) कॉर्पस ल्यूटियम अण्डाशय का स्रावण ऊतक है, जो मुख्यतया मादा हॉर्मोन प्रोजेस्टेरॉन स्रावित करता है।

- **साइटोकाइनेसिस** (Cytokinesis) कोशाद्रव्य (Cytoplasm) का विभाजन।
- **अपघटक** (Decomposers) ऐसे जीव जो अपना पोषण मृत जीवों के शरीर, ऊतकों या अपशिष्ट कार्बनिक पदार्थों से प्राप्त करते हैं।
- **डेस्मोसोम** (Desmosome) कोशिका भित्ति का एपीथीलियम ऊतक से चिपका हुआ विशिष्ट भाग।
- **डायलिसिस** (Dialysis) यह एक प्रक्रिया है जिससे अर्द्ध-पारगम्य कला द्वारा द्रव को छानकर शोधित किया जाता है। सामान्यतया यह कृत्रिम वृक्क मशीन द्वारा मानव शरीर में रुधिर शोधित करने की प्रक्रिया है।
- **द्विबीजपत्री** (Dicotyledon) ऐसे पौधे जिनके बीजों में दो बीजपत्र होते हैं।
- **विभेदन** (Differentiation) संरचनात्मक एवं कार्यात्मक परिवर्तनों के फलस्वरूप विभज्योतक अपरिपक्व कोशिकाओं, का अलग-अलग कार्य करने के लिए एक-दूसरे से भिन्न या विशेषीकृत होते चले जाना।
- **द्विसंकर** (Dihybrid) ऐसा संकर जो युग्मविकल्पियों के दो भिन्न युग्मों के लिए होता है।
- **द्विरूपता** (Dimorphism) जब एक ही अंग दो रूपों में पाया जाता है, जैसे *चीनोपोडियम* के फल, *कैसिया* के पुष्प और *वैलिसनेरिया* की पत्ती में।
- **विसरण** (Diffusion) अणुओं का उच्च सान्द्रण क्षेत्र से निम्न सान्द्रण क्षेत्र में निष्क्रिय परिवहन या गमन।
- **पारिस्थितिक प्रारूप** (Ecotype) एक आवास में स्थायी उपजाति, प्रजाति अथवा संरूप जो सीमित है।
- **भ्रूण** (Embryo) निषेचन के बाद अल्प विकसित अवस्था में पुष्पी पादपों में बीज के अन्दर सुरक्षित जीव है।
- **प्रबलता** (Epistasis) जीन अंतर्क्रिया, जिसमें एक जीन दूसरी अविकल्पी जीन के लक्षणप्रारूप की अभिव्यक्ति को परिवर्तित कर देती है।
- **विकास** (Evolution) क्रमबद्ध परिवर्तनों द्वारा पुरातन जीवों से नूतन जीवों, की उत्पत्ति का क्रमिक प्रक्रम, जिसके फलस्वरूप सरल जीवों से जटिल जीव पैदा होते हैं।
- **निषेचन** (Fertilisation) ऐसी प्रक्रिया जिसमें नर और मादा युग्मकों के संयोग (संलयन) से युग्मनज (जाइगोट) का निर्माण होता है।
- **फाइब्रिनोजन** (Fibrinogen) कशेरुकिओं के रुधिर में पाया जाने वाला एक विलेय प्रोटीन जिससे फाइब्रिन नामक सफेद अविलेय तंतुमय प्रोटीन बनता है, जो रुधिर स्कंदन (blood clotting) के लिए आवश्यक है।
- **युग्मकोद्भिद्** (Gametophyte) पादप जीवन चक्र की अगुणित संरचना जो युग्मकों को धारण करती है।
- **जीन** (Gene) आनुवंशिक RNA या DNA का एक खण्ड जो जीव के किसी लक्षण को निर्धारित करता है।
- **ग्लाइकोलाइसिस** (Glycolysis) ग्लूकोज का अवायवीय प्रक्रिया (अपूर्ण ऑक्सीकरण) से अपघटित होकर पाइरुविक अम्ल में कोशिकीय परिवर्तन।
- **बिंदु स्राव** (Guttation) पादपों के स्वस्थ्य अंगों से मूलीय दाब के कारण विशेषकर पत्तियों में शिराओं के सिरों पर जलरंध्रों (hydathodes) से दारु रस (xylem sap) या जल का रिसाव।
- **हीमोग्लोबिन** (Haemoglobin) कशेरुकियों और कुछ अकशेरुकियों की लाल रुधिर कोशिकाओं में उपस्थित लौह युक्त, लाल श्वसन वर्णक, ऑक्सीजन का वाहक होता है।
- **अगुणित** (Haploid) कोशिका जिसमें अयुग्मित (unpaired) गुणसूत्रों का एकल समुच्चय होता है।
- **शाकाहारी** (Herbivorous) केवल पादप भागों को खाकर पोषण प्राप्त करने वाला जीव।
- **विषमपोषी** (Heterotroph) स्वयं भोजन न बना सकने वाले जीव।
- **विषमयुग्मजी** (Heterozygous) ऐसे जीव जिनमें गुणसूत्र के समान बिन्दुपथ (locus) पर जीनों के भिन्न विकल्पी उपस्थित होते हैं जैसे Rr, Tt, Ww।
- **समस्थापन** (Homeostasis) बाह्य वातावरण में परिवर्तन के बावजूद भी जीवों में आंतरिक वातावरण का समायोजन।
- **समजात** (Homologous) ऐसी संरचनाएँ, जो उद्भव तथा मूल संरचना में समान होती है, किंतु कार्य में भिन्न होती हैं।
- **समयुग्मजी** (Homozygous) वे जीव जिसमें गुणसूत्र के समान बिन्दुपथ पर जीनों के समान विकल्पी मौजूद हैं, जैसे RR, rr, tt आदि।
- **परपोषी** (Host) ऐसा जीव जो किसी अन्य जीव (परजीवी) को आश्रय तथा पोषण प्रदान करता है।
- **जलअपघटन** (Hydrolysis) जल की उपस्थिति में जटिल कार्बनिक पदार्थों का सरल अकार्बनिक पदार्थों में विखण्डन।
- **जल संवर्धन** (Hydroponics) बिना मिट्टी के खनिज लवण युक्त जलीय घोल में पादपों की वृद्धि।
- **योनिच्छद** (Hymen) श्लेष्मा झिल्ली की एक परत जो कुँवारी किशोरियों में योनि को आंशिक रूप से ढकती है।
- **प्रतिरक्षा** (Immunity) वह क्षमता जो जीव को रोगजनकों के संक्रमण के प्रति प्रतिरोधकता प्रदान करती है।
- **कीटाहारी पौधे** (Insectivorous) पौधे जो कीटों के भक्षण से नाइट्रोजनी पोषण प्राप्त करते हैं। जैसे घटपर्णी (पिचर प्लाण्ट), *ड्रोसेरा* आदि।
- **केन्द्रक विभाजन** (Karyokinesis) कोशिका विभाजन के समय केन्द्रक का विभाजन।
- **किरेटिनिकरण** (Keratinisation) बाह्यकंकाल, सींघ, नाखुन, बाल जैसे किरेटिन युक्त पदार्थों का बन जाना।
- **दुग्ध स्रावण** (Lactation) स्तनों से दूध के स्रावण का प्रारम्भ।
- **वातरंध्र** (Lenticels) काष्ठीय तने या जड़ के कॉर्क पर उपस्थित सूक्ष्म छिद्र, जो कॉर्क निर्माण के समय बनते हैं एवं गैसीय विनिमय में सहायक होते हैं।
- **अधिश्वेत रक्तता** (Leukemia) रुधिर कैंसर; इसमें श्वेत रुधिर कोशिकाओं (WBCs) की संख्या असामान्य रूप से बढ़ जाता है।
- **अर्द्धसूत्री कोशिका, अर्द्धसूत्राणु** (Meiocyte) अर्द्धसूत्री विभाजन में सक्षम कोशिका।
- **अर्द्ध-सूत्री विभाजन** (Meiosis) कोशा विभाजन की प्रक्रिया जिसमें द्विगुणित कोशिकाओं में अगुणित कोशिकाओं के निर्माण के लिए विभाजन होता है।
- **रजोदर्शन** (Menarche) बालिका में यौवनारम्भ के साथ ऋतुस्राव (मासिक रजोधर्म) का आरम्भ या प्रथम स्राव।
- **मस्तिष्कावरण** (Meninges) मस्तिष्क और मेरुरज्जु के सुरक्षात्मक आवरण की तिहरी झिल्ली।

- **समसूत्री विभाजन** (Mitosis) कोशिका विभाजन की प्रक्रिया जिसमें ऐसी संतति कोशिकाएँ बनती हैं, जिनमें गुणसूत्र जनक कोशिका के गुणसूत्रों के समान होते हैं।
- **सकृत्फली** (Monocarpic) पौधे जो सम्पूर्ण जीवन काल में केवल एक बार पुष्पित होते हैं।
- **एकन्यूनसूत्रता** (Monosomic) वह द्विगुणित जीव, जिसमें एक गुणसूत्र कम होता है। उदाहरणार्थ मनुष्य में 46 गुणसूत्र होते हैं, यदि किसी व्यक्ति में 45 गुणसूत्र पाये जाएँ तो वह एकन्यूनसूत्री होता है।
- **उत्परिवर्तन** (Mutation) किसी गुणसूत्र या जीनोम की संरचना में होने वाले आकस्मिक एवं असतत् परिवर्तन के फलस्वरूप उत्पन्न आनुवंशिक लक्षण, जो वंशागत होते हैं।
- **निकोटिनैमाइड एडीनीन डाइन्यूक्लियोटाइड फॉस्फेट** (NADP) एक सह-एन्जाइम जो पादप कार्यिकी प्रक्रियाओं (प्रकाश-संश्लेशण और श्वसन) में इलेक्ट्रॉन प्राप्त करता है और प्रक्रिया में स्वयं अपचयित हो जाता है।
- **तंत्रिका आवेग** (Nerve impulse) समस्त भौतिक एवं रासायनिक घटनाएं जो संवहनी आवेगों को न्यूरॉन के तंत्रिकाक्ष (axon) के संग दूर तक संचारित करती हैं।
- **न्यूक्लिक अम्ल** (Nucleic acid) फॉस्फोरस युक्त कार्बनिक अम्ल जो कोशिकाद्रव्य और केन्द्रक में DNA और RNA के रूप में उपस्थित होते हैं।
- **केंद्रकाभ** (Nucleoid) प्रौकैरियोटिक कोशिकाओं आदिम केन्द्रक या केन्द्रकीय पदार्थ।
- **बीजाण्ड** (Ovule) पुष्प में अंडाशय भित्ति से संलग्न अंडाकार गुरूबीजाणुधानी, जो निषेचन के बाद बीज में परिवर्तित हो जाता है।
- **परजीवी** (Parasite) ऐसा जीव जो पोषण की प्राप्ति हेतु दूसरे जीवों (परपोषी) पर निर्भर रहता है।
- **निष्क्रिय प्रतिरक्षा** (Passive immunity) रोग से आरक्षित प्राणी अथवा अन्य जन्तु से निकाले गए प्रतिरक्षियों (antibodies) के इंजेक्शन द्वारा संक्रामक रोग के प्रति अस्थायी एवं तीव्र सुरक्षा प्रदान करना जैसे ATS टीकाकरण द्वारा।
- **रोगाणु** (Pathogen) जीवों में रोग उत्पन्न कर सकने में सक्षम सूक्ष्मजीव को रोगजनक या रोगाणु कहते हैं।
- **भक्षकाणुक्रिया** (Phagocytosis) किसी कोशिका, जैसे श्वेत रुधिर कोशिका द्वारा रोगाणु सूक्ष्मजीवों, अन्य कोशिकाओं बाह्य कणों का भक्षण।
- **जीवद्रव्य कला** (Plasma membrane) सभी जीवों में मुख्यतया फॉस्फो तथा ग्लाइकोलिपिड) एवं प्रोटीनों से बनी झिल्लीमय परत, जो प्रत्येक जीवित कोशिका का आवरण होती है। यह कला वरणात्मक रूप से पारगम्य होता है।
- **यौवनारंभ** (Puberty) जीवन की वह अवधि जब जनन ग्रंथियाँ क्रियाशील जो जाती हैं अर्थात् व्यक्ति लैंगिक रूप से परिपक्व हो जाता हैं
- **प्यूरीन** (Purines) न्यूक्लिक अम्लों (DNA व RNA) में पाए जाने वाले नाइट्रोजनी क्षारक, (एडीनीन और ग्वानीन) हैं।
- प्यूरिन पिरिमिडीनों से द्विवलय (double ring) यौगिक होने के कारण भिन्न होते हैं।
- **मूलांकुर** (Radicle) आवृतबीजी पादपों का बीज में उपस्थित भ्रूणीय मूल, जो मूल तन्त्र बनाता है।
- **अप्रभावी जीन** (Recessive gene) जीन जो प्रभावी जीन (विकल्पी जीन) की उपस्थिति में अपने आपको अभिव्यक्त नहीं करते हैं।
- **राइबोसोमल आर एन ए** (Ribosomal RNA) RNA का विशिष्ट अणु जो राइबोसोम का निर्माण करता है। यह प्रोटीन संश्लेषण स्थल के रूप में कार्य करता है।
- **स्राव** (Secretion) कोशिका से उत्पन्न और उससे निकलने वाला तरल या पदार्थ।
- **जीर्णता** (Senescence) वृद्ध होने की प्राकृतिक प्रक्रिया; बुढ़ापे का समय।
- **अवस्तम्भ मूल** (Stilt root) एक प्रकार की अपस्थानिक जड़ जो पौधों को सीधे खड़े रखने में यान्त्रिक सहारा देती है, जैसे-मक्का, आदि।
- **गूदेदार** (Succulent) जल का संग्रहण करने वाले विशेष ऊतक जैसे एलोय (घींग्वार) की पत्तियाँ, नागफनी स्तम्भ तथा फल जिनमें पकने के बाद सारी फल भित्ति मुलायम और मांसल होती है।
- **सिनसाइटियम** (Syncytium) बहुकेन्द्रकीय कोशिका या ऊतक।
- **थ्रोम्बिन** (Thrombin) प्रोथ्रोम्बिन से व्युत्पन्न विकर जिसकी क्रिया से फाइब्रिनोजन रक्त स्कंदन के दौरान फाइब्रिन में बदलता है।
- **थ्रोम्बोप्लास्टिन** (Thromboplastin) रक्त स्कंदन के दौरान प्रोथ्रोम्बिन (निष्क्रिय विकर) का थ्रोम्बिन (सक्रिय विकर) में बदलने वाला एन्जाइम।
- **पूर्णशक्त कोशिका** (Totipotent cell) एक ऐसी कोशिका जो सम्पूर्ण जीव को जन्म देने में सक्षम है।
- **अनुवर्तन** (Tropism) पौधों या उनके अंगों का वक्रण अथवा उनकी दिशात्मक वृद्धि या उद्दीपन की दिशा में गति, यह वातावरण के किसी उद्दीपन द्वारा प्रेरित होती है, जैसे सूरजमुखी के पुष्प का प्रकाश की ओर मुड़ना।
- **कंदिल मूल** (Tuberous root) मोटी मांसल मूल जो आकारिकी के कंद सी प्रतीत होती है, किन्तु जिसमें कलिकाएँ और शल्कपत्र का अभाव होता हैं, जैसे डहेलिया।
- **यूरियोटेलिक** (Ureotelic) जन्तु जिनमें नाइट्रोजनी पदार्थों के उपापचय के फलस्वरूप उत्सर्जित पदार्थ मुख्यत: यूरिया होता है। एम्फिबिया तथा स्तनधरियों में।
- **यूरिकोटीलिक** (Uricotelic) जन्तु जिसमें मुख्य उत्सर्जित पदार्थ यूरिक अम्ल हो; उदाहरण सरीसृप, कीट तथा पक्षी।
- **वैसोडाइलेशन** (Vasodilation) रुधिर वाहिनियों का विस्फारण।
- **वैसोप्रेसीन** (Vasopressin) पीयूष ग्रन्थि के पश्च भाग से स्रावित हॉर्मोन जो पेशियों को उत्तेजित करता है तथा धमनियों का संकुचन कर रक्तचाप बढ़ाता है।
- **सजीवप्रजक** (Viviparous) अपने समान संतान को जन्म देने वाले प्राणी।
- **जाइलम दारु** (Xylem) उच्चवर्गीय पौधों में लिग्निन युक्त भाग, जो मृत जल संवहन ऊतक होता है। यह जाइलम वाहिनिका या वाहिका अथवा दोनों द्वारा निर्मित होता है।
- **योक सेक** (Yolk sac) स्तनियों में भ्रूण को चारों ओर की पीतक युक्त थैली।
- **चल बीजाणु** (Zoospore) एक प्रकार के अलैंगिक बीजाणु, जो कशामिकोओं आदि की सहायता से गति करता है।
- **युग्मनज** (Zygote) दो युग्मकों के मिलने से बनी कोशिका जो परिवर्द्धन के उपरान्त नव जीव को जन्म देती है।